国家"十二五"规划重点出版项目

吕振羽全集

1949 年,吕振羽与江明在武汉合影

跟随少奇同志回延安

吕振羽　江　明

前　言

抗日战争时期,党中央调少奇同志回延安,华中局决定一百多名干部随行,其中除柳岗等人外,原来还有吴信泉、王兴纲、贺绿汀、沈其震、崔义田等同志。出发前,华中局指示我们,这是一次极端严重而艰险的长途行军,每个同志都要把跟随少奇同志安全地回到延安,作为一项严重的政治任务。

当时知道这个消息的同志们,明知少奇同志回延安,对全国来说是一件大好事;但是大家的心情,却不免有些依依不舍。有的同志甚至要求自己随行,有的同志则在少奇同志临行之前,找机会去和他谈谈话。被指定跟随少奇同志回延安的我们,自然,心里都有说不出的高兴。这不但因为能够追随在我们敬爱的少奇同志左右,能够朝夕和他在一起,还由于能够回到革命圣地延安,见到我们敬爱的领袖毛主席!

53

吕振羽、江明回忆《跟随刘少奇同志回延安》

（僅供校內討論參考）

關於科學的階級性問題

吕校長五月三十一日在全校大會上的報告·

1950 年,吕振羽在大连大学作《关于科学的阶级性问题》

简明中国通史

编 印 说 明

　　《简明中国通史》第一分册，著者完稿于 1941 年 2 月重庆期间，5 月由生活书店于香港初版。同年 3 月中旬，因"皖南事变"影响，著者接中共组织决定，转移至苏北抗日民主根据地。1945、1946 年该书由生活书店分别于重庆、北平、上海出版。该书第二分册，完稿于 1948 年 2 月大连期间，5 月由大连光华书店连同该书第一分册一起出版。1951 年、1953 年三联书店、人民出版社分别出版了该书增订本、补订本。该书曾长期作为高校历史专业教材。之后，著者在江明协助下，对该书着重在中国奴隶制和封建制的分期、资本主义萌芽、民族关系等方面进行了全面修订，补充了注释，1959 年由人民出版社出版。1982 年分上下册再版。

　　全集编辑，以人民出版社 1982 年版为底本，整理排校，核对了有关引文，更正了出版时个别错讹，内容和观点均保持原貌。

刘茂林　张锦城（上）　朱发建（下）

目　录

重印序言

这部书是我在历史科学战线上长期努力，向党、向人民提供的一点成果。自抗日战争、解放战争期间相继问世以来，全国解放后，经过几次修订再版。从事历史研究和历史教学及各方面阅读此书的同志每每给我以热情的帮助和鞭策，我衷心感谢。一九六二年冬修订版印行后，我即失去了继续工作的条件。十几年来，此书和我的其他著作一道，经受了历史的检验。应广大读者要求，人民出版社决定重印，我很高兴。

我在一九五九年此书修订版《后记》中特别指出，中国史应该是全国各兄弟民族共同的历史，我虽然在原则上认识到这一点，也作过努力，但是，由于条件的限制，主要是材料的缺乏，我这部书还只能说是汉族人民的历史为主要内容的中国史。同时，在《后记》中我还说过，我们这个时代，将不断产生比我们这一辈高明得多的优秀历史学家，中国史上的若干问题，将由他们来解决，较完满的中国通史、专史、断代史也将由他们之手陆续产生。像此书这样的著作，如果能发挥其一定的过渡作用，充作青年一代的研究基础，我自己还能充当他们的助手，那就是我的莫大愿望。

二十年过去了，由于历史的一段曲折，摧残和扼杀了成批的优秀人才和著作，历史的教训必将启示和激发广大的史学工作者，在更深、更广阔的领域去探索、去总结。我坚信，在马克思主义的指引下，在党的正确领导下，我们史学工作也必将和其他科学部门一样蓬勃发展。

此书重印，正是实现我多年的愿望，充当青年一代的助手，寄希望于未来。遗憾的是，由于一场浩劫，使我力瘁身残，不仅中断了我关于近、现代中国史和近、现代中国哲学史的撰述，就连这部书的进一步补订，也力不遂心，此次仅作了些文字上的更动。疏忽讹误之处，我仍恳切地期望广大读者和同道的指教，以便我重新检查时有所改进。

吕振羽

一九八〇年七月十六日

序

本书是为大学一、二年级学生和一般读者而写的。

为叙述的简便，对本国史上许多曾引起争论的问题，都未加论辩。

原先拟分为原始公社制、奴隶制、初期封建制、专制主义的封建制、半殖民地半封建性的过渡期各篇；旋为依照读者习惯上的历史观念，改成年代记的叙述法。但从内容上去看，阶段的脉络仍是很明白的。

我的写法与从来的中国通史著作，颇多不同。最重要的是：第一，把中国史看成同全人类的历史一样，作为一个有规律的社会发展的过程来把握；第二，力避原理原则式的叙述和抽象的论断；第三，尽可能照顾中国各民族的历史和其相互作用，极力避免大民族主义和地方民族主义的观点渗入。不论我是否达成了这个愿望，但我认为应该以此作为写通史的基本观点。

末了，本书的缺点可能很多，希望读者与学术先进指教。

一九四一年二月二十八日。著者。在重庆。

第二分册完稿序

（一）本书第一分册（前八章）脱稿后，我便匆促离开重庆没能续写下去。今在时间和材料的一定限制的条件下勉强写成这部分。他日如有时间和条件，当复写一次。鸦片战争以后的部分，俟有时间和手边有相当材料时再写。

（二）原来打算对每个朝代，先分析总的形势特点，检讨其时的方针政策，叙述社会全面的发展过程，并说明其方针政策的得失，也因时间和手边材料限制，未能完全如愿。

（三）我的基本精神，在把人民历史的面貌复现出来，但这是一种尝试，不能不期待读者的帮助。我虽然研究过中国史，但自问所知有限。任何人都有其所知道的历史事实和好的见解为我所不知道和没见到的；我想即便是那些很高明的史家，恐怕也是这样，何况我呢。

（四）这本东西，可说是江明同志和我共同努力的产品；尤其是文艺部分，材料是她搜集的，意见也主要是她提出的。其次廖华同志帮我找材料，也提过一些可贵意见，应向他志谢。

一九四八年二月六日。著者。

本书此次修订再版，主要订正引文和年月等（原用公元后年月的月份均由编辑同志代为用《两千年中西历对照表》改为阳历）。我原拟写一篇新版序言，对本书所涉及的某些问题，进行批判和自我批评；但因在病中，没能如愿。

一九五四年十月。著者。

第一章
绪　论

第一节　中国的地理疆域和人口

　　中国是世界上文明发达最早的国家之一，大约在公元前一千八百年代，就开始建立奴隶所有者的国家；在公元前一千二百年代末，就开始转入封建社会的阶段①。从一八四〇年鸦片战争后，到人民大革命胜利前的一〇九年间，中国曾是一个被资本帝国主义支配的殖民地半殖民地半封建国家。但从一九四九年十月一日中华人民共和国诞生以后，就成了很进步的强大的人民民主国家，并在英明的、伟大的、正确的中国共产党的领导下，现在已获得社会主义革命的基本胜利，中国社会已进入人类史上的社会主义社会阶段。

　　疆域和面积　中国位于亚洲东南，濒太平洋西岸，有黄海、东海、南海等领海，大陆海岸线北起鸭绿江口，南达北仑河口。东北及北部之辽宁、吉林、黑龙江、内蒙古自治区，与朝鲜民主主义人民共和国、蒙古人民共和国②、苏

---

① 对中国史上的封建制和奴隶制的分期问题，在马克思主义史学家间也还有不同的意见：我自己历来认为自"武王革命"到所谓"宣王中兴"的数百年间，是建立西周地区的封建制统治的过渡期，应划入封建制阶段，其他地方相继完成这种过渡都较晚；有的史家则不认为这时期是过渡期；有的史家则认为公元前四七五年是奴隶制和封建制分期的界限；另外有些史家则把这个界限放在后汉和三国之际；此外也还有他种见解。

② 编者注：自1992年已改国名为"蒙古国"。

联的西伯利亚及远东部分接境；西北及西部之新疆维吾尔自治区，与阿富汗、苏联的中亚细亚部分接境；西南及南部之新疆维吾尔自治区、西藏、云南、广西僮族自治区、广东，与印度、尼泊尔、不丹、缅甸、老挝、越南民主共和国及克什米尔等接境。

中国领土南北端相距约五千五百余公里，东西端相距约五千余公里。总面积约九百六十万平方公里，占世界陆地总面积十四分之一，是世界上最大国家之一，在亚洲是第一大国。这种辽阔广大国土的形成，也经过了一个矛盾发展的久远过程，是中华民族的祖先长期间无数英勇、勤劳、艰苦的斗争所开辟的。

耕地和富源　全国耕地，在十七世纪中叶（一六五九年）为五万万四千九百余万亩，十八世纪中叶（一七六六年）为七万万四千一百余万亩[1]，十九世纪中叶为十万万亩左右[2]，一九三二年为十三万万余亩[3]，一九四九年为十四万万一千万亩[4]，至一九五一年为十四万万七千余万亩[5]，一九五三年至一九五六年共新垦荒地六千五百万亩[6]。一般估计可耕地占全面积百分之二七，但这仅是一种最低的估计。近年有人估算全国尚有六万万至七万万亩可耕地。

长江、黄河、珠江、松花江流域和天山南北地区的沃野，是中国最富饶的农产区域；其他西北和西南广大的未垦处女地，也都蕴藏着无限的农林富源。各种植物食料和工业原料，除少数只宜于热带的植物外，我国都能够生产或可能栽植。农林业有无限远大的发展前途。

黑龙江、内蒙古自治区、甘肃、新疆维吾尔自治区、青海、四川、西藏等地区的畜牧业，发展前途也是无限远大的。

各种金属和矿物燃料等地下富藏，均相当丰富——最丰富的有煤、铁等。特种金属有钨、锑、铝、铀等等，近来并在各地发现相当丰富的石油等矿藏。但我们对全部地下富藏，现在才开始有计划的开发和进行有系统的科学勘察。

---

① 《皇朝文献通考》。
② 陈恭禄《中国近代史》。
③ 《中国经济年鉴》。
④ 《中国统计年鉴》。
⑤ 《中华人民共和国分省地图》，地图出版社一九五三年版。
⑥ 周恩来总理一九五七年六月二十六日在第一届全国人民代表大会第四次会议上的政府工作报告。

照今日已知的来说，煤、铁矿藏最丰富的区域，是东北、华北、西北、中南和西南，而煤铁和石油是国家社会主义工业化的基本资源。

河北、山东、江浙、广东、广西僮族自治区、四川、辽宁、青海、内蒙古自治区、陕西等地的盐产，能充分供给全国的食盐，又是发展化学工业的优良条件。

我们有各种矿藏，其中有些并占有全世界相当大的比例，其他除少数热带产品外，各种工业原料我国均能生产，这是我们国家社会主义工业化的优良条件。

人口 中国的人口，《皇朝文献通考》说：一七四九年（清乾隆十四年）为一万万七千七百余万，一七八〇年（乾隆四十五年）增至二万万七千七百余万；《皇朝续文献通考》说：一八一二年（嘉庆十七年）丁口凡三万万六千余万；《东华录》说：道光朝人口逾四万万；一九二三年（民国十二年）邮局估计全人口为四万万一千一百万；陈正谟估计一九二九年的中国人口为四万万八千五百余万。

解放后，在全国的基层选举工作中进行了普遍的人口调查。据国家统计局在一九五四年十一月发表的《关于全国人口调查登记结果的公报》，一九五三年六月底的全国人口总数是六万万零一百九十三万八千零三十五人。根据人口普查与有关部门统计，不包括台湾省人口和海外华侨人数，一九五二年全国人口为五七、四〇〇多万；自一九五二年至一九五七年六月，净增六、六一六万人，全国人口已达六四、〇〇〇多万人。这对于全世界人口总数说，约占四分之一，对于全亚洲说，约占人口总数二分之一，为世界第一位人口众多的国家。

国内人口的分布，据上引国家统计局的公报，其数字如下：

北京市二、七六八、一四九人，天津市二、六九三、八三一人，上海市六、二〇四、四一七人，河北省三五、九八四、六四四人，山西省一四、三一四、四八五人，内蒙古自治区六、一〇〇、一〇四人，辽宁省一八、五四五、一四七人，吉林省一一、二九〇、〇七三人，黑龙江省一一、八九七、三〇九人，热河省①五、一六〇、八二二人，陕西省一五、八八一、二八一人，甘肃

---

① 经一九五五年七月三十日第一届全国人民代表大会第二次会议决议，国务院于一九五五年八月宣布：取消热河省建制，原热河省行政区域，分别划归河北省、辽宁省和内蒙古自治区；取消西康省建制，其原有行政区域，划归四川省。

省一二、九二八、一〇二人，青海省一、六七六、五三四人，新疆省①四、八七三、六〇八人，山东省四八、八七六、五四八人，江苏省四一、二五二、一九二人，安徽省三〇、三四三、六三七人，浙江省二二、八六五、七四七人，福建省一三、一四二、七二一人，台湾省七、五九一、二九八人（根据一九五一年台湾公布的数字），河南省四四、二一四、五九四人，湖北省二七、七八九、六九三人，湖南省三三、二二六、九五四人，江西省一六、七七二、八六五人，广东省三四、七七〇、〇五九人，广西省②一九、五六〇、八二二人，四川省六二、三〇三、九九九人，贵州省一五、〇三七、三一〇人，云南省一七、四七二、七三七人，西康省③三、三八一、〇六四人，西藏地方和昌都地区一、二七三、九六九人。（国外华侨和留学生等共一一、七四三、三二〇人。）这是一九五三年六月底的分布情况，几年来，由于人口的增加和流动，全国人口的分布数字已有不小变化。大体说来，如果从黑龙江省的瑷珲至云南省的腾冲连一直线，则在此线东南，居住了全国人口的百分之九十以上；而在此线西北，人口极稀。以省区言，江苏人口密度最大，尤其是江苏南部。

结语　因此说，中国今日是地大、物博、人众的国家。这地大、物博、人众的优越条件，是通过了中华各民族祖先数千年数万年的斗争而逐渐获得的。这是我们祖宗留给我国各民族人民共有的遗产。

三十多年来，在中国共产党和毛泽东主席的英明领导下，在伟大社会主义国家苏联的存在和援助下，以及全世界各国人民与友好国家对我们的同情和声援，我们已推翻了帝国主义、封建主义和官僚资本主义的统治，把全国各民族人民从内外压迫者的压迫下解放出来。伟大的中华人民共和国已以雄伟的姿态屹立于世界。毛泽东主席说："我们团结起来，以人民解放战争和人民大革命打倒了内外压迫者，宣布中华人民共和国的成立了。""我们的革命已经获得全世界广大人民的同情和欢呼，我们的朋友遍于全世界"④。自中华人民共和国成立以后，全国人民在共产党的光辉旗帜下，经历了五大运动和三大改造，

---

① 一九五五年十月一日正式取消新疆省的建制，成立新疆维吾尔族自治区。
② 一九五七年七月十五日第一届全国人民代表大会第四次会议决议：以原银川专区、吴忠回族自治州、固原回族自治州和平凉专区的隆德县、泾原回族自治县共十七个县三个市成立宁夏回族自治区；撤销广西省建制，以原广西省的行政区域，成立广西僮族自治区。
③ 参看本书第三页注①。
④ 毛泽东主席在中国人民政治协商会议第一届全体会议上的开幕词。

执行了过渡时期的总路线，我们又获得了社会主义建设和社会主义改造的基本胜利，我们又经历了整风、反右，又获得在政治战线、思想战线上的社会主义革命的基本胜利，在党的鼓足干劲、力争上游、多快好省地建设社会主义总路线的光辉照耀下，又获得了工业、农业和科学文化上的空前大跃进，出现了人民公社，我国已成为伟大的社会主义国家。

第二节　中国人种的起源

对中国人种起源问题的各种见解　首先，中国人种的起源问题是与世界人类起源问题相关联的。

单元论者误认为世界人类发源于一个共同祖先，他们便从世界各处去寻觅这个人类发祥的"圣地"。根据他们探访的结果，或谓蒙古为人类的大故乡（如阿德留等），或谓人类同源于中亚（如莫开布等），或又谓同起源于尼罗河流域（如查瓦德等）①……从而对中国人种的起源，也便有蒙古、中亚或埃及等臆说，但亚洲和欧洲各地人类原始遗迹的发现（如"北京人"、"爪哇人"、"资阳人"②、"海德尔堡人"、"皮尔当人"等和其遗迹），已证明人类并非同源于一地。

多元论者认为人类出于多源，又误谓各个人种的经济、政治、文化发展的历史过程，也是完全不同的。他们根据文化的类型，去分别各民族的种属。从而依文化上一二现象的近似，便有说中国人种发源于埃及（如格莱士）、或巴比伦（如拿圣莱等）、或缅甸（如魏建尔）等臆说③，但由世界各地旧石器、新石器等时期遗物的发现，以及对落后民族和世界史研究的结果，证实了人类社会的进化，却有一个共同的规律性的过程——虽则在这基础上又都有其特殊色彩；由爪哇人到克罗玛郎人，虽不是同源，也不是先天的质的差异，而是一

---

① 参阅拙著《史前期中国社会研究》第二九九——三〇〇页；《中国社会史纲》第一七八页。
② "资阳人"，即修筑成渝铁路时，在四川资阳黄鳝溪出土的人类头骨化石所代表的人类，它是从第四纪更新统晚期地质层发现出的旧石器时代的人的头骨，距今约十万年左右。
③ 参阅拙著《中国社会史纲》第一七九页。

个顺次的过程——由猿人到人的社会的过程。

而旧石器并非在地球的全面都能发现，至今还只发现在各个特定的区域。因此，说人类开始就布满地球全面的全元论的见解，也同样是谬误的。

反之，历史的具体事实，却确证了人类起源之一元论的正确。这是说，人类曾发生在那具备一定的适宜条件的不同时间和空间，而其由动物到人的转化以及人的社会的发展，却有着一个共同的规律性的过程。

中国人种的起源 根据目前已有的地下发现，尤其自中华人民共和国成立以来，在基本建设中的大量发现和考古发掘，在我国的领土上，几乎每个省区都有新石器时代的遗物遗址的存在，若干地方并有旧石器时代的遗址或迹象。以之结合书本记载、民俗资料等等，大致可以考知，关于所谓龙山文化、仰韶文化、细石器文化、"吴越文化"（即百越文化或所谓东南沿海区域的新石器文化）①、四川、长江、岷江、大渡河、雅砻江流域的新石器文化和理番一带的所谓"版岩葬文化"② 等等几种文化遗存的散布区域和移动方向。从其遗物的各自独特的作风、气派等等看，可知它们是属于不同种族和部落的遗存。同时在各个文化系统的接合地区，甚至深入到彼此的腹地，又都多多少少表现着交错的影响和同化或融合色彩。这说明代表那些不同文化系统的种族和部落，在新石器时代，就有了经济、文化上的日益增强的相互影响和联系，以致彼此杂居和在同一地区的交替居住。这对研究我国各兄弟民族和人种的起源，提供了有力的证据——虽然，最后的结论，还有待于地下更全面更系统的发现。

因此，关于中国各民族和人种的起源，我们可以进一步（但不是最后）论定：第一个主要来源是"蒙古人种"；第二个主要来源是"马来人种"，同时还有其他人种的来源；至于"资阳人"是否代表中国人种的一个来源，也还有待于进一步的地下发现和论证。

首先，关于"蒙古人种"是中国民族第一个主要来源的问题。我们曾在

---

① 林惠祥《福建闽侯县甘蔗恒心联乡新石器时代遗址考察报告》、《台湾石器时代遗物的研究》（厦门大学博物馆专刊）、《福建南部的新石器时代遗址》（《考古学报》第四册）；华东文物工作队《福建昙石山新石器时代遗址探掘报告》、《淮安县青莲岗新石器时代遗址调查报告》（同上第九、十册）；饶惠元《江西清江的新石器时代遗址》（同上第十二册）；华东文物工作队《四年来华东区的文化工作及其重要的发现》（同上，总四八号）；尹焕章《从发现的文物中谈华东区古文化概况》；殷涤非《安徽地区四年来发现的考古材料》（同上，总四四号）。

② 郑德坤《四川古代文化史》（华西大学博物馆专刊）。

蒙古和华北地下发现太古时代热带产的大象牙骨，山西等处地下发现大鸵鸟卵①，这证明蒙古和华北，在太古的有一时期曾为热带。而在原热河等地又发现有"新生代"的鱼类化石，这说明原热河等地在太古的有一时期曾为内海。

而甘肃水洞沟、内蒙古自治区萨拉乌苏沟、榆林油坊头、宣化、万全、蒙古人民共和国阿罗淖尔等处的旧石器、陶器、鸵鸟卵、象、犀、马、骆驼、野牛、水鹿、羚羊、鬣狗、獾等化石、"河套人"牙、人类尻骨等的发现，有着最重要的意义。专家判定"北京人"为第四纪初期洪积世之产物，存在于五十万年以前。

因此我们说，太古时代的蒙古、华北一带，是人类起源的"圣地"之一。

但"北京人"是否为今日中国民族的祖先呢？据专家研究的结果，谓"北京人"的体质与现代华北人相较，有很大的差异，只有中头盖骨指数极为相似。不过现代华北人已不是猿人或原始人，而是进化到了现代的人类，其与"北京人"体质的差异是必然的。

只是从古书记载和地下发现的遗物考察，古代中国北方各族的两大主干——夏族和商族，均不是一直住在华北平原的土著；商族似由东来，不是经由蒙古或河北平原南下；夏族由西来，究由蒙古经入甘陕，抑由他处转来，今尚无可靠材料来说明。但根据地质学的研究，蒙古在太古时曾发生过地层和气候的剧烈变化。在地层和气候剧烈变化的时际，发源于蒙古的人类，便离开当地向四方逃散，是完全可能的。逃向东北亚细亚的，其中一支为后来通古斯族的祖先，一支为后来商族的祖先；向蒙古以西逃奔的，其中一支，为后来夏族的祖先，至他们从蒙古经过甘陕，或到新疆后再分支东移，或进到中亚后再分支东转，现在还难于正确判定。

其次，今日西南各族及已与汉族同化或融合之东瓯诸族，大都已能考知其属于马来人种。所以中国民族的第二个主要来源是马来人种。此外还有其他一些次要来源（参阅拙著《中国民族简史》）。

① 一九五四年又在襄汾丁村发现三门系三门马、犀牛、象及斧足类大型介与台贝等标准化石……都与旧石器共生同一地层……其地质时代应属上三门期，比周口店"中国猿人"生存时代为早。又谓较为进步，或谓为大致相同。随同出土的有三枚人类牙齿的化石和三千多件石器。他如在淮河流域的皖北和苏北地区及河南新蔡，发现那马象、扁角鹿、犀牛、熊、马等等距今三十万年左右即"第四纪"中期动物群的化石，又可作为考究距今三十万年的今华北地区的气候的旁证。

华族等各族的形成 最初由蒙古逃到东北亚细亚的原始人，其中叫作商族（或作衣族、殷族、奄族）的一支，沿海往南游徙。他们大概达到今日山东半岛的地方，便沿黄河西进。当他们进到山东地方时，已入于原始公社制后期的时代（因为在山东没有发现其旧石器时期的遗物；吉林西团山所发现之新石器期遗物，亦很可能属于商族的文化系统——我也就实物作过初步的考察）。

一方面，游徙到陕甘一带的夏族（因曾居夏水而得名，又因其曾以华山为中心区域，又名华族），则由西向东进到河南西北部、山西南部。而其时夏族也已入于原始公社制后期。

商族和夏族两个游牧部落，在黄河腹部的山西、河南地方开始接触，便发生了部落间的冲突和战争，但商族从山东进到河南时，已知道使用铜器——因为在山东龙山和安阳后冈等地的龙山期遗物中，已发现有铜器；而在河南仰韶村所发现的夏族遗物中，还没有铜器发现。同时商族在相土为军务酋长的时代，已开始进入半定居的农业民阶段。因之，商族在其较高生产力的基础上，不仅阻止了夏族的东进，并把其一部分征服，一部分驱回西北，成为后来的周族；一部分被截阻而流入豫鲁平原地区，为后来的齐、吕、申、许（《国语·周语》："齐、许、申、吕由大姜。"注："四国皆姜姓，四岳之后。"）；一部分转沿河南西部进入到湖北，与原住民族混合，成为后来的荆蛮。并可能沿江东下，达到了今苏南地区，与原住的越人混合……到公元前一七六六年"成汤革命"，商族进到奴隶制时代后，夏族便完成为其征服的属领。"成汤革命"成功，一面把中国推入到国家的时代，一面又把其时中国境内各族推入一个统一的华族的形成过程。也正因为夏族是殷朝的属领，所以周人才成为对奴隶社会革命的领导者，推翻奴隶所有者国家，开始去创立封建制度，而公元前一一二二年的"武王革命"，虽以周人为领导，却有所谓"八百诸侯"和蜀、庸、羌、髳、微、卢、彭、濮等殷属领各族的参加，所以在革命的过程中，就完成了夏商各族统一为华族的基本任务。因之，周朝国家的新统治阶级的构成，也并非纯系周人，而是出身于夏商各族。春秋时，夏、华或华夏成了其时中国部族的称谓。出身于商族的孔子，也以"诸夏"与"夷狄"对称，因为其时中国各族基本上已形成为一个统一的华族。

另方面，其时散布在今东北一带的"蒙古人种"的一支，其后便形成为满族；后来回族的主要来源之一，也可能有早期便散布在今西北回族自治区一带东到热辽的东突厥部落的成分（有些学者认为东西突厥族都是维吾尔族的前身，回族的主要构成成分基本上系来自阿拉伯和波斯等中南亚细亚国家。确否，需待更全面系统的发掘、搜集资料和进一步研究。我认为东突厥与"蒙古人种"的关系，是值得进一步研究的）；今日的内蒙民族，和蒙古人民共和国的蒙族，原属于一个部族；当它形成为部族的时候，是吸收了匈奴残部、东突厥人及契丹人等在内的。其起源也是蒙古人种。今日国境内的朝鲜族，是和朝鲜民主主义人民共和国的朝鲜族同系的。朝鲜族和满族及古代商族，在太古时代可能是较近亲的部落，并都有关于鹊图腾的崇拜等相同的传说；更重要的，他们在太古时代曾是近邻。因此朝鲜族人种的主要来源也是"蒙古人种"。

其次，关于马来人种是中国民族第二个主要来源的问题。

根据福建、浙江、广东、广西、苏南、皖南、台湾、香港等地新石器时代遗物遗址的普遍发现和专家论断，在各遗址中普遍、大量发现的有段石碛和几何形印纹陶是"最富有特征"的东西。在华北新石器时代遗址中都"未有"或"很少"发现，也还有其他一些东西，如扁平带孔式石斧之类，差不多各遗址遗物间，又都有着作风气派上的相同和近似。但也有些相同或近似的带特殊色彩的东西，只是在各别地区的遗址中发现（如在福建和台湾遗址中发现的红衣陶片，闽浙遗址中发现的穿孔石铲等，苏北和浙江遗址中发现的陶印模以及从苏北皖北到太湖沿岸地区的台形遗址等等），而不是在所有各地区的遗址中普遍存在；在各个地区之间，又都有其各自的特殊色彩。其次，散布在东南地区的"百越"，是包括其近亲的杨越、东越、山越、闽越、南越、骆越等的总称，它们大都有文身断发、善于使船、好食鱼贝等海味、对蛇的图腾崇拜风习等；这也可以从遗址遗物中得到某些证实（如喜食鱼贝和善使船等）。因此，东南沿海地区和江西皖南新石器时代的遗物遗址，是属于"吴越文化"系统近亲各部落的遗存，即曾散布在今浙江、苏南、皖南一带的东越、山越、江西的杨越，福建的闽越，广东的南越，广西的骆越或西越等的文化遗存。

从以下几个方面，又可考知"百越"的来源是马来人种。一、从闽、浙、赣各遗址遗物所表现的时间的演进情况考察，专家认为是由南向北发展的；二、汉人从秦汉时代起，大量移入浙、闽、粤一带，原住的越人不断与汉人混合，"到了唐代，已经几乎完全混合在汉人里面"，根据林惠祥教授的研究，"由现在福建人的体貌推测……应是汉人和越人的混合种，否则福建人的体貌何以虽是和华北人大同小异，但也有些不同之处，如体格较短，眼形较圆而稍斜吊，属于马来眼与蒙古眼之间"。这在两广等地的现代汉人也有类似的情况；三、除"龙山文化"和"殷商文化"遗址而外的苏北、皖北各遗址和遗物，充分表现了"吴越文化"、"龙山文化"、"仰韶文化"的交错、混合的色彩；四、有段石碏又是在菲律宾和南洋各海岛新石器时代遗址都存在的共同的特征的东西，又如闽、浙发现的极特殊的"一足形陶簋"，在越南南部的沙莫那（Samrong）也有相似的东西等等。因此，专家确认"吴越文化"是"属于东南亚一带的系统"，其"范围包括大陆东南沿海及台湾、南洋"①。

因此说，中国民族人种的第二个主要来源，是马来人种。

其次，"资阳人"究系起源于四川，抑系源于"马来人种"或其他？现还没有足够的材料来论定。

与"资阳人"可能关联的四川长江、泯江、大渡河、雅砻江流域的新石器时代的遗址遗物，究系一种独特的文化系统，抑属"吴越文化"的近亲？也尚有待于更全面更系统的地下发现和进一步研究。郑德坤氏研究的初步结论，是值得重视的。他大意说：

（一）广西洞穴出土石器十一种，除一雕纹之碓石外，其他十种，无不与四川出土者如同出一模。

（二）四川打磨琢石器与磨制石器之形式与江、浙、闽、粤、云贵各省所得者均无二致，云南、贵州出土之石器，与川南高琪诸县出土之石斧、石碏，亦似同出一模。

（三）越南（即今越南人民共和国境）之史前文化与四川之史前文化相近，四川打制石器四十一种，三十一种与越南出土者完全相同；四川打磨石器十一种，六种与越南出土者完全相仿佛。四川磨制石器十七种，其中十四种与越南出土者相同，且两地均未发现石镞……两地石器形式之略异，或即地方色彩之别耳。

（四）马来史前文化之演进，与越南之情况大同小异。打制、打磨之前二期文化与越南、华南、华西联成一系，而磨制即第三期文化，虽与其北诸区文化类似，然亦有不同者在②。

---

① 参阅本书第六页注①林惠祥等各文。
② 郑德坤《四川古代文化史》。

这是说，代表上述四川以至滇、黔新石器时代的人类，可能起源于马来人种，和"吴越文化"是近亲。这是完全可能的，甚至可以说是基本上正确的。

至四川松、理、茂、汶等地，即今羌族等族地区的版岩葬文化，也可能是所谓"戈人"文化的遗存；但所谓"戈人"①究已经绝迹，抑为今日国内以其他名称存在的民族的前身，是还不能论定的。

其次，关于中国民族人种的其他来源问题。

如俄罗斯族系来自今苏联境内的俄罗斯人。回族的来源，以来自中南亚的阿拉伯人和波斯人等为其主要成分之一，是无可争论的；但它和历史上东突厥族的关系，也仍是一个值得研究的问题。

维吾尔、哈萨克、柯尔克孜、塔吉克、乌孜别克等族，目前还没有足够材料论定其人种的主要来源；而从其身貌、语文、生活方式、风习等方面考察，他们是与中南亚地区阿拉伯各民族有许多相同或近似的地方。

具有相当悠久的文化历史的藏族，其构成的主要来源，有蒙古人种、马来人种和起源于西藏当地等说；现还没有足够的材料来论定。

此外，中国民族也还有其他人种的来源和构成成分。

第三节　中国民族的构成

在我国人口中——毛泽东主席教导说——"十分之九以上为汉人。此外，还有蒙人、回人、藏人、维吾尔人、苗人、彝人、僮人、仲家人、朝鲜人等，共有数十种少数民族，虽然文化发展的程度不同，但是都已有长久的历史。中国是一个由多数民族结合而成的拥有广大人口的国家。"②

我国少数民族"现在已经确定的有五十个民族。其中人口在一百万以上的有蒙古、回、藏、维吾尔、苗、彝、僮、布依、朝鲜、满等十个民族；人口在一百万以下的有哈萨克、侗、白、傣、佤、哈尼、瑶、黎、东乡、柯尔克

---

① 郑德坤《四川古代文化史》。
② 毛泽东《中国革命和中国共产党》，载《毛泽东选集》第二卷，一九五二年第二版，第六一六页。

孜、土、傈僳、纳西、拉祜、水、景颇、羌、高山、撒拉、俄罗斯、锡伯、塔吉克、乌孜别克、塔塔尔、保安、裕固、鄂伦春、达斡尔、鄂温克、怒、独龙、仫老、毛难、仡佬、土家、畲、阿昌、布朗、赫哲、崩龙等四十个民族"[1]，及京族（同时侬族和僮族本系一个民族，现彼此自愿均称作僮族），加上汉族，我国便共有五十二个民族[2]。至今除个别民族地方外，基本上都已完成了民主改革和社会主义改造；我们已成为先进的社会主义民族了。

毛泽东主席在《关于正确处理人民内部矛盾的问题》中教导说："我国少数民族有三千多万人，虽然只占全国总人口的百分之六，但是居住地区广大，约占全国总面积的百分之五十至六十。所以汉族和少数民族的关系一定要搞好。这个问题的关键是克服大汉族主义。在存在有地方民族主义的少数民族中间，则应当同时克服地方民族主义。"

汉族 汉族便是原来华族的发展，是中国各兄弟民族中人口最多的民族。过去光辉灿烂的中国文化，主要也是由华族——汉族所创造的。自然这并不能否认国内其他各兄弟民族的作用。毛泽东主席教导说："在中华民族的开化史上，有素称发达的农业和手工业，有许多伟大的思想家、科学家、发明家、政治家、军事家、文学家和艺术家，有丰富的文化典籍。在很早的时候，中国就有了指南针的发明。还在一千八百年前，已经发明了造纸法。在一千三百年前，已经发明了刻版印刷。在八百年前，更发明了活字印刷。火药的应用，也在欧洲人之前。"[3]

但构成华族——汉族的因素，自始就不只夏商两族。商周时代的所谓"芈"或"荆蛮"，自是有夏族的浓厚成分；所谓"东夷"，自亦为商族近亲；而自商朝以后，华族——汉族与国境内外其他种族和部落，在和平与战争，"征伐"与"入侵"，"内附"与"反叛"等相互关系的矛盾过程中，也不断有着相互融化的事实。所以今日的所谓汉族，已不是原来的华族或汉族，不但一步步地在丰富其内容，而且又在一步步地部分地改变其内容。

满族 满族为属于通古斯族的东胡族系，可能与商族及朝鲜族在太古为近

---

[1]《民族团结》一九五七年十月创刊号，第七页。
[2] 编者注：著者撰写本书《后记》时，我国被确认的民族为五十二个。此后陆续增加，至1979年确认基诺族为单一民族止，全国共有五十六个民族。
[3]《中国革命和中国共产党》，载《毛泽东选集》第二卷，一九五二年第二版，第六一六——六一七页。

亲。据传其祖先属于鹊图腾①。东胡在秦以前，为居于今日东北及原热河、河北一带的游牧部落，居东北者主要为肃慎等，居河北及原热河者，春秋时为山戎或北戎；战国时，华人始称作东胡（我以为可能系通古斯之音转）。东胡族在汉时，主要为乌桓、为鲜卑；在魏晋南北朝时，为鲜卑、为鞑靼；在五代和宋时，为女真（或金族）；明时亦为女真亦曾称作女直；至努尔哈赤时改称满族。到现在，满人已散居各地，惟东北境内还有较多的满人，北京亦有不少"旗户"。满族在公元十二世纪初，完颜阿骨打时就进入了文明时代。

回族和维吾尔族　回族的主要来源之一，是来自中南亚的波斯和阿拉伯等各国人，同时吸收了许多汉人，作为其构成成分之一，都是可以肯定的。但后来回族散布的今宁夏回族自治区一带，曾是东突厥散布的地区之一；而今当地却只有回人和汉人等，东突厥人则毫无下落。东、西两突厥在今日中国境内，最初为居住天山与阿尔泰山间以至陕甘东达辽宁及原热河一带的游牧部落，据传崇拜狼图腾②；其何时迁来当地，已不易考知。他们在汉朝前均已早与汉族接触，如汉时的丁令（亦作高车），南北朝时，汉人文献中统称作"铁勒"的"东西两突厥"③；唐时，东突厥主要有薛延陀、袁纥等十五部落，西突厥为"十姓部落"等。后东突厥各部有与汉族等各族融合、或西去的；而留居今中国境内之东突厥部落，迄后便无下文，而散布在他们原来住区的回族，与之有无关系，是值得历史学家和人类学家去进一步探究的。西突厥部落，为其后维吾尔族的前身，是完全可以确定的。而东西突厥是否同一人种来源，或系近亲？《旧唐书·突厥传》就有这样的记载：西突厥，"其人杂有都陆及努失毕、歌逻禄、处月、处密、伊吾等诸种，风俗大抵与突厥同，惟言语微差"。因此，我认为这是值得进一步探究的。

藏族　藏族亦名图伯特族（Tibet），历史上又称作吐蕃。其起源，藏人自谓为原住藏地的神猴图腾后裔④，又有白牦牛、海狗等图腾崇拜。《新唐书》本传谓其有"断发黛面"等风习；源于"发羌"，"本西羌属"，"蕃发声近，故其子孙曰吐蕃"。《宋史·吐蕃传》则谓"吐蕃"为"秃发"之"语讹"。

---

① 见《满洲源流考》。按今日东北满人还有祭鹊的遗留。

②《魏书·高车传》。

③《北史·突厥传》。

④ 据《西藏图经》。按《西藏王统记》（商务印书馆一九五五年版）：有神猴与岩罗刹女"结为眷属……产生六猴雏"后，变成人类的神话。

《旧唐书》本传亦说："本汉西羌之地"。更结合藏人体貌、风习、语文系统等方面考察，他们是兼具有"马来人种"和"蒙古人种"及其独特的一些特点的。因此，对藏族的人种来源问题的解决，还有待于地下资料的发现和进一步研究。它和汉族开始接触的时间，据《旧唐书》本传，谓其为"南凉秃利鹿孤之后"的传说，则他们在所谓"五胡十六国"时，已开始与汉族等各族有了广泛的直接接触；本传又说："历周及秦……未通于中国。"依此，又可能从汉时起已有了接触。《新唐书》本传谓其"盖百有五十种，散处河、湟、江、岷间"。是则在唐以前，吐蕃的有些部落，已进到黄河、湟水（即西宁河）、长江、岷江各江上游的一些地区，与汉族及其他一些种族和部落交错地居住着。约在隋唐之际，以松赞冈保①为首，吐蕃完成了奴隶制的变革。唐初，曾与唐廷为了争夺吐谷浑等部（在青海境），发生战争；后因由于唐朝的兵力和吐蕃统治集团内部的矛盾（如因反对"东寇"，"大臣""自杀者八人"），乃转而与唐通好，大力吸收其时人类最先进的唐文化，并隶属于唐，自同"藩臣"，"大臣"来唐公干，也自称"陪臣"，便建立起汉、藏两族人民经济、文化上日益密切的直接联系②。据《宋史》本传：宋时，继续保持对宋廷的贡纳和贸易关系，如河西军左厢副使归德将军折逋游龙钵并受宋廷官封，所谓"四世受朝命为酋"和履行"贡方物"的义务。如"折平族大首领获远州军铸督巴"等并将其部落间"侵夺地土"的纠纷提请宋廷裁决。如潘罗支等对自己的军事行动也请示宋廷。元时，称作"土番"，正式列入中国版图；

---

① 据《西藏王统记》。《新唐书·吐蕃传》作"弃宗弄赞，亦名弃苏农，亦号弗夜氏"。《旧唐书·吐蕃传》"赞"作"讃"。

② 两《唐书·吐蕃列传》均载，松赞冈保赞普，派人贺"太宗伐辽东"凯旋还朝的"奉表"、表示翼戴高宗嗣位给长孙无忌等的书信，都自列于唐廷的藩臣；接受高宗授予的"驸马都尉"的官职"西海郡王"及后"进封为宾王"（《新唐书》本传作"賓王"）的封爵；常对唐廷"献金银珠宝"等贡品；接受唐廷的军事调遣，如"右卫率府长史王玄策使往西域，为中天竺所掠；吐蕃发精兵与玄策击天竺，大破之，遣使来献捷"（《新唐书》本传作"来献俘"）。《旧唐书·太宗本纪》记载说："王玄策击帝那伏帝国，大破之……吐蕃赞普击破中天竺国，遣使献捷"云云。另方面，不只随同文成公主带去了唐文化、文人、工匠和物品等等（《西藏王统记》载文成公主自作歌中所说的有"觉卧像"、"占星学"、"宝锦缎、制酪术、制酥术、制膏术、育蚕缫丝术、碾磑以及芜菁种"等等"无量财宝"），赞普还继续请准唐廷给予"蚕种及造酒、碾磑、纸墨之匠"（又《王统记》记载：为适应唐式宫殿，公主又从唐廷要去"甚多木匠、塑匠"等），唐的建筑术和服装制作等都随同工匠的派遣传入西藏。同时，赞普又选派所谓"酋豪子弟"到长安"入国学、习诗书；又请儒者典书疏。"因而便蔚成了所谓"华风"。

明时称作乌斯藏；清时称作西藏，一直是中国疆土的一个构成部分。

蒙族 蒙族亦名达旦族。关于其起源，说法很多，今日已很难正确考知。据《元朝秘史》说，其最早的祖先，为苍色狼图腾和白色鹿图腾，是比较可靠的。七世纪时（唐初），他们是住居在土谢图汗部斡儿河（今蒙古人民共和国鄂尔浑河）流域的一个游牧部落；五代、两宋间曾为辽、金属领。蒙古贵族在十三世纪南下灭金，后又灭宋，创立元朝；他在灭亡金、宋前，已完成了奴隶制变革的事业，脱离金朝独立；元朝灭亡，已入中土的蒙古人有一部分回到蒙古高原等地。后来分为"达旦"、"插汉"等部，成为明朝的属领。清朝重新征服蒙古后，划内蒙古为东四盟，西四盟；划外蒙古为四部；划河西额鲁特为二部二旗，金山额鲁特为七部三盟二十二旗。一九二一年，外蒙古人民革命获得初步胜利；一九二四年六月成立蒙古人民共和国，成为一个独立的人民民主国家。内蒙古在解放后，也已实行了区域自治，一九四七年五月一日就成立了内蒙古自治区人民政府。它已成为我国少数民族地方最先进的地区。

僮族 "僮"不是僮族人民的通俗称号，据《广西僮族历史与现状》的著者说，他们自己有"布壮"、"布土"、"布衣"、"布农"等二十几个通俗称呼。"僮族名称见诸文字记载开始于宋朝时代"，到清朝才成为通俗的称呼①。关于僮族的来源，谓在秦汉及其以前，为"骆越"；在三国及其以后为"僚"；隋以后又称作"俚人"；明朝又称作"俍人"②。根据广西平果、龙津等处新石器

---

① 《史记·西南夷列传》："取其筰马、僰僮、髦牛。""僰僮"下注：《正义》曰："今益州南戎州，北临大江，古僰国。"《华阳国志·蜀志》："雄张僚、僰"；《元和郡县志·越巂郡》："后陷夷、僚"云云，为"僚、僰"或"夷、僚"并称。《史记》所谓"僰僮髦牛"是否亦为"僰、僮"并称。《华阳国志》："其宝则有璧玉、金、银、珠、碧、铜、铁、金、锡、赭垩、锦绣、罽牦、犀、象、毡、丹黄、空青、桑、漆、麻、苧之饶；滇、僚、賨、僰，僮仆六百之富"之"僮"，亦系与"滇、僚、賨、僰"并称，而非"僮仆"叠词。而所述卓氏、程郑、吕不韦等的"家僮"，或"僮手指千"之"僮"，系僮人被掠为奴而转成奴仆之义。如果可以这样解释得通而又合于史实的话，则"僮"的名称应早自秦汉以来矣。但我非敢违反大多数学者的解释，而只是作为问题提出的一种尝试。

② 《史记·南越尉佗列传》："财物赂遗闽越、西瓯骆。"注：《汉书音义》曰："骆越也。"原书引《旧唐书·地理志》："宣化（广西邕宁）……古骆越地也"；《三国志·蜀志·霍峻传》及《隋书·地理志》："俚僚贵铜鼓"；《太平寰宇记》："贵州（广西贵县）连山数百里皆俚人，即乌浒蛮"；《南州异物志》："俚在广州之南，苍梧、郁林、合浦、宁浦、高凉一带皆有之，地方数千里"；顾炎武《天下郡国利病书》："又多俍人，故曰俍兵"；《峒谿县志》："俍人多在南丹三州"；《粤西偶记》："俍人者，粤西诸郡处处有之。"

时代遗物的发现和研究，结合僮族在广西散布的历史情况和风习，以及我们前面的论究：那些新石器时代遗物既是骆越或西越的遗存，而骆越或西越又正是僮族的祖先；因此，问题只在于骆越或西越各部落，以后是否都统一为一个僮族，这是需要进一步研究的。关于僮族的人种来源问题，根据广西发现的新石器考察，似与越南人民共和国及近年来在东南沿海各省地区、尤其是广东海南岛黎族苗族自治州境内出土的，诸多相同①，因此，僮族人种来源，似乎主要是马来人种。

　　僮族是我国少数民族中人口最多的一个民族，主要聚居在今广西境内。早期以来，它就和汉族及其他兄弟民族如瑶族等交错地杂居着；不只和汉族等各族人民一道，创造与保卫了祖国的文化和疆土，披荆斩棘地开发了广西，而且由于长期间受到较先进的汉族生产和文化的直接影响，长期和汉族劳动人民共同进行斗争（生产斗争和阶级斗争），它的社会发展情况，在解放前基本上已接近汉区，而在紧靠近汉区及与汉人杂居较久的广西僮族自治区东部，已完全和汉区一样。

　　高山族　散布在祖国领土台湾的高山族，据《台人画纪》稿本，包括有以下诸部：一、彰化县属东西螺大武郡半线等社；二、诸罗打猫他里雾柴等社；三、凤山县属山猪毛社；四、山佑武乃等社；五、凤山县属傀儡山后的所谓傀儡人；六、嘉义县属番社哆啰嘓；七、下齐人；并谓他们在服装、语言等方面都不大一样。据高山族的同志谈："在日本帝国主义侵占以前，高山族共包括有十多个部。到日寇战败投降，台湾归还中国时，只残留有七个部：即泰耶尔、赛设特、朱欧、蒲能、摆旺、阿美、耶眉。泰耶尔部住台湾北部，即台中、埔里以北的新竹、台北、花莲港所属中央山脉的山区；赛设特部，住新竹县南庄附近较低的山区；蒲能部，住台中埔里以南至高雄、知本主山以北的山区；朱欧部，住新高山溪流一带的山谷；摆旺部，住台东县境知本主山以南至高雄县恒春之间；阿美部，住台湾东海岸，即花莲港和台东县的平原地区；耶眉部，住台湾西南的红头屿小岛上。"七部共包括七三九个社。"在日本帝国主义侵占前，原共有人口五十多万；至一九三七年日人统计，已减少至十七万零一点；至一九四七年国民党政府接收时，又减少至十四万零一点。""七个部的语言，彼此都只有小部分相同；但语法都是相同的"；"生产文化都较低，

---

① 据广西僮族自治区左右江流域近年出土新石器时代遗物。又按柳宗元《登柳州城楼寄漳、汀、封、连四州刺史》诗，其时粤、桂、闽的原住民，还有着文身的共同习惯。

只有和汉区接近及和汉族参错居住的阿美部，生产文化都接近汉区。""七个部可能不是同一来源。"又据林惠祥教授考究："台湾新石器时代人类"，是由大陆"漂流到澎湖台湾"的"古越族的一支"；又说："应当还有从南洋去的人……从菲律宾方面进入台湾"的"海洋系黑种人"，"还有马来人……也难免会有些被漂流到台湾来"①。这和高山族同志口述的情况，基本上是一致的。

高山族是中国境内至今还没有得到解放的仅有的一个兄弟民族，它还在美帝国主义和国民党反动派的统治下，过着水深火热的生活。解放祖国的领土台湾，让居住在台湾的高山族弟兄和汉族人民回到社会主义祖国大家庭，是各民族人民共同的职责。

苗族和瑶族 殷周以前，《尚书·尧典》、《禹贡》等书的所谓"三苗"，是否与苗族有关，还不能论定。殷周之际，随同周人等殷各属领人民一同反殷的髳人，可能即苗族的异称。在西周、春秋、战国，苗人和瑶人，大抵都是所谓"芈、蛮"或"群蛮、百濮"中"蛮"的一部；所谓"百越"，是否也包括苗、瑶在内，尚有待于其古代散布地区的地下发现和发掘。在秦汉时代，所谓夜郎，是包括苗人和瑶人等在内的；所谓"武陵蛮"或"五溪蛮"② 可能是包括苗人和瑶人的统称；战国秦汉间著作中的所谓"三苗"或"苗民"③，大抵是根据其时散布在今湘、桂、鄂、赣一带的苗人（可能还有瑶人及其他部落）的现实情况而说的。唐宋时代的南诏，是包括一部分苗人和瑶人在内的。在宋、元、明的史籍中，每每有"蛮傜"、"蛮""僚"、"苗""蛮"之称。《通鉴辑览》④ 并把"傜"、"苗"、"蛮夷"、"僮"并称。在清朝，统治阶级不只把散处在各地的苗人和瑶人，异称为所谓："莫傜"、"蓬头傜"、"高山傜"、"东苗"、"西苗"、"紫江苗"、"尖头苗"等等；而又侮辱性地异称为

---

① 林惠祥《台湾石器时代遗物的研究》。
② 《中国古今地名大辞典》：武陵山脉，自贵州苗岭分支，行乌江沅江间，蔓延于湘西北之沅江澧江间，迄常德西境平山止，为古五溪蛮地。《水经注》谓五溪为雄溪、樠溪、酉溪、沅溪、辰溪，包括湖南旧辰、沅、永、靖、永绥、凤凰、乾州、晃州八府州厅，贵州旧思州、思南、镇远、铜仁、黎平、松桃、五府厅。按汉马援"征五溪蛮"，曾驻营今湖南武冈。故老传言，谓系"打五溪蛮"，"五溪蛮就是洞苗"，而今武冈境内的兄弟民族，即所谓"洞苗"，却是瑶人。
③ 《史记·五帝本纪》："三苗在江、淮、荆州，数为乱"；《淮南子·修务训》：舜南征三苗，道死苍梧。《山海经·海外经》："三苗国，在赤水东……一曰三毛国。"吴起云："三苗之国，左洞庭而右彭蠡。"《山海经·大荒北经》："西北海外黑水之北，有人有翼，名曰苗民。"
④ 第一〇五卷。

所谓"生苗"和"熟苗"、"生猺"和"熟猺"。

苗族、瑶族和僮族一样，都有关于槃瓠图腾的崇拜，和普遍流行着"盘古开天地"的传说。在民俗等方面也有不少共同，从表面察看，体貌也很相似。因此，苗族和瑶族，都可能是近亲，从而，他们人种的主要来源，也可能是马来人种；但是最后的论定，也还有待于全面、系统的地下发现、民俗调查和进一步研究。

苗人和瑶人，在长期的历史过程中，不少人已和南去的汉人混合；如湘西南的汉人，我认为可说是汉人和苗、瑶人等等的人们的融合。同样，今日的苗族和瑶族，也是吸收了汉人等人们的成分在内的。这都是可以从体貌、生活、风习和传说等方面察知出来的。

解放前苗族和瑶族的社会发展情况，在接近汉区，与汉人杂居历史较久的地区，也已基本上和汉区一样。

彝族　彝族是我国西南少数民族中人口较多的民族之一。

在历史上，属于彝族系统的各别部落，有着各种不同的名称。《史记·西南夷列传》说："自滇以北，君长以什数，邛都最大，此皆魋结……自嶲（云南永昌境）以东北，君长以什数，徙（四川天全境）、莋（四川越嶲）最大。"邛、徙、莋……即《汉书》及《华阳国志》等书的所谓"邛都夷"或"邛人"、"莋都夷"或"莋人"①，以及所谓"僰人"②，"僚"③、"夷"④ 等等部落当时散布的地区，正是今日彝族的主要聚居区：大、小凉山及川滇黔边的东

---

① 《华阳国志·蜀志》："临邛县……本有邛民"，"邛之初有七部"，今西昌县也，"阑县（四川越嶲），故邛人邑"，邛民或居定莋（四川盐源）。《汉书·西南夷传》：武帝开"邛都夷"为邛都县。《汉书·地理志》：蜀郡、越嶲郡，有临邛、江源、严道、旄牛、徙、邛都、定莋、莋秦、大莋、苏示、阑等县，都是邛人、莋人、徙人等部故地。
② 《史记》和《汉书》所述"僰僮"之"僰"，是指其时散布在四川旧叙府属宜宾（古僰道县）一带的僰人部落。《华阳国志·蜀志》："僰道县……本有僰人。"因此，这不是元明以后称白族为"僰"之"僰"。
③ 从下述记载所示的僚人活动地区，它不是后来广西境内的"僚人"，而是其时彝人集团的部落。《魏书·僚传》："李势在蜀，诸僚始出巴西、渠川、广汉、阳安、资中。"《晋书·载记》："初蜀土无僚，至此始从山而出，北至犍为、梓潼，布在山谷，十余万落。"《周书·僚传》："僚者，盖南蛮之别种，自汉中达于邛、莋，山洞之间，所在皆有。"《华阳国志·蜀志》："〔蜀〕保子帝……攻青衣（四川雅安境），雄张僚僰。"
④ 《华阳国志·蜀志》："定莋县，莋、莋夷也。汶山曰夷，南中曰昆明，汉嘉、越嶲曰莋，蜀曰邛，皆夷种也。""蜀安南将军马忠率越嶲郡夷。"这里所说的"夷"，除所谓"南中曰昆明"之"昆明"可能是属于白族在其时的部落外，并非对一般种族和部落的泛称，而是说的其时彝族的部落集团。解放以前，国民党反动政府也还是把"彝族"称作"夷"。

川、威宁等县一带。所谓"魋结"（即在额前留发一束椎结）、也正是今日彝人独特的"英雄标记"。在唐朝，《新唐书·南蛮传》所谓其种分七部落的"乌蛮"或"东爨乌蛮"，与"西爨""言语不通"，其"男子髽髻"，其七部落中有一名"卢鹿"。又《五代史·牂柯蛮传》："其人椎髻、跣足、披毡。""髽髻"、"椎髻"即"魋结"，"卢鹿"即汉时之"鹿荩"和其后之"罗罗"或"倮倮"之异称。因而所谓"乌蛮"或"西爨白蛮"以外"爨蛮"，乃是唐朝统治阶级对其时彝族部落集团的称谓。

大渡河和雅砻江，都是流经秦汉以来就是彝族散布的地区的。这两江流域的新石器时代的遗址遗物，是否和古代彝人有关，是一个很值得研究的问题。我相信，系统全面的地下发掘，将科学地回答这个问题。

在实行民主改革和社会改革前的彝族社会，依据专家的调查研究，确实存在着剥削和被剥削的阶级构成。剥削阶级都属占人口百分之十五左右的"黑彝"，其中又区分为三个不同的阶层：占有很多耕地、牲畜、生产资料和百、十户乃至上千上万户的"娃子"的富户、头人；只占有几户至十户"安家娃子"和几个"锅庄娃子"的中小富户；几家联合才能占有一个单身"娃子"或不能占有"娃子"、但也不参加劳动的一般黑彝之家。这和奴隶所有者社会自由民阶级中的奴主贵族、中小奴主、平民诸阶层的情况，基本上是相同的。占人口百分之八十五的被剥削阶级，都属于"白彝"，他们就是所谓"娃子"。其中也大致可区分为三个阶层。连自己身体也全属于主人的格式格洛（Kashi Kano），即所谓"锅庄娃子"或单身娃子，占人口百分之十五。他们在主人残暴的鞭策下，担负各种生产劳动和下贱的操作；自己建立家室、结婚生子的"安家"（Acha），占人口百分之三十。他们可以从主人那里取得一块份地和保有一点财产（房屋、家具、农具、牲畜、粮食等等），但一般每年要自带农具，给主人作工一八〇天以上，剩余的时间才能在自己的份地上劳动，此外还要为主人担负其他各种劳役和送礼的义务，同时主人不只向份地征收地租，并可无代价地征收"安家"的牲口等等。赎回了自己的身子，自有了生产工具、牲口和买得一点土地，甚至还可以有娃子的曲诺（Chuno），占人口百分之四十左右，共占有全部耕地百分之二十，牛羊约百分之五十。他们都必须投靠于一个黑彝的"家"，而取得其保护，叫作"名投娃子"（Bag）；否则，便可能为其他黑彝"家"的强力所占有。他们都靠租种黑彝主人的土地，除以收获的二分之一、三分之二或十分之一缴纳地租外，还须每年为主人从事劳役数日至二十日，年、节、喜事给送礼，长子结婚向主人缴纳名为送礼的税金，还有高利贷剥削，同时须向自己投靠的黑彝的"家"担负贡纳义务。他们都在得到主人的许可下，依附和投入原来属于曲诺阶层的一个白彝的族，得该族头人同意取得其姓氏，成为白彝成员。但同时，"在大凉山中，一个曲诺有两个汉人锅庄娃子，或者几家曲诺共有一个娃子的情况是颇多的，但不能因此改变他与黑彝的隶属关系"；同时，他们也都是较穷困的。曲诺允许其锅庄娃子结婚成家的，叫作"忌索左"（Gisutsu）。"曲诺头人，一般可占有出租的田地和十多个锅庄娃子，最富有的可以占有忌索左四十户左右，自己脱离劳动生产，在黑彝头人商量处理重要事件的时候，也得请他参加意见，这种人往往被称为管家娃子，并通过他去控制同姓的曲诺以及其他的白彝"。此外，在彝区，田地可以进行抵押或典当，并在一定范围内可以买卖。

因此，"锅庄娃子"是具有奴隶制时代奴隶的典型性质的。"安家娃子"基本上已具有在奴隶制末期出现的作为农奴前身的隶农的若干特点。除曲诺头人应当别论外，我以为一般曲诺，也是具有农奴的若干基本特点的。这在彝区，可能不只由于其本身社会的发展，还由于汉区经济、政治、文化的严重影响和推动。因此，在改革以前彝区社会，我以为已不同一般奴隶制社会的情况，而是表现着奴隶制和封建制两种生产方式并存的过渡形态，后者并不断在扩大比重和取得重要地位。现在，在全国范围的社会主义经济、政治、文化无比巨大的力量的带动和推进下，彝区也不可避免地经历民主改革和社会主义改造，而且这种改革和改造基本上已取得胜利，彝区社会已迈进了先进的社会主义社会阶段。

白族 白族亦称民家，是我国西南少数民族中，文化发展最早、最高的一个民族。它在解放前和解放后，以及在社会主义改造后，社会发展形势，基本上都同于汉区。

秦汉及其后，散布在今洱海和滇池区域的"昆明"、"滇"①，可能是属于

---

① 《史记·西南夷列传》："西自同师以东，北至楪榆（云南大理东北），名为嶲、昆明，皆编发。""其西靡莫之属，以什数。滇最大。"秦并六国前，楚将庄蹻"将兵循江上略巴、（蜀）黔中以西……至滇池，（地）方三百里，旁平地，肥饶数千里……以其众王滇，变服，从其俗，以长之"。又《华阳国志·南中志》："〔晋〕太康三年，罢宁州，置南夷……夷人大种曰昆，小种曰叟。""滇池县（晋宁），郡治，故滇国也。有泽水周围二百里，所出深广，下流浅如倒流，故曰滇池。"依此，当时的昆明人、滇人等部落是散布在今洱海和滇池等地区的。

其时白族的一些部落或部落集团。隋、唐间，散布在今洱海和滇池区域的所谓"西爨白蛮"①，应即隋唐统治者对其时白族部落集团的称谓。此外，还有所谓"洱蛮"、"弥河蛮"② 等等称谓。所谓"白蛮"之"白"和"西爨"之"爨"③，可能是其时白族自己的称号。以蒙舍诏阁罗凤为首建立的古代式的南诏国，包括着"乌蛮别种"、"东爨乌蛮"、"西爨白蛮"等等不同种族和部落；其统治集团中，也不只包括出身于"乌蛮别种"的"六诏"④ 人，而又包括有出身"白蛮"的白崖、渠敛两诏人等等。在南诏国的废墟上，以出身白族的南诏旧人段思平等为首，又在石晋天福年间，建立起大理国，白族出身的贵族构成了统治的主体。经过南诏和大理的前后五百多年间，特别在大理存在的近三百二十年间，便以洱海区域为中心，以所谓"白蛮"为主体，吸收了其他一些部族和部落，形成为白部族，并称作"僰子"或"僰人"。后又与"僰"、"白"⑤ 通称"转为白人"。

在云南晋宁石寨山（滇池附近）发现的遗址和墓葬，其中关于新石器时代的遗址遗物和过去在苍洱和昆明官渡等地发现者有相同或近似之处。特别值得注意的，遗物中有印纹硬陶片、有肩石斧和螺蚌壳的堆积等等。随同出土的还有"大泉五十"一枚。如果将来进一步发现，能证明它与古代白人的关系，那就同时还可以解决白族人种的主要来源的问题。在石寨山墓葬中所发现的大量铜器：首先在铜鼓右侧的鼓形四耳器器盖上的小铜人、犬、豕、龙、虎铜柱

① 《新唐书·南蛮传》："自曲州、靖州西南昆川、曲轭、晋宁、喻献、安宁、距龙、和城，通谓之西爨白蛮。"又说，隋文帝时，史万岁击"西爨"爨震玩之"叛"，"至西洱河、滇池而还"；〔唐〕太宗道将击西爨，开青蛉、弄栋为县……白水蛮，地与青蛉、弄栋接……弄栋西有大勃弄、小勃弄二川蛮，其西与黄瓜、叶榆、西洱河接。"唐樊绰在所著《蛮书》中，也认为这一带，即今大姚、姚安、大理、凤仪、祥云、弥渡等地，是其时"白蛮"散布的地区。

② "洱蛮"见《旧唐书·南蛮传》，"弥河蛮"见《通鉴》。

③ 刘宋《爨龙颜碑》，叙称龙颜为"建宁同乐人"。同乐在今云南曲靖西，"菜邑于爨，因氏族焉"。这说明"爨"曾是曲靖一带部落的通称。至碑文又称龙颜为颛顼子孙祝融后裔，可能由于其先人系同化于爨人之楚人。

④ 以蒙舍诏阁罗凤为首建立的南诏国，《新唐书·南蛮传》说：蒙嶲、越析、浪穹、邆赕、施浪、蒙舍六诏，"本哀牢夷后，乌蛮别种"。《后汉书·西南夷列传》有关于哀牢的阶级群婚和对龙的图腾崇拜的传说。今日白人中关于龙的一些观念，也可能由于六诏被同化而带进的传统观念。

⑤ 〔元〕陶宗仪《书史会要》："张志成，云南大理国僰人。"李京《云南志略·白人风俗条》："僰人今转为白人也。"元、明却"僰"、"白"并称。《万历云南通志》又称僬人为"僰夷"，自后便又混淆了"僰"的称谓。（转引《云南白族的起源和形成论文集》方国瑜文）

等等，表现了奴隶制时代的祭祀的形象，据说云南弥渡县还保有南诏建极十三年（公元八七二年）的一根同一意义的铁柱；二、铜犁、铜铲、铜斧等的发现，对我们研究青铜器时代的生产工具，又一次提供了丰富的资料；三、"铜器上刻铸的人物都是我国西南少数民族的形象，内容并充分暴露了奴隶被压迫的情况"，这说明它可能是南诏的遗存，并对南诏的社会性质提供了有力的论证；四、"铜器中满盛着贝"①。结合着上述某些特点，可以初步论定，南诏至少是其中所谓"乌蛮别种"的主要人种来源，是马来人种；五、铜鼓是广西僮族和西南某些少数民族共同的特有的东西；六、出土物表现它所受汉文化影响的深度；它和战国楚墓出土的某些并非"偶然的吻合"、相同或"完全相似"的东西，对庄蹻的事迹又提供了一点线索。

白族人种的主要来源，不论系由北南下的氐人、或系由南北来的越人或其他，而其融合有汉族人口的大量成分，是无可否认的，如变服从滇俗的庄蹻所部楚兵、沐英率领征滇的明军，也就是与"民家"对称的"军家"，大都成了白族的构成部分；这就是白语中有很多汉语的楚音和吴音语汇的由来。此外也还有不断前去为白族所同化的汉人。同时，它还吸收了所谓"乌蛮别种"等种族和部落的成分在内。但此，并不影响白族构成为一个民族。所以斯大林关于民族构成的因素，排斥血统论。

其他　对今日中国境内的其他兄弟民族，大都由于我手边的材料太缺乏，在这里不及一一叙述；将于修订拙著《中国民族简史》时，加以探究。

结语　构成今日中国各兄弟民族的汉、蒙古、回、藏、维吾尔、苗、彝、僮、朝鲜、满等等，在历史过程中，彼此间都不能不有着部分的同化与被同化或相互融合。虽则由于汉族的文化较高，力量较强大，他族被同化或融合于汉族的人口要大过汉族被其所同化或融合的人口，他族所吸自汉族的文化成果要大过其所给予汉族文化上的影响，但不能否认各兄弟民族对中国文化创造的影响和功绩。

在过去中国各民族推演着以汉族为主干的相互融合过程，是不可否认的历史事实。这个过程，一面成了中国疆域和人口不断扩大的一个条件，各族人民

---

① 《考古学报》总第二册云南省博物馆考古发掘工作组：《云南晋宁石寨山古遗址及墓葬》；《文物参考资料》一九五七年第十一期第四五、四七、四八页。

间经济和文化上联系日益密切的一个条件，有利于今日祖国社会主义建设的一个条件，一面也给了其时中国各族人民不少损害。当人类还在原始公社制阶段时，部落间的融合，是一种平等的自愿联合的过程，但在阶级社会时代，大民族主义或民族压迫民族下的同化，则是一种人压迫人的社会过程了。在过去，像中国各部族和部落间的那种相互的融合，虽则有其一定的历史原因，也不全由于一种大民族主义或民族压迫民族的同化政策的推行，而有着各民族劳动人民相互间的实质上的平等关系的存在，但大民族主义和民族压迫民族的思想和活动及与之相应的违反爱国主义要求的狭隘民族主义或地方民族主义，却迟缓或歪曲了各族历史发展的过程，给各族人民造成了一定的损害和痛苦。特别在国民党反动政府统治时期，毛泽东主席指出："国民党反人民集团否认中国有多民族存在，而把汉族以外的各少数民族称之为'宗族'。他们对于各少数民族，完全继承满清政府和北洋军阀政府的反动政策，压迫剥削，无所不至。"[①]他们一贯推行其最反动的法西斯大民族主义的政策，给了各兄弟民族及汉族人民以极其严重的损害和灾难。解放后，违反平等结合平等发展原则的民族压迫的根源已不复存在，中国境内各民族人民已获得平等的权利和平等发展的机会。起过临时宪法作用的《中国人民政治协商会议共同纲领》，对民族平等有明确的规定。这些规定的实行，已使各兄弟民族在平等、自愿的基础上建立了新的友好、互助、合作的关系。在《中华人民共和国宪法》中，进一步发展了共同纲领。宪法的序言指出："我国各民族已经团结成为一个自由平等的民族大家庭。在发扬各民族间的友爱互助、反对帝国主义、反对各民族内部的人民公敌、反对大民族主义和地方民族主义的基础上，我国的民族团结将继续加强。国家在经济建设和文化建设的过程中将照顾各民族的需要，而在社会主义改造的问题上将充分注意各民族发展的特点。"我们对各民族地区进行社会主义建设和社会主义改革，都坚决地执行和灵活地运用了这种原则，进行了这种建设和改造，进行了对干部和群众的思想教育与政策作风的检查；而今基本上已经胜利，各民族的社会面貌已根本改变。宪法的总纲规定："各民族一律平等。禁止对任何民族的歧视和压迫，禁止破坏各民族团结的行为。各民族都有使用和发展自己的语言文字的自由，都有保持或者改革自己的风俗习惯的自

---

① 《论联合政府》，载《毛泽东选集》第三卷，一九五三年第二版，第一〇八四页。

由。各少数民族聚居的地方实行区域自治。各民族自治地方都是中华人民共和国不可分离的部分。"宪法第二章，并有专节规定民族自治地方自治机关的组织原则和职权。这到目前，已在全国范围内基本实现。首先关于区域自治这个马克思列宁主义的基本原则，截至目前为止，已经建立了四个自治区，三十一个自治州，五十四个自治县，还有一千个左右的民族乡。此外，还建立了西藏自治区筹备委员会。关于民族的语言文字，不只受到了充分尊重，"过去没有文字的和没有通用文字的民族，党和国家积极地为他们创制文字，到现在已经为二十个民族设计了文字方案，有的方案已在试验推行"①。关于民族平等和团结方面，由于党和政府对少数民族地区的经济、政治、文化等方面的巨大建设和巨大成就，民族平等和民族团结获得了社会主义的新的物质基础，其中尤以各民族人民中工人阶级的产生和成长，共产主义队伍的形成和成长，具有极重大的意义。党和政府对民族政策执行情况的全面、深入地检查，对一度滋长的大汉族主义和干部思想作风的检查，广大群众在大鸣大放大争的形式下，对破坏民族平等和民族团结、祖国统一、反党反社会主义的斗争，对一度嚣张的地方民族主义的斗争，都获得伟大的胜利。这是从政治和思想上不断去克服损害民族平等、团结，阻碍民族繁荣和发展的消极因素，巩固和发展积极因素。这一切，都是从有利于共产主义事业为前提的。

中华民族是很优秀的，富有优良传统和伟大创造力的。我们的伟大领袖毛泽东主席在其名著《中国革命和中国共产党》中说："中华民族不但以刻苦耐劳著称于世，同时又是酷爱自由、富于革命传统的民族。以汉族的历史为例，可以证明中国人民是不能忍受黑暗势力的统治的，他们每次都用革命的手段达到推翻和改造这种统治的目的。在汉族的数千年的历史上，有过大小几百次的农民起义，反抗地主和贵族的黑暗统治。而多数朝代的更换，都是由于农民起义的力量才能得到成功的。中华民族的各族人民都反对外来民族的压迫，都要用反抗的手段解除这种压迫。他们只赞成平等的联合，而不赞成互相压迫。在中华民族的几千年的历史中，产生了很多的民族英雄和革命领袖。所以，中华民族又是一个有光荣的革命传统和优秀的历史遗产的民族。"② 中华人民共和

① 《民族团结》第一期，第八——一〇页。
② 《毛泽东选集》第二卷，一九五二年第二版，第六一七页。

国成立前的百多年间，中华民族曾遭受资本——帝国主义及其工具封建主义、官僚资本主义的残暴统治，各族人民的伟大创造力受到严重的抑制，但我各族人民的反抗和革命斗争也始终没有停止过。今天，伟大的中华民族站立起来了，正如伟大领袖毛泽东主席所教导："我们的民族将从此列入爱好和平自由的世界各民族的大家庭，以勇敢而勤劳的姿态工作着，创造自己的文明和幸福，同时也促进世界的和平和自由。我们的民族将再也不是一个被人侮辱的民族了，我们已经站立起来了。"[1] 我们各兄弟民族平等友爱互助合作的社会主义大家庭——中华人民共和国，已成为以苏联为首的世界和平民主阵营中的重大力量，已成为东方和平的堡垒。我们各兄弟民族人民的伟大创造力和优良的传统，将在马克思列宁主义的原则下获得充分的发扬。

复 习 题

一、中国的自然条件有何特征？

二、中国人种的起源及中国民族形成的过程如何？

三、中国有多少民族，其情形如何？

四、应怎样去正确处理国内民族问题？

---

[1] 毛泽东主席在中国人民政治协商会议第一届全体会议上的开幕词。

第二章
原始公社制前期

第一节 "燧人氏""钻木取火"

钻木取火前的时代状况　太古时代的我们的祖先，在发明"钻木取火"前（即传说中的"有巢氏"时代），生活的具体情况怎样，我们已不能正确知道，只能从传说式的记载和很少的遗物中考知其大概。

他们当时所使用的劳动工具（同时就是防御武器），还没有铜器和铁器，石器的式样也很少，只有一种极简单极原始的略为加工过的钝厚的石拳楔、石片和木棒（如蒙古人民共和国阿罗淖尔发现之加工过的数千块岩石碎片等，《商君书·画策》所谓"伐木杀兽"，《吕氏春秋·荡兵》所谓"剥林木以战"）。由于工具的幼稚，他们获取生活资料的方法，主要靠采集"树木之实，食蠃蚌之肉"、或所谓"鸟兽虫鱼草木之实"[1] 和容易捉获的禽兽，充作食品，以羽毛、树叶、草茅编制成衣服[2]；也不知储藏食物，"饥即求食，饱即弃余"[3]。又因为当时尚未发明用火，许多非煮熟不能下咽的东西，也都未能充作食物。因之，食物的种类和来源都是极其有限的。他们不能常常在一个地区

---

[1] 《淮南子·修务训》。《说郛》卷第二《三坟书》（涵芬楼据明钞本）。
[2] 《墨子·辞过》。
[3] 《白虎通·号篇》。

内得到食物的满足。为着求食，便不能不在地面上到处流浪，形成一种所谓"同与禽兽居，族与万物并"① 的状况。

但由于其时工具的幼稚，周围又多迫害人类的毒蛇、猛兽，单独的个人不能进行食物的采集，也不能防御毒蛇、猛兽的迫害，因之便形成一种在地面上到处流浪的原始群团，共同觅取食物和防御外侮，形成一种所谓"聚生群处"② 的状况。

他们原始的住室，也由于其时"人民少而禽兽众，人民不胜禽兽虫蛇……构木为巢，以避群害……号之曰有巢氏"③。而这种住室，也是由群团共同架设，共同住居的。

在这种原始群团中，"无君长"，"无亲戚、兄弟、夫妻男女之别，无上下长幼之道"，大家一律平等。同时在两性关系上，也便是一种"无上下长幼之道"、"无亲戚、兄弟、夫妻男女之别"④ 的杂交。（其他兄弟民族也有类此传说，如《五代史》说契丹北有北狗国，生男生女，"自相婚配"。《伯益经》说：黄帝曾孙卜服之子白犬，"自相牝牡"。）

火的发明及其贡献　生活在这种原始群团中的我们的祖先，不知经过多少万年，到传说的"燧人氏"时代，发明用火以后，才从"同与禽兽居，族与万物并"的状态中解放出来。

由于原始群团的生产力发展，后来已能制造较复杂的工具。特别由于钻孔用的尖锐器的发明后⑤，在"木与木相摩"或"错木作穴"的工具制作过程中，错出的木屑生出火来⑥。我们的祖先便由此达成火的伟大发明。

火的发明，对他们当时的生活，引起了伟大的飞跃的变革。从所谓"钻燧取火，教人熟食"的时候起，"燧人氏"的人们便知道"炮生为熟"，"以化腥臊"，"令人无腹疾"⑦，从前不易下咽的"鱼鳖螺蛤"之类，现在都可以

---

① 《庄子·马蹄》。
② 《吕氏春秋·恃君览》。
③ 《韩非子·五蠹》。
④ 《说郛》。《吕氏春秋·恃君览》。
⑤ 山西交城发现的砍伐器、石核器、刮削器，还发现尖状器一件，可能为旧石器时代初期后一阶段的遗物（见《考古通讯》一九五七年第五期贾兰坡、王择义文）。
⑥ 《河图始开图》；《庄子·外物》。
⑦ 见《补史记·三皇本纪·燧人氏》注；《韩非子·五蠹》；《风俗通》引《礼含文嘉》等书。

"燔而食之"，这不但扩大了食物的种类和来源，且引起他们生理的急剧变化，特别是后脑的发展；同时，他们又不但知道用火去取暖如所谓"冬则炀之"①和防御"禽兽虫蛇"的迫害，用火去"焚林而畋，竭泽而渔"，以补"人械不足"②，并知道使用火力去制造工具。

但他们获取生活资料的方法，也还是"不耕不稼"，不知饲养禽兽。住于"四绝孤立"的山上者，主要则"焚林而畋"；"缘水而居"者，主要则"竭泽而渔"③。同时也还没有陶器等煮物器具的发明，烹制食物的方法，是"以土涂生物"，放到火中去炮烧，或"加物于燧石之上"去焙烤。

火的发明，改变了他们获取生活资料的方法，又改变了他们自身的生理构造，提高了他们对自然的占有程度。从而又改变了他们的社会面貌。由于劳动工具的改进和样式的加多，便引起依年龄和性别的阶级分工。在这种社会分工的基础上，便出现了："天下群居，以类相亲，男女众多，分为九头，各有居方"，或所谓"长幼侪居，不君不臣；男女杂游，不媒不聘"④的社会组织和婚姻制度。

在他们那种依性别、年龄而分级的"长幼侪居"的社会组织中，全体都是"不君不臣"的平等地生活着，其中只设有一个传授经验和分配食物的老人，像"西王母"⑤一样；但她也不能役使其他成员，也不能依靠其他成员的劳动来生活。所以他们还没有特设的酋长，更没有称作"燧皇"的"燧人氏"那样人物的存在。

他们的婚姻制度，是一群兄弟和姊妹间互为婚配的，如槃瓠（即盘古，狗图腾）与高辛氏女所生的"六男六女……自相夫妻"⑥的例子一样。这种婚姻制度，我们叫作族内的级别群婚制。到传说的"伏羲氏"时代，同胞的"女娲"与"伏羲"（《竹书笺注》谓女娲与伏羲同母）才不能自相婚姻，才由族内婚转到族外婚，即所谓："上古男女无别，伏羲始制嫁娶……以重万民

---

① 《庄子·盗跖》。
② 《淮南子·本经训》。
③ 《列子·汤问》。《盾甲开山图》。
④ 见《说郛》卷二，页一。《列子·汤问》。
⑤ 《山海经·西山经》第二。《穆天子传》卷三。
⑥ 见《后汉书·西南夷列传》，后人并依此传说加以附会，如黄闵《武陵记》：谓武陵南山"有槃瓠石室"。《一统志》说"辛女岩在泸溪西南三十里"。

之别，而民始不渎。"① 但仍是级别群婚，如《后汉书·西南夷列传》所谓牢山沙壹生子十人与山下一夫妇所生十女互为夫妻的例子一样。

发明用火的过程 但是火的发明，决不是由于"燧人氏"的超时代的天才创造，而是生产力发展到一定阶段的社会劳动的产物。在这时以前，他们可能遇着"九州裂……火爁炎"② 的火山爆发的自然火，也可能在打制燧石中遇着火花，但那都只能引起他们的惊异，并不能因此就发明用火。当生产力发展到"燧人氏"的时代，社会已具备了发明用火的条件，才完成了这个伟大的发明。所以那并非一下子所完成的辉煌业绩。而发明用火的人，也决不是如传说的那样一个"燧皇"，所谓"燧人氏"不过是发明用火的族氏的代称——那虽则要通过族氏的特定个人的手去发现，但他们是同时以族氏的名号为个人名号的。

结语 在我们祖先"北京人"及其遗物的遗址中，已发现烧过火的痕迹，证明他们已知道用火。但"北京人"所使用的工具，并没有超过扁平器和尖锐器的时期，这说明他们只能开始知道用火。因此，我们可以说，"北京人"的时代，正是中国人祖先发明用火的时代。"北京人"则是传说的"有巢氏"和"燧人氏"交替时代的人类。而"有巢氏"和"燧人氏"的时代，都不是个人的年龄所能代表，实各经过多少万年的。中国历史的年代记，把"构木为巢"和"钻木取火"为特征的继起的先史时期，神化为两个继起的人物——"有巢氏"和"燧人氏"。

第二节 "伏羲氏""教民渔畋"

依照中国历史的年代记，次于"燧人氏"时代的是"伏羲氏"③ 时代。这虽则同属附会，而由"钻木取火"到"教民渔畋"的基本特征来看，却不曾颠倒历史的次序。

---

① 《竹书笺注》。《淮南子·览冥训》。
② 《淮南子·览冥训》。
③ 《补史记·三皇本纪》："太皥庖牺氏……代燧人氏继天而起"。

初期渔畋生活　以渔畋为获得生活资料的主要方法，是随同火的发明才实现的。但在开始用火的时期，我们的太古期祖先，还只知使用粗糙的尖锐器、刮磨器、扁平器等旧石器工具（在甘肃水洞沟、内蒙古自治区萨拉乌苏沟、榆林南油坊头、甘肃庆阳北、山西交城西冶河与瓦窑河间的地区与丁村、蒙古人民共和国阿罗淖尔等地方，均有这类旧石器发现）。其时渔畋的主要方法，是"焚林而畋，竭泽而渔"①；掷击和刺杀，还只是一种辅助的方法。因之，能够高飞的鸟类，急走的力大的兽类，还不容易为他们所猎获，因为还没有发明网罟，在"竭泽"这类方法以外，只能在水中围绕着去摸索。

工具进步后的渔猎生活　后来由于旧石器工具的进步，特别是知道用棱镜型的石子打制细长的石片，再将边缘加工而制成各种形式的石器，如石枪以及石刀、石槌、应用去穿骨的穿孔器等工具的制造（安迪生在宣化发现之桂叶式的石剑，就是石枪，美国中亚探险队在阿尔泰山东支脉北所谓"沙布克系统"发现有石槌、薄石片制成的刀和刮磨器以及用作刺杀和对骨器穿孔的尖锐器等），后来对这些工具的锋锐又加以改进。同时又知道"作网罟以畋渔，取牺牲"②。"网罟"的发明，由于在较复杂化的劳动过程中，最初知道用纤维质的树皮和草茎类作成绳索使用，后来便达成"作结绳而为网罟，以畋以渔"③。

随着网罟的发明，又达到"缘麻索缕，手经指挂，其成犹网罗"④ 的衣服的制造。因此，便由以羽毛、树叶、草茅为衣服被盖的状况，进到"衣皮苇"⑤ 和"枕石寝绳"⑥。

因之渔猎事业便进入了复杂的过程，对从前不容易猎获的有些鸟兽，现在便能用长柄枪去刺杀，用网罟去罗获；同时又能用网罗的方法去捕鱼了。

但是使用这种工具去渔猎，还是要依靠多的人手，采用围猎或围渔的方法去进行，这决定他们的劳动不能不成为一种集团的劳动。

---

① 《淮南子·本经训》。
② 《汉书·律历志》
③ 《易·系辞传》。
④ 《淮南子·氾论训》。
⑤ 《白虎通·号篇》。
⑥ 《绎史》卷三引《文子》。

而在当时渔畋的具体情况中，男子、女子、老年、幼年、壮年不能同时在一地进行同样的劳动。壮年可以进行较剧烈的劳动，又可以到较远处去打猎捕鱼，老年和幼年便不能胜任，男子能胜任的，又不是完全能适合于女子（特别在不同的生理条件上）。而当时平均每个人的生产成果，却还只够勉强养活个人的生命，所以全体都得劳动。因此，男子、女子、老年、幼年、壮年间的分工，随着生产力的进步而益为扩大了。

在这生产力的发展和分工扩大的基础上，不但增多了人口的数量，从原来的族氏团体中，又分化出子族氏、孙族氏的团体来（如"庖牺氏"之分化出飞龙氏、潜龙氏、居龙氏、水龙氏……蚩尤氏分化出罴氏、熊氏、虎氏、豹氏等子族氏。熊氏又分化出貔氏、貅氏等孙族氏。唐古特族的祖先羌氏，分化为牦牛氏、白马氏、参狼氏……），且从此由族内的级别群婚转变为族外的级别群婚（如《史记·五帝本纪》注所述，少典氏男子与有蟜氏女子婚，神龙氏男子与奔水氏女子婚，方雷氏男子与彤鱼氏女子婚）。

在这种婚姻制度的基础上，子女并不能识别出生身的父，只能识别出生身的母来，所以说"知其母，不知其父"，"知母不知父"[1]。他们当时对于子女的抚育照拂，是"不独（且不能）子其子"，而一视同仁共同负责；所以子女也"不独亲其亲"[2]，以母的同辈都为母，母辈的一群丈夫皆为父。

弓矢的发明和渔畋生活的变化　　但由石枪等工具的使用和改进，而达到弓弦矢镞的发明以后，那种社会生活的方式便开始变化了。

所谓"挥作弓"、"夷牟作矢"[3] 等传说，自然和那把"结绳为网罟"的事情归功于神化的"伏羲"，是同样的附会。而在"沙布克系统"所发现之最上一层的遗物，除较前此进步的石枪头外，已发现有石镞等，并发现有最粗糙简单的陶器。发现的石器、已开始有将尖锋或边缘磨光的情形。这表现着旧石器工具制造向着新石器工具制造的转化的萌芽。过去地下发现的中国先史期的遗物，大多是"北京人"系统的。解放以来，几乎在全国每个省区都有先史期遗物遗址的发现，如前所述，其中不少是属于"爪哇人"或其系统的，有

---

① 《庄子·盗跖》。《吕氏春秋·恃君览》。
② 《礼记·礼运》。
③ 《世本》。

些也还不能确定其系统。近年在赤峰东八家石城址新石器遗址中，发现"分打制石器、磨制石器、旧石器三种"的石器①，四川的"打制"、"打磨"、"打砾磨"、"磨研"四个时期的石器，以及"或为中石器时代"的广西洞穴出土的"打制石器"②，其中也都包含一些过渡形态的东西。而它们，尤其是川、桂的出土物，可能非属"北京人"的系统。

发明和使用弓矢以后，他们便可以猎获更多种类的禽兽，把食物的来源扩大了。因此得以较长时地留住于一个地区内，相对地减少了原来的流动性。同时，劳动虽还不可能离开集团的原则去进行，却提高了个人的作用，并使他们在较多场合，有单独猎获鸟兽的可能。因此，个人虽不可能单独占有工具的所有权，却把其随身携带的工具，渐次成为其固定使用的东西。

在这种情况下，由于流动性的减少，给他们以改进住室的可能，从而又达到制陶术的发明。同时今年倾倒在住室外的植物残骸，使他们能看见它在明年又发芽、成长，这又使他们达到栽培植物的发明（"神农氏作，斲木为耜、揉木为耒……以教天下"的传说，正是这种历史情况的反映）。原来在游猎中捉回的小动物，由于食物太缺乏和住处的流动性太大，不可能把它留下，现在情形的变化，使他们由留下小动物不食，而达到饲养家畜或所谓"养牲畜以庖厨"③的发明。

另一方面，由于在集团劳动中的个人作用之相对提高，在级别群婚中，又给予对偶婚之发生的可能，从而又把依性别、年龄分级的群团组织，在新的生产力因素出现的基础上，向着后期氏族制的组织推进。

而此制陶术，栽培植物，饲养家畜等事迹的发明，以及对偶婚因素的出现，便是原始公社制前期的结束和后期的开始。

母系制度　在以性别和年龄而分级的群团组织中的管事者，不是传说中"燧人氏"、"伏羲氏"等男系人物，而是传说中的"西王母"和"女娲氏"一类的女系人物。因为这时代是母系中心的社会，中国原始的姓氏多从女，姓

---

① 《考古通讯》一九五七年第六期，第二一页。
② 郑德坤《四川古代文化史》，第一——一二页。
③ 《补史记·三皇本纪》。

本字亦从女从生，中国境内各民族的起源也都有关于神化的母系祖先的传说①，其秘密就在这里。

这不但是由于子女之"知母不知父"，主要还由于女子是工具的看管者，食物的保管、烹饪、分配者，易言之，女子掌握了经济的权力。所以在族内的级别群婚时期，"六男六女"所组成的樊瓠图腾的管事者为"帝女"，三青鸟图腾的管事者是"西王母"。在族外的级别群婚时期，是男子集团出嫁，女子集团娶夫。女系的血统承继便更为鲜明了，所以"风"图腾的管事者，是传说中的"女娲氏"，而并不是"伏羲"、"女娲"兄妹相继承（《帝王世纪》谓伏羲之姓为风，女娲之姓亦为风）。

结语 以传说的"伏羲氏"所反映的历史时代，至少也曾包括着数万年的时间。以地下出土物为骨干，以那些和"伏羲"结合的传说作说明，我们得以把握了这个时代的社会轮廓。传说中的"西王母"和"女娲氏"，也不过是这数万年中的母系制度的反映，当时不知有多少作为群团管事者的"西王母"或"女娲氏"一样的人物。

第三节　图腾崇拜

中国境内各种族和部落，在氏族制度前的依年龄、性别而分级的群团社会时代，也同世界其他各种族和部落一样，都以一种生物或无生物为群团组织的图腾标志。因此，这时期的社会又有人把它叫作图腾（Totemism）社会。

图腾的出现 这种图腾名称的出现，在中国，在汉族的历史中，大概适当于传说中"燧人氏"时代的渔畋生活初期，最初由于某一群团以某种生物为其食物的主要来源，从而被其他群团给他以某种生物的称谓，如食蝉的"舜"之先族被称为"穷蝉"图腾，食三青鸟的"西王母"的群团便被称为三青鸟图腾……后来由于工具的进步和渔畋生活的复杂化，他们能获得更多样的食

---

① 见《说郛·三坟书》："男女构精，以女生为姓"；《山海经·海外西经》有所谓"女子国在巫咸北"。

物，同时原来常食的某种生物又渐渐稀少，因此群团本身正式以外人给它的某种名称为标志的时候，它便渐渐禁止吃食某种生物——但并不禁止其他图腾群团的吃食。从而又渐次在他们的心理中形成一种意识，认为他们的祖先，曾是那种作为其图腾标志的动物转化而来的，它是能鼓舞和帮助他们斗争的。这样便引出对图腾的崇拜，图腾便具有了一种不可侵犯的维系群团成员的魔力。

传说中的中国图腾遗迹　传说中的"燧人氏"、"伏羲氏"、"女娲氏"的时代，是汉族历史中图腾制的标本时代。在这时代的姓氏名称，据传说式的记载，几于全部采用生物的名称，如所谓"黄帝"的先族有蟜氏①，黄帝少典之族有熊氏②，神农先族神龙氏③，舜之先族穷蝉氏、桥牛氏④，尧之先族有骀氏，契之先族有娀氏⑤，夏之先族牛蟜氏，以及所谓骊畜氏、伏羲氏、祝融氏⑥、爽鸠氏、蒲姑氏⑦、蜡氏、雍氏、萍氏、条狼氏、薙氏、蝈氏⑧……也都是图腾名称。

这在今日中国汉人的姓氏中，如马、牛、羊、邹、乌、凤、梅、李、花、叶、林、山、水、云、石、毛、皮、龙、冯、风等，也都是图腾名称的遗留。解放前汉人对某些生物如犬、鸽、龟、蛙等的神秘看法，正是图腾时代的残余意识的反映。

在生产进步和人口繁殖的基础上，图腾群团也随着发展，原来的图腾群团中便分化出子图腾来，子图腾又分化出孙图腾来。因之，属于楚之先族祝融氏系统的，又有柏霜氏、中霜氏、叔熊氏、季纟刃氏、豕韦氏、豢龙氏⑨；属于蚩尤氏的有虎氏、豹氏、熊氏、罴氏（蚩尤氏率虎、豹、熊、罴与黄帝战）；属于庖牺氏的有飞龙氏、潜龙氏、居龙氏、降龙氏、土龙氏、水龙氏、青龙氏、赤龙氏、白龙氏、黑龙氏、黄龙氏⑩；属于轩辕氏的有青云氏、缙云氏、白云

① 《国语·晋语》。
② 谯周《古史考》。
③ 《帝王世纪》。
④ 《史记·五帝本纪》。
⑤ 《帝王世纪》。
⑥ 《庄子·胠箧》。
⑦ 《左传》昭公二十二年。
⑧ 《周礼·秋官·司寇》。
⑨ 《国语·郑语》。
⑩ 《竹书》、《竹书笺注》。

氏、黑云氏①；属于金天氏的有元鸟氏、青鸟氏、丹鸟氏、祝鸠氏、鸤鸠氏、鹘鸠氏、爽鸠氏、鹘鸠氏②；属于有熊氏的有：（一）熊氏、罴氏、貔氏、貅氏、䝙氏、虎氏（《通鉴外纪》："轩辕教熊、罴、貔、貅、䝙、虎与炎帝战"。《史记·五帝本纪》略同）；（二）雕氏、鹖氏、鹰氏、鸢氏（《列子·黄帝》：黄帝与炎帝战于阪泉之野，以熊、罴、狼、豹、䝙、虎为前驱，雕、鹖，鹰、鸢为旗帜）。这虽则不免有些是传说的附会，然以之去证实中国太古期图腾制的存在，及其由母图腾分化为子图腾、孙图腾的历史过程，是完全妥当的。

汉族而外，中国其他各族也都有关于图腾崇拜的传说，如满族、朝鲜族为鹊图腾，维吾尔族为狼图腾，藏族为猴（或海狗）图腾，蒙族为苍色狼图腾与白色鹿图腾，唐古特部为羊（羌）图腾，羊图腾并分化出牦牛、白马、参狼等子孙图腾。苗、瑶、水、侗、僮各族均崇拜槃瓠图腾③，"哀牢"人有关于龙图腾的传说④，今日云南白族还有关于龙的图腾的遗习。曾散布于东南沿海地区的百越族各支，有对蛇的图腾崇拜⑤。

图腾是当时群团共同的名称（姓氏），也是其群团内各成员的通用名称，子图腾从母图腾分化出以后，便不再以母图腾标志为标志，而以另种物名为其独特的标志，从而便分化为与母图腾不同的姓氏。

图腾制发展到后来，姓氏的图腾标志有的为"地名"所代替，如"有骀氏"转换为"陶唐氏"，"牛蛲氏"转换为"夏氏"，这种情况的出现，表征着原始公社制前期已走过了向着其后期的社会转化的过程。

图腾崇拜和宗教魔术 图腾不仅是群团的姓氏标志，有着社会制度的内容，而且有着原始的宗教崇拜的内容。他们认为其原始的祖先是从某种生物转化过来的，从而便给予某种生物以最大的神秘性，特别由于对某种动物的禁止

---

① 《左传》昭公十七年，《正义》引服虔说。《史记·五帝本纪》："应劭曰：……春官为青云，夏官为缙云，秋官为白云，冬官为黑云。"

② 《左传》昭公十七年。

③ 《荆州记》及干宝《晋记》：谓武陵、长江、卢江等地苗族及"粤西水、伴、伶、侗、偏、僮六种"，"均崇槃瓠"。

④ 《后汉书·西南夷列传》谓妇人沙壹捕鱼水中，触沉木怀妊生十子，"后沉木化为龙，出水上，沙壹忽闻龙语曰：'若为我生子，今悉何在？'九子见龙惊走，独小子不能去，背龙而坐，龙因舐之。其母鸟语，谓背为九，谓坐为隆，因名子曰九隆，及后长大，诸兄以九隆能为父所舐而黠，遂共推以为王。"

⑤ 参看本书第六页注①林惠祥文。

吃食，后来便形成其对某种动物不可侵犯的意识，认为人们如若侵犯它，便有"大兵"等各种灾害的降临①。从各别群团的图腾，渐次便成为各别群团所崇拜的宗教神。例如虎豹图腾，以其幻想着的"其状如人，豹尾虎齿，而善啸蓬发"的"西王母"②为其宗教神。龙图腾以"龙身人面"的幻影为其宗教神，虎图腾以"人面虎尾"的幻影为其宗教神。总之，以动物为标志的各图腾，也都以各种"兽身""人面"或"鸟喙""人面"的幻影为其宗教神③。所以说："庖牺氏、女娲氏、神龙氏、夏后氏，蛇身人面，牛首虎鼻"④，"伏羲龙身牛首"⑤，"神龙氏蛇身而牛头"，轩辕氏"河目龙颡"⑥。

随同图腾崇拜而出现的，便出现了"夹窫窳之尸，皆操不死之药"⑦的"巫"师或"女祭司"。在宗教的祭典中，由全体群团成员集会膜拜，歌舞狂欢。主持祭典的各"巫"师，则扮成"其状如黄囊，赤如丹火，六足四翼，浑敦无面目"⑧的伪装，领导着去歌舞和膜拜，最后将一部分牺牲等祭品埋入地下饲神。这也是《山海经》对他们的描写。

在这种原始宗教崇拜的意识支配下，又体现出各种各样的魔术，例如《山海经》所描画的有：口中含着火玩魔术的怪物，操弓射蛇的毛人，捕鱼的长臂人，衣鱼皮而食鸥的怪物，以及玩蛇、"穿匈"、全身生毛、把敌人缚着手足挂到树上等奇迹。这都是他们幼稚的意识在宗教魔术上的体现。

对这种宗教魔术之幼稚的想象的描拟，便表现为原始的艺术作品，宗教神和各种魔术构想的图画，《山海经》所记载的宗教魔术等事象，无宁说是依照这种图画而描写的。

这种宗教魔术的出现，是从人物混同的迷糊意识，发展到万物有灵论的幼稚想象（即他们对世界的解释），也正是他们当时的现实生活关系在幼稚意识中被颠倒歪曲的幻想的反映；在生产力低下的状态中，幻想借助于魔术和图腾

---

① 《山海经·西山经》第二。
② 《史记·五帝本纪》《正义》。
③ 均见《山海经》。
④ 《列子·黄帝》。
⑤ 《春秋合诚图》。
⑥ 《孝经援神契》。
⑦ 《山海经·海内西经》第一一。
⑧ 《山海经·西山经》第二。

来增加斗争的力量，表现提高征服自然的能力的倾向和要求。所以它又是当时社会劳动过程的反映，体现着原始人的现实要求。例如"人面虎尾"的神像的画出，是他们祈祷在游猎劳动中能有虎样的气力；"六足四翼"的魔术，是他们祈祷在追射走兽飞鸟的劳动中，能有"六足四翼"样的飞跑魔力；恐惧"大兵"降临，是当时部落间斗争的残酷情况的反映；"穿匈"和缚着敌人手足挂到树上，是他们要求战胜敌人的魔术祈祷。所以这种魔术和宗教，在原始人是为全社会的集体生产活动和生活服务的，并非为着想升天堂或骗人。

中国其他各族在原始时代，其宗教魔术和艺术，不但本质上与此相同，而《山海经》所载的，无宁说是部分地根据当时中国境内较落后的种族和部落的现实情况而描写的。

复　习　题

一、中国人发明用火的经过及发明用火的功用如何？

二、传说中"伏羲氏"时代的社会情况怎样？

三、中国有无图腾制存在过？

四、中国原始的宗教魔术艺术是怎样发生的，其本质如何？

第三章

原始公社制后期

第一节 "神农制耒耜""教民农作"

新石器的发明和使用　以开化最早、影响最大的汉族前身的商族和夏族为例。商族在经过今辽宁进入山东的时期，已有石斧、石刀、石镞、石镯（辽宁沙锅屯发现）等新石器工具的发明和使用。夏族在初进入到今日陕、甘、晋、豫的时期，也有了石斧、石刀（如齐家坪所发现）等新石器工具的发明和使用。后来渐次又有了长方石刀、石戈、石凿、石耨、石锄、石杵、石纺轮等新石器工具和骨器的出现（如夏族的仰韶村遗物，后冈等处所发现之相当于仰韶期的商族遗物）。这就是所谓"神农氏"时代的基本特征，所以说"神农……之时，以石为兵"①。

园艺、牧畜生活的开始　新石器工具的发明和使用，代替了原来的旧石器，这改变了他们获得生活资料的主要方法——原来以渔猎为主要的采集，便为以栽培植物饲养动物为主要的生产所代替，又提高了人类对自然的占有程度。所以说"神农之世……耕而食"②。这种新的生产方法的出现，大概商族

---

① 《越绝书》第一一卷，外传《记宝剑》。
② 《庄子·盗跖》；又《越绝书》第八卷，外传《记地传》说："神农尝百草、水土甘苦，黄帝造衣裳，后稷产稷、制器械，人事备矣。"

早于夏族，所以传说不只把发明农艺的事迹附会为"神农氏"，并说"神农"都山东曲阜①。不过在夏族的仰韶遗物中，有磨光的石斧、石耨、石锄和谷粒的发现，因可推知其在齐家期已知道农业。近年在原热河等地、东南沿海地区、四川以及其他地区新石器时代遗址遗物的发现，可能属于彼此不同的文化系统，时间也都较龙山系和仰韶系为晚；而其演进的程序，也都表现了本质的一致。所以时间虽或有先后，过程却是相同的。

饲养家畜是否与栽培植物同时出现，还难于正确知道。如果"黄帝之世不麛不卵"② 的传说有可靠的成分，前者的出现便晚于后者，不过在仰韶又有不少家畜骨骼与谷粒等同时发现。《史记·五帝本纪》也说黄帝"时播百谷草木，淳化鸟兽虫蛾"。

由于生产代替采集成为主要的生活方法，相对的定住性代替了原来的流动性（《史记·五帝本纪》：黄帝"邑于涿鹿之阿，迁徙往来无常处，以师兵为营卫"）。因此，一方面他们又完成了制陶术的发明，所以随同齐家、仰韶各处新石器出土的又有陶器，同时又有"神农……作陶冶"的传说③。一方面，他们又开始知道用石块建筑房屋，所以有"上古穴居而野处，后世圣人易之以宫室"④ 和"为宫室之法，曰：室高足以辟润湿，边足以圉风寒，上足以待雪霜雨露"⑤ 的传说。另一方面，又开始发明了原始的纺织术，所以在仰韶有石纺车、骨针、陶器上之布纹的发现，西阴村（山西夏县）有半个人工割裂的茧壳遗物的发现，其他地方和系统的新石器遗物也有类似的发现，又有"黄帝造衣裳"⑥ 和"畴粪桑麻"的传说。

当时栽培植物（食物和刍料）的进行方法，由于劳动工具的幼稚，他们第一步便用火去焚烧森林草莱，如传说所谓"黄帝之王……不利其器，烧山林，破增薮"，然后用石斧把烧过的树木砍倒，开伐成为"童山"⑦；第二步男

---

① 《帝王世纪》。
② 《商君书·画策》。
③ 《逸周书》逸文；《吕氏春秋·审分览》又有"昆吾作陶"的传说，由于当时夏、商各为一系，传说来源不一。
④ 《易·系辞传》。
⑤ 《墨子·辞过》。
⑥ 《越绝书》第八卷，外传《记地传》。
⑦ 《管子·揆度》。

子掘土，女子和小孩碎土布种，掘土使用一头削尖的木棒，……碎土和布种用木头、蚌壳、石耨等。所以《淮南子·泛论训》说："古者剡耜而耕，摩蜃而耨"。《逸周书》逸文说："神农……作陶冶斧斤，破木为耜锄耨，以垦草莽，然后五谷兴，以助果蓏之实。"《白虎通·号篇》说："至于神农……于是……制耒耜教民农作。"基本上是和当时的情况符合的。

但使用石斧把火烧过的森林砍成"童山"，只有多人的共同劳动，才能完成任务。所以在他们，不只是耕地为氏族的集团所有，并由集团劳动去耕种；生产的成果，亦为集团共同的占有——即全氏族成员的平等享受。这或者如传说所述："古者，土无肥硗，人无勤惰……天下为一家，而无私耕私织，共寒其寒，共饥其饥。"①

随同生产力的发展，开始出现了氏族集团内的分工。由单色陶器到花纹陶器到着色陶器的演进，可以表征着分工的过程。但这还不可能成为一种固定的专业化的分工，所以个人还不能各自占有其生产成果，从而氏族集团内成员间的交换，还没有那种可能。

只是在集团生产与集团占有的形态下，由于集团间的分工，便出现了集团间的物物交换，所以有"神农氏作……日中为市……交易而退"的传说②。

出现铜器鹤嘴锄和园艺畜牧的发展　在生产力不断发展的基础上，工具制造日益精巧，式样日益加多，因之商族首先发明冶铜术，制造鹤嘴锄（山东龙山镇遗物可为其代表）；随着西北的夏族也有同样的进步（辛店遗物中有牛骨制成之鹤嘴锄和铜器，寺洼、沙井有更进步的铜器）。所以有"禹穴之时以铜为兵"的传说③。

随着这种新的生产力因素、新的技术的出现，在氏族共同开辟耕地等集团劳动的前提下，使氏族内各别家族对农耕、畜牧劳动的某种过程之单独进行成为可能，从而开始出现把氏族所有土地分配于各别家族耕种的事情。这演变出氏族内的家族分工；不过在这时所谓家族并不能离开氏族的集团劳动而独立出

---

① 《尉缭子·治本》。

② 《易·系辞传》。

③ 《越绝书》第一一卷，外传《记宝剑》："轩辕、神农、赫胥之时，以石为兵，断树木为宫室……黄帝之时，以玉为兵，以伐树木为宫室、凿地……禹穴之时，以铜为兵，以凿伊川、通龙门、决江导河。"

来——家族只能单独完成生产过程的一个狭小阶段。所以各别家族的生产成果，仍为氏族的集团占有，各别家族只能享有平等的分配与消费权利。

在这时，脱离生产劳动，靠他人劳动过活的人们，还没有出现，像传说中的尧、舜、禹等部族联合的军务酋长，也都要靠自己劳动，所以传说谓他们也都是些"手胝足胼"的牧人、农夫、陶匠（如《史记·五帝本纪》所谓"舜耕历山、渔雷泽、陶河滨、作什器于寿丘"之类的传说是正确地反映了历史的一些真实情况的）。

不过到这时，更扩大了集团间的分工，从而也更扩大了集团间的物物交换。

田野农业的出现　但生产力的发展，到"夏代"，铜器虽还未能代替新石器的支配地位，却渐次获得其数量的增大，制作的较精，样式的较多，如"镇番"（甘肃民勤县）沙井的地下遗物中，铜器已较多量地存在，并有着带翼铜镞……特别是这时的铜器，是一种铜锡合金的青铜器——辛店和沙井出土的是"紫铜器"。这种进步，给氏族内各别家族对劳动之单独进行的可能，又提高了相当的程度。由各家族各别分种一块氏族的所有地，达到各别消费其自己生产的部分，只向氏族的公社机关缴纳公费。同时氏族所有土地，最初是按照各家族成员和公社每年重新分配一次，渐至于三年五年才重新分配一次，最后形成为各家族以至其中每户固定其分有地的使用权，不再举行分配，土地仅在名义上为氏族所有。但人剥削人的现象，却还没有出现。

氏族内各别家族住户的分工，最后达到农业和手工业之专业化的分工事业的出现（如从沙井遗物中所见之制陶术的精巧，花纹的细致，可究出其专业化的程度），从而并在氏族内开始出现了各别家族和住户间的交换，同时并开始把氏族各成员引上贫富分化的过程，与此相照应的，又是父家长制的经济之出现。

另一方面，在最初，由于个人的劳动成果还不易养活其自身，所以当时把俘虏一律杀死。到知道种植和畜牧后，个人的劳动成果虽很难有剩余，却已容易养活其自身，所以这时已开始把俘虏收为养子——而把俘虏杀死的事情也还是很平常的，遗物中所发现的杀戮而死的人骨，就是这种原始的残酷遗迹。及后，由于剩余劳动的产生成为可能，便开始把俘虏作为氏族奴隶去役使了，如汉族在"夏桀"时期，便有着关于奴隶遗迹的传说。国内其他部落集团，如吐蕃、契丹、女真、蒙古、南诏等，在进入奴隶制时代前，都已有关于使用奴隶的情况。

至此，由于各个个人间交换的开始出现和各个集团间的交换愈益扩大，便又在物物交换的基础上，出现了交换媒介的货币——玉、贝等（沙井等处出土物）。从而又开始形成了原始的市区，所以有"夏鲧作城"[①]，"夏鲧作三仞之城"[②] 等传说。"从而氏族公社便为邻居的市区公社所代替"。至此，氏族制度已临到末日，中国社会已进到"文明的入口"。

第二节　"尧舜传贤"

对偶婚及家族出现　在汉族的历史上，如《左传》所反映的情况，"伏羲氏"末期，已开始出现了对偶婚。到传说的"神农氏"时代，新的分工形式代替了原来性别和年龄的分工，特别在男子掘土、女子及儿童碎土、布种的分工合作的分工形式下，一个女子去选择一个男子作为其主要之夫，一个男子去选择一个女子作为其主要之妻的事情，便更容易实现了。随着这种分工形式成为主要形式，这种新的婚姻制度也就代替原来的级别群婚而成为主要形态了。

但是各别男女及孩童的分工合作，只能完成生产的一个片段，并不能离开集团劳动而有所作为，加之各社会成员在经济的地位上，是完全平等的。因此，作为夫妻的他和她，并不能反对他或她与其他女子或男子的性交关系，而且是予以承认的。在这种情况下，女子和男子都有一个主要之夫或妻以外，还有其一些次要的夫或妻。所以汉族的传说，称"帝喾"有一个"元妃"，三个"次妃"[③]，舜以"娥皇为后，女英为妃"[④] 并和象"眩弟并淫"[⑤]，正是对偶婚制度的传说。

---

① 《吕氏春秋·审分览》。
② 《淮南子·原道训》。
③ 《帝王世纪》。
④ 《列女传》。《史记·五帝本纪》《正义》。
⑤ 《楚辞·天问》。

在这种婚姻制度下，不管真正的血统如何，只以主要的妻的生育为直系子女，其他皆为旁系，所以传说称"尧娶……女皇生丹朱，又有庶子九人"①。又称"尧"只有一子曰"丹朱"，说"舜"只有一子曰"商均"②，又称"舜有子九人"③。

在这种婚姻制度的发展过程上，便在氏族内产生出家族来。

母系本位　在这时期，生产工具及生产物仍由女子保管和分配，即女子掌握社会经济的权力，因而形成母系本位的社会制度。在这种家系制度下，子女都以母的氏姓为氏姓，所以"尧"初"从母所居为姓"，"舜"随母"姓姚氏"④，"后稷"随母"姓骀氏"⑤。

以此在当时，直系氏姓的叙述是母系的世系，而不是父系的世系，后人叙述传说时代的父系世系，到这时期不能再追叙上去，便发生"圣人皆无父，感天而生"（《春秋公羊传》）的传说——说"女登"感"神龙"生"炎帝"⑥，"附宝"感"北斗"生"黄帝"⑦，"女节"梦接"星虹"生"帝挚"⑧，"庆都与赤龙合昏生伊耆（尧）"⑨，"握登"感"枢星"而生"重华（舜）"⑩，"女嬉"吞薏苡而生"禹"⑪，"简狄"吞玄鸟之卵而生"契"⑫，"弃"母履巨人迹感而生"弃"，"颛顼"母感星光而生"颛顼高阳"⑬。

与母系血统的承继相适应的，是母系财产的承继。但其时，财产是保存于

①《史记·五帝本纪》："尧知子丹朱之不肖"（《索隐》……皇甫谧云：尧娶散宜氏之女，曰女皇，生丹朱，又有庶子九人）。

②《帝王世纪》。

③《吕氏春秋·去私》。

④《史记·五帝本纪》《正义》："瞽叟姓妫，妻曰握登，见大虹，意感而生舜于姚墟，故姓姚。"《索隐》："皇甫谧云：舜母名握登，生舜于姚墟，因姓姚氏。""尧初生时，其母在三阿之南……故从母所居以为姓也。"

⑤《吴越春秋》。《史记·周本纪》："骀"作"邰"。

⑥《春秋元命苞》。《史记·五帝本纪》《正义》。

⑦《帝王世纪》。《史记·五帝本纪》《正义》。《竹书纪年》卷上（涵芬楼影天一阁本）

⑧《竹书纪年》。

⑨《初学记》引《诗含神雾》。

⑩《尚书帝命验》注。

⑪《吴越春秋》。又《竹书纪年》说"修己出行见流星贯昴，梦接意感，既而吞神珠，修己背剖而生禹。"

⑫《竹书纪年》。《诗·商颂·玄鸟》。《史纪·殷本纪》。

⑬今本《竹书纪年》。《史记·周本纪》。

氏族内部为原则，这便规定了男子出嫁、女子娶夫的习惯。所以"禹"出嫁于"盒山氏"，"舜"出嫁于"有虞氏"。男子出嫁后，便成为其妻的氏族的成员，不再属于其母的氏族，故"尧""舜""禹"等人，"初生时……从母所居为姓"①，出嫁后随妻居住而属于妻的氏族。

由于男子出嫁，父子便不同姓。故"尧"为"陶唐氏"，"尧"子"丹朱"为"有扈氏"；"舜"为"虞氏"，"舜"子"均"为"商氏"；"鲧"为"崇氏"，"鲧"子"禹"为"盒山氏"。同时，兄弟出嫁于不同的氏族，其子孙便获得不同的氏姓。"有蟜氏生黄帝、炎帝……黄帝为姬、炎帝为姜"。"黄帝"子二十五人分别出嫁于姬、酉、祁、己、滕、葴、任、荀、僖、姞、儇、衣等十二族，其子孙便分"为十二姓"，故说："其同姓者二人而已"②。"祝融"之子分别出嫁于巳、虎、彭、姜、妘、曹、斯、芈等八族，其子孙便"分为八姓"③；"稷、契与尧同父"④，分别出嫁于不同姓氏，子孙也各异姓；"舜、象兄弟"分属于"有虞氏"与"有庳氏"⑤；"舜"之子孙又分为胡、公、陈、袁氏、咸氏、舀氏、庆氏、夏氏、宗氏、来氏、仪氏、司徒氏、司城氏各姓⑥。这种传说，对于具体的人物是混乱的、牵合的，但它反映了母系承继的流传。

氏族组织　当时的社会，是具有相当发展状态的氏族制度的组织。由于氏族发展为胞族，胞族发展为部落，最后到传说的"尧"、"舜"时代又形成为部落联合。据《尚书·尧典》所反映的情况看来，在这一部落联合中，共包含九个部落（九族），九个部落共包含一百个胞族（百姓），一百个胞族共包含若干氏族（万邦）⑦。

居住在华山和夏水周围区域，即所谓"四岳"、"九州"地方的这个部落联合，后来便称作夏族或华族；居住在泰山周围，随后又以商地为中心的一个

---

① 《史记·五帝本纪》《索隐》。
② 《国语·晋语》。《史记·五帝本纪》。
③ 《世经》。
④ 钱大昕《潜研堂文集·答问》九。
⑤ 《春秋元命苞》。
⑥ 《世经》。
⑦ 《史记·五帝本纪》："以亲九族……便章百姓……百姓昭明，合和万国。"《尚书·虞书·尧典》："以亲九族，九族既睦，平章百姓，百姓昭明，协和万邦。"

部落联合，后来便称作商族。

氏族的民主制度　在这种氏族组织中，除开非世袭的普通酋长外，各氏族都设有世袭酋长（牧），部落联合有酋长会议（如所谓咨四岳群牧）和两头制的军务酋长，各部落或者也有同样的组织。

各氏族的世袭酋长都要经过氏族内全体成员同意的选举，才能充任，在部落联合成立以后，并要得到全体酋长会议的同意。被选举者，必须是氏族内的成员。男子因为要出嫁，不能享有母族中的血统承继权，便不能在母氏族里充当世袭酋长，所以父子不能相承袭。

联合的军务酋长，是由酋长会议经过全场一致的选举而充任的。据传说"帝挚"和"尧"是同时充任"四岳"那个联合的两头制军务酋长，后来"帝挚"死了，"尧"便请求联合的酋长会议选举继任者（"咨于群牧"），酋长会议便选举"舜"来充任，配成"尧""舜"两头。后来"尧"死了，又由酋长会议选举"禹"充任，配成"舜""禹"两头。"舜"死了，酋长会议同样举出"益"来补充，又配成"禹""益"两头。对于普通酋长的任用，也同样经过酋长会议的民主选举。但他们还不知采用多数的原则，而是要全场一致，例如他们选举一位治水的酋长，"共工"未获得全场一致的同意便被推翻，最后又全场一致地举"鲧"充任。另一方面，一位军务酋长"尧"对"鲧"表示反对，却未能发生效力，因为参加酋长会议的军务酋长，并没有表决权。

军务酋长或世袭酋长，如违反氏族公约或不能胜任，便由酋长会议或氏族全体会议以同样的方式决议罢免。

军务酋长的就职，择取吉日良辰（正月元日），由全体酋长集会（"咨，十有二牧"），并通告联合各氏族成员参加（"询于四岳，辟四门"），举行隆重的宗教仪式（"舜格于文祖"）和宴会（"食哉"）。其宗教仪式，则表现为一种狂欢的歌舞大会："击石拊石，百兽率舞"①"下管鼗鼓，合止柷敔，笙镛以间，鸟兽跄跄"②。

酋长职务的世袭，不但必须经过民主的选举，且必须是母系本位的世袭，

---

① 《尚书·虞书·舜典》。
② 《尚书·虞书·益稷》。

所以"丹朱"对于"尧","商均"对于"舜",都没有继承的权利。

因此"挚""尧""舜"禅让传说的历史背景,是母系本位的氏族制社会;传说的本事,是母系氏族制社会时代民主主义的遗留。

第三节　"夏禹传子"

由母系本位到父系本位的转变　母系本位的氏族制社会,发展到传说的"禹""益"时代,由于铜器工具的开始发明和使用,男子得适应其在生产上的地位,渐渐把社会经济的权力握到自己手中,社会便开始由母系本位向父系本位推移。经过相当时期的发展后,到传说的"夏启"时代,便形成为飞跃的转变形势。

因此在一位军务酋长"禹"死后,其子"启"便为首要求树立父系的血统和财产继承权,并继承其父"禹"的职位,便能得到多数的支持和赞成[1]。传说称另一位军务酋长"益"力主保守母系本位的继承制,反对"启"党的社会革新,便展开新旧两种势力的斗争,即所谓"传子"和"传贤"的斗争,所以古本《竹书》说:"益干启位,启杀益"。《天问》说益为启所杀。《战国策·燕策》说:"启与支党攻益而夺之天下"。《史记·夏本纪》说:"有扈氏不服,启伐之……遂灭有扈氏,天下咸朝。"实际上在平等社会中的这种伟大变革,却不须经过族内的流血斗争,而是和平转化成功的——通过氏族全体会议的和平方式。所以"启杀益"的传说内容,只是说新势力克服旧势力,树立了父本位的支配地位。今本《竹书》所谓"伯益出就国",也只是旧势力退避的传说内容的反映。

自父系制确立后,原来的母系承袭制便遭受排斥了。从而自传说的"夏启"时代以后,便能明确地叙述出男子的世系来——夏族由"启"到"履癸"(桀)十六世,商族由"夋"(即舜)到天乙(汤)十四世,周族由"弃"到

---

[1]《竹书纪年》:"帝〔启〕即位于夏邑,大飨诸侯于钧台,诸侯从。"《史记·殷本纪》谓"禹子启,贤,天下属意焉……虽受益……天下未洽。故诸侯皆去益而朝启"。

"公刘"避"桀"居豳时"十余世"。

父系氏族社会的婚姻制 随同父系氏族制的确立，婚姻制度便转变为女子出嫁，男子娶妻。但对偶婚仍继续了一个相当时期——如"浇"公开要求和"浞"的儿媳"女歧""共舍而宿"，并不违反习惯①，"浞"以"羿"之妻为己之妻，并生"浇"及"豷"②，这只能适合于对偶婚时代的习惯。从《括地志》所反映的情况看来，到"桀"的时代，却演变为一夫多妻的家长制的婚姻制了，所以"熏鬻"的父"夏桀"死后，"熏鬻"得以"妻桀之众妾"（"熏鬻"曾是一个部落名称，但这传说与"桀"相结合，可看作"桀"时的遗迹），这由于在父家长制的奴隶制下面，"众妾"是当作财产而继承的。

父系氏族社会的酋长继任方式 另一方面，在"启"以后的父系氏族制时期，酋长的继任，成了父系的父子兄弟世袭。但仍须经过氏族全体成员或酋长会议的民主选举，并仍可罢免。如"启"子"太康尸位以逸豫，灭厥德，黎民咸贰"③，曾被酋长会议所罢免，另选举其弟"仲康"补任，后来"仲康"子"相"也同样被罢免。

"夏代"的军务酋长，仍为两头制。一头为"启"的父系家族所世袭，一头为"有穷后羿"的父系家族所世袭。《帝王世纪》称"羿"为"帝羿"，《左传》襄公四年传说"后羿""因夏民以代夏政"，孔颖达说"羿……自立为天子"，这就是"有穷"家系与"启"的家系，同享有军务酋长世袭权的传说。大概到后来，在氏族制临到崩溃的时际，"有穷"家系的军务酋长世袭权被排除，而成为"启"的家系所世袭的一头制。后人为着要把氏族制度的"夏代"粉饰为大一统的王朝，便同时把"启"的家系的世袭军务酋长，扮演为"夏代"的帝王世系，并把"有穷"系的历史予以抹煞和歪曲。

氏族制的没落 到传说的"夏代"晚期，氏族制已临到末日。与其时社会经济相适应，成了军事团体之领袖的军务酋长，特别在商族，他们已脱离生

---

① 《竹书纪年》："初浞娶纯狐氏，有子早死，其妇曰女歧，寡居，浇强围往至其户，阳有所求。女歧为之缝裳，共舍而宿。"
② 《左传》襄公四年。
③ 《尚书·夏书》。

产劳动，专门向邻近部落掠夺财富为业①。其权力，除了还受着民会的束缚及没有任意处分氏族成员生命财产的权力外，实质上已近似于其后的帝王，并正在向着帝王的权力推进。父家长的一夫多妻制②也正疾急地向着一夫一妻制过渡。这种过渡形态的政治权力和婚姻制度，随同父家长的奴隶制向生产奴隶制转化的完成，也完成其转化了。从而原始公社制社会，便为"文明"的"政治社会"所代替，而首先走完这种过程的是商族。

第四节　水患及部落战争

传说时代的地理情况　氏族制时代的商族，居住在今山东、河南大部及皖北、苏北、冀南、晋东南各一部地带。夏族居住在今甘肃、陕西及河南西北部、山西南部以至东北部一带。另外在北面有所谓"北蛮"的山戎、熏鬻或金允③诸部落，西面有所谓"西戎"的氐、羌诸部落④，南面有所谓"南蛮"诸部落⑤，在山东、河北、山西、河南境内，也还有其他一些部落。《五帝本纪》统称之曰"北狄"、"南蛮"、"西戎"、"东夷"。河南境内，也还有其他

---

① 《竹书纪年》称："帝泄"十六年，殷上甲微灭有易；"帝不降"，六年"伐九苑"，三十五年殷灭皮氏；"桀"十一年灭有缗，十四年伐山民、伐岷山；二十一年，商征有洛、征荆；二十六年，商灭温；二十八年，商征韦、顾；三十年，商征昆吾。又有所谓"汤有七名而九征"。《史记·殷本纪》："汤征诸侯"。《孟子》卷二所谓"汤一征，自葛始"。《诗·商颂·长发》所谓"韦顾既伐，昆吾夏桀"。

② 《竹书纪年》称桀有"后"，又有"元妃"，"伐山民，山民女于桀二人曰琬曰琰"。

③ 《史记·五帝本纪》：黄帝"北逐荤粥"。《史记·匈奴列传》："匈奴其先祖夏后氏之苗裔也。曰淳维，唐虞以上有山戎、猃狁、荤粥，居于北蛮。"《索引》引应劭《风俗通》曰："殷时曰熏粥，改曰匈奴。"又晋灼云："尧时曰熏粥，周曰猃狁，秦曰匈奴。"韦昭云："汉曰匈奴，荤粥其别名。"按山戎、息慎（或肃慎）为属于满族在其时的原始部落，其他则为匈奴过去的部落名称，甲骨文字又称鬼方。

④ 《五帝本纪》："北发西戎：析枝、渠、廋、氐、羌。"

⑤ 《五帝本纪》所谓"以变南蛮"之"南蛮"，乃是包括多种部落之统称，主要有荆或芈，即其后之荆楚；越，即散布在长江中下游及其以南地区的越人各支，这可以从地下出土的遗址遗物得到证实；"三苗"，按《五帝本纪》关于炎帝、黄帝与蚩尤作战及作战地区的传说，阪泉、涿鹿等地都在今河北境内。传说蚩尤冢所在之东平郡寿张县或山阳郡巨野县，均在今鲁西。但《五帝本纪》明明又说："三苗在江、淮、荆州"，正与吴起所称"三苗之国，左洞庭而右彭蠡"合。

一些部落。

黄河南北两岸区域，在古代为极沃饶的黄土地带，最适宜于农植和畜牧，很便利原始住民的生产和文化发展。

但在另一方面，由于夏季融解的积雪，致昆仑东斜面的水源往东流注，所至又与季节性山洪合流，便汇成最大的水量，因此这地区自古就最多水患。而在传说时代，可能还没有像今日黄河这样的水道，水流四向往低处"横流""泛滥"①，形成遍地都是湖沼渚流，把高地和山陵"方割"。这对于太古时代的我们祖先的生存，是一种致命的威胁，并因而展开了他们对水患的艰巨斗争②。

水灾 每年一遇源头的水量加大，或雨量过多，便形成"洪水滔滔，天下沉渍，九州阏塞，四渎壅闭"的"泛滥之忧"③，高地和山陵被水分割为一块块的洲陆（《淮南子·览冥训》："九州裂"）和岛屿似的情况④。

在这种自然力支配下的我们远古祖先，除以他们当时的条件进行治水工作外，便只有"逐高而居"，所以说："尧聘弃，使教民山居，随地造区。"⑤"禹令民聚土积薪，择丘陵而处之。"⑥《尚书·商书·盘庚》下篇所谓"古我先王，将多于前功，适于山"。但商族所居住之山东、河南东北部一带，高地和山陵较少，他们为避免水患，又步步西上，因此与夏族相遇于河南北部、山西南部的地区。《竹书》与《史记》等书关于殷人不断迁徙的记载，正是这种历史情况的反映。在新石器时代，居住于太湖三角洲、苏北、皖北平原一些地区的越人等部落，也处于类似的情况。为着和水斗争，他们也采取了像"聚土积薪，择丘陵而处"等办法。今日发现的台形遗址就是它的遗留。

---

① 《孟子》。
② 《尚书·虞书》。《史记·五帝本纪》说："汤汤洪水滔天，浩浩怀山襄陵。下民其忧，有能使治者……用鲧，九岁，功用不成。""唯禹之功为大，披九山，通九泽，决九河。"《史记·夏本纪》："禹乃遂与益、后稷奉帝命，命诸侯百姓兴人徒以傅土，行山表木，定高山大川……乃劳身焦思，居外十三年，过家门不敢入。薄衣食……卑宫室，致费于沟淢。"这虽则都是传说，但它反映了我们祖先对水患斗争的艰苦精神和伟大气魄。
③ 《吴越春秋·越王无余外传》。这大致是以太湖三角洲的远古情况的传说为基础而说的。但对于远古时代的夏族和商族散布地区、特别在冀鲁豫大平原的情况，也是完全适合的。
④ 我国各兄弟民族中，汉、苗、黎等族都有着关于洪水的神话传说。
⑤ 《吴越春秋·吴太伯传》。
⑥ 《淮南子·齐俗训》。

治水的传说　在当时较低的生产力状况下，他们对克服水患的治水工作，能力还相当微弱。传说所称道的"夏禹"治水，虽反映其时我们祖先艰苦顽强的斗争精神和伟大气派，但也决不如《孟子·滕文公》篇所说的"禹疏九河"，也不如《庄子·天下》篇所说："禹之湮洪水，决江河，而通四夷九州"。这种夸大的传说，屈原就作过如次的反问："洪泉极深，何以寘之？地方九则，何以坟之？应龙何画？河海何历？鲧何所营？禹何所成？……九州安错？川谷何洿？"①

在当时生产力的可能程度下，借"鲧""禹"而流传的治水事业，只能把露出水面的高地（九州）和山陵相交错的沼、渚、湖、泊，开凿水渠圳川，使水势流散，故孔子只说："禹尽力乎沟洫"。所谓"名山三百，支川三千"②，应是这种情况。《史记·殷本纪》引《汤诰》说：禹疏江河"东为江、北为济、西为河、南为淮。四渎已修，万民乃有居"。这可能是商代的情况。

而当时曾把治水当作有关生存的重大的事业，付出了重大代价，进行了艰巨的斗争，并获得了这种治水的成绩，当系事实。

"鲧"、"禹"治水的传说，与"共工"、"后土"的传说如出一辙，表现传说之附会的形迹。但前者是以夏族的治水为背景，后者则以商族的治水为背景而传述的。

部落战争　这时期散布于黄河中下游的夏商各部落集团，除经常遭受水的威胁，与水作斗争外，还不断有着部落间的战争。居住于其他地区的各部落集团相互间，也应有类似情况，只是传说式的记载也较少，我们无法去叙述。

太古时期的中国北方各部落，虽大都同源于蒙古人种，然因迁徙分离等关系，更渐次形成为许多氏族、胞族（姓）、部落（族）和部落联盟（如夏、商……）。但当时各部落居住的地区，并没有固定的政治疆域，因此逐水草而居的游牧集团的相遇，为着争夺水草地等自然空间，便会发生战争。比邻而居的部落，也因各自集团的生存斗争等关系，除非双方自愿共同参加一个联盟的组织，战争是无法避免的。战争只要开始，除非一方败走或加盟，或双方同归于灭亡，战争是不会终结的。

---

① 《楚辞·天问》。
② 《庄子·天下篇》。

所以这时期的部落成员，常常都带着随身武器（每每同时是劳动工具），我国汉文字的"我"字，就在象征着手持武器。各个人都是劳动者，又都是战斗员。这时期的传说人物，也大都是指挥战斗的军事酋长，如"神农"、"轩辕"、"帝挚"、"尧"、"舜"、"禹"、"蚩尤"等，据传说，都是以武功著称的人物——当然那都只是传说式的人物。

由于部落间战争的不断进行，小的部落或自愿加入大的联盟，或因战败而接受大的联盟邀请加盟，后来便形成为夏族和商族等几个最大的联盟。不过这种加盟，不论是由于自愿或由战败而接受请求，原则上不但要出于部落全体成员的自决，而且加盟部落和被加盟部落是绝对立于平等地位的。退盟也是应用同样的原则。

这时期，除沿今黄河流域由西往东进的夏族，及由东往西进的商族两大部落联盟外，据传还有居今河北北部的"三苗"部落，居今山西北部一带的"熏鬻"等部落，似乎也（有）散布在今河北、山东一带的蚩尤部落，以及所谓"共工"部落、"三苗"部落等等几个较大的部落（其他较小部落，则或可考或不可考的，更不悉几何）。传说中的部落战争，主要也便在这些较大的部落间进行。

夏族和商族在黄河腹部接触后，便比邻错杂而居，所以《诗·商颂·长发》说："……洪水芒芒，禹敷下土方，外大国是疆"。两者间便开始了不断的战争。这就是"'炎帝'与'黄帝'战"传说的由来。

商族在山东境内，与其他原住部落有着不断接触，到达今河南、河北、山西地区后，又与居住当地的其他部落开始接触，向南进到苏北、皖北地区的又与"南蛮"部落接触，并构成彼此间的战争。这就是炎帝与蚩尤战于阪泉，以及所谓"帝相"、"征淮夷"、"征风及黄夷"等等一类传说的由来。在商族的祖先夋（即舜）充任联盟军务酋长时，战败"三苗"，"三苗"被迫退走，即所谓舜"窜三苗于三危"。而其时散布在今冀、鲁、豫、晋以至淮河以北的其他种族和部落，加入商的部落联盟的，不知凡几，这就是所谓"九夷来御"、"宾于有易"、"息慎氏来朝"[①] 等类传说的由来。某些新石器遗址中表现龙山系文化与他系文化的混合，也正是这种情况的反映。

---

① 《尚书·虞书》。《竹书纪年》。

夏族自进入到今山西西南部以至东北部与河南西北部后，便与当地的一些原住部落集团接触，并发生着战争（即《五帝本纪》所谓"黄帝"与"蚩尤"战于涿鹿之野一类传说的由来）。后来夏族为商族挡住在山西西南和豫西北地区后，复与"有苗"部落接触发生战争，据传"有苗"战败，曾加入夏族的联盟（即《尚书·大禹谟》所谓："维时有苗弗率"，禹"徂征"。"三旬，苗民逆命"，"七旬，有苗格"）；在北面又与"荤粥"部落（即殷朝的"鬼方"），有着不断的战争（即《五帝本纪》所谓"黄帝""北逐荤粥"的传说的由来）；在南面与"南蛮"其他部落集团间也构成战争，据传战争的结果，不少部落亦加入夏族的联盟（即《吕氏春秋·恃君览》所说："尧战于丹水之浦，以服南蛮"。《夏本纪》所谓"三苗大序"等一类传说的由来）。"共工"部落也在传说的"尧"时，便成了夏族的加盟部落。《舜典》所谓"天下咸服"。《大禹谟》所谓"四夷来王"。《竹书》所谓命畎夷、白夷、玄夷、风夷等传说，也正是这种情况的反映。

当时各个部落集团的内部都还没有阶级存在，因此各集团间的战争，是不带有侵略和被侵略性质的，但是带有正义与非正义的性质。彼此间的加盟和融合，是在原始公社制度的基础上进行的，具有颇大的进步意义，对中国历史的发展，给予了深远的影响。

当时发生接触以至彼此间发生过战争的各部落集团，以商族的生产力发展得最高[1]。它给予了其他部落集团的发展以较大的影响和推动力。这从我国境内属于新石器时代的各文化系统的遗址遗物中，所受龙山系文化的影响，得到了无可置疑的说明。在战争上，它也表现着对其他部落的优势，据传在夋（即舜）时代，一面战胜了夏族的"共工"、"驩兜"、"鲧"诸部落，一面又败走所谓"浑敦、穷奇、梼杌、饕餮""四凶族"[2]。到"成汤革命"前夜，居住黄河中下游的各部落，不是加入商族的部落联盟，成为其后商族的构成部分，就已次第为它所战败；战败者不是被驱走，便成为其时商部落的军事集团提供税纳的从属，如葛、韦、雇、昆吾等，便像那些战败的部落对于所

---

[1] 从所谓仰韶文化、龙山文化、殷商文化及其相互关系的出土情况，充分证明了其时商族生产力的先进性，远远超过其时中国境内的其他各部落集团。

[2]《左传》文公十八年。《竹书纪年》。

谓"印加"（Inca，原始公社末期，资产阶级学者所谓"印加帝国"的南美洲印加部落联盟）一样。在国家成立以后，他们便和那些作为提供税贡的新的被征服者一样，充当其属领；另外有些不断被战败的部落，则受到更残酷的遭遇，如耕地被夺取，人口大都被俘虏充作奴隶。

结语 这一传说时代的人物名，多系氏族或部落名称，这些人物及与这些人物结合的历史事象，每表现着错乱混淆。然此正是传说的本色，由于后人根据远古的传说，一一拿去和一个传说的人物相结合而发生的结果。我们所注重者，则在那些传说能与地下出土物相适应，特别是作为远古之遗骸的生产工具相适应，能说明一个历史时代的轮廓。同时，我们虽则主要从夏族和商族来探究，但其他兄弟民族在远古时代的历史情况，本质上也是适应的。

复 习 题

一、"神农制耒耜"的传说内容如何？

二、中国地下的新石器时期遗物能说明何种社会性？

三、"尧舜传贤"的时代背景与历史内容如何？

四、"夏禹传子"的社会背景如何？其对中国原始公社制社会发生何种作用？

五、中国古代的水患情况如何？

六、中国古代部落战争的过程怎样？

第四章
殷朝的奴隶所有者国家

（公元前一七六六——公元前一一二二年）[①]

第一节 “成汤革命”

“殷革夏命” 住居于山东河南的商族，自夋的时代已进入父系本位的氏族制。但在相土以前，还是逐水草而居的牧畜集团（据传自夋至相土，三世五迁）。相土以后，便开始进入半定居的阶段（据传自相土至汤，十三世才三迁）。同时因自昭明至相土时的住居地，以商丘为中心（按商、商丘实一地），自此又得名为商族。自冶铜术的发明和发展，商族的社会生产力获得不断的提高，加之在其所居的黄土地带的平原区域，是容易发展农艺的优越条件。所以自相土以后到公元前一千八百年代，青铜器使用量的增大与农业生产的疾速发展，提高了耕地扩张的要求和奴隶劳动的作用。相应而起的，是氏族公社内贫富的分化，及一部分人开始依赖奴隶劳动而脱离生产。为扩充耕地，掠夺奴隶，扩大了对四周各族的军事征服，即《商书·仲虺之诰》所谓“兼弱攻昧，取乱侮亡”等传说所反

---

① 按金履祥《通鉴纲目前编举要》卷一，谓成汤十八祀，即所谓伐桀即位之年为乙未，为纪元前一七六六年；帝辛三十三祀，商亡之年为乙卯，为纪元前一一二二年。《竹书》却云汤十八年为癸亥，并谓“汤灭夏以至于受二十九王，用岁四百九十六年（起癸亥终戊寅）”，与诸书异，所纪不确。《史记·殷本纪》《正义》引《竹书纪年》云：“自盘庚徙殷至纣之灭七百七十三年，更不徙都。”则商代为期更长。

映的情况，先把葛族、韦族、雇族、昆吾族等部落征服（传说谓有数十百国归向），掠夺其财物，俘虏其人口，占领其住地，或则强迫被征服者担任进贡义务。

但从事军务征服的，是部落联盟①（它已临到了走完那形成为部族的最后一步）内的军事团体，成汤和其以前的某些"王"，便是这种军事团体的领袖。由军事手段掠得的财物、人口和土地，他们便握有优越的支配权，军事领袖则获得更优越的支配地位。从而他们便以所俘获的人口用作奴隶去代替自己劳动，而另一部分不能享有此种权利的家族，特别是贫穷化的家族，便要求保守从来的氏族财产制度，把掠得的财物和奴隶概归氏族共有。随着生产力不断的前进，氏族公社的各家族，贫富分化扩大了，富有者便要求适应新的社会形态，建立一种新的秩序，保护其私有财产。这形成当时社会斗争形势的主要内容。同时，原来的土地是属于各氏族公有的，而由部落联盟的军事团体所掠得的土地，却不能归各别氏族所有，而为部落联盟集体防守、占有的形态。这种的土地和被征服异族的贡纳，却掌握在军事团体的手中。因而又形成氏族的土地所有和部落联盟所有之两种形态的斗争，亦即反映富有者、军事集团、从事与其他部落进行交换的人和其他成员间的斗争。

这到成汤的时际，新旧两种秩序的矛盾，已达到剧烈的程度。到成汤最后一次把夏族战败，占领其广大土地（即为《汤誓》所谓"率割夏邑"的传说），不但部落联盟（即已成为部族）的土地所有急剧地成为支配的形态，而私有财产以及掌握在军事团体手中的贡纳，也急剧地获得在社会财产形态中的支配地位，从而达成商族内部的变革，完成由旧制度到新制度转变的历史任务。这一次的社会革命，就叫做"汤革夏命"②（公元前一七六六年），本质上就是新的奴隶所有者集团对原始公社制的革命。

参加革命的，主要是原始公社制末期的富有者家族，据传还有夏族的一些

---

① 《史记·殷本纪》太史公曰："契为子姓，其后分封，以国为姓：有殷氏、来氏、宋氏、空桐氏、稚氏、北殷氏（《索隐》曰：《系本》作髦氏）又有时氏、萧氏、黎氏……目夷氏。"并述其依据说："余以《颂》次契之事，自成汤以来，采于《书》《诗》。"

② 按《竹书》等书所记，"汤革夏命"前，商部落是夏部落联盟的属领，像"印加"的属领一样。所以有所谓〔帝癸〕二十二年，商侯履（按即汤）来朝，命囚履于夏台"，"二十三年释商侯履"的传说。对中国历史上的这次革命，如《尚书·商书》真伪各篇所记及《周书》追述者外，《史记·殷本纪》说："汤乃改正朔，易服色。"《越绝书》（卷三、内传四）说："汤用伊尹，行至圣之心。见桀无道虐行，故伐夏放桀，而王道兴跃，革乱补弊，移风易俗，改制作新。海内毕贡，天下承风。"

成员和他族的参与①（即《尚书·商书·仲虺之诰》所传说的"简贤附势，实繁有徒"，《逸周书·殷祝解》所传说的"三千诸侯"），革命的重要领袖是成汤和伊尹、仲虺、咎单等。成汤是军事团体的领袖，伊尹是僧侣②，所以他们都是原始公社制末期的新兴的贵族或富有者团体的代表和氏族奴隶。革命胜利的结果，开始出现了国家的权力和秩序③。成汤和伊尹所代表的奴隶所有者团体，成了国家权力的掌握者。但革命的任务，并非一下子就圆满完成了的——还在此后一个相当长的时期，保存着过渡的形势。

家族财产制度的确立　革命的第一个重要措施，是宣布废弃氏族财产制，确立家族的财产所有制，即私有财产制，"富家"④ 等家族财产得到保护。从而公社内各别家族是生产的单位，也是直接所有其生产成果的单位，个人的勤惰，也只直接关系其一个家族⑤。货贝成为各别家族所"贮"积的财物，各别家族间的交换

---

① 例如《竹书》说："〔帝癸〕二十三年释商侯履。诸侯遂宾于商。""二十八年……商会诸侯于景亳……太史令终古出奔商。""二十九年……费伯昌出奔商。"《史记·殷本纪》："汤乃兴师，率诸侯，伊尹从汤……以伐昆吾，遂伐桀。"

② 古文献关于伊尹、仲虺、咎单等在"汤革夏命"和商初政治中的地位和作用，都有适当记载，特别关于伊尹，仅次于成汤，他是巫教僧侣，还可能是氏族奴隶出身。《史记·殷本纪》：伊尹"为有莘氏媵臣（即奴隶）"。《商书·太甲》下述伊尹自称："惟尹躬暨汤，咸有一德，克享天心，受天明命；以有九有之师，爰革夏正。"

③ 《史记·殷本纪》述汤伐桀誓于"有众"曰："尔尚及予一人，致天之罚，予其大理女（《尚书》理字作赉，郑玄曰：赉、赐也），女毋不信，朕不食言；女不从誓言，予则帑僇女，无有攸赦。""既绌夏命，还亳作《汤诰》……告诸侯群后，毋不有功于民，勤力乃事，予乃大罚殛女，毋予怨。"《尚书·商书·盘庚》上所谓"刻予制乃短长之命"，正是国家强制权力存在的表现。可能是后人作的《商书·仲虺之诰》说："惟天生民有欲，无主乃乱……天乃锡王智勇，表正万邦……式商受命。"《太甲》中说："民非后，罔克胥匡以生；后非民，罔以辟四方。"《咸有一德》说："后非民罔使，民非后罔事。"这正是说，为着人民和属领的需要，不能不产生帝王来统治他们。关于国家秩序的建立，也可能是后人作的《汤诰》等篇说："凡我造邦，无从匪彝，无即慆淫，各守尔典，以承天休。"《伊训》谓汤"肇修人纪……制官刑，儆于有位"和严禁所谓"三风十愆"，并说："臣下不匡，其刑墨，具训于蒙士。"也都是属于这方面的传说。

④ 如《易·师》："开国承家"；"家人"："富家"王弼注："明于家道……能富其家也。"便是这种财产制度存在的表现。地下的发现，可以更确凿地证实殷代私有财产制的存在。据《科学通报》一卷二期（一九五〇年六月）《中国科学院殷虚调查发掘组工作近况》："从这两区（按即四盘磨村武官村）的发掘，可以清楚的看到殷代社会各阶级贫富极端悬殊的情形，更可以看到殷代统治阶级和被统治阶级间的尖锐的对立情形。"对此，郭宝钧《一九五〇年春殷墟发掘报告》（载《考古学报》第五册）有较详细的叙述和分析。

⑤ 例如《尚书·商书·盘庚》上说："若农服田力穑，乃亦有秋。""惰农自安，不昏作劳，不服田亩，越其罔有黍稷。"有关商殷文献中所谓"民"，都是在这种财产制度基础上，以家为所有单位的自由民。"民"字像剌目，最初可能是指奴隶。

手段，及贵族个人对他人的赏赐和酬庸①。奴隶成为各别家族的私有财产，可以用货贝等作支付手段去买进卖出。公社内各家族，一面是"富家"，一面是贫家，不但在贫富之间承认借"贷"关系的正当，并从其中出现了赤贫和无业的盗贼。

土地国有 革命的第二个重要措施，是宣布土地国有、实即部族所有的原则。原来殷人自己的土地是氏族所有为原则，由氏族分配于公社内各家族，各家族向公社缴纳公费。由于部族的土地所有和氏族所有两种形态的斗争，随同革命的转变而确立着国有的原则。不过这个原则，并非一下子就完全实现了的，实际还经过了一个斗争的过程，土地才完全成为国有。

在这种国有的原则下，所谓"邦畿千里"②的商族自己占住的土地，原则上由国家的名义分配于各公社，再分配于公社内各家族使用，使用土地的各别家族，则向国家缴纳一定税额③。

被征服异族的土地，一是由殷直接占领来使用作为殷人的住区④；一是仅在名义上宣布为国家所有，仍由原住的部落居住，允许其内部自治，保持氏族公社

---

① 《安阳侯家庄出土之甲骨文字》（载《田野考古报告》第一册）："贝在殷代确为重要货币，发掘所得，有孔可系者均属之。侯家庄新出骨文，第五期卜辞有记取贝事……新出骨辞云：'□取贝百'、'□取贝六百。'……在早期卜辞中，贝为货币，亦可参见一二。可知商人以贝为货币，在殷墟时期，是始终一致的。"近年来在殷朝的遗址中，并有属于货币的铜贝的发现（见《考古学报》第九册，五二页）。又于省吾《从甲骨文看商代社会性质》："商代晚期金文言赏贝锡贝者习见。例如……小子𫎇簋，'卿事易小子𫎇贝二百'；小臣邑罪，'王易小臣邑贝十朋'；𫘬尊，'王易小臣𫘬贝，唯王征人方'……"（载《东北人民大学人文科学学报》一九五七年第二、三期合刊）。

② 《诗·商颂·玄鸟》："邦畿千里，维民所止，肇域彼四方。"按近年的地下发现，证实殷人自己居住的地区，南到淮河以北，西及今陕西，《诗·商颂·长发》所谓"海外有截"，即东抵于海，也无疑是确切的。

③ 上面提到的郭宝钧《一九五〇年殷墟发掘报告》说："大墓占地面积三四〇平方公尺……中等墓葬占地面积一一·五平方公尺……浅墓的小坑占地面积五·一平方公尺……排葬坑一坑埋十人，占地面积二·二平方公尺。"这似乎又反映占有土地面积多少不等的土地私有制的存在。卜辞有"帚妌田萑获"（甲三〇〇一）；"帚妌黍受年"（续四·二五·三）；"甫弗其受乘年"（乙中四六三八）；也说明了这种情况。因而《竹书》所谓太甲令伊尹子"复其父之田宅而中分之"便不是无根据的。卜辞"贞，咸保我田"（乙下六三八九），"令尹作大田"，"弓令尹作大田"（乙缀一三六）；"我北田不其受年"（乙中五五八四）："其辇不，才毓，王受年"（京津三八九五）说明王室和贵族占有大量土地。又《商书·微子》："降监殷民，用乂雠敛，召敌雠不息"（《传》云，"下视殷民所用治者，皆重赋伤民，敛集怨雠之道……"）。《诗·大雅·荡》："敛怨以为德。"《史记·殷本纪》说纣"厚赋税以实鹿台之财，而盈巨桥之粟"。这说明在殷商，自由民当时是有赋税负担的。

④ 各地发现的殷商遗址，都在殷商文化遗存的下层有不属于殷商文化前身、龙山系文化的遗存；这种地方，都是殷人从其他部落手中占夺过来；才成为殷人的住区。《竹书》等书记载"城××"之类，也应属这一内容。卜辞也有羌卫……献土田的事实。又："乎从莫取饮、奠、图三邑"（前七·二一·四）"取𫢟邑"（戬四三·一续五·二十·二）。

的组织，只须向殷朝国家担任税贡①，其原来的部落首长，则同时任命他们充任国家的代理人和征税吏，即《竹书》所谓"命彭伯、韦伯"、"命九侯、周侯、邘侯"，甲骨文的"命×侯""命×伯"之类，《史记》"本纪"等书所谓"诸侯群后"、"多方"、"百姓"或"方"等，就是属领各异族之谓。

奴隶劳动　随着革命的转变，奴隶劳动便获得支配的形态了。在过去，原则上，奴隶劳动只起着辅助的作用。至此奴隶成为生产劳动的主要担当者，无论农业、畜牧业、手工业、交通运输业等方面，主要都使用奴隶劳动②，自由民劳动退处到次要的地位。

奴隶劳动所使用的劳动工具，至今还不能证明殷朝已有铁器③，主要是以人们所拥有的青铜器为标志的④。这种青铜器，本来比最初的铁的硬度还要

---

① 卜辞有羌卫贡胛骨……之事实，又"乎取马于帝……"（续五·四·五）；"周入十"（乙中五四五二）；"雀入夏五百"（乙中四五一九）；"□其来象"（后下五·十一）："周氏嫦"（乙下七三一二）；又有"来羌"、"用羌"；羌人为殷服役之"主要工作有四：牧、畜、田猎、耕地及祭祀"。郑德坤又谓："微调羌人曰'氏羌'"。"循羌"、"往羌"乃系殷王亲往循视（按即"于羌"、"于惊"之意）或派兵前往驻守。还有所谓"妻羌妇"之事。又卜辞所记，殷用蜀射，一次微调多至三百人，蜀部落向殷进贡射手，还进贡御人，即所谓"蜀御"（见前引郑德坤等文）。距殷都及其"邦畿"较远的羌、蜀对担负贡纳义务如此，其他属领所担负的贡纳义务，可以概见。

② 如《易·睽》："六三，见舆曳，其牛掣，其人天且劓……"；《易·夬》："九四，臀无肤，其行次且，牵羊悔亡。"等与卜辞"……乎多羌逐毘，只"；"□多羌□只鹿"；"令多马羌御方"；都是关于奴隶劳动的记载。卜辞中"□王大令众人口启田，其受年。"；"□曰启田，其受年"；"王往氏众黍子囧"；"□众黍于□"；"王令多羌垦田"；"□小臣令□众黍"；"贞，虫小臣令众黍……"，反映了当时使用众多奴隶从事农业协耕的情况。而"虫小臣令众黍"之"小臣"，乃是监督奴隶劳动的人。

③ 在中国的古文献中，说"夏朝"已知道使用铁。《禹贡》中有铁字；陶宏《刀剑录》说："孔甲在位三十一年，以九年岁次甲辰，采牛首山铁铸剑，名曰夹，古文篆书，长四尺一寸"。但《禹贡》系后人伪作。陶宏的时代更晚，均未可凭信。《商书·说命》上："若金，用汝作砺。"（孔氏传云："铁须砺以成利器"。）又《史记·周本纪》谓武王胜纣时"至纣之嬖妾二女……武王……斩以玄钺"（《司马法》曰："夏执玄钺。"宋均曰："玄钺用铁不磨砺。"）。在没有实物发现前，也是不足凭信的。

④ 在第一次关于中国社会史的论战和其后的一段时间内，有些史家认为殷朝的生产工具是新石器或金石器。我在一九三三年的拙著《史前期中国社会研究》、一九三五年的《殷周时代的中国社会》中，对殷朝社会的经济、政治、文化的结构研究的结果，确认殷商是奴隶制度社会；并说："就现有实物考究，殷代之为青铜器时代便能得到确认。"若干优秀的历史家也都继续达到了同样的结论。但至今仍有若干史家有着不同的意见和看法，最普遍的一种意见，是认为青铜器不能、也没有作为农业生产工具使用。实际上，早已发现的殷朝青铜器中的刀、斧、矛等正都是农业生产工具，近年来又有铲、镰等实物的发现。我所见上海博物馆陈列之殷朝青铜制犁头，浙江博物馆陈列之满渚出土的殷朝青铜镰刀；虽然前者未详出土地点、时间和埋藏情况，后者除出土地点外，他亦不详，但也均应引起重视，当时为殷属领的越人所散布的浙江地区，有青铜镰刀的发现，更属重要。近云南石寨山青铜器工具中的犁、镰等实物的发现，也正说明青铜器作为农业生产工具是历史事实。在郑州南关外，也继安阳而发现殷朝的冶铜场遗址。"在铸造上，殷代晚期已经能完成约重一吨的大鼎"（《文物参考资料》一九五〇年第七期）。同时，在青铜器以至铁器时代，都不能完全排除石器工具的使用，是历史的普遍现象。

高，加之殷人"邦畿千里"的区域，是最肥沃的黄土质地带，使用青铜器以及当时还被使用的石制和木制农具能分外表现出较高的农业生产的性能。所以自青铜器代替石器成为人们所拥有的生产工具后，农业就成了殷朝的主要生产部门（所以伪《汤誓》有"舍我穑事而割正夏"的传说）。畜牧业虽还很繁盛，但已是次要的，并步步在衰落了①。

农村公社 至此，除其属领各异族，即所谓"万方"、"万邦"、"万方百姓"等，还保持着氏族公社的组织外，农村公社代替了氏族公社而成了社会的基层组织，这在商时叫做"邑"。

在这种农村公社（邑）的内部，一方面是出身于商族的自由民，他们是殷朝国家的创造者；一方面是奴隶，他们主要是由战争得来的俘虏。自由民方面的贵族和一般富有者阶层，都完全不参加生产劳动，专靠奴隶劳动以为生。一般的自由民阶层是自由的农业和手工业的个体小生产者，他们虽与贵族及一般富有者有平等使用国有土地的权利，按照《盘庚》上篇所说："惰农自安，不昏作劳，不服田亩，越其罔有黍稷。"一般却要靠自己劳动去耕种。不论他们是否和大、小凉山彝区存在过的奴隶制一样，一般也都有一个或几户共有一个奴隶供使用，目前还没有足够的材料证明。但个体自由民的小生产是不断受到那种价格极低廉的奴隶劳动排挤的。加以他们自己也以劳动为可耻，即所谓"不昏作劳"、"俾昼作夜"②的"沈酗于酒"③和"群饮"④。以至于每因穷乏而自己丧失生产工具和土地，无法进行生产，失业流离，靠国家供养⑤，或沦为贵族与富有家族的债务者，甚至沦为盗窃⑥。这就是司马迁称为地位接近于"萌隶"的"贫弱"。因此，他们不是社会生产劳动的主要担当者。大、小凉山彝区的奴隶制说明了这种情况。

---

① 甲骨文字及《尚书·商书·盘庚》均说明了这种情况。参阅拙著《殷周时代的中国社会》三五——五三页。

② 《诗·大雅·荡》。

③ 《尚书·商书·微子》。

④ 《尚书·周书·酒诰》。

⑤ 例如《盘庚》中说："汝共作我畜民。""用奉畜汝众。"《微子》说："罪合于一，多瘠罔诏。"《传》云："言殷民上下有罪，皆合于一法，纣故使民多瘠病，而无诏救之者。"反映了这种情况的存在。

⑥ 《微子》说："今殷民乃攘窃神祇之牺牷牲用以容，将食无灾。""殷周不小大，好草窃奸宄。"《诗·大雅·荡》："寇攘式内。"反映了这种情况的存在。

　　这种农村公社，本质上，是由自由民和奴隶两个阶级构成的，在这种农村公社的基础上，原来氏族制度的机能，已为国家的政治权力所代替，却还保存着氏族的伦理联系。所以在殷朝奴隶所有者国家的内部，不仅其属领各异族（方），在形式和内容上都得以保持着氏族制的机能——只是有一个凌驾其上的国家权力。而商族各族，也有着王族、贵族氏族及普通氏族的伦理联系①。

第二节　"伊尹放太甲"

　　掌握殷朝奴隶所有者国家统治权力的，是世俗贵族、僧侣贵族及委托在属领的代理人或征税吏，在统治权的尖端上便是国王。

　　国王及其世系　殷朝的国王叫作"王"、"帝"或"天子"，就是世俗贵族层中最大的奴隶所有者。

　　自成汤开国历传太丁、外丙、仲壬、太甲、沃丁、太庚、小甲、雍己、太戊、仲丁、外壬、河亶甲、祖乙、祖辛、沃甲、祖丁、南庚、阳甲、盘庚、小辛、小乙、武丁、祖庚、祖甲、廪辛、康丁、武乙、文丁、帝乙、帝辛，共三十一传②，为父系制的兄弟父子的相承，"兄终弟及"者十四人，父子（及叔侄）相承者十七人。因为奴隶所有者的殷朝的国王必须是军事的领袖，具备组织和指挥军事的才能。故当国王死后，其子具备军事领袖的条件便传子，其子若年幼或无此种才能者，便"传弟"或传侄。

　　俗权贵族　自王以下的所谓公、侯、大人、君子、卿、父师、少师、师长、吏、畯、田正、囷廪正、兽正、牛正、廪人等，都属于自由民中的世俗贵族。他们是王的左右军事和政务的助理人或地方官吏等，都是奴隶所有者，除

---

① 参看本书第五五页①。同时，武王克殷后，周室赐给诸侯的有"殷民×族"的记载，也说明了这种情况的存在。

② 《国语·晋语》说"商之飨国三十一王"，《史记·殷本纪》所叙为三十世，谓汤"太子太丁未立而卒"。《三代世表》谓殷"从汤至纣二十九世，实列三十世，继汤者为帝外丙"，注云："汤太子太丁蚤卒"。《竹书纪年》亦以外丙继汤，无太丁。王国维《观堂集林》第九，根据甲骨文字研究，有"商初诸帝如大丁、如大甲"之说，并谓"又一甲骨上有卜辞三：一曰贞于唐……一曰贞于大甲……一曰贞于大丁。"似此，大丁又列为殷帝之一。

去从事"治人"和战争任务外，都过着豪奢醉迷的生活。

贵族而外，世俗自由民中还有商工贵族，一般商人（商、行人、旅人），自由农民，牧人，工匠（农、邑人、万民、小民、"贫弱"等），武士（武人）及各种员司（如掌马的驭夫、中人）等。各属领的代理人（或征税吏），叫作"邦伯"，也叫作"侯"（如噩侯）或"卿"（多姓卿），都由殷朝的国家加以任命（如卜辞："命周侯"）。他们有两重人格，一面是殷朝奴隶所有者国家的官吏，另一面又同时仍为其部落的首长。

僧侣贵族　在原始公社制末期司符咒魔术的僧侣，"成汤革命"后，便转变为所谓尹、巫、史、卿史、御史等僧侣贵族和僧侣（幽人）。他们是完全脱离生产劳动，专门从事神学、科学等精神劳动的特定集团。所以他们不惟是奴隶所有者，而且是当时知识和教权的独特的掌握者。僧侣在殷朝，是一个庞大的集团。

俗权贵族、僧侣贵族及一般自由民等阶层，他们是殷朝国家的特权的身份阶级，即自由民阶级，在殷朝，也叫作"民"[1]。

奴隶　殷朝的被统治者主要是奴隶，即称作小人、罪人、胥靡、刑人、

---

[1]《尚书·盘庚》上、中、下三篇，上篇为告诫俗权贵族等大奴主阶层的文告，他们也称作"民"（即自由民），但大都是"在位"、"共政"的"旧人"；他们的祖先，都是与殷先王同过苦乐的（"古我先王，暨乃祖乃父，胥及逸勤"），死后又都随同先王配享祭祀（"兹予大享于先王，尔祖其从与享之"），而且盘庚还向他们宣布："世选尔劳，予不掩尔善。"中篇是告诫一般自由民阶层的文告。他们也称作"民"，殷代国家对他们是予以颇大关心的（"古我先后，罔不维民之承"），迁都也说从他们的利益出发的（"视民利用迁"，"予若吁怀兹新邑，亦惟汝故"），而且他们的祖先是对殷朝国家有过劳绩，他们自己也是受到国家畜养的（"予念我先神后之劳尔先"，"用奉畜汝众。""古我先后既劳乃祖乃父，汝共作我畜民"）。下篇是告诫所谓"百姓"、"邦伯、师长、百执事之人"的文告。这反映殷朝自由民阶级诸阶层的构成。从地下发现的墓葬更具体地反映了这种情况。前揭郭宝钧发掘报告说："四种墓葬占地面积不等，容积也不等。修建一座大墓需三〇〇〇——四〇〇〇人工，棺椁木料需梁木百根，随葬物有金石铜玉花骨雕木等珍品数百件"，"随葬人兽一三一个"；中等墓"不过数十人工"，"有棺无椁"，随葬物"不过十数件或数件，有一个殉葬者或没有。浅葬小坑，造墓工程只须数工，仅铺草席无棺木，随葬物只一个瓦盆，一块祭肉"，"无殉葬者"。这反映了自由民的三个不同阶层的墓葬情况。反之，属于奴隶阶级的排葬坑，"一坑埋十人"，"墓中连草席也没有"，"连自己头还保不住，更谈不上随葬物"，是"给他人作殉葬者"。所以著者说："……殷代社会确已有剥夺行为存在，阶级区别，确甚悬殊"。又据马得志等《一九五三年安阳大司空村发掘报告》，在通常的五座殷朝小墓中，也都有殉葬人，并说："可见墓主人虽非权贵，也可以有殉葬人"，其实，这正反映了当时使用奴隶的普遍（《考古学报》第九册，三三页）。殷朝的自由民大都出身于商族。《史记》、《商书》、《竹书》、《诗·商颂》等古籍所述，商代各王，从汤到纣以前，无不对"民"予以颇大的关心和依托（如所谓"君国子民"、"保惠庶民"、"后非民罔辟四方"、"重我民"、"以康兆民"、"天命降监、下民为严"……）。正由于自由民内部有着不同阶层，所以又说："臣：为上、为德；为下、为民"。

臣、小臣、奴、奚、妾、役、仆、御、侑、亘、众、爇、童仆、萌隶的人们①。他们主要都是战败的俘虏，买卖只是奴隶主获得奴隶的次要手段。所以在奴隶群中，除不冠氏姓的以外，还有所谓鼻奴、廊人、羌人、蜀射、蜀御、臣吕方、邶奴等。这一面形成殷朝奴隶劳动价格的极低廉，一面对那来自不同部落和种族的奴隶又便于统治。

奴隶除担任农业、畜牧业、手工业、渔猎、交通运输等生产劳动外，并从事公私杂役及供贵族娱乐的歌舞。奴隶所有者最初不让奴隶参加战争（例如甲骨文："王勿令皋挈众伐吕方"，又如《易·既济》所谓："高宗伐鬼方……小人勿用"），后来由于兵源不够，渐次使用奴隶参加军事的防守工作（例如甲骨文："呼多射防"），到殷朝亡国的前夜，便大量使用奴隶当兵去从事征伐（例如甲骨文："大呼多臣伐吕方"）。奴隶之参加国家公务，也是在殷末才有的事情②。

殷朝奴隶所有者为防止奴隶的逃亡与反抗，不仅对奴隶施行黥额，并有着监禁、体罚、杀戮等等严峻残酷的刑罚③。

---

① 商代所谓"小人"，一般是对奴隶的称谓，但有时也非专指奴隶，如《竹书》说祖甲"旧在野……知小人之依，能保惠庶民"；《盘庚》上："无或敢伏小人之攸箴"的"小人"则非专指奴隶；伊尹"为有莘氏媵臣"，《微子》："我罔为臣仆"之"臣"，卜辞"其令小臣□爇"之"小臣"是奴隶；而"臣、为上、为德"、《商书·说命》下所谓"良臣惟圣"、武王所谓"予有乱臣十人"之"臣"，则是行政、治事、理军的人员；又甲骨文及其他殷朝可靠文献中的所谓"众"，常用以指称"众庶"及众人，有时也用以指称成群的奴隶，如《易·晋》："六三，众允，悔亡"，卜辞"贞，我丧众人"（《殷契佚存》，四八七），"□不丧众"（《殷虚文字》甲编，七三七），"王往以众黍于囧"（《殷虚书契前编》，五、二十、二），"虫小臣令众黍"（《殷虚书契前编》，四、三十、二）之"众"，显为奴隶。"虫小臣令众黍"之"小臣"，则为监督奴隶劳动的人。这均须从具体情况中去识别。《周书·牧誓》所谓"惟四方多罪之逋逃，是崇是长"的罪人，《史记·殷本纪》："说为胥靡筑于傅险"（孔安国曰："常使胥靡刑人筑护此道……"），"故遂以傅险姓之"。胥靡、罪人、刑人均是奴隶。又甲骨文"爇"字，"从棘，从屄亦声"，屄即仆字，与濮同音。

② 参阅拙著《殷周时代的中国社会》九五——一〇四页。

③ 同上书九八、九九、一一二、一一五页。近年在多处殷朝遗址中发现殷朝奴隶主使用奴隶（一个以至十、百个）殉葬等惨状。云南石寨山遗址发现的铜鼓盖上的造图，也有在祭祀中以人作牺牲的惨象——那是南诏奴隶主的遗存。又《易·噬嗑》："利用狱"、"屦校灭趾"、"噬肤灭鼻"、"何校灭耳"；《易·咸》："咸其拇"、"咸其腓"、"咸其股"、"咸其脢（王弼注：脢，心之上，口之下；又背脊肉也。）"、"咸其辅、颊、舌"；《易·夬》："壮于前趾，往不胜"、"壮于颜"、"臀无肤，其行次且，牵羊悔亡"；《易·遁》："执之，用黄牛之革，莫之胜说"；《易·困》："困于石，据于蒺藜，入于其宫，不见其妻"、"劓刖，困于赤绂，乃徐有说，利用祭祀"；《易·随》："拘系之，乃从，王用享于西山"。反映了其时对奴隶的各种残酷刑罚以及监禁、拘系和用作祭祀牺牲等惨状。

世俗贵族与僧侣贵族间的冲突　但殷朝奴隶所有者对于奴隶的统治，是假手于神道去进行的；他们不只把水旱晴雨、农业丰歉、商业盈亏、行旅畅逆、战争胜败、家畜牧养等一切吉凶祸福灾难，都认为是上帝意识地在支配，且谓自由民各社会阶层和奴隶的身份地位，也都是天帝所设定，并由其经常在监视着各人的生活，王或帝便是天帝的儿子（天子），代表天帝来领导自由民行使统治。

但天帝及其属下的鬼神怎样来表达其意志呢？殷朝的奴隶所有者在这里，便设定一种魔术式的贞卜，而贞卜祈神却是巫教僧侣的专业，因之僧侣在名义上是沟通神意和人意的法师，实际上便是神权的掌握者。《尚书·商书·高宗彤日》关于祖乙和武丁给了一个典型的例子：祖乙"乃训于王曰：惟天监下民，典厥义……乃曰：'其如台'。"从而在神权形式下的统治权的行使，不但世俗贵族要接受僧侣的支配，连王的权力也不能不为僧侣贵族所左右，由他的名义所行使的专制统治，也只是由僧侣站在他后面的双簧。

因此构成世俗贵族与僧侣贵族间的权利冲突，特别表现为王与僧侣贵族间的冲突。这种冲突到成汤四传的太甲时，便展开两者间的公开斗争，结果，僧侣贵族把太甲放禁于桐（河南偃师），即所谓"伊尹放太甲于桐，乃自立"，"太甲潜出自桐杀伊尹"，自此便展开两者间的剧烈斗争。据传这场斗争，终于由王对僧侣的让步而妥协，即所谓太甲杀伊尹，"天大雾三日，乃立其子伊陟伊奋"[1]。自是僧侣贵族便愈益专横。自太甲再五传至太戊时，伊陟指摘太戊"有阙""政"，致产生妖象。太戊竟告于太庙，颁发伊陟不对之称臣的册令[2]。太戊时的巫咸，祖乙时的巫贤，武丁时的甘盘、祖己等，都享有与伊陟同等的特殊地位。但两者间的冲突并没有停止。到殷朝末期，世俗贵族所排演的王权运动，且达到最剧烈的程度。世俗贵族一方面把神权夺回到国王的手中（所以甲骨文字到后来有"王贞"的字样），一方面又反对僧侣贵族手中的教

---

[1] 参看《竹书纪年》卷上。但《史记·殷本纪》有不同记述："帝太甲元年，伊尹作《伊训》、作《肆命》、作《徂后》。帝太甲既立三年，不明，暴虐，不遵汤法，乱德。于是伊尹放之于桐宫。三年，伊尹摄行政当国以朝诸侯。帝太甲居桐宫三年，悔过自责，反善。于是伊尹乃迎帝太甲而授之政。"《正义》引《帝王世纪》说："伊尹……卒……沃丁以天子礼葬之。"《商书·太甲》说：伊尹返太甲归亳，太甲对伊尹"拜手稽首曰：予小子不明于德，自底不类……既往背师保之训，弗克于厥初；当赖匡救之德，图维厥终。"

[2] 《史记·殷本纪》："太戊赞伊陟于庙，言弗臣。"

权，所以有武乙扮装一个偶像叫作天神，和它"搏"，天神不能像生人样的动作，便把它杀戮——用皮袋盛血悬于空际射杀①。又有受辛不畏上帝，取消对上帝神祇等宗教祭典之说②。但他们并非反对信仰天帝，只在取消为僧侣的教权所依托的上帝的祭典，由他们自己去掌握神权。实际上，在殷末，王确也把部分的神权拿到了自己手中。

这正表现着殷末俗权和教权冲突的剧烈。

第三节　"盘庚迁殷"

黄河水道的开凿　古代黄河水道，司马迁说是由"禹"所开凿。据他说："河菑衍溢，害中国也尤甚。唯是为务。故道河自积石，历龙门，南到华阴，东下砥柱，及孟津、雒汭，至于大邳"③。这是所谓"夏禹"凿河的工程。而左邱明在昭公元年传也早有如次的记载："天王（景王）使刘定公劳赵孟于颍，馆于雒汭。刘子曰：'美哉禹功！……微禹，吾其鱼乎！'"这可证明最初凿成黄河水道的时期，必在周以前。如成于周代，周人应有所记载，而《左传》也必不致这样说。

但使用石器的"尧""舜""禹"传说时代，绝不能完成凿河的工程；其在"武王革命"以前，孟津以下的沿河区域，系殷朝国家的"邦畿千里"之地（商族居住的根据地），夏族也不可能去进行该段河道的开凿。因此，黄河水道的疏凿，当在拥有青铜器的殷朝。《史记·殷本纪》谓汤称禹修凿"四渎"的传说，似不足信，而《竹书》所谓商侯冥"治河""死于河"④ 的传说，却值得注意。

殷朝的水患和迁都　自黄河水道开凿后，殷朝的水患，已不似"尧"

---

① 《史记·殷本纪》："武乙无道，为偶人，谓之天神，与之搏，令人为行，天神不胜，乃僇辱之，为革囊，盛血，仰而射之，命曰射天。"
② 《尚书·周书·泰誓》上："今商王受，弗敬上天。""弗事上帝神祇，遗厥先宗庙弗祀。"《牧誓》："昏弃厥肆祀弗答。"《微子》："乃罔畏畏。"
③ 《史记·河渠书》。
④ 《竹书纪年》："〔帝少康〕十一年使商侯冥治河。""〔帝杼〕十三年，商侯冥死于河。"

"舜""禹"传说时代的"横流""泛滥",但仍未能把水患根本克服,所以国人传说黄河自古为中国"祸子"。

在殷朝国家"邦畿千里"的冀鲁豫以至苏北、皖北的淮河以北①大平原,一遇河水泛滥,便形成严重的水灾。这种水灾,并迫使殷朝一再数次地迁都。据传自成汤到盘庚的二十世中,共迁过五次都。汤初都亳(河南商丘东南②),十传至仲丁时,迁嚣(荥泽),再二传至河亶甲时,复迁相(内黄),河亶甲子祖乙时,又迁耿(即邢,应为今河北邢台县。《古今地名大辞典》谓为今山西吉县,不对),祖乙六传至盘庚时,乃迁殷(河南安阳)。这就是盘庚所谓"于今五邦"③,《史记·殷本纪》所谓"五迁"。迁都的原因,据传都由于水患,"国为水所毁"④。所以盘庚说:我殷朝各先王,都作了不少治水工事,并选择高陵地住居,仍不断受着大水的灾难,每每使人民"荡析离居",不得安处⑤!郑玄说祖乙的时候,由今内黄旧都迁到今邢台县后,新都又为大水所毁灭。但祖乙下令建筑防水的工事,从此直到盘庚不再迁都。

盘庚迁殷 自祖乙到阳甲的六世中,都以耿(即邢)为首都,不曾他迁⑥。但一遇大水,便常常冲决河堤,淹没庐舍⑦,每年都要从事抢堤堵水的

---

① 在治淮工程中,在苏北淮河以北的新沂花厅村、淮安青莲岗等处发现的新石器文化遗址,是属于殷人在建国前的黑陶文化系统;而且"地域愈接近山东,黑陶坑愈多,黑陶片愈标准。黑陶坑也有卜骨出土"。在皖北淮河以北分布在茨河、武家河、赵王河沿岸的殷商文化遗物,与小屯"晚期遗物十分相似,就遗址形状来看,在河水转湾处高出来,也和安阳洹水沿岸的殷代遗址相似"(《文物参考资料》一九五四年第四期,第二七、二九页)。因此,这一带曾是商族自己居住的"邦畿"之区,便得到确证了。

② 《竹书纪年》谓帝癸(即桀)十五年汤迁于亳,旧说一谓汤所居者为南亳,在河南商丘东南,皇甫谧、《正义》均主此说。一谓为西亳,在河南偃师西,《通鉴》主此说:河南商丘、永城、鹿邑等地在抗日战争前就有殷朝遗址的发现,今亳县武家河等又有殷朝遗址的发现(《文物参考资料》一九五四年第四期,第二九页)。可证汤所都者在今河南商丘是比较可信的。

③ 《尚书·商书·盘庚》上。

④ 《尚书正义》卷八引郑玄语。

⑤ 《盘庚》下。

⑥ 《竹书纪年》称汤迁于亳,仲丁自亳迁嚣,河亶甲自嚣迁相,祖乙自相迁耿、又自耿迁庇,南庚迁于奄,盘庚迁于殷,武乙自殷迁河北、又自河北迁于沫,文丁还居殷。《史记·殷本纪》则谓"帝武乙立,殷复去亳,徙河北"。《周本纪》《正义》引《帝王世纪》云:"帝乙复济河北,徙朝歌,其子纣仍都焉。"《史记·殷本纪》:"仲丁迁于隞。"(《索隐》曰:"隞亦作嚣"。《括地志》谓在今郑州荥泽县西南十七里)"河亶甲居相、祖乙迁于邢。""盘庚之时……渡河复居成汤之故居。"《商书·咸有一德》(可能系伪篇):"仲丁迁于嚣……河亶甲居相……祖乙圮于耿。"《盘庚》上:"盘庚五迁,将治亳殷。""不常厥邑,于今五邦。"

⑦ 《尚书正义》传九:"土地迫近山川,常圮焉。"

工作。

盘庚在阳甲时，就极力主张迁都；到他自己继位后，便于公元前一三八八年下令迁都于殷。而其时，并非由于故都已为水所毁灭，所以在朝一部分"在位"、"共政"的贵族便藉口反对迁都；他们并鼓动一般自由民以至属领起来反对，而形成一次"若火之燎于原，不可向迩"① 的反迁都运动。（《盘庚》上篇："而胥动以浮言，恐沈于众"，"率吁众慼出矢言"；中篇："乃话民之弗率，诞告，用亶其有众咸造，勿亵在王庭"。）

这次一部分贵族及其所鼓动的一般自由民，即"民"，以至属领，即"百姓"，反对迁都运动的政治内容，并非单纯的迁都问题。

殷朝自"成汤革命"后，到盘庚时，聚集在首都的大奴主层已完全腐化，他们骄奢淫逸，花天酒地，醉生梦死，全不顾国计民生。人民的生活却日益困苦，引起社会动荡不安。盘庚为挽救其统治，想实施一些改良，又处处受到他们的反对和阻挠。同时，这个腐化保守势力盘踞的旧都，由于大奴主贵族，特别是僧俗贵族间的争权夺利，在盘庚以前就形成着不断的政潮起伏②。国力不断衰退③。

盘庚坚决主张迁都，是要离开腐化保守势力所盘踞的旧都，摆脱他们的支配，把保守分子分散，而迁往新都殷，去依附新进势力，贯彻其改良主张。这是盘庚迁都的一个原因。为避免水患，以图一劳永逸，则是又一个原因。这在《盘庚》下篇叙述了这两个目的④。如果当时故都已面临不可终日的水灾威胁，就谁也不会反对迁徙。如果单是为着故都容易受水灾而迁都，小屯也不是不易受水灾的地点⑤。所以保守派不只直接起来反对，并鼓动一般自

---

① 《尚书·商书·盘庚》上："率吁众慼，出矢言。""而胥动以浮言，恐沈于众。""汝不和吉，言于百姓，惟汝自生毒。"

② 《史记·殷本纪》："阳甲之时，殷衰。自仲丁以来，废适（即嫡）而更立诸弟子，弟子或争相代立，比九世乱。于是诸侯莫朝。"

③ 《史记·殷本纪》："雍己立……殷道衰，诸侯或不至。"太戊时"殷复兴，诸侯归之。""河亶甲时殷复衰……子……帝祖乙立，殷复兴。""帝阳甲之时，殷衰……于是诸侯莫朝。"

④ "今我民用荡析离居，罔有定极"，这是一面。"肆上帝，将复我高祖之德，乱越我家"，这是又一面。《史记·殷本纪》："盘庚乃告谕诸侯大臣曰：'昔高后成汤与尔之先祖俱定天下，法则可修。舍而弗勉，何以成德！'乃遂涉河南，治亳，行汤之政。然后百姓由宁，殷道复兴，诸侯来朝，以其遵成汤之德也。"这具体地说明了迁都的政治内容。

⑤ 《竹书纪年》："〔文丁〕三年，洹水一日三绝。"小屯遗址也证明曾数遭水患。

由民和属领的人民，共同来集中反对盘庚①，而形成为弥漫全国的反迁都大风潮。

殷朝政府对这次风潮的处理，从其有名的文告、即所谓《盘庚》篇②看，是作过很多工作的。《盘庚》篇劝告一般自由民不要为保守分子所煽惑（中篇："恐人倚乃身，迁乃心。"），令各属领（百姓）的代理人（"邦伯师长"），不要卷入漩涡（下篇："罔罪尔众，尔无（毋）共怒。"）。一面严厉地指出保守分子煽动风潮的内幕，使他们孤立，一面运用国家的强制权力去镇压和严申法纪（"自今至于后日，各恭尔事，齐乃位，度乃口，罚及尔身，弗可悔。""矧予制乃短长之命。"），一面又肯定他们的地位和劳绩，允许任用他们（"世选尔劳，予不掩尔善。""古我先王亦维图任旧人共政。"）。这样使保守派陷于孤立和分化，贯彻了迁都和改良内政的主张。从而"殷道"又得以"中兴"，盘庚和其左右，便成了殷代有名的"圣君贤相"。这主要由于其时奴隶制尚大有发展地步。

第四节　"殷纣亡国"

殷朝国家的发展　水旱等天灾对殷朝国家的发展，是给予了重大阻碍的。"成汤革命"胜利后，从十九年（即位后之第二年甲子）至汤二十四年一连六年"大旱"③。革命政权、也只有革命政权方能克服了这种灾难，却大大影响了新的经济、政治、文化的发展。从文献上所能考知的，殷朝国家的发展，表现出一种波浪式的前进形式。其中太甲、太戊、盘庚各朝比较兴盛，尤其在纪元前一千四百年代盘庚迁殷后的一个时期，是殷朝奴隶所有者国家经济、政治、文化的全盛时期。

在殷朝、特别在盘庚迁殷后的一个期间，经济上，农业和手工业（特别

---

① 《盘庚》下："协比谗言予一人。"
② 《史记·殷本纪》："小辛立，殷复衰，百姓思盘庚，乃作《盘庚》三篇。"此说不确，就今《盘庚》篇本身的内容和语气等等，都能证明非后人所作，而是当时的文告。
③ 《竹书纪年》。

是冶铜术）、商业等生产都达到空前的发展，首都①殷发展成为广袤十平方华里的一个古代大都市，不只是当时的政治中心，且成了手工业和商业的中心，根据地下的发现，已证明郑州也是当时工商业较发展的一个城市②。政治军事上，征服了土方、羌、㣌、蜀、羋、上虞等，把今山西、内蒙古西南部、陕西、甘肃、四川、湖北、安徽、浙江等地均收入版图③。文化上、艺术上也都有着一系列的重大创造，最突出的，是完成了天文历数学的发明。

殷朝国家的衰落　但到了公元前一千二百年代的武乙时，殷朝奴隶所有者国家便走入下坡，首先表现为奴隶劳动力的缺乏，如所谓"隹我奚不足"④ 等记载，正是这种情况的反映。相应而至的，便是社会生产的衰退。同时自由民阶级的腐化，普遍沉溺于奢侈、纵酒、游畋、安逸的生活，连公务和兵役等，也尽量靠使用奴隶去充当。从而政治日趋腐败，兵力日益衰退，渐丧失其统制属领与远征的力量。

而殷朝统治集团，在生产衰退与国家财政困难的情况中，反更加紧对奴隶和属领以至一般自由民的榨取⑤，图补足其奢侈消费与国家财政的来源。这样，一方面更激起奴隶的反抗，加速了社会生产的衰落；一方面又激起各属领

---

① 殷代称首都为"大邑商"、"天邑商"或"商邑"。《诗·商颂·殷武》所描写的情景："商邑翼翼，四方之极。赫赫厥声，濯濯厥灵。"依此，它是全国经济、政治、文化的中心。又《商书·说命》："若挞于市。"是城市经常都聚集有众多的人口。

② 就手工业说，殷虚发现有炼铜、铜器铸造、石器、玉器、骨器等作坊外，"可能比安阳殷虚要早"的"郑州南关外殷代文化遗址中发现炼铜遗址一处，为炼铜用的炼炉、铸铜用的模子以及铜刀、铜斧、铜箭头等物。另在省直机关工地的殷代文化遗址中，发现制造骨器用的地方一处，出土的有骨器材料、半成品、成品及磨制骨器用的砺石等物"（《文物参考资料》一九五四年第十二期，一八四页）。又《商书·说命》上："若金，用汝作砺。"《孔氏传》云："铁须砺以成利器。"《说命》很可能是后人所作，所说须待地下出土物的证实，方足凭信。

③ 近年"由于苏联考古学上的发现，认为殷周之际，已有中国北部居民移至叶尼塞河中游，与本地居民杂处。可见坚昆丁零族中杂有黑甗髮者，其由来已久"（《考古学报》一九五六年第四期，周连宽《苏联南西伯利亚所发现的中国式宫殿遗物》）。这是可以作为考究殷朝与东北关系的参考资料的。

④ 罗振玉：《殷虚书契前编》六、十九、二。

⑤ 《尚书·周书·牧誓》："俾暴虐于百姓，以奸宄于商邑。"《酒诰》："诞惟民怨。"《商书·微子》："儁敛。"《诗·大雅·荡》："敛怨以为德。"

的不断背叛。殷朝国家处于被动地位，甚至依靠周人去抵抗外力，任令其进行军事扩张①。

在自由民阶级的内部，一方面由于国家财政的困难，对一些贫穷自由民的生活已无法救济。而在生产日益衰落的情况下，一般自由民多相继陷于衣食无着的穷乏苦境，形成为都市的流浪集团。一方面，在巫教对社会现实问题无力解救的情况下，加之僧侣贵族自身生活的堕落，便动摇了人们对巫教僧侣的信仰，这又激化了代表俗权的俗权贵族反代表教权的僧侣贵族的权利冲突，特别表现为王与僧侣贵族间对神权的争夺。

到受辛（纣）继位前后，殷朝国家政治的腐化，军力的衰落，都达到了极点，所以微子说："殷其弗或乱正（平定之意）四方。我祖底遂陈于上，我用沉酗于酒，用乱败厥德于下。"最严重的现象，是贫穷的自由民集团多为非作歹、堕落为盗窃，甚至"攘窃神祇之牺牷牲用，以容将食无灾"②；贵族和国家的大小官吏，则相率浮夸、非法，贪污、腐化③；俗权贵族和僧侣贵族争夺权利的滑稽剧，则达到空前无耻的程度。因之，相继背叛的属领，自公元前一一八五年所谓"文王即位"时始，便以周族为中心，形成着反抗殷朝奴主统治的革命集团，殷朝统治者并无力去镇服；到公元前一一五四年受辛即位后，大多的属领皆已背叛，而围绕到周族的周围④；加之周人力行革命主张和团结政策，"笃仁、敬老、慈少、礼下贤者；日中不暇食以待士，士从此多归之"。要求革命的人民，也都倾向于周族的领导⑤，

① 如"〔帝乙〕三年，壬命南仲拒昆夷，城朔方"，帝辛三十二年，"密人侵阮"，都表现殷的被侵和转入防守。又如周师"伐程"、"伐义渠"，周公季历"伐西洛鬼戎"、"伐燕京之戎"、"伐余无之戎"、"伐始呼之戎"、"伐翳徒之戎，获其三大夫来献捷"，文王"伐翟"、"伐密"、"取耆及邘……伐崇"、"伐昆夷"、"诸侯逆周"、"诸侯逆西伯"、"西伯率诸侯入贡"（均见《竹书》）等传述，正是依靠周人抵抗外力和周人军事扩张的情况的反映。
② 《商书·微子》。
③ 《商书·微子》："殷罔不小大，好草窃奸宄，卿士师师非度，凡有辜罪，乃罔恒获。"
④ 《周书·牧誓》所说的"友邦"及"庸、蜀、羌、髳、微、卢、彭、濮人"，《史记·周本纪》所说"不期而会盟津者八百诸侯"，原先都是殷的属领。
⑤ 《史记·周本纪》："纣师虽众，皆无战之心，心欲武王亟入。纣师皆倒兵以战，以开武王。武王驰之，纣兵皆崩畔纣。"《周书·武成》："受率其旅若林，会于牧野。……前徒倒戈，攻于后，以北。血流漂杵。"《史记·殷本纪》：祖伊说："今我民罔不欲丧。"

进步人士乃至殷的王族、重臣也相继投周或出走①，所以说：文王"三分天下有其二"②。

因而形成全社会空前的混乱与普遍骚动的情况，所以文王说："寇攘式内，侯作侯祝，靡届靡究，""如蜩如螗，如沸如羹，小大近丧……内奰于中国，覃及鬼方。"③《微子》说："小民方兴，相为敌雠。今殷其沦丧，若涉大水，其无津涯。""降监殷民，用乂雠敛，召敌雠不怠。"这正是一种革命高涨的形式。

再加以受辛的倒行逆施，更促起人民和属领的怨恨，又助长了革命形势的发展。

受辛的暴虐　据《史记》，受辛并不是一个昏暗庸碌的蠢材，而是一个"资辨捷疾，闻见甚敏；材力过人，手格猛兽；知足以拒谏，言足以饰非；矜人臣以能，高天下以声，以为皆出己之下"的人物④。只是他自视太高，刚愎自用，不顾民意，违反潮流，以为一手可掩尽天下耳目，暴力能压服革命，能逆转历史车轮。

他在日益高涨的革命形势面前，反更加紧对属领和奴隶的压榨，"厚赋税，以实鹿台之钱，而盈巨桥之粟"⑤，纵其穷奢极欲的生活。据传：（一）受辛于沙丘建立行宫台苑，"收狗马、奇物"、"野兽、蜚鸟置其中"，并作"靡靡之乐"，使美女和奴隶日夜歌舞作戏；（二）为酒池、肉林、糟邱，令男女奴隶裸身相逐其间，"为长夜之饮"，又"以绳羁人头牵诣池，醉而溺死"，以为戏乐⑥，因而更激起人民的反感和属领的反抗。受辛则一味使用严刑苛罚去镇压（"百姓怨望，而诸侯有叛者，于是纣乃重刑辟"⑦），最残酷者有所谓

---

① 《史记·周本纪》："伯夷、叔齐……太颠、闳夭、散宜生、鬻子、辛甲大夫之徒皆往归周。"《殷本纪》："殷之太师少师乃持其祭乐器奔周。"微子计划与太师少师一同出走，《竹书》："内史向挚出奔周。"

② 《论语·泰伯》。

③ 《诗·大雅·荡》。

④ 《史记·殷本纪》。

⑤ 同上。

⑥ 《史记·殷本纪》。《帝王世纪》。《论衡》。《韩非子》。《淮南子》。《尚书·周书·武成》、《泰誓》。

⑦ 《史记·殷本纪》。

"炮烙之法"①、驱使反抗的奴隶与猛兽角斗②。他对革命领袖（文王、九侯、鄂侯）、元老重臣、正人君子（比干、箕子、微子等）则一一监禁、杀戮；依赖"险邪小人"费中、恶来之流，宠爱妲己，"唯妇言是用"③。"武王革命"宣布纣的罪恶，在《武成》为"暴殄天物，害虐蒸民，为天下逋逃主，萃渊薮"三条；在《牧誓》为：一、"惟妇言是用"；二、"昏弃厥肆祀弗答"，三、"昏弃厥遗王父母弟不迪"；四、"乃惟四方之多罪逋逃，是崇是长，是信是使，是以为大夫卿士"；五、"俾暴虐于百姓，以奸宄于商邑"。《史记·周本纪》引《太誓》所述，与《牧誓》所述完全相同，只是又谓纣"自绝于天，毁坏其三正"④，与《商书·微子》、《诗·大雅·荡》所述，基本内容是一致的。

受辛的倒行逆施，只加速了革命的爆发，把自己推进坟墓。而殷朝奴隶所有者国家，便于公元前一一二二年在革命的火焰中灭亡了。

第五节　殷朝的战争、政治疆域、婚姻制度

殷朝国家的武装　殷朝国家的军事组织，在"成汤革命"前，为部落联盟的军事集团；到"成汤革命"后，便转变而为国家的武装，但在本质上，仍是一种掠取及买卖奴隶的军事团体，王就是这种团体的领袖。因此，自"成汤革命"后，军队的组织系统，一面是以其部族原来的氏族为单位的组织系统（例如甲骨文："王……令□五族□伐羌方，贞令多子族罕犬侯寇周，古王事"）；一面是由征募而成的国家军队（例如甲骨文："收众人……从叟古王事；王收人往征蜀；王收人五千征土方"）；一面为各属领的武装（例如甲骨文："王命雀伐屮侯。"雀是殷的属领）。到后来，由征募而成的国家军队，大抵由于兵源的不足，便渐次使用奴隶来补充（最初仅用于防守，后更用于攻

---

① 《史记·殷本纪》。
② 《帝王世纪》。
③ 《史记·殷本纪》。《尚书·周书·牧誓》。
④ 马融曰："动逆天地人也。"《正义》曰："按三正，三统也。"

伐)。到受辛（纣）时，军队的构成成分中，已包含着大量的奴隶。

战争的意义 从殷朝战争的意义来说，其第一个主要目的在掠取奴隶。所以殷朝文献记载，对每次战争，都以能否俘获人口（"有孚"或"罔孚"，又如"得人十又五人……俘人十又六人"、"获羌""获×"①）为主要目的。

战争的第二个主要目的，为征服异族与扩张国土。对被征服者，或俘获其人口，占领其土地，移殖商族的人口（如对于薄姑、轰方等)②，或令其服从殷朝奴隶所有者国家的权力和正朔（甲骨文："示以商正"），容许其"内部自治"③，只对国家担荷贡纳义务（进贡劳动人口及特产等），如吕方、土方（即鬼方，亦名熏鬻)、羌方、人方、井方、马方、羊方、洗方、林方、二封方、三封方、下勹、芈、邶、郦、雷、蜀、上虞、尸（即夷）、周等。（按殷人所谓方，即氏族或部落之意。）这种属领，在殷的力量强大时就服从，否则就"背叛"④。古书记载自武乙以后，殷已无力去征服和控制属领。

其次为对于属领的讨伐。各属领为要求解除奴隶所有者国家的束缚，常发生"背叛"。殷朝统治者对"背叛"的属领便用武力去镇压、讨伐，所以甲骨文有不少关于伐某"侯"的记载。

战争的规模 据甲骨文字等所载，每次战争出兵的数量，多为三千人、五千人到万余人。战争杀戮的人数，有一次多到三千人左右的。

公元前一千三百年代的武丁征伐鬼方，可能是殷朝最大规模的一次战争，

---

① 《殷虚书契菁华》（五）；《殷虚书契前编》（四五〇）。

② 大戊五十八年"伐薄姑"以及所谓"灭大彭"、"灭××"（《竹书》）。郭沫若《卜辞通纂》一三七页。

③ 如在上鬵"定其税收，'示以商正'。"（参看拙著《殷周时代的中国社会》一一六——一一九页）；又如祖乙"命郯侯高圉"（周先世）、盘庚"命郯侯亚圉"、祖甲"命郯侯组绀"、武乙"命周公亶父，赐以歧邑"（《竹书》）。郯、歧原即是周人的住区，此例甚多。《诗·大雅·绵》、《思齐》、《皇矣》、《灵台》、《行苇》等等，及《史记·周本纪》等的传述，也都反映了周人在"伐殷"前的内部自治情况。从当时作为殷属领若干地区的新石器时代遗址遗物的发现，虽表现着殷商文化的一些影响和色彩，甚至杂有少数殷人文物；但基本上它们都保存自己的特点。

④ 如《史记·殷本纪》所谓"诸侯来朝""诸侯莫朝"，正与殷的国力升降情况相适应。《竹书》所记：成汤时"氐羌来宾"，太戊时"西戎来宾"、"九夷来宾"，仲丁时"征蓝夷"，外壬时"邳人侁人叛"，河亶甲时"彭伯克邳"、"征蓝夷"、"侁人入于班方，彭伯韦伐班方，侁人来宾"，阳甲时"征丹山戎"，盘庚时"应侯来朝"，武丁时"克鬼方、氐羌来宾"、"王师灭大彭"，祖甲"征西戎"，"西戎来宾"，帝乙时"西拒毗夷、城朔方"，纣"伐有苏，获妲己以归"也反映了这种情况。

据传经过三年的战斗，才把鬼方征服①。公元前一千二百年代的帝乙南征上虞，是最显著的一次远征，也是殷朝奴隶所有者在军事行动上的一种挣扎，行军时间，长到四十日以上。到殷朝末期，战争的重心，为对于周族的讨伐（卜辞有不少"寇周"的记载）。周原来也是殷的属领（卜辞也有"命周侯"的记载）。在奴隶所有者国家的末期，它便不断违抗政令，以至于"背叛"，成为领导革命的中心，因而形成两者间的不断战争。

殷朝军事势力的范围 奴隶所有者，在特定的战争意义上，便以其"邦畿千里"之地为根据，进行征略四周各族，次第把黄河中下游各族征服后，又进而向四周扩张；军事势力达到东北的古营州（今河北、辽宁及朝鲜），北方的河套（鬼方或"朔方"），西北的陕甘（羌、𢼞……），南方的皖、鄂（霍、潜、芈，或所谓"荆蛮"等），东南的浙江（上虞）②，西南的四川（蜀……）。把各先住民族征服，作为其提供贡纳的属领。

政治疆域 商族自己所居住者，虽仅为所谓"邦畿千里"的山东、河南、河北及淮河以北的苏北皖北大平原，其政治势力所及的疆域，则东面濒海③，东北抵古营州④，北面以河套为界⑤，西北、西南则陕西、甘肃、四川均入版图，南抵长江，东南并越江达今杭州湾以南之地区⑥。近年地下发现进一步证明了殷朝疆域的上述论证；《竹书纪年》等书所记，是过于保守的⑦。

婚姻制度 殷朝的婚姻制度，原则上为一夫一妻制，三十一世的帝王中，也大抵只有一妻。但祖乙、祖丁、武丁各王，却皆有数偶，他不仅是父家长的一夫多妻制的残余或继配，而且正是古代帝王在婚姻关系上的特权表现与色情

---

① 如《易·既济》："高宗伐鬼方，三年克之。"又《竹书纪年》所记亦为三年。
② 江西、福建新石器时代遗址遗物中，杂有殷人文化的色彩和影响。因此，其时福建、江西境内的越人部落是否也成了殷的属领，是值得进一步去加以研究的。
③《诗·商颂·长发》："海外有截。"
④ 王国维《观堂集林》卷十八。
⑤ 郭沫若《卜辞通纂》一一二页。
⑥ 参阅拙著《殷周时代的中国社会》一一六——一二〇页。
⑦《竹书纪年》关于武丁时的疆域说："是时舆地，东不过江、黄，西不过氐羌，南不过荆蛮，北不过朔方。"《诗·商颂·玄鸟》，"奄有九有。"（有谓"九有"即"九州"）所谓"东不过江、黄"，意谓东尽长江、黄河，即"海外有截"之意，是合乎事实的；所谓"西不过氐羌"，实际却达到川西松潘一带；所谓"南不过荆蛮"，实际已达到今浙江、并可能达到今福建、江西地区；所谓"北不过朔方"，实际殷朝东北的疆域，还可能越出王国维所探究出的古营州的范围。

狂纵。同时在殷朝，已实施了一种媵嫁制度①。因之，除妻以外，一个男人，特别是王和贵族，还可以有一个或数个妾。

在这一夫一妻的婚姻制度下，丈夫长期远征，妻与夫别离到一定期间后，若在家中有所生育，便不能得到社会的公认，而为法律所排斥②。所以在殷朝，妇女已经要保守片面的贞操。反之，男子的娶妾是得到保障的。

因之，所谓"祖乙之配曰妣己，又曰妣庚"，"武丁之配曰妣辛，又曰妣癸，又曰妣戊"，并非所谓"多母制"。三"商勾刀"铭文："大兄曰乙，兄曰戊，兄曰壬，兄曰癸，兄曰丙。""祖曰乙，大父曰癸，仲父曰癸，父曰癸，父曰辛，父曰己。""大祖曰己，祖曰丁，祖曰乙，祖曰庚，祖曰丁，祖曰己，祖曰己。"或卜辞所谓"父甲一牡，父庚一牡，父辛一牡"等记载，也并不是所谓"多父制"，而是一家系的子孙侪辈，共同纪念其祖、父、兄的记事，所以又有"大兄"与"兄"、"父"与"大父""仲父"、"祖"与"大祖"之别。

第六节　殷朝的宗教、哲学、科学、文艺

巫教　从原始的图腾崇拜和万物有灵论，经过氏族制后期的祖先崇拜，到殷朝奴隶所有者时代，便发展为具有一神教之本质的巫教。

巫教僧侣是殷朝国家权力的实际掌握者，其教主名"阿衡"。自成汤到太甲时的伊尹，太戊到河亶甲时的伊陟、巫咸，祖乙时的巫贤，武丁时的甘盘、祖己，帝辛时的祖伊，都是巫教"阿衡"（教主）。

巫教所崇奉的最高神是"天帝"或"上帝"，天帝以下又崇奉祖先，表现为对鬼神崇拜。他们认为"天帝"是统治宇宙的最高主宰神，死去的祖先也都回到"天"国，而作为"天帝"的从属③。而天国又是和现实世界有着同

---

① 《易·归妹》。《诗·大雅·大明》、《思齐》。

② 《易·渐》："夫征不复……妇孕不育。"

③ 《尚书·盘庚》："予迓续乃命于天。""肆上帝将复我高祖之德。""兹予大享于先王，尔祖其从与享之。"《微子》："殷既错天命。""乃攘窃神祇之牺牷牲用。"孔氏传云："盗天地宗庙牲用。"武王"伐纣"也说："敢祇承上帝。""天休震动，用附我大邑周。"《武成》并把怠弃对上帝和祖先的祭典，作为纣的罪状之一。这都在卜辞中得到证实。

样的组织。"天帝"不只统治着天国,而又统制着现实世界,王是"天帝"的儿子,为其派来统治现实世界的代理人。因而形成其两重世界观。这种世界观,是以殷朝奴隶所有者国家经济的政治的构造为基础而构制起来的;如所崇奉的"天帝",就是现实世界中的王的存在的反映,"天帝"左右的鬼神,就是王的左右的官吏之存在的反映。

巫教的宗教魔术,是祈祷和贞卜。但奴隶却无权参加祈祷。因为在他们,认为奴隶是同物品一样,所以死后也没有灵魂的。在这里,正说明了巫教是奴隶所有者的宗教。

巫教没有关于彼岸和来生的修炼,所以它还不算是一种发育完成的宗教。

哲学　殷朝奴隶所有者自己的哲学,就是巫教的神学。

在殷末,以周族为领导的革命集团,便产生一种和神学相对立的"八卦"哲学①。"八卦"哲学是一种朴素的辩证唯物论。他们认为现实世界,不外是天、地、山、泽、水、火、风、雷八种物质的东西,其本源是所谓"一",由"一"的自身的变化而发展为"八",天、地等八种东西相互矛盾相互排斥而产生宇宙、万物;所以说,由"一变"生"二","二变"生"三","三变"成"八","八卦"发展为六十四卦,六十四卦又发展为三百八十四爻。

在这种理论的基础上,他们说乾上坤下的"☷"形式是"否卦",把这个形式倒过来为"☰"的形式,便是"泰卦"。这是说,乾上坤下的统治和被统治所形成的当时社会秩序已不合理(否),要把它倒置过来,天下才得太平(泰)。

但"八卦"哲学的唯物论本质,也是藉占卜去表现的——它还穿着一件神学的外衣。而这种原始辩证唯物论哲学,却是古代的一种伟大思想。

科学　殷朝的巫教僧侣,从千百万奴隶大众千百万次劳动经验的基础上,从事农业季节性的研究,成就了天文历数学的重要发明。他们以地球绕太阳一周的年份划分为十二个月,客观上似为调剂年分十二月之太阴历与年分四季之太阳历的参差,又设有一年十三个月的闰年;适应农业季节气候的变化,把每

---

① 《史记·周本纪》:西伯被囚羑里,"盖益《易》之八卦为六十四卦"。《正义》曰《乾凿度》云:垂黄策者羲,益卦演德者文,成命者孔也。《易·正义》云,伏羲制卦,文王卦辞,周公爻辞,孔十翼也。"《易》卦何时产生,《易传》作于何人……至今未达到一致结论。《史记》谓文王益卦是一种较早的记载,不论可信程度如何,八卦哲学为周人哲学是无可置疑的。

年又四分为春、夏、秋、冬四季；又依据月球与地球相对行而反照的月球形象的变化，应用三分制把每月分为三旬，复从其参差上而创为大小月建。卜辞并有关于"置闰"和"月食"① 的记载。这与炼铜术等的发展一样，同是殷朝奴隶所有者社会留给人类的宝贵遗产。《商书·说命》："若药弗瞑眩，厥疾弗瘳。"依此，殷朝已创造了关于医药学的知识。

文字 在仰韶系遗物中已发现的夏朝文字，还只有象形图画。虽然我们的发掘还是零碎的，夏末有较进一步的文字的可能。

到殷朝，应用的单字已考知者为一千到一千五百字左右。其中象形字占多数，然形声字已甚多，双声假借之字亦已不少。这与拉丁系的声音字母的文字发展阶段相当。殷朝遗留下来的文献，主要是甲骨文②。

《商书·盘庚》上、中、下三篇及《微子》篇，是殷朝奴隶所有者的长篇记录和文告；殷商遗址出土甲骨文片中，又有一片天干地支再配合所成之一甲子周转的历书，其他长至五六十字的贞卜记事的作品亦所多见。殷人对于国家文献，并曾系统编纂作为档案而保存（甲骨文中有"册六""编六"字，《周书·多士》也说殷朝"有册有典"）。

文艺 从遗留下来的资料考察，殷人已知道书写有音韵的诗歌文学，作者大抵为僧侣，故多属一种祈祷式的作品；作品的内容，多系描写武士威仪和爱情，掠取奴隶，以及奴隶所有者的生活等。

艺术上的雕刻术，出土的石雕、铜雕、骨雕作品，都很绮丽精致。其构意大抵为宗教式的寄托；除宗教式的寄托品外，则在为满足贵族的享乐而创作的。他如甲骨文字的镌刊，也表现了相当程度的艺术性。

奴隶所有者又使用奴隶歌舞取乐，但那又多与宗教祭典相关联。其音乐为一种数音复奏的濩乐，即史所谓"大濩"乐。

---

① "岁末置闰，应认为殷末一贯通行的置闰法"，"卜辞所记月食，不一定见于安阳"（李学勤：《评陈梦家殷虚卜辞综述》，载《考古学报》总第一七册）。

② 甲骨刻字起于何时，尚难正确考知。《竹书纪年》谓"黄帝"时"龙图出河，龟书出洛"；"尧"时，"乃有龙马衔甲，赤文绿色……甲似龟背"；"〔禹〕即天子之位，洛出龟书"，此皆不足信。又谓"汤至于洛……有黑龟并赤文成字，言夏桀无道，汤当代之"。今盘庚以前的贞卜所用甲骨，虽不系统，但已有发现。汤时有字骨应系事实。

复 习 题

一、"成汤革命"完成了何种历史任务?

二、殷朝人民所拥有的生产工具,是石器、铁器,还是青铜器?

三、殷朝的生产是农业占优势,还是畜牧占优势?

四、"伊尹放太甲"的历史内容如何?

五、盘庚迁殷的历史内容如何?

六、殷朝奴隶所有者国家是怎样灭亡了的?

七、巫教在殷朝的作用怎样?

八、"八卦"哲学的内容如何?

第五章

西周初期封建制度的成立

（公元前一一二二——公元前七七〇年）①

第一节　西周社会形势

"武王革命"的性质　根据《史记·殷本纪》、《周本纪》，《尚书·牧誓》、《武成》等等文献记载：参加"武王革命"的，有殷朝奴隶所有者国家统治下许多属领的首长和成员，也有殷人，特别重要的，还有成千成万的奴隶的"前徒倒戈攻于后"或"倒兵以战，以开武王"，并受到所谓"商国百姓咸待于郊"的欢迎。在革命过程中的种种措施，如所谓"散鹿台之财，发巨桥之粟，以振贫弱、萌隶"（即振救贫困的下层自由民和奴隶），"释百姓之囚"和"封诸侯"②等等，其所引起的社会变化，都不同于那种改朝换代的战争或朝代兴亡的性质。由于"武王革命"后，既不能把大量的殷人吸收到他们原始公社制的组织里面来，又不能用他们原始公社的秩序去约束殷人，也不能用奴隶制去统治公社成员和起义的奴隶，而在"胜殷"后，

---

① 裴骃《史记集解》引《汲冢纪年》曰："自武王灭殷以至幽王凡二百五十七年。"涵芬楼影天一阁本《竹书纪年》："武王灭殷，岁在庚寅；二十四年岁在甲寅，定鼎洛邑，至幽王二百五十七年：共二百八十一年。自武王元年己卯至幽王庚午，二百九十二年。"志此备考。

② 《尚书·武成》。《史记·周本纪》。又《诗·大雅·大明》："殷商之旅，其会如林。矢于牧野，维予侯兴。"

又必须迅速建立新秩序，因此，周人便以其临到"文明人口"的原始公社制的管理机构，在殷朝奴隶制国家的废墟或行政机构的尖端上，转化为不同于殷朝国家的国家机关。并从而规定了"武王革命"不能不成为我国历史上的"奴隶革命"① 或封建主义革命。由于革命的胜利，并出现了历史上有名的"成康之治"，即《周本纪》所谓"成康之际，天下安宁，刑错四十余年不用"。

但是革命的胜利和社会形势的转变，并不是简截了当的，而是经历了一个长的过渡时期②，这又正和"武王革命"胜利后新的社会矛盾的复杂性和在广大国家内各地区间、部族部落间发展的不平衡性相适应的。

革命胜利后的新形势　"武王革命"胜利后的新形势，主要有以下的特点：参加反殷斗争的社会各阶级、阶层、部族、部落间的关系，产生了新的变化和要求；殷朝奴隶所有者的残余势力或所谓"殷遗民"，以及其他若干部落、特别像所谓徐、淮、芈楚等，不只对新政权怀疑、观望，而且是敌对的。在周朝的政治疆域内，表现着封建制的、奴隶制的、原始公社制的各种生产方式的并存，形成一种过渡期的社会形态。原来殷朝国家的"邦畿"区域，在奴隶制和新生的封建制并存的形势下，还有着原始公社制的残余；在周朝新国家的"邦畿"区域，即周人自己散布的地区，则形成新生的封建制和临到"文明人口"的原始公社制并存的形势，同时还存在着迁入的"殷遗民"的奴隶制和周人自己的家长式奴隶制。国内其他众多的部落，在处于不同发展程度的原始公社制的基础上，又有着新政权所给予的封建性的措施和影响。因而在广大国土内，形成了各个地区间、部族部落间发展的极端不平衡，与相互间错

---

① 有些史家认为中国史上由奴隶制度到封建制度的转变，好像不须经过革命似的。其实，这是不符合乎马克思主义的社会变革论的基本精神的。马克思说过："暴力是一切孕育着新社会的旧社会的产婆，它本身也是一种经济力。"（《资本论》第一卷，人民出版社一九五三年版，九四九页）斯大林也说过："奴隶革命是把奴隶主消灭了，是把奴隶主对劳动者的剥削形式废除了。""农奴革命是把农奴消灭了，是把农奴制的剥削形式废除了。"（《列宁主义问题》，苏联外国文书籍出版局，莫斯科一九四九年版，五四八页）这是说，旧的生产关系的推翻和新的生产关系的建立，是通过革命手段去实现的，因而便不可能不发生震动和冲击。

② 关于这种过渡期，斯大林在《再论我们党内的社会民主主义倾向》一文中说："封建经济制度为了证明自己比奴隶经济制度优越，大约费去了二百年，也许略少一些。不这样也不可能，因为当时发展的速度极为缓慢，而生产的技术又非常原始。"（《斯大林全集》第九卷，人民出版社一九五四年版，一二一页）

综复杂的关系和影响。殷朝的奴隶制，是具备着"亚细亚的"一些特性的，没达到较高度的发展，就结束其历史的任务了。就地下发掘来看，它只拥有青铜器工具；周人在革命胜利前所拥有的生产工具，也没有超过或者说还低于殷人的水平，虽有着发明制铁的迹象①，但尚无足够的实物发现。因此，周朝新国家必须在殷朝国家那种发展程度的废墟上去建立新制度。这种客观形势，不只规定了周朝封建制的建设必须经历一个较长的过渡期，又规定了奴隶制和原始公社制的生产方式及其残余，长期间在各不同地区和不同程度上强烈存在，并给予中国封建社会的全过程以较远和较深的影响。

但不只由于"武王革命"的胜利作用，且由于革命政权等等上层建筑对基础的积极作用②，这具体表现在周朝国家一系列新的革命建设和措施，以及其意识形态等方面。因此，封建制生产的比重，便先后不断获得扩大，逐步确立和巩固了支配地位，奴隶制以至原始公社制的生产的比重，则不断削弱、缩小以至成为残余，在全国范围内相继走上了向着封建制转化的过程。这种转化的过程，由于我国地区辽阔等特点，特别由于各部族部落间的不同条件和具体情况，而表现了极大的不平衡。在周朝国家的中央区域，即"邦畿"地区，到所谓"宣王中兴"时，封建制的生产便确立和巩固了支配地位；在原来殷朝"邦畿"地区的东方区域，如齐国，似乎到春秋时期才基本上完成了这种过渡；原先比较后起和落后的秦国，又晚于齐国，似乎到献公时，封建制才开始取得优势，而且奴隶制残余在其后一个较长时间都强烈存在和产生影响；南方的越，似乎到春秋末的勾践时期奴隶制还和封建制并存着（而国内其他若干部族和部落，则直到社会主义革命胜利前，还没越过原始公社制、奴隶制或

---

① 《诗·公刘》："取厉取锻。"按《考工记》，锻工不属于冶铜，可能属锻铁。《史记·周本纪》：武王"以黄钺斩纣头"；对"纣之嬖妾二女"，"斩以玄钺"。《司马法》曰：'夏执玄钺。'宋均曰'玄钺、用铁不磨砺。'"近据日本考古学家梅原末治等研究：谓在一九三三年六月汲县出土的西周初的十三件青铜兵器中（现落在美国国立弗吉尼亚美术馆），二件有铁刃。（梅原：《中国出土的一群铜利器研究》，载京都大学《人文科学研究所创立廿五周年纪念论文集》）杉村勇造：《芮公纽钟考》（见《中国古代史的诸问题》）谓有芮公作旅钟……铭之芮公纽钟，应属西周器。钟上部环纽下脚顶面接合部分有铁锈涌出，纽下脚部分内部有两个铁制角形管（径〇·五米厘）的截断面露出，将细管内泥土除去，深一·三米厘。

② "上层建筑一出现后，就要成为极大的积极力量，积极帮助自己基础的形成和巩固，采取一切办法帮助新制度来摧毁和消灭旧的基础与旧阶级。"（斯大林：《马克思主义与语言学问题》，人民出版社一九五五年版，第三页）

封建制阶段)。

这种过渡期的任务：基本上在于把原先殷朝国家统属下的那两种性质的公社，转变为农奴制的庄园，消灭旧的阶级，把原先那种公社内的氏族成员或自由农民和奴隶，转变为农奴。不断去巩固和发展新的生产关系，摧毁和消灭旧生产关系，扶助生产力发展。

第二节 "武王革命"

革命前的周族 在"成汤革命"前，夏族和商族在黄河流域的中部相遇后，商族凭借着较高的生产力，把夏族的大部分挡回到西北陕甘一带，其中的主要部分，则为后来的周族等①。

周人叙述其男系始祖为传说人物后稷，并祀稷为农神。据《诗经》和《史记》等文献所述，周族在后稷时，为居邰（陕西武功)② 一带之游牧部落；到传说人物"公刘"以后，由于冶金术的进步，便在豳（陕西邠县）一带，过着定居的农业生活③。后传到文王（姬昌）的祖父古公亶父时，被其邻近部落"狄"人所战败，举族迁至今陕西岐山一带④，并形成了较发达的农村公社的组织。文王时又把部族联盟的中心地移至丰（陕西鄠县东）并开始建立起城郭⑤。武王定都镐京（陕西西安)⑥。

---

① 周人称夏，如在《周颂·时迈》、《思文》等篇曰"时夏"，《尚书·君奭》、《立政》等篇曰"我有夏"；赞颂自己先人的功绩，曰"肇造我区夏" （《康诰》)、曰"奄有下土，缵禹之绪" （《诗·鲁颂·闷宫》)。

② 《诗·大雅·生民》、《周颂·思文》、《鲁颂·闷宫》。《史记·周本纪》。

③ 《诗·大雅·公刘》。《周本纪》。

④ 《史记·周本纪》：古公"乃与私属遂去豳，渡漆、沮，逾梁山，止于岐下……于是古公乃贬戎狄之俗，而营筑城郭室屋而邑别居之"。《诗·大雅·绵》也叙述了这种情况，并谓迁岐以前，为"陶复陶穴，未有家室"。

⑤ 《史记·周本纪》："明年伐崇侯虎，而作丰邑，自岐下而徙都丰。"《诗·大雅·文王有声》："既伐于崇，作邑于丰。"

⑥ 裴骃《史记集解》引徐广曰："丰在京兆鄠县东，有灵台；镐在上林昆明北，有镐池，去丰二十五里，皆在长安南数十里。"《正义》引《括地志》云："镐在雍州西南三十二里"，丰"在雍州鄠县东三十五里"。《文王有声》："镐京辟雍"注云："武王作邑于镐京。"

　　周族在公刘以前，是一个与"戎狄"杂处的部落①。公刘以后，由于殷朝生产技术的影响和生产力的进步，才在今邠县一带定居下来，成为定居的农业民，而营着原始公社制的农村公社的生活。在这种公社的内部，土地是氏族共有的财产，划归公社行使定期的分配；分有土地的各公社内各家族，则各别去耕种。后来财产的所有形态，渐次由氏族所有向家族所有转化，便由公社成员共同耕种划归公社的土地，收入全归公社，作为公共费用。《诗·大雅·公刘》说"彻田为粮"正是这种情况。在这种生产的基础上，并开始出现了氏族奴隶②。到季历和文王时，不断向邻近部落进行武装征服和掠夺人口，表明周人已达到父家长奴隶制时期。文王有众多的妻妾③，也正是这种历史情况的表现。据《尚书·周书·无逸》："周公曰……文王卑服，即康功田功（注：文王节俭，卑其衣服……以就田功，以知稼穑之艰难）……自朝至于日中昃，不遑暇食……不敢盘于游田。"《楚辞·天问》："伯昌号衰，秉鞭作牧。"可证周人当时并没有走出原始公社制阶段，文王还没有完全脱离生产劳动。《史记·周本纪》说：文王"改法度，制正朔矣"。周人当时又确已临到"文明的入口"。

　　古代西北区域的岐山一带，是最沃饶的区域，很适宜于农业的发展。周人自古公时南迁至当地后，以其较进步的生产技术，和自然富源相结合，农业便得到急速的发展。

　　由于生产的发展和人口的增殖，便扩大了耕地的要求。因此除大量开垦荒地外④，便向邻近部落进行扩张，自公元前一千三百年代到一千二百年代间的王季和文王时，便先后柔服虞（山西平陆境）、芮（陕西朝邑境）等部落⑤，征服犬戎（陕西凤翔境）、密须（甘肃灵台境）、耆（山西长治境）、崇（陕

---

① 《国语·周语》，"我先王不窋……自窜于戎狄之间。"《周本纪》："不窋以失其官，而奔戎狄之间。"自此，直至公刘时，周人都杂处在"戎狄之间"。

② 《诗·大雅·绵》："戎丑攸行"，注"丑、众也"，"戎丑"有异类之意。《周本纪》所谓"私属"，亦应系氏族奴隶。

③ 所谓文王百子皆出太姒之说，在生理上是完全不可能的。文王有子百人，正反映了他众多的妻妾的父家长奴隶制情况。

④ 《诗·大雅·皇矣》，具体反映了文王时周人大量从事垦荒的情况。

⑤ 《诗·大雅·绵》："虞芮质厥成。"《周本纪》："诸侯皆来决平。"

西鄂县境）各部落①，或夺取其耕地，或置其于从属下，像印加一样，向他们征取税纳，即《尚书·无逸》所谓"以庶邦惟正之供"。所以《论语》说：文王"三分天下有其二"，《史记·齐太公世家》说："天下三分，其二归周。"

　　而周族原来也是殷朝奴隶所有者国家的属领，但在殷末，由于社会矛盾已日益复杂、尖锐，加之以纣为首的殷朝统治集团，政治上的倒行逆施，尤其是愈益加紧对属领和奴隶的榨取，更促进了革命形势的发展②，并促起了奴主集团内部的解体③。在奴隶和穷苦自由民反奴主贵族斗争日益发展、各属领反殷斗争日益扩大的形势下，周人便成了革命的堡垒，连同殷人在内的革命分子和各属领都相继围绕到周族的周围，太颠、闳夭、散宜生、鬻子、胶鬲乃至殷之太师、少师等人，也相率弃殷归周④，以此构成殷周间的不断战争，即奴隶所有者镇压革命的战争（甲骨文所谓"寇周"）。直到"武王革命"前，周人对于殷朝政府是在一种战争与和平，从属与敌对的相续状态中。

　　"武王革命"　　到公元前一千一百三十年代，从文王到武王（姬发）及太公（吕尚）、周公（姬旦）的领导下⑤，便正式展开反殷的革命战争。在公元前一一二二年（受辛三十三祀），武王、太公、周公领率"戎车三百乘、虎贲三千人、甲士四万五千人"与反殷各族革命军会师孟津（即《尚书·牧誓》

---

① 《竹书纪年》：季历"伐义渠"、"伐西落鬼戎"、"伐燕京之戎"、"伐余无之戎"、"伐始呼之戎"、"伐翳徒之戎"、"西伯伐翟"。《周本纪》：文王"明年伐犬戎，明年伐密须，明年败耆国……明年伐崇侯虎"。《诗·皇矣》也有关于征伐密须、阮、共、崇的描述。

② 《史记·殷本纪》：祖伊说："维王淫虐用自绝……今我民罔不欲丧，曰：天曷不降威！大命胡不至！"（《尚书·西伯戡黎》同）。"武王之东伐，至盟津，诸侯叛殷会周者八百。"《尚书·微子》："小民方兴，相为敌仇。""降监殷民，用义，仇敛，召敌仇不息。""罪合于一，多瘠罔诏。"《召诰》述殷末情况说："厥终，智藏、瘝在。夫知保抱携持厥妇子，以哀吁天，徂厥亡出执。"《周本纪》：武王告周公说："维天不飨殷，自发未生，于今六十年，麋鹿在牧，蜚鸿满野。"（《逸周书·度邑》篇略同）《大雅·荡》对殷末形势也有生动、具体的描写。

③ 《殷本纪》：王子比干"强谏"，纣"剖比干，观其心。箕子惧，乃详（佯）狂为奴"。微子"与大师少师谋遂去"，"商容贤者，百姓爱之，纣废之"。《宋微子世家》："太史公曰：孔子称微子去之，箕子为之奴，比干谏而死……。"

④ 《周本纪》称文王"笃仁、敬老、慈少、礼下贤者，日中不暇食以待士，士以此多归之。……太颠、闳夭、散宜生、鬻子、辛甲大夫之徒皆往归之"。《殷本纪》："太师少师乃持其祭乐器奔周。"《国语·齐语》韦昭解："胶鬲，殷贤臣也，自殷适周佐武王以亡殷也。"

⑤ 以周人为主体的反殷革命斗争，从文王时就开始形成了一个领导核心：《淮南子·泰族训》："文王举太公望、召公奭而王"。《国语·晋语》十：文王"询于八虞而咨于二虢，度于闳夭而谋于南宫，诹于蔡、原而访于辛、尹，重之以周、召、毕、荣"。《周本纪》："武王即位，太公望为师，周公旦为辅，召公、毕公之徒左右王。"

所谓"友邦冢君……及庸、蜀、羌、髳、微、卢、彭、濮人"或《史记·周本纪》所谓"八百诸侯"），"以东伐纣"①。受辛领率其庞大的奴隶武装，拒革命军于牧野。经过持续的剧烈战斗，又由大群奴隶倒戈内应，革命军战败反革命武装，占领殷朝首都，受辛自杀。奴隶所有者残余势力，退走至今山东一带，继续反革命的勾当。革命军进入殷都，受到各族人民欢迎（"商国百姓咸待于郊，于是武王使群臣告语商百姓曰：'上天降休'，商人皆再拜稽首，武王亦答拜。"）明日乃举行隆重的入城式："百夫荷罕旗以先驱……叔振铎奉陈常车，周公旦把大钺，毕公把小钺，以夹武王，散宜生、太颠、闳夭皆执剑以卫"。武王与太公、周公等入城，宣布"乃反商政"，并当即施行了一系列的革命措施：一、"释百姓之囚"，"释箕子囚，封比干墓，式商容间"；二、"散鹿台之财，发巨桥之粟，以振贫弱、萌隶"；三、"封商纣子禄父殷之余民"，使三叔"相禄父治殷"，"而万姓悦服"②。

革命初步胜利和西周新政权产生后，是在以下几个方面发挥了新政权及其他上层建筑的积极作用的，最重要的是积极进行了封建主义的建设，并在此基础上促起了社会的跃进，著名的"成康之治"就是这种跃进的具体表现。其次便是对殷朝奴主集团的反革命残余及其同伙的继续征讨和对广大"殷遗民"的抚辑。但完成这种革命的历史任务、完成封建主义的社会转变，是经历了一个复杂的长期的过程的。

封诸侯　在革命初步胜利后，摆在周朝新政权面前的首要问题，是巩固自己和敷设新秩序。这在一方面，必须对当时存在的各种社会制度作出抉择；另一方面必须对参加革命的功臣、亲属、扈从、各部落首长、"前徒倒戈"的奴隶作必要的安排，对"殷遗民"和国内其他部落作必要的处置和安排。在这种矛盾交错的形势下，周朝新政权采取了"封诸侯"的方针："封诸侯，班赐宗彝"，"列爵惟五（注：爵五等：公、侯、伯、子、男），分土惟三（注：列地封国：公侯方百里，伯七十里，子男五十里，为三品)"③。依据这种原则，他宣布：包括周人自己的住区、原先殷朝的"邦畿"和属领，以及其他部落

① 《史记·周本纪》。
② 《尚书·武成》。《周本纪》。
③ 《尚书·武成》。《周本纪》。

住居的地区，即凡权力所能达到的地方，都属于"王"有、即国有，臣民都须服从王所表徵的革命权力的原则①。土地都由王的名义去册封。受封者一为参加革命的功臣，王的亲族和左右扈从，如齐、鲁、燕、管、蔡、霍、卫、毛、聃、郜、雍、曹、滕、毕、原、酆、郇、邘、晋、郑、虢、应、韩、蒋、邢、茅、申、许、吴、虞等，一为转变和予以安抚的殷朝贵族，如宋、郳（邳）、谭、时、巢、繁、来等，一为在周朝革命的过程中，参加或同情的原来各部落首长，如芮、焦、祝、陈、杞等，对其他部落的首长，如楚、越、徐、淮等，也由王加以册封。《国语·郑语》十二，总述这种情况说："当成周者，南有荆蛮、申、吕、应、邓、陈、蔡、随、唐，北有卫、燕、翟、鲜、虞、路、洛、泉、徐、蒲，西有虞、虢、晋、隗、霍、杨、魏、芮，东有齐、鲁、曹、宋、滕、薛、邹、莒：是非王之支子母弟甥舅也，则皆蛮荆戎翟之人也，非亲则顽，不可入也。"实际，西周所封，见于记载的也不止此数，不见于记载的更不知多少！受册封为新的权力者的大贵族，从西周开始直到战国，他们又依次去分封其亲属和左右，如齐侯又封匐叔"二百又九十又九邑，与匐之人民都鄙"，匐君又分赐其"弟廲井五囷，锡甲胄干戈"，金文和古文献中类此的例子很多②。周天子对自己的左右用事人员和亲属，也以其畿内之地，这样去依次分封③。这种封地都叫作"采"即"采地"④。周所册封的大诸侯，又在于以之去镇抚和监视四方、拱卫王室：如以齐、鲁、燕、卫、成等监视和镇抚殷遗及徐、淮……吴监视越人，韩监视戎、狄，在宋的周围又建立陈、蔡、曹、滕等一系列的小国去监视；为着监视荆楚，在今豫南和汉水流域也建立了很多姬姜小国，宣王时又封申伯去"式是南邦"，也在于监视荆楚。所以《尚书·康王之诰》说："建侯树屏"，"庶邦：侯、甸、男、卫"。《左传》定公四年

---

① 《诗·小雅·北山》："薄天之下，莫非王土，率土之滨，莫非王臣。"《左传》昭公七年：楚芋尹无宇曰："天子经略……古之制也。封略之内，何非君土；食土之毛，谁非君臣。"

② 《齐子仲姜镈》："廲舞"。又如《沈子簋》："公休锡沈子启聿田"，《史记·管晏列传》：管仲"子孙世禄于齐，有封邑者十余世"。《国语·楚语》："惠王以梁与鲁阳文子，文子辞曰：'梁险而在北境，惧子孙而有二者也'。"

③ 见《令方彝铭·大保殷》铭及《尚书·毕命》等记载。

④ 例如《趋卣》："王才斥，易趋采，曰赵"。《尔雅训诂》：尸，采也。注："谓采地"。《韩诗外传》：古者，天子为诸侯受封，谓之采地。然则尸训采者，盖为此地之主，因食此地之毛。《礼记·礼运》：大夫有采以处其子孙。

卫子鱼说："昔武王克商，成王定之，选建明德，以藩屏周。"与这种关系相适应，沿袭殷朝遗制，又分为侯、甸、男、采、卫五服，即《尚书·康诰》、《酒诰》等所谓"侯甸男邦采卫"。《史记·周本纪》祭公谋父谏穆王所谓："夫先王之制，邦内甸服，邦外侯服，侯卫宾服，蛮夷要服，戎翟荒服。"

这种新的土地形式，是一定封疆或封区内的土地，都属于一个贵族所占有。不过原来的封疆，都不是像后来的那样广大，故有所谓"十室之邑""百室之邑"，"有十里之诸侯"① 有三十家之邑。(《国语·齐语》："管子制邑三十家为里。")

受册封的，并不是单纯概念下的自然的土地，而是连同土地上的人民——如所谓"受民受疆土"②。所以成王封虞侯"侯于宜"，"易土：乒川三百口，乒圃百又口，乒小邑卅又五，氏囲百又卌……易宜庶人"；宣王封申伯于"谢邑"，也是连同谢邑原有的居民在内③，这不过是一些例子。因而《左传》定公四年："分鲁公以……殷民六族"，"分康叔……殷民七族"，都是原来居住在他们封邦内的殷人，"分唐叔……怀姓九宗"，也正是其封邦内原有的住民，即所谓"唐之余民"④。同时还赐予他们以各种治事人员（在周天子：《令方彝》铭有三事令、卿士、诸尹、里君、百工等等）、武士（士）、从事各种手工工艺的工奴、为其服事各种卑役即所谓"以待百事"的贱奴（如《左传》昭公七年所谓：皂、舆、隶、僚、仆、台、圉、牧等等。他们都是有家室的：如金文关于赐臣、仆的记载，大都是以"家"计。这种贱奴的性质，《史

① 《论语·公冶长》；《左传》成公十七年；《吕氏春秋·审分览》。

② 见《大盂鼎铭》等记载。

③ 《宜侯夨毁》(参阅郭沫若、唐兰等考释)："隹四月辰在丁未，□□珷王成王伐商图，遂省东或图(鄙)、王卜（赴）于宜。齐厌口乡。王令虞厌夨曰：厌于宜；易橬鬯一卣，商鬲一枚，彤弓一，彤矢百。旅弓十，旅矢千。易土：厥川（甽）三百，厥圃百又廿，厥小邑卅又五，〔厥〕囲百卌。易在宜王人□又七生（姓）。易奠七伯，厥甿□又五十夫。易宜庶人六百又六〔十〕夫。宜厌夨扬王休，作虞公丁隫彝。"《诗·大雅·嵩高》：宣王命申伯曰："于邑于谢。""因是谢人，以作尔庸。王命召伯，彻申伯土田。王命传御，迁其私人。""彻申伯土疆。"这正如《资本论》所说"把土地征服之后，征服者接着要作的，就是把人占有"(第三卷，一九五三年北京版，一〇三二页，注46)。

④ 《左传》定公四年："分鲁公以……殷民六族……使帅其宗氏，辑其分族，将其丑类……分之土田陪敦（羽按：孙贻让谓"土田陪敦"即五年琱生毁的"土田仆庸"，《鲁颂·閟宫》的"土田附庸"〔《古籀余论》三、二十二〕。《诗·大雅·江汉》记宣王封召虎之"锡山土田"注云："本或作锡之山川、土田附庸……"。"附庸"应解为附于田地上提供赋役的众人)，祝宗卜吏，备物典册，官司彝器。因商奄之民，命以伯禽，而封之于少皞之墟。分康叔……殷民七族……封畛土略自武父以南及圃田之北竟，取于有阎之土，以共王职。冉季授土，陶叔授民。命以《康诰》，而封于殷墟。皆启以商政，疆以周索。分唐叔……怀姓九宗，职官五正……而封于夏墟。启以夏政，疆以戎索。"

记·管晏列传》关于晏婴的仆御，说得很明白：“晏子为齐相，出，其御之妻从门间而窥其夫。其夫为相御，拥大盖、策驷马，负气扬扬，甚自得也。既而归，其妻请去……曰……今子长八尺，乃为人仆御，然子之意自以为足，妾是以求去也。”)，甚至还赠赐一部分从事生产的西土之人或国人（即所谓“王人”)。他们都和封主及其家属住于新建的城堡内外，叫作“国人”，住居于田野间的原有居民则叫作“野人”。据郑玄《周礼·匠人》注所述，“国人”与野人的负担也是有区别的。郑说：“以载师职及司马法论之，周制畿内用夏之贡法，税夫无公田。以《诗》、《春秋》、《论语》、《孟子》论之，周制，邦国用殷之助法，制公田不税夫。贡者，自治其所治田，贡其税谷；助者，借民之力以治公田，又使收敛焉。”其实，郑所谓“畿内”，就是《孟子》的“国中什一使自赋”之“国中”。《周礼·地官》下载师条：“凡任地：国宅无征，园廛二十而一，近郊什一，远郊二十而三。”实即“远郊”九一。在西周，这种城堡的大小高矮是有一定规制的①。

等级从属制　各个领邑虽有着经济、政治、军事的独立性，即《晋语》十所谓“成封国”。《周礼·地官·小司徒》：“凡建邦国，立其社稷，正其畿疆之封。凡民讼以地比正之，地讼以图正之。”也就是马克思所说的“半国家”。但由于土地占有，是由天子→诸侯→大夫→士的依次分封而来的，因而构成其等级从属的武装家臣制，正如《左传》桓公二年说：“天子建国，诸侯立家，大夫有二宗，士有隶、子弟。”而此又是以“公食贡、大夫食邑、士食田”② 为基础的。下级除对上级担任贡纳外，原则上并须遵守盟誓，服从裁判，接受其在军事上的调遣指挥等义务③；上级对下级担任保护等义务，只要

①《左传》隐公元年：“祭仲曰：都城过百雉，国之害也。先王之制，大都不过参国之一；中，五之一；小，九之一。”注：“一雉之墙长三十丈，高一丈。侯伯之城方五里，经三百雉。”

②《国语·晋语》。

③ 例如《齐子仲姜镈铭》：“匋叔有成劳于齐邦，侯氏锡之邑二百又九十又九邑，与鄩之民人都鄙。侯氏告之曰：‘枼（世）万，至于台孙子勿或渝改。’匋子曰：‘余弥心畏忌，余三事是㠯。余为大攻厄（轭）大史、大徒、大宰，是台可吏。’”下级并对上级有贡纳的义务，如《史记·齐太公世家》等文献载，齐桓公“伐楚”，责问“楚贡包茅不入，王祭不具……”（《齐语》为，“使贡丝于周”），楚王曰：“贡之不入，有之，寡人罪也。”《左传》僖公五年称晋灭虞后，仍代虞“职贡于王”。《诗·鲁颂·泮水》：“憬彼淮夷，来献其琛：元龟、象齿、大赂南金。”这不过是略举一些例子。这正如马克思所指出的：“在封建时代，军事上诉讼上的裁决权，是土地所有权的属性。”（《资本论》第一卷，三九八页）

下级不违反盟誓，不放弃义务，一般都不取消其爵位，不削减其土地。"士"为领主的最基层，"惟士无土则不君"，而为上级领主的家臣。所以《孟子·告子下》说："士不世官。"这种"士"，我以为可能是由武王伐殷以来的军队中的兵士而来的[①]。

与等级从属的武装家臣制相适应的，又形成等级的身份爵位制，即所谓公、侯、伯、子、男[②]。这也是以土地占有的属性为基础的。

这种爵位和财产的承袭，适应着领主土地占有的特殊形式，为家族世袭的长子承继制，庶子则在其父的领地内分享采地或庄园（社、田、井、邑），而为其父的继承人的从属。周朝的宗法制度，便是沿袭过去的原始公社制乃至殷朝奴隶制时代的氏族关系，在新的土地或财产承继的基础上并与之相照应而成立起来的。

第三节　革命转变的过程

庄园与公社间多种形式的斗争　由那种有法律效力的王和大贵族的册封和命令，使一定地区的土地，永远属于一定的家族所占有，就开始出现了新的封建土地占有形态。

这种被册封或分封的全部土地，即《左传》昭公九年詹桓伯所说"我自夏以后稷、魏、骀、芮、歧、毕，吾西土也。及武王克商，蒲姑、商奄，吾东土也。巴、濮、楚、邓，吾南土也。肃慎、燕、毫，吾北土也"。这个地区：原来

---

① 《仪礼·丧服子夏传》："君，谓有地者也。"《诗·小雅·绵蛮》注："古者，卿大夫出行，士为末介。士之禄薄，或困乏于资财，则当赒赡之。"《礼记·祭法》云："大夫以下成群立社，曰置社。"《正义》曰："'大夫以下'谓下至士、庶人也。"《吕氏春秋·慎大览》："武王胜殷……诸大夫赏以书社。"注："大夫与谋为国，以书社赏之。二十五家为社也。"《商君书·赏刑》篇："武王与纣战于牧野之中，大破九军，卒裂土封诸侯，士卒坐阵者，里有书社。"

② 周初存在公、侯、伯、子、男的爵位等级制，金文和周代文献已有确证。这种爵位等级制是与其土地占有的属性相适应的，《国语·周语》记周襄王不许晋文公服地说："昔我先王之有天下也，规方千里以为甸服，以供上帝山川百神之祀，以备百姓兆民之用，以待不庭不虞之患；其余以均分公、侯、伯、子、男，使各有宁宇。"

是属于以下几种不同类型的。（一）周人自己原来的公有土地，由原始公社制末期的各农村公社所掌握，分给公社各成员使用，并由各成员共同耕种属于公社的公地。公社并须向殷朝政府纳税。周的邦畿区域及今陕西、山西、河南大部分地区内各封邦的封地，即周朝新国家的中央区域，属于这种类型。（二）原来殷朝奴主国家的邦畿地区、即主要为殷人居住地区的国有土地，分由地方和农村公社所掌握，为自由民阶级各家族所占用，由奴隶和下层自由民进行耕种，并向殷朝政府提供税纳。齐、鲁、宋、卫等封邦的封地，都属于这种类型。（三）分别属于当时国内各部落公有的土地：他们有些已进到农村公社的形式，但生产较落后，如荆楚、吴、越等；有些还以牧畜为主要生产，如其时散处在今西北和四川境内的某些部落；有些（如肃慎部落之类）似乎还处在以游猎为主要生产的阶段。他们也都要向殷朝政府提供税纳。这都是和新的封建土地占有形态相矛盾的，都不能一下子就会适应新秩序和改变其原来的性质，一下子就能把原来的公社成员或自由民和奴隶转变为农奴主和农奴。这种发展的不平衡和复杂性，规定了周朝封建制度的胜利，必须经历一个交错斗争的长期转变过程。

为新制度发挥巨大的决定性作用的，是新的封建政权代替了原来的奴主政权，和在某些地区代替了原始公社制的组织机构。这种政权，适应于新的"土地所有权的属性"，首先发挥它在"军事上诉讼上的裁决权"的作用，并从而得以"强迫被分与土地而自行经营的人民来为他作工"①。原来在各种形态下存在的土地，现在是属于新的贵族名下了，原来提供给殷朝政府的税纳，输给公社的税物和为公共事业的劳动服务等等，都为新的名义地主所占有了。即《史记·货殖列传》："封者食租税，岁率……"，也就是所谓"爵邑之入"。"农奴关系就是这样发展的"。因此，公社就开始具有封建庄园的一些性质，成为既具有公社内容也具有庄园内容的两重性的东西，并展开了两者间的斗争。而其在各种不同地区间，又多多少少地有着一些相互不同的内容。其中如原来殷人的农村内是包括自由民和奴隶的阶级构成的。那些同处在原始公社制阶段的不同部落间的农村公社，又大都是处在不同的发展程度上。这都不能不引起相互间的影响和矛盾。

首先完成转变的中央区域　中央区域的王室领地和各封邦，由原始公社制到封建制的转变，基本上正如马克思所说"那些地方原来的生产方式，是以

---

① 列宁《俄国资本主义的发展》，人民出版社一九五三年版，一六一页。

共有制为基础的……。土地一部分当作自由的私田，由共同体诸成员独立去耕作，一部分当作公田，由他们共同去耕作……在时间的进行中，这种公地被军事上宗教上的高官侵夺了。自由农民在公地上从事的劳动，也被他们侵夺了。自由农民在他们的公地上作的劳动，变成他们被公田盗占者作的徭役劳动了。农奴关系就是这样发展的"①。全部《诗经》，除《鲁颂》、《商颂》、《卫风》、《秦风》等部分外，主要都是反映这个地区在西周以及西周春秋之际的情况。

周人原来的农村公社，一般都叫作井、田、邑，周初以之作为封赐土地的单位，即所谓"锡田"、"锡邑"②。"周"字的金文写法，也表现了这种土地区画的形式。各级公社的重要公共管理机关的所在，则筑有城堡，"邑"在最初即系这种筑有城堡的公社，如《周本纪》所谓古公迁岐始筑城郭别居的城堡，所以"邑"字在甲骨文中也颇似城堡形制。公社内原来的公田收益，归入了被封赐而占有公地的人们的手中，便开始转化为劳动地租③，原来为公共事业服务的劳动转成为他们服役，便开始转化为徭役。这样，公社就开始被赋予庄园的内容。所以《周礼·地官》上《小司徒》说："九夫为井，四井为邑，四邑为丘，四丘为甸……以任地事而令贡赋，凡税敛之事。"这和孟子所说的井田制，同样可作为《诗》："雨我公田，遂及我私"的注释。关于这种"公田"和"私田"的土地区画，由于从地势和土地肥瘠等方面的差别，不可

---

① 《资本论》第一卷，人民出版社一九五三年版，二六八——二六九页。

② 《易·井》："改邑不改井。"金文中关于锡田、邑的记载甚多，如《卯毁》。"易于乍一田、易于宲一田，易于队一田、易于戢一田。"《敔毁》："易五十田。"《大克鼎》："……易廿田于匽、易女田于匽、易女田于博原、易女田于寒山。"《鬲从盨》："易×××"三邑"、"二邑"、"五邑"。《不毁毁》："伯氏曰：不毁……易女田十田。"《孟子·滕文公》："方里而井，井九百亩，其中为公田；八家皆私百亩，同养公田。"《司马法》："方里为井，四井为邑，四邑为丘。"郑注："方二里。""邑犹里也。"所以《大毁》又有"易趞婴里"、"易大乃里"之记载。《公羊传》桓公元年："田多邑少称田，邑多田少称邑。"

③ "地租的最简单的形态，是劳动地租。在这个场合，直接生产者以每周的一部分，用实际上或法律上属于他所有的劳动工具（犁、家畜等），用在实际上或法律上属于他的土地上面，并以每周的别几日，在地主的土地上，无代价地为地主劳动"。"……这个剩余劳动形态（徭役劳动），是以劳动的一切社会生产力的不发展，是以劳动方式的原始性作为基础……它自然在直接生产者的总劳动内，必然会只取去一个更小得多的部分。""在这里……直接生产者还占有他自己的生产资料，那是他实现他的劳动，生产他的生活资料所必要的物质劳动条件；他独立经营他的农业以及与农业结合在一起的农村家庭工业。……在这各种条件下，那种为名义上的地主所作的剩余劳动，只有用经济以外的强制（ausserok-onomrsche zwang）来榨取，而不问它是采取怎样的形态。它和奴主经济或殖民地奴隶经济是从这一点来区别：奴隶是用别人所有的生产条件来劳动，不是独立的。"（《资本论》第三卷，人民出版社一九五三年版，一〇三〇——一〇三六页）

能到处按照"井田"的图式去区画。《周礼·地官·遂人》对此的叙述是："遂人掌邦之野……辨其野之土，上地、中地、下地，以颁田里……上地，夫一廛、田百晦，莱五十晦，余夫亦如之；中地，夫一廛，田百晦，莱百晦，余夫亦如之；下地，夫一廛，田百晦，莱二百晦，余夫亦如之。"《大司徒》也说："凡造都鄙，制其地域而封沟之，以其室数制之：不易之地家百晦，一易之地家二百晦，再易之地家三百晦。"因此，这种"公田"的性质，在周初行使的"封诸侯"和"锡田""锡邑"那一大量的、普遍的现象出现以前，是有着本质区别的。在这种原先为公社，后来转变为庄园的农村，《诗·小雅·信南山》描绘说："信彼南山，维禹甸之；畇畇原隰，曾孙田之。我疆我理，南东其亩……中田有庐，疆埸有瓜，是剥是菹。"（郑氏笺注云："中田、田中也，农人作庐焉，以便其田事；于畔上种瓜，瓜成……剥削淹渍以为菹。"）

农业生产的主要担当者，叫作农、农夫、农人、小人、野人或民、庶民、小民、庶人、众人①，也是主要的被统治阶级。他们和奴隶的区别，正如马克

---

① 《周礼·地官·闾师》："任农以耕事，贡九谷。"《荀子·王霸》："农分田而耕。"《诗·周颂·臣工》："命我众人，庤乃钱镈。"《噫嘻》："率时农夫，播厥百谷。"《小雅·甫田》："我取其陈，食我农人。"《史记·晋世家》："重耳过卫五鹿，饥而从野人乞食。野人盛土器中进之。"所谓"野人"与"民"同义。《货殖列传》引《周书》曰："农不出，则乏其食。"《尚书·旅獒》："狎侮小人，罔以尽其力。"（注：以悦使民，民忘其劳，则力尽矣。）"不贵异物，贱用物，民乃足。"《无逸》："先知稼穑之艰难，乃逸，则知小人之依。相小人，厥父母勤劳稼穑，厥子乃不知稼穑之艰难。"《大雅·民劳》："民之方殿屎（殿屎，呻吟也）。"《桑柔》："好是稼穑，力民代食。"《洪范》："凡厥庶民，无有淫朋。"《召诰》："其惟王勿以小民淫用非彝，亦敢殄戮用乂民。"《君牙》："夏暑雨，小民惟曰怨咨；冬祁寒，小民亦惟曰怨咨。""民之治乱在兹。"《晋语》：吕甥对秦穆公说："其（晋）小民不念其君之罪，而悼其父兄子弟之死丧者。"《吕刑》："民之乱，罔不中听狱之两辞……天罚不极，庶民罔有令政在于天下。"《文侯之命》："惠康小民，无荒宁！"《周本纪》："先王之于民也……阜其财求而利其器用。""勤恤民隐。"《国语·周语》虢文公说："夫民之大事在农。""周制有之曰……民无悬耜，野无奥草，不夺民时，不蔑民功。""善恶其网，民怨其上。""不义则民畔之。""单穆公曰……若匮，王用时有所乏，则将厚取于民。民不给，将有远志。是离民也。"《左传》所说"庶人"系专指农民，如哀公二年："庶人工商遂，人臣隶圉免。"襄公九年："其庶人力于农穑，工商皂隶不知迁业。"桓公二年："庶人、工、商，各有分亲。"宣公十二年："商、农、工、贾，不败其业。"《周语》也说："庶人、工、商各守其业。"而所谓"民"或"四民"又每每包括农、工、商等被统治的人民，甚至还包括封建统治各等级最下层的"士"。如《尚书·周官》："司空掌邦土，居四民，时地利。"（注：四民：士、农、工、商。）《齐语》："曰民者，士、农、工、商。"《榖梁传》成公元年："古者有四民：有士民、有商民、有农民、有工民。"《荀子·儒效》："众人者，工、农、商贾也。"《货殖列传》引《周书》，谓"民"包括：农、工、商、虞。而"民"在个别地方，似乎还有一点自由农民的意味。如《诗·小雅·正月》："民今之无禄，天天是椓，哿矣富人，哀此惸独！"《周礼·秋官·小司寇》："……以致万民而询焉：一曰询国危，二曰询国迁，三曰询立君。"这是过去时代的历史残余的遗留。

思所说的一样，"奴隶是直接被剥夺了生产工具的"①，他们则有自己的生产工具从而进行独立经营。《周颂·臣工》："命我众人，庤乃钱、鎛。"（郑氏笺注："教我庶民，具汝田器。"）《良耜》："其笠伊纠，其鎛斯赵，以薅荼蓼。"《载芟》："有略其耜，俶载南亩，播厥百谷。"《周语》一，虢文公说："民用莫不震动，恪耕于农，修其疆畔，日服其鎛，不解于时。财用不乏，民用和同。"所谓"乃"、"其"，就是对"众人"或"农夫"的指称；"乃钱、鎛"、"其鎛"、"其耜"、"其笠"，就是"众人"或"农夫"自有的生产工具：钱、鎛、耜等等。以其自有的生产工具，独立经营"私田"②，并以之与农村家庭手工业相结合。所以《周礼·地官下》《闾师》说："凡庶民不畜者，祭无牲；不耕者，祭无盛；不树者，无椁；不蚕者，不帛；不绩者，不衰。"这说明他们是进行独立经营的（《诗·豳风·七月》，对这种终岁劳苦的农奴生活，作了生动具体的描绘。《小雅·十月之交》，描述了一个叫作皇父的领主，在向地建筑城堡，毁坏农民的墙屋和庄稼，激起农民反感）。他们并以自有的工具，在领主的土地即"公田"上劳动；但由于当时生产力较低下，所以领主只能占去其较小部分时间。如前所述，地租为九一或什一，《周礼·地官·大司徒》："凡起徒役，无过家一人。"又《均人》说："凡均力政，以岁上下：丰年则公旬用三日焉，中年则公旬用二日焉，无年则公旬用一日焉，凶札，则无力政、无财赋，不收地守、地职，不均地政。"是连同地租、徭役、贡纳而说的。大领主、特别是最高领主周天子，占有广大面积的"公田"，春耕时节，每每有成千上万的农民同时在其"公田"上劳动，收获的粮食堆积如山。所以《周颂·良耜》说："获之挃挃，积之栗栗，其崇如墉，其比如栉，以开百室。"《丰年》说："丰年多黍多稌，亦有高廪，万亿及秭。"《载芟》说："载芟载柞，其耕泽泽。千耦其耘，徂隰徂畛。侯主侯伯，侯亚侯旅，侯强侯以。""载获济济，有实其积，万亿及秭。"《小雅·甫田》："倬彼甫田，岁取十千。"《国语·周语》："庶人终于千亩。"这种耕作和收获的场面，在西周王室也是大事。《周语》记虢文公的话说："是时也，王事惟农有务，无有求利于其官，以干农功。"

---

① 《政治经济学批判导言》，一九五五年北京版，一六〇页。
② 《小雅·大田》："以我覃耜，俶载南亩，播厥百谷。既庭且硕，曾孙是若。既方既阜，既坚既好，不稂不莠，去其螟螣，及其蟊贼，无害我田稺。……有渰萋萋，兴雨祁祁；雨我公田，遂及我私。"

这不是一般大领主、尤其是中小领主或过去公社所能有的场面。《周颂》、《小雅》及其他文献所述，也不符合于奴隶劳动的情况。除劳动地租外，农人还须给领主提供徭役和贡纳①。这又正是他们和公社成员或自由民的区别。

公社成员向农奴转化，公社向国家转化的这种过程，是武王革命后的社会主要趋势。但这种转化，是逐步的，并且是经过斗争的。出身周族，又参加"武王革命"的"管、蔡以武庚叛"，就可能有公社成员抵抗农奴制的成分在内。他们对于封建领主的生活和剥削，也是有深刻的阶级反感的②。

但公社秩序是在相当时期内与庄园制度并存的。这首先表现为：按公社成员的户口图籍，定期"均土地"和"养老"、"慈幼"、"振穷"、"恤贫"等遗制的存留③；其次为耕地不得买卖，坟地可自由使用，山林川泽也是共有的。但由于这种公地逐渐被领主们所独占，《礼记·王制》便以之作为历史的陈迹而追述了④；再次为所谓籍田制度的遗存，但也只存留到宣王时代⑤；又次为

---

① 《诗经》及其他文献关于徭役和贡纳的记载颇多。《诗·豳风·七月》关于贡纳说："七月鸣鵙，八月载绩。载玄载黄，我朱孔阳，为公子裳。""一之日于貉，取彼狐狸，为公子裘。""言私其豵，献豣于公。""四之日其蚤，献羔祭韭。"关于徭役说："嗟我农夫，我稼既同，上入执宫功。"又《采蘩》："于以采蘩；于沼于沚。于以用之，公侯之事。"关于兵役，《鸨羽》说："王事靡盬，不能艺黍稷，父母何食!?""悠悠苍天，曷其有极!"《陟岵》："父曰：嗟予子行役，夙夜无已。"《尚书·康诰》："周公初基作新大邑于东国洛，四方民大和会。侯甸男邦采卫，百工播民和，见士（事）于周。"

② 《诗经》和其他文献对这方面的记载甚多。如《魏风·伐檀》："不稼不穑，胡取禾三百廛兮!? 不狩不猎，胡瞻尔庭有悬貆兮!? 彼君子兮，不素餐兮! 不稼不穑，胡取禾三百亿兮!? 不狩不猎，胡瞻尔庭有县特兮!? 彼君子兮，不素食兮!"又《硕鼠》："硕鼠硕鼠，无食我黍，三岁贯汝，莫我肯顾。""适将去汝，适彼乐土……适彼乐国……适彼乐郊。"

③ 《大戴礼·千乘》谓"千乘之国……古者般书为成男成女名，属外于公门。"即《周礼·地官·小司徒》所谓"乃均土地，以稽其人民，而周知其数。"《大司徒》云："以保息六，养万民：一曰慈幼、二曰养老、三曰振穷、四曰恤贫、五曰宽疾、六曰安富。"

④ 《礼记·王制》："古者，公田藉而不税，市廛而不税，关讥而不征，林麓川泽以时入而不禁……用民之力，岁不过三日。田里不粥，墓地不请。"（郑注：粥、卖也；请、求也。）又如《穀梁传》庄公二十八年："山林薮泽之利，所以与民共也。虞之非正也。"（范宁《集解》云：虞，典禽兽之官，言规固而筑之，又置官司以守之，是不与民共利也。）

⑤ 从周初开始的"藉田"，是一种助耕公田的遗制，西周领主们乃以之去组织和激励那种才由公社成员转变过来的农奴在领主土地上的劳动，并藉以劝农。《周语》记厉王时虢文公说："夫民之大事在农，上帝粢盛于是乎出，民之繁庶于是乎生，事之共给于是乎在，和协辑穆于是乎兴，财用繁殖于是乎始，敦庞纯固于是乎成。""王其只祓监农不易。王乃使司徒咸戒公卿、百吏、庶民。""百吏、庶民毕从。及藉，后稷监之，膳夫、农正陈藉礼。""王耕一坺，班三之，庶人终于千亩。""王歆大牢，班尝之，庶人终食。"金文也不少关于"藉田"的记载。到宣王时，《周语》说："宣王不藉千亩。"正反映了到封建制转变的基本完成，"藉田"已失去其在生活上的实际意义。

氏族的联系和约束的存留，及与之相适应的、封主们把它发展起来为封建制服务的宗法制度，直到西周和春秋之际，才丧失其约束力①。

另方面，由于周人自己原来的家长奴隶制和殷朝奴隶制度的影响，以及迁入的殷遗民所带去的奴隶制度的作用，在西周又有奴隶制残余的存在，如《小雅·正月》："民之无辜，并其臣仆"的"民"和"臣仆"，是具有"自由民"和奴隶的性质的。《小雅·无羊》所述属于领主附属生产中的"尔牧"或"牧"，也似乎是近似奴隶的贱奴。《晋语》一，述史苏对骊姬的谈话中，有："其犹隶农也，虽获沃田而勤易之，将弗克享，为人而已。"这表明这地区到春秋初，也还有奴隶参加农业生产的个别现象存在。此外，金文、《诗经》等西周和春秋时代文献中，所谓臣、仆、徒、御、私人以至圉、牧等等，那都是为领主服役的贱奴，如《周礼》所述各职事部门所使用的胥、徒一样，系封建制本身所固有的附属物。文献记载上常把他们排在"庶人"等前面，由于农奴制时代的工奴、贱奴，是与农奴的身份相同的，而又由于他们直接臣事领主而为其亲近。

这种奴隶和贱奴的来源，主要为战争中的俘虏、罪犯以及由人口买卖而来②。

由奴隶制到封建制过渡的齐鲁各国　原来殷人住区内的各封邦，表现了到封建制过渡的另一类型，其中齐鲁是比较典型的。

①　如《诗·魏风·汾沮洳》的"公族"，《杕杜》的"同姓"、"宗族"，《小雅·黄鸟》的"邦族"，《湛露》、《伐木》所述领主与族人夜饮于宗室，《尚书·吕刑》所称"官、伯、族、姓"之"族、姓"等等，都是氏族联系的具体表现。《周礼·地官·大司徒》："四闾为族，使之相葬；五族为党，使之相救。"（郑注云：族、百家，党、五百家。）又《左传》哀公元年："吴之入楚也，使召陈怀公。怀公朝国人而问焉，曰：'欲与楚者右，欲与吴者左。'陈人从田，无田从党。"可证"党""族"所表现的氏族联系，实保持到西周以后的长时期。西周领主们为着使这种氏族联系的遗制来为封建制服务，使适应于天子、诸侯、大夫、士的封建等级，而创为所谓"别子为祖，继别为宗，继祢为小宗。有百世不迁之宗，有五世则迁之宗"的原则，并适应其等级身份而具有嗣王、嗣君、大宗、小宗的身份，把政治和宗法上的身份统一于一身（《礼记·丧服小记》、《大传》）。但此到西周春秋之际，"子弑父"、"弟弑兄"、"臣弑君"等现象的不断出现，便已失去其实际生活上的约束力了。

②　如《逸周书·世俘解》云："武王遂征四方，凡憝国九十有九国……俘人三亿（？）万有二百三十，凡服国六百五十有二。"《小盂鼎铭》（康王时器）云："伐鬼方……获人万三千八十有一人。"《周礼》："其奴，男子入于罪隶，女子入于舂槀。"又《质人》："掌成市之货贿、人民、牛马、兵器、珍异。"（郑注云：人民，奴婢也。）

原来殷人的农村公社，叫作"社"或"书社"，也叫作邑①。这种公社内包括有自由民和奴隶的阶级构成，在自由民内部也包括有大、小奴主和下层自由民等阶层。周朝新政权，为着抚辑殷人，采取逐步改变的方针：即"启以商政，疆以周索"（杜注云："居殷故地，因其风俗，开用其政；疆理土地以周法。"）②。这就是在实行封建土地制度的基础上，承认殷人原来奴隶制度的合法存在。在《尚书·多士》和《多方》等文告中所宣布的，只要殷人老老实实服从革命秩序，并可任用他们在国家机关服务，册令其首要人物为新的领主如微子等人③。但在"疆以周索"的原则下，他们必须向新的封建领主提供劳动地租和徭役、贡纳。这就又给了原来的公社以庄园的内容，给予了封建制和奴隶制的两重性，并扩大了奴隶和自由民间的矛盾，引起自由民内部的分化和一向贱视劳动的自由民对新制度的抗拒。

这样，便出现了封建制和奴隶制两种制度的并行和斗争。鲁公伯禽征"淮夷""徐戎"的文告《费誓》④，基本上表明了这两种制度并行的初期情况。文告一面向服兵役参加战争的众人宣布，令他们："善敹乃甲胄，敿乃干，无敢不吊！备乃弓矢，锻乃戈矛，砺乃锋刃，无敢不善！今惟淫舍牿牛马，杜乃擭，敜乃阱，无敢伤牿。牿之伤，汝则有常刑"！同时命令"三郊三遂"的"鲁人"，大量供给粮秣，并自备工具去为建筑工事服役，说："鲁人三郊三遂，峙乃桢干。甲戌，我惟筑，无敢不供，汝则有常刑，非杀。鲁人三郊三遂，峙乃刍茭，无敢不多，汝则有大刑。"这表现农奴制秩序已在鲁国建立起来。文告另一面又严申："马牛其风，臣妾逋逃，勿敢越逐，只复之，我商（赏）赉汝；乃越逐，不复，汝则有常刑。无敢寇攘、逾垣墙，窃马牛，诱臣妾，汝则有常刑！"这表现奴隶制度还继续存在，并得到保护。

---

① 甲骨文字"社"作"土"，并有"邦社"之称。《左传》昭公二十五年："齐侯曰：自莒疆以西，请致千社。"（杜注：二十五家为社）哀公十五年："昔晋人伐卫，齐为卫故……因与卫地，自济以西，禚、媚、杏以南，书社五百。"（杜注：……藉书而致之。）《荀子·仲尼》：齐桓于管仲，"与之书社三百，而富人莫之敢距也。"《晏子春秋》谓桓公以书社五百封管仲。《吕氏春秋·先识览·知接》："卫公子启方以书社四十合卫。"（高注：下，降也。社，二十五家也。）又《左传》哀公七年：邾隐公"来献于亳社。"（杜注：以其亡国与殷同。）《公羊传》哀公四年："蒲（按即亳）社者何，亡国之社也。"因此，"社"曾是殷人农村普遍存在的组织形式。称邑的，如《论语》："骈邑三百"之类。

② 《左传》定公四年。

③ "告尔殷多士，今予惟不尔杀，予惟时命有申……。亦惟尔多士，攸服奔走臣我，多逊。尔乃尚有尔土……今尔时惟宅尔邑，继尔居。""今尔尚宅尔宅，畋尔田。""迪简在王庭，尚尔事，有服在百僚。"

④ 《史记·鲁周公世家》所述同。

　　齐国和鲁国的情况，基本上是一样的，只是在推行封建制的进程上，步骤有缓急的分别：在齐国："太公至国，修政，因其俗，简其礼"，或者说"简其君臣，初从其俗"，"五月而报政"。在鲁国：伯禽至鲁，则"变其俗，革其礼丧，三年然后除之"，"而后报政"①。齐国的情况表明，到春秋初期，奴隶制度仍与封建制度并行存在。在役使奴隶方面，一面表现为较大量地使用奴隶参加冶铁生产②；一面表现在农村中，有一套圈禁奴隶、防止奴隶逃亡的机构和措施③；一面表现为也使用奴隶从事其他生产，并可以任意杀死奴隶④。

　　但当时齐鲁的主要生产是农业，也正如《管子·治国》篇所说："夫富国多粟生于农。"而农业生产和赋役的主要担当者，乃是"农"或"民"，他们不是奴隶或自由民，而是进行独立经营、不许迁徙、祖孙世业的农奴。这在《国语·齐语》、《鲁语》、《管子》等书中都有较详细的记述⑤。这表现农奴制

---

①《史记·齐太公世家》、《鲁周公世家》。

② 如《管子·经重乙篇》："桓公曰：请以令断山木，鼓山铁……管子对曰：不可，今发徒隶而作之，则逃亡而不守；发民，则下疾怨上，边境有兵则怀宿怨而不战。"又《轻重戊篇》："管子对曰：莱莒之山生柴。君其率白徒之卒，铸庄山之金以为币。"

③ 如《管子·立政》："筑险塞，一道路，专出入，审闾闬，慎筦键。筦藏于里尉，置闾有司以时开闭。闾有司观出入者以复于里尉。凡出入不时，衣服不中，圈属（房注：羊豕之类也）群徒（众作役也）不顺于常者，闾有司见之，复无时；若在长家子弟、臣妾、属役、宾客，则里尉以谯于游宗，游宗以谯于什伍，什伍以谯于长家，谯敬而勿复，一再则宥，三则不赦。"

④《国语·晋语》："桓公卒……诸侯畔齐。子犯知齐之不可以动，而知文公之安齐而有终焉之志也，欲行而患之，与从者谋于桑下，蚕妾在焉，莫知其在也。妾告姜氏，姜氏杀之。"

⑤《国语·齐语》：管仲对桓公说："四民者勿使杂处。""处士就，使就闲燕，处工就官府，处商就市井，处农就田野。""故士之子恒为士。""工之子恒为工。""商之子恒为商。""今夫农，群萃而州处，察其四时，权节其用：耒、耜、枷、芟。及寒，击禾除田，以待时耕；及耕，深耕而疾耰之，以待时雨。时雨既至，挟其枪、刈、耨、镈，以旦暮从事于田野，脱衣就功，首戴茅蒲，身衣袯襫，沾体涂足，暴其发肤，尽其四肢之敏，以从事于田野。少而习焉，其心安焉，不见异物而迁焉，是故其父兄之教不肃而成，其子弟之学不劳而能。夫是故农之子恒为农。""内教既成，勿令使迁徙……人与人相畴，家与家相畴，世同居，少同游。"又《鲁语》公父文伯之母语文伯曰："昔圣王之处民也，择瘠土而处之，劳其民而用之……夫民劳则善心生，逸则……恶心生。""自庶士以下，皆衣其夫。社而赋事，烝而献功。男女效绩，愆则有辟，古之制也。君子劳心，小人劳力，先王之训也。"又《管子·治国》："农夫终岁之作，不足以自食也……凡农者，月不足而岁有余者也。而上征暴急无时，则民倍贷以给上之征矣。耕耨者有时，而泽不必足，则民倍贷以取庸矣。秋籴以五，春粜以束，是又倍贷也。故以上之征而倍取于民者四……夫以一民养四主，故逃徙者刑，而上不能止者，粟少而民无积也。""民富则安乡重家……民贫则危乡轻家……则敢凌上犯禁。"《立政》："国立所以富民者五，轻税租，薄赋敛。"《史记·齐世家》："顷公……薄赋敛……虚积聚以救民。"晏婴说景公："赋敛如弗得，刑罚恐弗胜。"《左传》昭公三年："民参其力，二入于公室，而衣食其一。""庶民罢敝……道馑相望。……民闻公命，如逃寇仇。"

渐次已取得支配地位。但是在这个地区，奴隶制残余，在到战国和秦朝，都是强烈存在的。如《史记·货殖列传》所述的那些使用奴隶从事手工业生产和商业活动的，除出身于秦国和巴蜀地区的乌氏倮、寡妇清等人外，白圭①、郭纵、刁间、吕不韦、猗顿等人都出于这个区域。而在战国，据《史记·田儋列传》所说，主人已不能任意杀死奴隶，据裴骃《集解》引"服虔曰：古杀奴隶皆当告官"。这所谓"古"，是可能早于战国以前的。

除奴隶以外，也同样有大量贱奴的存在，其中有些人，如郑之申不害、鲁之鲍子等，都爬上了统治者的地位②。有些奴隶，还可能由于作战有功等原因，而得以解除奴隶身份和获得田宅等私产③。

这种奴隶和贱奴的来源，也由于战争中被俘、犯罪或人口买卖。如《左传》昭公十八年所述："郧人藉稻，邾人袭郧……尽俘以归"；襄公二十七年所述"使诸侯"伪装"乌余之封者"，尽俘乌余之众；《管子·揆度》说："民无檀者卖其子。"这种情况，也继续到春秋以后的相当时期。

较落后的秦国到封建制过渡的过程 比齐、鲁各国后起的秦国，过渡到封建制又是另一类型。

秦是比较后起的，据《秦本纪》所述，到周孝王（公元前九〇九——公元前八九五年）时，非子为孝王养马于"汧渭之间"，始"分土为附庸，邑之秦……号曰秦嬴"，宣王时（公元前八二七——公元前七八二年）"秦仲为大夫……死于戎"，宣王便以"其先大骆地犬丘"封秦仲子庄公"为西垂大夫"，平王（公元前七七〇——公元前七二〇年）"东徙洛邑"，才"封襄公为诸侯，赐之岐以西之地……襄公于是始国，与诸侯通使"。所以《史记·封禅书》说："秦襄攻戎救周，始列为诸侯。"同时，秦原先在生产上也是较落后的，据《秦本纪》所述，在非子时还是以牧畜为主要生产。各国都颇卑视它，把它看作"夷翟"、"戎狄"④。而秦所接受周的"岐西"之地，由于西周末的严

---

① 司马迁谓白圭为周人。今晋东南太行山区有白圭镇，与微子镇相距甚近，原来都是殷人散布的地区。
② 《史记·老子韩非列传》："申不害者……故郑之贱臣，学术以干韩昭侯，昭侯用为相。"《左传》定公九年，"鲍文子谏〔齐侯〕曰：臣尝为隶于施氏矣。"襄公二十三年："裴豹，隶也，著于册书。"
③ 《荀子·议兵》："复其身，利其田宅。"
④ 如《秦本纪》叙孝公时情况说："秦僻在雍州，不与中国诸侯之会盟，夷翟遇之。"《商君列传》说："始秦戎翟之教。"《战国策·秦策》魏无忌说："秦与戎狄同俗。"

重旱灾、震灾和军事破坏等灾难，原有的生产基础毁灭无余，人民流散殆尽。秦文公于公元前七五〇年驱走戎人，始"收周余民有之"①，但已不能从周人原有的基础上去恢复生产。其次，秦国不断扩张和占领的西北及蜀、巴广大地区，都为较落后的部落所散布，但获得了"僰僮"之类的奴隶来源。

因此，秦国一面在西周的封建制和其影响的基础上，从春秋初期就开始推行封建制，一面又在其落后的基础上发展起奴隶制。秦国最初的农业生产者，主要是文公时所收有的"西周余民"以及不断招徕的晋国等各国农民（如公元前四五二年"晋大夫智开率其邑来奔"，公元前四四八年"晋大夫智宽率其邑人来奔"②）。这到商鞅相秦时，有"地方千里者五"，"田数不满百万"，仍是"人不称土"，便把招徕三晋以及"山东之民……利其田宅，而复之三世"作为秦国的一个重要政策③。商鞅为增殖农业人口，并施行"民有二男以上不分异者，倍其赋"的政策④。这种"民"的性质，在春秋初期的秦穆公时（公元前六五九——公元前六二一年）的情况，就表明他们是提供赋役的农奴。赋役是秦国领主"积聚"的主要来源⑤。《诗·秦风·无衣》并叙述了其时农奴有服兵役的负担；《权舆》叙述了其时已有因被兼并而致"每食不饱"的小领主。

另方面，秦国的奴隶制度也自始就比较盛行。这在一方面，表现为从春秋初期起，就开始使用大量奴隶殉葬，如"武公（公元前六八三——公元前六六四年）卒……初以人从死，从死者六十六人"。"缪公卒……从死者百七十七人，秦之良臣子舆氏（按《诗·黄鸟》作子车氏）三人，名曰奄息、仲行、鍼虎亦在从死之中"。直到春秋末的献公（公元前三八四——公元前三六二年）元年，才明令宣布"止从死"⑥；这正是和封建制长期并行的奴隶制退处

---

① 《史记·秦本纪》。《穀梁传》僖公三十三年："狄秦……秦之为狄……"

② 《史记·六国年表》。

③ 《商君书·徕民》，并说：三晋"土之不足以生其民也，似有过秦民之不足以实其土也。"杜佑《通典·食货门》也说："鞅以三晋地狭民贫，秦地广人寡，故草不尽垦，地利不尽出；于是诱三晋之人，利其田宅，复三代，无知兵事，而务本于内，而使秦人应敌于外。"

④ 《史记·商君列传》。

⑤ 如《秦本纪》："戎王使由余观秦……秦缪公示以宫室、积聚。由余曰：使鬼为之，则劳神矣；使人为之，亦苦民矣！"这说明"宫室、积聚"系来自"民"的赋役。

⑥ 《史记·秦本纪》。

到从属地位的反映。用人殉葬虽属奴隶制和农奴制共有的特征，后者并且是前者的残余，但在历史上，农奴制度下，主要只是用少数亲近和爱幸之人，很少用大量人口殉葬的①。一方面，表现为不断赦免大量"罪人"，发放到新占领地方充当农奴。据《秦本纪》所述：昭襄王二十一年（公元前三一四年），"魏献安邑……赦罪人迁之"。二十六年，"赦罪人迁之穰"，所"拔赵二城"。二十七年"赦罪人迁之南阳"。二十八年，"攻楚取鄢邓，赦罪人迁之"。孝文王元年（公元前二五一年）"赦罪人"、庄襄王元年（公元前二五〇年）"大赦罪人"。这一面表明秦国的封建制度至此已占绝对优势，所以不断赦免大量奴隶和徒为农民；一面也表明秦国到战国时代，还不断对犯罪者广事株连，把大量人口罚充徒役，同时把战争中不断俘虏的大量人口充作奴隶，这种情况，并一直继续到秦朝的灭亡②。一方面，如《货殖列传》所说，表现为："秦文、（孝）〔德〕、缪居雍，隙陇蜀之货物而多贾。献（孝）公徙栎邑，栎邑北却戎翟，东通三晋，亦多大贾"。直到战国和秦朝之间，如秦相吕不韦、安定乌氏倮、巴蜀寡妇清等人，还使用相当数量的奴隶（所谓"僮"）从事手工业生产和商业活动；以奴仆赏赐贵族及作战有功人员，并容许"奴婢"买卖的合法，这种情况并残留到秦朝及其后③。

秦朝到封建制过渡的情况，大抵就是这样。

---

① 在中国的历史上也有以下一些记载：《左传》成公二年："宋文公卒……始用殉"；十年："晋景公死，用小臣为殉"；定公三年：邾庄公卒，"殉五人"；昭公十三年：楚芊尹申害以二女殉楚灵王葬。《秦始皇本纪》：二世也令始皇后宫无子者从死，怕工匠泄露陵内机关，把他们也闭于墓内。但此只是奴隶制的残余。所以孔子说："始作俑者，其无后乎！"至《墨子·节葬》说："天子杀殉，众者数百，寡者数十；将军大夫杀殉，众者数十，寡者数人。"这大概是就殷朝情况而说的，在周朝却还没有这种情况的地下发现。

② 《秦本纪》谓秦文公二十年"法初有三族之罪"，秦法的严苛和株连之广是始终没有改变的。又《战国策·秦策》："韩魏父子兄弟接踵而死于秦者百世矣……刳腹折颐，首身分离，骨肉草泽，头颅僵仆相望于境；父子老弱系虏相随于路。"《吕氏春秋·义赏》："氐羌之民，其虏也，不忧其系累，而忧其死不焚也。"《晋语》："秦伯纳卫三千人，实纪纲之仆。"而此不过一些显明的例子。到秦朝，《秦始皇本纪》：罪人"黥为城旦"，"适治狱吏不直者，筑长城"。嫪毐犯罪，也是"其舍人轻者为鬼薪。""徒刑者七十余万人，分作阿房宫或作丽山，发北山石椁。"《史记·陈涉世家》："秦令少府章邯免郦山徒人、奴产子，悉发以击楚大军。"

③ 《商君书·境内》："给有爵人隶仆"，"爵吏而为县尉，则赐虏六。"到秦朝，《汉书·王莽传》说："秦为无道……又置奴婢之市，与牛马同兰。制于民臣，颛断其命。"到汉朝及其以后，也还有其影响和残余。如《史记·货殖列传》所述，通都大邑的市场诸物中有"僮手指千"。《汉书·食货志》说："汉兴接秦之敝，诸侯并起，民失作业，而大饥馑……高祖乃令民得卖子，就食蜀汉。"

落后的越国到封建制的过渡　越国当时较秦国更落后，到封建制的过渡也更晚于秦国。周初的楚人、吴人和越人，都可能是早期南去的夏人、商人和原住民的混合部落①，所以能通用其时汉族的语言和文字，泰伯、仲雍南去至吴，才能生存下来。楚、吴受商周的影响较早较多，较越先进，其发展程度正间于其时河南、山东境内各封邦与越国之间；越到封建制的过渡，可以反映出较早于它的楚、吴的过渡时间。从近年江苏丹徒烟炖山发现的周初青铜器看来，其时已不下于北方的水平，但那只是作为姬姓之国的吴贵族享有的东西；吴在其后长时间还实行较落后的"火耕水耨"的耕作法。根据《吴越春秋》（卷四）关于春秋时代冶炼家欧冶子以及关于鱼肠、磐郢、湛卢等利剑的制作，证以近年长沙楚墓出土的战国遗物，湖南境内出土的战国时楚国的铁制兵器等遗物，楚、吴、越，尤其是楚的冶炼和手工技术，到战国时，基本上将赶上北方；但据《货殖列传》所述，生产力水平还是较北方为低。如谓"淮北沛、陈、汝南、南郡"等西楚地区，"地薄、寡于积聚"，"衡山、九江、江南、豫章、长沙"等"南楚"地区，"其俗大类西楚"。"江南卑湿，丈夫早夭"。"九疑、苍梧以南至儋耳者，与江南大同俗"。史迁并概括地说："楚越之地，地广人稀，饭稻羹鱼；或火耕而水耨，果隋（蓏也）蠃蛤，不待贾而足……以故呰窳（弱病也）偷生，无积聚……"

越国原来地区并不太大，《国语·越语》说："勾践之地：南至于句无（浙江诸暨），北至于御儿（嘉兴），东至于鄞（鄞县），西至于姑篾（太湖），

---

① 《史记·楚世家》说："殷之末世……或在中国，或在蛮夷。"《吴太伯世家》说："太伯、仲雍二人乃奔荆蛮，文身断发，……荆蛮义之，从而归之千余家。立为吴太伯。"这千余家可能系早去的汉人，即《矢𣪘》所谓"在宜王人□又七生（姓）"。《越王勾践世家》说："其先禹之苗裔，而夏后帝少康之庶子也，封于会稽……文身断发，被草莱而邑焉。后二十余世至于允常……与吴王阖庐战而相怨伐。"《越绝书》、《吴越春秋》及《国语》、《左传》等文献，也有大同小异的类似记载。另方面，他们又自称或被称为"蛮夷"、"夷狄"，如《楚世家》："熊渠曰：我蛮夷也，不与中国之号谥。"《越绝书》："吴者，夷狄之邦也。"《国语·越语》："范蠡曰，……昔吾先君固周宣王之不成子也，故滨于东海之陂，……余虽靦然而人面哉！吾犹禽兽也。""吴越为邻同俗。"《越王勾践世家》：楚威王败越，"杀王无疆，尽收故吴地至浙江北……而越以此散，……滨于江南海上……后七世至闽君摇……汉高帝复以摇为越王……东越，闽君，皆其后也。"在今湖北，江苏、浙江以及福建境内所发现的新石器时代文化遗物中，一面表现其自有的特点，特别是苏、浙、闽出土的新石器文化遗物，已能确证其属于"百越"文化系统；另一面其中又都夹有龙山或仰韶系遗物的发现或其影响。这对于研究新石器时代的楚、吴、越人与北方夏、商人的关系，具有极重要的意义。

广运百里。"它一面接受周朝的封建制度和其影响，一面又在其原始公社制的基础上发展起奴隶制，形成了封建制与奴隶制及原始公社制长期间的交错并存，到春秋末勾践治吴前后，似乎还没走完这一过程。据《史记·越王勾践世家》，勾践、范蠡、文种君臣经十年生聚教训，率以灭吴的部队是："习流二千人，教士四万人，君子六千人，诸御千人"。"习流"是奴隶，"诸御"也是贱奴或奴隶，"君子"和"教士"，似系由公社成员转变而来的自由民和武士①。越灭吴后，范蠡"乃装其轻宝珠玉，自与其私徒属乘舟浮海以行……耕于海畔……致产数十万"，又"怀其重宝，间行以去，止于陶……复约要父子耕畜，废居，侯时转物，逐什一之利……致资累巨万"这是以"私徒属"即奴隶从事耕畜生产和商业活动而致富的典型事例。其时越国奴隶制度还相当盛行，也表现在把战败者降作仆妾，官府可以把罪人的妻子作为奴隶发卖②。

另方面，越国又存在较强烈的原始公社制残余和氏族联系。这不只表现为原始公社制的均分土地的残余制度的存在，并表现为上下一同参加劳动的传统的残留③，也表现为所谓"父兄"、"父母耆老"或"国人"对报吴的同仇敌忾，把勾践受自吴国的耻辱看作越人共同的耻辱，勾践也正以此去激励"国人"和组织"报吴"力量④。越国的"父兄"、"耆老"、"兄弟"，也激昂慷慨

---

① 《索隐》曰："按流放之罪人，使之习战，任为卒伍，故有二千人。"教士"谓常所教练之兵"，意即武士。韦昭："君子，王所亲近有志行者。"《索隐》曰："谓君所子养有恩惠者……。"诸御应即徒御，《索隐》非是。《吴越春秋·勾践伐吴外传》……俊士四万，君子六千。"

② 《越王勾践世家》：初勾践为吴所败，使文仲求和于吴王夫差曰："勾践请为臣，妻请为妾。"又《越语》："请勾践女女于王，大夫女女于大夫，士女女于士。"又"卑事夫差，宦士三百人于吴。"《吴越春秋·勾践入臣外传》：越王曰："身为佣隶，妻为供妾。"吴王谓范蠡曰："而子及主俱为奴仆，来归于吴，岂不鄙哉！"《国语·吴语》：越败吴，吴王夫差向勾践求和，曰："男女服为臣御。"又"（越）王乃命有司大徇于军曰；谓二三子归而不归，处而不处，进而不进，退而不退，左而不在左，右而不在右，身斩妻子鬻。"

③ 《吴语》述勾践"命大夫曰，食土不均……是子也。"《越王勾践世家》：勾践身自耕作，夫人自织……与百姓同其劳。"《吴越春秋·勾践伐吴外传》，勾践说："非孤饭不食，非夫人事不衣。七年不收国，民家有三年之蓄也。"

④ 《吴越春秋·勾践伐吴外传》和《勾践归国外传》述：夫差释勾践归越，越"百姓拜之于道""拥于歧路"，表现"喜悦"和为他祝福。勾践也用传统的氏族联系和感情，激励国人，"乃致其父老兄弟而誓之曰……凡我父兄昆弟及国子姓，有能助寡人谋而退吴者，吾与之共执越国之政。"（《国语·越语》）"乃命有司徇于军曰：有父母、耆老而无昆弟者以告，王亲命之曰……有父母、耆老而子为我死……后若有事，吾与图之。"（《国语·吴语》）并宣称，他把"军中"人员的"父母昆弟"，看作自己的"父母昆弟"一样去养老、送终、问疾。

地不断表示要舍身忘家去报仇雪耻①。

勾践时，越国社会生活的主导方面，是封建制度。其时越人的主要生产是农业，府库的收入和人民的生活，主要依靠农产，所以范蠡说："同男女之功（韦氏解：功，农稼丝枲之功也），除民之害，以避天殃；田野开辟，府库实、民众殷，无旷其众以为乱梯。"② 农业生产的主要担当者是"民"或"农"，也叫作"众庶"。申胥谏吴王夫差说："今越王勾践恐惧而改其谋：舍其愆令，轻其征赋；施民所善，去民所恶；身自约也，裕其众庶。其民殷众，以多甲兵。"③ 这说明"民"或"众庶"不只是越国农业生产的主要担当者，也是赋役的主要负担者，他们是主要的被统治阶级；而他们又是有自己的私有财产和进行独立经营的，其性质乃是农奴或自由农民。所以他们是越国统治阶级施政、统治、剥削的主要对象，也是勾践君臣藉以蓄积"报吴"力量的主要泉源。文种教勾践说："爱民而已……民不失其时则成之；省刑去罚则生之，薄其赋敛则与之……农失其时则败之，有罪不罚则杀之，重赋厚敛则夺之，多作冶游以罢民则苦之，劳扰民力则怒之。"越王乃缓刑薄罚，省其赋敛"④。其次，越国也和其他封邦一样，实行分封制，如勾践"收范蠡妻子封百里之地"，拟以"甬东……百家"封吴王夫差。同时，勾践也与其他霸主一样，与诸侯会盟，"致贡于周"，"使使号令齐、楚、秦、晋皆辅周室"，以取得周元王（公元前四七五——公元前四六九年）给予的"命号"去号令诸侯⑤。

因此，越国到勾践时，虽然没有走完到封建制过渡的过程，但封建制度已开始占有支配的地位；其当时各种制度相互间的斗争情况，则还没有足够材料来说明。

过渡期的法制的性质　上述四种类型，大致可以概括周朝封建制度，在全国各地区的不平衡发展和转变过程；但都是在"武王革命"胜利的统一形势

① 《吴越春秋·勾践伐吴外传》，勾践说："国之父老请于孤曰：昔夫差辱吾君王于诸侯……请为报耻。""请复战以除君王之宿仇。""国人请战者三年矣！""越民父勉其子，兄劝其弟，曰：吴可伐矣。"出兵伐吴时，"国人各送其子弟于郊境之上，军士各与父兄昆取诀。"唱《雪我王宿耻》之歌。
② 《国语·越语》。
③ 《国语·吴语》。
④ 《吴越春秋·勾践归国外传》。
⑤ 《吴越春秋·勾践伐吴外传》。《史记·越王勾践世家》。

下建立和发展起来的。

随着封建秩序在中央区域的胜利发展，在全国范围的建立和推进，以及相应而至的新的阶级矛盾的形成和开展，新的封建统治阶级便要求有一套统治农奴的法制、刑罚。穆王（公元前一○○一——公元前九四七年）时的《吕刑》就是这样产生的。这是我国中世早期的系统的法典。前半篇有"皇帝"一类后来才出现的词汇，那可能由其他文献所掺入或经后人修改。后半篇强调按"五刑"去统制"庶民"和惩戒犯罪者。简要而系统的五刑内容及其实施的原则、办法，是适合于当时历史的实际的。

《吕刑》的阶级性极明白，一方面表明它是封建领主阶级手中的武器，所以一则说："王曰：吁！来，有邦有土，告尔祥刑"；再则说："官、伯、族、姓，朕言多惧；朕敬于刑，有德惟刑"。另一方面表明它主要是以之去统制"民"或"庶民"的，所以说："今天相民，作配在下，明清于单辞（注："今天治民，人君为配天在下，当承天意，听讼当清审单辞"）。民之乱，罔不中听狱之两辞"。并强调刑罚是压服"庶民"和"安百姓"的主要手段："天罚不极，庶民罔有令政在于天下"；"在今尔安百姓，何择非人，何敬非刑，何度非及！"认为最聪明能干的统治者，都是善于使用刑罚这个工具的（"哲人惟刑"）。

五刑是："墨辟"（刺颡）、"劓辟"（截鼻）、"剕辟"（刖足）、"宫辟"（割势）、"大辟"（死刑）五种最残酷的刑罚，嫌疑犯也须用罚款赎罪。所以当时的政治家都把"轻刑罚"和"薄税敛"并称，作为所谓"仁政"的主要内容。

第四节　"管蔡以武庚叛"

奴隶所有者残余势力联合落后势力的反抗　"武王革命"粉碎了殷朝奴隶所有者国家的首脑部，开始革除旧秩序，创设新秩序。但殷朝奴隶所有者的势力并未根本消灭，他们以武庚等为首，利用新政权给予的合法地位，继续其反革命勾当。并在封建制和奴隶制两种制度斗争的基础上，联合徐、淮、荆楚，为旧秩序而挣扎。而在当时，曾为殷朝从属的徐、淮、荆楚，却还在原始公社制末期。他们在原始公社制与封建制矛盾，即落后与先进矛盾的基础上，与殷人联合进行顽抗。由于这几种社会制度间矛盾斗争的长期性，便反映为商奄、徐、淮、荆楚等反抗西周新政权的长期性。这在武王等人，最初是没有看到的，所以在"克商"之后，就宣布："乃偃武修文，归马于华山之阳，放牛于桃林之野，示天下弗服。"① 但在"封诸侯"以后，武王就指出了问题的严重性，《史记·周本纪》说："武王征九牧之君，登豳之阜以望商邑。武王至于周，自夜不寐……王曰……维天建殷，其登名民三百六十夫，不显亦不宾灭，以至今。我未定天保，何暇寐！"

革命内部的守旧势力　同时，在武王、太公、周公所领导的革命势力内部，有许多氏族首长一类的人物，如管叔、蔡叔、霍叔等，最初为反对殷朝奴隶所有者的压迫而参加革命；但在革命相当胜利，新的封建秩序出现后，他们又从新制度和旧制度矛盾的基础上，利用一些周人对新制度的不满，便从保守旧制度的立场上，进行挑拨离间，来反对新秩序，并与反革命残余合流②。

因此在公元前一一二二年到公元前一一一六年革命胜利的初期，即武王时，革命政权所支配的，仅为今陕西、山西、河南、河北的大部分地区，武王所分封的诸侯之国，也大都在这区域以内；但新的封建制才开始建立，而是与原始公社制、奴隶制等各种制度并存。在周人自己散布的地区，也还有守旧势力在阴谋叛变。

反革命势力的合流　公元前一一一六年武王死后，明年周公摄行政事，以管叔、蔡叔、霍叔为首的革命内部的守旧势力，便与殷朝统治者武庚为首的奴隶所有者势力及其他落后势力，实行反革命大联合，形成所谓"管蔡以武庚叛"的大事变③。这是革命胜利后第一个大困难时期，也就是《大诰》所谓

---

① 《尚书·武成》以此叙在"王来自商，至于丰"之次。《周本纪》以之叙在武王"登豳之阜以望商邑"之后，是颠倒的。

② 《尚书·大诰》："武王崩，三监及淮夷叛……王若曰：……有大艰于西土，西土人亦不静。"《金縢》："武王既丧，管、蔡及其群弟乃流言于国曰：……公将不利于孺子。"《鲁周公世家》："管、蔡、武庚等果率淮夷而反。"

③ 《周本纪》："周初定天下，周公恐诸侯畔周，公乃摄行政当国。管叔、蔡叔群弟疑周公，与武庚作乱叛周。"《逸周书·作雒解》，"周公立，相天子，三叔及殷东、徐、奄及熊盈以畔"。《竹书纪年》：成王（公元前一一一五——公元前一〇七九年）"即位，命冢宰周文公总百官。""武庚以殷叛。""二年，奄人、徐人及淮夷入于邶以叛。"《鲁周公世家》谓："周公恐天下闻武王崩而畔，周公乃践阼代成王摄行政当国。"

"有大艰于西土"的时期。反革命的目的,是妄想恢复奴隶所有者的统治即《大诰》所谓"兹蠢殷……诞敢纪其叙"。

周公东征 当时摆在周朝新政权面前的首要任务,是粉碎反革命联合的武装集团和巩固内部。周公于公元前一一一五年"公居于东",明年"即伐殷",对反革命的武装叛变实行武装镇压;同时采取各种步骤去安抚、分化和争取殷遗民。至公元前一一一三年,便打垮反革命联合武装,"诛武庚、管叔,放蔡叔。三年遂伐奄,灭蒲姑"①。

但是仅仅这种军事胜利,仍没有根本解决问题。因此周朝新政府在安辑、分化和争取殷遗民的问题上,采取一系列的方针政策,西周的文告:《尚书·周书》的《大诰》、《微子之命》、《康诰》、《酒诰》、《召诰》、《洛诰》、《多士》、《无逸》、《君奭》、《蔡仲之命》、《多方》、《周官》、《君陈》、《梓材》以至康王时的《毕命》和伯禽的《费誓》等篇,无不与阐明和执行这种方针政策,解决殷遗民的问题有关,金文中也颇多属于讨伐殷遗及徐、淮、荆楚的军功和行动部署的记事。周朝新政府对这个问题的方针,主要放在政治方面。一方面,在粉碎武庚、管、蔡等联合的武装叛乱后,拔取赞成新政权的微子等给予封邦爵位和荣誉:"作宾于王家,与国咸休,永世无穷"。"庸建尔土于上公,尹兹东夏"。同时令他去安抚殷遗民,即所谓"弘乃烈祖,律乃有民,永绥厥位,毗予一人",利用殷人的传统,来为新政权和新秩序服务,即所谓"率由典常,以藩王室"②。另一方面,将较顽固的大量殷遗民,迁到周人的重镇成周郊区,利用他们的劳动以建筑洛邑,并向他们及全国殷遗宣布:只要他们老老实实服从新政权和新秩序,便能有自己的家室、土地以至封邑(《多士》:"亦惟尔多士,攸服奔走臣我,多逊。尔乃尚有尔土……。今尔惟时宅尔邑,继尔居……尔小子乃兴,从尔迁。"《多方》:"尔尚宅尔宅,畋尔田。"),并任用他们,给予工作(《多方》:"迪简在王庭,尚尔事,有服在百僚。");否则,如依旧顽固不化,居心反对新政权,经过教育仍不改变,便坚决予以镇压(《多士》:"尔不克敬,尔不啻不有尔土,予亦致天之罚于尔躬。"

---

① 《史记·周本纪》、《鲁周公世家》、《宋微子世家》,《竹书纪年》。又《尚书·蔡仲之命》谓:"辟管叔于商,囚蔡叔于郭邻,以车七乘,降霍叔于庶人,三年不齿。"
② 《尚书·微子之命》。

《多方》："尔乃屡迪不静，尔心未爱，尔乃不大宅天命，尔乃屑播天命……我惟时其教告之；我惟时其战要囚之。至于再，至于三。乃有不用我降尔命，我乃其大罚殛之……乃惟尔自速辜。"）。一方面，对殷人住区的鲁卫各国的治理方针，一面暂时允许殷人奴隶制度的合法存在，如前所述，即所谓"启以商政"；一面实行慎刑政策，凡服从新秩序和可以教导的都不杀，只有"元恶巨憝"不赦（《康诰》："克明慎刑。""敬明乃罚：人有小罪，非眚……有厥罪小，乃不可不杀；乃有大罪非终，乃惟眚灾适尔，既道极厥辜，时乃不可杀。""凡民自得罪，寇攘奸宄，杀越人于货，暋不畏死，罔弗憝……元恶巨憝……天惟于我民彝，大泯乱。"），凡带有集体性的犯罪活动不容宽赦，对殷人一般臣、工务必采取宽、仁和教育的处置（《酒诰》："群饮，汝勿佚，尽执拘以归于周，予其杀；又惟殷之迪诸臣惟工，乃湎于酒，勿庸杀之，姑惟教之。"），务期安辑殷人，给殷人以自新之路（《康诰》："乃服惟弘王！应保殷民；亦惟助王宅天命，作新民。"），并尽量应用殷朝旧有的传统办法和习惯去问刑（《康诰》："汝陈时臬司师，兹殷罚有伦……汝陈时臬事，罚蔽殷彝，用其义刑义杀，勿庸以次汝封"）；一面要尊重殷朝过去贤哲的经验，争取殷人中正人君子的帮助和合作（《康诰》："往敷求于殷先哲王，用保乂民；汝丕远惟商耇成人，宅心知训。"），同时又要"别求闻由古先哲王，用康保民"的经验。……这是作为我国封建制度革命的伟大政治家和领袖周公、太公等人的伟大作用的一面。《尚书大传》反映这种过程说："周公居摄：一年救乱，二年克殷，三年践奄，四年建侯卫，五年营成周，六年制礼作乐，七年致政。"

　　但由于奴隶制和封建制长期并存的客观形势，这种政策没有也不可能在短期内把问题完全解决，但它是保证周朝封建制度胜利的正确道路。据《尚书·毕命》记康王（公元前一〇七八——公元前一〇五三年）的话说：到康王时，迁到成周的殷遗民问题已根本解决，他们已完全改造成为新制度下的人民[1]；但在全国范围内的殷遗民问题，康王甚至认为："邦之安危，惟兹殷士"。东土的殷遗与徐、淮等部，并且不断发生武装叛变和对抗。

---

[1] 康王告毕公说：周公"毖殷顽民，迁于洛邑。密迩王室，式化厥训，既历三纪（注：十二年四纪），世变风移……道有升降，政由俗革，"因此，他命毕公去"旌别淑慝，表厥宅里……殊厥井疆，俾克思慕。申画郊圻，慎固封守，以康四海"。

成王践奄伐徐、淮 在周公还政后（周公死于成王十一年，公元前一一〇四年，还政为成王七年，公元前一一〇九年），成王（姬诵）当政。东土殷遗和"徐戎"、"淮夷"自始就不断对新政权进行武装对抗。在周公东征以前，如《齐世家》说：太公东就国，"莱夷"来"与之争营丘"，"与太公争国"。"成王即政"后，发生一次大规模的武装叛变。这次成王亲征，即《尚书·蔡侯之命》所谓："成王东伐淮夷，遂践奄（注：成王即政：淮夷奄国又叛，王亲征之）……将迁其君于蒲姑"。据《班殷》铭等金文所述，周朝政府曾作大规模的动员，以毛公为统帅，总领王师，即所谓"殷八自"；以"吴伯"所属为左翼，齐之"吕伯"所属为右翼，令趋率领所属为中卫。战争亦经过三年①。成王时又一次较大规模的战争，便是以伯禽为统帅的讨伐"徐戎、淮夷"的战争，即《费誓》所称：伯禽之世，"徂兹淮夷、徐戎并兴。"

但这次战争的胜利，也没有完全把"徐戎、淮夷"的问题根本解决。《诗·鲁颂·闷宫》所称颂的："保彼东方，鲁邦是常。""戎狄是膺，荆舒是惩。""淮夷来同，莫不率从，鲁侯之功。""淮夷蛮貊，及彼南夷，莫不率从，莫敢不诺，鲁侯是若。"这是随同徐、淮、荆楚等封建制的建立，才逐步实现的情况。

实际上，徐、淮、荆楚等对周朝政府军事上的对抗，是不断发生的。周朝政府对徐、淮、荆楚，也不断进行军事的征讨。其中最著名的，如昭王（姬瑕，公元前一〇五二——公元前一〇〇二年）十六年和十九年的两次南征荆楚②。据《宗周钟》铭记载，昭王南征，南国巨酋"服翏遣间来逆（迎）昭王，南夷东夷具见廿又六邦"。后军临江汉，昭王于公元前一〇〇二年溺死汉

---

① 《小臣谏簋》："徂东夷大反，伯懋父以殷八师征东夷。"《舀壶》："作冢司土于成周八自。"《班殷》："王令毛公以邦冢君土駿（徒御）戜（近徒）人伐东或（国）痡戎，咸。王令吴伯曰：'以乃师左比毛父'；王令吕伯曰：'以乃自右比毛父'；趨令曰：'以乃族从父征，出城，卫父身'。三年静东或（国）。"毛公、毛父亦即伯懋父，乃康叔之子康伯髦。成王于是役胜利后，并巡视到江南，事见《宜侯 矢殷铭》。

② 《周本纪》："昭王南巡狩不返，卒于江上。"《正义》曰：帝王世纪云：昭王德衰，南征济于汉，船人恶之，以胶船进王，王御船至中流，胶液船解，王及祭公俱没于水中》《竹书纪年》。"十六年伐楚，涉汉，遇大兕。""十九年……祭公辛伯从王伐楚，天大瞹，雉兔皆震，丧六师于汉。"《左传》僖公四年，齐桓公责问楚子："尔贡包茅不入……昭王南征而不复，寡人是问。"对曰："贡之不入，寡君之罪也……昭王之不复，君其问诸水滨。"又《海鼎》："唯吊从王南征。"《过白殷》："过白从王伐反荆。"《猷殷》："猷骏从王南征伐荆楚。"

水，全军因又北退。此后在穆王（公元前一一〇一——公元前九四七年）十五年有"徐戎侵洛"，明年"王帅楚子伐徐，克之"。"三十五年，荆人入徐，毛伯迁帅师败荆人于泲"；厉王（姬胡，公元前八七八——公元前八二八年）三年的"淮夷侵洛，王命虢公长父伐之不克"①。（《后汉书·东夷列传》说："厉王无道，淮夷入寇。王命虢仲征之，不克。"）不过自穆王以后，情况已有所变化。据《竹书纪年》所述：十四年伐徐之役，楚接受了周天子的军事调遣；三十七年，楚开始履行对周天子贡纳特产的义务。据《史记·吴太伯世家》所记，吴季札与徐君的一段故事②，也反映了徐的封建化程度。

　　与严允及西戎的战争　另一方面，西周封建国家与北方的严允（即殷朝的土方或鬼方），西北的"西戎"等部落，也有着不断的战争。

　　严允是居住在今山西北部一带的一个部落，原来与周族同是殷朝国家的从属，"西戎"便是居住在西北的一个部落，为周族的西北近邻。"武王革命"时，严允与"西戎"均随同内徙；在"武王革命"胜利后，他们便成了不断进扰周朝新国家边疆的敌人，不断前来侵袭与进行原始掠夺。在周公成王时，便实行用武力"征讨"，把严允驱回至晋北一带，册封成王（姬诵）弟唐叔于晋，以为屏障；把"西戎"驱回至西北，册立韩奕于其地以为屏障③。《小盂鼎》铭述康王（或昭王）时，征鬼方（即严允），一次俘一万三千零八十一人，这是一次大的战斗和胜利。但周朝国家自始并没有把这两大部落征服，他们仍不断向周朝边境侵袭。懿王时（公元前九三四——公元前九一〇年），戎人侵迫镐京，"霍人侵岐"，周朝至被迫迁都于槐里④，至公元前九百年间，周孝王封非子于秦，防御"西戎"，至是"西戎"部落，一部分便开始与秦融合，另一部分则被屏于甘凉一带，但仍与秦朝相敌对。

　　因此，自"武王革命"（公元前一一二二年）到"宣王（姬静，公元前八二七——公元前七八二年）中兴"时期，周朝新国家，在新制度与各种旧制

---

① 见《竹书纪年》。
② "季札之初使，北过徐君。徐君好季札剑……还至徐，徐君已死，于是乃解其宝剑系之徐君冢树而去。"（《正义》曰：《括地志》云："徐君庙在泗州徐城县西南一里。"）这可证徐这时与诸夏诸侯间已非似前此那样相敌对。
③ 《诗·大雅·韩奕》："朕命不易，榦不庭方，以佐戎辟。""王锡韩侯，其追其貊，奄受北国，因以其伯。"
④ 《竹书纪年》。《史记》谓被迫迁居犬邱（陕西兴平）。

度矛盾的基础上，形成了交错复杂的经济、政治和武装斗争的过程。新国家为保证自身的安全和境内人民的生命财产，为防御严允、"西戎"等部的侵袭与原始掠夺性的破坏，也不断发生战争。

第五节 "宣王中兴"

公元前八五八到公元前八五三年的大旱灾 西周在厉王（姬胡，公元前八七八——公元前八四二年）末年，发生由公元前八五八到公元前八五三年的大旱灾①。这次连年的大旱，致农业收获歉薄，演成大"饥馑"，因而引起农民逃亡，耕地荒芜的严重现象。使西周生产遭遇空前的破坏和衰落。《大雅·桑柔》描写当时的情况说："天降丧乱，灭我立王。降此蟊贼，稼穑卒痒。哀恫中国，具赘卒荒。"《小雅·雨无正》说："浩浩昊天，不骏其德。降丧饥馑，斩伐四国。""舍彼有罪，既伏其辜，若此无罪，沦胥以铺。"

而在大旱灾和社会经济恐慌的状况中，大领主们反一面加紧对农民（农奴及那班被步步驱入农奴化道路或已陷于农奴境地的原先公社的成员、即自由农民）苛索，引起他们愈多的反感（如《大雅·桑柔》："民之贪乱，宁为荼毒"，"贪人败类"，"瘼此下民"；《小雅·节南山》所说："天方荐瘥，丧乱弘多。民言无嘉，惽莫惩嗟"，"降此鞠讻"，"俾民不宁"；《角弓》："民之无良，相怨一方"）。一面又加紧对原先公社的公地和自由农民的份地及小领主领地的侵占和兼并，而引起这种小领主的反感，增加了人民的愤怒和怨恨（如《诗·小雅·苕之华》，《王风·兔爰》，《陈风·衡门》，《小雅·正月》、《大东》等篇所记述）。因而促起阶级斗争形势日益严重。如《桑柔》："民之罔极，职凉善背……民之未戾，职盗为寇。"正反映了这种情况。

"彘之乱" 厉王和西周的大领主们，对旱灾和因旱灾所引起的社会不安状况，不惟无力去解救，反而对于人民的反感及没落小领主的怨恨，采取残酷的高

①《竹书纪年》谓自厉王二十二年至二十六年"大旱"（二十年缺），并谓："大旱既久，庐舍俱焚。"《竹书纪年》以此叙于厉王奔彘后，非是。

压手段，任用巫教僧侣（卫巫）去统制人民的言论，所以《诗·小雅·正月》说："民之讹言，宁莫之惩？"《国语·周语》说："厉王虐，国人谤王……王怒，得卫巫使监谤者，以告则杀之。"因是，人民都表现着无言的抗议（《周语》："国人莫敢言，道路以目。"《诗·小雅·节南山》："忧心如惔，不敢戏谈"）。厉王同时又信任庸碌贪污的荣夷公，专任搜刮。从而激起公元前八四二年（厉王三十七年）的"彘之乱"①。这在当时较开明的政治家如召公、芮良夫等人，是看得相当明白的，召公说："防民之口，甚于防川。川壅而溃，伤人必多，民亦如之。"芮良夫说："夫荣公好专利而不知大难……荣公若用，周必败。"②

"彘之乱"，是没落小领主联合农民的一次大暴动，并以没落小领主共伯和为"叛乱"的首领，即《尔雅·巧言》所谓"职为乱阶"的，是"无拳无勇"、"既微且尰"的人。暴动的人民占领了西周的首都西郑，并组织了联合的政府，以共伯和为政府的首领③。厉王逃亡到彘地，后即死于彘地。厉王的太子静（他书多作靖）于公元前八二七年即位，号曰宣王，"周公、召公二相辅政"。

大概在共和政府成立后，召公、周公等必然号召各级封主的勤王武装，向共和政府进攻。共和政权必然是这样归于消灭的，可惜已没有适当的材料来说明。

"宣王中兴" 随着旱灾过去，在共和十四年间，西周地区的民力，必得到较大的休养和生息。宣王即位后，在周定公、召穆公等的辅佐下，在政治

---

① 《史记·周本纪》："三十四年，王益严，国人莫敢言，道路以目……三年乃相与畔，袭厉王。厉王出奔于彘。厉王太子静匿召公之家，国人闻之乃围之。召公……乃以其子代王太子，太子竟得脱。"《国语》略同。《齐太公世家》与《十二诸侯年表》均以"彘之乱"在齐武公九年。折算与《周本纪》合。金履祥：《资治通鉴纲目前编》卷九亦为三十七年。《竹书纪年》："十二年，王亡彘，国人围王宫，执召穆公之子杀之。"所谓"十二年"、"围王宫"非是。

② 《国语·周语》。《史记·周本纪》。

③ 《齐太公世家》："武公九年，周厉王出奔居彘；十年，王室乱，大臣行政，号曰共和。"《管蔡世家》："周厉王失国奔彘，共和行政，诸侯多叛周。"《周语》韦注："彘之乱，公卿相与和而修政事，号曰共和，凡十四年。"《周纪》："召公周公二相行政，号曰共和。"（《索隐》曰："汲冢纪年则云共伯和干王位……"《正义》曰："《鲁连子》云：卫州共城县本周共伯之国也。共伯名和，好行仁义，诸侯贤之。周厉王无道，国人作难，王奔于彘；诸侯奉和以行天子事，号曰共和元年。"）《竹书纪年》："十三年，王在彘，共伯和摄行天子事""号曰共和。""二十六年……王陟于彘。周定公召穆公立太子靖为王，共伯和归其国。""周公召穆公乃立太子靖，共和遂归国。和有至德，尊之不喜，废之不怒，逍遥得志于共山之首。"《十二诸侯年表》：自庚申"共和元年"至甲戌"共和十四年"凡十四年。

上，也大加振作，实施了一些改进①；特别是周朝国家中央区域的广大地区的生产，基本上完成了向封建制生产的转化，封建制的生产便走上了较顺利的发展道路，西周经济也随同而获得一度恢复和发展。宣王在即位之元年，即恢复因旱灾和"巇之乱"而无法征取的赋役；随着生产恢复和发展，又增高了赋税的收入，国力复形膨胀。因而得以组织对严允、西戎等部的讨伐，对徐、淮、荆楚等落后势力进行武装镇压②。

在旱灾和厉王肆行暴虐的时期，西北的"西戎"和北方的严允部落，都相继进侵西周③。至公元前八二七年，宣王即位后，便组织力量，对"西戎"和严允进行讨伐④，把他们驱逐出周朝的国境外。至是周朝的西北和北方的国防，在宣王前期，便达到相对的稳定。

在驱逐"西戎"和严允后，又于公元前八二三年开始向南方和东南用兵，"征讨""不庭"，命方叔平"荆蛮"，召虎平"淮夷"⑤，宣王并亲征"徐戎"⑥。同

---

① 《周本纪》："宣王即位，二相辅之，修政，法文武成康之遗风，诸侯复宗周。"《诗·小雅·鸿雁》是赞美宣王时内政的作品：《鸿雁》，"美宣王也。万民离散，不安其居；而能劳来还安集之，至于矜寡无得其所焉。""之子于征，劬劳于野；爰及矜人，哀此鳏寡。之子于垣，百堵皆作。"《小雅·庭燎》也描述了宣王君臣励精图治的情况。

② 《竹书纪年》：元年，"复田赋"，"作戎车"。

③ 《竹书纪年》：厉王"十一年，西戎入于犬丘"，"十四年，严允侵宗周西鄙。"《诗·小雅·采薇》反映了人民离乡别家去防御严允的行役之苦，也反映了严允的进袭对摧残生产、破坏人民生活的严重。"靡室靡家，严允之故。不遑启居，严允之故。""岂不日戒，严允孔棘。""曰归曰归！心亦忧止。载饥载渴，我戍未定，靡使归聘。""行道迟迟，载渴载饥。我心伤悲，莫知我哀。"

④ 《秦本纪》："周宣王即位，乃以秦仲为大夫诛西戎。"《竹书纪年》："三年，王命大夫〔秦〕仲伐西戎。""五年……尹吉甫师伐严允，至于太原。"《资治通鉴纲目前编》卷九："甲戌、宣王元年：以秦仲为大夫诛西戎，以尹吉甫为将，北伐严允，至于太原。"赞美宣王"北伐严允"的《小雅·六月》说："严允孔炽，我是用急。王于出征，以佐天子。""薄伐严允，以奏肤功。""侵镐及方，至于泾阳。""薄伐严允，至于太原。文武吉甫，万邦为宪。"

⑤ 《资治通鉴纲目前编》：二年，"以方叔为将南征荆蛮。""命召虎诛淮夷。"《竹书纪年》：五年"方叔帅师伐荆蛮。"六年"召穆公帅师伐淮夷。"《诗·大雅·江汉》描述召虎的功绩说："江汉之浒，王命召虎。式辟四方，彻我疆土，匪疚匪棘，王国来极。于疆于理，至于南海。"《小雅·采芑》描述方叔南征说："方叔莅止，其车三千。""蠢尔蛮荆，大邦为仇。方叔元老，克壮其犹。方叔率止，执讯获丑……显允方叔：征伐严允，蛮荆来威。"

⑥ 《竹书纪年》：六年，"王率师伐徐戎。皇父休父从王伐徐戎，次于淮。"（《资治通鉴纲目前编》为宣王二年。）《大雅·常武》描述宣王亲征的情况说："赫赫明明，王命卿士，南仲大祖，大师皇父，整我六师，以修我戎。既敬既戒，惠此南国。""王谓尹氏，命程伯休父，左右陈行，戒我师旅，率彼淮浦，省此徐土，不留不处，三事就绪。"（释："诛其君、吊其民，为之立三有事之臣。"笺云："王又使将军豫告淮浦徐土之民：……汝三农之事，皆就其业。"）"徐方绎骚。""铺敦淮濆，仍执丑虏。截彼淮浦，王师之所。""不测不克，濯征徐国。"

时封申甫于谢去监视楚国，命仲山甫镇守东方，去监视徐、淮①。经过这种部署和方叔、召虎、仲山甫、申甫等人的长期出征，到公元前八百一十年代，便使"荆蛮"、"淮夷"和"徐戎""来庭"（意即归顺朝廷）了，江汉徐淮自是正式归入周朝封建国家的版图②。《诗·小雅·六月》、《采芑》、《大雅·江汉》、《常武》等篇，都是歌颂宣王任用仲山甫、申甫、方叔等人平服"荆蛮"、徐、淮的武功的史诗。

"荆蛮"、徐、淮的平服，主要是在西周封建制的基础上，由于其在数百年期间，接受周人进步生产技术以及政治文化的影响，获得生产的进步，才由其原始公社制的基础上建立起封建制，并逐步发展起来在夺取原始公社制的地位的结果。

这都是周朝国家的中央区域，到封建制过渡的基本完成的结果。所以史家赞美说："宣王能慎微接下，用贤使能，群臣无不自尽以奉其上；内修政事，外攘夷狄，复文武之境土。周室中兴焉。"③

但是，到宣王末年，由于大旱灾④的袭击，西周政府的力量便日趋衰落，对戎人的战斗又不断失败，内政也渐次呈现腐败现象了。

第六节　"平王东迁"

宣、幽之际的旱灾和地震　约自公元前八百年代初到公元前七百八十年代间，即宣王末与幽王（姬宫涅，公元前七八一——公元前七七一年）初，西周又发生大旱灾和地震⑤。

---

① 《竹书纪年》"七年，王锡申伯命。""王命樊侯仲山甫城齐，"《大雅·烝民》："王命仲山甫，城彼东方。""仲山甫徂齐。"《大雅·崧高》："王命申伯，式是南邦。""往近王舅，南土是保。"

② 《常武》："王犹允塞，徐方既来。徐方既同，天子之功。四方既平，徐方来庭。徐方不回，王曰还归。"《崧高》："维申及甫，维周之翰，四国于蕃，四方是宣。"《江汉》："经营四方，告成于王。四方既平，王国庶定。时靡有争，王心载宁。"

③ 《稽古录》。

④ 《竹书纪年》记周宣王"二十五年大旱"即《大雅·召旻》所述情况。《资治通鉴前编》卷九记于六年，非是。

⑤ 参阅拙著《殷周时代的中国社会》或《中国社会史纲》一九四——一九六页。

据《诗·大雅·云汉》、《召旻》等篇所说,这回旱灾的严重情况,表现着农业所赖以灌溉的川流泉池,尽皆涸竭,草木也都枯死,形成赤地千里,农业生产多陷于停顿的惨象。加之在大旱灾和饥荒的年月,农民为逃生而流向他方,更使许多田园成为不毛的荒地①。继以严重的震灾②,西周社会的生产组织,更遭受空前破坏,大封建领主反更肆行兼并③和加紧对农民的榨取④,使许多小领主丧失领地,人民的生活则更加困苦。因而形成社会秩序混乱、动荡、正人君子逃亡和亡国的严重现象⑤。

幽王的昏乱 而宣王的儿子幽王,又是一个昏愦的庸才,在天灾人祸交迫的严重时际,反更加倒行逆施,荒淫无道。如他一方面反于此时"增赋"⑥去增加人民负担。另一方面宠爱褒姒,为博取褒姒的欢心,废申后和申后子太子宜臼(即平王),立褒姒为后,并以其子伯服为太子;同时,因"褒姒不好笑,幽王欲其笑万方,故不笑,幽王为烽燧大鼓。有寇至则烽火,诸侯悉至,至而无寇,褒姒乃大笑。幽王悦之。为数举烽火"⑦。这表现其如何昏愦!也表现了政治腐败和黑暗的程度。诗人讽刺那种情况说:"哲夫成城,哲妇倾城。懿厥哲妇,为枭为鸱;妇有长舌,维厉之阶。乱匪降自天,生自妇人,匪教匪诲,时维妇寺。"⑧ 这自然有点夸大,把罪责归之褒姒,也是不恰当的。

落后部落的进扰 由于空前灾荒和政治的腐败,不惟西周的军事力量大为衰退,而周天子对于地方诸侯的权威,也开始旁落了。自宣王晚期以来,西周

---

① 《诗·大雅·召旻》:"民卒流亡,我居圉卒荒。"

② 《史记·周本纪》:"幽王二年,西周三川皆震(徐广曰:泾、渭、洛也)。""今山川实震。""其川源又塞。""是岁也,三川竭,岐山崩。"《周语》:"幽王三年,西周三川皆震。"《竹书纪年》:幽王"二年,泾、渭、洛竭。""岐山崩。"三年,"冬,大震电。"《资治通鉴纲目前编》卷九:三年,"泾、渭、洛竭,岐山崩。"《小雅·十月之交》描述那次地震的情况说:"烨烨震电。不宁不令;百川沸腾,山冢崒崩;高岸为谷,深谷为陵。"

③ 《大雅·瞻卬》:"人有土田,女反有之;人有民人,女覆夺之。"

④ 《瞻卬》:"邦靡有定,士民其瘵。蟊贼蟊疾,靡有夷届。罪罟不收,靡有夷瘳。"《大雅·抑》:"回遹其德,俾民大棘。"

⑤ 《小雅·白华》:"天步艰难,之子不犹"。《大雅·云汉》:"散无友纪。"《瞻卬》:"人之云亡,邦国殄瘁。"《大雅·抑》:"天方艰难,曰丧厥国。"《召旻》:"实靖夷我邦。""我相此邦,无不溃止。"

⑥ 《竹书纪年》:二年,"初增赋。"

⑦ 《周本纪》。《资治通鉴纲目前编》同。《竹书纪年》谓幽王"嬖褒姒"在三年,"申人、鄫及犬戎入宗周,弑王及郑桓公。犬戎杀王子伯服,执褒姒以归"在十一年。

⑧ 《瞻卬》。又《小雅·正月》:"赫赫宗周,褒姒灭之。"

对一些落后部落也无力征服①，对当时已出现的相互兼并和篡夺等暴行，也无力制止②，并引起他们的相继进扰和地方诸侯的背盟，所以《诗·大雅·召旻》说："今也，日蹙国百里。"最后在公元前七百七十年代，西周一面有申侯联合缯（他书多作"鄫"）侯为申后与太子宜臼的废立问题，大兴问罪之师；一面有"西夷犬戎"的进攻。在两面围攻的危局中，幽王图号召地方诸侯兴师勤王。而在西周经济政治力量衰落的过程中，地方诸侯的经济政治权力却在逐步增大，从而开始发展了封建性的离心力。故这次竟无人响应幽王的号召而出兵赴难；幽王便为"西夷犬戎"杀死于骊山下（陕西临潼），褒姒被虏，西周国库财物亦尽被掳掠③。

平王东迁　太子宜臼于首都残破后，继王位，号曰平王。而其时，不惟首都为"西夷犬戎"所占据，西周的"王畿"之地，亦遭受践踏。

平王虽依靠郑伯、卫公等大诸侯的协力，战败"犬戎"，恢复首都；而"犬戎"部落却已散居在"王畿"区域，平王并没有力量把他们驱逐④。他把河内地给予晋侯，岐西地给予秦伯，于公元前七七〇年把首都迁到洛邑（河南洛阳），去依附郑、卫等大诸侯⑤。

自公元前一一二二年武王即位为王，到公元前七七〇年平王东迁，共三百五十二年，就是年代记上的所谓"西周"。

---

① 《竹书纪年》：宣王三十三年，"王师伐太原之戎，不克。""三十八年，王师及晋穆侯伐条戎、奔戎，王师败逋。""三十九年，王师伐姜戎，战于千亩，王师败逋。"四十年"戎人灭姜邑。"幽王六年，"王命伯士帅师伐六济之戎，王师败逋。"（《后汉书·西羌传》："幽王命伯士伐六济之戎，军败，伯士死焉。"）"西戎灭盖。"

② 如《资治通鉴纲目前编》称：宣王四十三年，"晋穆侯薨，弟殇叔自立，太子仇出奔。""幽王元年，晋太子仇杀殇公而自立。"（《竹书纪年》同）又《竹书纪年》：幽王二年，晋文侯伐鄫。七年虢人灭焦。

③ 《周本纪》。《资治通鉴纲目前编》卷九。

④ 《后汉书·西羌传》说："平王之末，周遂陵迟，戎逼诸夏。自陇山以东，及乎伊、洛，往往有戎。于是渭首有狄、獂、邽、冀之戎，泾北有义渠之戎，洛川有大荔之戎，渭南有骊戎……"

⑤ 《周本纪》："诸侯乃即申侯而共立故幽王太子宜臼，是为平王（公元前七七〇——公元前七二〇年），以奉周祀。平王立，东迁于洛邑。"《竹书纪年》："申侯、鲁侯、许男、郑子立宜臼于申，虢公翰立王子余臣于携。""是为携王，二王并立。"《资治通鉴纲目前编》："晋、卫、秦皆以兵来救，平戎，与郑子掘突立故太子宜臼。"并见《史记·郑世家》、《卫康叔世家》、《秦本纪》及《国语·郑语》十六。《竹书纪年》所谓虢公立携王之说，他书无可考。

复 习 题

一、"武王革命"的历史意义如何?

二、西周庄园制的内容及西周社会向封建制转化的过程如何?

三、"管蔡以武庚叛"的历史内容如何?

四、形成"彘之乱"的根本原因何在?

五、"宣王中兴"的主要内容如何?

六、平王为何东迁?

第六章

诸侯称霸的春秋时期

（公元前七七〇——公元前四〇三年）

第一节 齐、晋、秦、楚、吴、越继起称霸

最高领主权威的旁落与诸侯霸权的代起 在公元前九百年代至公元前八百年代之际，西周在天灾、内忧、外患的交迫下，由于生产的衰退，而引起军力的衰退和最高领主（周天子）权威的旁落；到平王东迁后，周天子仅成了名义上的共主。

另一方面，地方封邦的经济，由于封建制度从建立而日渐取得优势，与地区富源结合，便日益发展起来，因而便提高了地方诸侯的独立性和其政治权力；即在地方生产大步发展的基础上，强大的诸侯，便不断要求扩大自己的领地，提高自己的权威。在原先，领主间疆界的争执和兼并土地的武装行动，还不能不受着盟誓的约束，相当的受着最高领主（周天子）的制裁，至此便进入"弱肉强食"的封建兼并的局面。在那"弱肉强食"的局面下，便出现了强大诸侯的继起，形成所谓春秋时期的霸主①。一般以"孔子作春秋"，称自

---

① 《史记·十二诸侯年表》谓自厉变后，"强乘弱，兴师不请天子，然挟王室之义，以讨伐为会盟主。政由五伯，诸侯恣行……贼臣篡子滋起矣。齐、晋、秦、楚，其在成周微甚，封或百里，或五十里……四海迭兴，更为伯主，文武所褒大封，皆威而服焉"。

鲁隐公元年（周平王四十九年）到鲁哀公十四年（周敬王三十九年）终笔之二百四十二年（公元前七二二——公元前四八一年）为所谓春秋时期。然从社会史的眼光看，应以平王东迁（公元前七七〇年）到魏斯、赵藉、韩虔列为诸侯时止（公元前四〇三年）为一时期。

齐的首霸　首先成为霸主的是齐桓公。齐原来封地较广，周天子给予的权力较大①，地处黄河下游，今山东半岛的胶东一带，为最膏腴的滨海大平原，最宜农业，并富鱼盐②。自太公封齐后，极力开发生产，特别是其后铁器工具的使用。在较优越的自然条件下，随着封建制生产比重的扩大与支配地位的确立，齐国经济到春秋初已发展起来③。

随着经济的发展，政治力量便增大了。在桓公（公元前六八五——公元前六四三年）以前，已先后把滨海的莱夷、根牟等及邻近的小领主兼并；到桓公时，齐已成为"海岱之间"的大国，即司马迁所谓："吾适齐，自泰山属之琅邪，北被于海，膏壤二千里。"领地的扩大，往复又增强了经济的、政治的力量。

在经济发展和人口增殖的过程中，独立手工业者和商人，便首先从"在官"的工商分化出来。从而齐的首邑临淄，又首先成为中世早期的都市④。

桓公任用管仲、甯戚、隰朋、鲍叔牙、高傒、宾胥无等人⑤。管仲是当时的大政治家⑥，一面佐桓公"作内政以寄军令"，一面以"尊王攘夷"的口

---

① 《左传》僖公四年，齐以诸侯师伐楚。管仲答楚使责其侵楚的话说："昔召康公命我先君太公曰：'五侯九伯，女实征之，以夹辅周室。'赐我先君履：东至于海，西至于河，南至于穆陵，北至于无棣。尔贡包茅不入，王祭不贡，无以缩酒，寡人是徵；昭王南征而不复，寡人是问。"《史记·齐太公世家》略同。《国语·齐语》述齐初封地为：南至偪阴，西至于济，北至于河，东至于纪酅。

② 《史记·货殖列传》："齐带山海，膏壤千里，宜桑麻，人民多文彩，布帛、鱼、盐。""沂泗水以北，宜五谷桑麻六畜"。

③ 《史记·货殖列传》："故太公望封于营丘，地潟卤，人民寡。于是太公劝其女功，极技巧；通鱼盐……海岱之间敛袂而往朝焉。其后齐中衰，管子修之。"又《齐语》述管仲初见桓公时，即有"美金以铸剑戟，试诸狗马；恶金以铸鉏、夷、斤斸，试诸壤土"之说，可证齐使用铁器农具，至迟在桓公以前。

④ 《史记·货殖列传》："临菑亦海岱之间一都会也……其中具五民。"战国时，《苏秦列传》述苏秦称"临菑之涂""连衽成帷，举袂成幕，挥汗成雨"，居民达七万户。

⑤ 《国语·齐语》；《史记·齐太公世家》。

⑥ 对管仲的评价，史迁根据《论语》及其他史实说："齐桓公以霸，九合诸侯，一匡天下，管仲之谋也。""管仲既任政相齐，以区区之齐在海滨，通货积财，富国强兵……"（《管晏列传》）桓公女姜氏说：管仲"……纪纲齐国，禅辅先君而成霸……"（《国语·晋语》）。

号，去号召诸侯。"尊王"就是号召诸侯实践对周天子的盟誓，"攘夷"就是号召"诸夏"协同去防御外族的"内侵"，所谓"北伐山戎、刺令支、斩孤竹"、"攘白翟"、"卫诸夏"……。公元前六六〇年翟（亦作狄，东胡先族）攻卫（河南淇县东北），卫人流亡于曹，桓公率师驱走狄人，"城楚丘以封卫"，"翟人攻邢……以夷仪封之。"亦即所谓"迁邢"、"封卫"，"存三亡国"，便大得"诸夏"诸侯的信仰；又以楚子违背盟誓，桓公号召诸侯盟于召陵（在河南颍川），会师问罪于楚；公元前六五一年合诸侯为葵邱（河南考城东）之会，互申禁约，歃血为盟。于是诸侯皆听命桓公"尊王攘夷"的号召与"诸夏"诸侯相互的盟誓。所谓"兵车之会三，乘车之会六"①，都是在这一号召下进行的。这虽则是"挟天子以令诸侯"，而防御当时的外患，使华族不为他族所践踏，以及相对的维持诸侯相互间的封建信誓，却是"管仲相桓公……一匡天下"的霸业贡献。所以孔子说："微管仲，吾其披发左衽矣！"②但在挟天子以令诸侯的另一面，便又实行兼并弱小、扩大自己领地的战争。所以荀卿说：齐桓公"并国三十五"③，韩非说："齐桓公并国三十，启地三千里。"④

在管仲死后，齐国的霸业便随同政治的腐败和贵族的争权，而趋于衰落了。

晋国的继霸 在齐国霸权衰落的时际，晋国便强大起来。晋地处汾河流域，"本沃壤"，并"饶材、竹、谷、纑、玉石"等特产⑤；因其与严允等部落为邻，自"武王革命"到西周衰落前后，常受到严允等部落的侵扰，致生产受着牵制而发展较缓。迄公元前六百八十年代初的曲沃武公，以宗室并晋而为晋侯，并兼并邻近部落和弱小领邑，封建制的生产便逐步扩大阵地与发展起来。公元前六七六年献公继位后，对频为边患的骊戎，一面用兵力威迫，一面与之和好，使之就范⑥。到公元前六三六年文公继位后，任用狐偃、赵衰、咎

---

① 《史记·齐太公世家》。《国语·齐语》。《管子》。《左传》闵公元年、僖公元年——十九年。

② 《论语·宪问》。

③ 《荀子·仲尼》。

④ 《韩非子·有度》。

⑤ 《史记·货殖列传》。

⑥ 《国语·晋语》："献公伐骊戎，克之，灭骊子，获骊姬以归，立以为夫人，生奚齐，其娣生卓子。"

犯、贾佗、先轸等①，一面与严允（狄）成立和好关系②；一面属"百官赋职任功，弃债薄敛，施舍分寡，救乏振滞，匡困资无，轻关易道，通商宽农，茂穑劝分，省用足财，利器民德，以厚民性"，巩固和发展"公食贡、大夫食邑、士食田、庶人食力、工商食官、皂隶食职、官宰食加"的封建秩序。从而达成"政平民阜，财用不匮"③，使晋国成为河汾间惟一大侯，曲沃亦继临淄而为中世早期的都市。

所以自献公以来，齐晋在黄河中部的角逐局面，到文公时便代齐而为霸主。文公即位初，适公元前六三六年，东周襄王为王子带所攻，向晋告急，明年文公出兵"勤王"，杀子带，便开始号令诸侯"尊周"④。先是公元前六三九年楚执宋襄公，文公即位之二年（公元前六三四年）楚侵宋，明年，楚子玉领陈、蔡、郑、许各诸侯兵围宋，宋求救于晋，文公领齐、宋、秦各诸侯兵于公元前六三二年四月破楚于城濮（山东濮县），五月以"皆奖王室，毋相害也"之旨，与诸侯盟于践土（河南荥泽县）宫之王庭⑤。但晋文也与齐桓一样，一面以"奖王室，毋相害"为号召；一面为扩大领地，亦"兼国多矣"，"晋是以大"⑥。

文公以后，晋继续称霸百余年；但自襄公（公元前六二七——公元前六二一年）以后，秦已兴霸于西，为秦晋争霸之局，公元前六百二十年代以后，楚复兴霸于南，更形成秦、晋、楚争霸中原的局面。

晋秦争霸 在晋襄继文公称霸的时候，秦也开始强大了。

秦地处关中，"自汧雍以东，至河、华，膏壤沃野千里，自虞夏之贡以为上田"⑦。这正是原来西周的地区，自西周末的旱灾和震灾过去后，秦国的封建制度又开始建立起来，农业生产也渐形恢复。穆公（公元前六五九——公

---

① 《史记·晋世家》：重耳"自少好士，年十七，有贤士五人，曰：赵衰、狐偃、咎犯……贾佗、先轸"。《国语·晋语》谓重耳在流亡时"父事狐偃、师事赵衰、而长事贾佗"。

② 《国语·晋语》："乃行赂于草中之戎与丽土之翟，以求东道。"

③ 《史记·晋世家》。《国语·晋语》。

④ 《史记·晋世家》文公元年，"周襄王以弟带难，出居郑地（《十二诸侯年表》："王奔氾，郑地也。"），来告急晋。"二年，"秦军河上，将入王，赵曰，求霸莫如尊周……晋不先入王……毋以令于天下……晋乃发兵至阳樊，围温，入襄王于周……杀王弟带"。《左传》僖公二十五年所述略同，惟谓出谋者为狐偃而非赵衰。

⑤ 《史记·晋世家》；《左传》僖公二十六年——二十八年。

⑥ 《左传》襄公二十九年。

⑦ 《史记·货殖列传》。

元前六二一年）继位后，又任用百里奚、由余等复修明内政，奖进生产，国力愈富，领地也大为扩张，仅在穆公时期，便"兼国十二，开地千里"①。另方面，所并吞的其他部落，如《资治通鉴》卷二记秦孝公说："昔我穆公……西霸戎翟，广地千里。"《史记·六国年表》说：厉共公时，"义渠来赂，绵诸乞援"，"堑阿旁，伐大荔，补庞戏城"，"伐义渠"。《匈奴列传》说："缪公霸西戎"，"自陇以西，有绵诸、绲戎、翟䝠之戎；岐、梁山、泾、漆之北，有义渠、大荔、乌氏、朐衍之戎"这都相续为秦所并。所以到孝公时，《后汉书·西羌传》说："孝公雄强，威服羌戎……率戎狄十二国朝周显王。"（公元前三六八——公元前三二一年）这大多是天惠较厚的西北、西南其他部落地区。

秦晋争霸，始于公元前六二七年（即晋襄元年，秦穆三三年）的秦晋之战；公元前六二四年，秦大破晋兵，穆公便成为西北霸主。

但秦穆称霸以后，向东面和中原的进展，都为晋所阻挠。因之秦便不能不趋向陇西、巴蜀发展，仅称"霸西戎"。当时环秦境内外者为绵诸、"绲戎"、"翟䝠"、义渠、乌氏、朐衍、大荔、巴蜀诸部落，秦"霸西戎"，又无异充任"诸夏"的西北屏障。另一方面，周所封弱小诸侯，在秦的领地扩张进行中而被兼并者，亦属不少。《史记·李斯列传》："缪公霸西戎，益国十二。"只是就缪公一代而说的。

晋楚中原争霸　齐、秦、晋争霸之际，楚庄王（公元前六一三——公元前五九一年）也兴霸于南方。公元前一千一百年代末，周成王"封熊绎于楚蛮，封以子男之田，姓芈氏，居丹阳（巴东）。"其生产原是比较落后的（《楚世家》析父说："昔我先王熊绎，辟在荆山，筚露蓝缕，以处草莽，跋涉山林，以事天子，惟是桃弧、棘矢，以共王事。"），但以地处天惠最厚的长江流域，加以占地较多（后来又扩大为西楚、南楚、东楚）②，故自接受周人进步的生产技术和生产关系逐步获得改变后，社会经济便逐渐发展起来。公元前六七一——公元前六二六年，楚成王恽时，《楚世家》说："初即位，布德施惠，结旧好于诸侯，使人献天子，天子赐胙曰：'镇尔南方夷越之乱，无侵中国'。于是楚地千里。"这时已开始向北方发展，并吞汉东"诸姬"领地，号令中原

①《韩非子·十过》

②《国语·楚语》：子囊说："赫赫楚国，而君（恭王）临之，抚征南海，训及诸夏。"

陈、许等诸侯，侵宋执襄公，与齐晋争衡，并发生了著名的城濮之战。

楚庄王（侣、公元前六一三——公元前五九二年）即位后，任用伍举、苏从等整顿内政，复并吞邻近各弱小诸侯领地，同时"问鼎中原"，与晋国争霸。公元前六〇八年，号召郑、陈侵宋；公元前六〇六年，借口讨伐"陆浑之戎"（河南嵩县境），扩地至于伊洛，观兵周郊，并向周使王孙满"问鼎之轻重大小"①。

而当时晋、楚所争的中心是郑国，郑在当时是缩辖南北及东西的军事形胜与商业交通的枢纽，成为晋、楚所必争，郑也常依违于晋、楚之间。公元前五九七年，楚兵围郑，晋景公遣兵救郑，"夏六月"，楚大败晋兵于邲（郑州境），晋的霸权因是中落，楚庄便成为中原的盟主。迄晋悼公时（公元前五七二——公元前五五八年），晋国势力又盛，复构成晋、楚在中原争霸之局②。

楚在平王东迁后的楚武王时（公元前七四〇——公元前六八九年），已开始"自尊"为王③，不过在庄王称霸以前，还间尝履行对周天子的贡纳、服从军事调遣的义务和重视周天子的册命。

楚庄以前的霸主，都以"尊周"、"攘夷"作号召；但到楚国称霸的时际，不但杂居的"戎狄"均开始与华族同化，也没有像严允那样严重的边患，而周室亦已式微。楚庄不仅在扩张领地，且图争取最高领主周天子的地位，所以他不再拿"尊周"作号召，也不拿"攘夷"作号召。而灭国之多，兼地之广，也远远超过前此的霸者。《左传》昭公二十三年说："若敖蚡冒，至于武文，土不过同，慎其四境，犹不城郢；今土数圻，而郢是城。"《韩非子·有度》说："荆庄王并国二十六，开地三千里。"

吴越的继霸　在晋、楚霸权开始衰落的春秋中期后，继起称霸的为吴阖庐和越勾践。

吴为"荆蛮"族的近亲，原亦可能为夏族、商族与原住越族的混合部落；越为"文身断发"的马来种系。据《史记正义》引《世本》云："越，芈姓

---

① 《史记·楚世家》；《左传》宣公三年。

② 《史记·楚世家》；《左传》宣公三年——襄公十六年。

③ 《史记·楚世家》：楚武王三十五年，"楚伐随，随曰：'我无罪。'楚曰：'我蛮夷也，今诸侯皆为叛相侵，或相杀。我有敝甲，欲以观中国之政，请王室尊吾号。'随人为之周，请尊楚。王室不听。还报楚。三十七年，楚熊通怒曰：'吾先鬻熊，文王之师也，早终。成王举我先公，乃以子男田令居楚，蛮夷皆率服，而王不加位，我自尊耳。'乃自立为王。"

也，与楚同祖。"但其早期便与荆、吴相邻，殷时又为殷的从属，亦早与北来的夏、商两族开始种族的融合。

据地下出土遗物和文献记载，楚、吴在周代经济、政治、文化的间接直接的推动和影响下，生产的发展，落后于北方，越则更后于楚、吴。然吴、越均地处海滨膏腴之区，最宜于农业，并有"鱼盐之利"，天惠条件且优于齐、鲁。故自进步的生产技术，特别是冶铁术的输入后，便能促起生产较快的进步。至公元前六百年代初，据汉朝人所著的《吴越春秋》所记，吴的农业和冶金事业就开始兴盛，而且一开始便用北方传来的冶铁风箱；自阖庐时起，又"招致天下之喜游子弟"，开发"海盐之饶，章山之铜，三江五湖之利"，首邑吴（江苏吴县），便形成"江东一都会"①。越是继吴而发展起来的。到勾践时，首邑会稽（浙江绍兴），也成为商贾奔赴之中世早期都市，所以文种有"贾人夏则资皮，冬则资绨，旱则资舟，水则资车"②的说法。

因之，吴自寿梦（公元前五八五——公元前五六一年），复任用他邦亡臣（如申公巫臣等），改进内政，始与北方诸侯交通，自诸樊、余祭以后，渐成为东南的大侯，开始向江北和长江上游进展，扩张领地，如公元前五八四年伐郯（山东郯城），公元前五七〇年伐楚，公元前五四八年伐楚，公元前五四四年吴遣公子季扎聘问北方各侯国，公元前五一八年灭巢（安徽巢县）③。迄阖庐（公元前五一四——公元前四九六年）即位后，复任用楚亡臣伍员，"与谋国事"，任用孙武，改进军事，便开始成为霸主。一面北向发展，兼并今徐、淮一带弱小诸侯领地，至公元前五一二年"灭徐"后，遂与齐争取对鲁国的支配权，鲁由是依违从属于两者之间。一面战败越国，一面西向与楚争衡，争夺今皖北、赣北一带地区；公元前五〇六年伍员领吴兵伐楚，今湖北蕲州以东的楚国领地，尽为所占领，又西进败楚兵于湖北京山，"五战楚五败"，便攻占其首邑郢（湖北江陵东南），楚昭王逃走至郧，伍员伯嚭且鞭平王之尸以报私愤。直至公元前五〇五年，适吴后方为越所扰，同时申包胥乞得秦兵援楚，吴兵始退出楚地。公元前四九六年，吴伐越战于槜李（浙江嘉兴南），越兵追至姑苏，吴兵大败，阖庐战伤致死。吴王夫差继位，励精

---

① 《史记·货殖列传》。
② 《国语·越语》。
③ 《史记·吴太伯世家》。《吴越春秋》。

图治，"习战射，常以报越为志"；于公元前四九四年反攻越兵于夫椒（江苏吴县西南太湖中椒山），越兵大败，勾践自承为吴附庸，夫妻君臣羁于姑苏，为吴"臣妾"。夫差最后于公元前四八三年倾兵北上，召鲁卫之君会于橐皋（安徽寿县）。公元前四八二年与晋会于潢池（河南封丘县），"争为盟长"，"欲霸中国，以全周室"。而潢池之会犹未终结，越勾践已乘虚袭取吴都，吴由是"为越所灭"，夫差自杀①。

越王勾践（公元前四九六——公元前四六五年），于公元前四九四年为吴所战败，自承为吴附庸，执礼甚卑，贡纳不绝；一面任用范蠡、文种、计倪，君臣"卧薪尝胆"②，所谓"十年生聚，十年教训"，便成富强，竟于公元前四七三年一战灭吴。灭吴后，又北渡江淮，会诸侯于徐（山东滕县境），"致贡于周"。并用逢同"结齐、亲楚、附晋"的政策③，遂成为东南霸主。

霸主与封建兼并 霸主的兴起，随同封建制的建立与发展而来的就是封建兼并的扩大进行。公然以战争为扩大领地的工具的楚国，自不待说；而以"尊周攘夷"为号召之齐、晋、秦以至以"尊周"为名的吴、越，也无非是"挟天子以令诸侯"，以进行其兼并弱小的战争。霸主而外，其他公、侯、伯、子、男等较强大的诸侯，如鲁、卫、郑、曹、蔡、宋、陈、许、滕、莒、邾……亦都曾兼并了若干更弱小者的领地和一些落后部落。因此说，所谓"周初千八百国"（一说周初八百国），至春秋，见于经传记载者，便仅百四十七国；到春秋战国之际，七雄而外，虽尚有鲁、卫、蔡、郑、宋、越、滕、薛、莒等，然都已成了七雄的附庸，周初所封诸侯，到春秋末，仅存四十了。司马迁在《太史公自序》中说："春秋之中，弑君三十六，亡国五十二。诸侯奔走不得保其社稷者，不可胜数。"而被兼并之小领主不见于记载的，不知多少！

以此，所谓春秋时期，在周朝国家的中央地区，是随同封建制转变的完成而来的生产大步前进的时期，在其他地区是封建制相继取得优势和发展带来了生产发展的时期，也是封建领主间展开兼并战争并不断扩大的时期。所以在春秋三

---

① 《史记·吴太伯世家》。《吴越春秋》。
② 《吴越春秋》："越王欲复仇，冬寒则抱冰，夏热则抱火；愁心苦志，悬胆于户外。出入尝之，不绝于口。"《越绝书》内传《陈成恒第九》，述勾践对子贡说："孤身不安床席，口不甘厚味，目不视好色，耳不听钟鼓者且三年矣。焦唇干嗌，苦心劳力，上事群臣，下养百姓。愿一与吴交天下之兵于中原之野。"《越王勾践世家》："越王勾践反国，乃苦身焦思，置胆于坐，坐卧即仰胆，饮食亦尝胆也。"
③ 《史记·越王勾践世家》。

百年间，据《春秋》所记，言"侵"的有六十次，言"伐"的有二百十二次，言"围"的有四十四次，言"取师"的三次，言"战"的二十三次，言"入"的二十七次，言"进"的二次，言"袭"的一次，言"取"言"灭"的更不可胜数。

第二节　庄园制度的发展

等级从属性的土地再分配　大诸侯并吞小领邑，把自己的领地扩大，但并未把土地占有的等级从属性改变，而依样把其领地再分赠其亲属左右。如"楚子城陈、蔡、不羹，使弃疾为蔡公"；"晋侯……使大子居曲沃，重耳居蒲城，夷吾居屈"；鲁会晋、宋、郑，伐卫，"取卫西鄙懿氏六十以与孙氏"；晋侯"以灭耿灭霍灭魏还……赐赵夙耿，赐毕万魏，以为大夫"；"郑伯赏入陈之功……享子展，赐之……先八邑，赐子产……先六邑"①。因此，在诸侯的国内，依样构成其等级从属的土地占有属性。

被保护或为人从属的中小领主对于上级，必须以家臣的身份，遵守誓约，服从军事调遣，并须提供一定的税纳②。这种税纳，后来便成为强大领主对其附庸的一项苛索。鲁叔孙说："鲁之于晋也，职贡不乏，玩好时至……府无虚月"；平丘之盟，"郑子产争承曰：郑伯男也，而使从公侯之贡，惧弗给也……行理之命，无月不至；贡之无艺，小国有阙，所以得罪也。诸侯修盟，存小国也；贡献无极，亡可待也"。这正是当时普遍的情形。特别是介于两大之间的中小领主，贡纳成为一种苛重负担，如郑子产对晋士文伯说："以敝邑褊小，介于大国，诛求无时，是以不敢宁居，悉索敝赋，以来会时事。"③ 这

---

① 《左传》昭公十一年、庄公二十八年、襄公二十六年、闵公元年。

② 寿县出土的"蔡侯钟"（春秋时器）铭文，就表现蔡侯对楚王的家臣身份以及其所属"君子大夫"对蔡侯的家臣身份。钟铭说："蔡侯□曰：余惟末小子，余非敢宁忘，有虔不易，辅右楚王……天命是逓，定均邦国……君子大夫，建我邦国……"又如所谓"大夫食邑"一类记载，即领有封地的中级领主，又是以诸侯大夫的身份而存在；"士食田"则是领有庄园的小领主，又是以其直属上级的武装家臣的身份而存在。所谓"公食贡"，即是诸侯一级的大领主。除向其直属领地征收赋役外，同时又向所属领主征收税纳。

③ 《左传》襄公二十九年，昭公十三年、襄公三十一年。

也正是当时情况的一面。但大诸侯对其直接从属下的中小领主（大夫和士）主要却并不苛责其贡纳，而在其克尽武装家臣的职分。

庄园制度的发展　强大领主赠赐其左右的土地，则为邑或县（在孔子时仍有"十室之邑"）。邑仍是原来的庄园，县为包含多少邑的一种行政区域。

由于大、中领主领地的扩大，除去小领主仍和其亲属、左右住在庄园内，一般庄园内已不再住有所谓"君子"的领主及其家属左右，而只住有其代理人。在周朝国家的中央区域进入春秋以后，由于山林川泽等公有土地，已完全为封建领主所侵占，同时由于原来自由农民的份地，实质上已成为领主用以维持农奴劳动力再生产的份地，因此，在一般庄园内外，除去还残存着由前代遗留下来的自由农民等转化而来的个体小生产者外，在一个庄园连接一个庄园所形成的农村中，便全为农奴所散布。领主所征自农奴的主要为劳动地租及徭役。作为领主给予农奴的份地，平均为一夫百亩，约当今二十五亩；但缘生产力进步和人口增多，土地不够按丁分配，以此每户除一个正丁外，以其余的壮丁为"余夫"，分给的土地只当正丁的四分之一，即所谓"余夫二十五亩"。因而一方面便改变了"私田"和"公田"的九一比例，演为"什一"①，但"余夫"对领主所担负的其他义务，则与正丁同；另一方面，由原来公社成员随身携带作战武器，演为周初的农民自备兵器、服兵役，后又一变而为增征军赋，即所谓"十六井赋戎马一匹，牛一头"，这就超过了"什一"。但也还有兵役、土木工事等徒役，以及为领主私人服役的各种杂役等。同时农奴使用原来公有的山林川泽等，也要纳税；此外，还须不时向领主贡纳新鲜食物之类及其他礼品②；同时还有罚款的负担③。在其他地区，也大都在春秋时期先后出现了这种情况，由于兼并

---

① 《春秋公羊传解诂》宣公十五年："古者什一而藉（注：什一以借民力，以什与民，自取其一为公田）。古者曷为什一而藉？什一者，天下之中正也。多乎什一，大桀小桀；寡乎什一，大貉小貉。"《汉书·食货志》关于两周税说："税谓公田什一及工商衡虞之入也。"

② 《左传》哀公十二年：鲁"用田赋"。《国语·鲁语》："季康子欲以田赋（韦注：田赋、以田出赋也。贾侍中云：田、一井也。周制，十六井赋戎马一匹，牛一头……）使冉有访诸仲尼……仲尼……私于冉有曰……先王制土：藉田以力，而砥其远迩；赋里以入，而量其有无；任力以夫，而议其老幼。于是乎有鳏寡孤疾，有军旅之出则征之，无则已。其岁收，田一井，出稯禾秉刍缶米，不是过也……若子季孙欲其法也，则有周公之藉矣。"《汉书·食货志》关于两周赋说："赋，共车马、甲兵、士徒之役，充实府库赐予之用。"

③ 西周彝器《载鼎》，"令女作司士，官司藉田，取征五寽用事。"《瓥簋》："讯讼，取五寽。"《䑋簋》："王若曰：䑋命女司成周里人暨诸侯大亚，讯讼罚，取征五寽……用事。"

战争的扩大进行和大领主财政的困难，也大都在春秋末期先后增征军赋①。

大、中领主行政管理机关所在的庄园，都相继形成为城镇；尤其是当时强大诸侯的首邑（如临淄、曲沃等）和交通的要地（如郑邑、洛阳等），却都由庄园而发展为中世早期的都市。在这种城镇内，居住着领主、领主的家属、左右、司事人员、武士以及贱奴、"在官"的"工、商"及独立手工业者和商人等等。"在官"的"工、商"，为给领主制造手工业物品的工奴，贩运异地货物的商人，由领主给予衣食之资。独立手工业者和商人，除须向当地领主缴纳人头税（即所谓"赋里以人"或"屋粟"或"里布"）外，则营着独立的生活。

领地管理系统的扩大　但由于大领主领地的扩大，原来的庄园单级管理组织，已不能适合要求，因而又演出了层叠式的行政管理系统的组织。这在齐国，为所谓属→县→乡→卒→邑，即每属统若干县，每县辖若干乡，每乡辖若干卒，每卒辖若干庄园②。在晋国，为郡、县、邑；楚国为所谓县、邑。各国的情形，均是"大同小异"。

从而又随同出现了官僚和行政官吏的系统，如齐侯直属的领地管理：属设大夫，县设县师，乡设乡师，卒设卒师，庄园设司。中级领主的各国大夫，也都任用管理其领地的代理人，如公山弗扰为季孙的费宰，佛肸为赵简子的中牟宰，冉求为季氏宰，尹铎为赵简子的晋阳令。这种官吏，一般却不再受有分封的领地，而只能享其上级给予作为俸禄的"禄田"的收入，或一定俸禄，即所谓"官宰食加"的"加"。

同时，适应实现经济外的强制与封建战争的要求，又增强了对农奴的兵役和徭役编制。这在齐国，据《国语·齐语》所说："制国：五家为轨，轨为之长；十轨为里，里有司；四里为连，连为之长；十连为乡，乡有良人焉，以为军令。五家为轨，故五人为伍，轨长帅之；十轨为里，故五十人为小戎，里有司帅之；四里为连，故二百人为卒，连长帅之；十连为乡，故二千人为旅，乡良人帅之；五乡一帅，故万人为一军，五乡之帅帅之……春以搜振旅，秋以狝治兵。是故卒伍整于里，军旅整于郊。内教既成，令勿使迁徙。"在晋国的所

---

① 在周朝国家的中央区域，晋国在春秋的惠公时，"作辕田"、"作州兵"（《晋语》）。在原属殷朝邦畿区域各封邦，郑在春秋后期，较早于鲁国有"子产作丘赋"（《左传》昭公四年）。在南方，楚国的"赋车籍马，赋车兵、徒兵、甲楯之数"（《左传》襄公二十五年），还较早于郑国。

② 《国语·齐语》。

谓"被庐之法",郑国的所谓"庐井有伍",楚国的所谓"使庀赋,数甲兵"①,基本上都是与之同内容的东西。因此所谓晋国于公元前五八八年作"六军",公元前五六〇年复作三军,楚亦于是年作三军,便是这种农奴兵的编制,亦即是管子所行的"内政"与"军令"的统一;鲁的"三桓",晋的"六卿",也均能于自己的领地编制这种农奴的武装。

新的土地占有形态出现　在西周,记载上没有发现土地买卖的情事,在金文中,有佣生与格伯以田换马的记载②,也有以人偿田的记载③。在春秋初,《左传》隐公十一年,有"王取邬、刘、芳、邗之田于郑,而与郑人苏忿生之田:温、原、绨、樊、隰郕、欑茅、向、盟、州、陉、隤、怀……"即以地换地;其后,桓公元年所述"郑伯以璧假许田",则是在领主间进行的一种土地买卖的始基形态。在其后,由于各国诸侯在不断的战争中,渐次感到军费的困难。而贩运异地货物的商人,由"倍蓰之利"却慢慢成了富有者。在西周,一面有"工商在官"之商,一面有从殷代遗留下来的自由民中的商业者(如《酒诰》:"肇牵车牛,远服贾用,孝养厥父母。"),也有了在人民的商品交换关系中产生出来的独立商人(《诗》所谓"氓之蚩蚩,抱布贸丝……"全文意义是不够明确的。但"氓"可能是指从"民"中分化出的独立小商贩),所谓"赋里以人",主要指他们和独立手工业者而说的。到春秋,《左传》桓公二年说"庶人工商,各有分亲",宣公十二年说"商农工贾,不败其业",他们成了与"农、工"并列的"四民"中的组成部分,并在政治上和经济上开始表现其与封建贵族间的矛盾,如在郑国,后者为调协彼此间的关系,《左传》昭公十六年说:"尔无我叛,我无强贾,无或匄夺;尔有利市宝贿,我勿与知。"关于弦高退秦师那种为人称述的行动,则是又一事例。他们致富的主要门路,《墨子·贵义》说:"商人之四方,市贾倍蓰,虽有关梁之难,盗贼之危,必为之。"即不惜越关冒险犯难,贩运远方异物,又靠欺骗去抬高物价获取高利,而此正是封建时代商人的特点。不只个体小生产者和农奴,迫于穷困而不能不向高利贷者举债;连感受财政困难的诸侯,也每每以特权或领地的租税作抵押,向富有的商人举债,及至无力还债时,便由债权者占有抵押品。所以到战国时大商人无不是新兴地主。因而在领地旁

---

① 《左传》昭公二十九年,襄公三十年、二十五年。
② 《格伯毁铭》。
③ 《智鼎铭》。

边，除由前代残留下来的、还没被兼并的原先的公社成员或自由农民的份地，转化成为个体小生产者的占地外，至此，又出现了新的买卖形态的土地占有。此种土地占有者的新兴地主，在领主的领地内占有土地，他们自己并不能直接去管理农民，只能依托于领主的管理组织，因而领主便向他们征收地税；故农民一面须向新主人缴纳地租，一面还须向领主缴纳田赋、即军赋以及贡纳和徭役，于是原来的赋税便分化为向两个主人缴纳的两部分。这却给庄园制度的堤防冲破了一个缺口。

实物地租的出现　在冶铁风箱发明后的生产力进步的基础上，农业经营方式，便由原来的三圃制①而转为深耕细作②，农民在为自己耕种的土地上所实现的劳动生产率，便渐次较高于在为领主耕种的土地上的劳动生产率；个别领主为适应这种情况，便改变原来的办法，把土地完全交给农民耕种，向他征收一定量的实物地租③。《左传》宣公十五年所谓鲁"初税亩"④，襄公二十五年传所谓楚"芋掩书土田，度山林，鸠薮泽，辨京陵，表淳卤，数疆潦，规偃潴，町原防，牧隰皋，井衍沃，量入修赋。"便是实现实物地租。而新兴地主

---

① 在我国，三圃制的农业经营方式，实始于殷代，《易·无妄》："不耕获、不菑、畬"的"菑、畬"，正是三圃制的经营。因此，我在一九三五年的拙著《殷周时代的中国社会》中所说：在西周的"庄园内的经营方式，则行着三圃制的经营。《诗》：'薄言采芑，于彼新田，于此菑亩。'按：'一岁曰新田，二岁曰畬，三岁曰菑'。即《汉书·食货志》所谓'一易'、'再易'。"这在当时是还没有注意到《易·无妄》的材料而说的。欧洲在封建制前期才开始出现，到后来才逐步推广，并盛行到产业革命以后的三圃制，即将一块耕地划作三块，轮流种植和休闲的经营方式；在我国，早在殷朝已经出现，在西周文献中有多处提到，可见当时已在推行。

② 《国语·齐语》："深耕而疾耰之，以待时雨。"《管子·小匡》："深耕、均种、疾耰。"到春秋战国之际和战国时期的学者与政治家，更多地谈到深耕细作问题，如《庄子·则阳》："深其耕而熟耰之，其禾繁以滋。"《孟子》："深耕而易耨。"尤其在《商子》（即《商君书》）和《吕氏春秋》两书中，对深耕、细作、施肥等农业生产技术问题，不只有了较详细的阐明，且反映了其时我国农业生产技术的水平。

③ "由劳动地租到生产物地租的转化，并没改变地租的性质。……在生产物地租是地租的支配形态和最发展形态的限度内，总或多或少有前一形态的直接用劳动即用徭役劳动来交付地租的形态的残余……生产物地租，假定直接生产者是有较高的文化状态，从而也假定他的劳动和社会一般已经有较高的发展阶段。它和前一个形态是由这一点来区别：剩余劳动不复在它的自然形态上，也不复在地主或他的代表人直接的监督和强制下进行。"（《资本论》第三卷，人民出版社一九五三年版，一〇三六——一〇三七页）

④ 杜注："公田之法，十取其一。今又履其余亩复十收其一。故哀公曰：二，吾犹不足……"杜注以此"二"为什之二，只是一种想象和推测；其实，哀公当时所谓"二"，乃是指田租与军赋二者而说的。又《论语·颜渊》："〔鲁〕哀公问于有若曰：年饥，用不足，如之何？有若对曰：盍彻乎？（郑玄曰：周法十一而税，谓之彻）曰：二，吾犹不足，如之何其彻也！"（孔安国曰：二，谓十二而税也）孔说亦同系一种想象和推测，不合当时历史事实。

的土地占有形态的出现，又是实物地租出现的一种推动力。所以实物地租的实行，又是对其土地私有权的承认。但这种新的地租形态，在春秋末，也还只是在这里那里开始出现的东西。

第三节　等级制度和宗法制度

等级从属的武装家臣制　如前所述，封建的土地占有，最初以最高领主（"周天子"）的名义，分赐其左右亲属，成为地方的各级领主（诸侯……）。大领主（诸侯）又以受有地分赐其自己的亲属左右，成为其从属下的中小领主（卿、大夫、士）。中级领主（卿、大夫）再把受有地分赐自己的亲属左右，成为其从属下的小领主（士）。

土地占有的这种属性，规定下级须充任其直属上级的武装家臣。士为最下级领主，受其指挥的，只有武装徒御、子弟及家奴（即所谓隶子弟），帮助他去管理农奴、工奴等（在有的地区，各级领主还都多少地保有奴隶）。卿和大夫下有从属的小领主和亲随左右为其武装家臣和司事人员，其自身又为其直属上级的武装家臣，这样构成宝塔式的武装家臣制。所以《左传》襄公十四年说："天子有公，诸侯有卿，卿置侧室，大夫有二宗，士有朋友，庶人、工、商、皂、隶、牧、圉，皆有亲昵以相辅佐也。"《左传》桓公二年说："天子建国，诸侯立家，卿置侧室，大夫有贰宗，士有隶子弟，庶人、工、商各有分亲，皆有等衰。"《左传》庄公十四年说："苟主社稷，国内之民，其谁不为臣。"《左传》昭公七年传说："封略之内，何非君土？食土之毛，谁非君臣？"

入于春秋时期后，地方强大诸侯兼并弱小的领地，引起封建土地的再分配。这虽未把土地占有的等级从属性改变，但却是以强大诸侯为中心在行使了。从而最高领主（"周天子"）对各级领主的武装，已丧失其号令调遣的作用，形成以强大诸侯为中心的等级从属的武装家臣制。在最初的霸主齐桓、晋文等，犹在名义上承认其为"周天子"的武装家臣的身份，借"兴师勤王"的口号去号令弱小诸侯，进行封建战争；但如楚庄便连这点名义也不承认，并公然争取最高领主的地位，不只早期以来就"僭位"称"王"，而且公然向周天子问鼎。

等级性的爵位身份　在土地占有的等级从属性及武装家臣的等级从属制的基础上，便又创造出等级性的爵位、身份。这在西周，孟子说："天子一位，公一位，侯一位，伯一位，子、男同一位，凡五等也。君一位，卿一位，大夫一位，上士一位，中士一位，下士一位，凡六等。"①

所谓公、侯、伯、子、男是等级的爵位，所谓君、卿、大夫、士是各人的行政职位。爵位由"天子"所封赐，职位也是由于上级的任命。所以各人的爵位和身份地位，都由那种有法律效力的册命所确定的。那虽不能像孟子所说的一样，构成那种规则化的等差；但在西周就已建立起公、侯、伯、子、男的爵位等级和诸侯、大夫、士的职位等级的完整系统，并发生了相当的约束力，所以如楚子曾为争取周天子提高其爵位和职位而斗争。

但到"周天子"威权旁落和诸侯争霸的春秋时期，原来爵位的法律固定性，便开始动摇了。许多丧失领地和权力的诸侯，或弱小的诸侯，并不能依靠空洞的爵位来保障自己；而一些强大的诸侯，却都不受原来爵位的约束，而自行僭越，如齐、晋等都以"侯"位而僭称"公"，秦以"伯"位僭称"公"，楚以"子'位僭称"王"。因此，臧僖伯所谓"明贵贱……习威仪"②，只是爵位、身份等级属性的原则，而对于封建"治人者"内部各个人爵位、身份的固定性，却只是相对的。

只是"治于人者"的农奴、工奴、贱奴和奴隶等的身份地位的固定，却是绝对的，所以说"农之子恒为农"，"工之子恒为工"③，而贱奴及其他奴隶的名姓，也是有册书记载着的。只有个别对封建领主有特殊贡献的人才能得到解放，甚或还爬上统治地位。

"治人者"和"治于人者"的身份地位（以及前者的爵位），都是家系世袭的。但在"治人者"方面，由于领地和庄园组织所决定之财产的长子继承制，庶子只分享一点领地（邑或田），所以爵位和职务原则上也由长子承袭——虽然，为着这种承袭权的争夺，在周朝曾发生多少骨肉相残的变乱。但

---

① 《孟子·万章》。
② 《左传》隐公五年。
③ 《国语·齐语》。

作为上级领主的家臣的各种职位，则不是固定和世袭的。同时由于大、中领主领地的扩大和在行政管理上开始形成的官僚系统中的官僚，除非他们也被授予爵位和封地，作为官宰的职位并非终身制，更不能世袭。

在爵位和身份地位被固定的原则下，"治人者"内各等级人们的嫁娶、死丧、祭祀、冠礼、居室、宗庙的建筑式样、陈设以及人与人的交接等，都有一定仪节（即所谓威仪和礼仪）和约束，各人都要遵守自己爵位、身份所规定的分际（名分），而不容逾越，否则便是"背礼"，要遭到非难或惩罚的。体现这种等级爵位、身份的生活仪节和约束，就是当时的所谓"礼"，所以《国语·晋语》说："夫礼，国之纪也、亲民之结也。""礼以纪政，国之常也。"《左传》桓公二年："名以制义，义以出礼，礼以体政，政以正民。"《左传》庄公十八年："名位不同，礼亦异数。"不过自春秋以后，强有力的领主之"越礼犯分"，却已视为固然了。春秋初期的管仲，孔子说他："邦君树塞门，管氏亦树塞门；邦君为两君之好有反坫，管氏亦有反坫。"孔子同时的季氏，也是"八佾舞于庭"①。这虽然受到力主"正名"的孔子的反对，却也未能予以有效的制裁。

"礼"对于"庶人"却没有规定，但这不是说"庶人"不须受"礼"的约束；而是说"庶人"即农奴、工奴，或者是地位还低于农奴的贱奴和被认为不具备人格的奴隶，或者也是对领主有隶属关系的个体小生产者，"礼"对他们是无缘的，所以说"礼不下庶人"。然而拿什么约束"庶人"呢？那便是刑，"刑不上大夫"，只是为庶人专设的。在春秋时期，由于农奴赋税徭役等负担的加重，山林川泽等公地的被侵占和禁止公共使用等等，扩大了阶级矛盾，封建领主便以五刑之类的严刑苛罚去镇压，因而却更促起阶级矛盾尖锐化，并引起以"盗跖"为首的农奴暴动②。所以当时较开明的政治家和学者都主张省刑罚、薄税敛、弛山林川泽之禁；孔子并提倡"为政以德"不要只依

---

① 《论语·八佾》。

② 《史记·伯夷列传》："盗跖……聚党数千人，横行天下。"《游侠列传》："跖蹻……其徒诵义无穷。"《庄子·盗跖》："柳下季之弟名曰盗跖"，"从卒九千人，横行天下，侵暴诸侯，穴室枢户，驱人牛马……不顾父母兄弟，不祭先祖，所过之邑，大国守城，小国入保。"跖斥孔子，"不耕而食，不织而衣……妄作孝弟而侥幸于封侯富贵者也"。《战国策·齐策》："跖之犬吠尧，不贵跖而贱尧也。"《孟子》："孳孳为利者，盗跖也。"据《吕氏春秋·当务》所述，"盗跖"还是一个有才能而公正的农民领袖。

靠刑罚去治民，并主张实行裕民之政①。

宗法制度　与等级从属制度相照应的，还有宗法制度。宗法制度的成立，如前所述，在周朝，是以原始公社制残余和氏族联系的存在、照应于领主的爵位、职位、财产的继承制为基础的。在领地和庄园组织的特定形式下，王只能令一子继承为王，其他庶子只能为诸侯。诸侯不是以其领地对诸子平均分配，以其爵位和职务对诸子一体传袭，而是由其一子继为诸侯，承袭其爵位、职务和侯国；其他所谓庶子，便只于其领地内授予一部分"田"、"邑"为其领地，给予他们作为诸侯从属的官位——卿、大夫等。卿、大夫也同样不是以其领地平均分配于诸子，以其官位和职务对诸子传袭，只由其一子承袭其领地，并可以继承其官位；对其他庶子便只于其领地内授予一部分"田"、"邑"，并充当卿或大夫家臣的官职——士。士的领地如果只有一个庄园，便让一个儿子继为领主，其他庶子不能分有土地。

所以继王者为"嗣王"，有按照一定的礼制去祭祀死去帝王（奉祀宗庙）的权利和义务，其他诸侯等，不论其是否出于王族，均只能陪祭。继诸侯者为"嗣君"；以国君为祖先，有按照一定的礼制去奉祀国君宗庙的权利和义务，其他大夫等，不论其是否亲族，也均只能陪祭。继大夫者，以大夫为其奉祀的祖先，这在宗法上，即所谓"别子为大宗"；其从属下的士，不论其是否亲族，同样只能陪祭。继承士者，以士为其奉祀祖先，即宗法所谓"小宗"；其他庶子亦只能陪祭。"大宗"、"小宗"奉祀其祖先，也均有一定礼制的规定和约束。士之子不得继承为士的，便不能称为"小宗"。所以宗法上说继王者，继国君者，继大夫者，"百世不迁"，继士者，"五世则迁"。或所谓"有百世不迁之宗，有五世则迁之宗"。

而不是同姓的诸侯，及不是诸侯的子孙为大夫为士者，也同样归入宗法的系统内，成立其"大宗"、"小宗"的祭法，即所谓"致邑立宗"。这种"致

---

① 《论语·为政》："为政以德。""导之以政，齐之以刑，民免而无耻；导之以德，齐之以礼，有耻且格。"《尧曰》："所重：民、食、丧、祭。宽则得众。""不教而杀谓之虐。"《颜渊》："必也使无讼乎。""子为政，焉用杀。"《子路》："礼乐不兴，则刑罚不中；刑罚不中，则民无所措手足。""子曰：庶矣哉……既庶矣，又何加焉？曰富之……既富矣，又何加焉？曰教之。"《颜渊》："足食足兵。"《先进》："季氏富于周公，而求也为之聚敛而附益之。子曰：非吾徒也。小子鸣鼓而攻之，可也。"

邑立宗"的作用,则在"以诱其遗民"①。所以宗法制度的本质,是适应中国封建统治权的要求而成立的,是封建统治阶级为利用原始公社制残余和氏族联系去统治人民的武器,是掌握在俗权领主手中的一种带有教权性质的东西。这并且影响了封建性宗教的发展。但它的作用,则是随着原始公社制残余和氏族联系在实际生活中的衰落而减低。

女子没有继承权,在宗法的系统内,也没有女子的地位。

第四节　法制、伦理和哲学

政治和法制　西周封建统治阶级,创立了一套系统的政治理论,那就是《洪范》;也创立了一套统治农奴及其他被统治人民的法典,那就是《吕刑》。这到春秋时期,在全国各个地区,都先后发挥了它们在统治上的作用。

忠　周公制礼的主要内容,是尊尊主义和亲亲主义的伦理观。尊尊主义是建立在等级从属性的基础上,亲亲主义是建立在爵位、身份、职位、财产的家系承袭制的基础上②。

在当时,不只"治人者"要求庶人对他效忠;而且天子对于诸侯及左右官司人员等,诸侯对于其从属的卿、大夫及左右官司人员等,大夫对于其从属的士及左右官司人员等,士对其从属人员,也都要求对于自己效忠。从而"忠"便成为尊尊主义的伦理核心。但它是片面性的。

在西周末,幽王召诸侯兵不至,是诸侯早已不遵守效忠王室的盟誓。到春秋初,霸主兴起和"周天子"威权旁落,这种伦理观念更表现动摇,首先表现为强大诸侯对"周天子"的背盟;齐桓、晋文乃至夫差、勾践口中的"尊

---

① 《左传》哀公四年。

② 除"三礼"外,关于周初的"三纲五常"的伦理思想,即所谓"周公制礼"的"礼"等观念,散见于《诗经》(如《秦风·蒹葭》关于所谓"周礼",《桧风·素冠》关于"孝"与"三年之丧"等;《棠棣》、《沔水》关于"孝"、"悌"等),《尚书·康诰》、《洛诰》、《君奭》、《君陈》、《君牙》等篇(关于三纲五常)以及《国语·周语》(如樊仲山父说:"夫下事上,少事长,所以为顺也";内史过关于"忠"、"信"、"礼"、"义"的解释;《楚语》申叔时关于"孝"、"悌"、"忠"、"信"、"礼"、"义"等等封建教育内容的解释)等等文献中。

周"，并不是他们自己真正还效忠周室，不过藉以号召诸侯来效忠自己。到春秋末期，各国大夫已形强大和诸侯权威衰落，如齐田氏、鲁三桓、晋六卿，一面虽要求其从属下的小领主效忠自己；另一面，他们却不但不效忠其国君（诸侯），反而在擅权窃夺了。

孝悌　在领主的爵位、身份、职务、财产的长子承袭制的基础上，便生出亲亲主义的伦理观来，从而在家族内，便形成其"慈"、"孝"、"友"、"悌"的伦理观念。从"慈"的伦理上说，父不容废嫡立庶，从"孝"的伦理上说，子不容僭父；从"友"的伦理上说，兄不容残弟，从"悌"的伦理上说，弟不容篡兄。所以说，"其为人也孝悌，而好犯上者鲜矣!"①　"慈"、"孝"、"友"、"悌"就是亲亲主义的伦理内容，而"孝"则为其中心。这就是以父子承袭制为中心的反映。而其中心精神却在"教民事君"，所以太史过对周襄王所说，只着重阐明"忠"、"信"、"礼"、"义"②。在这一中心精神下，主要为君臣、父子等"三常"、即"三纲"，以之贯彻到社会关系各方面，则为"五常"，是从属于政治的"国之常"③。

但到春秋时期，由于这种封建财产制和长子承继制的内包矛盾的发展，便不断发生了子弑父、弟篡兄、废嫡立庶、骨肉相残等丑恶事变。这不仅说明"慈"、"孝"、"友"、"悌"的伦理观念已开始动摇，并说明了这种封建伦理观念，不是什么先验的东西，而只是被决定的意识形态。

信　在没有从属关系的各领主间，也有着相互的盟约，如规定彼此不得破坏疆界、收纳逃亡以及应该相互救助等。但是要彼此能遵守盟约，盟约才有效力，领主相互间才能维持正常的关系。在这一点上，便提出"信"的伦理要求，给彼此对盟约的遵守，以一种道德的约束力。

但到春秋时期，封建兼并的扩大进行，在诸侯……的相互间，强大者一面责令弱小信守盟约，一面其自身却可以随意背弃，致盟约成了弱小者片面的义务。

孝悌忠信与治于人者　周朝的领主们创造出"孝"、"悌"、"忠"、"信"

---

① 《论语·学而》。
② 《国语·周语》。
③ 《国语·晋语》：僖负羁对曹共公说："玉帛酒食，犹粪土也。爱粪土以毁三常……无乃不可乎?"
　韦注："三常：政之干，礼之宗，国之常也。"

的伦理信条，并以之作为全社会的道德标准与教人的宗旨。这到后来发展成为中国全部封建时代伦理思想的特征，支配了中国数千年的社会伦理生活。

早在春秋时期，首先破坏这些伦理信条的，却也是封建主自身。而"治于人者"虽然一方面受到这些伦理信条的束缚，但另一方面，却发展为中国人民的若干优美特性。如把"信"的伦理发展为"重信义，爱和平"的特性，把"忠"的伦理发展为"临难不苟"、"迅赴事功"的精神，把"孝悌"的伦理发展为由亲及疏、仁民爱物，再发展为"人老即吾老"、"四海皆兄弟"的精神，归结为中国人民的"大同"观念。但这些并不能说是中国人民"独有"的宝贝。

哲学　在西周，随着封建秩序在黄河中部地带，即周朝国家的中央区域，获得相当巩固以后，便以对立和解的"通"、"恒"、"久"、"中"的观点，把八卦哲学庸俗化，同时又创造着适合封建贵族要求的"洪范"哲学，去代替八卦哲学。

到春秋时期，正是封建制的生产，在全国范围进入了较迅速发展的上升时期，或者说，在周朝国家中央区域以外各地区，也都在不断扩大其比重，去代替奴隶制和原始公社制的时期。那些不断形成起来代替奴隶制时代及原始公社制时代旧东西的新的上层建筑物，在过去的西周时期和现在的上升时期，都是适合其基础的要求的，对基础的建立、扩大和巩固，产生过并还正在产生着积极的作用，是适合社会前进的要求的。但由于封建制所固有的内在矛盾的发展，在春秋时期，封建统治阶级中便不断产生着："臣弑君"、"子弑父"、"下犯上"、"大并小"等等反"常"现象。以继承周公自居的孔子，便在当时的现实情况下，对政治原则、社会制度、伦理道德等等都给了系统的阐明，并把它一一都提到原则的高度。因而便产生了孔子学。孔子思想的出发点是所谓"仁"，"仁"是他的哲学思想的核心，但他并不完全抹煞外在的作用。所以他的哲学是一种有客观主义倾向的唯心论哲学。他从"仁"的基点上，由内而外地去解释初期封建制存在的根据，认为其时社会的、政治的、伦理的种种东西，都是由人类内在的"仁"所提出的要求而创造的；而对一切反"常"现象之发生，认为也当由扩充"仁"的作用上去匡救。

从中国封建制全过程说来，孔子当时，封建制还正在上升时期。孔子学虽自始就有消极的方面，但给封建制建立起成套的思想体系，是适应于封建制上升的前进倾向和要求的。所以它不只支配了中国封建时代的思想，且给东亚与全世界以重大影响，其个别伟大观念到今日也还有其积极意义①。

另一方面，由于若干弱小领主的被兼并而没落，便产生老子哲学。老子思想的出发点是"道"。但他当时看见一部分领主的没落，以及新的富有者新兴地主商人的兴起等等社会事变，他便从正反对立的变动的观点，即辩证法的观点，去观察事物，解释社会现象。但他的所谓"道"，是居于宇宙之上的、无运动无变化的一种精神的、不是实际存在的东西，且是以之作为决定一切的第一次的东西。因此，他从"道无为"的论点出发，便归结到复古主义，主张恢复西周时期周朝封建国家中央区域的社会秩序，乃至原始公社制的农村公社的社会秩序。他反对霸主兼并，反对商人，也反对前进和斗争。因此，老子哲学是一种辩证法唯心论哲学：唯心论是保守的、反动的，辩证法却是一种伟大的观念②。

复 习 题

一、霸主兴起的过程如何？

二、庄园制度在春秋时期有何变化？

三、身份等级制度是怎样成立的，其过程如何？

四、宗法制度产生的根据何在及其内容如何？

五、孝悌忠信等伦理观念是怎样形成的，其对中国民族道德有何影响？

六、孔子和老子哲学的中心论旨有何分歧？

---

① 参阅拙著《中国政治思想史》，三联书店，一九五五年版，六五——九三页。

② 参阅《中国政治思想史》，五二——五九页。

第七章

"七雄"并峙的战国时期

（公元前四〇三——公元前二二一年）

第一节 秦、楚、齐、燕、韩、赵、魏"七雄"并峙

公室衰落 春秋数百年间封建战争持续进行。杀人略地的强大诸侯，一面把自己的领地扩张至数千百里之大，而成为一方的盟主；但在另一面，由于连年不断的大宗军费的支出，致无法弥补其财政的穷乏。

各国大诸侯为满足其豪奢的生活，和弥缝贫乏的财政，除向新的富有商人举债外，便加重对人民，特别是对农奴的税敛。而在不断的封建战争的进行中，"（被）攻者"和"攻人者"都是"农夫不得耕，妇人不得织"[①]。劳动人口和家畜遭受杀害，生产工具和田园遭受摧残，使农民的生活，降至物质最低限的水准以下。益以战费、兵役等重荷，便引发了人民对"公室"的怨恨。各国诸侯于此反以烦重的刑罚去压制，愈激起农民的愤怒。因之在春秋末期，如前所述，已爆发了以"盗跖"为首的农民大暴动。

这是中国史上的又一次农民大暴动。其发展的具体过程，已无可靠材料来说明；但据《庄子》所述，暴动曾蔓延到很大的地区，并延续了一个相当长的时间；暴动的领袖"盗跖"是一个很坚强、公正和有才能的人物，领主们

---

① 《墨子·耕柱》。

对他们所使用的种种软化收买的骗术，都没有效果。暴动虽终归失败了，却给中国民族留下了光辉的革命传统。有些人不承认有这次农民大暴动的存在，认为所谓"庄子寓言"不足信。其实，它不只见于春秋战国间多种著作中，据传还有跖墓的遗存①。

这只是当时规模较大的一次农民暴动。此外还有一些规模较小的暴动。如《左传》襄公二十一年所谓"鲁多盗"；三十年所谓晋国"盗贼充斥"或"盗贼公行"；昭公二十年说，郑国有人数众多的"盗"在萑苻之泽；《国语·楚语》说："四境盈垒，道殣相望，盗贼司目。"

自此次农民暴动以后，各国诸侯的威信一落千丈，对当时经济、政治等困难问题，更是无法解决。

大夫专权 在各国诸侯的财政困难和政治威信衰落的过程中，各国大夫的权威反逐渐提高了。

各强大诸侯国的大夫，并不是战费支出的主要担当者；他们参加兼并战争，反而能掠夺财物，分受兼并的领地。所以在"公室"衰落的过程中，他们的领地反日益扩大，财力日益增强。同时，在人民对"公室"失望的情况下，他们则对人民施行小惠，收买人心，如齐田氏、晋三家②，便是显例。

从而大夫便渐次成了各强大诸侯国的实际权力者，诸侯也和"周天子"一样等于赘疣，特别在齐、晋各侯国。所以各国"权臣"（大夫）都敢于"弑君"、"犯上"，如齐田常（即陈恒）于公元前四八一年"弑"其君简公③；鲁季氏于公元前五一七年"逐其君昭公"④；晋智伯（荀瑶）于公元前四五八年率赵、韩、魏攻其君，晋出公逃往齐国⑤。而其视诸侯如无物，"大夫会盟"，互为盟约，固由来有自。及后更擅专"征伐"，自由侵夺他人领地，如晋卿

---

① 《史记·伯夷列传》裴骃引《皇览》曰："盗跖冢在河东大阳，临河曲，直弘农华阴山潼乡。"

② 《左传》昭公三年：晏婴说："此季世也，吾弗知。齐其为陈氏矣！公弃其民而归于陈氏。齐旧四量：豆、区、釜、钟。四升为豆，各自其四，以登于釜，釜十则钟。陈氏三量，皆登一焉。钟乃大矣。以家量贷，而以公量收之。"《晋世家》："叔向曰：晋季世也，公厚赋为台池而不恤政，政在私门。"

③ 《齐太公世家》："庚辰，田常执简公于徐州……甲午，田常弑简公于徐州……平公即位，田常相之，专齐之政。割齐安平以东为田氏封邑。"

④ 《史记·晋世家》。

⑤ 《史记·晋世家》："智伯与赵、韩、魏共分范、中行地以为邑。出公怒，告齐、鲁，欲以伐四卿。四卿恐，遂反攻出公，出公奔齐，道死。"

（大夫）荀瑶与赵毋恤之围郑（公元前四六四年），荀瑶之灭凤冉（公元前四五八年），齐大夫田白之伐晋（公元前四一三年）、伐鲁、伐莒（公元前四一二年），以及晋六卿之自由火并。最后便有敢于自为诸侯的了。

三家分晋和田氏自立 及卫颓"弑其君"自立为诸侯（公元前四一五年），更开始权臣的篡夺。晋之魏、赵、韩三卿于公元前四五三年共灭其同僚荀瑶，三分智伯领地后，实际上已等于自立为诸侯；后复三分晋"公室"领地，并于公元前四二〇年把形同赘疣的晋侯（幽公）暗杀，"周天子"（周威烈王）反于公元前四〇三年正式册命赵籍、魏斯、韩虔列为诸侯①。实际，"周天子"到这时已全无作为，不过由于"周"是"天下之宗室"，不能不假借它的名义②，特别由于封建的爵位、身份，原则上系由法律所确定，韩虔、魏斯、赵籍不得不假借于共主册令的名义。自后，晋侯反在事实上成为韩、赵、魏的附庸，他们并终于在公元前三七六年把晋静公废除，"迁为家人"，三分其残余的领地③。

齐大夫田和，亦继韩、赵、魏之后，于齐康公十九年（公元前三八六年）放逐其君康公于海滨，随即自立，"周天子"（安王）亦于同年册田和为齐侯，号太公，即齐威王④。

七雄并峙 自魏斯、赵籍、韩虔分晋列为诸侯，便进入秦、楚，燕、齐、韩、赵、魏七雄并峙的所谓战国时期。《史记·秦本纪》说："孝公元年，河山以东强国六，与齐威、楚宣、魏惠、燕悼、韩哀、赵成侯并淮泗之间，小国十余。"

在战国初，存在的小国，如：卫、郑、滕、薛等或充任强大诸侯的附庸，或依违从属于两大之间。但由春秋到战国，并非领地扩张与兼并战争的停止或缓和，而是初期封建的矛盾与兼并战争的增长。所以弱小诸侯国亦终于一一被兼并。同时，杂居内地的其他种族和部落，如"莱夷"、"根牟"、"长狄"、"鲜

---

① 《史记·晋世家》、《六国年表》。
② 司马错对秦惠王说："周，天下之宗室也。""劫天子，恶名也。"张仪说："挟天子以令诸侯，天下莫敢不听。"（《战国策·秦策》及《史记·张仪列传》）
③ 《史记·晋世家》、《六国年表》。
④ 《史记·齐太公世家》：康公"十九年……田和始为诸侯，迁康公海滨。二十六年，康公卒，吕氏遂绝大祀。田氏卒有齐国，为齐威王"。并见《六国年表》。

虞"、"赤狄"、"甲氏"、"潞氏"、"黎"、"戎"、"白狄"、"西戎"、"义渠"、
"大荔"、"东山皋落氏"、"骊戎"、"陆浑"、"蛮氏"、"戎蛮"、"庐戎"、"百
濮"等,以及"严允"、"犬戎"、"山戎"等,自春秋时期,已开始被封主所镇
压,羁縻和同化;到战国时期,在领地争夺的猛烈进行中,除北方的"严允"
转名为"匈奴",和东北的山戎、西北的犬戎都已发展成了强大的部落外,其余
各部落,不是和华夏族融合,便被迫成为七雄的从属。

在弱小诸侯和其他部落居地都分别成为七雄的领地后,七雄对领地扩张的
进行,便完全转入相互侵夺的局面。

七雄以楚为最大,初在熊绎时居丹阳(巴东),文王移都郢(湖北江陵
北),昭王时曾都鄀(湖北宜城),后考列王为避秦国攻击,又于公元前二四
一年迁寿春(安徽寿县),领地辖湖北,湖南、安徽、江苏、浙江及江西北
部、河南、山东南部。以至陕西南部,四川东部、贵州北部(即《史记·秦
本纪》所谓"楚自汉中、南有巴、黔中")。秦都雍(陕西凤翔),旋迁咸阳,
领地辖陕西大部、甘肃东部、四川大部。后又扩至贵州北部①(《战国策·秦
策》范雎说:"大王之国,北有甘泉、谷口,南带泾、渭,右陇、蜀,左
关、坂……"所谓蜀是包括黔中而说的)。燕都蓟(北京),领地辖冀中、
冀东、鲁北以迄辽宁及原热河赤峰以南地区。齐都临淄,领地辖山东大部。
韩都阳翟(河南禹县),领地辖河南大部。赵都晋阳(太原),后迁邯郸
(河北邯郸),领地辖今晋北、晋东南、冀南一带。魏都安邑(山西安邑),
后于惠王九年(公元前三六二年)迁大梁(河南开封),领地辖晋西南及河
南、陕西各一部②。

七国势力,强弱相差无几;较弱者,又复常相约攻守。因形成战国初期数
十年间,势力相抗的并峙之局。

---

① 周慎王五年(公元前三一六年),秦灭蜀,"赧王元年(公元前三一四年)秦惠王封子通国为蜀
侯,以陈壮为相,置巴郡……移秦民万家实之"。"六年,陈壮反……秦遣庶长甘茂、张仪、司
马错伐蜀诛陈壮。""七年,封子恽为蜀侯"(《华阳国志·蜀志》)。《史记·六国年表》则谓
"蜀反,司马错往诛蜀守恽,定蜀"。据《战国策·秦策》张仪、司马错所说:在此以前,蜀是
所谓"西僻之国"、"戎狄之长"。《汉书·地理志》所谓:"巴、蜀、广汉本南夷"。又《史记·
秦本纪》:秦昭襄王"三十年(公元前三七六年)蜀守〔张〕若伐楚,取巫郡及江南为黔中
郡。"《华阳国志·蜀志》谓张若于赧王三十年(公元前二八五年)"取笮及其江南地焉"。
② 《史记·魏世家》《集解》引《竹书纪年》。

第二节　合纵和连横运动

新的土地占有形态的发展　春秋时期，领主们由于财政穷乏，以特权和租税等向富有商人举债，迄后无力偿债时，便把抵押品交债权人管理，因之这种债权人便开始成为新的土地占有者。同时，拥有小量土地的个体生产者，大概也出卖土地。从而又出现了以买卖为占有土地的手段。至此，农民也或者可以出卖份地了。

这种形态发展到战国中期，新兴地主的土地占有量，大为扩张；而土地买卖的事情，也相当盛行了。所以《史记·苏秦列传》说："苏秦喟然叹曰……且使我有洛阳负郭田二顷，吾岂能佩六国相印乎？"《廉颇蔺相如列传》说："今（赵）括一旦为将……王所赐金帛，归藏于家，而日视便利田宅可买者买之。"这到战国末期，便成了土地占有的支配形态了，所以荀卿说："中试则复其户，利其田宅。"[1] 韩非说："中牟之人，弃其田耘，卖宅圃，而随文学者，邑之半。"[2]《吕氏春秋》说："其视有天下也，与无立锥之地同。"[3] 这说明新的土地所有形态的普遍存在。

秦用商鞅变法　秦国原先比较落后，奴隶制残余的存在也较强烈和长远；但由于地广人稀，特别由于以"利其田宅"等手段去诱致他国农民，新的土地占有也特别发展。因之，秦孝公以景监的引进，拒绝贵族保守分子甘龙、杜挚等的反对，于公元前三五九年任用主张变法和富国强兵的卫遗族公孙鞅（即《商君列传》："商君者，卫之诸庶孽公子也。"），试行变法。商鞅相秦后，于公元前三五九年公布改变法令的命令，主要内容是："名田宅、臣妾、衣服以家次"；"僇力本业，耕织粟帛多者复其身"。公元前三五〇年迁都咸阳，又正式公布"为田开阡陌封疆而赋税平；平斗桶、权衡、丈尺"；"集小（都）

---

① 《荀子·议兵》。
② 《韩非子·外储说左上》。
③ 《吕氏春秋·离俗览》。

乡邑聚为县，置令丞，凡三十一县"①。到公元前三四八年，便实行新赋税法。

商鞅变法，在适应当时生产力发展的状况，及点面交错的新兴地主的土地占有形态，废除从来庄园制度的组织（即所谓废井田），而施行雇役佃耕制；同时，适应生产力的发展状况（和雇役佃耕制的要求）改行现物地租和地主收租（即原来的什一税）、政府收税（即原来的军赋）的办法。

商鞅的变法，曾遭受秦国旧的土地贵族、封建领主的顽强反对，并展开着剧烈的政争。旧的土地贵族，并于主持变法的秦孝公身死之后（公元前三三八年），阴谋发动政变，把商鞅车裂并杀其全家②。但商鞅的变法，得到当时新的封建地主的同情，特别是秦国新的封建地主以及小土地所有者的支持，却还是成功了的。孝公和商鞅死后，惠文（公元前三三七——公元前三一一年）继位，秦国新的封建地主的政权并没有随着死亡。

秦由是益富强 商鞅的变法，尤其是商鞅所推行的雇役佃耕制和小土地所有制，极力排除领主的封建农奴制，使生产力得到一定程度的解放。因而秦国的经济更获得较快的发展，超过了六国的富强，为秦统一六国打下了基础；六国的领主经济反日趋衰落，其内部新的封建地主，则转而倾向于秦国。这样，秦的政治影响便更加扩大了。

因而秦国出兵讨伐，六国的诸侯，都不能独力抗拒。首当其冲的便是与秦地邻接的魏国。秦于公元前三四〇年侵魏，魏把河西（陕北濒河一带）领地割让于秦，并迁都大梁（开封），以避其锋。公元前三三五年又攻陷韩国的宜阳。在这种情势下，六国诸侯却还继续其相互间的兼并战争。如公元前三五四年，梁（魏）惠王伐赵，明年齐威王伐魏救赵；公元前三四一年

---

① 《史记·商君列传》、并见《秦本纪》、《六国年表》；《战国策·秦策》。又《六国年表》：秦原在简公七年（公元前四〇八年）"初租禾"。《范睢蔡泽列传》："决裂阡陌，以静民业。"《汉书·食货志》引董仲舒的话说："至秦则不然，用商鞅之法，改帝王之制，除井田，民得买卖，富者田连阡陌，贫者无立锥之地……或耕豪民之田，见税什五……汉兴，循而未改。"杜佑《通典·食货》田制上说："秦孝公任商鞅，鞅以三晋地狭人贫……于是诱三晋之人，利其田宅……故废井田，制阡陌，任其所耕，不限多少。"《资治通鉴》卷二作了总括的叙述。
② 《史记·商君列传》说先后有甘龙、杜挚、公子虔，公孙贾以至太子的反对。所以说："商君相秦十年，宗室贵戚多怨望者"；"日绳秦之贵公子"；"秦孝公卒，太子立。公子虔之徒告商君欲反，发吏捕商君。商君亡至关下……去之魏，魏人……遂内秦。商君……与其徒属发邑兵，北出击郑。秦发兵攻商君，杀之于郑渑池。秦惠王车裂商君以徇……遂灭商君之家"。《资治通鉴》卷二同。

梁惠王又遣将庞涓伐韩，齐宣王复遣将孙膑伐魏救韩，杀梁将庞涓；明年齐赵又共伐魏。

合纵御秦 六国既皆不能独力抗秦，而六国诸侯的自相侵伐，却更便利秦国的扩张，会加重六国诸侯自身的危机，因而六国诸侯为其自身的存在而挣扎，便产生了并力御秦的"合纵"运动。

策动"合纵"运动者，是苏秦等一群政客。据称苏秦最初以"连横"说秦惠王，为惠王所拒绝，便转而以"合纵"说赵肃侯，劝赵首先"纵亲"，为诸侯倡①；继又奔走于燕、韩、魏、齐、楚等国，先后以"合纵"说燕文侯，韩宣惠王，梁襄王，齐宣王，楚威王。六国诸侯旋于公元前三三三年相会于"洹水（河南安阳）之上"，成立"合纵"盟约，并以苏秦为"合纵长"，佩六国相印②。

反合纵的连横运动 六国"合纵"成立后，秦国的势力便被阻在函谷关（河南灵宝西南）以内，即《史记·苏秦列传》所谓"秦兵不敢窥函谷关者十五年。"秦因是发动反"合纵"的"连横"运动。"连横"运动的献策者为犀首、张仪、范雎等一群政客。"连横"的基本方针，最初为"近交远攻"，后又演进为"远交近攻"。犀首的"欺齐魏与共伐赵"，仅在破坏"纵约"；张仪连魏、楚攻韩、周，只是其"近交远攻"思想的初步形成。③

秦惠文王采用张仪的建议，遣公孙衍用厚利诱韩宣惠王及魏襄王，约共力伐赵，以破坏其"纵约"；复又于公元前三三〇年以重兵伐魏，魏败，献少梁河西地，并承认秦为诸侯主。"连横"初步成功，秦惠文王便于公元前三二八年任张仪为相，主持"连横"运动。

由于六国诸侯及其所领导的旧封主相互间的独立性和矛盾性，"合纵"并没有坚实的基础，"连横"运动却有六国新兴地主—商人的内应。因此，张仪在他们（六国的新兴地主——商人）的赞助下，反得于公元前三二二年任为魏相，成就其反"合纵"的政治策动；并先后使韩襄王、赵武灵王、燕昭王、齐湣王、楚怀王，分别为其说服，"连横"以事秦。从而六国诸侯表面上虽仍

---

① 《战国策·秦策》、《史记·苏秦列传》、《资治通鉴》卷六均称苏秦先以合纵说燕文侯，燕文侯资苏秦车马金帛以至赵……即因说赵肃侯。
② 《史记·苏秦列传》。
③ 《苏秦列传》、《张仪列传》，《战国策·秦策》一、《秦策》三。

保存"纵约",暗中却各私自和秦勾结,承认事秦。所以公元前三一八年,合楚、赵、韩、燕、魏五国伐秦之兵,反为秦兵击败于函谷关。六国诸侯自这次战败后,"纵约"遂根本瓦解,苏秦亦于公元前三一七年为齐国的土地贵族所杀。

合纵运动的再起 "纵约"瓦解后,六国诸侯复自相攻伐。而秦于公元前三一六——公元前三一四年完成今四川的占领后,利用四川的人力和物产,便放手来蚕食六国,特别于公元前三一二年大破楚军,并吞汉中,又引起六国诸侯的恐惧,因又使"合纵"运动再起。

这时的六国,齐有田文(孟尝君),赵有赵胜(后封平原君),魏有无忌(后封信陵君),楚有黄歇(后封春申君)等所谓四公子力主"合纵";同时秦惠文王死,武王继位(公元前三一〇年)后,张仪因亦失权。因此"合纵"运动又活跃起来。

"纵约"再成后,六国仍各怀鬼胎,所以依旧不免于秦的攻伐,如公元前三〇八年秦将甘茂之侵入韩国宜阳,公元前三〇〇——公元前二九九年之秦兵伐楚,执楚怀王。然秦国此时却也受到"纵约"的相当牵制,所以他曾采用一种较卑劣的办法,把孟尝君诱致秦国,并企图加以杀害,认为把"纵约"的中心人物孟尝君杀害,便能使"纵约"解散。公元前二九九年孟尝君被诱至秦,但由于其"鸡鸣狗盗"的食客之力,明年出关逃回齐国。孟尝君归齐后,同年,便藉"纵约"合齐、韩、魏三国兵攻秦,败秦兵于函谷关,秦割河东三城议和。这使"纵约"诸侯大为振奋。

然由于"纵约"本身无法克服诸侯相互间的利害矛盾,不能改变诸侯的自利根性,所以仍未能防止秦国的扩张。三国胜秦后不久,秦于公元前二九五年又出兵侵魏,至公元前二九三年韩魏合力抗御,白起攻占魏国五城,斩首二十四万,他国诸侯都不肯出兵赴援;秦又继续于公元前二九一年出兵侵韩,攻占宛(河南淮阳东南);公元前二九〇年侵魏,并魏河东领地四百里,韩地二百里;公元前二八九年白起又攻占魏六十一城。而齐此时,反以秦许其称"东帝"自喜(秦于公元前二八八年称"西帝"),亦不顾"纵约",坐视秦国攻伐其盟邦。迄公元前二八四——公元前二七九年燕乐毅伐齐到田单复齐之燕齐间的连年战争后,"纵约"又根本瓦解了!自后则仅为时起时伏的余波。

秦并六国 "纵约"瓦解后，秦便得展开其并吞六国的军事行动；残弱的六国诸侯，或则割地事秦，或则迁都以避其锋，或则托交于秦，如楚之一迁于陈（公元前二七八年），再迁于巨阳（公元前二五三年），魏之割温地以事秦（公元前二七五年）。

而这时赵国，自武灵王改习骑射战术以来，至此已见功效；益以平原君（赵胜）执政，复从事整顿政治，改进军事技术，赵国兵力得在战术上超过秦国。因此有公元前二七○年赵奢之破秦兵，明年秦兵侵赵亦为赵所败。加之其时魏国为信陵君（无忌）当政，信陵与平原均主赵、魏联合御秦，这使秦国的东进，一时又受着阻挠。

但秦对于六国，究是比较进步的势力。赵、魏的旧封建贵族究亦比较衰老，信陵、平原虽较开明，也无力克服内在的矛盾。赵国的军队虽一时能表现较优越的战术，而在强迫兵役基础上的农奴兵，并未能常保持其战斗力。所以自公元前二六五年以后，赵对秦又完全丧失抵抗力，公元前二六五年秦攻取赵三城，公元前二六○年又攻取赵之长平，杀降卒四十余万。同年，秦将王龁亦攻陷上党，公元前二五八年秦围攻赵都邯郸，信陵君盗兵符夺晋鄙军援赵，袭攻秦军之背，同时秦将白起适亦为秦所杀，才得解围。

秦王于公元前二五六年攻东周赧王，赧王亲至咸阳献地，共主至此名实俱亡。

公元前二四六年秦王政即位后，愈发兵以灭亡六国为事，公元前二四二年夺魏二十城，置东郡。腐败的六国诸侯，到这时又图复活"纵约"以自存，公元前二四一年合楚、魏、韩、赵、卫五国攻秦之兵攻秦，已敌不住秦兵之一击，大败于函谷关。

迄公元前二三○年，秦王政遣内史胜领兵攻韩，阳翟被陷，韩王安被掳，韩遂先五国而亡。明年又遣王翦伐赵，赵亦于公元前二二八年继韩而亡。魏亦继韩赵之后，于公元前二二五年为秦将王贲所灭。王翦又于公元前二二四年伐楚，大破楚兵，并杀楚名将项燕，楚遂于明年为王翦所灭亡。燕于公元前二二七年买勇士荆轲入咸阳，谋刺秦王，秦王于公元前二二二年派兵灭燕。明年，以"东帝"解颐之齐王建亦随五国诸侯而灭亡。至是秦王政便完成了中国的统一，随又分"宇内"为三十六郡，后又扩至四十郡。其郡名如次：一、内史（陕西中部一带，郡治在西安），二、汉中（陕西南部及湖北西北部，郡治在南郑），三、上郡（陕西北部及宁夏回族自治区之一部，郡治在延安），四、北地（甘肃东北部及宁夏回族自治区之一部，郡治在庆阳），五、陇西（甘肃东南部，郡治在临洮），六、河东（山西西南部，郡治在安邑），七、上党（山西东南部，郡治在长治），八、太原（山西中部一带，郡治在太原），九、代郡（山西东北部及河北蔚县一带，郡治在大同），十、雁门（山西西北部，郡治在雁门），十一、邯郸（河南北部及河北西南的一部，郡治在邯郸），十二、巨鹿（河北西南部，郡治在平乡），十三、渔阳（河北北部，郡治在密云），十四、上谷（河北西部及中部，郡治在怀来），十五、辽西（河北东北部及辽宁辽河以西之地，郡治在卢龙），十六、辽东（辽宁东南部，郡治在辽阳），十七、右北平（河北山海关至原热河一带），十八、云中（山西长城外一带及内蒙古自治区之一部），十九、九原（内蒙古自治区乌拉特旗一带），二〇、齐郡（山东东部及东北部，郡治在临淄），二一、薛郡（山东南部及江苏东北部，郡治在滕县），二二、琅玡（山东东南部），二三、东郡（河北南部、河南东北部及山东西北部，郡治在濮阳），二四、三川（河南西部，郡治在洛阳），二五、颍川（河南中部南部），二六、南阳（河南西南部及湖北北部，郡治在南阳），二七、砀郡（河南东部、山东西南部、江苏西北部及安徽北部，郡治在砀山），二八、泗水（江苏北部及安徽东北部），二九、会稽（江苏东南部及浙江东南部，郡治在吴县），三〇、九江（江苏、安徽江北一带及江西北部，郡治在寿县），三一、鄣郡（江苏西南部、安徽东南部及浙江西北部，郡治在长兴），三二、巴郡（四川东部，郡治在重庆），三三、蜀郡（四川中部及西部，郡治在成都），三四、南郡（湖北西部南部一带，郡治在江陵），三五、长沙（湖南东半部及广东一部，郡治在长沙），三六、黔中（湖南西部及贵州东北部），三七、闽中（福建，郡治在闽侯），三八、南海（广东，郡治在广州），三九、桂林（广西僮族自治区，郡治在桂林），四〇、象郡（广东、广西僮族自治区各一部及今越南人民共和国北部）①。

---

① 以上参阅《战国策》、《史记》"本纪"、《六国年表》、六国"世家"、苏秦、张仪等有关诸人"列传"、《资治通鉴》卷二——七。

第三节　由庄园制到郡县制的演进

生产力的发展　如前所述，周人在生产力进步的基础上，发明冶铁术；到春秋时，首先在齐国和晋国又发明所谓"鼓铁"的冶铁风箱，使用相当大量的犯人和奴隶劳动从事"造铁"，并专设有"铁官"①，随后吴、越的欧冶子及干将、莫邪，也知道用冶铁风箱去冶铁、铸剑。到战国时，铁的冶炼术，已知道锻炼用作"刻镂"的"刚铁"，从而楚国便能制造"惨如蠭虿"的"宛巨铁铊"，韩国能制造"陆断牛马，水截鹄雁，当敌则斩坚甲铁幕"的"剑戟"，"射六百步之外"，当者"洞胸"的"劲弩"，齐国制造"朝解九牛，而刀可以莫铁"②的屠刀。和冶炼技术的提高相并行的，是战国时代冶铁业的普遍盛行，并出现了不少以冶铁为业的巨富商人。

冶铁事业的这种发展状况，表现了其时生产力发展的尺度。这主要表现为农业生产技术，较之春秋时期，又有了一步前进，并有了关于这方面的专门研究和著作③。

由劳动地租向现物地租的推进　生产力的发展，第一表现为由劳动地租向现物地租的演进。由于农民在"公田"和"私田"上的劳动的生产率，日益表现出差异，领主们觉得实行现物地租（即生产物地租）对他们更合算，便逐渐抛弃劳动地租。《吕氏春秋》说得对："今以众地者，公作则迟，有所匿其力也；分地则速，无所匿其迟也。"

现物地租在春秋时出现后，到战国初的商鞅时，在秦国已开始盛行，所以如《商君书·垦令》所说"訾粟而税"；这在其他各国，也相当发展。孟子说

---

① 《左传》昭公二十九年。《齐侯镈钟铭》："造戴徒四千。"《管子·轻重》诸篇所述"铁官"。
② 《荀子·议兵》。《史记·苏秦列传》。《管子·制分》。
③ 最著名的如《吕氏春秋》。《汉书·食货志》所述为魏文侯尽地利之教的李悝的"治田勤谨"，即"谨于耘耔，精于细作"的耕作法，大致是同于《吕氏春秋·任地》："五耕五耨"等等内容的耕作法。

领主对于农奴，"有布缕之征、粟米之征、力役之征"①。"粟米之征"即现物地租，"布缕之征"即贡纳，"力役之征"即徭役。《汉书·食货志》述李悝为魏文侯尽地利之教，也反映了现物地租的推行的情况。不过这在当时，还没有成为支配的形态，所以《管子》说"相壤定藉"，"藉"就是劳役地租；又说"正月令农始作，服于公田"②，也是劳役地租的形式。但到战国末，现物地租便成为支配的形态了，所以荀子说"轻田野之税……罕兴力役，无夺农时"。又说"相地而衰政（征），理道之远近而致贡"③。所谓"轻田野之税"，所谓"相地而衰政"，便是现物地租的内容。这到秦时，便普遍成为"小民……耕豪民之田，见税什伍"④。但是农民的负担，却是很重的，所以孟子说："君子用其一，缓其二；用其二而民有殍，用其三而父子离。"⑤ 这与春秋时"民三其力，二入于公"⑥ 的情况本质上仍是一样。这在李悝，曾为战国时的农民算了一笔账。李悝说："今一夫挟五口，治田百亩，岁收亩一石半，为粟百五十石；除什一之税十五石，余百三十五石。食，人月一石半，五人终岁为粟九十石，余有四十五石。石三十，为钱千三百五十，除社闾尝新、春秋之祠，用钱三百，余千五十。衣，人率用钱三百，五人终岁用千五百，不足四百五十。不幸疾病死丧之费，及上赋敛，又未与此。此农夫之所以常困，有不劝耕之心，而令籴至于甚贵者也。"⑦ 可见农民终岁勤劳，仍不免于冻饿。《孟子·梁惠王》篇说："百亩之田，勿夺其时，数口之家可以无饥矣！"是不合实际的。所以他在《滕文公》篇又说："将终岁勤动不得以养其父母，又称贷而益之。"

在行使现物地租的条件下，雇役佃耕制成为可能，庄园制的组织没有必要了。所以到战国末，如韩非所说，便又出现为人"雇耕"的雇农。而在雇役佃耕制下的农民，依然是被束缚于土地之上，而不许自由迁徙的⑧。

手工业的发展 生产力的发展，第二表现为手工业的发展。

---

① 《孟子·尽心》。
② 《管子·乘马》。《管子》虽可能成书于战国时期，但所本极可能是根据管仲当时情况，也夹有战国时的情况。
③ 《荀子·富国》、《王制》。
④ 《汉书·食货志》。
⑤ 《孟子·尽心》。
⑥ 《左传》昭公三年。
⑦ 《汉书·食货志》。《商君书·垦令》："使民无得擅徙。"《吕氏春秋·上农》："农不敢行。"
⑧ 《汉书·食货志》。

由庄园内的工奴手工业，和前代遗留下来的奴隶制手工业，到春秋时，又出现了独立手工业者。但独立手工业者最初还只从事一些轻粗工的制造，如织屦、织缟、制鞔等等；精制工及金工等部门，都由工奴和奴隶手工业担任。到战国时期，不仅更扩大了一般手工业的分工，提高了手工技术，有“大匠”和“拙工”、“良工”和“贱工”的分别；而独立手工业者的业务，也扩张到陶制、铁制、纺织、裁缝、制鞋、造兵、制甲、制轮、造车、皮革、冶炼、梓镌①等部门了。同时，地域的分工也分外显著，各地都有其特种制品，如楚、吴、越等以制造刀剑著，邯郸以冶铁著，巴、蜀以“竹木之器”著，温、轵以“作巧奸冶，多美物”著，齐以桑麻纺织著及临淄以制陶著，合肥以“皮革、鲍、木”著，豫章以铜器（黄金）著，长沙以锡器著，番禺以珠玑、犀、玳瑁等著……②

特别是工奴和奴隶手工业，到战国末，又发展或还保持为包含数百千人手的手工作坊，如吕不韦和张良，便都是拥有这种作坊的贵族。而这种“在官”的或贵族手中的工奴和奴隶手工作坊，却又相对地妨害着独立手工业（乃至商业资本）的发展。

独立手工业者的制造品，除出卖给贵族和地主商人等外，主要是和农民及手工业者相互间行使交换。而在战国时的生产技术发展状况下，在苛重负荷下的农民，虽尽力去兼营那与农业结合的家庭手工业，以支持其物质最低限的可怜生活，也有许多东西非向手工业者购买不可的。因此，从自足的庄园藩篱内发展起来的独立手工业，到战国末期便把庄园的藩篱撞破了。

商业和都市的发展 生产力的发展，第三表现为商业的发展。

前代遗留下来的从事商业的奴主和西周、春秋时出现的独立商人，到春秋末期，他们不独成为富有者，而且像范蠡、子贡、弦高之流，并到处与领主“分庭抗礼”，或过问政治。他们之中有些是出身于领主，也有些可能是前代遗留下来的奴主，并有些出身于“庶人”（《史记·平准书》关于战国时的情况说：“故庶人之富者或累巨万，而贫者或不厌糟糠”）。当其成为富有者后，又都由借债或买卖手段而成为封建土地占有者。

---

①《孟子》、《荀子》。

②《史记·货殖列传》。

到战国时期，到处皆有巨富的商人。"万乘之国，有万金之贾，千乘之国，有千金之贾"①。这种巨富的商人，如卓氏、孔氏之流，不仅拥有广大的田地或陂田，向农民取得地租；且以借贷关系从领主方面买得冶铁等特权。所以《史记·货殖列传》说："及名国万家之城，带郭千亩锺之田……此其人，皆与千户侯等。"《汉书·货殖传》说："秦破赵，迁卓氏之蜀……唯卓氏曰：此地陿薄，吾闻岷山之下沃野……之临邛，大喜，即铁山鼓铸，运筹算。贾滇、蜀民，富至僮八百人，田池射猎之乐，拟于人君。"又说宛孔氏"用铁冶为业。秦灭魏，迁孔氏南阳，大鼓铸，规陂田"。

但当时诸侯领地组织的封锁性，特别是封建的关隘，和领主们对异地商人之明抢暗夺的劫掠行为，是当时商业上的最大障碍。因之，商人们便要求打破这种封锁性。

随着手工业和商业的发展，且形成许多新兴的都市，所谓"名国万家之邑相望"；原来的都市则更趋繁盛，如临淄，便成为一个拥有二十余万人口的大都市②，其他如吴、邯郸、北平、洛阳、寿春、咸阳等也都成了一方的大都会。

都市的发展，不但形成其在经济和政治上的重要性，且给了庄园内的劳动人口以莫大的吸引力，使庄园内相对过剩的人口，纷纷逃向都市，充任店伙、小贩、手工业者、家庭杂役③，甚至成为流浪分子或倡优。到战国末，都市中已聚集了大的流浪集团，如在临淄，《战国策·齐策》说："其民无不吹竽，鼓瑟，击筑弹琴，斗鸡走狗，六博蹋鞠。"在中山，《史记·货殖列传》说："丈夫相聚游戏……为倡优；女子则鼓鸣瑟跕屣，游媚富贵。"又说"赵女郑姬，设形容，楔鸣琴，揄长袂，蹑利屣，目挑心招，出不远千里，不择老少者，奔富厚也。"特别重要的，还出现了专靠技术为生的"医方诸食技术之人"④，因展开了"野与市争民"的矛盾。

庄园制度的衰落 在战国时期，庄园制度还是最基本的组织形式，所以

---

① 《管子·国蓄》。
② 《史记·苏秦列传》："临蓄之中七万户，臣窃度之，不下户三男子，三七二十一万。"
③ 《吕氏春秋·上农》所谓"故当时之务，不兴土功，不作师徒……农不上闻，不敢私籍于庸（佣），为害于时也。"此处所谓"庸"，似非指为人佣耕之"佣"。
④ 《史记·货殖列传》。

《管子·乘马》说:"方六里名之曰社,有邑焉,名之曰央,亦关市之赋。"农业生产率的提高,手工业的发展,商业和都市的发展,都在促进庄园制度的衰落。

封建领主间战争的持续与扩大,更加速了庄园制度的衰落。最初由于生产力的发展,而促发领主间的战争;战争虽使领主的财政陷于穷困,领主们乃企图更扩大其领地,增多税收,以及掠夺他邦财物去弥补。而扩张领地的战争的扩大,反益摧毁庄园的生产力,加深农民的穷乏;领主和商人利用农民的穷乏,又扩大其高利贷的剥削。所以到战国末,农民几乎普遍陷于债务的深渊,如孟尝君的领邑薛地的农民,几乎都是他的债务者①。这样便愈促进了农民的逃亡和庄园经济的衰落。

同时,到战国末,领主已仅是名义上的庄园主人;庄园内的土地,实际已大多为新兴地主(即所谓豪民)所占有。所以庄园制度已名存实亡。

郡县制度的代起 新兴地主和小土地所有者虽成为庄园内外土地主要的占有者,但他们对庄园的政治、军事,都无权过问;新兴地主从农民榨取所得,只是农民所提供的赋税徭役中的一部分,领主依旧对农民征取军赋、贡纳和徭役,他们却不能分沾。因此,新的地主便要求改变庄园制的组织和管理形式,而打破庄园制的藩篱和束缚,又同时是农奴、独立小生产的农民、手工业者、商人等的共同要求。

新的封建地主,要求自己去掌握管理农民的政治和军事。但其土地占有,是点面交错的占有形态,不像前此的一定"封略之内"属于一个领主所占有一样,所以不能由各别地主单独去组织统治机关,只能组织联合的统治机关;战国末由庄园制的基础上而开始出现的郡县制,便是他们所要求的联合统治机关的组织形式。在秦国自商鞅变法后,郡县制度便代替庄园制度而成了主要的形式。

早在春秋时期,由于强大诸侯领地的扩大,除去一些小领主的独立庄园外,在庄园的上端,郡县制已成了各大侯国共有的组织形式。到新的封建地主土地占有成为主要形态的时际,庄园制的组织也就成了无用的赘疣了。

---

① 《史记·孟尝君列传》:"孟尝君时相齐,封万户于薛。其食客三千人,邑入不足以奉客,使人出钱于薛。岁余不入,贷钱者多不能与其息。"

同时，新的封建地主虽不尽是商人，大商人却都兼是新的封建地主。因此，他们又要求打破障断商路、妨害商业利益的领邑组织形式，代之以郡县制的专制主义的统一帝国。

到六国诸侯灭亡，庄园制度便随同解体；原来庄园的权力，一部分归于郡县，另一部分乃掌握于地方"豪民"手中，藉地方的组织去执行（如所谓"三老"、"亭长"之流）。不过这种地方组织，已没有独立性的政治和军事权力，只是郡县的爪牙。从而初期封建制，便推进到后期的专制主义的封建制，表现为秦朝（及其以后）之形式上统一的专制帝国。

第四节　身份制度和宗法制度的演进

身份制度的演进　战国时期的爵位和身份，原则上仍是领主的爵位和身份的家系世袭。不过到这时，七国的诸侯，都纷纷"僭"称"王"，所以对于他们属下的爵位的赐予，已不是由于"周天子"，而是由于他们自己了。

而等级贵贱的身份限制，仍是严格的。所以荀卿说："夫两贵之不能相事，两贱之不能相使，是天数也……先王恶其乱也，故制礼义以分之，使有贫富、贵贱之等。"[①] 依着各人的身份，对各人的服制等方面，也有着一定的限制；《管子》说："夫人不敢以燕以飨庙，将军大夫以朝，官吏以命，士止于带缘，散民不敢服杂采，百工商贾不得服长鬈貂，刑余戮民不敢服绂，不敢畜连乘车。"[②] 所谓"大夫不得以燕以飨庙"，就是说"大夫"不得称制自立宗庙，他须从属于诸侯；所谓"官吏以命"，就是说作为诸侯或大夫代理人的官吏的身份服制等，是要由命令去规定的，这是适应战国期官僚层的存在而说的。

但由于庄园内外的土地，实际已多为新的封建地主以及小土地所有者所占有，他们且系由买卖手段而获得土地占有权；领主对这种土地只有征收赋、即

---

① 《荀子·王制》。
② 《管子·立政》，据戴望校。

由军赋演变而来的田赋，而没有地租权，所以他赠赐其左右的食邑，便无权将这种土地连同租权赠赐。因此，食邑者只能享有税收即田赋和徭役等特权，不能组织像原来那样的庄园，从而也不能将其食邑内的土地作为其财产传袭于子孙，从而这种新的土地贵族所享有的爵位，也便不能任意由其子孙世袭，世袭与否须由王的旨令去规定，这到秦汉以后便成了支配形态。原来的爵位之家系无限制的世袭，是以领地的世袭为基础的。

同时，战国期的若干领主，由于其领地的丧失，原来享有的爵位也在实际上随同丧失了。但由于七国任用官吏的增多，那些没落的领主便都成了官吏的候补人，并形成一种以求仕为目的之士的集团①和出仕的官僚层。官僚所任的官阶又同时能表现为一种社会身份，士是官吏的候补者，所以也享有官僚层的起码的身份。但官吏的官阶是由任命而来的，所以由官阶所表现的社会身份，也是由法令所给予的。

官僚是土地占有者的代理人，是在领地旁边发展起来的；以买卖为手段的土地占有，没有像领地那样家族世袭的固定性，只有阶级世袭的固定性，所以由官阶所表现的社会身份的世袭，也不是绝对地固定于家系而是固定于集团。

因此，在战国时期，在领主的等级爵位和身份的家系世袭制的旁边，又形成一种官僚系统的社会身份制。不过官僚在这时，除商鞅以后的秦国外，主要还是诸侯或大夫所任命的领主的代理人；在秦国及到其后的秦朝，因为政权已握在新的封建地主的手中，官吏便成为他们的代理人了。

另一方面，新的封建地主在战国时期，虽系与领主同为封建土地的占有者；而他们法定的社会身份，除去在秦国或原来出身于贵族者外，一般仍同于庶人，而未得列于贵族。但他们却是事实上的土地贵族，只没有获得法律的确认。领主们却仍是拿着"刑不上大夫，礼不下庶人"的原则去束缚他们。他们便要求代之以"法"，去打破土地占有者内部的身份限制和领主的爵位、职位、身份的家系世袭。所以申不害说："君必明法正义……一群臣。"② 商鞅说："故立法明分，中程者赏之，毁公者诛之。"又说："立法明分，而不以私

---

① 《荀子·儒效》。
② 《申子》佚文。

害法。"① "宗室非有军功论,不得为属籍。"② 这是说:他们主张把领主的爵位、职位、身份的家系世袭制,改进为土地占有者的阶级世袭制。班固不明究竟,把这种社会情况的形成,归咎于商鞅变法③。

但是对于农民,他们也同领主们一样,认为是"愚且贱者";领主拿"刑罚"去对待农民,他们也认为对农民是"轻法不可以使之","轻治不可以使之"④。

宗法制度的演进 自西周到春秋时代的宗法制度,是承袭原始公社制残余和氏族联系,以各级领主的领地、爵位、职位、身份的世袭制为基础的。所以到战国时,这在各级领主间,还是存续着。

但在春秋时期出现和战国时期发展起来的官僚层,他们并不能把其禄田和职位传给子孙,所以其诸子便没有嗣子与否的分别(只册命特许世袭的爵位、封赐的食邑,以长子作为嗣子而承袭,为原来宗法制的变形),不令其为"邑宰"、"县令"、"郡守"或大、中领主左右的臣僚,便为其子孙所共宗,所谓"嗣君"、"别子"、"大宗"、"小宗"的系统便无从成立了。只是在财产承继和其他传统上,长子、长孙仍受到较多的重视和较优的待遇以至某些特权的残留。

同时,新的封建地主的土地财产,已不是长子承继制,而是诸子的平等承继制,只另外稍稍有点长子、长孙的分子。这反映到宗法上,便成为子孙共同宗奉其祖先,长子或长孙只在共同祭典中充当主祭,和丧服上的所谓主孝,因此宗法制度,便从这个基础上,演化为后来的所谓族制和服制。到秦朝灭亡六国和封建领主土地占有形态完全让渡于新兴封建地主的土地占有形态后,便基本完成了这种演化,到汉朝便演为成文的东西了。

不过在原先,在"礼不下庶人"的原则下,庶人是无缘应用"礼"的仪节的,所以"丧服"上对庶人身份也没有规定。但由于战国时期,许多庶人身份的人成了事实上的土地贵族,便又把冠婚丧祭之礼"的应用范围扩大,

---

① 《商君书·修权》。
② 《史记·商君列传》。
③ 《汉书·食货志》:"及秦孝公用商君,坏井田,开阡陌……倾邻国而雄诸侯。然王制遂灭,僭差亡度。"
④ 《商子·外内》。

自天子延展到庶人①。不过劳力的"小人"，仍不在这种庶人之内。

第五节　宗教、哲学、科学、文艺

法制　西周创制了系统的法典《吕刑》；到春秋时期，各国都相率创制刑法②；到战国时期，发展为李悝的《法经》，它主要是适应于新兴封建地主阶级的社会秩序而提出的，上则总结了《吕刑》和春秋时各国的刑法的实际，故说"撰次诸国法"、"刑典"，下又为秦法以至唐律奠定了理论的基础③。

宗教　殷代的宗教巫教，到"武王革命"后，便变质为封建领主的宗教。所以在西周，殷的京畿故址卫国的巫司，已在政治上活跃，如厉王之借助于卫巫来监视人民的反抗言论④，可见代表神权的巫教，是代表俗权的工具。所以"天子建天官"，也把大宗、大史、大祝、大卜列入"六大"之内⑤。

巫教仍是以"上帝"或"天"为其崇奉的最高神，兼奉从属于上帝的鬼神。适应于封建领主及农奴的等级从属的存在，又解释为与"岁"、"月"、"日"、"星"的存在相照应。认为人间的一切，都由"上帝"（或天）所制定的⑥，这应用到儒家的思想中，便是"天命"。

巫教用作沟通神意的魔术，是以卜筮去占定吉凶⑦，所祈祷去禳除"妖"

---

① 《孟子·滕文公》："三年之丧，齐疏之服，飦粥之食，自天子达于庶人，三代共之。"

② 如《左传》昭公六年：郑"铸刑书"；昭公七年："（楚）文王作仆区之法"；廿九年：晋"铸刑鼎"。

③ 《晋书·刑法志》："是时承用秦汉旧律，其文起自魏文侯师李悝。悝撰次诸国法，著《法经》，以为王者之政，莫急于盗贼，故其律始于盗贼。盗贼须劾捕，故著《网》、《捕》二篇。其轻狡、越城、博戏、借假不廉、淫侈逾制，以为《杂律》一篇。又以其律具其加减。是故所著六篇而已。然皆罪名之制也。商君受之以相秦。汉承秦制……"《唐律疏议·名列篇》："魏文侯师李悝，集诸国刑法，造《法经》六篇：一、《盗法》，二、《贼法》，三、《囚法》，四、《捕法》，五、《杂法》，六、《具法》。商鞅传授，改法为律。"

④ 《史记·周本纪》。《国语·周语》。

⑤ 《礼记·曲礼》。

⑥ 《尚书·洪范》。

⑦ 《庄子·耕桑子》。

"灾"①，卜筮到战国时又发展为占卜术。

但巫教由西周到战国，依然没有发展成为完成的宗教，没有关于彼岸和来生的宗教修炼。所以到后来，道教便吸收了巫教的主要因素而代替其地位，自后的巫觋便只是其孑遗了。

正因为巫教始终都没有发展成为一种完成的宗教，不能完满地负起统治庶民精神的任务，所以周代的封建主，自始还要兼负一部分精神统治的工作，把一部分教权掌握到自己手中，以补宗教之不足。所以在代表俗权的孔、孟等人思想中，也多少杂有天命、鬼神的观念。在俗权领主手中的教权表现的方式，是伦理和宗法制度。这规定了伦理信条和宗法制度之似教条非教条的本质，也规定了儒教之似宗教非宗教的本质。所以子思在"中庸"里面，虽曾极力想把乃祖孔子扮演为一个"配天"的教主，孔子却始终只能成为俗权者手中的"至圣"。

但是在战国时期，由于社会矛盾较复杂、剧烈，特别是"治于人者"对"治人者"的怨恨和反抗，"杀人盈城"、"杀人盈野"② 的战争的持续与扩大以及若干领主的没落，在没落领主里面，便形成一种宗教的思想。所以"老子"到了庄子手中，便开始演化为含有宗教教义的成分。庄子在《大宗师》篇中把"道"扮演为至神，所以说："吾师乎！吾师乎！整万物而不为义，泽及万世而不为仁，长于上古而不为老，覆载天地，刻雕众形而不为巧。"从而又导演出一个"登高不栗，入水不濡，入火不热"，"而莫知其极"的"真人"来，并尊老聃为"至极"或"古之博大真人"。所以后来的道教奉老子为"原始道君"，庄子为"真人"。

另一方面，在西周末，庶人、没落贵族及一些较开明的人士，对巫教的天道观念已开始动摇。但生活在中世农业生产力基础上的庶民，决不是彻底的无神论者。因之春秋到战国之际，又产生了庶民的宗教墨教，墨教也以"天"为其所崇奉的最高神，以"巨子"为教主；但它教义的根本精神是"万民平等"，是"兼爱"，是"力"；同时又不是真正相信有鬼神，而有'虽使鬼神灭亡，此犹可以合驩聚众，取亲于乡里'的思想。这和那以"贫富贵贱"皆由

① 《论语·八佾》。《左传》：桓公十一年、庄公十四年、宣公十五年、昭公二十六年、哀公六年。
② 《孟子·离娄》。

"天命"或"命"所规定的教义，是恰恰相反的。

哲学　哲学上，孔子学到战国中期，又发展为孟子学。孟子学是从"或（君子）劳心，或（庶民）劳力，劳心者治人，劳力者治于人，治于人者食人，治人者食于人"①的基础上成立起来的。但他同时又提出"民为贵"、"君为轻"的论旨。他把孔子的"仁"，演绎为先验主义的性善论。孔子认为"君子而不仁者有矣夫，未有小人而仁者也"②，他便认为"人之所以异于禽兽者几希，庶民去之，君子存之"③。他从性善论出发去维护纲常名教。儒家学到战国末又发展为荀子学。荀子把孔子"仁"演绎为性恶论。他的性恶论是经验主义的，它包含着唯物论的强烈因素，但有上升到了成为系统的唯物论倾向。所以他接触了人类克服自然的"伪"（人为）的作用，但又坚持"贫富贵贱之等"的"天数"。

孟子学虽在某些方面降低了孔子思想，也缺乏荀子思想的某些积极的东西；但它也包含不少积极的因素，特别是当时还在中国封建制的初期，在全国有些地区，才走完到封建制的过渡期，它对封建制的巩固发展所起的作用，仍是有积极意义的。所以孟轲几与孔子并列，也被称为中国初期封建时代的大思想家，对东亚和世界都发生相当影响。

没落贵族的老子哲学，到战国也发展为庄子哲学。不过老子的"道"，到庄子便堕落为有神论，同时把老子的辩证观降低为诡辩论与怀疑主义。

新兴地主—商人即新的封建地主层的哲学，由杨朱到申不害、慎到、商鞅，他们一面注重客观事物的研讨，是与唯物论相接近的；但他们又不敢公开承认客观世界之真实的存在性，所以他们的哲学，还不过是一种态度暧昧的唯物论，在究极上，都露出一种"首鼠两端"的二元论尾巴。

庶民哲学的墨翟哲学，首先从"名"、"实"的范畴确立客观世界的实在性，从而认为人类经过感官作用从客观方面摄取概念，即客观世界是人类知识的来源。所以墨翟哲学是经验主义的，而其在究极上曾确认客观世界的实在性，故又是上升到唯物论的经验主义。同时墨翟的经验主义是和形式逻辑结合

①《孟子·滕文公》。
②《论语·宪问》。
③《孟子·离娄》。

的。而形式逻辑的体系，在中国哲学史上也首先由墨翟所创造。但这不是说墨翟哲学体系中没有辩证法的因素。

自墨翟死后，墨学便分化为左右两派：左派以宋钘、告不害、许行等为代表，是墨学的正统发展——到秦汉便演化为游侠；右派以尹文等为代表，则把墨学曲解去接近杨朱派。

墨翟和其正统派信徒，都很注重实践，在他们的主观上，力求理论与实践一致，这表现其革命学派的本色。墨翟可说是中国初期封建制时期第一个伟大的哲学家。

战国时最晚出的是韩非哲学，它担荷了由春秋战国到秦汉的继往开来的任务——在本质上是杨朱派哲学的正统发展，但又批判和吸收了他以前的各派哲学的一些因素。

韩非认为"道者万物之始"，同时又给予"道"的范畴以"理"的解释。一面构成其"名正物定，名倚物徙"或"名倚物绽"之"参验"主义的体系。另一面又从"不相容之事，不两立也"[1] 的见解，而达到其对事物内部之矛盾性的否定的绝对主义的结论。所以韩非的"参验"主义，究极上仍由二元论回到理一元的观念论[2]。

科学 两周的天文学，在社会生产力发展的基础上，继承殷朝的成果，而有着重要的发展。在西周，已知道采用二十八宿法，即预将黄道、赤道附近的周天，按诸月绕天一周（恒星月）的二七·三日，以显著之星象为目标，分成二十八个不等部分，凭以观测新月，然后依月行位置继续观测，而达到太阳在二十八宿中的位置的测定，以之定一年之季节。同时在西周，沿用月之三分法（殷以月为三旬）外，又兼用所谓"既生霸"、"既死霸"、"载生霸"、"载死霸"的月四分法。春秋时，又进而采用周髀观测法，即立表垂直于地面，观测其在日中之影长，以其最长最短之时期为日至。从而所推定的太阳的时节，愈较精确，而达到十九年七闰法的发明。到战国时，除用二十八宿法观察月的运行外，又开始去观测五星（所谓金、木、水、火、土）的运行，并进而观测黄道近边恒星之位置，再进而观测天空全体的位置。展开了测定恒星界

---

[1] 《韩非子·王道》、《杨权》、《五蠹》。
[2] 参阅前揭拙著《中国政治思想史》，一〇一——二三四页。

的工作，并测定了九十个以上的恒星位置。在观测木星时，测知其绕空一周为十二年。因而发明岁星纪年法。因此，历法愈趋正确，基本上完成了中国天文历数学的重要发明。汉初根据战国历法略加改进，而制定所谓"太初历"；从"太初历"到今日的农历，虽有五十次以上的改制，亦仅不断有部分的改进。

完成这种重要发明的战国时的天文学家，主要有楚国的甘公，魏国的石申等，据刘向《七略》说，甘公著有《天文星占》八卷，石申著有《天文》八卷。

其次在战国时期，由于冶金业的盛行，又达到素朴的矿学原理的发明，这在《管子·地数》中便有如次的记述："山上有赭者，其下有铁；上有铅者，其下有银……上有丹沙者，其下有鉎金；上有慈石者，其下有铜金。""上有陵石者，下有铅、锡、赤铜。"从而又发现着素朴的物理学知识（例如《吕氏春秋·精通》："慈石召铁，或引（吸引）之也"）。

文艺 先从两周文学的体裁说，自西周就有着韵文和散文的并行，前者如《诗经》，后者如《周书》的《金縢》篇。散文体由《尚书》发展到《国语》和《左传》中所包含的文学作品，技巧上已有着相当的成就，达到一种故事叙述的小说的体裁；在《庄子》、《山海经》、《穆天子传》中所表现的文学上的技能，已开始成为一种传奇小说的体裁。韵文体，像《诗经》的体裁，仍继续散见于群经诸子书中，如《国语·晋语》中的《暇豫歌》、《左传》襄公三十年的《子产诵》等，只是文字之愈益清淡与通俗。从《诗经》的体裁到《楚辞》及《荀子》的《成相篇》与《赋篇》的体裁，就《孙叔敖碑》的《忼慷歌》、《孟子》的《孺子歌》等来看，也可看出其一脉演变的形迹。这到秦汉以后又发展为辞赋。

但体裁并不能体现为文学的流派，如《诗经》的"风"，多系民间歌谣，《诗经》中的"雅"、"颂"则多为反映封建领主的情调和要求的作品，其中又有一部分是反映没落贵族的怨望和悲愤的作品。《楚辞》的作者屈原，虽系出身于封建贵族的家族，但由于楚国当时环境和屈原个人的身世与优异的文学才能，它是充满了正义感和热情横溢的伟大天才创作，及今在世界文学里面，还保有其无限光辉的地位。《穆天子传》、《山海经》、《吕氏春秋》里面所包含的文学作品，主要是反映新的地主——商人情趣的东西，《战国策》中所述的苏秦、张仪的文学作品，是游士亦即地主的文学，《墨子》中所含的文学作品，反映出其时"庶民"的一些感情和要求。

《诗经》和《楚辞》是伟大的作品。《楚辞》和《诗经》"雅"、"颂"的内容，自然也都表现一些领主的生活情调和要求，但也反映了人民的生活情况和要求；其形式都来自民间，即由劳动人民创造的。民间形式与屈原等人的伟大文学天才相结合，便成功了伟大的作品。

歌舞在西周，已成为贵族的一种娱乐，但主要还是常与宗教仪式相联结；到孔子时，所谓"齐人馈女乐"，已主要成为供贵族享乐的游艺。同时在春秋时著称的晋优施、楚优孟，他们正是后代"艺人"的前身。

西周的艺术作品，我们目前所能见到的，只是一些供祀神用的钟鼎彝器，供贵族享乐的食器，战争用的兵器为主。其制作的精美与作风，已表现着所谓东方宫廷艺术的特殊色彩；但也表现了伟大中国人民的艺术天才。

复 习 题

一、七雄并峙的过程如何？

二、秦国如何能并吞六国？

三、庄园制衰落和郡县制代起的过程如何？

四、"合纵"和"连横"运动的经过及其本质如何？

五、战国时代等级制度和宗法制度有什么变化？

六、两周的宗教有何特点？

七、怎样去区分战国时代的哲学各流派？

八、两周文艺演变的大体情况如何？

第八章

进入专制主义封建制的秦朝

（公元前二二一——公元前二〇七年）

第一节　秦始皇的统一事业

开创一统之局　秦王嬴政（因他实系吕不韦子，史家又称之为吕政）继承商鞅以来的传统方针，依靠封建地主，次第灭亡六国。公元前二二一年亡齐后，称号"始皇帝"，基本上结束了封建领主的分立局面，开创了专制主义封建的大一统之局，把中国封建制往前推进了一大步。并初步奠定了其后中国的疆土①。

完成一统之局的各项政策　六国灭亡以后，不只到处还存在着旧封建领主的保守势力，且在社会经济、政治、文化各方面，都表现着封建分散性的支配作用。为完成一统之局的开创事业，以秦始皇为首的封建地主阶级，又继续推行了如次的各项政策。

（一）在全国范围，确立"名田"制的土地制度，即承认"田得买卖"，为地主占有土地的主要手段（但这种买卖不是自由的，须受到封建关系的约

---

① 《史记·秦始皇本纪》："六合之内，皇帝之土，西涉流沙，南尽北户，东有东海，北过大夏，人迹所至，无不臣者。"又谓："地东至海……西至临洮、羌中，南至北响户，北据河为塞并阴山至辽东。"

束①。（二）确立郡县制度，按郡、县、乡、亭划分全国各级行政区域，建立中央、郡、县、乡、亭各级政权机关，代替封邦分立与庄园封锁的情况。（三）改造文字，统一全国文字的书写。即《史记·秦始皇本纪》所谓"同书文字"。当时各地使用的"大篆"及由其改进的"蝌蚪文"，都不便书写，又不统一。李斯根据这两种文字，改造为简体的"小篆"，后程邈根据"小篆"又制成更简便的"隶书"字。（四）战国时各地流行下来的度量衡，名称单位都不一样；从新订定度量衡制度，统一名称和单位，即《秦始皇本纪》所谓"一法度、衡、石、丈尺"。（五）统一币制。废除原先各封邦的货币，从新订定货币为二等："黄金为上币"，单位"镒"；铜钱为"下币"，单位"半两"②。（六）发展交通和灌溉事业。一面"修筑全国驰道"（车行大道）；一面开凿"鸿沟"（汴河），把济、汝、淮、泗各河联结起来，又大兴齐、楚、吴、蜀各地水利，同时开通阻塞水道的各邦堤防。（七）巩固边防。从西北到东北边境上的匈奴、东胡诸族，长期进扰塞内，损害华族居民。始皇便于公元前二一五年，命大将蒙恬领兵驱走匈奴，以黄河南之河套地区划为三十四县，移入犯罪农民等人民，并驻兵屯田；同时补缀秦、赵、燕三国原来所筑长城，西起临洮（甘肃岷县），东至辽东③；又令太子扶苏与蒙恬坐镇今延安、绥德一带，主持北面边务（扶苏与蒙恬墓均在今陕西绥德）。另方面，开发南方，于今两广、福建及越南民主共和国境，设置南海、桂林，闽中及象郡四郡；又以犯罪农民等编成的军队五十万人，驻屯大庾，骑田、永明、萌渚、越城五岭，与越族杂居。这样，又树立了南面国防的基础。开发西南。经司

---

① 这种约束，就是出卖土地、房产、园林等均须先行问过亲邻，是否有人承买。杜佑所述自商鞅"隳经界立阡陌"以后，"〔土地〕买卖由己"（《通典·食货》一，《田制》上同），并非不受这种封建关系的约束而得以自由买卖。我所见元、明、清各朝，直至全国解放（除尚待解放的台湾外）以前，除资本主义经济较发达的地区以外的土地等买卖文契，均载明"卖与房亲○○"、"高邻○○"或"先行尽问房亲、邻人，无人承买，今卖与○○"及"卖主府内族中"或"亲邻"人等"如有异议，有卖主一面承当"等等。《元典章·户部·典卖》并有"典卖田宅，须问亲邻"等明文规定。
② 《史记·平准书》。
③ 据近年考古发掘报告：燕、秦、汉长城，系西经甘肃敦煌，入原热河地区，自围场经赤峰（约在北纬42.3°）、敖汉旗，沿西剌木伦河入东北，经吉林（约在北纬43.8°），抵达今朝鲜民主主义人民共和国北境（《考古报告》总第十一册，佟柱臣：《考古学上汉代及汉代以前的东北疆域》），这是比较可信的。

马错、张仪、张若等相继经营，设置蜀国、巴郡、黔中郡。张若为蜀守，"乃移秦民万家"入蜀，兴修水利，开发农、盐、渔等生产事业；继即修建成都、郫城、临邛等城郭，并仿咸阳规制，"修整里阓，市张列肆"，"置盐铁市官、并长丞"。后任李冰（及其子二郎）继续了张若的事业，尤其是筑成了举世闻名的伟大都江堰工程，为人民创造了福利，并至今犹保有水利工程上的科学价值。（《史记·河渠书》说："凿离碓，辟沫水〔按即大渡河〕之害；穿二江成都之中〔按即引岷江之水〕。此渠皆可行舟，有余则用溉浸，百姓飨其利。至于所过，往往引其水益用溉田畴之渠，以万亿计。"《华阳国志·蜀志》说："水旱从人，不知饥馑；时无荒年，天下谓之天府国。"）这是他们给中国各族人民留下的不朽业绩。秦始皇在秦民及六国之民相继移入巴、蜀等西南地区的基础上，乃于"克定六国"后，又大量移入汉族劳动人民，并"徙其豪杰"如卓氏、程郑、寡妇清之徒"于蜀"，愈促进了当地的经济、文化，尤其是农业、冶铁，煮盐等事业的发展。所以《蜀志》说："秦惠文、始皇克定六国，辄徙其豪杰于蜀，资我丰土，家有盐铜之利，户专山川之材，居给人足，以富相尚；故工商致结驷连骑，豪族服王侯美衣，婚嫁设太牢之厨膳，妇女有百两之徒车，送葬必高坟瓦椁……原其由来，染秦化故也。"[1]　（八）改制礼乐。原来的冠、婚、丧、祭之礼，是与固定于家族世袭的爵位制、身份制相适应的；因此，便要求符合当前阶级世袭和皇帝地位特别突出的情况，加以改造（这种改造，到汉朝便完成了）。把适合初期封建情况的周朝"大武"乐、"房中"乐，改造为适合当前情况的"五行"舞、"寿人"乐。这些在当时，都有其进步作用，或进步作用的一面。

　　始皇为着贯彻其各项政策，一面亲自批阅各种重要文件，处理各项要务；一面常亲自巡视郡县和边疆情况，从公元前二二〇年到他病死的十年间，曾先后出巡五次，遍历了今宁夏、陇西、山东、江苏、湖南、湖北、河南、冀东、

---

[1] 见《战国策·秦策》；《华阳国志·蜀志·汉中志》；《史记·秦始皇本纪》、《六国年表》、《张仪列传》、《河渠书》、《货殖列传》；《汉书·沟洫志》；《太平寰宇记》；杨守敬《嬴秦郡县图记·蜀郡》、《巴郡》、《黔中郡》；郦道元《水经注》卷三三、三六等文献。

晋北、陕北、浙江等地以及沿海和北面国境沿线。所以他能"兼听万事"、"临察四方"①。最后这位雄才大略的皇帝，于公元前二一〇年，在巡视中病死于沙邱（河北平乡东北二十里之平台）。

秦朝的各项反动政策和措施 但秦始皇和其左右，还有自掘坟墓的各项反动政策和措施。

第一，他图实现其一世、二世、三世至于万世的皇统世袭迷梦，便最害怕人民起来革命，也担心野心家争夺政权及旧封建领主势力的再起。因此：（一）他搜收天下兵器，"铸为金人"，不许人民私藏；（二）追令全国富商和六国遗臣，一律迁居首都咸阳，以便控制；（三）统制思想言论，不只对当时的思想言论，且对历史上的东西，特别对一切进步的革命的东西，只要是不符合其专制主义口味的，都加以严厉的取缔，不惜摧残文化和学人，实行"焚书坑儒"；以为这样便能防止其对人民的影响，达到"愚弄黔首"的目的。

第二，不知休养民力。七雄混战的结果，人民死亡不少，生产受到相当破坏，很需要休养生息。秦始皇却只知急躁喜功，不顾人民死活，动辄就征调几十百万农民，去从事远征、屯戍、筑长城，为其开拓事业服役。尤其是秦朝政府，为着皇室的豪奢，也动辄就征调几十百万农民，到咸阳、长安等处，大修宫殿、别墅和坟墓，如在长安西北修筑阿房宫，在临潼东南骊山修建始皇坟墓，便征调了七十万人，从楚、蜀各地运输建筑材料等，还间接动员了不少人力。这同时又不能不加重人民的财政负担。所以说：民之"租……赋……盐铁"，"二十倍于古"；"力役"，"三十倍于古"②。为防止人民的逃税、逃役和反抗，又制定各种严刑苛罚去镇压，如所谓"偶语《诗》、《书》者弃市"，赴役愆期者杀头，一人犯罪，罚及三族，一户违禁，比邻连坐。

这种反动的政策和措施，尤其是所加于人民的徭役负担，对秦朝的灭亡，有着决定的作用。

---

① 《史记·秦始皇本纪》："皇帝并宇，兼听万事，远近毕清。运理群物，考验事实，各载其名。贵贱并通，善否陈前，靡有隐情。""皇帝之功，勤劳本事，上农除末，黔首是富。""皇帝之明，临察四方：尊卑贵贱，不逾次行；奸邪不容，皆务贞良；细大尽力，莫敢怠荒；远迩辟隐，专务肃庄。"这虽然都是歌功颂德的文字，可能有所夸大，甚至是违反事实的；但这可以反映出，秦始皇是一个颇有才能而又肯勤劳政事的皇帝。

② 《汉书·食货志》。

第二节 "名田"制度

土地分配和主佃关系 随着"名田"制度的确立，原来用买卖手段占有土地的地主，都得到法律的保障；同时，原先占有封地的贵族，也都变成"名田"制的地主。所以汉初的"古谚"说："越阡度陌，互为主客"①。因此，这种地主的土地占有，便获得全国土地关系中的支配地位。把公地占作私产的皇帝，成为全国最大的地主；一面霸占公地、一面买进土地的贵族和官僚，也都成为大地主；原来买得大量土地的富商巨贾，如寡妇清与乌氏倮之流，便都在政治上取得比于"封君"的地位。大地主的人口比例虽较小，但占有土地的比例却相当大，所谓"富者田连阡陌"，便是这种情况的反映；中小地主的土地占有，主要都是买卖而来的。大地主、中小地主，主要都依靠地租，即剥削农民的剩余劳动过活。

另方面，占人口绝大比例的农民、贫民、手工工人等，绝大部分都"无立锥之地"，有地的，也多是耕地不够；他们要依靠农业生产过活，便只有去租种地主的土地，充当佃农、半佃农，或为地主"佣耕"，充当雇农②。自有耕地或耕地不够的自耕农和半自耕农，在秦朝，由于土地买卖的扩大进行和盛行兼并，他们也多不断丧失土地，上升为地主的是少数。因此，佃农的数量又不断在扩大。

地主对于佃户，都使用一种强制的约束，规定其对半纳租（"见税什

---

① 董仲舒说：秦"用商鞅之法，改帝王之制，除井田，民得买卖；富者田连阡陌，贫者亡立锥之地。""或耕豪民之田，见税什五。"王莽说："而豪民侵陵，分田劫假（师古曰：分田；谓贫者无田，而取富人田耕种，共分其所收也。假，亦谓贫人赁富人之田也。劫者，富人劫夺其税，侵欺之也），厥名三十，实什税五也。"（《通典·食货·田制》上，《汉书·食货志》上）而此也正是秦汉共同的情况。这说明了互为主客的内容。

② 为人佣耕或从事其他劳动的佣保，从战国时开始出现，（《韩非子·外储》："夫卖佣而播耕者……"）到秦、汉便逐渐盛行起来。如《史记·陈涉世家》说"陈涉少时，尝与人佣耕"。《栾布列传》说"（布）赁佣于齐，为酒人保"。《汉书》卷八一说匡衡"庸作以供资用"。《后汉书》卷三七说桓荣"常客佣以自给"，卷四五《张酺列传》说"盗徒皆饥寒佣保"，卷六四《吴祐列传》说公沙穆"乃变服客佣，为祐赁舂"。卷六七《夏馥列传》说馥"为冶家佣"。

伍"），礼物孝敬，随时听其呼唤，且不得逃走和自由退耕（在汉朝已发现有这种主佃契约，估计秦朝也有这种契约存在的可能）。这表现农民仍对地主有人格的从属。此外，地主阶级又以高利贷和粮食等商品的买卖对农民进行剥削。同时，农民还要给官家负担劳役、兵役、人头税等。

这种佃耕制度，较之庄园制的农奴制度，对于农民是比较好点的。当时农业生产技术，也较战国时进步（如《吕氏春秋》的记载和秦朝的冶铁事业，都表现比战国时期进了一步）。加之自战国时以来，秦及他国又曾兴办了不少水利灌溉事业①。因此，秦朝的经济，是可能往前获得一大步发展的。但由于秦朝反动方面的措施，特别给人民赋税和劳役的负担空前奇重②，不只使人民无力改进生产，且由于长期和不时的服役，不得不荒废生产。因此，他们终身勤苦，农业和家庭生活需要的手工制作，都由自家动手，还只吃得上豆、糠、藜藿之类的粮食和蔬菜，勉强活命。所以秦朝对人民的残酷压榨，又阻碍了社会生产的发展，并迫得人民无法生活下去③。

手工业和商业　秦朝所有冶铁、铁器、造币、织绢、陶器等大的手工作坊和盐场，都掌握在官家和大地主手中。他们实行专利，操纵人民生活。这种作坊、盐场、矿山的工人，主要是犯人即所谓"徒"④等，其次是雇工和奴婢⑤（奴婢也大多是由犯罪而来的⑥）。由于这种大作坊对铁器等重要手工业部门的

---

① 除前面已提到的都江堰外，著名的有"水工郑国"设计开凿的"郑国渠"："凿泾水自中山西邸瓠口……"，"用注填阏之水，溉泽卤之地四万余顷，收皆亩一钟。于是关中为沃野，无凶年。秦以富强，卒并诸侯"。有"西门豹引漳水溉邺，以富魏之河内"，亦即所谓"凿十二渠，引河水灌民田，田皆溉"等等（《史记·河渠书》、《滑稽列传·西门豹传》）。

② "庶人之富者累巨万，而贫者食糟糠……始皇遂并天下，内兴功作，外攘夷狄，收太半之赋，发闾左之戍；男子力耕不足粮饷，女子纺绩不足衣服。竭天下之资财以奉其政，犹未足以澹其欲也。海内愁怨，遂用溃畔。"（《汉书·食货志》上。《史记·平准书》略同。并参看《秦始皇本纪》关于兵役和徭役等记载。）

③ 《史记·秦始皇本纪》："盗多，皆以戍漕转作事苦，赋税大也。"

④ 例如《秦始皇本纪》说："使刑徒三千人皆伐湘山树。""隐宫徒刑者七十余万人，乃分作阿房宫，或作丽山。"

⑤ 《史记》等文献记载吕不韦、习间等都使用奴隶、即"僮"从事手工业生产或渔盐商贾等劳动。

⑥ 文献记载，秦汉时曾公开进行奴隶买卖，如《史记·货殖列传》说："通邑大都""程郑……贾椎髻之民"，有"僮手指千"的奴隶买卖。《汉书·王莽传》王莽说："秦为无道……又置奴婢之市，与牛马同阑"。《汉书·食货志》上："高祖乃令民得卖子，就食蜀汉"，"于是有卖田宅鬻子孙以赏责者矣"。把犯人罚作奴婢，如《秦始皇本纪》说"发诸尝逋亡人、赘婿、贾人略取陆梁地"，"〔焚书〕令下，三十日不烧，黥为城旦"等等。

专利，又妨害了民间手工业的发展，中小手工业者一般只能从事一些粗工部门的制作。此外还有些手工工人，主要靠上门卖手艺过活。

国外贸易和大商业资本也都掌握在官家和大地主手中。秦朝所有大商人都同时是大地主，他们主要依靠特权专利（如所谓"盐铁二十倍于古"），"粜贵籴贱"，"居奇致利"；不只操纵人民生活，并阻碍商业的发展。中小商业资本的行商坐贾，主要靠贩卖农产品和手工粗制品等类东西，他们一面受大地主大商人的支配和剥削，一面靠剥削农民过活。秦朝"抑止末业"的法令，就在抑止他们和中小手工业者。

失业人口　秦朝又有大量农民、手工工人和贫民，不断从其生活职业中被排挤出来。他们为着生活的挣扎，或为官家、地主家庭、商店服杂役，或出卖子女以至卖身为奴，甚至沦为娼妓、流氓和盗贼①。

第三节　郡县制度

阶级的构成　在秦朝，一面是皇帝、贵族、官僚、大地主、富商巨贾、豪绅及一般中小地主等，构成统治阶级，一面是农民、手工工人、贫民、奴婢、中小手工业者、中小商人、流氓无产者等，构成被统治阶级；但农民和地主是主要对立的阶级，而在地主阶级里面，又是大地主处在特权支配地位。因此在政治上，中小地主、中小商人、中小手工业主等，常表现其两面动摇的中间地位。

郡县制的政权性质　因此，秦朝的政权，依旧是封建统治阶级统治农民的政权。但基于"名田"制的地主阶级土地占有形态，不能像领主一样，各自组成独立性的政权去管理农民，只能组织联合机关去管理，并要求有一个强有力的全国统一政权。因此便产生郡县制的行政区域，以及中央→郡→县→乡→

---

① 参看本书第一六五页注①、第一六六页注⑤。《史记·货殖列传》又说："今夫赵女郑姬，设形容，揳鸣琴，揄长袂，蹑利屣，目挑心招，出不远千里，不择老少者，奔富厚也。""其在闾巷少年，攻剽椎埋，劫人作奸，掘冢铸币，任侠并兼，借交报仇，篡逐幽隐，不避法禁，走死地如骛者，其实皆为财用耳。"

亭各级政权机关的行政系统。同时，由于地主阶级里面，谁也没有特权去单独掌握政权，而又谁也有参加政权的机会和要求，便只有任用共同的代理人。因此便产生官僚及官僚选拔制度。

掌握郡县以上政权的，都是大地主或大地主的代理人。中小地主虽得掌握乡、亭基层政权，但他们一面要受郡、县的严格约束，一面又要执行当地大地主、恶霸的意旨；此外，他们一般便只能充任各级政权机关的属员。

各级政府的组织 秦朝的中央政府，由皇帝总揽全权，又设左右丞相（皇帝助手）、太尉（管军政）、御史大夫（助理丞相掌管秘书、监察诸政），组成国务机关；其下又分设治粟内史（管钱谷）、廷尉（管司法）、少府（管山海池泽税收）、太仆（管车马）、典客（管外交）、奉常（管祭祀礼仪）、郎中令（管宫内警卫）、卫尉（管宫外警卫及屯兵）、博士（备顾问）等官。郡设郡守（管郡政）、郡尉（主管军事）、监御史（监视郡政）。县设令（万户以上）、长（万户以下）管理县政，县尉管军警，县丞管司法裁判。乡设三老管教化，啬夫管讼狱赋税，游徼管治安。亭设亭长，管一亭治安①。各级官吏，都由皇帝任用。

法律 秦朝统治阶级为镇压农民，有所谓坑（活埋）、斩（砍头或腰斩）、连相坐（邻居连坐）、夷三族（父、母、妻族）之法。犯所谓诽谤咒诅罪者，又先断舌。此外还有所谓"车裂"、"抽胁"、"镬烹"等酷刑。

第四节 "二世而亡"

揭竿而起 "天下共苦秦朝恶政"。到始皇末年，到处都酝酿暴动和反抗，民间流传着各种各样的谣言，如"今年祖龙死"② 之类。公元前二一〇年始皇

---

① 亭的性质，在汉朝的文献中说得明白，《汉书·百官公卿表》"大率十里一亭，亭有长；十亭一乡，乡有三老、有秩、啬夫、游徼。"〔乡〕大率方百里"。《续汉志·百官志》刘昭补注引《汉官仪》"亭长课徼巡"，"亭长持二尺板以劾贼，索绳以收贼。"因此，顾炎武"以县统乡"之说是确切的，而所谓"以乡统里"之说，（《日知录》卷二二）似系根据后代情况而说的。
② 《史记·秦始皇本纪》。"祖龙"意指"始皇"。

病死，奸臣赵高与丞相李斯，阴谋处死公子扶苏和大将蒙恬，假造始皇遗诏，立胡亥为"二世皇帝"。"二世"胡亥才登上宝座，就遍地燃起反抗的烈火，"始皇帝死而地分"了！

首先揭起义旗的，便是雇农陈胜[1]（阳城，即今河南登封人）和吴广（阳夏，即今河南太康人）。公元前二〇九年（二世元年）七月（旧历），他们率领被征服役农民九百人，由今河南经皖东北赴渔阳（今河北密云），行至蕲县大泽乡（今安徽宿县），为暴雨所阻，不能前进。本来服役对农民就是一种生死的威胁，服役的人是"死者固十六七"；而秦朝法律，逾期报到者又要处死。因此，他们便鼓动九百人"斩木为兵，揭竿为旗"，就地起义，占领大泽乡及蕲县。他们又一面号召"天下共起反秦"；一面领兵西进，径攻今河南淮阳（即陈），沿途群众纷纷参加，进到淮阳时，已有步骑数万。农民军占领淮阳，建号大楚，共奉陈胜为张楚王。陈胜以吴叔（即吴广）为假王，分兵围攻荥阳（今河南荥泽境）；"遣将徇地山东，郡县少年苦秦吏，皆杀其守尉、令、丞反，以应陈涉……合众西向……不可胜数。"又以周文（亦作周章）为将军，分兵入函谷关，"车千乘，卒数十万"，驻戏亭（按即今陕西临潼县东北），略关中；葛婴取东城（今安徽定远境），秦嘉、董缏、朱鸡石、郑布、丁疾等均起兵响应，攻东海，守郯城；"令陈人武臣、张耳、陈余等徇赵地；令汝阴人邓宗徇九江"；令铚人宋留定当阳、入武关。声势很大。同时，全国各地都揭起响应旗帜[2]。山东儒生孔甲等，也"持孔氏礼器，往归陈王"[3]。形势是极其有利的。但由于农民军内部分化并出现反革命叛徒，加之在战略指导、军事部署等方面都有不少错误，任令秦军各个击破。秦军进向函谷关击破周文孤军后，便次第进攻吴广、陈胜。而与吴广争地位的田臧，却于这时实行分裂，阴谋杀广自为上将，引起全军覆灭。野心分子武臣，便于此严重关头，到邯郸自立为赵王，陈余为大将军，张耳、召骚为左右丞相。秦军随即转向陈

---

[1]《史记·陈涉世家》，陈涉又称作陈胜。

[2] 见《秦始皇本纪》、《陈涉世家》。《秦始皇本纪》说："陈涉以戍卒散乱之众数百，奋臂大呼，不用弓戟之兵，钼棰白梃，望屋而食，横行天下；秦人阻险不守，关梁不阖，长戟不刺，强弩不射。"又说："陈涉瓮牖绳枢之子，氓隶之人，而迁徙之徒……率罢散之卒，将数百之众而转攻秦……天下云集响应，赢粮而景从。山东豪俊遂并起而亡秦族矣。"

[3]《史记·儒林列传》。

胜，胜退往下城父（今安徽蒙城西北）；叛徒庄贾又不惜残杀自己领袖，实行叛变投降。至此，轰轰烈烈的农民军，便分崩离析了！另一农民领袖吕臣，虽又重振旗鼓，两次收复淮阳，捕获叛徒庄贾正法，再建陈胜的大楚旗号，但也没能把局势挽回。然而吕臣的精神志节，却给后世革命农民留下了优良传统；反革命叛徒庄贾与阴谋家田臧之流，则落得身败名裂，遗臭万年。

此后农民军的残余部分，如英布、雍齿等，便被野心家刘邦之流所笼络，充任其窃夺政权的工具；如郯城守将秦嘉，则由于政治动摇（他闻陈胜兵败，便拥立楚贵族景驹为楚王），为项梁所击杀，部队被并吞；宋留则叛变降秦，却被秦廷以"车裂"酷刑处死于咸阳[1]。

但是，农民暴动虽失败了，却由它展开了亡秦的局面，来结束秦朝的暴虐统治[2]，也替此后的革命农民，提示了"揭竿而起"的信心。

六国领主死灰复燃　在陈胜、吴广的暴动义旗号召下，企图死灰复燃的六国领主残余分子，便纷纷利用机会相继起事，恢复六国名称和王号。公元前二〇九年，旧楚贵族项梁、项羽叔侄起事于会稽（郡治在江苏吴县[3]），占据江东，并进军江北，拥立楚怀王孙心为楚王，都盱眙；旧齐贵族田儋，据今章邱、临淄一带称齐王；故宁陵君魏公子咎据魏旧地称魏王；燕故贵人豪杰拥韩广据燕故地，亦自称燕王。公元前二〇八年，叛徒张耳、陈余复奉赵公子歇，据今河北邯郸、冀县一带赵故地，称赵王；张良说项梁立韩公子成为韩王，良为司徒（至公元前二〇六年，项羽复封成为韩王，居韩故都阳翟——河南禹县）。此外六国遗族、遗臣、野心家，也都纷纷起事，据地称王，恢复六国名

---

[1] 以上均据《秦始皇本纪》及《陈涉世家》。

[2] 司马迁说："陈胜虽已死，其所置遣侯王将相，竟亡秦，由涉首事也。"（《陈涉世家》）

[3] 项梁、项羽算不算农民起义的领袖？目前在本国史的研究和教学上，这是颇有争论的。根据《史记·项羽本纪》等文献考察，我认为，他们是乘陈胜、吴广为首的农民起义及群众的反秦要求而起事的，起事后又与农民军取得联系，并吸引了一些农民武装到自己方面；在推翻秦朝统治的斗争中，他们尤其是项羽，也是起过不小作用的。从这方面说，是带有农民起义的性质。但在另一方面，他们最初藉以起事的，却是"吴中贤士大夫"、"故所知豪吏"，"争附"的又多系所谓"楚蜂起之将"，他们自己也是以楚国旧贵族的身份去号召的；他们起事的动机，是根据会稽守殷通所谓"先即制人，后即为人所制"的主张而发动的；在战争过程中每每活埋降卒和屠城；最重要的，他们所表现的基本立场，又在于恢复"六国"即初期封建制的局面。这是保守的、倒退的、违反农民的利益和要求的。因此，又不能说他们是农民起义的领袖（摘自拙著《史学研究论文集》，华东人民出版社一九五四年版，六六——六七页）。

号，所以先后有田儋、田假之齐，魏咎、魏豹之魏。

他们在起事之初，都利用农民军声势，多与陈胜联系，缔结同盟。随着农民军势力衰落，他们力量成长，便一致奉楚怀王孙心为宗主，接受项羽节制。

刘邦起自沛　刘邦出身沛县的小有产者家庭，是为秦朝地主阶级服务的泗上亭长；平日行极无赖，结交一班流氓朋友，勾结官府，和沛县小吏萧何等要好。

他看到农民暴动发生后，秦朝天下已土崩瓦解；为着保卫地主阶级的利益，自己乘机攫取权利，便聚集无赖和利用一部分群众起事，与萧何等里应外合，杀沛县令自为沛公。不少地主分子（如王陵等）都相率依附他。

他最初力量很小，也一面佯奉楚怀王孙心为宗主，并与项羽结为兄弟；一面扩充自己力量，吸收得力人才，阴谋笼络农民军（如彭越、英布等部队），利用农民军的力量为自己打江山。张良又教他尽量扩大同盟者，减少自己敌人（所谓"王佐之才"的张良，就因他是当时有一套地主阶级的战略策略思想的人物）。

公元前二〇七年八月，刘邦用张良的计划，乘虚破武关①，明年十月秦王子婴投降。他一面收取皇帝印绶及重要图籍等；一面"召诸县父老、豪杰"，宣布"杀人者死，伤人及盗抵罪"的"约法三章"，废除秦朝一些苛政，并封存秦室府库，表示他并不反对秦朝的制度，去取得所谓"父老、豪杰"（地主阶级）的赞助。因此，所谓"秦民"皆大喜，要求他留在陕西为王。他因此又大大扩充力量，并把韩信吸收到自己方面②。

楚汉之争　至此，事实上已成为刘项相争的局面。

项羽闻刘邦进占咸阳，甚为慌张，即领四十万大军进关（其时刘邦军只有十一万），屯兵于今临潼一带，召刘邦会于鸿门（临潼东），并纵火焚烧秦宫室，屠杀咸阳人民。他封刘邦为汉王，"王巴蜀、汉中，都南郑"③，同时封秦降将章邯、司马欣、董翳等三人为王，三分秦地，以牵制刘邦；又另封诸侯

---

① 《史记·高祖本纪》：秦军"章邯已以军降项羽"，"及赵高已杀二世，使人来，欲约分王关中。沛公以为诈，乃用张良计，使郦生、陆贾往说秦将，啗以利。因袭攻武关，破之"（《汉书·高帝纪》略同）。

② 《史记·高祖本纪》；《汉书·高帝纪》；《萧相国世家》；《留侯世家》；《淮阴侯列传》。

③ 《史记·高祖本纪》。《汉书·高帝纪》略同，但谓"王巴蜀、汉中四十一县"。

十余人，约定各守疆土。他自己领兵东归，建都彭城（徐州），于公元前二〇六年二月自称西楚霸王，国号西楚。自以为这样就恢复了战国封主的局面，天下可相安无事。不知历史是不走回头路的。

获得地主阶级支持的刘邦，采用萧何的方针："王汉中，养其民，以致贤人，收用巴蜀，还定三秦"，以图天下。便一面委曲接受项羽册封，"从杜南入蚀中①，去辄烧绝栈道……示项羽无东意"（公元前二〇六年，他接受项羽给予的汉王封号，称汉元年）。不久，他又"用韩信之计"，"部署诸将，留萧何收巴蜀租，给军粮食"，自己从故道东出，"并关中"，"定陇西、北地、上郡"，东向与项羽争衡②。至此，他便一面积极培养力量，巩固和扩大根据地，并尽量利用巴蜀的人物和物力③；一面派随何等间谍，分化项羽内部，收买项羽部下，挑拨诸侯和项羽的关系，使其背楚依汉，或严守中立；一面派韩信领兵经略今河北、山东一带；一面牵制和消耗项羽的力量。公元前二〇五年，项羽领兵去山东攻齐，刘邦便利用项羽弑义帝的罪名，为义帝发丧，纠合诸侯之兵，乘虚攻占西楚首都彭城；但被项羽回师打得落花流水，死亡二十余万。刘邦退至荥阳，得萧何、韩信救援，战局成相持状态。

在双方相持于荥阳、成皋、广武（均今荥泽境）的期间，刘邦一面采取残酷手段，引水灌废邱，歼灭章邯、魏王豹等军，平定山西，进一步控制河北，扩大和巩固自己的后方；一面派间谍令英布公开揭出汉王旗帜，夹击西楚后方，同时令彭越从西楚后方发动事变；一面令韩信攻取齐地，以便从东面夹击彭城。公元前二〇四年，韩信用蒯通计，袭破齐，定齐地。到公元前二〇三年，刘邦就完成了这种部署：英布在南，彭越在西（梁），韩信在东，刘邦自任正面，形成对彭城的四面包围形势，并断绝了项羽的粮道；便宣布项羽十大罪状，声称自己是以正义之兵联合诸侯讨伐残贼。公元前二〇二年初（旧历

---

① 裴骃《集解》引如淳曰："蚀，入汉中道川谷名。"程大昌《雍录》云："此蚀中，若非骆谷，即子午谷。"《汉中志》说：系经褒、凤之一道，即连云栈。
② 《史记·高祖本纪》；《汉书·高帝纪》、《史记·萧何世家》；《汉书·萧何曹参传》。又《华阳国志》卷三《蜀志》也说："汉祖自汉中出三秦伐楚，萧何发蜀汉米万船而给助军粮，收其精锐以补伤疾。"
③ 《华阳国志·巴志》："阆中人范目……说帝为募发賨民，要与共定秦。秦地既定……帝将讨关东，賨民皆思归；帝嘉其功，而难伤其意，遂听还巴……〔范〕目复除民罗、朴、昝、鄂、度、夕、龚七姓不供租赋。"

为十二月），刘邦最后将包围圈缩小到垓下（安徽灵璧东南）。项羽听到"四面皆楚歌"，知道他分防在外的部队大概都已投降刘邦，粮尽援绝，便突围渡淮河，到达今安徽原和县乌江岸之四溃山，为汉兵追及。项羽左右卫队二十八人，依山为阵，杀汉军共数十百人，左右多战死，项羽自杀①。至此，刘邦便统一了中国，公元前二〇二年三月于汜水（今河南汜水）之南正式即皇帝位，即汉高祖（公元前二〇六——公元前一九五年）②。

第五节　结　语

专制主义的封建统一国家，比分立的初期封建制前进了一大步；秦始皇在开创这种封建统一国家的事业上，是起了进步作用的。秦朝的灭亡，是由于其反动方面的政策和措施，自坏根基，迫得人民无法生活下去。刘邦等人在重新统一全国的事业上，也是对历史有贡献的。

反秦的各种势力，农民军方面，由于当时不可能有进步阶级的领导，他们自己又没有前进的方向，其错误和弱点不可避免，也不可能有远大前途。因此，他们只能起推翻秦朝统治、打开局面的作用。代表旧封建领主残余势力的项羽和各国诸侯，在政治上比刘邦处在复古反动的地位，历史不往回走，他们的失败是必然的。当时的历史，才进入地主阶级的专制主义封建制时期，刘邦所代表的，正是这个还有历史前途的地主阶级；加之张良所教导给刘邦的战略方针，在当时也是对的；同时，他所笼络的农民军，对军事方面是帮他起了决定作用的。

---

① 《史记·高祖本纪》说刘邦"使骑将灌婴追杀项羽东城（今安徽定远东南）"《项羽本纪》说："赤泉侯为骑将追项王"，项羽败"至阴陵（定远西北六十里），迷失道……乃陷大泽中……复引兵而东至东城，乃有二十八骑，汉骑追者数千人"；"项王乃欲东渡乌江（今安徽原和县东北四十里），乌江亭长舣船以待……项王笑曰……且籍（亦项羽名——吕）与江东子弟八千人渡江而西，今无一人还；纵江东父兄怜而王我，我何面目见之。"乃以所骑赠亭长，"皆下马步行，持短兵接战。独籍所杀汉军数百人，项王身亦被十余创，顾见汉骑司马吕马童曰：若非吾故人乎？……吾闻汉购我头千金、邑万户。吾为若德。乃自刎而死"。
② 以上见《史记·高祖本纪》、《汉书·高帝纪》及项羽、韩信等有关诸人"纪"、"传"。

复 习 题

一、试略分析秦始皇的进步性和反动性。

二、秦朝的经济性质、政权性质如何?

三、秦朝如何灭亡的?

四、各种反秦势力的阶级性质如何?

第九章

专制主义封建制发展的两汉时期

(公元前二〇六——公元二二〇年)

第一节 "汉承秦制"

刘邦衣锦还故乡 当楚、汉争持时期,刘邦为孤立项羽、扩大自己的力量和同盟军,对各方面都采取妥协方针。他对那些背楚依汉的诸侯王(如燕王臧荼、韩王信、赵王张耳等),都承认其封邦割据;对那些弃楚投汉的实力分子,也都分地封王(如封韩信为楚王、彭越为梁王、英布为淮南王);对被利用的农民军,都表示"优容"。但代表地主政权的刘邦很明白,这都是他政治上的异己分子。所以他打垮项羽后,便又积极实行削除异己的方针。因此,想依靠刘邦来恢复封主制度的张良不得不被迫逃亡;各异姓诸侯王更不得不表示戒备、反对和反抗,刘邦便借口他们"谋反",一个一个地处死、灭族、取消封地;为他们利用的那些农民军大头子,也终于一个一个被处死。所以说"狡兔死,走狗烹;飞鸟尽,良弓藏"。农民军的下级官和战士,他们为刘邦打出天下,自己却没得到利益,都很不满意(如所谓"沙中偶语",就是这种情况的暴露)。刘邦害怕他们再暴动,便采取一点改良办法,顺着他们的要求,给予耕地和住宅,遣散还乡务农,并作为复员农业人口的一个步骤。

至此,他便完全恢复了地主阶级的统一政权,并很得意地回到沛县,向其所谓"故人、父老、子弟",夸耀自己的本事和威风,在沛宫设宴、狂饮、集儿童百二十人教之歌舞，刘邦自己也作歌①、起舞。

一承秦旧 汉朝的社会情况和各种制度，基本上都和秦朝一样，只是有进一步的发展和更完备；也就是说，它在本质上，是秦朝的延长。

集中表现在政权组织和行政制度上，从中央到郡、县、乡、亭完全和秦朝一样，只是名称有些改变。在中央政府，除另设太傅、太师、太保外，曾改称丞相为相国，后又改称大司徒；太尉改称大司马，后又改称大司马大将军；御史大夫后亦改称大司空。这三种官职又统称为"三公"。其他奉常后改名太常；郎中令后改名光禄勋；廷尉曾两度改名大理；典客曾改名大行令，后又改名大鸿胪；宗正后改名宗伯；治粟内史曾改名大农令，后又改名大司农。这九种官职又统称为"九卿"。郡、县、乡、亭各级，汉初全同秦朝一样。只是郡级不设监御史，由丞相随时派员一人，监察数郡；武帝时成为常制，称部刺史；以后又演进为中央与郡之间的州级政权机关，主官为州刺史或州牧。郡守后亦改名郡太守，郡尉改名郡都尉。但在另方面，由于刘邦曾封其兄弟子侄分王各地，形成所谓"诸侯国"。这种"诸侯国"的政权组织和行政系统，除特设太傅辅导诸侯王、内史管民政、太尉称中尉外，自丞相以下全同中央系统一样，其所有官吏的任用和罢免权，也都由皇帝掌握。这等官吏，一面对皇帝负责，一面又对所在国诸侯王负责。这常表现皇帝和诸侯王权利的冲突，到文帝和景帝时并常爆发为公开斗争。而此，正反映了专制主义封建制和诸侯国所体现的封邦制残余，是相互矛盾的②。所以到景帝时，所谓吴楚七国之乱平定后，各"诸侯国"原先的封地便全同其他郡县一样了，军民财政全由中央直接管理；各诸侯王和其家族都长期留住首都，对其封地的行政完全无权过问，只由中央分配一点赋税收入去养活他们。因此，刘邦以为不分封亲族来拱卫中央，是秦朝灭亡的一个原因，他便划出一部分国土去分封亲族，却正是他的复古措施。汉朝所封列侯，实际上，除去有多少户的食税特权外，便只是一种虚设的爵位。

参加政权的各级官吏的选拔，最初也完全同秦朝一样，由皇帝随意任用。文帝以后，便慢慢规定出所谓"贤良方正文学"与"孝廉"选拔的一套办法；

---

① 即《大风歌》："大风起兮云飞扬，威加海内兮归故乡，安得猛士兮守四方！"
② 《后汉书·仲长统传》说："汉之初兴，分王子弟，委之以士民之命，假之以杀生之权；于是骄逸自恣，志意无厌，鱼肉百姓以盈其欲，报蒸骨血以快其情。"正反映了这种矛盾。

即"贤良方正"限令公卿郡守和诸侯王每年向皇帝选荐,"孝廉"由各郡太守每年选荐一人。这比秦朝完备,也正由于汉朝的中间诸阶层比秦朝发展。但所谓"贤良方正"、"孝廉"的条件,不只要地主阶级出身的人才能具备,而且那正是最忠实于汉朝专制封建主义的典型人物。事实上,充任郡县主官以上重要职位的,并不经由选拔,而是贵族、官僚、大地主的特权。他们选拔人才,照顾地位、门户、亲故关系,被选的也大都是大地主的子弟;而贵族、大官僚的子弟,还有所谓"荫袭"的一个捷径,一般富人也有买官的捷径。出身中间阶层的分子,即使被选,也大都只能充任闲职、属员和三老、亭长之类。因此,所谓选拔,不只对于农民,而且对于中间阶层,实际是一种欺骗。所以当时的童谣说:"孝廉不廉","富贵者贤"。《后汉书·种皓列传》说:"河南尹田歆谓王谌曰:'今当举六孝廉,多得贵族书,命不得违;欲自用一名士以报国家,'乃以种皓应诏。"《蔡邕列传》说:"夫世臣门子瞀御之族,天隆其祐,主丰其禄。"也正如王符:《潜夫论·交际篇》所说:"贡举则必阀阅为前。"葛洪:《抱朴子·崇政篇》所说:"望冠盖以选用……"

汉朝又规定各级官阶的一定月俸(如三公、三太万石,州牧、郡守之类二千石,谒者、仆射之类比二千石,九卿属员则少到一斛以下),这也比秦朝完备;但也表现了官僚制度的发展,作官成了最发财的买卖——所以后来便直接称其官位为"二千石""一千石"……

汉朝行使政权之具体表现的法律和刑罚,基本上也同秦朝一样。只是刘邦知道,秦朝那些严刻的法令、残酷的刑罚,曾引起人民普遍反对,所以他入关后曾宣布"除秦苛法"。但此不过在收买民心,事实上并无重要改变,如所谓"夷三族"、"具五刑"、"挟书之禁"、"诽谤妖言之罚"等等,依旧实行。只是从吕后以后,相继废除妖言令、收孥相坐之法、肉刑(即以剃光、戴铁镣和打屁股代替刺面、割脚胫、斩脚趾)、宫刑,并改磔刑为杀头,还不断发布减省刑法的诏令,但这也不是完全可靠的,为维护其统治,去镇压反抗的人民,他们随时又拿出各种严刑苛罚的新花样来。所以前汉自武帝以后,后汉自和帝以后,刑罚反愈来愈残酷,并出现了严延年、义纵、张汤、赵禹之流的著名"屠伯"和酷吏①。

---

① 参看《史记》及《汉书·酷吏传》。

　　法律方面，萧何根据李斯所制秦律：《具律》、《盗律》、《贼律》、《杂律》、《捕律》、《囚律》，另加《兴律》、《厩律》、《事律》，共编成所谓《九章之律》。此外又有所谓《钱律》、《酎金律》等。以后又不断补充：叔孙通制订《傍章十八篇》，张汤制订《越宫律二十七篇》，赵禹制订《朝律六篇》，合成汉律的全部内容。其基本精神，完全在约束人民，保护地主阶级的特权、财产和统治秩序。而且这种地主阶级的法律条文，也是不可靠的；他们不只可以随意解释，并随时可以用命令去改变、补充或取消，而况皇帝可以任意发布不容侵犯的"圣旨"。所以汉朝除法律条文外，又有所谓《令甲》、《令乙》、《令丙》，内容都是皇帝的命令，效力在法律以上①。

　　汉朝保卫和行使政权的主要工具的军队，也较秦朝有更完备的制度。首都有名叫"南军"的警卫军、名叫"北军"的常备军的建制，武帝时又将"北军"扩大，以原有"北军"仅成为其中之一部，名中垒校尉，另增建步兵、屯骑、越骑、胡骑、长水、射声、虎贲等合为八校尉。两军兵士，均系征自京畿和全国的有武艺的民间子弟。此外在地方，各郡设材官（步兵）、车骑（骑兵）、楼船（水兵）（但根据各郡情况，或兼设，或仅设一种），征调各该郡壮丁入伍受训，调遣出征则听命中央；并无固定编制，有事征发，无事遣散，武帝时渐成常备，便又杂以罪人和募兵。

　　因此可以说，汉朝在各方面，都是秦朝的发展，都比秦朝表现得更完备。

第二节　经济发展情况

　　汉初的农业复员政策　秦末社会已颇穷困，因兵役、劳役和战争的结果，人口已大大减少；秦汉交替期间，人口更大量死亡和逃藏，生产受到惨重的破坏。刘邦作了皇帝后，便是满目荒凉，人烟稀少，社会空前穷困，宰

---

① 如《汉书·酷吏杜周传》说："周为廷尉，其治大抵放张汤，而善候伺：上所欲挤者因而陷之；上所欲释，久系待问而微见其冤状。客有谓周曰：'君为天下决平，不循三尺法，专以人主意旨为狱，狱者固如是乎？'周曰：'三尺安出哉？前主所是著为律，后主所是疏为令。当时为是，何古之法乎？'"

相只能乘牛车；加之遍地饥荒，石米值五千钱，人吃人，"死者过半"①。据说当时较秦朝几减少三分之二的人口②。因此，恢复生产，是当时的迫切要求；而恢复生产的中心问题，又在于实行宽简之政③，以复员和增加劳动人口。

在这个要求上，刘邦曾采取以下的一些步骤。（一）藏匿山泽的人民回家务农者，宽恕其逃亡罪；（二）宣布田赋减轻为"什五税一"，垦荒地的免收数年田赋；（三）大量遣散军队回家，分给较好的住宅和田地（这就产生了不少中小地主和自耕农）；（四）压制中小商人，迫令他们弃商业农（大商人都是大地主，他们也不会去种地，则属例外）。到惠帝（刘盈，公元前一九四——公元前一八八年）和吕后（吕雉，公元前一八七——公元前一八〇年）时，情况便比较好点了，但是还深感劳动人口不够。因此便一面限令人民提早结婚，女年十五到三十不嫁的处罚；一面明令不准中小商人即"市井之子孙"作官（大商人的子孙是可以用大地主的身份去作官的），迫使他们去务农，即所谓使"末技游食之民，转而缘南亩"④。但同时又解除限制商人的一般法令，以便利大商业资本的活动。文帝（刘恒，公元前一七九——公元前一五七年）景帝（刘启，公元前一五六——公元前一四一年），都继续执行刘邦以来的一贯政策，文帝并贷给农民粮食和种子，一度减田赋为三十税一，一度完全免收，又减低人头税；景帝正式规定田赋为三十税一，又以卖爵的收入救济今陕北旱灾。同时又不断提出"力田"的口号。同时，汉初，尤其在武帝初年，

① 《史记·平准书》："汉兴，接秦之弊，丈夫从军旅，老弱转粮饷；作业剧而财匮，自天子不能具钧驷，而将相或乘牛车，齐民无藏盖。"《汉书·食货志》："汉兴，接秦之弊，诸侯并起，民失作业而大饥馑，凡米石五千，人相食，死者过半……上于是约法省禁，轻田租，什五而税一，量吏禄，度官用，以赋于民。"

② 《续汉志·郡国志》刘昭补注："秦兼诸侯，置三十六郡。其所杀伤，三分居二，犹以余力行参夷之刑，收大半之赋；北筑长城四十余万，南戍五岭五十余万，阿房、骊山七十余万，十余年间，百姓死殁相踵于路。陈（应作刘——吕）、项又肆其余烈，故新安之坑二十余万；彭城之战，睢水不流；至汉祖定天下，民之死伤亦数百万。是以平城之卒不过三十万。方之六国，五损其二。"

③ 如《汉书·循吏传》："汉兴之初，反秦之弊，与民休息，凡事简易，禁罔疏阔，而相国萧、曹，以宽厚清静为天下帅。"又《史记·曹相国世家》："参之相齐……天下初定……尽召长老诸生，问所以安集百姓……闻胶西盖公善治黄老言……厚币请之……盖公为言：治道贵清静，而民自定……其治要用黄老术。故相齐九年，齐国安集。""参代萧何为汉相国。""萧何为法，觏若画一；曹参代之，守而勿失。载其清静，民以宁一。"

④ 贾谊《论积贮疏》。

又进行了一系列的治河、修渠等水利工程，最著的如由"水工徐伯"设计开凿的"引渭穿渠，起长安旁南山下，至河……"① 等等。生产便大大发展起来，人口也大大增加了。因此便有武帝（刘彻，公元前一四〇——公元前八七年）初年的富足情况：皇帝的府库里装满数不清的钱财，田赋征收的粮食，仓库装不了；地主阶级都能吃好穿好的，骡马千百成群；一般人民，只要不遭水旱等天灾，也都勉强可以活命②。

地主阶级越富，农民越穷　汉初七十多年间，虽实施了发展农业的改良政策和措施；但在"田得买卖"，亦即所谓"不授人以田"的基础上，"惟富者可以得之。富者有资可以买田，贵者有力可以占田"。所以"富者田连阡陌"，"又专川泽之利，管山林之饶"；"贫者无立锥之地"，便以"见税什五"去"耕豪民之田"③。因而随着生产发展，地主阶级越发财，农民反越加穷困了。

这由于在赋税和徭役方面，汉朝政府规定，从皇帝、贵族、官僚直至"三老、骑士"，都免除负担，有钱人又可以出一次钱，就免除终身徭役；官僚豪强的亲属，也每每恃势不奉租赋徭役④。因此，负担便完全加在人民，主要是农民身上了。人民的负担，除十五或三十分之一的田赋外，一开始就有人头税（七岁到十四岁年缴"口赋"，武帝时曾加重；十五岁到五十六岁年缴"算赋"），徭役（法定成丁每人每年戍边三日，要免役的可以按规定出钱代役，叫作更赋⑤）以及居住税（户赋）、舟车税、牲口税、军事税（军赋）等等，此外还有高利贷等负担。所以连自耕农也有"卖田宅鬻子孙"的。对此，

---

① 以上见《汉书·食货志》、《沟洫志》。

② 《史记·平准书》。《汉书·食货志》。又《史记·律书》说："故百姓无内外之徭，得息肩于田亩。天下殷富，粟至十余钱。鸣鸡吠狗，烟火万里。可谓和乐者乎？""文帝时，会天下新去汤火，人民乐业……故百姓遂安。"

③ 《汉书·食货志》。《文献通考·田赋》。

④ 例如《汉书·何武王嘉师丹传》说："武兄弟五人皆为郡吏，郡县敬惮之。武弟显，家有市籍，租常不入县，县数负其课。市啬夫求商（师古曰：求，姓；商，名也），捕辱显家。显怒，欲以吏事中商。武曰：以吾家租赋、徭役不为众先奉公吏，不亦宜乎！"

⑤ 董仲舒说："小民安得不困，又加月为更卒，已复为正；一岁屯戍，一岁力役，三十倍于古（师古曰：更卒，谓给郡县一月而更者也；正卒，谓给中都官者也。率计今人一岁之中，屯戍及力役之事三十倍多于古也）。田租口赋……二十倍于古（师古曰：既收田租，又出口赋）。"王莽说："汉氏减轻田租，三十而税一。常有更赋，罢癃咸出。"

晁错有一个统计①。耕豪民之田的佃农则还有对半的地租等负担。临时捐税、徭役都不在内；另外还有矿税、渔税、盐税、市场税（即所谓山川园池市井之税）等等。而且这些都是越来越重，特别到武帝时连年用兵，一面动员广大人民参加战争，直接妨害生产；一面由于军费开支浩大，政府财政空前困难，压榨人民的能手东郭咸阳、孔仅、桑弘羊之流，又想尽各种无微不至的办法，去吸取人民最后的一点血。

另方面，随着生产的恢复和发展，地主阶级，尤其是大地主阶层便从赋税、地租、官俸、贪污、高利贷②、冶铜、铸钱和盐铁专利、商业操纵等等方面，不断积累财富。如在贵族大地主方面，像吴王濞之流，则利用特权地位去多方剥削；在"富贾"方面，如邓通之流，则"乘上之急"，与皇室"郡县通好"，攫取铸钱和盐铁等方面许多特权；一般大商业资本，又利用人民穷困，贱价买进其生产品，当他们生活需要时，又以高价卖出，"操其奇赢"。凡"非编户齐民所能家作"，而又是其生产和消费所必需，如盐、铁、铜、布等类东西，他们都把质量作得很坏，价格定得很高，以要挟"贫弱"，甚至"强令民买之"。在农村，则"豪党之徒，以武断于乡曲"。他们利用其财富和地位，又尽量无限制的去兼并土地。有地的农民以至中小地主，便不断丧失土地。一般农民的生活则越来越困难，卖子女和溺死子女的惨象，也越来越普遍。这种现象，文帝时已经很显著。不过到武帝扩大对国内外战争后，情况就越来越严重了③。

---

① 晁（亦作鼂）错上文帝书说："今农夫五口之家，其服役者不下二人，其能耕者不过百亩。百亩之收不过百石。春耕夏耘秋获冬藏，伐薪樵、治官府、给徭役；春不得避风尘，夏不得避暑热，秋不得避阴雨，冬不得避寒冻。四时之间，亡日休息。又私自送往迎来，吊死问疾，养孤长幼在其中。勤苦如此！尚复被水旱之灾，急政暴赋，赋敛不时，朝令而暮改。当具有者半贾而卖，亡者取倍称之息。于是有卖田宅鬻子孙以偿责者矣。"（《汉书·食货志》）同文所载李悝对战国时自耕农的收支统计，可参考。

② 汉朝的高利贷者甚至借机向贵族进行敲诈，如《汉书·货殖传》说："吴楚兵之起，长安中列侯、封君行从军旅，赍贷子钱家，子钱家以为关东成败未决，莫肯予；惟毋盐氏出捐千金贷，其息十之。三月，吴楚平，一岁之中，则毋盐氏息十倍，用此富关中。"

③ 以上见《史记·平准书》、《货殖列传》；《汉书·食货志》、《王莽传》、《贡禹传》及其他有关诸人传。又《汉书·陈汤传》说"关东富人益众，多规良田，役使平民"；《王嘉传》说董贤家有田二千余顷；《宁成传》说"乃贳贷陂田千余顷，假贫民，役使数千家"。《后汉书·仲长统列传》说"豪人之室……徒附万计"。《文献通考·田赋》二说，"如淮何买民田自污"。又《田赋》一说，"张禹占郑白之渠四百余顷，他人兼并者类此，而人弥困"等等。穷困和失业农民，除卖子孙、溺子女外，又出卖劳力为人佣耕。如《汉书·食货志》说，"相与庸挽犁"。《淮南子·缪称训》说，"取庸而强饭之"，又说，"责取庸代"。崔实《政论》说，"客庸一月千"等等。

武帝的扩拓事业，是得到大商人地主支持的，为着尽量设法刮削，去支持浩大的军费开支，便任用著名"富贾"东郭咸阳、孔仅、桑弘羊等管理全国财政、税收、盐、铁、铸钱等事宜。他们又呼朋引类，把其一流人物都援用到这些政权部门，将这些部门完全控制，他们的私家商业资本就直接和政权结合起来。因此，便把这些事业都拿到国家的名义下去经营，而又利用政权力量，把铁器、食盐等的质量更减低，价格却定得更高，到各郡县遍设机关，强制分卖给人民，即所谓"县官作盐铁器，恶甚，价贵，或强令民买卖之"。又滥造货币，提高币值定额（铸造名为白金的银锡合金三品，大者圆形龙文，额定三千钱，次方形马文，额定五百钱，次椭圆龟文，额定三百钱；另用鹿皮制皮币，方尺大，额定四十万钱）。实际结果便是货币不值钱，人民受损失。他们又借口私家隐匿资财不交税（叫作"算缗钱"），派遣大批官员赴各郡，名为"治缗钱"，实即借名搜索，"得民财物以亿计，奴婢以千万数，田大县数百顷，小县百余顷"；据说许多中间阶层以上的家庭也都破了产，下层人民，自然更受到损失①。为着军粮供应，又令人民输粟边郡。此外，又有操纵全国物产的所谓"均输法"，酿酒专卖的"榷酒法"，卖官赎罪也更为盛行。因此情况就变得很坏了，加之许多地方又遭天灾，数年无收获，山东被水灾的地区近三千里。人民无法生活，不仅犯法的特别多，靠小偷和抢劫过活的人们，遍地皆是，并且不少地方发生民变（即所谓"盗贼起四方"）。另方面，地主阶级，特别是大地主阶层，却依旧那样在压榨人民，度其豪奢腐化的生活，"世家子弟"富人，依旧度其"斗鸡、走狗马、弋猎、博戏"的腐化生活与欺侮"齐民"②。

昭宣的改良和"代田法"　武帝在末年尤其在他临死以前（他死于公元

---

① 《史记·张汤列传》："排富商大贾，出告缗令。"张守节《正义》："缗音岷……武帝伐四夷，国用不足，故税民田宅、船乘、畜产、奴婢等，皆平作钱数，每千钱一算，出一等，贾人倍之。若隐不税，有告之，半与告人，余半入官，谓缗……一算，百二十文也。"《史记·平准书》："诸贾人末作贳贷买卖，居邑稽诸物，及商以取利者，虽无市籍，各以其物自占，率缗钱二千而一算。诸作有租及铸，率缗钱四千一算。非吏比者三老、北边骑士，轺车以一算；商贾人轺车二算；船五丈以上一算。匿不自占，占不悉，戍边一岁，没入缗钱。有能告者，以其半畀之。""而杨可告缗遍天下，中家以上大抵皆遇告。杜周治之，狱少反者。乃分遣御史廷尉正监分曹往，即治郡国缗钱。得民财物以亿计，奴婢以千万数，田大县数百顷，小县百余顷，宅亦如之。于是商贾中家以上大率破。"并见《汉书·食货志》。
② 《史记·平准书》。《汉书·食货志》。

前八七年），看到情况严重，便觉得应该休养一下民力来补救。实施了一些改良，尤其是穿龙首渠、塞瓠子口、开灵轵渠、白渠等等水利工事的建设①。昭帝（刘弗陵，公元前八六——公元前七四年）即位以后，霍光帮助他又实行了一些改良，如免除酒税，减轻赋税，派员赴各郡县抚慰人民。宣帝（刘询，公元前七三——公元前四九年）即位后，又继续施行一些改良政策（如减租、赈贷、慎刑等等，尤其是"假田"②），以减轻人民负担，收拾民心，这不只对于当时社会矛盾，都起了一些缓冲作用；并出现了一个"百姓安土，岁数丰穰，谷至石五钱"③ 的小康局面。

特别重要的，由于汉朝百多年来生产（特别是农业、采矿业、炼钢业）发展的结果，促起进步生产技术的发明和生产力的提高。农业上实行"深耕溉种"④，并具体表现为武帝末年的赵过"代田法"。赵过根据亩中开畎的情况，研究出一种能耐风旱又能多收的近似后代的精耕办法；同时又研究出"皆便巧"的"耕耘下种田器"，如用二牛三人的"耦犁"，一天能播种一顷地的"耧车"等，由"大农"衙门雇巧工照样制作，发给人民使用。他又约合"乡""里"老农，使用这种新技术、新耕作法试验，取得经验后，便向河东、三辅、太常各郡推行。但人民缺乏牲口和劳动力，他又教人民用换工办法解决（教民相与庸挽犁），结果，"率多人者田日三十亩，少者十三亩"，比个人独自劳动的效率大得多。因此，"民皆便代田，用力少而得谷多"，"田多垦辟"；到昭帝时，"流民

---

① 《史记·河渠书》："民愿穿洛以溉重泉以东万余顷故卤地。诚得水，可令亩十石。于是为发卒万余人穿渠，自征引洛水至商颜山下……名曰龙首渠。""天子乃使汲仁、郭昌发卒数万人塞瓠子决……令群臣从官自将军巳下，皆负薪寘决河……于是卒塞瓠子，筑宫其上，名曰宣房宫。而道河北行二渠，复禹旧迹，而梁楚之地复宁，无水灾。""朔方、西河、河西、酒泉皆引河及川谷以溉田。而关中辅渠、灵轵引堵水；汝南、九江引淮；东海引巨定；太山下引汶水：皆穿渠为溉田，各万余顷。佗小渠披山通道者，不可胜言。"《汉书·沟洫志》："太始二年（公元前九五年）赵中大夫白公，复奏穿渠引泾水，首起谷口，尾入栎阳，注渭中，袤二百里，溉田四千五百余顷。因名曰白渠。民得其饶，歌之曰：'田于何所？池阳谷口。郑国在前，白渠起后。举臿为云，决渠为雨。泾水一石，其泥数斗。且溉且粪，长我禾黍。衣食京师，亿万之口。'"

② 如"地节元年（公元前六九年）三月，假郡国贫民田。""三年冬十月，诏郡国宫馆勿复修治，流民亡归者，假公田，贷种食。"

③ 《汉书·食货志》。

④ 《汉书·食货志》引汉人歌云："深耕溉种，立苗欲疏"。

稍还，田野益辟，颇有畜积"①。但由于阶级剥削情况没有改变，随着宣帝又进行对国内其他部族部落和对外战争，以及用富贾耿寿昌等出掌漕运钱粮，大事搜刮的结果，好景又很快就过去了。宣帝末年，虽一再减低户口税（口钱）、人头税（如一算减三十钱），但点滴改良已不能挽救社会危机。

公元前四八年，元帝（刘奭，公元前四八——公元前三三年）即位，全中国又陷入水灾和饥荒的状态，到处饿死人。萧望之、周堪等虽然又帮助元帝，采取了一些改良步骤，如撤销一些不必要的机关、卫队，发粮救济穷人，把荒废的官地分给贫民，贷予人民粮食和种子。成帝（刘骜，公元前三二——公元前七年）初，又减低人头税。但此仅能把情况暂时稳定了一下，社会又极度不安了，饥荒和天灾又重新袭来了！

王莽的井田制 据师丹当时向哀帝（刘欣，公元前六——前一年）建议的分析，认为社会不安，人民穷困，是由于贵族、富贾、官僚和在野的大商人、大地主积累了无数万万财产，因而贫弱的农民便愈来愈穷困。因此他主张限制他们占买田地和役使奴婢的一定数量，把其逾限的田地和奴婢都交出归公。他的建议自始便受到大地主丁、傅们的反对②。

到公元六年王莽称"假皇帝"或"居摄"前后，社会情况的混乱，人民生活的恶化，便到了难于继续维持下去的情况。王莽、刘歆之流，认为只有恢复初期封建庄园制，即所谓"井田"制，是解决当时土地关系和其他社会矛盾的最好办法。所以到公元九年，王莽自己作了"大新"（公元九——二二年）皇帝后，便按照《周礼》的条文，一一拿来实行。那虽然打击了"富贾"和兼营商业的大地主，而土地买卖被禁止，工商业的活动被限制，土地都收作所谓"王田"，中间诸阶层也受到严重影响；对农民并没有半点利益，只是前途更黑暗。历史不往回走，王莽的"井田"制便根本失败了。《汉书·食货志》说：王莽末年，"天下户口减半矣"。这虽然不免有夸大和包含人口的隐匿逃亡在内；

---

① 《汉书·食货志》。关于代田法及农业生产的进步情况，贾思勰《齐民要术》引崔寔《政论》云："其法三犁共一牛，一人将之，下种挽耧，皆取备焉。日种一顷。"又前此之《九章算术》说："程耕……一人一日㯼种五亩。"成帝时，氾胜之发明"区种法"，既能抗旱，又能增产。"天旱常溉之，一亩常收百斛"，"田虽薄恶，收可亩十石"（赵梦龄：《区田五种》辑《氾胜之书》）。"区田不耕旁地，庶尽地力"（《齐民要术·种谷》第二，引《氾胜之书》）。乃区田法的基本原则。

② 《汉书·食货志》及有关诸人传。

但由于复古的措施，引起了社会生产衰退和人口减少，是无可怀疑的。

后汉生产的恢复和衰落　两汉间全国农民大暴动，统治阶级大量屠杀暴动群众，尤其是统治阶级相互间争夺政权的混战结果，人口死亡很多，并出现了大量无主的荒地。据记载，光武帝（公元二五——五七年）中元二年（公元五七年）的人口总数仅二千一百余万，较前汉末减少三千八百多万；后汉的耕地面积，始终没有达到前汉的数字①（这当然可能有夸大和失实，更可能有不少漏户），农业生产率也没达到前汉水平②。农民暴动的根据，最主要的，本来就是一个土地问题。因此，矛盾又相当缓和了。

刘秀从农民暴动的血泊中窃取政权，维护了前汉的剥削关系，连一切租税名目和定额，也大都没有改变，只是"富贾"有更多的特权。他作皇帝不久，农民又开始暴动起来。刘秀知道农民暴动的厉害和他们的要求，所以他立即宣布：把一部分无主荒地分给暴动的农民。他的儿子明帝（刘庄，公元五八——七五年），孙章帝（刘炟，公元七六——八八年）也继续把一部分无主荒地和公田，"假"给无地农民。因此，矛盾缓和下去了，生产也渐次恢复了。

但后汉的大商业资本，却比前汉更猖獗。王符说："今举世舍农桑，趋商贾，牛马车舆填塞道路，游手为巧，充盈都邑……'商邑翼翼，四方是极。'"③ 这说明当时都市的繁盛和商业人口的众多，也反映了大商业资本的活跃。特别由于不少"富贾"跟刘秀一道反对王莽，反对农民军，都成了贵族、官僚、地主、大商人三位一体的结合程度也更高，大商业资本对社会的支配力便更大了。他们役使中等商人和中等地主即所谓"中产之家"，为其在商业和

---

① 据《汉书·地理志》："讫于孝平（公元一——五年），凡郡国一百三，县邑千三百一十四，道三十二，侯国二百四十一；地东西九千三百二里，南北万三千三百六十八里；提封田一万万四千五百一十三万六千四百四五顷，其一万万二百五十二万八千八百八十九顷邑居、道路、山川、林泽，群不可垦，其三千二百二十九万九百四十七顷，可垦不可垦，定垦田八百二十七万五百三十六顷。民户千二百二十三万三千六十二，口五千九百五十九万四千九百七十八。"（《通典·食货》七略同）又《后汉书·郡国志》注引《伏侯注》：垦田面最高为七百三十二万一百七十顷。后汉户口，据《通典·食货》七：光武"中元二年（公元五七年），户四百二十七万六百三十四，口二千一百万七千八百二十……桓帝永寿三年（公元一五七年），户千六十七万七千九百六十，口五千六百四十八万六千八百五十六。"

② 在前汉，《淮南子》说："中田之获，率岁之收，不过亩四石。"在后汉，仲长统《昌言·损益篇》说："通肥饶之率，计稼穑之入，令亩收三斛。"

③《潜夫论·浮侈》。

高利贷方面起中间的经手作用①；高利贷资本，便这样深入到全国城乡。因此，他们对土地的兼并达到了可惊的程度，许多"富贾"在连州连郡都占有土地。这也说明了他们给了社会生产以更大的阻碍和破坏力。其他，皇室、贵族、官僚、地主对农民的剥削，也并不比前汉好些；特别是前汉遗留下来的，失去官位的官僚和其家庭，回到农村，更是称霸一方，残酷的支配农民。所以后汉生产，始终没能达到前汉的水平。

明帝、章帝时起，连年对外战争，国力又受到不少消耗。因此，到和帝（刘肇，公元八九——一〇五年）末年，生产就表现衰落，社会情况就表现不安了。在这种基础上产生了外戚和宦官的相互抬头、专政及相互残杀。其党羽都遍布城乡，亦皆无法无天。这又不断加重了对人民的压榨和人身摧残。所以从和帝以后，社会生产便日趋衰落，形成封建性的慢性农业恐慌，到冲帝（刘炳，公元一四五年）以后更为严重了。

两汉的商业和手工业 两汉的商业资本比秦朝发展，特权大商人垄断盐、铁等专卖权，以至从事铸钱；在布、绢、粮食、肉干、丹药、酱、油、豆豉等方面的买卖，也都有大商业资本经营的店坊。他们的活动范围相当宽，还经营对国内其他部族部落地区和国外贸易，以铜器、铁器、兵器、丝绢等类东西，去换回马、骆驼、皮毛、宝玉、珊瑚、琉璃、玛瑙等等。主要的国外商路，一是西北，一是西南。探听商路的冒险家张骞、班超等，都到过中亚，班超又派甘英去访问罗马，曾达到波斯湾，后来罗马也派人经海道到达中国。

中小商业资本也比秦朝发展，营业活动的范围也较宽了，特别是人数大大的增多；为商人所聚集的全国各大都市，其中大部分是中小商人。

由于商业资本的发展，那些大都市，如长安、洛阳、郑州、南阳、邯郸、成都、临淄，都相当繁盛②，当时所有的主要商品，都可以买到；在西汉末和王莽时期，南阳成了大商人聚集的地区。

手工业有着相当的发展，特别是采矿、炼钢等业的发展。手工业生产力的

---

① 《后汉书·桓谭列传》说："今富商大贾，多放钱货；中产子弟，为之保役。趋走与臣仆等勤，收税与封君比入。"

② 《盐铁论·力耕》："自京师东西南北，历山川，经郡国，诸殷富大都，无非街衢五通，商贾之所臻，万物之所殖者。"又据郑德坤《四川古代文化史》："前汉之世，关中富力集中长安，巴蜀货利聚荟成都；两城财富甲于全国，而户口亦盛。汉《志》载始元二年（公元前八五年）统计：长安户八万八百，口二十四万六千二百；成都户七万六千二百五十六，口未详。"

进步情况，具体表现为冶铁风箱，在前汉发展为"排橐"（即一排几个风箱的复制），后汉发展为用水力去鼓动的"排橐"；也表现为前汉"耧车"，后汉翻车渴乌（即水车）等的发明，以及造纸术的发明和进步。

冶铜、冶铁、煮盐、铸钱等大手工业，武帝以前，汉朝政府同秦朝一样，只在中央设有"考工令"等管理机关，于各地特设铜官、铁官、盐官等征税机关①，把特权让给贵族和"富商巨贾"，如文帝"赐邓通蜀严道铜山，得自铸钱；邓氏钱布天下"，并"盗出徼外铸钱"②；从武帝以后，便由政府收回直接经营。此外政府自己还有兵器、织绢、织锦、礼器、用具诸器物制作等等作坊。这等手工作坊和盐场、矿场的工人，主要是雇用的失业农民和"工匠"，其次是犯人和服役农民③和奴婢④。

私家手工作坊，种类也比较多了，从记载上可以考知的有榨油坊、作酱园、制肉坊、棺材作坊、缝衣店等等。大抵这种作坊，都带徒弟和用伙计。农

① 《汉书·食货志》。

② 《史记·佞幸传》。

③ 雇用的失业农民和工匠，如《盐铁论·禁耕》所谓"责取佣代"；《后汉书·百官志》所谓郡有盐、铁、工诸官者，"所在诸县均差吏更给之"；《后汉书·隗嚣列传》所谓"工匠饥死"之"工匠"等。用犯人与服役农民从事官手工业劳动，如《盐铁论·水旱》说，昭帝时，"卒、徒、工匠以县官日作公事"；《汉书·贡禹传》说，"今汉家铸钱及诸铁官，置署吏、卒、徒，攻山取铜铁，一岁功十万人以上"。"徒"，即罚作劳役的犯人；"卒"，即服役的"更卒"；"工匠"，即受雇的技术手工工人等。

④ 在两汉，除农业生产的主要担当者为佃农外，不只有大量为官府及豪富服各种杂役的奴婢存在，并有用以从事农业和手工业等生产者。如所周知，《汉书·食货志》说，武帝时，"大农置工巧奴与从事，为作田器"。《史记·季布列传》："乃髡钳季布……并与其家僮数十人，之鲁朱家所卖之。朱家心知是季布，乃买而置之田。"《汉书·张安世传》："〔安世〕家僮七百人，皆有手技作事……"《后汉书·樊宏列传》："〔宏父〕……管理产业，物无所弃；课役僮隶，各得其宜。故能上下戮力，财利岁倍；至乃开广田土三百余顷……陂渠灌注……"又《王褒僮约》："奴老力索，种筊织席，事讫休息，当舂一石。"但当时大量的官奴婢，是大都不从事生产的，如《汉书·贡禹传》说："又诸官奴婢十余万人，戏游无事，税良民以给之，岁费五六巨万。"《盐铁论·散不足》："今县官多畜奴婢，坐禀衣食，私作产业……百姓或无斗筲之储，官奴累百金，黎民昏晨不释事，奴婢垂拱遨游也。"《后汉书·王符列传》："今京师贵戚……奢过王制……且其徒御仆妾，皆服文组彩牒，锦绣绮纨……其嫁娶者……骑奴侍童，夹毂并引。"奴婢外，又使用犯人、即所谓"徒"等服杂役。王充《论衡·四讳》："被刑为徒，不上丘墓。"《汉书·黥布传》："及壮，坐法黥……以论输骊山。"（师古曰：有罪论决而输作于骊山。）又《刑法志》；文帝废肉刑后，论决"诸当完者，完为城旦舂，当黥者，髡钳为城旦舂……罪人狱已决，完为城旦舂，满三岁为鬼薪白粲。鬼薪白粲一岁，为隶臣妾。隶臣妾一岁，免为庶人。隶臣妾满二岁，为司寇；司寇一岁及作如司寇二岁，皆免为庶人。"《三国志·崔琰传》注引《魏略》："太祖以为琰腹诽心谤，乃收付狱髡刑输徒。"

民的家庭手工业，据王莽所说，其生产和消费必需的东西，只有盐、酒、铁、布、铜冶等，"非编户齐民所能家作，必仰于市；虽贵数倍，不得不买"①。但有些地方的家庭妇女，据说也织布，绩线是很普遍的。王莽所说，大概是全国一般情况。这种家庭手工业的结合，还反映了在苛重压榨下农民生活的艰苦，但此却障碍了独立手工业和中小商业资本的发展。

此外，金属器、玉石器、陶器、漆器、砖瓦、染织、刺绣等制作技术，从文献记载及遗物考察，均颇细致、精巧，可想见其进步情况②。尤其是建筑技术的发展，如武帝时的建章宫、太液池、上林苑、昆明池、井干楼、神明台等，据传均极壮丽，特别是井干楼和神明台，均高五十丈。这从现在发掘的一些石室遗址（原为庙前或墓前的附属建筑）：如孝堂山石室（山东肥城）、武氏祠石室（山东嘉祥）、两城山石室（山东济宁），以及登封（河南）、绵州（四川）各地的石阙遗址（如太室、少室、平杨等石阙）等等来看，也可概见其技术水平和发展情况。

第三节　阶级矛盾的发展

王莽变法　汉朝地主阶级的政权，是从农民大暴动的火焰中取得的。所以他们很知道农民暴动的厉害，也知道农民的根本要求就是土地。因此，早在公元前一百八十年代，由于阶级矛盾发展的现实情况，贾谊（当时地主阶级的政论家）就向文帝提出警告。他说：一方面"残贼公行"没有限制，另一方面农民穷得可怜，年岁稍微不好，就要卖子女；为何这样严重的形势，大家不知警惕！

---

① 《汉书·食货志》。
② 例如《汉书·贡禹传》说，蜀、广汉所产金银等器，品精美；《后汉书·和熹邓皇后纪》谓"蜀、汉釦器，九带佩刀"；《盐铁论·散不足》说，"今富者银口黄耳，金罍玉钟……金错蜀杯。"一九二四年，日本帝国主义的"朝鲜总督府"发掘乐浪古墓，得漆器多件，或著有款识铭文，为前汉成帝阳朔、永始，哀帝元始，王莽居摄、始建国，后汉明帝永平等朝物。该地王盱墓出土漆器，有后汉光武帝"建武二十一年"、"建武二十八年"，明帝"永平十二年"等款识。花纹或素地，或涂彩，或画人物、图当时民俗。彩色有黑、赤、褐、黄、绿等。铭文皆汉隶体，大半是以细针挑刻然后施漆。国内所藏各地先后出土的汉铜、玉、石、陶、砖瓦、铜、金、银等器甚多，均颇为细致、精巧。

倘有人登高一呼，聚众暴动起来，各地又纷纷响应，那还来得及吗？到公元前一百七十年代，晁错又向文帝提出同样警告。他说：饿着肚子没饭吃，赤着身子没衣穿，连慈母也管不了儿子，皇帝还能管得了人民吗①？因此，他们都主张减轻赋税，限制商业资本和高利贷活动。但他们还没有提到土地问题。

到公元前一四〇年武帝即位以后，阶级矛盾更加尖锐，形势发展得更加明显。因此，董仲舒便直接从土地问题上，向武帝提出意见。他认为秦朝灭亡的主要原因，是由于土地买卖的无限制进行，以至"富者田连阡陌，贫者亡立锥之地。又专川泽之利，管山林之饶。荒淫越制，逾侈以相高……小民安得不困！"② 当时的情况已不比秦朝好，于是他又提出四项建议：（一）限制大地主买占田地的一定亩数；（二）盐铁事业归民营；（三）减轻人民的赋税和徭役负担；（四）禁止买良家子女作奴婢，不得任意杀奴婢。他这种改良主张，不只反映了农民和地主阶级矛盾情况的严重，也表现了中小地主在土地"兼并"问题上与大地主利害冲突的程度，各阶级各阶层在盐铁问题上与大商人大地主也有着利害的矛盾（当时地主阶级内部对这个问题的争执内容，《盐铁论》中说得很明白）。面对这种矛盾，汉朝政府便希图用严刑苛罚去压服人民和异己者③。

到公元前一百年代以后，便不断发生农民暴动了。武帝末的公元前九八年，"群盗起四方"；特别在山东，到处卷起民变，攻城、杀官、释放囚犯、抢夺兵器④。成帝时（公元前三二——公元前七年），有郑躬为首的四川广汉囚犯（犯罪农民）暴动，樊并为首的河南尉氏农民暴动，苏令为首的山阳（今

---

① 《汉书·食货志》。

② 同上。

③ 张汤为御史大夫，减宣、杜周等为中丞，义纵、尹齐、王温舒等惨急深刻为九卿，为行使严刑苛罚的著名酷吏，他们并大事推行了所谓"腹诽之法"。（参看《史记·酷吏列传》、《平准书》；《汉书·酷吏传》。）

④ 《史记·平准书》说：武帝时山东被河菑及岁不登数年，人或相食，方一二千里。又《汉书·酷吏列传·咸宣传》："盗贼滋起，南阳有梅免、百政，楚有段中、杜少，齐有徐勃，燕、赵之间有坚卢、范主之属。大群至数千人，擅自号，攻城邑，取库兵，释死罪，缚辱太守都尉，杀二千石，为檄告县趣具食。小群以百数，掠卤乡里者，不可胜数。于是上始使御史中丞、丞相长史使督之，犹弗能禁；乃使光禄大夫范昆、诸部都尉及故九卿张德等，衣绣衣持节，虎符发兵以兴击；斩首大部或至万余级。及以法诛通行饮食，坐相连郡，甚者数千人。数岁，乃颇得其渠率；散卒失亡，复聚党阻山川，往往而群，无可奈何。于是作沈命法曰：群盗起，不发觉，发觉而弗捕满品者，二千石以下至小吏，主者皆死。其后小吏畏诛，虽有盗弗敢发，恐不能得，坐课累府，府亦使不言。故盗贼寖多，上下相为匿，以避文法焉"。

山东金乡境）铁工工奴暴动，并都有大批农民参加。到哀帝时，连首都西京，也常起谣风，发生骚动，可想见情况的严重程度。因此，当政的师丹、何武等希图挽回局势，便正式宣布，限制贵族、官僚、商人、豪绅买占田地均不得超过三十顷，大贵族役使奴婢不得超过二百人，小贵族不得超过三十人；超过限度的没收充公。这种并不能给农民解决问题的改良办法，也受到大官僚地主丁傅、董贤之流的反对，又搁置起来。这又一次表现了地主阶级内部的矛盾。

因此，在阶级斗争情况激化的基础上，地主阶级内部的政争，又具体演化为"安刘"和"易姓"两派。"安刘"派主张仍支持以刘氏为主体的政权，维持现状，与商业特权有利益关系的大地主为其骨干；"易姓"派即拥王派，以王舜、平晏、刘歆、哀章等为首，他们都是没有商业特权利益的大地主，主张"变法"，即主张恢复初期封建制，来和缓农民的土地要求，挽救地主阶级的统治。前者以所谓"经今文"《春秋公羊传》等为理论根据，后者则以所谓"经古文"《春秋左氏传》等为根据。两派的主张又都和中小地主的利益有矛盾，即前者的商业特权与其对土地的兼并情况，后者的初期封建庄园制，都不能符合中小地主的利益和生活要求；对于农民的生活利益，更是根本矛盾的，对其他中间阶层的利益也都有矛盾。

公元六年春正月，王莽居摄，"五月甲辰，太后诏莽朝见太后称假皇帝"[1]代行皇帝职权，"易姓"派便把"安刘"派从政权中排挤出去，实现其复古主义的"变法"主张。这曾引起过两者间的武装冲突。是年旧历四月，刘崇、张绍等，以"必危刘氏"为号召起兵，想攻占大商业都市南阳，作反莽巢穴；明年又有翟义联合刘宇、刘信等起兵东郡（大名、东昌一带），以王莽"欲绝汉室"为号召，但都被王莽派军打败。公元九年春正月，王太后"顺符命，去汉号"，王莽作真皇帝，国号"新"，以王舜为太师，平晏为太傅，刘歆为国师，哀章为国将，是为"四辅"。甄邯、王寻、王邑为"三公"。"诸刘为郡守者皆徙为谏大夫"[2]。

他们的"变法"，主要包括如次的内容：（一）全国土地的所有权都属于王，各人私家的奴婢都可以作为从属，均不得买卖；占有土地的人，自己只有

---

① 司马光《通鉴·汉纪二十八·王莽上》。《通鉴纪事本末》。《汉书·王莽传》。
② 《通鉴·汉纪二十九·王莽中》。《通鉴纪事本末》。《汉书·王莽传》。

从属男丁八人以下的，只能留田一井，作庄园主，多余的分给亲族和邻里。（二）封功臣七百九十六人为公、侯、伯、子，男五等爵位；同时"析土地、立万国"，重建"五等"、"五服"的领地制；他们分占领地叫作"食王田"。（三）废除汉朝币制，另造金、银、龟、贝、钱、布共二十八品。（四）于全国五大商业都市设五个机关，负责于每季第二月评定一次物价，为上、中、下三等，不许人民私定和改变；同时粮食布匹过剩时，由他们按定价买入，缺乏时再按其时定价卖出，这叫作"五均司市师"。（五）私家不得对人民放债，由"钱府"办理赊贷事业。（六）实行"六管"，即盐、铁、酒、山林川泽、五均赊贷、铸钱六项事业，由官府设六种机关办理，不许私家干这些买卖。这在他们的主观上，可能有些改良的意思，特别想把"富贾"们大大限制一下。但把农民再送进农奴制的牢狱，把全社会再推回到庄园制状态去的勾当，是行不通的。加之"吏缘为奸"，"刑罚深刻"，复"数横赋敛"；以至"民皆不便"，"百姓溃乱"，"农商失业"，"民人至涕泣于市道"。结果，天下大乱，"盗贼群起"①。

赤眉绿林大暴动 在王莽称假皇帝的第二年（公元七年），首都长安附近郡县的农民，便以赵朋、霍鸿为首，举行武装起义；众至十余万，杀贪官，烧衙门，并进兵围攻长安，便放出了大暴动的信号②。公元十五年，五原（今内蒙古自治区五原）、代郡（河北蔚县东）农民又发生暴动，每数千人一股，邻近各县都被卷入③。

到公元十七年，大暴动火焰在全国各地都燃点起来了。在江南，有临淮瓜田仪为首的一部，攻占会稽长州（苏州西南）。在湖北，当阳农民首先起义，以新市（京山）人王匡、王凤为首，占据绿林山，称绿林兵，后进到南阳，又改称新市兵。义旗揭出后，附近各地农民，纷纷起义响应，马武、王常等为首的一部，攻占南郡（江陵），称下江兵，陈牧为首的一部，起自平林（随县），称平林兵。新市、下江、平林合流，迅速就形成为一支决定时局的农民大军。在山

---

① 《通鉴·汉纪二十九·王莽中》。《通鉴纪事本末》。《汉书·食货志》。

② 《通鉴纪事本末》："三辅闻翟义起，自茂陵以西至汧二十三县盗贼并发。槐里男子赵朋、霍鸿等自称将军，攻烧官寺，杀右辅都尉及斄令。相与谋曰：诸将精兵悉东，京师空，可攻长安。众稍多至十余万。"《通鉴·王莽上》略同。

③ 《通鉴·汉纪二十九·王莽中》："缘边大饥，人相食"；《通鉴·汉纪三十·王莽下》："边兵二十余万人，仰衣食县官。五原、代郡尤被其毒；起为盗贼，数千人为辈，转入旁郡。"《通鉴纪事本末》卷五，《王莽传》中，略同。

东，以临沂吕母为首的农民首先起义，他们聚众杀县官，群众争先参加，很快就发展到几万人。公元十八年，临沂、莒县一带的农民，尤其是饥民，纷纷暴动响应，其中以临沂人樊崇为首的一部，占领泰山，声势最大。泰山成了暴动农民的根据地。吕母死后，其所部农民军，合逢安、徐宣、谢禄、杨音等为首的各部，共与樊崇部联合，推樊崇为领袖，称赤眉军（因用赤色染眉）。他们便形成又一支决定时局的农民大军。此外相继起义的，在河北有王郎、刘林等，在黄、济两河之间的，有铜马、大肜、高湖、重连、铁胫、大枪、尤来、上江、青犊、五校、檀乡、五幡、五楼、富平、获索等军，其他各处也大都有农民暴动发生，形成农民武装。但他们都根据其素朴的思想和要求行动，加之其领袖多出身流氓，以致彼此都不统一，各自为战，甚至被地主阶级利用、分化，阶级弟兄自相残杀。

在农民暴动的火焰中，不少地主分子，也都组织武装，揭出反莽口号，以便保卫其阶级权利，分化和利用农民军，摆布农民军，乘机窃取政权。其中最著名的，有刘缤刘秀兄弟、窦融、公孙述等。

到公元二二年，绿林兵（新市、下江、平林）完成了对今豫鄂边主要地区的占领。地主分子刘秀兄弟（湖北枣阳人），便被迫武装自己的家奴和亲属，揭出反莽旗帜，阴谋加入绿林军一伙。他们从中蛊惑绿林军各领袖恢复汉室。因此，流氓出身的王常、马武等，于攻占南阳后，在大商人地主势力的包围下，便想让刘缤作皇帝；但由于平林、新市、下江兵多数领袖（如陈牧、张印等）的反对，又以另一刘家后裔刘玄为帝。公元二三年三月，在南阳组织政府，封王匡为定国上公，王凤为成国上公，朱鲔为大司马，刘缤为大司徒，刘秀为太常偏将军，陈牧为大司空；明年又大封刘氏宗室刘祉、刘赐、刘庆、刘歙、刘嘉、刘信等为王。这个政府的实权仍掌握在地主分子手中，并模糊了群众的思想和行动。绿林军的上层，从此开始变质，下层群众则从此受摆布。

南阳政府成立后，绿林军于七月打败王莽四十万大军于昆阳（叶县）外围。原先按兵不动的刘秀便率其部下千余人抢先入城，把胜利的功劳全冒为己有；绿林军领袖都愤愤不平，便把刘缤杀死，还要杀刘秀；刘玄便赶忙把刘秀派往河北，去对付当地农民军。绿林军随又分军两路，一路王匡率领，于九月攻占洛阳；一路由申屠建、李松率领，入武关围攻长安。长安近畿三辅人民纷纷起义响应，城内平民子弟朱弟、张鱼等，亦号召平民集众打进皇宫；屠夫杜吴抢先把王莽杀死，群众把王莽的尸体扯得稀烂。绿林军占领长安后，刘玄政府便于公元二四年三月迁入长安，刘玄独留地主分子朱鲔守洛阳，绿林军也全部入关。

另一支农民大军赤眉军，进到今冀鲁豫地区时，人数已达百万。刘玄从南阳移都洛阳后，也同样想用官爵去笼络他们。樊崇等亲自从濮阳去到洛阳，很不满意刘玄政府的情况。公元二四年冬，赤眉大军西进，到颖川分兵两路入关夹攻长安，一路进武关，一路进陆浑关；第二年，大军进到华阴，共立牧童刘盆子为皇帝。九月，绿林军王匡等罢战迎降；十月，赤眉军入城。赤眉执杀刘玄，放火焚烧皇宫；长安没有粮食，又西进到安定（甘肃固原一带）、北地（甘肃环县一带）。由于当地也缺乏粮食，战士又多想回山东，因此他们复回师东进。但阴险奸猾的刘秀，布下一个圈套来陷害他们了。

刘秀于公元二三年进到河北后，当时到处都是暴动农民的势力，他连脚也站不住，部队常饿饭，勉强才能得到地主们的一些接济；辗转于今定县、饶阳、南宫、深县间乱钻。但一方面，由于当地地主的支持，特别是残余地主政权的支持，如信都（河北冀县）太守任光、和戎（晋县）太守邳彤、上谷（怀来）太守耿况及其子耿弇、渔阳（密云）太守彭宠等，或帮他扩大队伍，或与他配合行动，才慢慢立下脚跟。另一方面对王郎军与铜马等农民军，采取一套比刘邦还毒辣的阴谋手段，吃得下的就吃下，能分化的就分化，能收买的便收买。到公元二五年，河北与黄济两河间的农民军，便大都被摧毁了。他吃了几十万农民军，力量就特别大起来。"六月己未"，就在鄗南（河北柏乡境），称大汉皇帝。事先并布置儒生彊华，散布愚弄人心的谣言说："刘秀发兵捕不道，四夷云集龙斗野。四七之际火为主。"

这一年，他看到赤眉军西进攻长安，估计刘玄一定失败，赤眉和绿林必然火并。于是他一面便使岑彭前往洛阳说降善玩阴谋的朱鲔，让他由鄗迁到洛阳。一面命邓禹领兵略河东、上郡、北地、安定，抄赤眉背后；公元二六年乘虚进入长安，赤眉军反攻时又从长安败走；乃又命冯异进军华阴，代邓禹，扼住赤眉东归咽喉；另派大军沿洛水布防，加以侯进屯新安，耿弇屯宜阳……，他亲自指挥。一面先后派岑彭、吴汉进攻豫南、鄂北农民军，岑彭占领鄻、叶等十余城后，又进军至关中、南郑一带，配合邓禹行动，吴汉攻下南阳，俘掳更始妻子。公元二七年初，赤眉回师东归，便堕入其反革命的陷阱；至华阴，受邓禹、冯异夹击。他们打垮邓禹一路，突围东进；至崤底（崤山在河南洛宁北），受冯异截击，牺牲过半，并遗失所谓"传国玺"为冯异所得；余部复东进至宜阳，便陷入重重包围。轰轰烈烈的农民暴动，至此便基本结束了①。

"光武中兴"　　刘秀以阴谋血腥的手段，利用农民军，又摧毁农民军，从血泊中建立皇帝的宝座。赤眉失败以后，虽然还有不少称王称帝的地主武装，力量小的和残余的农民武装；但他的反动事业，基本上是胜利了。只是战争仍在持续。

公元二七年，在他的亲自督战下，盖延、吴汉消灭睢阳（今商丘）刘永。公元二九年，吴汉消灭刘永的儿子刘纡于郯；同年，岑彭、朱祐击灭黎邱（湖北宜城）秦丰，祭尊击灭渔阳彭宠；公元三〇年，马成击灭庐江（舒城）李宪；同年，吴汉击灭东海（江苏东海）；公元三二年，刘秀亲征其顽强敌人隗嚣，越二年，击灭隗军残部于天水；公元三六年，来歙、岑彭、吴汉、臧宫等经过数年的残酷战斗，才把刘秀最后一个大敌人公孙述消灭于成都——他曾占据西南和甘肃很宽地区，与刘秀同样自称皇帝，"都成都"，国号"成家"，"建元龙兴"②。最后，占据安定的卢芳，于公元三七年，

----

① 以上参考《汉书·王莽传》；《后汉书·光武帝纪》；《资治通鉴》；《通鉴纪事本末》；《后汉书·刘玄、刘盆子列传》、《王常列传》、《邓禹列传》、《冯异岑彭列传》、《吴汉列传》、《耿弇列传》、《马武列传》及其他有关诸人传。刘秀的计划是"要其还路"，赤眉军"若东走，可引宜阳兵会新安……若南走，可引新安兵会宜阳"。

② 据《后汉书·公孙述列传》和《华阳国志》卷第五，《公孙述刘二牧志》所记述。公孙述也和刘秀一样，起事是为维护汉朝制度出发的，即所谓"习汉家制度"，以"天下同苦新室思刘氏久矣！故闻汉将军到，驰迎道路。今百姓无辜而妇子系获，室屋烧燔。此寇贼，非义兵也。吾欲保郡自守以待真主"，为反对"虏掠暴横"的宗成、王岑等的号召。他起自小官，在哀帝时为清水（今甘肃秦州县）长，"后太守以其能，使兼摄五县，政事修理，奸盗不发……王莽天凤中，为导江（蜀郡）卒正，居临邛"。他起事后，自称"辅汉将军蜀郡太守兼益州牧"，（后于"建武元年（公元二五年）四月，遂自立为天子，号成家……建元曰龙兴元年"）攻占成都，"威震益部"，"兵力精强，远方士庶多往归之；邛筰君长，皆来贡献"。雄据西北的隗嚣，向他"称臣"；"越巂任贵，亦杀王莽大尹而据郡降"。"关中豪杰吕鲔等，往往拥众以万数……多往归述"。在整军、设防和攻取等方面，也都有一系列的措施，如："大作营垒，陈车骑，肆习战射，会聚兵甲数十万人，积粮汉中……"；"使将军侯丹开白水关（四川昭化西北），北守南郑；将军任满从阆中下江州（四川江北），东据扞关（湖北长阳西）"；"使将军李育、程乌将数万众出陈仓（陕西宝鸡）与吕鲔徇三辅（今陕西中部地区）"。在光武建武八年（公元三二年），隗嚣及公孙派往之援兵一同覆没后，又采取了如次一系列的防守措施："使〔王〕戎与领军环安拒河池（甘肃徽县）"；田戎、任满、程泛"将兵下江关（四川奉节东）；破虏将军冯骏等拔巫（四川巫山东）及夷陵（湖北宜昌）、夷道（湖北宜都西北），因据荆门（宜都西北）"。田戎等"横江水，起浮桥斗楼，立攒柱以绝水道；结营跨山以塞陆路"。当时四川的自然和社会经济条件也是较好的："蜀地沃野千里，土壤膏腴，果食所生，无谷而饱；女工之业，覆衣天下；名材竹干器械之饶，不可胜用；又有鱼、盐、铜、银之利，浮水转漕之便。北据汉中，杜褒斜之险；东守巴郡，拒扞关之口。地方数千里，战士不下百万。见利则出兵而略地，无利则坚守而力农。东下汉水以窥秦地，南顺江流以震荆、扬"。所以说："地险众附"，"蜀地肥饶，兵力精强"。刘秀派去进攻的大军，不断损兵折将，大将岑彭、来歙也都在进攻的过程中致死。因此说，公孙述是刘秀的最大敌人之一。他最后的失败，主要还在于内政上的错误和倒行逆施；加之"性苛细，察于小事，敢诛杀而不见大体"，招致人民怨恨、战士解体，即所谓"伤战士心"。其时童谣云："黄牛白腹，五铢当复"。又如《后汉书·独行列传》述处士李业不肯应其博士征召，便将业毒杀。正反映了这种情况（参阅晋袁宏《后汉纪·光武皇帝纪》）。

带领部下逃入匈奴。刘秀便统一了全中国，重新建立起地主阶级的统治①。

刘秀的汉朝，史家称之为后汉，因其建都东京（洛阳），又称东汉。

党锢之祸 后汉地主阶级的政权，也同前汉一样，掌握政权占据重要职位的，都是大商人大地主。刘秀本人原是常在南阳活动的大商人，他起事也受到大商人李通等的鼓动和赞助，跟他一同起事的，大都是他的同学同行，所以大商人地主在后汉，占有更重要的支配地位。中小地主在政治上仍是没有地位。他们能跻入政权机关的途径，也只有经过所谓贤良方正、孝廉、博士弟子、明经等选举；只是比前汉还多了所谓乡举里选、公府征辟一条门路。但前汉孝廉不考试文字，后汉从顺帝（刘保，公元一二六——一四四年）时起，却要试章句笺奏。

但后汉后期，从安帝（刘祜，公元一〇七——一二五年）以后，便常断断续续地发生骚乱和暴动，此仆彼起，到灵帝（刘宏，公元一六八——一八八年）时止，一共不下数十次，全国没一处平静。在阶级斗争形势日益严重的情况下，便又引起统治阶级的苦闷和其内部相互间的矛盾与疑忌。加之皇帝都因苦闷和酒色过度短命，继承人都是年幼的娃娃，太后也多是青年寡妇。他们认为只有外戚和宦官，是可信托的亲近，因此便产生外戚与宦官之互相排挤、残杀和相互继起专权的局面。从和帝（公元八九——一〇五年）时的外戚窦宪、宦官郑众开始，以后便继续有外戚邓隲→宦官江京、李闰→外戚阎显→宦官孙程→外戚梁冀→宦官单超……直至农民大暴动发生，才直接由地主阶级将军们的刀剑，把这种局面结束。（如《通鉴纪事本末》卷八《宦官亡汉》说：中平八年〔公元一八八年〕，盖勋与袁绍"谋共诛嬖幸〔小黄门蹇硕为上军校尉〕，蹇硕惧，出勋为京兆尹"。明年，袁绍又怂恿何进，请"太后尽罢中常侍以下"，不果行，又"向太后请尽诛诸常侍"。何进反为宦官张让、段珪等所杀。"进部曲将吴匡、张璋……欲引兵入宫，宫门闭。虎贲中郎将袁术与匡共斫攻之……术因烧南宫青锁门……让等……将太后、少帝及陈留王……从复道走北宫。"绍遂闭北宫，勒兵捕诸宦者，无少长皆杀之，凡二千余人"。张让、段珪等胁少帝与陈留王出走，河南中部

---

① 参看《后汉书·光武帝纪》、《隗嚣公孙述列传》及吴汉等有关诸人传，《后汉纪·光武皇帝纪》；《华阳国志》卷第五。

掾闵贡追至小平津河上，"手剑斩数人"，张让等"遂投河而死"。他们为着相互倾轧，争权夺利，便都树立私党，分布中央机关和全国郡县；只要是他们的私党或走他们门路的，都能有官作，并且升得快。同时，由于财政困难，汉朝政府又扩大卖官鬻爵。只要有钱便都可以作官，无钱就莫要问津。因此搞得社会黑暗不堪，无法无天，是非颠倒，邪气笼罩一切，越加深了社会危机。

因此，经过选举途径而来的知识分子，除非走外戚或宦官门路的，便大都不可能作到官，老的不能派出去，新的又一批一批的不断选出来；人数越来越多，后汉政府便把他们都送进太学，最后聚集到三万多人，其中有不少六十多岁的老年。太学原来是为贵族、大官僚子弟特设的，现在却成了中小地主出身的知识分子候差的旅馆。

这种中间阶级出身的太学生，在政治上本来就是较敏感的，从其家庭的利益和自己的前途上，原来就和大地主统治集团有不少矛盾。在当时的情况下，他们家庭的地位更不稳定，许多中小地主相继失去土地，沦降到农民的地位；他们自己的名利前途，也是一团漆黑；特别是地主阶级的社会危机，越来越严重，总暴发的形势一天天迫近。国事、家事、自身的前途，在在都足以使他们忧虑和愤怒。但他们不能从汉朝社会制度的根本上去了解，反而并不反对那种社会制度；认为那种种坏现象，都是由于万恶的外戚和宦官造成的。因此，为挽救社会危机，解决自身问题，他们便要求改良，要求罢斥宦官，严明纪纲，改良朝政，并相互砥砺名节，明辨是非，不畏强御，挽回风气，保持自身纯洁（清高），绝不同宦官妥协。

他们利害共同，气味相投，在太学以内和以外，只要是见解相同的，都互相结纳；到公元一百七十年代，便以老名士陈蕃、李膺、王畅、太学生领袖郭泰、贾彪等为中坚，客观上形成一种政团。他们对当时专权的宦官和其党羽，都深恶痛绝，两派间的相互仇视和倾轧，也日益深刻。改良派对大宦官却没奈何，只有希望皇帝罢免他们；但对宦官的党羽是常能找得机会去制裁的。公元一六七年，因宦党河南妖人张成恃势纵子杀人，李膺正作河南尹，便杀成子抵命。宦官便密告李膺等豢养太学生，结党反对朝廷；并用皇帝（桓帝）名义下令把所谓党人李膺等二百多人逮捕入狱，严刑拷打。因各方面纷纷反对，许多大贵族和官僚也不同意，他们才得于同年七月赦放回家，"禁锢终身"。这就是第一次"党锢之祸"。

但他们只注重了眼前专权的宦官，却忘记了外戚。在这次党祸后，他们反去结纳外戚窦武，依靠外戚去反对宦官。公元一六八年一月，桓帝（刘志，公元一四七——一六七年）病死，以陈蕃为首的党人，便赞助窦武迎立灵帝，取得权柄。而他们铲除宦党的计划尚没布置好，宦党头子曹节、王甫等便挟制十二岁的娃娃灵帝，反诬窦、陈要阴谋废立。因之，又演出公元一六九年十一月的第二次"党锢之祸"：宦官拿着灵帝的手令，领兵四处搜捕党人，自李膺、范滂、杜密以下，被惨杀、处死、监禁、流徙的共六七百人。

他们没能进一步和当时的农民运动，特别是稍后十来年的农民大暴动相结合；其改良运动，就这样凄惨的结束了。

黄巾军起义　在地主阶级对农民肆行残酷剥削和严重的连年天灾下，益以宦官与外戚的黑暗统治，把广大人民推到死亡的边缘，便发生此仆彼起的农民起义，来结束后汉的统治①。

后汉农民暴动，到黄巾大暴动前夜，规模就比较大了。主要有骆曜为首的三辅（前汉首都长安的京畿区域）农民暴动。在暴动以前，他们曾经过一种组织酝酿和布置，把群众组织在所谓"妖道"的宗教团体内，并有着反映其素朴政治要求的教义。特别重要的，他们还有了一套对付敌人的办法——所谓"缅匿法"；形式虽是落后的，实质上，即在怎样隐蔽自己面貌，逃避敌人眼目，以及在军事行动中，怎样隐蔽自己，避免敌人袭击。这是一种素朴的秘密活动方式和游击战术。

黄巾军在大暴动以前，曾有着一种大规模的组织活动，还有一套相当严密的布置计划。他们的组织叫作"太平道"；据传还有一种藉教义反映其素朴政

---

① 例如《资治通鉴》卷五十四《孝桓皇帝上之下》："太学生刘陶上议曰：当今之忧不在于货，在乎民饥。窃见比年已来，良苗尽于螟螣之口，杼轴空于公私之求……伏念当今地广而不得耕，民众而无所食。群小竞进，秉国之位，鹰扬天下，鸟钞求饱，吞肌及骨，并噬无厌。诚恐卒有役夫、穷匠起于板筑之间，投斤攘臂，登高远呼，使愁怨之民响应云合，虽方尺之钱，何有能救其危也。"《后汉书》卷七《桓帝纪》也说："朕摄政失中，灾眚连仍。"，"京师旱，任城、梁国饥，民相食。"〔永兴〕元年……秋七月，郡国三十二蝗、河水溢，百姓饥穷，流冗道路，至有数十万户，冀州尤甚。"〔二年〕诏曰：蝗灾为害，水变仍至，五谷不登，人无宿储……川灵涌水，螟螽孳蔓，残我百谷……饥馑荐臻。"又《后汉书》卷七十八《张让列传》："张钧（按《汉纪》作钧均）上书曰：窃惟张角所以能兴兵作乱，万人所以乐附之者，其源皆由十常侍多放父兄、子弟、婚亲、宾客典据州郡，辜榷财利，侵掠百姓；百姓之冤，无所告诉，故谋议不轨，聚为盗贼。"

纲和思想的《太平清领书》①，从现在被篡改和伪造的《太平清领书》中，还可看出一些原始社会主义思想的因素。他们具体的组织内容，据传全国共分三十六方，方的主要负责人的称号，有大方和小方之分，领袖为张角、张梁、张宝等人；参加组织的人数共有百十万；组织散布的地区很广，青、徐、幽、冀、荆、扬、兖、豫八州，即今河北、山东、河南、苏北、皖北以至鄂西北，都有其组织，并深入到了皇宫内部②。

在起义以前，他们计划先把荆、扬两州的数万人集中，同时布置东京城内的信徒中常侍封谞、徐奉等作内应，约定三月五日（公历为四月三日）内外各处一齐发动。约定起义的秘密口号为："苍天已死，黄天当立，岁在甲子（按即公元一八四年，灵帝中平元年），天下大吉"；同时在东京及各州郡衙门的门上，用石灰写"甲子"二字。但大方马元义在东京布置工作，内奸唐周向灵帝告密，元义被捕牺牲。张角便紧急通知各方，即《皇甫嵩列传》所谓"晨夜驰敕诸方"，提早时期同日起义。轰轰烈烈的农民大暴动，便于甲子年二月（公历三月）在八州"一时俱发"，即总爆发了。领导大暴动的张角称天公将军，张宝称地公将军，张梁称人公将军。因为他们都头缠黄巾，所以被称为黄巾军。

暴动开始后，广大的群众被卷进了暴动浪潮，人数究竟多少，已没有材料来统计；但照汉朝官方所说各次战役中残杀的人数，以及所谓"残部"的众多来看，大概有几百万人。他们在政治上有些什么措施，已无记载可考；但他们到处烧衙门、杀官吏、抢财户。形势发展得像暴风雨一样，不到一月就卷遍了长江以北以至河北的广大地区；后汉政府的郡县官吏，不是被群众杀死，就是逃跑；东京戒严，即所谓"所在燔烧官府，劫掠聚邑；州郡失据，长吏逃亡。旬日之间，天下响应"。后汉政府急忙从事防卫首都的军事布置，派河南尹何进为大将军，统领皇帝的亲卫队左右羽林五营、警卫京师；东京四围的函谷、大谷、广城、伊阙、辕辕、旋门、孟津、小平津八个关口，都星夜派兵前

① 《后汉书·襄楷列传》。
② 《后汉书·皇甫嵩朱儁列传》："巨鹿张角，自称大贤良师，奉事黄老道，畜养弟子……符水咒说以疗病，病者颇愈，百姓信向之。角因遣弟子八人使于四方，以善道教化天下，转相诳惑。十余年间，众徒数十万，连结郡国，自青、徐、幽、冀、荆、扬、兖、豫八州之人，莫不毕应。遂置三十六方，方犹将军号也。大方万余人，小方六七千，各立渠帅。"

去防守。为着想骗老百姓，和缓群众斗争情绪，统一地主阶级内部力量，又赶即下令"大赦天下党人，……唯张角不赦"。为镇压暴动农民，一方面调集各地防军驰赴河北，统由北中郎将卢植指挥，对抗张角，并派左右中郎将皇甫嵩、朱儁领两路大军进攻颍川（禹县）黄巾军；另一方面又下令号召全国所有地方官和豪族地主，教他们自动组织武装起来"平乱"。

那三个屠杀人民的刽子手，最初都搞得很狼狈。朱儁当年五月才进到颍川，就被波才统领的黄巾军杀得大败；波才并把皇甫嵩包围于长社（河南长葛）；皇甫军的将校和士兵都很恐慌。由于大风沙，黄巾军的战斗情绪表现松懈，皇甫嵩便与曹操及朱儁残部内外配合袭击，黄巾军牺牲惨重。他们又乘机追击，并进而把汝南、陈国的黄巾军打败。至此，南阳和东郡的黄巾军，就都被隔断了。灵帝便命朱儁攻南阳，皇甫嵩攻东郡。卢植到河北，屠杀了不少人民，但也无法打垮黄巾军；灵帝把他撤职，改派董卓，也同样吃败仗。但皇甫嵩在东郡完成其屠杀人民的任务后，也全军进到河北。特别重要的，正在紧急关头，不幸张角病死（公元一八四年九月），黄巾军失去了一个最有威信、最有组织才能的领袖。旧历冬十月，张梁又堕入皇甫嵩的阴谋圈套，在广宗（河北威县东）战死，全军战死者三万人，入水死者五万人。十一月，皇甫嵩等又率领其各路大军，围攻下曲阳，张宝战死，全军战死者十余万人，但没有一个投降。英勇壮烈，足以流芳千古！

至此，以张角等为首的黄巾军的主潮，是停止流动了！但它却没有死灭，不只形成为无数的细流，并于公元一八八年，"郭大等起于西河白波谷"，攻占太原、河东，尤其是青徐一带的"黄巾复起"，攻占郡县，益州、汝南等地的黄巾军也乘机"杀刺史"、"攻没郡县"，又形成了黄巾军运动的第二次浪潮。

当黄巾军竖立起义旗后，各地非"太平道"的农民，也纷纷响应；在黄巾军运动的主力失败后也不断继起，各建名号。大者二三万，小者六七千，或以首领的特点为号，或以地名为号。计有：黑山（河南浚县西北）、雷公、黄龙、白波、左校、郭大贤、于氐根、青牛角、张白骑、刘石、左髭、丈八、平汉、大洪、司隶、缘成、浮云、飞燕、白雀、杨凤、于毒、五鹿、李大目、白绕、畦固、苦蝤、四营、雁门（今雁门）。其中以黑山最大（首领先为张牛角，后为褚燕，自褚燕联合各部才统称黑山），人数上百万，又恢复了黄巾的声势；但褚燕于黑山残败后，却出卖群众投降曹操。公元一八七年三月，河南荥阳群众又重新揭起义旗；十一月，湖南长沙有区星为首的起义……等等。特别是掀起黄巾军运动的第二次浪潮的主力青（胶东）徐（苏皖豫鲁边区一带）黄巾军，持续了长时期的斗争，直到后汉垮台，地主阶级还没能把他们消灭。

另方面，据传比"太平道"活动还早的"五斗米道"，教义和"太平道"一样。益州巴郡的"五斗米道"，也于张角等为首的黄巾军起义的同年秋七月起义，进攻郡县。在益州、汉中一带的"五斗米道"，由张陵、张衡到张鲁已活动了三辈子。黄巾军把后汉政权打烂后，张鲁也武装了一些信徒，想在益州实行教义。大贵族刘焉到益州，想利用张鲁，给了一个督义司马的小官笼络他，要他帮助张修去取汉中。张鲁在途中杀死张修，径自攻占汉中，自称"师君"。他们在汉中一面大杀恶霸地主，一面便实行其原始社会主义的教义，即地主阶级所谓"以鬼道教民"。其内容详细已不可考，只留下一点影子，即：他们在汉中，到处设立"义舍"，里面预备粮食、酒肉等等，往来的人，不论是谁，都可以到"义舍"吃饭、歇宿，不取分文；他们派到各级政权负责的，都叫作祭酒（都是从群众中提拔的，即所谓"信道深"的"鬼卒"），不叫作官，主要任务在实行教义和以教义教育人民；人民犯罪三次不罚，犯罪小的罚修筑道路。当地汉人和其他部族部落的群众都拥护张鲁，关中人民也成千成万的投奔他们。但张鲁后来在紧急关头却出卖了群众，投靠曹操。

因此，后汉的农民暴动，比前汉的内容大大丰富了；最主要的，他们已有了一种原始性的群众组织，原始社会主义的思想，也有了一套较落后的活动方式，对暴动也知去进行有组织有计划的准备和布置[①]。

第四节　两汉的国内各部落部族间的矛盾与对外战争

武帝勤远略　两汉对边境内外其他部落、种族或国家的战争，最初系为阻

---

① 以上参考《后汉书·孝桓帝纪》、《灵帝纪》、《皇甫嵩朱儁列传》、《卢植列传》、《董卓列传》及公孙瓒、袁绍等有关诸人传。《后汉纪·孝桓皇帝纪》、《孝灵皇帝纪》。《资治通鉴·孝桓皇帝》、《孝灵皇帝》。《三国志·魏书·武帝纪》、《张鲁传》、董卓、袁绍等人传；《蜀书·先主传》。

止他们的内侵或进扰，保障塞内居民的安居乐业①，尤其是对奴隶所有者国家的匈奴的不时进攻的自卫②；后来便转化为压迫他族的战争，而与大商人地主阶层的开发商路要求相结合，以后又转化为封建性的对外侵略战争。

当时汉朝边境四周内外各族，除匈奴外，大都还在原始公社制时期，并没有压迫他族或对外侵略的根据和要求，更没有领土观念；但他们为着争取较优良的生存空间条件，常不断进扰塞内或境内，杀死汉族居民，进行原始掠夺，这对于汉族居民，也是一种经常的灾难和危害。

两汉从武帝时起所进行的对国内各族的战争与对外战争，主要有五个方面，即：北面边境的匈奴族，西面边境的所谓"西域"各族，东北国境外的朝鲜族，东南和西南的马来种诸族。

北方经略和匈奴族 北方的奴隶所有者国家匈奴，从秦汉之间起，不断侵入汉朝境内的今甘肃、陕西、内蒙古西南部、山西，甚至曾迫近首都长安；汉朝政府从高帝白登（大同境）被围以来，多次"忍辱""和亲"③，直到武帝时，都没能阻止匈奴的入侵。塞内居民的生命财产遭受严重危害。武帝时，由于生产发展，汉朝力量已颇强大；但对于匈奴，最初还是防御的方针。公元前一三三年，匈奴又侵入今山西左云一带，武帝派韩安国、李广、王恢等领三十

---

① 《资治通鉴》卷二二武帝征和二年，武帝对卫青说："汉家庶事草创，加四夷侵凌中国……不出师征伐，天下不安；为此者不得不劳民。若后世又如朕所为，是袭亡秦之迹也。"正反映了其时对外战争的自卫性。

② 当时匈奴的内侵，早在汉高帝时，已显示其严重性。《汉书·匈奴传》："汉初定，徙韩王信于代，都马邑，匈奴大攻围马邑……引兵南逾句注，攻太原，至晋阳下。高帝自将兵往击之……冒顿阳败走……高帝先至平城，步兵未尽到。冒顿纵精兵三十余万骑围高帝于白登七日，汉兵中外不得相救。"《史记·匈奴列传》所记略同，但"三十余万骑"作"四十万"。《通鉴·汉纪》武帝太初四年说曰："高皇帝遗朕平城之忧，高后时，单于书绝悖逆。"关于匈奴当时的社会性质，《史记·匈奴列传》说："其攻战，斩首虏，赐一卮酒，而所得卤获，因以予之，得人以为奴婢。"《汉书·匈奴传》同此记载。《史记·匈奴列传》说："岁入边杀略人民畜产甚多，云中、辽东最甚，至代郡万余人，汉患之。"《后汉书·南匈奴传》：西羌掠汉民男女万余人，卖于匈奴。南匈奴乃还所钞汉民男女及羌所略转卖入匈奴者，合万余人。又《乌桓列传》记乌桓曾向匈奴进贡人口，三国时人鱼豢《魏略》说："资虏，匈奴也。匈奴名奴婢为资。始建武（后汉光武帝年号）时，匈奴衰，分去。其奴婢亡匿在金城、武威、酒泉北、西河东西，畜牧逐水草，抄盗凉州郡。落稍多，有数万；其种非一，有大胡、有丁零，或颇有羌杂处，由本匈奴奴婢故也。"这表明匈奴当时具有奴隶制度社会的一些主要特征。

③ 前汉对匈奴的"和亲"，据《汉书》各帝"本纪"及《匈奴传》所载，武帝以前，高帝、惠帝、文帝、景帝朝，以"宗室女"、"公主""下嫁"于匈奴单于（按即王之意）者共四次；武帝以后，有元帝时的一次。但性质是有区别的。

余万大军阻击；迫匈奴北走，却未加追击。嗣后匈奴仍不断进扰，公元前一二九年（元光六年），匈奴进至上谷（河北怀来南）；武帝乃又派卫青等四人各领兵一万，经今怀来、蔚县、托克托、雁门，分四路出塞；匈奴被击北去，也没穷追，仅于北境渔阳，屯兵防卫。自此匈奴每年入侵，对内地居民均"杀略"颇惨；汉朝政府，也每年派兵出击，但皆止于驱出塞外。公元前一二七年（元朔二年），武帝划河南（即秦置三十四县之河套地区）为朔方郡，筑朔方城，移民屯兵，希望一劳永逸。在此以前的六年间，虽然几乎连年都有对匈奴的战争、即所谓"兵连而不解"①，但在汉朝方面，主要都是从自卫和防御出发的。

但从公元前一二六年以后，情况就开始变化了。这年前去西域（当时对今玉门关、阳关以西地方之总称）探视商路的冒险家张骞，回到长安。他向武帝报告塞外的奇珍异物和奇风怪俗，劝武帝远征。这是从大商人地主打开商路的要求出发的。自此，汉朝对匈奴乃进而谋彻底解决，而此后对其他各族有的就转变为压迫的战争了。但对匈奴和进入新疆却是进步的、正义的。从公元前一二四年起，武帝便主动的不断派大军出塞远征，常深入几千里，至于今蒙古人民共和国腹地，并建筑城塞；同时对匈奴进行分化，使其统治集团内部分裂和自相火并。公元前一二一年（元狩二年），霍去病从陇西出塞，过焉支山（甘肃山丹县东）千余里；同年夏，去病、公孙敖等再度出征，去病又深入"胡地"二千余里，越居延（甘肃张掖东一千五百里），过小月支，至祁连山，迫匈奴大贵族浑邪王、休屠王降服，并使其自相火并。公元前一一九年（元狩四年），武帝希图最后征服匈奴，命卫青、霍去病各领骑兵五万，另马匹共十四万，步兵数十万，大举出征；卫青度过大漠千余里，追逐匈奴单于，北进至窴颜山（今蒙古人民共和国土谢图左旗北讷拉特山）；去病北进二千余里，捕俘匈奴领兵大将及亲王多人，斩获七万余，封狼居胥山（多伦北德尔山），禅（朝拜）姑衍（多伦），至瀚海（今内蒙古自治区西南部大戈壁）。此役汉兵斩俘匈奴人共八九万；汉军"物故者亦数万，汉马死者十余万匹"②。匈族人口并不多，据称"控弦（即能参加战斗）之士"才"三十余万"，加之连年

① 《史记·平准书》："及王恢设谋马邑，匈奴绝和亲，侵扰北边，兵连而不解，天下苦其劳。"
② 《汉书·匈奴传》。

死伤和投降，留下的人口就渐趋减少了。自后匈奴虽仍不时入侵，但已不似过去那样嚣张和大规模的行动，常不敢和汉军正式接战，每每是乘虚进袭、从事房掠，并对汉廷表示尊崇。汉军除防御外，仍继续组织了几次的大军远征，深入匈奴后方。至此，匈奴便被迫步步深入到今蒙古人民共和国地区乃至其西北，大漠以南，便没有和汉朝敌对的匈奴"王庭"了。武帝在战胜匈奴的过程中，先后于朔方以西至令居（甘肃永登）及其以西以北的广大地区，设置酒泉（甘肃酒泉）、武威（甘肃武威）、张掖（甘肃张掖）、敦煌（甘肃敦煌）等郡，移民、置官、开渠、屯田、设防，并隔断匈奴和"西域"的联结，阻止其对"西域"的侵袭。《后汉书·西羌传·羌无弋爱剑传》也说："及武帝征伐四夷，开地广境，北却匈奴，西逐诸羌。乃渡河湟筑令居塞，初开河西，列置四郡，通道玉门，隔绝羌、胡，使南北不得交关。于是障、塞、亭、燧，出长城外数千里。"

到武帝末年，汉朝的国力已衰落，特别是国内阶级斗争的形势严重，因此对匈奴又转取防御方针。公元前一百一十年代末，匈奴复南下，公元前一〇二年侵扰甘肃边境。武帝命徐自为领兵堵截，并自五原延长至西北卢朐山，筑城障列亭，派游击将军韩说防守；路博德于居延泽（张掖东北）也同样建筑防御工事。匈奴东进入定襄、云中，武帝又派兵堵截；同时又一面采取"和亲"等妥协办法，一面又进行分化。公元前九九年、公元前九七年（天汉二年、四年），李广利、路博德等的两度出击，仍是由于匈奴不断"扰边"而采取的一种防御手段。匈奴奴主集团则一面不断侵扰，实行军事掠夺，一面又向汉廷朝贡。

到公元前七三年宣帝登位以后，由于汉朝社会又有一时的小康情况，因此又由防御转成进攻。公元前七二到公元前七一两年，便有田广明、范明友、韩增、赵充国、田顺等五将军，分领骑兵十余万，出塞远征，都深入千数百到两千里；另校尉常惠以乌孙兵五万余骑自西方入，合汉兵共二十余万，除五将军斩获外，常惠所率乌孙兵即斩获匈奴亲王以下近四万，获马、牛、羊、驴、骆驼七十多万头。"然匈奴民众死伤而去者，及畜产远移死亡不可胜数。"[①] 自后又继续派兵出征、筑城、设防、屯田。同时又因"经略"西域成功，至公元

———————
① 《汉书·匈奴传》。

前五一年（甘露三年），匈奴各部都前来朝见，呼韩邪单于率其部落请准其留居漠南光禄塞下，散在最北面的郅支单于也遣使来进贡。论功行赏，对"远征"有功的将军们，宣帝便一一为之画像悬挂于麒麟阁。

但汉朝自公元前四九年宣帝死后，又重新走向下坡，对匈奴的侵扰又步步走向防御、妥协的方针，直至前汉垮台。因此常靠羁縻漠南的呼韩邪部，去牵制漠北的郅支部，王昭君（名嫱）出塞，下嫁于呼韩邪单于的故事，就是这样产生的①。

刘秀重建其后汉的政权后，对匈奴和其他种族与部落上层集团或其统治阶级的入侵或进扰，也继续前汉末期以来的防御方针：筑亭障、修烽燧，派兵防守。但到明帝时，汉朝国力又渐次上升，特别是商业资本的活跃，又出现了班超、甘英一流的商路探险家，因此又由防御转向进攻。从公元七三年（永平十六年），祭彤、窦固、耿忠、耿秉、秦彭等分率大军远征北匈奴，又开始了对匈奴的不断进攻。长期被攻击的结果，北匈奴人口大减少，又被割裂为各个部分，除有些所谓"降附"汉廷的部分外，从公元八五年（章帝元和二年）起，便被迫向西方移徙。公元九一年（和帝永元三年），窦宪想乘机把北匈奴全部消灭，派耿夔、任尚等领兵出居延塞，穷追五千余里，公元九三年（永元五年）复令王辅等以快速骑兵部队追击。至是北匈奴的主要部分，便离开今蒙古人民共和国地区，向欧洲移动；有些史家认为他们西移后，便成为以后匈牙利民族的主干。《后汉书·窦宪列传》说："北单于逃走，不知所在"，其余北匈奴族的各残留部分，便慢慢合并于鲜卑等各族。所以桥本增吉考证说：

---

① 《汉书·元帝纪》："竟宁元年（公元前三三年）春正月，匈奴呼韩邪单于来朝……赐单于待诏掖庭王嫱为阏氏。"两《汉书·匈奴传》均说昭君"生一男伊屠智牙师，为右日逐王"，后迁右谷蠡王。"呼韩邪死，雕陶莫皋立，为复株累若鞮单于……复妻王昭君，生二女，长女云为须卜居次（按亦名伊屠居次），小女为当于居次"。王莽曾令匈奴单于派须卜居次"入侍"太后。杜甫《咏怀古迹》："群山万壑赴荆门，生长明妃尚有村（《一统志》：昭君村在湖北宜昌府兴山县南）。一去紫台连朔漠，独留青冢向黄昏（按昭君墓在今内蒙古自治区首府呼和浩特南三十里）。画图省识春风面，环珮空归月下魂。千载琵琶作胡语，分明怨恨曲中论。"注引《蔡邕琴操》云，"昭君年十七，献于元帝，积五六年不得见御。"

江淹《恨赋》："明妃去时，仰天太息。"《西京杂记》云："元帝后宫既多，使画工图形，按图召幸。宫人皆赂画工，昭君自恃其貌，独不予。乃恶图之，遂不得见。后匈奴来朝，求美人为阏氏（意即王后）。上以昭君行。及去召见，貌为后宫第一。帝悔之，穷按其事。画工毛延寿弃市。"这是故事的基本内容；而其真实的历史背景，乃是到元帝时，汉朝廷对匈奴又采取了妥协方针的具体表现。

"留在当地的北匈奴余种近十余万部落,皆自称鲜卑而服属之"①。

通西域 汉朝所谓"西域",包括今甘肃边沿一部、新疆维吾尔族自治区及葱岭以西中亚一部分地区。在这个地区内,当时散布很多种族和部落,据张骞说,有三十六国,后又分为五十余小国,最大部落有月氏(今克什米尔及阿富汗北境)、乌孙(今伊犁河东南源特克斯河畔)、大宛(今苏联浩罕地)。汉廷对西域的主要企图:是打开到西域通罗马和通印度的商路,取得所谓汗血马、宝石或所谓"奇物土著"等,截断匈奴族右臂并把它孤立;他们也"贵汉财物"②。

公元前一三八年,商路探险家张骞(汉中人),为要探出到大月氏的道路,从长安出发西进,到达今新疆及葱岭以西,往返并十三年。他回到长安后,向武帝报告天山南北两道的乌孙、车师、焉耆、龟兹、温宿、疏勒、楼兰(即鄯善)、于阗、莎车(以上均今新疆境),及葱岭以西的大宛、康居(哈萨克右部地)、奄蔡(康居西北里海北)、大月氏、安息(今伊朗北境)等所谓"三十六国"的地理、物产、民俗等情况,又极力劝武帝联合乌孙,服属诸国,夹击匈奴。公元前一一九年,他得到武帝赞许,带领三百个精壮,携带金、银、币、帛等很多礼物(实即商品),再度出使西域;到乌孙后,又派其随从分往西域其他诸国,并派人赴身毒(即今印度)。所谓西域三十余国,便都与汉朝建立关系,承认对汉廷朝贡,只有到身毒的路没打通。安息收到张骞的礼物,便"献"给汉朝大鸟卵及犁靬眩人。武帝听说大宛的马最好,又派壮士车令等以巨金赴大宛换善马,被大宛拒绝。公元前一〇四年(太初元年),武帝便派李广利带骑兵六千及"郡国……少年"共数万人,远征大宛;公元前一〇二年(太初三年)又增调"郡国……少年"六万人(其中士兵大都为劳动人民)西征大宛。大宛求降,"献"马三千余匹。其他各部看见汉朝兵力强大和仰慕汉文物,都派子弟随李广利来长安。至此所谓西域诸国都成为汉朝属领。

———————————

① 见桥本增吉著《东洋史讲座》。

② 《史记·大宛列传》:张骞使西域还,为武帝具言大宛、大月氏、大夏、康居、乌孙、奄蔡、安息、条枝等国地理、民俗、物产等;并云"臣在大夏时,见邛竹杖、蜀布。问曰:'安得此?'大夏国人曰:'吾贾人往市之身毒。'身毒在大夏东南可数千里……以骞度之:大夏去汉万二千里,居汉西南;今身毒国又居大夏东南数千里,有蜀物,此其去蜀不远矣……天子既闻大宛及大夏、安息之属皆大国,多奇物土著……贵汉财物。其北有大月氏、康居之属……可以赂遗设利朝也。且诚得而以义属之,则广地万里,重九译,致殊俗,威德遍于四海。天子欣然以骞言为然。"

汉朝大商人地主为统治西域各部，又进行屯田，西去"少年"便以其先进的生产技术和经验，协同当地人民开发"西域"。武帝死后，由于楼兰、龟兹等部上层勾结匈奴，袭杀轮台屯田校尉。傅介子在当地人民的支持下，便刺杀楼兰酋长，另立酋长，并改楼兰为鄯善，屯兵于伊循城，派司马一人，吏士四十人屯田，从事镇守。宣帝登位以后，常惠又以龟兹杀汉校尉赖丹，率吏士五百至乌孙，又征发各部落武装共四万七千人，围攻龟兹，龟兹表示服从。汉朝政府于公元前六七年（地节三年），派郑吉、司马憙为侍郎、校尉，带领免罪刑人屯田渠犁（在轮台东南）。到公元前六〇年（神爵二年），郑吉在事实上成了"西域"各部的统治者，因此，汉朝又派他为"西域都护"，在龟兹的乌垒城建立起"西域都护府"，以督察乌孙、康居等三十六国的动静。至此，西域各种族和部落都完全成了汉朝的属领，给其时比较落后的各种族和部落以先进的生产品、生产经验、技术和文化，特别是以大量有先进生产经验和技术的汉人士兵在当地屯田，对开发"西域"生产起了重大作用，开辟和密切了各族人民间经济、文化的联系；而又打开了东西的交通①，这是对人类文化起了促进作用的。

王莽时，"西域都护"等，由于失去朝廷支援，没有力量控制各族。因此，"西域诸国"上层在匈奴统治者指使下充当其代理人，以及与之有姻亲关系的各部头人，纷纷离"叛"，自都护但钦和所谓"使者"以下，大都被焉支、乌孙等部杀死，"西域都护府"被搞垮。后汉政府成立后，前汉原来派在当地的"使者"等，得到鄯善、莎车各部酋长及人民的支持，再三请求刘秀重建"西域都护府"。但国内大商人地主在残破之余，兴趣不高，加之刘秀的力量也还顾不到。直到明帝登位以后，不只由于大商业资本的活跃，也为着孤立匈奴，公元七三年（永平十六年），"命将帅北征匈奴，取伊吾卢地，置宜

---

① 《史记·大宛列传》："自大宛以西至安息……其地皆无丝漆，不知铸钱器。"不只由汉朝输入铜、铁等金属品，汉朝政府并动辄就"赐"给成千成万匹的锦绣、缯布或缯彩和大量黄金，"岁以为常"，并开辟了从长安经"西域"横亘欧亚的大陆"丝道"。当时中亚和欧洲，不只都很想得到汉朝的丝织品等产品，而且汉朝的生产、技术和文化，是其时人类最先进的东西，所以他们都热望同汉朝建立经济交往和文化交流的关系。远在地中海沿岸的大秦（罗马）王也"常欲通使于汉"，而处在这条"丝道"必经之地的安息——《后汉书·西域传》大秦国条和《文献通考》都说——，"欲以汉缯彩与之交市，故遮阂不得自达。"其实所谓"丝"，不过是先进的汉朝的经济和文化的表征。

禾都尉以屯田,遂通西域。于寘诸国皆遣子入侍。西域自绝六十五载,乃复通焉"。二年,公元七四年,后汉政府又重建"西域都护"及"戊己校尉";以陈睦为都护,设"都护府"于伊吾卢(今新疆维吾尔自治区哈密),耿恭为"戊校尉",设幕府于后车师金蒲城(今新疆维吾尔自治区吉木萨尔),关宠为"戊己校尉",设幕府于前车师柳中城(今新疆维吾尔自治区吐鲁番),统辖"西域诸国"。章帝建初元年(公元七六年),"乃迎还戊己校尉,不复遣都护,明年,复罢屯田伊吾……时军司马班超留于寘,绥集诸国"。和帝永元三年(公元九一年),"班超遂定西域,因以超为都护,居龟兹,复置戊己校尉……于是五十余围悉纳质内属"。至此,后汉政府不只又重建了对"西域"各部的统治机构,并较前汉更严密,地区也更加扩大了。而且连所谓"条支、安息诸国,至于海濒,四万里外,皆重译贡献"[①]。班超通西域,又开辟了到波斯湾(亦说甘英所到的为地中海东岸)的交通,并引起罗马和中国交通的开始[②]。这是对人类文明有重大贡献的。

因此说,从汉朝起,葱岭以东的所谓"西域"地方,便开始成为中国的一个组成部分。从这时起,一方面西北各种族和部落便开始遭受封建王朝的长期统治;另方面,却使他们能直接接受其时人类最先进的汉朝经济、文化的影响和帮助,并在其后的长期间,能直接接受先进的汉族经济、文化的影响和帮助,特别是具有先进的生产技术、经验和文化的汉族劳动人民的留住当地与彼此合作,不断促起其历史前进,奠定了他们和汉族及国内其他各族人民间互助合作的基础,这是符合人民的利益和历史发展的要求的。

东北经略 汉朝政府对东北的鲜卑、乌桓等所谓东胡族各部,自始便是采取怀柔的方针。武帝为防御匈奴,登位之初,曾将乌桓族徙入上谷、渔阳、右北

---

① 参看《后汉书》明、章、和各"帝纪";《西域传》;窦固、班超等人传。《资治通鉴》。《通鉴纪事本末·西域归附》。《后汉纪·明帝纪》、《章帝纪》、《和帝纪》。

② 永元九年(公元九七年)"班超遣掾甘英穷临西海而还。皆前世所不至,《山经》所未详,莫不备其风土、传其珍怪焉。于是远国蒙奇兜勒皆来归服,遣使贡献。"又安息国条:"永元九年,都护班超遣甘英使大秦,抵条枝,临大海,欲度,而安息西界船人谓英曰:'海水广大,往来者逢善风三月乃得度;若遇迟风,亦有二岁者。故入海人皆赍三岁粮。海中善使人思土恋慕,数有死亡者。'英闻之,乃止。"又大秦国条谓到桓帝延熹九年(公元一六六年),经"日南徼外"开始了汉帝与罗马间的交通。范晔说:罗马输汉物品为"象牙、犀角、玳瑁……并无珍异,疑传者过焉。"(《后汉书·西域传》)

平及辽东的塞外，设立"护乌桓校尉"监视匈奴，藉以隔断匈奴进扰边境。但游牧部落的乌桓，仍不时对汉朝边境进行骚扰。后来霍光派兵镇压，把所谓东方的诸"蕃部"征服。公元前七五年，筑玄菟城（辽东新宾，后汉中叶又移至沈阳附近），镇守东方，同年又把乌桓迁至塞外。辽东镇守府的主要任务，便在羁縻东胡各部落。

侵略朝鲜 朝鲜在古代可能和商族是近亲，"武王革命"后，箕子率其一部分商族人民逃至朝鲜，是完全可能的，他们以当时较进步的奴隶制文化带到朝鲜，引起朝鲜社会的变动，给了朝鲜历史以相当影响，也是完全可能的。因此，说箕准是箕子的后裔，便不是全无根据。朝鲜民族对箕子的传说，是不会凭空产生的。至于所谓箕子的并田遗迹和今朝鲜民主主义人民共和国首都平壤的箕子庙，却可能是后人附会。

公元前一九五年，刘邦削除燕王卢绾，燕封主残余卫满率千余人，东走渡浿水（即鸭绿江）入朝鲜，服属于箕准；后又窃夺箕氏地位，建立所谓卫氏的朝鲜，都于平壤。卫满朝鲜的疆域，北包今辽宁东北的一部，南达今朝鲜半岛的中部汉江流域。

汉武帝登位后，基于大商业资本的要求，想寻找一条经朝鲜到日本的通路。公元前一〇九年（元封二年），更派遣涉何去朝鲜同卫满的孙卫右渠谈判，要右渠接受册命，作汉朝的藩属；右渠不同意，涉何为图虚报功劳，将送他出境的朝鲜裨王长刺杀于浿水边，归报武帝说杀朝鲜大将，武帝便命他任辽东东部都尉；右渠出兵攻杀涉何。因此，武帝便派水陆两路大军夹击朝鲜，楼船将军杨仆领水军，从山东航渤海，趋今朝鲜镇南浦，左将军荀彘领燕、代之兵出辽东。两路大军会师平壤，右渠殉国；同时征服南鲜诸部落（当时朝鲜各部，似乎都还在原始公社制时期①），把全朝鲜征服，"为真番、临屯，乐

---

① 《后汉书·东夷列传》：高句骊，"无牢狱，有罪，诸加评议便杀之，没入妻子为奴婢。其昏姻皆就妇家……"。东沃沮"臣属句骊，句骊复置其中大人（遂）为使者以相监领，（贵）〔责〕其租税，貂布鱼盐，海中食物，发美女为婢妾焉"。"海中有女国，无男人"。马韩"邑落杂居，亦无城郭……不知跪拜。无长幼男女之别。不贵金宝锦罽"。秦韩（即辰韩）"有城栅屋室。诸小别邑，各有渠帅……土地肥美，宜五谷。知蚕桑，作缣布……国出铁。涉、倭、马韩，并从市之"。"弁辰与辰韩杂居，城郭衣服皆同……其国近倭"。依此，当时朝鲜族各部，最进步者也似乎才进到父系家长制的奴隶制时期，最落后者则似乎还在母系本位的原始公社制时期。

浪、玄菟四郡"①。自此，便打开了和日本九州地方的交通。这种国际交通线的开辟，对其后的东亚文化，尤其对日本民族文化的发展，是起了促进作用的。汉朝地主阶级的封建主义侵略，对于朝鲜族说来，一面使它在当时蒙受了损害；一面又给它以其时人类最先进的经济、文化的影响，推动了朝鲜社会的发展②。

闽越东瓯和南越　散布在今浙江、福建的马来种部落闽越、东瓯诸族，以及越族与汉族杂居的南越，原先都是秦朝的属领，汉初，又是汉朝地主政府的属领。在"吴楚七国之乱"以前，闽越（福建闽侯一带）和东瓯（浙江永嘉一带）事实上都是吴王刘濞（刘邦兄刘仲子）的属领。"吴楚七国之乱"时，东瓯被调参加反对汉廷的战争；七国失败后，东瓯杀刘濞，仍作汉朝属领；刘濞的儿子刘驹逃到闽越，结合闽越进攻东瓯，企图死灰复燃。武帝当时才登位不久，但很重视这个政敌（七国余孽）的行动。因此他便派严助领会稽兵航海救东瓯，目的在讨伐刘驹。结果，东瓯王要求北徙，便迁其部落于长江淮河间，但仍令其聚居；对闽瓯未加一兵，仅在解决刘驹。

但以武帝为首的汉朝对外战争，转成封建侵略性的战争后，对国内的这种种族和部落，也便疾急去扩大其大汉族主义压迫政策了。因此，对东越、闽越，便借口其"反叛"无常，于公元前一一〇年令杨仆等领兵"征讨"；将东越部众徙至长江淮河间，并令其分散，实行封建的大汉族主义同化政策。

对南越，又为着贪图琥珀、玳瑁、珊瑚、玛瑙、象牙、海味等等东西，以及到南洋的商路，也步步加紧其封建的大汉族主义支配。

南越的地区，就是原先秦朝所设置的南海、桂林、象郡三郡；秦汉间，秦朝委派的南海郡尉任嚣死后，龙川令赵佗（真定人）代替他，便凭藉秦朝的屯戍兵和移住的汉人，并三郡为南越，自称南越王，汉高祖便给了他这个封号，文帝时他又一度自称皇帝，不久又上表称臣，仍改称南越王。

正当武帝扩大封建侵略和加紧压迫国内其他各族的时际，适闽越进扰南越，南越报于武帝。汉政府便以讨伐闽越作题目，派大军入南越，派员监视南

---

① 《汉书·西南夷两粤朝鲜传》。

② 《文物参考资料》一九五〇年十一期《朝鲜史话》，关于"汉族文化的影响"对朝鲜所起的"进步作用"说，如近在平壤附近发掘的汉乐浪郡治，得到无数汉瓦片、瓦当、泥封、漆器、用品等等，"不可胜数，充分表现着灿烂的汉代生活样式"。

越王内政，并于重要地点配置两千驻屯军。公元前——二年（元鼎五年），越族和原住汉族的上层统治人物共同发动反对汉廷的大事变；他们以南越丞相吕嘉为首，杀死亲汉的太后樛氏等及汉政府派驻南越的官员，解决汉廷的驻屯军，和汉廷断绝关系。因此武帝又派伏波将军路博德、楼船将军杨仆，率十万水陆大军南征；公元前———年"平南越"，划分南越全境为南海（旧广州府属）、苍梧（今广西僮族自治区旧梧州府属）、郁林（今广西僮族自治区旧浔州府属）、合浦（广东旧雷州府属）、珠崖（旧琼州府琼山县东南）、儋耳（旧琼州府儋县西）、交趾、九真、日南（均越南）九郡。

至此，便正式开通了中国和南洋的海陆交通，并开始了中国和中亚及欧洲的海道交通。

西南经略 武帝以前，巴、蜀、广汉境内的其他种族和部落与汉人的经济、文化已有了较密切的联系，并获得初步发展；但进一步发展，连同汉区在内，是在景帝、武帝间有名的文翁为蜀守以后①。今贵州、广东、广西、云南等省及四川省的原西康等地区境内其他种族和部落，原来也都是较落后的，与汉廷政治上的联系也是较薄弱的，甚至是隔绝的。只是在若干地区，他们和汉族人民间，已形成了相互杂居和经济、文化上的依存关系，如沿五岭南北地区、广东旧广州府属以及巴、蜀、黔中等地区，迁入汉人或所谓"谪戍民"与原住各部"杂处"等等；在南越，并出现了赵佗为首的政权。在经济的联系上，在西南，如所谓"巴蜀民或窃出商贾，取其笮马、僰僮髦牛"；在两粤，唐蒙在南粤（广东番禺）吃到"蜀枸酱"，说是四川商人"持窃出市夜郎（今贵州西境，治桐梓）"，经夜郎由牂柯江（今濛江，源出贵州惠水，经今广西僮族自治区入广东为西江），转入南粤；张骞在大夏看到蜀布、邛竹杖（蜀

---

① 《汉书·地理志》："巴、蜀、广汉本南夷……民食稻鱼，无凶年忧……景、武间，文翁为蜀守，教民读书法令。"《汉书·循吏·文翁传》说："文翁，庐江舒人也……景帝末为蜀郡守……见蜀地辟陋，有蛮夷风；文翁欲诱进之，乃选郡县小吏开敏有材者张叔等十余人……遣诣京师，受业博士或学律令……数岁，蜀生皆成就还归，文翁以为右职，用次察举，官有至郡守、刺史者。又修起学官于成都市中（按《华阳国志》说：文翁立文学精舍、讲堂，作石室在城南），招下县子弟以为学官弟子，为除更徭，高者以补郡县吏，次者以孝弟力田；常选学官僮子，使在便坐受事……縣由大化，蜀地学于京师者比齐鲁焉。"文翁在蜀，除大兴文教外，又大力开发生产。如《华阳国志·蜀志》说："文翁为蜀守，穿江口，灌溉繁田千七百顷。"四川各族人民纪念文翁为人民兴利的功绩，"为立祠堂，岁时祭祀不绝"（《本传》）。

郡即今四川成都出产的布、临邛即今邛崃县出产的竹杖），说是"从东南身毒国（即今印度）……得蜀贾人市"；唐蒙到夜郎，"夜郎旁小邑皆贪汉缯帛"。这反映了当时经济联系方面的一般情况。武帝登位之初，另一商路探险家唐蒙，探知西南有"夜郎国"，请求武帝派他通夜郎，利用夜郎"精兵"，"浮船牂柯江，出其不意"以制粤①。武帝乃给予他郎中将的名义及兵一千。公元前一三〇年（元光五年），唐蒙从筰关（四川合江）进到夜郎；夜郎酋长多同没有敌视他，他便把夜郎及其"旁小邑"建立犍为郡②，设机关于今贵州遵义，后又迁至僰道（四川宜宾），对当地各部落开始按照汉朝制度去进行统治。唐蒙又"发巴、蜀卒治道，自僰道指牂柯江"，"作者数万人"，"凿山开道千余里"③。蜀人司马相如，继唐蒙之后，也在武帝那里要到一个郎中将（《汉书》也作郎中将）的名义，通"西夷邛、筰"。相如也在邛、筰"置一都尉、十余县，属蜀"；但由于当地各部落上层的反对，加之"耗费无功"，公孙弘等也极力反对，武帝乃下令"罢西夷，独置南夷两县一都尉。稍令犍为自保……"。

原先张骞从西域回长安时，向武帝说，身毒在大夏东南，去蜀必不甚远。公元前一二二年（元狩元年），他建议从西南去探出直达身毒的道路，"于是天子乃令王然于、柏始昌、吕越人等十余辈，间出西南夷，指求身毒国，至滇"④。要求"滇王"服从汉朝，"滇王"不答应。公元前一一〇年（元封元年），武帝发兵击南粤，"会越已破"，"中郎将郭昌、卫广引兵还，行诛隔滇道者且兰"⑤。"遂平南夷"为牂柯郡。元封二年，便发兵攻滇，"滇举国降"，乃设置益州郡，并赐予"滇王"印绶。至此，今四川、贵州、云南、广东、广西僮族自治区境内各部落的酋长，都相率臣服汉廷，接受汉朝建制。因而便

① 《史记·西南夷列传》。《汉书·西南夷两粤朝鲜传》。
② 《十三州郡志》："有犍为山，因置僰道以属焉。"
③ 《史记·平准书》。《汉书·西南夷两粤朝鲜传》。又据郦道元《水经注》说：僰道县，"高后六年城之。汉武帝感相如之言，使县令南通僰道，费功无成；唐蒙南入斩之，乃凿石开阁，以通南中，迄于建宁，二千余里。山道广丈余，深三四丈，其鏨凿之迹犹存"。按《水经注》所述建宁道即秦之五尺道，唐之石门路。
④ 《史记·西南夷列传》。《汉书·西南夷两粤朝鲜传》。
⑤ 《汉书·西南夷两粤朝鲜传》说："滇王与汉使（王然于等）言：'汉孰与我大？'及夜郎侯，亦然……使者还，因盛言滇大国，足事亲附……及至南粤反，上使驰义侯因犍为发南夷兵；且兰君恐远行，旁国虏其老弱，乃与其众反，杀使者及犍为太守。"这就是所谓且兰"隔滇道"的经过。

形成郡县制和部落制交错并存的情况。汉朝政府便前后建立且兰为牂柯郡（贵州福泉）、邛都为越嶲郡（四川西昌）、筰都为沈黎郡（四川汉源）、冉駹为汶山郡（四川茂县）、广汉西白马为武都郡（甘肃成县）、云南为益州郡，后又置零陵郡（今广西僮族自治区全县）。

至此，汉朝政府便展开了对西南的开发。这在一方面，西南各族人民从此便长期间蒙受封建朝廷的统治；另一方面，从这时起，他们就都成为祖国大家庭的成员，直接接受先进的汉族经济、文化的影响和帮助，并打下了各族人民间日益密切的互助合作的基础。

第五节　哲学、宗教、科学、文艺

哲学　两汉哲学思想，主要有两个流派，即为地主阶级服务的唯心论哲学和为人民主要为农民服务的唯物论哲学。

为地主阶级服务的哲学思想，前汉初的主要代表者有贾谊、陆贾和《淮南子》。贾、陆的哲学，适应于汉初的社会情况，一面适应于集权主义，继承《商君书》、《吕氏春秋》以来的法术思想，只是不再强调"变法"的观点，而强调立"法"的观点；一面适应于地主阶级的统治要求，又继承儒家学的"三纲五常"和"修身、齐家、治国、平天下"的教旨；一面适应于地主阶级的改良政策和其恢复生产的要求，所以他们也反映了一点所谓"黄老之道"的思想。《淮南子》不是淮南王刘安的作品，而是他门下的一些知识分子共作的；但也反映了刘安的一些思想形态，所以全书有不少矛盾的观点。它一面肯定"常道"，另一面又承认变；一面承认客观的存在和其发展，表现了唯物论倾向，另一面又有一个不变的精神的东西在主宰一切，所以他们的所谓变，究极上不是往前变，而是往后变。这正表现了当时那种诸侯王的要求和思想，都自相矛盾。

适应汉朝经济的发展，统治制度的完全确立，特别是阶级矛盾的发展，地主阶级要求有一套统治农民的精神武器，因此便产生武帝时的董仲舒哲学。它的全部体系，基本上是孔孟以来儒家学的一贯精神，是以"三纲五常"作中心的。"三纲五常"就是中国封建统治阶级代代相承的最根本的东西。只是一方面，适应于后期封建的专制主义和皇帝的现实地位，以及专制政府政权分配的现实情况，他确认有一个最高的神即上帝在主宰宇宙的一切，一切现实的客观世界的东西，不只都要受神的意志支配，而且都是神身的各个部分的显现：皇帝是神的亲子，是神派来统治人的世界的，是神的首脑的显现；其他三公、九卿、元士……是神的耳、目、口、鼻、手、足……各个部分的显现，是派来帮助皇帝的。各种自然现象，都是神的意志的表现，是神对他儿子的指示，对人类所表示的赏罚。这样，他把孔、孟的儒学，尤其把孔丘学，降低为最露骨最反动的神学。另方面，适应于当时中间阶层的地位，特别是地主、农民两个敌对阶级的情况，他又创造出所谓"性三品"论，认为人类的本性大分为三品：第一品是性善的，即不劳而食的地主阶级统治集团的本性；第二品是可善可恶的，即中间诸阶层的本性；第三品是从娘肚里生出来就是恶的，没有改造的可能，即农民、手工工人等被统治阶级的本性。这就是他的最反动的阶级论。他这种最反动的哲学思想，不只受到当时统治集团的喝彩，封他为"汉代孔子"；而且其反动思想的基本精神，实支配了专制主义封建制全时期的地主哲学思想。后汉的荀悦和唐朝的韩愈，都重复了他的性三品论。

董仲舒以后，在阶级斗争尖锐化的基础上，在地主阶级各阶层利益的相互矛盾的基础上，反映为地主阶级的政治主张和哲学的分化。因此，董仲舒哲学便分化为以后"经今文学"和"经古文学"两个流派（董仲舒自己也是经今文派）。两派的基本精神并没有什么不同，而且都把董仲舒的神学，演为谶纬或符谶的无稽论说，只是前者在"安刘"的政治主张的基础上，而强调董仲舒的"天不变，道亦不变"的精神的一面；后者在"易姓"和改制复古的基础上，而有着一点变的思想，但也不是往前变，而是往后变。但"经古文派"在后汉，更表现着一种消极的人生观。到后汉末期，由于地主阶级无法解决当前矛盾，对现实局势的挽救感觉失望，因此又形成一种颓废的人生观和隐逸、出世的思想。仲长统的《乐志论》，叙述了这种人生观的基本态度。

不过被称作"经古文派"的扬雄，却与刘歆等人不同。扬的《太玄》、《法言》，不只反对当时的谶纬说，反对董仲舒的神学和性论，认为人性善恶混；而且在认识论上，接触到唯物论的观点，他可说是哲学上的二元论者。他在形式上虽属"经古文派"，实质上却是中间阶层的代言人。

和唯心论哲学对立的有反映人民、主要是农民的一些思想感情和要求的王充哲学。他不只根本否认神的存在，严厉申斥"天人感应"说的无稽；而且确认宇宙一切都是客观地存在着的，万物的生成和死灭，都是自然的规律。他认为最根本的东西，就是他所称作阴阳二气的物质因素，例如母体受孕怀胎，是由于父体的阳气的东西和母体的阴气的东西二气交错而来。人类的寿夭、智愚、身体强弱等等，都不是先天的，而是后天的环境条件决定的。最后他把董仲舒的性三品论根本推翻，从唯物论的观点上，确认被统治的劳力的人，品质最善良；饱食终日无所事事的地主阶级，品质却是最恶劣的；中间阶层之所以可善可恶，也是条件决定的。他的哲学是有一种较完密系统的中世唯物论哲学。只由于他和农民的实际斗争脱了节，所以他又曾过分强调教育的作用，表现着他哲学思想中的唯心论倾向。

宗教　老子哲学、特别是庄子哲学，从秦朝，就开始被神化为宗教的教义，并伴同而开始形成了一种宗教的雏形。这就是所谓神仙方士之术的实质。汉初的统治阶级，以所谓"黄老之道"，作为复员劳动人口、统治人民的武器。这说明，道教一开始就是统治阶级的宗教。不过在秦汉，它还没能把佛教、也没有把巫教的某些因素吸收，还没有成为一种完成的宗教。

武帝"经略"西域，打通中国和中亚的交通，产生在印度的佛教，便开始从大月氏和安息传入中国。据传霍去病攻匈奴，携回休屠王的"金人"，长丈余；武帝列之于甘泉宫，只焚香礼拜，不祭祀。哀帝时，秦景宪在大月氏，受伊存口授浮屠经；这是佛经传入中国的开始。到后汉明帝时，派蔡愔、王遵等十二人赴天竺求经，携回"佛经四十二章"，并有沙门摄摩腾、竺法兰同来洛阳；此后中国便有佛教和沙门，信仰佛教的人，也一天天多起来。佛教创始者释迦，是印度贵族的儿子（所谓迦维卫国的王子），他教义的基本旨趣，认为一切都是假相（法），都是无有，只有精神是存在的，但也是不可想象，是"妙"化无穷的。他意境的最高境界，便是所谓"真如"。"众生"都是被外界所"迷"。要苦行修炼解脱现实世界一切的迷，解脱肉体，甚至解脱精神，才能"悟"到"正果"。很明白，佛教的教旨，是没落大贵族思想形态的反映；佛教是贵族的宗教。所以佛教在汉朝，信奉的都是一些贵族、大地主。不过他又有一种较通俗的，拿去统治人民精神生活的小乘教宗，即所谓生死轮回、天堂、地狱一类的迷信欺骗。另方面，印度佛学在释迦以后又分化出唯物论学派，代表着不同的阶级。

　　不过佛学是表现一种较高度的思维能力的东西，它传入中国以后，对中国中世哲学思维力的提高上，是有些作用的；同时也给予了一些新的范畴。中国声韵学的发展，也受到印度声韵字母及反切法的影响。

　　另方面，两汉农民的宗教"太平道"和"五斗米道"，那虽则是披上了一件迷信的外衣；实质上，却是战斗的，是群众的阶级斗争的组织。他们的教义，也正是群众的素朴的社会思想的反映，素朴的政治要求的表现。有些史家把这种农民宗教的"道"和道教的"道"混同起来，我认为是不妥当的。于吉的《太平清领书》，如果和葛洪的《抱朴子》有实质上的相同，为什么又被统治阶级销毁和伪造呢？

　　史学　前汉司马迁的《史记》，在中世的史学上是有巨大成就的，全部著作都是从真实可靠的丰富史料出发的。他虽然还没有设想去发现历史的规律；但却写了《陈涉世家》、《游侠列传》和《日者列传》等。"游侠"就是代表农民的墨学行动派的残留，"日者"则是由各阶层失业下来而沦为流氓的一个集团。特别是他写了《平准书》和《货殖列传》，他从社会各阶层人民的生活情况及其对比上，从统治阶级的政策和对人民的剥削情况上，从商品经济的发展上，去说明其时的社会经济关系和政治上的得失。这在两千多年以前，是很不容易的。司马迁的这种成就，主要由于当时中间诸阶层的情况在他思想上的反映（他与他的父亲司马谈都是中间阶层的知识分子），以及其自身所受到的排挤和悲惨遭遇，同时也由于他社会生活经验丰富、"周览四海名山大川"而掌握了许多现实情况。

　　后汉班固的《汉书》，主观上是在追踪《史记》，这在他的《食货志》，可说也是成功的，并由于时代不同，有比《平准书》更具体的地方。但其他各部分，却没能像《平准书》那样丰富和深刻。然在他以后的许多所谓正史的作者，却大都比他逊了一等。

　　自然，这时期的史学，还不能说是科学。

　　两汉对书籍文物的保存、整理和著述，也是颇为兴盛的；可惜后汉末曾遭到董卓等的破坏和摧毁①。

------

① 《后汉书·儒林列传》："初，光武迁还洛阳，其经牒秘书，载之二千余两（按即辆）。自此以后，参倍于前。及董卓移都之际，吏民扰乱，自辟雍、东观、兰台、石室、宣明、鸿都诸藏典策文章，竞共剖散；其缣帛图书，大则连为帷盖，小乃制为縢囊。及王允所收而西者，载七十余乘；道路艰远，复弃其半矣。后长安之乱，一时焚荡，莫不泯尽焉。东京学者猥众，难以详载。"

科学　（一）两汉的科学发明。继秦朝蒙恬制笔以后[1]，前汉发明造纸，后汉和帝时，蔡伦又进而发明用树皮、麻头、敝布、鱼网造纸[2]。此外：（1）前汉把冶铁风箱，改进为"排橐"；后汉更改进为水力"排橐"，后汉发明合于三角形力学方程式的水车（翻车、渴乌）；武帝时制造的那种高大的航海兵船（楼船），也可能使用轮盘力。（2）天文仪器的发明，武帝时落下闳依据汉以前的天文仪象制为仪器，叫作浑天；宣帝时耿寿昌加以改造，铸器为铜；后汉和帝时，贾逵又加黄道；安帝时，张衡又大加改造，立八尺圆体，排列天地之象，依据黄道去观察其变化和日月的运行，又名浑天；特别重要的，张衡又发明一种"候风地动仪"——观察地震和方向的仪器，构造相当复杂，效验相当准确，不论何处地震及风变，都可以察知方向、远近以至地点。

（二）天文。两汉研究天文学著名的有三家，即周髀、宣夜、浑天；他们研究的方法，比过去大大跨进了一步，有天文图的绘制，按图索骥，如《日月交会之图》，《星官云宪之图》。浑天家的最大成就，即盖然地肯定地形是圆的，谓天形如弹丸，地在其中，天包其外。特别应该指出的，是关于太阳黑子的发现；这在欧洲，直至十七世纪初，才由加里尼加以证明[3]。

（三）数学。两汉的算术，共分五则：一、备数，二、和声，三、审度，四、嘉量，五、权衡；其中以备数为基本法则。备数之法，即所谓"纪于一而协于十，长于百，大于千，衍于万"。

（四）医学。前汉临淄人淳于意（仓公），他从脉理上去诊断人身各部的

---

[1] 根据近年地下发现，制笔可能不始于蒙恬。《考古学报》总第一六册《长沙仰天湖第二十五号木椁墓》："六国的文字过去虽然发现很多，但都是铸在铜器上的，用笔书写在简册上的文字，而字迹清楚、字数较多的还算第一次出土（一九五一年中国科学院考古研究所在长沙北郊也发现了战国时代的竹简，但字迹较模糊难辨）。""此次楚简的出土，使我们认识了历史上的所谓'蝌蚪文'，也知道了'漆书'不一定是用漆来写的。"这可能就是用毛笔写的。

[2] 《后汉书·蔡伦列传》："蔡伦字敬仲，桂阳（湖南耒阳西）人也。""伦有才学，尽心敦慎，数犯严颜，匡弼得失；每至休沐，辄闭门绝宾，暴体田野……永元九年（公元九七年）监作秘剑及诸器械，莫不精工坚密，为后世法。自古书契多编以竹简，其用缣帛者谓之为纸。缣贵而简重，并不便于人。伦乃造意用树肤、麻头及敝布、鱼网以为纸。元兴元年（公元一〇五年）奏上之。帝善其能，自是莫不从用焉，故天下咸称蔡侯纸（《湘州记》曰：'耒阳县北有……蔡伦宅，宅西有一石臼，云是伦舂纸臼也'）。"

[3] 《淮南子》："日中有踆乌。"《春秋元命苞》："日中有三足乌。"都是关于汉朝人发现太阳黑子的简略记载。从前汉到汉末，我国史籍关于发现太阳黑子的记载几近一百次；欧洲不只发现较迟，并曾流行着各种迷信的传说，直至公元一六一〇年，才由加里尼（望远镜发明者）证明为太阳黑子。

常和变，并根据他的经验和师传，去判断病的性质和情况。仓公以后，有马长、冯信、杜信、唐安，这多是民间医者。后汉时，蔡邕著有《本草》，涪翁著有《针经》。特别是张机，著有《伤寒论》、《金匮要略》等；他虽没有解剖学的根据，纯由于经验的总合而作出的结论，但有不少符合现代医学原则的地方。在医学方法论上，张机和《内经》（《灵枢》、《素问》）的著者一样，不只基本上是一种素朴的唯物论和包含着辩证法因素；而且运用和发展了两周的朴素辩证法唯物论的五行哲学，来研究和考察人体的生理和病理。所以他们的著作，还为今日中医所宗法，为我们祖国的宝贵遗产，对人类作出贡献。还有所谓华陀的针灸术，照今日针灸疗法所已作出的结果看，对若干病症都是有一定疗效的。实际上，照《孟子》说，至迟在战国时已有灸法。我想，从现代医学的科学基础上去研究中医的传统经验，或者说，进一步把中医的传统经验，提到高度的医学科学的原则上，是会对人类有更大贡献的。这是只有在中、西医紧密合作的基础上才能完成的任务。

文艺　两汉文学，最发达的是赋。赋系直接由春秋战国时期的歌、《成相篇》，特别是《楚辞》而来，到汉朝才完成的一种形式。《楚辞》原先也吸收了民间形式的东西。秦汉之际，这种形式在今长江流域的民间很流行；没受过教育的刘邦能作《大风歌》，沛县儿童能合唱《大风歌》；"学书不成"的项羽，能作《虞姬歌》。两汉最著名的赋家有贾谊、枚乘、枚皋、司马相如、东方朔、严忌、扬雄、班固、蔡邕等人，尤以司马相如为最出色，有广博宏丽之称。武帝本人也是一位天才作家。伟大史家司马迁的《史记》，从文学的角度看，也是一部伟大创作。从他们作品的内容看，大致可分为如次的几个流派：如武帝的《秋风辞》、《悼李夫人赋》是代表宫廷贵族的作品，司马相如的《子虚赋》，公孙弘的《士不遇赋》等，则在歌颂皇帝和汉朝的统治；贾谊的《吊屈原赋》，小山之徒的《招隐士赋》等表现着中间阶层知识分子失意的伤感和求仕心情。

散文形式的作品，最著名的，有司马迁的《报任安书》、李陵的《答苏武书》。前者是代表中间阶层知识分子的作品，表示其对现实及自身遭遇的反感和怨愤；后者是小贵族的作品，表现其陷身塞外的无限怨愤与孤独、失意的伤感情绪。

此外，据《汉书·艺文志》说，还有《伊尹说》、《鬻子说》、《黄帝说》

等神话传说式的小说作品，系成于汉朝抑在以前，因今皆不传，已无从考知。今所传之东方朔《十洲记》、班固《汉武帝故事》、刘歆《西京杂记》、郭宪《洞冥记》等，据鲁迅考证为后人伪托。

诗在汉朝也相当发达，著名的赋家，又都是著名诗人。形式上，一面仍流行四言（四言系《诗经》形式的直接发展，谓由韦孟创格是错的）。一面又创造五言和七言体；七言始于枚乘，五言亦始于枚乘或苏武、李陵。实际上，枚乘或苏、李也不仅采取过去的形式（散见于战国以前书籍中的，已间有不完成的五言形式），并可能吸取其时民间的形式（《大风歌》、《虞姬歌》等已近似七言形式）。从内容说：刘邦的《鸿鹄歌》与《大风歌》一样，在表现"匹夫为天子"的得意情绪；司马相如的《封禅颂》，韦孟的《讽谏诗》，班固的《宝鼎诗》，在歌颂皇汉的统治和武功；李陵的《答别诗》，则表现陷身塞外的小贵族满怀悲欢离合的凄怆情绪。这都是代表大地主的作品。张衡的《怨篇》和《四愁诗》，反映了中间阶层知识分子的生活情调；孔融的《临终歌》，则表现其临难的反感和懊恼于其平日思想的偏激；蔡邕的《樊惠渠歌》，描写了中间阶层生活的一面；蔡琰的《悲愤诗》，反映了汉末军阀的横暴，也反映了城邑残破，人民遭受杀掠和蹂躏的惨状，又对其自己的身世，表示无限伤感；"建安七子"中王粲的《七哀诗》有句云："出门无所见，白骨蔽平原。路有饥妇人，抱子弃草间。顾闻号泣声，挥涕独不还。"张、孔是中间阶层知识分子的代表作家；蔡、王、特别是王粲，又同时反映了其时一般人民的悲惨遭遇。

另方面，便是代表民间文艺的谣谚。《说苑》引谚："绵绵之葛，在于旷野；良工得之，以为絺绤；良工不得，枯死于野"，反映人民植葛绩布，全为统治者所剥夺。《风俗通》引谚："县官漫漫，怨死者半"；史照《通鉴疏》引谚："足寒伤心，民怨伤国"；《古谚》："上求材，臣残木；上求鱼，臣乾谷"，均反映人民对政府和贪污的愤恨。《艳歌行》与《华容夫人歌》，描绘了人民流离失所和死亡的惨状。《东门行》描写人民无以为活，铤而走险。《孤儿行》："怆怆履霜，中多蒺藜。拔断蒺藜肠肉中，怆欲悲。泪下渫渫，清涕累累；冬无复襦，夏无单衣。居生不乐，不如早去，下从地下黄泉"，描写人民苦状。《悲歌》："思念故乡，郁郁累累；欲归家无人，欲渡河无船！"《古歌》："座中何人，谁不怀忧；令我白头。胡地多飙风，树木何修修！离家日趋远……肠中车轮转";《古八变歌》:"浮云多暮色,似从崦嵫来……翮翮飞蓬征,恍恍游子怀。故乡不可见,长望始此回";所谓古诗有:"十五从军征,八十始得归;道逢乡里人,家中有阿谁?遥望是君家,松柏冢累累;兔从狗窦入,雉从梁上飞;中庭生旅谷,井上生旅葵;烹谷持作饭,采葵持作羹";以及《陇头歌》、《小麦童谣》等,都是人民苦于兵役和反对非正义战争的积愤的发泄。《牢石歌》意在反对石显等宦党政治;《京都童谣》:"直如弦,死道边;曲如钩,反封侯","侯非侯,王非王,千乘万骑上北邙";《桓灵时童谣》:"举秀才,不知书……",在反对奸邪当政和选举制度的虚伪。《城上乌童谣》,在描写"桓灵"政府的腐败、贪污。《投阁》的"爱清静,作符命";《蜀中童谣》:"黄牛白腹,五铢当复",表现人民对王莽复古政治和公孙述的统治的不满。《逐弹丸》:"苦饥寒,逐弹丸",反映人民为饥寒所迫,铤而走险,又遭受统治阶级的残酷屠杀。这种民谣,内容丰富,包含着无限生命力;形式生动活泼,且表现变化无穷,多种多样。但在内容和形式上还均可能经统治阶级修改过。

音乐和歌曲。汉初歌的形式,系直接来自民间,如《大风歌》、项羽《虞姬歌》以及唐山夫人(刘邦妾)的《安世房中歌》,都是一样;只是他们抛弃了民间的内容。《虞姬歌》仅在表现旧封建贵族临末的悲鸣,《房中歌》只在歌颂汉朝的统治。武帝又进而集赵、代、秦、楚各地之讴,即民谣形式,由司马相如等制成的《郊祀歌十九章》……也便成了宫廷的东西了。只有梁鸿的《五噫歌》,一面叹息于"帝京"、"宫室"的无限壮丽,一面又叹息人民劳役的无限痛苦,反映了人民的一些生活情况和要求,也暴露了一点宫廷的豪奢情况。在乐曲方面,刘邦回沛,集沛县儿童百二十人合唱《大风歌》,可见民间原先就有合唱的形式。武帝命李延年以《十九章》之类的歌词,谱成《新声曲》;又调用民间乐师(如制氏之类),设歌童歌女七十人,每当宴会、祭祀、朝见、宫廷娱乐,均由乐师协奏,歌童歌女合唱。到后汉明帝以后,又分乐为四品,用于祭皇室陵墓的为"大予",祭祀宗庙及皇帝出游的为"雅颂",宫廷宴会及朝见的为"黄门鼓吹",军中所用的为"短箫铙鼓"。到灵帝时,贵族又竞尚胡箜篌、胡笛、胡舞,即又吸收了印度及"西域"等处各部落和部族的东西。

秦汉时期的绘画,今没有保存下来的,据载武帝时于甘泉宫画天地太一诸鬼神，明光殿画古烈士像；宣帝时于"麒麟阁"画功臣十一人像。元帝时有毛延寿、刘白等著名画家。后汉明帝特置画官，并于"云台"画中兴功臣二十八将像。此外，宫殿和庙、墓内壁作三皇、五帝、忠臣、孝子及神灵怪异等图像，可想见绘画的发达程度。今日已发现之石室遗迹，如武梁（后汉元嘉元年，公元一五一年死）石室石雕，第一层作供奉异物神人图；第二层为伏羲、祝诵（融）、神农、黄帝、颛顼、帝喾、尧、舜、禹、桀像；第三层右壁刊曾母投机图，闵子骞御车图，老莱子嬉娱父母图等；第四层右壁刊齐桓、鲁庄会盟，曹沫以匕首劫桓公图，专诸刺吴王图，荆轲刺秦王的全部事迹图；最下层刊贵族出游图（中两马车，两骑前导，两骑后从，后随从一人）。又如嵩山南麓的太室石阙（安帝元初五年即公元一一八年建），第一层刊人物、骑马人物、马车、龙、凤、虎、鹤、鱼、兽环、车轮装饰等画图。他如，孝堂山石室（肥城，顺帝时遗物）有描绘战争的刊图；武氏祠后石室（嘉祥）第二层有风、云、雷、电、虹霓、神仙、鬼怪等等刊图；晋阳山画像石（济宁），有关于西王母的神话故事图。又如四川绵州平阳阙，（郑德坤《四川古代文化史》谓：阙之隶书提文为《汉平阳府君叔神道》）层次分七部。阙身上刻有驾车及行走步卒浮雕图像，与武梁祠雕相仿。下层阙盖四角有神头像；上层介石饰平刻曲枝。椽上雕刻甚多，四角雕二猛兽相斗，一人引较大一兽尾之；此外雕两蛇交缠，又有一怪人手持飞马之缰。雕法精巧。这大都是关于贵族、大地主的意识形态和生活的描绘。但它都是经过劳动人民的手所创作的；从技巧上看，虽较朴质，但颇生动而又气派宏伟，它不仅表现当时雕刻的发展程度，同时也反映了绘画发展的程度。

第六节　结　语

汉朝开国和历次"中兴"的所谓"圣君贤相"，就是都有着一些阶级斗争的经验，了解一些社会情况和农民要求；为挽救自己，欺骗人民，实行了一些改良政策。但那种统治阶级的改良，也是被迫对农民的让步，同时也只能暂时和缓社会矛盾，对社会生产起些推进作用，但不能根本解决问题；而且改良的果实，主要也落到地主阶级手中。所以说"官家之惠，优于三代；豪强之暴，酷于亡秦"①。其时，所谓"豪强"和"官家"，原是沆瀣一气的。

由秦末到两汉的阶级斗争情况，说明了专制主义封建制社会的基本问题，就是土地问题；农民的基本要求，实质上就是要求土地。刘邦、刘秀从保守主义的实际斗争中，知道一点人民的要求；但只能施行欺骗性的点滴改良，并不能解决基本问题。所以不能，是因为社会基本问题的解决，就是取消了他们自己——更重要的，当时还不存在解决这种基本问题的社会条件。

王莽变法的失败，说明了复古主义不能解决社会矛盾，只能把矛盾扩大。这又一次证明，开倒车的反动买卖，不会为历史所容许，结局总是很悲惨的。

"党锢之祸"的惨局，不只由于中间阶层知识分子的政治活动，没有和农民暴动相结合，而且正由于改良主义是没有历史前途的。

两汉轰轰烈烈的农民大暴动，迅雷暴风般的粉碎地主阶级统治；后汉农民大暴动，并有其一套素朴的组织和布置计划，表现了劳动群众无限伟大的力量和智慧。但他们只达成了推翻汉朝地主阶级统治的任务，没能开创出新的前途，不只由于他们的根本弱点，自己找不到前进的方向，还由于历史条件的限制。流氓出身的农民领袖，对暴动的组织和发动，他们起了不少的作用；但在暴动发展的过程中，如王凤、王匡等，又被地主阶级欺骗、收买，最后如马武之流，甚至出卖群众，投降地主阶级。地主阶级对于暴动农民，软的利用、欺骗、分化、收买、陷害以致使农民阶级弟兄自相残杀的一套阴谋手段，比硬的镇压、屠杀，还要毒辣百倍；而且这种阴险毒辣的手段，刘秀比刘邦更多更厉害，后来曹操又比刘秀的花样多。农民的斗争办法进步，地主阶级的反动办法也越来越精。

两汉时期，匈奴奴主集团的入侵和尚在原始公社制阶段的各部落的入塞骚扰，武帝和其以后的一些继承者，最初为保障塞内人民的安居乐业而采取的防御性的军事行动，是完全正当的；但随后和大商业资本开发商路的要求结合，便转而对他们实行军事压迫以致扩大为对外的封建侵略战争——自然，对匈奴也还是包含防御的性质的。在前一阶段，是进步的；到后一阶段，是带有反动的内容的一面，也包含有推动历史前进的进步的一面。对各部落实行军事压迫

①《通典》引荀悦语。

和对外侵略的结果，被压迫或被侵略者和汉族农民，都受到一定损害，也削弱了汉朝政府自身的统治。汉朝对匈奴的战争，保卫了汉朝国境的安全，匈奴对汉朝的不断入侵和肆行杀略虏掠，却毁灭了它自身。

但由此而推进了国内各族人民间的经济和文化的联系，给那些较落后的部落和种族以先进的汉族经济文化的直接影响，特别是汉族劳动人民去到边疆和密切了彼此间的联系和合作；打通了中国和中亚、罗马、印度、日本的交通线，引起世界文化的交流，也对人类文化起了推进作用。这是起了进步作用的。

复 习 题

一、汉朝的社会性质如何？

二、两汉实行了一些什么改良政策？

三、两汉社会基本问题何在？

四、王莽"变法"的内容如何？

五、"党锢之祸"的社会根源何在？

六、两汉对境内其他种族和部落的战争与对外战争的性质和结果如何？

七、两汉农民暴动的发生及其失败的原因何在？

第十章

专制主义封建国家统一的
分裂——三国时期

（公元二二〇——二六五年）

第一节　群雄割据定三分

群雄割据　在农民大暴动发生后，后汉政府为动员所有地主阶级力量反对农民军，便不只动员其中央和州郡的所有武装，且号召地主们都起来参加"讨黄巾"。而地方豪强为着反对暴动农民，保卫自己特权，便相率以自己的家奴和佃户作基础，组织武装部伍（部曲），聚众结垒（像董卓的郿坞形式，又叫作结坞），因而便形成了部曲制度。特别在农民暴动炽烈的地区，像大河南北，这种武装更多，如李典有"部曲宗族万三千余口，居邺"；许褚"聚少年及宗族数千家，共坚壁以御寇"；任峻有家族宾客家兵数百人；吕虔率家兵守湖陆（山东鱼台）；李通破周直部众两千余家；孙坚起兵，孙静"纠合乡曲及宗室五六百人以为保障。"① 类此者不可胜数，"大者连郡国，中者婴城邑，小者聚阡陌。"②

---

① 均见《三国志·魏书》、《吴书》本传。
② 《三国志·魏书·文帝纪》注引《典论自序》，曹丕追述汉末豪强纷纷组织反黄巾的武装和其活动情况所说。

这种地主武装，不仅是农民的死敌，是打家劫舍的"盗贼"①，而又是产生与维护封建军阀割据的产婆和保姆。因此，在农民大暴动的过程中，便产生不少各据一方的大小封建军阀，他们都是事实上的大小皇帝，后汉皇帝对于他们已完全丧失统制作用；大军阀们都想把皇帝拉到自己手中，也只在利用他的合法地位，以便于扩大自己权利。所以"黄巾"农民大暴动的结果，后汉政府的名义，虽还保存了一个时期，实际上是垮台了。公元一八九年（中平六年），董卓领兵入洛阳废少帝刘辩（弘农王），另立陈留王（刘协）为献帝（公元一九〇——二二〇年），皇帝便只是董卓手中的傀儡。公元一九六年（建安元年），献帝落到曹操手中，又成了曹操的傀儡，但直到公元二二〇年"禅位"给曹丕止，却还保存着毫无实权的皇帝的名义。

他们各据一方，角逐政权：董卓挟献帝占据豫西和陕、甘，公孙瓒占据河北，公孙度占据辽东，袁绍占据渤海，后又从冀州牧韩馥手中窃领冀州（河北山西二省及河南黄河以北、辽宁辽河以西之地），曹操占据山东，袁术占据河南、安徽，陶谦、刘备、吕布相继占据徐州，刘表占据湖北，刘焉占据四川，孙坚占据长沙。他们都是"讨黄巾"起家，又互相火并，大吃小，强吃弱，结果在军事、政治、用人政策等方面，都有一套欺骗和改良办法的，就越来越大，否则就越来越小，被吃掉。

董卓原是陇西临洮恶霸，少年时尝游羌地，便与地方"豪帅"结合，积蓄力量。桓帝末年，以自己的家奴佃户作基础，组织部曲，随中郎将张奂出征并州镇压人民有"功"，拜为郎中；后调任县令、郡都尉，迁升西域戊己校尉及并州刺使、河东太守；公元一八四年，为中郎将，负责镇压暴动农民。公元一八五年，灵帝（刘宏）又派他去镇压羌族，诸将败退，他独设计保全军队而回；拜前将军，升为并州牧。公元一八九年，灵帝死，何进与袁绍"谋诛诸阉宦，太后不从，乃召卓，使将兵诣京师"。董卓带兵进洛阳，废少帝（刘辩）为弘农王，另立献帝（刘协），他便成了实际上的洛阳皇帝；但董卓很残暴，霸占"武库、甲兵、国家珍宝"，奸淫人民和皇帝的家属，杀戮异己分

---

① 《三国志·魏书·何夔传》："黄巾未平，豪杰多背叛，袁谭就加以官位。长广县人管承徒众三千余家，为寇害。"又《吕虔传》："虔领泰山太守，郡接山海，世乱，闻民人多藏窜。袁绍所置中郎将郭祖、公孙犊等数十辈，保山为寇，百姓苦之。"又《司马芝传》："郡主簿刘节，旧族豪侠，宾客千余家，出为盗贼，入乱吏治。"

子，特别对人民乱杀一气，如"遣军到阳城（登封南），时适二月，社民各在其社下，悉断其男子头，驾其牛车，载其妇女财物……而还洛阳，云攻贼大获"；加之他的部队本是乌合之众，兵痞、无赖、恶少及湟中"义从"、"秦胡"（落后部落的成员）混成一团，在洛阳一带大杀、大抢、大烧。渤海太守袁绍联合冀州牧韩馥、后将军袁术、陈留太守张邈、河内太守王匡、济北相鲍信等，共发兵攻董卓①。董便于公元一九〇年将洛阳和城周两百里全部烧光，变成废墟和荒野，"无复孑遗"，四月挟制献帝和洛阳人民数万口迁都长安；被强迫迁徙的人民，扶老携幼，长途跋涉，加以"步骑驱蹙，更相蹈藉，饥饿寇略，积尸盈路。"卓并自筑郿坞与长安城一样高，储粮三十年，金二、三万斤，银八、九万斤，珠宝锦绣堆积如山。公元一九二年，王允、士孙瑞和董卓部下吕布等共杀董卓及其三族。董卓的部将李傕、郭汜、樊稠、张济等乃收集残兵，胁迫流人，攻入长安，复挟制献帝；他们在长安京城内外，又大杀、大抢、大烧，弄得暗无天日；而又彼此争夺权利，相互攻杀。以致长安成为空城，甚至关中全境，再遭这次灾难，人民死亡逃散，二、三年间，"无复人迹"。郭汜、李傕等又自相火并；公元一九七年，曹操派裴茂率关西兵杀李傕，郭汜被自己部下伍习所杀，这个杀人集团便鸟兽散了②。

袁术是大贵族司空袁逢的儿子，也是积极反黄巾起家的。他领兵和袁绍等攻董卓，占据今南阳、豫东一带，自称南阳太守；后被曹操打败，退到苏北，杀死扬州刺史陈温，又占据今苏北、皖东一带地盘，自称"徐州伯"。在当时，南阳、苏北、皖东一带，本是较富的地区，受战争破坏的情况也较轻。但袁术却只顾剥削人民，扩大部队，反而搞得"资实空尽"，民不聊生，军队靠"蒲嬴"过活。对自己的部将，也一味胡来，如他听说孙坚得到"传国玉玺"，便将孙妻扣留，要他拿"玉玺"来换。军事上也没有适当方针，和自己的从

---

① 《通鉴纪事本末·曹操篡汉》；《资治通鉴·孝献皇帝甲》初平元年条谓：献帝初平元年（公元一九〇年）"春正月，关东州郡皆起兵以讨董卓，推渤海太守袁绍为盟主……绍与河内太守王匡屯河内，冀州牧韩馥留邺，给其军粮；豫州刺史孔伷屯颍川；兖州刺史刘岱、陈留太守张邈、邈弟广陵太守超、东郡太守桥瑁、山阳太守袁遗、济北相鲍信与曹操俱屯酸枣；后将军袁术屯鲁阳，众各数万。""董卓以袁绍之故，戊午杀太傅袁隗、太仆袁基及其家尺口以上五十余人。"

② 以上参看《后汉书》及《三国志·魏书·武帝纪》、《董卓传》、《袁绍传》、《何进传》、《荀彧传》、《刘表传》、吕布、李傕、郭汜等有关诸人传。《后汉书》灵帝、献帝纪。《资治通鉴·孝灵皇帝》、《孝献皇帝》。《通鉴纪事本末·董卓之乱》、《曹操篡汉》。

兄袁绍也闹别扭。公元一九七年（建安二年）①，他在寿春自称皇帝，国号"仲家"。后来听说曹操来攻，便渡淮逃走。他抵抗不住曹操，最后想逃往潜山（即灊山，安徽潜山），又被自己的部曲陈简、雷薄派兵堵拒，随身部队也都各自逃散，最后便急得呕血，死于寿春境内之江亭。

袁绍是袁术的从兄，公元一八九年杀宦官二千余人，以后为渤海太守；野心也很大。公元一九〇年，他联合关东军阀出兵"讨董卓"，自为盟主；想把后汉皇帝拉到自己手中，以便"挟天子，令诸侯"，但没达到目的。以后，他胁迫韩馥把冀州地盘让给他；公元一九九年最后把公孙瓒打败，占领易京（河北雄县）。至此他便占据了河北、山西及山东、辽宁、河南各一部的大块地盘。令其子袁谭、袁熙及甥高干分守青州、幽州、并州。河北一带本是生产发达的区域，由于天灾、人祸，人口虽已大大减少，百姓生活较穷困，但较之中原和西北，情况还好些。沮授等人都劝袁绍振理内政，巩固根据地；袁绍却只顾盲目地去扩大地盘和权利；有些人才也不能用，团结不住。自己内部和后方的情况反越来越坏，以致部队靠桑椹、枣子作食粮②。公元一九六年，曹操把献帝挟到许昌，袁绍很不服气，便宣布曹操十大罪状，号召各州郡一同起兵讨伐。公元二〇〇年，他亲领大军进到黎阳（河南浚县西南），曹操则陈军官渡（河南中牟东北）来抵抗；绍军于白马（河南滑县白马津）、延津（河南延津），连吃两大败仗，大将颜良、文丑均战死。曹操见袁绍仍一味冒进，便诱其深入。十一月袁绍以大军进追官渡后，曹操便以奇兵袭袁军后方，并占夺其后方补给站乌巢（延津东南），袁军大败，战死和被坑杀者七万余人。明年五月又被曹军打得大败，袁绍后方郡县听到失败消息，又有不少投降曹操的。公元二〇二年六月，袁绍在邺（临漳）病死；他的儿子袁谭、袁尚反相互结党争权，自相残杀。公元二〇五年，袁谭被曹操消灭，曹操又进攻幽州，袁熙和袁尚失败逃奔乌桓。公元二〇六年，消灭高干。袁绍的地盘，就完全为曹操所占领了。

吕布原先是董卓的部将，杀卓后，被李傕、郭汜打败，逃到南阳，投靠袁

---

① 《后汉书》本传。《三国志·魏书》本传作兴平二年，即公元一九五年。

② 《三国志·魏书·武帝纪》建安元年条，裴松之注引《魏书》曰："自遭荒乱，率乏粮谷。诸军并起，无终岁之计，饥则寇略，饱则弃馀；瓦解流离，无敌自破者不可胜数。袁绍之在河北，军人仰食桑椹。袁术在江、淮，取给蒲蠃。民人相食，州里萧条"。

术，后又投靠袁绍，因不受袁绍信任，复投陈留太守张邈。公元一九五年，由于陈宫和张邈的支持，占据濮阳（河南濮阳），自称兖州牧。不久他被曹操打败，又投徐州依靠刘备；复与袁术勾结，袭击刘备，攻占下邳（江苏邳县），自称徐州牧，又联络刘备反对袁术。由于他反复无常，各方面的关系都很坏，自己完全孤立；公元一九八年，曹操亲自来进攻他，他请求袁术等援助，各方面都不理会。吕布兵败投降曹操，被曹操缢死。

赤壁之战　董卓、公孙瓒、吕布、两袁等相继失败后，除开孙权、刘表在长江流域，刘焉在四川外，黄河南北已全被曹操统一。公元二〇七年以后，曹操的箭头便转向南方。公元二〇八年（建安十三年）曹操亲领大军南下，进攻襄阳，他计划平定荆州后，再一面由徐州南下，一面沿江东下，夹击孙权，平定江东。刘表自己为汉末著名的"八及"之一，并招纳不少文人学者在荆州讲学、修经①；而他在政治上却是没有远见，疑忌和缺乏果断。他的儿子刘琮更是猪狗不如的软弱之辈，不战就投降曹操。原先在荆州依靠刘表的刘备，便与诸葛亮、关羽、张飞、赵云等，率部退往江陵，至当阳被曹操追兵赶上，便退走夏口（汉口），曹操复回师东追。

刘备、诸葛亮到夏口，和东吴的政治家鲁肃会见，他们根据当前形势和各种条件，商定联盟抵抗的战略方针和军事计划。诸葛亮、鲁肃同去柴桑（江西九江西南）和孙权商量。孙权召集左右文武商议，只有张昭等数人主张投降曹操，周瑜等军事负责人都与鲁肃的主张相同。同盟成立，便展开孙、刘联军与曹军相持于赤壁、夏口间的战局。黄盖建议可用火攻歼灭曹军，周瑜接受了这个建议，便计划布置，令黄盖假降。曹操军不惯水战，北来将士不服水土，瘟疫流行，而又人地生疏。会东南风起，孙刘军便展开攻势，与曹军会战

---

① 《后汉书·党锢列传序》："海内希风之流，遂共相标榜，指天下名士为之称号：上曰三君、次曰八俊、次曰八顾、次曰八及、次曰八厨，犹古之八元、八凯也……张俭、岑晊、刘表……为八及；及者，言其能导人追宗者也。"刘表据荆州，文人学者多往依附他。本传说："关西、兖、豫学士，归者盖有千数，表安慰赈赡，皆得资全。于是遂起立学校，博求儒术……爱民养士，从容自保。"死后"家无余积"。《三国志·魏书·刘表传》裴注引张璠《汉纪》，称表与同郡人张隐、薛郁等八人为"八顾"（《后汉书》本传称，与同郡张俭等俱被讪议，号为"八顾"）。又引《汉末名士录》，云表与汝南陈翔等八人为"八友"；又引《英雄记》曰："表乃开立学官，博求儒士，使綦毋闿、宋忠等撰《五经章句》，谓之后定。"又南齐王僧虔《戒子书》说"荆州八表"为"言家口实"，又有"八表"之称。本传说："表虽外貌（应作示）儒雅，而心多疑忌。"

赤壁（湖北嘉鱼江滨），火攻战术完全成功，曹军大败，水上部队全军覆灭，曹操仅率一部分步骑，从华容（湖北监利西北）北逃。鲁肃等陆上部队，乘胜尾击曹军，追至南郡（湖北江陵）。翌年，周瑜复击败曹仁，把曹操在江陵的钉子拔除。至此，曹操便只得凭合肥、寿县、襄阳、樊城一线，布置防务。

三分定局 另方面，赤壁之战的结果，刘备事实上便占据了荆州，孙刘同盟则仍维持着。公元二一一年（建安十六年），诸葛亮、关羽留守荆州；刘备领兵入巴蜀，旋诸葛亮、张飞、赵云等亦率兵入川。至公元二一四年，共围成都，刘焉的儿子刘璋投降，刘备自称益州牧。

至此，刘备便占据今湖北、湖南的西部及四川；孙权占据今江苏、浙江、江西、福建、两广等省及皖北一部，两湖东面各一部以至越南；曹操占据今黄河下游及山西、陕西的一部，东北至辽河以东，南至襄樊，东南以合肥、寿春一线界东吴。曹操占据的地区最广，又大皆是原先汉朝的中心地区，生产较发达；但自汉末以来，又经过统治阶级的反黄巾和军阀连年混战，大破坏大屠杀的结果，"旧土人民，死丧略尽"，生产衰败，满目荒凉。孙权占据地区也很广，有"长江天堑"，并且物产最丰富，绝大部分地区又没受战争摧残；但人口较少，生产较落后，当时江南还是"火耕水耨"，其他广大地区，多为越族等部落所散布。刘备占据四川，是所谓"天府之国"，有三峡、剑阁等形胜，成都平原又是著名的谷仓，战争的破坏也较轻，即所谓凭其"殷富"和"险阻"，"成业"犹如"反掌"[①]；但地区较小，人口少，也有很大部分为其他种族和部落所散布。

特别重要的，（一）他们都有一套笼络人心的办法，如曹操行军不许马踏麦田，孙策在江东禁止军队侵害人民，刘备自称"仁义之师"，对那些跟他逃亡的人民特别照顾。这虽则都在骗取人心，但对当时求死不得的人民，是能起一些麻痹作用的。（二）他们左右都有一大批人才，并都有一套使用和团结人才的办法；刘备有诸葛亮、庞统、关羽、张飞、赵云、黄忠、马超、魏延、法

---

① 《三国志·蜀书·法正传》：刘璋派法正往迎刘备，"〔正〕阴献策于先主曰：资益州之殷富，冯天府之险阻，以此成业，犹反掌也。先主然之"。巴、蜀物产丰富，到前汉中叶，生产已相当发展。《史记·货殖列传》说："巴蜀亦沃野，地饶卮、姜、丹沙、石、铜、铁、竹木之器；南御滇僰、僰僮；西近邛筰、筰马、旄牛。然四塞栈道千里，无所不通。"蜀锦在当时是很著名的出产，蜀汉还专设有锦官。所以诸葛亮隆中对策，就建议刘备取巴蜀作根据地。

正等（刘备死后，诸葛亮执政。张栻《汉丞相诸葛忠武侯传》说："亮用人惟其才能，不论资历先后。"）；孙权有鲁肃、周瑜、吕蒙、陆逊、周泰、甘宁、吕范、诸葛瑾等；曹操有郭嘉、荀彧、荀攸、张辽、典韦、李典、夏侯渊、许褚、司马懿等中坚人物，并都能适当的使用和团结在自己周围。特别是曹操，在这方面更胜过孙、刘，对选拔、培养和使用人才，给予了很大的注意①。但他们团结人才都是以自己为中心，而不是使人才相互团结。（三）他们都注意建立和巩固自己的根据地。特别是曹操，在这方面，用了不少力量，在今河北、山东、河南建立了几块根据地。刘备原先没有一块地盘，很苦闷，夺取四川后才解决了这个问题。（四）都有一套旗鼓相当的战略计划。这是他们和董卓、袁绍等人不同的地方。所以他们同董卓、袁术、袁绍、公孙瓒、刘表、吕布等，都是反对黄巾军起家，阶级立场基本上也是一样，而且最初都是力量较小的，但他们却成了事，其他的人则失败了。也正因为他们三家这样旗鼓相当，都有自己存在的条件和依据，谁也不能把其他两家吃掉，所以便形成三分之局。

到公元二二〇年，曹丕自称魏帝，建都洛阳；公元二二一年刘备自称汉帝，建都成都；公元二二二年，孙权称吴王（后七年亦称帝），建都建业（今南京）。自此，中国便名实一致的，分裂为三个相互对立的专制主义封建国家。

第二节 蜀 汉

"讨黄巾"起家 刘备自称为汉朝皇室的后裔，据说小时作过织席贩履的

---

① 《三国志·魏书·武帝纪》建安二十五年条，裴注引《魏书》曰："知人善察，难眩以伪，拔于禁、乐进于行阵之间，取张辽、徐晃于亡虏之内，皆佐命立功，列为名将；其余拔出细微，登为牧守者，不可胜数。"又建安八年条，注引《魏书》载《庚申令》曰："故明君不官无功之臣，不赏不战之士；治平尚德行，有事赏功能"。又"建安十五年春下令曰：自古受命及中兴之君，曷尝不得贤人君子与之共治天下者乎？……今天下尚未定，此特求贤之急时也……今天下得无有被褐怀玉而钓于渭滨者乎？又得盗嫂受金而未遇无知者乎？二三子其佐我明扬仄陋，唯才是举，吾得而用之"。

手艺买卖；但又与同宗刘德然受教于卢植，研究过经学。因此，他家庭可能是小康。黄巾起义发生前后，他得到大商人地主张世平、苏双等的鼓动和"金财"帮助，与关羽、张飞共同组织武装反对黄巾军，即所谓"由是得用合徒众"，"而羽与张飞为之御侮"①。

在反黄巾的过程中，刘备手中也聚集有相当兵力，只是没有一块地盘。他辗转依附公孙瓒、陶谦、曹操、袁绍、刘表，都是作客，全靠他人供给，军队也很难扩充。

在荆州，他先后吸收了徐庶、庞统，诸葛亮来帮助自己，特别是诸葛亮，确是当时有能力的政治家之一，对于刘备的事业，起了不小作用。诸葛亮和刘备在隆中（襄阳西）见面谈论时事，他根据不少具体情况，分析当时形势和发展前途：估计曹操和孙权都有存在的条件，不容易消灭；刘备搞得很好，也只能取得四川，与曹孙三分鼎立；同时曹操是"贼子"，不容许和他妥协，孙权却可联合抗曹。这在当时，从刘备的立场说，是完全对的。孙刘两军联合抗曹的赤壁之战，就是他的孙刘联盟见解和方针的初步实现。

诸葛治蜀　刘备占据四川，内政、外交、军事、财政全由诸葛亮计划，特别是刘备死后，更由他担负起全部实际责任。诸葛亮的全部方针，第一是巩固根据地，安定后方，培养力量；第二是巩固蜀吴联盟，共抗曹魏；第三在军事上，主要在巩固襄樊和汉中两大战略基地，把这两个拳头摆在曹魏前后，条件成熟时，两面钳击洛阳，东吴出徐州侧击②。

因此，他入蜀以后，一方面，便尽量收容本地的政治人才，如董和、黄权、李严、吴壹、费观、彭羕、刘巴等，和地方建立联系，化除隔阂，去争取那些拥有部曲武装的"大姓"和"首族"的合作；依靠他们的协助去振兴内政，修明被废弛的法律制度，整理财政，减少冗官浮员，特别在长期战争所造成的残破的基础上，注重奖励农业，恢复生产，刷新政

① 《三国志·蜀书·先主传》、《关羽传》。
② 张栻《汉丞相诸葛忠武侯传》："若跨有荆益，保其岩阻，西和诸戎，南抚夷越，外结孙权，内修政理。天下有变，则命一上将将荆州之军以向宛洛，将军亲率益州之众出于秦川……如是则伯业可成，汉室可兴矣。"这虽说是诸葛隆中对策所说，实际总括了诸葛亮相蜀的根本方针。

治①。同时使用外来的军事人才，如张飞、赵云、黄忠、魏延、马超、马谡、马岱等，积极训练军队。特别在北伐以前，他很注意这种"劝农修武"的工作。

为着大举北伐，首先必须巩固后方，即《华阳国志·南中志》所谓："亮以方务在北，而南人好叛，宜穷其诈。"其时四川境内和西南广大地区的其他种族和部落，不但在他的军事财经等方面，不能发生帮助作用，并随时可以来"扰乱"后方。这个问题不解决，后方也是不得安定的。而两汉的经验，单靠军事并不能解决这个问题。因此他采用马谡"心战为上，兵战为下"的方针，亲自南征，严厉约束部下，禁止烧杀，并实施一些"恩德"；战胜孟获，"七纵七擒"，最后使孟获"心服"，誓言"边民长不为恶"，并通过"〔南人〕大姓：集、雍、娄、爨、孟、量、毛、李"去约束各部，不"留兵"防守，并不断选派能员如李恢、马忠等充任刺使、都督，推行开发生产和"柔远能迩"或"和解"政策。这样把原西康和今贵州、云南等地的广大地区，全部平定，使后方得到安定，并从那些种族和部落方面，得到兵员、军资等补充和税贡，即所谓成立"夷汉部曲"、"收其俊杰"，或"皆即其渠帅而用之"，"出其金、银、丹漆、耕牛、战马，给军国之用"。所以说"军资所出，国以富强"。也解决了造箭的重要原料、即用作箭杆的质坚、弹力大的小竹。尤其是：一方面"终亮之世，南方不复反"②；另一方面使广大的西南地区内各种族和部落的人民，与先进的汉族的经济、文化直接联系起来，共同走上祖国历史前进的轨道，奠下了他们和汉族人民间日益发展的兄弟的联系和合作的基础。各族人民为纪念诸葛亮所作过的这点好事，至今在云南等处，都还留有"诸葛庙"。

但在另方面，他的联吴方针和军事战略计划，却一再被破坏没能贯彻。他从荆州去蜀时，本来要关羽一面相机夺取襄樊，一面和吴结好。但傲慢自大的

---

① "民殷国富"的巴蜀，在先主初得蜀时，诸葛亮说："今民贫国虚，决战之资，惟仰锦耳。"张栻《汉丞相诸葛忠武侯传》："亮以新遭大丧……闭关息民，劝农殖谷。""南征"后，"还至成都，治戎讲武，以俟大举。方是时，田畴辟，仓廪实，法度修立，军旅整理，工械技巧，物究其极，吏不容奸，人怀自厉，强不侵弱，朝会不哗，道不拾遗，亦无醉人，其余力所及，官府次舍、桥梁、道路，无不缮理。"《三国志·蜀书》本传评注也说亮治蜀，"田畴辟，仓廪实，器械利，蓄积饶，朝会不哗，路无醉人"；"耕战有伍，刑法整齐"。

② 以上见《三国志·蜀书·后主传》、《诸葛亮传》（并裴注）及李恢、马忠传；张栻《汉丞相诸葛忠武侯传》；《华阳国志·南中志》。

关羽，只完成夺取襄樊的任务，对吴的联盟关系，却反而由他破坏了。他镇守荆州，夺取樊城，于禁投降，威望相当高，孙权想和他联姻，他反说："虎女焉肯配犬子。"刘备占去荆州，孙权、周瑜、吕蒙之流，本来很不甘心，随时都想索取。诸葛亮一面为维护联盟，一面保持战略基地，彼此划湘水为界，只是暂时的妥协。加之，曹操失襄樊后，觉得形势不利，便利用"孙权刘备外亲内疏"的空子，更加紧去笼络孙权，破坏蜀吴联盟。因此，公元二一九年（建安二十四年），孙曹便两面夹攻关羽，吴将吕蒙袭取江陵，魏兵进攻樊城。关羽在两面夹击下，西退守麦城（湖北当阳东南），为吴军所迫，又走漳乡（当阳东北），被吴将潘璋所擒杀（一说被擒处为当阳西北的临沮）。这在蜀汉方面，不只丧失了襄樊的重要基地，盟友变成敌人，且丧失荆州地盘，被封闭于夔门以内。刘备称帝后，又拒绝诸葛亮的劝告（诸葛自己这回也不够坚决），不顾长远的战略利益，公元二二一年，留诸葛守成都，亲率大军东下，为关羽"复仇"；翌年，部伍从巫峡（四川巫山东）建平（巫山）连营至夷陵（湖北宜昌境）界。东吴派陆逊屯夷陵，守峡口（湖北宜昌西北），领五万大军抵抗。陆逊坚壁不战，及蜀军情绪低落、戒备松懈，便以火攻袭破其前营，大军乘胜猛扑，连破四十余营。刘备突围逃归白帝城（四川奉节），翌年病死，这不只使吴蜀的联盟一时根本破坏，蜀汉并损失不少久经战斗的部将和老兵，元气大受损伤。

五出祁山　先主刘备临死前，遗嘱太子阿斗（刘禅）继位，叫作后主（公元二二三——二六三），诸葛亮辅政。诸葛加强内政设施和军备，同时又与东吴恢复联盟关系。公元二二七年春，他向阿斗提出著名的《前出师表》，一面对后方工作和人才配备，精密布置；一面亲自"奖率三军，北定中原"，以图实现"攘除奸凶，兴复汉室，还于旧都"的政治目的。为着北伐，又重修建了由四川北出的栈道，设立粮站①。大军抵汉中，屯沔北阳平关（陕西沔县西北）；公元二二八年，攻取祁山（甘肃西和西北），天水、南安、安定等陇西诸郡相继响应。蜀军纪律严明，颇得人民称许。因前锋马谡不遵战斗部

---

① 《华阳国志》说诸葛亮相蜀，"凿石架空，为飞梁阁道"。阁道应即川陕间的著名斜谷栈道。《三国志·蜀书·后主传》："〔建兴〕十一年冬，亮使诸军运米集于斜谷口，治斜谷邸阁。"后来姜维北伐也沿用了沿途建粮站的成规，如《晋书·文帝纪》说："姜维攻羌，收其质任，聚谷作邸阁讫。"

署,在街亭(甘肃秦安东北)被魏军张郃杀得大败。赵云据守箕口(陕西褒城西北)也吃败仗。战斗结果,仅攻下西县(天水西南)、冀城(甘肃甘谷南),俘虏姜维,迁归西城居民千余户。诸葛被迫回师汉中,含泪斩马谡,并归咎自己,同时奖励有功者,抚慰阵亡者遗族,整顿部伍。是年冬,适吴军诱败魏军曹休于石亭(安徽潜山东北),魏军东下救援,诸葛便乘机再举兵北伐,又提出《后出师表》,指出敌人强大,也表现自己信心不高了。冬,蜀军出散关(陕西宝鸡西南),围陈仓(宝鸡东);魏军清野坚守,蜀军围攻二十余日,没能打下,又因给养缺乏退兵。公元二二九年,诸葛亮第三次出兵伐魏,攻占武都(甘肃成县西),阴平(甘肃文县西北)①。公元二三〇年,魏复转取攻势,曹真领兵南伐,图攻取汉中;曹真在进军途中,因魏又改采司马懿防御方针退兵。公元二三一年,诸葛亮又出兵伐魏,魏派司马懿屯长安防守,进围祁山,六月大败魏军。司马懿以蜀军远征粮少,接济困难,利于速战;魏军坐守,接济不成问题,利于持久,因此坚壁固守。在司马懿这个方针下,蜀军师劳无功,又以粮尽退兵。

诸葛亮针对司马懿这种方针,也改变战略:又退而"劝农讲武",休养民力,培植士气(息民休士),巩固汉中根据地,壮大力量;改进交通运输,制造"木牛流马",于斜谷口(郿县西南)建立大粮站,运粮储积。公元二三四年,他又率十万大军出斜谷,以五丈原(陕西郿县西南)为中心,"分兵屯田,为久驻之基,耕者杂于渭滨居民之间,而百姓安堵"②,建立新根据地,与司马懿进行拖延战。同时,一面不断派兵向司马懿挑战,去扰乱和疲劳敌人,一面约同东吴出兵,牵制敌人后方。但他这个计划刚才开始,便于同年九月在五丈原病死了。杨仪、姜维代领全军,收拾人马,从五丈原撤退入谷。杨仪是后起,姜维是天水战役的降将;由于诸葛亮的信任,他们特别自负。自负能力不弱、又身为老臣宿将的魏延,却不顾大局,领兵先入谷烧毁阁道(按系木料构成的),断绝杨、姜归路。结果魏延终于战败被诛。

邓艾伐蜀 蜀汉的老军事人才,至此已死光了;诸葛亮在这方面,没有加

---

① 三出祁山,魏延提出出子午谷直捣长安的进攻计划,诸葛亮认为带有冒险性,乃取道出甘肃的进攻路线。陈寿据此批评诸葛亮,说"应变将略非其所长"。但诸葛亮是从最坏的可能情况估计出发的。

② 《三国志·蜀书·诸葛亮传》。

意培养，没有适当的新人才能接续上去。姜维的忠心是够的，但能力、修养、资望都不能和诸葛亮相比，也没有掌握诸葛亮临殁前的战略思想。继诸葛亮主持内政的蒋琬、费祎等，主张先搞好内部，休养民力，与姜维的军事方针相反。姜维则急进求功，并自认为诸葛继承人，一意孤行。及蒋琬病死，费祎又为降将郭修刺杀，姜维更大举北伐。他计划笼络羌胡各族，攫取自陇以西地区。公元二五三年以后，姜维数次北伐，攻略狄道，均是师劳无功。公元二五六年（蜀延熙十九年），姜维布置与胡济钳攻上邽（甘肃清水）；胡济误期，姜维在段谷（清水境内水名）被邓艾打得大败，士兵死亡、逃散的很多，陇西亦纷纷骚动。此后又数次出师北伐。后因兵力消耗太重，粮饷供给也极度困难，便又放弃汉中根据地，退守汉乐（陕西城固）。

蜀汉自费祎死后，阿斗昏庸，宦官黄皓结党擅权，为所欲为，内政搞得很糟，加之姜维连年远征，人民负担逐年加重。因之搞得民不聊生，民怨沸腾。公元二六三年，魏司马昭派邓艾，钟会两路大军伐蜀，钟会入汉中，姜维退守剑阁，据险抵抗。邓艾从狄道经阴平间道袭取江油（四川江油），连克涪县（四川绵阳）、绵竹（四川德阳北），诸葛亮子瞻战死，后主阿斗和其左右，束手无策，原想投靠东吴或逃往南中，为谯周所阻，终于投降①，蜀汉的统治便结束了。

第三节　东　吴

东吴的兴起　孙权的父亲孙坚，随朱儁"讨黄巾""有功"起家，后封乌程侯，任长沙太守，占据湖南；他又参加讨董卓的战斗，入洛阳，得传国玺。后袁术命他攻刘表，被黄祖射死。孙坚长子孙策，向袁术请兵，以渡江为袁术平定江东作口实，得兵千余人。渡江后，得"父老"赞助和故友周瑜的响应，

---

① 《三国志·蜀书·谯周传》：邓艾军"入阴平，百姓扰扰，皆迸山野，不可禁制。后主使群臣会议，计无所出，或以为蜀之与吴，本为和国，宜可奔吴，或以为南中七郡，阻险斗绝，易以自守，宜可奔南；惟周以为……魏能并吴，吴不能并魏……等为小称臣，孰与为大？……且若欲奔南，则当早为之计，然后可果。今大敌以近，祸败将及……何至南之有乎？""后主犹疑于入南"，周上疏谏阻，遂以周策降魏。

吃掉扬州刺史刘繇，平定各地"盗乱"，占据吴郡（江苏吴县）、会稽（绍兴）、丹阳（皖南宣城）、豫章（江西南昌）、庐陵（江西吉安）等郡，自称会稽太守。他脚跟才开始站住，被刺身死——刺客可能为于吉信徒"太平道"分子（按于吉为孙策所惨杀），也可能即孙策所杀之前吴郡太守许贡的门客。临死给孙权的遗嘱说："举贤任能，各尽其心，以保江东。"与张昭、周瑜等的遗嘱说："以吴越之众，三江之固，足以观成败。公等善相吾弟。"①

孙权继承孙策后，江东上下遵守孙策遗嘱，对长江以北的中原局势，坐观成败；极力向长江以南扩大地盘，把今广东、福建、越南及湖南大部地区拿到自己手中。赤壁战斗的结果，暂时打消了曹操并吞江东的企图，巩固了东吴的局面。

东吴的内政外交和军事　公元二二二年孙权自称吴王后，东吴实际上已成为一个专制主义的封建国家。原先曹丕称帝以后，要孙权表示效忠，并令他送儿子去洛阳作人质。孙权上表称臣，但不送儿子为质。鲁肃是坚主联蜀抗曹的，他曾说："汉室不可复兴，曹操不可卒除……惟有鼎足江东，以观天下之衅。"② 因为其内部也有降曹拒曹的两派主张，所以魏、蜀称帝后，孙权仍只称吴王。

孙权的基本方针，是从"保江东"、"观成败"出发的。因此，外交上，在曹魏和蜀汉敌对的空子里求生存，讨便宜。所以对蜀又和好又敌对，对魏又敌对又妥协。关羽攻占樊城，蜀魏矛盾尖锐，曹魏拉拢他，他便背盟配合曹魏夹攻关羽，攫取荆州；刘备大军东下，他复称臣于魏；曹魏大军南征，他又向蜀修好求救；诸葛每次约请一同伐魏，他都是坐观形势。在军事上，是"保江东"的防御方针。因此，北面建筑濡须水口（安徽巢县东南），控制巢湖、苕陂作为重镇，以防魏军南下，曹魏也在这一线设防③，西置重镇于宜昌，以

---

① 《三国志·吴书·孙策传》。

② 《三国志·吴书·鲁肃传》。

③ 《三国志·吴书·孙权传》所称东吴对曹魏的"临江拒守"，其第一道防线实际是在巢湖、苕陂。同书裴注引《魏略》述孙权于公元二二二年称王前致曹丕书所谓："先王（按指曹操）以权推诚已验，军当引还，故除合肥之守，著南北之信……近ược守将周泰、全琮等白事：'过月六日，有马步七百径到横江；又笃将马和，复将四百人进到居巢。琮等闻有兵马渡江，视之，为兵马所击；临时交锋，大相杀伤。'"又引《吴录》述孙权对蜀使邓芝说："孤土地，边外闲隙万端，而长江巨海，皆当防守。"曹魏也在这一线设防，如同书说："〔吴黄龙〕二年（公元二三〇年）春正月，魏作合肥新城。"《三国志·魏书·武帝纪》：〔建安〕十四年春，〔曹操〕"军至谯，作轻舟，治水军。秋七月，自涡入淮出肥水，军合肥……开苕陂屯田。"《太平寰宇记》说，合肥有藏舟浦，即曹、孙两军当年藏舟处。

备蜀军东进；同时，凭靠长江天险，大修水师和水上防御，以水军为主要兵种。所以除去条件有利，他能扩充地盘以外，总是保存实力，从不主动进攻。内政上，由于江东地区，当时生产较落后，人口也较稀少。为要巩固江东，首先要发展农业。因此，一面便设法招徕境外人口（当时北方农业和手工业流亡人口，从孙策时，就有不少流到江南，以后又不断引其渡江，如早在公元二一三年，就引诱濡须水口以北境外居民户口十余万，皆东渡江。又如诸葛恪"发兵"从丹杨山"得外县平民"，等等），派兵把海岛人口驱进大陆，又浮海至辽东一带掳回男女人口。一面将生荒地分给无地人民（即所谓"受田"）；并自孙权父子以下，都分受生荒，以奖励开垦。一面，改进"火耕水耨"的耕种方法，教人民用两牛一犁耦耕（即所谓"车中八牛以为四耦"）。同时，减轻赋税。为着巩固后方，并从境内其他部落那里得到人力补给和税贡，便设法去征服山越等族，但他没有诸葛亮那套办法，并没得到完满结果。因此东吴的生产就渐次进步，渐次发展起来了。东吴的基本地区，在相当长的时期内，都比较巩固。

但生产的进步和发展，贵族大地主也随着发展了起来，他们占有大量的土地、部曲以至家内奴婢①；地主和农民两阶级间的矛盾也逐渐扩大起来了。

东吴的衰落和灭亡　　公元二五二年，孙权病死，子孙亮继承，诸葛恪辅政。恪独专东吴朝政，布置亲党，孙权的内政敷设，便开始废弛；加之他在军事上，于蜀汉力量衰落之际，对曹魏转取攻势，"违众出军……百姓骚动"，"士卒疲劳"。由于大兵出征与大规模工事建筑，如公元二五二年，"会众于东兴（巢县东南），更作大堤，左右结山侠筑两城"②。又大量消耗国力，增加人民负担。明年诸葛恪被杀后，孙峻、孙綝兄弟相继专权，更加残暴，排除异己，淫污宫廷；不少东吴老臣及自己亲信，被他们杀掉或排斥③。对人民压榨的结果是"吴民咸怨"。同时，他们在军事上也继续诸葛恪的方针，盲目的和曹魏反司马氏的力量诸葛诞等勾结，每次大军出征，都是损兵折将，大量赔本。

---

① 葛洪《抱朴子·吴失篇》：东吴大族，"僮仆成军，闭门为市。牛马掩原湿，田池布千里"。《三国志·魏书·邓艾传》艾言景王曰："吴名宗大族，皆有部曲，阻兵仗势，足以建命。"

② 《三国志·吴书·诸葛恪传》。

③ 《三国志·吴书·孙峻传》："峻素无重名，骄矜险害；多所刑杀，百姓嚣然。又奸乱宫人，与公主鲁班私通。"《孙綝传》述孙綝所杀之东吴重臣，有诸葛恪、滕胤、吕据、桓彝等及名将朱异，以至与綝同谋杀诸葛恪的他自己的从弟孙虑；杀滕胤，并"夷胤三族"，杀朱异，由于异不同意其对魏军"死战"的冒险部署。

蜀汉亡后，司马氏一面进行"篡魏"；一面便准备亡吴，命羊祜守荆州，经略上游，王浚留巴蜀大造船舰，训练水军。而东吴的情况，则自公元二六四年孙皓即位后，"肆行残暴……虐用其民，穷淫极侈"，更是江河日下了；所以羊祜说："孙皓之暴，侈于刘禅；吴人之困，甚于巴蜀。"但因司马炎"篡魏"自为皇帝，有不少曹魏旧臣反对，晋的内部还不稳定。因此羊祜、王浚、杜预等一再建议伐吴，都被搁置。到公元二七九年，司马炎"篡魏"已十五年，内部已没有问题。特别在这一年，在东吴发生了郭马、何典、王族、吴述、殷兴等为首的人民起义。他们"合聚人众，攻杀广州督虞授"，又分兵攻苍梧、始兴，杀太守，逐刺史。东吴乃以全力南入广东，"共击"起义军①。因此，司马炎便于十二月大举伐吴，命司马仙、王浑、王戎、胡奋、杜预各领步骑，分道并进：王浑等出寿春合肥南下，直趋吴下游各城镇；杜预出江陵。另一面王浚、唐彬领水兵，自巴蜀沿江东下。最后各路均直攻建业（南京）。东吴方面，由于孙皓为首的统治集团，"积恶已极"，"上下离心，莫为……尽力"，孙皓便于明年四月向晋军投降②。东吴的统治结束，司马炎又把分裂的封建国家统一了。

第四节　曹　魏

曹魏的兴起　曹操的父亲曹嵩，曾作过太尉，他本姓夏侯，受大宦官曹腾（安徽亳县人）抱养，便姓曹③。曹操本人在灵帝时作过洛阳北部尉、顿丘令、议郎等官。黄巾暴动发生，曹操随朱儁"讨黄巾"；颍川之役，他配合皇甫嵩、朱儁打败黄巾军波才。董卓擅权，操化装至陈留，散家产组织武装，并得到豪绅卫兹等资助；公元一九〇年依附袁绍反董卓，后占据东郡，绍任他为东郡太守。公元一九二年，青徐黄巾军复起，青州黄巾百万人入兖州。操部队入兖州"讨

---

① 《三国志·吴书·孙皓传》。
② 同上。
③ 《三国志·魏书·武帝纪》述曹腾"养子嵩嗣，官至太尉，莫能审其生出本末。嵩生太祖（即操）"。裴注："吴人作《曹瞒传》及郭颁《世语》并云：'嵩，夏侯氏之子，夏侯惇之叔父；太祖于惇，为从父兄弟'。"

黄巾",自称兖州牧；得地方豪绅支持，并合并其部曲，兵力渐大；同时对黄巾军实行分化、收买、招抚、屠剿，"击破黄巾，功业日著"，便成了很大的军阀。公元一九六年，献帝逃往洛阳，他迎接献帝到许（许昌）；至此，献帝成了他手中的傀儡，他利用献帝的合法地位，去君临天下，扩大地盘。

公元一九八年，曹操杀吕布，兼并徐州；一九九年，灭袁术，兼并今鲁西南、苏北、皖北一带；至公元二〇五——二〇六年，灭亡袁绍父子及高干，乃兼并河北、山西一带；公元二〇七年，进击乌桓，公孙康杀袁尚、袁熙迎降，便兼并辽西、辽东及胶东。公元二〇八年，曹操亲领大军南图荆州刘表，引起赤壁之战，结果确定了三分之局。

曹魏的内政　曹操把献帝挟到许昌，后又迁都洛阳，政权已全部掌握在他手中；公元二〇八年，他自为丞相，把三公的官位废除，他便成了事实上的专制皇帝；公元二一三年，他自为魏公，加九锡，置尚书、侍中、六卿，建立曹氏宗庙社稷，在形式上也完全同皇帝一样了。

曹操的军事修养，当时没有人能胜过他，在政治以至文学各方面，也不在诸葛亮以下；他左右的人才，在质和量上也都胜过其他方面。他的地盘最大，又是原先汉朝的中心区域；献帝挟制在他手中，政治上也有一种合法地位的优势。但在赤壁之战以后，曹操很明白，暂时不能解决孙、刘。特别重要的，他占据的地区，都破坏得较严重，大量人口死亡流散，原来烟火相连、禾黍繁茂的情景，变为到处呈现着白骨盈野、草原漫漫的惨象①。曹操知道，不努力恢复生产，把这种情况改变过来，他不只没有力量战胜蜀、吴，也害怕这个有农

---

① 在中原，曹操《蒿里行》描写说："铠甲生虮虱，万姓以死亡；白骨露于野，千里无鸡鸣；生民百遗一，念之断人肠！"《三国志·魏书·卫觊传》："时百姓凋匮，而役务方殷。""当今千里无烟，遗民困苦。"又《荀彧传》裴注引《曹瞒传》云："自京师遭董卓之乱，人民流移东出，多依彭城间，遇太祖至，坑杀男女数万口于泗水，水为不流……〔太祖〕引军从泗南攻取虑、睢陵、夏丘诸县，皆屠之，鸡犬亦尽，墟邑无复行人。"《毛玠传》："公家无经岁之储，百姓无安固之志。"在西北，《阎温传》裴注引《魏略》云：三辅一带，"啖人贼"略人作食；《晋书·食货志》："献帝……至安邑，御衣穿敝，惟以野枣园菜为糇粮。自此长安城中尽空，并皆四散，二三年间，关中无复行人。"河北及江淮间情况已如前述。《魏书·张绣传》说："天下户口减耗，十裁一在。"商业也衰退到以物易物的情况。《晋书·食货志》说："及魏武为相，于是罢之（按即罢用董卓所铸小钱），还用五铢。是时不铸钱既久，货本不多……及黄初二年（公元二二一年），魏文帝罢五铢钱，使百姓以谷帛为市。至明帝世（公元二二七——二三九年），钱废谷用既久，人间巧伪渐多……明帝乃更立五铢钱"。

民斗争传统的地区，再发生暴动①。因此，曹操自始就很注重根据地建设，采纳枣祗等"兴屯田"的建议②和司马懿"且耕且守"的方针，把中心放在恢复农业生产上。所以房玄龄说："汉自董卓之乱，百姓流离，谷石至五十余万，人多相食。魏武既破黄巾，欲经略四方，而苦军食不足……乃令曰：'夫定国之术，在于强兵足食……。'于是以任峻为典农中郎将，募百姓屯田许下，得谷百万斛，郡国列置田官，数年之中，所在积粟，仓廪皆满。"③由于当时地荒人少，便一面用兵士屯田，收获全充军食；后又把这种荒地分给兵士，征收赋税。一面招回流亡人口，分给无主荒地，并贷以犁牛；向官府缴纳赋税，额定每亩粟四升，每户绸绢二匹、绵二斤④。其他有主的土地，仍由地主收租，官府收税。

他不只建设中原一块根据地，而是建设好几块根据地。兼并河北后，便立即采取改良步骤，减轻赋税，奖励农业，建设河北根据地。占据关中后，便招致流亡到荆州各处的人民回家，以盐的收入购买犁牛，供给回家种地的农民，关中也渐次成为他的巩固根据地。特别是赤壁之战以后，曹魏更把中心放在这方面。在扬州，以合肥为中心，一面实行屯田，一面招徕人口，并兴办了一系列的水利灌溉事业，如修筑芍陂、茹陂、七门、吴塘诸堤堨；在豫南，也大兴水利，修运渠长数百里，即所谓"贾侯渠"……⑤。曹丕代汉后，也继续了这种方针，如京兆人民没有车牛，教人民取材以制车，养猪以买牛，并减轻劳役和田赋，生产得渐次恢复，丰沛一带常苦水灾，百姓饥乏，便兴筑陂堨（即所谓"郑陂"），开辟稻田，收获量便逐年增加，租税收入加多一倍。曹睿时，又开发凉州，一面修建武威、酒泉盐池，

---

① 《三国志·魏书·武帝纪》裴注引《魏书》："公（即指操）曰：'夫定国之术，在于强兵足食。秦人以急农兼天下，孝武以屯田定西域，此先代之良式也。'是岁乃募民屯田许下，得谷百万斛。于是州郡例置田官，所在积谷，征伐四方，无远粮之劳，遂兼灭群贼，克平天下"。

② 《三国志·魏书·司马朗传》说："大乱之后，民人分散；土业无主，皆为公田。"在这种"土业无主"等情况下，便产生了枣祗等"兴屯田"的建议和大兴屯田。《魏书·武帝纪》建安元年（公元一九六年），"是岁用枣祗、韩浩等议，始兴屯田"。《梁习传》说，曹操又接受习的建议，于冀州"置屯田都尉二人，领客六百夫，于道次耕种菽粟，以给人牛之费"。又《国渊传》说："太祖欲广置屯田，使渊典其事。渊……相土处民，计民置更，明功课之法。五年中，仓廪丰实，百姓竞劝乐业。"

③ 《晋书·食货志》。《三国志·魏书·任峻传》。

④ 《三国志·魏书·武帝纪》建安九年，裴注引《魏书》述曹操令云："其收田租亩四升，户出绢二匹，绵二斤而已。"又据《晋书·慕容皝载记》述封裕谏皝语，则说："且魏晋虽道消之世，犹削百姓不至于七八；持官田者，官得六分，百姓得四分；私牛而官者，与官中分。"依此，封裕所说似为地租，曹操令所说似为田赋。

⑤ 《三国志·魏书·刘馥传》。《晋书·食货志》。

开发盐的利源；一面开辟水田，招募贫民充当佃户；以后又在敦煌提倡农业，教人民使用耧车和犁耕种，又教以如何灌溉。以后，司马懿父子又继续开办天水、京兆、南安盐池，兴修陕、甘水利，开成国渠，筑临晋陂，引汧洛水源灌溉舄卤之地三千余顷，并于今鲁西南、豫东、苏北、皖北一带大兴水利，溉田二万顷。"淮南淮北皆相连接，自寿春至京师，农官兵田鸡犬之声，阡陌相属"，"家家丰足，仓库盈溢"①。

　　这样，农业生产就渐次恢复起来。从而自曹丕时起，商业资本也在复活了。生产情况、耕地面积、人口数量等方面，虽还远没达到两汉水平；但曹魏这种步骤，即利用条件，克服弱点，壮大自己，使自己力量远胜于蜀、吴，确立战胜蜀、吴的基础，是成功的，也是对历史前进起了促进作用的。

　　曹魏的军事和外交　赤壁之战以后，由于其内政的基本政策，便决定其军事上的防御方针，在保持相对安定的环境，以便于恢复生产和建设根据地。在这种方针下，他一面便要求巩固自己的后方：因此，公元二一一年（建安十六年）又转而经略西北，一面逐步消灭马超、韩遂等武装集团，一面笼络各部落的首领。公元二一四年，马超投蜀，明年韩遂被杀，便统一了西北。另一面对东吴和蜀汉，军事上都以防御为主。为贯彻其防御方针，几个对防守和进攻都必要的战略要地，如南面的襄阳、樊城，东南面的合肥、寿春，至死也不放弃；对西面的汉中，也自始就很重视。公元二一五年（建安二十年），曹操以相当的代价和诈骗手段，消灭了很素朴的农民政权，占取汉中，最后并诱降张鲁②。

---

① 《三国志·魏书》文、明诸"帝纪"，及卢毓、徐邈、邓艾诸人传。《晋书·宣帝纪》、《食货志》。

② 《三国志·魏书·张鲁传》："〔鲁〕祖父陵，客蜀，学道鹄鸣山中，造作道书以惑百姓；从受道者出五斗米，故世号米贼。陵死子衡行其道，衡死，鲁复行之。……〔灵帝时〕鲁遂据汉中，以鬼道教民。自号'师君'；其来学道者，初皆名'鬼卒'；受本道已信，号'祭酒'，各领部众，多者为治头大祭酒；皆教以诚信不欺诈，有病自首其过，大都与黄巾相似。诸祭酒皆作义舍，如今之亭传，又置义米肉悬于义舍，行路者量腹取足，若过多，鬼道辄病之；犯法者，三原然后乃行刑。不置长吏，皆以祭酒为治，民夷便乐之。雄据巴、汉垂三十年。（裴注引《典略》曰：修为五斗米道……修法略与角同……及鲁在汉中，因其民信行修业，遂增饰之，教使作义舍，以米肉置其中以止行人；又教使自隐；有小过者，当治道百步则罪除。又依月令，春夏禁杀又禁酒。流移寄在其地者，不敢不奉。松之谓张修应是张衡。）……建安二十年，太祖乃自散关出武都征之；至阳平关，鲁欲举汉中降，其弟卫不肯，率众数万人拒关坚守，太祖攻破之，遂入蜀。鲁……乃奔南山，入巴中……太祖入南郑……遣人慰喻，鲁尽将家出……拜鲁镇南将军，待以客礼，封阆中侯，邑万户，封鲁五子及阎圃等皆为列侯，为子彭祖取鲁女。"裴注又引《魏名臣奏》载董昭表曰：武皇帝承凉州从事及武都降人之辞，说张鲁易攻，阳平城下，南北山相远，不可守也。信以为然。及往临履，不如所闻。乃叹曰：他人商度，少如人意。攻阳平山上诸屯，既不时拔，士卒伤夷者多。又《武帝纪》："〔建安二十年〕秋七月，公至阳平，张鲁使弟卫与将杨昂等，据阳平关，横山筑城十余里，攻之不能拔，乃引军还。贼见大军退，其守备解散。公乃密遣解慓、高祚等，乘险夜袭，大破之，斩其将杨任，进攻卫，卫等夜遁，鲁溃奔巴中。"

司马懿曾建议：乘刘备站足未稳，进而略取四川；曹操要巩固后方，便以"既得陇右"不应"复欲得蜀"，拒绝这个建议。但汉中不久又被刘备夺去；以后虽几次想夺取，也都没有实现，只得把重点收缩到长安。

因此，直到司马炎派邓艾伐蜀，及司马代曹以后的伐吴前，蜀魏间、魏吴间的各次战争，曹魏方面不是被动应战，便是防御性的进攻，从没有采取过战略的进攻。

在政略上，针对蜀、吴的方针，与蜀汉没有妥协可能，各方面都采取敌对形式；对孙权一打一拉，破坏蜀吴联盟，孤立蜀汉，胁制东吴。孙权恰恰就没有认识到这一点。

曹操的内政、军事和政略方针，是相互结合的，并一一都贯彻了的。曹操、曹丕父子死后，司马懿又完全掌握了曹操的这种方针，并继续在贯彻。

司马氏"篡魏"　曹丕以后，曹家的子孙，从曹睿到曹奂，都是生长深宫，过着养尊处优的生活，全没经过任何斗争的磨炼，对当时复杂局面中的内政、军事、民情、外交，一概都不明白，只顾讲究生活的豪奢、淫逸、快乐。政治、军事、外交等的实际工作和计划布置等方面，就只好都靠臣下去作。曹氏的宗族，像曹真、曹爽之流，各方面也同他们差不远。

在三国的局面下，军事斗争究竟是很重要的。曹魏的对外战争，主要是对蜀汉。身当对蜀重任的，实际就掌握了曹魏军事的重心。司马懿在各方面都有一套经验和见解，很能掌握曹操的思想、方针。他反对对蜀的战略进攻方针，把曹真推下台，自己就被派担任防蜀的重任。他最后战胜诸葛亮，防御方针完全成功，便在实际上掌握了曹魏的军权，在政治上的威信，也首屈一指了。公元二三九年，曹睿临死，命懿和曹爽协力辅佐他的儿子曹芳；司马懿又根据曹操的内政方针，继续去贯彻，渐次内政大权也实际掌握到他手中了。公元二四九年他铲除曹爽和其党羽，自为丞相，便在事实上成了曹魏的独裁者，曹氏便只是名义上的魏帝了。公元二五一年，司马懿死，他长子司马师便继承他的一切地位和权利。司马师打退了姜维的多次攻势，把司马氏的权利又扩大了一步。公元二五四年他又把曹芳赶走，另立小娃娃曹髦，以便更好摆布。公元二五五年，司马师死，他的弟弟司马昭承袭。但当时在南方，担任防吴军事重任的，还不少是曹氏的旧臣，他们反对司马氏推翻曹氏；稍一不慎，就很可能迫使他们和东吴联合反司马，文臣世族如嵇康等也是反司马的。公元二五五年、二五七年消灭反司马的毋丘俭、文钦与诸葛诞等后，掌握南方和东南军权的，也大都成了司马氏的嫡系。司马昭便于公元二六○年杀曹髦，立曹奂。公元二六二年，杀反司马的曹氏旧臣、所谓竹林七贤之一①的嵇康等。因此，他便于公元二六三年十一月，自封为晋公，一切与曹操当年的魏公一样；灭蜀后，便于明年三月又自称晋王；公元二六五年九月，司马炎继承司马昭为晋王，不久就正式把曹奂废除，宣布自己为晋朝皇帝。曹氏的统治至此便完全结束。

第五节 结 语

三国的社会形势，本质上和两汉一样，只是由于在生产严重破坏、人口大量死亡、无主荒地很多的情况下，像在曹魏，政府直接占有的土地很多，军队的屯田和政府直接把地佃给农民（叫作占地或民屯）的形式，占相当比例。同时，也由于严重破坏的结果，商业资本的活动，最初较沉寂，后来也没能恢复两汉水平。其他阶级关系、政权组织、官制、法律、学校等方面，基本上也都同两汉一样，只是有些损益和名称不同。因此，在三国，不过由一个统一的专制主义封建国家，分裂而成为三个专制主义的封建国家。

曹魏在各方面都比蜀、吴占优势，吴、蜀不结成亲密的坚固同盟，是无能力战胜和抗拒曹魏的；在曹魏的生产相当恢复后，便已确立了自己的相当基础，蜀、吴更无力单独抗拒它了。因此，从吴、蜀的立场说，东吴没有实行和贯彻鲁肃的方针，是错的；诸葛亮的各种方针都比较对，但在蜀汉方面，他也无法全部贯彻。

从地主阶级的立场说，诸葛亮是当时一个有能的政治家和战略家。他死后，蜀汉的情况在各方面都走下坡路：第一，由于他没有足够地注意去培养和搜罗人才，也没有培养本地军事人才，几乎全部是外地的军官去带四川兵；第二，他在根据地建设，在内政方面，抓得不够紧，以致到后来，引起"国内

---

① 《三国志·魏书·王粲传》附《嵇康传》裴注引《魏氏春秋》曰："康寓居河内之山阳县……与陈留阮籍、河内山涛、河南向秀、籍兄子咸、琅邪王戎、沛人刘伶，相与友善，游于竹林，号为七贤"。

受其荒残，西土苦其役调"的现象①；第三，他在军事上太急进，几次轻易出师，都是条件不够，反而把自己拖得很疲乏，削弱了自己；第四，对曹魏壮大自己的各种步骤、政策，他没有采取适当的对策；第五，他用人不够恰当，在战斗的具体指挥部署上，也很不够。他的这些缺点，却正是曹操、司马懿比他高一等的地方。

汉末军阀混战直至三国相互的连年战争，没有一方面是进步的、代表人民利益的。因此，不论谁胜谁败，对人民都没有好处，对社会都不会起进步作用。尤其是汉末地主阶级为镇压农民暴动而进行的烧、杀、掳、掠和其继起的军阀混战，不只给了人民以不可言状的苦痛，并使人口大量减少，生产遭受严重破坏，以致社会生产空前衰落，中国社会的进步受到阻滞。三国相互间的连年战争，从战争本身所造成的恶果说②，又加重了这种情况和阻碍了生产恢复与人口增殖的进度。因此，三国政府虽在不同程度上都注重了生产和内政，尤其是曹魏，曾采取过一系列的措施，客观上符合了人民的利益和要求；而三国的生产，却始终没恢复到两汉的水平。但在两汉生产发展的基础上，三国时已知道采煤作燃料③。

复 习 题

一、三国社会以及魏、蜀、吴的政权性质如何？

二、形成群雄割据的根源何在？

三、群雄割据的局面为何归结为三国？

四、魏、蜀、吴三国各自的基本方针如何？

五、吴、蜀为何被灭亡？

六、对三国战争应作何种评价？

七、对诸葛亮、曹操、司马懿、鲁肃的评价如何？

---

① 《三国志·蜀书·诸葛亮传》评注引张俨《默记》。

② 尤其是曹操，在攻战的过程中，动辄就实行极端残暴的"坑杀"和"屠城"，是要担负历史的罪责的。

③ 郦道元《水经注》："魏武封于邺……城之西北有三台……北台曰冰井台，亦高八丈，有屋一百四十间；上有冰室，室有数井，井深十五丈，藏冰及石炭焉。石墨可书，又然之难尽，亦谓之石炭。"又《太平御览》："陆云与兄机书曰：'一上三台，曹公藏石墨数十万斤，云消此烧，复可用然'。"所谓"石炭"或"石墨"就是煤。

第十一章

由两晋间各部族部落集团的
混战到南北朝时期

（公元二六五——五八九年）

第一节　西晋的统一与华北糜烂

西晋的统一　公元二六五年，司马炎代魏，建立晋朝；公元二八〇年平吴，便结束了三分的局面，使全国复归于统一。史家把这个统一的晋朝叫作西晋（公元二六五——三一六年）；华北糜乱以后，司马睿在建康（即南京）再建的晋朝，叫作东晋（公元三一七——四一九年）。

西晋承三国长期混战以后，社会基础是很薄弱的，全国汉族人口，除去逃亡者外，有户籍的，最高数字才达到一千六百多万①。同时，自前汉武帝以来，统治阶级为着对外侵略，镇压农民和国内其他各族，相互间争权夺利而进

---

① 《通典·食货·历代盛衰户口》：公元二六三年，魏灭蜀，"得户二十八万，口九十四万，带甲将士十万二千，吏四万；通计户九十四万三千四百二十三，口五百三十七万二千八百八十一。除平蜀所得，当时魏氏唯有户六十六万三千四百二十三，口有四百四十三万二千八百八十一。""晋武帝太康元年（公元二八〇年）平吴，收其图籍，户五十三万（按《晋书·武帝纪》作五十二万三千），吏三万二千，兵二十三万，男女口二百三十万，后宫五千余人。九州攸同，大抵编户二百四十五万九千八百四，口千六百一十六万三千八百六十三。此晋之极盛也。"因此，《晋书·傅咸传》述咸宁五年（公元二七九年）上疏所说"户口比汉十分之一"，并不包括吴的户口在内，但也是说得太过的。

行内战，令许多塞外落后部落移入塞内；如后汉明帝时，匈奴族移入山西一带的近一万部落，与汉族杂居，曹操时把他们分作东西南北中五部，到晋初，他们便占住了山西绝大部分地区；东胡系的鲜卑族等许多部落，则步步南移到今辽宁、冀东、山西雁门关以北一带；西北的氐、羌族等许多部落，则移住今甘、陕一带，直至关中、河东。有事时，或征集他们当兵，或约其助战；从后汉以来，统治阶级的武装部队，率多有"胡骑"成分。他们直接掌握了汉族的进步武器和军事知识，蒙受进步文化的影响，但也直接被利用来屠杀汉族及他族人民，又掳获汉族人口（如乌桓破幽州，掳汉民十余万）。

司马炎为首的晋朝地主阶级，在平吴后，只注重自身利益，去进行劳动力编制，提高劳动榨取量，丝毫也没去照顾农民和杂居的各落后部落人民的生活。因此，由于汉族农民和他族人民的输血，西晋地主阶级很快就肥胖起来，而有武帝（司马炎，公元二六五——二九〇年）太康（公元二八〇——二九〇年）年代的"繁富"；但农民和杂居各族人民，便都成了贫血症（具体情况，下节再说）。

八王之乱 另方面，司马炎于平吴后，不只封了许多食税的列侯（如王浑食税万户），且大封王族子弟为诸侯王。这种诸侯王并与汉初不同，都是有半国家的领土、政权、财权和武装，如规定大国设上、中、下三军，兵五千；次国设上、下两军，兵三千；小国一军，兵一千五百人，文武官吏均由诸侯王自己任用和罢免；他们在中央任职者，军政大权也仍由其直接掌握。这不仅从中央到州郡的政权，主要全由司马氏家系世袭，与专制主义封建制阶级世袭的政权性质相矛盾，且在一个统一的封建集权国家内，包含着许多独立性的半国家，本身也是矛盾的。

太康年代经济畸形发展的结果，一方面地主阶级集积了不少财富，商业资本和高利贷也比较活跃起来，便在其政权本身的矛盾基础上，揭开了地主阶级相互抢夺政权的恶剧，具体表现为八王之乱，即司马氏家族汝南王亮、楚王玮、赵王伦、齐王冏、长沙王乂、成都王颖、河间王颙、东海王越等互争中央政权和帝位的残酷斗争。他们相互争夺和撕杀的结局，不只人民遭殃，并又摧毁了晋朝的薄弱基础。另方面，农民和诸杂居各族人民的贫血症却越来越严重，八王之乱又不断增加了这种严重程度。因此便展开农民暴动，汉族农民和各族人民一起反对统治阶级的斗争。各族人民，开始和汉族农民一起去反对地主阶级的斗争，是进步的；但在他们，由于阶级斗争和反大汉族主义压迫的斗争相联结，也由于当时他们的落后性，所以当其转化为反大汉族主义压迫的斗争后，在其各部贵族的领导下，反转而仇视汉人；结果从反对汉族地主阶级的压迫出发，乃转而成为对汉族和其他各族人民的仇视和压迫。因此便展开了各部族部落集团间混战的局面。

华北糜乱　各部族部落集团间混战的结果，便形成所谓"五胡十六国"的混乱局面，烽火遍地，狼烟四起，"流尸满河，白骨蔽野"①，以后又归结为鲜卑贵族的"北朝"统治。华北糜烂近二百八十年；大地主阶层或帮助各族武装集团对其他各族人民行使野蛮残暴的落后的统治，或逃到南方去继续其腐败无耻的统治生活。

第二节　经济情况的变化

太康年代的繁荣　司马炎在平吴以前，由于农业劳动人口不够，无主荒地很多，继续施行了曹操、司马懿以来的一贯政策。（一）以无主荒地，由各州县政府招人民"领佃"，同时把荒地由"州郡大军杂士""领佃"，租额为四六、三七或二八分，地租、地税全归官府②。武帝咸宁元年（二七五年）诏又以"奚官奴婢"著新城，"代田兵种稻……各五十人为一屯，屯置司马，使皆如屯田法"这虽则带有早期农奴劳动的形式和内容，但把官府服杂役的奴婢转入生产，是有积极作用的。（二）不断严令地方官督农劝垦，"竞农务功"，"劝事乐业""化导有方"者给赏，并"通告天下"。（三）咸宁三年（公元二七七年），"分种牛三万五千头"与颍川、襄城"二州将、吏、士、庶，使及春耕，谷登之后，头责三百斛"；"人多畜少"，又教民"可并佃牧地"。（四）奖励人口增殖，女子年十七不出嫁的，官吏

---

① 《晋书·食货志》。
② 《晋书·傅玄传》："又旧兵持官牛者，官得六分，士得四分；自持私牛者，与官中分。施行来久，众心安之。今一朝减持官牛者，官得八分，士得二分；持私牛及无牛者，官得七分，士得三分，人失其所，必不欢乐。愚以为，宜佃兵持官牛者与四分，持私牛者与官中分。"

强制择配；一家有五女者，免役。（五）常开仓救济饥民，减免灾区田租和减少户调税①。

平吴以后，人民本可以得到休息，无主荒地既多，也应可以得到土地。但司马炎为首的地主阶级，却只注重自身利益，把荒地和人口实行分赃。以一部分官地分给贵族和官僚，作为私产：如诸侯王大国在近畿占田十五顷（在其封国的占田不在此限），次国十顷，小国七顷；官僚由一至九品，占田五十顷，逐级递减五顷至第九品为十顷。其余广大无主荒地，都作为皇室和官府所有；原来佃耕官地的农民、士兵和屯田的奴婢，都作为皇室和官府的佃户，规定他们自十六岁至六十岁的丁男占田七十亩，外种五十亩作地租；丁女占田三十亩，外种二十亩作地租；年十三至十五及六十一至六十五的"次丁男"则照丁男折半，"女则不课"；所课为地租四斛，赋为绢三匹、绵三斤②。新去充当皇室和官府佃户的，也照这样办法（按司马炎平吴后，把军队解散都转成这种佃户）。但这种租额的规定，只是官佃方面如此。其他地主私家的地租（不论其土地系原先所占有，或系新占官地，或系从新兼并买卖而来，如王戎、庞宗、王恺、石崇等著名大地主的土地），自然都不会与秦汉三国以来的老章程有何实质的不同。但由于劳动人口缺乏，他们又规定出各人占夺劳动人口的一种比例：六品官以上，得使用免役"衣食客"（即为其服役的）三人，七、八品二人，九品以至下级军官护卫武士一人；应有免除税役负担的佃户，一二品官五十户，三品十户，四品七户，五品五户，六品三户，七品二户，八品、九品一户，多出规定的，便要纳税服役③。而贵族大地主，又每每承袭曹魏遗制，占有"租牛客"动有数百"，太原一带则以"匈奴胡人为田客，多者数千"④。除去为贵族大地主所占有的这种佃户外，其他私家佃户和一般人民向国家的纳税和役钱，他们规定为丁男当户者，每户每年纳绢三匹、绵三斤，丁女及次丁男当户者减半；边郡折纳"三分之二"、远方"三分之一"；其他

---

① 《晋书·武帝纪》、《食货志》。

② 《通考·田赋考》、《通典·食货》、《晋书·食货志》。又《晋故事》："凡民丁课田，夫五十亩，收租四斛，绢三匹，绵三斤。"

③ 同上。

④ 《晋书·外戚传·王恂传》："魏氏给公卿以下租牛客户数各有差。自后小人惮役，多乐为之。贵势之门，动有百数。又太原诸部，亦以匈奴、胡人为田客，多者数千。武帝践位，诏禁募客。恂明峻其防，所部莫敢犯者。"

各族人民每户纳布一匹，远地的减至一丈。但各落后部落人民大多从事牧畜，不能照佃耕制办法去编制其劳动力，征收地租，因此又规定"不课田者"，每户纳"义米"三斛，偏远的每户五斗，最落后的每户缴人头税（算钱）二十八文①，充当私家地主佃客的，另须向地主担负缴纳地租等义务。但对统治阶级本身，特别是官僚，又规定一套免税、免役的办法，按其职位高低，免除其亲属的税役，多的免及九族，少的三世。此外，皇族、国戚、大官僚后裔、士人（知识分子）的子孙，也照样办。因此，除一般没势力的中小地主和其他中间阶层外，国家的税役负担，便完全直接放在农民和其他各族人民的身上。农业人口连老少男女合计仍不到一千万，仅靠他们去养活奢侈无度的地主阶级（如石崇用白蜡作柴烧，香椒泥涂屋，作锦绸屏帐长五十里，厕所陈设有锦香囊、沉香汁、新衣服等，为当时一般大地主所竞耀和模仿），支持其全部国家机关的开销和劳动供应，把血汗榨干也不易支持下去的。

同时在劳动人口不够的另一面，豪绅、富商、巨族、官僚、贵族却又无限制的去买进和霸占土地，如庞宗有田二百顷，王戎园田水碓遍天下，石崇田宅水碓三十余处②。他们怎样去获得劳动力呢？除加紧压榨汉族农民外，便去压榨其他各族人民的劳动力，役使他们充当佃户、雇农，又拐骗他们的人口卖到他乡作奴婢（如石勒原先在敦敬、宁驱两家作过雇农，后又为东瀛公司马腾所执，二人一枷，转卖给山东茌平地主师欢家为奴）。

因此，在地主阶级方面，由于汉族农民和其他各族人民血汗的结晶，就堆

---

① 参见二百四十七页注②。马端临又说："按两汉之制：三十而税一者，田赋也；二十始傅，人出一算者，户口之赋也。今晋法如此，则似合二赋而为一。"

② 例如《晋书·江统传》江统上惠帝书说："秦汉以来，风俗转薄，公侯之尊，莫不殖园圃之田而收市井之利，渐冉相放，莫以为耻。"又《王戎传》："性好兴利……园田水碓，周偏天下。"又《石崇传》："崇水碓三十余区，苍头八百余人，他珍宝、货贿、田宅称是。"又如《昭明文选》潘安仁《闲居赋》云："筑室种树，逍遥自得，池沼足以渔钓，春税足以代耕，灌园杂蔬以供朝夕之膳，牧羊酤酪以俟伏腊之赏。"他们又占有山林池泽去剥削农民，这特别在东晋和南朝，如《晋书·甘卓传》：卓于元帝时（公元三一七——三二二年）为梁州刺史，"州境所有鱼池，先恒责税；卓不收其利，皆给贫民"。《宋书·武帝纪》："先是山湖川泽皆为豪强所专，小民薪采、渔钓，皆责税直……"《梁书·武帝纪》：大同七年（公元五四一年）十二月诏："又复公私传、屯、邸、冶，爰至僧尼，当其地界，止应依限守规，乃复广加封固，越界分断水陆采捕及以樵苏，遂致细民措手无所。"

成了他们手中的财富，出现了像王恺、石崇之流的许多著名豪奢的富翁①。同时，由于灭蜀平吴后，不只皇帝没收了蜀、吴国库，共得到粮食三百二十多万斛，金银数千斤，帛数十万匹，船五六千只，其他军官官吏的荷包，也都是装得满满的，因而便形成了平吴后以至太康年代的繁富。但另方面依然是"地有余羡，而不农者众"，"虚诈害农之事"多和"饥者……不少"② 相连。所以像《晋书》和干宝那样③，把太康年间人民的生活和社会生产所作的估计，是失实的。

永嘉年代的饥荒 但在另方面，农民却连"蔬食"和"青草"也吃不上。杜预说："今秋夏蔬食之时，而百姓已有不赡；前至冬春，野无青草，则必指仰官谷以为生命。"④ 这虽是说的平吴前的水灾地区情况，但农民在平吴后的情况，也不曾好得多少。人民生活太穷困，生产水平是不能维持下去的。因此，到司马炎的儿子司马衷（惠帝，公元二九〇——三〇六年）时，全国各处都开始发生饥荒了，百姓有很多饿死；但统治阶级却依旧锦衣玉食，晋惠帝竟然说：他们"何不食肉糜?"⑤ 饥饿的人民，除去暴动以外，便成万的结队流至他乡就食，而他乡的情况也是一样。

八王之乱又直接加重了这种严重程度。因此，到怀帝（司马炽，公元三〇七——三一二年）永嘉年代，自陕西以东，都普遍发生严重饥荒，人民多卖妻鬻子和自卖为奴，尤其普遍的是离乡背井游食远方。再加今陕、甘、山西、河北等省地区当时遭受严重蝗灾，"草木及牛马毛皆尽"⑥，又继之瘟疫流

---

① "〔崇〕财产丰积，室宇宏丽。后房百数，皆曳纨绣、珥金翠，丝竹尽当时之选；庖膳穷水陆之珍。与贵戚王恺、羊琇之徒以奢靡相尚。恺以粘澳釜，崇以蜡代薪；恺作紫丝布步障四十里，崇作锦步障五十里以敌之；崇涂屋以椒，恺用赤石脂。崇、恺争豪如此。武帝每助恺，尝以珊瑚树赐之，高二尺许，枝柯扶疏，世所罕比；恺以示崇，崇便以铁如意击之，应手而碎……崇曰：不足多恨，今还卿。乃命左右悉取珊瑚树，有高三四尺者六七株，条干绝俗，光彩耀目，如恺比者甚众。"（《晋书·石崇传》。刘义庆《世说新语·汰侈篇》）。

② 《晋书·文六王·齐献王攸传》，攸对武帝奏议所言。

③ 《晋书·食货志》说太康年间，"天下无事，赋税平均，人咸安其业而乐其事"。干宝《晋纪总论》说："太康中，天下书同文，车同轨，牛马被野，馀粮栖亩，行旅草舍，外闾不通，民相遇者如亲，其匮乏者取资于道路，故时有天下无穷人之谚。虽太平未洽，亦足以明吏奉其法，民乐其生，百代之一时矣。"这都是言过其实的。

④ 《晋书·食货志》。

⑤ 《晋书·惠帝纪》。

⑥ 《晋书·食货志》。

行。人民除遭瘟疫和饥饿而死者外，生存者大多扶老携幼，流奔他方；山西最严重，存留本乡的汉人不满二万户。至此，在这些省区，社会生产和组织，便根本解体了，地主阶级的地方政权机关，也只得跟着瓦解。再加上地主阶级对暴动农民的镇压和屠杀，特别是匈奴等各族统治集团或上层人物的"叛乱"，对残留的汉族人民的生命财产肆行残酷的屠杀、焚烧和劫洗，又形成"流尸满河，白骨蔽野"，极目荒凉，白日不见行人的惨象。在这种情况下，就把西晋地主阶级政权淹死了。

东晋和南朝的经济情况　华北糜乱、愍帝（司马炽，公元三一三——三一六年）被刘曜俘虏；元帝（司马睿，公元三一七——三二二年）在流亡大地主集团王、周、刁等……和江东大地主顾荣、贺循等翼戴下，公元三一七年四月即王位于建康（翌年四月称帝），建立起东晋小朝廷的偏安之局。

江南的生产，经过孙权、司马炎时代的改进，一般已采用牛犁耦耕方法，但以地广人稀，新荒仍多用"火耕水耨"。北方士大夫和逃难人民流亡南去，带去北方的较高的生产技术和文化，也增加大量劳动人口（据南朝宋孝武刘骏时统计，比孙吴时增多了一倍人口），这给了东晋生产发展的一个基本条件。不过由于人口突然增多，加之"游食者以十万计"①，便发生粮食不够的恐慌，所以司马睿即帝位的第二年，"三吴"发生大饥荒，饿死不少人。增加生产，解决粮食问题，便成了当时最迫切的要求。因此，东晋政府复采取如次的步骤。紧急措施方面，开仓救济。发展生产方面：（一）减低徭役；（二）安置"流人"垦荒，第一年租税全免，第二年只收地税，第三年开始兼收地租和地税；（三）选择大员坐镇寿春，一面用军队屯田，兼以防敌，一面招集流散人口，助其安家立业；（四）成帝（司马衍，公元三二六——三四二年）即位第五年，又宣布"度田"制，即规定田赋为"十分之一"，按地每亩税米三升；（五）对南方各族，则"各随轻重，收其赕物"②。这种措施，特别把百多二百万的"流人"安置到生产里面，不只稳定了当前的秩序，并给东晋和南朝的统治奠下基础。

江南的土地关系，完全是秦汉以来的情况。这次北方大量"流人"前去

---

① 《晋书·食货志》。
② 《隋书·食货志》。

以后，一面使许多荒地渐次变成熟地，一面流亡大地主集团，恃着其"翼戴之功"和特权，大量占领土地，提高了地主阶级占领土地的比重，加快了兼并和集中的过程。他们占领土地的手段，一面由皇帝将官地赐予；一面强占荒地和山泽；一面直接买进和放高利贷去兼并土地。这一直继续到南朝，他们都是这样办。因此，他们和原来的土著地主，便共占有很大部分的耕地。他们各个家族都占地很多，一直到陈代，大都还是大地主。如初渡江时，王导仅在锺山一处，便有赐田八十余顷，其子孙世代都是"田园广布"；谢安家在吴兴、会稽、琅琊各地都有田园十余处，传到谢混时，混夫妇在会稽、琅琊、吴兴有田园数十处；刁协原先强占京口（镇江）山泽，至其孙刁逵、刁畅及曾孙刁弘时，竟达到"有田万顷"；著名书法家王羲之，除在山阴有产业外，又在吴兴等处有地产；移住福建的"中原士族林、黄、陈，郑"各家，情况也同他们在江南一样。以后随同宋、齐、梁、陈各朝代继起而出现的新贵族，也一样去占领大量土地，如刘宋孔季恭（靖）弟灵符，"家本丰，产业甚广，又于永兴立野（即墅字），周围三十三里，水陆地二百六十五顷，舍（按系含之误）带二山，又有果园九处。"南齐萧子良在宣城（安徽宣城）、临城（安徽青阳）、定陵（青阳东北）三县，共圈占山泽数百里；南梁萧宏兼营商业当铺、放款，债户到期不还，便将其田地房产等抵押品收归己有，以至田宅、市屋遍布各处；徐勉的儿子在姑苏买田地。另方面，原来的土著大地主，像顾、贺各家都占有大量土地[1]；此外其他地方豪绅也都肆行兼并，占有大量土地。如南梁时余姚大姓虞氏各家地主，支配县政，同县南乡土豪，都肆行并吞小民产业；刘宋时山阴（绍兴）豪族富家，几占有全县土地，以至丧失土地的农民，都没有地种。他们，尤其是由北方南渡的豪贵，圈占山林、湖沼、川泽等，役使农民，设立私屯，到南朝竟成了严重的问题，朝廷也不得不下令禁阻[2]。

地主，特别是贵族大地主和豪霸占地的比例越来越大，丧失土地的农民以至

---

[1]《晋书》、《宋书》、《南齐书》、《梁书》各人本传；《梁书·顾宪之传》。《法书要录》卷六所载王羲之帖。

[2]《宋书·武帝纪》：义熙八年（公元四一二年）"〔诏令〕州、郡、县屯田池塞，诸非军国所资，利入守宰者，今一切除之"。又《刘敬宣传》："敬宣到郡（宣城），悉罢私屯……亡叛多首出，遂得三千余户。"《南齐书·高帝纪》建元元年（公元四七九年）诏："二宫诸王悉不得营立邸屯，封略山湖。"《梁书·武帝纪》："〔诏令〕不得辄自立屯"。

小地主的数量便越来越多。这是东晋和南朝土地关系中不断发展的基本矛盾。

他们占有大量土地，广大农民没有土地，便都成了他们的佃户。由北方南渡者完全靠官俸和地租过活，管理也全依靠家仆①。在东晋初，由于大量"流人"生活无靠，他们便纷纷收容"流人"作佃户②。但此，却妨害了司马睿用"流人"垦荒的利益。所以他限定一、二品官佃户不准过四十户，每品递减五户，至九品不准过五户。然在事实上，不仅各人官品和其土地占有，并不完全相称，而在"名田"制的原则下，地主的土地占有和役使佃户的数量，也是不容"立限"的③；加之他们事实上都已占有很多土地。因此，这个命令，自始就没有行通，建康一带的人民，仍多被迫投到贵族地主门下当佃户；而且随着他们兼并的土地愈来愈多，役使的佃户也愈来愈多了。

另方面，地主阶级，特别是贵族大地主，既占有大量土地，却还要把地税负担加到无地的人民身上去。一般人民已有苛重的徭役负担（杂役和军役几至没有间断的时间，仅军役一项，免役粮即须五十斛），就不易喘过气来；而贵族、官僚以至有门第的小地主（士族），却都是免役的。公元三三〇年，成帝（司马衍，公元三二六——三四二年）规定按地亩收税"十分之一，率亩税米三升"，原是很应该的；而他们却用抗税的手段去反对④。迄"哀帝即位（三六二——三六五年）乃减田租"为"亩收二升"，也没有使他们满意。孝武（公元三七三——三九六年）太元二年（公元三七七年），终于废除地税，改为按人丁每人年纳"口税三斛"，正在现役服役中的壮丁免纳；公元三八三年，"又增税米口五石"⑤，这却连服役中的丁男、丁女也没有例外。此外人民还有多种苛杂负担，甚至连修房子、种桑树、卖柴、卖鱼也要纳税（如设津"检察"所谓"禁物及

---

① 《颜氏家训·涉务篇》："江南朝士，因晋中兴南渡，江卒为羁旅，至今八九世，未有力田，悉资俸禄而食耳。假令有者，皆信僮仆为之，未尝目观起一坺土、耘一株苗。"

② 《世说新语·政事篇》谢安条注引《续晋阳秋》："自中原丧乱，民离本域；江左造创，豪族并兼，或客寓流离，名籍不立。太元中（公元三七六——三九六年），外御强氏，搜简民实，三吴颇加澄检，正其里伍，其中时有山湖屯逸往来都邑者。"

③ 早在西晋时，《晋书·李重传》说过："时太中大夫惕和表陈便宜，称汉孔光、魏徐干等议使王公以下制奴婢限数及禁百姓卖田宅……重奏曰：自秦立阡陌，建郡县，而斯制已没；降及汉魏，因循旧迹……至于奴婢私产则实皆未尝曲为之立限也。"

④ 《晋书·食货志》："咸康（公元三三五——三四二年）初，算度田税米，空悬五十余万斛。"

⑤ 《晋书·食货志》。

亡叛者，其获炭鱼薪之类，过津者并十分税一”①）。这都是从东晋起，越来越苛重，花样越多。由于“百姓不能堪命”，便相率“流移”和“逃亡”②。

贵族大地主，又大多兼营大商业。他们利用特权，几独占对南洋的海外贸易，用绢、绸、刀、针、铜铁器具等等，去换回珍珠、玛瑙、珊瑚、琥珀、犀角、象牙、海味、红木等等东两。同时，贵族大地主和寺院地主，几无不兼营高利贷，并有开当铺的③。

另方面，由于南朝商业资本的发展，一般私家商人营业范围扩大，也从事海外贸易；大地主支配的东晋和南朝政府，却对一般商人和人民的生产品买卖，规定多样苛重的交易税（估税）和关税、过境税等等。此外对一般人民，“凡货卖奴婢马牛田宅，有文券率钱一万，输估四百入官，卖者三百，买者一百；无文券者随物所堪，亦百分收四，名为散估。历宋齐梁陈，如此以为常”④。

手工业方面的采矿（金、银、铜、铁、锡）、煮盐、铸钱、兵器制造、主要农具制造，都是政府专利的。另外官府、贵族、寺院，还有绫锦织造等等大作坊。私家手工业也比较发达。由于冶铁和铁器制作事业的发达，私家手工业也广泛（除主要农具和兵器外）在铁器制造方面活动，并把炼钢术又提高一步，知道炼制名叫“百炼刚”的“横法刚”的精钢⑤；同时，由于海外贸易

① 《隋书·食货志》。

② 如《宋书·孝武帝纪》说：大明二年（公元四五八年）六月诏：“往因师旅，多有逋亡：或连山染逆，惧致军宪；或辞役惮劳，苟免刑罚。虽约法从简，务思弘宥；恩令骤下，而逃亡犹多。”《梁书·贺琛传》：“百姓不能堪命，各事流移：或依于大姓，或聚于屯封，盖不获已而窜亡，非乐之也。”《晋书·毛璩传》、《南齐书·周颙传》也均有类此记载。

③ 如《宋书·蔡廓附子兴宗传》：“王公妃主，邸舍相望，桡乱所在，大为民患；子息滋长，督责无穷。”又《沈怀文传》：“子尚诸皇子皆置邸舍，逐什一之利，为患遍天下。怀文又言之曰：‘列肆贩卖，古人所非。’”《梁书·顾宪之传》：“山阴人吕元度有宠于齐武帝，于馀姚立邸，颇纵横。宪之至郡，即表除之。”《南史·临川王宏传》：“宏都下有数十邸，出悬及立券，每以田宅邸店悬上文券期讫，便驱券主，夺其宅。都下东土百姓，失业非一。”

④ 《隋书·食货志》。

⑤ 《太平御览》引陶弘景《古今刀剑录》语云：“又有一百炼刚刀斫十二芒，国中惟称此为绝……别有横法刚，公家自作百炼。”又宋人唐慎微《重修政和经史证类备用本草·玉石》部引陶弘景语说：“生铁是不破鑐枪釜之类，钢铁是杂炼生鍒作刀镰者。”《文选》引刘琨《重赠卢谌诗》：“何意百炼刚，化为绕指柔。”可知至迟在西晋末已知道“百炼刚”的炼钢法，东晋和南朝又以之发展为“横法刚”的炼钢法，故说“别有横法刚”。“百炼刚”到东晋时，已流传到较落后的部落中。《晋书·赫连勃勃载记》：“以叱干阿利领将作大匠”，领夷夏人工，“又造百炼刚刀，为龙雀大环，号曰‘大夏龙雀’。铭其背曰：古之利器，吴楚湛卢，大夏龙雀……”赫连部落在当时是一个才有所谓“控弦之士三万八千”的小部落。两晋的炼钢法，到宋明便演进为“灌钢”法。

的发展，便刺激起造船业的发展，南齐祖冲之并教造一种"日行百余里"的
"千里船"，又改进指南车。从汉时起，至少从这时起，中国境内就开始知道
植棉和织棉布，即所谓吉贝、帛叠①。

东晋和南朝的经济条件，本来比其时的华北好；但由于上述的种种矛盾，
始终没有把生产发展到可能和必要程度，也没能把人力合理的用起来，以致不
仅没能去战胜各落后武装集团，澄清北方的糜乱局势，反而不断被打击以至于
最后灭亡。

"五胡十六国"对生产的毁坏　公元三一六年，西晋统治垮台后，原来支
配汉族人民和各族人民的生活秩序，便完全混乱了。匈奴族和羯族发难于前，
鲜卑、氐、羌各部落，也都相互继起，各以自己的部落形成武装集团，占领一
块地盘。他们本已长期受到汉族文化和生产的影响，也看到汉族地主阶级统治
的榜样，加以丧心病狂的汉族大地主分子的献计和教导，便依样组织政权，称
皇称帝，对其势力范围内的汉族和他族人民，行使野蛮残暴的落后的统治。因
此，一方面他们也照晋朝地主政府一样，向居民榨取赋税和徭役，去养活其居
于统治地位的武装集团。但居民人口大都很稀少，晋朝原有的生产组织，已被
破坏，他们能获得的正规收入是很少的；再加他们的落后性和报复性，因此，
又对其境内居民和境外各族人民，实行暴力掠夺和烧杀。这样，一方面又直接
使人口减少，生产基础更毁坏；一方面又促速其自身的灭亡，如刘聪、刘曜、
石勒的汉、前赵、后赵，慕容氏的后燕、南燕，姚氏的后秦，赫连氏的夏，吕
光的后凉，秃发乌孤的南凉。

另一方面，像慕容廆的前燕，由于他收容了一大批的汉族地主分子（士
族）和儒生，他们教导他采取一套软的办法，如教他"不仇视晋人（即汉
人）"，名义上承认东晋的宗主国地位。因此，求生不得的汉族人民，在以彼
较此的情况下，便大群的流亡到他的地区。那群儒生又教他按照魏晋的办法，
令这种"流人"垦地，并贷给耕牛，六四或五五分租；此外也照样负担税役。
同时，其统治下的鲜卑人，也渐在生产上农业化了。所以前燕能有较多的户

---

① 《后汉书·南蛮西南夷列传》："哀牢夷……知染采文绣、罽氍、帛叠，兰干细布……"帛叠疑即
棉布。并参看《南史·呵罗单国传》、《干陁利国传》、《婆利国传》、《中天竺国传》、《渴盘陁
传》、《高昌传》。《梁书·高昌传》、《林邑传》。《北史·真腊传》。

口，养活较多军队。其次，像苻坚的前秦，也由于他任用了王猛等儒生和地主分子，实行：暂时不与东晋为敌，以怀柔其辖区内的汉族人民，禁止乱杀人，杀人要有一定罪名，以麻痹其统治下的汉族和他族人民；使汉族和他族人民，得从事农业生产，以提供租税和徭役；把其部落性的武装集团，提进为军队的组织，编余的人口，也使其从事农业。前燕和前秦，基本上虽符合了汉族地主阶级的秩序；但由于对其他各族人民实行部族的集团压迫的特点，加之由于其落后性而产生的统治的残暴性，对其统治下的各族人民，也都同时行使掠夺和人身虐待，他们的生命财产，同样毫无保障。

北朝的经济情况　公元三九八年，拓跋珪在平城（大同境）自称皇帝，建元天兴（公元三九八——四〇八年）就开始了北魏的统治①，以后他逐渐把其他"五胡"各国灭亡，便形成鲜卑贵族为主的北朝统治。

拓跋族在西晋时，散布今晋东北及雁门关外以至阴山以北一带，为魏、晋属领，并受到汉族的先进经济、文化的影响和帮助②；到拓跋珪的祖父什翼犍时，私有财产已开始确立，并普遍使用家族奴隶，因之，战争也每每以"虏获生口"为目的，但氏族民主制还没被推翻，仍由各部大人（酋长）共同处理事务。到拓跋珪时，由于战胜慕容垂，攻占中山（河北定县）、邺（河南临漳）等地，掠得大量财物，俘获大量人口，使私有财产、奴隶劳动、农业生产的比重急剧提高，代替了氏族财产、家族劳动和牧畜业的支配地位。因此，便由拓跋珪作皇帝来代替氏族民主制，完成奴隶制度的变革。"其后离散诸

---

① 《魏书·太祖纪》天兴元年（公元三九八年）六月，"诏曰：'昔朕远祖……虽践王位，未定九州，逮于朕躬，处百代之季，天下分裂……故朕率六军，扫平中土……宜仍先号，以为魏焉。'"（按有司议国号为代）秋七月迁都平城，始营宫室，建宗庙，立社稷……八月诏有司：正封畿、制郊甸、端径术、标道里、平五权、较五量、定五度。"又《食货志》："天兴初，制定京邑，东至代郡，西及善无，南及阴馆，北尽参合，为畿内之田。其外，四方四维，置八部帅以监之，劝课农耕，董校收入，以为殿最。"

② 《魏书·序纪》：拓跋部自曹魏以来，即与汉区"交市往来不绝"；魏晋之际，拓跋力微并先后两度遣子沙漠汗到魏、晋朝廷学习，即所谓"得晋人异法怪术"和"风彩被服，同于南夏"；魏廷"遗金、帛、缯、絮，岁以万计"，"晋遗……锦、罽、缯、彩、绵、绢诸物，岁出丰厚。"这不过是一些例子。又"晋怀帝进帝（拓跋猗卢）大单于，封代公。帝以封邑去国悬远，民不相接，乃从琨求句注陉北之地"；"以晋怀帝为刘聪所执……〔猗卢〕与〔刘〕琨更克大举……迎复晋帝。事不果行"，并相与计划共讨刘聪。"晋愍帝进帝（猗卢）为代王，置官属，食代、常山二郡。帝忿聪、勒之乱，志欲平之"。这是他们还以匡复晋室的属领自居。

部,分土定居,不听迁徙,其君长大人皆同编户。"[1]

拓跋奴主贵族自此又不断扩大军事掠夺,占领广大土地,掳回大量人口,去扩大奴隶劳动的农业和牧畜业生产;但他所攻占的华北地区,却是有高度的专制主义封建制生产组织的地区,散布于其上的人口,是有高度封建制生产技术经验的人口。为他服务的大地主奴才,不只仍按照其从来的办法剥削农民,而又教导这群奴主贵族也按照他们的办法进行剥削。因此,这群新统治者,在攻占汉族居住的地区时,一面也俘获人口作奴隶,一面又照原来的办法,去征收封建赋税和徭役。故拓跋珪在天兴元年攻占中山、邺等地时,一面采取:"诏大军所经州郡复赀租一年、除山东民租赋之半"的步骤,一面又"徙山东六州民吏及徒何、高丽杂夷三十六万、百工伎巧十万余口,以充京师。"到世祖(拓跋焘)时,也采取如次的方针:"以五方之民,各有其性,故修其教,不改其俗;齐其政,不易其宜;纳其方贡以充仓廪;收其货物以实库藏"[2]。所以在孝文帝(元宏)太和年代(公元四七七——四九九年)以前,不只表现其国内奴隶制和封建制形态的交错,而且构成了不可调和的矛盾。北魏到公元四三九年灭亡北凉止,"十六国"所割据的原来主要由汉族住居的地区,便完全为它所占领了;到公元四五〇年(北魏太平真君十一年,刘宋元嘉二十七年),又大举南进,把占领区扩展到淮河以北。由于其统治下的属于汉族居住的地区的扩大,便愈益展开两种制度的斗争,并反映为拓跋奴主贵族宗爱等与刘尼等两派的斗争和内廷政变(太武欲夺宗爱等权,宗爱等弑太武;刘尼等拥立文成帝,捕杀宗爱等),又反映为朝野人心普遍不安。从文成帝(拓跋濬)开始,北魏政府的施政方针,也步步向着封建方面推进;中经献文帝(拓跋弘),到孝文帝(元宏)时,封建制形态的支配地位,事实上已经确立,因此,便有孝文的改制,把一切制度法令,都适应这种封建制形态来重新制定。但在这种基础上所确立的封建制,便较西晋有不少特殊色彩。

太武帝原先把汉人住区的无主荒地封禁;后接受汉人高允建议,解除禁令,让人民耕种,向政府缴纳租税。所以《高允传》说:"遂除田禁,悉以授民。"文成帝时,奖励拓跋僧俗奴主贵族,以其从事牧畜劳动的奴隶,来从事

---

① 《魏书·外戚传·贺讷传》。
② 《魏书·太祖纪》、《食货志》、《官氏志》。

农业。到献文帝时，原来各州郡的许多荒废土地，已垦殖了不少，并出现了"新开荒"、"大豆底"、"谷底"①三圃制；因此献文便派员勘察"诸州郡垦殖田亩"以及富豪侵夺兼并的情况。而俗权奴主贵族和寺院的奴隶农业，一面根据原来的屯田办法，分田分牛给奴隶耕种，一面又受到汉人封建生产方法的影响，因此客观上便成了一种封建庄园性的农奴生产和管理。

因此，到孝文时，北魏土地关系，便表现三种主要形态。（一）国家占有大量土地，佃给人民耕种，由皇室和官府，直接向佃户征收租税；（二）拓跋贵族的庄园制土地占有和农奴生产；（三）汉族地主阶级为主的"名田"制土地占有和佃耕制生产。因此，他一面把被俘的人口，不再用作奴隶，——均赦免为农民；一面于太和九年（公元四八五年）颁布一种包含以下内容的所谓"均田"制：（甲）民户男丁年十五以上受露田四十亩，妇人二十亩，间年休耕田加倍实授，须间两年休耕之次田，实授百二十亩，到丧失劳动力的年龄还田（即退耕）；男丁另给桑田二十亩，作为永业。在此以前，不论人口与占地多少，每户年纳租、税共粟二十石、帛二匹、絮二斤、丝一斤，另纳帛一匹二丈给州库。（乙）拓跋贵族除其家族人丁照例受田外，又按其所有奴婢（即其属下农奴与家奴、奴隶等）多少，均照男女良丁受田；另外再给牛田，每头三十亩；但他们的租税负担，奴婢八人或牛二十头均只折作一夫一妇算。（丙）奴婢转为佃户种官地，照良丁受田，租税负担也同良丁一样。这幅理想的图画，却只照顾了北魏政府和拓跋贵族的利益及其土地占有情况；但对于"名田"制和汉族地主阶级以至小土地所有者的利益，却是矛盾的，不符合其土地占有情况的。因此，一方面，在"均田"制颁布的第二年，李冲就代表"名田"制地主提出修正方案，即：（一）管理农村的下层机构，要按照原来的原则，建立邻、里、党的组织，充任邻、里、党三长的，免除徭役负担；（二）一夫一妇当户者，年纳赋税粟二石、帛一匹；年十五以上未结婚立户的男女，赋税折半，即每人按当户四分之一完纳（外加其他"杂调"）；参加生产的奴婢和耕牛也须纳税，八个奴婢或二十头耕牛，均按比例纳一夫一妇当户的赋税。一方面，他们仍实行土地买卖和兼并，同时隐藏户口。所以孝文同年的诏令说：

---

① 北魏贾思勰《齐民要术·黍穄篇》："凡黍穄田，新开荒为上，大豆底次之，谷底为下。"这是远低于秦汉以来汉人的农业生产水平的。

"诸州户口籍贯不实，包藏隐漏，废公罔私。富强者并兼有余，贫弱者饴口不足。"但终于不得不"革旧从新，为里党之法"①。事实上，那种农奴制的编制，不只为"名田"制地主和充当农奴的各族人民所反对；拥有农奴的贵族，客观上也不断成为"名田"制地主，向佃耕制转移。所以到公元五二六年（孝明帝孝昌二年），便正式从京师开始征收地税，私家田地每亩征税五升，原为官田者，每亩收税一斗。这表现"名田"制已成了普遍的支配形态。

以后北齐、北周虽依旧颁布了所谓"均田"制的办法，基本上并没有推翻和动摇"名田"制。

北魏把被俘的各族人口，都推进到农业生产中去，使华北的农业人口又渐次增多②，生产也渐次恢复起来了。但由于农民的正常负担已经很重，加之拓跋族人以统治部族的地位，又不时向各族人民施行无理掠夺；北魏政府自身也不时额外征敛，如东魏孝静时，为着要供养新迁来的拓跋族人，便以人民所出粟百三十万石去养活他们。在他族支配下的地主阶级（主要是汉人），由于赋税、徭役负担较重，也更加紧去榨取农民。因此北朝农民的生活情况，便特别恶劣，随时随地都有饥饿、流散的现象。

北朝的商业，在孝文以前很衰落，也没有币制，人民交易，用魏晋旧币，甚或用绢帛为媒介。孝文时，商业资本复趋活跃，才开始铸钱曰太和五铢钱；但徐州、扬州仍多用旧币和地方币。到孝明时，商业发达，因此孝昌二年，又征收入市税和营业税；入市税每人一钱，营业税按"店舍"分五等征收。到北周亡时，除海外贸易外，情况便和南朝差不多了。

北朝的手工业，在孝文以前，不许私家手工业存在，一切手工工人和技师，都要作官家的工业奴隶；但不只仍有家庭手工业生产，同时也还有不怕违法的私家手工业存在。孝文时，解除禁令，一面释放工业奴隶归农，一面准许私家手工业自由活动，连锦绣绫罗等制造业，也许人民开办。但采矿（铁、铜、金、银、锡）、煮盐、兵器制造、主要农具制造、铸钱仍由官府专利。到北齐时，采矿

---

① 《魏书·食货志》。
② 《通考·户口考》记北齐末为户三百零三万二千五百二十八，口二千万六千八百八十；北周大象年间（公元五七九——五八〇年）为户三百五十九万，口九百万九千六百四。按北周于公元五七七年并北齐，大象纪年仅两年。并齐后户数增五十余万，口数反减少一倍以上，这显然有错误。

事业和炼钢术，也都有相当发达，据说綦毋怀文所造钢刀，能截断生铁①。

第三节　阶级矛盾和各部族部落
集团间矛盾的发展（一）

八王之乱和农民暴动　西晋统治集团的生活，自司马炎以下，一开始就是很腐化的，奢侈、淫秽、残暴、无耻，无不到了惊人程度②。到惠帝（司马衷）时开始的八王之乱，前后十六年，在当时阶级矛盾和生产衰落的基础上，又直接制造饥荒与人民的失业、流亡。西晋的地方官吏与各地豪霸，对流亡人民，复予以残酷的镇压、屠杀和虐待。因此，在八王之乱的前夜，便到处展开农民暴动：在江沔间，有胡亢、杜曾为首的兵变，张昌、丘沈为首的农民暴动，王如为首的关陕流民暴动；在江东，有陈敏为首的兵变；继起的，又有流亡在颍川、襄城、汝南、南阳一带的河东、平阳、弘农、上党诸郡农民，为反对当地豪霸虐待，烧城邑，杀官吏，揭起暴动旗帜；流亡在湘州的巴蜀农民，为反对湘州刺史荀眺的屠杀，以杜弢为首揭起暴动义旗；在广东，有王机等为首的兵变；在北方，则有所谓"妖贼刘伯根起兵于东莱之牂县"，后来出卖群众投降刘渊的王弥也"率家僮从之"。参加的除汉族农民外，还有其他各族的成分。羯族的石勒（原名㔨，《魏书》作匐勒），原先在山东和"牧帅汲桑往来"，与"王阳……逯明等八骑为群盗，后郭敖……呼延莫……等又赴之，号十八骑"③。反又与王弥的农民军联络。他们横行于今河北、山东南至淮水一

① 《北史·艺术列传·綦毋怀文传》："〔綦毋〕怀文造宿铁刀。其法：烧生铁精以重柔铤，数宿则成刚。以柔铁为刀脊，浴以五牲之溺，淬以五牲之脂，斩甲过三十札。今襄国冶家所铸宿柔铤，是其遗法，作刀犹甚快利，但不能顿截三十札也。"这是沿袭西晋"百炼刚"的炼钢法而来的。

② 例如《晋书·后妃胡贵嫔传》说："时〔武〕帝多内宠；平吴之后，复纳孙皓宫人数千，自此掖庭殆将万人。"宋刘义庆《世说新语·汰侈》说："武帝常降王武子（济）家，武子供馔，并用琉璃器，婢子百余人皆绫罗裤裲，以手擎饮食，烝独肥美，异于常味。帝怪而问之。答曰：以人乳饮独。""石崇每要客燕集，常令美人行酒；客饮酒不尽者，使黄门交斩美人……每至大将军，固不饮以观其变；已斩三人，颜色如故。"

③ 《十六国春秋》（《四库全书提要》：《十六国春秋》一百卷，旧本题魏崔鸿撰，实则明嘉兴屠乔孙项琳之伪本也）《前赵·王弥传》。

带，到处"屠城邑，戮守将"。后来王弥出卖群众，投靠匈奴；统治阶级的史家，便自始就把他们称作"匈奴部将"。

"**五胡之乱**"　西晋的统治，在今甘、陕、晋、冀各省，由于人口流亡，生产溃灭，便首先瓦解，特别是山西，存留者仅二万户。原先散布在这些省区内的各部落①，事实上便大都脱离了晋朝的统治。在那种情况下，有人便是力量；各部落不论有几万或几十万人口②，取得适当武装，就是一个独立的势力。因此以匈奴部落为凭借的刘渊，便首先在晋西南旧汾州府平阳府属一带，以离石为中心，形成独立势力，于公元三〇四年自称大单于，随即称帝，国号汉。石勒率其武装和部落投靠匈奴，匈奴的势力更大。公元三一〇年（即怀帝司马炽永嘉四年），刘聪继承刘渊，第二年即命刘曜、石勒、呼延宴等南侵攻陷西晋首都洛阳，把惠帝后及羊后等都俘到平阳，是谓"永嘉之难"。司马邺继位于长安叫作愍帝；公元三一六年，长安又被刘曜攻陷，愍帝和其眷属，也一同被俘。

公元三一八年，刘聪死，其统治便分裂。聪族弟刘曜据长安，称皇帝于山西赤壁，改国号为赵（即前赵），并把占领地扩至陇西。公元三一九年，石勒也以自己的武装和部落作基础，及汉族地主们的支持（他们帮石勒组成一个所谓"君子营"），占据襄国（河北邢台）称赵王，几占有今河北全省。公元三二九年

---

① 《晋书·江统传》载江统《徙戎论》说："建武中（公元二五——五五年）以马援领陇西太守，讨叛羌，徙其余种于关中，居冯翊河东空地，而与华人杂处。数岁之后，族类蕃息……。永初（公元一〇七——一一三年）之元，骑都尉王弘使西域，发调羌、氐，以为行卫。于是群羌奔骇，互相煽动，二州之戎，一时俱发，覆没将守，屠破城邑……至于南入蜀、汉，东掠赵、魏，唐突轵关，侵及河内……十年之中，夷夏俱毙……自此之后，余烬不尽，小有际会，辄复侵叛……魏兴之初，与蜀分隔，疆场之戎，一彼一此。魏武皇帝……后因拔弃汉中，遂徙武都之种于秦川，欲以弱寇强国，扦御蜀虏……〔戎狄〕候隙乘便，辄为横逆。而居封域之内，无障塞之隔……故能为祸滋扰，暴害不测，此必然之势，已验之事也。"江统虽没有说明问题的本质，只是罗列了历史现象的一个方面；但他叙述了今晋、陕、甘等地区自后汉以来，就成了众多的落后部落与汉族杂居的地区。
② 据《十六国春秋·前赵记》首先"起兵于离石"称"大单于"的刘渊的匈奴部落，渊自称才二万人，由符洪到符坚所藉以建立前秦的氐部落，在符洪起事时，"前秦"一说："洪率户三万下陇东。"《晋书·慕容宝载记》："〔宝〕尽众出距"拓跋珪，一共只有"步卒十二万，骑三万七千"；《慕容德载记》说：慕容宝败亡后，德招集遗黎"南徙"，只有户四万，车二万七千乘；又《乞伏国仁载记》说：国仁所凭藉的鲜卑部落"国仁五世祖（祐邻）……泰始初，率户五千迁于夏缘，部众稍盛"，以后又合并其他一些鲜卑部落。到符坚于淝水战败西归后，国仁"招集诸部"也只有"众至十余万"；《沮渠蒙逊载记》说蒙逊所凭藉反对吕光的"宗姻诸部"，"一旬之间"，"众至万余屯"。各部户口数大抵都差不多。

二月初，他战败刘曜，又占领刘聪、刘曜的旧地区。公元三三〇年，便在临漳（河北临漳西南）称帝，是为后赵。石勒的地区虽然很广，但人口不多；因此他实行掠夺人口，把关东流民及秦大姓九千多户徙至襄国，徙氐羌十五万户于司冀州。但石勒为首的羯族统治者很残暴，不只对汉族和各族人民随便惨杀，并常成千成万的活埋。例如在洛阳，一次就活埋"五部屠各胡"五千余人。

自此，各部落集团的上层分子，都相继以其部落武装作基础，各据一方，称皇称帝，形成相互侵吞、撕杀和报复的混战局面。公元三三七年（晋成帝咸康三年），鲜卑族慕容氏酋长慕容皝，据龙城，称燕王，是为前燕（后至公元三五二年晋穆帝永初八年皝子慕容俊正式称帝）；公元三五一年（晋永和七年），氐族临渭氐苻健据关中一带称秦天王（即前秦）；公元三八四年（晋孝武帝太元九年），羌族烧当部姚苌据渭北一带，称万年秦王（即后秦）；公元三八三年（晋太元八年），陇西鲜卑部落乞伏国仁脱离前秦独立，至公元三八五年据有陇西一带，至弟乾归称秦王（即西秦）；公元三八四年，慕容冲据阿房城（即咸阳），建号西燕；公元三八六年，慕容垂据中山称王，是为后燕；公元三八九年，氐族略阳部吕光据凉州，称三河王，后又改号凉天王，是为后凉；公元三九七年（晋隆安元年），河南（即河套）鲜卑部落秃发乌孤自称西平王，后攻占后凉金城（甘肃皋兰西南），是为南凉；同年，匈奴族沮渠蒙逊拥立段业，是为北凉，公元四〇一年（晋隆安五年），杀段业自称凉王，占地至玉门关以西；公元四〇九年（晋安帝义熙五年），汉人冯跋，在龙城建立汉鲜混合的北燕政权；公元四一三年（晋义熙九年）夏王赫连勃勃（匈奴族）南下攻后秦，占领今陕北榆林一带，建筑都城名"统万"（意为统治万邦，城在今陕北怀远）。另方面，早在公元三〇一年（惠帝永宁元年），四川的賨族以李特为首，与汉族"流民"一同暴动，占领广汉；李特被益州刺史杀死，李特子李雄据蜀，称成都王（公元三〇四年——惠帝永兴元年），后称皇帝，国号成①。

这样，展开各集团的相互混战和仇杀，人口死亡，不知其数；许多地区生产完全陷于停止；烽火遍地，白骨盈野，真是各族人民空前的浩劫，特别是完全没有武装保障的华北和西北地区的汉人。因此，各族人民，原先与汉族农民

① 参考《晋书·载记》；《十六国春秋》；《北史·僭伪附庸列传》；《魏书·賨李雄传》、《私署凉王李暠列传》；《华阳国志·蜀志》。

一道反对晋朝的黑暗统治，原是进步的；至此其上层分子所形成的各统治集团，不只在阶级压迫之上对其他各族人民实行部族的集团的压迫和报复，而又肆行烧杀，给社会生产以严重破坏，因此反对这种统治又成了人民的要求。

在这种情况下，晋朝大地主阶层，一部分如王、谢、周、刁、林、黄、陈、郑等"士族"，则亡命南方，建立偏安的小朝廷，继续其剥削农民的吸血鬼生活，对北方完全置之不顾。一部分"士族"，如张宾（石勒的谋士）、王猛（苻坚的谋臣）、许谦（拓跋珪的谋臣）之流，则充当帮凶，助桀为虐，来残杀和奴役各族人民。另一部分，则筑堡结坞，或作政治投机，如苏峻之流，借以攫取权利；或为那些野蛮残暴的统治服务，来防止人民反抗，阻挠反抗的武装行动，如阻挠祖逖的谯城（河南夏邑）大坞主张平之流。其中个别分子，如刘琨之流，也不肯依靠人民，而依靠各族上层分子，如与鲜卑人段匹磾同盟和结托拓跋珪，对部下也没有适当教育；所以他终于为其同盟者缢死，将士也纷纷投降石勒，守土完全丧失。然而像刘琨，还算是大地主里面的可贵人物。

真正反抗野蛮残暴的统治和烧杀的，主要是下层人民，其次是中间各阶层，特别是大地主除外的华北和西北各族各阶层人民。他们经常采取各种可能方式，和野蛮残暴的统治集团作斗争，并常举行各种规模的武装反抗。段匹磾兄弟缢死刘琨，"晋人"便反对段匹磾，使他在蓟州站不住脚。桓温、刘裕等几次北伐，各地人民都纷纷响应，送粮、劳军、探信以至配合作战，所以每次北伐都能得到胜利。在汉族人民和士兵的要求下，在后赵便展开以冉闵、李农为首的反"胡羯"斗争，但他们没能把实行残暴落后统治的"胡羯"统治集团和其被统治的人民区别开，不分青红皂白，致一日之中，人民自动斩"胡首"数万，人民又与冉李军队配合"诛诸胡羯"，又杀了二十多万；后赵各"方镇"的汉籍将帅士兵和人民也都纷纷响应，杀死驻防各地的"胡羯"。这却是带有落后性的一种报复行为，与其反"胡羯"统治集团的进步性是矛盾的。冉闵、李农发动这次斗争，原是被迫的；但他基本上符合了人民和士兵的要求，所以群众又支持冉闵在襄国建立政权——魏国，保卫了大块乡土，并要求东晋出兵，共讨"胡逆"，收复中原。张轨在汉族人民的要求和支持下，保存了凉州大块国土，建立起前凉政权。李暠也由于人民的支持，兴复"倾没"的凉州大块土地，建立西凉政权。

中间阶层分子，对抗击各族落后统治集团的残暴烧杀，也相当积极。像祖逖那样的代表人物（《晋书·祖逖传》：祖逖"世吏二千石……父武，晋王掾，上谷太守，逖少孤"。又云其兄祖纳，"少孤贫"），是值得后人追慕的。他认识了人民的力量，也依靠了人民的力量，战斗到底，死而后已。但他在政治上仍依靠东晋大地主集团，以致束缚了自己的手脚。他才把局面打开，东晋朝廷就派戴渊为六州都督来牵制他，所以他不能得到最后胜利。

由于人民自己的英勇斗争，才把他们保存了下来。

十六国灭亡　各部族部落集团间混战的结果，前赵于公元三二八年（晋咸和三年）为后赵所灭亡。李势的成（汉），于公元三四七年（晋永和三年）为东晋桓温所灭。后赵于公元三五〇年（晋永和六年）为汉族人民的斗争所覆灭。冉闵的魏国，公元三五二年（晋永和八年）为前燕慕容俊攻灭。鲜卑统治者为中心的前燕，被晋桓温打败后（按公元三六九年桓温领兵伐前燕，擒燕将慕容忠，大败慕容垂、傅末波燕兵八万于林诸，进军枋头——今河南浚县西南八十里，因军粮竭尽还师，垂率兵八千追击，温军遭受损失），公元三七〇年（晋太和五年）为前秦苻坚所灭亡。氐族统治者为中心的前秦，公元三八三年（晋太元八年）的淝水之战，被晋军谢玄、谢琰、谢石、桓伊、刘牢之等，与身陷秦营的朱序等里应外合与前后夹击，打得落花流水，其统治就根本瓦解了；在湟中（青海西宁）的一点残余统治，也于公元三九四年（晋太元十九年）被乞伏乾归所消灭。鲜卑统治者为中心的后燕，公元四〇七年（晋义熙三年），为汉人冯跋与高丽人高云等所推翻。南燕于公元四一〇年（晋义熙六年），为汉族人民配合刘裕北伐军所灭亡。汉鲜上层阶级混合构成的北燕，公元四三六年（宋元嘉十三年），为北魏所灭亡。烧当羌统治者为中心的后秦，公元四一七年（晋义熙十三年），为汉族人民配合刘裕北伐军所灭亡。汉族地主阶级为中心的前凉，由于张天锡出卖投降，公元三七六年（晋太元元年）为前秦苻坚所并吞。氐族统治者为中心的后凉，由于吕隆投降，公元四〇一年（晋隆安五年），被后秦姚兴并吞。鲜卑统治者为中心的南凉，公元四一四年（晋义熙十年），为西秦乞伏炽磐所击灭。汉族地主阶级为中心的西凉，公元四二一年（宋永初二年），被北凉沮渠蒙逊所灭。鲜卑统治者为中心的西秦，公元四三一年（宋元嘉八年）为夏所灭。匈奴统治者为中心的夏国、北凉，于公元四三一年（宋元嘉八年）、四三九年（宋元嘉十六年），先后为北魏所灭亡①。

因此，到公元四三九年北凉灭亡止，便结束了所谓"十六国"（实际不止十六国）混战的局面，归结为北魏鲜卑贵族的统治。

北魏统治下的反部族压迫斗争　在北魏，居于统治地位的，是鲜卑俗权贵族、寺院贵族（他们在孝文前为奴主贵族，孝文后为封建贵族）、汉族大地主以及投降鲜卑的各族上层分子和贵族。汉族和各族的农民、牧人、手工工人、士兵、奴婢以至中间各阶层，都是被统治者，其中尤以汉族人民是主要部分；牧人、奴婢和手工工人，在孝文前主要是牧畜、农业、手工业及杂役奴隶，孝文后从主要的形态说，除一部分杂役奴隶外，便转化为封建农奴、工奴和私家手工工人——到孝明时，便都与佃耕制下农民和手工工人一样了。但由于阶级制度下的部族的集团压迫的特点，所以统治集团内的鲜卑贵族，居于绝对的支配地位，奴才大地主的生命财产，也没有完全保证。如崔浩为魏修国史"主正直"，反为太武（拓跋焘）所杀；王显为宣武（元恪）治病不愈也被孝明（元诩）所害。

在部族的集团压迫和阶级压迫两重压迫下，鲜卑以外的各族人民的身家、生命、财产完全没有保障。他们随时可以被驱逐，离开自己居住的地区；财产和生活资料，随时可以被抢夺；人身可以随时被侮辱、虐待以至惨杀——鲜卑人杀死他们，就好像杀死一条狗，并不犯罪；反之，如果他们杀死一个鲜卑人，就要惨被处死，连累妻子以至"门房之诛"。尤其是反抗鲜卑统治的行为，就汉人说，连心向南朝和卫护汉族同胞的任何行动与表现，都要受到极残酷的镇压和屠杀；北魏在其冠冕堂皇的法律条文中，关于所谓"叛逆""谋反"各项，就规定得分外严密而惨毒。对于汉族人民，较之对其他各族更严酷、周密。

但各族的人民，尤其是汉族人民，自始就没有停止过反抗。从拓跋珪开始南进起，各地人民就纷纷自发的逃匿、隐藏户口、拒供赋役，不为鲜卑统治者服务，把个别鲜卑狂徒秘密处死，武装起义以至响应南朝北伐（如刘宋初，

---

① 《通鉴记事本末》：《刘渊据平阳》、《祖逖北伐》、《江左经略中原》、《慕容叛秦复燕》、《淝水之役》、《姚苌灭秦》、《慕容灭西燕》、《吕光据姑臧》、《伏乞据金城》，《蒙逊据张掖》、《秦灭后凉》、《冯跋灭后燕》、《蒙逊灭西凉》、《魏平仇池》。

柳元景北伐入潼关，豫西陕南一带人民，所在蜂起，他族人民也都来"送款"）；到孝文帝（元宏）时，就更加普遍了。鲜卑统治者，为着要压服各族人民，尤其是善于反抗的汉族人民，除各种残酷的镇压和严刑苛罚外，又采取种种欺骗、软化手段，如说他们也是"黄帝"的子孙；役使大小奴才来统治汉族人民；从文成帝（拓跋浚）时起，每年都拿出很大一笔开销去推广佛教，到处建设宏壮富丽的寺院（有名的云冈五大石窟寺，就是文成帝时开始凿成的），宣传佛国地狱等神道迷信。公元四九三年（太和十七年），孝文由平城迁都洛阳，最主要的原因，也是为着便于去统治汉族人民。

但是以汉族为主干及鲜卑族在内的各族人民，由原先零零细细的，这样那样的反抗行动和方式，到孝文时起，反而到处都发展为武装起义的形式，规模越来越大，内容越来越丰富；规模较大的，孝文时有十一次，宣武（元恪）时十次。到孝明（元诩）时，更是到处烽火，共有二三十次，其中较著名的有：公元五一六年的秦州（甘肃天水西南）羌族人民起义，东益州（陕西略阳）氐族人民起义，以却铁忽为首的河州（甘肃临夏）人民起义；公元五二四年沃野镇（今内蒙古自治区鄂尔多斯右旗）人民破六韩拔陵为首的起义，秦州城人莫折太提为首的起义，南秦州（甘肃成县）人民孙掩、张长命等及高平（甘肃固原北）酋长胡琛等均起义响应，刘安定、就德兴为首的营州（辽宁朝阳）人民起义；公元五二五年有崔畜为首的清河（河北清河）人民起义，杜洛周为首的上谷（河北广灵西）人民起义；公元五二六年，鲜于修礼为首的定州兵变，以葛荣为首的怀朔兵变与河北人民起义；公元五二七年，任道棱为首的徐州人民起义，赵显德为首的东郡（河南滑县）人民起义，刘获为首的西华（河南西华南）人民起义。

破六韩拔陵（《魏书·李崇传》作破落汗拔陵）与卫可孤等于公元五二四年（梁普通五年、魏正光五年），聚集匈奴、汉等族人民，从沃野镇开始暴动，"所在响应"，败北魏征北将军临淮王元彧于五原、安北将军李叔仁于白道（今内蒙古自治区呼和浩特北），占领沃野；卫可孤又分兵攻占武川（今内蒙古自治区西南部萨拉齐）、怀朔（今内蒙古自治区乌拉特旗），自鲜卑镇将以下，全被群众杀死。怀荒、柔玄、御夷亦相继为人民义军掌握，北魏所谓代北六镇，便全入于义军手中。铁勒部亦响应义军。北魏政府，又派奴才李崇为"持节开府北讨大都督"，"总督三军"进"讨"，亦被义军杀得落花流水；继派广阳王元深，又被围于五原。最后便采用于谨的阴毒办法，离间铁勒和义军的关系，骗取铁勒和柔然从义军背面夹攻，起义便完全失败了。

在拔陵、卫可孤揭起义旗后，公元五二四年，羌人莫折太提、莫折念生父子及薛珍等集合群众起义，里应外合攻占秦州，杀死"残虐"著称的北魏鹰犬李彦（秦州刺史）。太提死，群众奉念生为天子。义军随又战败雍州刺史元志，攻占雍州。后并生擒元志。北魏派奴才萧宝寅、崔延伯与义军战于黑水（陕西鳌屋东），残杀义军群众十余万人，义军退入甘肃。公元五二七年，魏军追至甘肃，在泾阳（甘肃平凉西）被莫折念生部义军杀得大败。义军复进到雍州，被杨椿、萧宝寅、羊侃合力所击败，义军群众被杀者甚多。起义至此也失败了。

与莫折太提同时起义响应拔陵的，还有高平铁勒部的胡琛，占领高平。北魏进剿军卢祖迁、萧宝寅等部与义军万俟丑奴相遇于安定（甘肃泾川），被义军杀得大败，魏军都督崔延伯战死。义军声势很壮，魏军闻风逃走。而他们与拔陵、念生各部义军，彼此又都有联系。胡琛死后，丑奴继充义军领袖，又把暴动推进到关中一带。直至孝庄（元子攸）时，才被尔朱天光所消灭。

葛荣所领导的人民起义军，以兵士与汉族"流民"为基础；参加的有各族人民，如鲜卑族的宇文泰等，也都曾是葛荣的部下，起义军领袖之一的鲜于修礼，也不是汉人。起义于公元五二六年（梁普通七年、魏孝昌二年），首先从左城（河北唐县）爆发，一开始便打垮魏北道都督长孙稚的进剿军。起义正在开始发展，鲜于修礼便为内奸元洪业（北魏皇族）暗杀；但起义的群众并没有动摇。葛荣领导起义军向北推进，群众都争先参加。义军攻克瀛州，烧毁各种衙门机关，处死鲜卑贵族都督章武王元融、广阳王元深以下鲜汉官吏、奴才、腿子；同时，群众共戴葛荣为天子。明年又攻克殷州（河北隆平）、冀州，进围相州。义旗所向，群众纷纷响应、参军；围攻相州时，"已众至百万"。到处烧衙门，处死鲜卑贵族和贪官污吏。河北各地鲜汉官吏均相率逃命；北魏在河北以至豫北的统治，全陷于分崩瓦解的状态，山西也全部动摇。

与葛荣同时起义的，在山西，以"柔玄镇（山西天镇北）民杜洛周"为首，从上谷开始暴动，攻克邻近郡县；幽州各郡县人民纷纷聚众响应，并逮捕北魏幽州行台常景送交义军。他们后南进到定州、瀛州一带，与葛荣为首的义军会合。但杜洛周为葛荣杀死后，两部义军虽完全合并，内部关系却变坏了，群众的战斗情绪也降低了。北魏统治者复使用各种方法来挑拨、分化和收买。因此，相州围攻不下，与魏相持于邺也不能解决战斗；义军内部，如高欢之流，便都从内部叛变，拖走队伍，投降尔朱荣，尔朱荣又令高欢等去阴谋策动，在最后决战的生死关头，高欢又诱惑"别帅称王者七人"率众叛变（《魏书·孝庄纪》、《北齐书·神武纪》）；宇文泰也在阴谋策动叛变（《周书·文帝纪》）。百万大军自趋瓦解，葛荣即于公元五二八年最后战败，被尔朱荣俘获送至洛阳，慷慨就义①。

葛荣、破六韩拔陵、莫折念生等人为首的各部起义军虽都失败了，但残暴压迫各族人民的北魏统治也被他们打得稀烂，而无法挽救，以致分裂为高欢手中的东魏和宇文泰手中的西魏。同时他们又创造了各族人民联合斗争的范例。

士族为虎作伥　另一方面，许多的大地主分子，所谓"士族"，平日竞夸门第，高谈孔、孟；一旦野蛮落后的拓跋奴主集团南进，便相率出卖人民和自己灵魂去投效，为其出主意，献计策，定制度，充鹰犬，来向历史开倒车。拓跋珪攻入华北，崔绰、李灵、邢颖、高允、游雅、张伟等为代表的大地主分子，便首先投降。他们帮助拓跋奴主统一华北，建立统治制度，并进而帮助它去进攻南朝，充当鹰犬和先锋，如充当拓跋镇南将军的王肃，安南将军的司马楚之，镇南将军的崔亮以及李平、李崇弟兄之流，无不出身于那些名门士族。他们每次率军"南征"，不只意图灭亡南朝，建立奴才功劳；而对于战区的汉族及各族同胞，亦无不尽情杀掠虏辱，焚村毁庄，以致"所过郡县"，都是"赤地无余"。为拓跋奴主镇压各族人民的起义，如李崇、萧宝寅、崔延伯之流，也都是充当最前线的鹰犬；对起义人民的屠杀，也并不减于拓跋奴主集团的野蛮和残酷。

由于他们出卖灵魂和残杀人民有功，能充当拓跋统治者最忠实可靠的鹰犬，所以拓跋珪一进入华北，就特别看中他们，以后任用人才，也先从他们那些"高门"中去选拔。孝文帝制定族姓等级，便把范阳卢氏、清河崔氏、荥阳郑氏、太原王氏、博陵崔氏、赵郡李氏、河间邢氏、渤海高氏、广平游氏、太原张氏、陇西李氏、河东薛氏等士族，都封作高等贵族；并以卢、崔、郑、

---

① 破六韩拔陵、莫折太提、葛荣等为首的人民起义始末，参看《魏书·肃宗纪》、《敬宗纪》；《北史·魏本纪·孝明纪》和《孝庄纪》、《齐本纪·神武纪》、《周本纪·文帝纪》及李崇、萧宝寅、尔朱荣、尔朱天光等人传等文献。

王四大家族为最贵，与鲜卑之穆、陆、贺、刘、楼、于、奚、尉八大贵族平等，只比皇族元氏低一级，并特定这些家族为皇族选择妻妾的对象。这样，他们不只和一般人民更加隔离与对立起来；事实上，他们已成了"二鲜卑"，其他各族上层分子的情况，也基本上一样。

孝文的迁都和改制　在孝文即位以前，北魏境内表现着如次的一些重要情况。由于鲜卑贵族的统治，在阶级统治之上又实行极野蛮残暴的部族的集团的压迫，汉族及他族人民的生活，均陷于较前此更为悲惨的境地。因此，汉族人民的反抗情绪日益高涨，方式日益增多，规模日益扩大，不好统治；在华北地区内的其他各族人民，也常和汉族人民一道反抗鲜卑贵族的反动统治。其次，随着在华北地区内的鲜卑奴主贵族封建化，其原住地区的奴隶制经济比重，不断相对减小，在北魏全国范围内已丧失其重要性，平城已偏在北魏的边沿，在行使统治与对付南朝的军事行动等方面，都不便当。

因此，孝文即位以后，便决然不顾那班老奴主贵族，即所谓"旧人"穆泰、陆睿等人的反对，借名"南征"迁都洛阳；并派于烈镇守平城，以防"旧人"发动事变。他迁都到洛阳后，便疾急实行其所谓改制变俗的政策。首先为图和缓广大汉族人民的反抗，他便给自己伪造一段历史，说："黄帝以土德王，北俗谓土为'托'，谓后为'跋'，故以为氏。"[①] 这是说，他们原来就和汉族是一家。其次他下令不准鲜卑人再着"胡服"，要穿同汉人一样的衣服；不准再讲鲜卑话，要讲同汉人一样的语言；废除鲜卑姓氏，一律改成同汉人一样的姓氏形式；鲜卑人死了，不准再送回老家安葬，就与本地人一样，埋在河南。以为这样，他们连一点鲜卑形迹也不存在，广大汉族人民也就不会再反对他们了，其他各族的人民就比较好办了。这在客观上是起了进步作用的。再次便颁行所谓"均田"制，赦免手工业奴隶，把奴婢和俘虏都释放归农，以符合封建秩序的情况和要求。最后，他又制定氏姓门第等级的士族制度，把鲜卑人和汉人混作一块；皇族元氏独尊，元氏以下为最大贵族的八大家族（按均系鲜卑贵族），以下为士族，按"差第阀阅"分为甲、乙、丙、丁"四姓"，并按官位分九品（即九等）门第，九品以下的平民分为七等。各级门第身份，严格限制，不许混淆，下品人民不得混入士流，士族不得与下品人民通

---

① 《魏书·序纪》。《通鉴·齐纪·高宗纪》建元三年述魏主诏文。

婚。这样，他认为：一方面便可把各部族间的矛盾融化于等级门第制里面；一方面又可借这种等级门第制，来巩固鲜卑贵族的支配地位，一切重要的官职，便可按照这种规定，全由皇族和鲜卑八姓充任。但这样，他觉得还有些露骨，怕汉人反感，又说卢、崔、郑、王四大奴才家族，也与鲜卑八大家族一样尊贵①。

这一切，并没有瞒过当时的汉族及其他各族人民，只巩固了为他服务的奴才集团；但却促进了居于统治地位的鲜卑族的汉化和恢复生产，客观上却起了进步作用。

部族间的融合 一面在长期的历史过程中，鲜卑族人民与汉族人民间，已形成了经济、文化等方面的不可分割的联系，表现了一种有进步作用的自然融合的过程；另一面，北朝统治者为维护其对汉族人民的统治，推行了使鲜卑同化于汉族的强迫政策，客观上也促进了那种过程。因此，到北齐（公元五五〇——五七七年）北周（公元五五七——五八一年）时，鲜卑族及其他各族人民，在语言文字、经济生活、居住地区以及风俗习惯、文化教育等方面，已全同汉族一样，基本上已融合成一个部族了。只是鲜卑贵族在政治上居于统治地位，享受特权，表现着彼此间的不平等；同时在心理状态上，还存在着彼此传统的不同情感和隔阂。所以从元魏以来，军队中鲜卑人和汉人的地位，始终是不平等的；作战时，汉人居前冲锋，鲜卑人随后督战、压阵。汉人对鲜卑人的反感很深，相互间的磨擦也很多；所以在其对南朝的战争中，直到最后还不断有汉人反正及与南军通消息的。这一切，直到隋朝，才完全消灭。

第四节 阶级矛盾和各部族部落
集团间矛盾的发展（二）

东晋"王马共天下" 公元三一七年，司马睿在建业建立东晋的政权，主要由于北方流亡大地主集团的支持。其中的领袖就是王导（山东临沂人）

---

① 《魏书·官氏制》。《新唐书·柳冲传》、《高俭传》。

及谢、袁、萧家族，王敦、王导兄弟分掌军政大权，其他流亡大地主谢安、刁协、周颛、王承、卞壶、诸葛恢、陈颓、庾亮等百多人，也都参加中央政权机关，即所谓"百六掾"。土著大地主集团顾荣、贺循等，地位较差，但也都参加政权。因此，东晋完全是大地主专政的政权①。

南渡初期的形势。（一）东晋朝廷还拥有：扬、徐、江、荆、湘、广、交七州的领土，梁、益、豫、兖、司、冀、幽、平、秦、并（刘琨所收复）十州一半以上的领土；仅丧失：今甘肃（也仍由张轨保有凉州一部领土）及山西、河南、河北、山东、陕西、四川各省之一部。（二）军事上，华北方面，刘琨在晋阳、阳曲（均山西），邵续在冀州、段匹䃅在幽州，刘遐在平原，鲜卑族拓跋、慕容各部，尚自认为晋属领；中原方面，祖逖渡江北伐后，收复谯（河南夏邑北）、浚仪（开封西北）、雍丘（河南杞县），坐镇雍丘，经营虎牢（河南汜水）工事，声势颇大，影响颇广；在鄂豫方面，周访在襄阳，陶侃在荆州。（三）特别是水深火热中的华北各阶层人民，都日夕盼望晋军北伐，并纷纷起义、结坞，或恢复城镇，或保全乡村；祖逖北伐，各地人民纷纷响应、"投效"、"纳款"，"石勒镇戍"亦"纷纷来归"。（四）刘聪、刘曜、石勒等以部落为基础构成的武装，战斗力并不太强；其行动都较野蛮、落后，加之对广大汉族及他族人民实行残暴的部族的集团的压迫，政治上较孤立。（五）各地起义农民武装，素质好，战斗力强；只要内政方面基本改善，均可能联合。（六）当时坚主效力北方的将领，也大有人在：刘琨专派温峤去建康见元帝，表明其誓"欲立功河朔"的志愿；周访深结李矩、郭默，从事"宣力中原"的布置；"出身微贱"的溪（族）人陶侃，主张规复"故土"；特别是祖逖，他请命北伐，建议元帝说："大王诚能发威命将，使若逖等为之统主；则郡国豪杰，必因风向赴；沉溺之士，欣于来苏，庶几国耻可雪！"② 甚至连慕容廆从辽西致书陶侃，也说："凶羯虐暴，中州人士逼迫势促；其颠沛之危，甚于累卵"，而提出"戮力尽心，悉五州之众，据兖豫之郊，使向义之士倒戈释甲，则羯寇必灭，国耻必除"③ 的忠言。（七）东晋当时的经济条件和情况，

---

① 《新唐书·柳冲传》："过江则为侨姓：王、谢、袁、萧为大；东南则为吴姓：朱、张、顾、陆为大"。

② 《晋书·祖逖传》。

③ 《晋书·慕容廆载记》。

比刘、石等占区也好得太多。

当时形势，是完全有利于东晋的。但东晋的大地主集团，自司马氏以下，自始就没有澄清北方、拯救河朔人民的打算。因此，像祖逖等人请命北伐的，便随便给予一个命令，借以平服军心，欺骗人民，表示他们不忘河朔；实际完全没去注意他们的成败，如祖逖过江后，形势发展得很好，他们毫不重视，后来兵粮不继，也坐视无睹。这就是王导的"镇之以静，群情自安"的方针。所以从刘琨、祖逖以至其他效力东晋朝廷的势力，便都因孤立无援而失败了！

他们所重视的，只在如何维持其小朝廷的吸血鬼生活。因此，在那样严重的情况下，东晋政府的第一个重大举动，反而是罄其全力，由王敦亲自出马，去剿灭杜弢等的农民军。大军不用去抗击肆行残暴烧杀的所谓"羯虏"，而乃全力来对付人民，正是大地主的一贯传统。另方面，狗争骨头，他们都各结私党，培植个人力量，在小朝廷内互争权利。开始便有刁协、刘隗各家族与王敦家族之争，接着又有庾亮等各家族与王氏家族之争。前者最后表现为"王敦之乱"；后者则表现为"苏峻之乱"，而大坞主出身的苏峻，正是王导所培养的爪牙。后来庾翼、桓玄的专横，也正是大地主内争的结果。庾亮反对王导，陶侃在平定苏峻后，也主张把他推翻；但郗鉴又不赞成，恐怕动摇大地主集团的专政基础。

淝水之战　大地主集团不顾华北和西北人民的水深火热，前秦苻坚于壮大之后，却要"南征"了。他首先攻占襄阳，打开了东晋的西面门户。公元三八三年，他亲领步骑八十余万"南征"，想一举灭亡东晋。这迫使大地主集团为保卫小朝廷的统治利益，不得不起而应战，便急命谢石等领八万步兵去抵抗。士兵和人民都是要求抵抗的，"卑族"出身的将军们也是主张抵抗的，因此晋军虽少，战斗情绪却特别高。

前秦大本营屯项城，苻融领精兵八千为前锋屯洛涧（安徽定远西），后续大军屯淝水（安徽合肥寿县间）① 北岸，迫晋降服，命汉人朱序赴晋军劝降。

① 按《庐州府志》载田实《发金斗河议》："金斗河即肥河也。肥水出县城西七十里之紫蓬山，过鸡鸣山北二十里许分为二：一东南流经合肥城南，又东南入巢湖；一西北流二百里，出寿春，西入淮。二水皆名肥。《尔雅》：'归异出同曰肥'。谢玄肥水之接，八公草木皆疑晋兵，西北之肥也。"

朱序因向谢石等详告秦军虚实及部署情况，并约好相互配合。谢等便根据情况，定出有名的淝水之战的战略计划与战役部署。战斗开始，刘牢之领兵五千向洛涧秦军突击。晋军士气百倍，秦前锋大败。晋军追至淝水，隔河对峙。谢等请秦军稍退，约于河北岸决战。秦军拟于半渡堵击，如约向后移动；晋军乘势猛击，朱序等又从中策应，秦军各部互不相顾，便纷纷溃决，不可遏止。大将苻融战死，慕容垂、姚苌等各自率部逃走。这次战争，秦军虽数量很大，但多是由被压迫各族人民强迫凑成的，原无战斗意志；像慕容垂、姚苌等本来就各有打算；苻融从洛涧败下，已使秦军士气大受动摇；身陷秦军中的汉人士兵，由于苻秦的部族的集团压迫的痛苦经验，并不甘心供其驱使，加以朱序等有计划的从中策动，便更能乘机发挥作用。晋军方面，主要由于士兵的战斗情绪很高，一旦临敌，便发挥不可阻挡的战斗力量和勇气；加之谢石、谢玄等的军事才能与部署正确，刘牢之等将领的英勇善战；谢安坐镇后方，也对前线尽力支持，故能战胜强大的敌人。

东晋政权，经此一战，又从死亡的边沿上挽救出来了。

晋末人民大暴动　统治阶级的腐化，到司马道子、元显父子专权时，已到了顶点；而人民的物质生活和要求，也越来越没有出路。因此，到公元四百年代末，东晋政府本身的危机与人民暴动的危机，就完全成熟了。

原先琅琊人孙泰、孙恩等，继承"五斗米道"的教旨①，在大江南北及沿海，教育和组织农民。司马道子害怕他们造反，将孙泰父子七人逮捕，均残酷处死。孙恩逃至海岛继续活动。公元三九九年（晋安帝隆安三年），司马元显下令，征调所有从奴婢出身的佃客，集中京师服兵役；各处人民都发生骚动。孙恩便抓住这个时机，从海岛起义，入今浙江攻占会稽（绍兴），处死内史王凝之以下贪官污吏；同时要求东晋政府，处死司马道子、元显父子等。会稽等郡人民，纷纷响应，都聚众攻取城市，逮捕官吏，烧毁衙门。东晋政府派司马元显、刘牢之等率大军进"讨"，实行大屠杀。暴动群众男女共二十余万复转入海岛。公元四〇一年（隆安五年），人民起义军又浮海分两路西进；孙恩出

---

① 《晋书·孙恩传》："孙恩……世奉五斗米道。恩叔父泰……师事钱唐杜子恭，而子恭有秘术……子恭死，泰传其术……百姓愚者敬之如神……以道术眩惑士庶……泰见天下兵起，以为晋祚将终，乃扇动百姓，私集徒众；三吴士庶多从之……道子诛之。恩逃于海。众闻泰死……故就海中资给，恩聚合亡命。"

今苏南，攻占丹徒，卢循、徐道覆出浙江，攻占永嘉。晋廷派刘裕独对孙恩。刘裕原来也是丹徒农民，这时成为东晋朝廷进攻起义农民的将军。孙恩在丹徒被刘裕堵截，便回师浮海入郁洲（江苏东海东北海滨），晋又以刘裕为下邳太守，追击孙恩。因不断紧紧被刘裕追击，孙恩被迫采取流寇式行动，以致失去群众依靠，人数不断减少。公元四〇二年（晋安帝元兴元年），孙恩又转攻临海（浙江临海），人数不多，被晋军歼灭。

孙恩死后，晋廷对卢循便实行拿永嘉太守的官位去"抚安"他，但卢循不受收买。公元四〇三年，农军徐道覆又分兵攻东阳（浙江东阳），晋廷又专派屠杀人民的能手刘裕来对付卢循。农军受到刘裕的胁制，不易发展，以后便浮海转入广东；卢循攻占番禺，徐道覆攻占始兴（今广东始兴），声势复振，力量大增。晋廷又采取卑劣的收买手段，任卢为广州刺史，徐为始兴相，他们仍不受收买。公元四一〇年（晋义熙六年），复两路分兵北进，沿途都受到群众支持，队伍不断扩大，并有不少"拳击善斗"的"溪子"参加。卢循出湖南，下长江，直趋江陵。徐道覆出江西，连克大小郡县，直下豫章（南昌）；晋江州（江西九江）刺史何无忌领兵抗拒，被义军生俘处死。东晋小朝廷，一面急派刘毅率水军溯江西上，一面又急从北伐前线调回刘裕。刘毅在桑落州（九江东北过江五十里），为卢、徐两路大军夹击，打得片甲不留。两路农军乘胜东进，迫攻建康；刘裕屯兵石头布置城防，城内皇室、贵族、官僚吓得手忙脚乱，准备逃命。因农军领袖缺乏军事素养，又不知晋军虚实，遇刘裕抗拒，便迁回至蔡洲（南京西南十二里江中）；在南岸接战不利，又转师攻京口（镇江），攻占今沪宁西段各县。于是刘裕一面派兵袭取番禺，一面布置圈套，迫农军回师。卢、徐回师到寻阳，被刘裕战败；道覆沿江西上，趋江陵，被晋荆州刺史刘道规打败，转战归至始兴。刘裕专追卢循，卢边战边退，群众多死伤逃散；公元四一一年（晋义熙七年），至番禺，已被刘裕袭取，转进至交州（今越南民主共和国境），群众散亡殆尽；最后战败，被晋交州刺史杜慧度所获，便英勇牺牲了。晋军围攻始兴，徐道覆战败被俘，也英勇牺牲了①。

_____

① 《晋书·安帝纪》、《孙恩传》、《卢循传》。《通鉴纪事本末·卢循之乱》。《宋书·武帝纪》。《南史·宋纪·武帝纪》。

人民起义军虽然失败，但他们也结束了东晋的统治。

刘裕篡晋和齐梁陈继起 农民出身的刘裕，又以充当地主阶级爪牙、反对自己的农民弟兄起家，以至掌握东晋的军事全权。而大地主集团，却至此已更加腐败不堪，只知靠门第吃饭，空谈词赋，竞尚风雅；此外便连坐船、乘马都害怕，走路也要人扶。但他们却掌握了政权，也掌握了财权，占有大量土地和财产。当此司马氏皇位无法继续下去的时际，刘裕需要他们，他们也需要刘裕；因此刘裕承认他们保持特权地位的"士族"制度，他们便拥戴刘裕作皇帝。这样苟合的结果，刘裕便于公元四二〇年七月，代晋作了皇帝，把晋改成宋（即刘宋，公元四二〇——四七八年），把司马氏的皇统，改成刘氏的皇统，此外便无何改变。但从此开始了南北朝的对立。

刘裕在代晋以前，几次北伐，如公元四一〇年（义熙六年）灭南燕，公元四一七年（义熙十三年）攻克潼关、长安，恢复关中一带旧土，灭亡后秦。这虽然都带有一些军事投机和欺骗人民的作用，也没有什么坚决的方针；但还能符合人民反对那种残暴落后的部族的集团压迫的一些要求，所以每次都得到北方人民的支持——虽然他每次又都使人民失望。

自刘裕代晋以后，南朝各次对北朝的战争，不论是主动出击，或被迫抵抗，便都是为的"国境"防御了。公元四三〇年（元嘉七年），宋文帝（刘义隆，公元四二四——四五三年）时的一次北伐，是刘裕以后，南朝主动出击的一次规模较大的战争。到彦之领王仲德、竺灵秀率舟师五万由淮入泗；段宏率精骑八千趋虎牢，刘德武领兵一万为后备；长沙王刘义欣出镇彭城监军。出师的目的，是以"河南之地"，原属南朝。彦之师行三月，方到须昌（山东东平）。北魏部伍全部撤到黄河以北，宋军不战而克复滑台、虎牢、洛阳三重镇，司、兖、豫诸州土地也都入宋军手中，他们就一步也不再北进了。及河冰合后，魏长孙道生复领兵渡河，到彦之一枪未交，即焚舟弃甲，徒步逃回彭城。檀道济急领军北上，保住滑台，攻复寿张（山东东平西南），苦战二十余日，因无人民支持，"食尽"南退。"河南之地"复失，并丧失更多的土地。结果，一方面却与北魏言婚，一方面又自"坏……万里长城"，于公元四三六年四月"收杀"作战最力的檀道济。

公元四四五年以后，魏太武拓跋焘便以"南国侨立诸州"（东晋设区安置"流人"，用其原籍州名），"滥用""北地名义"为借口，实行不断南进了。

公元四五〇年（宋元嘉二十七年），魏军大举南下；宋反击部队西路参军柳元景，率很少兵力出卢氏，得当地群众响应，参军、送粮、报信、带路、武装配合（如卢氏人赵难等），形成相当大的力量和声势。他们直出熊耳山，连克复弘农、陕县，进据潼关，势如破竹；斩魏洛州刺史张是连提（亦名张世提），活捉弘农太守李初古拔，关中人民和四山各族人民，则"所在蜂起"、"送款"、"箪食壶浆"相劳。宋政府乃以"北讨诸军王玄谟等败退"，"元景不宜独进"，令他退兵。而魏军于攻陷悬瓠（河南汝南）后，便进迫彭城，分路南下，渡淮攻盱眙，趋瓜步（江苏六合东南），伐苇造船，准备渡江攻建康。魏军所到之处，都烧光、杀光、抢光。由于北魏的残暴烧杀，益激起人民义愤与全体动员：江南自采石（安徽当涂西北）至暨阳（江苏江阴东）六七百里，建立人山人海的防线；江北人民"荷担"揭竿，纷起杀敌，才把魏军击退。而刘宋政府却反于此时，无耻向北魏要求和亲。魏军仇恨人民，更实行大杀、大烧、大抢，以致江北各郡人民，遭"杀伤不可胜计。所过郡县，赤地无余；燕子春归，巢于林木！"① 人民挽救了刘宋，却遭受如此空前浩劫！

自此，刘宋朝廷便把自己的防御线步步南撤，既由洛阳、虎牢、滑台撤至淮北，复由淮北撤至淮南。北魏则步步进迫，刘宋大地主集团，如沈文秀（青州刺史）之流则纷纷献城投魏。如刘彧、刘义康、刘义宣、刘诞、刘休茂、刘子勋、刘休范、刘景素等刘氏家族，反互争权利，各树私党；刘斌、孔熙先、沈庆之、许公舆之流则从中舞弄，不断排演其相互残杀的惨局——从公元四五一年彭城王刘义康之乱，直到公元四七六年（宋元徽四年）建平王刘景素之乱，前后二十余年，宫廷内部的倾轧，没有一日停止。

在"内忧外患相踵"的波浪中，大权集中到中领军萧道成手中。他也像刘裕一样，于公元四七九年，自己登上皇座，改国号为齐（即南齐，公元四七九——五〇一年），把刘氏的皇统改成萧氏的皇统。

萧道成（齐高帝，公元四七九——四八二年）看到人民生活太惨苦，很想从"儒术"上实行一些改良，以造成"小康局面"；同时，他看到刘宋骨肉

---

① 《通鉴纪事本末·宋文图恢复》。《通鉴·宋纪·文帝纪》。《宋书·文帝纪》及檀道济、王玄谟、柳元景等人传。

相残的惨局，"纲纪沦胥，人道几息"，又极力提倡"孝经"，认为"儒者之言，可宝万世"。因此，对北魏便完全采取消极的防御。可是萧道成的"孝经"没起作用，情况依然和刘宋一样。一面有裴叔业（豫州刺史）之流的献城投魏，一面仍由于大地主分子的相互争权，不断导演皇族相残的惨局。如公元四九〇年，有武帝（萧赜，公元四八三——四九三年）与荆州刺史萧子响父子间的战争和残杀；武帝死后，在王融等的导演下，又有萧子良、萧昭业、萧鸾兄弟叔侄间的相互残杀；萧鸾废昭业后，又继续展开与鄱阳王锵、随郡王子隆、晋安王子懋、安陆王子敬、晋熙王铄、南平王锐、宜都王铿、桂阳王铄、江夏王锋、衡阳王子峻、巴陵王子伦相互间的残杀和战争。最后由于皇族、官僚相互间的不断倾轧和残杀，而演出雍州刺史萧衍攻建康，围台城（皇宫），尽杀皇族的恶剧（萧衍于公元五〇〇年十二月起兵，公元五〇一年十月东下）。

公元五〇二年，萧衍也循例"受禅"，自为皇帝（公元五〇二——五四九年），又改国号为梁（即南梁，公元五〇二——五五六年），把那一萧氏的皇统改成这一萧氏的皇统。

萧衍代齐以后，小朝廷大地主集团的丑恶，就更加无所不有了。一方面，萧衍大杀南齐宗室；另一方面，南齐鄱阳王萧宝寅、梁江州刺史陈伯之，相率投魏，伏阙流涕，请北魏出兵来灭亡其祖宗坟墓之邦，自请充任前锋。公元五〇三年，魏宣武帝（元恪）即命其任城王拓跋澄，指挥萧宝寅、陈伯之南侵。在斗争过程中，梁汉中太守夏侯道迁又于公元五〇五年献城投魏。由于他们的前导，南梁本身的腐朽，梁州（川北、川西）全境为北魏所侵占，淮南地区亦几于不保。而萧宝寅却以进攻钟离无功，元恪把他"除名为民"，只差点砍了脑袋。

梁政府为着想阻止魏军南下，乃欲水淹寿阳。公元五一四年，动员二十万人筑淮堰，南起浮山（盱眙西），北抵巉石（安徽五河东），"依岸筑土，合瘠于中流"；费时两年筑成：长九里，下广百四十丈，上广四十五丈，高二十丈，树杞柳，列军垒。不久淮堰倾倒，声闻数百里，缘淮河所有城寨村庄十多万口，都被洪流漂流入海。

自此以后，北魏因人民起义，日渐扩大，也没有余力南侵。南梁大地主集团，则自萧衍以下，都沉溺佛教，去消度其无聊岁月；对久欲"缚取萧衍老公，作太平寺主"的东魏军阀侯景降梁，却不惜引狼入室。结果侯景强占寿春，与梁贵族临贺王萧正德阴相勾通：公元五四八年（梁武帝太清二年）便公开叛变，杀进建康，攻占台城，纵兵杀掠；城中人民蒙受空前浩劫，生命财产损失无算，妇女多被淫辱；明年六月，萧衍被软禁饿死于台城。侯景占据台城，自称大都督中外诸军录尚书事，初立迎景渡江进城之萧正德，复又把正德杀死，公元五五〇年，扶立萧纲，号简文帝；公元五五一年，又杀简文，自称汉帝。南梁在外诸王，湘东王萧绎，揭示大义驰檄四方，声讨侯景，却又与河东王萧誉、岳阳王萧察等互争地盘，自相火并。萧察更无耻，遣使求援西魏，请为附庸。宇文泰派兵南下，击败萧绎，便立萧察为后梁皇帝，居襄阳城内，魏军驻城西监督。

萧绎以承制名义，自镇江陵派王僧辩为征东将军，督率众军沿江东下。并召始兴太守陈霸先率军由江西北上，会讨侯景。公元五五二年，侯景大败东走，为羊鹍所杀；王僧辩等把侯景首级传送江陵。"侯景之乱"虽告平定，而南梁国土江北诸郡，已多被东魏侵占，汉中、川、蜀、荆州则全部沦于西魏。公元五五二年，萧绎即位于江陵，是为元帝（公元五五二——五五四年）；不只地盘削小，还有很多地方命令行不通。萧绎虽"博极群书"，却是一个书痴，只是日夕不倦的著书、赋诗、作画以及为臣下开讲儒道之学；对政治军事不大关心。公元五五四年（梁元帝承圣三年），西魏宇文泰命万纽于谨攻江陵，傀儡萧察领兵助战，江陵被围，朱买臣、谢答仁等的突围和死守待援的主张，均被王褒破坏；结果萧绎采纳了王褒"请降"的主张，投降魏军，为魏军处死。他临死犹不忘赋诗。

陈霸先占据江南，挟萧绎少子方智为帝（敬帝，公元五五五——五五六年）。公元五五七年十一月，霸先又自己登上皇位，改国号为陈（即南陈，公元五五七——五八八年）。

从刘裕以来，尽管朝代改变，皇统易姓，但"士族"制却没变动，享受特权的，也还是那些大地主家族，总之一切都没改变，只是人民越来越苦，统治阶级越来越丑恶。

隋灭陈 公元五八一年三月，杨坚建立隋朝后，主要由于南北社会形势基本上已趋于一致，其次也由于北朝境内各部族和部落大都已经融合，南北对立的部族矛盾，已不存在，人民便不肯再要那样丑恶腐烂的南朝政府了，所以说，到陈末，国内人心已完全"离叛"。

杨坚于公元五八七年（隋开皇七年），把西魏遗留的傀儡后梁灭掉；公元五八八年（陈后主祯明二年）乃派杨广、贺若弼、韩擒虎、杨素等领八十总管、兵五十余万，分八路进兵伐陈，并宣布陈后主的罪过"二十恶"。

时陈廷的政治腐败已达极点："君侈民劳……帑藏空竭。""税江税市，征取百端；刑罚酷滥，牢狱常满。"人民痛苦不堪，欢迎隋兵南征（如时谣云："但度无所苦，我自接迎汝！"），而后主（叔宝，公元五八三——五八八年）犹荒淫无度；"危亡弗恤，上下相蒙；众叛亲离，临机不寤。"当兵临城下时，后主陈叔宝犹谓"王气在此……虏今来者必自败！"其左右佞臣孔范等也附和说："无渡江理！"①陈叔宝依旧挟张妃孔嫔及狎客等奏伎、纵酒、作诗。公元五八九年一月末隋兵入石头，俘叔宝，陈亡。

第五节　制度、哲学、宗教、科学、文艺

制度　两晋、南北朝的政治、法律等制度，本质上和秦、汉、三国一样，形式上也无多大改变。

政权机关的组织，即所谓官制，曹魏于中央机关的三公以外，设中书监令，掌管机要；到两晋、南北朝便成为宰相的实职，只是在名称上，或仍旧称，或名侍中录尚书，或名大冢宰；三公俱为太尉、司徒、司空，或太师、太傅、太保。九卿机构，基本上亦均无改变，只是名称有些变更和裁并，如北魏名为九寺，南梁叫作春、夏、秋、冬凡十二卿。地方政权机关，京畿地方，均承秦汉内史、河南尹之制，设京尹；警卫首都的武官，均承汉司隶校尉之制，西晋并置司州，以司隶校尉统之，北魏、北齐均以司州牧当之；北周改为雍州牧，东晋、南朝则以扬州刺史当之。地方各州，亦承州牧或刺史之制，只是一方面，在东晋、南朝，不属其统治或失陷各州，亦虚设机关，

---

① 《南史·陈本纪》。《陈书·后主本纪》及《隋书》杨素等人传。《通鉴纪事本末·隋灭陈》。

所谓"遥领"或"侨"设；另一方面，因战争频繁，军事重要，刺史多兼握兵权，后更演为"都督诸州军事"兼刺史，形成地方军阀，即所谓藩镇（在北周则名为总管，隋成为散官，但都督之名不废）。州以下之郡，郡以下之县，均仍为守、令，惟晋之郡守有兼将军名号者；自后虽不兼将军名号，亦多兼握兵权。

但两晋、南北朝均封皇族子弟为亲王，并多充任州职；特别在南朝，这种亲王担任州职的，便表现更多的独立性。

政权分配的选举制度。曹魏把汉朝的所谓选举制，演成所谓"九品中正"制，即于全国州郡，各置大小中正官，由中央政府任命当地人士充当，区别所管人物定为九等，送司徒府备案即所谓主持选拔，考其言行即才能、品德、家世以为升降；郡之人口十万以上年选一人，如有"秀异"，则不拘人口。两晋、南北朝，都沿袭这种办法。这一面在麻痹中间诸阶层和欺骗人民，一面是大地主阶层内部的政权分配办法，并非从"科究人才"出发。实际对分配政权起决定作用的，是士族制即门阀制度①。与此相伴随的太学，也是有名无实，靠门第出身的官吏，大都是不学无术②。北朝自孝文确立士族制，固定门阀等级，以鲜卑八族和四个大奴才家族为皇族以下的最高特权门阀，其子弟都不须经过选举，世代独占各种要职；南朝从东晋起，即以士族门阀制为中心，甲族（贵族）子弟不须经过选举，二十岁便可有现成官作，从秘书郎、著作郎、散骑常侍等官职起码。围绕在这个制度周围的九品中正制，一方面主持选举的人，不是大地主贵族，也大都是他们的爪牙；一方面，选举的本身，主要

---

① 《新唐书·柳冲传》："魏氏立九品，置中正，尊世胄，卑寒士，权归右姓巳。其州大中正、主簿、郡中正、功曹，皆取著姓士族为之，以定门胄，品藻人物。晋、宋因之，始尚姓巳。然其别贵贱、分士庶，不可易也。"《太平御览》引冯马懿的话说："案九品之状，诸中正既未能科究人才；以为可除九品，州制大中正……"《山堂考索·西晋选举志》："九品之制，吏部选用，必下中正征其人居及祖父官名。"《晋书·阎缵传》，阎缵说："每见选师傅（按即选太子师傅），下至郡吏，率取膏梁击钟鼎食之家，希有寒门儒素。"所以左思《咏史诗》也有"世胄涉高位，英俊沉下僚"的感慨。

② 《三国志·魏书·刘馥传》："黄初（公元二二〇——二二六年）以来，崇立太学，二十余年而寡有成者：盖由博士选轻，诸生避役；高门子弟，耻非其伦，故无学者。虽有其名而无其人，虽设其教而无其功。"在曹魏文学经术较盛的正始年间（公元二四〇——二四八年），《王肃传》注引《魏略》："正始中有诏议圜丘，普延学士。是时邸官及司徒领吏二万余人，虽复分布，见在京师者尚且万人，而应书与议者略无几人。又是时朝堂公卿以下四百余人，其能操笔者未有十人。"

也以被选人的门第出身为标准（按谱牒）。所以被选的九品，实际也就是门第等级分类的反映；大门阀的子弟，不会选作下品，中间诸阶层，即卑族寒门的子弟，不会被选为上品，"尊世胄，卑寒士"。所以说："上品无寒门，下品无世族。"① 被统治阶级的子弟，就根本没有被选的条件；而且在制度的本身就限制他们不得冒入"清流"门第（魏孝文并正式诏令各郡中正，各立本土姓族次第，以为选举之格）。他们只有为统治集团服务当兵等门径扒出身，去参加统治集团。

军事制度，两晋南北朝因战争频繁，常有变更，也颇杂乱。但汉朝的大司马大将军，到曹魏为总揽军权的大将军都督中外诸军；西晋为统领中央常备军（五校七军）的中领军；以后在南朝为总管中外诸军的"大都督中外诸军事"或中领军；北魏初设四厢大将；北齐分设骑兵、步兵内外二曹，骑兵曹领中央常备军，步兵曹领地方军事；北周设总领中外诸军的持节都督，下设六柱国→十二将军→二十四开府。兵役制度，西晋初征募全停，东晋、南朝原先以"免奴为客"的佃户服兵役为主，后改为强制抽丁的办法。北朝鲜卑壮丁均充兵，京城及皇室警卫，全由鲜卑壮丁组织羽林虎贲；汉族与其他各族人民，除特权免役者外，自十五岁到六十岁的男丁，均须普遍服兵役。

刑罚和法律。两晋、南朝，对肉刑和夷族等，虽在法令上有时免除，实际并没有停止；特别对一切严酷刑罚，于统治集团本身则"屈法申之"，于被统治者则"按之"，表现其完全是为对付人民而设的。北魏定死罪，特着重所谓"反逆"，其余可以出钱赎死，实际也是为鲜卑人、特别为鲜卑贵族开的后门；对汉人、尤其对汉族劳动人民特别残酷，规定反抗其统治的所谓"大逆不道"，不只本人"腰斩"，三族夷灭，且诛其同籍。而其所谓"大逆不道"，又不只解释很广，且捕风捉影，言词不对味，都可坐罪；这对奴才大地主也不太"宽"，如崔浩修"国史"以文词不对拓跋焘口味被杀，清河崔氏夷族，并推之于范阳卢氏、太原郭氏、河东柳氏，均坐浩亲党夷族。"鲜卑酷虐"，"他多类此"。这表现其对其他各族实行部族的集团压迫的残酷面目。

---

① 《晋书·刘毅传》："上品无寒门，下品无势族。"（按势族亦作"世家"）又《李重传》："司徒左长史荀组以为寒素者，谓门寒身素，无世祚之资。"

法律条文方面，西晋根据曹魏"新律"十八篇及汉"九章之律"，制为六百二十条，亦名"新律"，另外有"令"。为吓唬人民，又以死罪条目，"悬之亭、传，以示兆庶"①。东晋、南朝均根据西晋条文，惟南梁又加扩充，编为"梁律"九卷。晋"新律"要目二十，有刑名、法例、卫宫、违制、户律、厩律、擅兴律、盗律、贼律、诈伪、杂律、捕律、断狱、毁亡、告劾、系讯、请赇、水火、诸侯、关市。"梁律"改"贼律"为"贼叛"，去"诸侯"之目。北魏在拓跋焘时，根据中国旧律，由奴才游雅等编为三百九十一条，到元宏时扩充为八百三十二章，共二十卷；今书无存，但从其他记载考察，其基本精神在镇压汉人反抗，特注重所谓叛逆，可以想见条文严刻，范围广泛。北齐制为"齐律"，北周由拓跋迪编为"大律"，已比较和南朝接近，但仍表现其部族的集团的压迫和束缚汉人的严格条文。而况实际上条文也只是具文；统治阶级，特别是鲜卑统治集团，不只完全可以按照其意志解释，而且随时都可不根据什么律令杀人、灭族、屠城。

哲学 西晋太康时期，由于生产渐次恢复，地主阶级秩序表现稳定，便出现了傅玄、刘实等儒学的抬头。太康以后，由于社会矛盾日益扩大，统治阶级对现实局势的挽救，又渐次感觉失望；曹魏末期的王弼、何晏等那种冶儒道于一炉的颓废思想，又步步猖獗，来支配士大夫的精神生活。他们对现实的统治需要儒家学为主流，对自身统治前途的悲观失望，乃反映为所谓老庄的"虚无"思想，并以此去麻痹人民。因此，王何流派的颓废哲学思想，认为客观世界的最本源的东西是"无"即精神，世界都是空虚的，实际上，一切都不存在，形成其主观观念论。至此，由于苦闷、厌世与奢侈纵欲生活的无止堕落，反映为思想上的堕落②，政治上的寡廉鲜耻和名节

①《晋书·刑法志》。
② 例如何晏说："天地万物皆以'无'为本。""道不可体，志慕之而已。"（《论语集解·志于道章注》及《晋书·王衍传》）《王弼传》说："〔裴徽〕问弼曰：夫'无'诚万物之所资也……弼曰：圣人体'无'，'无'又不可以训，故不说也；老氏是'有'者也，故恒言'无'所不足。"（《晋书》）再就何、王所谓"自然"来说，如何所谓"天地以自然运，圣人以自然用"，"自然者，道也"（《无名论》），并不能理解为所谓"自然规律"，而是一种否认和逃避斗争的"无为"思想。何晏说："省生事之政……反民情于太素。"（《文选·景福殿赋》）给了正面的回答。在这种思想指导下，便形成其颓废、纵欲的生活，如何晏尚主又好色，"服五石散"，以济其欲，"首获神效。由是大行于世，服者相寻也。"（《世说新语·言语》及刘孝标注引《魏略》）

堕落①。同时由神仙方士之术堕落到神仙修炼法与炼丹术、房中术的猖獗，并正式形成为道教。代表这种思想体系的，便是葛洪的《抱朴子》②。与此相反的，却有裴𬱟的"崇有论"，裴𬱟虽与傅玄等同称为所谓"儒家学"，实际他却进了一步，而表现着素朴的唯物论思想倾向。他说："贱有则必外形，外形则必遗制，遗制则必忽防，忽防则必忘礼，礼制弗存，则无以为政矣。其甚者至于裸裎，言笑忘宜，以不惜为弘，士行又亏矣。"又说："有生于无……生以有为己分，则虚无是有之所谓遗者也。故养既有之化，非无用之所能全也；理既有之众，非无为之所能循也。"③ 这是说，"有"是实质，是合于实际生活需要的；"无"是现象，是空谈无用的。虽然在所谓"既有"等范畴上，他还表现着二元论的倾向——即表现了中间阶层的一种意识形态。另方面，与大地主集团的主观观念论哲学相对立的，有鲍敬言的"无君论"，他从人类社会和国家的起源，说明人类原始并没有阶级，没有人统治人、剥削人；后来因出现强者、有力者，役使和剥削弱者、无力者，才产生强权和君主。自有强权和君主以后，社会的斗争和纷乱就多起来了。不根本去掉这种强权和君主，世界是不得太平的。他并且为被统治的劳动人民的痛苦，提出申诉，抨击当时的统治

---

① 由曹魏开始，由于政权是由篡夺而来的，鲁迅《而已集·魏晋风度及文章与药及酒的关系》说："魏晋是以孝治天下的……因为天位从禅让，即巧取豪夺而来，若主张以忠治天下，他们的立脚点便不稳，办事便棘手，立论也难了。所以一定要以孝治天下。"魏晋的士大夫，如所谓"当世……未见其比"，"终日清谈"，"好论纵横之术"的王衍，兵败被俘，竟为石勒陈祸败之由云："计不在己……少不豫事。"欲求自免，因而勒称尊号。勒怒曰："破坏天下，正是君罪。"（《晋书·王衍传》。《十六国春秋·后赵录》略同）又如《闲居赋》作者，其时大文学家潘岳，"性轻躁，趋世利；与石崇等谄事〔贾充孙〕贾谧，每候其出，与崇辄望尘而拜。"（《晋书·潘岳传》）故唐李义山诗云："今人若读《闲居赋》，不信当年拜后尘。"著名"七贤"之一的向秀，在嵇康被司马昭惨杀后，他去到洛阳。司马昭问他："闻君有箕山之志，何以在此？"对曰："巢许狷介之士，不足多慕。"这连司马昭也不能不大发感慨。（《世说新语·言语》）
② 葛洪《抱朴子》的著作，是为着反对"太平道"、"五斗米道"等劳动人民、主要是农民的宗教"异端"，而"扼腕发愤"，要创造一种欺骗人民的、为地主阶级服务的宗教教义。所以在它的《守塉》、《安贫》、《知止》等篇，都力图教人们为着"来生之福"而"守塉"、"安贫"、"知止"和遵守"忠、孝，和、顺、仁、信"等教条。在《道意》篇，葛洪又极力攻击农民的宗教异端，诬之为"诳眩黎庶、纠合群愚"，污蔑"张角、柳根、王歆、李申之徒"是"招集奸党，称合逆乱"，主张"更峻其法制，犯无轻重"，都"致之大辟"，去屠杀从事结社和起义的农民。据《魏书·释老志》："（寇谦之）少修张鲁之术"；但又"宣言"，其目的在于"清整道教，除去三张伪法。"所以北魏世祖便以其所修教为"国教"。因此，可以说，葛洪要创造一个为地主阶级服务的道教的反动意图，到寇谦之便完成其创教的任务了。
③ 《晋书·裴𬱟传》。

者。他这种代表劳动人民呼声的唯物论思想，给了中华民族以光辉的传统；可惜文献不足，我们只能从《抱朴子》的引文中，看到他的这些论点，已无法究明其思想的全貌。

在北朝，居于统治地位的，孝文以前是道，以后是佛教思想；奴才大地主的儒学思想，只起附庸作用，地位始终次于佛道。这在一方面，由于鲜卑统治者，为着要麻痹汉族人民的反抗情绪，道还不够用，便尽量宣扬小乘教旨。一方面，由于大地主集团的没落情绪和中间诸阶层的苦闷，佛学思想便获得发展的地盘。但由于寺院"荫庇"大量劳动人口，特别是一些劳动僧侣曾倡导与不断参加了人民起义，所以孝文以后，又有几次压迫佛教的措施。

在东晋、南朝，适应秦汉的传统，在"致用"之学方面，继承了儒家思想的发展，特别表现为适应士族制度的三礼学的发展，又特别强调尊卑、亲疏、贵贱诸范畴的论述。但由于大地主集团的没落情绪，一开始就表现老庄玄学思想的支配作用，王导、谢安以下，都专心玄学。由于大地主集团日益堕落，社会矛盾日益剧烈，因此自东晋慧远、支遁、法显等以后的佛学和佛教，也便日益猖狂起来，并慢慢取得支配地位。另方面，东晋时中间诸阶层在内政上，反对鲜卑、氐、羌等统治集团所实行的部族的集团的压迫上，都与大地主集团的政策有矛盾，反映在思想意识上，他们反对玄学。出身"微贱"的东晋名将陶侃曾说："老庄浮华，非先王之法言，不可行也。"①

但在另方面，刘宋、南齐时期，全国人民以至中间诸阶层，却仍是要求反抗北魏所实行的部族的集团的压迫和南侵的。反映到思想上，便表现为尊佛和反佛两种潮流的斗争。尊佛派最初产生在北朝，说佛学是真理，比中国的一切学说都高；反对它的是完全无智。这在南朝，得到保守派的热烈响应和附和；首先表现为张融的佛道调和论②。另方面，宋、齐的"儒者"却极力排佛，说佛是"夷狄之教"，是扰乱中国的；并重新把王符的"老子化胡"说拿出来，大加论列。这正是反对拓跋贵族的统治的思想反映。不过他们的论点是微弱无力的，并表现为一种文化上排外的狭隘观点。所以他们在反鲜卑统治集团所实行的部族的集团压迫方面是进步的，在这方面却是保守的。较有力量的，还是

---

① 《晋书·陶侃传》。

② 见《广弘明集》。

范缜的"神灭论"，他是从进步的唯物论的观点出发的，他认为物质是存在的，精神是依附物质的；天地间并没有什么佛和鬼神，轮回之说完全不可信。

另方面，孙泰的"五斗米道"，却在农村人民的思想中，曾发生支配作用；那并且对农民起义，起了组织和指导的作用。

史学　刘宋范晔著《后汉书》，系照《前汉书》体裁编制。他为提倡气节激励人心，特写《独行》、《党锢》、《逸民》三传，在当时是有其作用的。而北齐魏收所著《魏书》，则系一种奴才主义的历史。他一方面歌颂实行部族的集团压迫的北魏统治，帮他来欺骗汉族及其他各族人民，如他极力论鲜卑拓跋氏是"黄帝"子孙，"受封北土"；另方面，反污蔑东晋为"僭晋"，刘裕、萧道成、萧衍为所谓"岛夷"，冯跋为所谓"海夷"等等。

这时期历史编修甚为丰富，并创造不少新的体例，主要有梁朝沈约的《宋书》、萧子显的《南齐书》，晋朝鱼豢的《魏略》、王沈的《魏书》、王隐、虞预等的《晋书》，宋朝徐爰的《宋书》，梁朝江淹的《齐史》、谢吴的《梁书》，陈朝许亨的《梁史》、顾野王等的《陈书》，北齐朝魏澹的《魏书》（北魏）。梁武令群臣编成《通史》二百二十卷，不只系新创体例，且以"五胡"与"拓跋"均列于《夷狄传》，这在当时是有其意义的。史论也是创例，最著名的有晋朝刘宝的《汉书驳议》、何琦的《三国志评论》、王涛的《序评》。稗史方面，有晋朝司马彪的《九州春秋》、常璩的《华阳国志》以及《汉魏吴蜀旧事》等。纪年史、起居注、地方纪等著作，也都从这时期兴盛起来的。

这时期史学虽也还不能算作科学；但其特别发达，主要是由于在反对鲜卑统治集团所实行的部族的集团的压迫的斗争情况下，受了人民爱国思想推动的结果。

科学　科学发明，除祖冲之的指南车、"千里船"等外，无多新发明。天文仪器的研究，最著名的，如北魏信都芳将浑天、地动、铜乌漏刻（即原始钟表）、候风诸种仪器制作，分类制图，加以注释，研究其构造。历数方面，南宋何承天、祖冲之、北周甄鸾等的著作，均有进一步之成就。天文学理论研究，除祖冲之发现恒星的岁差，是一个重大的成就外，西晋鲁胜《正天论》、南梁祖暅《天文录》、陶弘景《天仪说要》、北魏张渊《观象赋》等，但主要都在阐述前人的成果，无何新的重大发现。

算术方面，晋刘徽、北魏夏侯阳、张邱建、北周甄鸾等都有专门著作；特

吕振羽全集第五卷·简明中国通史

别是甄鸾自注《五雅算经》外，又将《孙子算经》、《术数记遗》、《五曹算经》、《夏侯阳算经》、《张邱建算经》，一一都作了注释。主要也都是在综述前人的成果。

医学在西晋、南朝有相当发展。西晋葛洪虽号称精医，但在方法论上，却由两汉朴素的辩证法唯物论，倒退到了玄学的泥坑。东晋段浩、殷仲堪、宋孔熙先、羊欣、梁陶弘景、阮文叔等，均精脉理，其著作今均无传。《隋书·经籍志》所载，医病已有小儿、产科、妇科、痈疽、耳目、伤科、疟疾、瘘病、兽医、印度医方等分科，并有人体图的绘制；对制药、制丹、制膏、制散、针灸等方面，也都有专门的研究和著作。但他们在方法论上，大都多多少少受了葛洪的影响或传统。

文艺 三国，主要是曹魏，是两汉到两晋、南北朝文艺发展的过渡期。曹氏父子的文学，一方面直承两汉的形式和雄伟的作风、气派，并受到民间文艺的影响；一方面，他们生活在那么动荡的年代，在他们的作品中自然也留下动荡的痕迹。曹操的作品有雄伟而又悲壮的作风、气派，曹丕和曹植的作品则一面表现宫廷贵胄的气氛，一面也承袭了曹操的作风、气派。在内容上，曹操的诗，一面是地主阶级意识形态的反映与自我歌颂，一面也反映了民间的一些疾苦和社会残破的情况。曹操的《短歌行》，曹丕的《杂诗》，曹植的《七步诗》、《情诗》、《杂诗》、《箜篌引》、《怨歌行》、《名都篇》、《圣皇篇》以及《洛神赋》等，均能表现前者的作风、气派和内容。建安文学的兴起，曹氏父子是有影响的。到魏末，统治权已掌握到司马氏手中，曹氏地位摇摇欲坠；依附曹氏的大地主贵族，他们是都看见过曹氏代汉的，对当前曹魏的政权却又无力去挽救，对自身前途便不免悲观失望，感觉黯淡。因此便形成其日益腐化的生活（任情、纵欲、醉酒、服药）和颓废、浪漫的情绪（浮夸、空谈、幻想）。这反映到文学上，便产生曹魏贵族何晏、王弼、夏侯玄等"正始名士"，嵇康等"竹林名士"的文学。嵇康的《酒会》、《幽愤》、《六言诗》、《五言诗》、《四言诗》、《琴赋》、《卜疑》、《养生论》，以及阮籍的《大人先生传》、《咏怀》等，可为这派作品的代表。另方面，如司马懿的《宴饮诗》，便表现一种雄壮的情调。

到晋朝，一面大地主集团无力稳定其统治，一面由于"正始"、"竹林"的影响，因此在文学的形式上，便形成一种靡靡之音和堆砌雕琢的骈体形式。

296

内容上，一面表现纵情享乐，沉醉于酒色豪华的淫逸生活；一面表现悲观和没落情绪，甚且"无病呻吟，言之无物"；一面醉心于神仙、怪异的空想。张华的《情诗》、《鹪鹩赋》、《博物志》，张载的《拟四愁》、《七哀》等，都是这一类的作品。而在"太康"间的短时期，由于暂时的所谓繁荣，如傅玄的《短歌行》、《杂诗》之类，却表现一些悲壮气氛和振作情绪。同时，在华北陷于各部族部落的统治集团间混战的惨局之际，刘琨的《答卢谌》、《扶风歌》等，一面表现一点斗争的气氛，对苟安江左的东晋朝廷表示感慨；一面，他描写敌后斗争的苦况，又表现动摇。但傅玄、刘琨等人的作品，却是其时统治阶级里面不可多得的。到东晋特别是晋末，由于东晋统治集团益趋腐烂，争权夺利，互相倾轧、排挤、惨杀、黑暗重重，丑态百出；同时对外没有办法，对内阶级斗争的形势又日趋严重。因此，贵族大地主对自己前途感觉没出路，沉醉于纸醉金迷、想入非非、得过且过的苟且生活。这反映在文学上，便产生王羲之《兰亭集序》、谢混《游西池》、谢道韫《登山》、《晋白纻舞歌诗》以及干宝《搜神记》、署名陶潜的《搜神后记》、荀氏《灵鬼志》、戴祚《甄异传》一类的诗赋、神怪小说等作品。一部分胸怀比较清高，又特别敏感的上层知识分子，便形成一种对现实不满，苦闷、疾俗与遁世的思想。这反映到文学上，便产生陶潜（溪人陶侃的曾孙）的一些作品。《桃花源记》、《归去来辞》、《五柳先生传》、《闲情赋》、《归园田居》、《读山海经》、《饮酒》、《和刘柴桑》、《拟古》、《咏贫士》、《咏荆卿》等，可代表其思想和作风的一面，也表现了他在文艺上的成就和天才。并从其疾俗和苦闷的角度上，表现了一些人民性。另方面，左思的前期作品，一部分反映了晋朝中间阶层的意识，对凭借士族制度坐享安荣的大地主集团，表示反对。《咏史八首》可为这方面的代表作。南方大族出身的陆机、陆云兄弟的作品，在前期也表现中间阶层的意识，如陆机的《赴洛道中作》、《招隐诗》和陆云的《谷风》。

到南朝，大地主集团的文学作品，形式上从俳缦、骈偶、文字雕琢和声韵等方面用工夫，内容上也有些流风日下，沉溺酒色与物外空虚的歌咏和描写。南宋谢灵运等的作品，已表现这种形式和内容。到南齐，沈约根据四声音律，作《四声谱》，周颙作《四声切韵》。这在声韵学上是一个进步，但对文学形式方面带来了美化的成分，也带来了一些束缚。沈、周与谢朓等创为所谓"永明体"，便正式形成骈体的形式，发展至梁又号"齐梁体"。到梁时，萧衍、萧纲、萧绎父子兄弟又进一步讲求"曼妙""艳丽",而演化为所谓"宫体";陈后主(叔宝)便可算集"宫体"之大成了。内容上,充满了冥想、纵游、物欲,特别是花月、酒色、脂粉的气味,如沈约的《六忆》、周颙的《闺思》、刘孝绰的《古意》、萧衍的《西洲曲》、萧纲的《折杨柳》、萧绎的《采莲歌曲》、陈叔宝的《玉树后庭花》、《三妇艳》以至徐陵的《玉台新咏》诗选,都是这时期的代表作。而他们在艺术方面的一定成就,却是不可抹煞的。另方面,这种情调,又由卖身投魏的贵族大地主分子萧综(萧衍子)带到北朝。北朝温子升的《咏花蝶》等,都是大地主纵情享乐的作品。但投降北朝的庾信、王褒,于亲自领略鲜卑统治集团所实行的部族的集团压迫的味道后,又流露着故国乡关之思和厌绝拓跋统治者的情绪;庾信的《怨歌行》、《慨然成咏诗》,王褒的《燕歌行》等,都表现着这种情况。

另方面,西晋末的民谣《陇上歌》、《安东平》、《洛阳童谣》、刘宋的《宋人歌》等,均在反映群众反对压迫和痛恨朝廷腐败的情绪。西晋末的《京洛童谣》:"南风起兮吹白沙……",反映贾南风(贾后字)与"八王之乱",造成白骨遍野的惨状;《作蚕丝》,及《绵州巴歌》:"织得绢,二丈五,一半属罗江,一半属玄武"等,在反映人民被剥削的残酷;南朝的《渔父》、《答孙缅歌》等,反映了人民对南朝统治集团的厌绝。这时期民间的东西,颇丰富,不胜列举。统治阶级,尤其自齐梁以后,多窃取民间的形式。这种民间的东西,声律是自然的,内容是健康的、丰富的,气魄是雄伟的,充满斗争性的。

绘画方面,名画家很多,技巧和理论都有相当修养,尤其是南齐谢赫所著《古画品录》,他归纳的绘画六法,即气韵生动、骨法用笔、应物象形、随类传彩、经营位置、传模遗写六法,到今还为中外画家所称道。最著名的画家,有卫协、王廙、顾恺之、陆探微、顾宝光、袁倩、戴逵、戴勃、宗炳、刘瑱、谢赫、毛惠遂、陶弘景、张僧繇、刘胤祖、萧绎、史道硕等人。其中尤以晋之顾恺之(善绘人物,今英国伦敦博物馆有其"女史箴图"等遗作)、宋之陆探微(善绘人物)、齐之谢赫(善画人物)、梁之张僧繇(善画佛、道像)均为一代巨擘。北朝画家最著名的有田僧亮(善绘农村风光)、孙让子(善画鬼物)、曹仲达、郑法士、李雅等人。可惜没有足够的材料来说明他们各自所代表的阶级流派。他们的作品在艺术上的成就,正表现了中国人民的艺术天才。

在雕刻方面，一面继承两汉以来的传统作风、气派，一面又受到波斯萨珊朝，尤其是印度健陀罗系艺术的影响，技术大大进步，又超过印度。在北方，石勒于邺城太极殿前楼阁的屋柱，雕镂龙凤百兽的形象；苻坚于敦煌鸣沙山断崖，沮渠蒙逊于同地三危山，凿石窟雕造佛像；特别在北魏，著名的云岗（大同）五大石窟（成于文成、献文、孝文时），龙门断崖各石窟、巩县石窟寺、历城黄石崖石窟（次第成于孝文以后）各处的佛像雕刻等作品，是人类在中世时代最伟大的艺术创作。南朝也前后于栖霞山断崖，开凿数十个石窟，构成精巧的佛像雕刻等艺术品。此外铜像、陶俑、石狮、石马、神道碑雕等等，也均有其艺术上的价值。这虽然都是宫廷寺院和贵族大地主坟墓的装饰，并用以欺骗和吓唬人民的东西；但都是人民血汗的结晶，也都是经过人民的手所创制和其艺术天才的成就。

在建筑艺术上，也主要表现在寺院和宫廷建筑方面，杨衒之《洛阳伽蓝记》，左思《三都赋》所描绘，可想见其宏壮华丽的程度。北魏大同永宁寺的七级浮图，高三百余丈，天宫寺三级石浮图高十丈；洛阳永宁寺九层木浮屠，高九十丈，宝刹高十丈；登封嵩岳寺十二角砖塔，高十五层；南朝梁武帝经营的台城建筑，壮丽在北朝以上。可见当时建筑艺术的进步程度。这也都是中国劳动人民血汗的结晶，都是经过劳动人民的手作出来的。

这时期的音乐，因自汉以来，又吸收了西域和印度的一些因素，也大大进步。在民间产生了一些艺术修养成熟的天才乐师如杨蜀善等人，但他们均被迫为统治者宫廷服务，度其似同囚禁的生活，结束其宝贵的生命。在统治阶级方面，沈约、萧衍均精通乐律，沈著有《乐书》，萧著有《乐篇》。

第六节　结　语

前汉以来，汉族大地主集团对国内各部落和种族的军事行动以及对外侵略与不断内战，把许多部落引入塞内，来充当其军事上政争上的工具；因而演出所谓"五胡乱华"，形成数百年间的各部族部落集团间的混战与北方糜烂的惨局，大半个中国人口遭到奸灭性的屠杀与死亡，生产遭受空前大破坏，严重地阻滞了中国社会的发展（自然，中国封建社会发展的长期迟滞，还有其他原因）。

"五胡"各族的某些成员，有的最初曾与汉族人民一道反对过大地主压迫（如石勒等），甚或还参加了农民起义。这是进步的。但在各族的上层分子，以之推进为各部族部落集团间的斗争后：一面他们便渐次发挥其原始的落后性与报复性，反而仇视汉族及他族人民，实行残酷的烧杀、破坏；一面他们便渐次形成为统治集团，实行阶级统治及建基于其上的部族的集团的压迫。因而便渐次完全丧失了反压迫的斗争内容，而演成为各族统治集团间争夺权利的混战。因此，便形成汉族及他族人民与他们间生死敌对的矛盾，尤其在他们的占领区。拓跋族原先也是晋的属领，在其建立起奴隶制政权而独立起来以后，便展开其奴主集团与汉族及他族统治集团间的权利斗争。不只由于奴隶制比封建制落后，还由于其野蛮、残暴的部族的压迫，对人民生命财产的蹂躏和损害，便形成其与汉族及他族人民间深刻而严重的矛盾。所以汉族及其他部族和部落人民对"五胡"各统治集团、对拓跋奴主集团的生死敌对，本质上并不是因为他们出身于"异族"，而是因为他们的统治是违反历史的前进方向和人民的利益的。

在各部族部落集团间的混战的形势下，汉族大地主如王、刁等家族则纷纷逃命，到南方组织偏安的小朝廷，拿所谓"雪耻"、"恢复"与"沉清"作招牌，以继续其对人民的残酷统治和压榨，如儒生张宾、王猛、许谦、崔浩、卢玄等及其家族，则甚或为虎作伥，充当各落后武装集团的帮凶，帮助他们来屠杀人民，扩大部族的压迫；其中一二佼佼如刘琨等人，虽主张"戮力""匡救"，并贡献出了自己的生命；但他不去依靠人民，结果并没能把局势挽回。中间阶层，像祖逖那样的代表人物，认识了人民的力量，也依靠了人民的力量；但由于在政治上没有依靠人民，而是依靠建业大地主集团，束缚了自己的手脚，结果也只成为一个英雄人物，给后人追慕，同样没能把局势挽救过来。始终反对残暴的部族的压迫，与野蛮落后的统治进行坚决斗争的，只有下层人民，尤其是农民；他们并支持了那种带有反对部族的集团的压迫和野蛮统治而建立起来的政权（如冉闵反后赵的政权）及其斗争，也支持了南朝的北伐。拓跋贵族的统治，最后也是被葛荣、杜洛周等为首的农民军打垮的。反对部族的集团的压迫与野蛮统治的人民起义军，并没有狭隘的部族集团的界限，如葛荣、杜洛周、破六韩拔陵、莫折太提等部的人民起义军，都是各族人民，甚至是连同拓跋族人民在内一同参加的，客观上是各族人民的联合战线。而此也正是中国各民族人民的光荣革命传统。

东晋南渡初期的形势，是有利的；如果东晋朝廷肯一面改进内政，一面组织力量积极北伐，完全可能把那种混乱的局面扭转过来，至少也可能使后来的发展形势不同。

北魏的社会形势，在孝文（元宏）迁都改制以前，是奴隶制和专制主义封建制两种制度的并存；两种制度斗争的结果，前进的克服落后的，便形成孝文以后那种特殊形式的封建制，到隋朝统一以前，又完全纳入了秦汉以来的专制主义封建制的轨道。

南北朝结局的部族大融化，主要是各族人民长期共同斗争与生活联系的结果；并非由于孝文的什么同化政策，相反的，孝文的改制和"推行汉化"，也正是各族人民、特别是汉族人民斗争的产物；但不能否认，孝文的政策，在客观上促进了各部族部落间的融化过程。由于汉族在经济、政治、文化、人口等力量总和的对比占绝对优势，所以各族人民融合于汉族的多，汉人融合于其他各族的较少。这种融合，无疑又反映了其时部族压迫和被压迫的一面；而在客观上又是对历史有其进步作用的一面。

最后南朝被北隋统一，主要由于南北社会形势基本上已趋于一致，其次也由于部族间的矛盾已不存在；同时，南朝大地主集团已腐烂不堪，无法再继续统治下去。这种统一，又为唐朝的统一和其经济、文化的发展，奠定了基础，准备了条件。

复 习 题

一、形成"五胡乱华"的原因何在，其对中国社会的影响如何？

二、这时期汉族社会各阶级和其他各部族部落的人民对部族压迫的态度如何？

三、北魏的社会性质如何？

四、为何各族人民都参加反拓跋统治者的起义？

五、引起这时期部族大融合的基本动力何在？

六、在何种条件的基础上，实现了隋朝的统一？

第十二章

专制主义封建统一国家的
再建和发展——隋唐时期

（公元五八一——九〇七年）

第一节　经济发展情况

隋初的经济发展　杨坚的父杨忠（华阴汉人，自托为汉太尉杨震之后），系北周贵族，官至柱国，封隋国公。杨坚于公元五六八年八月袭爵，公元五八〇年六月为丞相，公元五八一年三月便代替北周做了皇帝，建立隋朝；公元五八九年（开皇九年）灭亡南陈后，又重新建立起专制主义的大一统封建帝国。

但由于数百年间各部族部落集团间混战与残暴统治，特别是北方那些落后的统治集团所实行的残暴的部族的集团的压迫，南方统治阶级的内争等等原因，引起人口空前大减少，社会生产长期残破和衰落。文帝（杨坚）即位之初，连融合之各族人口在内，有户籍的总户数，全北方才户三百五十九万，口九百万九千六百四；南方除后梁外，开皇九年平陈，得户五十万，口二百万，合后梁总数不过百万户（刘宋孝武时，总数不足九十万七千户）①。因此，全国总户数不过五百万，每户平均以五口计，总人口数不到三千万。耕地总面

①《通典·食货·历代盛衰户口》。按《通典·食货·田制》垦田数下注称："隋开皇中，户总八百九十万七千五百三十六。"

积到开皇九年（公元五八九年），全国亦仅一九、四〇四、二六七顷，而无主荒地的面积是绝对扩大了。

　　隋平陈后，获得了恢复和发展生产的全国和平环境。文帝（杨坚，公元五八一——六〇四年）为巩固其统治，在平陈前即采取了一些改良步骤，也直接间接促进了生产的恢复和发展。最主要的，从公元五八〇年为丞相及公元五八一年（开皇元年）以后所继续施行者：（一）免除入市税；（二）免除赴东京造洛阳宫的劳役；（三）将官地和无主荒地，除分给"自诸王以下至于都督"，作为"永业田"，京官外官职分田和公廨田外①，也照北齐办法，一夫一妇受露田百二十亩（实即官佃），永业田二十亩，另给园宅田，每三口一亩，奴婢五口一亩；受田的一夫一妇（谓之一床）岁纳地租粟三石，人丁税（调）绢绸一匹加绵三两（或布一端加麻二斤），服役分十二番（正丁各轮一番，每番三十日），"单丁及奴婢（原文作仆隶，疑误。此亦系沿北周制"奴婢各准良人之半"而来）各半之"；服役工匠亦为六番；"未受地者，皆不课"，即地主及耕种私家土地的佃户、自耕农等，都不须向官家缴纳租税和服役（"孝子、顺孙、义夫、节妇"享有"并免课役"的特权）；（四）南北朝时，空设郡县名目，而每郡所管不过数百户，一县所辖不过数十里，政权机关众多，人民负担苛重；文帝并郡为州，裁去小县。从公元五八三年（开皇三年）以后继续施行者：（一）减低徭役和税纳，人民服役年龄，以二十一岁为成丁（原为十八岁），五十岁免役（原为六十岁），服役日数，减丁役每番三十日为二十日；人丁税（调）由年纳绢绨（绸）一匹减至二丈；（二）废除官设酒坊和盐池盐井专利特权，"与百姓共之"；（三）令长城沿线防军，于长城以北屯田，以减少人民的"转输"；（四）登记户口，规定民户为上下二等，使"人间课输"，能按"定分"，以免"长吏肆情"，从中作弊；（五）抚辑逃亡，革除荫附冒滥，检查全国漏税逃役户口，并令亲属自从兄弟以下各立户籍，结果共"进四十四万三千丁，新附一百六十四万一千五百口"，间接减低了老户的赋役负担；（六）普遍兴建义仓、社仓，劝令"诸州百姓及军人（按即受田军户）"输粟储仓，后又令分上中下三等户输粟立仓，当地"有饥馑者，即以此谷赈给"；（七）开凿"广通

---

① 《通典·食货·田制》。《通考·田赋考·历代田赋之制》。

渠"，自长安"东至潼关三百余里"，便利转运，减轻漕运"泛舟之役"，兼供灌溉；（八）平陈后，给江南人民免赋役（"给复"）十年，其他各州免当年租赋；（九）凡发生饥荒与遭受水灾、旱灾、疾疫地区，均由义仓和公仓实施急赈，免除租调，并助人民恢复生产（如买牛驴六千头，发给关中极贫灾户）；（一〇）公元五九四年又明令取消京官及诸州均给公廨钱"回易取利，以给公用"的办法，对官吏薪俸，一律给予"职分田"，衙门机关办公费，一律给予"公廨田"，佃给人民，收取租子；（一一）今河南、山东大部分地区，公元五九八年（开皇十八年）发生严重水灾，除"困乏者开仓赈给"、"遭水之处，租调皆免"外，并"遣使"兴工导河疏川；（一二）以身作则，提倡节约，"六宫"都穿洗旧的衣服，"乘舆供御"，破旧的再三修补，"皆不改作"，"非享燕之事，所食不过一肉"①。

因此，生产渐次恢复，人口每年都有增加，到平陈前，河北、河南诸州的经济情况，已大大好转，政府每岁"调（人丁税）物"收入，急速增加；到平陈后的公元五九二年（开皇十二年），库藏司报告"库藏皆满"，"乃更辟左藏之院；构屋以受之"。到炀帝大业时，全国户口增至户八百九十万七千五百三十六，口四千六百一万九千九百五十六人；耕地面积增至五五、八五四、〇四〇顷。人口将赶上两汉盛时，耕地面积且已大大超过。因此，公库的收入，表现着"府库盈溢"的繁富情景。特别是江南，生产获得更迅速的发展，至此便成了全国经济的重心；隋政府每年的租税收入，络绎不绝的由东南向西北输送。

由于农业生产的急速恢复和发展，商业和手工业也随着发展起来了。长安、洛阳、扬州、广州都成了空前繁盛的商业都市。长安是政治中心，又是"蕃商"云集的国际贸易都市，由西北陆路出国的中国商人，以及由西北国境外来华的"蕃商"都以长安为聚散中心；广州是海外贸易的中心；扬州是国内商业的中心，其中尤以盐商巨贾是天之骄子。手工业的普遍发展，表现为手工技术的进步，特别是制瓷、纺织和造船技术；据传吴中与豫章夜中"浣纱"能次晨成布，即所谓"鸡鸣布"；战舰高百尺，楼五层，内可容八

---

① 《隋书·食货志》、《文帝纪》。《通典·食货·田制》、《赋税》。《通考·田赋考·历代田赋之制》。

百人，用手摇轮盘转动，快如疾马；宇文恺所造"观风行殿"，何稠所造"六合城"，均下设车轮，合拢便成一座"上容侍卫者数百人"的"行殿"或"周围八里"的大城，拆散可以部分推动①。

隋末的苛杂和繁役　但是经济发展的结果，主要只是隋朝政府和贵族、官僚、豪霸、富商等大地主集团长肥了；人民尤其是农民的经济能力，依旧很微弱，他们依旧只能勉强维持生命，穿不暖，吃不饱。在文帝开皇年间，情况最好的时期，公元五九四年，京师发生地震、关内诸州发生旱灾，特别是"关中大旱、人饥"；明年，文帝幸歧州仁寿宫（兴工于公元五九三年，成于五九五年，宫成文帝行幸），环宫外都是哭声，"左右"却把这幅苦役图，捏报为"鬼哭"②。特别是遇到水、旱、病疫等灾荒，以及歉收年季，"除去依靠义仓、公仓赈救外，便要挨饿受冻，无力再进行生产。如公元五八四年（开皇四年）关中旱灾；公元五八六年山南荆浙七州水灾，关内七州旱灾；公元五八八年，河北诸州饥荒；公元五九四年，京师地震，关中大旱灾；公元五九六年，并州大蝗灾；每次都形成严重饥荒。

由于受田的、佃耕职分田和公廨田的农民，直接对官府供纳地租（租）户税（调）和徭役（役）等，"不受田"的农民，一面对地主纳租、服役、送礼，一面还要对官家缴纳户税和服徭役等，负担都已不轻，此外都还有各种纳税负担。私家地主商人，又都对他们行使高利贷和商业榨取，如文帝宣布盐、酒之利，"与百姓共之"，实际却便利了大商人大地主，成了他们榨取人民的专利事业；官商业和高利贷，也是同样对人民开刀。另方面，贵族、官僚以至一部分普通地主，却都享有免课免役特权，所谓"有品爵及孝子、顺孙、义夫、节妇，并免课役"③。北齐时"豪贵盛行兼并"的情况，在隋朝，由于地

---

① 《隋书·宇文恺·阎毗·何稠传》。
② 《通鉴·隋纪》开皇十三年条："二月，丙午，诏营仁寿宫于歧州之北，使杨素监之。素奏前莱州刺史宇文恺检校将作大匠、记室封德彝为土木监。于是夷山堙谷，以立宫殿，崇台累榭，宛转相属。役使严急，丁夫多死，疲顿颠仆，推填坑坎，覆以土石，因而筑为平地，死者以万数。"又十五年条："仁寿宫成，丁亥上幸仁寿宫。时天暑，役夫死者相次于道，杨素悉焚除之。"《隋书·杨素传》："令素监营仁寿宫。素遂夷山堙谷，督役严急，作者多死。宫侧时闻鬼哭之声。"并参看《文帝纪》。
③ 《隋书·食货志》、《高祖纪》。《通典·食货·田制》、《赋税》。《通考·田制考·历代田赋之制》。

主阶级越富有而越厉害了；农民仍不断丧失自有土地和"永业田"。所以隋朝经济的基础，并不坚实。

炀帝（杨广，公元六〇五——六一六年）即位以后，一面也继续其父，施行了一些改良，如"除妇人及奴婢、部曲之课，男子以二十二成丁"[①]。另方面，他大兴土木和对外征伐，却把才发展起来的隋朝经济基础毁坏了。最主要的事件：

（一）建筑东都（洛阳），"每月役丁二百万人"，"徙洛州郭内人及天下诸州富商大贾数万家，以实之"。又营造显仁宫，"苑囿连接……周围数百里，课天下诸州各贡草、木、花、果、奇禽、异兽于其中。开渠引谷、洛水，自苑西入而东注于洛，又自板渚引河达于淮海，谓之御河"。苑中有海，海中有方丈、蓬莱、瀛州三仙岛。沿海筑十六院，均极华丽。另外又于今太原、汾阳建晋阳、汾阳二宫，备极宏丽。王弘等往江南诸州采大木送东都，所经州县辗转递运，千里不绝；"役使促迫，僵仆而毙者十四五焉，每月载死丁，东至成皋（河南汜水），北至河阳（河南孟县南），车相望于道"[②]。

（二）巡游江都，造龙舟（高四层，长二百丈，内有殿、堂、房间，装饰金玉），凤𦩍（较龙舟略小）、黄龙、赤舰、楼船、篾舫；炀帝与皇后分乘龙舟、凤𦩍，其余载妃妾、王公、公主、百官、僧、道、卫队、蕃客等，"舳舻相接二百余里"，仅挽船水手即达八万余人，其他被调服役的都不在内。同时，为大修车、舆、辇、辂，又命全国各州贡"骨、角、齿、牙、皮革、毛、羽、可饰器用，堪为氅毦者"，以为装饰；"朝命夕办。百姓求捕，网罟遍野；水陆禽兽殆尽，犹不能给，而买于豪富蓄积之家，其价腾踊"[③]。

（三）开运河、筑长城。开运河，前后三次：大业元年，开通济渠和邗沟；通济渠系从西苑引谷、洛二水入黄河，顺流东进，再从板渚（汜水东北二十里）引黄河入汴河，经商丘入安徽至泗县与泗水合，达于淮，邗沟系自

① 《隋书·食货志》、《高祖纪》。《通典·食货·田制》、《赋税》。《通考·田制考·历代田赋之制》。

② 《隋书·食货志》、《高祖纪》。《通典·食货·田制》、《赋税》。《通考·田制考·历代田赋之制》。

③ 《隋书·食货志》、《高祖纪》。《通典·食货·田制》、《赋税》。《通考·田制考·历代田赋之制》。

今淮安引淮水入长江。大业四年开永济渠，系从沁水县东北引河北连沁水，再导向东北会清、漳、淇、洹诸水，达天津入白河，由白河一面入海，一面通至涿郡（河北涿县）。大业六年开南运河，即从京口（镇江）至余杭（杭州），长八百余里。为开凿运河，男丁服役不够，又征妇女服役。筑长城役使百万人，西起榆林（今内蒙古自治区鄂尔多斯旗境黄河北岸），东达紫河县（今内蒙古自治区乌兰木伦），亘千余里，死者大半。

（四）对国内各族压迫与对外战争。炀帝和大商人地主集团，为着要打开经朝鲜通日本，经西域通中亚、东欧，经越南的陆路或经台湾的海道通南洋、印度……的商路，和觅取他邦奇珍异物，一面遣裴矩等冒险家出国试探商路，一面用和平方式，招致各落后部落和部族承当隋的藩属，和平方式无效时，便实行武装压迫。因此，"西域"三十余"国"都没经战争，复成了隋的属领；南洋的林邑（今越南民主共和国境）及赤土（今印度尼西亚境）等也都遣使向隋朝贡和贸易，只由于林邑曾一时没来朝贡，隋政府为贪图其所谓"奇宝"，便派刘方等进击，又经过一度战争；对突厥、吐谷浑和流求，也都没经大规模战争，他们就"臣服"了。而对于突厥和吐谷浑，最初还由于他们不断进扰，曾带有保障塞内居民安居乐业的性质。只是对于高丽，为着要东征，因原先准备的兵器马匹"多损耗"，又令全国富人出钱买马补充，"马（一）匹至十万"，"兵具器仗"，也"皆令精新"；一面于胶东东莱海口造战舰三百艘，"官吏督役昼夜立水中，略不敢息。自腰以下皆生蛆，死者什三四"[1]；一面令河南、淮南、江南造兵车五万辆；一面征江淮以南及岭南水手、弩手、排镩（小）矛手共七万人，另发民夫、船舶运送给养；直接间接被征服役的，共总数百万人，财力耗费以亿万计。三次出征，直接死于战争的人，为数也相当大，失陷在高丽的也不少。此外，派"张镇州击流求，俘虏数万；士卒深入，蒙犯瘴疠，喂疾而死者十八九"。"帝亲征吐谷浑，破之于赤水……遇天霖雨，大斗拔谷，士卒死者十二三焉"[2]。

炀帝这几项重大举措，只有开凿运河，在便利国内水道交通和农业灌溉方

---

① 《通鉴·隋纪·炀帝》大业七年条。
② 《隋书·食货志》、《炀帝纪》。《通典·食货·田制》、《赋税》。《通考·田赋考·历代田赋之制》。

面，有积极建设的意义；其他都对国计民生无好处。其因此所耗费的财力，不只把国库搞得很空虚，把人民压榨得喘不过气来，而且连富人，特别是中小地主也受到一些损失；尤其三侵高丽的兵役及徭役负担，在服役中大量人口的死亡，更迫得人民无法生活下去，即所谓"百姓失业，屯集城堡，无以自给"，"初皆剥树皮以食之，渐及于叶；皮叶皆尽，乃煮土或捣藁为末而食之；其后人乃相食"①。隋朝的统治，便在这个基础上瓦解了。

初唐的经济 俗谓隋末"四十八路烟尘，百零八路霾烟"，或所谓"盗贼四起，道路南绝"，即指全国每个角落的农民大暴动和地主阶级镇压农民及争夺政权的战争。所以《隋书·食货志》说："天下之人，十分九为盗贼。"炀帝竟下令坑杀者"不可胜数"。地主阶级所进行的战争，使社会生产又受到相当严重破坏，人口损失的数量也相当大，据载高宗（李治）永徽元年（公元六五〇年）全国总户数才三百八十万，这当然有不少逃亡和隐漏，同时也可能仅指受田的课户，但户口比隋大业时少，是确切的。所以说："丧乱之后，户口凋残。"②

李渊（唐高祖，公元六一八——六二六年）于公元六一八年（武德元年）在长安称帝，便在这种基础上建立起唐朝的统治。当时虽一面还在战争时期，一面唐朝政府便采取了一些恢复生产、笼络人心、和缓矛盾的步骤。公元六一七年（隋恭帝义宁元年）唐军攻占长安，李渊父子即与民约法十二条，"除隋

---

① 《隋书·食货志》。又《贞观政要·纳谏》第五附《直谏》魏徵说："隋氏之乱，非止十年……今自伊洛之东，暨乎海岱，萑莽巨泽，茫茫千里，人烟断绝，鸡犬不闻，道路萧条。"杨玄感反隋檄文也说："黄河之北则千里无烟，江淮之间则鞠为茂草。"

② 《旧唐书·食货志》。又《通典·食货·历代盛衰户口》："大唐贞观，户不满三百万。"又高履行答高宗问："隋大业中户八百九十万，今户三百九十万。"又杜正伦答高宗："大业所有八百余万户，末年离乱，至武德有二百余万户。"至开元末，"户七百八十六万一千二百三十六，口四千五百四十三万一千二百六十五"。天宝中，"管户总八百九十一万四千七百九，管口总五千二百九十一万九千三百九。此国家之极盛也。"（注：应不课户三百五十六万五千五百一，不课口四千四百七十万九千六百八十八；应课户五百三十四万九千二百八，课口八百二十万八千三百二十一）唐代户口、尤其是唐初户口锐减，其中由于逃亡、隐漏者不少。故同书又说："开元间天下户口逃亡，色役伪滥，朝廷深以为患。"又注说德宗建中（公元七八〇——七八三年）实行两税制以前的情况："旧制：百姓供公上计丁定庸调及租，其税虽兼出，王公以下比之二三十分唯一耳。自兵兴以后，经费不完，于是征敛多名，且无恒数；贪吏横恣，因缘为奸。法令莫得检制，烝庶不知告诉。其丁狡猾者即多规避，或假名入仕，或托迹为僧，或占募军伍，或依信豪族，兼诸色役，万端蠲除；钝劣者即被征输，困竭日甚。建中新令，并入两税，恒额既立，加益莫由；浮浪悉收，规避无所。"

苛禁"。同时，"赏赐给用，皆有节制；征敛赋役，务在宽简"①。到公元六二四年（武德七年）把其最后一个敌人辅公祏歼灭后，便重新测定土地的顷亩面积，五尺为步，二四〇步为亩，百亩为顷。同时实行所谓均田法：即"丁（二十一至六十岁）及男年十八以上者，人一顷"，八十亩为口分，二十亩为永业；老男及残废"人四十亩，寡妻妾三十亩，当户者增二十亩，皆以二十亩为永业，其余为口分"；土地不够的"狭乡授田减宽乡之半"；工商者宽乡给四十亩，"狭乡不给"；"凡庶人徙乡及贫无以葬者，得卖世业田，自狭乡而徙宽乡者，得并卖口分田；已卖者不复授"，老及死者收回口分田"以授无田者"②。但这在一方面，所授的田仍只是官地和无主荒地，并非把私家土地没收去均分，另方面，从公元六二四年开始一次授田之后，便没有重新"收授"过，实际便等于把官地和无主荒地佃予和给予无地的人民，和缓他们的土地要求，同时也创造了大批形式上的自耕农。并非取消名田制把有主的土地分授给农民，也并不排除土地买卖③。所以说："授田先贫及有课役者"。受田者在实际上就是官家的佃户，即所谓"凡授田者，丁岁输粟二斛，稻三斛，谓之租"（或"每丁租二石"），亦即陆贽所谓"以公田假人而收其租入，故谓之

---

① 《旧唐书·食货志》。
② 两《唐书·食货志》。《唐会要·租税》。
③ 杜佑对玄宗二十五年均田令说："虽有此制，开元之季，天宝以来，法令隳坏，兼并之敝有逾于汉成、哀之间。"（《通典·食货·田制》）马端临说："中叶以后，法制隳弛，田亩之在人者不能禁其卖易，官授田之法尽废。则向之所谓租、庸、调者，多无田之人矣。"（《通考·田赋考·历代田赋之制》）名田制和土地买卖也从没有被排除过。宋敏求述武德元年（公元六一八）高祖诏令，一则曰："隋代公卿，不预义军田宅，并勿追收。"再则曰："其隋代公卿以下，爰及民庶，身往江都，家口在此……所有田宅，并勿追收。"（《唐大诏令》卷一一四）高祖自己也自始就保有这种私有田宅。司马光说："〔高祖〕车驾过周氏陂，过故墅（注：故墅在高陵县西四十里店）。"（《通鉴·唐纪·高祖纪》）在太宗时，《旧唐书》说：高士廉在贞观元年出仕益州，谓其在汶江边有田，"值千金"（《高士廉传》）。高宗时，同书说："贾敦颐……永徽五年累迁洛州刺史；时豪富之室皆籍外占田……"（《贾传》）武后时，武攸绪"买田使奴耕种，与民无异"（《通鉴·唐纪·则天后》万岁通天元年条）。"张易之兄弟……强夺庄宅"（《太平广记》张易之兄弟条），"张昌宗强市人田"（《通鉴·唐纪·则天后》长安四年条）。玄宗时《禁买口分永业田诏》说："天下百姓口分永业田，频有处分，不许买卖典贴。"《置劝农使诏》说："暂因规避，旋被兼并。"（《全唐文》）寺观也"广占田地及水碾碾，侵损百姓。"（《唐大诏令集》诚励风俗诏）所以陆贽说："每田一亩……私家收租，殆有亩至一石者。"（《翰苑集·论兼并之家私租重于公税》）由于一度以之授给农民的，只是一部分无主荒地和公田，所以唐代户籍有"应课户"与"不应课户"之分，而且后者远多于前者；有"授田先贫弱及课役者"（《新唐书·食货志》），"凡授田者先课后不课，先贫后富，先多（丁）后少（丁）"（《旧唐书·职官制》）的原则规定。

租"（《论两税之弊》）。此外又与不授田的课役人丁一样，缴纳调（丁税——绸绢绫绝各二丈绵三两，或布二丈五麻三斤，或银十四两），庸（年役二十日，或代役绢六丈；若年役超过十五日免调，超过三十日，租调皆免）。这对于农业生产，也是起了刺激作用的。同时，为刺激生产，招徕及复员劳动人口，又宣布：凡因天灾收获减四成以上的免租，减六成以上的免租调，减七成以上的租、庸、调全免，桑麻无收者免调；凡新附户，春三月来的免役，六月来的免课，九月来的，课役皆免；"四夷降户附以宽乡，给复十年"；奴婢转为农户的，免役三年；陷在外蕃一年还者，免役三年，二年还者免役四年，三年还者免役五年；浮民、部曲、客女、奴婢愿充官佃者，附宽乡授田。岭南诸州，上户税米一石二斗，次户八斗，下户六斗；"夷僚之户皆从半输；蕃胡内附者，上户丁税钱十文，次户五文，下户免之"①。李世民（太宗，公元六二七——六四九年）即位后，一面以"增户"或"减户"作为官吏考勤的标准。一面下令停止地方供献"异物滋味口马鹰犬"，正课外不另加税，按地亩税二升；建社仓、义仓备凶荒；天灾或歉收，减低或免除税敛；规定商贾无田者分九等纳粟于义仓，自五石至五斗为差，下下户及"夷僚"免课役，对农村实行贷种和赈助……因此，生产急速发展，人口不断增殖。欧阳修《新唐书·食货志》说："贞观初，户不及三百万，绢一匹易米一斗"；至贞观四年（公元六三〇年）"米斗四五钱，外户不闭者数月；马牛被野，人行数千里不赍粮；民物蕃息，四夷降附者百二十万人"。这可能是近于事实的。

高宗（李治，公元六五〇——六八三年）以后，经过中宗（李显，公元

---

① 两《唐书·食货志》。又《高祖纪》："〔武德二年〕二月乙酉，初定租庸调法。"《唐六典·户部》："凡赋役之制有四：一曰租，二曰调，三曰役，四曰杂徭。""役"和"杂徭"即相当于"庸"。《唐会要·租税》："武德二年二月十四日制：每丁租二石、绢二匹、绵三两（按玄宗开元二十五年令为或布二丈五尺，陆贽说说同），自兹以外，不得横有调敛。"（《通鉴·唐纪·高祖纪》武德二年条同）《唐律疏议·户婚律》若非法而擅赋敛条疏议："依赋役令：每丁租二石、调绢绝二丈……丁役二十日。此是每年以法赋敛，皆行公文……若临时别差科者，自依临时处分。"《通典·食货·赋税》："〔武德〕二年制：每一丁租二石。若岭南诸州则税米：上户一石二斗，次户八斗，下户六斗。若夷僚之户，皆从半输。番人内附者：上户丁税钱十文，次户五文，下户免之。附经二年者：上户丁输羊二口，次户一口，下户三户共一口。""凡水、旱、虫、霜为灾，十分损四分以上免租，损六分以上免租调，损七分以上课役俱免。"这就是改行两税制以前的唐代课役的内容。

六八四——六八九年）、武后（武曌，公元六九〇——七〇五年）、中宗（公元七〇五——七〇九年）、睿宗（李旦，公元七一〇——七一二年）继起的时期，人民负担和公府开支，都比较增多了；但仍注意生产和人民疾苦。玄宗（李隆基，公元七一三——七五五年）即位以后，由于租庸调法和户籍已搞得相当乱，一方面担役和免役户混滥，人民相率逃税避役，隐藏户口①，许多霸占官田的地主以至自垦荒地的人们，都没有户籍和负担，同时从高宗初年以来，土地买卖更加盛行，许多受有口分和世业田者多被豪富兼并，土地已丧失，但犹存租庸调户籍。所以高宗永徽年间（公元六五〇——六五五年），曾"禁买卖世业口分田"。人民庸调贡品，好恶无一定标准。因此，玄宗为整理户籍和税收：（一）颁布庸调法，规定税纳物的质量。（二）人丁财产"每三岁以九等定籍"，"庸调折租"缴纳。（三）"括籍外羡田、逃户"，即未经授受而占有的公地，一律收括归公。如系自己开荒的免役五年，佃种的即径向官家担负租庸调；无户籍的逃户，给予户籍，"每丁税钱千五百"。"诸道所括，得客户八十余万，田亦称是。"而执行命令的州县官吏，却每每"以正田为羡，编户为客"②，即把人民自己的田作为公地，有户籍的看作无籍客户。（四）给免役者发给免役证（蠲符），以免冒混。这在扩大担税面，使课役负担较平允，以及规定税贡物的标准，是有好的作用的；但另方面，却也加剧了阶级间的矛盾。

因此，初唐的经济，从高祖直到玄宗开元末一百二十多年间，是上升的，全国户口，除隐漏逃亡外，到开元二十八年（公元七四〇年），总户数达八、四一二、八七一户，人口达四八、一四三、六〇九人。

但另方面，初唐的阶级矛盾，自始就很明显，特别表现在课役负担方面。从高祖时，就规定："太皇太后、皇太后、皇后缌麻以上（即五服内）亲，内命妇一品以上、亲郡王及五品以上祖父兄弟、职事勋官三品以上、有封者若县男父子，国子、太学、四门学生、俊士、孝子顺孙、义夫节妇同籍（户籍）者皆免课役。"③ 这样，皇室、贵族、官僚等大地主集团，连同其亲族戚族，

---

①《唐律疏议》的脱户法规定，逃亡和隐漏户口的要受到法律制裁；但并没能阻止农民逃亡和隐漏户口，反而在不断增多。

②《新唐书·食货志》。

③《新唐书·食货志》。

甚至远亲远戚，以至一部分中小地主的家庭，都享有免除课役的特权。佛道寺院，不只庞大的僧尼道士不担负课役，其属下的佃客和使役人丁，以至"逃丁避罪……无名之僧"等等①，也不向官府供课服役。直接供大地主剥削的佃户、仆婢等，也不向官府负担课役。因此，免役免课面特别大；国家的课役，几乎全部加在身为课户的农民及其他小有产者等人民身上。其次，地主阶级、特别是僧俗大地主，他们原来就占有很多土地，唐朝政府，又"自王公以下"皆给予大量"永业田"；他们虽占地很多，却不仅没有地租负担，甚至连地税也是免除的，尤其是他们把农民的口分、世业田买到自己名下，农民失了地，却还要向官府纳租。此外，从一品到九品官，一共万数千人，每人给予职分田，从二十顷递至二顷，以地租收入作薪俸；各机关衙门则划定公廨田，以收入地租充办公经费。官吏为增多自己收入，便更提高剥削量与侵害百姓。其次，官府、地主、商人，特别是阿拉伯商人，一起施放高利贷，乘人民的穷乏和急需，去吮吸膏血。这样，人民的负担，仍是繁重的。加之从太宗时开始的不断对国内各部落和种族的军事压迫与对外战争，实际也加重了人民的负担。

因此，随着初唐经济的发展，这种社会矛盾也一步步跟着发展了。所以一方面，"豪强"乘着人民穷困，一开始就在进行土地兼并；人民为税赋和生活所逼，便不断把口分、世业和自己私有的田地卖去。这到高宗时，情况就特别显著、严重了；到玄宗开元末，受田之户，便大多丧失了土地。一方面，人民为避免庸调的负担，便纷纷逃亡、隐匿，或依托寺院、豪贵，去充任其佃客；尽管唐政府逐年检查户籍，逃户、隐匿户、荫托户仍每年在绝对增多。以此到开元末，租庸调法，基本上已经破坏。

因此，欧阳修说："自开元以后，天下户籍久不更造；丁口转死，田亩卖易，贫富升降不实。其后国家侈费无节，而大盗起，兵兴，财用益屈，而租庸调法弊坏。"②

---

① 《旧唐书·狄仁杰传》说：寺院所占"膏腴美业倍取其多，水碓庄园数亦非少；逃丁避罪并集法门，无名之僧，只有几万，都下检括已得数千。"

② 两《唐书·食货志》、《刘晏传》。《通典·食货·赋税》。又《通典·食货·盐铁》说："自兵兴，上元（公元七六〇——七六一年）以后，天下出盐，各置盐司，节级权利，每岁所入，九百余万贯文。"

　　进入天宝年代（公元七四二——七五五年）以后，租庸调等正宗收入不断减少，政府开支，特别是军费，又不断增大。为弥补财政困难，玄宗便任用宇文融、韦坚、杨崇礼、杨慎矜父子及王𫟒、杨钊（国忠）等搜刮能手，一面按簿籍户口督催租庸调税，当户逃亡，勒令比邻代输，人民受尽索诈、骚扰；一面将人民防凶设置的全国社仓义仓储谷，一律动用；一面"度僧尼道士"，即取得作僧尼道士的官府证件（度牒），便可免除课役，但每分"度牒"，须纳一定数量的钱。

　　唐朝后期的经济情况　公元七五六年肃宗（李亨，公元七五六——七六二年）即位以后，一面出于安史"叛乱"的严重破坏和巨量军费负担，一面地方藩镇又开始截留和把持税收，情况便变得更坏。肃宗一面承袭天宝时的搜刮办法，任用第五琦之流以租庸使等名义，去从事苛敛。一面又加多搜刮办法，如（一）"江淮蜀汉富商右族"收十分之二动产税，"诸道亦税商贾"，从一千钱起收税；（二）征"吴盐蜀麻铜冶"及铁税，特别是人民日食必需的盐，第五琦变更盐法，于产盐区置巡监院，由旧盐户及游民为"立丁户"，免役产盐，均归官收官卖，禁私煮私卖，由每斗十钱增价至百十钱，"粜商人，从其所之"；（三）卖空名官衔，"召人纳钱，给空名告身，授官勋邑号"，"纳钱百千，赐明经出身"，甚至出卖免役权。而民间的情况又是怎样呢？"及两京平……百姓残于兵盗，米斗至钱七千；鬻粆（糠）为粮，民行乞食者属路。"代宗（李豫，公元七六三——七七九年）即位后，一面人民是那样穷困，一面又有吐蕃（西藏）奴主贵族的北进，一面由于招来回纥助平"安史叛乱"，又须每年"送马十万匹，酬以缣帛百余万匹"。为和缓阶级矛盾，便宣布"一户二丁者免一丁……男子二十五为成丁，五十五为老"；"流民还者，给复二年；田园尽则授以逃田"。同时提倡节约，"御衣必浣染至再三，欲以先天下"。特别重要的，他根据田地兼并和租庸调法已"弊坏"的具体情况，于大历五年（公元七七〇年）开始"以亩定税"，分"夏秋"两季征收，"支两税"：即夏课上田亩税六升，下田亩田升，"六月内纳毕"；秋征上田五升，下田三升，荒田二升，"十二月内纳毕"；外每亩征青苗钱三十文，地头钱二十文。"其旧租庸及诸色名目，一切并停"。但盐、铁、茶等项杂税仍极繁重，酒税也从此时开始。盐是主要收入，刘晏管盐榷，一面将盐卖与商人，任其自由出卖，一面禁止州县所加过境税。到代宗末年，盐利由四十万缗增至六百余万缗。所以说:"天下之赋,盐利居半,宫闱服御军饷,百官俸禄皆仰给。"①成为朝廷的重要收入。

德宗(李适,公元七八〇——八〇四年)即位后,便正式废除租庸调法,实行两税制②,即户税只问是否立户,不论主户或客户,只按贫富分等,没有丁中之分;田税不论土地系何人占有,按大历十四年全国所有耕地面积,一律按亩征税;分夏秋两季征收,征收额以"量出制入"为原则。只"鳏寡惸独不济者"免税。在行两税制以前,全国旧有课役户仅三百八十万五千,至此又增加"主户三百八十万,客户三十万"。又以"户口增加","田野垦辟","税钱长数","率办先期"四项,为对州县官吏的考绩标准。这较之租、庸、调旧法,是较适合具体情况的。但当时大地主代言人如陆贽之流,却仍反对两税制,提出《论两税之弊》的文章,主张仍应实行旧办法。

但由于地方"诸镇(节度使)擅地,结为表里",外镇两税收入,率多为藩库截留,甚且由藩镇径行征收,即所谓"两河中夏贡赋之地,朝觐久废",

---

① 见本书第三〇一页注②。
② 陆贽在《论两税之弊》中说:"国朝著令,赋役之法有三:一曰租,二曰调,三曰庸……天宝季岁,羯胡乱华……版图隳于避地,赋法坏于奉军。""兵兴之后,供亿不恒,乘急诛求,渐骤经制。此所谓时之弊,非法弊也……扫庸调之成规,创两税之新制。"陆贽在这里,把租庸调制的不能继续实行下去,全归根于天宝末的战争,是没有触到问题的本质。还是杨炎说得对:"初定令式,国家有租赋庸调之法。开元中(公元七一三——七四一年)……故不为版籍之书。人户浸溢,堤防不禁,丁口转死,非旧名矣;田亩移换,非旧额矣,贫富升降,非旧第矣。户部徒以空文总其故书,盖非得当时之实……则租庸之法弊久矣。"(《唐会要·租税》)也正如欧阳修所说:"开元以后,天下户籍久不更造,丁口转死,田亩卖易,贫富升降不实;其后国家侈费无节,而大盗起,兵兴,财用益绌,而租庸调法弊坏。"(《新唐书·食货志》)由税制本身的矛盾与农民负担的畸重,在唐朝建国初就已经表现出来了,《唐大诏令集》武德六年(公元六二三年)《简徭役诏》说:"所以每给优复,蠲其徭役,不许差科,辄有劳扰。"为着防止农民逃避赋役和隐漏户口,所以唐政府自始就极其注重对课户户籍的掌握,如武后岁通天元年(公元六九六年)敕,限定"出继别籍"与"所析之户"仍按本户供差科(《唐会要》定户等第)。肃宗广德二年(公元七六四年)诏令:"天下户口,宜令刺史县令,据现在实户,量贫富作等第差科。"(《唐大诏令集》广德二年南郊德音)甚至以掌握户籍作为地方官的主要职责。《唐六典·京畿县及天下诸县官吏》云:"京畿及天下诸县令之职……所管之户,量其资产,类其强弱,定为九等。其户皆三年一定,以入籍帐。若五九、三疾及中丁多少、贫富强弱……过貌形状及差科簿,皆亲自定,务均齐焉。"两税法的基本原则是:"量入制出,户无主客,以居者为簿;人无丁、中,以贫富为差。商贾税三十之一与居者均役。田税视大历十四年垦田之数。"(并见《新唐书·杨炎传》、《新唐书·食货志》;《全唐文》)两税法实行的结果,《新唐书·食货志》说:"得主户三百八十万,客户三十万……岁敛钱二千五十余万缗,米四百余万斛,以供外;钱九百五十余万缗,米千六百余万斛,以供京师。"《通典·食货·赋税》下注称建中初收入钱数同,惟"缗"作"贯";又粮食敛入为"税米麦共千六百余万石,其二百余万石供京师,千四百万石给充外费"。

唐政府国库所入，为数就不多了。加之朱滔、王武俊、田悦等节度使联合叛变，唐政府财政开支，更加不够。因此，（一）"借商贾钱"，"约罢兵"偿还。征当铺典当税、粮食等买卖税，"四取其一"（这曾引起长安罢市、请愿）。（二）两税钱"每缗"增"二百"。（三）于两都、江陵、成都、扬州、汴州（今开封）、苏州、洪州（今南昌）等处置常平，作官本买卖，资本多者百万缗，少者十万，囤积粮食布帛丝麻，贱买贵卖。（四）设官征收商贾财产税，每缗税二十。（五）征酒税每斗百五十，淮南等处并征酒曲税，又征"竹、木、茶、漆税十之一"。（六）征间架税、除陌钱，"其法：屋二架为间，上间（税）钱二千，中间一千，下间五百。""公私贸易千钱"扣五十，即以九百五十为千，叫作除陌钱。（泾源兵反，大呼长安市中曰："不夺尔商户僦质，不税尔间架除陌。"）（七）从盐榷等方面再去增加收入。盐的官价由每斗一百一十增为三百一十，再增为三百七十，盐商为图利又任意加价，即所谓"豪贾射利，或时倍之"。"贫民困高估，至有淡食者"。（八）甚至死人和蔬果过关（津），也要纳税。同时，两税制在实行上，也单从财政收入观点出发，"自初定两税货重钱轻，乃计钱而输绫绢；既而物价愈下，所纳愈多，绢匹为钱三千二百；其后一匹为钱一千六百，输一者过二，虽赋不增旧而民愈困矣"。又如"度支以税物颁诸司，皆增本价为虚估给之，而缪以滥恶，督州县剥价，谓之折纳"。又"改科役曰召雇"，强征人民服役。此外，官吏于正税以外，向人民苛榨贡纳皇帝，名曰"进奉"，有所谓"月进""日进"，实则又自留十之七八，只进奉十之二三。人民在这种重荷下，"小乏则取息利，大乏则鬻（卖）田庐，敛获始毕，执契行贷。饥岁室家相弃，乞为奴仆，犹莫之售，或缢死道途"。土地兼并则急速进行，以致"富者万亩，贫者无容足之居，依托强家为其私属（佃户），终岁服劳，常患不充；有田之家，坐食租税"。"户口减耗"：死亡、逃散，全国户口又大为减少，现在之户则"赋役日重"①。

宪宗（李纯，公元八〇六——八二〇年）即位以后，一方面因为两税等各项税收，自肃宗以来，多被地方藩镇、州官扣留，不解公库；而地方藩镇则自"安史之乱"的战争时期开始，为着军需供给，就地动用，处理地方税收，

---

① 见《新唐书·食货志》。

渐次演成财政方面的独立，在此基础上又形成其军事、政治上的独立性。因此，宪宗为调整中央和地方的税收分配，宣布"罢除官受代进奉及诸道两税外榷"；全国税赋收入，则分作"上供"（归中央）、"送使"（归节度、观察）、"留州"（州政府留用）三部分①。一方面，由于东南是全国经济的重心，不只两税收入占全国最大比例，盐榷等项收入也是最多的，淮盐和川盐的富源，有"扬一益二"之称；加之东南还都是唐政府所能管辖的区域。因此便派"能聚敛"的王遂、李翛为宣歙、浙西观察使，盐铁副使"程异巡江淮，核州府上供钱谷"。因此，财政收入大为增加，唐政府并在这个基础上，战胜了河北、淮西等藩镇。

但是财政收入的最主要部分，是盐榷，其次是铁、酒、茶等税。而自代宗以来，充当盐商的大地主大商人，至此力量已能操纵财政、左右政治，所谓"豪商猾贾杂处"，结纳藩镇及中央盐官，地方官吏伺候意旨，听其役使；他们又役使各地奸商和流氓为其服务。因此他们又强占"盐民田园"，私自煮盐。一些无以为生的失业人民和"亭户"（制盐工人），也实行偷煮偷卖。唐政府不断拿处死、充军等严刑酷罚去禁止，也只能处死了一些"小民"，其他，连那些为大盐商服务的"坊、市、居邸主人市侩"，最多也不过"罚课料"。这样，"盐铁之利"便"积于私室"，"榷盐法大坏"了！自穆宗（李恒，公元八二一——八二四年）以后，情况便越来越坏，唐政府虽欲取消榷盐法，实行官煮官卖，也遭到反对而不能实行；不断采取各种严酷的禁私办法，也始终没有效果。

因此，自宪宗末年以后，唐政府的财政困难，便根本无法解决了；而地方藩镇与豪商勾结，财政收入反而多起来。藩镇的力量增大，中央官吏便纷纷与藩镇私相结纳，渐次节度使的管区，唐政府便完全不能过问了。这样，唐政府便又只有转从人民方面提高榨取量，并整理两税收入。因此，（一）实行通货膨胀政策，大量铸钱，质式恶滥；而豪商猾贾与地方藩镇，亦相率扩大私铸，人民受损失不可计算。（二）两税收入，因人民在重压苛榨下，出业、逃亡、荫托，存在的户口又大大减少，度支（财部）户籍簿所载，其中空户甚多，情况是"豪民侵噬产业，不移户，州县不敢徭役；而征税皆出下贫，至于依

---

① 见《新唐书·食货志》。

富为奴客，役罚峻于州县长吏"。文宗（李昂，公元八二七——八四〇年）想加以整顿，"遗吏巡覆田税"，结果仍是"民苦其扰"。武宗（李炎，公元八四一——八四六年）即位后，由于长期以来，不只"游行浮食"的僧尼，数量很大，耗费更多。"一僧衣食，岁计约三万"，而又隐藏大量逃亡户口①。因此，武宗便转而从寺院开刀，"毁寺四千六百，招提兰若四万，籍僧尼为民二十六万五千人，奴婢十五万人"，得"田数千万顷"，"大秦穆护、祆僧二千余人"（按《通鉴》所述数字略有出入）；以僧尼、奴婢"丁壮者为两税户，人十亩"。（三）从宪宗末年开始，"雇民"耕"营田"，"或借庸以耕，又以瘠地易上地，民间苦之"。（四）增加苛杂，如酤酒税、茶税的所谓拓地钱（州县过境税）、剩茶钱（每斤征税五钱）。（五）废除公廨田、租，另"置公廨本钱"，交配人经手放高利贷，每行虚借，强收本利；经手富人又每"私增公廨本"，托为"官钱"，"迫蹙闾里，民不堪其扰"。同时实行减薪。（六）打算把"飞钱"（其性质有似于今所谓红票、期票或汇票）的发行权收归度支，发行纸币。而另方面，吸吮人民膏血的私家和"蕃商"的高利贷，乘人民穷困，却更加活跃、猖獗，并常贷钱给政府去攫夺特权②。各藩镇对人民的剥削，比唐政府还要残酷，花样还要多。

由于人民过度穷困和生产衰落，又不断引出天灾，特别到懿宗（李漼，公元八六〇——八七三年）时，便形成淮北、河南、山东、山西、河北遍地

---

① 早在代宗大历十三年（公元七七八年），剑南东川观察使李叔明就奏请澄汰佛道二教；唐政府以之交付尚书省集议，与韩愈同时的都官员外郎彭偃献议说："当今道士，有名无实……乱政教犹轻。惟有僧尼，颇为秽杂……臣闻天生蒸民，必将有职；游行浪食，王制所禁……今天下僧道，不耕而食，不织而衣；广作危言险语以惑愚者。一僧衣食，岁计约三万有余；五丁所出，不能致此。举一僧以计天下，其费可知……臣伏请僧道未满五十者，每年输绢四匹，尼及女道士未满五十者，输绢二匹；其杂色役与百姓同……但令就役输课，为僧何伤！臣料其所出，不下今之租赋三分之一。"《通鉴》称道士赵归真也劝武宗毁佛。《唐会要·会昌制文》说："今天下僧尼已不可胜收，皆待公而食，待蚕而衣。"这基本上说明韩愈为首反佛的问题本质，且说明了唐朝僧俗地主间以及僧道间利益矛盾的由来已久。武宗死后，宣宗便一反武宗所为，又说明了世俗地主需要僧侣地主及他们利益的共同性。关于寺观的组织、占田、畜奴、经营高利贷和邸店、荫庇和招纳逃亡农民以及其享受免役特权和生活骄奢等情况，参阅《唐大典·户部》郎中员外郎职条；"礼部"祠部郎中员外郎职条；《金石萃编·大唐越州阿育王寺常住田碑》；《唐会要》五九、八六；《唐大诏令集·诫励风俗教》；《太平广记》卷四五四《姚坤》；《孙樵集》孙樵上宣宗《复佛寺奏》；《通考·田赋考·历代田赋之制》）。

② 《新唐书·食货志》。

大水灾、旱灾，人民连野菜也没有吃，靠蓬子面和槐叶充饥。昭宗（李晔，公元八八九——九〇三年）时朱温围凤翔，"城中人相食，父食其子"。因此，天下户口又不断减少了。

唐朝后期的正税户口，是不断减少的，肃宗乾元（公元七五八——七五九年）末，除逃亡隐漏外，全国百六十九州，课户仅一、九三三、一二四户，口一六、九九〇、三八六人；不课户一、一七四、五九二户，口一四、六一九、五八七人；共计才三、一〇七、七一六户，三一、六〇九、九七三人。较天宝时减少五、九八二、五八四户，三五、九二八、七二三口。宪宗元和（公元八〇六——八二〇年）中税户，浙西、浙东、宣歙、淮南、江西、鄂岳、福建、湖南八道只百四十四万户，才及天宝四分之一。"兵食于官者八十三万，加天宝三之一，以二户养一兵"。至穆宗长庆（公元八二一——八二四年）时减至三百三十五万户。"而兵九十九万，率三户以奉一兵"。武宗（公元八四一——八四六年）即位，唐廷所辖，又减至二、一一四、九六〇户，末年由于僧尼还俗等关系，亦才四、九五五、一五一户。"宣宗既复河湟、天下两税、榷酒，茶、盐钱，岁入九百二十二万缗，岁之常费率少三百余万"[1]。这个统计可能不准确，只能说明一个趋势。

唐朝的商业和手工业　唐朝的商业，是空前发达的，最有钱的大商业买卖，第一是官营商业，如宫市、盐铁专卖、对外贸易等；第二是身兼大地主以及官僚的"豪商"，他们开设"邸店"[2]，主要经营盐、茶、私铸、当铺、高利贷、绸绢、酒坊等买卖和对外贸易等。第三是"番客""胡贾"即阿拉伯、波斯等处来华的外商，他们主要贩运各地的珍宝、皮毛、牲口、犀角、象牙、香料、药品、海味、白檀、吉贝（棉）、香油、织物、蔷薇水、玻璃、翡翠、玳瑁、玛瑙、香蕉、蛇胆、珊瑚、马、骆驼以及奇禽异兽等东西来华，把中国的金、银、弓矢、刀、绸绢、铜器、茶、瓷器、纸笔、药品等等运回各地；同时，唐政府对他们只征很轻的关税，甚至连关税也免除，并得在中国买田宅，因此他们又大放高利贷，并倚仗钱势和统治者的优容，凌虐中国人民。中小商业也空前发展，营业范围扩到各种部门，并在各个城市，大都有其各业行会

---

① 《新唐书·食货志》。
② 《唐律疏议·名利篇》："居物之处为邸，沽物之所为店"。

（坊，行）的组织。

由于商业的发达，（一）货币制造业便大大发展起来，并开始使用"飞钱"；虽然币制很不统一，但大都能普遍流通。（二）都市大大繁盛起来，如长安、洛阳、成都，幽州（北京）、南昌、江陵，特别是扬州、丹徒、绍兴、杭州、泉州、广州等东南和海外贸易的各大都市，都空前繁盛。长安等大都市有市长（市令），广州等口岸有海关（市舶司）。（三）交通运输空前发展，国内方面，陆上驰道四通八达，特别是东南水运，装载商品的商贾船车，与官家漕运船车，常结帮成队，络绎相望。沿途码头、驿站，都有饭店、伙铺、旅馆等等，形成集镇。国外方面，陆路一由长安经西域通中亚、波斯等处和欧洲，一由幽州经东北、朝鲜通日本，一由西南川、滇或湘、桂通南洋、印度；海道一由山东、河北分道通朝鲜，日本，一由杭州、泉州、广州等处出海（或经台湾）通日本、琉球、南洋、印度、中亚和欧洲（去欧洲的海道过南洋群岛经锡兰，入波斯湾，或沿阿拉伯半岛沿岸至红海）。但陆道交通已渐次丧失重要性，海道已成了对外交通的主要航线，广州则是海道交通的重点。（四）随着商业的发展，唐朝的官吏俸禄，也由职田、现物而改为钱币。

手工业有官办、私办和民间副业各行各业。兵工、矿冶、铸币、纺织（绢绸、绫编，麻布和在个别地方出现的桂管布即棉布①等）、刺绣、瓷器、铜器、煮盐、造船、造纸、印刷等业规模较大的或新生事业的场坊，不是由官府

---

① 关于我国开始知道植棉和织棉布的历史，已如第十一章第二节（见本书第二五四页注①）所引述。到唐朝，新疆地区的高昌产棉，已以棉布即"氎布"或"白叠"作为对唐廷的主要贡品（《旧唐书·地理志》）；内地也已知道织成桂管布。又据"新疆少数民族社会历史调查组"调查材料："回鹘西迁以前，吐鲁番盆地早已有汉人定居，他们从事农耕，种植棉花……"。但植棉和织棉布，到宋元间不只已在内地普遍推广，弹、纺、织的技术也达到了相当水平。如南宋初周去非、赵汝适均有所记述。赵汝适说："南人取其茸絮，以铁轴辗去其子，即以手握茸就纺为布。厚者为兜罗棉，次曰番布，次曰木棉，又次曰吉贝。"（《诸番志》，清俞正燮《癸巳类稿·木棉考》引）周去非说："吉贝……宛如柳绵，有黑子数十；南人取其茸絮，以铁筋碾取其子，即以手握茸就纺，不烦绩缕。以之为布，最坚善。""雷化、广州、廉州及南海、黎峒富有，以代丝纻。"（《岭外代答》服用吉贝条）艾可叔（度宗咸淳间，公元一二六五——一二七四年进士）《木棉诗》描述了长江流域其时已普遍使用纺车、弹弓、织机的情况。因此，《木棉谱》引丘浚《大学衍义补·贡赋之常》说："宋元之间，始传其（木棉）种入中国，关陕闽广首得其利"云云，在时间的估计上是过迟的，不合实际的。

和大地主所经营，便是由他们所控制，此外就只有寺院以及和寺院结合的外商，也开设纺织、刺绣等作坊。民间私人手工业，也在各种部门都有发展，尤其是各大都市都聚集不少手工业者和工人，并有各种手工业行会（坊或行）的组织。官工业的工人，有"征夫役卒"；犯罪罚作奴婢的工匠、轮番应役的"番户""杂户"等，但主要系来自"和雇"的雇佣手工工人①。长安有弓矢、长刀的制作品出卖，须镌工人姓名，伪造者没收。其中以纺织和铜器等制造最为发达；由于铜器是名贵的输出品，致淮南、江南、岭南各地甚至曾纷纷偷熔钱币作铜器；在今冀中一带出现了纺织作坊，如定州何明远，"资财巨万，家有绫机五百张"②，虽是较特殊的豪富所经营的作坊，但可见当地纺织业的发达情况。与唐朝丁税和役钱征收绢绸、麻布等相关连，民间的纺织副业，也有着相当普遍的发展。

由于手工业的发展，便表现了地方的分工和其著称的特产，如江南、河北、山东的绸绢，豫章（产地在江西浮梁昌图镇）、越州（浙江绍兴）的瓷器，江、浙、皖、赣各地的藤纸（其中又以由拳纸为最佳）、皖南的宣纸（宣州纸）、四川的麻面纸、山西的白纸、广东的竹笺和安徽的徽墨（徽州墨）、浙江的湖笔（湖州笔），东南、岭南的铜器，番禺的牙骨器，长安、洛阳的刊版印刷以及扬、蜀的淮盐、川盐等。

第二节　阶级矛盾的发展和统治阶级的内争

隋、唐的阶级构成，基本上仍同秦、汉一样，一面是地主阶级，一面是农民（即编户庶民、佃客、部曲等）、手工工人、小商人、游民和奴婢等等，而

---

① 如《全唐文·停扬洪宣三州作坊诏》称当地官作坊的工人是"征夫役卒"，《新唐书·百官志》说，把有手工技能的犯人，罚作奴婢，配给官作坊作工；元稹《长庆集》也说："所收资财奴婢……配充作坊驱使"；《元和郡县志·盐井》，有"以刑徒充役"语。但《全唐文·大中改元南郊赦文》说："和雇诸色人役"；《旧唐书·高宗纪》说："和雇京兆百姓四万一千人"；《玄宗纪》天宝十一载："和雇京城丁户一万三千人"；《新唐书·食货志》有"厚价募工"之说。这说明大量官作坊的工人来自雇佣。

② 《朝野金载》。

以地主和农民为主要的两个对立阶级。在地主阶级里面，以皇帝、王、公、公主等贵族、官僚、"豪商猾贾"、地方豪富、大佛道寺院主等所形成的大地主阶层，居于支配地位。中小地主在政治上仍是没有权利，经济上也受到国家税役的严重压迫。因此，中小地主仍和中等商人、手工业行东等一样，处于中间的地位，不过在唐朝，这等中间诸阶层，在社会成分和人口比重上都特别加多了。同时，唐朝小所有者的数量，也大为增多，尤其在初唐，小土地所有者特别众多。

隋末农民大起义　在隋末，主要由于妨害社会生产、威胁人民生存的频繁广泛的徭役负担，以及三次"东征"的供应，引发了阶级间的武装斗争，展开全国性的农民大起义。由于"东征"供应又相当严重地伤害了一般地主的利益，所以有些地主分子也参加了起义；也由于有他们的参加，使得那样遍地烽火的农民起义，内容反而不甚丰富。在农民战争的烽火中，不少大地主分子，也乘机起事，不只想建立其家族的皇权，而又在保卫其阶级的统治地位和利益。

公元六一一年（大业七年），受兵役重压最苦的山东河北农民首先起义。邹平人王薄为首的起义农民，占据长白山（山东章丘境），他们的口号是反对征东兵役，作《无向辽东浪死歌》以相鼓动，避役群众纷纷参加；平原郡起义群众占据豆子航（山东惠民境），其中并有地主分子刘霸道参加；漳南（山东恩县）人民起义军以孙安祖为首，占领高鸡泊（恩县西北）；鄃县（山东夏津县）有张金称为首的农民军；蓚县（河北景县）有高士达为首的农民军；漳南人窦建德联合孙安祖、高士达两部，很快就有万余人。自后直至隋朝垮台，全国各地都相继起义，最著名的有：杜彦冰、王润等为首的平原郡（山东陵县）农民起义，李德逸为首的平原县（山东平原南）农民起义，白榆娑（《炀帝纪》为："白榆，妄称奴贼"）为首的灵武（甘肃灵武）各族人民起义，韩进洛为首的济北（山东茌平）农民起义，孟海公为首的济阴（曹县）农民起义，甄宝车为首的济北农民起义，刘元进为首的余杭（浙江杭县）人民起义，韩相国为首的梁郡（河南商丘）人民起义，还俗道人朱燮为首的吴郡（江苏吴县）农民起义，管崇为首的晋陵（江苏武进）农民起义，陈瑱为首的信安郡（广东高要）农民起义，梁惠尚为首的苍梧（广东封川）农民起义，李三儿为首的东阳（浙江金华）农民起义，吕明星为首的东郡（河南滑县）农民起义，格谦为首的渤海（山东阳信）人民起义，劳动僧向海明为首的扶风（陕西凤翔）人民起义，杜伏威为首的章丘（山东章丘）农民起义，辅公祐为首的临济（章丘西北）农民起义，唐弼、李弘芝为首的扶风农民起义，张大虎为首的彭城农民起义，刘迦论为首的延安农民起义，郑文雅、林宝护为首的建安郡（福建闽侯）人民起义，杨公卿为首的邯郸人民起义，同化的匈奴人刘龙儿、刘季真父子为首的离石人民起义，王德仁为首的林虑山（河南林县）农民起义，左孝友为首的齐郡（山东历城）人民起义，卢明月为首的涿郡人民起义，王须拔为首的上谷（河北易县）农民起义，张起绪为首的淮南（安徽寿县）农民起义，魏麒麟为首的彭城人民起义，李子通（原属左才相部农军）率部渡淮河攻江都，小吏朱粲为首的城父（安徽亳县境）农民起义，翟松柏为首的灵邱（山西）农民起义，卢公暹为首的东海人民起义，孙华为首的冯翊（陕西大荔）农民起义，洗珧彻为首的高凉（广东阳江）一带越族人民起义，赵万海为首的恒山（河北正定）一带农军十余万，荔非世雄为首的临泾（甘肃镇原）各族人民起义，操师乞、林士弘等为首的鄱阳农民起义，徐圆朗为首的鲁郡人民起义，郭子和为首的榆林郡（今内蒙古自治区鄂尔多斯境）人民起义，韦城（河南滑县东南）人翟让为首的起义农民，占据瓦岗。

此外大地主分子刘武周、李轨、薛举、萧铣（南梁后裔）、李密（世族、北魏司徒李弼曾孙）等，隋朝的将军杨玄感（杨素子）、梁师都、李渊、宇文化及、王世充等，或兴兵占据城邑，或依附起义军，或则从起义的烽火中钻空子，企图攫取政权、保卫地主阶级的社会秩序。他们为着反对起义军，不惜屈己结好突厥，甚至向突厥称臣受其封号（如李渊向突厥称臣，梁师都受突厥封为解事天子，刘武周为定杨可汗）。

当时各路人民起义军，由于本身的弱点，加之不少领袖系流氓或地主出身，不只自相火并，甚至被地主阶级利用，又转而去支持隋朝，或充任其掠夺政权的工具。到公元六一七年，起义军便形成为以下六大集团：（一）以杜伏威、李子通、辅公祐等为首的集团，占领江淮间一带；（二）以徐圆朗为首的集团，占领今鲁南、鲁西一带；（三）以窦建德、刘黑闼为首的集团，占领今河北一带；（四）以郭子和为首的集团，占领今内蒙古自治区西南部一带；（五）以翟让、单雄信、王伯当、王当仁、徐世勋、秦琼等为首的集团，占领今江苏、河南、山东一带很大地区，并以滑县的瓦岗为中心；（六）王薄、孟让为首的集团，占领今胶济沿线的章丘一带。此外尚有朱粲等的一些较小集团。地主阶级的武装集团，有梁师都占据今陕北横山一带称帝，刘武周占据今晋东北朔县一带称帝，李轨占据今甘肃武威一带称大凉王，薛举占据今甘肃兰州一带称西秦霸王，萧铣占据今湘北、鄂北、鄂南一带称梁王，李渊占据今山西太原一带，攻下长安称唐王，明年（公元六一八年）称唐帝；隋朝的残余势力，后便分化为王世充、宇文化及两个集团。此后便形成两阶级诸集团间的混战局面。

在人民起义军里面，声势最大的是王薄、孟让为首的集团。公元六一一年（大业七年）王薄起义占领长白山后，继续攻占四围各州县，到公元六一三年与孟让合流后已发展到十几万人；到公元六一七年（大业十三年），孟让率领他们进到东郡（治滑县），便与翟让为首的瓦岗兵合流，以翟让、单雄信、徐世勋、王当仁、王伯当、程咬金、周文举、李公逸、孟让等为首，形成更强大的集团。当时瓦岗兵所向克捷，连克荥阳、巩县，击败东都隋军，占兴洛仓，开仓济贫，众至数十万，立"百营簿"，筑洛口城。两军合流后，又攻占黎阳（河南滑县）、围攻东都、战败王世充，所至夺取隋朝粮仓，又占回洛东仓（东都）、黎阳仓等，开仓任人民携取；江淮以北人民纷纷响应，成了起义军的中心力量，各处义军都与之联络。但他们只看到外部的敌人，没有看到内部的敌人。出身大地主的投机分子李密，随杨玄感叛乱失败后，被隋廷严令缉捕，为着个人的功名富贵，乃投奔瓦岗军；他一面不断向翟让献计，取得信任，一面暗中与那些流氓出身的领袖结好，挑拨他们和翟让的关系；当农民军打开中原局面后，他阴谋取得领袖地位，自称魏公，以受其笼络的单雄信、徐世勋为大将，秦琼、程咬金为骠骑，另以翟让为司徒；不久，农民军战败王世充，他反阴谋杀害最先起义的领袖翟让等人，造成农民军内部离心离德的状况。至此，瓦岗军的领导成分，实际上已变了质。李密便更为所欲为，一面利用瓦岗军的光荣旗帜，去笼络各方义军；一面暗中致书长安，与李渊勾结；一面上表隋廷东都守越王侗请降，出卖群众，充任太尉。但不意激起了众心怨愤，瓦岗军自行瓦解了。以后李密又与徐世勋、秦琼、程咬金等投降李渊，单雄信等则投降王世充。轰轰烈烈的瓦岗军，就完全被投机分子李密坑害了。

瓦岗军解体后，其中刘黑闼一支（瓦岗军失败时，黑闼为王世充所虏，旋即率部逃归。）便与窦建德联合（窦为刘少年时知交），窦失败后，刘黑闼至漳南一带收拾其残余，又形成一部大力量，连败唐进剿军李神通、秦武通、王行敏等部；义军声势复振，流散赵魏等地的义军将士，纷纷杀官吏、占城池、响应黑闼。不到半年，便把窦建德时的地区全部恢复，众共奉黑闼为汉东王，建都洺州（河北永年）。唐军李世民、元吉分率大军进攻洺州，一面分兵断义军粮道；一面又以险毒卑鄙手段，堰塞洺水上流，决水淹洺州。义军大败，黑闼仅与少数部队突围走；但又重振旗鼓，复入河北攻占定州。下博（河北深县）一役，击败唐军主力李道玄、史万宝部，河北诸城又相次全部恢复，再以洺州为首都。最后，李渊又命建成、元吉以全力进攻，与义军相持于乐昌（河北南乐西北）一线，义军因粮食缺乏，北进就食；至饶阳，内奸饶州刺史诸葛德威阴谋布置圈套，于宴会中将黑闼绑缚，送交建成。这位败而复起，始终领导群众斗争到底的农民领袖，便英勇壮烈地牺牲了。

其他各部义军，有些由于其领袖的流氓根性未克服，或受内部地主分子的笼络和利用，旗帜自始便不鲜明，政治上动摇，特别在势力成长以后，便步步离开群众，专为自身权位打算。其中如窦建德，自始便没与地主阶级及隋政府划清界限，如向隋帝称臣，无条件信任旧官吏；地主出身的沈法兴，自始便以讨宇文化及起家，上表越王杨侗称臣；徐圆朗初受李密笼络，后又投降王世充，最后又投降唐朝；朱粲初降唐，复又投降杨侗；刘季真、杜伏威、郭子和等，则都为着取得个人的官职和封号，投降唐朝。其他如李子通、林士弘等则由于争夺领袖地位，又无远见，在义军内部自相火并，最后也都败死了。

唐朝的建国　陇西狄道人李渊，自称是西凉李皓七代孙，即所谓"陇西旧族"；渊祖虎、父昺在北魏北周都做大官，封公爵，李渊是隋文帝妻独孤皇后的姨侄，七岁便袭封唐国公，炀帝时任太原留守，受命镇压起义农民。帮他策划和一同起事的，也大抵是所谓"世胄名家"，其起事的武装骨干，是驻守太原的隋朝防军和敌视农民起义军的地主阶级出身的人物①。

在农民大起义的火焰中，渊次子李世民与隋晋阳令刘文静、晋阳宫副监裴寂结合，又暗中组织为"避盗贼"入太原城的所谓"豪杰"，以李渊所部防军数万人作基础；杀隋太原副留守王威、高君雅，同时派刘文静阴与突厥联盟，"以益兵威"。公元六一七年（炀帝大业十三年，恭帝义宁元年），世民奉李渊起兵，主要军政人员，除裴寂、刘文静等及所谓"豪杰"等人外，便是其父子、兄弟、叔侄、婿、女；"有兵三万"，分置左、中、右三军：以元吉领中军，"为太原留守"，建成、世民分领左、右两军西进，攻占霍邑（山西霍县），斩隋守将宋老生，下临汾及绛，至龙门为隋河东守将屈突通所拒，便一面分兵围攻河东，一面渡河入陕西，至朝邑，屯于长春宫。"华阴令李孝常以永丰仓来降"。命建成、刘文静分兵屯永丰仓，守华阴、潼关，防御东方义军；世民领军"自渭北，循三辅"；渊婿柴绍、女李氏、弟神通等，各从鄠县、司竹等处起兵响应；李渊亲自率军西向长安，所经地方，开仓库救济贫乏，废除隋朝离宫苑囿，放宫女还家，以笼络民心；并到处诱降或收买起义军领袖，所谓"贼帅"孙华、白玄度、丘师利、李仲文、刘旻等都率众降附。当年十一月，各军会于长安，至此已"有众二十万"；李渊下令保护隋朝宗庙和皇族，"违者夷三族"，同时命诸军"各依垒壁，毋得入村落侵暴"，"与民约法十二条"，尊重隋朝秩序制度，废除

---

① 赞助李渊父子起事的主要是裴寂、刘文静。《旧唐书·裴寂传》称："祖融，司木大夫，父瑜，绛州刺史，寂……年十四补州主簿……隋开皇中为左亲卫……大业中历侍御史驾部承务郎，晋阳宫副监。"李世民计划起事前，与寂商量；寂对李渊说："今天下大乱，城门之外皆是盗贼……若举义，必得天位……及义兵起……大将军府建，以寂为长史，赐爵闻喜县公。"又李渊对裴寂说，"我李氏昔在陇西，富有龟玉；降及祖祢，姻娅帝室……至如前代皇王，多起微贱……公复世胄名family，历职清显。"又《刘文静传》："祖懿，周石州刺史；父韶，隋时战没，赠上仪同三司；少以其父身死王事，袭父仪同三司……隋末为晋阳令……及高祖镇太原……深自结托。"在遍地燃起农民起义的烽火后，李世民对文静说："时事如此，故来与君图举大计，请善筹其事。"文静曰："今李密长围洛邑，主上流播淮南，大贼连州郡，小盗阻山泽者万数矣……今太原百姓，避盗贼者皆入此城，文静为令数年，知其豪杰，一朝啸集，可得十万人，尊公所领之兵复且数万……乘虚入关，号令天下，不盈半载，帝业可成。"〔文静〕又请连突厥以益兵威。高祖并从之。因遣文静使于始毕可汗。文静对始毕说："唐公……起义军……愿与可汗兵马同入京师。人众土地入唐公，财帛金宝入突厥。"始毕大喜，即遣将康鞘利领骑二千，随文静而至，又献马千匹。参阅《通鉴·隋纪·恭帝》下；《通鉴纪事本末·高祖兴唐》。他如唐俭、长孙顺德、刘弘基、殷峤、刘政会、柴绍等也都出身"势族"或所谓"世冑名家"，武士彟则是"家富于财，颇好结交"，"常聚材木致万茎……因致大富"的大商人地主。见两《唐书》各人本传及《太平广记·徵应类》武士彟条。

隋朝"苛禁"①。这一面在团结地主阶级，一面在和缓阶级矛盾，笼络人心。同时奉代王杨侑为傀儡，叫作恭帝。公元六一八年（隋恭帝义宁二年，唐高祖武德元年）六月，李渊便自为皇帝，建立唐朝。

李渊虽作了皇帝，但力量还是较小的，全国各地，不只到处都是义军与地主武装集团，隋朝的残余势力，在江都有宇文化及挟立秦王浩，东都有王世充挟立越王侗。

在这种形势下，李渊、李世民父子的方针、步骤，是联大吃小，远交近攻，巩固根据地；挑拨敌对各集团间，尤其是各义军集团间的关系，使其相互牵制、厮杀和火并，并离间各集团内部，实行分别收买。因此，在李渊入长安之初，在其左右侧背：甘肃有薛举、李轨；山西及今内蒙古自治区西南部地区有刘武周、梁师都、郭子和等集团；在潼关外的中原地方，有李密篡夺的强大瓦岗兵团和洛阳王世充；在河北、山东至江淮有窦建德、高开道、罗艺、李子通、辅公祏等集团；在今赣皖与湘鄂有林士弘、萧铣等集团。李渊父子便一面与李密联络（李密与世民谋士刘文静是婚亲），并说自己没有作皇帝的打算，愿助李密称帝，使他与王世充去厮杀；同时又暗中分化瓦岗军，收买徐世勣等；一面遣使笼络榆林郡郭子和、凉州李轨（郭、李均于公元六一八年降唐）；一面联络幽州罗艺（罗于公元六一九年降唐），并通过罗艺笼络渔阳（蓟县）高开道；一面遣使笼络淮南杜伏威，与以"江淮以南安抚大使"、"吴王"等高官厚爵，使其与李子通等相互厮杀。因此于李渊即位之元年（公元六一八年），世民即以全力歼灭薛举；公元六一九年，又由李轨部将安修仁内应，灭亡李轨。公元六二〇年，世民便以全力转向山西。刘武周部将宋金刚战败，逃往突厥；诱武周另一部将尉迟敬德以介休投降。世民又招降梁师都大将张举、刘旻。至此基本上便占领了今甘肃、山西及内蒙古伊克昭盟一带，并基本上解除了唐朝背侧左右的威胁。于是，唐朝便一面派赵郡王李孝恭和大将李靖经略巴蜀，控制湘鄂；一面派淮安王李神通、将军秦武通、王行敏经略河北；一面由李世民亲领大军，转向中原，进击王世充。世民占取河南各州县，围攻东都。王世充向窦建德求救；建德军自河北、山东两面驰援。唐军主力转向建德，相持于虎牢、汜水间。公元六二一年，世民大败窦军于汜水，建德被生擒；王世充便从洛阳出降，窦军齐善

---

① 两《唐书·高祖纪》、《太宗纪》。《通鉴·隋纪·恭帝》下；《通鉴·唐纪·高祖纪》。《通鉴纪事本末·高祖兴唐》及两《唐书》刘文静、屈突通，隐太子建成、巢王元吉、淮安王神通等有关诸人传。

行亦以山东降唐。至此河南、山东亦全被唐军占有了。李世民于是一面经略东南，挑起各集团相互厮打，并从中布置自己力量；一面转向河北，与元吉会攻刘黑闼为首的义军。在降军罗艺、郭子和等配合下，公元六二二年，大败义军于洺水；最后又由于义军内奸诸葛德威的反革命政变，唐军便于公元六二三年把义军完全歼灭，占领今河北全省。同时东南方面，被世民收买的杜伏威，于公元六二一年击灭李子通部义军，第二年自入长安，举江东、淮南至岭以南广大地区归唐。另方面，李孝恭、李靖于公元六二一年由夔州沿江东下，灭亡萧铣；公元六二二年，南方起义军林士弘部，在李靖的阴谋策动下，自相分化、火并，均被唐军歼灭；公元六二三年进攻辅公祏，诱降其洪州总管张善安；公元六二四年李孝恭、李靖会攻丹阳，辅公祏突围南走被俘。至此，唐朝便完成了全国的统一。

　　"安史之乱"　　唐朝虽然击灭了各敌对集团，剿灭了起义的农民，建立起全国统一的政权；但阶级间的矛盾并没有解决。只是由于唐政府的各项改良政策，特别是土地改良政策，却大大缓和了社会诸矛盾。并出现了历史上著名的"贞观之治"，以及由太宗贞观到玄宗开元间的兴盛时期，其中并插入了武周（公元六八八——七〇五年）时代①。

――――――――――――

① 武则天执政，改唐为周，是中国中世史上一个特异的朝代。武则天是随同事李渊父子起事的山西文水大商人地主武士彟的女儿。据"本纪"说，十四岁时，召入宫，太宗"立为才人"；太宗死后入感业寺为尼。大帝（即高宗）见其美，"复召入宫拜昭仪……进号宸妃；永徽六年废王皇后而立武宸妃为皇后。高宗称天皇，武后亦称天后。后素多智计，兼涉文史。帝自显庆以后，多苦风疾，百司表奏，皆委天后评决。自此内辅国政数十年，威势与帝无异，当时称为二圣。"（《旧唐书·高宗纪》说："高宗临死，遗诏：'军国大事有不决者，取天后处分'。"又：《旧唐书·郝处俊传》："高宗以风疹，欲避位，令天后摄知国事。"）中宗即位，武后便在实际上建元（光宅）称帝，公元六八八年并改唐为周，直至公元七〇五年，张柬之等以兵诛杀武后左右张昌宗等，扶中宗复位，又改周为唐。武后执政期间，虽同样有中世帝王所共有的黑暗面，但也有其进步的和惊人措施的一面。如她把女子提高到与男子一样地位。《李义山文集·纪宜都内人事》云："独大家革天性，改去钗、钏，衮服冠冕，符瑞日至，大臣不敢动，真天子也……大家始今日能屏去臣妾，独立天下……如是过万万岁，男子益削，女子益专。"又如当时勋旧、贵族子孙荫袭，独占国家重要权位，中下层出身的士人在科举制的名义下也很难爬上去；武后便大力改变这种情况。这一面正如陆贽所说："往者则天太后践祚临朝……非但人得举士，亦许自举其才；所荐必行，所举辄试……而课责既严，进退皆速；不肖者旋黜，才能者骤升。是以当代谓知人之明，累朝颇多士之用。此乃近于求才贵广，考深责精之效也。"（《陆宣公奏议》、《旧唐书·陆贽传》）所以《李相国论事集》说："天朝命官猥多……及开元中，朝廷赫赫有名望事绩者，多是天后所进之人。"另一面，不只大杀了反对她的唐宗室，也杀戮和贬谪了一批反对她的勋臣贵族及其拥护者如长孙无忌、于志宁、褚遂良，上官仪、裴炎、程务挺及徐敬业兄弟等。（两《唐书》本纪、有关诸人传，及《册府元龟·宰辅》、《谏诤门》、《依违门》所述褚遂良、韩瑗等谏高宗立则天为皇后记）并参考两《唐书》狄仁杰、张柬之、桓彦范等及其他有关诸人传。

到天宝年间，社会矛盾关系又日益剧烈、复杂了：一方面，农民逃亡和隐匿户口的情况日益加多，唐朝政府则步步加紧去检查户口，这表现着阶级斗争形势的步步紧张。一方面，从太宗世民到玄宗隆基的长期间，唐廷对国内各部落、部族的政治沟通、军事压服和随同而来的经济、文化的联系，以及对外侵略的结果，一面以其时人类最先进的经济文化的影响，推动了国内各部族、部落经济、文化的发展，使其时亚洲广大地区得到和平和安定的局面，促进了国内外经济、文化的交流；另一面也形成了国内外各部族、部落与唐廷间的深刻矛盾。它把各族的不少上层分子提到统治地位，把其下层人民置于被剥削的乃至"奴客"的地位，尤其是中世特有的欺骗性的商业剥削，都包含着阶级矛盾的深刻内容，并隐伏了严重的危机。一方面，中间阶层的税役负担特重，经济地位日趋动摇，加之考试制度的欺骗性，中间阶层出身的士人大都在政治上又感觉没有出路。"安史之乱"便在这些矛盾，主要是被压迫各族人民与唐廷的矛盾及地方与中央矛盾的基础上产生的。

公元七四二年（天宝元年），玄宗为控制奚族（鲜卑族一支）和契丹，以安禄山（父"胡人"，母突厥人）为平卢（驻原热河朝阳，辖冀东及原热南）节度使；后又兼范阳（驻河北大兴，辖今冀中、冀北及京西）、河东（驻山西太原，辖今山西北部）节度使。同时由于长期对外战争利用"蕃将"，一部分兵权久已落在"蕃将"手中；至此，李林甫建议用"胡人"作边将，又以安思顺（胡人）为河西（驻甘肃武威）兼朔方（驻宁夏灵武）节度使，哥舒翰（父突厥人，母"胡人"）为陇右（驻青海乐都）节度使，高仙芝（朝鲜人）为安西（驻新疆库车）节度使。

安禄山任节度使后，便一面渐次以奚、契丹、突厥勇士代替一部分汉人士兵，并提升奚、契丹人为将军的五百余人，为中郎将的二千余人，最后又以"蕃将"三十二人代汉将，改变其部队的部族成分。一方面暗中与鲜卑族、突厥族、契丹族的上层集团联络。帮他出主意想计划的，则为汉族的中间阶层知识分子孔目官严庄、高尚等。公元七五五年（天宝十四年）十二月，安禄山便发所部兵合奚、契丹、同罗、室韦各部共十五万人，从范阳南下进攻唐廷。玄宗派封常清为范阳、平卢节度使，郭子仪为朔方节度副大使，荣王琬、高仙芝为正副东讨元帅，及王承业、张介然、程千里等阻击禄山。但由于唐政腐败，唐军战斗情绪不高，灵昌（滑县西南）之役，张介然战死，封常清复败于罂子谷，东京失陷，留守李憕等死节；由于颜杲卿克复赵、巨鹿等十四郡，濮阳人尚衡之、平原太守颜真卿等起兵讨禄山，唐廷又处死作战不力的封常清、高仙芝，另派哥舒翰为兵马副元帅守潼关，李光弼为河东节度副大使，鲁炅为南阳节度使，因而便在今河南境内形成胶着战。但由于"蕃将火拔归仁执哥舒翰叛降于安禄山，遂陷潼关"。玄宗天宝十五载，即肃宗至德元年，公元七五六年攻占长安，玄宗和杨贵妃姊妹及杨国忠等西走，行至马嵬（陕西兴平西），左龙武大将军陈玄礼在军士的要求下，和军士一道，怒杀国忠及贵妃姊妹等，玄宗在群情愤怒下，并忍痛缢杀贵妃，即所谓"赐贵妃杨氏死"[①]，独自逃往四川。太子亨即位于灵武，是为肃宗，建元至德。

安禄山攻下长安后，实行大杀大抢，且尽量发挥其狭隘的报复性，仇视汉族人民。因此，各州县汉族人民，便纷纷起兵反抗，帮助唐军"杀贼"。公元七五七年（至德二年），严庄挟安庆绪（禄山子）杀死禄山于洛阳，安军内部已动摇；同时由于郭子仪、李光弼、张巡、许远等的苦战，以及唐政府招来回纥的援兵，特别是人民武装的配合，才于是年十月、十一月先后收复两京。安庆绪败退至邺（河南安阳市），然犹占据七郡土地。

安庆绪从洛阳败退后，严庄投归唐廷；安军范阳留守史思明亦率部投降，唐廷即以史为范阳节度使，并封作归义王。

公元七五八年（乾元元年），唐军郭子仪、李光弼、鲁炅、李奂、许叔冀、李嗣业、季广琛、崔光远、王思礼九节度使合兵讨安庆绪，围攻邺。庆绪求救于史思明。史思明的降唐，本只在为着保存力量和地盘；加之李光弼派人谋刺思明及其部将事被发觉，思明益不自安。是年五月，史思明又起兵反唐，并杀范阳节度副使乌承恩，同时率军南下，乱事又重新扩大，魏州（河北大名东）、洛阳复被攻陷，河阳（河南孟县西）、怀州（沁阳）等重镇亦相继失守。

洛阳经安、史两度烧杀，及唐廷招来之回纥兵杀掠以后，人民死亡不可胜计，四周数百里人自相食，一片荒凉，州县尽成废墟。

---

① 参看两《唐书·玄宗纪》、《杨贵妃传》及杨国忠、高力士、哥舒翰、李光弼、郭子仪、颜杲卿、张巡、安禄山、史思明等人传；《白氏长庆集·江南遇天宝乐叟》；陈鸿《长恨歌传》；《杨太真外传》；《资治通鉴·唐纪·玄宗纪》。

史军占洛阳后，数次图入关攻长安均败退，便转攻宋州（河南商丘南）。唐廷财政收入、军需供应主要靠东南，洛阳、宋州乃是由长安通东南的咽喉。因此唐廷便派李光弼为河南、淮南、山南东道、荆南等道副元帅，坐镇临淮。公元七六一年，史朝义杀其父思明自代，转掠光、申等十三州，并围攻宋州，江淮情况转紧。唐廷又召回纥兵救援；李光弼、仆固怀恩等及回纥兵四面进击，会攻洛阳；史朝义北逃。公元七六三年其部将莫州（河北任邱北）田承嗣、范阳李怀仙相继投降，怀仙并杀史朝义。所谓"安史之乱"至此才完全结束。

藩镇割据和叛乱　在"安史之乱"的期间，地方各节度使径行截用库款，处理税收，渐次便实际掌握了地方财政税收权；唐廷本身因租庸调税制弊坏，收入减少，主要依靠盐榷等收入，而盐池、盐井又都在地方节度使管区内，在这种基础上形成了藩镇的独立性。加之"安史之乱"和其以后军事作用提高，而充任节度使的安史旧将，又皆跋扈成性，观念中从来没有唐廷。

因此，公元七六三年（代宗广德元年）"安史之乱"才告平定，今河北、山东境内各藩镇，便互相勾结，各自维持独立局面，甚至和唐政府公开敌对。其中最猖獗的为魏博（辖博、魏、贝、磁、洺、相、卫七州，即今河北、河南、山东连接地区）节度使田承嗣（禄山旧部）、成德（辖恒、定、易、冀、深、赵六州，即今冀中冀南各一部）节度使李宝臣（安史旧部，奚人）、淄青（辖淄、青、齐、海、登、莱、沂、密、德、棣、曹、濮、徐、兖、郓十五州，即今陇海东段以北，北至黄河以北，西至旧曹州府属一带）节度使李正己（朝鲜人）、卢龙（辖幽、涿、莫、瀛、平、檀、蓟、营、妫九州，即今冀东及冀中冀北各一部）节度使李怀仙（安、史旧将，"胡人"）。继起的，德宗时有：沧景即横海（辖沧、景、德、棣四州，即今河北东南部山东北部）节度使程日华、宣武（辖汴、宋、亳、颍四州，即今豫东及皖东北一部）节度使刘元佐、彰义即淮西（辖申、光、蔡三州，即今河南信阳、潢川、汝南一带）吴少诚，宪宗时有泽潞（辖潞、泽、邢、磁、洺五州，即今晋东南及河北西南部地区）刘悟等。他们在政治、军事、财政方面几完全独立，地位上或父子兄弟自相承袭，或部将杀主帅自代，或由部下推戴自称"留后"，强迫唐政府加委。

宪宗即位以后，一方面由于德宗时实行两税制以来，课役户比以前增多；

一方面由于宪宗整理财政税收，规定中央和地方税收分配比例，中央财政收入大大增加，力量远超过地方。同时"豪商猾贾"特别是盐商，他们一面与地方藩镇相勾结，一面也苦于藩镇的重重税卡和苛重需索，要求打破那种地方的封锁性。因此，宪宗在裴垍、杜黄裳、裴度、皇甫镈等人的赞助下，便确立削平藩镇的方针，并得到盐商的支持。

公元八〇五年（顺宗永贞元年）九月，宪宗即位，西川节度使韦皋死，御史中丞支度副使（《新唐书·宪宗纪》作"行军司马"）刘辟自称留后，强求唐廷加委；宪宗这时"以力未能讨"，决定暂与妥协，便任其为西川节度副使。刘辟表示反抗，并于明年进攻梓州，要求兼领三川。而蜀盐却是唐廷财政命脉之一，便被迫用兵。是年十一月，刘辟战败伏诛。由于川事随即平定，又提高了唐廷削平藩镇的信心。公元八〇七年（元和二年）十一月，镇海节度使（辖今江南浙西一带）李锜反，杀留后王澹；亦为其部将兵马使张子良擒拿送长安，给唐廷保全了财赋主要来源的东南。公元八一二年，魏博节度使田季安死，魏博军以田兴知军事，田兴以六州归服。公元八一五年，淮西吴元济反，裴度、李愬负征讨专责，经过三年长期战争，于公元八一七年（元和十二年）生擒元济，平定淮西①。淮西平定以后，久征无功的成德王承宗，亦于公元八一八年送儿子至长安作人质，献两州图印，并将租税征收权、官吏任用权等，均交还唐政府；同年横海亦归服；公元八一九年平定淄青，节度使李师道为其部将刘悟所杀；卢龙节度使刘总亦怀惧不自安，"请落发为僧"，"上表归朝"。

藩镇平服后，宪宗为防止藩镇割据，便下令诸镇节度等使，其所辖各郡兵马，以后均由郡刺史领率。但这种措施，并没有根本解决问题。宪宗以后，随着社会经济的衰落，唐朝财政减收，内政腐败，藩镇割据之局，反较前此愈演愈烈。穆宗（公元八二一——八二四年）时，河朔三镇：魏博、成德、卢龙复形同"化外"；文宗（公元八二七——八四〇年）时，沧景李同捷亦相继抗命。至武宗（公元八四一——八四六年）时，"藩镇专地自封"，便成了普遍现象，"近处腹心"的泽潞刘稹亦实行"自封"了。这种情况直至唐朝垮台，都没能收拾。

_____

① 参阅《全唐文》或《古文词略》韩愈《平淮西碑》。

宦官与朋党 在"安史之乱"的前期,讨安禄山的节度使有与禄山联合的。在其以后,由于地方藩镇在政治、军事、经济上的独立性及力量扩大,地位提高,唐廷的文武官僚,为着经济上得些好处,政治上结托外援,便纷纷与藩镇勾结,互相奥援。皇帝很痛恨那些藩镇,也很恼恨自己左右臣僚和他们沟通;故形成对其左右臣僚的怀疑、不信任,便认为只有自己身边的宦官是最可靠的"家奴"。

因此,玄宗时的高力士,还不过在皇帝和贵妃的私生活方面及宫内起些作用,但到史思明称兵时,肃宗便正式派宦官鱼朝恩为观军容使,前线各节度使连同郭子仪、李光弼在内,都受鱼朝恩的监视。代宗用宦官程元振参预机密,鱼朝恩掌握皇宫卫队(神策军禁兵)兼全国总监军,各道都派遣宦官充监军使。自此,宦官便参预政治,掌握警卫军和全国监军权。德宗更以宦官窦文场、王希迁分掌神策军左右厢兵马使,宦官便完全掌握了首都的警卫部队。

但宦官监军的结果,不只常激起前线将士不满,并每每牵制军事行动,贻误戎机,招致战争失败。这对于皇帝的利益,也是根本矛盾的。因此德宗子顺宗(李诵,公元八〇五年)为太子时,已深悉"宫市之弊",通过侍读王叔文"阴结天下有名士";即位后,对大官僚和宦官都不依靠,便提拔一群和藩镇素无渊源的"出身卑微"的人士,如王伾,王叔文、柳宗元、刘禹锡、杜佑等人。他们是代表中间阶层的青年知识分子,执政后,便实行其改良主义,如整顿"国大本"的钱谷、度支,"兴利除害",取消民间所欠一切租赋,免除一切进奉杂捐,"谋取神策兵,制天下之命";同时对宦官和贵族、官僚,实行左右开弓。因此,不到八个月,他们和顺宗一道,被文武官僚和宦官协力指为朋党,推下舞台,叔文贬渝州司户参军,明年诛死,柳宗元等八人均贬远州,即所谓"坐叔文贬者八人"。王伾贬开州司马,韩晔贬饶州司马,陈谏贬台州司马,凌准贬连州司马,韩泰贬虔州司马,刘禹锡贬朗州司马,柳宗元贬永州司马,程异贬郴州司马①,亦即所谓八司马事件;实际受牵连被贬者还有韦执谊等人。

宪宗被文武官僚和宦官俱文珍(即刘贞亮)、刘光琦等捧上台,把自己的父亲挤下去。宦官联合官僚把改良派赶走后,又说官僚也都有朋党。宪宗便疑

---

① 《新唐书》韦执谊、王叔文、陆贽、刘禹锡、柳宗元、程异等人传。

神疑鬼，认为朝臣的朋党很多；因此更加亲信宦官，甚至用吐突承璀为左右神策军中尉及河中、河南、浙西、宣歙诸道行营兵马使、招讨使、处置使等官，把中外军权都交给宦官。宦官在内外都闹乱子，谗害"忠良"，特别在军事上"颐指气使"，胡作乱为，常使军事上受挫折。宪宗不但不加责罚，反而更加多他们的权力（如承璀战败丧师，反提升为左卫上将军）；只在讨淮西战争的严重关头，才暂时停止用宦官去监军。

宦官的势力从此根深蒂固，朝臣如皇甫镈、程异等，也是他们的羽翼。公元八二〇年（元和十五年），宦官便开始其弑君立君的勾当了，王守澄、陈宏志弑宪宗，另立太子恒为穆宗，自后直至昭宗（李晔），都由宦官所废立：敬宗（李湛，公元八二五——八二六年）为刘克明所弑；文宗（李昂，公元八二七——八四〇年）为王守澄所立；文宗死后，仇士良杀文宗子李成美，另立武宗（李炎）；武宗病危时，马元贽废其子，另立宣宗（李忱，公元八四七——八五九年）；宣宗死后，宦官王宗实废太子李滋，另立懿宗（李漼，公元八六〇——八七三年）；懿宗死，宦官杀太子，另立僖宗（李儇，公元八七四——八八八年）；僖宗死，杨复恭立昭宗（李晔，公元八八九——九〇三年）。因此说，宦官是"定策国老"，皇帝是"门生天子"，即"定策"立君权在宦官，皇族子弟被选承统，有似学生应考。这表现宦官已成了唐廷权力的实际掌握者。

由于宪宗末期以后，社会矛盾日益复杂、深刻，唐廷权威日益旁落；皇帝便愈依靠宦官，宦官的权威便愈大。宦官和官僚便分成北司和南司两种对立的机关；实际权力却在宦官的北司，北司就是穆宗以后实际上的最高政权机关。在官僚方面，为着个人权利和作官，不只勾结藩镇，最卑劣的甚至投靠宦官，而又自相倾轧。因此又形成其内部的派别斗争，从穆宗时开始，便分成李德裕等为首的一派，与李宗闵、李逢吉、牛僧孺等为首的一派：后者结托宦官，不断出任宰相，控制南司；前者则不断被排斥，展开了数十年间的所谓"朋党之争"。

但是宦官太跋扈、横暴；皇帝被束缚得像木偶，自然也不会痛快，特别是稍有点作为的皇帝，便又暗中去结托官僚，想把宦官抑制一下。文宗一再暗结宋申锡与郑注、王涯、贾𫗧、李训、郭行余、王璠、罗立言、韩约、舒元舆等，两度布置诛宦官，就在于想摆脱"家奴"的制约（他说："朕受制〔于〕

家奴"）；他起用李德裕，代替牛僧孺、李宗闵，就因为牛、李是宦官的羽翼。但结果，都反而为宦官所制。

唐末农民大暴动　在一方面黑暗、腐烂、秽污，一方面民穷财尽的基础上，便不断展开农民暴动，来结束唐朝的统治。

最先，公元八六〇年（懿宗咸通元年），以裘甫为首的浙东农民便首先起义，连败唐军，攻占象山、剡县（浙江嵊县），群众纷纷参加，"众至三万"；暴动发展得很快，不到一年，衢州（浙江衢县）、婺州（浙江金华）、明州（浙江宁波）、上虞、余姚等州县，都卷入暴动的浪潮中。唐朝派王式领忠武、义成、淮南三路大军"进剿"，并召回鹘、吐蕃骑兵助战。王式一面布置包围线，坚守据点，避免出战；一面开仓"济贫"，以麻痹群众，孤立农民军；一面用王辂等进士从农军内部进行阴谋破坏。最后，唐军围攻剡县；城中男女老少一齐涌上前线，妇女以石块作武器反击唐军。坚守三月，终因粮尽援绝失败了。他们虽然失败，但揭开了农民大暴动的序幕。

公元八六二年（懿宗咸通三年），徐州兵变，占领徐州，尽杀官吏。公元八六七年（咸通八年），怀州（河南沁阳）刺史刘仁规禁止农民报灾，激成民变；群众驱逐仁规，占领官府，没收官私财物。公元八六八年（咸通九年），被调驻防桂州（桂林）的徐泗农民，因三年代期届满，仍不允解甲还乡，便以庞勋为首举行兵变，抢夺库藏军需器械，辗转北归，得当地群众配合，连下滁（安徽滁县）、和（安徽和县）、泗（盱眙北，于清朝陷落洪泽湖中）、濠（安徽凤阳）、宿（安徽宿县）各州；攻下徐州后，活捉唐朝徐泗观察使崔彦曾，并把他处死。唐朝政府又召沙陀突厥贵族朱邪赤心及吐谷浑、"鞑靼"、契苾（亦属突厥系）等上层分子或统治集团，及其武装帮他来进攻义军，屠杀人民。义军指出唐朝的国贼行为，得到广大群众的同情，"远近群盗皆归之"。公元八六九年（咸通十年），唐军都招讨使康承训攻破徐州，起义群众及其亲戚全被屠杀；庞勋攻至宋州、亳州，再到蕲县，朱邪赤心军追击义军，所至都肆行残暴杀烧；其他各族上层分子或统治集团也以其武装到处肆行烧、杀，抢、掠。义军在宋、亳间被唐军和沙陀军等各路包围，庞勋战死，残余义军多被屠杀；唐朝以朱邪赤心屠杀人民有"功"，特赐名李国昌，任为大同（山西大同）节度使。在庞勋失败这一年，陕州（河南陕县）发生民变，驱逐观察使崔荛。公元八七〇年（咸通十一年），光州（河南潢川）也发生民变，驱逐刺史李弱翁。公元八七四年（僖宗乾符元年），商州（陕西商县）人民李叔汶等为反对苛杂，殴打刺史王枢及其他官吏。明年，浙西狼山镇兵变，变兵群众以王郢为首，占取库藏，群众争先参加，"收众万人"，连克苏、常，复泛海入浙东，两浙、福建全为暴动火焰所笼罩。最后由于唐镇海节度使裴璩阴谋分化、收买，朱实等率部叛变、投降；王郢在明州（浙江鄞县）失败，被唐军和叛徒惨杀。

在这种不断的暴动和民变的怒潮中，便汇成公元八七四年开始的农民大起义。

濮州（山东濮县东）人王仙芝等为首的数千人，从长垣（河南长垣）开始揭起暴动义旗，南下攻占濮州（山东濮县）、曹州（山东曹县西北）。尚君长、柴存、毕师铎、曹师雄、柳彦璋、刘汉宏、李重霸等十余人，分攻各地。明年七月黄巢（私盐贩）为首的冤句（山东菏泽西南）农民数千人，起义响应，两部共有武装群众数万人，很快就泛滥到黄河以南的十五州。他们向全国发出文告，宣布唐朝统治阶级贪污、残暴、刑罚严酷、不公平、重赋苛税、榨尽人民膏血等等罪恶，号召人民起义，推翻唐朝统治。山东境内人民纷纷响应，大者千余，小者数百。唐廷派平卢节度使宋威为诸道行营招讨使，"河南诸镇皆受节度"，围剿起义军。

公元八七七年初，王仙芝等一路东进攻沂州复转攻河南，"趣郓城，不十日破八县"。唐廷急召各镇兵防守潼关，长安震动。仙芝等又转攻汝州，杀唐守将，破阳武、围郑州，邓、汝间尽为义军占领，关东州县大都朝不保夕。义军乃引军南征，连克申，光，卢，寿、舒、通等州，即今大别山区及四周各县。又南入鄂东攻蕲春，黄岗，所向克捷。唐廷惊慌失措，一面改派李琢、张自勉代宋威、曾元裕；一面由蕲州刺史裴渥，以"左神策军押衙"官衔诱降仙芝，以分化农民军。由于黄巢坚决反对，王仙芝便拒绝唐廷的诱降。义军乃分路进取，一路由尚君长率领北入河南，略陈、蔡；一路由黄巢率领北入山东，下郓州、沂州，与王仙芝会攻宋州；一路由柳彦璋率领，过长江，下江州。仙芝又解围南下，渡汉水，攻荆南，一面东入江西、下洪州，一面西入湖南，破朗、岳，围长沙，复以主力入浙西。唐廷又起用宋威、曾元裕，一面进行分化、诱降，一面又阴谋布置陷阱。蔡温球、楚彦温、尚君长变节降敌，为宋威所杀；仙芝亦堕入陷阱，大败于黄梅，为宋威所俘，"传首京师"。当王仙芝二度南征时，黄巢一面收纳各地起义武装，一面攻取宋、亳（均今河南商丘境），与南征军互相声援。王仙芝在鄂东失败后，南征军残部一路在江西坚持斗争，一路在浙西坚持斗争。另一路以尚让为首，北进与黄巢会合；他们共"推巢为主，号冲天大将军，署拜官属"。自此，农民军便有了一个统一指挥机关。起义的烽火又燃遍了今山东、河南、湖北、江西、浙江等地。

黄巢以唐廷在洛阳一线屯积重兵，便南下经江西渡江转攻浙东，俘唐观察使崔璆，复入江西，溯赣江直下吉（吉安）、虔（赣县）；复转赣东，攻取饶（江西鄱阳）、信（江西上饶）诸州县，经安徽入浙东；又自衢（浙江衢县）经七百里山区"刊山开道"，入福建（《黄巢传》谓由江西入福建），破福州，南入广东。公元八七九年（乾符六年），攻占广州。农民军所到之处，焚烧官府，处死官吏，尽杀高利盘剥、吸人膏血的"胡商蕃贾"及"豪商猾贾"。据夸大的传说，黄巢在广州，合当地群众共杀"胡商"近二十万人（在农民大起义开始后，已表明"富户"、"豪商猾贾"及"胡商蕃贾"，是唐廷的积极支持者）。农民军攻占广州后，共拥黄巢为"义军都统"，誓师北伐，又发表文告，宣布：宦官把持朝政，政治腐败，朝臣寡廉鲜耻，公开贿赂宦官，陷害忠良，科举完全不以人才为标准等等弊政。唐廷张惶失措，又改派王铎、李系代宋威、曾元裕。

农军攻占广州后，黄巢打算结束流寇式的军事行动，以南海为根据地（即《旧唐书·黄巢传》所谓"欲据南海之地，永为窠穴"；《新唐书·黄巢传》亦有类此记载）。但他们都不服岭南水土，当年自春至夏，发生严重瘟疫，死亡十之三四。群众纷纷要求北伐。因此，便自广州西进，至桂州（桂林），编筏沿湘江东下，攻占潭州（长沙），全歼唐军十余万，李系逃至朗州。尚让率大军先行，越洞庭湖渡长江攻占江陵，众至五十万，王铎弃城逃走。唐守将刘汉宏败退前，大掠江陵，人民纷纷逃亡，死尸遍地。黄巢领义军攻襄阳，误入陷阱，被唐军刘巨容、曹全晸等合沙陀兵战败于荆门，便合尚让渡江东下，克鄂州（武昌）。大军继续东进，入江西，连下饶、信、池（安徽贵池）、宣、歙、杭等十五州，"众至二十万"。公元八八〇年（广明元年），大军复自采石渡江，围天长、六合，唐守军高骈坚壁不战，越攻泗州，大败唐军，便渡淮而西，原来留在北方的农民军残部，又在宋、申、兖诸州，大张旗鼓，响应大军北伐，便连下申、颍、宋诸州；并以"天补大将军"（一说为

"率土大将军")名义,向各路唐军发出通牒说:"各宜守垒,勿犯吾锋;吾将入东都,即至京邑,自欲问罪,无预众人。"所过秋毫无犯,即《旧唐书》所谓"整军不剽掠,所过唯取丁壮益兵"。唐政府惊惶失措,拟以天平节钺送交黄巢,以为诱买和缓地步。大军六十万直下东都(洛阳)。唐军尽其全部兵力,并征贵族官僚子弟入伍,图守潼关。尚让领军潜入"禁谷"遂克潼关,进长安;僖宗及其眷属左右逃往兴元(陕西南郑),后又逃至成都。农军攻入洛阳,秋毫无犯,人民安居如常,黄巢并亲自慰问居民疾苦;唐留守刘允章,则率百官迎降乞命。尚让、林言领军先迫长安;市民及唐溃兵占夺唐室府库,抢取金宝帛绢。黄巢入城,从灞桥至长安,沿途民众"夹道"欢迎;尚让代表向民众答谢:"黄王起兵,本为百姓,非如李氏不爱汝曹。汝曹但安居乐业,不要害怕。"农军士兵纷纷向欢迎民众分赠财物,即所谓"贼见穷民,抵金帛与之"。大军入城后,共奉黄巢为大齐皇帝,"建元为金统",并置四个丞相(尚让、赵璋、崔璆、杨希古)。黄巢下令:唐宗室、贵族、大官僚、宦官,一律处死;三品以上官全部罢免;四品以下官吏职员各守原职;为文作诗讽刺革命农民的文人,一概罚充贱役;以进步文人皮日休等为翰林学士。又"下令军中,禁妄杀人"。同时,任尚让为太尉,派朱温屯兵东渭桥拱卫长安。并任"尚让为平唐大将军,盖洪、费全古副之";命尚让、林言、朱温各率军攻陕南、豫南、鄂北。

公元八八一年(中和元年),唐各方勤王师奔集陕西,对长安形成包围形势。明年王处存等军袭入长安,黄巢退至灞上(长安东)。唐军"竞掠货财子女","军士得珍贿不胜载","市少年亦冒作髴,肆为剽"。农军误为市民助唐,再度入城击灭唐军后,曾杀了一些人,致与群众日渐隔阂。同时,农军再进长安后,日久便渐渐暴露本身弱点,纪律秩序渐至不能维持,甚至自相猜忌。唐朝统治者方面,则于逃出长安后,除号召各方率师勤王外,一面多方利用农军弱点和空子,暗中进行离间、分化、收买以至挑拨军民关系等阴谋勾当。像朱温之流,便受其收买,叛变投降(中和二年九月投降唐将王重荣);一面又召来沙陀突厥贵族李克用等,帮他"镇剿"农民军。

公元八八三年(僖宗中和三年),李克用与唐各方勤王军配合,率沙陀军进屯沙苑(陕西大荔)图攻华州。林言、赵章、尚让率农军十万援华州,为李克用、王重荣、王处存等军所败。唐军遂夺取华州,形成对长安的合围。黄巢亲自指挥保卫长安的战事，但长安守军势孤，加之粮食又尽，亦大败于渭桥（咸阳西南）。黄巢率众十五万突围，走蓝田、入商山，东至河南。唐各军入长安，"互入虏掠，火大内……火所不及者止西内、南内及光启官而已"。明年（公元八八四年）孟楷攻取蔡州，唐节度使秦宗权投降；围攻陈州，孟楷英勇牺牲；又克复唐、邓、许、汝、孟、洛、郑、汴、曹、濮、徐、兖等数十州，农军势力复振。唐将时溥、赵犨及叛徒朱温亦求援于李克用；李率"蕃"汉兵五万趋陈州。其他各路唐军亦纷往应援。农军"粮竭，木皮草根皆尽"；黄巢转攻汴，遇洪水暴发，营垒皆坏；至中牟与李克用遭遇，半渡被击大败，尚让叛变投降时溥，黄邺战败于西华，葛从周等亦叛变投降朱温。黄巢最后率残部千余人走兖州，转奔泰山，唐将陈景瑜与叛徒尚让追至泰山狼虎谷。黄巢向林言说："我欲讨国奸臣，洗濯朝廷；事成不退，亦误矣！若取吾首献天子，可得富贵，毋为他人利。"言罢自杀。巢侄黄浩，仍领导一股七千人的农军，辗转于"江湖间，自号'浪荡军'。〔昭宗〕天复（公元九〇一——九〇三年）初，欲据湖南，陷浏阳……"为湘阴土豪邓进思所袭杀。但此，却只是大暴动的余波了[①]。

这次空前大规模的农民暴动，至此虽完全失败了，但它粉碎了唐朝的统治。此后唐朝的政权，名义上虽然还拖了几年，直到九〇七年（天祐四年）朱温称帝，明年哀帝李柷为朱温鸩杀止；但那在实质上已不是什么皇帝，只是延期执行的死囚。

第三节　唐朝的国内战争与对外战争

唐初国内战争与对外战争的性质和国际环境　唐朝的对外战争，及其对国内各部落和部族的军事行动，是和其对外商路交通的要求相适应，主要有东

[①] 两《唐书·黄巢传》、《僖宗纪》及刘巨容、王铎，田令孜、杨复光、王处存等人传；《五代史·梁纪》、《唐纪》；《旧五代史·梁书·太祖本纪》、《旧五代史·唐书·武皇纪》；《通鉴·唐纪·僖宗纪》；《通鉴纪事本末·黄巢之乱》。

北、北面，西面、西南等方面。对北面国境，最初是为着阻止落后部落和部族的进扰，保障人民安居。后来为着对外侵略战争，需要大量军马和将士御寒的皮毛，才带有大民族主义的军事压迫的性质。对其他方面，在最初，主要在获得商路交通的畅达和安全，在交通发生阻碍时，便用战争手段去解决；到以后，从商路要求又扩大为扩张政策。但自天宝以后，一面在维护商路，一面则在于防卫了。

在隋唐之际，中外商路交通陷于相对停滞的状态；随着唐朝的统一和国内复现和平，尤其是经济的发展和商业资本的抬头，中国商人又恢复对外贸易。首先是绢绸商，如在陆路方面，他们经今新疆，沿中亚阿姆河入中亚各地，与波斯（今伊朗）及大食（阿拉伯）等地商人交易。同时，各地商人也不断随同华商来唐：最初为波斯人，阿拉伯人亦于公元六五一年来到长安，即所谓"始遣使者朝贡"①。

同时，唐朝的国内国际环境，也是比过去朝代不同了。阿拉伯自公元六二二年（唐高祖武德五年）穆罕默德建国后，古代式的商业相当发展，其远征商队，在当时是颇著名的。波斯是其时东西交通的枢纽，阿拉伯和唐朝都想掌握它。因此，"西域"即今新疆和中亚的形势就比较复杂了。在西南国境，吐蕃（即今西藏）在噶木布（亦名弃宗弄赞、又名松赞冈保）赞普（即王）的领导下，在唐朝初期完成了奴隶制革命。这便展开了吐蕃奴主与唐朝地主两统治集团间的权利冲突，使今云南、四川、青海以至新疆的形势也变得复杂了。在东北国境外，经朝鲜隔海的日本，在"大化革新"以后，也完成了奴隶制的改革。这使新罗、百济、高丽（即朝鲜）的形势也较复杂了。在北面国境内，突厥系的回纥族，也临近"文明的入口"。另方面，唐朝四周国境内外的其他许多部落和种族，却大都还在原始公社制时期。上述这种情形，在一方面提高了国际间的贸易关系；另方面，却也使唐朝对外与国内战争的关系更复杂了。

贞观——开元的国内战争与对外战争　（一）对北面国境内突厥族的关系。突厥在隋时分东西突厥，两者在人种上是否同源，还值得进一步研究。东突厥可能与两晋时的氐羌有关，除去一部分被同化于汉、蒙等族外，其后身今

---

①《新唐书·西域传·大食》："永徽二年，大食王镮密莫末赋，始遣使者朝贡。"

还难于确定；西突厥的后身，主要为今维吾尔族。两者都曾是汉、隋的属领。

东突厥为唐朝北面国境内一个很大的部落联盟，从北魏、北周以来，常向内地进行原始掠夺。李渊、李世民从太原起兵时，怕它扰乱后方，便派刘文静与之成立妥协。隋唐之际，刘武周、梁师都等想利用其武装来争夺政权，曾向它"称臣"，汉人避难逃至突厥的也很多。这使他们受到了隋朝社会的不少影响。其一些生活必需品，如绢、帛、刀、弓、箭等生产资料和生活资料的必需品，常依赖内地供给。唐高祖即位后，其颉利、突利两可汗（即两头军务酋长），常不断向唐廷需索；公元六二二——六二四年（武德五——七年），连续进扰并州、幽州各地，汉族居民大受损害，李渊感受其不断进扰，甚至打算迁都。公元六二六年，太宗即位，梁师都合两可汗十余万人，进至渭桥（咸阳西南）一带，李世民亦只逼其退师而止。因此，在这时以前，唐廷对突厥的方针是消极防御的，来则堵截或讲和，去便不追；但此后便转为积极进攻的方针了。

公元六二八年（贞观二年），突厥两可汗均遣使"称臣"、"请和"；太宗鉴于其不断进扰，乃于明年派李靖率大军十余万主动进击。又明年，击败突厥，颉利率族远走铁山（阴山以北），又派人入朝"谢罪"，请求"内附"；李靖发兵追击，直至生擒颉利，控制全部漠南。太宗划突厥故地为十州（即所谓以突利地为四州、颉利地为六州），于定襄、云中置左右两都督府"以统其众"；突厥各部酋长，均赐予将军、中郎将等职衔，移家居长安（共数千家）。至公元六四九——六五〇年（即贞观二十三年——永徽元年），臣服金山以北之车鼻部，东突厥复完全成为唐朝的属领，唐廷分设单于、瀚海二都护府、十都督、二十二州去统治。但自永徽三年以后，他们又不断反抗，唐廷也不断出征。至武后时，以骨咄禄酋长为首的黑沙城一带的突厥族部落，又脱离唐廷统治；到默啜为酋长时，甚至反抗唐廷，武装攻至凉州、灵州一带，要求武后交还丰、胜、灵、夏、朔、代六州所谓"降户"及单于都护故地。武后全部同意，突厥上层集团又脱离唐廷的直接控制。公元七一三年（开元元年），玄宗为"经营边事"需用"国马"，便许于西受降城互市，每年以缣帛数十万匹易马。以后，唐朝朔方节度使王忠嗣又破其"左厢十一部"，使之臣服唐廷。

散在漠北一带的突厥：薛延陀、回纥、同罗、仆固、契苾等十五部，唐朝把他们别于东突厥。公元六二八年，太宗封薛延陀俟斤（酋长）夷男为真珠毗伽可汗，使之与漠南突厥分立，以为牵制。因此形成其相互间的分裂和对立。漠南各酋长移住长安后，太宗派阿史那思摩回至北河（河套以北），代唐廷去统治突厥部落；又令真珠与思摩各守疆土。公元六四一年（贞观十五年），薛延陀进攻思摩，唐廷派李勣等分路进击真珠。明年，真珠献马三千匹、貂皮三万八千张、玛瑙镜一面，请求和亲；旋又派人来唐纳聘；以马五万匹、牛及骆驼万头、羊十万只作聘礼。太宗便承允把公主"下嫁"。后因到期没送来聘礼，又下诏绝婚。公元六四六年（贞观二十年），太宗派李道宗、阿史那社尔、契苾何力等六将军，分路出击。明年，回纥、同罗等十一部"归降"，奉李世民为"天可汗"；并请于"回纥以南、突厥以北开一道，谓之参天可汗道"。该道共分置六十八驿，各有马及酒、肉以供过使，"岁贡貂皮，以充租赋"，唐廷乃以各部地按唐建制区划为府、州①。至此，漠北突厥各部复成了唐朝疆土的组成部分。

天宝以后，唐国境内的突厥各部，便形成为通统称作回纥的一个强大部落。

散在玉门关以西的西突厥各部，中心地区在龟兹北之三弥山（今新疆维吾尔自治区库车北）一带，与"西域"其他部分，曾同为汉朝的属领。唐朝经略西突厥，是和其"西域"经略相连的。公元六四〇年，太宗封前酋长莫贺咄子为乙毗射匮可汗，令其监视乙毗咄陆可汗，彼此各不相属。咄陆逃往葱岭以西，太宗又封其属下酋长阿史那贺鲁为瑶池都督，驻庭州莫贺城（今新疆维吾尔自治区乌鲁木齐一带）。至此，西突厥在今新疆维吾尔自治区境内诸部落，都对唐朝担负贡纳。公元六四六年，乙毗射匮可汗向太宗请婚，又将其龟兹、于阗、疏勒，朱俱波及葱岭五国由唐廷直接统治，作为聘礼。公元六五一年，贺鲁破射匮，恢复其"十姓"（即十部落）的联盟，脱离唐廷控制。唐高宗便于公元六五五年（永徽六年）派左屯卫大将军程咬金（知节）等五将

①《通鉴·唐纪·太宗纪》贞观二十一年诏："以回纥部为瀚海府，仆骨为金微府，多滥葛为燕然府，拔野古为幽陵府，同罗为龟林府，思结为卢山府，浑为皋兰州，斛薛为高阙州，奚结为鸡鹿州，阿跌为鸡田州，契苾为榆溪州，思结别部为蹛林州，白霤为寘颜州；各以其首长为都督、刺史，各赐金银缯帛及锦袍。敕勒大喜，捧戴欢呼……""诸酋长奏称：臣等既为唐民，往来天至尊所，如诣父母，请于回纥以南，突厥以北开一道，谓之参天可汗道，置六十八驿，各有马及酒肉以供过使，岁贡貂皮以充租赋，仍请能属文人，使为表疏。上皆许之。于是北荒悉平。"

军进"讨"。公元六五七年（显庆二年）又以右屯卫将军苏定方等四将军为伊丽（伊犁）道将军，苏定方为行军总管，率兵出"讨"；明年（公元六五八年），定方破贺鲁，平定"西域"。唐廷以弥射为"兴昔亡可汗"，领五咄陆部落（五姓），步真为"继往绝可汗"，领五弩失毕部落（五姓），同时设昆陵都护府，驻碎叶川（吹河）西；濛池都护府，驻碎叶川东；"复于龟兹国置安西都护府，以高昌故地为西州。置怀化大将军，正三品；归化将军，从三品；以授初附首领，仍分隶诸卫。"① 之后，裴行俭以护送波斯王子泥涅师归国（时波斯为大食所灭，求救于唐），抵今新疆、又羁縻西突厥其他部落。至此，西突厥各部又大都成了唐的属领。武后时，分设龟兹、于阗、疏勒、碎叶（焉耆）四镇，设兵驻防，并藉以牵制吐蕃。吐蕃曾请求武后撤防，并共分西突厥十姓地。这表现唐廷封建地主和吐蕃奴主间在"西域"的权利冲突。

（二）对"西域"。"西域"除所谓西突厥十部落外，尚有高昌、龟兹、吐谷浑等部。

高昌在龟兹东，吐谷浑北，为汉车师前王庭地（今新疆维吾尔自治区土鲁番），为"西域"各部和内地交通的枢纽。因此，太宗曾赐其酋长麹文泰妻宇文氏姓李氏。公元六三九年，太宗因文泰拒绝来长安，派侯君集、薛万均等率兵进"讨"；明年尽徙其酋长于长安。"披其地皆州县之，号西昌州。"随又"改西昌州曰西州，更置安西都护府"，派兵镇守。

龟兹，在高昌西，亦为内地和"西域"各地交通的要道。唐高祖时，曾每岁向唐廷贡献马匹，唐廷偿以缣绢等物；后因唐安西都督郭孝恪攻焉耆，龟兹助焉耆；特别是其酋长诃黎布失毕断绝对唐的交通。因此，太宗于公元六四七年，派阿史那社尔、契苾何力、郭孝恪等并突厥、铁勒数路进击；"西域震惧，西突厥、安西国归军饷焉"。社尔将布失毕送之长安，另立叶护为"龟兹王"；"徙安西都护于其都，统于阗、碎叶、疏勒，号四镇"。高宗时，又遣还布失毕，武后时把龟兹划作唐朝在西域的重镇之一，已如前述。

于阗，高宗初，"以其地为毗沙都督府，析十州"。

疏勒，在玄宗开元中，"置葱岭守捉，安西极边戍也"②。

---

① 《旧唐书·高宗纪》显庆二年、三年。
② 《新唐书·西域传》、《突厥传》、《回鹘传》。《旧唐书·西戎传》、《突厥传》、《回纪传》。

吐谷浑，为其时青海游牧部落，产良马。唐初，遣送其派在隋朝作人质的"王子"顺回吐谷浑，令告其酋长服从唐廷。太宗即位后，吐谷浑部落常梗塞唐到西域（新疆）的交通，因派段志玄率兵驻守。但唐兵撤退，他们依旧阻塞交通。公元六三四年（贞观八年），吐谷浑进扰源州，太宗派李靖、侯君集、李道宗、李大亮等率兵分南北两道并进，明年唐军追击至牛心堆（青海西宁西南），吐谷浑部远走；侯军行无人之地二千余里，追及于乌海（青海汉哭山西），李靖督军沿积石河源，穷其西境。李靖立顺为可汗，因部人不服，被"臣下"所杀；后立其子慕容诺曷钵为可汗，封河源郡王。公元六三九年，诺曷钵到长安朝见，太宗妻以宗女。又二年，复派兵为其镇压内部反对势力。自此，吐谷浑便给唐朝护卫到西域的交通。但是由于"吐蕃"奴主武装的北进，又不断引起唐廷和"吐蕃"奴主对吐谷浑问题的争执和战争。天宝以后，吐谷浑便为"吐蕃"奴主所支配了。

唐朝对"西域"各部落的统治，虽有其消极的一面，而积极方面却是主要的，它不只维护了"西域"各部落间的和平生活，而且在两汉以来的基础上，密切和加强了各部落人民和汉族人民间的经济、文化的联系，使他们直接受到其时人类最先进的唐朝经济、文化的影响和推动，并直接由唐朝输入了先进的生产技术，例如随着养蚕法传入以后的织丝法、造纸术的传入等等①。

（三）东征。唐朝对东北，主要是对今朝鲜，即高丽、百济、新罗及日本间的战争，其次是对散处今东北和热河地方的契丹族及鲜卑族各部奚、靺鞨等的战争。

---

① 《历史研究》一九五五年第四期，季羡林《中国蚕丝输入印度问题的初步研究》引《中国伊朗文化交流》（Sino—Lranica, Chicago 1919, p. 537），谓中国养蚕法在六世纪前后传入波斯。作者又根据《魏书·西域传》认为时间可能还要早些。据《大唐西域记》在唐朝以前，六世纪初，"西域"一般人民都以"毡褐"为衣。又瞿萨旦那国条谓和阗自己原无蚕种，后以"东国"公主下嫁，才带去蚕种，知道养蚕。《新唐书·西域传》于阗条："工纺织……初无桑蚕，丐邻国，不肯出；其王即求婚，许之。将迎，乃告曰：国无帛，可持蚕，自为衣。女闻，置蚕帽絮中，关守不敢验，自是始有蚕。女刻石，约无杀蚕，城飞尽，得始茧。"又龟兹条："至羯霜那国，衣毡褐、皮氎，以缯缲额。"《魏书·西域传》焉耆条："养蚕不以为丝，唯充绵纩。"依此，蚕、桑种和养蚕法的传入应在唐以前。考照《旧唐书·吐蕃传》及段樊绰《蛮书》，织丝法在唐时才传入西藏和西南其他各部族部落，织丝法传入西域恐不会较西南为早。造纸术在隋唐间传入西域，玄宗时，中国造纸技术工人又将造纸术教给撒马尔罕人，自此报达就出现了造纸厂，从而又传至埃及、西班牙以至全欧。

朝鲜在唐朝是中国通日本以至琉球交通的跳板。隋唐之际，朝鲜经过有名的好大王和长寿王开创性的努力后，开始出现了国家，表现出一种新生力量，隋炀帝、唐太宗用了很大力量才把它战败，但也没把它占领。所以在唐初，高丽、新罗、百济均与唐通好（即所谓朝贡），维持了唐朝和日本的交通。但其时日本奴主贵族常越海至朝鲜沿海掠夺和买卖人口作奴隶，后又发挥其奴隶制度的侵略，依百济北进，图支配全部朝鲜。百济的统治集团，则常从新罗掠夺人口，向日本贩卖；高丽的东面沿海，也是和日本买卖奴隶的市场。因此，百济和高丽的统治集团，均向新罗掠夺人口，以后便形成新罗与他们间的武装冲突。这不仅损害了唐朝的宗主权，而且阻碍了唐朝的商路交通。于是便展开唐朝地主和日本奴主对朝鲜的争夺。

公元六四四年（贞观十八年），唐太宗发动东征，以张亮、常何、左难当为平壤道正副行军大总管，率兵四万，船五百艘，自莱州越海趋平壤；徐世勣、李道宗为辽东道正副行军大总管，张士贵等为行军总管，率骑兵六万趋辽东（辽宁辽阳），太宗亲率六师。"又发契丹、奚、新罗、百济诸君长兵悉会"。明年各军渡辽连拔盖牟（辽宁盖平）、卑沙（辽宁海城南）、辽东、白岩（辽阳东北）；高丽泉盖苏文发骑兵四万救辽东，继又召南北傉萨高延寿、高惠真领高丽靺鞨兵十五万援安市（盖平东北），展开两军会战。唐军李勣率步卒万五千阵西岭，长孙无忌、牛进达精兵万人攻其背，太宗自率四千骑偃旗趋北山，于距安市四十五里之高军营地展开会战；唐将薛仁贵以少制多，"大呼先入，所向无前"；高延寿、高惠真战败投降。旋高丽军死守安市，强攻不下，唐军又以士卒无御寒配备班师。高丽亦停止对新罗的军事冲突，并与唐通好。公元六五五年，新罗诉高丽夺取其三十六城，向唐求救，高宗派程名振、苏定方败高丽兵于新城。后高丽、百济统治集团又大掠新罗，新罗求救。公元六六〇年（高宗显庆五年），唐一面派契苾何力率兵出辽东，牵制高丽；一面派苏定方自成山（山东荣成东）渡海趋百济，大败百济、日本联军，生擒"百济王"义慈，分百济为熊津、马韩、东明、金涟、德安五都督府。明年，日本又派兵入百济，合百济"故将"福信、"王子"扶余丰等抵抗唐军；公元六六三年的白江（锦江口）之役，日军被唐熊津道总管孙仁师部将刘仁轨杀得大败，全军覆灭。唐、日统治集团互争朝鲜的局势，至此便基本结束了。

唐朝统治者于是便把锋芒转向高丽了。公元六六六年，高丽泉盖苏文死，子男生代为莫离支（宰相之意），发生内争；泉盖苏文次子男建、三子男产逐其兄男生。"男生据国内城（汉城）遣子献城入朝求救"。唐朝一面派投唐的泉男生为辽东都督，并派契苾何力为辽东道安抚大使，庞同善等为行军总管，薛仁贵等为后卫，率兵应接，一面又派李勣（即世勣）为行军大总管兼安抚大使，与契苾何力等并力征高丽。明年，唐军连陷高丽各城。公元六六八年，进围平壤，高丽王高藏投降；泉男建坚守平壤，十月城破被擒。唐分高丽为九都督府，四十二州一百县，仍用高藏等为都督、刺史，去代行统治，隶属于平壤（后迁辽东城）的安东都护府。

唐朝统治者经略百济成功，便又转而去并吞其所救援的新罗。公元六七四年（高宗上元元年），刘仁轨领兵"伐新罗"。明年三月，大破新罗兵于七重城，又使靺鞨浮海攻占新罗南境，把新罗统治者完全压服，乃由其王金法敏组织亲唐的政府，以薛仁贵为都护总兵镇之。

契丹、奚、靺鞨等部，都出产貂、貆、猞猁、灰鼠、狸子、羊皮等优良皮毛，这都是唐朝统治集团最需要的东西。唐廷对他们的方针，是羁縻和利诱，即给予他们所需的绸、绢、刀、箭等东西，同时给予其酋长们各种封号。唐朝首先把粟末靺鞨部酋长大祚荣封作"渤海王"，想仿照自己的模型，去创建一个藩邦——"渤海国"。因此，"渤海"的本身，实质上虽还是原始公社制，形式上却尽量模仿唐朝。当然，它没有日本那样模仿得像；日本在实质上虽是奴隶制，形式上，却自一切制度以至服装，全部都仿效唐朝。其次也以同样办法对待库真（即女真）的其他部落。如公元六三四年，便开始加紧与奚部的联络，把他们所需要的东西去换取其皮毛等物，组织他们到长安观光；到六四八年正式建立"饶乐都督府"，以其酋长可度为都督，赐姓李氏。契丹，主要散布在潢水（今内蒙古自治区西喇木伦河）以南，共分八部。唐初便从物品交换上去满足他们的要求，太宗时，他们受东突厥凌压，愈依靠唐廷。太宗"东征"高丽，于营州约会其各部酋长，一一赠予绸绢等物，同时以其"蕃长"窟哥为左武卫将军；公元六四八年，便正式建立"松漠都督府"，以窟哥为都督，赐姓李氏。高宗初，窟哥和奚部酋长可度，均授为"监门大将军"。至此，奚、契丹均成为唐廷直接控制的属领了。至武后时，契丹又脱离唐廷的控制[1]。

---

[1] 两《唐书·东夷传》、《北狄传》、《太宗纪》、《高宗纪》及李勣、薛仁贵、刘仁轨等人传。

隋唐对于其时东北各部落和朝鲜，也同样有着消极的一面，特别对于朝鲜是带有封建的侵略性的。但在另一面，它阻止了日本奴主对朝鲜的奴隶掠夺，促进了高丽、百济、新罗间的和平相处的局面，而又给了朝鲜族以先进的经济、文化的影响和推动作用（如造纸术和制墨术传入朝鲜后，炀帝大业六年又由高丽和尚南昙经、法定传入日本）。对契丹、奚、靺鞨等部落，不只密切他们和汉族人民间的联系，并使他们在先进的经济、文化的直接影响和推动下，加速了历史的进程。

（四）对"吐蕃"的战争。如前所述，《旧唐书·吐蕃传》谓"吐蕃"即汉朝的藩属"西羌"；又谓："吐蕃"即五胡十六国中南凉"秃发"的音变。但此还须进一步研究，如果是这样，则它在汉朝及十六国时，已曾是中国的一个组成部分。自南北朝后，便与中朝隔绝。自松赞冈保领导完成奴隶制革命后，便要求打开对唐朝的通商关系和交通，因此便于公元六三四年（太宗贞观八年）遣使来长安。唐朝正希望从西藏开辟通印度的交通线，阻止它对青海和新疆各部的进攻，保卫亚欧交通，便派冯德遐前往抚慰，即所谓"下书临抚"。因此便建立起吐蕃与唐廷的和好关系。松赞冈保一面"遣使者赍币求婚"和"命使者贡金甲"；另一面，由于"吐蕃"奴主贵族，需要掠取人口作奴隶，为着掠夺"民畜"，便又不断向今青海、四川、云南、新疆以至甘肃、陕西等处进行侵掠。这又不可避免的要和唐廷发生军事冲突。

公元六三五年（贞观九年），"吐蕃"军北上攻吐谷浑以及"党项诸羌"，大掠人畜，率众二十余万人又进攻松州（四川松潘）。公元六三八年九月，太宗派侯君集为行军大总管，执失思力、牛进达、刘兰为总管，共领步骑五万，分路出击。唐军牛进达大败"吐蕃"兵于松州。松赞冈保"大惧，引兵而退；遣使谢罪"，并请联婚。公元六四一年（贞观十五年），太宗"妻以宗女文成公主"，松赞冈保"率兵至柏海亲迎，见〔李〕道宗，执婿礼甚恭"。自此便以子婿、藩臣自居，并极力模仿唐的宫室、服制，学习唐朝文化，即所谓"为华风"，派人到长安入"国学"、习诗文，用唐文人执掌表疏；接受唐廷封号（驸马都尉、西海郡王、賨王等），特别重要的，除文成公主带去蚕种等等农业和手工业生产技术和随行工匠外，又请求蚕种及造酒、碾硙、纸墨之匠，太宗也都一一允许；太宗"伐辽还"，上表祝捷云："陛下平定四海，日月所照，并臣治之……臣谨治黄金为鹅以献。"服从唐廷的军事调遣，如发兵随王玄策击中天竺，并"来献俘"。

但"吐蕃"奴主贵族，在松赞冈保王死后，又不断侵掠吐谷浑及党项（即唐之西戎州）等地，俘掳人口和牲畜；后又实行并吞，与唐廷的矛盾复不断扩大。公元六七〇年，高宗以薛仁贵、阿史那道真等为正副行军大总管，督师入今青海，进军至大非川（青海东）。唐军长途远征，给养不继，加之士卒不服水土，被"吐蕃"军"伏击"战败，伤亡过半。至此，今青海几全部为"吐蕃"占领；唐廷把内徙的吐谷浑部落，安置于灵州，党项部落安置于庆州。"吐蕃"便一面进而和唐廷争夺新疆：武后时，要求"分十姓突厥地"，被武后拒绝；进掠凉州，亦为陇右大使唐休璟打败。一面又不断派大臣至唐廷晋献。到玄宗天宝以后，"吐蕃"便步步北进与唐廷争夺权利，唐廷对"吐蕃"完全转为保守的方针①。

另方面，今云南及原西康境内的南诏，包含：蒙舍诏（云南蒙化）、蒙巂（云南云龙）、越析（云南丽江）、浪穹（云南洱源）、邆睒（云南邓川）、施浪（云南洱源蒙次和山下）等六诏，"并乌蛮，又称八诏"，即六诏外，另有剑川、矣川罗识二诏，也是唐的属领。后以蒙舍诏为中心，"并吞五诏"，建立起奴隶主的政权，一面又并吞其他部落，一面便脱离唐廷。至玄宗开元末，为"吐蕃"奴主贵族所怂恿，乃相率与唐廷敌对。公元七五一年（天宝十年），玄宗命剑南节度使鲜于仲通"讨南诏"，被"吐蕃"和南诏联军打败，后南诏又转而成为"吐蕃"的从属，"吐蕃"奴主集团以南诏王阁罗凤为"赞普钟"（意即王弟），又号"东帝"②。

（五）通印度。唐朝称印度为天竺（即汉之身毒），共分东西南北中五天竺；以中天竺之茶镈和罗（印度西北部拜尼普尔西北）为首都。自玄奘到印度后，印王尸罗逸多于贞观十五年（公元六四一年）遣使来长安报聘，并以摩伽陀王名义致送国书；自后信使往还，唐梁怀璥、李义表、王玄策都相继出使印度。公元六四八年（贞观二二年），王玄策在松赞冈保的协助下到达印度，随身带领小部骑队，被印人阿罗那顺发兵攻击，从骑皆被擒；玄策北走至"吐蕃"，调"吐

---

① 两《唐书·吐蕃传》、太宗、高宗、武后、玄宗纪。《西藏王统纪》。

② 两《唐书·南诏传》（或《南诏蛮传》）、《吐蕃传》、《玄宗纪》。樊绰《蛮书》。胡蔚《南诏野史》。

蕃"精锐千二百人及泥婆罗(尼泊尔)骑七千,袭中天竺首都;副使蒋师仁擒阿罗那顺,东天竺王尸鸠摩送牛马三万头馈军,玄策等退兵,携阿罗那顺回长安。高宗即位后,东天竺方士卢伽逸多亦随至,唐以之为"怀化大将军",唐印国交复归正常。在此以前和以后,中印间都一直维持着正常和友好的关系。

此外,今南洋一带如占婆(今越南民主共和国南部)、真腊(今柬埔寨)、扶南(今泰国)等"邦",都不仅和唐朝通商,并曾向唐朝纳贡和接受唐朝封号,即他们在名义上曾是唐朝的藩属,实际上是和平相处的友邦。

唐朝对国内各部落和部族的控制及对外封建侵略的结果,疆土空前扩大,东尽辽海,南抵天竺,西越葱岭及于达昌水(底格里斯河),北越大漠。本部共分十道,以突厥、回纥、党项、吐谷浑共划置二十九府、九十州,属关内道;"突厥别部"、奚、契丹、高丽及靺鞨等共置十四府、四十六州,属河北道;突厥、回纥、"吐谷浑之别部"及龟兹、于阗、焉耆、疏勒以至所谓"西域十六国"置五十一府、一百九十八州,属陇右道;所谓"羌蛮",置二百六十一州属剑南道,五十一州属江南道,九十二州属岭南道,此外另在党项地区划州二十四。另加"吐蕃"及国境四周各藩属。这是一个空前庞大的封建帝国。

天宝以后的国内战争 但这个庞大的封建帝国,从玄宗天宝末年"安史之乱"以后,就步步走向下坡了。不只四周各藩属,纷纷脱离唐朝控制;境内各个部落和部族,也都不断在政治上起来反抗,挣脱其羁绊。唐朝统治者自顾不暇,不只对外转为防御的方针,对内也转而处于保守的地位。

在西南,"吐蕃"奴主贵族,唆使南诏统治集团,在"安史之乱"以前的天宝年代,就不断向内地侵扰,掠夺人口、财物;玄宗派李宓等数次出击,都由于将军们的腐败无能,丧师折将。安史"乱"后。这方面的情况,就更糟了。

特别是"吐蕃"奴主贵族本身,不只并吞今青海、新疆广大地区;且于"安史之乱"的期间,以助平国难为名,乘机北入甘、陕,凤翔以西、邠州以北、以至陇西、河右全被占领。公元七六三年(代宗广德元年),"安史之乱"初平,收复长安不久,"吐蕃"军二十余万人,得唐泾州刺史高晖充任向导,连陷奉天(陕西乾县)、武功、盩屋等县;渡渭河,攻陷京师(长安),代宗出走陕州。"吐蕃"军入京师后,一面另立广武王李承宏为唐皇帝,一面又肆行奸杀焚掠;引起人民纷纷反抗。京师人民配合郭子仪、张知节、乌崇福、长孙全绪等唐军,日则击鼓、张旗,夜则燃火。"吐蕃"奴主武装面面受敌,且疑唐军众多，"狼狈奔溃"；唐军便收复长安。明年，唐叛将仆固怀恩，又联合"吐蕃"兵二万，进侵至奉天，向长安进迫，为勇将郭锋所杀退。又明年（永泰元年）怀恩复联合"吐蕃"及回纥兵共二十万，进至奉天，南逼京师。由于勇将浑日进等的死战，以及郭子仪与回纥里应外合，"吐蕃"军与仆固怀恩便自行溃退。另方面，"吐蕃"攻占维州（四川理番县西四十里）后，也不断侵扰西川。由于韦皋等的经略战守，特别是公元八〇一年（贞元十七年）大破"吐蕃"军于维州，明年又生擒其统帅论莽热，"吐蕃"大将相继归降。这方面的形势才得到相当时期的稳定。维州天险，东控成都如在井底，为西川"吐蕃"间战略要地。到宣宗时，因"吐蕃"奴主集团内部冲突，维州守将悉怛谋献城归唐；唐政府怕引起"吐蕃"统治者疑忌，却不予接受。这时，"吐蕃"奴主贵族内部，也不断发生政争；可黎可足赞普死后，继承他作赞普的达摩（可黎可足弟），非常昏暴，更弄得上下离心。公元八四九年（宣宗大中三年），秦（甘肃天水）、原（固原）、安乐（中卫）"三州"及石门、驿藏、制胜、石峡、木峡、六盘、萧"七关"（均在固原境）"吐蕃"守将全部归顺唐廷，由泾原、灵武、邠宁、凤翔等节度使分别接收；公元八五一年（宣宗大中五年）沙州（甘肃敦煌）人民张义潮等，又武装驱除"吐蕃"守军，并克复瓜、伊、西、甘、肃、兰、鄯、河、岷、廓十州；西川节度使杜悰亦克复维州。至此便基本上结束了"吐蕃"奴主贵族与唐廷间的争夺。但自僖宗以后，唐廷已完全丧失对西北各族统治集团的控制，事实上形成"吐蕃"奴主集团、回纥武装集团的军事活动及各部落部族相互纠纷的情况。

唐廷与"吐蕃"奴主集团间的战争：吐蕃奴主是以掠夺人口作奴隶为目的，所以常进行残酷的人畜掳掠和烧杀；唐廷为着表示其中央朝廷的架子，每次对"吐蕃"军的俘虏都无条件放还，客观上是比较进步的。

松赞冈保把"吐蕃"置于其时人类最先进的唐朝经济、文化的直接帮助和影响的轨道上，奠下汉藏人民间的日益密切的联系和合作的基础，是符合西藏历史的发展和人民利益的要求的。唐太宗给予西藏经济、文化的不断援助和支持，是对人类历史的前进起了促进作用的。

另方面，从"安史之乱"开始，直到农民大暴动，唐朝统治者都利用其他部落部族武装来"平乱"，如回纥、"吐蕃"、契丹、沙陀突厥等。但由于他们的落后性，并恃其对唐廷的功劳，便不只需索无厌，横行霸道，而且所到之处，大杀、大烧、大抢、奸掠，弄得人物全空。这对于当时社会生产和人民生活，都起了破坏作用。所以他们曾遭到其时汉族和其他各族人民的反对。

第四节　制度、宗教、哲学、科学、文艺

政治制度　隋唐的政权，是地主阶级的政权，而实际掌握政权的则是大地主集团。中小地主只能参与下层政权机关，爬上去的除非他也代表大地主集团的利益，否则就站立不住。如唐之王叔文、王伾及所谓"八司马"等，一时虽掌握了中央政权，实行中间阶层的改良政策，也是在皇帝、藩镇、宦官、大官僚矛盾的空子中钻上去的，而且也没能站稳。

执行政权的组织机构和行政系统，基本上仍和秦汉以来一样，只是到唐朝比较更完备，一切权力都集中在皇帝手中。在皇帝的下面，设太师、太傅、太保"三师"，是他的高等顾问，非常设的官职；辅佐皇帝行使政权的官职，隋朝为内史、仆射、纳言，唐朝为尚书令（后改名左右仆射）、中书令、侍中（后来在名称上有些改变）。唐"三省"的衙门叫作"尚书省"、"门下省"、"中书省"。（宋，王明清《挥麈录》卷一谓："唐高宗改门下省为东台，中书省为西台，尚书省为文昌台。故御史台呼为南台……武后朝，御史有左右肃政之号，当时亦谓之左台右台。"）此外有所谓"同中书门下平章事"（略称"同平章事"），初为兼职宰相，后来成为挂名宰相。中书省掌皇帝诏敕政令的颁布；门下省掌审查诏令；尚书省掌管行政，下设吏部、户部、礼部、兵部、刑部、工部六部，部的长官为尚书，次官为侍郎，分管官吏任用、民政、教育、军事、司法、工业、交通，各部均设四司。另有太常、光禄、卫尉、宗正、太仆、大理、鸿胪、司农、太府等"九寺"直属机关，相当于秦汉之"九卿"衙门；"九寺"外又有"五监"（国子、少府、将作、军器、都水）、一台（御史台，为监察机关）。

全国行政系统，在隋朝为中央→州（郡）→县→族（党）→闾（里）→保（五家）；唐为中央→道→州→县→乡→里→村（在城邑为坊）。唐全国共分十道，即关内、河南、河东、河北、山南、陇右、淮南、江南、剑南、岭南

（玄宗时从关内分置京畿道，从河南分置都畿道，山南分为东西二道，江南为江南东、西及黔中三道，共十五道）。道首长名按察使（后又改为采访处置使），州首长名刺史，县为县令（隋均分为九等，唐为上、中、中下、下四等）。县以上政权，均为大地主集团所掌握，县以下多由中小地主分子充任，但须服从大地主集团的利益。

其保卫和行使政权的军制，隋朝设左右翊卫、骁骑卫、武卫、屯卫、御卫、候卫十二卫，各设将军统属各卫之兵；其下为郎将、副郎将、坊主、团主，外有骠骑、车骑二府，亦均设将军。兵士的来源，全系役兵。唐初依照隋制更加完整，成为所谓"府兵制"；于隋之十二卫外，另增四卫，共十六卫，均置上将军、大将军各一人，另置骠骑、车骑两将军府（后改骠骑为统军、车骑为别将，太宗又改名为折冲都尉、果毅都尉，各府均改称折冲府），统制地方军府。另有左右羽林军、龙武军、神武军（六军）、神策军共八军，均系皇帝的亲卫部队，谓之禁军。全国十道共置军府六百三十四，分为三等，上府常备千二百人，中府千人，下府八百人，均置府折冲都尉及左右果毅都尉；其下三百人为团，团置校尉，五十人为队，置队正，十人为火设火长。兵士的来源，初为役兵；武后时已杂以募兵，天宝以后，由于课役户大量逃亡、隐漏，失业群众增多，便完全由募兵所代替。平时边防军，设节度使统领，后来却成为普遍设立的制度。战时设正副元帅或行军总管负指挥总责。

分配政权的官吏选举制度，魏晋以来的"九品中正制"，演进为科举制。隋炀帝设明经、进士等科，开始用科举取士。唐太宗复增设明法等科。进士专尚文辞，明经须精通一经。管理考试的衙门为礼部；但礼部考取后，若要做官，还须经过吏部的考试。实际上，吏部所取的，并不以才学为标准，而是看"官爵高下作等级"的门第，讲夤缘①。像韩愈，考取进士后，也三试吏部不中，还做了

---

① 《旧唐书·高士廉传》：太宗令士廉与韦挺、岑文本、令狐德棻等"刊正姓氏，于是普责天下谱谍，仍凭据史传……撰为《氏族志》。士廉乃类其等第以进。太宗曰：'我与山东崔、卢、李、郑，旧既无嫌，为其世代衰微，全无冠盖，犹自云士大夫……才识凡下，而偃仰自高……依托富贵。我不解人间何为重之？……至今犹以崔、卢、王、谢为重！我平定四海，天下一家，凡在朝士，皆功效显著……我今特定族姓者，欲崇重今朝冠冕……不须论数世以前，止取今日官爵高下作等级'……书成，凡一百卷，诏颁于天下"。又《魏玄同传》，玄同在上元间上肃宗疏说："铨综既多，委失斯广"，"情故既行，何所不至！赃私一启，以及万端。至乃为人择官，为身择利。顾亲疏而下笔，看势要而措情。"

十年布衣。所以说："三十老明经，五十少进士"，形成了"九流繁总，人随岁积"① 的现象。科举制对中间阶层和人民，仍只是一种欺骗。贵族、大官僚、大地主子弟，他们却不须经过科举，都可由门荫等特权去做官。除科举、门荫途径外，还有武功、艺术及由胥吏提拔等途径，起支配作用的乃是门荫②。

　　培养官吏和服务人员的教育机关，隋朝有大学、国子学、四门学及州学、县学等教育机关。唐朝于中央设崇文馆（属东宫）、弘文馆（属门下省），专收皇室、贵族、大官僚子弟，另又设国子学、大学、四门学、书学、律学、算学，玄宗时又增设道学；主要为培养有专门学问技术的属员及传教师等，收容中小官僚的子弟，所谓"庶人子弟"之"俊秀者"，以及外国和藩邦的子弟。玄宗又设丽正书院，集文学之士于其中。在地方，有京都、京县学等。日本、朝鲜、"西域"、南洋各地，尤其是日本，隋时开始派人来华留学，到唐时便特别多了；日本的使臣多治比县守以及日本天台宗创始者的最澄等，也都在唐朝留学③。

---

① 《唐会要》七四：论选事条："今之选司取士，伤多且滥：每年入流，数过一千四百人，是伤多也；杂色入流，不加铨简，是伤滥也……今官员有数，而入流无限；以有数供无限，遂令九流繁总，人随岁积……"亦即魏玄同所谓"诸色入流，岁以千计；群司列位，无复新加，官有常员，人无定限。选集之始，雾积云屯；擢叙于终，十不收一"。

② 例如《旧唐书·魏玄同传》说："今贵戚子弟，例早求官：髫龀之年，已腰银艾，或童丱之岁，已袭朱紫。弘文、崇贤之生，千牛辇脚之类，课试既浅，艺能亦薄；而门阀有素，资望自高。"

③ 日本来唐留学的使臣和留学生，中、日史籍以至新旧《唐书》的记载都互有出入。《旧唐书·日本传》："长安三年（公元七〇三年）其大臣朝臣真人来贡方物……开元初，又遣使来朝，因请儒士授经。诏四门助教赵玄默就鸿胪寺教之。乃遗玄默阔幅布以为束修之礼……所得锡赉尽市文籍泛海而还。其偏使朝臣仲满，慕中国之风，因留不去，改姓名为朝衡……贞元二十年（公元八〇四年）遣使来贡，留学生橘免势、学问僧空海。元和元年（公元八〇六年）日本国使判官高阶真人上言：'前仲学生艺业稍成，愿归本国，便请与臣同归。'从之。"《新唐书·日本传》："长安元年……遣朝臣真人粟田贡方物……开元初，粟田复朝，请从诸儒受经……悉赏物贸书以归。其付朝臣仲满，慕华不肯去，易姓名曰朝衡……久乃还。天宝十二载（公元七五三年）朝衡复入朝，上元中（公元七六〇——七六一年）擢左散骑常侍、安南都护……贞元末……遗使者朝，其学子橘免势、浮屠空海愿留肄业。历三十余年，使者高阶真人来，请免势等俱还。诏可。"

　　未谋面的朋友汪君［向荣］来信说："日本使臣……曾在唐留学的有犬上三田耜、尊师惠田、高向玄理、多治比县守、吉备真备、阿倍仲麿和最澄……据《大日本史》卷一一三《多治比县守传》称：'粟田真人大宝二年如唐，庆元元年归来后不再往。《唐书》所载粟田者，盖县守也。养正元年当唐开元五年，与开元初合。仲满如唐，亦此时也。'阿倍仲麿当指阿倍仲麻吕，即唐书中所称仲满、朝衡其人；他与多治比县守同来中国。最澄是创立日本天台宗的人，曾于贞元二十年随遣唐使入华留学。由于中、日语言不同等关系，其当时来唐使臣与留学生的名姓，应依日人记述和考证，较妥。"

隋唐的法律，是地主阶级统治农民最完备的法律，唐依隋《开皇律》及令、格、式等，共令"凡一千五百四十有六条焉，凡格二十有四篇，凡式三十有三篇，凡律一十有二章大凡五百条焉。"更加完备。律十二章，即：名例（总则）、卫禁律（关于宫阙关塞等方面的刑法）、职制律（关于官吏方面的刑法）、户婚律（关于户籍婚姻财产纳税承继权等的民刑法，其中特别注重防止逃避赋役的税户和漏户①的论处）、厩库律（关于牲畜及仓库）、擅兴律（关于军事）、贼盗律（关于谋叛、大逆、劫抢、偷窃等）、斗讼律（关于斗殴诉讼）、诈伪律、杂律，捕亡律（关于对罪人追捕、藏匿及逃亡等）、断狱（关于审讯和判决等）。刑分笞、杖、徒、流、死五刑。笞、杖、徒，均分五等，笞由十到五十笞，按等加十；杖由六十到百，按等加十；徒由一年到三年，按等加半年。流刑分三等，由二千里二年到三千里三年，按等加五百里、半年，死刑分绞、斩两种。但是：（一）五刑均可出铜赎罪，如一等笞刑赎罪铜一斤，流三千里赎铜百二十斤，这是给有钱人开后门；（二）所谓谋反、谋大逆、谋叛、恶逆、不道（即杀一家非死罪三人以上）、大不敬（即犯皇室尊严）、不孝、不睦、不义、内乱等所谓"十恶"，均不许赎，不赦免，这不只是"三纲五常"的刑法条文化，且完全在镇压人民的反抗；（三）有下列条件者可以减刑和免刑，即所谓议亲（皇族）、议故（皇帝左右故旧）、议贤（所谓有大德行）、议能（有大才干）、议功（有功勋）、议贵（曾作过三品以上官）、议勤（有大勤劳）、议宾（先朝皇族及皇亲国戚等）等所谓"八议"，"犯死罪，所司得奏请议，得以减赎论"②。这规定了大地主集团，均可不受法律约束；（四）较法律更重要的"令"、"格"、"式"：令系讲求尊卑贵贱的等级制，格系官府的条例，式系官府所行的习惯法；（五）主杀奴、地主打农民一般都不犯罪或不算大罪，奴反主、农民打地主却都是死罪。

宗教 唐朝的宗教，除隋朝相沿之佛教外，又从中亚传入景教（基督教）、回教、袄教（拜火教）和摩尼教。

（一）佛教，在南北朝时已相当发展，不只为贵族大地主所信奉，寺院本身也占有大量土地，成为僧侣地主；到隋朝又有了进一步发展。僧侣都享有免

---

① 《唐律疏议》："全户不附为脱，隐口不附为漏。"

② 《唐律疏议》。

役特权。到唐朝，一部分世俗地主，开始就反对佛，最主要的原因，是由于僧尼享有免役和不负担租税的特权，高祖时的傅奕就以这种理由，请高祖裁汰天下僧尼。到玄宗时，由于课役户多出钱买得度牒（即度为僧尼），尤其投靠寺院者很多，因此，玄宗又淘汰全国僧尼，检查假冒，令其还俗。天宝以后，课役户日见减少，而僧尼和"僧祇户"（即寺院的佃户和荫托户）反日见增多，其与世俗地主的利害矛盾，便更加尖锐了。从这个矛盾的基础上，便有韩愈为代表的反佛，和武宗的毁佛；但尽管世俗地主怎样反对和压迫，佛教却仍有其存在和发展的条件。不仅寺院本身，有广大土地和财产作基础；而贵族大地主本身也需要它，地主阶级对人民的精神统治更需要它；在赋役奇重和兵役频繁的矛盾下，有钱人出钱买度牒可免兵役，穷人投靠寺院作"僧祇户"，课役也较轻。而况像玄宗，他一面淘汰全国僧尼，一面自己却仍好佛。所以唐朝政府，仍是每三年造一次僧尼籍，发给度牒，作为免除徭役租税的证书。因此，唐朝的佛教和佛学都得到空前发展，甚至远远超过印度。不只翻译了大量佛经，而且有不少名著。关于佛教的，有玄奘与辨机合写的《大唐西域记》，义净的《大唐西域求法高僧传》及《南海寄归内法传》，道宣的《续高僧传》，道世的《法苑珠林》，智升的《开元释教录》，惠琳的《一切经音义》等。其中尤以《大唐西域记》记述了玄奘所历百三十八国的社会风土习惯等情况，是研究各"国"民俗的有益著作。关于佛学理论的，有杜顺发挥《华严》、玄奘建立唯识论学派等。翻译方面，最著名的有太宗时的玄奘，高宗时的义净，玄宗时的惠日三藏、慧超、悟空等。他们都亲游印度，觅取经典，学习梵文。尤其是玄奘，于贞观初出国去印，历十七年才回国，在印度那烂陀等名寺，学于戒贤等佛学大师，回国后，在道宣等的帮助下，共译经七十五部一千三百三十五卷，其以前的旧译错讹艰涩不易晓读，一一都予以重译。并提出"既须求真，又须喻俗"的翻译原则。太宗特为玄奘作《三藏圣教序》，高宗也为作《述经记》。他的死，高宗说是"失国宝"。印度的名僧如善无畏、金刚智三藏、不空三藏等也都来到唐朝。他们是僧侣，又是佛学家。

（二）道教，是中国土生土长的宗教，是一种半僧半俗的东西；在本质上也是大地主的宗教。但由于宗派利益的矛盾，从南北朝起，就与佛教对立——特别在各部族部落集团矛盾的基础上。道教依托老子为教宗，唐朝皇室以同是姓李的，高祖、中宗、肃宗、睿宗、玄宗、武宗都特别提倡道教，把道教地位放在佛教之前①，高宗并追赠老子为"太上玄元皇帝"，号老子妻为"先天太后"，作孔子像侍老子侧②，多处建立宏大华丽的道观，赐予大量土地，给"女冠"、"道士"也免除徭役租税，并容纳一些大道士参加政权。赵归真、刘玄靖、邓元起等也都参预政治。王哲、王屿、李泌等，均以提倡道本神仙之说，受到朝廷重用③。李林甫、贺知章等大官僚，都崇奉道教；睿宗的两个公主，也入道为"女冠"。在真实的意义上，老子姓李还是小事，主要是由于佛教力量太大，占有土地和免役人口太多，妨害了俗权的利益；因此，想拿道教去代替或抑制一下佛教。傅奕、韩愈、彭偃等人，不知儒家的宗法制和祠祀祖先，只能起一点宗教的作用，而不能代替宗教对人民的精神统治，所以反佛又连同反道。

（三）景教，即基督教的乃司脱利安派（Nestorian Christianity）。公元六三五年（太宗贞观九年），叙利亚人阿罗本（Olopen）携其经文来长安，太宗为建大秦寺，教徒自称为景教。以后如郭子仪等都颇信奉。公元七八一年（德宗建中二年），景教徒于长安建一纪念碑，名《大秦景教流行中国碑》，共一千八百七十余字，景净撰文，并刊六十多个信徒名字，用汉文和叙利亚两种文字。但景教在唐朝的信徒，只是一部分贵族和大官僚，没有人民信仰。所以武宗排佛，景教连同被排斥后，就不能发展下去了。

（四）回教本名伊斯兰教，阿拉伯人穆罕默德于唐初所创立（回教纪元元年相当于高祖武德五年、公元六二二年）。穆罕默德以宗教运动的形式，完成了阿拉伯的奴隶制度革命和建国事业。该教到中国，首先在东西两突厥等部族部落中传布，也在汉人中吸收个别教徒；公元六五一年（高宗永徽二年），中亚伊斯兰教徒便来到唐朝；"安史之乱"时，唐政府又用了几千名阿拉伯兵，他们以后都在中国落了籍，但仍信奉伊斯兰教。另外从南方海道来的阿拉伯商人以至一些波斯人，也都是伊斯兰教徒，在广州仍作礼拜；所谓"怀圣寺"是否系当时建筑虽尚难肯定，而广州郊外的"回回冢"和"蕃人冢"，却是可靠的。不过由于唐朝已是专制主义封建制，所以汉人信奉伊斯兰教的较少；回

---

① 《唐六典·礼部》、《新唐书·百官志》。

② 《唐会要·尊崇道教杂记门》。

③ 均见两《唐书》本传。

纥当时正临于奴隶制革命的前夜，所以最容易与伊斯兰教的教旨结合。

（五）祆教，即发生于波斯的拜火教，亦名苏鲁支教；其教旨谓宇宙有阴阳二神，阳神是善神，主清净；阴神是恶神，主污秽。人类应敬阳神，避阴神。以火为阳神代表而崇拜之，故名拜火教。又由于其崇拜天日，故亦名祆教。该教于南北朝时传入葱岭以东，伊斯兰教兴起后，其教徒被迫东来的日多，遂传至唐朝。唐初在长安有祆寺的建筑。但由于其原始性，在唐朝的汉人中，没有其发展的基础；唐初所以建祆寺，置祆正、祆祝等官，只是为的加强对中亚的联系以及便于去统治其被征服者。所以到晚唐武宗毁佛时，也一同归于消灭了。

（六）摩尼教，在后汉末，波斯人摩尼（Mani）以祆教为基础，又参以佛教和基督教旨所创立；其教条为不嫁娶，否定肉食、饮酒等肉体快乐，每年四分之一的时间举行绝食，得病不服药，死则裸葬，主张隐遁主义。唐初传入中国，但没能发展；玄宗时，始有汉人信奉，玄宗曾加严禁，只不禁"胡人"信仰。回纥人等，信仰的颇不少。自肃宗以后，在唐朝经济、政治走下坡的基础上，汉人信奉的便日渐加多。代宗时，为在长安的回纥人建摩尼寺，与大秦寺、祆寺同称"三夷寺"。武宗毁佛的结果，也一同被消灭。

哲学　隋朝统治阶级哲学思想的代表，是王通学（《文中子》可能非王通当时的东西，但不能说它不是反映了王通的基本思想）。在南北统一、民族大融合、专制主义封建统一帝国再建的基础上，王通从儒家学的立场，主张儒、佛、道的统一。但他以周公自期，特别强调"三纲五常"的教条，以及尊卑贵贱的尊尊主义，封建家长制的亲亲主义。

唐朝的哲学思想，大致有四大流派，即以玄奘、杜顺等为代表的佛学派，以韩愈、李翱为代表的儒学派，以柳宗元为代表的另一"儒学"派，吕才为代表的"道学"派。而以前两派，特别是韩、李一派，居于统治地位。

韩愈、李翱师生都是科举出身的中间阶层分子，但他们却是俗权大地主集团的代言人。苏东坡称许韩愈："文起八代之衰，而道济天下之溺。"[1]　就是他否定魏晋南北朝的混杂思想和悱恻绮缛的排偶文体，而重振了孔、孟、董仲舒的儒家学旗鼓。所以他自己夸口说，由周公到孔子到孟轲而后传到韩愈。但他

---

[1]　苏轼《潮州韩文公庙碑》。

在哲学上，却吸收佛学的一些范畴，而且较孔、孟、董的体系更完整。他在《原道》中认为世界最本源的东西就是"道"，"道"是独自存在的精神，表现在人类社会的现实生活中，就是"三纲五常"和其时的生产关系。人也是"道"的产物，最本质的东西就是"性"，"性"即"道"的体现。但同是人又何以有贵贱贫富，即阶级的区别呢？在这里，他的《原性》，便把董仲舒的滥调拿出来，说性有"上中下之差"，上品自然是他所代表的大地主阶层，下品的自然是农民等被统治诸阶级，中品的就是中间诸阶级、阶层了。不过由于他的时代，阶级情况更复杂，所以又说情之品有五，性之品有七。"道"之于人类，原来是这样参差不等的啊！

李翱在《复性书》中，则提到情（思想意识）方面的论究，去阐述韩愈的思想；从情去证"性"（即品质），从"性"去证"道"。所以他说："人之所以为圣者，性也；人之所以感其性者，情也。"从而认为性善情恶。最后他达到复性灭情的结论。韩愈极力反佛，那只是俗权地主和僧权地主利益矛盾的反映。但李翱却没有反佛的作品。

韩、李虽则是代表地主阶级的哲学家；但他们在中国哲学史上，却创造了较以前丰富的范畴，也给予了一些较深刻的观念。

柳宗元也被称为"儒家"学者，他的哲学思想却是代表中间阶层的。他也论"情"论"性"，但出发点与韩、李有区别，认为人类的性都是平等的、善的，情则是后天的环境决定的东西。在论"礼"的方面，他也确认封建秩序是不可变易的。所以他在哲学上是具有唯物论倾向的二元论者；在政治上是改良主义者，主张取消大地主的特权和减轻赋役，调和诸阶级阶层间的矛盾；在教派斗争上，主张破除宗教迷信，又主张三教调协，对三教又都有批评。

吕才是所谓"道家"，而他的思想内容，却是反儒、反佛又反道的。首先他认为世界是客观存在着的，其次他认为人的寿夭、贫富、贵贱，都是客观条件决定的，大胆揭露政权神授论、禄命生成论等唯心论的说教。从这种观点出发，他揭破沿袭谶纬家的道家的阴阳五行说、佛家小乘教等等的虚伪和欺骗性，反对他们拿这些东西去愚弄人民。在尊卑贵贱的看法上，他又驳斥了儒家。对于人民的看法，他甚至认为盗贼都是被迫的，情有可原。又反对耗费民力和财富的厚葬等等。因此，他是唯物论者，也反映了农民等劳动人民的若干利益和要求。

科学 隋唐，尤其是唐朝，农业、手工业、矿冶、交通等方面生产力的发展，主要表现为以下一些生产工具的改进和发明。如前所述，隋炀帝时，宇文恺根据南齐"千里船"的原理，加以改进，制成使用复制轮轴转动的巨形战舰及陆行的"观风行殿"；何稠以同一原理，建造可以拆散、合拢的"六合城"。何稠又发明或改进用绿瓷造琉璃的技术①。到唐朝，根据这种轮轴转动的原理，发展了藉水力（如江南）和风力（如苏北）自行转动的"水车"制造，这对于南方农业的发展，有很大作用。其次在隋唐，又发明了刊版印刷术（如开皇诏令用雕板刻废像遗经，白居易诗用刊版流行；益州有墨版书，吴也雕印杂书）②。唐太宗从印度取回熬糖法（砂糖即所谓糖霜，见《新唐书·西域传》），从高昌取回蒲桃种和其制酒法（宋钱易：《南部新书》），从波斯传入"传书鸽"训练法（海行通讯用，广州最发展。玄宗时，张九龄传习传书鸽名曰飞奴），都大加改造和发展（五代王仁裕：《开元天宝遗事》）。另方面，又将中国的造纸法等传入中亚，并辗转传入欧洲；同时把内地的蚕种及酿酒、碾硙、纸墨等文化技术，传给西藏等边疆地方。

随着农业和国际交通的发展，隋唐的天文学也较前进了一大步。隋庚季才以研究结果著成《垂象志》，唐李淳风著成《乙巳占》，在今日天文科学的基础上去衡量，都还有其相当价值。天文仪器的制造，隋朝根据前代浑仪，改进为"观台浑仪"；唐李淳风又大加改进，并著《法象志》，分析前代浑仪的成

---

① 制造琉璃的发明，据近年在长沙等地的发掘报告，可能早在战国。又《考古通讯》一九五八年第一期《四川巴县冬笋坝战国和汉墓清理简报》说："在狭长形土坑墓"遗物中，亦发现"呈灰蓝色的琉璃管二枚"，"蓝底嵌黄白色圆形花纹"的琉璃珠二枚。据报告者称："四川省文物管理委员会"说："狭长形基（船棺葬）的时代，可能在战国末期……即秦灭巴蜀（公元三一四年）的前后时期"。

② 据《考古学报》第十一册王明《隋唐时代的造纸》："现今所知道的我国最早的印品，据说是在新疆土峪沟出土的公元五九四年（……隋文帝开皇十四年）刻的一张残片（《历史教学》一卷四期傅乐焕《一件最早的印刷品》）。近年在敦煌千佛洞曾发现了公元八六八年（唐懿宗咸通九年）刻本《金刚经》，文字和图画雕刻都很精美。又有乾符四年（公元八七七年）历书、中和二年（公元八八二年）历书、《陀罗尼经》以及千佛像等，都是敦煌的唐刊本（一九五二年北京图书馆编：《中国印本书籍展览目录》）。唐代初期，长安、洛阳两地，已有不少人以贩书为业，乘机营利（唐张彦远：《书法要录》卷六；窦泉：《述书赋》下）。唐代中叶，在今浙江一带，已经有了刊本（王国维：《两浙古刊本考序》，《观堂集林》卷二十一。宋米芾：《书史》说唐代有刊本《兰亭》）。又如江南建安余氏书肆，就是有名印书铺之一（《天禄琳琅书目续编》卷二；《仪礼图》说明）"。

就和错讹；僧一行根据李淳风的理论，制造"开元黄道游仪"及"武成殿水运浑天仪"。

唐朝算学，相当发展，并有算学专科学校的设立；最著名的算学家有李淳风、傅仁均等。

在医学方面，隋巢元方著《诸病源候论》，根据前代经验，分析各种病症的原委，为有名的医理学者。唐之孙思邈著《千金要方》，专论临床经验；王焘根据巢元方所究医理，专论临床经验和处方。他们论究病源，归结为：风、寒、暑、湿、饥、饱、劳、逸及恶毒等类。由此原因，引起人身内脏和枝节某部分运动不灵，即所谓"枝节腑脏积而疾生"，以及五脏机构失常，即所谓"察五脏之有余、不足"。治疗的方法：在药疗方面，"消息导引"，"补""不足"，"泻""有余"，以清"内疾"；同时注重病人卫生，使"外邪不入"。

隋唐都有医务行政机关、即"太医署"的设立。唐朝并建有医科学校，由太医署管理，内分：医师、针师、按摩师等科；学生入学考试，如国子监办法。学生入学后，医师科由医博士教授，先习《本草甲乙脉经》等基本课程，然后分习体疗（内科）、疮肿（皮肤科）、少小（小儿科）、耳目口齿角法（外科）；针师科由针博士教授，先习经脉孔穴，即关于人体构造的素朴的解剖学知识，然后究习病症，再分习镵针、圆针、锟针、锋针、剑针、圆利针、豪针、长针、火针，其他教之如"医生之法"；按摩科，由按摩博士主教，先习"消息导引之法"，然后根据病源，练习针灸，损伤折跌者施行手术。同时，各科学生习业，均与临床实习相结合；学生毕业考取为医师、医正、医工等等，以疗疾痊人多少为标准。此外在太医署下，又有制药厂和药剂师学校、即所谓"药园"，考取民间十五至二十岁青年子弟入园学习，名"药园生"，业成补药师，为医师助手。

史学 历史研究在唐朝也颇发达，著作很多，从《晋书》到《隋书》，都是唐人房玄龄、姚思廉、李百药、魏徵等人所编撰。稗史、杂记著作亦多，最著名的有许嵩《建康实录》，余知古《渚宫旧事》，裴庭裕《东观奏记》。杜佑的《通典》，可说是其时社会通史的一种编纂。刘知几的《史通》，大胆的批评一切历史著作，对道统观史家确认不疑的史实，提出质疑，即所谓"疑古"、"惑经"。唐朝还产生了汇书，即百科全书的编辑，如欧阳询的《艺文类聚》、虞世南的《北堂书钞》。其后如元陶九成的《说郛》、清张英等编修的

《渊鉴》等等，都是直接承袭这种汇书的编辑。宋的《太平御览》、《册府元龟》；明的《永乐大典》；清的《古今图书集成》、《四库全书》以及涵芬楼的《四部丛刊》；中华书局的《四部备要》等，也都是由汇书的编制发展而来的。

文艺 这时期的文艺，和其他学术一样，上承两汉、六朝，下为两宋开辟道路、预备条件，是一个重要发展时期。

在隋朝，文学的表现形式和六朝一样，骈体文章、志怪小说、堆砌俳偶及宫体诗占支配地位。杨广、杨素以至李巨仁、李月素等的诗，都是这类形式的作品；王度的《古镜记》是志怪小说的继续；杨松玢的《解颐》、侯白的《启颜录》（今均遗），基本上仍是《语林》体。到唐初，李世民、虞世南、李百药、王勃、杨炯、卢照邻、骆宾王以至上官仪等人的诗，王、杨、卢、骆等人的文章（如王勃《滕王阁序》、骆宾王《讨武氏檄》），，无名氏《补江总白猿传》一类小说作品等等，基本上也仍是六朝体。但在另方面，又应用一种记事和散文的文章体裁，不注重文字推敲，而重于说明内容，如唐初王绩的《醉乡记》，到李白的《与韩荆州书》，韩愈的《圬者王承福传》、《平淮西碑》、《原道》、《祭十二郎文》，柳宗元的《种树郭橐驼传》、《捕蛇者说》、《永州八记》、《送元十八山人序》等等；特别到韩、柳，这种形式，便取得支配地位了。所以苏轼称赞韩愈"文起八代之衰"的功绩，是有一定根据的。小说方面，虽自始至终都有志怪的作品出现；但自武后以后，占支配地位的，却是从现实社会中采取或构设题材、加以"作意幻设"、叙述故事始末的传奇体：最著名的作品，有武后时张鷟的《游仙窟》（今日本有此书），以及元稹《莺莺传》，白行简《李娃传》，陈鸿《长恨歌传》，李公佐《谢小娥传》，沈既济《任氏传》，裴铏《聂隐娘传》，杜光庭《虬髯客传》等。同时，从唐朝开始的"邸钞"，不只是政报的开端，且系后代报纸的雏形。诗的方面，唐初如魏徵的《述怀》，却是气派雄壮的"古风"体。从武后到玄宗时，陈子昂、沈佺期、宋之问等的古风体，便开始取得支配地位，特别由于李白、杜甫等大诗人出现后，六朝体便基本上被排除了。尤其是杜甫、白居易等的作品，可说是其时的语体。直到唐末，李商隐、温庭筠等又复活俳偶艳丽的体裁（五代的西昆体和宫体，便是其继承者）。同时，唐初上官仪所创的"八对"和"六对"法，文字上堆砌俳偶的讲究，至此而极；这到"古风"作家沈佺期、宋之问的手中，便受其影响，创为律诗体裁（这在形式上，虽较六朝体进步，但较"古风"体却不是进步的）。在音韵研究方面，隋陆法言等著成一二一五八个字的《切韵》，唐孙愐著有《唐韵》，曹宪著有《文选音义》、《博雅》等。

隋唐文学最发达的是诗，从诗的内容分析，就可以看出其时文学上的各流派和其阶级性。在隋朝，炀帝的《白马篇》、《饮马长城窟行示从征群臣》，尤其是《幸启民可汗所居》一诗："呼韩顿颡至，屠耆接踵来；索辫擎膻肉，韦鞲献酒杯。何如汉天子，空上单于台。"一面在鼓励由阻止他族的进扰到压迫他族的国内战争，一面在夸耀武功。《春江花月夜》、《赠张丽华》等，则系其沉溺于宫廷享乐、淫欲生活的作品。杨素的《赠薛播州》八首等，则在夸张隋朝统一的武功和其统治。这都是大贵族的代表作。孙万寿《和周记室游旧京》，周大义公主《画屏风诗》一类的作品，在表现亡国后的周、齐贵族的伤感情绪。李巨仁的《钓竿篇》："不惜黄金饵，惟怜翡翠竿……潭回风来易，川长雾歇难；寄语朝市客，沧浪徒自安。"则表现中间阶层对贵族的不满情绪。民间的《鸡鸣歌》："东方欲明星烂烂，汝南晨鸡登坛唤；曲终漏尽严具陈，月没星稀天下旦。千门万户递鱼钥，宫中城上飞乌鹊。"在咒骂恶政府就要死亡，光明就在前面，鼓动武装起义。无名氏的《送别诗》，在表现人民对徭役的反感。

在唐朝，李世民、长孙无忌、虞世南，蔡允恭等的作品，大都是自我夸耀和歌颂。魏徵的《述怀》，则表现中间阶层反隋义士的情绪。自后，代表贵族大地主集团方面的作品，一面在描述其豪华和有闲的生活，歌颂唐朝的威德，在天宝以前，并讴歌太平。这如王勃的《郊兴》、上官仪的《咏画障》、上官昭容的《春和三会寺应制》、武后的《太平公主游九龙潭》、苏味道的《上元诗》、李峤的《东庄侍宴》、沈佺期的《兴庆池侍宴》、张若虚的《春江花月夜》、李端的《青春都尉最风流》、韩愈的《山石》、元稹的《会真诗》等，都是这类作品。但自天宝以后，特别到"晚唐"，贵族大地主对自己前途感觉苦恼，又产生一种伤感、厌世以至沉溺于酒色的颓废思想。如顾况的《闲居自述》、韦应物的《效陶彭泽》、韦庄的《金陵图》，以至李商隐的《花下醉》、《为有》，温庭筠的《织锦词》等，便是这类作品的代表；一面他们鼓吹战争，最著名的如："宁为百夫长，胜作一书生。""孰知不向边庭苦！纵死犹闻侠骨香。""更催飞将追骄虏，莫遣沙场匹马还。""功名愧计擒生数，直斩楼兰报国恩。"……但他们在诗的技巧上，都有着相当的成就，尤其像元稹，表现了伟大的文艺天才。另方面，代表中间阶层，以至反映人民生活与阶级情绪的作家和作品也都不少。最著名的，刘禹锡的《戏赠看花诸君子》、《再游玄都观》、《乌衣巷》，柳宗元的《溪居》等，均系代表中间阶层改良派的作品，表现其反对贵族大地主集团的情绪。他如白居易的《议婚》、储光羲的《田家杂兴》、韩翃的《寒食》、皮日休的《囮》、郑谷的《郊野戏题》，特别是李白的若干作品，都反映了中间阶层的一些生活情趣，也反映了劳动人民的生活和感情。特别像白居易的《重赋》、《卖炭翁》，反映了农民生活的苦况，及对男女婚姻不平等提出抗议。杜甫的《前出塞》、《后出塞》，王昌龄的《塞上曲》、《闺怨》，高适的《使清彝军入居庸》，王翰的《凉州词》、《古长城吟》，陈陶的《陇西行》，都反映了劳动人民和中间阶层对非正义战争的反战和厌战情绪。曹松的《己亥岁》："凭君莫话封侯事，一将成名万骨枯"，则反映了人民反对唐朝对黄巢农民军的战争。尤其是杜甫的《石壕吏》、《新婚别》、《无家别》、《兵车行》，白居易的《新丰折臂翁》，都反映了农民的生活、情绪和要求。《兵车行》说："爷娘妻子走相送，尘埃不见咸阳桥；牵衣顿足拦道哭，哭声直上干云霄"，"去时里正与裹头，归来头白还戍边；边庭流血成海水，武皇开边意未已；君不闻汉家山东二百州，千村万落生荆杞"，"且如今年冬，未休关西卒；县官急索租，租税从何出！"《新丰折臂翁》说："无何天宝大征兵，户有三丁点一丁……村南村北哭声哀，儿别爷娘夫别妻"。但对反击安史蹂躏汉族人民的战争、反对"吐蕃"奴主武装肆行掠夺人口和烧杀的战争，以及反侵略的战争，他们却又极力鼓吹。如白居易的"龙门原上土，埋骨不埋名"，杜甫的《春望》，表现了无限爱国爱人民的热情；王昌龄"但使龙城飞将在，不教胡马度阴山"，又鼓吹汉族人民自卫。罗隐的《蜂》："不论平地与山尖，无限风光尽被占；采得百花成蜜后，为谁辛苦为谁甜！"聂夷中的《伤田家》："父耕原上田，子劚山下荒；六月禾未秀，官家已修仓。二月卖新丝，五月粜新谷；医得眼前疮，剜却心头肉。"前者说明土地集中，佃农终岁劳苦，收获全归了地主；后者说明官府租税烦急，农民无法生活。杜甫的"朱门酒肉臭，路有冻死骨"，描绘了阶级生活的两个极端。当时人民自己歌谣更多，可惜手边没有这种材料。杜甫、李白、白居易等，是其中最伟大的诗人；他们的作品都表现了高度的艺术性和一定程度的人民性，当得起被称为人类灵魂的伟大工程师。

　　在散文、传记和传奇作品里面，不见有代表人民的作品；其中有代表贵族、大地主及僧道的，也有代表中间阶层的。在代表贵族大地主的作品里面，如《补江总白猿传》、《周秦行记》等，则系其相互攻讦的东西。袁郊《红线传》、裴铏《聂隐娘传》，李复言《张老传》以及《虬髯客传》等，都是宣传道教和笼络剑侠的作品；也正由于唐朝末期，统治解体，藩镇跋扈，唐廷和其大地主集团，苦闷无聊，想入非非，便求援于神仙和剑侠。王洙《东阳夜怪录》，在讽刺满口文章的官僚集团，原是一群畜牲；李朝威的《柳毅传》，在咒骂藩镇还不如蛇虫；房千里的《杨娼传》，说娼妓也知礼义廉耻，讽刺官僚还不如娼妓。

　　音乐和歌舞。隋炀帝以周、齐音乐杂有"胡歌""胡音"的成分太重，不合于中国，便吸收民间乐歌加以改造，谓之"俗曲"。这使宫廷乐歌获得新的血液和营养。其时并产生伟大的天才乐曲家万宝常。唐初，祖孝孙、张文收等根据"俗曲""斟酌南北，考以古音，作为大唐雅乐"[1]；又作十二和乐（豫和、顺和等），合三十一曲，八十四调，玄宗时增制三和，合成十五和乐。在舞的方面，太宗时作《七德舞》（即秦王破阵乐）、《九功舞》、《上元舞》。玄宗时于长安设左右教坊，并吸收民间乐户，以培养音乐和歌舞师及伶人。又分伶人为坐部、立部：坐部坐堂上奏笙歌，立部立堂下鸣笛鼓。并选坐部伎子弟三百人于"梨园"教之，即所谓皇帝梨园弟子。他们创造以一个事件为题材的歌舞剧，成为后代戏剧的前驱。其时教坊生员共二千人，太常寺附属乐工万多户，其中不少民间"俗乐"户。宣宗时，太常乐工五千人中，俗乐者占千五百人。唐廷吸收了民间的形式和技巧，但阉割了他的内容。

　　绘画。隋文帝收集古名画藏于"宝迹台"，又命夏侯朗作《三礼图》。炀帝撰《古今艺术图》五十卷。著名画家有展子虔、董伯仁、阎毗、杨契丹、郑法士等，均善于写生，尤以郑法士为一代泰斗。但他们均"入朝"为宫廷服务。

　　唐朝绘画在隋的基础上，以及印度晕染法亦即凹凸画的影响，加之唐朝又特别重视，便促进它的发展。名画家，唐初有阎立德、立本兄弟善画人物及古今故实、宫殿、城池、陵寝等，惟妙惟肖；《十八学士图》、《凌烟阁功臣图》，均立本手笔，他们均以画道做到尚书官，受封爵位。新疆于阗人尉迟乙僧父子

---

[1] 《旧唐书·音乐志》。

善画像，并传来印度画法。窦师纶（陵阳公）创瑞锦宫绫图样。范长寿善于农村和风俗写真。薛稷善画鹤，曹元廓善山川物产，殷仲容善五彩花鸟，张孝师画地狱变相图，尹琳善释道。玄宗时有吴道玄、李思训、王维、卢鸿一、郑虔等，对从来释道、人物、山水……等画法，均大加改变，另创新的作风、气派。吴道玄于山水自成一派，卢棱伽、杨庭光等均为其门徒。李思训（皇族）及弟思海、子昭道、侄林甫等又成为所谓"北宗"；王维成为所谓"南宗"。另方面，曹霸、韩干、陈闳、孔荣等善画马及人物，为后世宗法：如陈闳主画之玄宗肖像及所乘白马与其周围景物，逼真毕肖，冠绝当时。玄宗以后，有王洽（善画松石山水）、项容、王宰（山水）、韩滉（农村风光）；其中王洽创造所谓"泼墨"法，为后世所宗。宣宗时周昉、范琼、陈皓善画佛像；赵公祐父子善画佛、道、神、鬼。这与唐末统治集团的意识形态，正相照应。此外有边鸾、陈庶、刁光胤、白旻等善画花鸟，李约、萧悦、刘商等善画松、柏、竹、梅，李渐善画虎。这些画家各自所代表的社会阶级性及其中有无代表劳动人民的，均有待于进一步加以研究。

雕塑方面，隋何通善斲玉器。唐之玺印、碑碣，雕工均颇精致，九经的石刊，即所谓"石经"，尤为伟大作品；木刻画也从唐朝开始出现。佛像方面有画像、绣像、铜铸、银制、木刻、石雕、塑像等，石窟雕像也还相当流行（如龙门第五窟雕像，太原天龙山十四窟、十七窟、二十一窟雕像），姿态、面容、筋肉、衣服等等，均较南北朝更生动、细致、劲健、美丽。他如三彩狮子（今落在日本细川护立侯爵手中），姿态生动、雄健，并着有三种彩色。崇陵两个石狮（陕西泾阳）东西对立，均高十尺余，一张口，一闭口，坐于方趺之上，前脚强张，面貌雄豪，骨胳紧张匀称。这虽则都是为贵族服务的东西，然都是劳动人民的手所创制，表现了人民的艺术天才，也表现了雕塑技术进步的程度。

第五节　结　语

在南北朝长期战争以后，人民都需要和平与"安居乐业"；土地关系的矛盾，也由于人口大量减少与无主荒地增多而和缓了。隋朝的垮台，主要由于炀帝无休止征调全国人民服徭役，给人民以致命的威胁。不知那样无止境的大兴土木，发动对国内其他部族部落和对外战争，在当时国力和民力薄弱的基础上，是担负不起的；即使是在"国强民富"的时际，那样也要妨害生产，损坏国基，会引起人民的反对。他所发动的对外战争，在初期是带有自卫的性质的，不能说是不对；但后来却转成封建性的侵略战争，并加重人民战费和兵役的负担。对国内各部落部族所采取的军事行动，最初在阻止他们对内地人民的掠夺和破坏，也是对的；但后来却带有大汉族主义的压迫的性质。他对运河的开凿，虽是从漕运方便和巡游江都出发，但客观上是有利于国内交通和农业灌溉的。

李渊、李世民父子在农民大暴动和遍地烽火中，抢救出地主阶级的政权，建立唐朝统治。李世民是地主阶级的一个特出的战略家、政治家。但他对于农民军曾施用了一套毒辣计划，是应该受到抨击的。他对那些敌对的地主武装集团，有其一套策略；能争取、团结和使用人才；而且看到了当时的社会矛盾和人民要求，又实行了一套改良政策。因此，在其时地主阶级还有发展前途的社会基础上，他得以"平定群雄"，统一中国，开创了空前庞大和繁盛的封建帝国。从这一方面说，对社会生产、人民生活和历史发展，是起了一定的积极作用的。

唐朝的对外战争，如对于朝鲜和中亚，基本上是带有封建侵略战争的性质的。但他打退了日本奴主贵族对朝鲜的奴隶制侵略，阻止了日本奴主集团对朝鲜所肆行的残暴的人口掠夺和烧杀。这对于朝鲜族来说，作为唐朝藩属的封建制的朝鲜，与作为日本奴主支配下的人口掠夺场所，比较地说，客观上是要好些的。它打通了中国经朝鲜通日本的商路，密切了中、朝、日人民的联系，密切了中、朝、日文化的交流，特别给了朝鲜和日本以其时人类最先进的唐朝经济、文化的影响和推动，输给他们先进的生产资料、技术和生活资料，都是起了积极作用的。对中亚方面，唐朝把版图扩大到中亚，并建立波斯都督府、鲜修都督府等机构去统治，基本上也是封建侵略。但它不只密切了东西的交通联系和文化交流；特别重要的，它阻止了其时中亚各部族部落间的相互侵夺，给予了他们以其时最先进的经济、文化的影响等，都是对人类文化起了推进的作用。唐朝对国内其他部落和部族，曾行使了军事压迫与大汉族主义的封建统治，是使各族人民受到一定损害的，但它用他们所需要的生产和消费资料去交换其皮毛等东西，是有进步作用的；用武力去阻止他们对内地人民的袭击和原始掠夺，阻止他们相互间的争夺，防卫其免受外来的袭击，也都是有进步作用的；尤其是客观上给了他们以其时人类最先进的唐朝经济、文化的帮助和影响，不断给予先进的技术成果，派遣技术、学术人员前去帮助等等，并使他们和先进的汉族更进一步地联系起来，这不只有利于他们的发展，并为今日的民族大家庭尽了一些创造条件的作用。唐廷和吐蕃的战争，基本上是带有唐廷地主集团与吐蕃奴主集团权力争夺的国内战争的性质，特别表现在对西北各种族和部落的支配权的争夺上。吐蕃奴主势力北进，对其时青海、新疆各种族和部落以至对甘、陕、川的汉族人民肆行奴隶制的军事掠夺和烧杀，在这方面，它是比较落后的，对社会生产和人民生活起了破坏作用，对历史前进起了促退作用，所以其他各族和汉族人民都支持唐廷的防御。吐蕃奴主集团一方面承认唐为宗主国，接受唐的封号和军事调遣等等；另方面却有着一个与唐廷相对立的奴主政权，并一再试图来推翻唐廷地主政权，而建立其支配全中国的奴主政权。但由于奴隶制是比较落后的，所以结果并没能战胜唐廷。

这时期的农民的暴动，在隋末和唐末，规模之大都是空前的；前者粉碎了隋朝的统治，后者粉碎了唐朝的统治。他们失败的主因，根本上，自然由于自己没有前进的方向，但前者的最大错误，如瓦岗军，在于把领导权交给了阴谋险诈的投机分子李密，如刘黑闼为首的农民军，在于没有警惕坏分子的叛变；后者的最大错误，在于长期的流寇式行动，不只失去了自己对人民的依靠，且使农军干部和士兵，不自觉的离开了群众。其他前代农民战争的缺点和错误，他们也大都重复了。但是像黄巢、黄浩和刘黑闼那样始终坚决，不动摇，不受收买，坚持斗争的精神，正是中国人民优良传统的表现，是中国人民的光荣。像秦琼、程咬金、徐世勣（李勣）、朱温、尚让之流应受到万世唾骂，也应引起革命人民的警惕。唐朝统治集团，利用其他部族和部落集团的武装（如回纥）和"吐蕃"武装来"平乱"，这正是大地主集团的恶劣传统和一贯相承的无耻勾当；"吐蕃"奴主集团，对于农民起义，却与唐廷采一致的行动，这表现了历史上的统治阶级敌对人民的行动是一致的。

最后，唐朝封建文化的高度发展和灿烂成果，表现了中国人民的伟大创造力，创造出具有其时代的进步内容的巨大成果和积极因素，给了人类文化以重大的贡献、影响和促进作用。

复 习 题

一、隋唐的经济性质及其发展的形势如何？

二、隋授田制、唐"均田"制是否普遍实行？其内容如何？

三、隋末农民暴动形势如何？有何经验教训？

四、你对李世民的评价如何？

五、唐朝的国际环境及其对外战争和国内战争的性质如何？

六、"安史之乱"、"藩镇割据"、"宦官专权"产生的原因何在？

七、唐末农民大暴动的形势如何？有何经验教训？

八、唐朝对人类文明起了何种作用？

九、你对唐朝文化的评价如何？

第十三章

专制主义封建制矛盾扩大的
五代两宋辽金时期

（公元九〇七——一二七九年）

第一节　情况的基本特点

南北形势的变化　南方在农业方面的天然富源等自然条件，远优于北方。从隋唐以来，全国经济重心已移到南方。其次，自"安史之乱"以来，封建统治阶级的内战，"吐蕃"、契丹奴主武装的相继掠夺与烧杀，回纥武装集团对内地的袭击与掠夺，被蹂躏与战争破坏的地区主要也是北方，南方直接受战争破坏的影响较小；特别是不断的战争又迫使北方大量人口向南方移动，引起北方人口不断减少，南方人口不断增多。因此，南方的生产疾速发展，北方则相对落后，以致有时表现着衰退。

同时，自海上成为对外的主要交通路线后，随着对外贸易的发展，南方和沿海地区，由于直接的刺激，不只影响着商业，且影响着其他生产事业等方面的发展。

这种情况，经五代到宋朝，便特别显著了。

土地集中化与小农生产　唐初创造了大量小土地所有者，大大推进了生产力的发展，也助长了工商业的发展；但在其保护大地主集团的方针政策下，大土地所有的集中进行，又妨害着生产的发展。到唐朝后期，就特别暴露出土地的集中和小农生产间的矛盾。

在五代，特别到宋朝，一方面，大量人口不断移到南方，开垦新荒，获得土地；赵匡胤、赵光义兄弟解除藩镇兵权，不得不满足大量士兵的"发财"要求，给予他们一些土地和房产。宋朝政府并不断采取奖励人民开垦的政策，因此，在北宋，小土地所有成了相当普遍的形态。这种小土地所有和小农生产相结合，便促起北宋生产的疾速上升与人口繁殖。但在另方面，宋朝大地主集团支配的官僚政治，无条件的只照顾大地主自身的利益，不只把一切负担全部加在农民以至中间阶层的身上，并把国家的收入由皇室和官僚公开分赃，而又利用特权，向人民进行各种残酷无耻的榨取，这又加速了土地集中的进行，限制了生产的发展，不断引起农村人口的相对过剩，大量失业人口陆续流入城市，且扩大了农民和地主以至中间诸阶层与大地主间的矛盾。宋朝政府虽不断采取点滴的改良，但没有也不能发生决定作用。

都市行会工商业的发展　另一方面，在宋朝由于小所有者和中间阶层的扩大，以及城市聚集了大量人口，扩大了国内市场；同时由于对外贸易的发展和国外市场的扩大；加之城市具备着过剩劳动人口的条件；特别重要的，由于黄巢为首的农民大暴动，严重的打击了全国的封建秩序。因此，在社会生产力发展的基础上，从唐朝以来的商业基尔特（行会）和手工业基尔特（行会），都达到空前的发展，并形成了自由商人集团（这种自由商人便是近代资产阶级的前身），开始在政治上提出其要求。

这样，社会阶级的构成和阶级间的矛盾关系，便更加复杂化了。

国际环境与国内各部族间关系的变化　五代迄宋，由西南海道的联结，与南洋、中亚及欧洲的关系，在日益扩大，日益密切。

另一方面，在北方，散布辽河流域及原热河一带的契丹，到唐末后梁初的耶律阿保机时，完成了奴隶制度的变革，到耶律德光时改称辽国。散布今东北境内的女真（即女直），也在北宋末完成了奴隶制度的变革，建立金国。接着又有蒙古奴主集团的继起。辽、金、元奴主集团，相继建立起脱离地主政权而独立的奴主政权，并相继南下进行掠夺奴隶的战争；这不只展开其与宋廷地主集团间争夺全国统治权力的冲突，且给了内地的生产与人民生活以严重的摧残，而又对汉族及其他各族人民实行残暴的压迫。

同时，在今甘肃以至陕北安塞一带所建立的形同独立的西夏，在宋辽、宋九七八年（宋太宗太平兴国三年）吴越灭亡止，共出现了吴、南唐、吴越、前蜀、后蜀、南汉、楚、闽、荆南①等九个封建小国家，合占据太原以北诸州的北汉②，共十国。所以范浚说："兵权所在，则随以兴；兵权所去，则随以亡。"③ 它们在经济和一切社会制度方面，基本上都没有改变唐朝的老套。

继起统治北方的五代，比南方各封建小国，地区较大，人口也较多。但北方残破，"白骨蔽地，荆棘弥望"④，又丧失了南方的盐茶富源和海外贸易的利益。加之频繁的战争，直接间接又破坏生产，杀戮人口，尤其是黄河水利的破坏，自朱温与李克用战争，决滑州黄河堤以后，冀豫鲁大平原便不断遭受严重水灾的袭击，最严重的共近十次，每次都是泛滥千里，人口漂溺，田园荡潗，富庶之区尽成沙碛。契丹奴主贵族的不断进攻，对生产的破坏、财富和人口的掠夺，尤为严重，所以欧阳修说："而幽蓟之人，岁苦寇钞；自涿州至幽州百里，人迹断绝。"刘昺也说："百万家之生聚，俱陷虎狼；数千里之人烟，顿成荆棘。"⑤ 自石敬瑭以后，燕、云十六州均割让给契丹，每年复提供大量岁贡；加以藩镇对辖区人民任意剥削，即所谓："侯伯恣横，非法掊敛"⑥。这样，愈迫得汉族人民向南方移动。因此，五代的生产，始终无多起色，政府的财政便都越来越困难，甚至用人肉作军粮，情况可想而知。五代的统治者不惜用杀鸡取卵的办法去压榨人民，藩镇和地方官吏，都相率对人民肆行剥削；私家地主为维持其不劳而食的豪奢生活，也毫不放松其对人民的传统剥削，而又变本加厉。"诛求百端，下无所诉。"契丹奴主集团对其所辖华北地区的奴隶制统治，对社会生产则起了阻滞、逆转的作用。

---

① 吴任臣《十国春秋》卷一百，从《十国纪年》及《宋史》作"荆南"；欧阳修《新五代史》卷六九作"南平"；张唐英《补九国志》作"北楚"。

② 《十国春秋》卷一百四据《十国纪年》及《通鉴》作"北汉"，《新五代史》卷七十作"东汉"。《十国春秋》谓刘崇所有者为：并、汾、忻、代、岚、宪、隆、沁、辽、麟、石诸州。《通鉴》所记，此外又有蔚州，共十二州。《新五代史》卷六十《职方考》谓为自太原以北十州，无隆、蔚二州。《十国春秋》注云：蔚州在石敬瑭割给契丹之山前七州、山后九州之中，隆州为北汉所置，颇是。

③ 范浚《香溪集》卷八。

④ 《通考·田赋考》三《历代田赋之制》。

⑤ 《新五代史》卷七二《四夷附录第一》；《全唐文》卷一二〇《后汉高祖北巡赦文》。

⑥ 宋太祖说："晋汉之世，侯伯恣横，非法掊敛，百姓田蚕所获，未输公税，已入权豪之手；以至县令，将至有年，诛求百端，下无所诉。国朝以来，未革其弊。"（李攸《宋朝事实》卷九）其实在五代，不只"晋汉之世"如此。

朱温起自贫家，又参加过农民暴动，知道点人民的痛苦和要求，其部下的将士，也多来自农民军，因此他称帝以后，曾宣布减低租赋，奖励耕桑。但实际上，定额的差役和两税并无减少；额外科派虽有明令禁止，实际也只是少一些。当时山西为李克用父子占据，河北为刘守光等所据，梁的两税收入有限，解盐也不在势力范围内；为弥缝其财政开支，便提高盐税、曲税、商税、过境茶税，征收各项巧立名目的杂税。地方州县官吏更是无法无天，任意科派。沙陀贵族李存勖战败梁末帝（友贞）建立后唐的统治后，便更不顾及人民死活，用无赖孔谦为租庸使，"峻法以剥下，厚敛以奉上"。"两税之余，犹须重敛"，"本色输官"以外还要"折纳"，"正税加纳"以外还有各种"细配"；或者说，定额赋役以外，又按田亩户口派征农器税、曲钱、蚕盐钱以至所谓匹头钱、鞋钱、地头钱、折纳、损耗、小绿豆税、店宅园圃税、草税及各种附税，此外如牛皮也均须交给官府，又"检括"隐瞒，检出的加倍征税。而"民产虽竭，军食尚亏。加之以兵革，因之以饥馑……以致颠隮"①。石敬瑭投降契丹，建立其"儿皇帝"以至"孙皇帝"的后晋统治后，燕、云十六州割让给契丹，地区缩小，人口减少，正税收入更少于后唐，而每年又须增加一大宗对契丹岁贡的支出。因此，除承袭后唐的各项名目外，又变本加厉，大加赋役；为欺骗人民，虽"敕应诸道节度刺史，不得擅加赋役……委人户自量自概"，也只是一种具文。此外，如人民牛皮交官，后唐明宗（嗣源）还偿给一点盐，石敬瑭却改为无偿没收；又如食盐和大盐，更提高价格，按户摊派。沙陀贵族刘知远继后晋建立其后汉的统治后，河北地区又有部分为契丹所占，疆域更缩小。同时，他也同样对契丹称臣、称儿、纳岁贡；对人民的剥削，又提高苛虐的程度，如"旧制田税每斛更输二斗……雀鼠耗"，隐帝（公元九四八——九五〇）又"令更输二斗……省耗"，此外还有所谓"省陌"等等苛杂。为防止人民逃避科派，又加重刑罚去威胁，如私藏牛皮一寸不交者便处死。后唐、后晋、后汉三朝皇室又都是以其部落的武装为基础的，因此在封建制统治之上，还有着部族集团间的矛盾。他们为防止人民的反抗和逃税，更加依靠残酷的刑

---

① 《通考·田赋考》三——四《历代田赋之制》。《旧五代史》卷一四六《食货志》；又卷一三七《契丹传》述耶律阿保机说："闻此儿（按指李存勖）有宫婢二千，乐官千人；终日放鹰走狗，耽酒嗜色，不惜人民，任使不肖，致天下皆怨。"

罚去鞭策，动辄就是死刑，并广为牵连。郭威推倒后汉，建立后周的统治后，到世宗（柴荣）时，把疆域扩大到江北、淮南、陇西，并把契丹奴主贵族驱至瀛、莫两州以北；疆域扩大，收入增多，特别是掌握了江北、淮南的富庶之区，财政转趋富裕。他又采取了一些改良政策，最重要的：规定两税的征收时间，均定"民租"，取消免税特权，连曲阜孔家也须担负赋税，共"检到"二、三〇九、八一二户；废寺院三万余；令僧尼还俗为民，并严限私度僧尼；宣布垦荒条例，复员劳动人口；粮谷转输，每石"与耗一斗"；惩办贪污，他并赐诸道均田图，想进一步均定人民赋役负担，但未及实行；解除铜禁，"一任兴贩"，但不准"泻破"（熔化）铜镜等（官工场所制）为铜器货卖；放宽盐禁，乡村并许盐货通商，各处有咸卤之地，一任人户煎炼，但兴贩不得逾越不通商地界；官中专卖"曲数"，只"候人户将到价钱据数计曲"，取消"抑配"[①]。这均给宋朝奠下了发展生产和统一的基础。

在南方各国，不只由于生产没受到大破坏；由北方流去人口，劳动力又不断增加。吴有淮盐和安徽产茶的利源；李昪代吴建立南唐后，又取消人头税，抑制高利贷，"兴贩簿定租税"，奖励耕织，不到十年，"旷土尽辟，国以富强"，江淮流域便超过唐朝的繁盛程度。吴越占领的苏南、浙江，物产很富，是全国最富饶的农产区域；钱镠家族统治的八十五年间，始终没有战争，并大兴水利，便利灌溉和交通，复常减免租税；又有海外贸易的利益。江浙成了很繁庶的"地上天宫"，吴越的仓库常有多年的积蓄。如钱弘佐即位时，有"十年"的"畜积"，免收"境内税三年"。另一方面，像吴越和南唐，又实行了"重敛以事奢侈，下至鱼鸡卵鷇必家至而日取"，或于正税之外"别纳盐米"等苛政。南汉（原名南海）占领两广，全没受到战争影响；唐末北方人民流亡前去的很多，生产日渐发达，盐产尤富，海外贸易的利益，居全国第一位。相继占领四川的前蜀和后蜀，较南方其他小国，受战争的影响较多；但老早就是物产丰富的"天府之国"，农业生产较发达，川盐尤属莫大富源。楚国占领的湖南，当时人口较少，大部分地区没开发；但产茶甚富，加之北方流人不断前去，生产也逐渐进步。占领湖北南部的荆南，没有特殊富源，唐末以来，农业也常受战争破坏；但江陵是其时东西南北商业交通要道，茶叶等商品的过境

---

① 以上引文见《通考·田赋考》三——四《历代田赋之制》；《旧五代史》卷一四六《食货志》。

税和其他市税，收入却不少。所以宋太祖说："中国自五代已来，兵连祸结，帑藏空虚；必先取巴蜀，次及广南、江南，即国用富饶矣。"[1] 但这些封建小国比北方的五代，都是疆土较小，人口较少，又都向北方朝廷进岁贡。后汉灭亡后，刘知远弟刘崇占领山西建立的北汉国，经济上主要靠解盐，农业是较衰落的；政治上主要依靠契丹援助，向契丹称侄、称儿。

五代十国的统治者，彼此都为着贪图商税去弥补财政收入，对彼此的通商都不加禁止，且从事招徕；虽税卡林立，商税颇重，但基本上并没有妨害商业以至手工业的发展与进步，尤其在南方。

北宋经济的发展和矛盾 北宋在五代十国的基础上，不断施行了一些改良政策，去恢复北方农业，发展全国生产。陈桥兵变，赵匡胤被官兵捧上皇座的当时，就允许给他们发财。他作皇帝以后，便常给予士兵钱财、抚恤战死者的家属；解除藩镇兵权，放士兵归农；实行"均田法"，"命官分诣诸道均田"，即均定人民租赋负担；兴修水利，开通疏浚河道；号召人民"垦辟荒田者，止输旧租"；凡新占地区，即明令减免"烦苛"，整理混乱的"版籍"，禁止任意"课役"[2]；实行宽刑政策，但"用重法""治赃吏"[3]。赵匡胤所实施的一系列的改良政策，打下了生产发展的基础，并为其后北宋的社会经济政策开创了规模。太宗（光义，公元九七六——九九七年）又颁布"所垦田即为永业，官不取其租"的办法；复令"州县旷土，许民请佃为永业，蠲三岁租，三岁外输三分之一"；又曾实行陈靖"逃民复业及浮客请佃者……以给授田土……并五年后收其租"的办法。因此，满足了一部分农民的土地要求，增加了大量自耕农。从仁宗以后的营田和屯田，在"废以给贫民，顷收半税"等情况下，事实上也创造了不少小土地所有者。同时，从太祖（赵匡胤，公元九六

---

[1] 以上引文见洪迈《容斋随笔》；《通考·田赋考》三——四《历代田赋之制》；王称《东都事略》卷二三；并参考《新五代史》"世家"及《通鉴》。

[2] 《续资治通鉴长编》卷七称：乾德三年（公元九六五年）蜀主孟昶投降后，即下诏免除茶榷、嫁妆等税，明年又令川陕诸州地方官，"察民有伪蜀日所输烦苛"，前诏未及免除的，仍当一律免除。卷四又称，各州一律重新编造"版籍"，根据新造"版籍"课"差役"。《通考》卷十二《职役考》一《历代乡党版籍职役》：建隆三年（公元九六二年）令文武官内诸司台省监诸使，"不得占州县课役户，及诸州不得役道路居民为递夫"。五月诏令佐诸官检察差役，有不平者，许民自相纠举。乾德五年（公元九六七年）又禁诸州职官私占役户供课。

[3] 赵翼《廿二史札记》卷二四："宋以忠厚开国，凡罪罚悉从减轻；独于治赃吏最严，盖宋祖亲见五代时，贪吏恣横，民不聊生，故御极以后，用重法治之，所以塞浊乱之源也。"

〇——九七六年）到仁宗（赵祯，公元一〇二三——一〇六三年），又不断提倡人民种植桑枣；邻伍互助凿井；以课农及人口复员成绩为官吏考勤标准；多收民租者杀头；废除五代十国无名苛细之敛；省边区人民徭役；免除部分人头税；保护蚕桑；讲求耕作法，研究土质，选拔精悉土质及明树艺之法者为县"农师"，蠲税免役；令"同乡三老里胥"，就人民某家有种，某家有丁，某家有耕牛者，"分画旷土，劝令种莳，候岁熟共取其利"（按类似变工垦荒）；饮博怠于农务的游惰，由农师"白州县论罪"，讲求"均平赋税，招辑流亡，惠恤贫孤，窒塞奸幸"① 的办法；以免租去提倡南方种粟麦、黍豆，北方种稻；发放农贷，制造"踏犁"，给予无牛的农民；发给旱灾区域（江淮两浙）稻种；免除农具税、耕牛税；选医牛古方，颁之天下；被水旱灾区，概行免税；废除京城四面禁围草场，许民耕牧；禁寺院占买民田。同时，太祖又亲订"商税则例"②，禁止例外征税。因此，北宋的经济获得疾速发展，并促起生产力的进步③；到真宗（赵恒，公元九九八——一〇二二年）末年，便表现户口蕃庶，田野日辟的景象。宋代户口，太祖开宝九年（公元九七六年），主客户共三、〇九〇、五〇四户；到真宗天禧五年（公元一〇二一年），增至八、六七七、六七七户；神宗（赵顼，公元一〇六八——一〇八五年）元丰六年（公元一〇八三年），增至一七、二一一、七一三户；徽宗（赵佶，公元一一〇一——一一二五年）大观（公元一一〇七——一一一〇）初，增至二〇、九一〇、〇〇〇户，为宋朝户口的最高记录。而人口分布的状况，元丰三年（公元一〇八〇年）和唐天宝九年（公元七五〇年）比较，南方各路均大量增加，北方仅陕西路略有增加，京东路、京西北路（河南）约略相同，其他均大量减少；在南方，尤以淮南及长江以南各路，聚集了大量人口④。这可以反

---

① 《宋史》卷一七三《食货》上一《农田》。

② 《通考·征榷考》一《征商》：太祖建隆元年诏："所在不得苛留行旅赍装，非有货币当算者，无得发箧搜索。"又诏："榜商税则例于务门，无得擅改更、增损及创收。"开宝六年（公元九七三年）诏："岭南商贾贵生药者勿算"，并免除嫁妆税。

③ 《宋会要稿·刑法》二乾德四年（公元九六六年）诏："今三农不害，百姓小康，夏麦既登，秋稼复稔，仓箱有流衍之望，田里无愁叹之声。"到太祖末年，便表现"年谷丰登，人物繁盛"的景况。（《续资治通鉴长编》卷一六，开宝八年）随同生产的恢复和发展，商业也发展起来了。文莹《玉壶清话》卷三说："淮浙巨商，贸粮斛贾，万货临汴，无委泊之地。"

④ 《通考》卷十一《户口考》二，历代户口丁中赋役。参阅《宋会要稿》一二七册《食货》十一《户口杂录》及《续通鉴长编》。

映各路经济发展的变化和其不平衡情况。

随着农业生产的发展，商业和手工业也空前发展起来。东京（开封）、成都、兴元（陕西南郑）等城市都成了全国大市场，二等、三等市场不下十余处，四等以下的市场更多，遍布全国各路。在各种大小市场中，都聚集了成千成万户的商人、手工业者和居民；尤其是东京，据孟元老《东京梦华录》所载，已出现了沿街、沿门出卖手工劳动的各色杂作和手艺的手工工人①。各业商店和手工作坊，都有其同帮同行的行会（行）组织。除官营商业和贵族、官僚、大地主的"邸店"或"邸肆"（专利商行），都不负担商税，皇室、官府、邸第的供应品也免税以外，各大市场每年商税收入，均在五十万贯内外，二等市场均在二十万贯以上，三等在十万贯以上，降至六等市场，也能收入二三万贯。全国商税收入，太宗时四百多万，后到千多万贯。同时，在邸肆独占对外贸易特权的限制下，自由商人（即所谓"市人"）仍纷纷经营国外贸易。同时，"蕃贾"与"牙侩私市"是禁止的，然"蕃贾"与"中贾"仍私市其货。输出品主要为金、银、缗钱、铅、锡、绢帛、绫锦、棉布、瓷器、染料、刀、铳、火药、纸、笔墨、书籍等等，输入品主要为香、药、犀角、象牙、珊瑚、琥珀、珠玉、镔铁、玳瑁、玛瑙、水晶、"蕃布"、乌木、乳香、苏木、马、骆驼、皮毛等等。由于对外贸易的发展，到太祖末年的公元九七一年，便开始在广州设立市舶司，管理对外贸易和税政②。特别是自由商人集团的形成，是一种时代的新因素。这些方面，可以表现出北宋商业发展的尺度。

手工业方面，官府的军器制造、铸钱，印钞、采矿、冶铁、采茶、煮盐、印刷、造船、纺织、制锦、造纸等大手工坊场，均使用成千成万的雇佣工人；管理官府手工业的机关少府监所属和内侍省的造作所所管属，组成了一个庞大的系统。私家手工坊场除兵器的火箭、火炮、火药等外，也普遍到了各种部门。特别是火药铳炮制造、罗盘针、活字印刷术、金属分析（以药分解铜、

---

① 《东京梦华录》卷三《诸色杂卖》：东京有"锢路钉铰箍桶、修整动使、掌鞋、刷腰带、修幞头帽子、补洗魠角冠子……有使漆打钗环……换扇子柄……者"诸色杂卖匠作。《东京梦华录》卷四《修整杂货》及《斋僧请道》条："倘欲修整屋宇、泥补墙壁……即早晨桥市街巷口皆有木竹匠人，谓之杂货工匠，以至杂作人夫……罗立会聚，候人请唤，谓之罗斋。竹木作料亦有铺席、砖瓦泥匠，随手即就。"
② 《宋会要稿》一九七册《蕃夷》四：于广南路、福建路置市舶司；不过虽开始设置市舶司，但"不以为利"。

锡等合金)、火寸(以杉木上涂硫磺,遇火即发)制造术的发明或改进,以及采矿冶金、印刷、火药军器等部门熟练工人和技师的产生,可表现手工业技术和生产力发展的程度。

但是北宋的政策,自始就很矛盾;随着经济和生产力的发展而来的,却是阶级间矛盾的日益复杂和扩大。

北宋根据唐朝两税法,定正税为五类,即(一)官田,由政府招佃收租,即所谓:"公田……赋民耕而收其租";(二)民田,政府收税,租归土地所有人;(三)城郭,收店宅、园地税;(四)丁口,收人头税——丁钱或丁米;(五)杂变,即缴征各地物产如牛革、皮、蚕、盐、药物之类,即"随其所出,变而输之"的杂税。实际上,所谓杂变,是在唐朝两税以外的。同时,唐初的力役原即租庸调之庸,后来包括于两税之内,又另征力役;北宋也沿袭未改,实行庸外再庸。赋税所征品物,分谷物、布帛、金银货币、物产四类。征收正赋,又有所谓"折变",即随时令人民改纳他种品物,或由物折钱,又由钱折物,往复增加,常至多倍;"支移",即令人民改至他州他县缴纳,藉增脚钱。贫民每因所谓"折变""支移"而破产、逃亡。另又有所谓官卖,即盐、茶、酒、香、矾五种东西,由官府专利。就人民日食必需的盐来说:"盐价既增,民不肯买;乃课民买官盐,随贫富作业为多少之差。"① 这都不只是一般人民的苛重负担,对煮盐"亭户"、植茶"园户",尤其是一种残酷剥削。此外还有各种杂税。而贪官污吏在征收的过程中,又二三其手,肆行敲榨。因此连司马光也不能不说:"谷未离场,帛未下机,已非己有……直以世服田亩,不知除此之外,有何可生之路耳!"②。

宋初屯田,是从防边出发的,即所谓"无寇则耕,寇来则战",就命知军为屯田制置使,在"河北者"又"利在蓄水以限戎马"。天禧(公元一〇一七——一〇二一年)末,诸州屯田共达四千二百余顷。先是张巽改变办法为

---

① 《宋史》卷一七四《食货上》二、一八一,《食货下》三《盐》上。
② 《宋史》卷一七三《食货上》一司马光上哲宗疏云:"四民之中惟农最苦:寒耕热耘,沾体涂足,戴日而作,戴星而息;蚕妇治茧、绩麻、纺纬,缕缕而积之,寸寸而成之。其勤极矣! 而又水旱、雹霜、蝗蟝,间为之灾。幸而收成,公私之债交争互夺:谷未离场,帛未下机,已非己有。所食者糠籺而不足,所衣者绨褐而不完。直以世服田亩,不知舍此之外,有何可生之路耳! 而况聚敛之臣,于租税之外,巧取百端。"

"募水户分耕"，许逊"又参以兵夫，久之无大利"。北宋末便成为剥夺人民的一种苛政，即所谓："兵民参错……或侵占民田，或差借耨夫，或诸郡括牛，或兵民杂耕，或诸州厢军不习耕种，不能水土，颇致烦扰。至于岁之所入，不偿其费。"①

商税主要分过税、住税两种：过税规定凡商品值百抽二，实际"场务"（税卡）林立，各卡值百抽二外，巡丁（专拦人）又索取所谓"事例钱"；住税，规定凡商品到市场出卖，均值百抽三。布帛、粮食、器具、香药、宝货、针、钉、猪、羊、牛、马、农具、纸、扇、胡椒、鹅、鸭、鸡、鱼、瓷器、金属，以至草鞋、薪炭、螺蚌、果、蔬等等，均须缴税。另外，商品到市场出卖，均须入行，否则没收；入行须缴纳行税或"免行钱"。异地行商和农民运货入市，牙侩收取行佣钱外，又常任意摆布。官营商业和邸店的商品，都无商税负担，也不参加行会（但去支配行会）。他们对异地和乡村货物入市，常任意截留包揽，肆行垄断。经营对外贸易的商人，输出和输入品除负担一般商税外，还需纳钱请得许可执照，缴纳关税；商品入口，官府又有尽先包购特权。邸肆却没有这些约束和负担。

此外，人民犯罪，仁宗又规定令乡民以谷帛、市人以钱帛赎罪的办法。其他罚款更不一而足。

另方面，北宋的皇族、贵族、大小官僚以至所谓先圣先贤、前代达官贵族后裔等大地主及其亲属姻亲以至门客，寺院道观的僧尼、道士、女冠，都享有免役特权，叫作"官户"、"形势户"、"僧祇户"、"道观户"，都立别籍。人民方面，只有"亭户"、"园户"免役，但实际上他们无异男女老少都在常年服力役；赤贫和孤寡虽有免役之令，实际也是具文。同时，皇族、贵族、官僚、大地主等"形势户"和寺院、道观占有的土地，也不负担地税。他们占有土地的数量，除原来的大地主土地占有外，赵匡胤作皇帝后，对左右功臣、亲族、官僚又都赐给大量田宅，以后也不断赐予，不只直接扩大大地主土地占有面积，且不断直接创造大地主。皇室、贵族、官僚又不断以大量土地赠予寺院、道观，直接创造、扩大僧道大地主和其土地占有。宋朝对贵族和官僚的俸禄，正俸比前代特别高，文官还另有月给及春冬特给，武官另有"禄粟"或

①《宋史》卷一七六《食货上》四《屯田》。

"随身衣粮"，退休后也照样给俸；此外又有随时赏赐。如仁宗临死，遗命大臣各赐钱百余万，每三年一次的郊祀（皇帝祭天地）以及各种大典，也都有赏赐。这正如赵翼所说："（宋廷）恩逮于百官者，惟恐其不足；财取于万民者，不留其有余。"① 这在实质上，就是公开分赃；同时，又直接扩大官僚占有的财富量。而官僚的数量又特别庞大，如真宗时，合内外本官即达一万三千余员，散官佐职、属员还不在内；真宗一次便裁减冗员十九万人，数量之大可知。他们以官俸、贪赃、地租等等收入，不只直接扩大土地兼并，而又大放高利贷，经营垄断性的商业，扩大对"乡里坊郭之民"，即农民、手工工人、中小商人以至中小地主、手工业中小坊主的剥削，愈加速土地兼并和集中的进行。因此到仁宗时，便表现僧寺、势官、富姓占田无限和兼并伪冒等等情况并都已成为风习。到英宗（赵曙，公元一〇六四——一〇六七年）时，全国耕地共四百四十多万顷，而负担地税的仅占十分之三，其中还不包括大地主隐瞒偷税的土地在内②。可见土地集中与赋税不均到了何种严重程度！

由于全国赋税力役，全部加在农民、手工工人、自由商人以至中小地主的身上，其中地税和力役，则全部由农民和中小地主负担，而中小地主则又设法转嫁于农民。因此，农民便不断隐匿户口、逃避税役，或丧失土地，以至卖妻卖子，甚或弃家逃亡；引起农村人口不断失业，或"去农为兵"，或流入城市为工商服务以至流浪，或聚众暴动。中小地主为舍重就轻，亦多转入城市经营商业。这种矛盾，从太宗时已开始表现出来，在京畿首善之区，人民"苦税重"，每"有匿比舍而称逃亡，挟他名而冒耕垦"，或"兄弟……析居，其田亩聚税于一家，即弃去……已而匿他舍冒名佃作"，即所谓"诡户"；而官吏"专务苛刻……民实逃亡者，亦搜索于邻里亲戚之家"③。到英宗、神宗之际，情况就越来越严重，矛盾就更加扩大了。

自由商人和小手工业者，虽较农民负担较轻，主要是没有力役；然由于种种束缚，在在都妨害他们的发展，益以倍称之息的高利贷压榨，享有特权的邸店垄断，贾贩"工机之利愈薄"。随着他们业务的发展，其与大地主集团的矛

① 赵翼《廿二史札记》卷二五。
② 《通考·田赋考》四《历代田赋之制》；《宋史》卷一七三《食货上》一《农田》。
③ 《通考·田赋考》四《历代田赋之制》；《宋史》卷一七三《食货上》一《农田》。

盾，也便越来越尖锐。

王安石的经济改良政策 年少的神宗即位后，他深感内忧外患，便决心想把内部的矛盾予以相当处理，消泯内忧，以便聚集力量去克服契丹和西夏的外患。因此，他不顾贵族官僚与工商权富之家的大地主集团的反对，决然任用代表中间阶层的王安石、吕惠卿等改良派，来实行新法。

王安石等的新法，是针对当前社会矛盾的改良方案。在经济政策方面，主要有以下的一些政策和措施。

（一）方田法：即丈量全国耕地，以东西南北各一千步为一方，并根据土质规定五等税则，同时清查隐瞒和冒占的土地，所有土地一律按检定等级纳税；取消大地主土地免税特权，平均地税负担。

（二）募役法：原来服力役的民户，一律改纳"免役钱"，免除劳役；原来的免役户，也均须缴纳"助役钱"；其他原来无力役的民户，也缴纳"免役钱"，由政府雇用无业人民服力役。这取消了一切免役特权，平均力役负担，也解决一部分失业人民的职业。这是王安石"新政"的重要政策之一①。

（三）青苗法：政府施放农贷，愿则取之，不愿不强。于青黄不接时出贷，收获后还本，取息二分，如遇灾伤，许展至丰熟日纳。即所谓"以钱贷民，使出息二分，本非为利。"平时出贷也是一样。这在解除农村倍称之息的高利贷压迫，抑制土地兼并，所以"富者不愿取，贫者乃欲得之。"

对手工业者也同样给贷，于次年用绢匹等偿还；同时"预买绸绢等"，"许假封桩钱或坊场钱，少者数万缗，多者至数十万缗"，"民多愿支贷"②。对商人贷款，年在二百万以上；办法为"结保贷请"、"契要（即文契）金银为抵"与"贸迁物货（即定货）"三种。这在解除高利贷对商工的压迫。

（四）农田水利：调查全国农田水利，招收农业水利技术人才，"（凡）吏民能知土地种植之法，陂、塘、圩、埠、堤、堰、沟洫利害者，皆得自言，行之有效，随功利大小酬赏"③；府界及诸路所兴修水利田，凡一万七百九十三处，为田三十六万一千一百七十八顷。

---

① 《王临川文集》卷三《上五事札子》："论财以农事为急，农以去其疾苦、抑兼并、便趣农事为急，此臣所以急急于免役之法也。"
② 《宋史》卷一七五《食货上》三《布帛》；卷一七六《食货上》四《常平义仓》。
③ 赵翼《廿二史札记》卷二五。

（五）均输法：即官府于各处设"买卖场"，物品滞销或当地大量出产的东西，出钱买进，物品缺少，或当地缺乏的东西，则以较低价格卖出；凡国库所需及上供之物，也均由"买卖场"直接购办输送。这不仅在贸迁全国物产，调剂各地供求，减少人民输纳的劳困和负担；又在抵制豪富邸店的垄断、操纵。

（六）市易法：当时"百货无常价，贵贱相倾，富能夺贫……今富人大姓（按指邸店资本），乘民之亟，牟利数倍；财既偏聚，国用亦屈"①。乃置常平市易司，凡物之滞销者，增价收购，愿易官物者易以官物，愿以物品卖与官者，可先估价贷钱，限期偿还，年利二分，市场物价贵则减价出卖，以调剂市场需要。这完全在抵制邸店的垄断，调剂市场供求和物价，扶助中间阶层，对劳动人民也有好处。

（七）免行钱：原先官府所需之物，均责令各行会供应，行商行东以至贫民浮贩，均赔折不堪，供应不及，且受责罚。根据诸行利入厚薄纳免行钱后，各行会不再供应，宫中所需百货，由官府自行凭价购买。

（八）制定陕西盐钞法：官盐任人贩卖。原先商人交钱换取"交引"限期到场取盐，每十分别纳一分，谓之"贴纳"。豪商均能及期，小商或不即知，或无贴纳，则贱售给豪商。乃行盐钞法以抑此弊。

（九）创制置三司条例司，统一全国财政税收：立三司会计司，掌管财政年度的预算、决算和国富统计，即"会计一岁国内财用出入之数"，统计国内户口人丁、税赋、场物、坑冶、河渡、房、园等等租额年课以及各路钱谷出入之数，每岁比较增、亏、废、置。

这主要在和缓农民和地主的阶级矛盾，适应中间阶层的要求，特别符合中小地主的经济利益，也反映了自由商人和手工业者的一点要求；同时在发展生产，整理国家财政收入，也就是安石所谓："善理财者，不加赋而上用足"，只是"民之所利者利之。"这些政策的实行，虽在执行上发生不少偏差和毛病，不良分子也从中制造不少弊端，但人民还是受到一些好处，所以民皆便之；同时财政也大有起色，"京师有七年之储"；对北宋社会危机的挽救，也起了不小作用。然新政却妨害了大地主集团的特权利益，即神宗所谓"与士大夫诚多不便"。因此，司马光、吕公著、韩琦、程颢、苏轼等人都拚命反对

①《宋史》卷一八六《食货下》八《市易》。

新政，司马光甚至以"天地所生财货百物，止有此数，不在民则在官"，"民之有贫富，由其材性智愚不同"等歪论来反对新政，甚至以谩骂的方式，攻击新党人物为"恔巧"、"不晓事"①。神宗死后，新政根本被推翻，大地主特权全部恢复，他们并实行向改良派和中间阶层反攻，更猛烈的压榨人民。社会矛盾又重新扩大。

哲宗（赵煦，公元一〇八六——一一〇〇年）亲政后，为着想挽救危机，恢复皇帝权威，又起用吕惠卿、章惇、蔡京等所谓新党人物。但他们已是变了质的新党，也都成了大地主分子；与旧党除去历史上的成见和权位冲突外，便没有实质的不同了。因此，他们所行的政策，只是在文字上还没改变，内容上却已偏重于财政的收入，渐次丧失改良主义的成分。建中靖国年间两党联合内阁的产生，便表现他们在经济利益和财政政策上，已没有根本的不同。徽宗亲政后，由于当前阶级矛盾以及与女真奴主集团间的矛盾，社会危机更严重，憧憬于熙宁（神宗年号）新政的结果，又专任所谓新党蔡京执政。蔡京为首的集团及与他们依附、勾结的都是一群奸阉（宦官）、官僚、地方恶霸大地主，更加丑恶（《金瓶梅》描写的蔡京，及依托他的恶霸富商西门庆之流的种种丑恶，是近乎当时情况的，虽然那是明人的作品，在反映着明朝地主阶级的丑恶与虐民情况）。他们把王安石的"青苗钱"及吕惠卿的"青苗条约"等经济改良政策，公开参酌增损，便都成了吸取人民膏血的苛政。例如青苗钱变成强制"抑配"的高利贷，免役钱成了一种严酷的剥削，更造为每人二千的所谓"免夫钱"；农田水利法变成"括田"，以致所谓"根括逃田"，每把人民良田括为"公田"。此外，如人民输赋的脚费，元丰时已等于正税之数，又反复扭折，数倍于昔，人民卖去家产，犹不能继。尤其是他们为徽宗大兴土木建筑，搜集全国特别是东南的珍宝花石，经运河运往汴京（所谓"花石纲"），人民输纳花石多至破产，富户则居奇发财；纲运民夫，多至自缢。种种苛杂剥削，无孔不入。因此，引起人民普遍失业、逃亡、骚动以至大暴动。而蔡京等人，则都成了惊人的豪富，如朱勔有田三十万亩，李彦私田达数十万亩，童贯私库仅理中丸（补药）即有数千斤，王黼私库麻雀干便装满三大屋，蔡京父子田产库

---

① 毕沅《续通鉴》卷六六、六七；《司马温公集》卷七《乞罢条例司常平使疏》；王称《东都事略》卷八七；《宋史·神宗本纪》、《哲宗本纪》、《食货志》及王安石、司马光等人传。

藏更富。他们生活的豪奢腐败，已到了惊人的程度。人民痛恨他们，指他们为"六贼"（由陈东的口中说出的）；其实"六贼"不过是大地主那个"贼"集团的代表。

北宋在这种情况下，自然不能抵御金兵而垮台了。

南宋的经济情况 公元一一二六年，北宋政府垮台，赵构（高宗，公元一一二七——一一六二年）与一部分官僚贵族大地主南逃，于公元一一二七年，在南京（河南商丘）建立南宋政权。京东路、京西路、河东路、河北路、京西南路、陕西路自大散关（宝鸡东）以东，全部为女真奴主贵族所占据；南宋朝廷仅保存今长江以南各省，长江以北苏、皖各一部，四川、湖北及大散关以西的陕西一部分领土，只当于北宋领土三分之二（北宋共一、二三四个县，南宋只七〇三个县）。它在社会经济和国家财政等等方面，全部继承北宋，都没有多少改变。但由于女真奴主政府更落后的统治与残暴的压迫，其占领区的汉族及契丹等族人民，尤其是农民、手工工人、商人，不断流亡南去，劳动力源源增加。而弃家破产流亡南去的人民，都格外辛勤节俭，去获得衣食，重建家园。因此，在南方自然条件和原先生产发展的基础上，又促起南宋农业、商业，手工业的发展和生产力的进步。根据《通考》卷十一《户口考》二，除南渡初年人口增加的速度很快，但无具体数字外，公元一一六〇年（高宗绍兴三〇年）南宋总户数一一、三七五、七三三，口数一九、二二九、〇〇八（其中许多流人没有立户）；到公元一一六六年（孝宗乾道二年），户数增至一二、三三五、四五〇，口数增至二五、三七八、六八四；到公元一二二三年（宁宗嘉定十六年），户数增至一二、六七〇、八〇一，口数共约二八、三二〇、〇八五（照这个数字，平均一户才二人强，可能不确）。六十三年间共增一百三十多万户、九百一十余万口，只比北宋徽宗大观四年（公元一一一〇年）全国户数少八、二一一、四五七户。随时流亡南去没有立户和住定的人口及逃匿之户口尚不在内，为数当亦不小。但由于随时有大量人口增加，所以人口增加的数字波动颇大，没有一定规律。这种数字自难完全可靠，但可以反映南宋人口增加的速率，也可以反映经济发展的情况。

其次，南宋政府在高宗、孝宗（赵眘，公元一一六三——一一八九年）年间，大量开辟水田（圩田、湖田、塘田等），兴修水利（修筑堤、堰，塘、陂、坝等），并奖励和帮助民间兴修（如官贷钱谷与田主，令有田之家出钱谷与租田人建筑堤堰等等），对农业发展也起了作用。再次，高宗、孝宗朝的一些改良措施，特别对招纳流亡人口方面，也有着一些作用。如免欠租、免牛税，以招诱农民归业；招民佃京西、淮南官田，官贷牛种，八年偿还，并有免租优待；给江淮湖南荒田与"离军添差之人"为世业；以荒田给予"归业者"及"归正人"（即流亡南来人民）；沿淮因荒残，曾不行租税；吴越民垦荒田，不加税；奖励大姓贷款给农民；对灾区施行救济，贷放种子，并免所欠租赋及当年两税；免除被虏之家的租税及科配；免除绍兴三十年以前一切赋税钱租旧欠；"上三等及形势户逋赋，虽遇赦不除（免）"[1]。并实行军屯，如张浚的"屯田法"[2]，改屯田为营田，但依旧募民承佃。这一切，尤其是给了一部分人民一些土地，对阶级矛盾也起了缓和作用。

又次，由于女真奴主集团的军事掠夺与残酷破坏，不只俘掳人口，抢占人民财产，而又肆行烧杀，所到之处，闾里为墟，严重地摧残了社会生产，破坏了人民生活。加之其落后的奴隶制统治与对汉族及其他各族人民的压迫，又特别残暴。因此反女真奴主集团的斗争，成了社会的主要矛盾，南宋社会内部的矛盾便相对地缓和了。

这是南宋经济发展的主要条件。

但是南宋政府对人民所采的一些改良步骤，主要在和缓矛盾，增加财政收入；而在实际上，不只同时在便利地主阶级，人民反每每得不到实惠，如"屡赦蠲积欠，以苏疲民"[3]，州县则"变易名色以取之"。对于地主阶级，尤其是大地主集团的保护政策，却是实实在在的。例如官户（品官、封赠官、荫官等）、寺观户，并免差役，官户、寺观户都是大地主。太学生及"解经省试"的士人即候补官吏，则许募人充役。田连阡陌的皇族、贵族、官僚、将军或工商权富之家等（即所谓"邸第戚畹"、"强宗巨室"等）及寺观，在办理土地经界（即清丈所有耕地，一律按亩课税）以前，都没有两税负担；在"正经界"以后，他们无虑数千万计的土地，仍皆巧立名色，尽免两税，而且"经界"受到他们反对，并没有彻底办理完成。形成"税役不均，强宗巨室，

① 《宋史》卷一七四《食货上》二。
② 《治平类纂·屯田篇》。
③ 《宋史·食货上》。

阡陌相望，而多无税之田，使下户为之破产"的现象①。他们对土地的占有，除原有土地外，南宋政府对于他们（特别是从北方来的流亡大地主），又不断赐给大量土地，如高宗赠给奸贼秦桧永丰圩，辟出良田千顷。他们又自行强占各处湖沼陂泽（太湖、鄱阳湖、鉴湖、洞庭湖、木兰陂等）四周，沿海圩地、沙田、芦场及山林旷地（尤其是施、黔等州地旷人稀之区），筑堤、修坝、围圩、开塘，辟成湖田、围田、圩田、塘田，作为自己的庄田，召民佃耕；而湖田、围田又直接妨害水利，破坏民田（如江浙沿湖、沿海、沿江的地区，湖高于田，田又高于江海；旱则放湖水溉田，涝则决水入海入江。但因势家围田，堙塞流水，旱则民不得溉，涝则远近泛滥，民田尽没）。南宋政府虽一度于鉴湖、太湖等处，强制废势家围田、开围、复湖，而因近属贵戚公然投牒阻挠，便借口淮民流移，无田可耕，诏已开围田，许原主复围，专召淮农租种。其他各处，虽称合废，亦只得竟仍其旧。其次，势家又侵佃学田，强占民田，并强向人民索取田契。地主阶级又一同以高利贷等方式，实行兼并。结果形成有田者不耕，耕者无田的矛盾现象。其实，南宋政府本身，也同样开田、没收民田（如所谓"绝户田"、"逃田"以至"垦田"等）作为"官田"，召人民佃耕，收租征税。以此，如叶适所说，后来竟至全国三分之二以上的农民，都沦为官私佃户。

　　同时，南宋辖区和人口都比北宋少，而财政开支却比北宋需要大（如军费、岁贡等等），南宋又设法加重人民负担。本来北宋的两税，已比唐朝高七倍②，南宋人民负担便更重了。

　　南宋朝廷弥缝财政的主要办法，第一，直接加重赋税徭役。就正课说，秦桧再相，密谕诸路增民税七八成；至光宗（赵惇，公元一一九○——一一九四年）绍熙元年（公元一一九○年），民输粟米增加一倍，输帛增加数倍，免役钱增加数倍，外又有月桩钱（即朝廷于正赋外向州县所要的钱，州县借此

① 《宋史·食货上》一《农田》，绍兴六年（公元一一三六年）知平江府（今江苏吴县）章谊言。又理宗淳祐六年（公元一二四六年）谢方叔言："豪强兼并之患，至今日而极，非限民名田，有所不可……百姓日贫，经制日坏，上下煎迫，若有不可为之势……夫百万生灵，资生养之具，皆本于谷粟，而谷粟之产皆出于田，今百姓膏腴，皆归贵势之家，租米有及百万石者。小民百亩之田，频年充差保役，官吏诛求，百端不已，则献其产于巨室，以规免役。小民田日减而保役不休，大官田日增而保役不及……可不严立经制以为之防乎？"谢方叔还只是从小地主的立场说话的。以后又有赵顺孙等相继进言，皇帝也同意实行"立经制"或"定经界"，但都是"卒不行"或"不实"。

② 见高宗建炎三年（公元一一二九年）林勋所上《本政书》。

所立名目,有所谓曲引钱、土户钱、白油醋钱、绸绢钱、折绝钱、卖纸钱、户长甲帖钱、保正牌限钱、折纳牛皮筋角钱、胜诉喜欢钱等等。《文献通考·征榷考》谓月桩钱包括:曲引钱、纳醋钱、卖纸钱、户长甲帖钱、保正牌限钱、折纳牛皮筋角钱,两讼不胜则有罚钱,既胜则令纳欢喜钱),版帐钱(即纳粟米增收"耗剩",交钱帛增收"糜费",陷人于罪科罚款等等)。即此,已"不知几倍于祖宗之旧!又几倍于汉唐之制!""至于蜀赋之额外无名者,不可得而知也!"此外又有所谓预借,如高宗绍兴六年(公元一一三六年)预借江浙来年夏税绸绢之半,至理宗淳祐时(公元一二四一——一二五二年),便至预借五年,州县且有借至七年的。另方面,两税收入全部供军,州县无复赢余,又别立名色取巧。其他杂税,又有所谓"经总制钱"(包括:添酒钱、添卖糟钱、增添牙税钱、头子钱、楼店务增添三分房钱)以及"丁盐坊场课利钱、租地钱、租丝租䌷钱","大军钱、上供钱、籴本钱、造船钱、军器物料钱,天申节钱";又有"钞旁定帖钱"(即勘合钱、每贯收十文),"印卖田宅契纸"(争田执白契者勿用),"典卖田宅契税钱","出卖户帖"(凡坊郭乡村出等户皆三十千,乡村五等户、坊郭九等户皆一千,凡六等)、"舟、车、驴、驼、马契书之税","科激赏绢","奇零绢估钱","布估钱"(即原先官以钱估布,后不复予钱,至是又令人民输估钱),"对籴米"(即民户输税一石者反科籴一石)。政府专利官卖的盐、茶、酒、矾、香料等,也都把价格和强制抑配程度提高。尤其是盐,有南渡立国,专仰盐钞之说。如"福建下州,例抑民买盐……遂为定赋。"① 其他各地也大都如此。这并且都是从光宗以后,越来越繁重。

第二,扩大官田,使官田地租收入增多。出卖"诸路官田","没官田"及"江涨沙田",官吏经手卖田最多者升官。到末期,甚至全以会子抑买民田

---

① 《宋史·食货志》。《续通考·征榷考》。又叶适《水心文集》卷一《上光宗皇帝札子》:"今独奈何民力最穷,州县最困欤……曰:月桩拔帐尔、总制上供尔、归正人官兵俸料尔。又问民力之所以穷者何说乎?曰:役法尔、和买尔、折帛尔、和买而又折帛尔。"又卷四《奏议·财总论》:"而经总制之窠名既立,添酒、折帛、月桩、和籴皆同常赋……边一有警,赋敛辄增,既增之后,不可复减。尝试以祖宗之盛时所入之财,比汉唐之盛时一再倍;于熙宁、元丰(公元一〇六八——一〇八五年)以后,随处之封桩,役钱之宽剩,青苗之倍息,比治平(公元一〇六四——一〇六七年)以前数倍;蔡京变钞法以后,比熙宁又再倍矣……要之,渡江以至于今,其所入财赋,视宣和(公元一一一九——一一二五年)又再倍矣。……然其所以益困益乏,皇皇营聚不可一朝居者,其故安在?"参阅《通考·田赋考》、《征榷考》。

充官田，民至有本无田而向其抑买，又买所谓逾限田、充公田；另一面，又依乡价召人承买没官田、营田、沙田、沙荡之类。所以连恭宗德祐元年（公元一二七五年）诏也不能不说："公田最为民害，稔怨召祸。"①

第三，无限制的发行纸币（关子、公据、交子、会子等），专设印刷发行机关（名交子务、会子务、会子局）。最初还实行兑现，宣布发行数量和行使界期；以后便不断把票额提高，数量增多，界期取消，无限制发行，兑现成了空话，最多也只许破钞换新钞。不只钞币在民间信用日益降低，与硬货的比值一天不如一天，以至最后成为废纸，人民大受损失，南宋朝廷本身也不断持新钞去贬旧钞。

第四，由于对外贸易发展，江、浙、闽、广各海口的关税收入，都有增加。同时，经界虽没彻底办理完成，但负担地税的面积和地税收入却比较增大了。

因此，南宋辖区虽比北宋小三分之一，以每五口计算，估计人口最后还比北宋少三千几百万，岁入却还超过（北宋全盛时的仁宗皇祐元年，即公元一〇四九年，岁入钱数一亿二千万贯，南宋末年也岁入此数；据叶适说：为宣和时的两倍）。但此，不只表现了剥削的残酷程度，且表现南宋统治者又如何在妨害经济的发展和压低人民的生活。

与大地主集团公家岁入和私家财富的增长相反的，便是农民日益困苦。在高宗绍兴年代，科敛最重的浙西，农民便不断卖田还税，质妻、逃亡，四川也由于税重，人民弃业逃亡；孝宗时，在所谓五谷屡登、蚕丝盈箱的海内阜康之际，也同样有民贫赋重穷困之民流移漂荡的一面；至宁宗（赵扩，公元一一九五——一二二四年）以后，全国农村到处都是愁叹之声；到理宗（赵昀，公元一二二五——一二六四年）淳祐间，一方面州县官鞭打黎庶，人民鬻妻卖子成为普遍现象。另一方面"钟鸣鼎食之家，苍头卢儿，浆酒藿肉；琳宫梵宇之流，安居暇食，优游死生"②。以致东南之民力竭与西北之边患棘，形成了对照的情况。这可见阶级矛盾日益扩大的过程。

南宋的商业和手工业　南宋的商业和手工业，也较北宋有进一步的发展。

商业的发展，首先表现为都市的发展。南宋的首都临安（杭州），高宗

①《宋史·食货志上》。参阅周密《齐东野语》卷一七。
②《宋史》卷一七四《食货志上》二《赋税》。

时有二十万户，比北宋末年的首都（开封）少六万户，到度宗（赵禥，公元一二六五——一二七四年）时便增至三十九万户。其中除住宅外，有米市（每日交易数千石）、钱市（有大金银钞引交易铺百多家）、珠宝市（买卖交易常以万贯计算）、绸缎布帛市（各大帛铺，绮、罗、花纱、绸、缎、绢、锦、绫、绉、鹿胎、透背、绣锦、锦襕、棉布各种贵重货色齐全）、印刷书业市、餐馆酒店市、茶庄、瓷庄以至歌楼、酒馆、茶坊、妓寮等等。还有夜市和早市：夜市很多，竞卖奇巧器皿百物，和日市一样；早市从五更开始，买卖珠宝、山海鲜味及花果等等。各种手工业作坊，也都分业聚成街坊。另外有大质库（大当铺）十余处及"邸肆"等，都是豪宗巨室的买卖。各种大手工业局、坊、场，主要是官营的。豪宗巨室经营商业的颇盛行，他们的买卖常避免各种捐税负担和享受特权。普通商人均负担名目繁多的各种捐税，但与官府往来勾结的大商店，却能逃脱一些捐税，负担重的还是中小商人。

较次于临安的大都市，还有苏州、成都、明州（宁波）、广州、建康等处；又次的有真州（江苏仪征）、江陵（湖北江陵）、汉阳军（汉阳）、无为军（安徽无为）、蕲口（湖北蕲春）、潭州（长沙）等处。较小的市镇，到处皆是，如鄞县（宁波）有一镇八市，建康府有十四镇二十余市，全国州县及有些镇市都有税务机关的设立。即所谓山间迂僻之县镇，经理未定之州郡，均有"税场"。商税从价抽百分之三或百分之二；从果蔬、竹木、柴炭、衣屦、布絮、谷粟、油面、鸡、鱼到牛、马、舟、车均须缴税。

对金及国外贸易。陆上对金，于交界处设立榷场（兼理监督交易与收税）。海外主要通商口岸为广州，泉州，明州；因北宋时对日本、朝鲜通商的主要海口密州（山东诸城境）为金所占，与日、朝贸易也移至明州。各通商口岸均设提举市舶司，管理通商及收税。市舶司是南宋的重要税收来源之一。南宋于对外贸易，为增加收入，不特取消邸店独占，并招商入"蕃"兴贩；同时招诱"蕃商"运货来华。输出品方面，后来禁止金银之属出口，仅许以绢、帛、锦、绮、瓷、漆之属输出。但实际上，国内各种产品，不仅海商偷漏，所谓"台阁"和富室，为贪图厚利，走私更厉害。

手工业在质和量方面，也均较北宋发展。在北宋，不断解除五代许多禁令，准许私家生产，如准民出息承买矿山冶铁、采矾，随金脉淘采金子，农具器用亦听民铸造。但私家生产铁、矾，不准私卖，仍有种种约束。到南宋，除去军器之类不准私家生产、朝廷的几种专利品不准私卖外，一切消费资料和生产资料的东西，只需缴纳税款，人民均得生产、贩卖。因此，民间不仅有各种手工业坊场，且有着较普遍的发展。就两浙说，除临安等大城市外，民间有各种手工坊场散布各市镇，育蚕、纺丝、织绢在乡村也相当普遍。在大城市，"杭州城（临安）有十二种职业，各业有一万二千户，每户至少十人，其中若干户多至二十人、四十人不等，这种职业的主人自己都不操作，只是指挥工人作工；生产品供给附近许多城市。"① 实际，马可波罗所述的人数是夸大的，各业部门并不完全，他可能系仅就一些较重要的部门而言。其中有织坊、染肆、织绣坊、木器作坊、铁器铜器锡器作、缝纫、寿坊（棺材）、制针、金银镀作、印刷坊铺、象牙犀角竹木玉器雕刻作、以至梳篦、腰带作等，应有尽有。官府的大手工院局还不在内。四川的情况，也不下于两浙。其他各地较次也都有相当发展。就各地比较发展和著称的民间手工业生产说：川、浙的丝织业较普遍，种类多，花样巧，私家也织造参以杂色线的花缎（所谓锦襕缎子）。棉布和苎麻布纺织，以两广、湖南、福建较发达。长沙以制造精美茶具著称。河北定县的"定窑"，河南临汝的"汝窑"，河北磁县的"磁窑"，山西霍县的"霍州窑"，汴京的"宫窑"等均为金占去，瓷器制造业的发展便转到南方。除景德（江西浮梁，以宋真宗的景德年号得名）的官窑在质、量方面都大为发展外，民窑方面，最著名的有浙江龙泉章生兄弟的"哥窑"和"龙泉窑"，卢陵（江西吉安）的"永和窑"，德化（福建）的"建窑"，广东肇庆的"广窑"。造纸业，以安徽宣城的"宣纸"、浙江嘉兴的"由拳纸"、湖北的"蒲圻纸"、江西抚州的"革钞纸"、四川的"蜀笺"等最著名；其他产纸的地方和纸的种类都颇多；用作造纸的原料，有嫩竹、麻、藤、破布、橘皮、麦茎、稻秆等等②。印刷业，最发达的为浙江，次四川，次福建③。其中最著名的书贾兼印刷业者，浙江有临安大隐坊、尹家书铺、郭氏书铺以及陈氏、金氏、金华双桂堂等，福建有建宁黄三八郎书铺、蔡氏一经堂、陈八郎书铺、世

---

① 《马可波罗游记》。
② 《文房四谱》、《植跋简谈》、《蜀笺谱》、《金粟笺说》、《清秘藏》。
③ 陆游《老学庵笔记》："今天下印书，以杭州为上，蜀本次之，福建最下；京师比岁印板殆不减杭州，但纸不佳。蜀与福建多以柔木刻之，取其易成而速售，故不能久。"

翰堂、建阳麻沙书坊、武夷月厓书堂、建安群玉堂、余氏书坊等，江西有临江吾氏、兴国于氏等，四川有广都进修堂、西川崔氏书肆等，尤以建安余氏、临安陈氏最驰名①。并出现不少雕字、印刷的熟练技术工人，如四川雕匠叶昌，成为其时的著名人物。随同印刷业的发展，由北宋到南宋，制墨业也发展起来了，并出现了大批著名的制墨工人②。造船业，以沿海沿江最发达。特别重要的是炼钢术的进步，由"横法钢"术发展为"灌钢"术③。

从手工业生产的规模和生产力发展的程度来看，首先采矿冶金业，在南宋，以福建、四川、两湖、广东、广西、江南、淮南、浙江等地，都有铜、铁、锡坑冶④；由于北宋末对承买矿田者立重额，开采多坏民田，又常引起诉讼；南渡后，官吏复多方敲诈，挑剔事端。因此，南宋铁、铜、金、银、铅、锡矿场，高宗绍兴（公元一一三一——一一六二年）末停开的达一千一百七十处，开工的一千三百五十八处；到孝宗乾道时（公元一一六五——一一七三年），又续停五百八十一处，生产量也大为减少。由于从北宋到南宋，虽"召百姓采取"，但政府不只"抽分"比例很高，还规定产品按一定比例以至全数"和买入官"⑤；而冶户又率皆"大家"，不只偷冶，并有聚众胁制宋廷

---

① 孙毓修《中国雕板源流考》、王国维《两浙古刊本考》、叶德辉《书林清话》。

② 宋，何薳《春渚纪闻》卷八谓：宋代著名墨工有张孜、陈昱、关珪、沈珪、郭遇等人。清，麻三衡《墨志》称北宋时可考知姓名的著名墨工不下六十余人。参阅宋，晁说之《墨经》。

③ 明，宋应星《天工开物》卷下《五金》第十四《铁》述宋、明"灌钢"法云："钢铁炼法，用熟铁打成薄片，如指头阔，长寸半许，以铁片束尖紧生铁，安置其上（广南生铁名堕子生钢者妙甚），又用破草履盖其上（粘带泥土者，故不速化），泥涂其底；下洪炉鼓鞴，火力到时，生钢先化，渗淋熟铁之中；两情投合，取出加锤，再炼再锤，不一而足。俗名'团钢'，亦曰'灌钢'者是也。"这即苏颂《本草图经》所谓"以生柔相杂和，用以作刀、剑、犁刃"之"钢铁"。苏颂所云，乃是仁宗嘉祐（公元一〇五六——一〇六三）间或其前的情况。

④ 李心传《建炎以来朝野杂记》甲集卷十六《铜铁铅锡坑冶》条："铜、铁、铅、锡坑冶，闽、蜀、湖、广、江、淮、浙诸路皆有之。"

⑤ 在北宋，《宋会要稿》一三八册《食货》三四至三五："元祐元年（公元一〇八六），陕西转运兼提举铜坑冶铸钱司言：'虢州界坑冶户所得铜货，除抽分外，全数并和买入官，费用不足，乞依旧抽纳二分外，只和买四分，余尽给冶户货卖。'"在北宋末南宋初，《通考》卷十八《征榷考》五《坑冶》："钦宗靖康元年（公元一一二六），诸路坑冶苗矿微，或旧有今无，悉令蠲损。""高宗建炎三年（公元一一二九）岁买上供银数浩大，民力不堪……（绍兴）七年，工部言……乞依熙宁法，以金银坑冶召百姓采取，自备物料烹炼，十分为率，官收二分，其八分许坑户自便货卖……从之。"由于"坑冶课额"不平允，"有力之家计数幸免"，"下户受弊"。参看《宋史》卷一八五《食货志下》七《坑冶》。

的①。因此，当时偷冶之风盛行，人民小型偷采不在此数。冶金技术却比北宋进步，如知道用胆矾煎水从生铁中分化铜。纺织业方面，官营的杭州、苏州、成都三大织锦院，雇用工匠均达数千人，织物很精美（现时还保存有此种实物）；粤闽纺织，轧棉用铁铤，弹棉用弓弦，纺纱用一个锭子的纺车。在印刷业方面，隋唐发明木刊版；犹盛行手写及石刊摹印（如石经）；五代时，田敏、尹拙、张昭等人改进为雕造印板或铜版，铜版即活字的雏形。北宋仁宗时，布衣毕升发明活版。其法"用胶泥刻字……每字为一印，火烧令坚；先设一铁板，以松脂腊和纸灰之类冒之；欲印则以一铁范置铁板上，乃密布字印，满铁板为一板，持就火炀之，药稍熔则以一平板按其面，则字平如砥"②。但仍有用手抄写者。公元一一八〇年（淳熙七年），孝宗解除书坊擅刻书籍之禁，民间印书业大大发展，印刷术又有进一步的改进。在军事工业方面，北宋发明火药术和铳炮制造后，到南宋火药制造成了专门技术。蒙古军南下占夺扬州火药库，另用北人代替原来工人；因技术拙劣，引起爆炸，药库及四周民家均被震塌焚烧，百里以外亦受震动。弹药有火枪药（即用黄纸十六层为筒，内装柳炭、铁滓、磁粒、硫黄、砒霜、硝药等，用法装入枪筒，用火烧点能放射丈余远）、突火枪药（即用巨竹筒代替纸筒，并于弹药内安引火线——燃放焰，能远射百余步）、灰炮（即用瓦罐装硝药、石灰、铁蒺藜等，为一种原始的手榴弹）、霹雳炮（即用纸包硫黄、硝药、石灰等），效力较大的有回回炮（仿制与改进）。枪身用精钢炼制，炮身用

---

① 在北宋，郎晔《经世东坡文集事略》卷三三《徐州上皇帝书》，说徐州利国监所属，"凡三十六冶，冶户皆大家，藏镪巨大……地既产精铁，而民皆善锻……。自铁不北行，冶户皆有失业之忧……今三十六冶，冶各百余人，采矿伐炭，多饥寒亡命强力鸷忍之民也。"在南宋，岳珂《桯史》卷六《汪革谣谶》："淳熙辛丑，舒之宿松民汪革以铁冶之众叛，比郡大震……革字信之……其兄孚……以财豪乡里……〔革〕闻淮有耕、冶可业，渡江至麻地家焉……有山可薪，革得之，稍招合流徙者冶炭其中，起铁冶。"〔革〕分命二子往起炭山及二冶之众。炭山皆乡农，不肯从，争逃逸；惟冶下多逋逃群众，实从之。夜起兵，部分行伍，使我腹心……及二子分将之，有众五百余。"

② 宋，沈括《梦溪笔谈》卷十八《技艺》："板印书籍，唐人尚未盛为之；自冯瀛王始印五经已后，典籍皆为板本。庆历中（公元一〇四一——一〇四八），布衣毕升又为活板：其法用胶泥刻字，薄如钱唇，每字为一印，火烧令坚；先设一铁板其上，以松脂腊和纸灰之类冒之；欲印，则以一铁范置铁板上，乃密布字印，满铁范为一板，持就火炀之，药稍熔，则以一平板按其面，则字平如砥……常作二铁板，一板印刷，一板已自布字；此印者才毕，则第二板已具；更互用之，瞬息可就。每一字皆有数印，如之、也等字，每字有二十余印，以备一板内有重复者；不用则以纸帖之，每韵为一贴，木格贮之；有奇字素无备者，旋刻之，以草火烧，瞬息可成；不以木为之者，文理有疏密，沾水则高下不平，兼与药相粘，不可取，不若燔土，用讫再火，令药熔，以手拂之，其印自落，殊不沾污。"

生铁铸制。造船业方面，内江内湖水军所用战舰，用脚踏车轮转动，有八轮、二十轮、二十三轮的，每船能载二三百人。洞庭农民起义军领袖杨幺，获宋造船师高宣及工人，又加改进，造二十四车（轮）船，高至三层，每船能载千余人，"以轮激水，其行如飞"①。海船更大，桅杆也用车轮转动。当时来华的外国船，最大的名独樯，载一千婆兰（一婆兰当南宋三百斤）；次名牛头，小三分之一；次名木舶、料河，递小三分之一。宋航海船更大，制造也较复杂，所以日本仿造南宋海船。此外，又由时漏改造而制成"计时器"。

从唐朝所谓行、坊等的商业和手工业行会，到宋朝的行和团行，便更加发展了。这也能表现南宋手工业和商业发展的一般情况。团行的阶级构成，为行首或"行老"与"作匠"及徒弟。"团行"之上有"库"的组织，库设"行首"，雇用一般"作匠"及人工等，须经过"行老"或"牙人"②。

第三节　辽金的经济情况

辽的经济情况　契丹族，为中国境内的一个部族。唐时散布今东北的南部和原热河一带，北达今黑龙江省，东邻朝鲜，西北抵今蒙古人民共和国，南抵今冀东。共分八个部族，即但利皆部、乙室活部、实活部、纳尾部、频没部、内会鸡部、集解部、奚盟部。八部联盟的酋长和部落酋长都叫作"大人"。原先在所谓"皇祖"匀德时，农业已和牧畜并重，有"喜稼穑、善畜牧"之称。已由"草居野次，靡有定所"的情况，而进到"部族""各有分地"的情况。到唐末，达到专意于农的情况，即表现其奴隶制社会变革事业的临于完成。在其一进入这种革命的过程，就脱离唐朝的统治。领导这种变革事业的为联盟酋

---

① 《宋史·岳飞传》。

② 吴自牧《梦粱录》：不以物之大小，皆置为团行；各团行都有"行老"。孟元老《东京梦华录》卷三《雇觅人力》："凡雇觅人力、干当人、酒食作匠之类，各有'行老'；供雇觅人使，即有引至牙人。"手工业和商业的各行各业都有行的组织。《吴地记后集·昆山桥梁四十所》条说，昆山有"骨董行"（珠宝）、"双线行"（鞋靴）、"香水行"（澡堂），"布行"、"茶行"等等。杭州行业最多。《西湖老人繁胜录》说有四百十四行。关于团行的组织，《繁胜录》说："开煮迎酒候所有十三库、十马上马。每库有行首二人，戴特髻，著乾红大袖。"

长耶律阿保机。他得到汉人韩延徽等的帮助，即所谓："俗无邑屋，得燕人所教，乃为城郭宫室之制。""太祖任韩延徽制国用"①，一面促进农业生产，推进商业，根据汉字创"制契丹字数千，以代刻木之约"②，提倡一夫一妻制；一面征服其北、东、西邻（包括今东北、原热河及河北、山西一部分）各族，俘掳大量人口作奴隶。从阿保机到其左右、亲属、外戚等贵族，使用大量俘虏及"犯罪没官户"等作奴隶，又都建立"头下军州"，以"团集"奴隶而形成为大奴隶主集团③。并自唐昭宗天复二年（公元九〇二年）即不断南下，入山西、河北一带获掠人口、牲畜、财物等，并略取土地。公元九一六年（梁末帝贞明二年），阿保机正式作皇帝（太祖，公元九一六——九二六年），建元神册，标志契丹奴主政权的建立；同年，南下攻蔚、新、武、妫、儒五州，尽占自代北（山西代县、忻县）至河曲（山西河曲）逾阴山的大块土地，这标志契丹奴主集团正式展开与梁、晋地主政府间的争夺。

　　公元九二六年，阿保机死，次子德光即位，是为太宗（公元九二七——九四六年）。公元九三五年（后唐清泰二年）德光又攻入山西，明年立石敬瑭为"晋大皇帝"，石割幽（北京）、蓟（蓟县）、瀛（河间）、莫（任丘）、涿（涿县）、檀（密云）、顺（顺义）、新（涿鹿）、妫（怀来）、儒（延庆）、武（宣化）、云（大同）、蔚（蔚县）、朔（朔县）、应（应县）、寰（朔县东）十六州于契丹，契丹又改国号为辽。自此，在辽政府的统治区内，一面是契丹原住地区的奴隶制，一面是汉族地区的封建制，一面是其统治下各部落的原始

---

① 《辽史·营卫制》、《食货志》；《旧五代史》卷一三七《契丹传》。

② 元，陶宗仪《书史会要》卷八说，辽太祖多用汉人，汉人教以隶书之半增损之，制契丹字数千，以代刻木之约。《新五代史》卷七二《四夷附录一》、宋，叶隆礼《契丹国志》卷二三"国土风俗条"均同此说。赵翼《廿二史札记》卷二九《永乐大典》引《记异录》说："渤海既平，乃制契丹大字三千余言"，应即上述诸说之略。近年在锦西孤山出土之契丹文字，可征其系就汉字隶书增损而成。所谓因回鹘使至辽，仿其语、文而制"契丹小字"，可能是仿汉字所制契丹文字以外之另一种所谓"小字"。

③ 《辽史》卷四九《礼志一》"蓂节仪"："皇帝即位，凡征伐叛国，俘掠人民，或臣下进献人口，或犯罪没官户，皇帝亲览闲田，建州县以居之，设官治其事。"又卷一二七《地理志一》："头下军州，皆诸王、外戚、大臣及诸部从征俘掠、或置生口，各团集建州以居之，横帐诸王、国舅、公主，许创立州城，自余不得建城郭，朝廷颁州县额。其节度使朝廷命之、刺史以下皆本主部曲充焉……及井邑商贾之家，征税各归头下，唯酒税课纳上京盐铁司。"《地理志》又称"太祖开拓四方，平渤海，后有力焉。俘掠有技艺者多归帐下。"结合强制权力的出现和创制文字等特征，表明契丹已进入了奴隶所有者国家的时期。

公社制。契丹政府，为适应这种情况，分设"南院"和"北院"，"南院"管理汉人事务，"北院"管理契丹人及其他各部，又"析为五院、六院"①。在契丹人居住的地区，担任农业、牧畜、手工业和杂务等劳动的，主要是奴隶，其中最大部分为所谓"生口"，即被俘掳的各族人口；其次为所谓"俘户"，主要是被俘的汉族户口；农业、手工业、商业以至歌舞（教坊）奴隶，主要也是汉人。契丹大奴主俘掠人口，"自置郛郭为头下军州"，组织管理奴隶的政权，并征收商税等。中小奴主则靠所谓"生口"和"俘户"的奴隶劳动过活。大小奴主又放高利贷，规取息钱。契丹平民，则靠自己劳动，从事牧畜或农业，除须随时应召出战外，不负担任何赋税，所谓"在屯者力耕公田，不输税赋"②；如前所述，也有因犯罪和贫穷沦为奴隶的。皇帝奴隶最多，所以其所建军州也最多。但在五京，即上京（原热河林西）、中京（原热河老哈河西）、南京（北京）、东京（辽阳）、西京（大同）及各军州城（共一百五十六处）从事商业的，除契丹人外，也有不少汉人。对汉人地区，无主荒地和公地，即所谓"在官闲田"，则募民佃耕，收取租税；私田则计亩出粟，即征收"租赋"③，同时除奴才大地主外，一律负担繁重的徭役和人头钱。此外又有盐、铁、酒榷，并实行输税折钱、税钱折粟、盐铁钱折绢、"和籴"等等剥削办法。而契丹诸军官又不时"畋牧妨农"（即不时于汉人庄稼地放牲口），复不断移入契丹人口，强占汉民耕地。如徙吉避寨居民三百户于檀、顺、蓟三州，择沃壤，给牛种谷，移"山前后未纳税户，并于密云、燕乐两县，占田置业入税"④。因之，山西诸州，民力凋敝，田谷复多躏于边兵；河北诸州的农民多至流亡；并相继发生灾害和饥荒。由于民户逃亡，兴宗（耶律宗真，公元一〇三一——一〇五四年）、道宗（耶律洪基，公元一〇五五——一一〇〇年）又实行检括户口，人民受害不堪。

---

① 《辽史·太祖本纪》：分置"北院夷离堇"、"南院夷离堇"，并有"南府宰相"、"北府宰相"之设。参看《辽史·营卫中》，《部族上》。
② 《辽史·食货志》。
③ 陆游《老学庵笔记》卷七："辽人刘六符，所谓刘燕公者，建议于其国，谓：'燕、冀、云、朔，本皆中国地，不乐属我，非有以大收其心，必不能久。'房主真宗曰：'如何收其心？'曰：'敛于民者十减四、五，则民惟恐不为北朝人矣。'房主曰：'如国用何？'曰：'臣愿使南朝，求割关南地，而增戍阅兵以胁之……俟得币，则以其数对减民赋可也。'真宗大以为然。牵用其策得增币。而他大臣皆背约，才以币十二减赋……及洪基嗣立，六符为相复请用元议……遂尽用银绢二十万之数减燕云租赋。"这亦可证辽对汉人住区基本上是沿袭从来的办法征收租赋。
④ 《辽史·食货志》。

另方面，肆意对其他属领剥削，军国经费多仰给于邻国（按即由石晋到北宋）岁币和诸属国的岁贡土宜，繁重可想而知。仅就战马一项说，"东丹国（即辽东至朝鲜）岁贡千匹，女真万匹，直不古等国万匹，阻卜及吾独婉、惕隐各二万匹，西夏、室韦各三百匹，越里笃剖、阿里、奥里米、蒲奴里、铁骊等诸部三百匹"[①]。常贡以外，又曾以剥削燕云十六州的办法施于辽东，引起了大延琳之乱；于女真，每年征纳"海东青"（即猎鹰），使者络绎前去，肆行需索、骚扰，以至随意指令女真妇女伴宿；对西夏的需索，自兴宗至道宗初年，便引起不断反抗，形成彼此间的战争与所谓"西蕃多叛"。

道宗以后，一面是属领不断反抗，生产日渐衰落；一面又是经费浩大，国用不足。契丹统治者为维持财政开支，又采用各种方法去搜刮，步步加重人民负担；道宗时的马人望、杨遵勖、刘伸等都以搜刮有功而升官。因此，至于末年，便形成上下穷困，府库无余积的严重现象。

契丹的经济，不只表现为奴隶制的剥削、部族的集团压迫与反剥削、反压迫的深刻矛盾，且表现为各种社会经济形态的矛盾，尤其是封建制与奴隶制的矛盾。不但专制主义封建制远比奴隶制进步，而契丹财政收入的主要来源，也在于对汉人地区和汉族人民的榨取。因此，到其第四世穆宗（耶律璟，公元九五一——九六八年）时，便实行释放一部分奴隶，归还州县为民；又宣布，凡卖为奴隶的男女，每日算雇钱十，算够卖价时即须放免。第七世兴宗，又把一批最低级的奴隶，传罗满达部归哈斯罕户释放。这表现奴隶制被封建制克服的过程，也表现契丹向封建制转化的过程。同时，契丹自耶律阿保机时完成奴隶制社会变革，农业已取得支配地位，但牧畜业还很繁盛，自太祖至兴宗约二百年，牧畜业日盛一日；天祚（即第九世延禧，最末一代，公元一一〇一——一一一三年）初年，马犹有数万群，每群不下千匹。但至末年，虽增价数倍，竟难买马了。这一面表现契丹牧畜业衰落的过程，也表现契丹族人民不断转向农业和封建化的过程。所以在金初，河北、山西一带的大量契丹人，在经济上已完全和汉人一样（其他方面也完全汉化），金廷统治者也称他们为"杂户"。但直到最后，契丹尚没完成封建主义的转化，还在实行奴隶买卖和掠夺人口，在契丹人居住的地区，还只以俘掳的汉人民户充农奴，俘掳的他族人口仍用作奴

[①]《辽史·食货志》。

隶，寺院把"二税户"（即向官府和寺院两半纳租税的佃户）也还用作奴隶。

辽的人口，据《辽史·地理志》，合上京、东京、南京、中京、西京五道合计，共五七三、〇〇四户。

金的经济情况　女真族即满族的前身，为中国境内的一个部族：在西周至战国时的肃慎、"山戎"等、秦汉的"东胡"、南北朝的鲜卑、唐朝的"靺鞨"等部，均属一系；唐玄宗开元年间，以其地置黑水府，"以部长为都督、刺史……赐都督姓李氏名献诚，领黑水经略使"；五代时，居于混同江（松花江）以北，自今哈尔滨以东地方者，过去统治阶级称之为"生女真"，江南者为"熟女真"，均先后成为辽的属领。"生女真"的根据地在按出虎水（即阿勒楚哈河）沿岸，至完颜乌古乃时，形成庞大的部落联盟。联盟以下的部落名"猛安"，氏族名"谋克"；"猛安"、"谋克"的酋长均名勃极烈。每一"猛安"包括八至十个"谋克"。至哈利巴时（北宋神宗时期），"生女真"便开始其奴隶制度的社会变革，到完颜阿骨打时便完成了这种变革事业。他们并吞邻近部落，"俘获"人口和使用"奴隶"，并依据汉字和契丹字加以增损而创制"女真字"① 等等。公元一一一五年（徽宗政和五年），阿骨打即帝位

---

① 《金史·本纪·世纪》、《太祖纪》："黑水旧俗，无室庐……迁徙不常。献祖乃徙居海古水，耕垦树艺，始筑室……自此遂定居于安出虎水之侧矣。"昭祖完颜石鲁时，"生女直（按女直避辽讳作女真）无书契、无约束。""辽以惕隐官之……昭祖耀武至于青岭白山，顺者抚之，不从者讨伐之……尚未有文字，无官府……子景祖讳乌古乃……稍役属诸部，自白山耶悔统门耶懒土骨论之属以至五国之长，皆听命。"辽廷封为"生女直部节度使"（直至阿骨打时"皆有是称"）、"生女直旧无铁"，得自"邻国"以制弓矢。至此便统一蒲察、完颜等部。至阿骨打为勃极烈，即军务酋长的前夜，生女直始出现了贫富的分裂和重视"俘获"的现象，并出现了"贫者不能自活，卖妻子以偿债"的现象。阿骨打反辽誓师说："汝等同心尽力，有功者，奴婢部曲为良"收国二年（公元一一一六年）诏："比以岁凶，庶民艰食，多依豪族因为奴隶；及有犯法征偿莫办，折身为奴者；或循约立限，以人对赎，过期则为奴者。"每次战争，也大都以俘获大量"生口"为目的。同时兼并奚、渤海等部，并推翻契丹的统治，建立起强制权力的政权。"（天辅）三年（公元一一一九年）八月己丑，颁女直字"。关于女真字的创制，《考古学报》十六册，阎万章《锦州西孤山出土契丹墓志研究》说："德人葛鲁贝《女真语言文字考》（W. Grube: Die Sprache und Schrift der Juǎen）一书所载之女真字，学者均认为是女真小字，而孤山出土的契丹字，在组成上又与女真小字相同，很象女真小字。可知女真小字是仿锦西西孤山出土的契丹字作成。"又称《女真语言文字考》所载之女真小字共为六百九十八字。又阎文《编者附记》说："〔女真〕大字制于完颜希尹，金太祖天辅三年颁。其后熙宗于皇统五年（一一四五年）又制女真小字，与大字俱行用。又《金史·完颜勖传》：希尹依仿契丹字制女真字……今以华夷译语与现存石刻保留下来的女真字，和庆陵石刻契丹字对比，字体不合，而与锦西石刻契丹字则相近，可知女真字是用契丹字和汉字增减其笔画而制成的。"但女真小字"至今未发现"。

（太祖，公元一一一五——一一二二年），改号金，建元收国，女真奴主政府便正式出现了。

女真奴主政府于公元一一一八年（宋徽宗重和元年）与北宋成立共同对辽的盟约，一一二五年（宋徽宗宣和七年）灭辽，占有辽的全部辖区。公元一一二六年（宋钦宗靖康元年），南下打垮北宋政府，明年掳徽、钦二宗等北去，又占有宋朝广大土地；以后又继续南下，共占有今河北、山西、山东、河南、陕西大散关以东、江苏、安徽淮河以北部分的宋朝辖区。

因此，在女真奴主政府支配下，其社会经济形态，一面是汉人地区的封建制形态，一面是正在由奴隶制向封建制过渡的契丹族住区的形态，一面是女真本身的初期奴隶制形态，还有其统治下各部落的原始公社制形态。女真本身的情况，原来的"猛安"、"谋克"完全成了一种地方的组织（同时也是一种兵役的组织），各"谋克"内的"谋克户"，有奴主和平民的分别，都叫作"本户"，他们与他族的奴主及平民户又统称"正户"；"奴隶户"被免放也为正户。奴隶除"奴隶户"外，还有"监户"（宫内奴隶）、"官户"（官府奴隶）、"二税户"等。土地是按各正户所有牛具数目授予的，每耕牛三头为一具，受田四顷四亩有奇，规定官民占田无过四十具。牛具多者便占田多。因此，验土地、牛具、奴婢之数，为推排各户贫富的标准。实际上，大奴主占有的土地、牛具、奴婢之数并无限制，尤其在占有华北和中原广大地区后，更是任意占田，如世宗（完颜雍，公元一一六一——一一八九年）自云在身为贵族时，"奴婢万数、孳畜数千"[1]；纳合椿年占地八百顷；山西田亦多为权要所占，有一家一口至三十顷者；太保阿里先占田二百四十顷；落兀与婆萨争懿州地六万顷。至世宗大定二十三年（公元一一八三年），"猛安"、"谋克"、户口、田亩、牛具之数如下："猛安"二百二，"谋克"一八七八；户六一五、六二四，口六、一五八、六三六，内正口四、八一二、六六九，奴婢口一、三四五、九六七；田一、六九〇、三八〇顷有奇；牛具三八四、七七一。在都宗室、将军、司户口、田亩、牛具之数如下：户一七〇，口二八、七九〇，内正口九八二，奴婢口二七、八〇八；田三、六八三·七五顷，牛具三〇四。迭纳、唐古二部及五乣户口、田商、牛具之数如下：户五、五八五，口一三七、五四四，

---

[1]《金史·食货志》。

内正口一一九、四六三，奴婢口一八、〇八一；田四六、〇二四·一七顷；牛具五、〇六六。女真人，特别是奴主贵族占有大量土地、财富和劳动人口，但负担很轻，甚至处于一切负担以外；如普通"谋克"户按牛具每具输粟一石，内地诸路（即其本土）五斗，仍由每"谋克"别为一廪储之，以备饥馑；所谓"物力钱"，即财产税，不只比率很轻，而且凡服公务的女真人，其家物力钱概行免除，而又自行规避；其他如盐、茶等税，他们不只在负担以外，而且"猛安"所辖贫户及富人奴婢，皆给食盐，距盐泊远者，计口给值。他们除军役外，几于一切都不负担。

女真奴主贵族，最初对侵占地区，也照样实行奴隶制的社会组织，如迭纳、唐古二部及五纪，全按照女真的图式去组织其社会和生产；对汉人、契丹人、渤海人、奚人也想实行"猛安"、"谋克"式的劳动编制，如令其爪牙汉人王六儿以六十五户组成一个"谋克"，王伯龙、高从祐都组织"猛安"，辽人讹里野只以百三十户组织一个"谋克"。但在他们统治下，汉族地区的封建制占着主要地位，契丹地区也正在向着封建制过渡，在各种制度矛盾的基础上，他们一开始就在向封建制表示屈服。所以一方面在太祖时，曾把汉族与契丹降人押送至浑河路及岭东等处为奴，并尽徙燕京路六州氏族富强工技之民于其本土，引起降人的叛亡。及至太宗（完颜晟，公元一一二三——一一三四年），对旧徙于沈州的隰、润等四州之民，鬻子者许以丁力相等者赎之，不再用作奴隶，叫作"新迁户"。至三世熙宗（完颜亶，公元一一三五——一一四八年）时，明令停止在汉、契丹、渤海、奚人里面实行"猛安"、"谋克"制。五世世宗，免"二税户"为民，原与"猛安"、"谋克"一样定税的唐古部民，曾改与州县一样履亩立税。六世章宗（完颜璟，公元一一九〇——一二〇八年），对其税半输官半输主的半奴隶"二税户"，凡有原系良民之凭验者，悉放为良；参知政事移纳履并主张："凡契丹奴婢，今后所生者悉为良，见有者则不得典卖。如此三十年后，奴皆为良"[1]。另方面，对于女真人自己，太宗下过命令：凡与皇室同姓之人卖身及典质为奴者，由官府赎身；平民因贫卖身为奴者，以丁力相等者易之；并禁内外官及宗室毋得私役百姓，权势家不得买贫民为奴。熙宗对流落陕西和蒲、解、汝、蔡等州为奴者，由官府以绢赎为

---

①《金史·食货志》。

良。同时，从太祖时开始移入河北、山西、山东、河南等处的"猛安"、"谋克"人户，原先都令其四五十户结为保聚，农作时互相济助。但他们把奴婢卖去，自己并不耕种，任其所分土地荒废，以致出卖；后便渐次以所分土地佃与汉人耕种，自己取租，这到世宗时已成了普遍现象。世宗虽一面禁止把奴婢卖去，计口授与的土地，必须自耕；另一面，亦正式承认力不足者，可以佃给他人，这表现女真本身，除其原居地区外，亦不断向封建制转化。到章宗时，这种转化已基本完成了。进到关内的女真人户至此便完全脱离生产劳动，专靠剥削汉、契丹等族、主要是汉族人民过活了；他们虽还保有大量奴隶，基本上，却已成了一个腐化的地主集团和不劳而食的寄生之群。

对于汉人，首先对于土地也分为官地和私田两种。私田即民田，业各从其便，卖质于人无禁，但令随地输租（地税）而已；地租也实行两税制，夏税每亩取三合，秋税取五升，又纳秸（草）一束（十五斤）。官地佃给汉、契丹人民耕种，收取地租。这正是沿袭从来的"名田"制和佃耕制。对于契丹人，也沿袭其原来的封建制和奴隶制残余形态；对其占有的土地，也认为私田，照样征收两税。实际上，两税自始就比规定高，到章宗以后更步步加重，到宣宗（完颜珣，即昇王，公元一二一四——一二二三年）时，便高于平时三倍，预借还不在内。同时，逃亡户口的税役，又一律轮配于"见户"。

所谓私田，实际也毫无保障。女真"初入中夏，兵威所加，民多流亡，土多旷闲"。他们将原来宋、辽官地以及这种旷闲土地，一律收作所谓官地，又任意圈地为牧场，牧场附近五里内都禁止人民耕种。以后又不断括民地为官地，百姓所执凭验一切不问；只看名称，如"皇后庄"，"太子务"之类，便为官地；甚至连名称也不要，世宗公然说："虽称民地……括为官地有何不可！"[①] 人民有执契据指验者，就逮捕起来。章宗以后，便实行所谓"限田、检田"，无条件指汉人土地为"冒佃"、"侵佃"、"通户田"，没收为官地。因此，章宗时，仅就牧地说，南京路（河北）有六万三千五百二十余顷，陕西路有三万五千六百八十余顷；宣宗时情况更严重，南京一路旧垦田三十九万八千五百余顷，内官田民耕者九万九千顷有奇，河南官田更多，"租地"即达二十四万顷。同时，女真统治者为着监视汉族以至契丹人民，除各处配置屯军

_____

① 《金史·食货志》。

外，又尽量以"猛安"、"谋克"户，不断移入河北、山东、山西、河南各处农村，也陆续括收汉人、契丹人土地分给这种女真军户和民户，且一律选择良田；世宗并公然说女真人户自原居乡土三四千里移来，若不拘刷良田给之，久必贫乏。他便于河北、山东各处将所括民田分给女真屯田人户；但他们惟酒自务，往往把田租给人而预借二三年租课，并常强令汉人承佃，甚至强占民田，仍由汉人"空输税赋，虚抱物力"①。自章宗以后，这都成了普遍现象。到宣宗时，金廷被蒙古奴主武装的压迫，迁入河南后，甚至想没收汉人全部土地，分给女真人户或强令汉人代垦。尤其是女真势豪之家，到处强占土地，少则数十顷，多至数万顷，转给他人佃种，规取课利。这种情形，也是从世宗以后越来越严重。因此，在今山西、河北、山东，大量汉族及契丹人民，不只耕地，且连同茔墓并灶，悉被侵占，或被迫转而充当其佃户，或转向碱卤土瘠之区垦生荒，而生荒开成熟地时每每又被括占。

汉、契丹等族人民的负担，两税外的正赋，还有所谓"物力钱"。女真统治者对汉、契丹等族人户（名义上也连同女真在内），即所谓"杂户"，一律算其田、园、屋舍、车，马、牛、羊、树艺之数及其藏镪（钱）多寡征钱，曰"物力钱"，又名之为"课役户"。"物力钱"外，复有军役，即所谓"家户军"与牛夫役钱。世宗以后，既收役钱，实际又征牛役、夫役，同时从熙宗时起，并有所谓"签军"，即不课役的男女老少，一律担负的军役。杂税方面，有铺马、军须、输庸、司吏、河夫、桑皮故纸等钱，名目琐细，不可尽述。榷税方面有十，曰：酒、曲、茶、醋、香、矾、丹、锡、铁及盐，都是官府专利品，价格不断提得很高，甚至实行按户配卖，令民平均出酒钱；均不许人民私制、私贩、私卖，法律都定得很严。除专利品外，一切东西的交换、买卖也都有税。

从"括地"、"推排（即查勘）物力"，到检查榷税，都由"猛安"、"谋克"去监察。"猛安"、"谋克"户则非法横行，无恶不作，如往往私怀官盐，所至求贿及酒食，稍不如意，则以所怀官盐诬人。

此外，势豪兼并之家，又大放高利贷，到宣宗时更为猖獗，每乘人民困急，或不期月而息三倍。

---

① 《金史·食货志》。

因此，汉、契丹人民的生活，降在奴隶以下，每每吃草根树皮过活。章宗泰和间，金政府所辖总户数七、六八四、四三八，口数四五、八一六、○七九，为所谓"金版籍之极盛"时期①，汉人仍不断失业逃亡。自后，人民逃亡的数目便日渐扩大，加之山东、河北、陕西遭受水、旱、虫灾，兼又军旅不息，人民缺乏粮食，到处饿死人。从废帝（即永济，公元一二○九——一二一三年）到宣宗时，便成为"百姓多逃"与"相踵散亡"的现象，人口急剧的减少，生产急剧的衰退了；及宣宗南迁（公元一二一四年），军费日急，赋敛繁重，皆仰给于河南。民不堪命，往往弃田逃亡，以致"逋户太半"②。当时的情况是：河南人民除负担三倍于平时的赋役外，女真军户老幼四十四万八千余口，皆坐食民租，岁费三百六十万石，继续前来者还不在内。女真统治者在出太多入太少的情况下，除直接加重人民种种负担外，又无限制的大发纸币。在南迁以前，废帝一次以八十四车纸币为军费，交钞已几成废纸；宣宗即位，更作二十贯至百贯例交钞，又造二百贯至千贯例者，不数年便不能行使了。南迁之后，复扩大印刷，至钞票价格不及工墨之费。复发行所谓"贞祐宝券"，以支付一切开支；商旅拒绝使用，"有司强之，而市肆尽闭"③。不久又另印"贞祐通宝"，以一贯当宝券千贯，以四贯为银一两。后至银一两能易通宝八百贯，乃又印发"兴定宝泉"，规定每贯当通宝四百贯，以二贯为银一两，又以绫印制"元光珍宝"，每贯当通宝五十。结果激起银贵券贱，以致"宝泉"几于不用，便贬值为"宝泉"三百贯当银一两，并禁止物价值银三两以下者用银，三两以上者"三分为率"，银一分券二分，强制行使。因此又引起商人罢市和交易全陷于停止。这种不断改出新钞，贬低以至废弃旧钞的办法，人民所受的损失是难以计算的。女真统治者就在这种情况下灭亡了。

---

① 金户口总数，"大定（公元一一六一——一一八九年）初，天下户才三百余万；至二十七年天下户六百七十八万九千四百四十九，口四千四百七十万五千八百六。""太和（公元一二○一——一二○八年）七年……天下户七百六十八万四千四百三十八，口四千五百八十一万六千七十九。此金版籍之极盛也。"（《金史·食货志》）按《金史·地理志》所记十九路户总数为九百八十八万一千六百二十四。

② 《金史·食货志》。

③ 同上。

第四节　阶级矛盾和各部族集团间
矛盾的扩大（一）

五代的兴灭　黄巢为首的农民大暴动后，唐朝的统治基本上已完全瓦解，各藩镇实际都同于独立的封建小国。河北三镇：卢龙、魏博、成德，自宪宗以后，久已形同独立。今陕西、甘肃、山西、河南地区原是唐廷统治较强的地区，至此也形成各藩镇独立的局面，其中尤以宣武节度使（驻洛阳）朱温、河东节度使（驻晋阳）李克用，地区较大，兵力较强。唐帝的命令不出长安，其左右宦官、国戚、权臣都与各藩镇阴相结托。各藩镇为扩大地盘或保存自己，也彼此纵横捭阖，形成相互间的混战，特别是朱温、李克用之间的互斗。公元八八五年（僖宗光启元年），河中节度使王重荣与邠宁节度使朱玫、凤翔节度使李昌符及宦官田令孜间，各以李克用、朱温作后台，开始战争。李克用、王重荣攻长安，田令孜携僖宗逃至凤翔、兴元。公元八八八年，僖宗死，昭宗即位，其左右分为宦官杨复恭与宰相张浚两派；杨亲李克用，张亲朱温。朱令张浚迫昭宗下令讨伐李克用。李军战败张浚，自晋绛（绛县）至于河中，大肆掠杀，"赤地千里"。昭宗向李克用谢罪，并专任亲李的杨复恭等执政。公元八九五年（乾宁二年），静难（治邠县）节度使王行瑜、陇右凤翔节度使李茂贞、镇国（治陕西华县）节度使韩建等攻入长安，"宫室市肆，焚烧殆尽"，并尽杀唐朝皇室；昭宗逃至华阴。李克用、朱温均相继出兵，皆欲"西迎车驾"以"令诸侯"。结果，唐廷又形成宰相崔胤与宦官宋道弼、景物修为首的朱、李两派势力。公元九〇一年（天复元年），崔胤请朱温进攻长安，宦官与昭宗仓卒走凤翔依靠李茂贞。朱军复趋凤翔。公元九〇三年，朱温挟昭宗还长安，大杀宦官七百余人；明年又挟昭宗迁都洛阳，旋又杀昭宗，另立李祚（改名柷）为帝，即哀帝。公元九〇七年（哀帝天祐四年），朱温废柷自为皇帝（太祖），建号曰梁（史称后梁），便开始五代十国的局面。

朱温代唐以前，南北地方军阀还都在名义上奉唐朝年号；自此便纷纷相继独立称帝建制，形成名实如一的全国分立局面。公元九〇六年，刘仁恭调境内男子得二十万人以拒梁军；公元九〇七年（梁开平元年），刘守光击走梁军，并囚其父仁恭，至公元九一一年刘守光称帝，国号大燕。公元九〇七年，西川留后蜀王王建，以梁灭唐为兴兵讨梁的号召，随即称帝，国号前蜀。南海节度使刘隐独立于广东；后梁末帝贞明三年（公元九一七年），刘龑正式称帝，国号大越，明年又改号为汉，即南汉。湖南节度使马殷独立于湖南；后唐天成二年（公元九二七年），"建国承制，自置官属"①，号楚王。威武节度使琅琊王王审知在福建实际亦同于独立。至公元九二六年，王延翰"建国称王"，称"大闽国"。公元九三三年，王延钧称帝，"国号大闽"②。镇海节度使吴王钱镠独立于两浙，号吴越国③。徐温挟杨渭（杨行密子）称帝于南京（公元九一九年），号大吴，即吴。公元九三七年，徐温养子李昇自为皇帝，改号大齐，后又改称大唐（即南唐）。占据山西的李克用，原系朱温劲敌，至此，又以"复唐"为号召反梁的口号，直至李存勖灭梁称帝前，都使用哀帝天祐年号。其他北方各藩镇，则皆在梁、晋（李克用封晋王）矛盾的空子中，保存其各自的独立。

但朱温的劲敌始终是占有山西大块地区的李克用父子。朱温为着想消灭晋李，也同李克用父子一样，不惜勾结契丹，请其"长驱精甲，经至新庄"④。双方争持的中心，则在河北地盘——后梁掌握河北，便能孤立和包围山西；李克用掌握河北，便能钳击河南。因此，朱温于称帝后，即集中全力对付山西，经略河北，便没有余力去对付南方；对那些当时还没公然称帝的独立势力，如

---

① 《新五代史》卷六六《楚世家》。

② 《新五代史》卷六八《闽世家》。参看《十国春秋》卷九十——九一《闽》一——二。《十国春秋》卷九一说：后唐明宗天成元年（公元九二六年），延翰"自称大闽国王，立宫殿，置百官，威仪文物皆拟天子制。"延钧于明宗长兴三年对后唐"遂绝朝贡"；明年（公元九三三年）"即皇帝位，国号大闽……改元龙启，更名鏻。"

③ 《十国春秋》卷七七《吴越世家》称：朱温（即晃）代唐称帝，进封钱镠为吴越王，增食邑二千户，"客有劝王拒命者。王笑曰，吾岂失为孙仲谋耶？……镇海节度判官罗隐亦劝王举兵讨梁。王心义之而不从。"梁开平三年（公元九〇九年），"是岁，王以中原丧乱，改元天宝，私行于境中。"

④ 《旧五代史》卷一三七《契丹传》："及梁祖建号，案巴坚（按即耶律阿保机）亦遣使送名马、女乐、貂皮等求封册。梁祖与之书曰：朕今天下皆平，惟有太原未伏。卿能长驱精甲，径至新庄，为我剪彼寇仇，与尔便行封册。"

马殷，刘隐、王审知、钱镠等，都顺水推舟，一一封赠王号，乐得去贪图一些礼物。

朱温称帝前一年，出兵河北占领幽州，进围沧州。刘仁恭求援于晋，李存勖（克用子）攻梁潞州（山西长治），梁昭义节度使丁会以潞州降晋。梁军转攻潞州，久围不下；明年（公元九〇七年）朱温自归开封称帝，派部将指挥潞州军事，加之李存勖以卑词厚赂，求得契丹应允"出师"声援①，梁军遂大败。潞州是山西的产粮区，晋得潞州后，积极恢复农业，解决了军粮和扩军问题。自后梁、晋双方互争河北，梁于公元九一一年（乾化元年）柏乡（河北柏乡西南）大败。公元九一五年，魏博兵变，张彦、贺德伦等投晋以后，幽、燕便全为晋所占有。自此双方争执的重点便转至今冀南及冀鲁豫地区。从公元九一六年到公元九二二年，彼此在这个区域内的争夺，梁军步步西退，晋军终于完成对汴、洛的包围形势。公元九二三年，李存勖自称皇帝（庄宗），国号唐（后唐），十一月攻陷开封，梁指挥使皇甫麟杀末帝（瑱）并自杀，明年一月后唐迁都洛阳。

后唐是在地主统治农民的基础上，而对汉族及其他各族人民实行部族的集团压迫的政权，表现比后梁更残暴，汉人及其他各族人民的生命财产毫无保障。因此，在李存勖称帝以后，河北地方便不断发生民变，又发生皇甫晖、赵在礼等为首的兵变，伶人郭从谦为首的首都洛阳事变。另方面，它又遭受契丹奴主武装的严重威胁。在这种矛盾的基础上，又产生李克用养子李嗣源（即明宗），嗣源养子李从珂（废帝）之相继篡夺。因此，他们更没有力量去对付南方（郭崇韬之征蜀，是由于他受到后唐朝廷的群邪的排挤与宦官造谤不已，惴惴不安而怂恿出兵的）。所谓五代贤君的后唐明宗，实际上也只是他比庄宗狡猾，对汉族和其他各族人民施行了一些欺骗办法，如杀租庸使孔谦，名义上免除一些苛捐，又杀了一些贪污的小官，去掩盖其残暴的压榨。

契丹奴主贵族南下争夺的方式，除直接实行军事进攻外，又收买和培植内奸。庄宗时，他指使后唐义成节度使王都叛乱，并出兵援助。河北、山西的驻

----

① 《旧五代史》卷一三七《契丹传》："庄宗初嗣世，亦遣使告哀，赠以金缯，求骑军以救潞州。〔辽主〕答其使曰：'我与先王为兄弟，儿即吾儿也，宁有父不助子耶？'许出师。会潞州平而止。"原先，李克用"遣使连和……约为兄弟，谓之曰：'唐室为贼所篡，吾欲今冬大举，弟可以精骑二万同收汴洛。'案巴坚许之。赐予甚厚。"

防军阀，也多与契丹政府勾结。公元九三六年（后唐废帝清泰三年），石敬瑭以"愿为臣子"求助于契丹；契丹太宗耶律德光攻入山西，明年于晋城立石敬瑭为晋帝，即作为其从属政权的"儿皇帝"①。石敬瑭系后唐河东节度使，原先就是被契丹收买的。他为着要作契丹的"儿皇帝"，便把燕、云等十六州割给契丹，并以剥削汉族及各族人民的膏血，每年进贡契丹帛三十万匹。后唐的将军们杨光远、赵德钧父子等也都投靠契丹。契丹兵助石敬瑭渡过黄河；石敬瑭攻入洛阳，李从珂夫妇自焚于玄武楼；华北便全入于契丹奴主所支配的后晋统治。

由于石敬瑭的皇帝来得太丑恶，他所投靠的契丹奴主贵族，又是一个较残暴而落后的统治集团，因此，连那些稍有人味的将军们，如范延光、符彦饶、张从宾等人，也都耻于作他的部下。石敬瑭却辱骂由人辱骂，只是卑词厚礼去尊奉其契丹爸爸，岁贡外，吉凶庆吊，岁时进纳，相继于道，每次对契丹太后、太子、元帅、诸王、大臣都有孝敬；辽使来晋都开封（按后晋于公元九三七年四月又迁都开封），每次都于别殿受诏命。但稍不如意，契丹政府便派人来责骂。成德节度使安重荣，在饥民数万的支持下，并联络吐谷浑、达旦、契苾各部，请求石敬瑭讨伐契丹。石敬瑭与桑维翰、刘知远等，反派兵逆击，把安重荣的脑袋送交契丹。

公元九四二年（天福七年），石敬瑭死，其侄石重贵自立，是为少帝（《五代史记》又作出帝），上表契丹耶律德光，自称"孙皇帝"。耶律德光借口"不先以告，而又不奉表，不称臣而称孙"，不予承认。晋侍卫亲军都指挥使景延广对契丹来使乔荣说："先朝是契丹所立；嗣君乃中国所册，称孙可矣，称臣未可。中国自有十万口横磨剑，要战即来。"② 契丹逮捕后晋派往契

---

① 《旧五代史》卷一三七《契丹传》："清泰三年（公元九三六年、后晋天福元年），晋高祖为张敬达等攻围甚急，遣指挥使何福贵表乞师，愿为臣子……德光乃自率五万骑由雁门至晋阳，即日大破敬达之众于城下，寻册晋高祖为大晋皇帝，约以父子之国，割幽州管内及新、武、云、应、朔州之地以赂之，仍每岁输帛三十万……既而德光请晋高祖不称臣、不上表、来往缄题止用家人礼，但云儿皇帝。晋祖厚费金帛以谢之。晋祖奉契丹甚至，岁时问遗，庆吊之礼，必公优厚。每敌使至，即于便殿致敬；德光每有邀请，小不如意，则来谴责。晋祖每屈己以奉之。"又《晋高祖本纪》所载册书云："是用命尔，当践皇极……宜以国号曰晋，朕永与为父子之邦，保山河之誓。"时间为辽太宗天显九年（公元九三五年）。《新五代史·四夷附录第一》："〔德光〕乃筑坛晋城南，立敬瑭为皇帝……册曰：'咨尔子晋王，予视尔犹子，尔视予犹父。'"关于割地，"契丹当庄宗、明宗时，攻陷营、平二州，及已立晋，又得雁门以北幽州节度管内合一十六州。"
② 《新五代史·四夷附录第一》；《旧五代史·契丹传》。

丹的人员及商人。晋侍卫亲军都指挥使景延广等亦逮捕契丹商贩等。公元九四四年（开运元年），契丹统治者便以赵延寿等为前锋，倾国南下。由于抵抗契丹的残暴烧杀和掳掠，是人民和士兵的积极要求，加之景延广等的坚决抵抗，中下级军官（如李守超等）与士兵的坚苦善战，所以契丹连续吃败仗，一路战败于秀容（山西忻县），德光所率主力，亦战败于马家渡（山东东平境）。戚城（河南濮阳）会战，不只"杀伤相半"，德光望见晋军旗帜和阵容，即"有惧色"，乘夜领军逃归。明年又南下，亦大败而归。而每次败退，都是"所过焚掠，民物殆尽"。契丹政府以连战不利，便令赵延寿及瀛州守将高牟翰诈降，又诱降杜威、李守贞、张彦泽等，许他们作皇帝和大官。同时由于后晋朝廷内部，又形成了以宰相桑维翰为首的投降派，主张"奉表称臣""求和"。因此，契丹便于公元九四六年攻陷开封；石重贵上降表称"孙男臣"，其母称"新妇李氏妾"，后晋的官员全部投降，景延广等自杀。明年，耶律德光入开封，下诏"晋朝臣寮，一切仍旧；朝廷仪制，兼用汉礼"，便"服汉法服"①，自为中朝皇帝；同时监送后晋少帝石重贵及其全家于黄龙府（今吉林农安），后又徙至建州（热河朝阳境）。

契丹军借口打草谷，四出抢掠，开封四周数百里以至郑（郑州）、滑（滑县）一带，人民财畜被抢一空。德光又派人搜括开封及诸州士民钱财丝帛，运还契丹。即《契丹传》所谓："分命使臣于京城及往诸路，括借币帛。"②各州县汉族人民便纷纷起义，攻占城市，尽杀契丹官吏；即所谓"所在群起，攻劫州郡"，并拆毁契丹军北归必经的澶州浮梁。"所在州镇"也"多杀契丹守将。"契丹统治者，原先只看到后晋统治阶级的奴隶性，至此才知道中朝人如此难治！便又让另一个奴才沙陀贵族刘知远来作"儿皇帝"；他们便尽掠府库财物及官、宦、宫女数千人北归，沿途所过州县又肆行屠杀抢掠，相州（安阳）一地由于以梁晖为首的人民义军"杀契丹守将，闭城拒守；德光引兵

---

① 《新五代史·晋少帝纪》、《四夷附录》；《旧五代史·晋少帝纪》、《契丹传》。
② 《新五代史·四夷附录第一》也说："〔德光〕遣其部族酋豪及其通事为诸州镇刺史、节度使，括借天下钱帛以赏军；胡兵人马不给粮草，遣数千骑分出四野，劫掠人民，号为打草谷。东西二三千里之间，民被其毒，远近怨嗟。"又《契丹传》述德光对自己招致败亡的原因，"谓蕃汉臣寮曰：'我有三失：杀上国兵士，打草谷，一失也；天下括钱，二失也；不寻遣节度使归蕃，三失也'。"（《辽史·太宗本纪》有大意相同的记载）

破之，城中男子无少长皆屠之，妇女悉驱以北。"①

刘知远在晋阳即皇帝位（公元九四七年二月），建号曰汉（后汉）。耶律德光许其称"儿"，并赐给拐杖。契丹北退后，他便于六月入洛阳，杀契丹将军萧翰所立另一奴才李从益（后唐皇室），然后入开封。刘知远（高祖）和其子承祐（隐帝）一共只作了四年皇帝，就被大将郭威所推翻。

公元九五一年（周太祖广顺元年），郭威在将士的拥戴下即皇帝位，是为太祖，建国号为周（后周）。太祖出身贫贱，自幼曾饱历当时民间苦痛；作皇帝后，便一面削除巩延美等沙陀贵族的反抗势力，一面废除后唐以来压迫汉族及其他各族人民的严酷法令（如所谓"越诉"等），减免一些苛捐杂税。他自己说："朕起于寒微，备尝艰苦……一旦为帝王，岂敢厚自奉养以病下民乎！"并号召"文武官，有益国利民之术，各具封事以闻，咸宜直书，勿事辞藻。"②公元九五四年，太祖死，养子柴荣继位，是为世宗。

世宗出身小商贩，贩卖茶叶和雨伞，颇知民间疾苦，也体验过契丹奴主侵掠与残暴压迫的苦痛。他作皇帝后，便抱定志愿：改良内政，培养力量，统一中国，扫除契丹奴主集团。在改良内政方面：如均赋役、惩贪污、励农桑、劝商工、定刑法、刷新军队、整顿乡村组织、实行村村联防，临死前又颁布均定全国租赋负担的"均田图"（但"均田图"已不传，后来宋朝所行的"均田"法，谓系根据"均田图"）③。在统一事业方面：击败南唐主李璟，令其取消帝号，称臣纳贡，并收取其淮南江北的寿（安徽凤台）、濠（凤阳）、泗（泗县）等十四州，淮南人民均以牛酒迎劳南征周军；击败蜀国，收取秦（甘肃天水）、阶（武都）、成（成县）等陇西四州；北汉刘崇（刘知远弟，据太原）常勾结契丹南下侵掠，廷臣畏契丹强大，多主妥协，世宗力排众议，亲率大军讨伐。尤值得大书特书的，他亲率大军北伐，从契丹奴主政府的手中，恢复瀛（河间）、莫（任邱）、易（易县）三州至瓦桥关以南的大块地区，驱除残暴落后的奴隶制统

①　见《新五代史·四夷附录第一》、《汉本纪》；《旧五代史·契丹传》、《汉书一·高帝纪》。又《汉书一·高祖纪》关于折毁浮桥的斗争说："癸未，澶州贼帅王琼与其众断本州浮桥，琼败，死之……契丹性贪暴，吏民苦之。琼为水运什长，乃构夏津贼帅张乙，得千余人，沿河而上，中夜窃发，自南城杀守将，绝浮航，入北城……会契丹救至，琼败死焉。契丹主闻其变也，惧甚。"这表现了人民反契丹斗争的一个方面的情况，也表现了中国人民的不可侮的英勇、顽强的斗争性。

②　《通鉴》卷二九〇《后周纪》一《太祖本纪》。

③　《新五代史·周本纪》；《图书集成》卷四四引《册府元龟》。

治——而他正在计划进击幽州（北京）之际，却因病班师，便于瓦桥关置雄州（雄县），益津关置霸州（霸县），以防契丹南进。这都是他在位短短六年中的事迹。他确是一个雄才大略的皇帝，也是一个英雄人物；惜有志未竟，便于公元九五九年病死了！但他的事业，却给宋朝打下了统一的基础。

北宋的统一事业　周世宗死后，兵权全掌握到赵匡胤手中。公元九六○年，（宋太祖建隆元年）在赵普、赵光义（原名匡义）、石守信、王审琦、王彦昇、高怀德等的布置下，虚报"北汉结契丹入寇"，赵匡胤奉命出征；军抵陈桥（开封北），以让大家升官发财的口号去鼓动部队，发动所谓"陈桥兵变"——军士以黄袍加匡胤身，曰："愿册太尉为天子"，群呼"万岁"。赵匡胤回师开封，废恭帝（柴宗训），自为皇帝（即太祖），改国号为宋（相对于南渡后的南宋说，史家称之为北宋），"赐内外百官、军士爵、赏"[1]。

北宋继承后周的基础，逐步实现了全国绝大部分地区的统一（除契丹奴主政府辖区、西夏辖区、高昌、大理外）。首先，打破长期以来的割据独立局面。公元九六○至九六一年，歼灭拥兵割据的晋南（昭义军节度使）李筠、淮南李重进（淮南节度使），统一泽（山西安泽）、潞（长治）、淮（两淮）、扬（高邮）。公元九六三年（宋太祖乾德元年），统一荆南、湖南。荆南自公元九○七年（梁太祖开平元年），朱温派高季兴为节度使，后唐时开始独立，号南平国，即荆南国，至此灭亡。湖南自公元八九六年（唐昭宗乾宁三年）马殷自称"留后"（武安节度使留后）开始独立，后梁末帝贞明中加封为楚王，后便号楚国；公元九五一年（后周太祖广顺元年），南唐主李璟派马希崇率兵灭楚；宋初周保权占据朗州（湖南常德），张文表占据潭州（长沙），至是为北宋统一。公元九六五年，灭蜀国孟昶，统一四川。四川自后梁初王建开始独立称帝，号蜀国（前蜀）；公元九二五年（后唐同光三年），为后唐郭崇韬所灭亡。公元九三○年，郭部将孟知祥据蜀独立，公元九三三年正式称帝，也号蜀国（后蜀），至是灭亡。公元九七一年（宋太祖开宝四年）灭南汉，统一岭南。岭南于后梁初南海节度使刘隐开始独立，朱温赠封为南海王；公元九一七年（梁末帝贞明三年），刘龑正式称帝，国号大越，复改为汉，至是灭亡。公元九七五年，灭南唐，统一今江苏、江西、安徽、福建。今苏、皖、赣地区，自后梁末徐温挟杨渭称帝，号吴国。公元九三七年（后晋高祖天福二

---

[1]《宋史·太祖本纪》；《宋史纪事本末》卷一《太祖代周》。

年），徐知诰代吴，改号为唐（南唐），并复姓名为李昪。昪子李璟时，又灭闽国（今福建），灭楚国（今湖南）；至是传至李煜，即李后主，国灭。同时吴越于太祖即位初便表示归服，并出兵助宋灭亡南唐等国，至太宗太平兴国三年（公元九七八年），钱俶奉献全部疆土图籍，宋遂完成两浙的统一。吴越自公元九〇二年（唐昭宗天复二年），钱镠以镇海节度使受封为越王，开始割据；后梁初，便成为独立的国家，朱温赠封吴越王，自此就称作吴越国；至是灭亡。公元九七九年（太平兴国四年）又灭沙陀贵族的北汉，统一朔、应以南的山西地区。至此，在中国的疆土内，便成为北宋地主政权与契丹奴主政权的对立（以及存在于两者之间的西夏政权）的形势。此外则为新疆的高昌、西藏的吐蕃、云南的大理。

另方面，北宋在一定的社会经济基础上，为加强其统治的集权性，又消除了唐朝后期以来的藩镇割据制度。由于长期间的战争，不只人民普遍厌战，士兵们也感觉疲倦。加之战争中的抢掠，以及赏赐所得等等，军官们都发了财，士兵的腰包里也多少有点积蓄。赵匡胤是当兵出身的，很了解这种情况，所以在"陈桥兵变"的当中，他就向部下宣布：你们大家不是都想升官发财吧？那就要服从我的办法。因此，他即位以后，便次第颁布法令，创立制度，全国各州县的民政权和财政权，均由中央直接管理；节度使不得过问民政及自行征税和截留国库收入；取消"贡奉"，戒除贿赂；并于诸州设立直隶中央的通判官，监督军、民两政，派员监察地方财政税收；同时，禁止藩镇处理判决死刑的刑事案件，规定凡决处死刑的案件，各州县均须汇案送刑部处决。尤其是，改变藩镇拥兵的情况，他接受赵普对"典禁卫兵"的定策大员、地方藩镇"稍夺其权，制其钱谷，收其精兵"的建议①，把兵权收归中央，即所谓"赵

---

① 《续资治通鉴长编》卷二："〔太祖〕一日召赵普问曰：'天下自唐季以来，数十年间，帝王凡易八姓，战斗不息，生民涂地，其故何也？吾欲息天下兵，为国家长久计，其道如何？'普曰：'陛下之言及此，天地人神之福也。此非他故，方镇太重，君弱臣强而已。今所以治之，无他奇巧，惟稍夺其权、制其钱谷、收其精兵，则天下自安矣。'"司马光把这一举措的成功，归之于"强干弱枝"的政策。他说："太祖既纳韩王（赵普）之谋，数遣使者分谊诸道，选择精兵。凡其才力技艺有过人者，皆收补禁军，聚之京师，以补宿卫，厚其赐粮，居常躬自按阅、训练。皆一当百。诸镇皆自知兵力精锐，非京师之敌，莫敢有异心者，由我太祖能强干弱枝，致治于未乱故也。"（《涑水纪闻》卷一）陈亮把这一政策，称之为"定祸乱"的根本措施。他说："五代之际，兵财之柄倒持于下；艺祖皇帝束之于上，以定祸乱。"（《龙川集》卷一《上高宗皇帝第三书》）这说明赵匡胤收回藩镇兵权的措施，在结束五代十国的割据局面和增强国家的统一性上，是起了适当作用的；财权和司法权也收回，也是在收回兵权的基础上才能实现的。参阅冯琦：《宋史纪事本末》卷二《收兵权》。

匡胤杯酒释兵权"。同时收回盐榷"财用之权"和司法权，即所谓"兵也收了，财也收了，赏罚刑政一切收了。"① 实际上，他掌握了士兵想回家过活的情况，并给予他们一些财物；将军们已不能拥有部下士兵，便借着宴会去说服石守信、王审琦、符彦卿、王彦超、武行德、白重赞、杨廷璋等领兵将军，拿高官大富向他们换回兵权，劝他们"多积金钱，厚自娱乐"，"择便好田宅市之，为子孙立永远不可动之业。"② 然后用文人去掌管。同时，又令各道把精兵骁勇，都选送首都，补充禁军。在此以前，"异姓王及带相印者，不下十数人"③，他们之中，连拥立赵匡胤的"义社十兄弟"也都跋扈难制④。

因此，宋朝又重新建立起统一全国绝大部分地区的封建国家，并提高了封建专制主义的中央集权程度。

王小波起义 但是封建制度发展到宋朝，社会矛盾已更加复杂，更加扩大了。所以从北宋开始，阶级对立的矛盾便很尖锐。宋朝虽也像汉、唐各朝一样，不断采取了一些改良步骤，企图使矛盾缓和；但情况不同，从前那一套的办法，已经是不够了，而其时的部族矛盾又促使这种矛盾更加复杂尖锐。

因此，从赵匡胤作皇帝以后，一面是社会生产和文化的发展；另一面又是阶级斗争的剧烈发展。这种阶级斗争的情况，经常表现为人民，尤其农民的不断逃税、逃役、弃家逃亡，数量并步步扩大，而且表现为不断的民变和群众暴动。

早在太祖时候，王全斌率领入蜀的军队，于公元九六五年灭蜀后（按《宋史·王全斌传》，为乾德二年出兵，四年正月即公元九六六年二月孟昶投降），由于宋军官兵肆行贪赃和抢掠，以及对蜀降兵的残酷屠杀，因此，赴阙蜀兵行至绵州，便发生空前大规模的兵变，连同参加的人民共十余万。他们建

① 叶适《水心集》卷四："太祖之制诸镇，以执其财用之权为最急。"而自唐以来，盐榷便成了财政收入的主要部分。朱弁《曲洧旧闻》卷一说："建隆（公元九六〇——九六二年）以来"，改变了由"藩镇差牙校"管理场务，"不立程课法式，公肆诛剥……百姓不胜其弊"的现象，全由中央政府"置官监临，制度一新，利归公上。"所以《资治通鉴长编》卷五说："自今每岁受民租及筦榷之课，除支度给用外，凡缯帛之类，悉辇送京师。"朱熹总述收回兵、财、法权说："本朝鉴五代藩镇之弊，兵也收了，财也收了，赏罚刑政一切收了；州郡遂日就困弱。"（《朱子语类》卷一二八）
②《宋史纪事本末》卷二、卷六。
③《宋史纪事本末》卷二。
④ 王巩《闻见近录》。

号为"兴国军"，奉全师雄为领袖，称"兴蜀大王"。两川郡县纷纷响应，全斌仅保有成都。宋军损兵折将，连吃败仗。

公元九九三年（太宗淳化四年），由于官吏贪污，赋役太重，买卖不自由（宋禁商贾不得私市布帛茶等），四川青城（今灌县境）① 人民以王小波、李顺为首发生暴动。暴动开始后，即"调发""富人、大姓""财粟"，"大赈贫乏，录用才能，存抚良善。"② 他们并发布其原始社会主义纲领说："吾疾贫富不均，今为汝均之。"③ 贫民争附之，攻下青城、彭山（彭山县），其势益炽。群众处死彭山县令齐元振，把他的肚子剖开装满铜钱。小波在战斗中，被敌人射"中其额"，"病创"④，李顺继为领袖，攻取了许多州县，众至十余万。公元九九四年二月，连克汉州（四川广汉）、彭州（彭县），攻占成都，群众奉李顺为"大蜀王"；又分兵四出攻郡县，三月攻克剑州（四川剑阁），两川大震。宋朝派宦官王继恩督王杲、尹元等率大军围剿，并给予任意杀戮的便宜决遣全权，即所谓"贼党敢抗王师者，即须杀戮。"⑤ 五月，宋军由小剑门（四川昭化西南）入川，所至都肆行屠杀，只柳池驿（剑南县西南）、绵州（绵阳）两役，人民及起义群众被迫击杀戮溺死者不可胜计，六月攻陷成都，屠杀暴动群众三万，李顺逃匿⑥，宋军把所俘起义群众领袖，送至凤翔（陕西凤翔）磔死。益州刺史张咏，以各郡人民多参加过暴动，又大加杀戮。宋廷为奖励王继恩屠杀人民的"大功"，特升他为宣政使，但群众并没有被征服，以张余、马保太等为首，仍继续进行斗争。加之"继恩握重兵，久留成都……专以饮宴为务……仆使辈用事恣横；纵所部剽掠子女金帛。"⑦ 益激起人民反对，王继恩部下的指挥张嶙，也杀其长官王文寿，"以所部"投入起义军。义军又攻克嘉（四川乐山）、戎（宜宾）、泸（泸县）、渝（巴县）、涪（涪陵）、

---

① 《历史研究》一九五八年第五期，蒋逸人《关于宋代以王小波、李顺及张余等为首的农民起义的几个问题》，依据《梦溪笔谈》、《老学庵笔记》、《四川郡县志》、《灌县乡土志》及《宋史·地理志》等文献，青神应系青城之误，废城在今灌县境。

② 《梦溪笔谈》卷二五。

③ 《渑水燕谈录》、《宋史·樊知古传》。

④ 《宋史·樊知古传》。

⑤ 《宋史》卷四六六《王继恩传》。

⑥ 《宋史·王继恩传》谓："获顺及铠甲僭伪服用甚众。"按《梦溪笔谈》、《老学庵笔记》均谓成都城破时，被俘、被杀的不是李顺；李顺后在广州为宋廷发觉，被俘、处死。

⑦ 《宋史·王继恩传》。

忠（忠县）、万（万县）、开（开县）等州；暴动蔓延全川。宋廷又兼采阴谋卑鄙的分化政策，配合军事围剿。至公元九九五年三月，才告平定。起义虽然失败了，但当开始揭起义旗时，"传檄所至，无复完垒"，"两川关右震动，朝廷以为忧。""及败，人尚怀之"①，可见他们是始终得到人民支持的。

公元九九六年（太宗至道二年），"许州（许昌）群盗劫偃城县"②。公元九九七年，四川防军数千人，以刘盱为首举行兵变。公元一〇〇〇年（真宗咸平三年），四川防军兵士赵延顺等又举行兵变，推下级军官王均为领袖，并建立政权，号"大蜀国"。公元一〇〇七年（真宗景德四年），宜州（广西宜山）人民反对贪官知州刘永规，防军士兵和下级军官陈进等，与人民一同举义，推判官（小官吏）卢成均为首，号"南平王"。公元一〇四三年（仁宗庆历三年），忻州（山西忻县）士兵和人民，以军士王伦为首举行暴动，攻占州县，所向无敌；地方官吏纷纷奉献衣、甲、器械，乞求饶命。同年湖南桂阳瑶族人民暴动。公元一〇四七年，贝州（河北清河）防军士兵和人民，举行暴动，占领州城，奉军士王则为首，号"东平郡王"，知州张得一投降。明年，皇宫卫士颜秀等四人，夜入宫内谋变，失败被杀。

澶渊之盟　由于宋朝大地主集团没有适当的去处理和调整内部阶级关系，组织力量，反而引起阶级矛盾这样不断的剧烈发展。因此便形成其对契丹和西夏斗争的软弱无力，不只不能阻止契丹及以后的金、元统治者对汉族和他族人民的残暴、落后的奴隶制方式的统治和军事掠夺，不能给予人民以生命财产和安居乐业的半点保证；反而屈服于其武装压迫之下，采取妥协、投降的方针。

辽、金、元奴主集团对先进的汉族住区的奴隶制半奴隶制方式的统治、野蛮残暴的压迫，以及其所进行的军事掠夺和烧杀，不只给了社会生产以严重破坏，引起生产逆转，而且给了人民以严重的生死威胁。赵匡胤作皇帝后，并没有照顾到人民的这种生死利害，也没有继承周世宗的遗志。他虽也有收复燕、云等州的打算，却是以储蓄金、帛"与契丹，以赎幽燕故土"③为主要方针；

---

① 《梦溪笔谈》卷二五。

② 《宋史·太宗本纪》。

③ 叶梦得《石林燕语》卷三："太祖初平诸伪国，得其帑藏金帛，以别库储之，曰封桩库，本以待经营契丹也。其后三司岁终所用，常赋有余，亦并归之。尝谕近臣，欲候满三、五百万，即以予契丹，以赎幽燕故土。不从，则为用兵之费"。

在军事上，他对契丹的南下，甚至对于小小的西夏，自始就采取防御的方针，沿宋朝边境设置防军；如派"郭进控西山，武守琪戍晋州，李谦溥守隰州，李继勋镇昭义（按以上均在今山西境），以御太原。赵赞屯延州，姚内贇防守庆州，董遵诲屯环州，王彦昇守原州，冯继业镇灵武（按以上均在今陕、甘境内），以备西敌。""李汉超屯关南，马仁瑀防守瀛州，韩令坤镇常山，贺惟忠守易州，何继筠镇棣州（按以上均在今河北境）以拒北寇。"① 其实，这种防军的兵力和军饷支出，数目都颇大，很可以集中使用驱除契丹政府在先进的汉人住区所建立的奴隶制统治，使人民恢复到原来的生活秩序和安居乐业。这在太祖时，还出于其时"剑南、交、广……荆湖、江表……西域北方"尚未统一所采取的步骤，而在统一十国以后，情况却完全不同了。但宋朝政府仍完全不顾燕、云十六州人民的要求，不断遭受军事威胁与掠夺的内地人民的要求，而仍是画疆自守。

宋太宗（光义）即位以后，最初也继承防御妥协的方针，与契丹"和好"、通使。公元九七九年灭亡北汉，契丹政府反加责问。灭北汉后，由于崔翰等人的坚决主张，才一度想收复故土。同年大军由太原入河北，进围幽州。部队经过讨灭北汉的战争，没有适当休息又进军河北，复连败契丹军。但由于幽州久围不下，部队过于疲劳；益以宋太宗不悉敌情，指挥部署错误；高梁河（北京城西）之役，陷入契丹军耶律沙和耶律休哥的夹击包围，战败退兵。但契丹军也遭受了很大打击，大将耶律休哥三次受伤。公元九八〇年（宋太平兴国五年、辽乾亨二年），契丹景宗（耶律贤），以十万大军南攻雁门，被宋军杨业（即继业）杀得大败，契丹大将萧绰里特阵亡。另方面，契丹又集中重兵围攻瓦桥关，耶律休哥以精骑渡水奇袭，却把宋军杀得大败。公元九八六年（太宗雍熙三年），宋朝政府感于契丹不断南侵的威胁，加之贺怀浦（三交——今山西交城——守将）、令图（雄州知州）父子主张主动出击，便令曹彬、田重进、潘仁美（即潘美）分路领军北伐，责曹彬取涿州，潘仁美取寰州、朔州、应州、云州，但是毫无计划与适当准备。东线曹彬一路，连胜契丹军，克服涿州；耶律休哥以曹军后无粮草供给，孤军深入，便屯兵幽州，坚壁不战。曹彬因全军缺粮，还师雄州；太宗严令斥责，命其急进，及再至涿州，

① 罗从彦《罗豫章先生文集·遵尧录》。

粮草又尽。契丹军一面沿途设伏兵，一面圣宗（耶律隆绪）出驼罗口（涿县东北），休哥自幽州南下，两路钳击涿州。两军会战于歧沟关（涿县西南），宋军败退，河北各州又全部为契丹所占领。西线宋军，潘美副将杨业，原先也打胜仗；但杨业乘胜孤军深入，潘美屯兵不进，又不予粮草接济。杨军败退至陈家谷（朔县南），全军战死。至此宋军东西两线均败退。契丹军又继续南进，攻陷瀛州、深州（河北深县）、邢州（邢台）、德州（德县），肆行掳掠人口、财物和烧杀。由于各州人民纷纷武装反抗，契丹军始被迫北退。

宋廷对契丹，原先就没有积极进攻的方针，至此便连主动出击的防御方针基本上也放弃了，更堕落为妥协、屈服的方针了。契丹政府则采取积极南进的方针。

公元九八八年（宋太宗端拱元年），契丹又大举南进，涿州、祁州、新乐又相继失守，明年又攻陷易州。宋朝政府却视同儿戏，仅派李继隆以镇定兵万余护粮北进。耶律休哥以数万骑疾行南下邀击。但领兵巡护交通的宋军黑面将军尹继伦，发现契丹军动向，便掩旗尾随。及契丹军与李军遇于徐河，继伦率军从后面猛袭，契丹军大败，休哥负伤，大将阵亡。自此契丹军中纷纷相告："当避黑面大王！"这一偶然的胜利，又使宋朝北面的防务，得到暂时的苟安。

公元九九九年（宋真宗咸平二年，辽圣宗统和十七年），契丹圣宗又南进，宋真宗亲至河北"防契丹"。宋骁将范廷召连胜契丹军于瀛州、莫州，共斩获三万余，并夺还契丹所掠老幼数万口。公元一〇〇四年（真宗景德元年），契丹圣宗并其母萧太后集中全力南下进攻，攻陷望都（河北望都），宋守将王继忠被俘。宋廷官僚集团惊惶失措，纷纷主张逃命，王钦若主张逃往金陵，陈尧叟主张逃成都；只宰相寇准力排众议，坚决主张战守。寇准奉真宗亲征，北进至澶州（今河南濮阳）。河北军民闻皇帝及宰相亲征，战斗情绪高涨，到处狂呼万岁，声震原野，契丹士气大受打击。寇准部署诸军，阵容严整。契丹军迫攻澶州城，被宋军击败，并杀其大将萧挞凛。契丹圣宗母子胁于宋军民声威，便派韩杞随真宗前派往契丹议和的曹利用，持书来宋营请和。契丹并故为提高条件，要求割让关南土地。寇准等主战派坚主拒绝和议，至少也必须契丹称臣和奉还幽燕土地。真宗这回亲征，原非自愿，纯由于主战派的坚持和力争；至此便与其左右投降派，决意要和议，只拒绝割地，并谓"若欲金帛，朝廷之礼，固亦无伤"。投降派并极力打击寇准等，说他们幸兵取重。

因此，便于公元一〇〇四年（宋真宗景德元年，辽圣宗统和二十二年）成立其屈辱的澶渊（河南濮阳西南）和约，即所谓"澶渊之盟"。规定：（一）宋岁赠辽绢二十万匹，银十万两；（二）辽帝称宋帝为兄，宋帝称辽帝为弟；（三）双方罢战撤兵。辽廷战败求和，宋廷反岁输银、绢，令人民又频添一大笔进贡契丹奴主的负担。

和约成立后，宋朝统治者认为从此天下太平，连防御设备也不再讲求，任令军队堕落；只顾"励精"来对付人民，步步扩大剥削，以度其苟安、腐化的豪奢生活。与此相反，契丹政府辖区内各州的汉族人民，由于生死利害关系却始终不愿降辽，仍不断反抗；迫得契丹奴主政府也不能不改取一些软化手段。同时契丹统治者乃转而去压迫北满各部落部族和侵略朝鲜。

仁宗（祯）即位之二十年（公元一〇四二，即宋庆历二年，辽兴宗重熙十年），契丹兴宗（耶律宗真）看到宋朝大地主集团的软弱、腐化和防务废弛，便进一步来迫使他们屈服。因此，他一面集中大军于幽州、涿州一带，声言要南进；一面又派萧特默使宋，要求宋廷割地和出嫁四岁的公主，并质问宋廷对西夏战争的缘由。仁宗和其左右吕夷简、富弼之流，自然仍只有投降的方针，便派富弼使辽，要求其降低条件。结果，宋对辽岁增绢十万匹，银十万两，并改"赠"为"纳"。至此，宋廷地主政府便开始带有契丹奴主政府附庸的性质了。

另方面，宋朝统治者对西夏的进扰和需索，也是软弱无力的。西夏占据今陕北安塞以北至今宁夏回族自治区首府银川一带，地区很小，人口不多，生产也较落后；他利用宋、辽矛盾的空子，也不断对宋廷要挟和进扰。宋太宗末年，西夏主李继迁依靠契丹支持，不断进扰今陕北地区。太宗为易取其"称臣""纳款"，除赐赍银绢外，甚至不惜把夏（陕西横山）、绥（绥德）、银（米脂）、静（米脂西）、宥（今内蒙古自治区乌审旗）等五州，给予西夏。公元一〇三二年（宋仁宗明道元年），西夏元昊继位后，任用汉人张元、吴昊，于公元一〇三四年取消对宋称臣。公元一〇三八年，自号"大夏国皇帝"；从公元一〇四〇年（仁宗康定元年）开始，便连年进扰今延安以及陇东、陇西地区，到处焚荡庐舍，屠掠居民。宋廷派夏竦、韩琦、范仲淹、王沿等负责防夏军事；稍有办法的韩、范，也仅能使其负责的地区防御较为巩固。结果也于公元一〇四四年（仁宗庆历四年）按照元昊的要求讲和。元昊上表要求：岁赐银五万两，绢十三万匹，茶二万斤；进奉乾元节，回赐银万两，绢万匹，茶五千斤；贺正贡献，回赐银五千两，绢五千匹，茶五千斤；中冬赐时服银五千两，绢五千匹；赐生日礼物银器二千两，细衣料千匹，杂帛二千匹。宋廷全部同意。每年支给如此巨大的一笔"岁赐"，所换得的只是元昊对宋称臣，自称"男邦泥鼎国乌珠"，称宋帝为"父大宋皇帝"。

王安石变法 由仁宗经英宗（赵曙，公元一〇六四——一〇六七），到神宗（赵顼，公元一〇六八——一〇八五）时，宋朝的内忧外患，都特别严重了。契丹奴主集团的压迫步步在加紧；尤其是人民以至中间各阶层普遍对宋朝政府不满，都和大地主集团的矛盾很尖锐，在中间阶层里面，并形成一个要求改良朝政的政派——"新党"；宋朝政府本身的财政情况，也特别恶劣。在这种情况的逼迫下，年少的神宗，便决然不顾大地主官僚集团文彦博等人的反对，提拔王安石、吕惠卿等新党人物来改良朝政。公元一〇六八年（熙宁元年），越级召见王安石，明年任王为参知政事（宰相）。因此，便有王安石变法，即所谓实行新政。

新政的基本精神，是从中间阶层，特别是从中小地主利益出发的一种改良政策；其目的在于和缓内部阶级矛盾，提高生产，整理财政，刷新军备，培养国力，以达到解除契丹奴主武装南进的威胁。

其各项经济政策，都在从经济上去改善阶级关系，改进社会生产和国家财政，已如前述。关于军备方面者：

（一）改诸路更戍法。宋朝禁军，太祖开宝时为十九万三千，太宗至道时为三十五万八千，真宗天禧时为四十三万二千；仁宗庆历时增至八十二万六千人，另厢军、乡军、蕃军合共四十三万三千人，但将骄兵惰，已成为空耗赋税的无用之兵，数量虽大，战斗力却很薄弱。同时，自太祖把精锐和重兵集于禁军，有事时派将指挥作战，无事时，将兵分离；自真宗以后，不仅兵不识将，而且毫无训练。改诸路更戍法的基本内容，即把全国军队都隶属禁军，共置九十二将副（河北、府畿、京东西路三十七，关陇五路四十二，东南各路十三），分别统率，平时就地依河北教阅新法训练，改变"分番"调遣驻防戍边的办法。同时，实行缩减改编，把禁军精简至五十六万八千六百八十八人，以期成为能战的精兵。

（二）立保甲法。即组织全国乡村十家为一保，五十家为一大保，五百家为一都保，设保长、大保长、正副都保正，均由保民选举其中有干才者充任；各家有壮丁二人者，抽一人为保丁，组成"义勇"队，官置教练场，每五日教练一次，学习弓矢等射击术。这种"义勇"队，平时担任各保巡逻、放哨、防盗的责任，战时当然可以协助和补充军队以及自行抗击敌人。这在对契丹南进和内奸扰乱方面，在当时是有其积极意义的。王安石等在这一点上，是根据当时河北人民反抗契丹奴主统治和掠夺的义勇兵的作用而来的。

（三）行保马法。凡陕西五路义勇保甲，愿养马者，每户由官给监马一匹，或给钱令其自买，愿养二马的也可；每年官府派人检查肥瘦，若马有死亡，由养马户赔偿。平时除用以追击盗贼外，养马户不得乘用于三百里以外；战时由官府抽回，用作军马。宋朝境内不产马，契丹政府又禁止卖马给宋，军马很缺乏。保马法即系解决军马问题的一种尝试。

（四）设军器监。原先天下岁课及各地制造的弓弩甲胄等，"无一坚好精利，实可为备者"①。设军器监的办法，即统一全国军器制造，派知工事的专家负责主持，雇用熟练工人（良工）和技师（匠师），政府专设一军工行政管理机关，即"军器监"以总制其事。

（五）于河东路沿边，增修堡垒、兵舍及运站，并伸入蔚、应、朔三州。夺回河、湟、洮、岷诸州土地，打退交阯统治者的入侵。

另方面，他们又改变当时教育的内容和考试课目。大学讲舍（锡庆院、朝庆院）学生所习课目，除王安石等所编的《三经新义》为必修课外，设武学、律学、医学等专科。进士考试课目，废除诗、赋、明经诸课，改用经义、论策等较近实用的课目。其中心精神，在使"学以致用"，培养、选拔有实际知识的人才。原先教育的内容和考试课目，都是不切实际的与现实无关的"性命""理气"之说、诸经异同之辨、风花雪月之吟。

因此，新法在内容上，虽不可能把问题根本解决，客观上也不能完全行得通，实际上也发生不少偏向和毛病；但其基本精神，在当时是比较进步的。新法实行的结果，确已使农民对地主，自由商人、手工业者对大地主的矛盾，渐趋缓和；北宋的财政和国力也渐有起色，防务渐次增强。所以说人民皆以新法为便。原来不断的民变，这时期也缓和了；对抗契丹奴主集团的南下进迫，也

①《宋史·兵志》。

日渐表现强硬、有力。

元祐"复制"　　但是新法却损害了大地主集团的一些特权利益，他们认为不便；在实行新法的熙宁元丰年代（公元一〇六八———一〇八五年），就不断死硬的反对。公元一〇八五年（元丰八年），神宗死后，年幼的娃娃哲宗继位，太皇太后高氏当家，起用"旧党"司马光、吕公著、文彦博等。他们在政治上复辟以后，把新政全部推翻，完全恢复以前的旧政，即所谓"元祐复制"（哲宗元祐，公元一〇八六———一〇九三年）。司马光、吕公著相继死后，"旧党"大官僚集团内部，为彼此争权夺利，又分裂为三个地方性流派，即程颐、朱光庭等的"洛社"，苏轼、吕陶等的"蜀社"，刘挚、王岩叟等的"朔社"。从元祐元年到八年的时期中，他们把新政时期的改良结果，便完全破坏，情况比从前变得更坏。

公元一〇九四年，高氏死，哲宗亲政。他觉得只有新政能挽救危机，便改元绍圣（公元一〇九四———一〇九七年），表示要"绍述新政"，启用所谓"新党"章淳、吕惠卿等。但以这班大地主化的"新党"分子来推行新政，已不全是熙宁、元丰的精神；所谓助役钱、免行钱、保甲法等，已全从财政收入出发，反而成了人民的苛重负担。所以绍圣"新政"，不仅没有多少改良的成绩，而且确实会引起人民的不满和反对。和他们争夺权位的"旧党"，便利用材料，说人民失业、逃亡、鬻妻、卖子等等情况，都是新政的恶果；所谓绍圣"新政"，实际上也扩大了这种恶果。但正由于新旧两党在实际上已没有什么不同——已只有争夺权位的冲突，所以公元一一〇〇年（元符三年）哲宗死，明年徽宗继位以后，在太后向氏的主持下，便产生两党"共政"的内阁。但这时宋朝统治的危机，已特别严重了。因此，徽宗亲政后，又想实行"熙宁新政"，为此特改元崇宁。但蔡京等六贼集团，自然更不是什么新政人物，而是比"旧党"更堕落的一个大地主流派。他们反对"旧党"，只在扩大六贼集团的利益；他们对人民的剥削和压迫，也更残毒险恶。不仅广大劳动人民痛恨他们，陈东等太学生要求杀六贼以谢天下，连比较开明的地主和官僚也都为之侧目。

农民大暴动　　因此，《宋史》说：自哲宗元祐以后，"政日以堕，民日以困，而宋业遂衰"；各处都不断发生民变，即统治阶级历史对这期间不绝记载的所谓盗贼。尤其到徽宗时，便形成饥民并起为"盗"的普遍现象。在北方，山东有张万仙、张迪、贾进，河北有高托天，众皆十余万；其余二、三万者，不可胜计。最后便形成宋江等为首的农民大暴动。在东南，从皖东到皖中、皖南、浙江、福建，有"事魔食菜"的魔教（系根据张角太平道教旨的遗留，即所谓"以张角为祖"，并采取摩尼教的一些形式）的地下活动，在农民群众中有着较普遍的影响，至死也不泄秘和"协力同心，以拒官吏"的严密的组织①；同时，江淮间"群盗"横行，最后便形成方腊为首的农民大暴动。在中南，"群盗"遍地，特别是江西、广东两地"群盗啸聚"，湖湘"群盗蜂起"，最后便形成钟相为首的农民大暴动；钟相在湘北鄂南近二十县地区的群众中进行活动，即所谓"布道"，达"二十余年"，"有众四十万"②。

（一）宋江等三十六人为首的农民大暴动，发生于徽宗宣和初年。按《宋史·徽宗本纪》说：宣和三年，即公元一一二一年三月，"淮南盗宋江等犯淮阳军（苏北邳县东）……又犯京东、江北，入楚海州界。"又《张叔夜传》说："宋江起河朔，转略十郡，官军莫敢婴其锋。"因此起义时间应早在公元一一二一年三月以前（《徽宗本纪》宣和元年条云："十二月甲戌诏：京东东路盗贼窃发"，所指是否已有宋江军在内，待考）。暴动的地区扩大到今山东以至河北、豫东、苏北等广大地区，而且声势极盛，力量颇大。按《水浒传》所说，他们起义的根据地是梁山泊，地在今山东郓城，宋江亦郓城人；三十六人的出身，有衙门小职员、小军官、渔民、水手、行脚僧、农民、贫民、流氓、小商、下层知识分子、捕头以至地主等等；他们的口号是："替天行道"；他们的行动目标，是打击官府，打击大地主，如林冲等还有一种抗击契丹的要求和思想。这些记载，基本上应有所根据。《宋史》说：宋江等受"张叔夜招降"，又《侯蒙传》谓侯蒙建议："不若赦江，使讨方腊以自赎"。《水浒传》各种版本中，有说宋江等受招安后，破辽、平田虎、王庆、方腊"四大寇"。但金圣叹批注之七十回本（自谓根据其家贯华堂所藏古本）宋江等并未受"招安"；洪迈的《夷坚乙志》又传宋江等投降后，为郓州知州蔡居厚所杀。因此宋江等最后的结局还是疑案③。

---

① 宋，庄绰《鸡肋编》。
② 《三朝北盟会编》卷一三七；《宋史·岳飞传》。
③ 参考鲁迅《中国小说史略》第十篇下及《小说旧闻钞》。

（二）在梁山军起义前后，以方腊为首的两浙农民，于公元——二〇年（宣和二年）十一月，从睦州青溪（浙江淳安）开始暴动。在暴动以前，方腊等人曾藉宗教形式即"魔教"，在农村秘密活动，进行组织工作。宋朝政府对"魔教"运动很害怕，为着想破坏魔教活动，对魔教徒采取搜索、逮捕、杀头种种残酷手段去镇压；"（其）家人虽不知情，亦流于远方；财产半给告人，余皆没官"。但方腊等依靠群众，工作深入，得到群众掩护。他们的组织发展，很快便达十万人，在起义前夜，"殆众百万"。他们的基本教旨——纲领是："是法平等，无有高下。"这原是佛经中的一句话，到他们手中便成了素朴的民主思想（说他们读为"是法平等无，有高下"，是统治阶级恶意的诬蔑）①。他们反道、反佛、反儒，具体表现为不拜神（道家偶像）、佛（佛家偶像）、祖先（儒家伦理偶像）。他们反对的主要对象，是对人民残酷的剥削、压迫，腐化浪费，对契丹奴主集团妥协、投降的宋朝统治集团，和对汉族人民进行奴隶制统治和掠夺的西夏及辽。方腊告民众说：我们耕、织，终岁劳苦，官府悉数取去浪费，稍不如意，便对我们鞭、笞、杀戮，毫不怜惜。朝廷于声、色、狗、马、土木、甲兵、花石的糜费之外，又岁输西夏和辽银绢百万，都是人民膏血；而西夏和辽得赂，益轻中朝，岁岁侵扰不止，朝廷不敢取消纳币，宰相还说是安边上策。受苦的只是人民，终年劳动，妻子冻饿，不得一饱。如此朝廷，还能容忍下去吗②？

暴动开始后，群众纷纷参加，不到十天便形成几万人的队伍，连克青溪、睦州（浙江建德）、歙州（皖南歙县）、衢州（浙西衢县）、新城（浙江新登）、桐庐（浙江桐庐西）、富阳（浙江富阳），进破杭州；杀宋将蔡遵、制置使陈建、廉试使赵约、郡守彭汝芳等，两浙各地多以"魔教"徒为中心，纷纷起义响应，如兰溪（浙江兰溪）、灵山（浙江龙游南）的朱言、吴邦，仙居（浙江仙居）的吕师囊，剡县（浙江嵊县）的仇道人，归安（浙江吴兴）的陆行儿，苏州（江苏吴县）的石生以及方岩山（浙江温岭西北）陈十四等。暴动的火焰笼罩了东南半壁，形成所谓"合党应之，东南大震"的形势。北宋

---

① 庄绰《鸡肋编》；方勺《青溪寇轨》。

② 《青溪寇轨》记述说："今赋役繁重，官吏侵渔，农桑不足以供给。吾侪所赖为命者，漆、褚、竹、木耳，又悉科取，无锱铢遗。"

朝廷用全力去进攻，陆续派遣大军数十万；六贼之一的童贯，最初毫无办法，吃了不少败仗。宋廷目之为"四大寇"之一，感到束手无策。最后除以禁军及陕西、河东的"蕃"汉兵数十万进行围剿外，也采用统治阶级传统的卑鄙阴谋手段，分化、收买，利用农民自己的武装去反对自己。因此，他们在梁山军暴动结束后，也终于失败了。公元一一二一年三月，方腊被各路宋军合围于清溪，腊及方肥等五十二人，在梓桐峒被韩世忠所擒，均慷慨就义，其他领袖战死和就义的也很不少，宋军并屠杀群众七万。农民军就义的英勇壮烈，足以流芳万古！义军残部，至明年四月止，也全为宋军所消灭。此次起义农军，共破六州五十二县。宋军在进剿期间和暴动结束后，都肆行屠杀，仅童贯在四百五十日中，便屠杀农军十五万、群众二百万人以上[①]。但魔教仍继续坚持活动，并在皖北一带，形成了工作深入的据点，即所谓"巢穴"[②]，宋朝的官府毫无办法。

（三）以鼎州（湖南常德）人钟相为首的湘、鄂农民大暴动，也开始于徽宗朝的女真奴主贵族南进以前。《宋史》及其他文献，对这次轰轰烈烈的内容丰富的大暴动，在时间上是有些颠倒的。由于时间的颠倒，所以对事实的记载，便发生错乱。如说钟相等在金南下前二十余年的主张，是反对官府、寺观、豪富等。又说金南下时，他们组织忠义民兵保乡，士大夫逃难前去的，都受到庇护，并派兵"勤王"；但继又起兵抗宋，到处焚烧官府、城市、寺观、神庙、豪富家宅，杀戮儒生。实际上，在金南下前，他们宣传和实行了一套主张与办法；金南下后，从钟相到杨幺，一贯都要求联合宋廷抗金。

钟相和其伙伴，从徽宗初开始，在鼎州，澧州（澧县）、荆南一带洞庭湖沿岸农村，借宗教形式进行组织活动，准备大暴动。人民入教，叫作"入法"或"拜爷"。他们的教旨，即所谓"新法"，也就是纲领，是："平等贵贱，均平贫富"；反对宋朝的一切制度，亦即所谓"国法"，说那都是"邪法"。他们反对的对象是：官府、寺、观、神庙、豪富、儒生等等，以及辽、金奴主集团的奴隶制统治，对汉族等各族人民的残暴压迫和军事掠夺。他们的目的是人人

---

① 《宋史·韩世忠传》、《童贯传》、《方腊传》；《宋史纪事本末》卷五四《方腊之乱》。

② 方勺《泊宅编》卷五，谓在方腊为首的农民军失败后，魔教继续活动的情况说："庐州慎县（安徽颍上西北）黄山，连接无为军、寿县、六安界，盖贼巢穴也。山下居民千余户，而藏贼以活者十七八。贼间发，官兵粘踪追捕，有十年不获者。"

劳动的均产社会。沿湖各州县群众无不信仰"新法"。

在女真（金）奴主贵族南下前，他们开始暴动，占领沿湖鼎、澧，荆南一带共十九县，在暴动发展的烈火中，群众根据"新法"，焚烧一切官府、城市、寺观，神庙、豪富第宅，没收其一切财产，实行"均平"；把官吏、儒生，僧、道、巫、医、卜、祝，即官吏、僧俗大地主、土豪劣绅以至愚弄人民的巫医等等，一概处死，叫作"行法"。同时，他们把土地都分给大家耕种，"入法"的人也都靠自己劳动得食，要达到田蚕兴旺，生计丰富；参加作战的军队，也要耕田，靠自己劳力得食。这都得到群众的赞成和拥护，所以《三朝北盟会编》也说："人众乐附而从之，以为天理当然"。因此，他们是有一种素朴的群众政权和根据地思想的。钟相在武陵县（湖南常德）唐封乡水连村建立寨栅，便是他们首脑机关所在。后来到南宋绍兴时（公元一一三一——一一六二年），在杨幺的领导下，他们占领的地区，成了当时全国最安乐、富裕的乐园。据传杨幺等占有西自鼎、澧，东至岳阳，南达长沙，北及公安的广大农村和水区，人民都安居乐业，粮食富足，民家都养有猪羊鸡鸭之类，乡村也有酒坊等等；并有水寨武装保护，宋军前去抢劫，即予驱逐。同时，水寨还自行制造大型战舰，在造船技术上还有所改进。同一区域内宋廷占领的城市，则都荒凉残破，食用品都不易买到。

女真奴主贵族南下后，钟相等即把农民军改编为"忠义民兵"，保卫家乡；士大夫逃难到水寨的，也不用从来那种处置官僚、豪绅的办法，而予以庇护。公元一一二七年（靖康二年，即宋高宗建炎元年）女真军攻陷汴京后，又由钟子昂（相子）率兵北入河南"勤王"。他们抗金的耿耿丹心，连唐愨（宋廷的鼎、澧守将）也不敢诬蔑。而宋朝统治者，在其国亡家破之际，犹只是害怕人民，不愿和人民武装联合。

北宋沦亡 因此，到徽宗时，北宋的统治已到了烂臭的程度，无法再继续下去。女真奴主贵族南下以后，由于女真奴主集团的掠夺、烧杀及对于汉、契丹等各族人民的压迫，比契丹奴主集团更残暴、凶恶和落后，人民的生命财产和安居乐业更无保障，便纷起反抗；同时人民为着共同的利害，宋廷内部的阶级矛盾也比较缓和了。但宋廷自身无力抗御，又不肯联合人民，北宋的灭亡便不可避免了。

女真（金）奴主政权建立的时际，正是宋、辽疾急衰落、走下坡的时期。

在建立其奴主政权的革命过程中，就脱离了辽廷的统治。在其奴主政权产生后，就不只南下对契丹辖区掠夺人口、牲畜和财物，而又和它争夺土地并逐步占去其不少领土。公元一一一七年（宋徽宗政和七年，金太祖天辅元年），腐烂不堪的宋廷，却遣马政使金，后又继续派赵良嗣等前去和金使不断南来，相约"夹攻"契丹。在北宋的协助下，金便于一一二五年三月灭辽。宋廷的目的，是希图以给予契丹的岁币银绢，另加"燕京所出税利五六分中只算一分，计钱一百万贯文"予金，并配合攻辽，去收回契丹所占汉人住区。但金于攻占十三州后，辽尚未亡，就反了口，仅给还涿、易、顺、景、檀、蓟"燕山六州"，并"要求不已"①。实际，这也只是其对宋的暂时妥协，他们早已看到宋廷的腐败无能。这只是由于辽政权还存在，也由于契丹人民和一些有气节的契丹上层分子，直至辽亡以后，都在力图"恢复故国"②。更重要的，又由于害怕汉族人民反对。

　　女真奴主贵族在灭辽后的当年十二月，就发出"牒南宋宣抚司问罪"、"檄书"、"札子"等文告，反宣称它的南侵是"仗顺临逆"、"兴师问罪"③。在公元一一二六年一月，便大举向北宋进攻。金太宗（完颜晟，公元一一二三——一一三四年）命宗翰（粘罕，粘没喝，或译尼玛哈）为左副元帅，自云中（大同）趋太原；宗望（斡离布）为南路都统，自平州（原热河朝阳境）入燕山④。两路期会汴京。宗翰军没到太原，童贯拒绝太原知府张孝纯"愿少留，共图报国"的建议，就逃回开封。宗翰"克代州，都巡检使李翼力战，被执，骂贼死"，"进围太原，张孝纯悉力固守。"宗望入檀、蓟，宋另一宦党将军郭药师，以燕山（河北大兴西南）降金，燕山州县全部沦陷；郭药师并执蔡清、吕颐浩献于金军，又充金向导。金军长驱南下，攻陷中山府（定县）。徽宗惊惶失措，一面急忙下诏请各处派兵救援，并命梁方平守黎汤；一

----

① 《吊伐录上》、《大宋宣和遗事》。

② 如《辽史·天祚纪》称耶律大石以"恢复故国"为号召，进行反金斗争。又刘祁《乌古孙北使记》说："昔大石林牙，辽族也……阴蓄异志，因从（金太祖）西征，挈其孥亡入山后，鸠集群丑，径西北逐水草……入回鹘攘其地而国焉。"许谦《白云集·总管黑军石抹公行状》称："金灭契丹，易萧为石抹氏。公四世祖库烈儿，闵宗国沦亡，誓不食金粟，率部落远徙穷朔，以复仇为志。曾祖脱罗华察，且招徕怀辑，徒众益盛。"

③ 《吊伐录上》。参阅《宋史·徽宗本纪》；《金史·太宗本纪》；《宋史纪事本末·金人入寇》。

④ 《宋史纪事本末》卷五六《金人入寇》谓："以谙班勃极烈斜也领都元帅，居京师"。

面由宇文虚中起草罪己诏，指出："言路壅蔽……恩幸持权，贪饕得志……赋敛竭生民之财，戍役困军旅之力"等政治上的缺点；一面即传位太子（赵桓，即钦宗，公元一一二六——一一二七年）。大官僚们不是准备逃命，就是准备迎降。太学生陈东便上书揭露蔡京、童贯、王黼、梁师成、李彦、朱勔等罪状，并要求杀此"六贼"以谢天下。

公元一一二六年（钦宗靖康元年）二月，金南路军连陷相州（安阳）、浚州（河南浚县）；梁方平负责的河防全线崩溃。金军渡河而南，迫攻汴京。钦宗及大官僚都主张迁都，甚至私自逃跑。汴京市民及太学生陈东等群赴宫前请愿，要求坚决抵抗。李纲等朝臣亦主张抵抗。钦宗在群众和主战派的逼迫下，便下诏亲征，派李纲为"东京留守"兼"亲征行营使"；同时却又派蔡攸等奉太上皇（徽宗）走亳州，往镇江逃命；童贯以"胜捷军""自随上皇……惟恐行不速"，"蔡京亦尽室南行，为自全计。"①

李纲等在群众的协助下，奖励部伍，布置城防，亲临战守；士兵和下级军官（如何灌、马忠等）也都战斗情绪很高，表现了英勇顽强的战斗精神。因此金军攻城，每次都被击退并遭受相当杀伤。如"金人攻宣泽门，李纲御之，斩获百余人"，金军败退；"金人攻通津、景阳等门，李纲督战，自卯至酉，斩首数千"。马忠以京西新募之兵，也败"金人于顺天门外"。加之种师道等"四方勤王兵"都相继奔赴汴京。金军感到硬攻不能取胜，便一面攻城，一面又不断派人前来"议和"，即诱降。但钦宗和六贼余党等大官僚还只是想逃命，对城防和御敌工作，完全袖手旁观；同时便以李邦彦为首，暗中进行投降活动。投降派活动的结果，宗望提出以下的投降条件：（一）除赏军兵物：书五监、金五百万两、银五千万两、杂色表及里绢各一百万匹、牛马骡各万头、驼一千头外，每岁输银三十万两、绢三十万匹、钱一百万贯；（二）尊金帝为伯父；（三）割太原、中山、河间三镇与金；（四）送还燕、云流亡难民；（五）以亲王、宰相作质。李纲等主战派虽极力反对，钦宗却同李邦彦等完全同意。一面急致誓书于金，说金军南侵是"入境问罪"和大骂自己的父亲（徽宗），并称"伯父大金国皇帝"、"侄儿大宋皇帝"，对所提条件，全部接受；一面下令搜京城金银，共得金二十万两，银四百万两。每日搜括金银，向

---

① 《宋史纪事本末·金人入寇》。

金营输送，民间已空，而终不足数，金军也不退兵。恰在这时，种师道、师中及姚古等各部援军，集城下者已二十余万，声势大振，人民与李纲等主战派，又极力反对"和约"。在金军方面，虽号六万，且多奚人、契丹人等，至此亦颇有戒惧，深沟高垒，不敢轻出肆掠。因此，和议停止，钦宗派种师道为宣抚使，与李纲分担指挥责任。种主张坚壁不战以老敌师，按夜派兵进扰以疲敌师；姚仲平急功，想乘夜袭敌夺取金营，招致小挫。钦宗便借口罢免种、李，另任投降派蔡懋为"守御使"。蔡懋下令禁止防城军、民向敌军放箭投石，更激起群众愤怒。以陈东等为首的士兵、市民、学生等数万群众乃在宫前集合，要求钦宗立即起用种、李等，继续抵抗。适内奸李邦彦入朝，群众面数其罪恶，齐声痛骂。群众因目的未达，不散去，且打"登闻鼓，山呼动地"①。宋廷君臣恐生变，才勉强接受群众要求。内侍朱拱之从中作怪，被群众打成肉泥，并有内侍数十人被群众打死。种、李等复职后，士兵和人民战斗情绪更高，到处袭击金军。金军胁于声势，便不待金银足数，即急行北撤。种师道主张伏击于黄河半渡，被阻止；李纲发兵追击，李邦彦也迫令把追兵召还，并解除种师道兵权。

另方面，金军南进，沿途肆行烧杀掠夺，所到之处，鸡犬不留，闾里为墟；因此河北、山西、河南各地人民，便纷纷组织义军，保卫家乡，抗击金军。

金军北撤后，中山、河间一度被宗望围攻，欲迫守军"交割"城池。吕好问估计金军秋冬必倾力南下进攻，建议加速讲求防御；李纲亦提出备边御金八策。而倒行逆施的钦宗及其左右内奸、投降派，反一面把主战派及所有抗金宿将李纲、种师道、种师中、姚古等人，概行斥逐出京，甚至免职，罢征各路"勤王军"；一面下令解散各地人民义军。

同年九月，太原守军粮尽援绝，安抚使张孝纯战败被俘，副督总管王禀、通判方岌以下，全军皆英勇战死；金军陷太原后，宗翰、宗望便倾力分路南下进攻。各路纷纷告急求援。吕好问请急召各路官民勤王军；各地人民更盼望配合宋廷阻击金军。而执政的大地主分子唐恪、陈过庭、聂昌、耿南仲等，完全不顾人民的死活和要求，拒绝主战派的主张和各路防军的求援；反一面严令各

①《宋史·钦宗本纪》；《吊伐录上》；《宋史纪事本末·金人入寇》。

路勤王军不得前进、妄动，一面派使请和，愿割三镇。宗翰、宗望一面伪为许和，要求割让两河全部（即黄河以北以东的全部），一面仍疾急南进。宋请和及割两河的使者康王构及副使王云，行至长垣，群众塞路阻止前进，要求停止议和，从事战守；北进至滑州、相州，沿途群众均有同样表示；到磁州，康王为知州宗泽（原为改良派属吏）所阻止，群众骂王云为内奸，把他捆绑，零刀割死。同时又命耿南仲、聂昌赴宗望、宗翰军求和，"许画河为界"。直至汴京为金军紧紧围攻，钦宗方诏令河北守臣与陕西五路宣抚使尽起军民兵倍道入援，并亲自督促守城；同时仍未驱除内奸与投降派。唐恪随钦宗查城，被守城军、民痛打，求和使臣为守城士兵所杀，这表明群众的斗志和爱国情绪仍在高涨！金军攻通津门等战役，也都为范琼等所战败。因此金军依旧以诱降来配合军事围攻。

在宋廷内奸与投降派的摆布下，钦宗则始终在乞得金军允和，以求充当其附庸。但宗望、宗翰一面通过宋廷内奸与投降派，破坏宋廷团结，同时虚与言和来松懈军、民抵抗情绪；一面则加紧攻城。但汴京及各地军民仍奋死抵抗，如"金人攻通津门，数百人缒城御之，焚其炮车五、鹅车二"；"金人攻南壁"为张叔夜等杀得大败，"自相蹈藉，溺隍死者以千数"。宋守军最后仅余卫士一万四、五千人，在旧历十一月的大寒天气，兵士寒噤至不能执兵器的情况下，军、民协力仍坚守城垣，金军无法攻入；"倍道入援"的"河北……军民兵"也正在奔赴汴京的途中。因此，金军乃暗派奸细郭京向宋廷投效，布置里应外合。郭京自言能施"六甲法"，可生擒宗翰、宗望；宋廷赐予钱帛，令其自募"神兵"。郭京于大风雪夜，自坐城楼施法，令守城军、民全数下城；他旋即率"神兵"开宣化门攻敌，金军即鼓噪登城，京与"神兵"便逃去。金军入城肆行屠杀，但汴京军、民仍纷纷集结，与金军作决死巷战。如姚仲友战死，何庆言、陈克礼、高振等，都全家奋战致死或被害，"卫士入都亭驿执金使何晏杀之。""军民数万斧左掖门，求见天子……欲邀朱舆犯围而出。"①金军感于军民不肯屈服，乃又宣称议和可以退兵。宋廷便立即禁止军、民抵抗。公元一一二七年一月（靖康元年十二月），钦宗亲至金营，奉表请降、称臣、谢罪、献两河土地。金军并索金一千万锭、银二千万锭、帛一千万匹；又

---

① 《宋史·钦宗本纪》；《宋史纪事本末·金人入寇》。

开列名单迫令交出大批人员，"又索少女一千五百人"。宗翰、宗望又纵令金军剽掠、劫夺、杀人、放火，如五岳观等历史文化建筑均被焚毁。宋廷一面大索金帛；一面便急差门下侍郎耿南仲，同知枢密院聂昌及陈过庭等几个大内奸，伴同金使前去，携带钦宗《与河北河东敕》及《枢密院告谕两路指挥》文书，"交割"两河以内四十二州府军人民[①]；另又派欧阳珣等二十人，伴随金军分赴各州县劝降。聂昌到绛州，守将赵子清随同群众将聂打死，抉目碎尸。耿南仲到卫州（卫辉），群众计划先捕金使；南仲怕群众杀他，急逃至相州，伪称为募兵勤王使者。欧阳珣等到各州县，并不劝降，只是劝守；珣被惨杀，但金军仅能得到石州（离石）一处。即《钦宗本纪》所谓"民坚守不奉诏，凡累月，止得石州。"宋廷尽括民财交纳币帛，但始终无法足数。公元一一二七年二月，钦宗再至金营，便不复还宫。宗翰、宗望又借以续索金、银、绢帛、宝物、图籍、车服，仪器、技工及上皇、亲王、后妃、公主、大臣等。四月，金帝完颜晟"得帝降表，遂废帝及太上皇为庶人"，立其奸细张邦昌为皇帝。五月金军掳徽、钦二宗及所掠财物、人口等北归。徽、钦"二宗及太妃、太子、宗戚三千人北去……百官遥辞帝于南薰门，众痛苦有仆绝者。"徽钦二帝及其亲属被押解至·"韩城……给地四十五顷，令种莳以自给。"后又解至会宁（黑龙江阿城南之白城），后又解至五国城（黑龙江依兰，一说为同江附近，一说为吉林扶余）。

在此前后，华北人民也纷纷集结，到处树立义旗，晋东南更成了人民义军的根据地，"八字军"、"红巾军"尤为强大，"忠义社"则成了中心堡垒。南方的农民军，也纷纷要求和康王一同抗击金军，如钟相并派兵北上。在这种情况下，金奴主政府认为汉族及契丹等族人民不易统治，在金军北归前，便令"前宋宰执"或所谓"文武百寮军民僧道耆老"等大地主集团，推荐一人充任其代理人。那班无耻的官僚孙傅、张叔夜及"军民耆老"等，却一再哀恳，请以钦宗充藩臣，或选立赵氏一人。最后，还是奉承金军意旨，"推戴"臭名

①《吊伐录下·宋主与河北河东敕》、《枢密院告谕两路指挥》："一、河东路：岢岚州、隰州、保德军、宪州、火山府、忻州、辽州、太原府、汾州、怀州、宁化州、平阳府、石州、平定州、绛州、威胜军、泽州、隆德府、代州。二、河北路：浚州、卫州、相州、磁州、洺州、邢州、赵州、真定府、中山府、永宁军、深州、析州、北平军、河间府、莫州、安肃军、顺安军、广信军、雄州、促定军、信安军、保州、霸州。"

远扬的奸细张邦昌。金帝便"册命"张邦昌为皇帝,"国号大楚",令他"世辅皇室,永作藩臣"[①]。这和汉、契丹人民的纷起抗击金军,正是耻辱与光荣的对照。

第五节 阶级矛盾和各部族集团间
矛盾的扩大（二）

高宗南渡和当时形势 汴京失陷,张邦昌傀儡政权成立;金军以重兵屯真定、怀（怀庆）、卫（卫辉）一带,同时分兵攻取两河州县;宋廷所派各州县官吏,多纷纷逃走或投降。金军对所占州县,肆行屠杀、逮捕反抗和有反抗嫌疑的汉、契丹各族人民,对一般住民的出入也都有限制,往来要有证件,又移住"猛安"、"谋克"户,筑垒监视。金军与"猛安"、"谋克"户上层分子对汉、契丹人民都是任意打杀;同时又大捉男女人口,于耳上刺"官"字,索缚至各地作奴隶或出卖（以至贩卖于蒙古、高丽等处）、或押至西夏换马。城乡生产都遭到惨重破坏,劳动人口减少,耕畜、财物多被掳夺,人民私有的耕地大量被圈占,更不能安居去进行生产。

汉、契丹各族人民尤其是金占区人民在水深火热之中,便普遍形成反抗高潮。河北、山西,河南、山东、陕西人民纷纷组织武装,自结"巡社",构筑山寨、水寨,共推首领。丁顺、王善、杨进（即没牛角）、傅选、孟德,刘泽、焦文通、王九郎、王再兴、王大郎、丁进、赵邦杰、马横（亦作马扩）、李贵、王俊、翟进、孟迪、种潜、张勉、张渐、张宗、白保、李进、李彦仙、邵兴、党忠、薛广、阎瑾、祝靖、王存等部义军,少者数万,大者数十万;其他几百、几千以至万人的小部更多。义军不仅人数多,而且战斗力强。如两河各州县,宋廷官吏逃走后,都由义军坚守拒敌,甚至从金军手中收复,如太行

[①]《宋史·徽宗本纪》、《钦宗本纪》、《高宗本纪》及有关诸人传;《宋史纪事本末》卷五六——五八,《金人入寇》、《二帝北狩》、《张邦昌僭逆》;《吊伐录下·取千庚人札子》、《废国取降诏》、《孙傅等状乞复立废主》、《册大楚皇帝文》等文;《金史·太宗本纪》及《宗翰宗望传》;《大宋宣和遗事》。

义士王忠植收复石州等十一郡。因此，金军在相当期间，实际占领的：河北惟真定等四城，河东惟太原等七城。公元一一二七年（宋高宗建炎元年，金太宗天会五年），金军又大举南下，宋廷官吏或逃或降，多由义军坚守城池。洛索渡河攻陕西，人民纷纷起兵进击，先后收复凤翔、长安。李彦仙部义军，一月破金垒五十余，收复陕州，在陕州与金军大小二百战，金人不得西进。及城陷，民无贰心，虽妇女亦登屋以瓦掷金人。宗翰进占西京（洛阳），不久即为王俊、翟进两部义军收复。兀术（宗弼）攻入山东，屡被义军击败，被迫退入青州、潍州。"红巾军"经常出击，并袭击金军指挥部（大寨），差点活捉宗翰；他们自称，只需宋军渡河，凭借声势，即能"杀尽金虏"。"八字军"常袭击金军，断金粮道，夺金粮草。宗泽守汴京，主要依靠没牛角、王大郎、王善等部义军，形成中原反抗金军的堡垒。在各部义军彼此间，多有共同的联系和组织，如晋城、长治一带（以后又扩至陕西、河北）义军，合为"红巾军"，太行各部义军合为"八字军"，并有其共同的组织"忠义社"——系金军南侵初，义军领袖牛皋等所组织。金占区及临于金军进攻地区的汉、契丹人民，就这样来保卫自己，并迫使金廷对其无限制的焚杀、掠夺及种种破坏政策和残暴行动，不得不逐渐作一些改变。

在南方，从靖康到建炎初，湘、鄂、闽、粤各地起义农民武装或人民新组之义勇武装，涉山越水，夜行昼奔，纷纷驰赴中原；原先反对宋朝的刘廷（湖南白面山）、曹成（湘南）、张用（瑞昌）等部农民军，也都为着反抗金军的暴行和南侵，接受南宋朝廷名义。

原先在契丹奴主政府统治下的燕、云十余州的汉、契丹人民，也共起反抗金廷和金军，与南宋军民相呼应，如燕京刘立芸，聚众攻城邑，易州刘里忙，聚众击金人，玉田杨浩用、僧智和，招集义勇将士万余人，要横行房中，决报大仇；而且有汉、契丹人民联合战线的内容，如刘里忙就可能是契丹人，刘立芸为首的义军，契丹人参加的也很多。

南北各地义军，又大都是敌友分明，忠心耿耿。如"八字军"面上刻"赤心报国，誓杀金贼"（岳飞背上的"精忠报国"，可能是受了他们的影响）。"红巾军"用建炎年号，不要求宋朝官号；对不降金的逃亡官民过境，一律资送；对金军、金廷官吏和奸细，则奋死袭击，绝不放松；对凡用宋旗帜的便不杀害、不留难。大名王友大部义军，旗上大书"宋忠义将河北王九郎"。所谓"国"、"宋"、宋旗及年号，在他们素朴的思想中，就是当时反金的共同旗帜与反压迫的具体表征。李彦仙（士兵出身）严词拒绝金以元帅官位诱降，对金使说："吾宁为宋鬼，安用汝富贵为！"[1] 又如洞庭杨幺等人民义军通知宋廷说：伪齐襄阳府李成太尉，差密使来大寨，送金帛文书，要求水寨诸首领，克日会合攻宋沿江州县，得州的作知州，得县的作知县，并另加封赠、犒赏。诸首领一致拒绝。一月后又前后差来密使三十五人，内有郑武功、胡大夫二官员，携伪齐官诰、锦战袍、金腰带、腌羊肉等，再三恳请配合金、齐大军灭宋。诸首领将来人尽行斩首。请宋官令边界稽察，不再放奸人入境。这都是"丹心贯日月"，大义凛然，表现了中国人民的高贵品质，在此千百年后，犹令我们感觉骄傲和光荣。

另方面，汴京失陷，二帝"蒙尘"以后，宋廷官僚中的那些大地主分子，不是纷纷逃跑，就是投降残害人民的金军。在张邦昌为首的那个官僚奸细集团，一方面由于遍地人民义军的威胁；另方面由于宗泽把康王由磁州护持到了济州（济宁），要重组宋朝政权；因此，其中一部分人如马伸等，便劝张邦昌伙并于康王，让康王作首领，比较名正言顺。

公元一一二七年五月，宗泽等于南京（河南商邱南）奉康王（构）为皇帝，即高宗，便开始建立起南宋的统治。至此，在中国境内，又形成金朝奴主集团和南宋地主集团两个政权的对立。

康王登位后，由河北随同南来的腐败官僚汪伯彦、黄潜善，利用其参与定策的地位，便又合同张邦昌集团及其他分子，重新形成一个包括奸细在内的对金主张投降的腐败官僚集团，高宗自己便是其中的最高领袖。但在高宗即位之初，需要利用主战派来打开局面，也需要利用他们作幌子，以欺骗人民，如果没有主战派的支持，尤其是人民义军的支持，高宗的皇位是坐不稳的，金廷也更不会把他们看在眼中，因此，便不得不起用李纲为宰相和处分几个坏人。

李纲作相，得到人民和主战分子的支持；主要是人民义军，其次是抗战将领，尤其是中下级将领如吴玠（士兵出身）、刘锜、韩世忠（士兵出身）、岳飞（初为佃客，后为士兵出身）、张所等，中间阶层的知识分子如进士欧阳澈、太学生陈东等，自由商人以及各阶层的人民，如包括各阶层的请愿市民。

---

[1] 《宋史·李彦仙传》。

李纲作相后，首先便提出代表主战派的十大主张，即所谓"十议"。基本方针是反对和议，"雪耻御侮"，"收复失地"。在政治方面，主张联合下层人民，开放言论；军事方面，主张依靠人民义军，并普遍、大量组织人民武装。工作的中心放在军事上，具体步骤有以下几项：（一）制定新军制（即编制），整编旧军，建立新军，颁布新军法，严振军纪（如掠夺、抗令、临阵先逃、不相救援、逗留不进等，均处死刑）。这次整军的结果，刘锜、吴玠、韩世忠等部，便渐次成为能战的部队。（二）将人民义军祝靖、薛广、党忠、阎瑾、王存等部十多万人，按新制新法编为正规军。（三）派张所为河北招抚使，傅亮为河东经制使，联络各部人民义军，规划收复两河。张、傅在两河人民义军中，原先就有些威信，这次更受到各军的欢迎；张部将王彦、岳飞率七千人先渡河至新乡，与太行"忠义社"各领袖歃血为盟，受王彦节制，即"八字军"；岳飞和牛皋等结为兄弟，并肩作战，以后在岳飞的节制下，形成为决定战局的强大兵团。（四）派宗泽为东京（汴京）留守。宗泽安辑流亡，整顿军队，招集人民义军担任防务，众至百余万；沿河构筑鳞形堡垒，与两河、陕西义军山寨、水寨互相连结。防务巩固，声势壮大。宗泽上二十余疏请高宗还京，其中一疏略谓"陛下父母兄弟蒙尘沙漠，西京陵寝为敌所占，两河、二京、陕右、淮甸百万生灵陷于涂炭。今京师已固，兵械已足，军民气已锐，望陛下即还京"；同时请命渡河"收复失地"，略谓："据诸路探报，敌势穷蹙，臣拟乘暑月遣王彦等自滑州渡河取怀、卫、浚、相等处，遣王再兴等自郑州西进拱卫西京，遣马横等自大名取沼（河北永年）、赵（河北赵县）、真定（河北正定），杨进、王善、丁进、李贵诸将各率所部分路并进。大军过河，山寨忠义军、民闻风接应，少亦当至百万；驱逐金贼，在此一举。"但均被高宗及其左右所拒绝。（五）配置吴玠经制川、陕防务。

当时南方的经济情况，不只较女真及契丹原住地区进步得多，较金廷统治下的汉、契丹地区也进步些，情况好些。

因此，当时的形势是有利于南宋的，驱逐金军，收复失地，把人民的生活和生产恢复到原来的轨道上有极大的可能。

内奸投降派为金军清道　但在南宋小朝廷内部，起支配作用的大地主官僚集团，认为平日受奴役的人民，一旦武装起来，比金军更可怕。所以他们不仅不关心人民的痛苦和要求，反而只是来防备人民；对于金廷，便采取求和与投降的方针,以图保存偏安的附庸统治地位,"弃河东、河西、河北、京东、京西、淮南、陕西七路生灵,如粪壤草芥,略不顾惜"(宗泽语)。因此,一方面高宗即位后,六月便致书"大金国相元帅",大骂自己的父兄"大无道"、"谋因不臧,一变欢盟,重罹祸故",声明他自己"虽悔何追",要求"国相元帅……大度、深矜"、"施恩","宜图报之何如"!"必服柔而慕德。"金军回书,却责骂他:"身既脱网,亦合守分;辄窃入汴邑,僭称亡号……阴遣军兵频来战斗……全无追悔父兄之误"①。同时反奖励张邦昌卖国功劳,特封作"同安郡王"。另一方面,下令解散从全国各地奔赴商丘的"勤王军",每人给钱三十贯,叫他们回家;把南方的农民军叫作"群盗",北方人民义军的抗敌运动高涨叫作"群盗蜂起"或"群盗更炽"。他们第一个大规模的军事行动,便是命王渊、刘光世、韩世忠、张浚"分讨江淮群盗"。其实那些所谓"群盗"即起义农民,正是汉族的干城。当时在山东、江北一带有杜用、李昱、丁顺等,"皆拥兵数万",东南有赵万、张遇等也都聚众纷起,小朝廷不但不去联合和组织他们来共同抗金,反以全力去进行围剿、击斩和诱杀。围剿没有办法时,才只得"招诱"。第二个大规模军事行动,便是派大军进攻"勤王"反金或"集结忠义,以捍贼为名"的钟相等农民军。建炎三年(公元一一二九年)派匪徒孔彦舟为"捉杀使",开始进剿,四年又增派安和率兵攻益阳,张崇率战舰攻洞庭,张奇统水军入澧口,四路围攻。自己不能保护人民,又不许人民自卫,真是狼心狗肺!然不图这种"捉杀"大军,却受到所谓"水贼"和鼎、澧、荆南人民的群起捉杀。那个刽子手后来又投降金军的匪徒孔彦舟,无可奈何,只好玩弄阴谋,密派大批奸细混进去"入法",里应外合,竟把钟相、钟子昂父子捉获,"槛送行在"惨杀。钟相虽死,群众自卫斗争的情绪却更加高涨了;在杨幺(即杨太)、钟子义(相次子)、周伦、夏诚、刘衡、杨二胡、高癞子、田十八等的领导下,继续抵抗,声势反更盛,地区也反而更大了。"洞庭水寇"的地区,竟慢慢成了全国的乐园,西南人民自卫的堡垒。另方面,当时除协助小朝廷抗金的人民义军外,由帅府直接掌握的军队共达百万(江淮水军七十七将所领在外),而派遣去河北"会山水寨义兵共复磁、相"

---

① 《吊伐录下》,《康王书》、《回康书》;《宋史·高宗本纪》。

的，却只是"统制官薛广、张琼率兵六千人"①。

另方面，宋廷大地主官僚集团和其内部奸细，又从各方面去排挤、打击主战派，残杀主战分子，破坏战略部署。最初，他们对李纲、宗泽大量普遍组织人民义军的工作，还只是阴谋阻挠和暗中破坏；接着，如张益谦就公开以河北人民抗敌运动高涨，诬之为"群盗更炽"，作为李纲、张所的罪名，提议取消招抚使。河东金军密布，傅亮正在布置准备，黄、汪便加以逗留不进的罪名，责令即日渡河。最后，竟伪造李纲罪状，反说李纲是"国贼"；李纲免职流窜外州，张所、傅亮撤职，取消招抚使、经制使；依照黄潜善的建议，主战分子陈东、欧阳澈等，也均以党于李纲的罪名杀头。自此南宋小朝廷内部，便没有主战派的地位；小朝廷对人民义军，就完全断绝联系，并打击他们的战斗情绪，破坏他们的威信和影响，以便利金军去"荡除"。黄、汪最初说宗泽保卫汴京、收复失地的方针和工作布置是发狂，加以阻挠和破坏；接着又派遣奸细郭仲荀为副留守，实行监视、牵制和破坏；宗泽被逼死后，便派投降分子杜充去作留守。杜充把人民义军一一排走，把宗泽的防御、部署等等全部撤除。这说明他们的真正任务，不是去"留守"，而是去"撤退"，去为金军"清道"。身陷金区的信王赵榛，依附人民义军赵邦杰、马横，形成十多万人的武装，在五马山寨一带，建立起一个抗金的根据地。但马横去扬州联络，除给予空头名义外，全无结果，信王想入东京依靠宗泽，高宗又设法阻止。

在小朝廷内部的主战派被排除后，他们便由商丘退往扬州，布置渡江，决心放弃华北和中原给金军，只图取得小朝廷的附庸统治地位。

正在他们积极为金军"清道"和布置"南渡"的过程中，金军三路大军也继续南进了。

金军继续南进　公元一一二八年一月，金军分三路大举进攻。一路宗翰自河阳（河南孟县）渡河攻河南，宗维（尼楚赫）分兵攻汉上；一路宗辅（鄂尔多）、宗弼（兀术）自沧州渡河攻山东，阿里蒲卢浑分兵趋淮南；一路洛索、萨里干、哈富自同州（陕西大荔）攻入陕西。洛索一路转自韩城，陷华州（陕西华县）、陕州（河南陕县）、永兴（南郑），又西陷凤翔、长安；到处遭受人民义军（如王庶、孟迪等部）阻击，城市亦多为义军收复。洛索转趋

---

① 《宋史·高宗本纪》及岳飞等人传；《宋史纪事本末》卷六六《平群盗》。

泾原（甘肃泾川），为川陕经略使吴玠打败，被迫东退，入山西陷泽州（山西晋城），转陕北陷延安。宗翰入河南，以东京为宗泽率人民义军坚守，避实西进陷洛阳；以洛索在陕西败退，便焚烧洛阳城，俘虏全部人口，入关援洛索。宗维分兵南下陷邓州（河南邓县），为人民义军所阻，便转掠洛阳以西各州县。宗弼、宗辅入山东，陷青州（益都）、潍州（潍坊），至千乘（山东广饶）为义军击败，便西向图攻东京。这期间，宗泽正部署百万义军，与河北马横等部配合，拟乘虚渡河捣金军后方。因此，宗翰、宗辅等便急率军回河北。由于宗泽北伐计划被阻，于公元一一二八年八月忧愤致死，东京情况恶化；赵邦杰、马横等义军根据地五马山诸寨，也全被金军攻破，小部义军也不少被消灭。因此，宗翰等复南下陷濮州（濮县）、大名。公元一一二九年，南京（商丘）、徐州均被攻陷，守将王复父子战死；军校赵立联结乡兵力图恢复、宋廷仅以韩世忠、刘光世等小部兵力抵御，均于沭阳、淮阳相继败退。金军长驱陷天长（安徽炳辉），仅以五百骑攻入扬州。

南宋小朝廷由扬州逃至建康（南京），再逃临安（杭州）；派杜充兼江淮宣抚使守建康，韩世忠为浙西制置使守镇江，刘光世为江东宣抚使守太平（安徽当涂）、池州（安徽贵池），并受杜充统制。

宗弼便分兵两路渡江，一自蕲（蕲春）、黄（黄冈）渡江攻江西，一自滁（滁县）、和（和县）渡江攻江东。江东一路，连陷太平、建康，杜充投降。宗弼又率军转皖南，陷广德，长驱东进。公元一一三〇年一月（建炎三年十二月），临安陷。阿里蒲卢浑分兵攻取越州、明州。金军所至，杀、烧、掳掠均极惨酷，男女人口被俘的很多。高宗和其左右，只是逃跑：由建康逃临安，又由临安逃越州（浙江绍兴），再逃明州，又逃入海岛，复逃至温州。时东南各地人民，纷起自卫，抗击金军。两湖方面，潭州（长沙）之役，王𭒸、刘价、赵聿之等英勇战死，向子谭率兵撤出潭州仍坚持战斗；金兵大杀大抢后，被迫退走。中原、华北人民乘金军后方空虚，义军更加活跃。金军以孤军深入，后方又感受威胁，便焚烧临安，于公元一一三〇年向今沪杭、沪宁沿线各州县回窜。四月，至吴县，陈思恭领水兵击败金军后卫于太湖。至丹徒，图渡江北归，被韩世忠、梁红玉（妓女出身）夫妇截击于焦山、金山间（均在江中），金军死伤甚多；宗弼愿尽还所掠人口、财物，求世忠假道，为世忠严拒。金军水、陆十万，沿长江南岸西上，世忠率水、陆八千沿北岸阻击。相持四十余日，宗弼复哀求世忠

"相全"，世忠便提出"还我两宫，复我疆土"的条件。后内奸闽人王某教宗弼用火攻破韩军战舰，金军方得渡江，又被岳飞邀击于静安镇，杀得大败。

金军另一路攻入江西，宋守军刘光世等不战先逃，各州县多惨被蹂躏。旋亦西上，陷泽州（彭泽），自荆门北窜，沿途大肆屠掠；至宝丰（河南宝丰），牛皋率部（原太行义军）阻击，大败金军于宋村，并夺还一部分被掳人口。

在中原方面，东京也于公元一一三〇年三月失陷。

在西线陕甘方面，张浚负责川、陕防务。公元一一三〇年（宋高宗建炎四年）初，洛索乘虚陷陕州，入潼关，环（甘肃环县）、庆（甘肃庆阳）亦相继失守。彭原（甘肃宁县）之役，金军被宋军吴玠杀得大败，战争成相持状态。及宗弼由东南回窜，亦转入陕西，与洛索会攻富平（陕西富平）；守将刘锜部署防御，每身先士卒，主动出击，杀伤金军颇多，战局仍保持相持状态。但赵哲部不战即逃，引起全线溃退。至此，泾、原、环、庆诸州全部失陷，宋军退守兴元、和尚原（宝鸡西南、大散关东）一线。公元一一三一年（高宗绍兴元年），宗弼率金军十余万进攻和尚原，图略取川蜀。和尚原守将吴玠、吴璘兄弟，得人民义军配合，大败金军。这次决战的结果，使川蜀得以保全。

因此，又由人民义军和主战派，挽救了南宋小朝廷。

另方面，在此次金军进攻的严重时期，南宋小朝廷却并没停止其对人民义军的军事行动。如前所述，宋廷命匪贼孔彦舟等率部进攻钟相等人民武装，也正在这次金军大举进攻的期间。同时在金军过江前后，饶（鄱阳）、信（上饶）各州人民在金军烧杀掳掠的严重威胁下，便以魔教徒王念经等为首，集中数万人占据贵溪；宋廷对金军深入，既不认真抵抗，反而派兵去会剿这种人民自卫武装，甚至屠杀贵溪等县人民二十万。真是狼心狗肺！

刘豫傀儡登场和秦桧南归 金军连年南进，已深悉南宋小朝廷并无力量，不难征服。但人民的力量太强大，不好治。当他每次南进，两河人民义军都纷纷出击，严重地威胁其后方；在中原、山东以至东南，又到处遭受人民武装的袭击和抵抗；同时其部队中的汉、契丹士兵，也常常怠战。人民也很清楚，金军不难消灭："敌军连年苦战疲倦易杀，马倒爬不起易杀，孤军深入易杀，多财物包袱易杀，虚声吓人易杀"①。因此，金太宗完颜晟便改变方针，即：

---

① 当时人无名氏在某地关帝庙题壁。

（一）树立傀儡政权，来统治山东、河南、陕西及淮北，充任攻宋的先锋，即岳飞所谓"盖欲荼毒中原，以中国攻中国，彼得以休兵观衅"；（二）派遣大奸细于南宋小朝廷内部，去策动投降和配合军事进攻；（三）金军专去对付义军，巩固后方，略取四川，以控制长江上游。因此，他便于公元一一三〇年十月，"册命"举郡降金、协同金军进攻京东西、淮南等路的大地主刘豫为"皇帝"，"国号大齐……封疆并从楚旧"；令他"世修子礼……以藩王室"①。同年十一月，又派秦桧及其妻王氏回南宋。秦桧随徽、钦到金后，受达赉豢养，很受信任，"及南侵，以为参谋军事，又以为随军转运使"；王氏也很得达赉宠爱。桧到临安，便向小朝廷建议："如欲天下无事，须是南自南，北自北"，并向高宗提出其"与达赉求和书"草稿。高宗认为他比谁都"忠实"，"得之喜而不寐"，便用作礼部尚书，明年又用作宰相，"专意与敌解仇息兵"②。

因此，一方面，金军命刘豫一面不断南攻，疲劳宋军；一面分化宋廷内部，招降宋军，诱降义军。但金军给予刘豫的阴谋任务，基本上却被汉族人民和主战派粉碎了。刘豫对人民义军杨么等的诱降，不只被拒绝，而且派去的奸细全被杀掉，礼物全被没收；结果，他只招降了宋军孔彦舟等（公元一一三二年）。刘豫南进，在河南方面，一开始就受到岳飞、牛皋各军的打击；岳、牛并从刘豫手中，收复了襄、邓诸州。刘豫不断失败，又只得请主子派兵援助。因此，金太宗便命达赉、宗辅、宗弼等调渤海汉军五万应援，合刘豫伪军共号五十万，于公元一一三四年（绍兴四年）大举南下。高宗便派人求和，愿投降、纳币、称藩。但由于主战派的反对，才决定抵抗。金、伪军骑兵从泗州（安徽盱眙东北）攻滁（安徽滁县），步兵从楚（江苏淮安）攻承州（高邮）。名将韩世忠部署诸军：命解元守承州，自以骑兵驻大仪（江都西），取得人民的协助和配合，四处设伏。金军两路都大败，并活捉金将托卜嘉。宋军乘胜追击，金军自相践踏，蹈淮河溺死者甚众。加之金军后方粮道被阻，金帝又病得要死，便退兵。宋廷在主战派支持下，宣布刘豫六大罪状，准备出兵讨伐；刘豫又向其主子告急。公元一一三六年（绍兴六年），金熙宗（完颜亶，

---

① 《吊伐录下·册大齐皇帝文》；《宋史纪事本末》卷六七《金人立刘豫》，卷七十《岳飞恢复中原》；《岳鄂王文集·论恢复之略疏》。
② 《宋史纪事本末》卷七二《秦桧主和》；《宋史·奸臣四·秦桧传》。

公元一一三五———一四八年）令刘豫征二十至六十岁人民充兵，合孔彦舟、李成等部伪军（共号七十万）南进；同时派宗弼屯黎阳，以为声援。伪军刘麟一路由寿春攻合肥，刘猊一路由紫荆山（安徽寿县）出涡口（安徽怀远东北）攻定远（安徽定远），孔彦舟一路由光州（河南潢川）攻六安。宋军由刘光世、张俊、杨沂中、韩世忠屯兵庐州（合肥）、濠州（安徽凤阳东北）、定远抵抗，赵鼎、张浚指挥全线。平日勇于进攻人民的刘光世、张俊，仍是闻敌先逃。伪军士兵大都不愿对宋军作战，甚至许多士兵自写乡贯姓名，在林中缢死；同时，韩世忠、杨沂中两军亦奋勇抗击，藕塘（定远东）之役，伪军士兵全部怠战奔溃，便奠下宋军全线胜利的基础。这次战斗的结果，刘豫伪军残部的战斗力便不大了。

一方面，金廷于"册立"刘豫后，便集中很大力量，去对付两河人民义军，实行围剿、分化和收买，如诱杀红巾军齐实、武渊、贾敢等；有些义军被消灭、打散，也有些被驱逐过河（如太行忠义社首领梁兴等，率精骑百余突围，于公元一一三六年到达湖北投归岳飞）。同时，又加强其对汉、契丹人民的控制，如限制行动，实行大规模清查、逮捕和屠杀，到处设置地牢等。但是金廷不知道，汉、契丹人民的反抗思想和行动，是从其残暴落后的烧杀、掳掠与奴隶制统治的集团压迫的基础上产生的，是防止不了的；从人民里面生长出来的自卫与反抗武装，也是消灭不了的。

同时，金军便又集中力量去进攻川、陕。吴玠得到人民义军配合固守和尚原、河池（陕西凤县）一线；金占区人民也相与于夜间输粮帮助。公元一一三一年，金将没立、乌鲁折合分两路进军，期会攻和尚原，均被吴玠打得大败而逃，未能会师。宗弼又集军十余万大举进攻。吴玠一面选劲兵强弩当其正面，一面以人民武装配合奇兵袭其侧背，绝其粮道，又设伏截其归路。金军大败，死伤无算，宗弼身中两矢，割须化装而逃，仅以身免。明年，金廷又另派萨里干经略蜀、陕，又用宋叛将李彦琪驻秦州（天水），窥仙人关（凤县西南）。又明年两军大战饶风关（陕西石泉西），金军仰攻，宋军以弓弩大石摧压，如是者六昼夜，死者山积，顽强的金军仍是拚死进攻。旋宋军犯罪小校投奔金军，引金军从祖溪行间道击关背。宋军便退守西县（甘肃天水西南）、仙人关一线。金军并进陷兴元，深入至金牛镇（陕西宁强西北）。又明年（公元一一三四年）宗弼、萨里干又以步骑十万攻仙人关。吴玠兄弟督军奋力阻击，另以军、民袭金军侧背，并设伏于河池扼金军归路。是役两军死伤均极惨重，尤其是金军，死者层积。金军此次攻势，原期必胜，并准备入川；故自宗弼以下，都携带妻小，系累很大，战斗力也大大减低。结果，金军败退，沿途又连遭伏击，损伤奇重。因此，宗弼便暂时放弃入川企图，于凤翔一线实行屯田，准备作持久战。宋军乃恢复凤、秦、陇等州，西北防务得到暂时巩固。

一方面，秦桧到临安任宰相后，由于金、伪不断进攻，也在主战派的压力下一度下台。

因此，金廷灭亡南宋的计划、步骤，被人民和主战派打破了。但是南宋小朝廷，在金廷这种毒辣计划、步骤面前，仍没有忘记去进攻人民。他们于摧毁湖南、江西、福建、江苏各处，以曹成、范汝为、郭吉等为首的人民义军后，便接着于公元一一三四年命岳飞以全力去进攻两湖人民的自卫堡垒，即所谓"洞庭水寇"，并由宰相张浚亲任指挥。最无耻的，他们甚至诬蔑杨幺与伪齐通。但岳飞所部多西北人，不习水战，义军水兵又皆英勇善战，兵船也较坚利，"浮舟湖中以轮激水，其行如飞，旁置撞竿，官舟迎之辄碎"[1]。因此，岳飞便采取"以水寇攻水寇"的方针，全力去进行分化、收买的阴谋部署。经两年时间的阴谋策动，黄佐、杨钦、余端，刘诜等叛徒先后被收买，并经过一年的残酷战争，宋军才于公元一一三五年把大寨攻下。但他们没有一个人投降，不当俘虏的杨幺、钟子义等都相继投水，杨幺在水中又被俘，也只是大叫几声"老爷（称钟相）！"慷慨就义；其他诸首领周伦、夏诚、刘衡、杨收、杨寿、石颗、李全功、裴宥、李合戎、陈寓信、英宣、陈钦、陈贵、刘三、吴麻郎、高老虎、杨二胡、高癞子、田十八等，或顽强战死，或激昂壮烈杀身成仁，群众随同战死以及被杀、被俘的也不下数十百万。他们那种英勇、坚决、顽强、壮烈的斗争事迹和牺牲精神，足以流芳千古！而此对于岳飞，却是其一生最大的污点。

宋廷以获自义军的兵船千余及水兵群众组成为沿江之冠的一支强大水军，这可见洞庭人民水军，曾是一支战斗力坚强的部队。

投降称臣和"精忠报国" 金廷以刘豫不但不能完成傀儡任务，反成为其自身的负担；其次由于金、伪的不断攻势，反使主战派抬头，秦桧不能有效

---

① 《宋史·岳飞传》。

的发挥内奸作用，反被主战派把相位挤掉；再次，略取四川的计划被打垮，消灭义军的计划也不能完成。加之宋奸王伦的往返勾通，他们又知道高宗和其亲近的主意，因此，在金廷内部，便出现了达赉、博勒郭等的招降方针，代替了宗弼等的原来方针。宋廷首先便表示接受，即于岳飞请求恢复中原之明年（公元一一三七年），又任秦桧为枢密使，又明年复任为宰相。金廷也于公元一一三七年，废除伪齐傀儡政权；同时令王伦告知宋廷，许迎接徽宗等灵柩，又许还河南诸州；公元一一三八年（绍兴八年），并派特使偕王伦来宋，声明只要南宋愿作藩臣，金可将"刘豫之地"归宋。这确是比原来的方针更毒辣。高宗为着与金"议和"，便一面拒绝接见韩世忠等，一面不许岳飞等增兵，一面禁沿海州郡遣人过淮招纳反金来归兵、民。和议成立，金主正式视南宋为藩属，派张通古为"江南诏谕使"，以河南陕西地"予"宋。高宗拜授"诏谕"；为庆祝"和议"成功，并于公元一一三九年"下诏大赦"。主战派和稍有气节的南宋群臣，都纷纷反对，如直学士院曾开等二十余人及前线将领张浚、岳飞等，都"抗疏"① 反对"和议"，历史学者胡铨等直言痛谏，并要求将秦桧、王伦、孙近等一并处死。

　　但由于金廷内部发生政变，博勒郭、达赉被杀；宗弼等又反对以河南、陕西"予"宋。公元一一四〇年（绍兴十年），金熙宗复命宗弼自黎阳趋河南，萨里干（昊）出河中趋陕西。河南、陕西各州县全部迎降（均金、齐旧将领），金军并继续进攻。同时命镐砅贝勒出山东。因此，宋廷也不能不把"和议"搁置一下，让主战派去抵御金军。

　　这时的宋军，由于新军制、新军法的实行，连年战争的锻炼，尤其是人民义军新成分代替旧成分，在主战派将领手中，又锻炼出一些坚强的部队。尤其是岳飞所部的"岳家军"，将校和士兵的组成成分，几乎全来自人民义军；他们在岳飞的领导下，又贯彻了一套较艰苦、精熟的技术训练和较严格的纪律训练；据《岳鄂王文集》所反映，岳军到处都注意联系和照顾人民，并相当注意人民的生活、负担和生产。所以岳军成为其中最坚强的一支部队。人民义军也磨炼得更坚强（如太行义军攻破怀州万善镇，金守将乌陵何思谋昼夜督军

---

① 岳飞两次抗疏说："金人不可信，和好不可恃，相臣（按指秦桧）谋国不臧。""愿定谋于全胜，期收地于两河。唾手燕云，终欲复仇而报国，矢心天地，尚令稽首以称藩。"

守城，自叹将不知死所）。金、宋军队的强弱位置，已基本转换了。正如金浚州守将韩常所说："金、宋强弱之势已易，今宋军勇锐，有似往日金军；金军怯弱，则似往日宋军。"

因此，金军这次进攻，宋军抗战派各将领阵容颇严整。吴璘当陕西，六月大败萨里干于扶风，并渐次收复陕西各州县。刘锜率"八字军"屯顺昌（安徽阜阳），当两淮；宗弼亲率其平日杀敌致胜的"拐子马"进攻，也被杀得大败，精锐十损七八，急逃还开封。七月，王德等连战败金军，克复宿州（安徽宿县）、亳州（安徽亳县）。韩世忠当山东，驱除金军，克复海州（江苏东海）。岳飞、牛皋等率"忠义军"即所谓"岳家军"当河南，自德安（湖北安陆）北上。岳飞命王贵、牛皋、董先、杨再兴、孟邦杰、李宝等，分别经略西京、汝、郑、颖、昌、陈、曹、光、蔡诸郡；梁兴渡河纠合忠义社，取河东北州县；另派兵东援刘锜，西援郭浩；自领军长驱中原，控制全局。六月末，牛皋大败金军于京西（按宋熙宁间又分京西为南、北两路，北路治洛阳，南路治襄阳，此役应在襄阳）；八月，张宪大败金军于颖昌，并收复怀宁府，郝政复郑州，张应、韩清复西京，杨遇复南城军，乔握坚复赵州，他将所至皆捷。援助刘锜军助刘锜攻克蔡州，全复蔡州（河南汝阳南）一带州县。大河南北各地义军，纷纷响应，收复州县。九月（秋七月），大军进屯颖昌，诸将分路进击，所向克捷；飞率轻骑驻偃城。宗弼合龙虎大王、盖天大王及韩常兵逼偃城，并尽其"拐子马"万五千骑来袭，全为岳云所领骑兵及"盾牌兵"所破（"盾牌兵"即"麻扎刀"兵，为岳飞练以专对"拐子马"的技术兵），金兵积尸盈野。宗弼集军十二万于临颖，又被张宪等打得大败，便率残部夜逃开封。岳飞进军朱仙镇（开封南四十五里）。怀、卫诸州亦均为人民义军，即所谓太行忠义及两河豪杰攻克，截断金军山东、河北的交通和归路。中原及两河义军领袖李通等，均纷纷与岳军联络，"金人动息，山川险要，一时皆得其实。尽磁、相、开、德、泽、潞、晋、绛、汾、隰之境，皆期日兴兵。"① 金军中汉、契丹将士亦纷纷反金。从燕京以南，金廷号令已行不通；宗弼命征人民当兵（即所谓签汗军）以图挽救，河北无一人应征。岳飞更激励将士说："直抵黄龙府（有在吉林农安、黑龙江宁安、辽宁开原等说，当在农安），与

---

① 《宋史纪事本末·岳飞恢复中原》。

诸君痛饮尔!"被俘于燕京的洪皓,在刘锜顺昌大胜后,即遣密使告宋廷说:金廷非常恐惧,准备退走,请勿失良机,出兵直追。

但另方面,在宋廷内部,秦桧自始就主张划淮以北与金议和,高宗为首的大地主集团,也只想和。因此,在这次金军进攻之初,便分令刘锜弃城退兵;岳飞不得轻动,准退不准进。吴璘在陕西获得一连贯胜利后,严令班师。刘锜顺昌胜利后,又严令退兵。岳飞在中原一连贯大胜,形成可以抵定两河,直捣黄龙的形势下:宗弼一面准备逃走,一面便示意秦桧:"必杀飞,始可和。"宋廷随即严令张俊、杨沂中、刘锜撤回,使岳飞军势孤。最后便借口岳飞孤军不可久留,勒令退兵。飞一日接十二道金牌,愤激流涕,东向再拜曰:"十年之力,废于一旦!"遂自偃城下令退兵;人民拦马拭泪挽留,据传牛皋亦主张不退。

岳军退后,这次所复失地,颍昌、蔡、郑诸州,又为金军进占。但岳飞被勒令退兵以后,金军对各方面的进攻,仍是到处吃败仗;如被王俊击败于鏊屋,被刘宝击败于千秋湖陵,被李兴击败于西京,被王喜击败于汧阳。秦桧为配合金军反攻,又勒令诸大帅皆还镇,并令韩世忠等罢兵。而金军的反攻依旧不能进展,在陕西方面,两攻陕州、袭击洮州、宝鸡等城,均被吴琦、孔文清、杨从仪等所击败;其他方面也同样吃败仗。明年(公元一一四一年)宗弼集中全力进攻淮西,陷寿春、庐州等城市;随又被王德战败于仓山,被关师古等战败于巢县,被刘锜战败于青溪,被崔皋战败于舒城,尤其是著名的顺昌(安徽阜阳)之役,被刘锜杀得大败;柘皋(巢县西北)之役,被杨沂中、刘锜杀得大败,继又败于店埠(安徽肥东),宗弼狼狈北逃,宋军收复庐州等城。在陕甘,秦州、陇州、华州、陕州等城镇,也均为吴璘等所收复。甚至在金廷占领已久的山西,也由王忠植等举兵收复石(离石)、代(代县)等十一州。而金军所攻下的城市,则实行极野蛮残暴的血洗政策,如屠宿州、夷濠州。而千杀不赦的秦桧和可耻的南宋小朝廷,于勒令岳飞退兵与诸帅还镇外,为配合金军,又作了如次一连贯的可耻勾当:如罢斥不主和议的张九成等七人,贬谪主战分子和将领,解除刘锜、岳飞、韩世忠等兵权;严令吴璘退兵,不许出兵生事,招纳"叛亡"。

同时又令张俊勾买岳飞部将王贵、王俊,挟嫌议飞及子云、与副将张宪谋叛(如诬岳飞逗留不进,自拟太祖,云、宪谋窃兵柄),令御史万俟卨、罗汝楣诬劾；便矫诏逮三人入狱；又命何铸、周三畏等曲法定罪，命狱官绞飞，云、宪杀头（公元一一四二年一月）。行刑前韩世忠质问秦桧：飞等犯罪证据何在？桧说："莫须有"，世忠怒道："'莫须有'三字，何以服天下！"①

其他岳军将领于鹏等亦从坐，邵隆等被暗杀；牛皋一说被暗杀，一说自杀，一说复率其忠义军回太行抗金（按牛皋墓在今西湖栖霞洞东南，回太行抗金之说不可信）。

割地奉表与第二次和议成立　于岳飞等被定"罪"后，公元一一四一年十二月"和议"便正式成立：（一）宋、金疆土，东南以淮水为界，唐、邓二州割于金，西北以大散关为界，商州、秦州之半割于金；（二）宋岁贡银二十五万两，绢二十五万匹；（三）宋称臣奉表于金，金册宋主为帝；宋对金使应起立问大金皇帝起居，僚属对金使皆须下拜，宋使至金，自同陪臣。小朝廷当即派何铸充"进誓表使"去金廷"报谢"，明年，金遣使以"衮冕圭册"封赵构为宋帝，高宗降座受诏。

南宋小朝廷反以秦桧"议和"为有功，加太师，封魏国公，地位在所有官僚、贵族以上。实际上，秦桧也成了金廷统治南宋的最高代理人，高宗皇帝只是秦桧的傀儡。但南宋人民和主战派，却无不切齿愤恨，纷纷反对和议；稍有气节的官僚，也无不认为羞耻。小朝廷为镇压人民和主战派的反对，以至正人君子的异议，便严厉取缔反对和议、反对女真压迫和主战的一切言论行动，及稍涉忌讳的一言一字；同时，稍有进步和反侵略思想的野史、杂俎，也都实行禁绝，作者和读者都算犯法；并四处布置奸细特务，从事告讦。又实行屠杀和逮捕，平日持异议的胡铨、李光以至赵鼎（宋宗族），也必欲杀之；结果，赵鼎冤死海南，反对之士排击殆尽。而小贼种秦熺（桧养子）把持的小朝廷政报（《日历》）则曲笔颠倒是非，蒙蔽人民。

自此小朝廷就一面集中全力来控制人民，排除主战派和正人君子；另一面，便尽量从人民身上榨取赋税，每年用很多时间去办理和输纳岁贡金帛。金廷限令他们：每年先送金银绢帛样子到淮河北由金官检验，获准才照样输送。金官常反复刁难，以此不只运去运来再三调换，习以为常；对金官的纳贿和"折耗"等也成了常规。而且稍不如意，金廷便常派人前来斥责。全不知羞耻

---

① 《宋史·岳飞传》。

为何事的高宗，也每每被骂得掩面哭泣，而宋区人民的负担却更加重了。

这一切，却增加了人民对小朝廷的愤恨，更激起人民的反抗和斗争情绪的普遍深入。如在那样残酷严密的防范下，人民仍普遍崇拜岳飞，痛恨秦桧，以发泄心头的愤怒。甚至从宫廷内部，也出现施全谋杀秦桧的英勇、悲壮举动（公元一一五〇年）。施全事败被杀，市民莫不流涕。在军队中发生兵变，如公元一一四三年处州（浙江丽水）兵士杨兴等谋"作乱"；在地方也不断发生民变，如公元一一四四年的泾县"妖贼"俞一暴动。在金区，由于人民对宋廷的失望，便转成以各种各样的、零散的武装斗争为主要形式；而到废帝（完颜亮，公元一一四九———一一六一年）的时期，由于其更加暴虐的统治，又形成汉、契丹人民的大规模起义。

金再南下和"采石之战"　宋区人民斗争情绪的普遍高涨，小朝廷不只无力控制，而且在秦桧死后（公元一一五五年），朝野纷纷主张召用旧臣，议论边事，甚至金区士人也远道南来，伏阙上书言北事。因此，宋廷终于不能不援用一些正人君子和主战派如陈康伯等，以符海内舆望。

金廷看到南宋小朝廷无力控制人民，在小朝廷内部的主战派又渐次抬头，并从事备战工作；因此，公元一一六一年（绍兴三十一年），金废帝（亮）便收集契丹、奚、渤海、"汉儿"各部，合女真兵总共将近四十万人，号百万，大举攻宋，同时以宋于淮州府边设防，派人责宋。高宗及其大部分廷臣，仍主张请罪求饶，暂为逃避；由于主战分子和人民的胁迫，才勉强起用刘锜为江淮制置使；同时，由于陈康伯的阻止，才没有浮海逃跑。然刘锜想进击金军于淮上，高宗却下令阻止，要他退守长江。其他附金的将领，均弃军他去；但士兵都集结不散，愿意作战，虞允文把他们收集起来，防守江岸。

金废帝共分军为四路：一路水军由海道趋临安，步骑军一路自蔡州攻荆襄，一路由凤翔取大散关、略四川，一路正面趋江淮。正面于淮河南岸为刘锜所阻击，但王权军溃退，金军遂直入庐州，陷扬州、瓜州，预备渡江。而抑郁已久的人民和士兵的战斗情绪，却特别高涨。刘锜屯瓜州（江都南），派部将王佐等大败金军，败敌于皂角林（江都南），斩金将高景山。虞允文收集部伍，隔江阻击，采石（安徽当涂西北）之捷，金舰百余几全部被歼。金水军主力亦被北进宋军李宝及人民武装大败于山东胶西（胶县）陈家岛，并杀金将自副帅完颜郑嘉努以下六人。金军在陕西方面，连续为吴璘配合义军所击败，秦、陇、洮、商、虢诸州大都为吴军攻克。唐、邓、襄、樊方面，宋军配合人民义军，不只阻止了金军南进，并一再克复唐、邓。宋廷在主战派与人民的支持下，又传檄契丹、西夏、高丽、渤海诸国及河北、河东、陕西、京东、河南诸路出师讨金。在金军后方的山东、河南、河北，孟俊、赵开、刘昇、王友直、李机、李仔，郑云、王九、明椿、杜奎、王世隆等部人民义军，以及河北、山西等处的契丹各部，袭击其后方城邑，破坏其后方交通，给了金军严重的威胁和打击。平日只知依靠汉族和契丹人民生活，不愿吃苦的"猛安"、"谋克"官兵，也纷纷从前线逃归。而金军在各方面都失利的过程中，便引起金廷内部的政变，废弃完颜亮，另立完颜雍（亦名乌禄，即世宗，公元一一六一——一一八九年）。这又加速了金军的失败。十二月，耶律元宜弑完颜亮于扬州。公元一一六二年一月，金军全线溃退。

南宋小朝廷，在这种有利的情况下，不力图驱逐金军，收复失地，反而又想与金廷恢复从前的和议，并令前线退兵，引起人民和将士纷纷不满。高宗急忙下野，传位于其养子昚，即孝宗（公元一一六三——一一八九年）。孝宗即位后，立即以礼改葬岳飞，复其官职。这完全是由于人民和主战派的逼迫，不得不采取的一种手段，并非孝宗肯真心依靠主战派，去恢复中原，雪祖宗之耻。所以他在另一方面，也依样任用秦桧余党史浩等奸臣。

金宋相持与修改"和议"　孝宗即位前后，南宋朝野在胜利的鼓舞下，主战势力抬头，"和议"无形停止。因此，金世宗一面仍继续派军队向江淮、陕西、中原方面进扰；一面暗中策动恢复和议，并索取被宋军收复地区。但由于金军在各方面都无进展，而且在江淮方面，也吃了不少败仗，并被张子盖部大败于海州石湫堰（江苏东海南）；陕西方面，受到吴璘和人民义军到处打击和歼灭，秦凤、熙河、永兴三路，吴璘共新复十三州三军；在中原方面，也屡被赵撙、王宣等打败，金军便转而侧重和议的进行，并于公元一一六三年九月向宋廷提出："故疆"、岁币如旧，称臣，还中原归附人等条件。所谓"故疆"，即指宋唐、邓、海、泗四州及陕、甘收复区。这些地方仍要割给金。张阐"力陈六害"，反对和议，张浚说："金强则来，弱则止，不在和与不和。""秦桧党"汤思退则"急于求和"；陈康伯等也主张许和"以待中原之变"。孝宗认为海、泗、唐、邓四州可割，岁币可与，只名分和归附人两条不可从；并派卢仲贤使金。汤思退也命仲贤许割四州及岁币。但主战派和人民纷纷反对，孝宗被迫逮捕卢仲贤下狱，另任张浚及素附秦桧的汤思退为正、副宰相，来麻痹主战派和人民。同时仍积极进行和议，并令诸州停止招军和招纳北来归附人，甚至命虞允文弃唐、邓，虞允文却干脆拒绝这项命令。同时汤思退又派其同党王之望赴金，许割四州。主战派阻留王之望，另派胡昉去金，声明四州不能割。汤思退便一面从宋廷内部排走主战分子及张浚等，撤销虞允文等军职，全撤中原及两淮边备；一面秘密遣使告金，以重军渡淮胁和。金军乃分道渡淮，楚州、濠州相继失陷。孝宗始派杨存中都督江淮军马，同时罢免汤思退。时太学生张观等七十二人上书，请斩汤思退、王之望、尹穑，窜其党洪适、晁公武；而用陈康伯，胡铨、陈良翰、王十朋、虞允文、张栻等以济大计。宋廷则以黄榜禁太学生伏阙。结果便成立降附新约：（一）割四州及商、秦地（即如绍兴时地界），岁币依原约减十万；（二）送归被俘人；（三）两国均称皇帝，宋同样称大宋，往来文书均称"国书"；但宋主称金主为叔父。这在实质上，南宋仍同于金的附庸。并由洪适起草与金和议成功的诏书，宣称："寻澶渊盟誓之信，仿大辽书题之仪，正皇帝之称为叔侄之国，岁币减十万之数，地界如绍兴之旧。"[1]

金宋同趋衰落　自后，在金，越章宗（公元一一九〇——一二〇八年）以后，便疾速衰落。由于女真的封建化和其人民的汉化，原来反奴隶制统治和女真压迫的斗争，基本上已转向为反封建剥削的阶级斗争——自然，不断发生的民变和暴动，还带有反女真压迫的斗争成分。加之蒙古奴主政权的建立和南进，女真贵族的统治便加速地走向灭亡了。

在南宋，主战派日益式微，人民对宋廷根本失望；内部的阶级矛盾却更加扩大了。因之，经过光宗（赵惇，公元一一九〇——一一九四年）到宁宗（赵扩，公元一一九五——一二二四年）时，又有朱熹等的改良运动，如正经界、立社仓等等，实质上都是继承王安石"新党"政策的一些内容。于此，又有以韩侂胄为首的贵族大地主的"伪学之禁"，实际的内容便在于反对改良政策，驱逐改良派。另方面，在日益加重的沉重负担与残酷压迫之下的人民，忍无可忍，便直接以行动来反对南宋小朝廷的统治，民变和暴动，便又不断发

---

① 《宋史纪书本末》卷七七《隆兴和议》。参看《宋史·孝宗本纪》及张浚等人传。《金史·世宗本纪》、《纥石烈志宁传》。

生了。在福建建阳、邵武，"群盗啸聚"；在四川，民心不安，"多盗"；在江西也"多盗"。但另方面，人民并没忘记金占区的同胞和祖宗坟墓。这在陆游、辛弃疾等晚年的作品中，也反映了这种情绪。

在蒙古奴主武装南进后，汉、契丹、女真等族人民，又纷纷起而去抵抗蒙古奴主的极其残暴惨酷的军事掠夺和烧杀。

蒙古奴主南进金宋相继灭亡　金自章宗末期以后，其统治下的各族人民，尤其是汉族人民起义更加扩大。就汉族人民方面说，河北、山东等处，纷纷集结，保寨守险，攻占州郡。最著名的，山东益都一带，有杨安儿为首的"红袄军"，高密一带有方郭三为首的"红袄军"（均穿红袄）；潍州一带人民以李福、刘庆福、国用安、郑衍德、田四子、洋子潭以及流氓李全、张林等为首，纷纷响应。红袄军"本身，徐汝贤、史泼立等都有众数十万，棘七等各有数万，曾攻克濮、兖、单（山东单县）等各州县。河北有周元儿为首的"红袄军"，曾攻克深、祁、束鹿、安平、无极等各州县。此外，胶东有"黑旗军"，陕西有"木波军"，太康有时温、刘全为首的起义，东平有李宁为首的起义，南阳有鱼张二为首的起义，平定州（山西）有阎得用为首的起义，辉州有宋子玉为首的起义，甚至金廷组织的砀山"义勇军"也起义。他们攻占城镇，杀金官吏。在蒙古奴主武装南进后，他们又转而抵抗蒙古奴主武装。另一方面，辽遗族耶律留哥也起兵反金，占领辽东州县，称辽王。在这种情况下，腐朽的金廷统治集团，已是摇摇欲坠了。公元一二〇六年（宋宁宗开禧二年），蒙古奴主政权建立后，至公元一二一〇年（宋宁宗嘉定三年）便大举向金进攻，长驱南下，占领西京（大同）、云州、东胜（今内蒙古自治区托克托）诸州，分兵四出。东过平、滦，南到清、沧，西南到忻、代，东北自临潢（内蒙古自治区林西）过辽河，都相继投降。明年，金卫绍王（永济，公元一二〇九——一二一三年）向蒙军求和被拒绝。蒙军又分三路南进，连陷金九十余郡，两河、山东数千里，汉、契丹、女真人民，杀戮几尽。金宣宗（完颜珣，公元一二一四——一二二三年）即位后，又向蒙军求和，输纳金帛妇女，并以卫绍王公主嫁成吉思汗为妾。蒙古奴主军于允许和议、尽掠诸州县后，便回师西进。出居庸关，又尽杀所虏山东、两河男女数十万。公元一二三〇年（宋理宗绍定三年），蒙古军又大举南下，尽占两河、陕西、山东各州县；公元一二三二年（绍定五年），便派王楫使宋，宋史嵩之派邹伸之报聘，缔结共同灭金盟约。明年，蒙军攻陷洛阳，金廷逃亡至归德，又逃至蔡州，小小的残余统治集团内部，又发生女鲁欢与蒲察官奴间的相互撕杀；宋派孟珙等率兵配合，大败金军，攻克邓州、唐州，又与蒙军会攻蔡州（河南汝南）。公元一二三四年（理宗端平元年）正月，塔察儿、孟珙所领蒙宋联军攻下金最后的堡垒蔡州，金主守绪自杀，金至此灭亡。

金亡以后，蒙古奴主的锋芒，便转向其同盟者南宋。

在蒙金战争近三十年的过程中，对南宋却是很好时机。一方面，在金的地区内，汉、契丹人民纷纷起义。宋江淮制置使李珏派人同他们联络，山东义军便都改称"忠义军"，李全、张林也都"率众来归"；后张林以京东诸郡降于蒙古统治者，忠义军便离弃张林，可见"忠义军"群众对残暴、落后的蒙古奴主集团是坚决反对的。另方面，金正以全力抵御蒙军，对宋的军事行动，只是牵制。南宋很可以利用时机，改进内政，培养国力，整顿军备，团结治内各阶级；对金区人民及人民义军，采取积极步骤去援助和加强；同时向金收回战略地带，等待时机。而小朝廷的统治者，反益加腐化、堕落；对人民的剥削、压迫，益加凶恶、残酷；对金区人民起义武装，也只在想侥幸利用；对金也只想利用蒙金关系去取巧、得便宜。因此，金亡以后，极端腐朽衰弱的南宋小朝廷，便无力抵挡蒙古新兴奴主贵族的锋芒了。

公元一二三五年（宋端平二年），蒙古奴主政府移都和林（今蒙古国首都乌兰巴托西南）后，便开始向南宋大举进攻。一路库腾、塔海攻四川，一路特穆德克、张柔攻江汉，一路察罕攻江淮。战争结果虽互有胜负，但形势却特别严重。由于蒙古奴主贵族的烧杀掠夺和奴隶制方式的统治，较辽、金更加暴虐、严酷，因此，不只已激起汉、契丹、女真各族人民的普遍武装反抗，至此又激发大规模的学生反抗运动，上书、请愿：太学生黄恺伯等百四十四人上书请罢免误国害民的史嵩之（指出史"开督府，以和议堕将士之心……罗天下之小人以为私党，夺天下之权利以归私室"），武学生翁日善等六十七人，京学生刘时举等九十四人，宗学生赵与寰等三十四人，均相继上书；他们并结成同盟，相与提携，以罢课（"卷堂"）相争（"丞相朝入，诸生夕出"）。而宋廷反采取解散学生即所谓"逐游士"的高压手段去对付。嵩之罢相后，范锺又采取阴谋手段，暗杀爱国学生与正人君子，激发太学生蔡德润等一百七十三人的叩阙上书，而宋廷依旧用暗杀、逮捕手段去镇压。

　　由于蒙古奴主贵族，在和林会议后，决先以全力去进行对中亚和东欧的侵略，南宋小朝廷便得到暂时的苟安。当它基本上完成对中亚和东欧的侵略后，便转而来灭亡南宋了。对于南宋朝，它采取一种大迂回的战略进攻。公元一二五一年（宋理宗淳祐十一年），以忽必烈总漠南军事，他率乌哩哈达总领诸军，自临洮行青海山谷二千多里，渡金沙江，攻占摩沙（云南旧丽江）、大理（云南太和）、鄯阐（云南昆明）；公元一二五三年，灭亡"大理国"（云南大理），又西进攻占"吐蕃"（西藏）。忽必烈于完成其对所谓"西南夷"的征服后，又南进攻占交趾。至此，便完成其对南宋的大迂回了。公元一二五八年（宋理宗宝祐六年），蒙古宪宗（蒙哥）便一面亲率三路大军（四万，号十万）攻宋，一路自陕西入成都攻川东；一路乌哩哈达自南而北，进围潭州；一路忽必烈自河南南进，攻鄂州。旋因宪宗于公元一二五九年在合州（四川合川）战死，忽必烈为争夺王位，急欲北归；南宋朝廷又请和、称臣、纳贡，因此三路均相继解围，停止进攻。贾似道便宣布各路大胜，自谓功业盖世。在此后一个期间，由于蒙古奴主贵族内部，发生阿里不哥、海都相继与忽必烈争夺皇位的战争，便放松了对南宋的军事行动。但蒙古世祖忽必烈（公元一二六〇——一二九四年）于公元一二六一年战败阿里不哥，渐次压服内部的反对派后，又于公元一二七一年（宋度宗咸淳七年），发兵南下攻襄樊。樊城军、民坚守四年，襄阳军、民坚守五年，终以粮尽援绝，战死者过半，襄、樊相继失陷。公元一二七四年，元世祖命伯颜率阿术、阿里海牙、吕文焕、刘整、塔出、董文炳、张宏范等分路进攻淮西（淮水以西，安徽合肥、凤阳一带之地）、郢州（湖北钟祥），江汉各郡县大多被攻占，元军主力便沿江东下。明年，贾似道率孙虎臣、夏贵以精兵十三万、战舰二千五百艘御战，不战溃逃，芜湖、建康、镇江、太平、扬州相继失守。公元一二七五年（宋恭宗德祐元年），元军三路趋临安：右翼自建康出四安（浙江长兴西南与广德接界）趋独松关，左翼水军由海道趋澉浦（浙江海盐）[1]，正面入常州，合击临安。文天祥、张世杰主张一面令淮军击蒙军侧背，一面集勤王军于临安进行决战，一面布置闽、粤后方。宰相陈宜中不许，三次遣使至平江（江苏吴县）向伯颜请降，最后仅请求封一小国以奉祭祀，均被拒绝。恭宗（即帝显）德祐二

---

[1]《宋史·瀛国公纪》谓为"出江入江阴军"，有误。

年（公元一二七六年）二月，元军进至皋亭山（临安附近），文天祥，张世杰请一面移恭帝及两太后入海，一面由他们率军死战；陈宜中又不同意，乃由全太后派杨应奎奉传国玺、降表献"两浙、福建、江东西、湖南、二广、四川、两淮见存州郡"。张世杰（戍卒出身）、苏刘义、刘世勇等各率部出临安，继续抵抗。文天祥与吴坚、谢堂、贾余庆奉命去元军议事，请伯颜退兵至平江或嘉兴，然后彼此以与国地位议和，被扣留。

张世杰、陆秀夫、苏刘义等，携度宗子赵昰、赵昺逃温州，旋又浮海入福建。同年五月奉昰为帝（即端宗），即位于福建，建元景炎。文天祥从蒙军逃出，与张、陆等共负兴复重责。张、陆等护端宗守福州。文天祥于"秋七月"，派"吕武招豪杰于江淮，杜浒募兵于温州"，自己"开府南剑州（福建南平）经略江西"。"冬十月，帅师次于汀州……遣赵时赏等将一军趋赣，以取宁都，吴浚将一军取雩都，刘洙等皆自江西起兵来会。"① 元军阿楼罕等分路入闽、粤；陈宜中奉端宗至惠州，又私自奉表于元请降，引起人人疾愤。公元一二七七年，张世杰奉端宗入广东浅湾，旋又入秀山（东莞西南海中），播迁海上。王道夫收复广州后，又迁驻硇洲，公元一二七八年五月端宗死于硇洲（广东吴川南）。文天祥、张世杰、陆秀夫又共立昺（即卫王），改元祥兴。七月，世杰、秀夫等奉帝昺自硇洲迁厓山（新会南大海中）。公元一二七九年一月，文天祥率义军走海丰，于五坡岭遭元军张弘正追袭，被执。二月，元将张弘范袭攻厓山，张世杰帅苏刘义、方兴等孤军苦斗，最后转战至海上；海军败。三月，陆秀夫等拥帝昺投海死，尸浮海上者共十余万；世杰舟至南恩之海陵山亦自溺死，君臣上下以至士兵，除战死的外，都相率蹈海殉难。其他各地人民义军顽强抵抗，至死不屈的，像起兵收复永丰县的武冈教授开罗先以下，结约州县起兵应文天祥的步卒吕武以下，死守南安的人民义军李祥发、黄贤以下一样者不可胜计。文天祥被俘送燕京，元廷多方诱降；他凛然正气，杀身成仁（在狱中作《正气歌》，公元一二八二年为元廷所惨杀）。其他如谢枋得、郑思肖等的耿耿志节，也都贯彻到底。他们在最后失败前，在极艰难困苦的条件下，力图恢复，在粤、闽、赣、浙各地与地方人民武装及志士仁人协作，不时打击敌人、收复州郡；只是随得随失。蒙古奴主集团的暴力，是反动的、落

---

① 《宋史纪事本末》卷一〇八《二王之立》。

后的、阻碍历史前进的、开倒车的、残害人民生活的。因此，他们的斗争是正义的，客观上带有进步性的。他们为正义而斗争的那种英勇悲壮、赤心忠胆、坚持到底的顽强精神，永垂不朽！而平日空谈"孔孟之道"的高官、大将、贵族，不少人都只是逃跑投降，不肯为正义死节，反求苟活于蒙古奴主集团的落后的暴力统治下，甚至充任其帮凶；而死节的忠臣义士二百七十四人（日人中山久四郎统计，自文天祥、张世杰、陆秀夫以下有官位之忠臣义士，共二百七十四人）中，原来都不是居要位、拥重兵的人物。又如"生为宋臣、死为宋鬼，终为国一死"①，像江淮招讨使汪立信一样的忠义之士，也为数不少。其他义民兵夫，于严重关头，起而自卫，凭鲜血头颅与反动、落后的暴力死拼，至于流尽其最后一滴血的，更多到无数了。这不只为中国人民优良传统之体现，且由于长期的阶级斗争及部族和部落集团斗争之锻炼，在广大劳动群众中，锻成了坚强的斗争性，蕴蓄了无限的力量。

第六节　制度、哲学、宗教、科学、文艺

制度　五代政权机关的组织，完全承袭唐朝制度。宋初基本上也与唐一样，只是集权的程度更高一些。在中央，皇帝之下，以太师、太傅、太保为三师，太尉、司徒、司空为三公，官衔最尊，但均不预政事，下至台、省、寺监等官司，也是"官无定员，无专职"②。设宰相二人，叫作"同平章事"，另设副宰相，叫作"参知政事"；以后在形式上有几度改变，实际上仍是一样。如神宗时以左右仆射为宰相，徽宗时，蔡京以太师总领三省，号公相，高宗时又以左右仆射并加"同中书门下平章事"为正副宰相，门下、中书侍郎均为

---

① 《宋史纪事本末》卷一〇七《元伯颜入临安》。
② 《宋史·职官志》："三司、三公不常置，宰相不专任……台，省，寺，监，官无定员，无专职，悉皆出入分莅庶务。故三省、六曹、二十四司，类以他官主判：虽有本官，非别敕不治本司事，事之所寄，十亡二三。故中书令、侍中、尚书令不预朝政，侍郎、给事不领省职，谏议无言责，起居不记注，中书常阙舍人，门下罕除常侍，司谏、正言，非特旨供职亦不任谏诤。至于仆射、尚书、丞、郎、员外，居其官不知其职者，十常八九。"

"参知政事"，孝宗时又改左右仆射为左右丞相。皇帝、宰相以下，有三大机关，掌握全国民财军政大权：一、枢密院（主官为枢密使），掌管军令军政；二、中书省（主官右相），统辖各部，掌管民政；三、合户部、盐铁、度支为一的"三司"（主官三司使，亦称"计相"），掌管财政；又以前二者叫作"二府"。枢密院和"三司"实际也都直接对皇帝负责。枢密使和中书向皇帝奏事，是分时间先后，"两不相知"的①。又有所谓"使相"，即给予大官僚的一种空衔，此外又设昭文馆、集贤院等，容纳学者充任编修、校订和顾问，由两宰相分任昭文馆大学士、集贤院大学士；其他观文殿、资政殿、保和殿等也均置大学士，为优待退职大官僚的一种职位。同时，九卿之职，到宋时，职务大抵归并，也成了一种虚设的官秩。

　　地方行政系统，五代把地方中心放在州，其他均同于唐朝。宋初于京畿区域外，依据唐朝分道的办法，划全国为十五路（京东、京西、河北、河东、陕西、淮南、江南、荆湖南、荆湖北、两浙、福建、西川、峡西、广南东、广南西），神宗时复分划为二十三路，徽宗时又增划云中、燕山两路，南渡后仅保有十六路。路下为府（或州或军）→县→都保→大保→保。路的主官初为转运使，后设提刑、安抚诸使；府、州、军为知府事、知州事、知军事；县为知县，以下为都保正、大保长、保长。县以上的政权机关，主要为大地主分子把持；中间阶层由科举等门径爬上去的，在王安石以前，也是为大地主服务，王安石变法，才开始以改良派的立场出现。大保以下，大都由中间阶层出身的分子充任，都由上级政权机关任用，只在王安石新法时期由保民选举（意在确立中小地主在农村的统治地位）。

　　参加政权，即入仕的途径，也实行唐朝的科举制，同是带有欺骗人民、麻痹人民的反抗意志的作用，即所谓"广开科举之门，俾人人皆有觊觎之心，不忍自弃于盗贼奸宄。"② 但为着更能骗人，又实行弥封的办法，英宗以后，并定为三年一次殿试，及格的名为进士。知识分子在划定的科目内，穷年累月的啃旧书，应考试，结果每每成了无用的废物。王安石改定考试科目的内容，

---

① 王明清《挥尘后录》卷一《宰相枢密分合因革》："（枢密使）每朝奏事，与中书先后上，所言两不相知，以故多成疑贰。祖宗亦赖此以闻异同，用分宰相之权。"
② 宋，王栐《宋朝燕翼贻谋录》卷一。

并同时实行"三舍法"（即增加太学生名额，分为"外舍"、"内舍"、"上舍"三部，月考以次升舍，上舍月试分三等，上等不经殿试即可作官，中等免礼部试，下等免解试；同时州、县学也应用三舍法），想以学校出身与科举出身办法并行。实际上，贵族、官僚、大地主的子弟，都有特荫、奏荫、恩荫的特权，都可由"荫补"去作官。受荫袭的，不只当朝的贵族与大小官僚子弟、亲属以至门客，而且连前代三品以上官僚及"先圣"、"先贤"的子孙，均享有恩荫特权。同时还有卖官的办法。因此，大地主均有恩荫参政的机会，政权便全为他们掌握。此外，太祖的"擢用英俊，不问资级，"① 本是一个好办法，但实际上后来也成了任意录用和提拔私人的弊政。赵翼总结宋朝选材用人的情况说："荐辟之广，恩荫之滥，杂流之猥，祠禄之多，日增月益，遂至不可纪极。"② 培养官吏和各种服务人员的学校，官办的，中央有太学、律学、宗学、武学、算学、道学，地方有府学、州学、县学等。私家教学机关也特别发达，最著名的有白鹿（庐山）、石鼓（衡州）、岳麓（长沙）、应天（商丘）四大书院。宋朝的学者，大都出身私家书院。

保卫政权的军队，后梁、唐、晋、汉一面承袭唐朝制度，实际却相当乱；后周才开始规划制度，并把兵权渐集于中央。宋朝定全国军队为"禁兵"、"厢兵"、"乡兵"、"蕃兵"四类，"禁兵"即中央常备军，士兵均由招募与从厢兵中选择而来；"厢兵"为诸镇防军。兵士来源，亦全系募兵；"乡兵"即地方防军，兵士来源，有按户籍征收的役兵和招募两方面；"蕃兵"实为边塞地区之乡兵。

统治人民的刑法，五代时，特别严酷，尤其是后唐、晋、汉，由于其落后性以及在阶级统治基础上又实行部族的集团压迫，"以杀人为嬉，视人命如草芥"，对于防止人民反抗其统治的所谓"盗律"，尤为严酷惨毒。宋朝在刑制方面，基本上也没有改变。太祖乾德元年所颁布的《刑统》，原则上也只是"参酌轻重"③，也就是说，一方面，只是略为减轻，另一方面以死刑的判决权收归中央；同时由刑部设大理院，掌管全国司法权，另于宫中设审刑院，以为

---

① 司马光《涑水纪闻》卷一："（太祖）擢用英俊，不问资级，察内外官有一材一行可取者，密为记之……是以下无遗材，人思自效。"
② 《廿二史札记》卷二五。
③ 《续资治通鉴长编》卷四。

监督与最后决定刑事处理之机关，后又以两者共管全国司法。定刑有死、流、徒、杖四种。实际这对于大地主、有钱人，都有免刑、减刑和赎罪的特权。而辽、金由于其奴隶制以及部族的集团压迫的特点，对于汉族及其他各族人民，尤属随意定刑，如辽之酷刑有所谓"投崖"、"炮掷"、"钉割"、"脔杀"、"分尸五京"、"取心以献"等等，金比辽更严酷、施行更操切，备极惨酷，甚至每以轻罪或无故击杀汉人、契丹人，没其家资。在辽的统治下，契丹人打伤与杀死汉人，不治罪，主人虐打与杀死奴隶无罪；汉人及奴隶对于契丹人，稍有触犯，便是死罪。在金的统治下，女真人与汉、契丹人的关系也是这样。法律的编制，宋朝根据唐律，有所增减；律以外，也同样有敕、令、格、式，到理宗时，共成一百三十二部，多至数千卷。辽、金尤为繁密，汉人（以及在金统治下的契丹人）动辄便是触犯律条，所以说"莫知所避，犯法者众"。而且，辽律的七百八十九条，金的《大定制条》、《泰和律义》等，实际又都是具文；他们对汉族及他族人民，尤其关于反抗其统治方面，却并不根据什么律，而是任意处分。

哲学 两宋的哲学、科学、文艺都获得空前发展，主要由于下面的几个原因：（一）生产和经济的发展，尤其是都市工商业经济的发展以及活字印刷术、火药制造术等等科学技术的发明和进步；（二）社会矛盾的复杂与扩大；（三）唐朝学术的发展，给两宋准备了一些条件。

两宋的哲学（主要即所谓理学）发展的深度，主要表现为对宇宙起源问题的穷究，即精神（理）与物质（气）依存关系的深入探讨，到人类生活的实践。其次为哲学家之多，最著名的有戚同文、孙复、李觏、胡瑗、周敦颐、邵雍、张载、程颢、程颐、杨时、谢良佐、朱熹、陆九渊、陆九龄、叶适、陈亮、吕祖谦等人。最重要的，表现为流派的复杂，其中主要有四大流派，即理学左派、理学右派、反理学的陈亮派以及方腊、钟相等的农民流派。

理学派的开山周敦颐（湖南道州人），首先他从其时社会现实矛盾的基础上，认识了客观世界的矛盾性，因而便吸取了"八卦"和"五行"哲学等早期哲学的朴素辩证法因素，用这种观点去认识世界，并达到宇宙起源之精神（理）和物质（气）的依存关系的探究。他说最原始的某种东西，即所谓"太极"，自身的剧烈运动（动极），便产生一种叫作阳气的东西；"动极而静"，又产生一种叫作阴气的东西。由于这样不息的运动和阴、阳两气的不断斗争，即所谓"二气交感",便产生"五行"（金、木、水、火、土），形成乾（天）、坤（地）；又由于"二（气）五（行）之精，妙合而凝"①，又产生人类（成男、成女），"化生万物"，以至"无穷"的发展下去。这种朴素的辩证法思想，是他进步的一面，也是一种伟大的观念。但当他追究到运动的根源时，便认为"太极"本身也是被派生的，原先并无物质的东西存在（无形），也没有运动；只有"理"——即精神——那种"无极"的东西是存在的。因此，"理"是主宰一切，产生一切的最本源的东西，而它又是寂寥自在的；客观世界的本源都是"理"，在人则为"性"、"命"，为"三纲五常"。他最后便归结到"复性"，即复于本源之"理"，取消一切斗争。因此，他的朴素的辩证法，是首尾倒置的。所以在政治上，从他到二程，对改良主义也极力反对，很明白，他们是代表地主阶级的哲学流派。

这到南宋，便演化为理学的右派陆学和左派朱学。

陆九渊从研究程伊川（颐）的学说入门；但他放弃了周敦颐以来的辩证法，而由反"无极太极"的论旨达到主观唯心论的结论。他不只拒绝研究客观事物，且拒绝书本：认为只需从内心的觉悟出发，内心就是"理"的体现，"六经"也不外是这个"理"。最后他达到如次的结论："四方上下曰宇，往古来今曰宙"②，宇宙全体都包括在"心"内，即宇宙本不存在，是依于"心"即主观的精神而存在的。因此，在政治上，他根据"君子小人喻义利"的论旨，一面夸张"君子"即大地主分子的伪仁义道德，对人民即所谓"小人"，则肆行诋毁和仇视；一面则企图从人类的观念上去麻痹"小人"，教他们不要为现实的生活利益而斗争。

朱熹的父亲朱松是主战派分子，因反对秦桧掉了官。朱熹最初受到其父的影响，就注重对客观世界的研究（如对"天以上是什么东西"一类问题的提出），后又受教于不讲"空理"的李侗——理学家罗从彦的门人——从事理学研究。但他的观点，不是程学的"致知在格物"，而是"格物以致知"的客观主义的观点，即从客观事物的实践和研究中，以获得知识；研究的方法是"博学之，审问之、慎思之、明辨之、笃行之"。他的教育方法，也不着重书

---

① 《周子通书·太极图说》；朱熹注《太极图解》；《宋史·周敦颐传》（《通书》一：敦作惇）。
② 《宋史·陆九渊传》；《象山全集·语录》。

本，如说，"书册埋头何日了！不如抛却去寻春。"因此，他一面接受了周、张以来的朴素辩证法观点；另一面在宇宙起源问题上，却达到"理不在气先、气亦不在理后"，"若无此气，则理亦无挂搭处"①，即精神与物质相互依存的二元论结论。自然他在究极上，仍是唯心论者。因此，他在哲学上便成为"理学"的左派。

朱熹在实际政治生活上：对金军的进攻，在高宗绍兴三十二年、孝宗隆兴元年，两次建议采取强硬方针，坚决主战；对内主张实行改良，如孝宗乾道七年，在福建创立社仓法，即人民共同积谷储仓备荒；淳熙五年知南康军时，实行救济贫民，又坚决主张正经界，使大地主占有的土地也同样负担地税；最后在淳熙十五年，他向孝宗提出振扬纲纪、变易风俗、爱养民力、修明军政等六项主张。因此，他系代表中小地主的立场，是很明白的；他的哲学，主要也是反映中小地主的思想和要求的哲学。

反理学派的陈亮（同甫），不仅反对理学右派，也反对理学左派的理、气、性、命之说，也反对他们之所谓"王道"、"仁义"；而主张"霸道"、"功利"②，从农、工、商业等方面去致力富国强兵的事业，这正是其时自由商人集团一种素朴的意识形态的表现。

与上述各派相反的，便是代表农民阶级的方腊、钟相的政治思想。方腊以"五斗米道"为主要来源的魔教的教义，即一种以农业社会主义作基础，从现实情况出发，一面分析统治阶级对人民的残酷剥削，生活腐化、堕落、浪费以至不顾人民死活和要求，对辽、夏反动、落后统治集团妥协的种种罪恶；一面分析农民生活的苦痛及其原因。

钟相从现实的阶级生活出发，要求铲除地主阶级，重新分配土地，实行人人劳动，以达到"贵贱平等，贫富均平"的社会。他和他的信徒，并在洞庭沿湖的广大地区，试行了这种农业社会主义。

可惜关于方腊和钟相等人的文献，都是片段的，没有全部保存和记载下来，我们今日已无从窥见其思想的全貌。

其次，还有两宋之际，康与之的农业社会主义思想。他的《昨梦录》，托

---

① 《朱子语录》。
② 《陈龙川集》。

为其友人由西京大山穴入口，游到另一理想世界，那里的人民不用珠玉锦绮之类的东西，但日常生活需要却应有尽有；最重要的是计口授田，各自力为耕织，不容夺自他人以为衣食；一切衣服、饮食、牛畜、丝麻等等，皆按各人所需平分，无私有制；人民相处井井有序，没有互相疑忌、嫉妒、争夺之事，大家都是有信义、和睦、亲爱过于兄弟的道德品质。但是康与之没有去实践他的理想，与其时的农民暴动是脱节的。

宗教　佛教在五代，由于社会混乱和世变"无常"，小乘宗特别发达。周世宗以寺院占有大量劳动人口和浪费巨额财富，曾下令废除寺院（共废三万所以上，仅存二千七百所），禁止度人为僧尼，同时以铜像、钟磬充作铸钱原料，佛教稍受打击。及至北宋，赵匡胤提倡佛教：修废寺，造佛像，派行勤等百五十七人赴印度求法，印《大藏经》等等。佛教及佛学又大大发展起来。太宗又特设译经院（有译经、校经、印经三部），建佛寺（如开宝寺宝塔高三百六十丈，光彩照及十里），大度僧尼（前后共十七万人）。真宗时，全国僧尼达四十六万余人。徽宗时以佛为"金狄"（因佛身为金色，又系外来宗教），企图用道教去代替佛教的地位；但在实际上，佛教依旧猖獗。及至南宋，在社会矛盾愈益扩大的基础上，大地主不只更需要佛教去麻痹人民，也需要它去慰藉其自己的没落情绪；人民生活的穷困、苦闷和没有出路，也给了小乘教以流行的空子。所以在不断战争的情况下，佛教依旧保持其支配地位。寺院占有广大土地，役使大量劳动人口，又享有各种特权（如免役）；寺院大地主僧尼的生活，悠闲腐化，穷奢极欲。他们不仅用宗教迷信去愚弄人民，并横行乡里，鱼肉百姓，而又大放高利贷（贷借、典当）。

两宋的佛学也颇发达，名僧怀琏、祖印、契嵩、慧龙、净源、继忠、克勤、法云、志磐、佛印等，又都是著名佛学家，译著很多，最著名的有契嵩的《辅教编》、克勤的《碧岩集》、法云的《翻译名义集》、志磐的《佛祖统记》。他们不只与当时的大官、学者，如苏轼、黄庭坚等人交游很密，而且常直接影响政治。

道教是宋朝统治阶级的第二大宗教，与佛教享有同样特权，道观同样是大地主和高利贷者。在宋初，华山的道士陈抟创造所谓"理法"一元论的哲学，说万物一体，从宇宙的外表看，好像是变化无穷，若深入的去考察其本体，却只有超绝万有的"一大理法"存在。宋太宗封他为"希夷先生"。真宗与王钦若，为着欺骗人民，实行封禅和伪造所谓"天书"，便尊封老子为"太上老君混元上德皇帝"；建筑"玉清照应宫"，极其壮丽，七年方成；召见龙虎山（江西贵溪西南）道士张正随，封为"真静先生"，并准其世袭，以龙虎山为"受箓院"，立"上清宫"，免除田租。徽宗为提倡道教，任用道士魏汉津等，并封王老志为"洞微先生"，王仔昔为"通妙先生"，林灵素为"通真达灵先生"，直接参与政治；立先生、处士等道阶二十六级，秩位比于中大夫至将士郎；置道官二十六等，也一一比于朝官；集古今道教事迹，编修道史；立道学，于太学设内经、道德经、庄子，列子博士二人；每一道观均给田数千顷外，道士都给官俸；大建道观，如"玉清和阳宫"、"上清宝箓宫"等。他又谓自己系上帝元子太霄帝君下降，便由其左右册尊为"教主道君皇帝"。另方面，北宋的废后，都册封为道教教主，如仁宗之郭后为"金庭教主"，哲宗的孟后为"华阳教主"；给与大官的闲职，也有所谓"提举洞霄宫"、"会灵观使"等。道教的猖獗，可以想见。南宋以后，他们也只是不直接参与政治，仍享有其他特权。

为地主阶级服务的佛教和道教，对于农民是生死的仇敌，所以钟相为首的农民军，把僧尼、道士、女冠、方士都列作应铲除的对象，并到处焚毁寺院和道观，没收其全部财产。魔教徒不拜佛、道等偶像。

伊斯兰教从唐朝传入中国，到宋初，新疆喀什噶尔酋长布格拉，尊伊斯兰教为其部落共同的宗教；布格拉远征土耳其斯坦，又俘回不少伊斯兰教徒。伊斯兰教便从新疆渐次流行于西北各地。另方面，由于中亚经商前来的伊斯兰教徒影响，在从事对外贸易的汉族商人里面，也开始出现伊斯兰教徒。

魔教是与地主阶级宗教相对立的农民的宗教，教主就是方腊。他们以摩尼教的一些形式和"五斗米道"的农业社会主义为教旨；其教条就是群众斗争的纪律；宗教本身，就是一种群众的组织。他们对儒、佛、道教，一概反对。

史学 正史的编著，有薛居正、卢多逊等的《旧五代史》，欧阳修、宋祁的《新唐书》、欧阳修的《五代史记》（即《新五代史》），都是继承《汉书》的体例，但更强调了儒家的道统观。司马光的《资治通鉴》，是一种编年体的通史著作，但在形式上是皇家年谱；方法上，也是为道统观和地主阶级的正统观所贯穿，对历代农民暴动都称作"盗匪"，对人民的事业一概抹杀。他说："实录正史未必皆可据，杂史小说未必不可据"，虽有相当道理；但他的主观上，是从道统观与正统观的基础上，去判断史料真伪与选择史料的。刘恕（司马光助手）的《通鉴外纪》，李焘的《续资治通鉴长编》，都是同一体例、观点和立场。对历代经济、政治、文化分类编纂的，有马端临的《文献通考》（元世祖至元时才编完出版）和郑樵的《通志》，对历朝的改良政策，都加以赞扬，他们可说是中间阶层的史家；这连同唐杜佑的《通典》，便名为"三通"。王应麟的《玉海》，体例同于《通考》，但系奉敕编撰的。王溥、徐天麟等的唐、五代、西汉、东汉《会要》，仅在叙述各代制度的纲要。传记方面，有王当的《春秋列国诸臣传》、胡仔的《孔子编年》、魏仲举的《韩柳年谱》、李幼武的《名臣言行录》、朱熹的《伊洛渊源录》等。王钦若的《册府元龟》、李昉的《太平御览》等，是奉敕编集的，属于百科全书性质的汇书①。乐史的《太平寰宇记》、宋敏求的《长安志》、周应合的《景定建康志》、范成大的《吴船录》、陆游的《入蜀记》、赵升的《朝野类要》、周密的《齐东野语》、《癸辛杂识》等等，均能反映其时社会的一些情况。《南烬纪闻》、《窃愤录》（署名为辛弃疾著，宋人曾谓为伪书）等，是代表主战派的稗史著作。此外在宋朝，由于史学的发达，由于对史料的考证，便开始从事金石的搜索和研究，较著名者，有欧阳修的《集古录跋尾》、赵明诚的《金石录》、吕大防的《考古图》、南宋无名氏的《续考古图》、王黼的《博古图》等等。但史学仍没有成为科学。

在五代和两宋之际，图书散失极多，北宋初，"承五代抢攘之后，三馆有

---

① 《太平御览》是太宗太平兴国二年（公元九七七年）三月诏令李昉、扈蒙、李穆、汤悦、徐铉、张洎、李克勤、宋白、陈鄂，徐用宾、吴淑、舒雅、李文仲、阮思道十四人，"同以群书类集之，分门编为千卷"，"八年十二月书成。诏曰：'史馆新纂《太平总类》，包罗万象，总括群书，纪历代之兴亡。'蒲叔献说："《太平御览》，备天地万物之理，政教法度之原，理乱兴亡之由，道德性命之奥。"共分：天、地、州郡、封建、治道、时序、人事、刑法、服用、疾病、工艺、器、四夷、布帛、百谷，兽、木、果、药、百卉等五十五部。

《册府元龟》系真宗景德二年（公元一○○四年）旧历九月，真宗命王钦若、杨亿及钱惟演、刁衎、杜镐、戚纶、李维、王希逸、陈彭年、姜屿、陈越等共同编修，随又派刘承珪、刘崇超负责增订，继又派陈从易、刘筠、查道、王晓、夏竦、孙奭等参与编修、校审、注释等工作，"凡八年而成"，共一千卷。真宗御制序谓其内容为："粤自正统至于闰位，君臣善迹，邦家美政，礼乐沿革，法令宽猛，官师议论，多士名行，靡不具载。"共分帝王、闰位，僭位，列国君、宰辅、将帅、台省、邦计、谏诤、词臣、国史、学校、刑法、铨选、贡举、奉使、牧守、总录等三十二部，一千一百四门。

书仅万二千册"，"靖康之变，诸书悉不存。"① 为恢复馆藏，两宋朝廷在搜集、整理、编印、传写、庋藏等方面，都进行了不少工作。

科学　两宋的科学发明：如活字印刷术、火药制造术、制炮术的发明及指南针的改造等等，已如前述。

天文学方面，最著名的学者，有苏颂、张思训等。张思训根据历代浑天仪详加研究，新造"太平浑仪"，较前此大为完备、准确。由于天文研究的进步，又不断改订历谱，两宋共改订了十六次。算学方面最著名者为秦九韶，他的主要著作为《数书九章》。

两宋医学也有相当发展，最大的成就为对于药剂的研究。宋廷为研究药性与药剂制炼，特命名医刘翰与马志、翟煦、张素、吴复珪、王光祐、陈昭遇等详订唐《本草》。他们根据《神农本草》三百六十种、《名医别录》百八十二种、唐本失附与有名未用者三〇八种，新发明一百三二种，合新旧药共八百九三种，一一根据临床经验，加以研究、说明和注释，编成药剂处方要目，名曰《本草》。关于各种病科，也多有专门著作和研究。王怀隐、赵自化等，也都是其时名医。尤值得指出的，真宗时，王旦发明种痘，后传至日本和意大利。英人健那（Edward Jenner）在公元一七九八年发明牛痘，是否与中国的种痘法有关，我手边尚无材料。

文艺　五代、两宋、辽、金，成名的文学家、诗人，数不胜数。

在文学形式上，五代是俳偶骈体占支配地位，著名作家有徐鲔等。宋初杨亿、刘筠等也是骈体作家。与杨、刘同时的柳开，则力反骈体，提倡韩愈、柳宗元的散文体；王禹偁、穆修等，又进而改变词涩意艰的格调，提倡古雅简淡的作风。以后到尹洙、欧阳修、苏舜卿、梅尧臣、三苏、曾巩、王安石等继起，散文体便取得支配地位了。另一方面，由于都市的发展，在"市井间有杂伎艺，其中有'说话'，执此业者曰'说话人'。说话人又有专家……曰'小说'、曰'合生'、曰'说诨话'，曰'说三分'、曰'说五代史'"②。文学家在这种民间文艺的基础上，吸取其形式，而创制"平话"，即通俗语体的体裁，如无名氏的《碾玉观音》、《错斩崔宁》等，都是"平话"形式的作品。

---

①《挥尘前录·皇朝列圣搜访书籍》。
② 鲁迅《中国小说史略》第十二篇。

影响所及，理学家的《语录》，也都应用了语体，这在文艺形式上，是一大进步。词（在南北朝已有出现，但那是尚未发展完成的），也是从民间形式而来，是一种新体诗；到宋朝特别发展、风行，大诗人陆游、辛弃疾等，也都是著名词人。所以有唐诗、宋词、元曲之称。

由于作家的阶级立场和生活不同，内容上便表现为各种不同流派；甚至同一作家，由于其阶级地位或生活环境变化，前后作品也每每不一样。

五代李存勖、李璟、李煜等人的作品（如李存勖的《如梦令》，李璟的《摊破浣溪纱》，李煜的《子夜歌》、《虞美人》等），是宫廷贵族的文艺；徐铉的《张谨》、《青州客》，吴淑的《潘扆》，乐史的《杨太真外传》等传奇小说，则均系中间阶层的作品。

在宋朝，欧阳修的《秋声赋》、《醉翁亭记》，苏轼的前后《赤壁赋》等，都是著名的作品。在小说作品方面，如无名氏的《李师师外传》，在描写娼妓也有反金自卫的爱国热情和气节；反射那班卖身降金充当帮凶来屠杀人民的大地主分子，还不如娼妓。沈俶的《我来也》、费衮的《盗智》以及无名氏的《碾玉观音》、《错斩崔宁》等，在描写政治黑暗，城市小商、工业市民的生命财产没有保障，反映了小市民对政治的一种不满情绪。李政的《浮梁张令》，在描写官吏的贪污。无名氏的《冯玉梅团圆》，前半部一面描写金军南进，人民惨遭蹂躏、杀掠、流离失所的痛苦情况；一面描写宋朝统治集团只知逃命，腐败的军队见金军即逃，对人民则肆行抢掠的情况。后半部，以范汝为为首的福建农民暴动作题材，一面描写政治腐败、黑暗，官逼民反，并赞扬范汝为"仗义执言，救民火水"，人民"从之如流，啸聚至十余万"；另一方面，对参加暴动的知识分子范希周，失败后隐姓埋名为官家服务，终至扒得功名，夫妇团圆，又力加赞扬。这也是表现中间阶层知识分子气氛和立场的作品。代表劳动人民及其自己的作品，当时可能不少，也可能有保存下来的。据说今存之《五代史平话》及《通俗小说》，即"小说"与"五代史"的"话本"的体裁。这在当时，是一种最进步的形式。

在诗词方面，名家特别多，北宋有杨亿、刘筠（所谓西昆体派）、欧阳修、王禹偁、苏舜卿、梅尧臣（反西昆派）、王安石、苏轼、秦观、黄庭坚、陈师道（黄陈为所谓江西派）、晁补之、张耒、柳永、张先、晏殊、宋祁等；南宋有陆游、范成大、杨万里、尤袤、徐熙、徐玑、翁卷、赵师秀（二徐、翁、赵为所谓四灵派）、辛弃疾、刘克庄、刘遇、康与之、蒋捷、谢枋得等。此外，宋朝还有女诗人李清照、朱淑真。其中造诣较高、影响较大的，为北宋的苏轼、黄庭坚，南宋的陆游、辛弃疾等。苏轼的诗词，虽也表现中间层知识分子的一些浪漫气氛；但有不少作品，却在表现地主阶级的悠闲、浪漫、豪华的生活情调，以至对皇族的歌颂，如《春夜》、《蝶恋花》、《赤壁怀古》、《月夜客饮杏花下》、《元祐三年春贴子词》（《皇帝阁》、《皇太后阁》等），都是这类作品。但从文艺的技巧上说，苏轼可算是一个天才作家。陆游是宋朝写实派的麟凤，又是一个有斗争性的爱国诗人。他描写了中小地主的现实生活，也大声疾呼用诗词鼓吹去反抗女真奴主集团的压迫及其残暴落后的统治和侵掠。他的《夜闻邻家治稻》、《好事近》及其同派诗人范成大的《插秧》、《夏日田园杂咏》、《村景即事》等，都反映了中小地主的生活情调。陆游的爱国诗词作品很多，临死前的《示儿》说："死去元知万事空，但悲不见九州同；王师北定中原日，家祭毋忘告乃翁！"至死还不忘"收复失地"。南宋另一个有战斗性的爱国诗人辛弃疾的《踏莎行》、《水龙吟》、《丑奴儿近》等，都是反映中间层知识分子生活情调的作品；其《贺新郎》、《哨遍》等，都是表现其爱国情绪的作品；尤其是《鹧鸪天》："壮岁旌旗拥万夫，锦襜突骑渡江初；燕兵夜娖银胡鞍，汉箭朝飞金仆姑。追往事，叹今吾……却将万字平戎策，换得东家种树书！"可为其爱国诗词的代表作。他如宇文虚中的"不堪南向望，故国又丛台！"高士谈的"可怜风雨胼胝苦，后世山河属外人！"岳飞的作品，除流传人口的《满江红》外，其《题青泥寺壁》有云："雄气堂堂贯斗牛，誓将真节报君仇；斩除顽恶还车驾，不问登台万户侯。"也都是爱国诗词的不朽作品。

他们的爱国情绪，是反对异族压迫的情绪的反映，具体表现为反对奴主政权。他们反对奴主政权的思想，包含着反对奴主集团的残暴、落后的统治与军事的烧杀掳掠的内容，也包含着反对异族压迫的内容。这在客观上是符合于当时人民的利益和要求的，虽然在"忠君"一点上，由于阶级地位的不同，他们是与群众有区别的——群众却从自己阶级的现实利益出发，并没有"忠君"的要求。

代表农民的诗歌，如《吴歌》："月子弯弯照几州，几家欢乐几家愁！几家夫妇同罗帐，几家飘散在他州！"又如民谣："赤日炎炎似火烧，野田禾稻半枯焦；农夫心内如汤煮，公子王孙把扇摇。"均在反映人民的生活情绪和对地主阶级的反感，以及阶级生活悬殊，人民妻离子散的惨状。关于范汝为农民军的"风高放火，月黑杀人；无粮同饿，得肉均分。"表现了农民军集体生活的一面。宋江的《江州题壁》："他年若得报冤仇，血染浔阳江口"；"他时若遂凌云志，敢笑黄巢不丈夫！"表现其起义前情绪的一面。"来时三十六，去后十八双；若还少一个，定是不还乡！"① 则表现农民军的团结精神。

戏剧方面，在宋朝，民间创造出一种"诨唱"的形式，一面音乐与唱词协调，一面表演者的歌唱与其演技相照应，并在民间流行。宋、金统治者，吸收这种活泼的新形式，抛弃其丰富的内容，而制作宫廷的杂剧院本。宋末赵德麟又依以制作《商调蝶恋花词》的鼓子词；金章宗时的董解元，则依以制作《西厢挡弹词》即《弦索西厢》。

绘画在五代及两宋，名画家如林。在五代，南唐有官立画院，蜀之王衍、孟昶也奖励绘画。中原的荆浩、关同（善画山水），南唐曹仲元（释道画）、王齐翰（罗汉画）、周文矩（美人画）、高太仲（肖像）、徐熙（花鸟画），蜀之黄筌（花鸟）、释贯休（罗汉）都是名家。

北宋太祖特设翰林图画院，集名家给俸禄、赐金带；太宗召名画家郭忠恕、黄居寀、高文进、董羽等入翰林院，其后累代相承，宫廷与民间名画家辈出。黄居寀（筌子）、徐崇（熙孙）为花鸟画之宗师；李成、董源、范宽、米芾等均为山水画巨擘；李龙眠、林庭珪、周季常等善画佛像罗汉，著名的清凉寺十六罗汉、大德寺的五百罗汉，据传系林、周所画；徽宗本人的画，也造诣颇深。南宋赵伯驹、李唐、阎次平、马远、夏珪等均善画山水，或讲究整巧青绿，或讲究苍劲，均改变了北宋的作风、气派。梁楷善画人物和释道，惟妙惟肖。陈所翁善画龙，杨补之善画梅，李安忠、李迪、毛益善画动植物。此外僧牧溪、僧玉涧也是著名画家。但其中如李迪的《雪中归牧》、阎次平的《树下牧牛》，均描绘了农民劳动的片段情景。他如贯休的《十六罗汉》、马麟的《禅门机缘》、马公显的《药山李翱问答》，均有宣扬佛教的倾向；马逵的《泛舟闲适》、徐熙的《红莲凫鹭》、赵昌的《竹虫》、徽宗的《水仙鹑》等，都是表现脱离劳动群众的闲适情趣。但绘画技术，却都很成熟。在思想性上，超

---

① 见七十回本《水浒传》、《大宋宣和遗事》。

出于这班画家之上的，便是爱国画家郑思肖（所南），以反对蒙古奴主集团对汉族人民的残暴压迫和落后统治，怀念故国，画兰特不画土根，以表现其耿耿志节。这在其政治立场和意义上，是和爱国诗人一样的。

在雕塑方面，凿石窟雕佛像的风气已成过去，石雕也不占重要地位了，但亦间有石雕作品，如山东历城开元寺的大佛首，杭州灵隐寺岩窟内壁的石佛（五代作品）。这时佛像主要是木雕、塑像、铜像、玉雕、铁像等。如正定龙兴寺的大塑佛，铜造观音大立像，均颇为雄伟、优雅，表现着伟大的气派；太原晋祠大铁像——"金神"（绍兴四年造），高七尺许，相貌姿势雄伟，筋络雄劲，衣纹自由；泰安东岳庙四层大铁桶（建中靖国元年造），第一层铭及宝相花，第二层宝相花间配凤凰、狮首，第三层龙和飞云，第四层浮雕狮子，极为细致美丽，技工纯熟精炼。他如灵隐寺八角九层石塔，北固山甘露寺十三层铁塔（大概均建于宋初），内均有佛像等浮雕，手法颇细丽。飞来峰龙泓洞内的观音塑像，相貌温丽，姿势稳静，衣纹线条优雅，周匝亦极妙；青林洞外壁的卢舍那会图，释迦坐莲座，左右文殊、普贤两菩萨骑狮子和象，四天王、四菩萨侍立，华盖外两旁刻飞天像，图样纤巧。这等等作品，不只表现着气派的伟大，而又表现着高度的艺术。《碾玉观音》说：崔宁为韩世忠雕成的玉观音像，皇帝和朝廷官员都大大称赞；被摔破一个铃儿，他又用"一块一般的玉，碾一个铃儿接住了"。这是一位技术纯熟精练的天才的民间雕玉师。两宋的名画家也不少精于雕刻的。这虽则都属是僧俗大地主用来统制人民思想和自己享乐的东西，但都是人民的手所创制的，它反映了雕塑术的进步程度，及由石雕转到型铸和玉、木雕等方面的发展方向；同时又表现了中国人民的伟大艺术天才和气派。

第七节　结　语

宋朝的阶级关系比前代复杂，阶级矛盾和部族集团间的矛盾也比前代复杂、尖锐。这种复杂的矛盾情况，随着都市行会工商业的发展，越来越厉害。宋朝统治者一面把国家的统一性和集权性提高了；另一方面，却没有适当的处理阶级关系，对阻止契丹、女真、蒙古奴主集团的南进，便完全表现无力，成为中国史上第一个软弱无能的朝代。

在宋初，宋、辽力量的对比，宋占绝大优势；使燕、云各州人民解脱契丹奴主的统治，恢复到原来的历史的前进轨道上，是完全可能的。在宋、辽战争中，汉族士兵和下级军官战斗力都颇强，情绪也颇高；但由于统治阶级畏首畏尾，上级指挥无能，结果反而屈服于落后的奴主集团。

从女真奴主集团南进，到汴京失陷前后，形势仍是对宋有利，两河、山东、河南、陕西广大人民，纷起反金自卫，义军武装不下几百万，其中并不少战斗力强大的队伍。宋区人民也纷纷兴师"勤王"，尤其是原先反对宋廷统治的农民军，也自动要求和宋廷联合抵抗金军的南进。宋区人民，农民、手工工人、市民、学生、以致中下级军官，战斗情绪都很高涨。在汉、契丹人民和义军的支持下，李纲、宗泽成了有威信的抗战派领袖（但有些义军领袖如李彦仙等，认为李纲不能作领袖，军事方面也不行），经过主战派的部署布置，已形成声势壮大的战斗阵容；老军队也渐次得到改造，并从中下级军官中产生一批优秀将领（吴璘、吴玠、刘锜、韩世忠、王彦、岳飞、杨沂中等人），他们与义军领袖牛皋、王再兴、杨进等人，已成为反金自卫武装的骨干。全国生产较发展的南方，并没受到军事的破坏或破坏比较轻微。金廷支配下的女真族本身人口不多，生产也较落后，力量也不太大；军队大部分是其压迫下的汉、契丹各族人民凑成的，成分复杂，空子很多；加之由于其奴隶制的相对落后性与残暴性，汉、契丹各族人民都反对它。因此，只要宋廷肯采取适当的方针、步骤，适当的去处理内部的阶级关系，照顾人民的生活，组织力量，便完全可能战胜女真奴主集团，使全国各种区域都按照其一定的历史轨道前进。

在宋朝，坚决主战的，主要是广大农民和手工工人及一切下层人民，其次是学生、市民和其他中间阶层的人士。在宋廷和宋军内部，主战分子如宗泽、张所、陈东、欧阳珣、欧阳澈、吴玠、岳飞、韩世忠及后来的胡铨、朱熹、陈亮、虞允文、吕文德等人，都是中小地主、其他中间阶层以至农民、士兵出身。另一方面，从皇帝以至聂昌、耿南仲、黄潜善、汪伯彦、吕颐浩、韩侂胄、贾似道、陈宜中等妥协、投降分子，无一不是从贵族、大地主出身。从公开帮助契丹、女真奴主集团来残害人民摧毁生产的帮凶张邦昌、刘豫到臭名万代的奸细秦桧、王伦之徒，也无一不是大地主分子。他们在残暴落后的奴主集团的暴力面前只是妥协、逃跑、投降，以致可耻的摇尾乞怜甘作臣仆、儿孙和走狗；对内只是无条件的害怕人民，在汴京失陷、徽、钦二帝被掳的生死关头，也不肯忘记去解散人民武装和压迫人民。在几次战争的严重关头：一面任令契丹（或女真、蒙古）奴主武装长驱直入，任其对人民肆行烧杀、掳掠，对生产肆行破坏，使人民流离失所，一面却仍是用大军去围剿钟相、杨幺、范汝为等的人民自卫武装和农民军。卑陋、可耻，至此而极！

但南宋的统治，又不断仰仗人民和主战派，特别在几次严重关头，把它从垂死的边缘上挽救了出来。

李纲、宗泽、岳飞、韩世忠等主战派人物，一方面知道依靠人民力量，同时他们对契丹、女真、蒙古奴主的军事行动与主张，客观上也是符合当时人民的利益和要求的，所以他们能成为英雄人物。另一方面，他们在政治上却是把屁股坐在宋廷，不敢大胆摆脱宋廷的束缚，完全依靠人民。所以他们事事受投降派和内奸的牵制、摆布，不能贯彻其主战方针，完成斗争任务；甚至像岳飞还接受乱命去围剿杨幺，韩世忠还去围剿范汝为等义军，这不仅是他们的莫大污点，且系其反动的一面。

两宋的生产和文化的发展，已临于封建制的高度；对东方和世界文化，都有着巨大的影响和贡献。如果两宋统治者肯依靠人民，阻止契丹、女真、蒙古奴主集团南进，中国社会可能少走些弯路。他们，尤其是蒙古奴主贵族的军事破坏和奴隶制的落后的反动的暴力统治，对生产的严重破坏和阻滞，使中国社会倒退了若干年，而又严重地损害了契丹、女真和蒙古各族人民。

耶律阿保机为首的契丹奴主，完颜阿骨打为首的女真奴主，成吉思汗为首的蒙古奴主，他们完成了契丹、女真、蒙古的奴隶制变革，是推动社会前进的革命事业。从这方面说，他们是革命的，是历史上的伟大人物。在进行这种伟大事业的过程中，契丹摆脱唐廷的支配，女真摆脱辽廷的支配，蒙古摆脱金廷的支配及为此而进行的革命斗争，都是进步的。但他们的南进和其对外侵略，以及其对前进到封建制末期的汉族地区进行落后的奴隶制方式的暴力统治，而且严重地破坏了社会的生产，损害了人民的生活，阻碍了社会历史的前进而又使之逆转，从这一方面说，基本上是反动的、落后的。所以曾引起汉族及国内其他各族人民的坚决反对，引起被侵略各族人民的反对。

宋廷主和派的行动勾当，不只破坏了人民和主战派阻止契丹、女真、蒙古奴主武装南下的事业，而又助长和扩大了这些奴主集团的残暴、落后的暴行，这根本与中国各族人民的利益相违反的。所以他们是历史的罪人，为当时人民所反对、痛恨和唾弃。宋廷主战派对这些残暴落后的奴主集团的战斗行动和主张，是正义的，是符合当时人民的利益和要求的，所以他们能依靠人民，为人民所支持。从这方面说，他们是起了进步作用的。但他们在政治上，由于其地位和绝对的忠君思想的支配，是依靠宋廷大地主集团的，所以对付宋廷后方的人民起义和农民暴动，基本上也与大地主统治集团采取了同样的行动，在这一方面，他们是起了反动作用的，是违反当时人民的利益和要求而为人民所反对的。

复 习 题

一、形成五代十国纷乱和割据的原因何在？

二、促成北宋统一的有些什么较重要的条件？

三、两宋经济情况有何特点？

四、王安石变法的基本内容如何？

五、两宋对契丹、女真、蒙古奴主集团南进的斗争，为何那样软弱无能？

六、两宋各阶级对契丹、女真、蒙古奴主集团南进和统治的各自动态如何？

七、根据当时形势，有无阻止契丹、女真、蒙古奴主集团的南进的可能？

八、对岳飞等英雄人物应作何评价？

九、南宋的统治如何能继续百几十年？

十、两宋学术发展的原因何在，其对世界文化的影响和贡献如何？

十一、辽金的社会状况的基本特点如何？

十二、耶律阿保机、完颜阿骨打、成吉思汗可否称作历史上的伟大人物（所起进步还是反动方面的作用是主要的）？

十三、契丹、女真、蒙古奴主集团的南进和对外侵略，对社会历史前进和人民生活起了何种作用（其主要方面是什么）？

十四、对宋廷投降派与主战派的评价如何？

十五、阻止契丹、女真、蒙古奴主集团的南进，是否具有进步性和正义性？

第十四章

蒙古贵族统治的元朝

（公元一二七九——一三六八年）

第一节　蒙古族国家的建立与南下争夺及对外侵略

蒙族的起源和建国　蒙古族的名称，在中国文献中，从唐朝才出现，即《元书·太祖纪》所谓"自唐末以名通中国"。《旧唐书》称之为蒙兀，《新唐书》称作朦瓦，《辽史》称作盟古、萌古，《金史》称作盟古，《松漠纪闻》称作"盲骨子"，《元朝秘史》称作"忙豁勒"（蒙古儿），明初修《元史》称作蒙古；曾廉《元书·太祖纪》称："蒙兀者，蒙古也，亦曰蒙瓦，亦曰蒙骨斯"，柯绍忞《新元史·序纪》谓"蒙古……本为忙豁仑……为蒙兀儿，又为蒙古"。从唐到辽、金，都是中国境内的一个部落集团；到金时，蒙古族已进入奴隶制的变革过程；到合不勒时，便开始摆脱金廷的羁绊①。

其起源，日人高桑驹吉等谓系通古斯、突厥族及一部分图伯特族和汉族等

---

① 《新元史·序纪》："合不勒罕（按罕即军务首长之意）有威望，蒙古诸部莫不降附。金主闻其名，召见……乃厚赐遣之……金之大臣谓纵去此人，将为边患；遣使要之返，合不勒不从……。得间始疾驰而返，〔金〕使者追及之……合不勒告其部众曰：不杀此人，我终不免……遂杀使者。"合不勒死，俺巴孩为罕。"金人以蒙古杀其使者，乃制木驴之刑钉俺巴孩兄弟于驴背……忽图刺罕纠诸部复仇，败金人于境上。"《元书·太祖纪》："葛不律（按即合不勒之异译）与金有隙，因党其亡人，金来伐，败之，乃始称汗，而著其国号曰蒙古。"

的混合种；《新元史》谓"蒙古之先出于突厥，本为忙豁仑"。《元书》谓"其先本室韦"①。我根据适当材料分析后，认为蒙古人可能是原住今蒙古人民共和国斡难河流域，或来自西伯利亚的蒙古人种的一支，也可能是匈奴族的近亲或其西徙后的残部，同时包含有突厥及满、汉等成分在内，也是完全可能的。据《元朝秘史》所反映的蒙族自己的传说，最初的祖先是天生一个苍色的狼与一个惨白色的鹿相配，产生了一个人，名字唤做巴塔赤罕，自始就住在斡难河（即今鄂嫩河）的不儿罕山（即今大肯特山）。《元朝秘史》又说巴塔赤罕的孙儿名叫豁里察儿·篾儿干，篾儿干即蒙语"善射者"之意。这些历史传说就是当时蒙古人由图腾制过渡到氏族制时的反映。弓矢的发明，又正是这种过渡时期的主要标志；而蒙族祖先居住地的太古时代的地理环境，也正是适合于以游牧为获得生活资料的主要生产方式的人们的生存和发展的。

根据《元朝秘史》传说式记载，巴塔赤罕的八世孙名孛儿只吉歹·篾儿干，他的妻名忙豁勒真·豁阿（忙豁勒真或译蒙兀儿、蒙古儿）；忙豁勒真的子媳有两个好骟马，一个答驿儿马，一个孛罗马。孛儿只吉歹是后来元朝国姓，蒙古儿则是其后来的部族和国家的名称。同时《元史·食货志》也写道："太祖起朔方，其俗不待蚕而衣，不待耕而食。"这些传说和记载反映着蒙族祖先由游猎进到牧畜时期的过渡，与此相适应的就是由旧石器进到新石器的时期。同时，在社会的组织上，就开始出现了部落联盟。《元史·太祖本纪》谓系太祖十世祖的传说人物孛端察尔的来源是：其母"阿兰寡居夜寝帐中，梦白光自天窗入，化为金色神人来趋卧榻，阿兰惊觉，遂有娠，产一子即孛端察尔。"这正是母系制的反映。

到传说人物孛端察尔时代，蒙古儿部落联盟已包括有：札答剌、巴阿里、别勒古纳惕、不古纳惕合答斤、撒勒只兀惕、孛儿只吉、沼兀列亦惕等八个部落。据《元朝秘史》所载的材料分析，这时已有使用氏族奴隶的现象，但还是初期的。以后发展到传说人物赤都忽儿孛阔时，相传他"娶的妻多，儿子生多了"，又出现了所谓妾；使用奴隶的事情，也渐渐多起来。这正是原始公社制末期父家长奴隶制的主要特征。在父家长奴隶制的基础上，蒙古儿部落联盟的内部，原来的军务酋长和其左右，至此便形成一种军事集团，他们渐次脱

①《新元史·序纪》、《元书·太祖纪》。

离生产，专门向邻近部落进行军事掠夺。由于军务酋长的地位日渐突出，权力日渐增大，铁木真的曾祖合不勒，便由"达达百姓"，即"达旦"① 各氏族酋长会议选作"合罕"（或译作"罕"）。"合罕"比后来帝王权力不同的地方，就是他还不排斥氏族的民主制，"合罕"的继承也须通过氏族酋长会议的民主选举，所以继承合不勒做"合罕"的，并不是合不勒的儿子，而是想昆勒格的孩儿俺巴孩；俺巴孩合罕在战争中被塔塔儿族掳去后，便又由"众达达……百姓每（们）于古儿古纳川（按即今呼尔呼尔河）地方聚会着，将忽图拉立做了合罕"。很明白，忽图拉被立做合罕，是在呼尔呼尔河地方所召集的达达部落联盟各氏族酋长会议民主选举的，而达达部落联盟就是后来的蒙族。

由合不勒经俺巴孩到忽图拉时期，达达部落的内部已形成一种军事集团，不断向邻近诸部落进行原始的掠夺战争；特别与今贝加尔湖和呼伦湖之间的塔塔儿部落进行了长期的战斗，俺巴孩并被塔塔儿俘虏，送给金廷，由于蒙族有反抗金廷的情况，被金熙宗处死。"达旦"人不断的对外战争，掳回大量人口和财物，促进了氏族内部的贫富分化，又不断受到女真和汉族生产技术与文化的影响，便加速了蒙古社会的变革过程。领导这个革命事业的，便是铁木真。铁木真原是尼而伦部酋长也速该的儿子。也速该被塔塔儿所毒死。铁木真在各富有家族的支持下，公元一一八九年（宋孝宗淳熙十六年），被选为合罕。他先后灭亡塔塔儿四部及札剌亦儿、乃蛮、不里（回族的一部），战败蔑儿乞惕等部落。他把俘虏的人口，分赠亲属左右作奴隶，所谓"妻子每（们）可以作妻的作了妻，作奴婢的作了奴婢"，"教永远作奴婢者，若离了你们了呵！便将他脚筋挑了，心肝割了"。

铁木真为首的革命派，一面排除札木合、王罕等为首的内部保守派，一面又次第战胜周围各族，统一了大漠南北。公元一二〇六年，他集蒙族各首长于斡难河源举行富里尔答（意即贵族会议），建九旒白旗，即大汗位，号成吉思汗，即后来所追称的元太祖（公元一二〇六——一二二七年）。他即位后，继

---

① 《新元史·序纪》："蒙古，金人谓之鞑靼，又谓之达达儿。蒙古衣尚灰暗，故称黑达达，其本非蒙古而归于蒙古者，为白达达、野达达。详氏族表。"蒙古人博明《西斋偶得》卷上："蒙古最重族姓，分为二种骨：曰白曰黑，白尊而黑卑，白主而黑奴。"依此，白、黑之分，即主、奴之分。

续有以下的一些主要措施：（一）确立并保护私有财产制度，设置国家警察和裁判机关，如给失吉忽秃忽的任命说："如有盗贼作伪的事，你惩戒着，可杀的杀，可罚的罚。百姓每（们）分家财的事，你科断着；凡断了的事，写在清册上，以后不许人更改"；（二）建立国家权力机关，如以失吉忽秃忽掌管民政和警政，忽必烈掌管"但凡兵马事务"，又设立达鲁花赤（掌印官和断事官）与札鲁勿赤（检查官）；（三）任命功臣和亲属分别镇守各地；（四）给功臣以各种特权，如"百次犯罪不罚"① 之类；（五）建立亲卫军（怯薛），初只一万人。蒙古奴隶制变革，便在他领导下完成了，蒙古族自此进入了国家的时代。成吉思汗所以伟大，为后代中国人民所崇敬，最基本的，由于他领导蒙古族完成了这种重大的变革事业。

蒙古贵族的南下和对外侵略 革命后的蒙古贵族，凭借优秀的蒙古人民强健的体质和战斗精神，传统的骑射锻炼，特殊的游牧性社会的军事组织（如建国后的宫殿，也还是一种金帐，在斡难河源与和林两地移动；后由于和林渐次成为固定都市，到公元一二三五年——宋理宗端平二年——太宗窝阔台才把首都固定于和林），他们接受了汉人以及其他东西洋各国的进步文化、技术，特别是天文、历数、炮术，俘虏和吸收了各地技术工人（如宋、金的制炮、制火药手等等），便形成其相当坚强和便于远征的武装部队。同时，到处利用内奸（如南侵金、宋，便收用邱处机、姚枢、耶律楚材之流；到西藏，便携回红教教主八思巴），利用被征服者的武装部队和人力，去扩大自己的队伍。加之成吉思汗的军事天才，他创造了一套适合其自身条件和客观环境的战略战术，这并为其后继者（如忽必烈）所继承。其基本特点是：如利用自己骑队行动迅速敏捷的条件，不打硬仗，常突然反击追逐之敌；打不下的根本不打，敌人败退时拼命追击；避实击虚，诱歼敌人；如对金不攻潼关，假道于唐、邓，捣汴京，诱潼关金军援汴而破之；利用自己条件，惯于实行大迂回。其所侵略或攻占的地方，不是尚在原始公社制时期的部落，就是其统治阶级已腐朽无能（如金、宋、波斯）。因此，便形成他们的所向无敌，震骇亚、欧的武功。

公元一二一八年（宋宁宗嘉定十一年），借口蒙古商队在花剌子模国境被

---

① 以上未注出处之引文均见《元朝秘史》。

杀掠，成吉思汗便率大军西征。公元一二二二年，灭花剌子模，并一面攻入印度、西藏，一面越高加索山，攻入今苏境第聂泊河流域，至克里米亚半岛及加斯比海北岸的阿兰、东北岸的康里。公元一二二七年，灭亡西夏；成吉思汗欲东向灭金，死于六盘山（甘肃固原）西南之清水县。太宗窝阔台即位后，以河南地盘诱宋，联宋攻金；公元一二三四年合宋军灭金。公元一二三一年，进侵高丽。公元一二三〇年，绰儿马罕率三万人西征，至公元一二三六年，自波斯阿姆河以西地区，全为蒙古军攻占。公元一二三五年和林会议，决定南下进攻南宋和侵略高丽、克什米尔、印度及欧洲的计划——他们先以全力经略中亚和欧洲。因此，公元一二三六年命拔都（太祖长子术赤子）为统帅，速不台为先锋，率大军西征，沿阿尔泰山山麓，经吉尔吉思草原，征服沿途各部落和部族，侵占今里海以北的地区；明年侵入斡罗斯（Oros）即俄罗斯，占领其全境；公元一二四〇年，拔都与拜达儿、海都分两路向南进侵，一路攻占马札儿（即匈牙利）、渡秃纳（多瑙）河，入奥地利、伊太利（意大利），一路陷孛烈儿（波兰）首都，侵入涅迷思（德意志）、西里西亚，击败西里西亚侯等各封建诸侯联军。欧洲大震，呼为"黄祸"；罗马教皇克利哥利斯九世，号召组织抗蒙十字军。至此，又一面把锋芒回向东方，一面转向西南亚。公元一二四一年，征服高丽。公元一二五一年（宋理宗淳祐十二年），太宗子定宗死，宪宗蒙哥（太祖四子拖雷子）即位以后，一面命其弟忽必烈经略漠南，一面命旭烈兀经略西南亚。漠南方面，公元一二五三年灭亡"大理国"、征服"吐蕃"（西藏）止，便征服了今国境西南各族。公元一二五七年，大举攻宋，同年征服安南（今越南）。公元一二五九年，因宪宗战死，世祖忽必烈即位，内部发生皇位之争，暂时停止攻宋；于内战平定后，公元一二七一年，又南下攻宋，是年改国号为元①；公元一二七六年，陷临安，公元一二七九年灭宋。同时于公元一二七四年、一二八一年两度派兵进侵日本。公元一二八七年征服缅甸，公元一二九二年侵入爪哇，至此南洋各部落和部族也全被降服。西南亚方面，旭烈兀于公元一二五三年从和林出发，公元一二五五年伊拉克等国相继降服，

---

① 《元史·世祖纪》世祖八年十一月诏（并见《蒙兀儿史》）："可建号曰大元"。又《刘秉忠传》："〔至元〕八年奏建国号曰大元。"叶子奇《草木子》卷三下："元太祖破大金，世祖平南宋，天下一统，取《易》大哉乾元之义，国号曰大元。"《元史·世祖纪》："十一月……诏建国号曰元"。《廿二史札记》："元建国乃始用文义"。

公元一二五六年灭木剌夷，公元一二五七年灭报达，公元一二五八年略美索不达米亚，侵入叙利亚、阿富汗及于埃及境。

除北亚北部、南亚南部及日本外，亚洲及欧洲东北部，全为蒙古贵族所攻占。他们为统治这庞大的领土，以中国本部为中心，并以直辖于中书省的河北、山东、山西、河南及内蒙一部为"腹里"；东北、内蒙、青海、西藏、今蒙古人民共和国、中亚、东南亚由元政府直接管辖外，又另建四个汗国，阿姆河以西的全部亚洲地区，为伊儿汗国（都底比里斯）；从吉尔吉思草原以北以东，西至匈牙利及多瑙河下游、高加索山以北为钦察汗国，亦称金帐汗国（都萨来）；基尔河外天山附近一带地方，为察哈台汗国（都阿力麻尔）；阿尔泰山附近为窝阔台汗国（都也迷尔）。朝鲜（今朝鲜民主主义人民共和国境）、越南等则作为藩属。元世祖为便于直辖各边隅地区的统治，及监视各汗国，又于葱岭以西置阿姆河行省，杭爱山以北置岭北行省，置阿利麻里元帅府监视天山北路，别失八里元帅府统制天山南路；辽阳行省统制东北，监督朝鲜。

第二节 元朝统治对中国社会经济的摧残

元朝的方针政策 蒙古贵族对中国各族的统治和对外侵略，原先认为凡他所攻入和占领地区的一切，都是他的胜利品，人民都是他的牲口、奴隶，和猎获物一样，觉得只要怎样于他便当、有利，他就可以怎样办。他们使被征服的地方荒芜，以"适合于他们的生产"[①]。因此，一方面，他们以掠夺财物和人口，占领条件好的地方作牧场为目的，便到处都大杀、大抢、大烧，所到之处，无不残破，尤其对他们进行抵抗的城市和乡村，都实行杀光、抢光，投降的城市也要屠洗，如旭烈兀于公元一二五六年（元宪宗六年），一面接受木剌夷王乃克丁库沙的投降，一面又将木剌夷人不论男女老幼几乎全部杀光；同时

---

① 以蒙古征服者在俄罗斯的做法为例，马克思说："例如，蒙古人曾经使俄罗斯荒芜，他们的那种做法是适合于他们的生产、适合于畜牧的，因为大块无人居住的空地对于畜牧是主要的条件。"（马克思《政治经济学批判·附录一》，一六〇页）

在出师西征时，宪宗就下令尽杀木剌夷人。公元一二五七年攻报达，也一面接受报达哈里发的投降及其所献财物；一面又以毡裹哈里发，置通衢，驱马践毙之。纵兵杀掠，死者八十余万；同时在围城时所诱出的城中人民，也分由各营，尽予残杀。另方面，他们为要统治其所攻占的地区，即以其少数人口为依据，去统治世界广大地区和绝大多数人口，便又利用各部落和部族的内奸及其武装，并利用此族的武装去攻略和镇压他族，利用他族出身的奴才，来帮同统治此族。如用汉人出身的奴才武装西征，参与杀掠；率领部队帮其攻略的色目人出身的奴才赵世延、杨朵儿只、李恒、高智耀、塔塔统阿、赛典赤胆思丁、纳速剌丁、来啊八赤、阿纳瓦而思、也蒲甘卜、阿儿思兰等很多人，都成了元朝的功臣；邱处机帮他去西域宣扬道教，阿合马帮他来统治汉、契丹、女真各族人民。因此，又尽量制造各部落和部族内部及其相互间的矛盾，如放任出身汉、契丹、女真人中的官吏和将士去残害人民，提高色目人在中国的地位，纵令色目人横暴，激起汉、契丹、女真人民对色目人的反感等等。

尤其对于汉人，由于汉族人民有其丰富的斗争传统和经验，从蒙古贵族开始南下之日起，便纷起反抗；因此，对汉族的屠杀抢掠也更加惨酷，《元史》诸将列传，几无不有"杀戮殆尽"、"骸骨遍野"的记载，连效忠元廷的邱处机也说："十年兵火万民愁，千万中无一二留。""无限苍生临白刃，几多华屋变青灰"①。尤以华北和中原情况最惨。直至世祖至元十一年（公元一二七四年）——灭宋以前——连山东、河南、陕西及四川一部在内，元朝全国户口才一百九十六万七千余户（自然逃亡的也不少）。蒙古奴主政府认为汉人"无补于国"，也就是说不好治，自王公大人以至皇帝都打算"悉空其人以为牧地"。由于耶律楚材向太宗建议："陛下将南伐，军需宜有所资。诚均定中原地税、商税、盐、酒、铁冶、山泽之利，岁可得银五十万两、帛八万匹、粟四十余万石，足以供给。"② 他们看到试行结果，确比"悉空其人"更有利，才慢慢把方针改变。到世祖时，由于色目人及出身汉、契丹、女真的奴才们的帮助，也由于各种经验加多，便讲求出一套剥削和统治的办法：

（一）区分全国人民为"蒙古人"、"色目人"、"汉人"（即以前金辖区的

---

① 李志常撰《长春真人西游记》。

② 《元史·耶律楚材传》；《元文类》卷五十七；宋子贞《中书令耶律公神道碑》。

汉人和契丹、女真、高丽、渤海人）、"南人"（即以前宋辖区的汉人及其他各族）四等，并贱称"汉人"为"汉子"，"南人"为"蛮子"。同时在行政区划上，以山东、山西、河北、河南及内蒙一部为所谓"腹里"，直接统于"中书省"；另置所谓"行中书省"十一，即岭北、辽阳、河南、陕西、四川、甘肃、云南、江浙、江西、湖广、征东①统治其他一百八十五路及直属府、州、军等，其中岭北"行中书省"则是一个特殊区域。这不仅在法律上确立蒙古贵族的最高统治地位，色目上层的优越地位以及"汉人"和"南人"的奴隶地位，而又在政治上分化汉族，在地域上分裂汉族住区，造成"汉人"、"南人"和色目人的对立。

（二）他们规定自元廷的中书省（总管政务）、枢密院（管兵马）、御史台（"司纠劾"或"司黜陟"，即掌监察），以至地方行省的行台、宣慰使、廉访使及路、府、州、县主官，大都由蒙古贵族充任，即所谓"其长则蒙古人为之"。蒙古贵族干不了的及各种副职，则尽量任用阿拉伯、波斯、欧洲、康里上层人物，即所谓色目人充任。"汉人"只能充任属员，他们认为最忠实可靠的，也大都只能任副职②——只有杨惟中、史天泽与贺惟一（即太平）那样完全蒙古奴主化了的忠顺奴才，作过宰相，尽量为他们来吸吮人民膏血的卢世荣等个别"汉人"，才掌管过赋税。同时，科举方面也规定：蒙人、色目人为右榜，"汉人"、"南人"为左榜；考试科目不同，考取后放官，蒙人高色目人一等，色目人高"汉人"、"南人"一等。这样，把汉、契丹、女真等族人的政治权利完全剥夺。

---

① 《元史·地理志》。
② 《元史·百官志》："其总政务者曰中书省，秉兵柄者曰枢密院，司黜陟者曰御史台……其次，在内者则有寺、有监、有卫、有府；在外者，则有行省、有行台、有宣尉司、有廉访。其牧民者则曰路、曰府、曰州、曰县；官有常职，位有常员，其长则蒙古人为之，而汉人南人贰焉。"《新元史·百官志》："然上自中书省下逮郡县亲民之吏，必以蒙古人为之长，汉人南人贰之。"又如《元史》卷一八六《成遵传》：成遵说："〔行省〕平章之职，亚宰相也，承平之时，虽德望汉人，抑而不与。"又《选举志》关于选拔，说："其出于宿卫、勋臣之家者，待以不次，其用于宣徽中政之属者，重为内官……荫叙有循常之格，而超擢有选用之科，由直省侍卫入官者，亦名清望。"出身于学校者有国子监学，有蒙古字学，回回国学，有道学。"科举以蒙古人、色目人为第一场，"汉人、南人"为第二场。对汉人、南人限制极严，蒙、色目人"愿试汉人、南人科目中选者加一等。"蒙、色、"汉、南"各占名额四分之一。所以蒙、色目人极易"中选"，"汉、南人"则极难。陈高《不系舟渔集》卷三《感兴诗》云："年年去射策，临老犹儒冠。"

（三）法律规定：“蒙古人与汉人争，殴汉人，汉人勿还报，许诉于有司”；“蒙古人”无故杀死一个“汉人”，罚金或罚其出征，或偿一头驴价；“汉人”杀死“蒙古人”，夷族并罚偿烧埋银（丧葬费），杀死一个伊斯兰教徒，罚四十巴里失黄金。奴婢打骂主人、或杀伤与奸犯主家人，处死刑；主对奴婢有生杀全权，打杀或戏杀他人奴婢杖刑或赔偿葬费。奴婢告主，有罪（当时“汉人”被抑为蒙古和色目人奴婢的，至少在一千万以上）。色目人对“汉人”、“南人”，也在法律上与蒙人享有同样特权。而且在实际上，自蒙古诸王将僧侣等以下，完全无视法律，任意逞其横暴，“是谓任意而不任法”①。

（四）“汉人”尤其是“南人”的各种武器和马匹，一律没收、“禁绝”②，严禁私藏。南方故老相传，菜刀也只准五家共一把，练习武艺和打猎，也概行严禁。除有四顷以上的地主，一家三丁得选一丁当兵外，“汉人、南人”不得为兵，“尤不得与军政”③，即不得掌握兵权。中央“立五卫以总宿卫诸军，卫设亲军都指挥使”。

（五）于全国各“行中书省”，都派蒙古诸王，其他要镇以至州县都派蒙古将领，领“蒙古军”（蒙兵）或“探马赤军”（各部落和部族兵）留守，驻防（如路有万户府、县有千户府，重要州镇有都督，亦即所谓“外则万户之下置总管，千户之下置总把，百户之下置弹压，立枢密院以总之”，各官均由中书省礼部“铸造印信”“发下”④。），所谓“新附军”（即投降的金军和宋军）则杂屯其间。为加强其对统治地区的军事控制，又遍设“站赤”，即驿站，如“腹里”共设一九八处，浙江等处行中书省共设立二六二处。

（六）实行社瞳组织，五十家为一社，规定“有游手好闲及不遵父母教令

---

① 两《元史·刑法志》；《元典章·刑部》。冯承钧译多桑《蒙古史》卷二：成吉思汗时，无故杀一回教徒，须罚四十巴里失黄金，杀一汉人，只偿一头驴价。

②《大元马政记》称汉人、南人马匹多征，色目人马匹少征，蒙古人免征。又《元史·世祖纪》：至元二十六年（公元一二八九年）“巩昌汪惟和言：近括汉人兵器，臣管内已禁绝；自今臣凡用兵器，乞取之安西官库。”

③《元史》一四九《郭宝玉传》：“军户，蒙古、色目人每丁起一军；汉人有田四顷人三丁者金一军。”又一八四《王克敬传》：“〔顺宗〕元统（公元一三三三——一三三四）初，〔王克敬〕起为江浙行省参知政事……岭海徭贼窃发，朝廷调戍兵之在行省者往讨之，会提调军马官缺，故事汉人不得与军政，众莫知所为，克敬抗言：行省任方面之寄，假令万一有重于此者，亦将拘法坐视耶？乃调兵往捕之。”

④《元史·兵志》；《元典章·礼部》。

者，社长籍记姓名，俟提点官（蒙人）到日，实问情实"。种田者以木牌立于田侧，上书某社某人。"凶恶无道者"，社长书其犯罪于门上。社长除为其监视社民外，还为其催收和摊派"差科"①，即税役。社长虽系"汉人"或"南人"，而一面上有提点官，一面还常有蒙军（长江以北）或探马赤军（长江以南）驻社——名义上也叫作与"汉人"共同编社。湖南故老相传，五家一连，五十家一社，都有"达子"管事；夜晚也不准闭门。同时，凡聚众结社、鸣铙作佛事等等，都要治罪；读禁书和言语讽刺者徒刑；词曲及其他文字有"犯上"者死刑。

（七）利用"汉人"、"南人"出身的文官武将：如用耶律楚材、张弘范、范文虎、吕文焕等充任其军事上的先锋和向导，利用卢世荣、史天泽、贺惟一等帮他在政治上出主意、玩花样。并尽量利用儒生，帮他去麻痹人民，订立制度。太祖时（公元一二〇六——一二二八年），就在血泊中拔出儒生出身的姚枢。太宗时（公元一二二九——一二四五年）库腾（亦作阔端）南下攻宋，特命姚枢从军去收罗儒、道、释、医、卜士；在"民尝拒命，俘戮无遗"的反面，"凡儒生挂俘籍者，辄脱之归"，得"大儒"赵复等，为建太极书院，立"周子祠"。世祖（公元一二六〇——一二九四年）征用"大儒"窦默、许衡、郝经等，帮他讲求立国规模与"经国安民"之道，使"下至童子，亦知三纲五常为生人之道"②；后又不断求"遗逸"，得吴澄等。这群地主阶级的儒生，又教他们兴学校、立科举、尊孔子；他们甚至不知孔子为怎样的人，却给田致祀，令路、府、州、县都立孔子庙。另方面，蒙军过江之初，为镇压汉人反抗，在湖北，想杀绝"大姓"；在江西，则广事牵连，都昌一处即达三百余家；在河南，脱脱说"河南汉人造反"，想杀尽河南人；在浙江，伯颜想杀绝刘、李、张、王、赵"五大姓"③。

（八）尽量利用宗教，去麻痹人民的斗争意志。首先利用土生土长的道教为他们宣传无欲、无争、命运、劫数及不老长生之术。他们在两河、山东肆行烧杀掳掠之后，便招致道士邱处机以为长春真人，封作国师，命其总领道教，

---

① 《元史·食货志》；《续通考》卷十六《职役考·历代役法》。
② 引文见《元史·赵复传》、《许衡传》。
③ 《元史·贾居贞传》；《庚申外史》卷上。

到处建立道观，即所谓"全真教"。宪宗（公元一二五一——一二五九年）封道士郦希诚为"真大道教"的教宗，李居寿为"太乙掌教宗师"。世祖封龙虎山道士张留孙为真人，命其总领江南诸路道教（号"正一教"），并参预枢机。他们利用道教为其服务，去统治人民的精神生活，同时又正式把道教分裂为互相对立的四个流派。另方面，又严禁人民自己的宗教活动。其次，极力尊崇、提倡喇嘛教，八思巴及其继承人都被封作"帝师"，用他们去"抚慰""险远"之俗、"犷狷"之民。对于伊斯兰教，他们一面在各地屠杀伊斯兰教人民，一面又任用其上层分子为其服务。对基督教，也一面杀戮基督教国家的人民和信徒，一面利用其上层分子；在中国本部，优待基督徒，并帮其于燕京、泉州、杭州各地建堂宣教。同时，凡萨满教（蒙古原来的宗教，也是契丹、女真等部落部族原来的宗教）的巫师、喇嘛教的西僧、佛教的和尚或喇嘛、道教的道士、基督教的也里可温、犹太教的迭屑、伊斯兰教的达失蛮（或阿訇、毛拉）等，都予以免除赋役等特权，明令保护，并强令人民对他们尊敬。

这种方针政策，不只是一种残暴、落后的奴隶制统治的方针和政策，同时又是对汉族和其他各族实行一种残暴、落后的集团压迫的方针政策。

这一切政策的实行，主要都是为着控制善于反抗的汉族人民，以便利其残暴、落后的压榨。蒙古贵族和其帮凶，认为这样天罗地网般的严密控制，不论"汉人"、"南人"以及其他各族人民斗争性怎样强，怎样善斗，也无法动弹了；他们便可以为所欲为，任意施行宰割。

残暴落后的压榨方式　蒙古贵族和为其服务的各族僧俗上层，对汉族及各族人民的经济榨取，除封建制方式外，对不少一部分人民还实行一种极残暴落后的奴隶制、半奴隶制的榨取方式。

首先"汉人"、"南人"，在战争中被掠的大量人口，与不断没入为奴的所谓"罪人"家属①，以及因饥饿卖身、欠债以妻子作抵的（世祖、仁宗、英宗《本纪》都不少这类记载），自然都沦为奴隶。同时，元政府又常任意抑配几百千万户"汉人"、"南人"良民和手工业者，用作手工业奴隶（《本纪》多所记载）。《元史·镇海传》说："先是收天下童男童女，置局弘州。既而得西域织金绮纹工三百余户及汴京织毛褐工三百户，皆分隶弘州。"《辍耕录》卷

---

① 《元史·刑法志》；《元典章·刑部》。

九说：“至元丁丑（公元一三三七年）……民间谣言，朝廷将采童男女以授鞑靼为奴婢，故自中原至于江之南，府县村落，凡品官庶人家，但有男女年十二三以上便为婚嫁……盖惴惴焉惟恐使命戾止，不可逃也。”尤其是蒙古贵族以至一般自由民、色目官吏、富贾、寺院、道观、教堂，也到处拘略和强制良民为奴婢（《元史》列传记载很多）。如在江南，他们“蔽占王民奴使之者，动辄百千家，有多至万家者……有岁收粮……五万石以上者”①。这是全国普遍的情况，元廷并不认为不对，只是要他们输粮。又如喇嘛教僧侣，常任意于民间驱迫男子，奸淫妇女，强夺民田，侵占财物，以农民为其“部民”。这也是各教相同的情况。这种公私奴隶数量，据说经常至少在千万人以上，而蒙古诸王将领的“部民”还不在内。这种数量庞大的奴隶，都用在官私杂役、军队运输，大都、上都、杭州及其他各地的毡帐、织染、陶器、皮革、金属等等官工场，私家和寺观教堂的私工场及农庄。为着管理这样多的奴隶，他们又特制了一套约束奴隶的法律。另方面，元廷不断掠捕大量“汉人”、“南人”良民和手工工人，送至其各汗国，用作手工奴隶及杂役优妓等；如在西辽，“汉民工匠络绎”；在撒麻儿干，“汉人工匠杂处城中”，在高昌西的葡萄园中，“侏儒伎乐，皆中州人士”②。蒙古贵族和色目官商，也私自掠捕“汉人”、“南人”男女贩运出口，并公然见之于海关税例③。

世祖至元二十八年（公元一二九一年），全国总户数一三、四三〇、〇二二，总人口数五九、八四八、九六四④（逃亡隐漏当不少）为最高记录，其中除去大量奴隶外，农民和手工工人等，也大都在半奴隶式的生活状态中。（一）元政府的屯田，有“诸卫兵屯”，诸“屯田总管府”民屯，各行省的兵屯、民屯，其中“卫屯”的“屯田千户”、“屯田万户”，到处皆是，民屯尤

---

① 《元史·武宗纪》。
② 《长春真人西游记》。
③ 《元史·食货志》。
④ 《元史·世祖纪》至元二十八年“户部上天下户数：内郡百九十九万九千四百四十四，江淮、四川一千一百四十三万八百七十八；口五千九百八十四万八千八百九十六百六十四，游食者四十二万九千一百一十八……僧尼二十一万三千一百四十八人”。又《地理志》：“（至元）二十七年，又籍之，得户一千一百八十四万八百有奇，于是南北之户总书于策者一千三百一十九万六千二百有六，口五千八百八十三万四千七百一十有一，而山泽溪洞之民不与焉。”《续通考》卷十三《户口考》与本纪同。

多，共占有全国很大面积的耕地；耕种民屯田地的屯户，全系勒拨"汉人"、"南人"良民充当；"兵屯"除奴隶式的兵卒参加劳动外，也是抑配民户。这两种屯户，为数均不少。（二）常拨汉族民户（最初叫作"新降户"）交主管机关，充当煮盐灶户、采茶园户、煎矾户等等，所给"工本"常不能维持其生命（如河东捞盐一担给工价钞五钱，辽阳七钱半）。（三）全国各地以至到各汗国驿站的军屯户，也大都系勒拨汉族民户充当。他们在形式上是半奴隶地位，实质上都是过着奴隶式的生活，受到极残酷落后的剥削。所以除去这种奴隶和半奴隶式的民户外，所谓"全科户"，为数就并不太大了。

一般非奴隶的民户，不论"全科户"、"半科户"等等，元政府正额的"科差"有所谓"包银"，汉民科纳"包银"六两。有所谓"丝料"，每二户出丝一斤。丁税：全科户每丁纳粟三石，驱丁粟一石，半科户每丁纳粟一石；地税：每亩粟三斗。然此还只是初期的规定，实际上，元中叶以后，课税之所入，视世祖时增二十余倍；即"包银"之赋，亦增十余倍[1]。其次由官卖农具[2]以至盐、茶、酒、醋等项，都是对人民的残酷榨取。如食盐，实行按路按省抑配，引（四百斤）数常远远超过消费量，价格定得特别高，即就大都说，官卖名曰一贯二斤四两，实不到一斤。在陕西甚至令百姓一概均摊解盐之课，即"认纳干课"，另出钱"食韦红之盐"。山东情形也是一样。其他茶和酒醋等都按地区规定应缴"酒课"、"醋课"等银数，实行抑配的情况差不多[3]。其次有所谓"常课"（即商税、田宅买卖等税）、"额外课"（有历日、契本、河泊、山场、窑冶、房地租、门摊、池塘、蒲苇、食羊、获苇、煤炭、撞岸、山查、曲、鱼、漆、醋、山泽、荡、柳、牙例、乳牛、抽分、蒲、鱼苗、柴、羊皮、磁、竹苇、姜、白药等三十二类）、"和籴和买"（实即配征）、"斡脱官钱"（即所谓"羊羔儿息"。诸王妃主、西域贾人以钱贷于人，如期收本利，

---

① 两《元史·食货志》；《续通考》卷一《田赋考·历代田赋之制》、卷十六《职役考·历代役法》。

② 《紫山大全集》卷四《农器叹寄呈左丞公》："农人种田争寸阴，农器易求无滞正。年来货卖拘入官，苦窳偷浮价倍增……耕时不幸屡破损。往返劳劳凡几辈……一铧费夺十农功，办与官家多少利！劳形累腹死甘心，最苦官拘卖农器。"

③ 两《元史·食货志》。《元史·食货志》关于"酒课"和"醋课"说："酒课：腹里五万六千二百四十三锭，江浙行省一十九万六千六百五十四锭。醋课：腹里三千五百七十六锭，江浙行省一万一千八百七十锭。"参阅《续通考·征榷考》。

累数倍，至没其妻子，犹不足偿，强行拖拽人口头匹，准折财产；如札忽真妃子遣使人追征"斡脱"钱物，亦无原借"斡脱"钱数目，展转相攀索，累一百四十余户；元政府并立"斡脱所"，以掌其追征之事。汉族地主，也大放高利贷，吃人膏血，以致农民一年耕种，"合得粮米，尽数偿之，还本利更有不敷，抵当人口，准折物件。"①）。同时，他们的财产和田地，又常为蒙古、色目权势、无赖及僧道强夺，并抑其充当"部户"。佃种蒙古、色目人及僧道所占田地者，实际也都是半奴隶式的"部户"；汉族大地主豪霸与契丹、女真贵族，则皆奴颜婢膝，或派子弟承奉官府，随其出入，或充当衙门皂隶，也依势奴役佃户，欺压人民。其他小商人，如民船业者，舟楫往来，无不被扰；名为和顾，实乃强夺，鬻妻子质舟楫者，往往有之。因此，这种"全科户"、"半科户"等等的汉族以及契丹、女真等族人民，也都在半奴隶式的压榨状态下过活，即在封建制的基础上，遭受着近似半奴隶式的压迫和榨取。

其次，关于土地问题。元朝田制，分官田、民田、兵民屯田。（一）所谓"官田"，并不只宋、金之旧。蒙古贵族从南下之日起，到处圈占耕地为牧场，由其杀戮残破的结果，华北中原地区，到处形成广大无主的荒原，也都成了官地。同时，又常任意没民田为官田，自世祖至元二十六年（公元一二八九年）以后，复不断借口人民隐占官田，限期迫令"出首"；并实行所谓"经理之法"（即派员赴各路、各省，检查、算理田亩），不仅指民田为官田，且以无为有，虚登于籍者，往往有之，以致民不聊生（如新丰一县，撤民户一千九百区，坟墓都被夷平）。又如在长江以南，还有所谓"助役田"，即民户有田一顷以上的，均抽田入官"助役"。"兵屯"、"民屯"强占民田，更是常事。同时，对长江以南地区，官吏一律不给薪俸，只给予职田，任其剥夺佃户。（二）民田，蒙古贵族以至自由民、色目官吏、僧道，除由元廷不断赐予土地外，诸王驸马及权豪，或所谓王公大人之家，每强夺民田，或占民田近千顷，僧道也到处占夺民田，占有大量佃户（如江南寺观占佃户五十余万户），元政

① 例如《元典章·户部》佃户不给田主借贷条云："江南佃民，多无己产，皆于富室佃种田土，分收籽粒，以充岁计。若值青黄未接之时，或遇水旱火伤之际，多于田主之家借债、贷粮，接缺食用；候至收成，验数归还。有田主之家……或于立约之时，便行添答数目，以利本作。才至秋成，所收籽粒，除田主分受外，佃户合得粮米，尽数偿之，还本利更有不敷，抵当人口，准折物件；以致佃户逃移，土田荒废。"

府并令"凡良田为僧所据者，听蒙古人分垦"。他们占有的土地，占所谓"民田"中相当大的部分。汉族大地主与色目豪富（如"杭州……八间楼皆富贵回回所居"）在江南三省，一面"重其财贿，结托上下，专令子孙弟侄……从朝至暮相随省官，窥伺所欲，竞为趋谄，要一奉百侈"；一面则借兼并、强占或买贫民田而仍用其旧名输税。因之，在"江南，豪家广占农地，驱使佃户，无爵邑而有封君之贵，无印节而有官府之权，恣纵妄为，靡所不至"。在江西，有的地主占有二三千户佃户，每年可收租二三十万石。"荆、楚之域，至雇妻鬻子者，衣食不足，由于豪强兼并故也"。在福建，如崇安，五十都之田，纳的官粮是六千石，其中"大家"五十家拥有六分之五的田，细民四百家共只有六分之一的田。"大家"之田连跨数郡，而有司常以四百之细民配五十"大家"之役。因此，在"民田"里面，人民占有的比例，在崇安仅占六分之一①。离"腹里"较远，蒙古、色目势力较薄弱的崇安如此，他处可想而知。

　　元朝官吏的苛敛诛求，可谓无孔不入。像色目人阿合马、忽辛、你咱马丁、桑哥、汉人卢世荣等那样凶恶的吸血鬼，正是体会了元廷皇帝的意旨和方针。不过为着转移目标，元廷曾用他们的脑袋来和缓人民起义。其实蒙古统治集团，从皇帝到皂隶都和他们一样，而且更无法无天。连世祖自己也不得不承认："滥官污吏，夤缘侵渔；科敛则务求羡余，输纳则暗加折耗，以致滥刑虐政，暴敛急征，使农夫不得安于田里。"实际情况还要坏得很多。又如刑吏讯问疑案，不问虚实，不论律条，也不速结，但问贿赂轻重；无贿与贿赂少的，每令裸立于寒冰烈日之中，赤身危坐于粗砖顽石之上，以及铁柙、钉头、禁锢，诸种拷掠，每至肋骨断折，五内伤残；又复"根连株逮，动辄至于什佰，

① 两《元史·食货志》、《本纪》。《元典章·圣政》二《户部》。《续通考·田赋考》。又《元史·伯颜传》："泰定三年（公元一三二六年）迁河南行省平章政事，旧所赐河南田五千顷……自取不及其半。"《和尚传》："东平大名诸路，有诸王牧马草地，与民田相间，互相侵冒，有司视强弱为予夺，连岁争讼不能定。"《郑制宜传》："安西旧有牧地，国人恃势，冒夺民田十万余顷；讼于有司，积年不能理。"关于职田，程巨夫《雪楼文集》卷十《吏治五事》"给江南官吏俸钱"说："江南州县官吏，自至元十七年以来并不支给俸钱，真是明白敢令吃人肚皮，椎剥百姓。"苏天爵《滋溪文稿》卷九《元故太史院赠翰林学士齐文懿公神道碑》："闽宪职田，每亩岁输米三石，民率破产偿之。"

系累满途，囹圄成市"，乃于其间"横加诛求，百端扰害"①。尤其是"诸路府军民长官（蒙人），因收捕反叛，辄罗织平民，强奸室女，杀虏人口财产，并覆人之家"②。下至其各地驻军士兵，无不任意劫掠杀戮，残暴其境内；"匪梳兵箆"，全是当时的实情。他如纵令蒙人畜群，任意于汉民禾田桑园放牧，情况也相当普遍、严重，以致迫得元廷也不能不逐年宣布禁令。同时自诸王大人以下的蒙古贵族，其"食邑"的"郡邑长吏，听其自用"；迎降的汉、女真、契丹出身的大地主、官僚，即所谓"纳土及始命之臣，咸令世守……都邑长官皆其皂隶僮使"，或所谓"州县相传以世"。他们对统治下的人民，"生杀任情"、"非法赋敛，民穷无告。"③

在这种野蛮残暴的以致奴隶半奴隶制的榨取下面，浙江豪华之地，也成了"贫极江南"④；其他原非豪华以至残破之区，就更加"贫极"了。因此，从元朝统治开始起，全国农村都陷入恐慌的逆流中。据《元史·食货志》所载，全国各处，都是连年不断的发生水灾、旱灾、地震、虫灾、蝗灾、霖雨为灾等等天灾；连年不断的大饥荒，人民连草根树皮也没得吃，常是成万的饿死。元廷在表面上，也几乎每年都施行赈恤，实际救济粮款全入了王公大人、势豪官吏的荷包；另方面，他们借口救济灾荒，反而又成了剥削人民的题目。如天历三年，各路亢旱，将江南、陕西、河南等处民户定为三等，令富民依例出粟，无米者折钞。各地元朝官府，则实行按户抑配，甚至不论贫富，逮至官厅，一一施以拷打，迫其认捐。同元朝的残暴榨取相适应，这种恐慌、灾难和饥馑，在其统治全国的八十九年间，也是越来越普遍、严重。

都市的畸形发展　在大量奴隶劳动和半奴隶式榨取，以及宋朝手工业和商业发展条件的基础上，一面便形成都市的畸形发展。蒙古贵族及其帮凶，为提高其奢侈的享受和扩大财富，便以其中的大量奴隶和财富去扩大手工业生产和商业经营。加之，由于蒙古贵族统治地区的广大，各地手工技术和科学常识的直接交流，尤其是欧洲和中亚各地的科学家、技术家、技术工人征调到中国，便刺激起手工技术的进步。同时，不但其御用的那大群色目帮凶，原来大都是

---

① 《元典章·圣政》二。
② 《元史·刑法志》。
③ 《元史·伯颜传》、《廉希宪传》、《宋子贞传》。
④ 《韩山童起义檄文》。

纸醉金迷的市侩，且由于水陆交通更便利，欧、亚各地商人，又纷纷相率来华，便直接促起商业以至手工业的发展。其次，据《元史·食货志》所载，由于农村人民身家毫无保障和不断饥荒，人口纷纷相率逃入都市，也增加都市人口的集积和表面繁荣。

手工业主要是官工业的畸形发展，规模相当大，部门相当多，各部门都有专设管理机关、提举司等，中央有总管机关、工部。据《元史》所记，各地有十六所染织提举司（染丝绵、织布帛等），上都、大都及"腹里"、河南、山东各大中城市，都有兵器制造局，大都的武备寺，内包寿武库（制衣甲）、利器库（制兵械，其中并有金属火炮筒制造）、胜广库（管外路各局）；其他有梵像提举司（雕刻绘画铸像）、出蜡提举司（金属铸造）及鼓铸（造币）、永利（印钞）、钞纸（造纸）、金银（金银器制造）、镔铁（镂铁）、刀子、绣绘、玛瑙玉（雕琢）、温犀玳瑁、珠翠、金丝子、销金、牙金、油漆、玻璃、泥瓦、毡、剪毛花毯腊布、鞓带斜皮、熟皮、牛皮、软皮、异样毛子、貂鼠、印刷装钉、烧红（制颜料）、磁、鞍子、铜、筋、锁儿、绳、网、帘网、绣、罗、曲饮（造酒）等局及皮货所、成制提举司、窑场（造白琉璃砖瓦）、纹锦总院等，另外还有各种矿冶场等。规模之大和出品情况，《大元毡罽工物记》所载，可概见其一面。但内容，主要是为着贵族自己的奢侈消费。工人大都是犯罪"居役"的奴隶①。原料的主要部分来自征科和国内采冶，只少数特殊的东西系输入品。所谓"和买"，和其他"京师岁所需物"一样，也都是"分文价钞并不支给"②。

除军器制造等特殊部门外，蒙古贵族、色目权势、豪商及寺院、道观、教堂等以及私家也都使用奴隶劳动，开办各种手工工场、作坊，也常占夺汉人的手工业坊场。但贵族和僧侣的手工业生产，也大多为着自己的奢侈享受；其中专为自己消费的酿酒业，特别普遍，以此又发明蒸溜烧酒的制造法。另方面，

---

① 如前所述，蒙古贵族曾从战争中俘获大量人口，包括手工工人，以从事各种杂役和手工业等劳动，也奴役民户从事手工业等劳动；又把犯罪者罚作奴隶，如《元史·刑法志》："（对犯罪者）皆先决讫，然后发令属带镣居役；应配役人，随有金、银、铜、铁、洞冶、屯田、堤岸，桥道一切等处就作。"

② 许有壬《至正集》卷五四《知州元公墓志铭》："京师岁所需物，郡邑例买于民，其值旷欠不给。""名为和而实白。"又《元典章·户部》至元二十一年（公元一二八四年）行中书省咨文："和买诸物，不分皂白，一例施行，分文价钞并不支给。"

汉人民间的工商业，便受到打击，不能发展。但在残酷的半奴隶式榨取下，人民为自己的生活挣扎，家庭手工副业，尤其是纺丝、纺棉、绩麻、织布、织绢等，也相当普遍，进一步顽强的与其小农业结合。城市汉人手工业者的数量是扩大了，但规模和内容却比不上宋朝。

商业发展的畸形状态。商业最发达的在内地是蒙古贵族（蒙古贵族也多巨贾，如《脱脱传》说：其父"于通州置糟房酒馆，日售万余担；又广贩长芦、淮南盐以牟利"）、色目权势商贾和诸寺聚集的北京等城市。商品主要是丝、罗、锦、缎、绸、绢、金、铜、珠、宝、皮毛等等供贵族豪富的用品，交易的对手主要也是他们。中等城市如中定（济南）、京兆（西安）、太原、涿州等处，也都是蒙古、色目的贵族豪富聚集较多的地方；扬州、镇江、苏州等处，都是内河交通运输的枢纽，盐引集散的重点，元朝驻军的要地。所以国内市场，由于农村在半奴隶式的榨取状况下，实际上比宋朝狭小。另方面，最热闹的，便是泉州、漳州、上海、澉浦、温州、广州、杭州、庆元（宁波）等国际通商口岸，尤以杭州、广州、泉州为最。这些口岸内所聚集的豪富和大商业资本者、大手工业主，大多是蒙、色权势、官僚、巨贾、教堂、诸寺和外来的亚、欧商人；交易的主要对手也是他们。最大的出口商和入口货的最大顾主，则是元朝皇室（官商业多委之于色目人）。元朝皇室和蒙古、色目权势，为独占对外贸易，曾禁止人民（实即限制汉人）往海外贸易；在禁令解除期间也限制很严（如限制所去地方与来去时日，出口前又有种种限制与麻烦手续），没有特权的汉人，都不容易做到。但汉族人民多私自出国，并有不少人逃往南洋各地。

色目商人在杭州等处并有基尔特的组织。

对外商业交通路线。陆路交通，西亚及东欧方面，一路经中亚天山南路，一路通过西伯利亚南部经天山北路，达和林、燕京（北京）；元朝为着其与各汗国间的政治联系及军事要求，沿途都设有驿站（站赤）和守备队，商旅比较便利、安全。海道交通，沿波斯、印度海岸，经印度洋，入中国海，达广州、泉州、杭州等沿海各港。但以陆路交通为主要。

为着大量农业和手工业产品以及入口货物的运输，由于运河的运输力不够，因之在宋朝造船术与航海术的基础上，又开辟由上海（或浙东）到大沽（或他处）转内河达燕京的海运；不只大大扩大了运输量，减少了运费，而且如不遇风和遭受损失，由浙江到燕京，航程"不过旬日"①。

另方面，原来商业和手工业比较发达的杭州等地，却受到严重破坏，所谓"昔时歌舞之地，悉为草莽之墟。"② 可以概见其被破坏的程度。

分赃和浪费　另方面，蒙古贵族从皇帝以下，不仅各自直接占夺大量人口（奴隶）和土地，对"全科户"、"半科户"等全国人民的榨取，也实行按照各占多少户的比例，每年由最大的贵族即皇帝经手分配赃物。如太宗以中原诸路民户，分赐诸王、外戚、功臣：额定五户出丝一斤，由主管衙门经征，如数给予；他们并得荐其私人为税监。及世祖攻取了江南，又各增赐民户，并分民户以赐新起之诸王、后、妃，每户折支中统钞五钱，至成宗（公元一二九五——一三〇七年）复加至二贯，这叫作"岁例"。"岁例"之外又时有赐予。这同样是落后的残暴榨取和贪鄙的分赃。其实据《元史》中《食货志·岁赐篇》的大要记载，上自诸大王、王、国王、郡王、太子、后、妃、王妃、公主、郡主、驸马、先锋、官人、断事官，下至没有官位的人（可能是小奴主、扈从之类）都分有民户，多自十多万户，少至二三十户。可见享有"岁例"的，是一个庞大集团。但原先在太祖、太宗时分有民户的，到世祖以后，又有不断减少以至取消的，如怯薛台蛮子"元查泰安州七户"，塔兰官人"元查大宁三户"，阿剌罕万户"元查保定一户"。这正反映了蒙古贵族内部的矛盾。

为着能使赃物到手和安乐自在的享受，便又雇佣一大批色目人充当官吏，也役使一些出身汉、契丹、女真的上层人物及充当职员的知识分子。因此，又不能不需要一笔薪资，即所谓"俸秩"的开销。蒙古人、色目人、"汉人"、"南人"俸秩，依次递降；江南各处俸秩又定例比华北、中原低；蒙古诸卫军的杂务人员，如"照磨"的月俸亦多至二十四贯以上，充当"教授"的儒生

① 据称，首次航行的海路，从上海太仓刘家港起航，沿苏鲁海面，经胶州湾，绕成山角，抵大沽口或杨村，凡一万三千三百五十里，须时间六到七个月（《元史·食货志·海运》）。后经朱清等建议改进航线，便可只须半月至一月、四十日以上。世祖至元三十年（公元一二九三年）千户殷明略所辟之新航线，从上海刘家港起碇，至崇明的三沙入海，东行入黑水洋，趋成山角，转向西航，至刘家岛到登州沙门岛于莱大洋入界河（《大元海运记》）。这一新航线，如遇顺风，自浙江至京师，不过旬日；但风涛不测，每年都有粮船被漂没（《元史·食货志·海运》）。叶子奇说：元海运自朱瑄、张瑄始（《草木子》）。但《元史》均作张瑄、朱清。关于运载量，明樊旦伯说："海船一载千石，可当河船一之三。"（《海运篇》）关于运费，明丘浚说："河漕视陆运之费省什三四，海运视陆运之费省什七八。（《大学衍义补》）
② 陶宗仪《辍耕录》。

月俸才一十一贯多点。另方面，品官以上俸秩特高，而又另有职田、禄米之类；小吏——大都是汉、契丹、女真人——月俸有低至十贯左右者，每月俸米还不到一斗（凡月俸一十两以下人员，也依小吏例，每十两给米一斗）。由于蒙古人俸秩特别高，而南来的数十百万权贵、执事以至士兵等蒙人，下至"知事"（执事）"照磨"，都有名义领取俸秩。因此，庞大数额的俸秩开销，又主要是汉族等各族人民的一大笔经常负担。加之官吏百端诛求贿赂，人民负担的实际数额，不知高于额定俸秩多少倍以上！

元朝的大贵族集团，在灭亡南宋后，实际已没有多少事，财富却不断的送上门。公私两面，都尽情的奢侈浪费；纵酒、恋色、养鹰……成了日常的生活，甚至讲求房中术，公开宣淫，乱奸一气。他们对宗教，原先本用来麻醉人民的，结果自己却陷入了喇嘛教的迷海。自王公大人、公主驸马宅第以至宫廷，每年浪费于奉佛的钱财，难以数计。就皇帝来说，他为着自己求福与欺骗人民，对于宗教，每年都是一种惊人的开销数字。单说对于喇嘛教吧，世祖为写金字佛经一藏只赤金就用去三千二百余两，仁宗（爱育黎拔力八达，公元一三一二——一三二〇年）写一藏用赤金三千九百两，以此推算巨大帙幅的"藏经"，究竟浪费多少钱财！宫中日常供佛所需，仁宗延祐四年（公元一三一七年）共用面四三九、五〇〇斤，油七九、〇〇〇斤，酥二一、八七〇斤，蜜二七、三〇〇斤，香、蜡、果品等等尚不在内。以此例推，每年全国又浪费多少？佛会（每三日为一会）在延祐以前日杀羊万头，其他面、油、酥、蜜、果供、蜡烛等等又当多少？如至元二十四年五台山作佛事三十三会，二十五年大护国仁王寺设五十四会。以此推算，每年浪费于官私佛事的数字，又当如何庞大！这不过是一个例子，其他浪费还多得很。

因此，不论怎样残酷落后的榨取，也不够贵族集团多样的用途和奢侈浪费。他们为维持其财政的开销，便又无限制的滥发纸钞。最初还以金银和丝作为钞本，以后便完全成为不兑现的纸面币值。如"中统钞"，从世祖中统元年（公元一二六〇年）开始制造，其后继续印发，数字逐年加大。及"中统钞"膨胀、滞销，引起财政和市场的混乱，便于至元二十四年（公元一二八七年）另发"至元钞"，"凡十等"（又说为十一等），每一贯当"中统钞"五贯，名曰"子母相权"。"至元钞"每年增发数十万数百万锭，武宗时又发行"至大银钞"，顺帝又发行"至正交钞"等等，以巨大政治压力强制流通，也终于完全成了废纸，人民拒绝使用。所以当时民谣说："人吃人，钞买钞，何曾见。"顺帝时引起"物价腾踊"，而元政府为着"军储犒赏，每日印造不可数计，交料散满人间，京师料钞十锭易斗粟不可得，所以在郡县皆以货物相贸易。公私所积之钞，遂俱不行，人视之若弊楮。"① 而负担这笔巨大空头纸币损失的，自然完全是汉族等各族人民。

第三节　蒙古贵族内部冲突和蒙古、色目人的汉化

蒙古贵族内部的权利争夺　太祖"定西域"后，由于地域辽阔，把蒙古本土和占自金、宋及其他侵占地区，除把原来的金、宋区域与阿姆河西南地区，直接设置达鲁花赤（断事官）管辖外，都分给四个儿子及兄弟管辖：以康里、钦察诸部地，即其后俄罗斯南部到今吉尔吉思草原一带之地，与长子术赤；从畏吾儿到阿姆河的地区，与次子察合台；从杭爱山到阿尔泰山的地区，与三子窝阔台；从蒙古东南至女真地区与四弟；以蒙古本土与四子拖雷。自此，在蒙古贵族的内部，便渐次形成术赤系、察合台系、窝阔台系、拖雷系四大集团。

但当时生产最发达、最富的，是原来的金、宋地区。因此在公元一二二七年（太祖二十二年）太祖死后，为着争夺这块地盘，皇位继承问题解决不了；直至太祖死后两年，窝阔台与拖雷两系联合，才把窝阔台捧上皇帝座位（即太宗）。太宗于公元一二四一年死后，皇后乃马真氏立其子定宗，自己临朝执政；由于诸王内部，如斡赤斤、拔都等对皇位继承问题发生争执，直至公元一二四六年，诸王会议才定议定宗嗣位。公元一二四八年，定宗（贵由，太宗子，公元一二四六——一二五〇年）死后，又发生拖雷与窝阔台两系的皇位之争。结果术赤系的拔都、伯勒克、脱哈帖木儿兄弟率大军拥戴蒙哥（即宪宗），皇位便归了拖雷系。自此，在拖雷系内部，又渐次形成和林留守阿里不

①《元史·食货志·钞法》。《续通考·钱币考》。《续通鉴纲目》。孔齐《至正直记》卷一。叶子奇《草木子》。

哥与漠南都督忽必烈（均蒙哥弟）为中心的两个集团。公元一二五九年，宪宗在合州（四川合川）战死，和林诸将及诸王贵族等，以富里尔答（贵族会议）的形式，拥立阿里不哥；漠南集团也于开平（内蒙古正蓝旗东北）用同样的形式拥立忽必烈。经过五年内战，阿里不哥集团于公元一二六四年投降开平，忽必烈（世祖）便取消富里尔答。在忽必烈与阿里不哥两系的战争期间，窝阔台系的海都（太宗孙）以援助阿里不哥为名，也领军东进。阿里不哥失败后，窝阔台、察合台、钦察三大贵族集团，便共同拥海都为大汗，起兵与忽必烈争皇位；实际由于他们的地区，大都生产落后，人烟较稀，且多系未开化的荒漠旷原，都要求争夺中原和故土。因此，便展开三汗国与元朝间的战争。从公元一二六八年便开始以海都为首与元廷的对立；至公元一二七四年，海都立笃哇为察合台嗣王，笃哇举国拥海都，海都便公开与元廷争夺，并力东进，即所谓"显背朝命"①，这直至公元一三〇一年（元成宗大德五年）海都死于东征途中，公元一三〇三年各汗国投降，承认成宗（公元一二九四年世祖死，皇孙铁木儿继位）的主权，战争才完全停止。忽必烈很知道大家所争取的是什么，所以对于那些和他相争夺的诸王，常分赐金帛去分化和收买他们。以后在元朝贵族集团的内部，由于权利争夺和分赃不均，也常不断反映为皇位争夺。如成宗（公元一二九五——一三〇七年）死后，一部分贵族诸王明里帖木儿等，谋立世祖孙阿难达；另部分爱育黎拔力八达等则拥立成宗侄海山。海山（武宗，公元一三〇八——一三一一年）即位后，便尽杀阿难达、明里帖木儿等一派。以后又有铁失、也先铁木儿等之弑英宗（硕德八剌，仁宗子，公元一三二一——一三二三年），拥立泰定帝（即晋帝，也孙铁木儿，公元一三二四——一三二八年）；燕帖木儿、图帖穆尔等之进攻天顺帝（阿速吉八，泰定子，公元一三二八年），另立明宗（和世㻋，武宗子，公元一三二九年）。贵族内部的不断冲突，却益削弱其对各族人民的统治。

禁止蒙古、色目人汉化　另方面，元廷为维护其统治，严格禁止蒙人汉化，不许蒙汉通婚，日常生活以至祭礼舆服等等，不准模仿汉习；同时并禁止色目人汉化。蒙古、色目人虽掌握政权和军队，但在经济、政治、军事、文化、人口总和力量的对比上，他们仍比不上汉、契丹、女真各族；加之各族人

---

① 《元史·海都传》。

民不断斗争，又发挥了优势力量的作用。因此，其落后的奴隶制生产方式，终没能战胜发展到了高度的封建制生产方式；一面不能不承认汉族等各族地主和农民的封建制生产关系，一面自己也不能不同时在农业生产方面，从奴隶制的"部民"制渐渐转成半奴隶式的农奴制、即"部民"制（许多被迫投寄蒙古势豪的民户，则自始就成了其所谓"部民"的农奴）。而其以少数人口杂在绝大多数的汉族等各族人海中生活，各方面都不能不适应汉族等各族社会生活的客观条件，尤其是平日与汉人接触的一般人民——蒙古下层自由民、兵士、奴隶和色目平民，加之蒙古、色目籍的奴隶也同样被剥削，下层自由民和兵士，到后来也不能享有太多的利益；据《元史·食货志》所载，驻防各地的蒙古、色目军队，后来也常发生饥荒。对元朝统治的维持，他们也并不怎样关切，因此其一般人民便首先汉化。色目人的上层分子也相率汉化，如泰不华、马祖常、丁鹤年、赵世延、高智耀、廉希宪等，仿易汉人姓氏，模仿汉人生活，与汉人通婚，甚至精究汉族文化者，不胜枚举。蒙古贵族里面，特别是小贵族，也跟着汉化，如虎都帖木儿改名刘汉卿。由于汉化的结果，便发生散处内地和从官南方者多不归的现象①。蒙古大贵族集团为力图改变这种趋势，便一面"遣使尽徙北还"（顺帝至正二十三年，公元一三六三年），而北还者仅少数汉化未深的蒙人。一面又采取禁蒙古、色目人仿汉风丁父母丧，违者除名②等步骤；而大势所趋，后来也只得宣布"蒙古、色目人愿丁父母忧者听"③。另方面，始终顽强禁阻汉化的皇帝以至王公等大贵族集团，也有世祖太子真金之通汉学，令大臣子弟"学汉人文字"，不许"读蒙古书"④，武宗改宫闱"毡酪之风"为汉风⑤。所以到明朝，"山东氏族"不少是"金元之裔"；"各卫达旦人（按即蒙古士兵）"也由明廷"赐姓以别之。"⑥

① 赵翼《陔余丛考》。
②《元史·泰定帝纪》。
③《元史·选举志》天历二年（公元一三二九年）诏。
④《元史》卷一一五《裕宗传》。裕宗即真金，原为世祖太子，"少从姚枢、窦默受孝经。"每与诸王近臣习射之暇，辄讲论经典，若《资治通鉴》、《贞观政要》，王恂、许衡所述辽金帝王行事要略，下至《武经》等书。"中庶子伯必以其子阿八赤入见，令伶入学。伯必即令其子入蒙古学。逾年又见太子，问读何书？其子以蒙古书对。太子曰：我命汝学汉人文字耳。"
⑤《蒙兀儿史》纪一《后妃传》。
⑥ 顾炎武《日知录》。

第四节　各族人民的反抗和起义

汉族各阶级及各族人民对元廷的态度　蒙古贵族武装的军事破坏和摧残，及其奴隶制和半奴隶制方式的暴力统治，严重地阻碍了中国社会的前进而又使之逆转，不少人民的生活被陷溺到奴隶式半奴隶式的惨酷状态中，而又具体表现为对汉族及其他各族人民空前残酷的压迫和剥削。因此，社会内在的矛盾自始至终都极其尖锐、剧烈，而又具体表现为各族人民的反元斗争，各种形式的以至武装的斗争，从蒙古贵族南下到元朝灭亡止都没有停止过，为其帮凶的只是少数大地主分子、贵族和其爪牙。

从蒙古贵族南下到元朝统治的期间，大地主分子和其代表人物的儒学上层分子及将军，如史天泽、贺惟一、姚枢、许衡、吴澄、窦默、卢世荣、范文虎、吕文焕、张弘范、刘整以至宋皇族赵孟頫等，或迎降或屈服，或被召为其服务，来反对人民。同时，元朝令宋宗室及江南大姓北徙，他们也没有何种反抗（《元史·叶李传》）。

但在蒙古贵族集团清野空城的大屠杀和奴隶制半奴隶制式的统治与压迫下，稍有正义感和气节的儒家学者，也都拒绝为它服务。如史家马端临，始终以"亲老""谢病"拒绝征召，隐居不仕。胡三省也始终隐居不仕。金履祥屏居金华山中。理学家如许谦终身不出里闾，元廷论荐劝诱，皆莫能致。郑玉筑室师山，元廷再四荐召，甚至遣使赍上尊礼币，诱以高官，都被固辞；徽州达鲁花赤按敦海牙曾偕使者至山中"宣命"，请以布衣入觐；使者同他去燕京，但他行至海上，又称疾回山。自然，这都是消极的，不过表现了他们的一点气节和正义感。

在人民方面，从蒙军南下进攻之日起，便有以"红袄军"为主流的武装反抗。元朝的统治建立后，从农民、手工工人以至中间阶层，一方面纷纷逃避、隐匿，拒绝缴纳赋役，宋、金的一万万多人口，到元朝便只有五千多万人口的户籍。所以《元史·食货志》也说："宋时民户多流亡"；《世祖纪》说："江淮郡县……佃民"，"隐庇不供征役"；一方面，恰与宋宗室和江南大姓相反，纷纷逃向南方，如《世祖纪》说："汉民就食江南者，又从官（按属小吏）南方者，秩满多不还，乃设脱脱禾孙（番人）于黄河江淮诸津渡，凡汉民非赍公文适南者止之"。《崔彧传》说："内地百姓流移江南避赋役者，已十五万户"；一方面，"汉人"、"南人"又纷纷移往国外（南洋一带）和本部以外的边区。在官手工作坊中的手工工人，则"妄称饰词，恐吓官吏，煽惑人匠，推故不肯入局，耽悮工程"，即实行怠工去反抗①。另方面便是武装起义。

从临安朝廷投降到元朝统治期间，汉族及契丹、女真等族人民，尤其是南方各族人民的抗元武装斗争，在元朝统治的八十九年间，一直没有停止过。大致可分作三个时期，第一期为"红袄军"及亡宋下级将领与士兵的继续反抗，第二期为此仆彼起的汉族与其他各族人民起义，第三期为推翻元朝统治的全国大起义。在第二期，人民反元的口号，即当时民间流行的谣谚是："天遣魔军杀不平（压迫者），不平人（压迫者）杀不平人（被压迫者）；不平人（反压迫者）杀不平者（压迫者），杀尽不平（压迫者）方太平。"这表现人民对元朝奴隶制半奴隶制式的统治的生死敌对。第三期，经过"白莲会"等长期的具体组织布置后，起义便成为有计划的行动，口号也提得更具体了，当时在民间普遍传播的谣谚说："杀鞑子，灭元朝，八月十五，家家户户齐动手。""月光亮亮，齐齐排排，排到明朝（明早）好世界。"

第一期的武装反抗　这时期，是宋末人民和士兵及下级军官抵抗蒙古贵族武装南下的余波，是临安朝廷投降后，他们仍继续斗争。公元一二七六年（元世祖至元十三年）临安投降后，亡宋太皇太后谢氏、皇太后全氏和皇帝下令各地守城军、民投降。宋淮东制置使李庭芝，扬州都统姜才（兵士出身）与所辖州、军、县、镇官吏军民，仍坚守防地，并不断主动出击。元廷于临安投降前，已再三拿官位去引诱，招他们投降。至此，元将阿术又以宋太皇太后谢氏手令，命他们投降；他们告使者说："奉诏守城，未闻有诏谕降也。"谢氏又下令："吾与嗣君既已臣伏，卿尚为谁守之？"姜才便从城楼将使者射死。扬州被围，粮尽援绝，军、民易子而食；庭芝以在围久，表现动摇，姜才厉声

---

① 《通制条格》卷三○《营缮》、《造作》：元成宗元贞元年（公元一二九五年），中书省考定造作条款。

说："相公不过忍片时痛耳。"① 于是李、姜分兵派将守扬州，自率饥兵七千趋泰州，筑长围堑而守；最后以内奸刘发、郑俊开北门献纳蒙军，李、姜均至死不屈，军民多随同殉难。真州守将冯都统，率勇士二千，战船百艘袭瓜州，战败投水死。靖州（湖南靖县）张州判及李信、李发，焚其城，军民共退保飞山（靖县西北）、新城，坚持斗争。守和州淮军数千人皆战死，最后有淮兵六人反背相柱，杀敌十百人乃死。广西路静江府（桂林）等大小州城，不受招降，与元军百余战。元廷以"广西大都督"官位诱静江守将马墍，元世祖又亲自写信诱降；他们杀死来使，焚毁诱降信件，毫不动摇，及后外城破，退守内城；内城又破，马墍与副将黄文政等被俘，均大骂不屈，壮烈牺牲；太守马成父子投降，小官娄钤辖又共军、民退守月城，仍拒绝元军招降，最后除七百壮士逃入西山外，军、民皆英勇殉难。张珏（兵士出身）率守军与人民坚守重庆两年，元军硬攻、诱降均无效；元军军士因久围重庆不下，反而逃亡者众，又增军一万。城破后，珏求死不得，最后自杀。程聪、程广安抚涪州（重庆涪陵），人民便协同他们守城，也坚持两年。这不过是一些例子。可惜他们只知死守城池，孤立无援，结果都终于失败了。

另方面，与张世杰、文天祥等的力图恢复相配合，士人萧明哲与赣县人民收复万安（江西万安）；针工刘士昭与乡人同谋复泰和（江西泰和），事败，血指书帛云："生为宋民，死为宋鬼，赤心报国，一死而已"②；聂大老、戴巽子为首的人民义军，占据邵武（在福建）、建昌（江西南城）及今闽西北、赣东北交界一带岩洞山寨；处州人民张三八、章焱、季文龙等起义抵抗元军；湖南人民周隆、贺十二等，协同张烈良、刘应龙起兵反元，战败后，退入思州（贵州婺川）乌罗洞；福建建宁政和县人黄华、陈吊眼、廖得胜等，集盐夫，联络建宁括苍畲族妇女许夫人起兵，克复汀（长汀）、漳（漳州），众至十万，连营五十余寨；在琼州，有所谓"土寇"黄威远等四人为首的反元军，梧州有所谓"妖民"吴法受，"扇惑"藤州（广西藤县）、德庆府（广东德庆）泷水"瑶蛮"，一同反元；在海上，有所谓广西廉州（广东合浦）"海贼"霍公明、郑仲龙等海上人民义军（其性质近似于游击队）。起义并且是坚持着、继

---

① 《宋史·李庭芝传》、《姜才传》。
② 《宋史·刘士昭传》。

续着的。甚至公元一二七九年（宋帝昺祥兴二年、元世祖至元十六年）陆秀夫、帝昺投海，张世杰最后失败以后，反元起义也还在继续。如公元一二八〇年（至元十七年），南剑（福建南平）等路民复"叛"，南剑路万户吕宗海窃兵亡去，陈桂龙据漳州"反"；明年，邵武人民高日新等据龙楼寨起义；又明年亦奚不薛之北蛮洞向世雄兄弟及散毛诸洞"叛"。他们有的自始便联合各族人民一同反元，有的于失败后退入到他族地区，有的则斗争至最后英勇牺牲。元廷胁于人民纷纷起义和人心思宋，便于公元一二八二年杀宋丞相文天祥，企图以之打击人民的反元情绪①。

第二期的反元起义　人民的反元起义，主要是在元军的烧杀掳掠、元廷半奴隶制方式的暴力统治与残酷压迫的矛盾基础上燃烧起来的；前此与张世杰等力图恢复宋朝的旗帜相呼应，那对于人民，实质上也不过是一面反元斗争的旗帜，他们并不是爱宋朝。矛盾不得到解除或适当处理，人民的起义是不会停止的。不过到世祖以后，汉族住区在元廷的严密控制与监视下，由于不少汉族人民和义士逃入他族地区，起义便渐次移向边疆地区去发动，同时他们便不再拿宋朝作旗帜罢了。

元廷惨杀文天祥之明年（世祖至元二十年），广州新会县林桂方、赵良铃等聚众起义，号罗平国，称建延年号；据一个出身汉族的官僚崔彧（元廷尚书）统计，是年江南人民起义共二百多处。至元二十一年（公元一二八四年），邕州（广西南宁）、宾州（广西宾阳）、梧州（广西苍梧）、韶州（广东乐昌）、衡州、漳州均有人民起义。二十四年，有柳分司为首的婺州人民，詹老鹞为首的处州人民，林雄为首的温州（浙江永嘉）人民，汪千十为首的徽州（安徽歙县）人民，邓太僚、刘太僚、阎太僚、萧太僚、严太僚、陈太僚等为首的广东人民相继起义。二十五年，贺州（广西贺县）、循州（广东龙川）、泉州、柳州、潮州、处州、大同等地，均有人民起义，少则几百人，多则万余；以董贤举为首的广州人民起义军，并建号为"大老"；是年并有畲族人民起义。二十六年，有以邱大老为首的畲族人民千余人起义；以杨镇龙为首的浙江临海、金华人民起义军，众十余万，攻东阳、义乌、新昌、嵊县、天台、永康等城，建国号为"大兴"；以叶万五为首的婺州人民起义军，攻克武

---

① 参看《元史·世祖纪》；《宋史·瀛国公附二王本纪》。

义。二十七年，以邱元为首的建昌人民起义军，攻克南丰等县，建号"大老"；以华大老、黄大老为首的人民起义军，攻克乐昌等县；以叶大五为首的太平（安徽当涂）人民起义军，攻克宁国（宣城）。此外，在婺州、处州有吕重二、杨元六、刘甲乙，泉州有陈七师，兴化有宋三十五等人为首的人民起义。二十九年，有欧狗为首的汀、漳人民起义，湖南辰州的"蛮"民起义。

成宗即位元年，"湖广行省所属，寇盗窃发"；"辽阳行省所属九处大水，民饥或起为盗贼"。元贞二年（公元一二九六年），黄胜许、黄法安为首的上思州（广西南宁）人民起义，攻占水口思光寨；元军进攻，义军退至上牙、六罗。陈飞、雷通、蓝青、谢发等为首的广西人民义军，攻克昭（广西平乐）、容、藤、梧等州。元江（云南元江）亦有人民起义。大德四年（公元一三〇〇年），河南有丑斯为首的所谓"妖贼"。"云南土官宋隆济"起义，攻克杨黄寨，他们向群众宣称：元军征发汝等，将尽剪发黥面为兵，身死行阵，妻子为奴。此外，成宗时，有彝族蛇节的起义，魏杰与雄挫为首的亦奚不薛部起义，云南罗雄州军火主阿邦龙少、结豆温匦为首的"普定路诸蛮"起义①。

武宗时，"云南、湖广、河南、四川，盗贼窃发"。四川"松潘、垒、宕（四川茂县地）、威（四川理县东）、茂州（四川茂县）等处西番、秃鲁卜、降胡、汉民四种人杂处"，"未降者尚十余万"，"负固顽犷"。云南"八百媳妇、大彻里、小彻里作乱；威远州（云南镇沅西南）谷保夺据木罗甸"②，诱元军深入，弓弩乱发，元军败还，死伤颇多。四川绍庆（四川彭水）路田墨等联结诸"蛮"，攻占麻寮等寨。

仁宗时有：西藏（"吐蕃"）人民起兵反元；谷保与八百媳妇仍坚持斗争；琼州黎族及汉人起义；沧州人民起义，元军俘虏起义群众，使用肢解等惨刑；吴干道为首的湖南辰、沅"洞蛮"的起义；蔡九五为首的人民起义（元"台臣言：'蔡九五之变，皆由你咱马丁经理田粮，与郡县横加酷暴，逼抑至此；新丰一县撤民庐一千九百区，夷墓扬骨，虚张顷亩'"）③；湖广横州（按即今广西僮族自治区横县）"瑶蛮"起义；"黄州、高邮、真州、建宁等处，流民

---

① 《元史·成宗纪》。
② 《元史·武宗纪》。
③ 引文见《元史·食货志》。

群聚，持兵抄掠"；龙郎庚等为首的广东南恩（广东阳江）、新州（广东新兴）瑶民起义。

英宗（硕德八剌）时有：僧圆明、王道明等为首的陕西螫屋人民起义；郃阳（陕西郃阳）道士刘志先，"以妖术谋乱"；符翼轸为首的湖南道州（道县）人民起义；湖广葛蛮安抚司副使龙仁贵等起义；湖南慈利州（慈利县）山民贞公，"纠合诸洞蛮酋并叛"①；韦郎达为首的"云南花角蛮"人民起义；酉阳州耸傀"洞蛮"人民起义；上思州起义瑶民进攻忠州（在今广西僮族自治区）；把者等为首的绍兴路"洞蛮"人民起义；西番参卜郎诸族"叛"；西藏人民反元军进攻成谷、循州；江西人民起义军围攻宁都州；广西左右两江有黄胜许、岑世兴等的各族人民起义军。

泰定帝（也孙铁木儿）时有：方二等为首的广西宾州人民起义；循州瑶族起义军进攻长乐县（广东五华东北）；云南蒙化州（蒙化县）高兰神场寨主照明与罗九等为首的起义军，进攻威楚（云南楚雄）；思州平茶杨大车，西阳州冉世昌等起义，占据小石耶凯江等寨；云南瑶阿吾及歪闹等为首的起义；夔州路（四川奉节）容米"洞蛮"，田先什用等九洞人民起义；云南彻里陶剌孟及大阿哀"蛮"兵万人，乘象占朵剌等十四寨；木邦路"蛮"八庙，率"僰夷"万人占倒八汉寨；广西融州（广西融县）否泉洞、吉龙洞、洞村山、黑江瑶民起义，静江、柳州、浔州（广西桂平）、庆远（广西宜山）瑶民均相继起义，进攻城邑；云南开南府（云南景东）阿只弄哀培"蛮"兵起义；河南息州（息县）民赵丑厮、郭菩萨，宣称"弥勒佛当有天下"②（按即"白莲会"的活动）；播州（贵州遵义）"蛮"黎平爱等，集群"夷"起义；海北（广东合浦东）瑶民盘吉祥等进攻阳春县；云南威楚、大理诸"蛮"起义；潘宝为首的广西"瑶蛮"义军，进入镡津（广西藤县北）、义宁、来宾诸县；云南云龙州（云龙县）"白夷"起义；广西全茗州（广西龙茗）土官许文杰，率瑶民起义，攻占茗盈州（龙茗境），杀知州事李德卿；元江路土官普山起义；泉州民阮凤子等起义，攻取城邑，元防军官吏皆逃走；岑世兴及镇安路（广西天保）岑修文等起义，合山（广东阳江北）"僚角蛮"六万余人起义；湖

---

① 见《元史》各帝本纪。
② 见《元史》各帝本纪。

南、广东、广西各地瑶、"蛮"、苗民多相继起义，湖广瑶民占据全州、义宁属县一带，广东高州（广东茂名）瑶民攻取电白县，元千户张额战死。

文宗（图帖睦尔，公元一三三〇——一三三二年）时，有播州杨万户反正，引四川义军至乌江峰，并占领北岸关口；山西"岚（岚县）、管（静乐）、临州（临县）所居诸王八刺马忽都火者等部曲"，也"乘乱"起义；"衡阳瑶（民）"起义，进入湘乡州；"云南秃坚伯忽等势愈猖獗；乌撒禄余亦乘势"连络"乌蒙（云南昭通东）、东川（云南会泽）、茫部诸蛮，欲令伯忽弟拜延顺等兵攻顺元（贵州贵阳）"；彝族土官撒加伯、德益等起义，"撤毁栈道"，占据大渡河，进军建昌（原西康西昌境），并派人"潜结西番"；"海南贼王周，纠率十九洞黎蛮二万余人"起兵；"夔路忠信寨洞主阿具什用，合洞蛮八百余人"起义①，占据施州（湖北恩施）。

这时期的起义军，在前期，由于元廷在各行省，还没有完成其天罗地网的布置，所以主要发生在长江和珠江流域各省的汉人住区；在后期，由于元廷的严密控制和残酷镇压，失败后的义军，也随同人民纷纷逃入其他部落部族住区和边区地方，所以起义便主要在汉族以外各族住区和边区地方发生。元廷用尽全力和剿、抚兼施的毒辣手段，并没能把起义的火焰扑灭，起义的规模反越来越大，越带持续性。另方面，在中原和江南的汉族及契丹、女真等族住区，便进入了白莲会即"明教"或"明尊教"②等地下活动的组织阶段；这种地下活动和此仆彼起以及边区地方的武装起义，同样为推翻元朝统治的全国大起义准备了条件。

第三期灭元的全国大起义 人民在长期起义过程中，经过考验，得出经验教训，为着争取起义的胜利，便转入地下活动，使起义成为有组织、有计划、有具体布置，即从自发性的成为有组织的起义，这就是所谓"妖道"或"以佛法惑众"③，即白莲教活动的实质。元朝政府对人民的这种活动，很感恐惧，

---

① 见《元史》各帝本纪。
② 白莲教亦称"明教"或"明尊教"，是由摩尼教、弥勒教及历史上遗留下来的其他人民的宗教异端混合而成的。摩尼教说世界存在着"明"即好的和"暗"即坏的两种势力；原属于佛教净土宗的弥勒教，说现世界正是由恶势力给人类造成苦难的世界，弥勒佛降生时，理想世界就要出现。这构成白莲会的基本教旨。韩山童称"明王"、韩林儿称"小明王"，也都是从这种教旨而来的（郎瑛《七修类稿》《佛说弥勒下生经》）。
③《元史》卷一八六《张桢传》。

特别制定严酷的刑罚去防止。例如："诸以白衣善友为名，聚众结社者禁之"；"诸僧道伪造经文，犯上惑众为首者斩，为从者各以轻重论刑"；"诸以非礼迎赛祈祷，惑众乱民者禁之"；"诸阴阳家者流，辄为人燃灯祭星，蛊惑人心者禁之"①。但此都是心劳日拙的徒劳。到顺帝（妥欢帖睦尔，公元一三三三——一三六七年）时，"妖道"的组织，已相当普遍的深入到全国农村，如四川合州（今重庆合川）一带有韩法师的活动；陕西有僧圆明、刘志先等党羽的活动；广东有朱光卿、聂秀卿、谭景山等，造军器、拜戴甲为定光佛的活动；河南有棒胡（闰儿）等的"烧香惑众，妄造妖言"②；在江西有"妖僧"彭莹玉、周子旺、"妖人"邓南二等的活动；在河南、山东、江苏、安徽、湖北的广大地区内，普遍有韩山童、徐寿辉等为首的白莲会活动。其中的白莲会是当时地下组织活动的堡垒，它联系了百千万群众在周围。《顺帝纪》说："栾城人韩山童，祖父以白莲会烧香惑众，谪徙广平（河北永年）永平③县。至山童倡言天下大乱，弥勒佛下生；河南及江淮愚民皆翕然信之。（刘）福通与杜遵道、罗文素、盛文郁、王显忠、韩咬儿复鼓妖言，谓山童实宋徽宗八世孙，当为中国主"。河南白莲会，也"辄引亡宋故号，以为口实"④。因此，白莲会产生和发展的根据仍是反抗元朝的奴隶制半奴隶制式的暴力统治与对汉族及其他各族的集团的压迫。所以韩山童讨元文告说："贫极江南，富夸塞北。"

到顺帝时全国的形势是：灾难和饥荒在全国各地更加普遍、严重，如所谓"四方旱蝗……疾疠大起"，"里人乏食，草木为粮"，"民之死者半"。⑤ 边隅和西南各族地区的起义，仍在持续与扩大；内地人民的地下组织活动已相当普遍、深入；元廷对"汉人"、"南人"和国内其他各族人民的镇压与屠杀，更加惨酷；元廷贵族集团内部的权利冲突更深刻，内争更不断发生，不只元朝统

---

① 《元史·刑法志》。

② 《元史·顺帝纪》。

③ 《新元史》作永年。

④ 参阅《明史·韩山童传》。

⑤ 《明太祖皇陵碑记》："值天无雨，遗蝗腾翔，里人乏食，草木为粮"。《明太祖实录》卷一："岁甲申（公元一三四四年）……值四方旱蝗，民饥，疾疠大起"。余阙《青阳集》卷八《书合鲁易之作颍川老翁歌后续集》："至正四年（公元一三四四年），河南北大饥；明年又疫，民之死者半……然民罹此大困，田莱尽荒，蒿藜没人，狐兔之迹满道。时予为御史，行河南北，请以富民所入钱粟，贷民具牛种以耕，丰年则收其本。不报。"又谢应芳《龟巢稿》卷二："岁旱谷不收，且无衣可着。饥寒去何之？前途事沟壑。"

治集团已经腐朽，军队也完全丧失了原先的战斗力，加之财政到了绝境，已无力维持其统治。

因此，一方面，在边隅，广西瑶、汉义军进入湖南，攻克道州，元千户郭震战死；云南义军死可伐（人名）攻据一方，"侵夺路甸"，散毛"洞蛮"覃全在起义；吴天保为首的湘西瑶、汉义军，攻克武冈、黔阳、溆浦、辰溪、靖州、宝庆、全州等州县，尤其是武冈三失三克，同时处死元湖广行省右丞沙班于军中；"西番"人民起义者"凡二百余所，陷哈剌火州，劫供御葡萄酒，杀使臣"；海北湖南"瑶贼窃发"；辽东锁火奴起义，称大金子孙；广西峒民义军也乘机入湖广；云南的各族人民起义军，声势更大。一方面，由于有了地下的组织和依靠，起义又在汉族住区到处不断发生了。顺帝元统二年（公元一三三四年），有益都、真定人民起义。元廷派院官督剿，并悬赏"能擒……获三人者与一官"。顺帝至元三年（公元一三三七年），广州增城民朱光卿起义，石昆山、锺大明等率众响应，称大金国，改元赤符，以棒胡为首的汝宁（河南汝南）、信阳州人民起义，制弥勒佛为旗帜，自刻紫金印，发布敕书（按《新元史》为胡阎儿等起义于陈州）；四川合州韩法师起义，称"南朝赵王"；广东惠州归善县（广东惠阳）民聂秀卿、覃景山等起义响应朱光卿。四年，有江西袁州（江西宜春）民周子旺烧香起义，称周王；李志甫为首的南胜（福建平和东南）人民起义，围攻漳州。五年，开封杞县人范孟起义，杀元河南行省平章政事月禄帖木儿、左丞劫烈、廉访使完者不花等。至正元年（公元一三四一年），湖南道州民唐大二、蒋仁五、蒋丙等起义，攻克江华，同县民何仁甫亦相继起义；山东、冀南人民起义者三百余起。二年，广西庆远路莫八聚众起义，攻克南丹、左右两江等处。三年，蒋丙率众南破连州、桂州，称顺天王。四年，有盐民郭你赤为首的山东益都人民起义。六年，京畿及山东，到处发生民变，山东义军攻克兖州；广西象州人民起义；福建汀州连城县民罗天麟、陈积万等起义，攻克长汀。七年，山东河南民变武装蔓延到济宁、滕、邳、徐州一带；集庆（南京）路及沿长江一带人民起义；密迩京城的通州人民起义；"湖广、云南盗贼蜂起"，"河南盗贼出入无常"[1]。八年，有莫万五、蛮雷等为首的湖广"土寇"；有台州盐民方国珍等起义，聚众海上；浙江海宁

----
[1]《元史·顺帝纪》。

人民起义；董哈刺等为首的辽阳人民起义。这都是人民大起义的信号和序幕，为大起义打开道路，准备条件。蒙古贵族集团感觉形势严重，除尽其全力去围剿、屠杀外，又采取各种步骤，作垂死挣扎。如至元五年，严申"汉人"、"南人"、高丽人不得执军器弓矢之禁；至正八年，于福建汀、漳二州、山东沂州（临沂）各处设立分元帅府，至正十一年，又于湖南宝庆路、山东登州各设分元帅府，从事镇压和分区剿抚。但这也都是徒劳。

人民大起义终于在至正十一年（公元一三五一年）开始了，即转成地主阶级立场后的朱元璋所谓："昔当辛卯（即至正十一年）……邪术者倡乱……汝、颍、蕲、黄民皆为逆；次年，徐、宿炽然盗起，蔓及锺离、定远，民弃农业、执刃器趋凶者数万。当时贪官污吏莫敢谁何。"[1] 在起义以前，白莲会领袖刘福通等，"预埋一石人，镌其背曰：'休道石人一只眼，此物一出天下反'；开河者掘得之，转相告语，人心益摇"[2]。这是他们宣传舆论的准备。公元一三五一年五月末，福通等杀白马黑牛誓告天地，并誓众布置起义；被元朝官府发觉，韩山童被杀。刘福通逃至颍上，联合杜遵道（"书生"，即小知识分子）等即提早起义，占据朱皋，分兵克罗山、真阳、确山，攻舞阳、叶县，其众裹红巾于首，故号"红军"，又号"香军"。元枢密同知赫斯虎赤率阿速兵六千及诸路汉军进攻，被"红军"击败。萧县白莲会李二（即芝麻李，小有产者）、赵君用（即赵均用）、彭二郎（即彭大均，农民）等八人为首起义响应，攻克徐州，众至数万人，又克宿、虹（今泗县）、丰、沛等州县。十月，"红军"又连克汝宁、光州、息州、亳州，战胜元朝的守军及进攻军，杀元将朵儿、高安童，知府完哲，指挥秃鲁等；所至尽杀元长吏，"开仓济贫"，对人民"不杀不淫"，无所侵犯。很快就发展到十万人。元廷所派御史大夫也先帖木儿与卫王宽彻哥将精兵三十万进攻；被"红军"四面八方袭击，蒙古诸军皆溃散，宽彻哥被活捉。也先帖木儿则于明年五月率残部逃至朱仙镇。明年二月，元廷又派逯鲁曾、月阔察儿、赫斯虎赤三路会攻徐州，受"红军"

① 《明太祖集》卷十四《纪梦》。
② 《新元史·韩林儿传》。叶子奇《草木子》。钱谦益《国初群雄事略》卷一《宋小明王》。《元史·顺帝纪》。又《元史·贾鲁传》谓贾鲁为工部尚书兼河防使，征调十五万民夫修治黄河，并调军队两万去监视。即《庚申外史》所谓发河南、淮南北军民二十万人治河。《草木子》所谓濒河起集二十六万余人治河。

截击，所部皆溃。另一路巩卜班率侍卫及蒙汉军数万进攻，亦被"红军"聚歼，巩亦战死，至此元军被逼退守项城一线。元廷迫于"红军"威势，知道自己灭亡在即，便尽其全部家当，派丞相脱脱、平章教化元帅董搏霄、太尉阿吉刺、左丞太不花、知枢密院事老章、诸王八秃等亲赴前线指挥；同时利用汉族豪绅，设置所谓"毛胡卢义兵万户府"（乡人自相"团结"，号毛胡卢；实为地主武装；他们的残暴与元军并无区别，如驻扬州的张鉴明部，每日屠杀百姓充食，龙凤三年朱元璋部攻下扬州时，居民只余十八户）；于南阳邓州及濠、泗各地，以免差役为引诱人民去当所谓"毛胡卢义兵"的手段，并"听富民愿出壮丁义兵五千名者为万户，五百名者为千户，一百名者为百户"。但结果，八秃败死于亳州，"毛胡卢"兵则每每迎降"红军"①。

自义旗揭起后，全国各地尤其是有白莲会等活动的地方，都纷纷相继起义。于同年起义响应的，主要有在袁州起义失败的湖南白莲会首彭莹玉与所谓"妖术惑人"的徐寿辉（小布贩）、邹普胜（铁匠）、倪文俊（渔夫）等，起义于鄂东，占领蕲、黄等州县，也称"红军"，建号天完，改元治平，并先后攻占德安、沔阳、武昌、江陵，又分兵入湖南、江西、四川以至陕西；布王三即王权（小布贩）、孟海马等起义于湘、汉间，攻克襄阳、荆门、邓州、南阳、澧州等州县，号"南锁红军"；所谓"妖人"邓南二等起义于江西。攻瑞州（高安），杀元总管禹苏福。至正十二年，白莲会郭子兴（卜者之子）、孙德崖等起义于淮南，亦号"红军"，攻占濠州等州县，部将朱元璋（皇觉寺劳动僧）并于明年分兵趋江南；周伯颜等起义于湘南，攻占道州等州县，亦号"红军"；应必达等起义于邵武，攻占邵武路；山东有邹平县人马子昭等起义。十三年，有泰州白驹场亭民（盐民）张士诚及弟士德、士信等聚盐丁起义于苏北，攻占泰州、兴化、高邮等州县，国号大周，建元天祐，也用红色旗。吴天保为首的苗、汉义军，也北入河南，攻占荥阳一带州镇，十五年元帅吴天保死后，他们便与刘福通等"红军"联合。十四年，湘南瑶族人民起义，进攻衡州。

各军都以灭元为共同目标，分别攻占城邑，并大都称为"红军"，"巴蜀、

---

① 参看《明史》一二二《韩林儿传》；《国初群雄事略》卷一；《庚申外史》；《明太祖实录》；《明史·太祖纪》；《辍耕录》卷二八。

荆楚、江淮、齐鲁、辽海，西至甘肃，所在兵起，势相联结"①。不数年间长
江流域的广大地区，实际已从元朝残暴、落后的统治下解放了出来。元朝防军
被歼灭，官吏和"提点"之类，全被义军和人民处死。公元一三五五年（至
正十五年）三月，刘福通等遂自砀山夹河迎韩林儿至，共奉为皇帝，又号
"小明王"，建都亳州，国号宋，改元龙凤；杜遵道、盛文郁为丞相，罗文素、
刘福通为平章，刘六知枢密院事，郭子兴之子天叙为都元帅，张天祐、朱元璋
副之；朱元璋攻下采石、南京，升为丞相，并于明年任朱元璋为"江南行省
平章"。但朱元璋自始就有"大丈夫不受制于人"的个人野心②。韩林儿、刘
福通等于建立中央政权后，便先后派李武、崔德领兵趋陕、晋，毛贵领兵趋山
东，刘福通自领三十万大军捣中牟，略河北。毛贵一路，于明年连克胶州、莱
州、般阳（山东淄川）、益都及滨（山东滨县）、莒（山东莒县）等州。李、
崔一路，克陕（河南陕县）、虢（河南灵宝南），下潼关；明年又克商州。锋
芒所指，所向克捷。诗人描写那种锐不可当的声势说："火飞华岳三关破，血
浸秦川万马奔。"③ 元军方面，一面以察罕帖木儿阻福通北进，一面以太不花
屯嵩（河南嵩县）、汝（河南临汝）间为策应，一面答失八都鲁乘虚攻太康
（河南太康）。福通回师救太康，前后被敌夹击，太康失陷，王显忠、罗文素、
张敏等被俘。察罕帖木儿便转师北扼虎牢（河南汜水西北），图阻李、崔军入
陕；李、崔又渡河入山西，克平陆、安邑。公元一三五七年，"红军"又重新
部署，分兵三路出击：关先生、破头潘、沙刘二、冯长舅、王士诚出晋、冀；
白不信、大刀敖、李喜喜趋关陕；毛贵略山东；福通自以重兵循颍、许诸州。
福通自领之"红军"，收复大名及卫辉等路；明年又收复汴梁，并以之为首
都。山东一路也于明年（公元一三五八年）克济南、东昌等城。毛贵于济南
立"宾兴院"，任用地方人士，以姬宗周等分守各路，又于莱州（山东掖县）
立三百六十屯田，造大车百辆以运粮，公私田赋十取其二，民顺归之。他率兵
入河北，由河间取直沽，攻克蓟州、漷州（河北通县南），至枣林（在通县南
故漷县西北）。顺帝拟北逃，为太平所阻。但毛贵以孤军深入，旋于柳林（故
漷县西）战败，退回济南，随又收复各城。王士信又以滕州（山东滕县）反

---

① 《元史》卷一四一《察罕帖木儿传》。

② 《明太祖实录》。

③ 张翥《蜕庵集》卷四《潼关失守，哭参政述律杰存道》。

正，遂占领全部山东。而赵君用与毛贵争地位，杀毛贵，逃往益都；续继祖自辽阳入益都捕赵正法，但山东"红军"至此便趋于瓦解。白不信等一路于克商州后西进趋长安，又分兵攻同、华诸州；屡被察罕帖木儿袭击，前后牺牲数万。至此，复分路克兴元、秦州、陇州、巩昌（甘肃陇西）；围攻凤翔，被夹击大败，白不信、李喜喜皆入蜀，号为"青军"，公元一三六一年降于明玉珍。关先生等一路，入山西，下泽州、陵川（山西陵川）、潞州，分兵出沁州及绛州。关先生、破头潘克上党，入河北，下保定，又西克大同路。公元一三五八年十二月末，进占元上都（今内蒙古自治区多伦），焚其宫殿，留驻七月，又东占辽阳，转入高丽（朝鲜）。由于他们不知处理与朝鲜族间的关系，朝鲜人民也不了解他们的宗旨，致于公元一三六二年为亲元高丽军所打败。另一方面，福通等移都汴京。但元军主力察罕帖木儿等部，均在大河南北，窥伺汴梁。而"红军"主力均分途远征，中原力量便比较薄弱。公元一三五九年，察罕帖木儿率各路元军攻汴梁，"红军"固守汴京不战；旋敌以苗军为诱，出战中伏，大败。汴京复陷，刘福通护韩林儿至安丰（安徽寿县）。

刘福通、韩林儿曾于建立政权后之明年（公元一三五六年）封朱元璋为吴国公，后又晋封为吴王（郭子兴死后，其大部力量归了朱）。公元一三六三年，张士诚乘韩、刘力量衰弱，派吕珍围攻安丰。朱元璋率军击败吕珍，迁韩林儿于滁州之宗阳宫，借以号召"红军"各部，并挟义军盟主以自重；再三年，以迎林儿及福通归金陵，至瓜步船翻，林儿、福通均坠水死（可能是朱元璋所布置的圈套）。轰轰烈烈的韩、刘等首义的灭元义军，至此便完全失败了；但他们基本上完成了灭元任务，而果实却归了朱元璋。他们之所以失败，主要由于犯了中世纪起义农军共有的战略上、组织上、纪律上的错误，如"数攻下城邑"，不守，"元兵亦数从其后复之"；同时"诸将在外者率不遵约束……兵虽盛，威令不行"[1]；但他们到处打击豪富，即所谓"大家"之类，"发仓廪"赈济穷人的行动是始终如一的[2]。

一统江山归明朝 朱元璋是相当于雇农的劳动僧，又是游方僧，在光、

---

[1]《明史·韩林儿传》、《国初群雄事略》卷一。
[2]《龟巢稿》卷十九《王佛子行状》谓"红巾"在常州尽掠王佛子家所有，并"发仓廪"赈济"里人"。又王齐《梧溪集》卷四《刘节妇诗序》谓农军在河北衡水，没夺大地主、即所谓"故大家"曹泰财妻刘氏家财。

固、汝、颍一带乞食过三年。参加郭子兴部"红军",初为亲兵十夫长;旋与郭义女马氏结婚,升为裨将。公元一三五二年,当郭子兴在濠州打退元军的围攻后,他便开始南向独立活动,聚集力量,即所谓"倡农夫以入伍……不逾月而众集。"① 其左右多属下层人民出身,如徐达世业农,常遇春(中国回教史称常与胡大海均属回人)曾从刘聚为"盗",沐英是难民的孤子,华云龙聚众居韭山(安徽定远西北),廖永忠等是水寨义军出身,傅友德、吴良、耿炳文等都是"红军"战士出身。但另方面,他又收罗了大群地主分子,从他到滁阳,所谓里中长者李善长迎谒,献"汉高起布衣……五年成帝业"的方针和办法;善长又不断引进其同类,如南京夏煜、孙炎、杨宪等,镇江秦从龙、陈遇等,最著名如官宦世家的刘基(为元进士及浙江儒学副提举,曾反对灭元义军),浙东学派的"大儒"宋濂、叶琛、章溢等人。刘基又劝他先图南方各反元集团,然后北向中原。因此他在政治上:一面依靠人民力量,为笼络"红军",又受韩林儿任命,用其年号;另一方面,又步步与地主阶级妥协,任李善长等"为参谋,预机画,主馈饷","甚见亲信",到处都征聘、礼用所谓"贤士",与"诸儒讲明治道","谒孔子庙,遣儒士告慰父老","辟范祖干、叶仪、许元等十三人,分直讲经史",置"儒学提举司"②,立郡学,以币求"遗贤"于四方。地主阶级也依附他,一些"元末结寨自保"的地主武装冯胜之流,及所谓"元授义兵元帅"朱亮祖之流,都相继率部归附。自此,朱元璋和其左右,在政治上便日益表现着两面性:一面是地主阶级的阶级特性的日益增多,一面是起义农民的阶级特性的日益减少。至公元一三五八年(元顺帝至正十八年),在婺州,便正式把红旗改为"黄旗"③,这一面表现他们已转入到代表地主政权的立场上,一面表现在旗语上只保有反元斗争的部族集团间的压迫与反压迫的矛盾的一面,消失了反封建地主阶级的斗争的一面。在一三六六年的"平周(张士诚)榜"中,一面也揭发元朝的一些恶政:"官

---

① 《太祖皇陵碑》述他这时奉郭子兴命令去定远一带募兵说:"已而〔元军〕解去,弃戈与枪。予脱旅队,驭马控缰。出游南土,气舒而光;倡农夫以入伍,事业是匡,不逾月而众集,赤帜蔽野而盈冈。"
② 《明史·太祖纪》。
③ 《皇明纪事录》:"克婺州,设浙东行省于金华府,上省门建立二大黄旗……旗上书云:'山河奄有中华地,日月重开大宋天'。"

以贿求，罪以情免；台宪举亲而劾仇，有司差贫而优富……方添冗官，又改钞法。役数十万民湮塞黄河，死者枕籍于道途，哀苦声闻于天下。"另一面，又以地主阶级正统派的口吻，污蔑起义农民，连同朱元璋自己和所部"红军"在内，说："致使愚民误中妖术，不解偈言之妄诞；酷信弥勒之真有……聚为烧香之党，根据汝、颍，蔓延河、洛。妖言既行，凶谋遂逞；焚荡城郭，杀戮士夫，荼毒生灵，无端万状……终不能济世安民。"① 同时，在军事行动上，也便采取刘基的军略方针，转移反元的锋芒，集中全力先图陈友谅、张士诚、方国珍等集团，暂把元廷和元军放在一边，甚至遣使于元平章察罕帖木儿与之通好，以避元军进攻。为贯彻这种方针，又采取如次的策略步骤：先灭陈友谅；暂与张士诚、方国珍求妥协；以吴、蜀联合对魏的利害，联明玉珍，使其牵制元军（其时两湖、江西属陈友谅。陈系渔民子，读过些书，为徐寿辉部下；后杀徐自为大汉皇帝，建元大义。四川属明玉珍。明为徐寿辉部下，分兵入四川；陈杀徐后，明据川称大夏皇帝。浙东南属方国珍。方出身小盐贩；起义时，曾一度降元。苏北、苏南及浙西湖州、杭州一带属张士诚，张亦一度失节降元）。

但朱元璋又采取了一些较合时宜的政策。（一）建设根据地：在其占据的淮南、皖北和南京一带，奖励农桑，禁止官吏贪暴，减轻租税；设"营田使"实行屯田，并命将士屯田积谷。（二）从元廷对汉族等各族行使残暴压迫的矛盾的基础上，号召和进行反元。讨元檄文说："中原气盛，亿兆之中，当降生圣人，驱逐胡虏，恢复中华；立纲陈纪，救济斯民"，"拯生民于涂炭，复汉官之威仪"；同时又联合各族人民，孤立元廷，宣布"蒙古、色目皆吾赤子"，"如蒙古，色目……有能知礼义、愿为臣民者，与中国之人抚养无异"②。（三）宣布废除元朝旧政中一切"不便"者，并实行平刑，解除连坐，禁止非时决囚。（四）"大逆以下"的犯罪者，概行赦放。（五）行军所过及攻占城池，戒将士毋杀掠，毋毁庐舍，毋发丘垅，毋肆焚掠妄杀人。（六）免新附地田"税粮、徭役"，罢征军需，存恤贫无告者，发粟赈贫民，对老区也常采取

---

① 《国初群雄事略》卷七。《纪录汇编》卷五《御制纪梦》也说："昔……有元至正……邪术者倡乱……汝、颍、蕲、黄民皆为逆。次年，徐、宿炽然盗起。"

② 《皇明文衡》卷一（宋濂执笔）《谕中原檄》；《明太祖实录》洪武元年（公元一三六八年）八月大赦天下诏。

这种步骤。（七）收罗文武人材，优待残废士兵及战死者家属（如令从渡江士卒被创、废疾者养之，死者赡其妻子，将士从征者恤其家，逃亡将士许自首）。（八）废除"书籍田器税"及"民田逋负"①。（九）避乱民复业者，听垦荒地，免役税三年；人民输赋，道远者官为转运。（十）存恤鳏、寡、孤、独及年七十以上的人民，免其一子课役。（十一）为减少敌人，凡能招降的，均设法招降。这都是他统一以前所施行的政策。在当时的历史条件下，这都是对的。

因此，朱元璋一面凭借"红军"力量和人民支持；一面得到广大阶层同情，先后战胜各集团，并最后把元朝统治者驱除。

公元一三六三年（元顺帝至正二十三年）九月，鄱阳湖之战，大败陈友谅"白军"（陈军用白旗称白军，朱元璋仍用红旗称红军），友谅战死于九江口，子陈理即位于武昌，改元德寿；公元一三六四年三月，攻下武昌，友谅子陈理投降。

公元一三六六年，派徐达、常遇春率师二十万攻张士诚，并发布"平周榜"，数士诚八大罪状；明年十月，攻陷平江（苏州），张士诚被俘。张士诚出身盐贩，所部多为"盐丁"，亦称"红军"，但也曾数度投降元廷，又污蔑其他起义军为"红寇"②。他依据江、浙生产较发达的条件，"储积殷富……兄弟骄侈淫佚，懈于政事"，"大起第宅，饰园池，蓄声伎，购图画，民间奇石名木必见豪夺。其弟张士信后房百余人，习天魔舞队，园中采莲舟楫以沉檀为之。"依靠士大夫，"辄重赠遗，舆马居室无不充足"；对人民则肆行残暴榨取，如所谓"用吏术以括田租"等等③。遭到人民反对，终至灭亡。

方国珍原以朱元璋和他妥协，便以温、台、庆元诸州献让，并遣其子关为质；朱元璋不受，并任方为"行省平章"。在张士诚败亡后之当年二月，朱元璋责方国珍暗通扩廓帖木儿（元将）及陈友定（元将）等，"以书数其""朝

---

① 以上未注明出处之引文，见《明史·太祖纪》；《明太祖实录》。
② 陶宗仪《辍耕录》卷三十；叶子奇《草木子》卷三："张为盐场纲司牙侩，以公盐夹带私盐……当时盐丁苦于官役，遂推其为主作乱。"（《国初群雄事略》等书略同）陶宗仪《辍耕录》卷三述士诚部亦称"红军"。谈迁《枣林杂俎》卷一《保越录》述士诚等污称其他起义农民军为"红寇"。
③ 《明太祖实录》卷二十；《国初群雄事略》卷七。

送款于西（按即朱元璋），暮送款于北（按即元）"的"反复"无常等"十二过"。七月，责他贡粮二十三万石；九月，先后便派朱亮祖、汤和率师攻国珍，陷温州、庆元；十二月，方国珍投降。方国珍（亦作"谷真"），亦出身盐贩（海宁人），或"台州之土豪"，在元末人民蜂起反元的浪潮中，与其兄国璋、弟国瑛、国珉、侄亚初同起事；在起义以后，全不顾群众的利益和要求，只为其一个家族的富贵打算，反复不断的反元降元，并成为元朝的淮南行省、左丞相等"大官"，为元廷维护海上航运，以维护其朝不保夕的统治。而又图配合元军夹击朱元璋，即朱所谓"声言击我"。因此，在方国珍败亡前，已成了一个为虎作伥的败类①。

公元一三六七年十一月，朱元璋出师北伐，并发布《谕中原檄》，派徐达为征虏大将军，常遇春为副将军，帅师二十万，由淮入河北，取中原；同时派胡廷瑞为征南将军，何文辉为副将军及杨璟、周德等，扫荡福建、两广的元朝残余及异己；并规定北伐军的战略方针为："先取山东，撒彼屏藩；移兵两河，破其藩篱；拔潼关而守之，扼其户槛……然后进兵（元都）……鼓行而西，云中、九原、关、陇可席卷也。"② 被韩、刘"红军"打得垂死的元朝统治集团，明军不到十个月便完成这个战略任务。公元一三六八年（至正二十八年，明太祖洪武元年）九月，元顺帝率其妻妾子女左右，连夜逃回上都。同月，徐达率大军攻克大都，杀元贵族和为虎作伥的官僚：淮王帖木儿不花、中书左丞相庆童、前中书平章政事丁好礼、参知政事郭庸、太子司讲郎拜住等。改大都为北平府。派兵追击元军残部，巡守古北口各险隘。以蒙古贵族为首的暴虐落后的元朝统治，至此便完全推翻了。

同时，元朝在西南的残余势力，也相继肃清。明廷又于公元一三七一年（明太祖洪武四年）一月，派汤和、傅友德攻"大夏"；八月攻入重庆，明升（明玉珍子）投降（明玉珍在四川，规定十分取一的赋税，免除一切力役；同时废除僧道，只准奉弥勒佛。陈友谅杀徐寿辉，明玉珍立徐寿辉庙于重庆城南，然后称王、称帝）③。

---

① 《国初群雄事略》卷八；《明太祖实录》；《方氏事迹》；《元史·泰不花传》；《草木子》。
② 《明史·太祖纪》；《明太祖实录》。
③ 《国初群雄事略》卷五《夏明玉珍》；《明太祖实录》；《明史·太祖纪》。

至此，朱元璋便统一全国，恢复地主阶级的统治，中国社会又回复到按照其自身的规律前进的封建末期的历史轨道上。

第五节　哲学、科学、文艺

哲学　在元朝的残暴、落后的统治下，言论、出版、学术研究，都受到严厉的统制和禁止，形成中国学术思想的黑暗时期，恰与社会生产发展迟滞以至部分逆转的基础相适应。

哲学方面，几个献身仕元的理学家，窦默、赵复、许衡之流，自以周、张、程、朱的道统自居；但不只放弃朱熹二元论的唯物论方面，且放弃了周、张唯心论哲学的辩证观点。因此他们在实际上，都与吴澄一样，即所谓"宗朱子、杂陆子"；"宗朱"、"杂陆"的精神实质，吴澄说："朱子于道问学之功居多，而陆子静以尊德性为主；问学不本于德性，则其敝必偏于言语训释之末。故学必以德性为本，庶几得之。""议者遂以澄为陆氏之学"[①]。这在一方面是对的，因为吴、陆都是主观唯心论者，但是像草庐，又只是采集朱、陆的糟粕。

从这种认识论出发，所以只凭着其要求维护地主阶级统治秩序和利益的主观愿望，向那些残暴落后、视"汉人"、"南人"及其他各族人民为牛马的蒙古贵族讲三纲五常、诚意正心的"帝王之道"（窦默），"羲、农、尧、舜所以继天立极，孔子、颜、孟所以垂世立教，周、程、张、朱氏所以发明绍续"的"传道图"（赵复），"三纲五常为生人之道"的"立国规模"（许衡），"二帝三王之道……治国平天下之大经"（姚枢），"经国安民之道"的"数十事"（郝经），"易、书、诗、春秋、礼记各有纂言"（吴澄），去效忠于那种残暴、落后的统治；不顾人民死活以至自己的名节。

朱子极力主张用战争去反对金朝残暴、落后的统治与其对汉族的压迫，提倡气节；他们却出卖人民，充当奴才，帮助蒙古贵族来进攻人民（姚枢），充

---

① 《元史·吴澄传》；《四朝学案·草庐学案》；《草庐精语》。

当其笼络南宋的"国信使"（郝经），为其设计如何灭亡南宋与统治中国，凌压中国同胞（许、窦等）。

所以他们的哲学是奴才哲学。

另一派与他们不同的理学家是许谦。他在儒学上，虽然只是复述宋代和过去儒家的陈调（如其《温故管规》等著作），没有系统的创见。但他的编年记事的历史著作《治忽机微》，从"太皞氏"下迄司马光卒为止，在他的主观上，认为自司马光以后，在契丹、女真、蒙古贵族相继蹂躏摧残下的社会现实情况，便表现了"中国之治不可复兴"。这在认识论上，是一种客观主义的唯心论，政治上怀抱着一点消极的爱国情操和正义感。所以元朝再四诱其出仕，皆莫能致，四十年不出里闾。但他只是消极的不满，却没有积极的方向。

另方面，宋末元初的志士邓牧，所著《伯牙琴》的"君道"、"吏道"，认为君主集权和官僚制度不合理。他说："君以天下为私产，残民自乐……多聚财物，惧人夺取，又设兵刑以自卫。于是争夺祸乱永无息止。"其实君"貌不异常人，常人亦可为君"。"大小官吏，游手浮食……害甚于虎狼盗贼。人谁不欲安乐，自食其力！官夺民食，人能不怨愤思乱！"只有去君位，废官吏，"让人自治，方得安乐"。这是一种朴素的民主思想的倾向。

白莲会的教义，必包含有代表人民的要求和思想的更多的东西，可惜没有保存下来。

科学　由于社会生产的迟滞和逆转，元朝没有新的科学发明。但中亚、西亚和欧洲的天文学、数学、医术、炮术（如西域人阿老瓦丁、亦思马因的铁筒炮制造）、建筑术以至仪器、机械等知识的直接传入，却对中国科学思想起了一些影响作用。

天文学方面，赵钦著有《历象新书》。在历数和仪器制造方面，被世祖强征在元廷服务的自然科学家郭守敬，对水利、历数、仪象等方面都有相当研究。他根据中国自来历法，作《授时历》，达到相当完密精确的程度；所以直至明末参用西洋历法以前，三百年间没改变其内容。他所制作的简仪、仰仪及诸仪表等各种测量仪器，据说"皆臻精妙"。数学方面，李治著有《测圆海镜》。

医学方面，著名的有李杲、王好古、危一林、朱震亨、王国瑞、齐德之、真启宗等，均有著作（今皆存）。其中最著名的为李杲、朱震亨；李著有《内外伤辨论》、《脾胃论》，朱著有《格致余论》、《局方发挥》、《金匮钩玄》。据《窦默传》说："遇名医李浩，授以铜人针法"；李浩当即李杲。《李杲传》说："其学于伤寒、痈疽、眼目病为尤长"，又例举其累愈险症之事实；并曾治愈数年病寒热、月事不至的妇科病，小便不利、目睛凸出、腹胀如鼓、膝以上坚硬欲裂的膀胱病，及以针灸治愈足趾拘挛等等。

历史　元朝的历史著作，蒙古贵族脱脱奉诏著成《宋史》、《辽史》、《金史》，形式上，仿照从来的体例；内容上，《辽史》不只潦草成编，且从其对汉族等各族人民实行残暴、落后的统治立场出发，多所歪曲；《宋史》歪曲更多，不只抑汉扬蒙，且在麻痹汉族人民（如特意表章"道学"之类），诚所谓舛谬不能殚数。

另方面，马端临到元朝，拒绝元廷征辟，隐居不仕，完成了共三百四十八卷的《文献通考》巨著。胡三省闭户从事《通鉴》注释，于象纬推测，地形建置，制度沿革等方面，均有较精细的注解；又作《辨误》，纠正宋朝史炤《资治通鉴释文》的错谬。金履祥在宋末，以普通士人的地位，向宋廷积极建议"牵制捣虚……由海道直趋幽、蓟"的战略主张，终莫能用；宋亡后，屏居山中，著《通鉴前编》二十卷，内容反对司马光《资治通鉴》、刘恕《外纪》的精神和取材，说他们"信百家之说，是非谬于圣人，不足以传信"[1]。在这方面，他对司马、刘的批评是失当的。但马、胡、金都算是有气节的史家。

文艺　元朝文艺，占主要地位的是元曲，即戏剧。戏剧发展的历史过程，始于唐朝的"梨园"剧及佛曲[2]；到宋、金，继承这种形式及传奇，发展为宋"戏曲唱浑词"、"大曲"[3] 及民间的"杂剧（有绯盏社）、傀儡、影戏"[4]，金的"院本杂剧诸宫调"[5]。到元朝，直接继承这种形式，以及宋之语体"平话"和词（作为一种新体诗的词，当时是与音乐舞蹈结合的；在宋朝特别发

---

① 《元史·儒学列传·金履祥传》。

② 罗振玉《敦煌零拾》收有唐佛曲三种。

③ 《宋史·乐志》："春秋圣节三大宴：小儿队、女弟子队各进杂剧队舞"，"带喝带舞"，往往是多支曲子连成一套。

④ 《武陵旧事》。

⑤ 王国维《宋元戏曲史》谓院本即所谓"行院·娼察"所演唱之本，《辍耕录》谓其同于杂剧。

达，占着文艺上的主要地位）；同时，在其时社会矛盾主要是部族的集团压迫与被压迫的矛盾基础上，益以亚、欧各地歌舞乐曲的影响，便发展为元曲。在元朝蒙古贵族的野蛮残暴的压迫、统治下，被抑压得连气也喘不得的"汉人"、"南人"及其他各族人民，尤其是汉族人民，追念自己祖先忠孝节烈、英雄豪杰的事迹，便创为各种故事，转相流传；又形成各种谣谚①，发为悲歌壮号，而创为相互呼应、对话、共鸣等各种歌唱形式。在落后的暴力统治与部族的集团压迫之下，同一生活命运的汉族及契丹、女真各族知识分子，以至不少的文人，极多散在民间，便又吸收民间的形式，于以创造元曲，即元朝的杂剧。他们是以广大人民的悲愤为基础和师承的。

元曲有南曲、北曲之分。北曲的形成，由于蒙古贵族集团原来文化水准较低，风习亦不尽同，音乐也较单调；叶以笙笛等的诸音协奏之乐，以及宋曲情调，他们都不易接受，也不完全符合其脾胃。他们需要一种较单纯的露骨性的东西。适应他们这种要求，更制新声，叶谱弦索，即所谓北曲。北曲搬演故事较自由；但大都限于四折，每折限一宫调，又限一人唱，表演亦较简单，即所谓"曲折详尽犹其所短"。南曲反是，适应于元朝统治下"汉人"、"南人"抑郁悲愤、幽深孤峭之情调，叶谱笙笛，演为南曲。南曲"一剧无一定之折数，一折（即一出）无一定之宫调；且不独以数色合唱一折，并有以数色合唱一曲……各色皆有白有唱"②。这是南北曲在形式上的一点差别。

元曲今存者：日人有高氏说共五百三十五本，其中无名氏所作的一百零七本，伶人自作的十一本；吴瞿安说，只有百十六种流传。王季烈说，合元明两朝之作，"海宁王君静安《曲录》所载，凡九百四十一种……王君当时亲见其书者，元曲选百种，及零星刻本十数种而已。"合中、日两国公私所藏，除《孤本元明杂剧》所集《也是园所藏元明杂剧》"往昔未见之本百四十四种"外，"除去重复之本，总计种数，不足二百。"③ 这是比较可靠的。元朝最著名的作家有王实甫、关汉卿、马致远、郑光祖、高则诚、乔梦符等数十人。这种剧本的创作和开始在舞台上排演，大概始于王实甫、关汉卿的《西厢记》。后

---

① 王国维《宋元戏曲史》谓院本即所谓"行院·娼寮"所演唱之本，《辍耕录》谓其同于杂剧。
② 王国维《南曲之渊源及时代》。
③ 中国戏剧出版社《孤本元明杂剧》序。

人每以《西厢记》为北曲的代表作，高则诚的《琵琶记》为南曲的代表作。《西厢记》表现了青年男女对封建婚姻制度的反抗。《琵琶记》在讽刺王四与权门通婚，遗弃旧妻；一面描写孝妇贞妻的苦难，一面表现其反对知识分子卖身投靠、当奴才的一点人民的志节和情感。这均只能代表其时社会的一面。在当时同一生活命运下的作家，无论南曲、北曲，一般都是从写实主义出发，描写自己祖先的忠孝节烈、英雄豪杰的故事，反映其时社会的黑暗和龌龊情况。如马致远的《汉宫秋》是表示兴亡伤感的；关汉卿的《单刀会》，李寿卿的《伍员吹箫》，尚仲的《尉迟公》、《单刀夺槊》，是描写英雄豪杰的；张国宝的《薛仁贵》，是描写英雄名将的；康进之的《李逵负荆》以及《黑旋风李逵》、《武松打虎》、《鲁智深》，在描写民间的英雄好汉；狄君厚的《介之推》，纪君祥的《赵氏孤儿》，在描写志节耿耿的孤臣孽子；关汉卿的《救风尘》，李文蔚的《燕青博鱼》，无名氏的《盆儿鬼》等，是描写社会黑暗的；关汉卿的《蝴蝶梦》，马致远的《黄粱梦》，岳百川的《李铁拐》，是表现厌世情绪和宣传道教的。在他们自己，曾有十二科之分：神仙道化、林泉邱壑、披袍秉笏、忠臣烈士、孝义廉节、叱奸骂谗、逐臣孤子、钹刀赶棒、风花雪月、悲欢离合、烟花粉黛、神头鬼面。他们虽有其各种不同的阶级立场，但大多数作家都有一个共同的热爱和追怀故国的立场及耿耿情操。元朝的法律规定，严禁"犯上"的作曲，就是为着对付那些代表人民、反映人民反抗情绪的反元作品而说的，由此可以想见，当时必有不少代表人民的、斗争性强烈的剧本创作。

在散曲方面，著名的作家有马致远、冯子振、张养浩、刘致、贯云石、杨朝英、邓玉宾、刘庭信等人。马致远的作品，一方面表现着一点故国情怀和对蒙古贵族的集团压迫的反感，但另方面其作品又表现一种悲观消极、回避斗争的上层分子的情绪。冯子振的《山亭逸兴》、《赤壁怀古》，张养浩的《沽美酒》、《雁儿落带得胜令》，刘庭信的《醉太平》等，也都属表现同一阶层的情调，刘致的《滚绣球》、《倘秀才》等，描写了靠野菜树根过活的人民生活，也描写元朝剥削的惨酷和官吏的残暴，这可算是急进的中间阶层的作品。前揭的谣谚《杀鞑子》等，则系人民自己的作品；他们当时的所谓"鞑子"是实行残暴、落后的统治和压迫的蒙古贵族，至于他们与蒙古族人民在当时就是同利害，同呼吸并每每共同进行斗争的。

在诗的方面，赵孟𫖯的《题耕织图奉懿旨撰》，郝经的《落花》，是卖身投靠的大地主分子的代表作品。赵的《岳鄂王庙》,由于饱尝了作奴才的苦头,而激起一点尚未全泯的良心回忆。萨都剌、揭傒斯等,都是代表色目上层分子的诗人。宋无的《岳武穆墓》:"克复神州指掌间,永昌陵侧诏师还。丹心一片栖霞月,犹照中原万里山。"傅若金的《拒马河》:"燕云余古色,易水尚寒波……行人悲旧事,含愤说荆轲。"都是反映了人民的一些反元情绪的作品。系出拓跋族的元好问,则系亡金之爱国诗人,《北渡》、《西园》等是他这方面的代表作。前揭谣谚《不平歌》,则系汉族人民自己的作品。

在小说方面,由宋朝的"平话",创造出如《水浒传》①、《三国通俗演义》的章回小说形式。《水浒传》在文学的技巧上,对人物和情况的描写、刻画,都是成功的,列之于今日世界的小说创作中,也还有其一定的地位和价值。其内容,反映了其时汉族及契丹、女真各族人民,对宋江等那样英雄人物与其举动的想慕和企望,及官逼民反的情况。《三国通俗演义》技巧不如《水浒传》,但仍是一部成功的作品。它描绘了关羽、张飞等那样忠义,赵云那样才德资皆备,诸葛亮那样智谋忠贞的封建典型人物;在当时也反映了在元朝统治下的"汉人"、"南人",对那样忠义、智谋人物及其举动的想慕——虽然它在实质上,是代表封建统治阶级的作品。

在元朝,不只由于"汉人"、"南人"在政治上被压迫、排斥,一般稍有爱国情感和气节的知识分子,也不愿为元廷服务,率多遁迹山林;一些献身仕元的文人,如赵孟頫之流,也多屈于闲职,呕气的事不少,亦每以诗歌书画去度其无聊岁月。因此,元朝的成名画家,计有四百余人之多。其中最著名的,有陈琳、陈仲仁、刘贯道、王若水、钱舜举、高克恭、赵孟頫(兄弟、夫妇、父子)、李衎、柯九思、张逊、王振鹏、卫九鼎、孙君泽、丁野夫、张远、黄公望、王蒙、倪瓒、吴镇、陆广、孟玉涧、颜晖、金质夫、王冕等。赵孟頫是降元的宋贵族,其《胡人射猎图》,系描写蒙古骑士的雄武——其出发点并非表扬蒙族人民,而在表扬那些骑士式的贵族。色目人高克恭,是元廷的刑部尚书;他的《山水图》,在表现其舒适闲情。李衎是元廷的吏部尚书,柯九思是奎章阁鉴书博士。他们的阶级性是很明白的。倪瓒的《疏林孤亭》、《西林禅

---

① 《水浒传》原本的作者为罗贯中,生于元末明初;《水浒传》的故事初见于南宋《宣和遗事》,创作时代当为元明之际。

室》，表现了其时一般大地主的情趣。他如钱舜举，与赵孟頫同属所谓"吴兴八俊"，赵投元后，其他"六俊"皆相附取宦达；独舜举龃龉不合，流连诗画以终其身。黄公望自号大痴道人，隐居富春山，以领略江山钓滩的奇胜，他好画千岩万壑（如《秋山》）。王蒙，自号黄鹤山樵，他的画，如《春卞隐居》等，都表现"烟霭徽茫……山林幽致"。吴镇，自号梅花道人，他的画如《水竹幽居》、《苍虬》，都表现一种苍劲"抗洁"的气氛。钱、黄、王、吴的作品，一面表现林泉生活的闲情，一面也含蓄了一点不仕元的志节。王冕是"贫家子"，自号"会稽山农"；他的《照水古梅图》，可况其不仕元廷的志节和情趣。陈汝言曾参加张士诚的人民反元起义；但他的《溪山晴爽图》，仍在表现中间阶层的情趣。元初，谢枋得的《兰》，表现其高风亮节的贞操和反元的意志。他们的作品，其中不少在艺术上有着高度的成就，反映了伟大中国人民的艺术传统和天才。

元朝的雕刻，遗物不少，有居庸关八达岭山麓的壁刻广目天象、关门的雕刻；济南城内旗纛庙的铁狮，东南龙洞外壁的佛像；杭州飞来峰断崖的几百尊佛像、灵隐寺门前理公塔旁金刚手菩萨立像；太原西北龙山浩天观东面崖壁八个石窟的道像等等。作风、气派主要系继承宋、金，杂有西藏喇嘛教的影响。内容都在宣扬佛道，为贵族服务作为其统治人民的精神武器；但那都是经过人民的手而被迫创作的，所以这时期的雕像，又大都表现一种抑郁、愤怒或凶恶的阴沉的姿态。

第六节　结　语

成吉思汗的伟大，主要在于他领导了蒙古奴隶制变革事业的完成，把蒙古社会往前推进了一个历史阶段；他在其他方面的有益事迹和优点，如军事上的伟大天才等等，都不能与此相比。但此并非否定他在其他方面的有益事迹和优点，相反的，如他在军事上的天才和创造，也是中国文化的宝贵遗产。因此说，成吉思汗是蒙古历史上的一个伟大人物，也是中国历史上的一个伟大人物。

蒙古贵族对欧、亚各族的侵略，除去对世界文化的交流，商业的交通及各族人民的接触等方面，起了一些促进作用外，基本上都是反动的。它不仅曾摧残了被侵略各族的生产和文化，损害了各族人民的生活以至无数人民的生命；且驱使蒙古人民脱离生产，分散于亚、欧各地，又削弱了蒙古族自身，使蒙古社会的历史前进过程，受到歪曲和迟滞。

蒙古贵族的南下对中国内地实行清野空城大屠杀、焚烧和掳掠，及其对他族人民的残暴、落后的统治，给了中国社会的生产与文化以空前严重的摧残、破坏，给了人民的生活和生命以空前的苦痛和危害；不只迟滞了中国社会的前进，且起了逆转的作用。它虽然没能（也是不可能）把历史的车轮扭转，但使中国社会受到严重摧毁，斩杀或削弱了一些前进因素，并以巨大的暴力，在中国封建制的地盘上，建立其奴隶制的点线生产，进行奴隶制、半奴隶制式的压迫和榨取。因此，它引起汉族、契丹、女真及其他各族人民的生死反对。

中国社会没有完全被摧毁，主要是由于各族，尤其是汉族人民普遍、持续的斗争。善于和压迫者作斗争的中国各族人民，在元朝统治集团的严密控制与暴力镇压下，在初期反元武装斗争以后，一面不少汉族人民便不断进入国内其他部族和部落地区，彼此结合，共同进行斗争；一面便巧妙的转入地下活动，客观上（不能设想为有着全盘的计划的配合），形成对元朝统治者长期包围和夹击。反元的各族人民，不只采取了各种形式进行了持续的斗争，而且此仆彼起的武装斗争，在八十九年中也一直没有停止过。

最后推翻元朝统治的全国大起义，白莲会的地下活动，与刘福通，韩林儿等为首的"红军"，是起了决定作用的。刘、韩等"红军"的失败，除前述根本性的缺点外，首先由于他们不知联合各种反元势力：如吴天保为首的苗、汉义军，前来依附他们，但由于落后的封建保守性、地方性作怪，不知彼此很好的联合，反逼使"苗军"为元廷所利用；第二，他们在个别地方建立了政权，但没有全面搞，更不知巩固和建设根据地，只有安丰是其白莲会群众组织较好的地方；第三，没把河南的元军主力击溃或歼灭，便倾其全力分三路远征，使主力远离，前方后方与三路大军相互间都不相策应、配合，形成各自的独立行动，除山东毛贵一路外，白不信、关先生等两路并都成了流寇式的行动，逐渐削弱以至消灭了自己。自然，这在他们，都是由于历史条件的限制，特别是农民自身的保守性、落后性，没有自己的方向。朱元璋所以成功，第一正由于他们有一个朴素的反元联合战线政策（包括有蒙、回人等在内）；第二由于他们有一套朴素的根据地政策和争取人心的政策；第三由于他们有一套朴素的战略方针。他联合地主阶级反元，并不是不对。他建立起地主阶级的政权，是他对地主阶级的投降。在当时的历史条件下，自然只可能有地主阶级政权的一个前途，也是作为所谓"皇权主义者"的起义农民的一个归趋。但在当时的历史条件，又可能在地主政权的基础上，给予人民更大的利益（如广大无主的耕地，是可以全部分给人民的），同时也可以依靠人民去更多的实施一些重商主义或重农主义性质的政策。这就能加速社会的前进过程。而朱元璋在这方面是很不够的。军事上先巩固自己后方的步骤，也是对的，但应该联合各部反元军，首先去打倒元朝的统治；乃先把元朝放在一边，甚至和它通好，这是不对的，并可能使群众迷失方向。

这时期的反元各军，大都知道建立一定形式和具有相当规模的政权（虽然也只是仿照地主阶级的模型），是一个进步。而且如明玉珍在四川，毛贵在山东，都还相对地搞得不坏，使人民称便。而同在一个白莲会系统，以致同在一个起义的系统，也是人人称帝，个个称王，自相争夺。这是他们的大弱点。自然，农民的这种弱点，也只有在无产阶级的领导下才能克服，在无产阶级的周围团结起来，才不致有阶级弟兄自相残杀的悲剧。

色目人的技术家，对元朝的军需和手工业生产，是起过好的作用的，但色目人的上层人物和其商业资本家（又是高利贷者），对元朝的反动统治是起了帮凶作用的。同样，汉、契丹、女真人出身的官僚和宗教寺院，也是对元朝的反动统治起了帮凶作用。所以起义的人民又同时反对他们。

复 习 题

一、成吉思汗时代蒙古社会的性质如何？

二、成吉思汗缘何是中国史上的伟大人物？

三、蒙古贵族对外侵略的根据与条件何在？

四、蒙古贵族怎样去统治亚、欧各地？

五、元朝的统治给了中国社会以何种影响？

六、元朝对中国的统治和剥削方式有何基本特点？

七、中国国内各族、各阶级、阶层对蒙古贵族南进和元朝统治的态度如何?

八、元朝统治下的中国人民生活如何?

九、中国各族人民为何始终反对元朝的统治?蒙族人民为何也参加反元大起义?

十、中国人民反元大起义的经验教训如何?

十一、蒙古贵族的南进和对外侵略,给了蒙族以何种恶果?

十二、色目人对元朝的统治起了何种作用?

十三、对元曲的形式和内容如何分析?

第十五章

由封建制复兴到崩溃的
明清时期

（公元一三六八——一八四○年）

（明公元一三六八——一六六一年、

清公元一六四四——八四○年）

本章纪自明太祖洪武元年即公元一三六八年，至清宣宗道光二十年即鸦片战争前的公元一八四○年；鸦片战争以后的清朝年代划入近代史范围。

第一节　明初的国内外情况和明太祖的政策

明初的国内外情况　明太祖朱元璋于公元一三六八年即皇帝位，派北伐军扫荡山东、两河，收复大都（北京），元顺帝逃往上都，基本上完成了明朝建国的军事任务。

当时形势的主要特点，一方面，顺帝仍在上都称大元皇帝，继续对抗；元将扩廓帖木儿仍盘据太原，拥有晋、陕、甘的残余元军，企图反攻大都；元宗室梁王巴匝剌瓦尔密，仍盘据云南。明昇占据四川称帝。一方面，日本的武士、商人、浪人与中国流氓及张士诚、方国珍残余分子合成的倭寇，骚扰沿海；朝鲜有附元、附明两派，附元派主张反明；新疆以西蒙古奴主所建立的各汗国中，故察合台的帖木儿（即所谓跛者帖木儿），复建成一个强大的军事集团，即史家所谓"帖木儿朝"（都撒麻儿干），闻"元朝覆灭"，颇欲兴师东进。

另方面，（一）全国普遍穷困。（二）在元朝统治期间，不少汉人逃入其他各族地区和海外；在反元过程中，也有不少人口，尤其蒙古、色目统治者支配下的奴隶和"部民"，纷纷逃亡，无所归属。（三）社会残破，全国广大地区，除江浙的"苏、松、嘉、湖、杭五郡，地狭民稠"外，大都是"田地荒芜，居民鲜少"，尤其是山东、河南、河北等省"多无人之地"，"民物凋丧，千里丘墟"，甚至"积骸成丘"，"道路断绝"①；另方面多数人民则没有土地，且没有耕具和食粮；尤其是人口特多的江南，土地不够。（四）蒙古、色目上层分子聚集的南京、北京等大城市，随着他们的商业和手工业垮台，便衰落下来；参加反元的汉、回、契丹、女真各族的商人和手工业者，则有一种希望和要求。（五）人民不只普遍反对元朝残暴、落后的统治制度，且由于对各族人民的残酷压迫的反感，在到处所揭起的反蒙古、色目统治者的怒潮下，甚至形成反蒙古、色目人的偏向；而残留在各地的蒙古、色目人，却为数不少，除其中一些参加反元斗争的人外，多改装束、易姓名，甚至东躲西藏，尤其是上层分子，如"丁鹤年，回回人……畏祸，迁徙无常"②。而汉、契丹、女真人中的元廷奴才，怕人民清算他们的罪恶，不少人随同逃往蒙古。（六）元朝曾"悉以胡俗易中国之制：士庶咸辫发椎髻，深襜胡帽……甚者易其姓氏为胡名，习胡语。俗化既久，恬不为怪③。（七）蒙古、色目统治者强迫为奴的大量人口，均流离失所，需要处置；而富户、士大夫、新贵却仍相沿使用大量奴隶。（八）明朝新统治集团内部，一面有以李善长为首的文臣派，包括出身于元朝的官吏、大儒、大地主和原先拥有地主武装而半途投靠的将军，以及被他们拉拢的下层人民出身的将军；一面有以徐达为

---

① 顾炎武《日知录》、《续通考》卷二《田赋考》。其他各地，如自皖北至南京间的皖北、苏北地区，是"骨肉离散，生业荡尽"，"百姓稀少，田野荒芜"；在湖南，如常德、武陵等十县，是土旷人稀，耕种者少、荒芜者多；在四川，所属州县，与中原一样，户粮多不及数，以至多有州降为县和数县合并为一县的情况，素号谷仓的成都平原，也成为"居民鲜少"，"田数万亩荒芜不治"的荒凉景象；边远如云南，直至洪武十九年也仍是"土地甚广，而荒芜居多"，还没恢复过来。（并见《明太祖实录》）

② 瞿佑《归田诗话》。

③《明太祖实录》洪武元年二月诏。

首的功臣派，包括出身下层群众，又多系与朱元璋一同反元的功臣和将领。另一面，参加反元的下级军官和士兵，又与成了新贵大地主的功臣、将官不同，却并没丧失其阶级本性，又有其不同要求；而他们却是朱元璋和徐达等功臣派所依靠的老本钱。

从这种新形势中产生了新的矛盾，如果没有适当的处置，明朝的统治是巩固不了的。

明太祖的政策　太祖在对外政策上：对倭寇采取剿、抚兼施；对朝鲜的附元、附明两派采取放任；对帖木儿朝则通使妥协。对国内各敌对势力：一方面对明昇一再派人招降；一方面则集中全力去消灭元朝的残余反抗势力，其中对元廷残余势力，则一面进讨，一面招降，并特下令保全元宗戚，禁止杀戮，赦回元太子，对山、陕和云南实行讨伐。因此，一方面在攻克大都以后随即命徐达、常遇春等收复山西，至公元一三七二年，山西、陕西、甘肃、宁夏，便基本上平定了；一方面，公元一三六九年七月，常遇春北上克开平（今内蒙古自治区多伦），顺帝逃应昌（今内蒙古自治区克什克腾旗以西，多伦东北）；明年徐达率李文忠、冯胜、邓愈、汤和等率兵北上。五月，顺帝死于应昌，其子爱猷识里达腊继位；六月，李文忠攻陷应昌，元嗣君北走，其子买的里八刺被俘，明军北追至北庆州。但元廷残余势力仍继续与明廷对抗，明廷乃继续命徐达、李文忠、冯胜、傅友德、蓝玉等主持北伐和防守，直至公元一三八八年（洪武二十一年），蓝玉袭破元主力于捕鱼儿海（今内蒙古自治区满洲里南，亦名呼伦池），但仍未终止了武装对抗的局面，元嗣君仍逃至漠北称大元皇帝，直至鬼力赤杀元帝坤帖木儿，方改国号为"达旦"（Tartar）。公元一三八一年（洪武十四年），傅友德、蓝玉、沐英大破元兵于白石江（云南曲靖东北），擒达里麻，攻克曲靖；巴匝剌瓦尔密及妻子左右均逃至普宁自杀，收复云南。同时，明昇于公元一三七一年投降，已如前述。对于倭寇，一面命莱州同知赵秩请日本怀良亲王加以阻止；一面于沿海筑城寨，设卫所，同时派兵出海上剿剿。以后虽未绝灭，但保持了一个时期的相对安静。

在内政方面，首先关于对国内各部族和部落的政策，有其积极的一面，但也包含着一些大汉族主义的内容。如一方面，为顺应汉族的传统风习，激发汉族的自尊心，于洪武元年二月下诏："其辫发椎髻、胡服、胡名、胡姓，一切禁止"，"悉命复衣冠如唐制，士民皆束发于顶"①；同时特亲制一种网巾颁之天下，不分贵贱一体服用。一方面，适应人民情绪，又严禁蒙古、色目人冒汉姓，伪称汉人；在完成全国统一后，他以蒙古、色目人"种类散处天下者难以遽绝"，便一面给他们与汉人无差别的待遇，一面以惩于晋、唐的教训，又实行同化政策，限令"凡蒙古、色目人，听与汉人为婚姻，不许本类自相婚聚……其中国人不愿与回回钦察为婚姻者，听从本类自相娶嫁，不在禁限"②。同时又标示了对国内各族"一视同仁"的方针。但在另方面，原先反元的国内各族人民，在灭亡元朝后，他们的要求仍没有被明廷所重视与适当解决。因此，又继续保持武装对抗明廷；太祖也同其他封建王朝一样，采取镇压政策。

关于奴隶的政策。太祖于洪武五年便下令"诸遭乱为人奴隶者，复为民"，并定天下户口只分民户、军户、匠户；禁止俘获、拘略、投靠及买卖良民为奴婢，"庶民之家存养奴婢者：杖一百，即放从良"③；太祖列大将蓝玉的罪状之一，是家奴数百。这在于解放被蒙古、色目统治者迫令为奴的大量人口，并防止自富户以至新贵驱良为奴。

关于农业和土地政策。朱元璋与地主阶级由妥协到建立地主阶级的政权④；但他究系起自下层，深悉群众的痛苦和要求，又须照顾其部下广大士兵群众的阶级要求，同时也害怕农民造反。所以他特率其长子朱标到乡间，教诫标说：你知农民劳苦吗？农民"身不离于畎亩，手不释耒耜，终岁勤劳，不得休息"；住茅舍、衣破裳、食粗粝野菜。你须牢记其苦处，毋过事聚敛，必使农人"不致于饥寒。"⑤ 一方面，由于大地主，即所谓"右姓巨族"在反对

---

① 《明太祖实录》洪武元年二月诏。

② 《明律集解》。

③ 同上。

④ 朱元璋任用地主阶级出身的人物，制定和执行地主阶级的各项基本政策，连"宿卫"和中央政府的吏员，也只选"富民子弟"充任；并对所谓"食禄之家"，即"自今百司见任官员之家有田者，输租税外，悉免其徭役。""致仕还乡者，复其家终身。"（并见《明太祖实录》）甚至连在学的士子，除本身不任差役外，并优免其家两个成丁的差役。（参看张居正《太岳集·请申旧章饬学政以振兴人才疏》）

⑤ 《明太祖实录》卷二二。又常说："四民之中莫劳于农。观其终岁勤劳，少得休息；时和年丰，数口之家，犹可足食，不幸水旱，年谷不登，则举家饥困。"又谕知开封府宋冕说："今丧乱之后，中原草莽，人民稀少。所谓田野辟、户口增，此正中原今日之急务。"自然，这都是从维护其统治出发的，所以又说："百姓足而后国富，百姓逸而后国安；未有民困穷而国独富安者。"（《实录》卷二五、三四）

人民起义的战争中，大量死亡，到处都是无主的荒地，解决了相当一部分人民的土地问题，明令号召人民开垦荒地，不论有无原主，即为己业，永不起科；又严令地方官吏，招徕无籍流民垦荒，官给耕牛种籽，并以垦田多少为官吏赏罚标准；同时号召四方流民各归田里，无地或耕地少者，官按丁给予附近荒田。洪武十三年，又明令：陕西、河南、山东、北京、凤阳、淮安、扬州、庐州等处田，许人民尽量开垦作己业，不起科。一方面又实行把地少人多之乡的人民，移至地多人少之乡及边地，如移江西吉安一带人民于湖南（新垦地区，并许插标占地），移苏州、松江、嘉兴、湖州、杭州、江浙"民无田产者"于皖北、淮南一带，京西山后无地农民三万五千余户于诸卫府，沙漠遗民三万二千户于北京附近，移山西"民之无田者"于河南、山东，以及在各省内把地少人多之乡的无地农民，移至人稀地多之处，除给予移民土地外，又给予种籽以至农具、耕牛、粮食及舟车运送等等①。所以说太祖时迁民最多。这不仅满足了不少一部分人民的土地要求，创造了不少的自耕农，为明朝的生产奠下了基础，并为残破的农村以至社会全部生产，打下了基础。同时又禁止"富者兼并"与"卫所占田"，又派人分赴全国各地"丈量田亩"，"定其赋税"② 等措施，也促使生产得到恢复。到洪武二十六年，全国耕地总面积达八百五十万顷，全国各州县荒芜的耕地，大都又变成熟地了。另方面，为减轻人民负担，又实行屯田。一为军屯，"领之卫所，边地三分守城，七分屯种，内地二分守城，八分屯种；每军受田五十亩为一分，给耕牛农具"，以所收"贮屯仓"及供"本卫所官军俸粮"。一为民屯，即移狭乡之民就宽乡，或召募，或以"罪徒者"充耕户，"皆领之有司"。"外而辽东有一万一千三百八十六顷，内而极安如浙江者亦有二千二百七十四顷，推之南北两京卫所，陕西、山西诸省，尤为极备。"③ 无论官给或自备牛种，均于三年后，每亩收租一斗。原先中书省

① 《明史·太祖纪》。《明太祖实录》。《大明会典·户部》。据《文物参考资料》一九五八年第三期载，近在河南汲县郭前屯一所破庙中，发现"明初迁民碑"："卫辉府汲县，山西泽州建兴乡大阳都为迁民事，系汲县西城南社双兰屯居住，里长郭全下人民一百一十户。"下逐一列一百一十户甲首姓名。这可见明初迁民，又是有组织有秩序地进行的。

② 《明大诰》、《明太祖实录》。

③ 《明史·食货志》。"东自辽左，北抵宣大，西至甘肃，南尽滇蜀，极于交阯，中原则大河南北，在在兴屯矣。"朱健《古今治平略》谓洪武二十一年全国军屯共收入粮五百多万石。谭希恩《明大政纂要》谓洪武二十四年太祖曾说：国家养兵百万，不费百姓一粒米，全仰军屯。

请给牛种者收租什五，否者收租什四；"上曰边民劳苦，自给足矣"①。屯田面积共达八十九万三千余顷。另外在明初，募盐商于各边开中（即屯田输粟，便给予盐），谓之商屯，到弘治朝始坏。

规定地税："凡官田亩税五升三合，民田减二升，重租田八升五合五勺，没官田一斗二升。惟苏、松、嘉、湖，怒其为张士诚守，乃籍诸豪族及富民田以为官田，按私租簿为税额……故浙西官民田，视他方倍蓰"。至洪武十三年命户部裁其额，并许以钱或他物折纳。同时开发全国水利，修筑各处堤防、堰闸、陂塘等，特设都水营田使主持，并派国子生及技术人材分路督修。同时号召人民直接条陈意见，地方官吏不得阻止或迟不上奏；铜城堰闸周围二百余里的修筑，即由于和州人民的建议。"晚岁忧民益切，尝以一岁开支河暨塘堰数万"②。奖励栽桑植棉等经济作物，规定人民有田"五亩至十亩者，栽桑麻木棉各半亩，十亩以上倍之；麻亩征八两，木棉亩四两，栽桑以四年起科；不种桑出绢一匹，不种麻及木棉，出麻布棉布各一匹"。并教民"如法栽种桑、麻、枣、柿、棉花"，同时规定"里老常督、违者治罪"③，规定督农劝耕，作为考核地方官政绩的首要标准；并规定全国各村均置鼓一面，由老人击鼓督劝。另方面，又不断下令减轻赋役，实施赈贷，尤其对被灾和经过战争的地区，对灾区除赈贷外，并令地方官：凡遇水、旱等灾难的地区，均予免除税役；丰年全国无灾区，则择地瘠民贫之区优免。地方官有灾不报和阻拦人民报灾的均严办。他在位三十一年间，共赈赐米谷百余万石，布钞数百万，蠲免租税无算，并免除田器税。

工商业政策：手工业方面，释放大量元朝的手工业奴隶为良，使其独立营业。同时规定"匠户二等，曰住坐、曰输班"；输班之匠，"三岁一役，役不过三月，皆复其家"（《明史·职官志》，输班作轮班）；"住坐之匠，月上工十日，不赴班者，罚输班银月六钱"。商业方面，改变元朝关市之税的"颇繁琐"的办法，而代之以"务求简约"的办法，"农具、书籍及他不鬻于市者"免税，"凡商税三十而取一，过者以违令论……命在京兵马指挥领市司，每三日一校勘街市度量权衡，稽牙侩物价，在外城市兵马亦令兼领市司"。十年以

---

① 《罪惟录》、《明史·太祖纪》。
② 《明史·食货志》。参看《河渠志》、《明太祖实录》、《日知录·水利》。
③ 《明史·食货志》、《明太祖实录》、《罪惟录》、《太祖纪》、《古今图书集成》农桑部。

"天下税课司局征商，不如额（例外额征）者百七八十处；遂遣中官、国子生
及部委官各一人核实立为定额"。胡惟庸伏诛后，又明令"曩者奸臣聚敛，税
及纤悉……自今军民嫁娶丧祭之物，舟车丝布之类，皆勿税。罢天下抽分竹木
场"；后又以"商货至，或止于舟，或贮城外，驵侩上下其价，商人病之。帝
乃命于三山诸门外，濒水为屋，名塌房，以贮商货"①。又规定宫廷购物，按
市价多给。对外贸易，一面派人往各国勘商路，一面给予各国"勘合簿"（凭
证），许其凭"勘合"来华通商。

一般社会政策：（一）全国城乡分坊、厢（城区）、里、甲（乡），按户、
丁编制赋役《黄册》，按田亩编制科粮《鱼鳞图册》②；鳏寡孤独不任役者，
附为畸零，"僧道给度牒，有田者编册如民科"。给里甲以相当的权力，并令
其互助，如二十八年"谕户部编民百户为里：婚姻死丧疾病患难，里中富者
助财，贫者助力；春秋耕获，通力合作，以教民睦"。（二）"直省、府、州、
县、藩府、边隘、堡、站、卫所、屯戍，皆有仓"数不等以储粮外，各州、县
务立东西南北四仓，每年以官价籴储米粮，常储二年之粮以备凶，由地方年长
的"笃农"掌管；民户出谷千五百石以上的旌为"义民"，三百石以上的立石
旌表，免役二年或补吏授官。使用办法，后来世宗嘉靖八年（公元一五二九
年）是这样规定的："年饥上户不足者量贷，稔岁还仓；中下户酌量赈给，不
还仓"③，这也是沿袭太祖时的遗制。这种仓原名储仓、预备仓，后改为"济
农仓"或"社仓"。（三）又对灾荒地区实行官赈，洪武二十七年（公元一三
九四年），为恐失去救饥时机，又下令先赈贷然后奏闻；有些地方官吏先事奏

---

① 《明史·食货志》、《明太祖实录》卷二一一。《实录》卷二三四又称：洪武二十七年命工部造十
　五座接房于江东诸门外，令民设酒肆其间，以接四方宾客，名为鹤鸟、醉仙、讴歌、鼓腹、来
　宾、重译。
② 《明太祖实录》谓：洪武元年派周铸等一百六十四人往浙西核实田亩，定其赋税。五年六月派使
　臣至四川丈量田亩。十四年命全国郡县编赋役《黄册》。二十年命国子生武淳等分行州县编制
　《鱼鳞图册》。所谓《黄册》，系将户口编成里甲，一百一十户为一里，以其中最富者十户为里
　长；其余百户，以十户为一甲共编为十甲。甲置一甲首。每年由里长一人、甲首一人，管一里一
　甲之事；依各户丁粮多寡轮流充任。十甲在十年内先后挨次为国家服劳役各一年，另九年休息。
　在城为坊、厢。每甲编为一册。里中有鳏、寡、孤、独不能应役者，带管于一百一十户之外，名
　曰畸零。每隔十年，地方官按丁粮增减重新编定服役次序。以册面用黄编，故名《黄册》。所谓
　《鱼鳞图册》，系民户地权之图册，即度量田亩方圆作成简图，编次字号，登记田主姓名及田地
　丈尺四至，编汇成册。以所绘田亩形状似鱼鳞，故名《鱼鳞图册》。
③ 《明史·食货志》。

请，他说：待你奏请后再赈贷，饥民早已饿死了；地方官侵吞赈款，被他发觉的便杀头。晚年又制定灾伤散粮则例，定大口给与六斗，小口三斗。（四）孤、独、残、疾、阵亡士兵遗族等，均由官养。埋葬死难遗骸，旌给国难中的忠孝节烈，恩恤老年。

严惩贪污的政策。他为着要禁止官吏贪污，一面命刑部编辑官绅犯罪事状，手制《大诰》三篇，罗列凌夷枭示灭族等罪千百条，斩首以下罪万余条，颁行全国，而且"风飞雷厉"，非同具文，颇得"田家"即"农夫"的赞许①。同时府、州、县、卫均立一皮场庙（贪污者被剥皮处），公座旁均悬一剥皮装草死官，使官绅触目惊心。洪武十八年（公元一三八五年），发觉户部侍郎郭桓贪赃罪（盗官粮），穷究通同作弊官绅，追出赃款七百万两，杀内外官绅数万，寄赃借赃之富家也都受到惩罚。一面特设都察院，专责监察和纠劾内外各官；全国十三道，均设监察御史。一面号召人民赴京直向皇帝控告贪污；赃满六十两的均枭示与剥皮装草，以"重惩贪吏"②。其他扰民残民的，不论功臣大官，一律严办和申斥：如丞相胡惟庸子乘马摔死车下，胡杀车夫，太祖发觉后，要惟庸偿命；吉安侯陆仲亨自陕西归，擅向人民征夫马，帝怒责之曰："中原兵燹之余，民始复业；籍户买马，艰苦殊甚。使皆效尔所为，民虽尽鬻子女不能给也"③；又如东南第一富豪南京沈万三，鱼肉人民，无恶不作，太祖把他捕杀，以其田产分给贫户。他想用这种方法去实现廉洁政治，所以洪武元年，召集全国州县官面谕："天下始定，民财力俱困，要在休养安息，唯廉者能约己而利人"。二年又告谕群臣说："尝思昔在民间时，见州县官吏多不恤民，往往贪财好色，饮酒废事，凡民疾苦，视之漠然，心实恨之。故今严法禁，但遇官吏贪污，蠹害吾民者，罪之不恕。"④ 但由于用法过严过细，以致几乎"无几时不变之法，无一日无过之人。"⑤

畅达民情的政策。人民得迳向皇帝控告贪污，条陈水利等意见，已如前

---

① 谢应芳《龟巢稿》卷七《周可大新充粮长》："田家岁晚柴门闭，熟读天朝大诰篇。""好将壤击歌中意，写作丹青献至尊。"卷八《读大诰作巷歌二首》："天语谆谆祸福灵，风飞雷厉鬼神惊，挂书牛角田头读，且喜农夫也识丁。""鸡犬不惊田舍乐，叫嚣人不到乡村。"

② 《二十二史札记》卷三三。

③ 《明史·胡惟庸传》。

④ 《明史·太祖纪》、《明太祖实录》卷三八。

⑤ 《明史·解缙传》。

述。他说：政治好似水，经常流通，使下情上达，天下方得太平。因此便明令规定：凡天下臣、民，均得论政事，用密封交通政司直达御前。

通政司就是收受臣民奏章等直达皇帝的专设机关，不论何人有陈情、建议、申诉、控告等等情事，均不得搁置或不具奏。这是一个有进步性的重要措施。

刑法方面的两重政策。太祖废除元朝对国内其他各族人民的严刑苛罚，根据宽简原则，斟酌轻重，经三十年的经验，不断增改删修，最后制成《大明律》，确实比《唐律》较宽简。他并教训其孙建文帝（允炆）：治平世，务用轻典。同时，他明令废除历代相承的黥刺（刺面）、刖（割脚胫）、劓（割鼻）、阉（割生殖器）等惨酷肉刑；谓后世如有请复肉刑的，务用重典惩办。为着慎刑，又规定刑部与都察院判决死囚案件，须连同案卷犯人送大理寺覆审，作最后判决。但另一方面，对于贪污与违犯政策、法令的官吏，鱼肉人民、相结为恶的豪霸等等，又概用重典处断，谓这是"治乱世"的必要手段。所以说：太祖"惩元末豪强侮贫弱，立法多右贫抑富"[1]。所谓"右贫抑富"是不确实的，对贫人给了较前代多点的照顾，却是事实。

实行进一步集权的政策。自左丞相胡惟庸等叛国案以后，便不设丞相，并于公元一三九五年明令以后"不许复立丞相"；文官废中书省，武官废大都督府；中央政权机关，皇帝以下，由五府、六部（吏、户、礼、兵、刑、工）及都察院、通政司、大理寺等机关组成。即他所谓："朕罢丞相，设府、部、都察院分理庶政，事权归于朝廷"[2]。军队分由中、左、右、前、后五都督府掌管。

最后，处理其部下两派矛盾的政策。在这个问题上，首先表现他做皇帝的立场和其雷厉风行般实施的一系列改良政策，存在着不少矛盾。他没有把所有荒地和官地都给予无地少地的人民，而是给所有功臣武将都分予大量良田，使他们都成为大地主。这使功臣武将和李善长等那些大地主出身的文臣，在阶级地位上是一样了，但一方面更扩大了文武两派的权利之争。太祖为和缓这种矛盾，便想说服功臣武将：世乱用武，世治用文，并非偏。而功臣武将对他的回

---

① 《明史·食货志》。
② 《明史·太祖纪》。

答却是：文人善讥讪，如张九四（士诚）厚礼文儒，为其撰名叫"士诚"；这个很美的名，却来自《孟子》"士诚小人也"，他哪能知道？这反而又助长太祖自己的疑忌，使一些文人小吏无端遭受文字之祸。而两派间的矛盾和暗斗反日益深刻，《胡惟庸传》说："相数岁，生杀黜陟……四方躁进之徒及功臣武夫失职者争走其门，馈遗金帛名马玩好，不可胜数。大将军徐达深疾其奸，从容言于帝"；惟庸亦设法"以图达"。而"胡惟庸逆党"的领袖，却是李善长。另方面，成为大地主的功臣武将，生活的骄纵、堕落、腐化，是不可避免的。而其所谓"失职者"在脱离部队后，其平日依靠的下级官和士兵群众所反映的阶级要求，也便完全从他们的脑子里消逝了，他们就完全和文臣派大地主一样了。而太祖所要贯彻的一系列改良政策，不只与文臣们旧地主阶级传统的统治习惯不同，那班"失职者"从自己眼前的利益出发，自会感觉不便而有其反感的；加之太祖对他们违反政策法令的行为，件件都不放松。在这种矛盾下，他们便相互结合，"逆谋"布置政变。"胡惟庸逆党"的"共谋不轨"的大事件，就是这样产生的。其主谋人物胡惟庸、陆仲亨的平日行为，已如上述；他如陈宁，"在苏州征赋苛急，尝烧铁烙人肌肤，吏民苦之，号为陈烙铁；及居宪台，益务威严。太祖尝责之，宁不能改"①；罪魁李善长，"外宽和内多忮刻"，临濠有地若干顷，守冢户百五十，佃户千五百家，仪仗二十家，还要谋"不轨"②。他们甚至勾结倭寇，向蒙古贵族的残余元帝称臣，请其出兵。蓝玉的谋叛事件，基本上也是同类的性质。蓝玉"骄蹇自恣，多蓄庄奴；假子乘势横暴，尝占东昌民田；御史按问，玉怒逐御史。北征还，夜扣喜峰关，关吏不时纳，纵兵毁关入……帝切责玉……犹不悛"③，反而不分昼夜常召集吏部尚书詹徽、户部侍郎傅友文及尝为其部下的武人张翼、陈桓等于私宅会议"谋反"。这些人，从其不顾人民死活，任意破坏政策法令来说，都是该受处罚的，"倒行逆施"的"谋反"就更应当镇压。但太祖平日对他们缺乏教育，至此便靠拿杀去解决问题，又广事牵连，也是要不得的。因此，在处理其部下这方面，他却不若唐太宗。

---

① 《明史·陈宁传》。
② 《明史·李善长传》。
③ 《明史·蓝玉传》。

太祖的各种改良政策，虽到成祖（棣），有的直到宣宗（瞻基）甚至以后，都继续在实行；但内容却不断被改变，甚至成了相反的东西。但太祖所施行的一系列改良政策，尤其农业政策和工商业政策，是有着不小进步作用的；不只得到其时人民的赞成，而对社会生产和明朝前期的富强，也是起了相当的促进作用的。他虽然还有其不好的方面，但从其全部事业说，可算是中国封建时代一个较伟大的皇帝。

第二节　由封建经济的复兴到崩溃和
资本主义因素的产生（一）

急速发展的明前期经济　明朝的土地制度，分所谓官田、民田两种。官田初皆宋、元时入官田地，张士诚集团所占田宅，后又有还官田、没官田，如在东南，由于"富民"助张士诚、方国珍，太祖乃"取诸豪族租佃簿，历付有司，俾如其数为官税"，即没收为官田①。断入官田、学田、皇庄、牧马草场、城堧苜蓿地、牲地、园陵坟地、公占隙地、诸王公主勋戚大臣内监寺观赐乞庄田、百官职田、边臣养廉田、军民商屯田，通谓之官田。其余为民田。据孝宗（公元一四八八——一五〇五年）弘治十五年（公元一五〇二年）统计，官田与民田为一比七；在江苏苏州、松江一带，洪武初年，约为二比一，宣宗宣德间，长洲七县为十五比一；孝宗时，苏、松亦为二比一②。其实，所谓"赐乞庄田"，实质上都是新贵大地主和寺观的私田；民屯也有一部分实际成了屯户

---

① 祝允明《野记》、《日知录集释》卷十。

② 顾炎武《天下郡国利病书》第六册《苏松》："国朝洪武初，（苏州）七县官民田地共六万七千四百九十顷有奇，官田地二万九千九百顷有奇……民田地二万九千四十五顷有奇……抄没田地一万六千六百三十八顷有奇。"官田共四六、五三八顷余，约当民田不足二倍。又《日知录集释》卷十引宣德七年（公元一四三二年）苏州知府况钟奏（《况太守集》卷八）称，长洲七县秋粮共二百七十七万九千余石，内民粮占一十五万三千一百七十余石，官粮占二百六十二万五千九百三十余石；一府之地，民田不过十五分之一。又《大明会典》卷十九：孝宗弘治十五年（公元一五〇二年）清查天下田亩，官田当民田七分之一。而苏州官田九万七千七百八十六顷有奇，民田五万七千四百六十三顷有奇；松江官田三万九千八百五十六顷有奇，民田七千三百顷有奇。苏、松官田共十三万七千六百四十二顷余，民田共六万四千七百六十三顷余，官田为民田二倍多。

的耕地。

在民田里面，除地主阶级原有的土地和新的赐乞庄田等外，在明初，由于太祖时土地政策的施行，除由于赐田和兼并等等而产生不少大地主外，许多农民得到土地，产生许多自耕农以至小地主：他们占有的耕地面积，虽无统计，可能占民田中相当大的比例，自耕农的数量大大加多。在这个前提下，加之其他改良政策的施行，以及元朝对汉族等各族人民的压迫及其野蛮残酷落后的剥削方式的解除等等，在原有社会生产力水平的基础上，便引起生产力较快的进步，社会经济较快的恢复和发展。因此，在农业方面的直接结果，到洪武二十六年（公元一三九三年），便产生天下田几无荒弃的现象①；按《黄册》所登记的户口，是年达户一六、〇五二、八六〇，口六〇、五四五、八一二（实际按二十四年每户平均五口计算，便近九千万口。在当时经济情况下，每户平均口数反而减少，是不合规律的）。这较元世祖时的户一一、六三三、二六一，口五三、六五四、三三七，约增加了一倍。其次，到成祖永乐时，"常操军十九万，以屯军四万供之"，"屯田米常溢三之一（每军每分——田五十亩——除交正粮十二石储屯仓外，有尚余二十三万石的）；南方水稻，每亩能收四五石至六七石；湘西南新垦地区（原为苗人、瑶人等住区，元时不少汉人逃往；洪武初，陈友谅失败后的农民军也相率逃往，太祖又移民前往），亦普遍兴筑堤坝塘圳和利用桔槔、筒车等引水灌田，这也表现了农业生产力的进步情况。这种进步，又具体表现为明政府在不断减、免租、赋的情况下，收入仍是逐年增加，如洪武十八年（公元一三八五年）全国收入米、麦、豆、谷共二〇、八八九、六一七石，二十三年增至三一、六〇七、六〇〇石，二十四年增至三二、二七八、九八三石，二十六年增至三二、七八九、八〇〇石②。同时，除东南数府外，一般赋役都较轻。如洪武十三年，定"官田亩税五升三合五勺，民田减二升。租田八升五合五勺……没官田一斗二升。惟苏、松、嘉、湖……按私租簿为税额……浙西官、民田视他方倍蓰，亩税有二、三石

---

① 从洪武元年起，垦田数年有增加，洪武十四年"天下官民田"增至三百六十六万七千七百一十五顷四十九亩，天下人户一千六十五万四千三百六十二，口五千九百八十七万三千三百五。二十四年天下官民田地达三百八十七万四千七百四十六顷七十三亩，二十六年达八百五十万七千六百二十三顷（《明太祖实录》卷一四〇、二一四，《明史·食货志》）。

② 《明太祖实录》卷一七六、二〇六、二一四、二三〇。

者。大抵苏、松最重，嘉、湖次之，杭又次之"。小民佃种富户田地，亩输地租稻谷一石至二、三石，一般不超过全部收入十分之五。据顾炎武《天下郡国利病书》所述，东南各府，自太祖统一全国后，也不断减、免租、赋①，因此，永乐间（公元一四〇三——一四二四年）便形成如此的景况："宇内富庶，赋入盈羡，米粟自输京师数百万石，外府县仓廪蓄积甚丰，至红腐不可食。岁歉，有司往往先发粟赈贷，然后以闻。"直至宣宗宣德（公元一四二六——一四三五年），顾炎武说直至孝宗弘治（公元一四八八——一五〇五年）②，农业生产都是上升的，都保持着"百姓充实，府库衍溢"的景况③。

　　一方面，又引起商业和手工业生产的发展。这主要由于国内市场的扩大。其次由于元末全国人民大起义，不只摧毁了元朝的残暴统治，且给了封建统治基础相当的打击。其次由元朝残暴、落后的统治状态下解放出来的大量手工业者和商人，在较好的政治条件下，经营其独立的业务。再次由于成祖继承太祖的政策，规定军民日用杂物类、嫁娶丧祭用物、时节礼物、染练自织布帛、农器、车船运载非卖品、凡小民挑担蔬菜、溪河货卖杂鱼、竹木蒲草器物、常用器物、铜锡器物、日用食物、既税物、非市贩物等等一律免税。到宣宗时，由于商品经济的发展，规定纱、罗、绫、锦、绢、布及皮货、瓷器、草席、雨伞、鲜果、野味等，按时价估定课税；同时，应税商品，其倚势隐匿不报者，物尽没官，还判罪，这对大地主、大商人的垄断资本也加了一点限制。直至英宗（祁镇，公元一四三六——一四四九年，年号正统。公元一四五七年复辟，至一四六四年，年号天顺）正统初，门摊所课还都遵洪武旧额。又次，由于元朝大量汉人移住

---

① 《天下郡国利病书》第六册《苏松》。

② 《天下郡国利病书》第九册《歙志风土论》："国家厚泽深仁，重熙累洽，至于弘治，盖慕隆矣。于时家给人足，居则有室，佃则有田，薪则有山，艺则有圃；催科不扰，盗贼不生，婚媾依时，闾阎安堵，妇人纺绩，男子桑蓬，臧获服劳，比邻敦睦。诚一时之三代也……诈伪未萌，讦争未起，芬华未染，靡汰未臻……寻至正德（公元一五〇六——一五二一年）末、嘉靖（公元一五二二——一五六六年）初，则稍异矣。出卖既多，土田不重，操资交捷，起落不常，能者方成，拙者乃废，东家已富，西家自贫，高下失均，锱铢共竞，互相凌夺，各自张皇。于是诈伪萌矣，讦争起矣，芬华染矣，靡汰臻矣……迨至嘉靖末、隆庆（公元一五六七——一五七二年）间则尤异矣，末富居多，本富尽少，富者愈富，贫者愈贫，起者独雄，落者辟易……贸易纷纭，诛求刻核，奸豪变乱，巨奸侵牟……迨今三十余年，则亶异矣，富者百人而一，贫者十人而九，贫者既不能敌富，少者反可以制多。金令司天，钱神卓地，贪婪罔极，骨肉相残，受享于身，不堪暴殄，因人作报，靡有落毛。"顾炎武这样简要地叙述了明朝经济发展的过程。

③ 以上未注明出处之引文，均见《明史·食货志》、《续通考》卷二《田赋考》。

南洋一带，引起南洋和国内市场的关系特别密切；由于元朝以来的情况变化，日本、朝鲜以至中亚、欧洲与中国市场的关系也比较正常了。

由于这些条件，明代的手工业和商业在宋、元以来的发展水平基础上急疾发展起来了。发展的具体情况，可从以下的一些事实来看。（一）早在洪武十七年（公元一三八四年），比较落后的云南，也以金、银、贝、布、漆、丹砂、水银代秋租；十九年令全国除存粮二年外，并收折色；惟北方诸布政司需粮饷边，仍使输粟；三十年，户部规定：钞一锭折米一石，金一两十石，银一两二石，绢一匹石有二斗，绵布一匹一石，苎布一匹七斗，棉花一斤二斗；至英宗正统时，官吏俸米，均改发货币；诸方赋入均折银，米麦一石折银二钱五分，入内承运库，谓之金花银。（二）永乐二十一年（公元一四二三年），山东巡按陈济言："淮安、济宁、东昌、临清、德州、直沽商贩所聚，今都北平百货倍往时"①，经济较发达的南方与其他地区，可想而知；仁宗洪熙元年（公元一四二五年），增市肆门摊课钞，到宣宗宣德四年（公元一四二九年），不到五年间，既没增税，收入比旧增加五倍。（三）北京、南京、杭州、广州等大都市外，如江苏的苏州、松江、镇江、淮安、常州、扬州、仪真，浙江的嘉兴、湖州，福建的福州、建宁，湖北的武昌、荆州，江西的南昌、吉安、临江、清江，河南的开封，山东的济南，广西的桂林，山西的太原、平阳、蒲州，四川的成都、重庆、泸州，河北的天津，安徽的芜湖等三十余处，都成了商贩和手工业者所聚的头、二等都市。（四）西北人民不纺织，衣料棉布等全靠外地输入；南方妇女不自缝衣裳，缝制大都靠裁缝。这一面表现人民生活对市场的依赖，一面也表现商品经济对封建制自足藩篱的破坏程度。（五）特别表现为手工业生产力的进步（后详）。（六）表现为太监郑和（回人）等之七下西洋，以扩大国外市场。成祖即位初，即派马彬、李兴、尹庆等探视海外，到达爪哇、苏门答剌、暹罗、满剌加、柯枝、印度西南海岸柯今（Cochin）等处。至公元一四〇五年又派郑和及王景弘等，以兵二万七千八百余人，长四十四丈宽十八丈的大船及中船共六十三艘，携带巨量金币和各种物品，从苏州刘家河出海。他们前后七次，到达马来半岛、满剌加、苏门答剌及印度洋沿岸各地外，并到了波斯及阿拉伯的佐法儿、阿丹、忽鲁谟斯、天方、剌撒、东非的

---

① 《明史·食货志》。

木骨都束、卜刺哇、竹步等处，凡二十余国，所取无名宝物，不可胜计。自此南洋贸易更盛，中国商贾往来通商的益多①。

　　英宗以后的土地占有两极化和农村崩溃的进程　随着明朝生产的恢复和发展，从太祖时代起，就扩大了地主阶级对农民日益残酷的剥削，即所谓"豪横之剥削无已，官府之征求无艺"，弄得农民"衣食不给"。顾炎武所谓"东家愈富"，他们是"靠损小民"而"愈富"的②，尤其是粮长、豪绅、地方官通同作弊，致农民不断出卖房屋、耕牛、衣服布帛、锅灶、水车、农具等等，以抵偿租税。这一面便引起"官田沦为私产"，一面又形成"赋税成为浮粮"的现象，在宣宗宣德中，苏州一府，"逋赋至七百九十余万石，督使相继，终不能完。"③ 这表明在恢复生产的过程中，又不断引出了束缚和破坏生产的矛盾。而商业资本的发展，又不断扩大着这种矛盾，侵蚀着封建农村的基础。同时也不断扩大了地主阶级肠胃的消化力，如明朝宫廷的消费，每年都不断增加，特别自英宗以后，就宫女用的胭脂白粉说，明末每年达四十万两；又如范濂《云间据目抄》所说：嘉靖（世宗厚熜，公元一五二二——一五六六年）、隆庆（穆宗载垕，公元一五六七——一五七二年）以来，豪门贵室日益淫奢，士人多缠博带、儒冠、道袍等，阳明衣、十八学士衣，竞尚新奇，帽、鞋、袜

---

① 永乐三年，郑和第一次奉使下西洋，至宣德八年第七次奉使西洋归国，前后历二十九年，经二十余国，远至东非海岸。所带人员二万七千八百七十余人。所乘船名宝船，共六十三号：大船长四十四丈四尺，宽十八丈；中船长三十七丈，宽十五丈。他的随从人员中，马欢、费信、巩珍三人都写有书，纪其见闻。马的《瀛涯胜览》，费的《星槎胜览》，流传甚广；巩的《西洋番国志》，近年发现有彭元瑞抄本。巩参加第七次下西洋，在此书的宣德九年"自序"后为诸"番国"名，计收：一占城国、二爪哇国、三旧港国、四暹罗国、五满剌加国、六哑鲁国小邦、七苏门答剌国、八那姑儿小邦、九黎代小邦、十喃勃里国、十一锡兰山国、十二小葛兰国、十三柯枝国、十四古里国、十五溜山国、十六祖法儿国、十七阿丹国、十八榜葛剌国、十九忽鲁谟厮国、二十天方国。这个伟大航海家、航路探险家一行的前后事迹，在当时轰动中外、流传甚广；在人类历史上也是一件大事，对人类文明有重大贡献的。又《明史》一四九《夏原吉传》称原吉请太子（即仁宗）"罢西洋取宝船"，这反映了三保太监下西洋，在寻找商路和国外市场。
② 陈眉公《藏书十三种·见闻录》。《明大诰·续诰》第四五《靠损小民》："民间洒派、包荒、诡寄、移丘换段，这等都是奸顽豪富之家，将次没福受用财赋田产，以自科差洒派细民。境内本无积年荒田，此等豪猾买嘱贪官污吏及造册书算人等；其贪官污吏受豪猾之财，当科粮之际，作包荒名色征纳小户，书算手受财，将田洒派，移丘换段，作诡寄名色，以此靠损小民。"这种情况，自洪武以后，越来越严重。（参阅《明实录》各帝实录、《天下郡国利病书》关于湖广、江西、浙江、福建等省"阡陌其田无升合之税，税数十石者地少立锥"，或所谓"无田之家而册乃有田，有田之家而册乃无田"等等现象。）
③《明大诰·续诰》第四七；陆世仪《苏松浮粮考》。

等也都有种种流行品，以至奴婢也渐多用细丽器物。从皇室以至一般地主，为着获得更多的货币，去满足其日益翻新的豪奢生活的需要，便一齐向人民，主要向农民开刀。加之英宗以后军费支出不断加多，军役日益繁重。这样，又不断促进农村的崩溃。

因此，就国家正课说，英宗复辟（公元一四五七年，即天顺元年）后，便更定杭、嘉、湖则例，名为使科则适均，而亩科一石，实系增税。特别从世宗时起，嘉靖三十年（公元一五五一年），于南畿、浙江等州县，增赋百二十万，"嗣后……岁入不能充岁出之半，由是度支为一切之法……题增派括赃赎，算税契折，民壮提编均徭。"① 三十七年，又追征旧欠，南畿、浙、闽复额外加派。神宗（翊钧，公元一五七三——一六一九年）万历四十六年，全国田赋每亩加征银三厘五毫，以后每亩共加到九厘；以后熹宗（由校，公元一六二一——一六二七年）天启二年、庄烈帝（即毅宗由检，公元一六二八——一六四四年）崇祯三年、八年、十年、十二年又不断加征，以外又有所谓"剿饷"（围剿农民军）、"辽饷"、"练饷"等附加。地方官吏以至粮长（管里甲科粮）"下乡追征，豪强者则大斛倍收，多方索取，所至鸡犬为空。孱弱者为势豪所凌，耽延欺赖，不免变产补纳；至或旧役侵欠，责偿新佥，一人逋负，株连亲属；无辜之民死于棰楚图圄者，几数百人"。明廷所征自人民的税粮数，以松江府为例，为平米九十七万石。"会计加编征收耗剩起解铺垫诸色役费，当复称是。是十倍宋也。"② 而下户所负担科粮，又有"坍江"（田已淹没）、"事故"（即田弃粮存或流亡绝户）等"虚粮"，责里甲赔纳。同时，奸富或豪富（恶霸大地主）又勾通猾胥（粮长之类）和地方官，如前所述，每将自己所负科粮，偷拨于贫穷粮户名下，即所谓诡寄、挪移、飞洒、洒派、包荒等等；于是他们占地很多，反而纳税很少，甚至没有税粮负担，赋税的绝大部分，都由下户以至无田之户负担。地主对农民的剥削，如地租等，也是越来越重，顾炎武说："田人竭一岁之力，粪壅工作，一亩之费可一缗；而收成之日，所得不过数斗，至有今日完租，明日乞贷者。"③

---

① 《明史·食货志》。
② 参看《明史·食货志》、《明太祖实录》卷一八〇。徐光启《农政全书》。
③ 《明史·食货志》、《解缙传》、顾炎武《日知录》。

人民负担差役，太祖规定服役的年龄为十六至六十岁的成丁男子，内分里甲（户役）、均徭（丁役）、杂泛（杂役）三种，均有力役、雇役之分。"府州县验册：丁口多寡，事产厚薄，以均适其力"，原先并规定田一顷出丁夫一人，名曰"均工夫"，"每岁农隙赴京供役三十日遣归；田多丁少者以佃人充夫，而田主出米一石资其用，非佃人而计亩出夫者，亩资米二升五合"。迨造"黄册"成，便按里甲分上中下户为三等，五岁均役；又定"杂役毋役粮户，额外科一钱、役一夫者罪流徙"。这在原则上是"右贫抑富"的。实际上，人民的税役负担仍是不轻不均。解缙给太祖的"万言"书曾说："今日之土地，无前日之生植，而今日之征聚，有前日之税粮；或卖产以供税，产去而税存，或赔办以当役，役重而民困。"① 英宗以后差役渐多；到世宗时实行所谓"民壮提编（加派）均徭"，便愈来愈繁，加之兵役繁重不止。除免役户外，地方大户，便勾通地方官和衙吏粮胥，每将自己担役转嫁于中下户；后来中户也以同样办法，转嫁于下户。

另方面，地方官对政令阳奉阴违，"视为虚文"，以致"法出而奸生，令下而诈起"②。他们肆行贪污，刻剥人民。早在太祖时，太祖就说过："害民之奸，甚如虎狼。"竟至"朝杀而暮犯"③。成祖时，邹缉说贪官污吏遍天下；梁廷栋说，连巡按御史出差，有一处官员赠送多至银三万两；英宗以后，更变本加厉。但在孝宗以前还偶有惩办贪污的措施，以后便视为固然了。代宗（祁钰，即景帝，公元一四五○——一四五六年）抄王振家产，共金银六十多库，玉盘百面，六、七尺珊瑚二十多株，其他珍宝无数；孝宗（祐樘，公元一四八八——一五

---

① 《明史·食货志》、《解缙传》、顾炎武《日知录》。

② 《明史·叶伯巨传》："今之守令，以户口、钱粮、狱讼为急务，至于农桑、学校，王政之本，乃视为虚文而置之。""以言农桑，方春，州县下一白帖，里甲回申文状而已。""法出而奸生，令下而诈起。"洪武早年有如此情况，其后便愈来愈坏。

③ 刘辰《国初事迹》：太祖说："我欲除贪赃官吏，奈何朝杀而暮犯。今后犯赃者，不分轻重皆诛之。"《明大诰·折粮科敛》第四一："浙西所在有司，凡征收，害民之奸，甚如虎狼。且如折收秋粮，府、州、县官发放，每米一石，官折钞二贯，巧立名色，取要水脚钱一百文，车脚钱三百文，口食钱一百文；库子又要办验钱一百文，蒲篓钱一百文，竹篓钱一百文，沿江神佛钱一百文。害民如此，罪可宥乎！"所以宋濂《芝园续集》卷四《故歧宁卫经历熊府君墓铭》说：由浙西运粮一石至南京，要花四石运费。顾炎武《日知录》卷十说：由东南输租赋粮米至北京，由于沿途耗损、官府需索、风水之险、车船人夫费等等，有二三石纳一石者，有四五石纳一石者。然这不过是当时官吏贪污舞弊之一端。

〇五年）抄李广家产，收贿簿载其一次受某大官贿送金银几千几百两；武宗（厚照，公元一五〇六——一五二一年）抄刘瑾家产，有大玉带八十条，金一二、〇五七、八〇〇两，银二五九、五八三、六〇〇两；抄钱宁（钱能家奴）家产，有玉带二千五百条，金十多万两，银三千箱，胡椒数千石；世宗抄江彬家产，有金一〇、五〇〇两，银四、四〇〇、〇〇〇两；抄严嵩家产，有皮衣一七、〇四一件，帐幔被褥二二、四二七件，原籍及京邸金银珠宝器物田宅等等均甚多，另有良田住宅数十处，严世蕃另藏金千多万两。神宗时的张居正是明朝的名相，每饭必山珍海错十几样到百来样。那样豪奢生活，不贪污从何来。一般官吏的贪污、腐化，地方恶霸大地主商人的为非作恶，骄奢淫逸，以及官绅勾结鱼肉人民的情况，《金瓶梅》、古狂生的《惟内惟货两存私》、李政的《浮梁张令》、冯梦龙的《鬼断家私》等明朝小说，都描写得相当现实。《金瓶梅》虽系借托宋朝的历史故事，也反映了宋朝的情况，实际上是更现实地反映了明朝的情况。

他们的子弟亲属，也都在乡间横行霸道，如名臣杨士奇子穆，在乡杀人夺产，横行不法；焦芳家中建房屋，私拘数郡人民充工役；周延儒、陈于泰两家子弟在宜兴无恶不作，受冤人民相聚掘周祖坟，焚陈住宅；大学士温体仁、都御史唐世济两家，都勾结太湖强盗坐地分赃。所谓"乡宦"之流，如著名的书画家董其昌，也纵使亲信，随意"拘责监候人民"，操纵平民生活以至冤枉、害杀好人；最后激起上海、松江、青浦"三县百姓"在金留的倡导下，因董冤杀生员范启宋事，发生暴动，以"若要柴米强，先杀董其昌"作口号，聚人烧董其昌及其爪牙陈明房舍[1]。赵翼《二十二史札记》说："前明一代风气，不特地方有司私派横征，民不堪命；而缙绅居乡者亦多倚势恃强，视细民为弱肉。上下相护，民无所控诉也。"《日知录》说贪纵的官，大都是"才吏"。没有行政权的各藩王，不能直接贪污，但他们在各地，更是无法无天，任意强夺人民财产、妻女，打杀良民，勾结盗贼杀人越货。地方豪霸也是一样万恶，如古狂生所描写的大户陈篪，"家极豪富，却极好作歹事；家中养几十个家丁，专在大江做私商勾当，并打劫近村人家"及往来商船；事情暴露，他便买通官府，嫁罪无辜人民。

再加盐税及其他杂税苛捐负担，人民便越来越穷困。据解缙说："夏税一

---

[1]《民钞董宦事实》。

也，而茶椒有税，果丝有税；既税于所产之地，又税于所过之津。"① 这还不过是太祖时情况的一个片面，其后便越来越严重了。地主和大商业资本家利用人民穷困，高利贷更乘机猖狂，吸吮人民膏血。尤其从世宗到穆宗前后五十年间（公元一五二二——一五七二年）沿海倭寇骚扰，海外商路不安全，不少大商业资本家的资本转成高利贷，向农村和小手工业者进攻。农家收获才完，收获物便常全部落到他们手中，自己只得挨饿；故无分丰年凶岁，小民一样饿肚子。

因此，一方面，自耕和半自耕农以至一部分中小地主，便不断丧失土地，或转成佃户，或不断从农村被排挤出去，流亡他乡。宪宗（见深）成化初，仅荆、襄一处，便有"流民百万"，河南、山西、西北等处，也均有大量流民；人民卖妻子、卖自身的，沿路成群；孝宗弘治四年（公元一四九一年）有登记的户口，已减至九、一一三、四四六户，五三、二八一、一五八口。一方面，明廷虽不断增加田赋，收入却不断减少，如世宗嘉靖二年（公元一五二三年）两税收入，麦较明初少九万石，米少二十余万石。主要是由于人民无力完纳，只得拖欠，或则逃亡；到神宗时，便形成逋欠之多，县各达数十万的严重现象。另一方面，土地便不断向大地主的手里集中。由于大量人口流亡和田赋逋欠，神宗和张居正为整理赋役，一面便于万历六年（公元一五七八年）重新清丈全国耕地，另制《鱼鳞册》；一面便于九年采用海瑞的建议实行"一条鞭法"（按此法系穆宗时庞尚鹏所创始②），即"总括一州县之赋役"及凡额办派办京库岁需与存留供亿诸费，以及土贡方物，"悉并为一条，皆计亩征银"，就是所有地税、贡纳、徭役、人头税等都归入田赋里面③。这在客观上是有不小进步意义的，同时也正反映了封建制的基础日趋崩溃，封建的人头

① 《明史·解缙传》。
② 《天下郡国利病书》卷八四《浙江》二《泛差》"嘉靖四十四年（公元一五六五年）庞公尚鹏来巡浙江，旧悉两役为民大害，乃始总核一县各办所费、各役工食之数目，一切照亩分派……民岁入之官，此杂泛差役变为一条鞭法之始。"
③ 《明史·食货志》："一条鞭法者，总括一州县之赋役，量地计丁，丁粮毕输于官；一岁之役，官为佥募，力差则计其工食之费，量为增减，银差则计其交纳之费，加以增耗；凡额办、派办、京库岁需存留供亿诸费，以及土贡之物悉并为一条，皆计亩征银折办于官，故谓之一条鞭法。"《续通典》卷七："一条鞭法：通计一省丁粮，均输一省徭役，于是均徭里甲与两税为一。"正由于一条鞭法把赋税、力役等等都归入田赋里面，所以大地主即所谓"豪右多梗其议"。顾鼎臣公开声称他反对的理由是行一条鞭法，他家每年要多纳田赋千石，贫民则少纳千石（《明史·食货志》）。而一条鞭法终于实行了，地主们又通过地租等形式转嫁于农民，所以顾炎武说："至有今日还租，明日乞贷者。"（《日知录集释》卷十）

税、徭役和贡纳，已不能照样继续下去；也由于商品经济的发展，便由实行一条鞭法前的"折色银"，演为全部"计亩征银，折办于官"或"征银折办"。但是，势家大地主等大粮户，便愈加相率把自己担负的科粮，飞洒于中小粮户，中小粮户的负担反愈益加重。因而土地集中的进行反越来越严重。到明末，便形成土地占有两极化的情势，即一面绝大多数的人口没有土地，一面是宫廷、藩王、功臣、外戚、宦官都占有几万几千顷的庄田，官僚、势家、富商、寺观以至豪绅等大地主，也都占有几十几百几千、万顷的田地。如"粟帛灌输天下"的东南①，在苏州、松江，《日知录》指述明末情况说："有田者什一，为人佃作者什九"。所以南浔镇（浙江吴兴东）士人朱国桢向巡抚建议"均田"，农民"闹然并起"。巡抚令国桢随巡按使马起莘往吴兴查勘，沿途百二十里，农民均聚众欢迎，遍贴"均田便民"标语，愈近城贴得愈多；巡按舟舆经过之处，群众夹岸、夹道狂呼。富豪嗾使秀才与巡按集孔庙商讨，农民又聚众请愿。巡抚巡按奏请"均田"被批驳；富豪大姓"分布郡城各门，欲执余（国桢）"，又率其家奴去南浔焚国桢住宅，为群众所阻②。这表现人民要求土地何等迫切，也表现土地集中到了何等程度！因此到崇祯时（公元一六二八——一六四四年）农村便呈现一片饿饥死亡的惨象，特别在某些遭受自然灾害的地区。如在河南，最近在焦作市发现的《炎帝宫记碑》中，清初补刊的两行小字有如次样的记述："〔崇祯〕十一年至十四年，秋麦被蝗虫吃尽……且连年土寇作乱……人逃河南，回者十死一二。""十四年米麦一千五百一斗，荬草豆、大麦一千一百一斗……荞麦种三千三百一斗，绿豆二千文一斗，人吃树皮草叶，栋子等物不足，冬夏之间，死亡七分，互相剐吃，白骨遍

---

① 黄宗羲《明夷待访录》："东南粟帛灌输天下，天下之有吴会，犹富室之有仓库筐箧也。"

② 朱国桢《涌幢小品》卷一四《均田》："此议发之已久，余有所感揭之。抚按误采。发下时编审已定。众当愤结时，闹然并起。适按台马起莘从聘自嘉兴将至，众往迎，大刻'均田便民'四字，粘于道旁，处处皆遍。因巡按台舟，自平望至郡城一百二十里，布满极目，不见首尾，愈近愈多。号呼投水者，往往而是。既至，登舆，众拥极，不得行。擒数人，旋释之。"而此却受到以所谓"大族"为首的地主阶级的拼死反对，朱国桢又说："据均字，以一切法齐之。而各大族之子弟互纠集，直犯府主，加以恶声。府主震怒，多潜遁去；有二生犷甚，自以名实之，以示无惧，遂逮捕不可解。而初发时，率其仆从可千人，抵浔焚余舍。未至三里，或云小民聚，且格斗，乃反。余妻子皆懵不知。又分布郡城各门欲执余，余亦懵不知。而守道谢某，至欲请兵虞变……汹汹者旬日乃止。"

野，甚至父子兄弟夫妻□母活□□食，事情罕有，异出人性。"① 因而自明朝中叶以后，农民逃亡，即所谓"逃绝"或"流移转徙"的情况②，也愈来愈严重。

工商业的发展和资本主义的萌芽 大量人口不断流入都市，依靠都市过活，一方面便使都市本身的消费市场扩大了，首先是衣食必需的粮食和布匹等，消耗量大增，便激起物价不断提高。如洪武二十八年（公元一三九五年），米一石或棉布一匹，值钞二贯五百文，或银二钱五分左右，绢一匹值钞三贯或银三钱左右，苎布一匹值银一钱七分强，棉花一斤值银五分左右；成祖时，物价更低，如米一石低至银二钱以下。但到宪宗时（公元一四六五——一四八七年），棉布一匹高至钞二百贯或钱五六百文，米一石高达钞十五至二十五贯之间（即钱四五十至七八十文之间）。到庄烈帝崇祯四年（公元一六三一年），米一石高涨至银四两；至其末年，山东石米至银二十四两，河南至银一百五十两，则系政治危机时期的特殊情况。一方面，便是使都市聚集着大量廉价劳动力，并得到源源不断的补充。在一条鞭法实行后，城市的人口又完全没有人头税和差役的约束。在此以前，商人和手工业者，均须缴纳资产税和服劳役及商役等。在当时，"市民一充商役，每每是万金之产，无不立破。"③ 一条鞭法实行后，"工匠佣力自给，以无田而免差，富商大贾操资无算，亦以无田而免差。"④

其次，由于农村日趋崩溃，地主阶级尤其是聚集城市的权贵、官僚等大地主，不只日常生活步步增多其对城市的依赖性，而且日益提高其豪奢的消费

---

① 见《文物参考资料》一九五七年第十一期第八一页。

② 以松江为例，《明会典》记洪武二十六年户二四九、九五〇，口一、二一九、九三七；弘治四年户二〇〇、五二〇，口六二七、三三〇；万历六年户二一八、三五九，口四八四、四一四。所以有大量耕地荒废不耕的现象。又陈子壮《昭代经济言》卷二周忱《与行在户部诸公书》："忱尝以太仓一城之户口考之，洪武年间，见丁授田十六亩，二十四年黄册，原额六十七里八千九百八十六户。今宣德七年造册，止有一里一千五百六十九户，核实又止有见户七百三十八户，其余又皆逃绝虚报之数。户虽耗而原授之田俱在。夫以七百七十八户而当洪武年间八千九百八十六户之税粮，欲望其输纳足备，其可得乎？忱恐数岁之后，见户皆去，而渐至于无征矣。是皆惰逃不禁。""苏松人匠丛聚两京，乡里之逃避粮差者，往往携其家眷，相依同住。或创造房舍，或开张铺店，冒作义男、女婿，代为领牌上工。""流移之人，挈家于舟，以买卖办课为名……脱免粮差。""蚩蚩之民，流移转徙，居东乡而藏于西乡者有焉，在彼县而匿于此县者有焉。"

③《明实录·世宗嘉靖实录》卷四五七。

④《明实录·穆宗隆庆实录》卷七，记户部尚书葛守礼奏章所说。

量。一般地主家庭，主要靠卖出粮食，并从而开始出现了"见亩征银"的货币地租，用货币从城市购买其生活必需品与一般奢侈品；大地主不只需要从市场购买一般生活必需品和奢侈品，而且要求外国的奇珍异品与中国没有的东西，如胡椒、药物、珊瑚、珍珠、牙骨、香、外国布以至时计（神宗时由西班牙输入）、洋琴（亦神宗时输入）等。时计、洋琴却只有皇室和大贵族才能得到。这也不断在扩大国内市场，并推进对外贸易。这引起国内都市的日趋繁盛，商业、手工业不断发展和商业资本的积累。南京、北京、苏州、松江、镇江、淮安、常州、扬州、仪真、杭州、嘉兴、湖州、福州、建宁、武昌、荆州、南昌、吉安、临江、清江、广州、开封、济南、济宁、德州、临清、桂林、太原、平阳、蒲州、成都、重庆、泸州"三十三府、州、县，商贾所集之处"，商业和手工业都有较大的发展。"市镇店肆门摊税课，增旧十倍。"① 所以说，明廷自中世以后，日趋淫靡。

在国外市场方面，自朝鲜、日本以至南洋、中亚、东非及欧洲各地，尤其是南洋，到明朝特别从郑和等"七下西洋"后，中国的航业支配了西太平洋和印度洋，各地都欢迎中国的产品，如中国的瓷器、绢帛、棉布、铁器、铜器等等，成了他们生活的必需品，全赖中国输出；如日本需要中国绢帛、棉布，琉球需要中国的铁器、瓷器，南洋及他处均需要瓷器、铁器、布匹等。中国商人前去贸易，他们恐怕不再去，每要求派人留住当地（如南洋苏禄等处）。而且"中国人……从其国内带来了所需要的银钱"，每每成了当地的交换手段②。成祖除派郑和等官家商队外，对中外商人往来货物，抽税百分之六（贡船）或百分之十二（商船）后，听其自由贸易，又助长了对外贸易的发展。郑和

---

① 《明实录·宣宗宣德实录》卷五〇。

② 英国船长《密德顿爵士航行记》（The Voyages of Sir Henry Middleton to the Moluccas, 1604—1606）："（一六〇四年，即万历三十二年）四月二十二日，从中国来了一艘巨大的帆船……它这一来，铅钱的折换率在年内将会很低。这对于我们售出货物是一个很大的打击，因为当铅钱低而银钱高的时候，我们便不能像第一次来这儿那样地半价抛出银钱。而且今年中国人尽一切可能从其国内带来了所需要的银钱。因此，我们被迫只得用赊卖的办法，不然就要失去销售的时机。"在海洋航运和海船载运量方面，《菲岛史料》卷一四《对中国关系文件》（Relation with China, 1605）：一六〇五年（万历三十三年）从中国去菲巨大帆船十八艘，除载货外，载去华侨五、五〇〇人，平均每船载人三百（第五一页）。同书《华侨在菲列宾》（Chinese immigration in the philippines）：一六〇六年，由中国去菲巨大帆船二十五艘，除载货外，载去华侨六、五三三人，大者载四九三人，小者载七七人（第一八九——一九一页）。

以后，对外贸易全由私家商业资本经营。到武宗时，更加发展，"番舶不绝于海滢，蛮人杂遝于州城"，泛海华商尤多，关税成了一笔重要收入。穆宗到神宗时期，由于倭寇骚扰，明廷封锁海面，禁止商船出入，只留广州一处通商。原来从事海外贸易的官僚、大地主私家资本，胁于海上危险，便不再出海，仅于沿海口岸坐地进行走私，受买番舶货物，易与他们所需要的中国货物（并常常可以拖欠番商货款）。一般从事海外贸易的中小商人，由于输出、入的货物利益都很大，便相率自备武器，组织武装商队，不仅从广州出入海口，且从他处走私。明廷怕他们私通倭寇，曾禁沿海居民收贩国货、置备军器及海船出国；但"私通滥出，断不能绝；大利所在，民不畏死"。浙江巡抚朱纨用捕获就杀的残酷手段，也不能阻止；朱纨去职后，所谓"奸徒"就益无所惮了。因此，不仅在倭寇平息、海禁重开后，这种商人便获得海外贸易的支配地位，而且积累了相当雄厚的资本。

手工业也伴同发展了。首先，手工业的各种行业应有尽有：不只在北京、南京、杭州等大都市，各种行业都聚成市街，在全国各地的不少州城、县城（主要在南方），也形成同样情况。在全国各大都市，以至不少小城市都有各种行会的组织，各行又有其共同的组织（如"鲁班会"），甚至南方有些乡镇，也有各业手工业者共同的组织。这种行会，一面为官府服务，如调集匠役，征集上供物品等；官府也给予他们以同业组合、各业共同组合、同盟保护利益的特权。一面他们同行议定出品卖价和工价，同盟对抗商人，约束徒弟和伙计，抵抗外来人开行营业，保护行东的特权，并制为同盟共守的约章。最普遍而人数最多的，为裁缝行、木工行、铁工行、砖瓦（泥水）行、寿枋行、漆器行等等。煮盐的灶户、采茶的园丁、采矿的矿工，都是人数很多；但他们的生产是由官府控制的，可能没有同业组合。农家的副业，主要是纺织。植桑主要盛行于沿海的山东、江浙、广东及四川，植棉盛行于华中、江北、中原及河北，苎麻的种植，更较普遍；因地所产而自行纺丝、纺纱、绩麻。中原、河北，中产之家，并多自家置机织布；东南乡间亦普遍织绢，但多系专业；中南民家多不自织，每雇佣上门织匠。

手工业的发展，也表现在官工业方面，各监局所属，共有匠作近二百种①。（一）染织：明朝于南、北两京设染织厂，皆置内、外局，内局应上供，

---

① 《明会典·工部·工匠》。

外局备公用；苏、松、嘉、湖、泉诸州及歙县、绍兴、山西也都置局织造；仪真、六合设蓝靛所，种青蓝供染料；陕西设驼毼羊绒制造局。（二）砖瓦：临清、苏州设砖厂，京师设琉璃黑窑厂造砖瓦，供官家营造。（三）瓷器：饶州景德镇等处均设御器厂，烧造瓷器，都很精美，有永乐、宣德、嘉靖、万历等窑名之称；代宗景泰朝又创制所谓"景泰蓝"，即于铜器表面涂以珐琅质，烧成花鸟人物等花纹；宣宗宣德朝制造的铜炉，即世所谓"宣炉"，制作颇佳。（四）漆器：官府制造专应上供；民间漆工业也很发达，制器精美，有所谓戗漆、屈轮、堆朱、存星、沉金、螺钿、乾漆、戗金、钻漆等做法。明末技工杨埙最精漆法，器上涂成缥霞山水人物等，均神气活现。（五）永乐时制造玻璃，用数种矿质作原料，用火煮烤使之熔化、凝结；后民间亦进行制造。（六）兵器制造：战车方面，成化（公元一四六五——一四八七年）时开始制"雷火车"，炮置车中，用枢轴旋转发炮。弘治（公元一四八八——一五〇五年）时又制"全胜车"，重不过二担，险路可用肩抬，车上下配置铳手四人，车夫二人。嘉靖（公元一五二二——一五六六年）时又改进战车，上置熟铁小佛郎机、流星炮、钢铁神枪、三眼品字铁铳、飞火枪筒各一、倒车长枪开山巨斧各二、斩马刀挠钩各一，以及火药、铅子、锨、镢、鹿角等，共重百五十斤左右；每车配五人，二人护车作战，三人推车、挽车。万历（公元一五七三——一六一九年）时又制双轮战车，装火炮两尊，配置火枪步兵十人。枪炮方面，有大炮，用木架装，重二百斤，为守城利器。正德（公元一五〇六——一五二一年）以后又制佛郎机大炮，长五六尺，重千斤以上，装弹五枚，内火药燃放，可远射百余丈。崇祯（公元一六二八——一六四四年）时又造红夷巨炮，长二丈，重三千斤。永乐（公元一四〇三——一四二四年）时有小炮（重三十余斤，内装石子）；有神机枪，用生熟红铜合制或铁制，大的用车拖或安于城垒，小的用桩拖，颇灵便。景泰时又制小钢炮，重八斤，内装大铁弹十三或小铁弹二十枚；枪有快枪、鸟嘴铳（即今民间所用火铳）、百出先锋炮及夹靶铁手枪、无敌手铳、千里铳等短枪。另有毒火飞炮，内装火药、砒霜、硫磺等；引火毬、烧贼迷目神火毬、烟毬、毒药烟毬等，外壳均厚纸糊成；地雷连炮、地雷炸营自犯炮、万弹地雷炮等；火禽、雀舌神火飞鸦、大木兽、冲阵火牛等。战船方面有蜈蚣船，底尖面阔，上装佛郎机炮、红夷炮等，转动自由；鹰船，底及头尾均尖，外表加钉大竹，转动进退更迅速。战船多采自民间海船样式，民间造船业和技术都颇发达，如福建造船分六式，头号船尖底阔面，中部高四层，下层置土石，次层充寝室，可容百人，三层为淡水柜、厨房等，四层为平台；头尾高昂，舵楼三层，外设护板，中置大炮；坚实能耐风浪。广东船更大，用铁木制，能冲毁敌船。此外在江浙有沙船。（七）冶铁：官冶明初为年产七百多万斤，后又扩大开采，至少在千万斤以上，超过过去任何时代的产量。洪武末宣布任人民自由采炼，私家自备工本开采的不少；产量无统计。冶铁炼钢技术，较过去大大提高了一步。冶铁炉用砖石砌筑，高丈余，周围近一丈，设置两个风箱（鞲），燃料用石灰；日出铁四次。生铁五、六炼即成熟铁，九炼即成钢，明末又发明和采用了分离铁和渣的苏钢冶炼法①。

此外，手工业生产力的发展，又具体表现为：（一）印刷术的活字，改进为铅字（嘉靖时丹徒铸工发明）。（二）发明起重机，即一种为使用螺旋力，一种为利用圆筒转动滑杆的力量。

官工业使用的手工工人等，"造作工役，以囚人罚充"②；"铁冶"等冶炼，起用"民夫"、"军夫"和民匠、军匠③；其他匠作，亦有民匠、军匠两种；民匠分轮班、住坐两种，南北各地匠户，均须轮流"当班"或"出银"、"纳价"④。

———————————

① 《科学通报》一九五五年第二期周志宏《中国早期钢铁技术上创造性的成就》。
② 《明会典》卷一八八："国初造作工役，以囚人罚充。役满，工部咨送刑部、都察院，引赴御桥，叩头发落。至今犹然。"
③ 《明会典》卷一九四《遵化冶铁事例》："本厂夫匠，永乐间起蓟州、遵化等州县民夫一千三百六十六名，匠二百名；遵化六部军夫九百二十四名、匠七十名。"
④ 《明史·食货志》。《明会典》卷一九《户口》：明初悉依照元朝办法，匠户户籍分民匠、军匠两种（《明史·食货志·赋役》："凡军匠灶户役，皆永充军户"）。又卷一八八：官手工场坊的匠作工人，固定着名住座匠户，归内府内官监管辖。军匠一部属各卫所，一部属内府兵仗局、军器局及工部盔甲厂。又卷一八九《工匠》二：洪武十九年，"令籍诸工匠，验其丁力，定以三年为班，更番赴京输作三月，如期交代，名曰输班匠。"二十六年又按各部及工役繁简，分为五年、四年、三年、二年、一年轮班五种。成化二十一年（公元一四八五年）工部奏准："轮班工匠有愿出银价者，每名每月南匠出银九钱，免赴京，所司类赍勘合，赴部批工；北匠出银六钱，到部随即批放。不愿者，仍旧当班。"又嘉靖八年令："南直隶等处远者纳价，北直隶等处近者当班，各从民便。"正德每月工作十日，月粮由官家支给。（又《明史·食货志·赋役》："住座之匠月上工十日，不赴班者输班银六钱，故谓之输班。"）这种到京服役的轮班匠作，在明初数量就相当大，据《明史·严震直传》说，洪武二十六年规定每三年或二年轮班到京役作者为二三二、〇八九名。

由于自由商人原始资本积累的增高，国内外市场的扩大，大量得以自由出卖的贱价劳动力不断由农村流入都市，以及社会一般生产力与技术的进步，又引起资本主义生产的萌芽。

自由商人（市民阶级）在当时是受到重重束缚的，即一面有明廷的政治约束与担税等压迫，一面享有免役等特权的权贵、宦官、大地主等富商大贾，实行垄断，一面又有手工业行会的抵制。适应国内外市场需要的国产品，也常常在较不利的条件下，才能买进。譬如食盐，明朝所规定的"开中之法"，即召商输粮而与之盐，便任其在一定地区贩卖的办法；实际便完全为官僚、宦官、权贵等大盐商所垄断，他们只能从这种"囤户"手中分销，获取一点余利；武宗以后，一般权要（如庆宁侯周寿、寿宁侯张鹤龄、太监崔杲等）及大盐商（如夤缘近幸的逯俊等）更公开向皇帝奏买"正盐"（即灶户所交正课以为"开中"之盐）及"余盐"（即灶户正课外所余之盐）。对外主要输出品之一的茶，也是一样情况。但力量逐渐成长、独立性逐渐加多的自由商人，自武宗正德（公元一五〇六——一五二一年）以后，便纷纷径自向"灶户"定货，预付价钱由"灶户"额外生产，也作为"余盐"贩卖；茶也是一样。所以到世宗嘉靖（公元一五二二——一五六六年）时，便形成"余盐"、"私茶"盛行的现象，其他如绢帛、特别是植棉和织棉布等成为"遍布于天下……人无贫富皆赖之"的一种副业性的生产，并且不只为着自用，还为着出卖①。这也都步步去摆开商业垄断资本和行东的控制，日益加多了自由商人的径向业户定货，并径自和乡镇手工业联系。由于这种定货办法的发展，到明代，先进的商人，首先在纺织部门，自备原

---

① 例如丘濬《大学衍义补》说："至我国朝，其（按即棉）种乃遍布于天下，地无南北皆宜之，人无贫富皆赖之；其利视丝枲盖百倍焉。故表出之，使天下后世知卉服之利，始盛于今代。"宋应星《天工开物》卷二《布衣》说："凡棉布御寒，贵贱同之。棉花古书名枲麻，种遍天下……其花粘子于腹，登赶车而分之，去子取花，悬弓弹花；弹后以木板擦成长条，以登纺车，引绪纠成纱缕；然后绕篗牵经就织。凡纺工能者，一手握三管纺于锭上。凡棉布，寸土皆有，而织造尚松江，浆染尚芜湖……碾石取江北性冷质腻者……芜湖巨店，首尚佳石；广南为布薮，而偏取远产，必有所试矣……外国：朝鲜造法相同，惟西洋则未核其质，并不得其机织之妙。凡织布：有云花、斜文、象眼等，旨仿花机而生义……织机，十室必有。"这可见植棉、织布是农家的副业，也有着商品性生产的存在，其中还有"巨店"和"布薮"。松江是当时纺织中心之一，《群芳谱》也说："其布之密丽，他方莫并"。故《梧浔杂佩》云"（松江）衣被天下。"徐光启《农政全书》卷三五《木棉》称河南北产棉，苏、松、杭纺织。

料或以半成品交各别农家或手工工人进行制作或加工，制成成品，付给工资。《松江府志》所述"尤墩暑袜"的加工，正是这种情况①。这就是"……包买主把材料直接分配给'家庭手工业者'，使之为一定的报酬而制作。家庭手工业者变成了在自己家中为资本家工作的真正雇佣工人；包买主的商业资本在这里转变为工业资本"。这种始基形态的资本主义的生产，又正是资本主义"手工业工场底场外部分"②。它不只在松江，并同时在徽州、南京、池州（贵池）、九江、台州等地出现。在明代，还出现了：出资自备工具、原料、雇佣专靠出卖劳动力过活的劳动者，开设手工工场，进行生产的资本主义生产的萌芽。洪武五年（公元一三七二年）任杭州府学教授的徐一夔所述"钱塘相安里，率居工以织"的"饶于财者"，和靠工钱去养其"父母妻子"的工人所表现的主雇关系，已开始带有资本家和工钱劳动者之间的关系的一些特性③。同时，在苏州，便出现了如次一类资本主义的纺织业手工工场的幼芽，即由商人直接雇佣"朝不保夕，得业则生，失业则死"的"浮食奇民"充当"织工"，构成"机户出资，机工出力"的生产

---

① 《古今图书集成·职方典》卷六九六《松江府部》："郊西尤墩布轻细洁白，市肆取以造袜。诸商收鬻，称于四方，号尤墩暑袜。妇女不能织者，多受市值，为之缝纫焉。"又范濂《云间据目抄》说："松江旧无暑袜店，暑月间穿毡袜者甚众。万历（公元一五七三——一六一九年）以来，用尤墩布为单暑袜，甚轻美，远方争来购之。故郡治西郊广开暑袜店百余家，合郡男女皆以作袜为生，从店中给筹取值，亦便民新务"。于是资本主义的家庭手工业的始基形态出现了。

② 列宁《俄国资本主义底发展》，人民出版社一九五三年版，第三二七、三四四页。

③ 徐一夔《始丰稿》卷六《初至杭学谒先圣祝文》：述其于"洪武五年试杭州府学教授"。又卷一《织工对》："余僦居钱塘相安里，有饶于财者，率居工以织，每夜至二鼓，一唱众和，其声欢然，盖织工也……旦过其处，见老屋将压，杼机四五具，南北向列，工十数人，手提足蹴，皆苍然无神色。进工问之曰：以余观若所为，其劳也亦甚矣……工对曰：吾业虽贱，日佣为钱二百缗。吾衣食于主人，而以日之所入养吾父母妻子。虽食无甘美，而亦不甚饥寒……凡织作成极精致，为时所尚。故主之聚易以售，而佣之直亦易以入……顷见有业同吾者，佣于他家，受直略相似。久之，乃曰：吾艺固过于人，而受直与众工等，当求倍直者而为之佣。已而他家果倍其直佣之。主者阅其织果异于人，他工见其艺精，亦颇推之。主者退自喜曰：得一工胜十工，倍其直不吝也。久之，又以吾业织且若此，舍此而他业当亦不在人下。去事大官……在众奴中服役于车尘马足者五年，未见其所谓富贵之机也……一旦以事触大官怒，斥逐之……又所业已遂遗忘，人亦恶其狂不已分，不肯复雇其织。"这种"主者"显然具有不同于行会手工业的"行东"的特点，"织工"也显然具有不同于行会手工业的伙计或徒弟的特点，而具有一无所有、全靠出卖劳动力过活的自由劳动者的一些特点。

关系①。所谓"纺绩成布，衣被天下"的上海棉纺织业②，亦应有这种资本主义手工工场和农家副业及行会手工业的同时存在。与这种新因素的出现及棉丝纺织业生产的发展相伴随的，一方面便出现资本主义性的扩大再生产，如苏州"潘氏起机户织手，至名守谦者始大富，至百万"。仁和张瀚谓其"先世亦以机杼起"，并述其经过说："毅庵祖，家道中微。以酤酒为业。成化末年"以"白金一锭……购机一张，织诸色纻布，备极精工，每一下机，人争鬻之，计获利当五之一；积两旬复增一机，后增至二十余"。《醒世恒言》说："嘉靖年间，这盛泽镇上有一人，姓施名复……家中一张绸机，每年养几匡蚕儿，夫络妇织……施复是个小户儿，本钱少，织得三四匹便上市出脱……照常织下的绸拿上市时，人看时光彩润泽，都增价竞买，比往常每匹平添许多银子……几年间就增上三四张绸机，家中颇为饶裕……昼夜营运，不上十年就有数千金家事，又买了左近一所大房居住，开起三四十张绸机。"③ 这不过是一些显著的例子。另方面，又引出了以纺织业为中心的一系列的分工和纺织技术的进步：主要是染坊、踹坊、印花坊等等专业的出现和日益细密的分工；以"纺车"的改造为标志的技术的进步，制造了一种有三个锭子的纺车，即一人足踏车板转动纺轮，手挽三纱，也就是宋应星所谓"凡纺工能者，一手握三管，纺于锭上。"④ 这到清朝，前者在生产工具的制造上又分化为锭子、纺车、纺机等等的分工，在制成绸、布等成品的过程上，分化为纱工、缎工、车匠、蓝坊、

① 《明实录·神宗万历实录》卷三六一。同书并云："染房罢而染工散者数千人，机房罢而织工散者又数千人，此皆自食其力之良民也。"《古今图书集成·职方典》卷六七六《苏州府部》述明万历时苏州纺织业情况说："苏民无积聚，多以丝织为生，东北半城皆居机户。""郡城之东皆习织业。织文曰缎，方空曰纱。工匠各有专能。匠有常主，计日受直；有他故，则唤无主之匠代之，曰唤代。无主者，黎明立桥以待：缎工立花桥，纱工立广化寺桥；以车纺丝者曰车匠，立濂溪坊；什百为群，延颈而望，如流民相聚，粥后散归。若机房工作减，则此辈衣食无所矣。每桥有行头分道，今织造府禁革，以其左右为利也。"明冯梦龙《醒世恒言·施润泽滩阙遇友》描写苏州盛泽镇的情景说："镇上居民稠广，具以蚕桑为业……络纬机杼之声，通宵彻夜。那市上两岸绸丝牙行，约有千百余家。远近村坊织成绸匹，具到此上市。四方商贾来收买的，蜂攒蚁集。"关于苏州丝纺织业发展的过程，《吴江县志》卷三八说："至明熙宣（公元一四二五——一四三五年）间，邑民始渐事机丝，犹往往雇郡人织挽。成弘（公元一四六五——一五〇五年）以后，土人亦有精其业者，相沿成俗……居民悉逐丝绸之利。有力者雇人织挽，贫者皆自织。"

② 叶梦珠《阅世编》卷七。

③ 沈德符：《野获编》卷二。张瀚《松窗梦话》卷四《商贾纪》、卷六《异闻纪》。《醒世恒言·施润泽滩阙遇友》。

④ 参见本书第五二三页注①，并参看宋应星《天工开物·纺缕图二》。

红坊、漂坊、杂色坊、刷印花坊、踹坊以及丝行、机店、梭店、筘店、篾子绺索竹器店、范子行、拽花行、挑花行、边线行等等①；后者在纺车制造上，发展为"一手尝引三纱、五纱"的"吴淞间……纺车"，"善纺者能四缲"以至"五缲"的山东、苏北、江西的"缲车"，还出现了"水转大纺车"②。在煤业方面，根据邓拓同志在门头沟的实地调查所搜集明、清时代的民窑契约等资料，表明当地在明、清时所存在的四百多座民窑，显明地表现了资本主义生产方式的萌芽："窑户"都"自备工本，赴窑开采"，或合股投资经营，即所谓各"出工本"、"出本开作生利"，"除还工本，见利均分"，"做窑工本……如过额再用钱文，照借例三分行息"，并有好汉股之类的干股，如明时有"户部王老爷开二十日（按即计股单位。——羽）"，清时康熙皇后母家"索府开出本窑三十日"等等；生产品全由资本家自由处分、发卖，即所谓"自本作出自煤"，任由自己"出卖"，如窑户"阎本立将存煤开称……减价出售，以致各拉骆驼人纷纷向买，不计其数"。窑户间还每每将股份转卖和出现有大并小的情况；直接生产的担当者，系雇佣一无所有、全靠出卖劳动力过活的工人即窑夫。据邓拓同志说："有一位家庭十一代做窑工，现年七十五岁的刘壮儿……说：'早先挖煤的，人家叫他煤黑子，一个月顶多挣三吊钱，没法子，这总比种地扛长工的强'。"并有"窑户（按即资本家——羽）凌虐窑夫，短

---

① 黎庶昌《清浦县志》卷二《土产》："锭子出金泽，纺车出金泽谢氏，谚有'金泽锭子谢氏车'之语。谢氏业此已百年矣。"又"徐家布机，出黄渡徐氏……机之横木必书年、月某房造。"《皇朝文献通考》卷二三《职役》三："南北商贩青蓝布匹，俱于苏郡染造。踹房多至四百余处，踹匠不下万有余人。"（转引自三联书店：《中国资本主义萌芽问题讨论集（上）》第一九八页）讨论集又引《凤麓小志》卷三《记机业》第七，说："南京也同样因丝织业的发展，有关的各行业也随之而发展起来，如丝行、机店、梭店、筘店、纸房、篾子绺梭竹器店、范子行、拽花行、挑花行、边线行等。"《小志》说：这都"不过机户之附庸云尔"。又褚华《木棉谱》："染工有蓝坊，染天青、淡青、月下白；红坊染大红、露桃红；漂坊染黄缝为白；染色坊染黄、绿、黑、紫、古铜、水墨、血牙、驼绒、虾青、佛面金等；其以灰粉渗矾，涂作花样，随意染何色而后刮去灰粉，则白章烂然，名刮印花；或以木板刻作花卉人物禽兽，以布蒙板而研之。用五色刷其研处，华彩如绘，名刷印花。"

② 方观承《御题棉花图》："吴淞间日纺纱，以足运轮，一手尝引三纱、五纱，用力较省。"褚华《木棉谱·方言》曰：'赵魏间谓之历鹿车，东齐海岱之间谓之道轨，或谓之缲车。'即今纺车也。制比纺苎麻者差大，以木为之，有背有足，首置木锭三，形锐而长，刻木为承，其末以皮弦攀连一轮，上复以横木名踏条者置轮之窍中。将两足抑扬运之，取向所成之条子粘于旧缕，随手牵引如缫茧丝，皆绕锭而积，是名棉纱。……善纺者能四缲，三缲为常，两缲为下。江西乐安人闻能五缲。""水转大纺车"见徐光启《农政全书》卷一八《水利》。

克工价"等弊，也"有窑夫聚集滋事"，即工人群起反抗资本家压迫的斗争。官府对各窑所雇来自四方八面的工人，规定"设立底簿，将每日雇用工人姓氏、年貌、籍贯，逐日填注"，按季送县查核，造册过报查考①。此外，在明朝，如广东、山西等处的冶铁业，云南个旧的锡业，江西浮梁的"民窑"制瓷业，福建、广东等处的制糖业等等，也都多多少少地具备着资本主义生产的因素。湖南武冈、洞口、隆回、邵阳等处的造纸业，从明到清，都是由地主出资设备纸碓及其他工具，原料系地主自己山里生长的新竹，所用石灰则系自烧或购买；除有专门技术的纸匠为长年工外，所雇大量工人都系来自他乡他县的季节工（大抵由头年秋收后开碓，到第二年清明节前封碓）；生产品由地主自由发卖，各地商人前去贩买。这比经营地主的经济，具有更多的资本主义因素。同时也出现雇佣长工或短工从事商品性生产（最著者如种桑、种甘蔗、植荔枝等）的经营地主和富农经济。由于这种资本主义生产的萌芽，中国民族，主要是汉族，便开始踏上了形成为近代民族、即随同"资产阶级联系的创立"而出现的"民族联系的创立"②的道路；但是走着曲折的道路，由于清朝贵族的入关所给予的摧毁，特别由于从鸦片战争开始的列强资本主义—帝国主义的侵略，中国资产阶级没能完成其历史的任务，因而也就没能完成资本主义民族的历史任务；"五四运动"开始的新民主主义革命，是由无产阶级领导的、是直接转变到社会主义革命的资产阶级民主主义性质的革命。因此，从"五四运动"开始，中国各民族便开始踏上了形成为社会主义民族的道路。

但是这种资本主义原始形态的东西，还只是在这里那里出现，并非普遍存在，在明、清之际，又受到致命的摧残。而这种资本主义性的生产，还只是在萌芽状态中，不只受到封建制的严重束缚，其本身也具有很浓厚的封建性。同时，一般自由商人的资本，本质上仍没有解除其封建性；有些与生产直接结合的商人资本，带有资本主义的性质，有些统制独立手工工人的商人资本，却只

---

① 邓拓《从万历到乾隆》，见《历史研究》一九五六年第十期。

② 列宁在《什么是〈人民之友〉以及他们如何攻击社会民主党人?》中，关于俄国各"区域、领土和侯国才真正在事实上溶为一个整体"时说道："这种溶合……而是由各个区域间日益加强的交换，由逐渐增长的商品周转，由各个不大的地方市场集中为一个全俄市场所引起的。既然这个过程的领导者和主人翁是商业资本家，所以这种民族联系的创立，也就无非是资产阶级联系的创立。"（《列宁文选》两卷集，第一卷第一一二页）

能当作过渡来发生作用。其次在他们的组合上，由唐、宋的"行"、"坊"或"团行"，至此成为普遍产生之同乡组合的"会馆"，同业组合的"公所"，以至各业共同组合的"财神会"、"鲁班会"等，一面虽表现了独立手工业者和自由商人对垄断商与行东的抵制作用，加多了一点独立性，实质上，仍是带封建性的行会组织。

明朝后期对商人的压迫　明廷自英宗以后，一面看到田赋浮税日益增多，一面又看见商业资本日趋发展，而财政开支不断增加，因此便转而从商矿等税上想办法，步步加紧地去剥削商人。京城诸门及各府、州、县、市、集所设的商税机关，即"税课司局"。孝宗时，"以掊克为能"，就开始严重起来，阻搜及于客货以外的车辆和船只，并到处有新设"抽分局"。至武宗正德七年（公元一五一二年）以后，京城商税收入，较以前增钞四倍，增钱三十万（共收钞近二百七十万、钱近三百二十万）。世宗初，号称多所裁革，实际仍较前明苛细，如布帛等计尺课税，只减零畸，甚至京城"门税"，"内官""轮收钱钞"也是"竞为浚削"①。特别到穆宗以后，"凡桥梁、道路、关津，私擅抽税，罔利病民……"。迨神宗时，两宫三殿灾，营建费不资，始开矿增税……。中官（太监）遍天下"②。到处形成"层关叠征"或"重征叠税"、"拦江把截"的现象③。高寀、暨禄、刘成、李凤、陈奉、马堂、陈增、孙隆、鲁坤、孙朝、邱乘云、梁永、李道、王忠、张晔、沈永寿等，"或征市舶、或征店税、或专领税务、或兼领开采……视商贾懦者，肆为攘夺，没其全资，负戴行李亦被搜索；又立土商名目，穷乡僻坞米盐鸡豕，皆令输税"④。因此，在不少地方便激起市民及其他人民暴动、请愿，即赵翼所谓"矿、税两监遍天

---

① 《明实录·世宗嘉靖实录》卷五十：嘉靖四年，户部主事缪宗周言："顷臣监收门税，窃见九门守视内官，每门增至十余人，轮收钱钞，竞为浚削，行旅苦之。"同年礼科给事中杨言等言："锦衣多冒滥之职，山海攘抽分之利。""内监陈林等抽解及于芜湖。"

② 《明史·食货志》。

③ 《明实录·神宗万历实录》："〔运河沿岸〕临清至东昌仅百里，东昌至张秋止九十里，张秋至济宁仅二百里，层关叠征。"（卷四一八）"河西务至张家湾百里之内，辖者三官，一货之来，榷以数税。"（卷一三九）"仪真与京口一江之隔，不过一二里地"，而"两税之"（卷三三〇）。"长江顺流扬帆，日可三四百里。今三四百里间五六委官，拦江把截。是一日而经五六税地……重征叠税。"（卷三五九）"〔江西〕自赣州以下，北江以上，如清江、河口、建昌、章石、许湾、饶州以及各郡邑，无不叠税重征。"（卷五二〇）在两湖、闽、广等地也大都如此。

④ 《明史·食货志》。

下……所至肆虐，民不聊生，随地激变"。如陈奉在两湖，"水阻商舟，陆截贩贾"，"鞭刺官吏，剽劫行旅。商民恨刺骨，伺奉自武昌抵荆州，聚数千人噪于途，竞掷瓦石击之"。明年（公元一五九九年，万历二十七年）又激成武昌民变。"市民万余人，甘与奉同死"，"复相聚围奉署，誓必杀奉……奉逃匿，乃投奉党耿文登等十六人于江；以巡抚（支）大可护奉，焚其辕门"。汉口、黄州（湖北黄冈）、襄阳、武昌、宝庆、德安、湘潭等处，变凡十起。天津税监马堂兼辖临清州商税，"中人之家破者大半，远近为罢市。州民万余纵火焚堂署，毙其党三十七人"，"合城闭门罢市"。高淮征税辽东，亦"虐民激变"。杨荣在云南，"百姓恨荣入骨，相率燔税厂，杀委官张安民"，荣杖毙群众数千人；指挥贺世勋等被迫，又与"冤民万人焚荣宅，杀之投火中，并杀其党二百余人"。广东税监李凤，"（激起）潮阳鼓噪，粤中人争欲杀之"。"江西税监潘相，激浮梁景德镇民变，焚烧厂房"，潘相"仅以身免"。"苏杭织造太监与管税务孙隆，激民变，遍焚诸札委税官家"。孙隆平日对苏州"机户"、"织工"等肆行压迫、敲榨，孙隆"参随黄建节交通本地棍徒汤莘、徐成等十二家，乘委查税，擅自加征。又妄议每机一张税银三钱"（即《苏州府志》所称"嗾隆令民间一杼月税三镮，又委莘等二十二人，分据六门水陆孔道攫商贾"）。"人情汹汹，讹言四起。于是机户皆杜门罢织；而织工皆自分饥死，一呼响应，毙黄建节于乱石之下，付汤莘等家于烈炎之中"，并"焚隆署"，"不挟寸刃，不掠一物，预告乡里防其延烧；殴死窃取之人，抛弃买免之财。有司往谕，则……曰：'若辈害民已甚，愿得而甘心焉。'及汤莘等被枷示，一挥而散。葛贤挺身诣府自首……不以累众。""福建税监高寀……广肆毒害"。万历四十二年（公元一六一四年）激起"福州民变"，由于"各铺行匠作人等，齐往税监告讨欠价"，反被闭门杀伤，"万众汹汹，欲杀寀。"甚至在所谓辇毂之下的西山"煤户"，为反对税官王朝和"煤税"，也群起赴北京向明廷呼冤①。这种接连不断、此伏彼起的市民和手工工人群众的斗争，不仅表现明廷对商民的压迫和剥削的残酷，也表现市民阶级已开始起来和封建朝廷作斗争，还表现了手工工人群众反封建压迫的要求；特别是苏州织工群众的斗争，表现

---

① 《明史·神宗纪》及陈增等人传。《明纪》、《神宗万历实录》、《定陵纪略》、《二十二史札记》。周顺昌《烬余集》卷一《福州高寀纪事》。《古今图书集成·职方典》苏州府部。

了他们高贵的品质、坚强的斗争性和高度的纪律性。

明朝统治集团，财政上就这样走到绝路，政治上在农村和都市都陷于孤立。但农民、手工工人和市民们开始为自己前途展开斗争的时际，明朝统治阶级却迎接清朝贵族入关，来摧残人民和社会的新生力量。

第三节　由封建经济的复兴到崩溃和
资本主义因素的产生（二）

清朝统治在经济上的反动作用　清朝统治者，从公元一六六一年（顺治十八年，明永历十五年）最后灭亡明朝朱由榔为首的残余政权，到公元一八四〇年（道光二十年）鸦片战争止的一百七十九年间，对中国社会经济起了何种作用呢？一方面，它对中国封建经济起了暂时的稳定作用，另一方面，对正在萌芽的资本主义生产，起了摧残和阻滞作用。这主要表现在如次的各方面：（一）它采取了各种经济改良政策，把封建社会的基础，重新稳定下来，并缩小了国内市场。（二）对全国、特别对东南生产最进步的地区，进行了极残酷的屠杀和军事破坏，直接摧毁了新生的社会生产力。（三）实行闭关政策，不只把华侨资本屏绝于国外，且封锁了已有密切联系的海外市场，迫使国内自由商人的资本迟滞以至倒退——转向高利贷和土地方面活动。（四）清朝工商地位最卑贱，对工商特别压迫。这也驱使商业资本转向于高利贷和土地。

清朝满族贵族以几十万人口的满人作依靠，来统治一万万以上的汉人及其他各族人民；它的基本方针，便在如何使汉族及其他各族人民、尤其是汉人驯服，维持其统治地位，所有制度都沿着明朝的章程，不加变更，即所谓多一事不如少一事。一切政策都围绕这种方针进行。因此，首先不能不要求重新把明朝的封建制度稳定，同时也要求和缓汉族人民及其他各族人民的反抗。在汉人范文程、秦世祯、王宏祚等的帮助下，便实施了一些改良政策。

关于土地问题。为打破明朝土地占有两极化的情况，和缓土地关系中的严重矛盾形势，便将明朝最大地主藩王集团的土地，都给予原来的佃户，归他们所有，叫作"更名田"；东南苏、松、嘉、湖四府土地集中最严重，官地最多，除宣布所有官地归佃户所有外，又修筑沿海堤塘，不只提高沿海农田产量，并开出不少新的耕地；划出"禁地"以外的辽东一些地区，招募河北、山东无地农民往垦，每户给牛一头、农具一付。同时，在明末清初农民战争特别是明清战争过程中，不只许多省区残破不堪，而且许多大地主都死灭了，加之在战争过程中及以后，江南、湖广、广东无数人民，相率移入四川（今川人多此时前去的湖广人，即所谓"湖广填四川"，其次为江南人）、贵州（汉族住民多系从明末开始移往的湘人）、广西僮族自治区（桂林、柳州一带汉族住民，不少系从湖南移往；梧州、南宁一带的不少系从广东移往）以至云南；河南、山东、山西、河北人民，则相率冒险犯难，移入今内蒙古自治区、以至东北"满洲""禁地"；今新疆维吾尔自治区境内，连同前此居住当地的汉人外，并由充军、自动移往及当兵、屯田或经商前去落籍的河北、湖南各省汉人，前后不下百十万。

清朝入关，满人贵族以至士兵、"壮丁"等，占有不少耕地作牧场、庄地、园地等，即所谓"八旗人""莫不授以土田"，"内（按即关内）有庄屯可以资生，外（按即关外）有草地可以垦种"；《清史稿》说："顺治元年（公元一六四四年）定近京荒地及前明庄田无主者，拨给东来官兵"；"四年，圈顺直各州地百万九千余垧，给满洲为庄屯田"。实际从顺治元年起，不只包括所谓"近畿百姓带地来投"的大量土地，元年的诏令只是具文。顺天巡按刘寅东疏言："无主与有主地犬牙相错"，不易"履亩"区分，实行上便按"州县大小，定用地多寡"，"安置满洲"；而且明令将"有主田地酌量给旗"、"圈拨民间房地"或所谓"接壤民地"的情况，是长期间不断出现的，所谓"停止""圈拨"的命令，只是官样文章，而由官府圈作牧场和满人贵族等任意霸占的现象更为严重。给予满人庄地等面积，"〔顺治〕二年定给诸王、贝勒、贝子、公等大庄，每所地四百二十亩至七百二十亩不等，半庄每所地二百四十亩至三百六十亩不等；园每所地六十亩至百二十亩不等"，又"定：亲王给园十所，郡王给园七所"，下至"王以下各官所属壮丁计口给地三十六亩"。以后对"新来壮丁每名给地三十亩"，对贵族又不断"拨给"。如顺治七年"又拨给亲王园八所，郡王园五所，贝勒园四所，贝子园三所，公园两所"。仅合法赐给"各旗王公宗室"及"各旗官兵"的庄田一项，共达一十五万四千二百余顷①。但由于入关的满人贵族以至"壮丁"的人口不多，明朝官地又为数颇大，所以被圈占的民地，主要只在河北等地比较严重和造成相当一部分"百姓失业"的情况；但从全国范围说，波动不大。

因此，极其严重的土地关系，从全国范围说，便和缓下来了。

关于赋役。入关初，即废除明季加派之"剿饷"、"练饷"、"辽饷""三饷"，及其他田赋附加，即所谓"除明季加派私增"或"私征滥派之弊"。对正课赋役，由于明朝的赋税图籍被毁，顺治三年（公元一六四六年、明唐王隆武元年），即"谕户部稽核钱粮原额，汇为《赋役全书》，悉复明万历间之旧"，亦即所谓"凡任土定赋之规，多仍明旧"，名粮户为"花户"。于《赋役全书》外，给易知由单，"一应无艺之征，通行裁革。"十一年又由王宏祚加以订正，根据地丁原额，分别载明荒、亡、实征及起运、存留等项，并分田为上、中、下三等科粮；因丁随地派，科粮叫作"地丁钱粮"，"其征收则行一条鞭法"。除满人地主有不立户纳税特权外，不论地主农民，所有花户，"给以易知由单"，一例按"科粮"分夏秋两季完纳；同时严禁"飞洒"。康熙二十四年（公元一六八五年），以"按户增徭，因地加赋，条目纷繁"，令"止载起运、存留、漕项、河工等切要款目，删去丝秒以下尾数"，又重修《简明赋役全书》（按：当时未施行）。但由于人丁增加，无法逐年统计，加入田亩征丁钱；故以后在康熙五十二年又不得不宣布："以后现在丁册定为常额，续生人丁，永不加赋"。由于在征收中有司勾结猾胥以已完作未完，多征作少征，弊窦日滋。康熙二十八年，又制"三联串票"，后更刊"四联串票"②，一送府，一存根，一给花户，一于完粮时令花户别投一柜以销欠。科粮折银，比实物价格常高得多；为笼络苗、瑶等少数民族，便规定科粮按实物缴纳或比较汉人为轻。这在实际上，自然仍是弊窦滋生，但农民负担比明朝后期大为减轻，由大地主到农民各种花户的负担，也比较平允一些。同时，清廷还不断实施了一些减免租税的政策。

由于和缓土地关系、平允赋役负担等政策的实施，不只渐次使汉族等各族

---

① 《清史稿·食货志》。《皇朝文献通考》卷一、卷五《田赋考》一、五。
② 以上引文均见《清史稿·食货志》；《皇朝文献通考》卷一《田赋考》一、卷二十一《职役考》一。

人民的反满斗争情绪相对地缓和，而且把封建制度的基础也相对地稳定下来了。

另方面，清廷和汉族大地主，感于明末市民阶级的抬头，特别是他们联合手工工人反抗官府暴力压迫的群众性斗争的胁迫，便采取抑制市民阶级，打击手工工人，消灭新生资本主义因素的政策。

明清之际的战争，尤其是清军的屠杀焚掠，清廷即对某些较先进城市的屠洗政策，使城市所受到的摧残比农村更为残酷，南方又比北方残酷；特别是新生势力产生的城市：临清、扬州、嘉定、苏州、江阴、广州等城市，都遭受彻底地血洗和毁灭。清廷以后对南方反清势力的长期镇压，南方又不断受到严重摧残。当时在资本主义幼芽出现的南方，尤其是东南一些城市，反清比较坚决，市民阶级联合手工工人和农民，死守城垣，抗拒清军。

特别恶毒的，清廷一方面扶植官僚、大地主垄断商业资本和高利贷。它的步骤是：（一）纵容所有旗人和官僚，都放高利贷，如所谓"印子钱"等，都予以特权保障。（二）扶植"票号"（即钱庄，也是一种高利贷资本），给他们以包办汇兑、贷款、存款、代解钱粮、收捐税等特权，使之与各级衙门官吏相互依附。因之，凡要镇名城无不有这种票号。山西人经营这种票号的特别多，所以说山西钱庄遍天下。（三）扶助"当铺"和"大行店"，规定每年只收营业税银五两，中等商店却只减半；同时，主要为垄断商所贩卖和贵族所消费的特殊商品，如珍珠、玉器、翡翠、珊瑚、琥珀、象牙器、哆啰、哔叽、香楠、黄杨等等，征税以斤计，低自每斤税银百分之一分，高至珍珠不过每斤税银二钱。甚至宣布珍珠宝石概不征税。（四）买卖房屋田地红契税，只从价征百分之三，即在把资本向高利贷与房产田地买卖方面驱逐。（五）扶植大盐商，给他们以垄断官盐销售与囤积的特权。

另方面，为打击市民阶级和抑制商品经济的发展，又采取如次的步骤：（一）全国各城镇及水陆交通要卡，遍设所谓"常关"的税卡。"征收关税，条例甚属繁多"，加之"各省关税，于正额之外，每多无名之费，恣意苛索，苦累商民"；一度海禁开后，又建"厘局"，以阻拦国内商品流通、商业活动。商品过关，除交纳较重之税外，还有各种限制和陋规。如有所谓严禁奸商私运货物，设"两联印票"，填注客商年貌籍贯、船只字号、梁头丈尺、豆石数目及年月，分给商船，回日查销；不准店铺代客完税；货船抵关，签验纳税给票后，始准过关；货物进口复运他处，限一月内免重征；若逾限出口或限内移货别船，均征出口税；纳税后转至他处，又要重纳。如福建糖船至厦门就验者，也要赴关纳税，台湾系福建所属，与福建间货物往来，除一般商税外，也另征进口和出口税。正税外的陋规有所谓"额外加平（钱）"，办用官钱厘、头船钱、墟艇钱、黑钱、包揽钱、查船谢仪、地棍报单、户工帮贴饭费、驳票给单、挂号油烛、看验舱钱文、给串钱、关监督养廉银等等，不一而足。（二）征税范围很广泛，缎、布、皮张、丝斤、棉纱、牲口、铁器、铜器、铅、锡器、瓷器、农具、谷米、油、面、黄豆、豆饼、包头、油篓、竹、木以至日用蔬菜等物无不包罗；税率特别苛重，如木植税十分取二，牲畜税二十取一，缎、布、皮张税十分取一，并不断增税，后并额定各关每年收税数目（不论商货过口数量），制定税吏"溢额多寡，分别加级升用"的条例，以奖励其苛征横敛。同时又有所谓"飞量法"、"平余"（如准九江关正税一两，加平余一分）、"出店进店税"、"加一耗银"、"赔缴短征关税"、"各关赢余银"（如道光十年，即公元一八三〇年，奉天海口，增收黄豆、豆饼、包头、油篓四税加赢余八万两）。（三）康熙二十三年（公元一六八四年），开江、浙、闽、广海禁，于云台山、宁波、漳州、澳门设四海关后，一面优待外商入口货，如"免外国贡船税"，"减洋船丈抽之例，西洋、东洋船均十之二"，"外番"商货至回部贸易者三十抽一，皮货二十抽一；回商往"外番"贸易二十抽一，皮货十抽一，又"自乾隆八年为始，凡遇外洋运米闽、粤等省贸易，带米一万石以上者免其船货税银十分之五，带米五千石以上者免其船货税银十分之三"；华商税一般高于洋商税，直至鸦片战争后数十年（公元一九〇八年），方宣布"减崇文门华商税为值百抽三，如洋商税例"。（四）许多可以出口的货物如铜器、铁器、白铅、丝等等，都严订禁例，列为所谓不出洋之货。（五）清廷一面为着防止国内人民和华侨接触、华人与洋人接触，恐怕从这方面引起人民反清的事情；一面又为着打击市民阶级，便采取最毒辣而又愚蠢的闭关政策。在康熙二十三年以前，严禁华人出国，犯禁的杀头、没产，地方官撤职。二十三年开海禁以后，仍限制只准"装载五百石以下船只往海上贸易捕鱼"，并须预行禀明人数，载重和远航的较大船只仍严格禁止。出海小船，又须先具连环保结，请得州县执照，经过海关查验和缴纳税金；规定所去地方及往返日期等限制。五十六年又实行全部封锁，禁止国内商人出海和国外华侨回国；为防止走私，沿海岛屿也一律不准人民居住；乾隆十年（公元一七四五年，《皇朝文献通考》卷二七为乾隆十二年），"以闽省旧有觇子船头"，"双篷双舻，傍用四桨"，"包揽走私，永禁制造"，"所有现在之船毋许加用四桨、多添柁木；并大船编甲互结。"在陆路方面，也"禁止内地商人越关交易"①。这种反动政策，一直继续到鸦片战争前。

其次，又严禁人民开矿。入关之初，为着孤立明朝，欺骗人民，宣布废除明朝中官四出、暴敛病民的办法，听民采取，输税于官。及其统一中国后，鉴于明末市民和手工工人等所掀起的阶级斗争，即所谓"五金产地，则以聚人生事为戒，而不计及矿税之饶"，便行封禁；"康熙十四年，定开采铜、铅之例"，在督抚"委官监督"下，许"人民呈具"开采，"以十分内二分纳官，八分听民发卖"。又规定"八分"中"四分则发价官收"；"或以一成抽课，其余尽数官买，或以三成抽课，其余听商自卖"。雍正时，广东、湖南、广西、四川各省督抚从财政收入着眼，奏请开禁，亦"均不准行，或严旨切责"。如斥责湖南巡抚说："人聚众多，为害甚巨，从来矿徒率皆五方匪类"；对"矿产最繁，土民习于攻采矿峒"的粤东，说"昔年粤省开矿，聚集多人，以致盗贼渐起，邻郡戒严，是以永行封闭"。"若招商开厂，设官收税，传闻远近"，"各省游手无赖之徒，望风而至"，"以致聚众藏奸，则断不可行也。"乾隆时为着鼓铸钱币，准许采铜；但其他各矿仍悉行封禁。嘉庆四年（公元一七九九年），商人潘世恩、苏廷禄请开直隶邢台银矿，反加以藉纳课为词、觊觎矿利、不安本分的罪名，押递回籍；前后请求开矿的官员，也都受到斥责。自然封禁不是那样彻底，也不可能彻底封禁。但是已开和零碎准许新开的，也是抽税很重，限制很严。如康熙时所定开采铜铅税例，抽税高至全部产品十之二。嗣后甚至又规定，除抽税二成，又由官买四成，或抽税一成，官买九成，以至抽税三成，其余七成方许商卖。同时，出沙、冶炼及出品均须逐日详细登记，由官监督，许开矿山，又限一商一山，一山一商。直至鸦片战争后，道光二十四年（公元一八四四年）才正式宣布"云南、贵州、四川、广东等省，除现在开采外，如尚有他矿愿开采者，准"；咸丰二年（公元一八五二年），

———————

① 《清史稿·食货志》。《皇朝文献通考》卷二六——二七《征榷考》。

以"宽筹军饷，招商开采热河、新疆及各省金银诸矿"①。

其次，与对商税、矿冶等一样，入关之初，为着欺骗人民和孤立明廷，解除"官籍……军籍、医、匠"等人户的"世业"；"惟灶丁为世业"外，一律为民籍。其中尤其对匠户的解放，具有进步的意义。但在统一中国后，又把"班匠"、"匠户"定为官籍，苛虐过于明朝，"匠户之子孙""苦累"不堪，而又累及"里户"②。

由于这两方面反动政策的步步实行，在明朝开始成长和抬头的市民阶级，自进入清朝以后，又长期的萎缩了；明末产生的资本主义工场手工业幼芽，也一度被清廷绞杀了。

封建经济的稳定和崩溃　由于清廷所采取的各种步骤，封建经济的基础便渐次得到稳定，农村生产也渐次恢复起来了。但是一方面，恢复很迟慢，一方面，较之明朝，始终是相对地衰落的。这具体表现在全国耕地面积上，顺治十八年民田总面积为五、四九三、五七六顷，康熙二十四年为六、〇七八、四三〇顷，雍正二年为六、八三七、九一四顷，乾隆三十一年为七、四一四、四九五顷，嘉庆十七年为七、九一五、二五一顷，道光十三年为七、三七五、一二九顷。这表现由顺治到嘉庆是上升的，反映了封建农业生产，在缓步地恢复和农村稳定的过程；由道光以后又转入衰落的过程。同时，嘉庆时全国耕地面积的最高记录，连民田、官田合计，也只有八、〇八三、七七八顷，明朝在万历六年为七、〇一三、九七六顷，在明末农民大暴动期中，为七、八三七、五二四顷。加之清朝的耕地和农业人口，分散到较广大的地区，如在今内蒙古自治

---

① 《清史稿·食货志》。《皇朝文献通考》卷二六、卷三十《征榷考》。

② 如顺治二年，"又除豁直省匠籍，免征京班匠价。前明之例，民以籍分，故有官籍、民籍、军籍、医、匠、驿、灶籍，皆世其业，以应差役。至是除之。其后民籍之外，惟灶丁为世业。""各州县派解应役"，"工匠""按工给值"（《皇朝文献通考》卷二一《职役考》一）。在此后，据福建《漳浦县志》卷七《赋役》上《为申匠班事》说："身为匠户之子孙，纵受苦累，犹曰祖宗姓名在官，未可逃也；迨至人亡户绝，而一定之赋不可减免，则又包赔于里户……现在之班匠，大率包赔者十之九，祖遗者十之二。有司催科为亟，无暇再问其他；小民竭蹶完公，唯觉哑口莫诉。"这正是全国共同的情况。《皇朝文献通考》同卷记顺治十四年颁行《赋役全书》，永璇等按语说："有田则有赋，有丁则有役。而丁役分银差、力差，则有受役、输银之不同……而凡民役之在官者，编征工食，召募应役。""雍正十五年，今直省匠价仍照经制征解。工部等衙门奏言：……顺治二年奉旨除匠价。今臣部工程尚繁，需用不资，应将匠价仍照经制征解。从之。"这和所谓"康熙三十六年（公元一六九七年）以后陆续归并田亩"、或"雍正元年（公元一七二三年）以后各省丁徭皆陆续摊入地亩"的精神正相违反。

区、广西僮族自治区、冀北、滇、黔等省区内的新垦耕地都为数不小。这表现清朝的农村，始终是相对衰落的。

清廷在实施改良政策的另一面，（一）进到关内的几十万满人，全靠各族（主要是汉族）人民养活，其所有占地，一般都是自己不耕种，佃与汉人吃租子；同时，又恃势任意凌虐汉族等各族人民，强取豪夺，"甚且今年索取明年之租，若不预完，则夺地另佃"，连"承租之庄头，揽租之地棍"，也"依藉声势，每为民害"①。由于不劳而食的"太平"生活，其中不少人后来都完全腐化堕落、骄奢淫逸，无所不为。（二）尽量扶植高利贷向人民、主要向农民进攻，吸吮人民膏血。（三）为着使汉族等各族人民和充当官吏的各族上层分子对立，尽量纵使官吏贪污，顺治时的明珠、陈名夏、谭泰、陈之遴、刘正宗等，都是著名贪官；由于当时到处还有反清运动的酝酿，顺治又只得罢明珠大学士职，以陈名夏等的脑袋来骗人民。到康熙晚年，贪风已很盛。乾隆时，坐在北京的和珅，由于地方官吏的纳贿，前后聚集的财产数目，超过明朝任何大贪官，除金银碗碟、面盆、金银玉唾壶、金银珠宝首饰、金银元宝、赤金、沙金、洋钱、制钱、皮衣等等都数目惊人外，有七十五座当铺，四十二座银号，十三座珠宝古玩铺，玉器库、绸缎库、洋货库各两间，皮张库、玻璃器皿库各一间，田地八千余顷。嘉庆时，洪亮吉在《平邪教奏》中说："今天下州官罪恶……上敢毁皇上法令，下敢竭百姓资财；凡朝廷赈款，全被中饱，军营粮饷亦被冒蚀。从州县到督抚，无不通同作弊。"湖南武冈的谣谚说："贪不贪，一任州官，雪花银子三万三。"州官如此，督抚怎样呢？号称清高的毕沅，任两湖总督时，与巡抚福宁、藩司陈淮等，朋比为奸，贪贿分赃，好事者也编为谣谚说："毕不管，福死要，陈倒包。"所以清朝官吏的贪污罔法，超过过去任何朝代。

清朝的统治，主要是依靠汉族地主阶级。大地主以至农村土劣，一面串同官府朋比为奸，鱼肉乡民，湘中南谚谣所谓"朝中有人好作官，朝中有爹好说话；上得衙门说得话，有理无理尽是法"，正是这种情况的反映。一面他们也实行残酷的高利贷剥削，嘉、道间一般钱利是年利三成到六成，谷利从五六月借出，收获后偿还每石加五斗；过期利上加利。当货利息更高。地租：不定额租（分租）一般是对半、四六、多至三七或二八分；定额租（包租、纳租）

①《皇朝经世文编》卷三五、《国朝先正事略》卷九。

稍轻，但不论虫伤天旱，颗粒无收均须照纳。全国各地情况各异，名称不一，大致的情形不外如此。佃户租种地主土地，首先有进庄钱或押租钱等，平时有送礼、帮工、供水、供柴草等义务；只准地主自由辞退佃户，佃户却不得自由退耕。另外，地主、特别是大地主，常将自己所负科粮，分立很多"花户"，从花户册上找不出谁是大地主，以避免各种派捐；"飞洒"在清初稍稍好点，乾、嘉以后，便又暗暗疯狂起来。

因此，不只皇室、贵族（王公、贝子、贝勒、宗室等）、官僚，渐次都聚集了巨额财富，大商行、当铺、票号、银号、盐庄以至一般土豪富商，即所谓"素封之家"，也都聚集了惊人的财富（土豪如河南考城吕氏、河北怀柔郝氏、湖南东安席氏等等，住宅如城市，田地连州连县，家奴数十百人。富贾如北京祝氏、查氏、盛氏等米商，"山西富商"和"山西票号"，广州洋货商行等，住宅、园亭与豪华生活，都超过封建主）。所以钱维城说："豪商大贾……岁或入数万金……以一家而有数千百万家之产。"①

在大地主财富集中的另一面，便是农民的日益穷困。农民在各方面的榨取下，在食的方面，每每靠枣、柿、萝卜、蔬菜、细糠以至野菜等，去补充其半饥饿的生活；衣的方面，是破了又补，补了又破的粗布和兽皮；住的方面，是脏湿、黑暗，人与家畜住在一块的小屋。他们为维持其全家这种最低限度的物质生活，还只有家庭男女老小终岁无休止的勤劳，拿家庭小手工业（如由扎棉、弹棉、纺纱到织成布匹等等）和其小农业相结合，这样顽强地为着生存而挣扎。这到道光时期，成了全国普遍的情况，在西北以至中原尤为严重。

因此，清朝人口数字的不断加大（如《清史稿·食货志》谓康熙五十年为二千四百六十余万，乾隆二十九年为二万万零五百五十余万，六十年为二万

---

① 昭梿《啸亭续录》卷一《本朝富民》："本朝……百有余年，故海内殷富素封之家，比户相望，京师如米贾祝氏……屋宇至千余间，园亭环丽，游十日未竟。宛平查氏、盛氏，富亦相仿……怀柔郝氏，膏腴万顷……纯庙尝驻跸其家，进奉上方水陆珍错至百余品，王公近侍及舆儓奴隶，皆供食馔，一日之餐，费至十余万云。"考城吕氏从明朝开始，直至抗日战争时期，还占有几千顷田地，住宅形成城堡，不只家奴成群，并拥有武装，每年对日寇的贡纳都不下数十万元。东安席宝田，以进攻贵州苗族人民暴动，战争中掠得大量财富起家，在东安、邵阳塘田等处，都占有大量田地、山林和城堡式的住宅或别墅、典当。《清稗类钞》四十四（第六九——七二页）："山西多富商"、"山西票号"。富商到光绪时，资财银三十万两以上至七八百万两者有侯、曹等十四家。票号"以汇款及放债为业"。拥有巨资，"创于明季，乾嘉以后，始渐发达"。（《东华录》载刑部侍郎钱维城奏疏）

万九千六百余万，嘉庆二十四年为三万万多，道光二十九年为四万万一千万以上），并非由于经济的不断上升；实际的情况，一面是估计数字不可靠，一面由于在出生人丁不加赋的情况下，便没有像前朝那样隐漏户口的情况（明朝的人口，根据宋朝的数字和明朝的情况条件估计，至少已有一万万数千万）；一面由于国内各少数民族人口的加入，一面由于百七十年间的相对和平环境，引起国内各族、尤其汉族人口的增加。

市民阶级的再成长和其变质 前进的新生的东西，是不可能根绝的。被摧残、打击得萎缩的市民阶级，随着清朝社会秩序的稳定，特别是农业生产的恢复，又慢慢重新成长起来了。从对外贸易与航海事业来看，在清朝尤其在清初，是受到严重的束缚和摧残的；但它在明朝所开创的基础上，康、雍以后，又逐步恢复和发展起来了，直至英国"产业革命"前，中国在国际贸易上，一直在西太平洋和印度洋方面占着首要的地位，中国的造船技术和海船载重量，一直是世界最先进的，欧洲造船和航海事业较发达的荷兰与英国，都"落后于中国好几世纪"，如所谓"角楼式原则"的造船设计法，"直到一八九二年始正式出现在欧洲船只上。"而"中国华北各地，早此几百年前已利用这样的原则建造三四吨的五桅帆船"。葡萄牙在一八五〇年所建成的"一千五百吨至二千吨夹板船"是其时欧洲"很大的船只"，却还小于十五世纪初郑和下西洋"所乘船舶"。而一四九七——一四九九年葡萄牙东航印度洋的舰队即其时"欧洲最好的航海舰队"，只船三只、人一百五十，旗舰载重一百二十吨；同时还不敢应用早已由中国传入到欧洲的罗盘针，"只敢靠近陆地航行。"① 中国内海的航行方面，"由厦门开船，顺风十余日即到天津"，广东、福建商船，贸易于广州、厦门、上海、乍浦、宁波、胶州、关东各埠，"来往岁以为常"②。这表现了对外贸易和商品经济的恢复和发展的情况的一面。从中国输出品的铁器、丝绸等数量来看，仅广东佛山出产铁锅的输出量，《清实录》说："查雍正七、八、九年，夷船出口，每船所买铁锅，少者自一百连（每连约重二十斤）、二三百连不等，多者并有至一千连者。"（《雍正朱批谕旨》第

---

① 据《历史研究》一九五六年第八期、一九五七年第十二期田汝康：《十七世纪至十九世纪中叶的中国帆船在南亚航运和商业上的地位》、《再论十七至十九世纪中叶中国帆船业的发展》，依据《大英百科全书》刘耐利《中国帆船》、阿儒纳拉《葡属几内亚的发现及征服纪事》等书所述。
② 《皇朝经世文编》卷四八。

五十二册、页四所载杨永斌奏折略同）关于丝绸的输出量，李侍尧对乾隆说：
"外洋各国夷船，到粤贩运出口货物，均以丝货为重，每年贩卖湖丝并绸缎等
货，自二十万余斤至三十二三万斤不等……一岁之中，价值七八十万两或百余
万两……其货均系江浙等省商民贩运来粤，卖与各行商，转售外夷，载运回
国。"蓝鼎元对乾隆说："闽、广人稠地狭……望海谋生十居五六，内地无足
轻重之物，载至番境皆同珍贝。是以沿海居民造作小巧技艺以及女工针黹，皆
于洋船行销，岁收诸岛银钱货物百十万入我中土。"对国内各兄弟民族间的交
易，如乾隆五十八年谕说："据保宁奏：新疆应用钢、铁、铜、锡等物，请将
停止出关之处停止，准令贩卖等语。新疆民人所有种地应用钢、铁、铜、锡等
物，在所必需；既非本地所产，而内地又不准其贩卖，于生计未免有碍。即照
所奏，准由内地贩卖。"① 这表现了国内商品交换、国外贸易及矿冶、纺织等生
产的恢复和发展情况的又一面。这不过是一些例子。又从英国产业革命以前华、
英的贸易来看，就正当商品说，中国是出超，英国是入超的；从出入口物品的内
容看，中国输出的是缎绢、棉布、瓷器、茶叶等为主要，输入的多是珍宝、香
料、毒物（鸦片、又称树香、乌香、乌烟、亚荣、阿芙蓉，明朝已开始从暹罗
贡进）等为主要。在英国产业革命以后，这种情况，才颠倒过去。从中国商税
（国内税关与海关合计）收入看，乾隆时，江苏五关的额定收入为一、二二九、
七二一两，占第一位；凤阳、芜湖两关为六〇四、七四五两，占第三位；九江、
赣州两关为四四四、九一六两，占第四位。唯一通商口岸的广东，连常关商税在
内，为六五二、四八五两，仅比安徽两关多一点，只当于江苏之半。这一面反映
市民阶级在东南重新成长的情况，一面又反映输入品在国内市场上还不占什么地
位。这也是在英国产业革命后，情况才渐次变化过去；如到鸦片战争前，广东关
商税，便增至八九九、〇六四两，战后更突增至二、三六二、一六四两。

　　由于明、清间战争的破坏，特别由于清廷的反动政策（尤其是清军所进
行的惨绝人寰的屠城等暴行）的束缚和摧毁，中国市民阶级的形成和成长，
新的生产因素的出现和发展，走着曲折、顿挫、缓慢的道路；英国后来居上，
反较先完成了产业革命。但在鸦片战争以前，一度被清廷所绞杀的中国资本主

---

① 《世宗宪皇帝实录》卷一一三、乾隆二十四年李侍尧奏疏、《皇朝续文献通考》卷五六《市籴考》
　一、《蓝鼎元论南洋事宜书》、《乾隆五十八年谕》。

义生产的幼芽，到康熙年间（公元一六六二——一七二二年），尤其到乾隆、嘉庆年间（公元一七三六——一八二〇年），从中国社会的内部又重新出现了，并较明朝有着进一步的发展和较高的形式。这表现在丝纺织和棉纺织业方面，在苏州，据"雍正十二年（公元一七三四年）十二月长元两邑同人（按即"机户"何君衡等六十一人）公立"：《奉各宪永禁机匠叫歇碑记》说："苏城机户，类多雇人工织，机户出〔资〕经营，机工受值"，"工价按件而计，视货物之高下，人工之巧拙，以为增减"，"各匠常例酒资，纱机每只常例给发机匠酒资一钱……缎机每只常例亦给发酒资一钱"。这是从明朝就出现了的资本主义性的手工工场的生产关系；但在劳资关系上，已出现了工人同盟组合、罢工，反对资本家辞退工人和要求增加工资等斗争的新情况，即所谓"不法之徒，不谙工作，为主家所弃，遂怀妒忌之心，倡为帮行名色，挟众叫歇，勒加工银，使机户停织，机匠废业"；"机户"并转而依托封建地主阶级的官府，来压迫工人，不许工人有自己的组织，即所谓"革除机匠叫帮"；禁止工人为反对"机户"、要求增加工资等而进行的同盟罢工、封厂等斗争，即所谓"禁革""机匠聚众、叫歇、勒加、阻工"，而又依靠"地方官府不时查察，勿令再复滋事"，并拿所谓"把持行市律"来约束工人。这显然已具备了近代劳资斗争的若干特点。由于纺织业的发展，也发展了为纺织品加工的染坊、踹坊等资本主义性的经营。就苏州的踹坊说，李卫等向雍正奏称："有一种之人名曰包头，置备菱角样式巨石、木滚、家伙、房屋，招集踹匠居住，垫发柴米银钱，向客店领布发碾；每匹工价银一分一厘三毫，皆系各匠所得，按名逐月给包头银三钱六分，以偿房租家伙之费。习此匠业者……皆江南、江北各县之人……率多单身、乌合、不守本分之辈，因其聚众势合，奸良不一……现在细查苏州阊门外一带，充当包头者共有三百四十余人，设立踹房四百五十余处，每坊容匠各数十人不等。查其踹石已有一万九千余块，人数称是……虽其中亦有食力贫民，而杰骜不驯者颇多。"[①] 当时也同样有了踹匠自己的组织和集体斗争、即所谓"结党生事"[②] 等阶级斗争新情况的出现。松江的纺织

---

① 《雍正朱批谕旨》第四十二册第七十六——七十七页《李卫》。
② 顾公燮《消夏闲记摘抄》卷下《李制台治吴》："阊门外，社坛踹坊鳞次，匠以数万计，结党生事。公请移住同知一、守备一、总司一、经历一，弹压管束。"同上《雍正朱批谕旨》说："雍正元年，有踹匠栾晋公、徐乐也，纠集拜把，商谋约会"。

业和为其加工的染坊、踹坊等的资本主义性质的东西和其发展情况，基本上和苏州相同。在南京，"商贾以缎业为大宗……乾嘉间，通城机以三万计。""开机之家，总会计处谓之帐房；机户领织谓之代料，织成送缎，主人校其良楛，谓之雠货。小机户无甚资本，往往恃帐房为生。各机户复将丝发交染坊染色，然后收回，织成缎匹，再售与绸缎业。四者层层相因，休戚相共……织机之工，俗呼机包子。""其织也，必先之以染经……经既染，分散络工，络工，贫女也。"① 这是说，"帐房"将资本直接投入生产的方式，一面为"开机"、即自行设备机车等生产工具和厂房、雇佣"机包子"（即工人）从事织造，这到道光年间（公元一八二一——一八五〇年）有些"帐房""遂有开五、六百张机"的②；一面，又像从事"江绸"织造的镇江"行号"一样，以原料交付"机户"、尤其是"无甚资本"的"小机户"，"按绸匹计工资"为他制成成品③，"帐房"和能保有"织成缎匹，再售与绸缎业"的富有"机户"，都是雇佣"机包子"和"络工"等工人，在其所开设的工场内或在他们自己家中为其从事生产劳动；"小机户"则是在自己家中和使用自己的生产工具，为"帐房"生产成品去获取工资的半独立生产者性质的劳动者。在广州佛山，"丝织业从业员，男女少年合计不下一万七千人……棉布制织从业员越五万人；工厂有二千五百家，一厂平均使用二十人。"④ 丝织方面，"粤缎行于西北"及"东西二洋"，并有"广纱甲天下"之称⑤。三元里的手工工人，在其后的鸦片战争中，成为反对英国的帝国主义性的侵略堡垒"平英团"的中坚，这是人所共知的。佛山纺织业的劳资关系，应与其同时同地的铁冶铸造业相似。清朝的纺织业，据徐珂所述："纺织品为布、丝、绸、缎、绢、纱、罗、绫、锦、绣货"等，尤其是布，"南北各省"

① 陈作霖《凤麓小志》卷三。
② 同治《上元江宁两县志》卷七《食货考》。
③ 徐珂《清稗类钞》第十七册《农商类·镇江江绸业》："江绸，为镇江出产之大宗，往往行销于北省及欧美日本者，岁入数百万。开设行号者十余家。向由号家散放丝经，给予机户，按绸匹计工资。赖织机为生活者数千口。晚近销路顿滞，号家歇业者已大半矣。"
④ R. M. China. vol. II. P. 227. 并见 Description of the city of Canton, the Chinese Repository, vol. II, no. 7, Nov. 1839, PP. 305—306。
⑤ 《岭峤丛述》引《广州府志》。

几无不生产①；他虽然没说明时间和生产的性质，但都是"商品"性的。

其次，表现在造纸方面，全国各地又都出现了资本主义性的手工工场。在陕西尤其在巴山南北的汉中一带，利用原始竹林的解籜嫩竹的丰富原料，"贾人多设槽造纸"，"工本无多，获利颇易"；"厂大者匠作佣工必得百数十人，小者亦得四五十人"；它的经营方式，与当地的铁冶、木材等业一样，大都是"厚资商人出本交给厂头，雇募匠作，厂民自食其力"；"匠作"工人，十之八九都是来自四川、两湖、广东、江西、安徽的所谓"流寓客民"或"无业流民"，即靠自由出卖劳动力过活的各省失业农民②；主雇间的关系，据《清代刑部钞档》嘉庆二十年十一月十日管理刑部事务董诰等题"称：陕西汉中府略阳县"任克浚雇杨思魁帮工作纸，每月工钱一千二百文，同坐共食，并无主仆名分"。在江西，赣东旧广信府属的铅山、玉山、永丰等处，在明朝就有投资从事生产的"纸户"与官槽并存③。到清康熙、乾隆年间，"篷户"或"槽户"，大多是从安徽、福建以及西北各地"挟资而来"的"富商大贾"，"小民藉以食其力十之三四"；槽的规摸，大抵"每一槽四人：扶头一人、春碓一人、检料一人、焙乾一人，每月出纸八把"。劳资间的关系，据《清代刑部钞档》乾隆四十八年"秋审"称：喻梅雇陈黑破竹造纸，"每日议给工钱二十五文"，"陈黑查知各篷破竹，每工均系钱三十文。当即辞工不作"。因此，工人是自由出卖劳动力的劳动者。在福建，《清代刑部钞档》乾隆三十五年九月十九日"锺音题"称："讯据吴贵玉供：小的今年四十二岁，是江西南丰县

---

① 《清稗类钞》四十四《农商类·商品》："工产品之大要为纺织品、书写品、制造品、消费品。纺织品为布、丝、绸、缎、绢、纱、罗、绫、锦、绣货。布：产南北各省，而江西、广东以夏布著，福建以葛布著；丝：产江苏、安徽、江西、浙江、湖北、湖南、广东、云南、四川；绸：茧绸产直隶、山东、河南；绵绸产山东、河南、安徽、四川；绉绸产河南、浙江；宁绸、纺绸产江苏、浙江，而潞绸则产山西之潞安府，瓯绸则产浙江之温州府，巴绸则产四川之保宁府，荡绸则产新疆之疏勒府；缎：产江苏、浙江，而巴缎则产四川之成都府，荡缎则产新疆之疏勒府；绢：产直隶、山东、山西、河南、江苏、浙江、福建、广东、四川；纱：产江苏、浙江、广东；罗：产江苏、浙江、四川；绫：产江苏、浙江、湖北、四川；锦：产江苏、浙江、四川；绣货：产京师及江苏之苏州府、浙江之杭州府、湖南之长沙府。"

② 余修凤等光绪《定远厅志》卷三，页五。严如煜《三省山内风土杂识》页十九。《三省边防备览》卷十《山货》、卷十七《艺文》下。卢坤《秦疆治略》第四二——五四页。参阅《中国资本主义萌芽同题讨论集》（上）彭泽益文。

③ 蒋继洙等《广信府志》卷一之二，页九七。查慎行等康熙《江西志》卷二七，页九。参阅《中国资本主义萌芽同题讨论集》（上）彭泽益文。

人，来到辖下白沙地方开厂做纸，有多年了。小的厂内雇有工人虞五开，每月工银五钱，并未立有文券，议有年限。"在浙江，《清代刑部钞档》嘉庆十二年十月七日"巡抚浙江等处地方清安泰题"称：新昌县"华更陇雇许文启，帮做纸厂短工，平等相称，议定每月工钱九百文。"① 在江苏苏州，据刘永成《乾隆苏州元、长、吴三县议定纸坊条议章程碑》所述，毛文成、汪元益、杨彩霞等三十六家纸坊坊主，均自置设备和雇佣工人进行生产，共有匠工八百余人，都是来自江宁、镇江等处自由出卖劳动力的劳动人民（各坊向无工匠籍贯簿册）。他们实行"纸匠每日以刷六百张为一工……并不计日；如纸匠勤力，春夏昼长、秋冬夜作，尽力刷造，除去六百张为正工……有多至六百张……，按月统算，每工给茶点银半分，共成四分五厘，以示鼓励"的计件工资制；每工每月工资"给银一两二钱"，"坊给饭食"。这是一种尽量提高劳动强度的极残酷的工资制度，与现代社会主义国家所实行的计件工资制，是有本质的区别的。碑文又述，坊主议定种种禁例和办法来约束工人，如不许工人透支工资和跳厂、歇工，即所谓"禁撮银、避工……侵空工银、避不作工、及投别坊佣工"等等；填制各匠工籍簿册送官府查核；设置"坊甲"，"专司稽查各坊，弹压各匠，使其安分勤工……停歇……怠玩，革除另签"；对所谓"散匠"，则责成作为"把作匠头"的"纸刀两匠"负责"保荐"和"查察"其"来历"这显然都是属于资本主义性的生产和主雇关系，即劳资关系。当时在江西铅山的造纸工人中，也出现了像苏州纺织和造纸工人一样的同盟罢工等斗争形式，即所谓"槽工人等拥众歇槽"的新情况，"槽户"或"篷户"即资本家，也同样依托封建官府来镇压工人②。湖南武冈、邵阳等县的造纸事业和其性质，前已提及。

其次，表现在铁、铜、铅、锡、煤等的采冶和铸造方面，也在全国若干地方，重新出现了资本主义性的生产的幼芽。徐珂说，在清朝，作为"商品"的"金属品"，为金、银、铜、铁、锡、锑、镍、锰、锌、水银、朱砂"等，

---

① 均转引自《中国资本主义萌芽问题讨论集》（上）彭泽益文。
② 郑之侨等乾隆《铅山县志》卷一，第十四——十五页："钦差巡按江西监察御史许为巡按事，按临广信。顺治十五年（公元一六五八年）六月十八日准到铅山县十二都里地槽户郑以仁等具禀词称：槽工人等拥众歇槽，酗酒赌博，斗狠伤命……祸累槽户，老死病亡，移尸图赖等情。蒙院宪发刑馆，给示严禁，勒石申饬，毋许槽工恃众祸乱地方……种种不法肆行无忌……如有故违，许该地方槽户指名赴辕呈禀，以凭严拿。"

全国各地几乎都有各别重要金属品的生产，其中："铜：产山西、福建、湖北、广东、广西、云南、陕西、四川，而白铜以云南著；铁：产直隶、山西、福建、湖北、湖南；铅：产湖南及广东之广州府、贵州之大定府。"① 徐珂一面是包括官办、商营和封建性的行会生产等等而说的，一面是包括鸦片战争以前和以后的情况说的，另一面他掌握的情况也不全面，如对冶铁铸造事业颇发达的广东，就没有提到；但他提供了清朝商品性的"金属品"生产的若干情况。从鸦片战争以前资本主义性的生产来考察，在铁器行销全国和以大量出口著称的广东，铁的采冶和铸造，鄂尔达在给雍正的"奏疏"中说："粤东……矿产最繁，土民习于攻采，矿峒所在，千百为群，往往聚众私掘。"而这种"私掘者"是有着主雇之分的，所以他又说："铁炉不下五、六十座，煤山、木山开挖亦多，佣工者不下数万人。"② 据屈大均说：在明末，开设"铁场"或"炒铁之肆"的主人，已是为"利赢"而采冶的；"铁冶既成，皆输佛山之埠"，在佛山制成铁锅以及铁线、铁钉等等，行销全国及海外，即所谓"佛山之冶遍天下"③。到清朝，大抵自康熙以后，由"藩司"和"运司衙门"征收"饷税"后，便"官准专利"或"承允"采冶铸造。"铁场""将铁运回佛山销售"（在高州、嘉应州则"准其就地售卖"）。佛山的"铁镬行"或"土炉"使用新铁或"收买旧烂废铁"，铸制"鼎锅、牛锅、三口、五口、双烧、单烧等名目"以至"钟鼎军器"，或"食锅、农具、钴、铊等项"。"铁锅贩于吴、越、荆楚"，"铁线则无处不需，四方商贾各辇运而转鬻之"④。如前所述，雍正时，佛山铁锅已大量运销海外。被雇佣从事采冶铸造的工人，据《清代刑部钞档》乾隆十三年

---

① 《清稗类钞》。

② 《矿政辑要》卷九，页二；并见贺长龄《皇朝经世文编》卷五五。

③ 屈大均《广东新语》卷十五《货语》："铁条"凡一炉场，环而居者三百家，司炉者二百余人，掘铁矿者三百余，汲者烧炭者二百有余，驮者牛二百头，载者舟五十艘；计一铁场之费不止万金，日得铁二十余版则利赢，八九版则缩。""炒铁之肆有数十，人有数千；一肆数十砧，砧有十余人。是为小炉"。（大溶铁炉，"其口上出，口广丈许，底厚三丈五尺，崇半之，身厚二尺有奇"；冶法："下铁矿时与坚炭相杂，率以机车从山上飞掷以入炉，其焰烛天……。铁矿既溶，液流至于方池，凝铁一版……一时须出一版，重可十钧"。）"铁冶既成，皆输佛山之埠"，以之"为镬"，即各种鼎锅，并"可拔为线"等等制品"鬻于江楚"。又卷十六《器语》锡铁器条说："佛山之冶遍天下。"

④ 阮元等道光《广东通志》卷一六七；冼宝干等民国《佛山忠义乡志》卷六；陈炎宗乾隆《佛山忠义乡志》卷六《乡土志》。

五月六日"署理刑部尚书事务盛安等题"称："广东兴宁县冯应隆到叶青机的铁炉厂工作，每月工钱四百文。"乾隆《佛山乡志》说：佛山在乾隆末，"四方商贾萃于斯，四方之贫民亦萃于斯，挟资以贾者什一，徒手而求食者则什九也。"①像冯应隆和"徒手而求食"的"四方之贫民"，便都是一无所有、全靠自由出卖劳动力过活的劳动者。在广西，据《清代刑部钞档》嘉庆十四年四月十三日"巡抚广西等处地方恩长题"称：广西天河县"黄士畛向办段峒铁厂，雇张廷畛在厂帮工，每年给辛资银二十四两；平日同坐共食，并无主仆名分"。又嘉庆十四年四月十四日"管理刑部事务章煦等题"称：广西上林县"罗登科同覃世元受雇罗华桂炉房帮工，言定每月各给工钱一千二百文；平日同坐共食，无主仆名分"。这对于"铁厂"或"炉房"和工人的性质，都说得更明白。在陕西，据严如煜《三省边防备览》所述：铁厂规模、铁炉大小、冶造技术都不下于广东，"铁炉高一丈七八尺……坚筑土泥，中空，上有洞放烟，下层放炭，中安矿石，矿石几百斤，用炭若干斤，皆有分两，不可增减。旁用风箱，十数人轮流曳之，日夜不断。火炉底有桥，矿渣分出；矿之化为铁者，流出成铁板"。"每炉匠人一名，辨火候，别铁色成分。通计匠、佣工每十数人可给一炉。其用人最多，则黑山之运木装窑，红山开石挖矿运矿。炭路之远近不等，供给一炉所用人夫，须百数十人；如有六七炉，则匠作佣工不下千人。""铁既成板，或就近作锅厂、作农器。匠作搬运之人，又必千数百人。利之所在，小民趋之如鹜。"关于工人的性质，《铁厂咏》说："一厂指屡千，人皆不耕食；蚩蚩无业民，力作饱朝餐……岂无逋逃猾，雌伏屏鼻息，岂无透漏奸，疏禁严关吏。地利有时尽，生计以憔悴。"卢坤《秦疆治略》污蔑他们为"无业流民"，并说"其帮工搬运，来往无定之人更多"，工人多的地方，"但逢荒歉"，还发生同盟反抗、"滋事"等情况。这说明工人大都是从川、楚各地而来、一无所有，全靠自由出卖劳动力过活的劳动者。厂主则系拥有生产设备、雇佣工人、为营利而从事生产的"厚资商人"，已如前述。江西和四川等地的铁业情况，基本上也差不多。当时在出产铜、锡著名的云南，据《清史稿·食货志》所记，从康熙到乾隆，铜矿的开采，由十七八处增至四十六处。"出资者"、即"买矿煎铜出售"的"锅头"、"硐户"、"硐主"或"炉民"、"炉户"，"皆系川、湖、江、广大商巨贾，每开一

---

① 引自道光《佛山忠义乡志》卷五《乡俗志》。

厂，率费银十万、二十万两不等"，而且是以"获利"为目的的；"雇工"、"雇力"，或所谓"兄弟"，亦即"砂丁"、"硐丁"、"炉丁"，是"招募"而来的："其初出力攻采，不受月钱，至得矿时，与硐主四六分财者，为亲身兄弟；其按月支给工价，去留随其自便者，名为招募砂丁；其或硐内偶尔缺人，临时招募添补，则雇工应用。""凡厂衰胜"，全以作为"打厂之人"的"砂丁"的"众寡"为转移；他们是"来如潮涌，去如星散；机之将旺，麾之不去，势之将衰，招之不来"。所以厂主"不虑矿乏，但恐丁散"①。当时这种矿场与围绕矿场谋生的人群和"商贾负贩、百工众技"等"蜂屯蚁聚"的情况，已形成一种都市的景象②。这正是萌芽状态中的资本主义手工工场聚集地区或矿区的情况。

在农业方面，也重新出现和发展了富农以及经营地主的经济。在明朝，已出现了"夫耕妇馌，犹不暇给"，又"雇倩""以岁计"的"长工"、"以月计"的"忙工"，"以襄其事"的富农③，和"田产广多，除了家人，雇工的也有整百"的经营地主④。到清朝，除个别地方外，农村没有受到像东南等处的先进城市所受到的那样毁灭性的摧残和打击，所以资本主义性的富农经济和带有资本主义因素的经营地主经济，都在明朝已有的基础上得到继续发展，尤其是包括富农、经营地主和个体小生产者在内的商品性经济作物的生产，有了较大的发展。如在广东，广西巡抚韩良辅雍正五年（公元一七二七年）二月的奏章说："广东地广人稠……唯知贪财重利，将土地多种龙眼、甘蔗、烟叶、青靛之属，以至民富而米少"；至十八世纪八十年代，李调元说：仅甘蔗一项，"蔗田几与禾田等"⑤。在四川内江，"沿江左右，自西徂东，尤以艺蔗为务。平日聚夫力作，家辄数十百人。"而且"入冬辘轳煎煮，昼夜轮更；其壅资工值，十倍平时。因作为冰霜，通鬻远迩，利常倍称"⑥。这是发展到了兼营植蔗和制糖的富农经济。在河北，乾隆时，方观承说："伏见冀、赵、深、定诸州属，农之艺棉

---

① 吴其浚《滇南矿厂图略》，《滇矿图略》页一四——四九；唐炯《成山老人自撰年谱》，《附录》页二。参阅《中国资本主义萌芽问题讨论集》（上）彭泽益文。
② 王嵩《矿厂采炼篇》："商贾负贩，百工众技，不远数千里，蜂屯蚁聚，以备厂民之用。而优伶戏剧，奇邪淫巧，莫不闻风景附。"
③ 《古今图书集成·职方典》卷六七六《苏州府部》。
④ 《醒世恒言》卷二八《卢太学诗酒傲王侯》记嘉靖间河南浚县浮丘山经营地主卢楠家的情况。
⑤ 《东华录》；李调元《南越笔记》卷十四，页一七、一八。
⑥ 道光《内江县志要》卷一，页二九。

者什八九。产既富于东南，而其织纴之精，亦遂与松（江）、娄（江）匹……更以其余输溉大河南北……外至朝鲜，亦仰资贾贩，以供楮布之用。"① 这是说，随着商品性的棉花生产的发展，河北的棉纺织业，也赶上了东南的松江和苏州。

在制瓷和其他生产方面，也都重新或开始出现了资本主义性的生产的萌芽。

虽然在明、清都有这种资本主义的生产的存在，但它还只是一种萌芽的状态，不只是与封建的农民生产、行会制工商业、官有手工业场坊和商业、个体小生产等等同时存在，而且封建制的农业、手工业、商业占着全面的绝对支配地位。一方面，尚在萌芽状态中的资本主义性的生产，本身也还带有浓厚的封建性与行会色彩，如："坊主"竟至自行设置和使用所谓"坊甲"之类，去监督、强制工人"安分勤工"，议定将所谓侵空工银和跳厂工人"差押归坊偿欠"，禁止工人"夜不归坊……违者重杖递籍，坊差不举，一并究处"②；所谓"地邻机户人等"，可以将进行"聚众叫歇、阻工"等斗争以至"误工"的工人，"扭禀地方官"③；在纺织业较发达的苏州，自置设备，"计日"给资"佣工"进行生产的"机户"，还有"名隶官籍"的约束，工匠受雇，也"有行头发遣"④，或由工匠"保荐"（如纸坊），或经由工头、即"镶头""招募"（如个旧锡矿）⑤；如前所述，工人还有与雇主"共食"，或"坊给饭食"的情况等等。一方面，发展很不平衡，还只是这些东西只在这些地方出现了幼芽，那些东西又只在那些地方出现了幼芽。因此当时这种手工业工场主和富农们，不只还没有力量去冲破封建的束缚和压迫，还每每依托封建官府来约束和压制工人。另方面，清朝封建政府，不只在入关之初，曾采取了一系列的反动政策，对这种新生的东西，从军事、政治、经济各方面给予了毁灭性的打击和摧毁；而且采取了种种反动步骤去压制和束缚它的成长和发展。例如江宁织造府限制"机户不得逾百张（机），张纳税当五十金，织造批准注册给文凭，然后敢织"⑥。他处如苏州，也有类似情况。这是直接用法令和重税去限制它的发

---

① 《棉花图》跋。

② 刘永成《乾隆苏州元长吴三县议定纸坊条议章程碑》。

③ 《雍正十二年十二月长元两邑同人公立奉宪永禁机匠叫歇碑记》。

④ 乾隆《元和县志》卷十《风俗》；乾隆《苏州府志》卷二十一。

⑤ 刘永成《乾隆苏州元长吴三县议定纸坊条议章程碑》；黄开禄《云南个旧锡矿劳工调查报告》。

⑥ 同治《上元江宁两县志》卷七《食货考》，述康熙五十一年以前情况。

展。又如限制或禁止人民开矿，如康熙时规定："除云南……外，他省所有之矿，向未经开采者，仍严行禁止"，否则"重罚"；云南及他处已开的铜、铅等矿，也规定征税百分之二十、官买百分之四十、只准矿商自卖百分之四十，或征百分之十、官买百分之九十，或征税百分之三十，"其余听商自卖"，或"于额例抽纳外"，限定价格，由官"收买余铜"，并明令委官驻厂监收，同时设立封建垄断性的"官铜店"；甚至对所有"请开矿者，均不准行"。乾隆时，对于民窑或由商办的采煤事业，一面限定："无关城池、龙脉及古昔帝王圣贤陵墓，并无碍堤岸、通衢处所"，方准开采；一面关于盛京、锦州、宁远、义州等处采煤，规定"遇有铅、磺，即行题请封闭"。兵部左侍郎舒赫德竟奏请，只准在"奉天城东南白西湖地方"开采，"供应陵寝煤斤"，此外"奉天所属各地"，"虽有煤斤，永行严禁，不许挖取。"① 这也是直接用强制权力去阻止资本主义性的生产在采矿、冶金、铸造等方面的发展，和禁止人民开矿。又如，清廷曾长期间禁止华商出国贸易，即所谓"海禁"或"洋禁"，使福建、广东等沿海城市，形成"百货不通，民生日蹙"的"惨目伤心"景象②，并限制重要商品出口。如乾隆二十四年，根据两广总督李侍尧建议，对"外夷洋船"，实行"丝禁"；二十五年"江苏巡抚陈宏谋言：采办洋铜，向系置办绸缎、丝斤并糖、药等货，前往日本易铜，回棹分解各省以供鼓铸。今丝斤已禁，若将绸缎一概禁止，所带粗货不敷易铜"。因此，才准"每船配搭绸缎三十三卷，分装十只船……每卷照向例计重一百二十斤……计额船十六只……责成浙江之乍浦、江南之上海二处官员，照例秤验输税，出口办铜供铸；仍彼此随时知会，以杜重复影射……如有夹带偷越……即行……治罪"③。同时，又软硬兼施地禁止失业农民去到城市，充当自由出卖劳动力的工人。如雍正五

---

① 《皇朝文献通考》卷三十《征榷考》五《坑冶》；《清史稿·食货考·矿政》；《东华录》记"大学士九卿等议开矿一事"；师范《滇系》卷八之三，蔡毓荣《议理财疏》；阮元：《云南通志》卷七六《矿厂》四《京铜》；《清实录·高宗乾隆实录》卷一一〇、一一五；《大清会典·事例·工部》卷九五一。

② 《皇朝续文献通考》卷五六《市籴考》一，乾隆五十九年蓝鼎元《论南洋事宜书》："南洋未禁之先，闽广家给人足，游手无赖，亦为欲富所驱，尽入番岛……既禁以后，百货不通，民生日蹙，居者苦艺能之周用，行者叹至远之无方。故有以四五千金所造之洋艘，系维朽蠹于断港荒岸之间……一船之敝废，中人数百家之产。其惨目伤心，可胜道耶？沿海居民，萧索岑寂，穷困不聊之状，皆因洋禁。"

③ 《皇朝文献通考》卷三三《市籴考》二。

年的谕旨说："愚民见工匠之利多于力田，必群趋而为工……惟在平日留心劝导，使民知本业之为贵……虽不必使为工者尽归于农，然可免为农者相率而趋于工"①。这一切，都阻滞了中国资本主义生产的成长和发展的进程。

当这种资本主义生产的幼芽，还没来得及成长起来去冲破封建的防障、开辟其自己的历史前途的时候，却来了"列强"资本主义的侵略，首先是英国及其在美国等资本主义国家帮凶下所发动的对华侵略、鸦片战争。鸦片战争的结果，中国土生土长的资本主义幼芽，又被"列强"的侵略炮火烧毁了。中国原来的市民阶级，便大多被改编去充任其经纪人，其资本便渐次被赋予了一种买办性；在中国社会内在矛盾的基础上，重新形成的民族资本和民族资产阶级，在"列强"帝国主义和封建势力的重重压迫下，始终是软弱的、带有两面性的，无力和没能去完成其历史任务——而由中国无产阶级领导完成的。总的说来，自鸦片战争以后到中国苏维埃政权产生前，在全国范围，到人民大革命胜利以前，在国统区和日寇占领区，社会经济便沦入了殖民地半殖民地半封建的过渡形态。如果没有鸦片战争，毛泽东同志在《中国革命和中国共产党》一文中说道："中国封建社会内的商品经济的发展，已经孕育着资本主义的萌芽，如果没有外国资本主义的影响，中国也将缓慢地发展到资本主义社会。"②

第四节　明朝的内政和派别斗争

削藩和"靖难"　明太祖（公元一三六八——一三九八年）先后封其诸子亲族为藩王，分镇西安、太原、北平（北京）、开封、武昌、青州（山东益都）、长沙、兖州、桂林、成都、荆州（湖北江陵）、大同、甘州（甘肃张掖）、广宁（辽宁北镇）、宁夏（宁夏银川）、大宁（河北平泉东北）、岷州（甘肃岷县）、宣府（河北宣化）、开原（辽宁开原北）、长治、平凉、南阳、

---

① 《清实录·世宗宪皇帝雍正实录》卷五七。
② 《毛泽东选集》第二卷，人民出版社一九五三年版，第六二○页。

安陆（湖北钟祥）、洛阳各要地；各王均给禄米万石，护卫武装三千至一万九千人，地位在皇帝以下，公侯以上，但无地方行政权。后来各代皇帝，也都封自己子侄为藩王，形成明朝一个很大的贵族集团。

在明初，由于对元朝残余统治集团的军事关系，燕王朱棣（驻北京）、晋王朱棡、秦王朱樉均负责节制诸将防边。因此，他们虽没有地方政权，却有了兵权。其次太祖为贯彻其政策，杀戮了不少文武官吏和功臣；但朝臣中的派别仍存在，加之被黜陟的文武官吏，钻空子的勋臣后裔、官僚政客如陈瑛、徐增寿、刘中孚、李彬、朱能、张玉、李友直以至和尚姚广孝（僧道衍）之流，为图恢复地位或升官发财，多暗中依托藩王，尤其已有兵权的燕、晋诸王，"相与密谋"挑起藩王的独立性和争夺皇位的野心。皇太孙朱允炆（已死太子朱标子）在东宫时，就与一班主张废藩、削藩的官吏齐泰、黄子澄、方孝孺（均进士出身）等结纳，计划削藩。允炆（建文帝，公元一三九九——一四〇二年）即位后，便与齐、黄等计议削藩步骤，主要目的在于去燕王，方孝孺并提出所谓"正统"和"无统"论，"尊""人君之位"和"以盗贼""待篡臣"，指斥"篡臣"的"乱伦"、"夺位"和敢行"篡弑"，也正在暗射燕王及拥燕诸藩；但以"燕预备久，卒难图"，遂决计"先剪燕手足"。元年颁布亲王不得节制文武吏士的命令，又先后流周王朱橚（开封）于云南，鞠讯湘王朱柏（荆州），"柏自焚死"，并废齐王朱榑（青州）、岷王朱楩（岷州）、代王朱桂（大同）等为庶人，召还宁王朱权（河北平泉境，旧大宁治），削其"护卫军"[1]。燕王朱棣在僧人道衍、部将张玉、朱能等人策动下，便于同年秋七月起兵，叫作"靖难军"，以声讨齐、黄等"离间骨肉"，建文"信用奸臣，戕刈宗室"为号召；他起兵的目的是"清奸慝，奠社稷"[2]。北平都指挥王信及通州、遵化、永平、密云诸守将均参加"靖难军"，参政郭咨、副使墨麟、佥事吕震等及太祖严令禁止干预政治的宦官，都先后从南京投奔。

这种自相火并的战争继续了四年。建文四年（公元一四〇二年）六月，

① 《纪录汇编·靖难功臣录》；陈子壮《岭南遗书·昭代经济言》卷二；方孝孺《释统》上、中、下篇，《深虑论》；明朱谋㙔《藩献记》卷一《周藩》、卷二《湘藩》、《宁藩》；《明史》卷四《恭闵帝纪》；《明史纪事本末》卷十六《燕王起兵》。

② 《明史·成祖本纪》卷一四一，齐泰、黄子澄、方孝孺等人传；《纪录汇编》，宣德《御制广寒殿记》；《明史纪事本末》卷十六《燕王起兵》

燕兵攻至南京外围金川门，谷王朱橞、曹国公李景隆等内应，燕兵遂占领南京。燕王宣布："建文中所改成法，一复旧制"，尽复朱橚、朱樽等藩王爵位及建文朝废斥者官职；同时"下令……大索齐泰、黄子澄、方孝孺等五十余人，榜其姓名曰'奸臣'，并夷其族，坐'奸党'死者甚众。"同时"录用建文中所罢斥诸臣马兴、张得、李谅等"。建文诸弟，或"降"或"幽"，"后皆不得其死"或"莫知所终"①。燕王便做了皇帝，即成祖（公元一四〇三——一四二四年），永乐元年改北平为北京。永乐十九年十一月宣布迁都，明年（公元一四二一年），迁都北京，称北京为"京师"。

永乐宣德之治　成祖即位以后，为巩固其统治，基本上继承太祖的内政政策，如各地饥荒水旱，均朝告夕赈，荒田免租，发给被灾人民农具，继续给予一部分人民土地，免除田赋旧欠，军队践踏禾苗、携取民间畜产的，均以军法论罪；严办不顾人民苦痛的贪污官吏；派员考察民间疾苦；选布衣马麟等十三人为布政使、参政、参议等，并提倡节俭。

仁宗（朱高炽，公元一四二五年）、宣宗（朱瞻基，公元一四二六——一四三五年）也继续实行一些改良政策。如仁宗即位后，在《所有合行事宜条示》中宣布："税粮"等等"以前拖欠"，"尽行蠲免"；又严戒地方官吏，"民饥无食，济之当如拯溺救焚"，被灾不即请赈者严办。《条示》又宣布："除谋反大逆"等犯罪外，"咸赦除之"②；又严禁对犯罪者法外用刑，只准依律拟罪，并禁诸司不得鞭囚背及加人宫刑，非谋反勿连坐亲属，除诽谤禁，有告者一切勿治。录"内外官贪赃者"姓名于宫，"以便稽阅"。"太平天子"的宣宗，宣布准人民以劳役代死罪，并准犯人"立功赎罪"，官吏贪污案不准赎罪；即对"百姓蠹贼"的"贼吏不少假借"；亲访农民疾苦、奖励农桑生产、赈济水旱灾荒、免除田赋旧欠、减轻官田租额，出官钱籴粮备荒；处死贪暴宦官袁琦等十一人，向全国宣布其罪状；清理冤狱，减轻徒刑，逃亡的士兵和官

① 《明史·成祖本纪》。又《明史纪事本末》卷十六《燕王起兵》说："文臣迎附知名者，吏部右侍郎蹇义、户部侍郎夏元吉、兵部侍郎刘俊……编修吴溥、杨荣、杨溥……待诏解缙、给事中金幼孜、胡浚……杨士奇、胡俨等。揭榜左班文臣二十九人：太常寺卿黄子澄、兵部尚书齐泰、礼部尚书陈迪、文学博士方孝孺……燕王指以上诸人为奸臣，别其首从，先是出赏格，凡文武官员军民人等绑缚奸臣，为首者升官三级，为从者升二级；绑缚官吏，为首者升二级，为从者升一级。有司奉旨出示，自是擒获得官者甚众，乘机报私仇、劫掠财物者纷纷。虽禁不能止。"并参阅卷十八《壬午殉难》。
② 《明实录·仁宗洪熙实录》卷一二；《明史·食货志》。

工匠免罪；"许诸人陈言，勿有所讳"。所以说，宣德之治，"吏称其职，政得其平，纲纪修明，仓庾充羡，闾阎乐业"，"田里安业，四裔宾服"①。

与经济情况相适应，明朝从太祖到宣宗，国力都是上升的。

英宗以后的失政　英宗（朱祁镇）以后至孝宗（朱祐樘，公元一四八八——一五〇五年）的六十九年间，明朝的统治已走向下坡，一面地主与农民、手工工人、市民间的阶级矛盾日渐扩大，英宗时就有佃农福建沙县邓茂七、浙江庆元矿商叶宗留等的武装起义，一面部族间的矛盾也日渐扩大，不只是西南国境内各部族部落如苗、瑶等族人民发生武装反抗，及某些上层人物的叛变。如英宗正统二年（公元一四三七年），就有所谓"云南麓川宣慰司思任叛，侵南甸州"；宪宗成化元年（公元一八六五年），有所谓"两广蛮寇乱"；九年，有所谓"土鲁番速檀阿力王"掠哈密②。而接受明廷封号的蒙古贵族，至此也不断进掠，并成为对明廷日益严重的威胁。在明廷的内部一面表现中间阶层对朝政日益不满，英宗时就有刘球、章纶、李时勉等对朝政的抨击和要求改良；廖庄说朝廷派京官往各地征逋欠，是督趣困民，不恤灾伤；大臣把持政柄，排抑他们，所用多亲旧富厚之家。一面大地主统治集团则渐趋腐化，文臣率多贪污，为争权夺利，又互相结纳和排斥；武将率多堕落，沉溺酒色，乾没军饷，扰害人民，由于这些恶劣作风，军队战斗力日益衰退。皇帝便日益不肯信任臣下，转而去信用其最亲近的宦官，又开始了宦官舞弄和把持朝政的局面。

但由代宗、孝宗时，改良派两度执政，把明朝的统治稳定了一下，所以说，代宗"笃任贤能，励精图治"，如将"倾危宗社"的王振等处死，任用于谦、何登等改良内政、整顿军备③；孝宗独能于晏安骄奢的风气中，身自"恭俭"和"勤政"；即位后便宣布一系列的改良政策，如取消"势要之人"对"盐斤"的专利以及霸占"军民开垦营业已久"的土地等项，都是切中时弊的④。然自武宗以后便江河日下了。

---

① 《明史·宣德本纪》；《明实录·宣宗宣德实录》卷一、卷一〇五；《明史纪事本末》卷二十八《仁宣致治》。

② 《明史纪事本末》卷三十《麓川之役》、卷三十九《平藤峡盗》、卷四十《兴复哈密》、卷四一《平固原盗》。

③ 《明史·景宗本纪》；《明史纪事本末》卷三十三《景帝登极守御》；《明实录·英宗实录》、《景泰附录》。

④ 《明史·孝宗本纪》；《明实录·孝宗弘治实录》卷二。

宦党邪派和正派　太祖在临死前，曾颁"祖训"："置铁碑高三尺，上铸：'内臣不得干预政事'八字"，限制宦官不得任外臣文武官，违者杀头；宦官官位不得过四品，诸官不得与宦官有文件往来。成祖与建文争皇位，利用宦官为其供给情报，以致狗儿辈得以任军职。宣宗即位后，由于其叔朱高煦想夺取皇位；他恐怕朝臣私通高煦，便靠宦官作耳目。因此乃于内府开设书堂，派员教宦官读书。但犹约束宦官，不容其贪暴、违法、乱政。

英宗即位时才九岁，朝政实际由太皇太后张氏支持杨荣、杨溥、杨士奇、张辅、胡濙五大臣处理。承仁、宣朝海内富庶的基础，朝野还算太平，宦官王振还不敢放肆。英宗十七岁时，张氏和三杨或已死去或告老还乡，或"坚卧不出"，或"年老势孤，继登庸者，悉皆委靡"，处理朝政，便常靠宦官王振出主意。他是王振抚抱长大的，叫王作"先生"。至此，一些只图个人权位的邪气官僚徐晞等，又私相依托，便形成王振为首的邪派与宦党专权的局面。王振主要靠特务机关锦衣卫作工具，宦官僧保、曹吉祥、刘永诚及邪派大官僚作爪牙，贪官污吏无不走他的门子，公侯勋戚也尊他作"翁父"。刘球提出十项改良要求，被杀于锦衣卫，其他于谦、薛瑄、李俨、李时勉等反对宦党的改良派分子、较正派官僚以至稍有正义感的锦衣卫卒如王永等，也都一一被逮捕"下狱"或处死①。自此便展开改良派与宦党邪派间的冲突。改良派与较正派的大官僚联合又叫作正派。

公元一四四九年（正统十四年），蒙古瓦剌也先以王振减其"贡马""马价"或"赏赐"、绝市等等，南下攻大同。英宗"亲征"，"未至大同，兵士已乏粮，僵死满路"；转进至土木（河北怀来西），"旁无水泉，又当敌冲"，接战前"人马不饮水已二日，饥渴之甚，掘井深一丈，不得水"。又堕也先假和圈套，遂至兵败，英宗被掳，王振被前方将士樊忠等打死，并宣示"为天下除此贼"。明年也先进迫北京，改良派于谦、彭时、商辂等坚决主战，宦党邪派徐珵（有贞）、马顺、喜宁等主张迁都、逃跑，后喜宁等又投奔也先为其主谋，"尽以……虚实告之。"② 前派压倒后派，拥立代宗，联合较正派官僚入阁执政，一面联合人民集结力量，打退也先进攻。一面改良内政，如开放言路，

---

① 《明史纪事本末》卷二十九《王振用事》。
② 《明史纪事本末》卷二十九《王振用事》、卷三十二《土木之变》、卷三十三《景帝登极守御》；《明史·英宗前纪》。

号召官民直言时政；提拔廉洁能干的官吏，负责振兴农业；把荒地分给人民，并贷予牛种；凡战区和被灾地方，一律免除田赋（有的免三年）和旧欠，并实行救济；招集流民复业，计口授食；派大员洪英、孙原贞、薛希琏等分行天下，考察官吏政绩；实行宽恤之政，罢不急诸务。他们执政八年间，明朝情况便渐见好转，对防止也先南下也较有办法①。

英宗回朝后，宦党、邪派曹吉祥、蒋冕、石亨、徐有贞、王骥、杨善、陈汝言等便阴谋布置复辟；卒于公元一四五七年（景泰八年）排演所谓"夺门"剧（即事先"收诸门钥，夜四鼓，开长安门，纳兵千人"，"薄南门"，"毁垣"，以兵拥英宗夺宫门入内殿），宣布太上皇（英宗）复位：下令废代宗为王，幽杀于西内；严办主战派人物，"萧镃、商辂免职，陈循、江渊、俞士悦充军，擒于谦、王文等"，加"以其迎立外藩"之罪，均"杀死弃市"、"籍没家产、成丁男子俱发充军"。因此又形成宦党邪派曹吉祥、石亨为首专权的局面。主战派这次的失败，主要由于于谦等政治修养不够，单凭主观意愿和热情，一切都直往直来。如贵族石亨原系投降派，是失律削职的，在战争中又主张收兵，不肯出城作战；于谦宥而用之，总兵十营，战争胜利后，又把训练"团营"新军的权柄交给他和宦官阮让等。张轨等是作战有功将领，由于于谦遇事苛责，反为邪派利用——自然也由于张等品质坏。在他们执政期间，"视诸选耎、大臣、勋旧、贵戚"，只是轻而远之，以致"愤者益众"，"遇事不如意，徒拍胸感叹：'此一腔热血，竟洒何地！'"② 对复杂局面无法处置。

"石亨、张轨辈窃弄权柄"，尤其石亨、石彪叔侄两家，"私蓄材官猛士数万"，"招权纳赂"，"中外将帅"以至"文武大臣，多出其门；奔竞成风，士大夫不知廉耻节义为何物"。依托石氏得官者，"时有语曰：'朱三千、龙八百'。势焰熏灼。""既以私憾杀于谦、范广等；又以……成章……甘泽等九人尝攻其失，贬黜之；数兴大狱，构陷耿九畴、岳正，而成杨瑄、张鹏，谪周斌、盛颙等"，"肆行无忌"。"曹吉祥……素依王振"，"后与石亨结，帅兵迎英宗复位，迁司礼太监，总管三大营；嗣子钦、从子铉、铎、𫓧等皆官都督……门下厮养冒官者，多至千百人，朝士

---

① 以上并参看《纪录汇编》；李实《北使录》；尹直《北征事迹》；佚名《正统临戎录》、《正统北狩事迹》。又以上各书与《明史》"也先"均作"也先"；《明实录》及《明史纪事本末·也先》作"乜先"。

② 《明史·于谦传》、《英宗后纪》、《景帝本纪》；佚名《复辟录》；李贤《天顺日录》。

亦有依附希进者。权势与石亨埒，时并称石、曹"。"锦衣官校"，"如狼如虎，贪财无厌"，"差出捉人，唯财是图，动以千万计。天下之人被其扰害，不可胜计"。石、曹的家人以至所蓄党羽，到处"霸占民田"，无恶不作；自畿内至河间等处，人民纷纷申诉。曹、石通同作恶，深恶"言官"揭发，便叫英宗将大批"言官"外放。商辂、杨瑄、张鹏等正派人物，由于收集人民申诉及石、曹恃宠专权的种种"不法情事"，向英宗提出弹劾，杨瑄、张鹏等反被锦衣卫逮捕入狱。甚至与徐有贞等狗争骨头，也利用自己"日在（英宗）左右前后"的条件，讦有贞、并诬李贤等"内阁专权，欲除我辈"，怂恿英宗"召言官劾（李）贤与有祯下狱"。但石、曹间也有狗争骨头的利害矛盾，即所谓"二人争宠有隙"或"争宠相阋"。由于石彪图攫取大同镇兵权等计谋败露，石彪下狱，石亨"间住"，并"穷治亨党"。"锦衣指挥逯杲，奏亨怨望；与其从孙后等造妖言，蓄养无赖，专伺朝廷动静"，图谋"不轨"。英宗乃下诏逮捕石亨入狱，依"谋叛律"拟斩，"没其家资"。"石亨败，吉祥不自安，渐蓄异谋"，勾结"达官"；加之在逯杲、曹吉祥间又发生狗争骨头的争夺，逯杲及"言官"揭发曹吉祥父子"异谋"，英宗"令锦衣指挥逯杲按之"，便形成宦党邪派的自相厮杀，逯、曹同归于尽[1]。

宪宗即位初，由于曹、石垮台，一时打破了宦党邪派专权的局面。但他深居宫中，专与太监韦舍、妖人李子龙等讲究淫乐，从不朝见臣下。后发觉李等图谋不轨，他疑心他们和外间勾结，便于东厂、锦衣卫两特务机关外，又于成化十三年（公元一四七七年）派宦官汪直另设西厂，专门刺探外臣及民间动态。汪直以特务作心腹，邪派大官僚王越、陈钺、戴缙[2]、吴绶等为爪牙；特

① 李贤《天顺日录》；《明史·英宗本纪》、"列传"卷六十一、一百九十二石亨、曹吉祥等有关诸人传。

② 广州市文物管理委员会一九五六年底至一九五七年初，在广州东山梅花村南面（原名象栏岗）发现戴缙夫妇墓。墓志载戴缙罢官后，"谋诸仆本分生理，资裕家道"；"〔缙〕成化丙戌登罗伦榜进士，观户部政，丁亥授湖广道监察御史……常具疏言时事得失"，甚至说"有裨朝政，荷知于上，成化丁酉转升尚宝少卿，戊戌寻擢右佥都御史，未久擢右副都御史、右都御史、右院掌事"，甚至还说他"廉正立朝，振肃纲纪"。"成化癸卯转升南京工部尚书……未几以前言事有忤权贵，至是以公南迁，悉合力诬挤，遂以罢职归田。公论多为不平"。实际上，走汪直门子的戴缙，正是极力反对商辂、项忠及正派人士奏请撤销西厂的建议，无耻地上章歌颂汪直功勋。《明鉴易知录》记戴缙奏言："近年灾变洊臻，未闻大臣进何贤、退何不肖。惟太监汪直，厘奸剔弊，允合公论。而只以官校韦瑛皇皇行事，遂革西厂。伏乞推诚任人，命两京大臣自陈去留，断自圣衷"。因此宪宗便藉以恢复西厂，商辂等被迫辞职，戴缙则五年间连升五级。这就是他的"有裨朝政"的"公论"。因此，我们对于一些碑传等资料的利用，务须十分慎重，不只多有歌功颂德之类的谀词，甚且在内容上多隐恶扬善、颠倒是非、混淆黑白。戴缙墓志，只是其中一例而已。

务缇骑四出，"自诸王府边镇及南北河道，所在校尉罗列"，"专务排除异己之人"，"屡兴大狱，冤者相属"，以至"民间斗詈鸡狗琐事，辄寘重法"，弄得全国人心惶惶。也由于特务集团争权夺利，自相火并；东厂特务头子尚铭废除西厂，赶走汪直，遂专东厂。但他们同样是动辄罗织，贪赇卖官，无所不至。与宠妃万氏结合的宦官梁芳、韦兴、妖人李孜省、僧继晓等，"共为奸利，取中旨授官累数千人"，"其党钱能、韦眷、王敬等，争假采办名，出监大镇"①；以邪派官僚万安、尹直等为爪牙，把持朝政。一方面，在依附宦党的邪派内部，有以万安为首的所谓"南人"党，刘珝、尹旻等的"北人"党；一方面又有商辂、彭时、王恕、李贤等的正派。

孝宗在东宫时，梁芳、万安等曾说万贵妃劝宪宗废除他，另拥祐杬为太子，其生母纪妃亦为万妃与梁芳等所幽杀。他即位后，为要铲除梁、万等宦党邪派，便不能不依靠正派，渐次起用刘健、李东阳、谢迁、徐溥、邱浚、边秋、刘大夏等。正派协助孝宗，将李孜省、梁芳、万喜、尹直、任杰、蒯钢等千余人，一一论罪、充军、下狱。同时，实行他们所主张的改良政策，如将已故宦官的赐田及所占民产，全给予百姓；禁止宗室、勋戚奏请田土及受人投献，并禁止势家侵夺民利；兴修水利；革除害民弊政，如免除人民一些额外负担和额外供应，停闭一些扰民的织厂、瓷窑、矿场；救济灾荒，减免田赋；慎法宽刑；布置边防。这对于英宗天顺（复辟后年号）以来的混乱情况，又起了一些稳定作用。但孝宗一面任用正派和改良分子，一面仍亲信宦官，如江惠、李兴、李广、蒋琮等，虽不像过去宦党那样放肆，却也用作监军和外官，依样贪取贿赂、强夺民田、垄断盐利以至假传圣旨。像李广，"得赂籍……多文武大臣名，馈黄白米（即金银）各千百石"，蒋琮竟"僭侈杀人，掘聚宝山……及殴杀商人"②。

阉党和东林　武宗以后，明朝情况更是江河日下了；邪派开始成为阉党，正派的改良政策再无实行机会。

武宗一登位，即信用其东宫时的宦官刘瑾、马永成、邱聚、谷大用、张永

---

① 以上未注明出处之引文，均见《明史·宪宗本纪》，"列传"一九二汪直、梁芳、怀恩及其他有关诸人传。

② 《明史》"列传"一九二李广、蒋琮传。

等八人。"号为八虎。而瑾尤狡狠……日进鹰犬歌舞角抵之戏，导帝微行，帝大欢乐之，渐信用瑾，进内官监，总督团营。"焦芳、王鏊、张彩等邪派官僚，便阴相结托，排挤正派。刘健、李东阳、谢迁、张升、陶谐、王涣、李光翰、韩文等一再要求把八人杀掉，武宗认为正派要排除其亲信羽翼，反令刘瑾掌司礼监，邱聚、谷大用提督东、西厂，张永督十二团营兼神机营，魏彬督三千营，各据要位。他们便驱走刘、李等正派分子，用焦、王等入阁执政。正德二年（公元一五〇七年），又当廷杖打正派分子艾洪、吕翀等二十一人；宣布大学士刘健、谢迁、尚书韩文、杨守随、张敷、华林瀚等五十三人结党，告戒群臣。公元一五〇九年，又正式剥夺他们六百七十五人的诰敕身份。至此刘瑾成为"九千岁"，"因专擅威福，悉遣党奄分镇各边"；"宣示"刘健、谢迁等大臣以至"海内号称忠直"的王守仁等为"奸党"。焦、王等正式成为"阉党"，武宗无异是宦官阉党的傀儡；大权集于刘瑾，公侯勋戚相率跪拜奉禀，朝臣奏事，先具红揭投瑾，号"红本"；然后上通政司，号"白本"。"时东厂、西厂缉事人四出，道路惶惧"。由于东、西厂及京师武装分由谷大用、张永掌握，刘瑾又另设"内行厂"（特务机关）直接由自己掌握，较东、西厂"尤酷烈"。"凡瑾所逮捕，一家犯，邻里皆坐。""冤号遍道路。"但因此又引起谷、张与刘瑾间争权夺利的冲突。结果，谷、张等压倒刘瑾，于公元一五一〇年以谋反罪名逮捕刘瑾及瑾党张彩等，刘瑾处死，张彩戮尸，"逆党皆伏诛"，"阉党""阁臣焦芳、刘宇、曹元而下，尚书毕亨、朱恩等共六十余人，皆降谪。"[1] 至此大权便归了谷、张。

公元一五二一年，武宗死后，大官僚、贵族杨廷和、梁储、徐光祚、崔元礼、毛澄，宦官谷大用、韦彬、张锦等，以武宗遗诏从安陆迎立祐杬子厚熜，即世宗（公元一五二二——一五六六年）。世宗以原来的特务都是武宗家奴，即位后，第一次革去锦衣卫三万余人，第二次又革去锦衣卫、所、监、局、寺、厂、司、库旗校军士等十四万八千余人，又以"蛊惑先帝，党恶为奸"等罪名，革去邱聚、谷大用等，使得人心大快[2]。但另方面又提出"大礼"或"庙议"问题，即世宗生身父母祐杬夫妇的尊号问题，以排除坚持孝、武皇统

---

① 《明史·刘瑾传》。

② 《明史》"列传"一九二《张永传》。

的分子，严办邹守益、吕楠、段续及马理等一百三十四人言官散职；相继任用逢迎意旨，主张"继统不继嗣，请尊崇所生，立兴献王庙于京师"① 的张璁（孚敬）、桂萼、翟銮、方献夫等入阁执政。自此，在朝廷凡是对朝政持异议或主张一点正论的官吏，动辄就是下锦衣卫狱，或当廷打死；而在大地主官僚集团里面，彼此就都以迎合意旨，趋承后宫，结托宦官为窃夺权位的手段。善于逢迎，务为邪僻，取悦于皇帝的严嵩父子，也这样窃取权柄，产生二十年间（公元一五四二年严嵩入阁至一五六二年严嵩下台）的昏天黑地的严党专权局面。"事无大小，惟嵩主张；一或少迟，显祸立见"。嵩父子又与赵文华等"结成奸党，乱政滋弊"等等，铸成祸国殃民"十大罪"②。而以后历仕穆宗载垕（公元一五六七——一五七二年）至神宗翊钧（公元一五七三——一六一九年）两代的所谓"名相"张居正，也由于趋承两宫，结托宦官李芳、冯保而取得权柄。他取得权柄后，也是"黜陟（任免官吏）多由爱憎，左右用事之人多通贿赂，冯保客徐爵，擢用至锦衣卫指挥同知，署南镇抚；居正三子自登上第，苍头游七入资为官——勋戚文武之臣多与往还通姻好，七具衣冠报谒，列于士大夫"③。平日自昵于居正、又以宦官张诚为靠山的张四维也说："（张、冯）两人交结恣横"。甚至其临死时还由冯保授意，向神宗推荐私党潘晟、曾省吾、王篆等，谓可大用。所谓"名相"，实际也是"阉党"，其他不是名相的更可想而知。

由焦、王等"阉党"以至实际也是阉党的严党和张居正派，相继执政，率多倒行逆施，甚至各部院政事都由厂卫监视，加之他们排除异己，用人全凭私党关系；压制言官，阻塞言路；而又用特务监视、逮捕和杀戮的手段去镇压异己；他们对商业资本的压迫，特别对正在萌芽中的资本主义生产的束缚和摧残，给予了社会矛盾斗争的新内容，致国内形势和外患都越来越严重。国内方面，不只人民的起义此伏彼起，而蒙古贵族如小王子等的进攻，并不断迫近北

---

① 《明史·世宗本纪》。按《昭代经济言》卷七张敬孚《庙议》云："皇上以大孝之心，议尊亲之典，初因廷臣执论聚讼，四年更诏三遍。盖自汉宋以来之君所不决之疑，至皇上决之；所未成之礼，至皇上成之。真可谓洗千古之陋，垂百王之法者也。"又云："皇上追尊献皇帝（按即祐杬）别立庙者，礼之得为者也。"

② 《昭代经济言》卷九，杨继盛《乞诛奸险巧佞贼臣》。

③ 《明史》"列传"一百十《张居正传》；一九三李芳、冯保等有关诸人传。

京。正在社会变革过程中的满族军事集团，也由反明的斗争而开始对明进攻，其他各少数民族也不少举行武装反抗的。外患方面，倭寇的侵扰也更加严重，并由日本统治者的侵略朝鲜而展开了明、日间的战争。中间层出身的小官卑职和进士们，特别是出身市民家庭及和市民阶级有联系的知识分子①，便一面要求开放言路，让朝野公开讨论时政，实行改良，挽救危亡；一面要求开放仕途；一面以反对阉党专权的形式，反对明廷对"市人"的约束和税监的横征

---

① 明末东南地区的知识分子，如张瀚、顾宪成等，都出身于商人或市民家庭（《顾端文公遗书》泾皋藏稿卷三十一："家大人……傥廛而市"。陈鼎《东林列传·李三才传》：三才"……善货殖"）；以顾宪成为首的东林党人，在经济上、政治上与商人或市民有着千丝万缕的联系。如《明实录·神宗万历实录》卷五一三：万历四十一年，亓诗教关于所谓东林党的成份及其活动范围说："凡才智自雄之士、与跛毳无赖之人及任子资，即罢官、废吏、富商、大贾之类，如病如狂，走集供奉者不知其数；而又能依附名流，交纳要津，夤缘权贵，布散党与羽翼置之言路，爪牙列在诸曹机关，通于大内，内阁任其指挥，冢宰听其愚弄，总宪由其提缀。"当时各城市反对宦阉、税珰的斗争，即所谓民变，大都与东林成员或所谓"士民"之"士"有着直接、间接的关系。计六奇：《明季北略》卷二《杨涟》说：〔涟〕授常熟县尹"，于"天启四年（公元一六二四年）甲子六月初一日"给熹宗的奏章，揭露魏忠贤、客氏"二十四罪"，"忠贤手封墨敕"逮捕杨涟等，"都城士民数万，拥道攀号，争欲碎官旗而夺公，公四向叩头，告以君臣大义，始得解散。"又《周顺昌》："天启六年……苏杭织造太监李实……乃借织造事……参诬诸臣。奉圣旨：周起元违明旨，擅减袍段数日，又捎勒袍价……且托名道学，引类呼朋，各立门户，一时逢迎附和，有周宗建、缪昌期、周顺昌、高攀龙、李应升、黄尊素，尽是东林邪党，与起元臭味亲密……锦衣卫掌堂田尔耕……等六十余人分拿公等。"逮捕顺昌"甫出门，百姓号冤，聚送者已数百人。公囚服小帽诣军门，士民聚益众。巡抚毛一鹭……檄有司数易置公。聚益众。一日四五迁，远近闻风相继至愈多，皆言：'吏部清忠亮节，何罪！而朝廷逮之。'相守至昏夜犹不散，旦则复聚。自十五日至十八日，盖通国皇皇也。开读之日，郡中士民送者数万，相聚诉乞两台，恳其疏救。于是皆执香迎顺昌于县署，号声振天，县官马不得行。日午至西，察院诸生五百余人公服立门外。顷巡抚毛一鹭、巡按徐吉至，百姓执香……，呼号之声如奔雷泻川，轰轰不辨一语。诸生王节……等乃迫两台于门，痛哭而陈曰：'周诠部……一旦以触忤权珰遂下诏狱，百姓怨痛，万众一心。'……一鹭流汗被面，惴惴不敢出一语。旗尉文之炳等妄自尊大……持械击百姓……百姓颜佩韦等闻之，还问曰：'而言东厂逮官，则此旨出魏监耶？'诸旗虎面豹声，曰：'速剿若舌！旨出东厂将何如！'佩韦等不胜愤……首击之炳，百姓从者千计，以伞柄击缇骑。诸生皆惊避。毛一鹭恐怖失色，急请兵自卫，与徐吉散去……从尉李国柱死，余或匿斗拱间，或升屋走……是日城中正沸，而锦衣黄尊素者……登岸扬扬凌轹市民；一人偏袒呼曰：'是何得纵！'一招而击者云集，遂沉其舟，焚其衣冠。"《古今图书集成·职方典·苏州府部》，黄煜《碧血集·人变述略》均有类似的记载。《明史》列传一三三《周顺昌传》述这次暴动为首的五人，颜佩韦、杨念如、沈扬、马杰"皆市人"；〔周〕文元则顺昌舆隶也。"在他处，也发生类似情况。文秉《先拨志始》卷下述江阴李应升被逮捕至常州，"常州一时集者数千人，与苏州不约若同，欲击官旗。"为东林所宗奉的淮抚李三才，《明史纪事本末》卷六十六《东林党议》述："抚淮十年，方税珰横甚，独能捕其爪牙……顾宪成之左右誉言日至；宪成信之，亦为游扬。"《明史》本传记其奏疏云："臣请焕发德音，罢除天下矿税。"这些事例，说明了作为封建社会的士人集团的东林党，同时又反映了其时"市人"阶级的一些利益和要求。

暴敛。加之正派人士,自夏言被严嵩害死后,便很少入阁参政。但他们朝野两面相与结合,互为呼应,不只其在朝言官更敢说话,而在野的清议也更加激烈,形成一个左右舆论的反"阉党"派别。神宗一坐上皇位,便给他们一个下马威说:"近岁以来,士习浇漓,官方刓缺,诋老成为无用,矜便佞为有才。"① 但反"阉党"的人士是代表了当时的一点正论和进步倾向的。

他们与阉党争执的问题,表面上是为"建储"(即神宗诸妃生子常洛、常洵、常浩,神宗想立所宠郑妃子常洵为太子,怕引起反对,便不先立太子,三皇子并封王;正派姜应麟、孙如法、王家屏、顾宪成、陈登云、宋纁、张有德等坚请速立常洛,"定储位";宦官邪派则逢迎意旨;原先自昵于居正的申时行及王锡爵等,则表面赞同立储,暗中趋承意旨,或"引疾乞休",各逢迎"储宫待嫡之例"②,致十余年不决)、"梃击"(即公元一六一五年五月末郑妃及外戚郑国泰、宦官庞保等派刺客张差持枣木棍入慈庆宫谋刺太子常洛③)、"红丸"(即光宗常洛——公元一六二〇年——患痢症,李可灼进红丸,服后,"一昼夜近三四十起,遂支离床褥间"④,不久即死;执政方从哲等在场)、"移宫"(光宗即位后,即患病,"郑贵妃与李选侍,时直于帝左右,一图太后,一图后,浼熹宗附己"⑤。正派人物杨涟、刘一燝、周嘉谟、左光斗等坚主郑妃从正宫移出;熹宗由校即位后,又坚主李选侍从正宫移出);实际上正派所反对的,是:(一)执政官僚与宦官相表里,把持朝政;(二)闭塞言路,颠倒是非;(三)科场弊窦,垄断仕途;(四)贪污成风,不恤民生;(五)政治不公开;(六)以国本为儿戏;(七)赋役、商税太繁重,尤其对自由商人资本与萌芽中的资本主义生产的约束、摧残和苛派重税;(八)更重要的,他们倾向于打破"贵贱"之"分"、"少长"即尊卑之"序"⑥。总之,他们已形成为明廷的反对派,王锡爵与顾宪成的对话表述得明白,锡爵说:"'当今所

---

① 《明史·神宗本纪》。
② 《明史纪事本末》卷六十七《争国本》;卷六十八《三案》。
③ 同上。
④ 同上。
⑤ 《明季北略》卷二,《移宫一案》。
⑥ 《古今图书集成·职方典·武昌府部》:"土俗民风,经百余年而未变;迨明万历之季,风气寖薄……今则贵贱无分,少长失序。"以东林为中心的当时有进步倾向的知识分子的行动,也反映了这种倾向。

最怪者：庙堂之是非，天下必欲反之.'宪成曰：'吾见天下之是非，庙堂必欲反之耳'."①

　　顾宪成等在"建储"等问题上，已引起神宗及阉党邪派的不悦。公元一五九四年，宪成便以"推阁"或"廷推"，即由廷臣推荐继任阁臣人选名单事忤帝意，罢斥为民。"廷推"是带有一点微小的民主因素的。宪成归无锡，后便与同派人高攀龙、钱一本、薛敷教、史孟麟、于孔谦等讲学东林书院，讲习之余，往往讽议朝政，裁量人物；沈一贯为首的"浙党"等在朝阉党人物，便称他们为"东林党"。一方面所谓"东林党"人相继从朝廷被排出；一方面阉党官僚也相继分裂为亓诗教、韩浚、周永春等的"齐党"，官应震、吴亮嗣等的"楚党"，刘廷元、姚宗文等的"浙党"，汤宾尹等的"宣（宣城）党"，顾天峻等的"昆（昆山）党"等等②。他们一面分党相争，一面又声势相依，一同攻击东林。其实，当时站到反对"穷凶极恶"的"奸珰"最前列的以东林党为中心的人士，是具有正义精神和进步倾向的，其中不少人也是有真才实学的"正人"，所以倪元璐说："东林自邹元标、王纪、高攀龙、杨涟"，于"崔魏之世"，"不颂不祠"保持清忠亮节外，"如顾宪成、赵南星、冯从吾、陈大受、周顺昌、魏大中、周起元、周宗建等之真理学、真骨力、真气节、真清操、真吏治，岂有所矫激假借而然"③。

　　熹宗（公元一六二一——一六二七年）即位后，由于人民起义与满族贵族集团进攻的形势愈严重，党争愈剧烈，便更加只肯相信自己的家奴，把一切朝政都委托他们。他坐上皇位，即封保姆客氏为奉圣夫人，太监魏忠贤为司礼秉笔太监，并大用客、魏的家族到锦衣卫担任要职。客氏与忠贤在东宫时就是姘头，并相互结纳党羽，至此便串同把持朝政；大官僚沈漼便首先投

① 《明史纪事本末》卷六十六《东林党议》。

② 谈迁《枣林杂俎·智集·分党》：万历末，朝士分党，竞立门户。有东林之党，无锡顾宪成、高攀龙、金坛于玉立等废居讲学，立东林书院，而常、镇人附之；有昆山之党，则顾天峻及湘潭李腾芳、苏人附之；有四明之党，则沈一贯，浙人附之；有宣城之党，则汤宾尹，而宁国、太平人附之；有江右之党，则邹元标；有关中之党，则冯从吾，各同省人附之。冯尝督学山西，则山、陕合；冯、邹又讲学相善，又江右、山、陕合也……淮抚李三才庇东林，而诸党左矣。时攻东林，俱见罪，四明至楚粤无一人台省者。天启初，东林独盛，赵元标，而江右亦东林也。江夏熊廷弼，原江右籍，楚东林也。福清叶向高，归德侯执功，秉权趋风，天下咸奔走焉。士途捷径，非东林不灵，波及诸生。"

③ 《明季北略》卷四《倪元璐论东林》；《明史纪事本末》卷六十六《东林党议》。

到魏忠贤门下，天启三年（公元一六二三年）又命其私人顾秉谦、魏广微参加内阁，忠贤又布置爪牙，排除正人，因此便形成宦官魏忠贤为首的更凶恶黑暗的"阉党"即"魏党"政治。"阉党"官僚沈㴋、徐大化、霍维华、崔呈秀、王绍徽、吴淳夫、阎鸣泰，武将田尔耕、许显纯、崔应元等，均成为魏忠贤手下的"五虎"、"五彪"、"十狗"、"十孩儿"、"四十孙"；"阁臣魏广微、认侄，顾兼、傅櫆、阮大铖、倪文焕、杨维垣、梁梦环，俱拜忠贤为父、客氏为母"。魏忠贤手下的大宦官，都成了"千岁爷"；地方官吏成了宦官的奴仆。他们专反"东林"，说东林是"邪党"；凡正派人物与改良派分子，都给以"东林党"帽子，便是罪名。顾秉谦特编《缙绅便览》呈魏忠贤，把叶向高、赵南星、杨涟、左光斗等百余人，注作"邪党"，把黄克缵、霍维华等坏蛋注为"正人"；阮大铖集东林人士百零八人编为《点将录》（即谓之为梁山泊百零八将），崔呈秀又编为《同志诸录》即《天鉴录》呈魏忠贤，把他们都置之死地；"又有非东林，为人正直不附"，如"孙慎行、邹元标、黄尊素、李应升、周顺昌、邹维琏等数十人，魏党亦一网打尽"①。刊布所谓党人名，魏忠贤并作所谓《三朝要典》。他如主战将领、敢死军人，也都加以排斥、免职和杀戮。另方面，从浙江巡抚潘汝桢开始，全国各地都为魏忠贤建立生祠，并"称功颂德"②；甚至读孔子书的监生陆万龄上书熹宗说："孔子作《春秋》，而忠贤作《要典》；孔子诛少正卯，而忠贤诛东林党也。""请祠魏忠贤于国学之傍。""与孔子并尊。"③

毅宗（庄烈帝）为信王时，就深知"魏党"凶恶。天启七年八月二十二日，熹宗死，"首相施凤来、张立极、英国公张惟贤等，具笺往信府劝进。""魏党"为着想挟持新君，"结信藩旧监徐应元，遂自请王入。王心危甚，袖

---

① 《明季北略》卷二《魏忠贤浊乱朝政》；《明史·熹宗本纪》及有关诸人传。又《明史》说《点将录》系王绍徽所作。
② 《明季北略》卷二《称功颂德》："霍维华奏曰：'厂臣茅土尚觉其轻，良卿太师尚余一级'。"李承祚"请封魏上公为王；周应秋三十九疏请封忠贤子任为公、侯、伯；郭允厚四十疏请给忠贤庄田禄米；薛凤翔四十七疏请给忠贤第宅铁券；李审呼忠贤为九千岁；卢承钧请刻党籍碑示海内。"《枣林杂俎·智集·魏忠贤》："潘汝祯之倡祠，李承祚之进封，其颂美不置，薛凤翔四十七疏、郭允厚四十疏、周应秋三十九疏，余不胜数也。"
③ 《明季北略》卷三《陆万龄下狱》。

食物以入……是夜，王秉烛独坐。""二十四日丁巳即皇帝位"后①，即命与魏忠贤共同作恶的"奉圣夫人客氏出外宅"；根据国子监司业朱三俊的参劾，将"请祠魏忠贤国学"的陆万龄、曹代逮捕监禁；采用杨维垣、陆澄源、贾维春等的奏请，令魏党官僚崔呈秀"回籍守制"；"钱元悫疏参魏忠贤"，"忠贤惧，其党吴淳夫、李夔龙、田吉、阮大铖、田尔耕、许显纯、崔应元、杨寰，凡挂弹章者，俱自陈求罢。上咸准回籍。"这样便逐步削除了魏忠贤的爪牙。随着有"贡生钱嘉微参魏忠贤十大罪"，便令其"跪听"，准其辞职"闲住"，"遂夺司礼及厂印，发白虎殿守灵"，"着吏、户、工三部查收"魏忠贤"诰券、田宅"；各部员司吴宏业，刘鼎卿等便"纷纷上疏"，参劾魏忠贤与"魏党"崔呈秀等忠贤"鹰犬"：残害人民、"监毙忠良无数"、"分布心腹、掌握兵柄；结交文武，把持要津……假传旨荫客氏、升大僚等"罪恶。"上震怒，批云：'崔呈秀着九卿会勘；魏忠贤着内官刘应选、郑康升押发凤阳看守皇陵，籍其家'。"随"即传旨兵部云：朕临御以来，深思治理，乃有逆党魏忠贤擅窃国柄，奸盗内帑，诬陷忠良，草菅多命，狠如狼虎。本当肆市以雪众冤，姑从轻降发凤阳；岂巨恶不思自改，致将素蓄亡命之徒，身带凶刃，环拥随护，势若叛然……着锦衣卫差的当官旗前去扭解，押赴彼处交割……所有跟随群奸，即时擒拿具奏，毋得纵容遗患。"魏忠贤"知不免"，遂于天启七年十一月在河北阜城，"与李朝钦缢死"。庄烈帝又命："诛崔呈秀"；"掠死客氏"；"着原籍监候处决"田尔耕、许显纯，"籍其家"②；客、魏家族全部处死，并没收其全部家产。明年（崇祯元年、公元一六二八年），又继续驱逐"魏党"残余，起用东林党人。但统治机构已经腐烂的明廷和东林书生，不能使当时社会的阶级矛盾得到适当安排与缓和，就无法组织力量去阻止满族贵族集团的入关；而起用的东林人士，又都是一些空谈家，既不能掌握当时局势、采取适合时宜的方针政策去挽救危亡，反只知竞竞于派别斗争和个人报复，这又使庄烈帝对他们失望。阉党分子周延儒、温体仁、薛国观等便利用空子，又相继入阁执政。他们依旧倒行逆施，只知处心积虑去打击正人和东林人士，布置翻案（逆党

---

① 《明季北略·信王登极》。

② 《明季北略》卷三《客氏出宫》、《陆万龄下狱》、《崔呈秀回籍》、《钱元悫参魏忠贤》、《钱嘉微参魏忠贤十大罪》、《魏忠贤谪凤阳》、《魏忠贤自缢》、《诛崔呈秀》、《姚士慎参田许》、《掠死客氏》。

案），并采取用全力去反对起义人民的罪恶方针。因此，庄烈帝又任用逆党中的阮大铖等。他们在清军进入北京后，又继续肆毒于南明，促起明朝的灭亡。东林人士虽又组织"复社"等团体去力图挣扎和恢复，但依旧遭到阉党的不断打击。

第五节　明朝的外侵、边患和国际关系

成祖的内抚外侵与郑和下西洋　成祖即位以后，由于国力的增长，商业资本的发展，在扩大国外市场和开发商路的要求上，便产生对内招抚，对外侵略和郑和等之下"西洋"。

原先太祖对于国境四周内各族和毗邻各国，主要都用政治方式，诏谕其称臣、进贡（通商）：国内如西藏、蒙古、女真等；国外如越南、缅甸、朝鲜等，都表示服从或朝贡，受明廷管辖或成为藩属。

（一）对越南。太祖"北定元"统一中国后，对四邻采取招徕政策，即所谓"遣诏谕海外诸国"。"（洪武二年）（越南）世子（陈）日烜遣其少中大夫同时敏……等来朝。"太祖派翰林侍读学士张以宁等报聘，并赠"大统历一、织金文绮纱罗四十匹"；对越南、占城（柬埔寨）间"构兵十余年"的战争，形成彼此都是"男女不得耕织"的严重情况，一再派使"持诏两解俱罢兵"；对越南统治者"遣兵取思南府地（按即思明州，治今广西僮族自治区思乐境）"，也只派人劝其退还。成祖即位初，还是继续执行太祖时的政策，一面也只是"诏还思明府侵地"，即思明府之"西平、禄州、永平寨"等"中国疆土"，一面"敕……胡𩡝（按即黎季犛子黎苍，为骗取明廷册封和承认的化名）"停止向占城"攻掠彼地、剽人畜、荡庐舍、又邀夺贡道、逼与冠服印章、使臣属"等行动，"不悛（即不改悔的意思），必讨无赦"。永乐四年（公元一四〇五年），派张辅、沐晟为正副"征夷"大将军，率大军八十万讨胡𩡝，一方面也还是由于胡𩡝不还"侵地"，又"寇明宁远州，掠吏士数百千去"。一方面由于被黎季犛、黎苍父子篡夺的越南陈氏王朝"故臣""裴伯耆诣阙告急"，请"施吊伐"，及"老挝……缘夗护前安南王陈天平来朝"，天平

诉请"兴灭继绝"。一方面由于胡奎一面同意陈天平回国复位，"退还"中国"禄州诸寨地"，一面又背信弃义，设伏于隘留（关）鸡凌（堡）折芹站，袭击天平和护送明军，并将天平杀死。这还是从自卫与恤邻出发的。后来和明朝南洋市场与打通商路的要求相结合，便逐步转变为侵略性的战争了。黎季犛、胡奎父子，"恃……东西都及宣、洮、沲、富良、海潮、希麻牢诸江自固，缘江打栅筑土城，绵亘九百余里，尽发诸府州县民二百万守之；又于富良江南崖，置桩水中，尽取战舰列桩内……凡水陆号七百万。"十二月，明军连续破宣江、洮江、嘉林江各线城、栅，并破胡奎的"象马阵"；明年正月，又大破黎军于筹江栅、盘滩江；富良江一役，黎军全军覆灭，"季犛父子仅以数小舟遁……走义安"，其父子及其左右将相大臣，被"永定卫卒王柴胡等七人"及柳升部"李保等十人"，先后擒获于奇罗海口（越南义安东南）。明军在推翻黎氏的"大虞"王朝后，却以"陈氏已绝，无可继者"为借口，而不去恢复越南的政权，乃划越南地为交州、北江、谅江、谅山、新安、建昌、奉化、建平、"镇蛮"、三江、清化、义安、新平、顺化、演州等十五府，广威、宣化、嘉兴、太原、归化等五直隶州，共州四十一，县二百八十。"立交趾都指挥使，以吕毅、黄中掌之，布政按察二司，以尚书黄福兼掌之，前工部侍郎张显宗等为布政使以下官……裴伯耆为按察副使"。另于各要镇分设十二卫驻屯军。这表现了明朝的对越战争，由正义性转成了非正义性，陷入了封建主义的侵略的泥坑。这是违反越南人民的期望而为他们所反对的。因此，陈氏的"故臣"简定知成祖"不欲复陈氏"后，便与陈希葛联合邓悉等为首倡义，于公元一四〇八年八月揭起反明旗帜，并另建"大越"政权。十二月，战败明军沐晟于生厥江。明年，成祖又命张辅率兵南侵，到处都遇到坚强抵抗；八月简定战败，十二月于美良山（广威东南）中，即"吉利栅深山内"与陈希葛、阮汝砺等一同被俘。邓景异投奔"陈王后"陈季扩，"安南民不忍弃陈王……相率归季扩，别据地稍远明兵"，继续抵抗；各地越南人民苦于明廷约束及明军侵扰，也纷起响应。"陈季扩及其部陈原樽、阮师、胡具、邓景异、邓熔、潘季祐各率兵犄角相援"。张辅回明后，沐晟更没有办法去打败他们。公元一四一一年二月，成祖又命张辅率军南征；由于越南军民的殊死抵抗，战争持续了数年，直至公元一四一四年三月，陈季扩被明军战败，率残部退至老挝，五月被俘，斗争才暂告停止。永乐十八年（公元一四一八年）正月，越南人民又以黎利为首揭起反明旗帜,奉黎利为"平定王",到处袭击明军和明所设官府。公元一四二四年,仁宗即位后,采用劝降政策,不果。明年,宣宗即位,又派兵入越应援;越人民义军乃与中国云南的人民起义军"红衣军"联合,互相声援,牵制明军。公元一四二六年四月,宣宗复派王通为"征夷"将军,"发步骑十余万讨利"。由于明军到处遭到越南人民和人民义军的反对和抵抗,仍不断丧师折将。黎利为首的义军,由于有人民的支持,便能败而复振。明廷被迫于公元一四三一年,终于承认黎利为首的越南政权,即所谓"诏黎利权署安南国事";英宗天顺五年(公元一四六一年),便正式册封黎利孙黎灏为"安南"国王,恢复越南传统的封建王朝①。在无产阶级登入历史舞台以前,这是人民起义反对国外侵略所获得的胜利的必然归趋。

(二)与东邻朝鲜、日本的关系。太祖即位(公元一三六八年)遣使告高丽王王颛,明年派人"送还其国流人";王颛亦派人来,明复遣使答谢,自是信使往还,太祖并赠以"六经"、"四书"、《通鉴》等。公元一三七〇年,王颛派人"纳元所授金印";公元一三七二年,派洪师范、郑梦周等一百五十余人来明,并停止用元朝年号,改用明朝年号。来人"多赍私物入货……又多携中国物出境",且极频繁,表现了彼此间的经济联系。旋因元使到高丽,李仁任、池奫等又主张亲元。及王颛为其相李仁人所弑,朝鲜朝代易姓,新主辛禑于公元一三七五年始,不断派人请求恢复通商关系,并请求明廷册封,明廷于公元一三八四年才同意建立起正常的通商关系。公元一三九二年(洪武二十五年),李成桂代替辛氏建立朝鲜国后,两国的关系依旧没有变化。但由于倭寇侵掠中国沿海(后辽东、山东南至浙江、福建),朝鲜沿海全罗、杨广各州郡也不断被侵掠,因此,明朝和日本虽从洪武三年(公元一三七〇年)就开始了通商,即所谓贡、赐关系,但正式通商关系,便没能建立。加之日王与胡惟庸相勾结,派兵四百余人"诈称入贡",协助惟庸谋叛,太祖乃"决意绝之"。成祖即位,日王遣使来明,上"表及贡物",成祖"赐予冠服、龟钮、金、车及锦绮纱罗"等,并令其捕捉九州以下时来侵扰的"海寇";并准其商贾以物产来明贸易。同时,成祖又于沿海严为防备和剿讨海寇。日王亦时以所

---

① 王世贞《安南传》;黄福《奉使安南水程日记》;《明史》列传二百九《安南传》及成祖、张辅等有关诸人本纪、本传;《明史纪事本末》卷二十二《安南叛服》。

捕"海寇"来献。自后在一个时期内，倭寇渐稀，明、日间的通商便日趋兴盛；与其他南洋诸国一样，给予"勘合"百通，贡船十年一次，每次不准过二百人，凭勘合及表文来证明；但由于其时日本对中国经济的依赖性，便"悉不如制"，宣德初乃放宽人数和船数。实际所谓"贡"和"赐"，就是明廷本身直接与"诸国"间的贸易买卖。日方除这种通商外，倭寇也正是其从中国掠得所需要的生产和生活资料的一种手段。当时由日本输入中国的主要是硫磺、苏木、刀、漆器等；从中国运回日本的，为布、帛、绸、缎、纱、罗、金、银、工具、器具等等①。

明廷所制定与诸国间的通商文件及入境手续，据《广东通志》说：勘合簿，洪武十六年始给暹罗，以后渐及诸国。每国勘合二百通，号簿称扇。如暹罗国，暹字勘合一百通及暹字号簿一扇，发本国收填；罗字勘合一百通及罗字号簿一扇，发广东布政司。朝贡国填写使臣姓名、年月、方物，令使者赍至布政司，先验表文，赐验簿比相同，方许护送至京。"每纪元更给"。又如"景泰元年（公元一四五〇年）编完日本国，日字壹号至壹百号，本字壹号至壹百号，勘合底簿壹扇，付本国差来专使允澎等赍回"。

另方面，随同明朝经济的发展与对外贸易的发展而来的，继马彬商路探险之后，如前所述，永乐三年（公元一四〇五年），又有太监郑和、王景弘等所率领的远征探险队出国，至宣宗宣德五年（公元一四三〇年）止，前后二十五年间，共往返七次。他们到处都宣扬明朝的威德、富强和文化，特别是强大舰队的本身及其巨形舰只的制造、所携枪炮火药和精美的物品等等，招引"各国"前来通商，而又所至都"厚赐"其"君长"，同时又到处接受礼物和收集土产。探险队所到过的地方，也已在前面讲过。远在此后的葡萄牙、西班牙等国商人的东来和东西洋交通的建立，是在明朝的远征探险队所开辟的道路上前进的，而明朝的远征探险队，又是在许多世纪以来的中国前人的足迹上前进的。

因此，明前期的对外战争或和平通使，主要在打开商路和国外市场；对国内各部族和部落的方针与军事上的部署、行动等，主要在安定境内秩序、维护大一统的大明帝国的封建统治，客观上并维系和发展了日益增长的国内其他各

---

① 《明史》列传二百八《朝鲜传》、列传二百十《日本传》。

部族部落与汉族地区的经济、文化的联系。这都是和明朝经济的发展，尤其是商品经济的发展和资本主义因素的存在相关联的。

（三）对国内各族：

（甲）公元一三八二年（洪武十五年），明政府"置贵州都指挥使司"；公元一三八五年（洪武十八年），太祖命楚王朱桢及汤和、周德兴等率兵入贵州，令兵士与各族人民"杂耕，使不复疑"，意即让彼此在共同从事开发和生产劳动中建立相互了解和信任。这是一种进步的措施。公元一四〇三年（永乐元年），明政府于贵州"设普安安抚司"；公元一四一三年（永乐十一年），"设贵州等处承宣布政使及思州、新化、黎平、石阡、思南、镇远、铜仁、乌罗八府"。自此，贵州基本上便同于国内其他行省的建制，并命驻军顾成等负责制止各部落间的械斗①。这都是有进步意义的，客观上是促进了贵州各族人民与汉族人民间的紧密联系，为共同的发展和繁荣创造了历史条件。

（乙）明初对蒙古的政策，是从所谓"内安诸夏、外抚四夷，一视同仁，咸期生遂"，或所谓"华夷之人，皆朕赤子，岂间彼此"的"抚绥"方针出发的。但主要在"抚绥"蒙古贵族即元朝残余统治集团，想招徕和通过他们去统治蒙古人民。因此，便先后封瓦剌部大贵族玛哈木为顺宁王、太平为贤义王、把秃孛罗为安义王，元王族阿鲁台为和宁王，并不断赐给大小贵族们以生活和生产上必需的绸、缎、布、帛、粮食、钱币、金属品等等；又不断派人前去抚慰或"诏谕"，对接受抚慰的一般"头目"即职事人员，也"仍授官职"和给予安置。同时明廷又常常利用其时蒙古地区在生产和生活资料上对汉区经济的依赖性，即其时已经形成起来的不可分割的经济上的联系性（这在蒙古统治集团和明廷间是通过进贡和赏赐等形式、蒙汉人民间是通过"互市"等形式去实现的），去控制和约束他们。另方面，明廷的这种方针，又含有一点对各部族平等看待的积极因素，同时对于不武装反对明廷的"头目以下"的蒙古人，一律"听择善地安生乐业"。这在客观上，可使在元朝灭亡后的蒙古族人民得以休养生息，并可促进蒙古地区和先进的汉族地区在经济、文化等方面的联系，是有利于其时蒙古族的发展的。

---

① 《明史纪事本末》卷十九《开设贵州》。《明史》列传二百四《贵州土司》。

元朝残余统治集团，并不甘心于元朝统治权的灭亡，便每每不受明廷的"诏谕"，反复无常，且不时以其残余武装，向蒙汉接合地区的开平、兴和、宁夏、甘肃、大宁、辽东等地进扰，并每每以这种军事行动作为获得内地物品的主要手段，以致这些地区的汉族人民，到处"困其荼毒"，其中如阿鲁台，成祖告蒙古人民书说："往者，阿鲁台穷极来归，与朕所以待穷者之归，皆尔所知。天地鬼神实鉴临之！此何负彼！而比年以来，寇攻我边鄙，虔刘我烝黎，累累不厌。其孰之过！"因此，便构成了地主阶级的明廷和蒙古各封建统治集团间不可避免的军事冲突，以致有蒙古各封建统治集团的"累累"的"寇攻"，和成祖时明廷的六次"北征"。这在明廷，在于想凭藉强大的军事力量去配合和贯彻其"抚绥"政策。

永乐元年（公元一四〇三年）正月、永乐六年春三月、七年夏四月，明廷先后派蒙古人刘帖木儿不花、金塔不歹及汉人郭骥等，携带致达旦可汗的文书和给其君臣的礼品等前往抚慰，并劝阻他们与附明的瓦剌部间彼此"相仇杀"；达旦可汗（先为鬼力赤、后为本雅失里）及其左右，均置之不理，仍继续进扰和烧杀抢掠，并将明使郭骥杀死。以此有永乐七年秋七月，明军丘福、王聪、火真等的"帅师北征"；兵至胪朐河南，丘福不顾他人劝阻和成祖"毋失机、毋轻犯、毋为所给"的方针，相信被俘间谍的虚伪情报，率千余骑贪功冒进，遂堕入本雅失里、阿鲁台等的圈套，以致"全军皆没"，因此便有成祖的第一次"亲征"。为解决军粮供给问题，他采用夏原吉"用武刚车三万辆，约运粮二十万石，踵大军行，每十日程筑一城，斟酌储粮"的计划。永乐八年正月，成祖亲率大军五十万征本雅失里；进军至兀古儿札河，本雅失里已先逃去，追击至斡难河，"本雅失里率众拒战；上麾前锋迎击，一鼓败之。本雅失里弃辎重，以七骑渡河遁去。六月班师。"明军还经飞云壑，阿鲁台"复来战"，又为明军击败，"追奔百余里……阿鲁台携家属远遁。"明年，"阿鲁台为瓦剌攻败"，"以其妻孥部落"南奔至长城"塞外"，"遣使奉表称臣"，请求明廷按照安置"女真、吐蕃诸部"的待遇；永乐十一年秋七月，明廷派使抚慰阿鲁台："无以丘福事怀虑"，并把他比作"汉呼韩邪、唐阿史那社尔，赐金（钱）、锦（缎）"。由于蒙古各封建集团间的权利冲突，阿鲁台又请求明廷出兵讨伐"（瓦剌部）玛哈木灭本雅失里之罪"；玛哈木亦埋怨明廷收纳阿鲁台，"朝贡不至"。因此，永乐十二年（公元一四一四年）春二月，成祖又

"亲征瓦剌",责其反抗朝令和停止贡马等等。六月,兵至兰忽失温答里巴(今蒙古人民共和国首都乌兰巴托东),玛哈木、太平、把秃孛罗等尽其全力"来战",明指挥满都战死;成祖亲率"铁骑驰击";玛哈木等战败,明军又"追至土剌河(按即图剌河)",玛哈木便乘夜北逃,"遂下令班师"。是役明军虽战败了玛哈木等,但死伤是与瓦剌军相当的。明年冬十月,玛哈木遣使向明廷谢罪和贡马,仍请明廷疏远阿鲁台,并请准许他袭击阿鲁台。由于阿鲁台为首的达旦部,连年得到明廷的支持、内地的物资供应和休养生息,又逐渐积蓄了力量;他们击败了瓦剌部的进攻,并进而反抗明廷:拘留明使和不断进扰汉区,肆行烧、杀、抢掠等等。永乐十九年,并"大举围兴和(今张北)",杀死明驻军指挥王祥。因此,成祖又于永乐二十年(公元一四二二年)三月,率张辅等"亲征阿鲁台"。七月,兵至沙胡原(兴和北),"阿鲁台尽弃其马、驼、牛、羊、辎重于阔滦海(按即库伦海),与其家属北走。"明军即行班师。永乐二十一年秋七月,阿鲁台又率部进扰。八月,成祖又率军出长城"亲征"。至沙城,"知院阿失帖木儿、古纳台等率其妻子来(归)";冬十月,至上庄堡(疑在河北获鹿),"达旦王子也先土干率妻子部落来归……乃封为忠勇王,赐姓名金忠。"成祖宣示:不分种族和部落,"惟天下之人各得其所"的方针,随即班师。永乐二十二年春正月,阿鲁台又大举进攻大同。金忠因屡向成祖进言:"阿鲁台弑主残民,数为边患;请讨之,愿为前锋自效。"成祖便于夏四月第五次"亲征"。为着孤立阿鲁台和争取人民同情,他宣布"北征"目的,在:"除暴安良"、"今之罪人惟阿鲁台;余胁从之众,悉非得已……宜悉抚绥,无令失所;非持兵器以向我师者,悉纵勿杀";"如两锋相当,彼投戈下马,即皆良民,勿杀",并与安置。同时又宣布:不论汉族和非汉族,"一视同仁",不分"彼此";保障蒙古人民的"安居乐业"。在行军过程中,又严禁军士损坏庄稼等生产,"违者斩。"这在客观上,都是有一定的进步作用的,对其时蒙汉人民间的关系起了促进作用的。是役,明军北进到答兰纳木儿河,阿鲁台已远走;张辅、金忠等率军"分索山谷,周围三百余里,一人一骑之迹无睹。"明军便从翠云屯班师。此后,便保持了一个时期的相对和平安定的局面。这是符合其时蒙汉人民的利益和要求的。但由于建筑在阶级压迫基础上的部族矛盾和压迫制度无法消除,地主政府的明廷和蒙古各封建统治集团间以及其各集团相互间的权利冲突,到英宗以后,又转入了所谓"臣服"与"叛变"、"朝贡"与"寇攻"的无常状态，以及各集团相互间争权夺利的火并①。

（丙）明初为防止退到大漠南北的元朝残余统治集团西窜和取得支援，洪武五年（公元一三七二），"冯胜兵至河西"，于甘肃酒泉西七十里的嘉裕山下设嘉裕关，并"置甘州、肃州等卫"，驻军防守。后来由于元朝残余统治集团表示"归附"，"洪武、永乐中"便于嘉裕关以外的所谓"西域"、即今新疆维吾尔自治区的哈密以东，"复置：哈密、赤斤、罕东、阿端、曲先、安定、（蒙古）等（七）卫"，以维吾尔、蒙古、回族等各部的大小贵族或所谓"大头目"等，充各卫"指挥等官"，并封附明的蒙古贵族即所谓"元之遗孽"脱脱（安克帖木儿之侄）"为忠顺王，赐以金印"，驻于哈密，"使为西域襟喉"，"领西域职贡"，即统领全疆和掌管明朝通中亚和欧洲的丝道的枢纽。这在明廷，一面在通过新疆各部的大小贵族或所谓"大头目"等去统治各族人民；一面使各部的"大头目"间互相维系又互相牵制，即所谓"成"诸部"唇齿之势"与"破散（各部）交党"；一面在利用他们去保护大陆丝道。明廷并派周安为忠顺王长史、刘行为纪善辅导。自此新疆各部和内地的经济联系又日趋密切，"互市"、进贡、赏赐都日益频繁，物品数量日益增多。但哈密的"三种"居民，是"回回、畏吾儿、哈剌灰"，蒙古系脱脱的家族却没有适当的社会依靠，加之他们利用职权，每每对所属各族人民肆行"贪残"，甚至"拘留汉人转鬻（卖）"，常激起各部人民的愤恨和明朝边吏的不满；又利用其掌管"西域襟喉"和丝道枢纽的地位，不只对外来贩卖中国丝织品的商人，而且对各部前往内地进贡的"贡使"和进行"互市"的商人，都肆行"要索"，引起各部和外商的不满。尤其在各部大贵族或各大封建集团间争权夺利的矛盾基础上，常陷入一种纵横捭阖、互相仇杀的混乱局面，并集中表现为维吾尔（畏吾儿）系大封建主土鲁番速檀阿力家族与脱脱家族对"（统）领西域职贡"的职位和哈密地盘的长期争夺。

当脱脱的侄孙卜列革继为忠顺王，于英宗天顺（公元一四五七——一四

---

① 《明史纪事本末》卷二十一《亲征漠北》；《明史》列传二一五——二一六《鞑靼》、《瓦剌》、《成祖本纪》及丘福等有关诸人传；金幼孜《北征录》、《后北征录》；并弘治己未罗务金《序金文靖公北征录后》；佚名《北征记》。

六〇年）末年被人杀死之后，由王母努温答失力行使职权。速檀阿力便于宪宗成化九年（公元一四七三年）率兵攻入哈密，挟制哈密、赤斤等部大贵族迫努温答失力让予职位，被努温答失力拒绝，遂一面俘努温答失力和忠顺王金印回土鲁番，并留兵守哈密，一面于公元一四七六年派人到明廷致贡和谢罪，并说努温答失力已死，只要明朝皇帝派遣继任人到哈密，"即归金印、城池"，本意是希望明廷封他为忠顺王，"代领西域职贡"。明廷并没有掌握和研究情况，只是不同意阿力的武力侵夺；至此便将逃来甘州的哈密"三种"居民和"头目"，安置于苦峪（甘肃安西东南）、赤斤（甘肃玉门、安息间）等处，"给土田及牛犊谷种"，并以逃来苦峪的哈密右都督罕慎——脱脱外孙、维吾尔人巴塔木儿的儿子——就地立卫，"更铸哈密卫印"予之。成化二十年（公元一四八四年），命罕慎回哈密，为忠顺王。土鲁番大封主速檀阿黑麻——速檀阿力子——便借口罕慎出身"贱族"，于孝宗弘治元年（公元一四八八年）派兵"诱杀"罕慎，"复据哈密"；"随遣使称贡……求为哈密王"，"代领西域职贡"。明兵部尚书马文升，以"阿黑麻自有分地"，不许其"复主哈密"，只准他照"常例""入贡"，并由明廷"下玺书切责"。阿黑麻乃派其属下贵族牙兰等守哈密，控制贡路和丝道咽喉，要挟明廷；公元一四九一年，明廷派哈密卫"头目"维吾尔人写亦虎仙持敕前往土鲁番，阿黑麻乃退还金印和哈密城。明年明廷又寻得脱脱的后裔名叫陕巴的"封为忠顺王"，派人护送至哈密行使职权，并劝令各卫都督维护陕巴。阿黑麻随即借口"都督哈木郎常克其茶、物，又常虏其人畜"，又于公元一四九三年攻入哈密，"杀哈木郎，复虏陕巴、金印以去。"明廷派人持敕前往诚谕，阿黑麻不予理会。明政府一面将来到内地的土鲁番贡使、商人写亦满速儿等四十余人"发遣两广安置"；同时利用新疆各部在生产和生活资料上对内地的依赖性，即早已形成起来的经济上的不可分割的联系，停止"互市"、"进贡"，想以之去激怒各部、孤立阿黑麻，即所谓"西域使者方扣关互市为利，我声阿黑麻罪，谢勿与通，令彼穷而归怨"，亦即所谓"命西域诸贾胡归怨阿黑麻……乃闭嘉峪关，绝西域贡（市）。"阿黑麻便于公元一四九四年，"复入据哈密，自称可汗"，纵兵劫掠罕东、哈密等卫人民，并致书罕东都督只克和其属下"仓阿朵儿只、剌麻朵儿只众头目"，要他们向他"照前例进贡"，"沙州、瓜州大小人民"都服从"管束"。便这样正式与明廷对抗，并派部将"牙兰与撒他儿率精锐二百守哈密"，又胁迫哈密居民协助守御。但阿黑麻既劫掠了各卫，由于各卫、如罕东都督"只克等众头目……不肯投顺他"，又将其"大小人口女儿都抢了"。这样便加剧了各卫与阿黑麻间的矛盾和"仇恨"。各卫都督、"头目"和受到阿黑麻胁迫和抢掠的人民，就纷纷相率逃到关内。逃来的各部人民，明廷"照旧"将他们安置"于苦峪地方耕牧"，"无致流移"，并尽量为他们"抚追"被阿黑麻"虏去财物"；对都督、"头目"等的安置，如以其逃来人民，在寄居地照旧建立卫所外，据许进说："寄居以来，即仰于我"，而这种安乐的"寄居"生活，却使他们"不复以恢复为念"。

明廷派马文升、许进等前往"经略"。一面安抚遗民、抚慰各部首领；一面通过各部前来"入贡者"，去疏通各部，只要"倾心向化，同力进取"，便"皆结为盟好，厚加赏赐，许其岁岁进贡，为国屏藩"；一面抚辑"乩加思兰、恩赤马因遗落"，蒙古野乜克力部"亦剌思王部下头目"川哥儿等，"遇有大达子抢掠，准"暂于天仓境外威远（甘肃大通东）地方躲避"，平时"在亦集乃（土尔扈特之额济纳）一带往来住牧"，以安定甘肃后方；一面抚辑住在把思阔（哈密以北）地方的蒙古瓦剌部贵族小列秃（他以兄妹被杀，与阿黑麻仇杀了数年），利用他"情愿与朝廷出气力"去"报复""世仇"的要求，资给其西攻阿黑麻以为牵制；一面派员"戒谕罕东左卫都督只克等……哈密卫都督奄克孛剌等及蒙古赤斤卫都督卜剌召把麻奔等，并苦峪临边住牧"各部"人等，各要益坚臣节、固守境土、勿听哄诱……昼夜探哨……声势联络，不许自分彼此。"便于公元一四九五年冬十月，派副总兵彭清率精锐汉兵，经罕东（甘肃敦煌东南）取间道袭击哈密，简选罕东卫精锐充前锋，又选各部"惯战精兵……立以期会"。冬十一月，许进及总兵刘宁赴肃州，"亲临节制"。以"罕东兵不至"，许等便改大道行进。兵临哈密，牙兰、撒他儿等已"乘千里马宵遁"。许进下令尽释"为牙兰胁从"的维吾尔人八百余，"给牛种，抚令安家"。明年，阿黑麻复袭取哈密，"令撒他儿、奄克孛剌居守"，驻军剌木城；"奄克孛剌密结瓦剌小列秃，袭斩撒他儿，还守哈密。"明年（孝宗弘治十年）冬十月，"阿黑麻以绝贡、失互市；又自许进抚甘肃"，布置小列秃、野乜克力等部不时进击，"窘甚"，乃"遣其兄马黑上书，愿悔过，还陕巴及金印……予贡如故。"明年，明廷"复封陕巴为哈密忠顺王"，并"令三种都督……共佐陕巴"。又明年，派兵护送陕巴回哈密复职；同时准许恢复土鲁番诸部和内地经济联系的正常关系,即所谓"土鲁番诸部许复入京朝贡"、"互市"等,并给予恳切慰劳和很多赏赐。但陕巴自复职后,嗜酒好色,对各部肆行剥削,便激起各部纷纷不满和反对;他们计议推倒陕巴,迎阿黑麻次子真帖木儿来主哈密。由于明军和边吏的支持,陕巴才得再次复职。武宗正德元年(公元一五〇六年),陕巴死,其子拜牙郎继为忠顺王;拜牙郎是一个浪荡好色而又残暴的家伙,"心怀(害怕的意思)属部谋害",便于公元一五一三年投归土鲁番王满速儿(阿黑麻之子)。满速儿便派属下"头目火者他只丁与写亦虎仙、满剌哈三取金印、守哈密;又令火者马黑丁至甘州求赏。""甘肃巡抚赵鉴……谓满速儿忠义,守城勤劳……赐之金、币。"至此,满速儿便实际上取得了"代领西域职贡"的权位,掌握了新疆各部和内地的经济、文化等联系的"襟喉"、大陆丝道的枢纽①。但由于建筑在剥削阶级基础上的新疆各统治集团与明廷间及各集团相互间的矛盾无法消除,此后仍不断发生违反人民的利益和要求的权利冲突以至武装行动。

(丁)明廷对甘肃、青海、四川、西藏的藏族,基本上也是从维护大明帝国的统一和统治出发的"抚绥"政策。从这个政策出发,一方面,它通过藏族各级封建贵族去统治藏族人民,并以之来统治全国人民的精神生活,即所谓"藉以化愚俗,弭边患",或所谓"藉以化导愚顽,镇抚荒服"。洪武、永乐间,一面于甘肃、青海藏人等族住区,除派兵屯驻、置官治理外,又建立"僧纲司"等封建统治机构于各大喇嘛寺。对"来者日多"的藏僧,都给予"剌麻、禅师、灌顶国师……大国师、西天佛子"等封号,"给以印、诰,许之世袭",继任的"国师"、"佛子"的袭封,也必须报告和得到明廷准许才算合法,直到明末都是这样;同时,又于洮州、岷州、河州、西宁等处,设立卫所,任藏族俗权封建贵族锁南普、卜纳剌、桑加朵儿只、李喃哥等"为指挥同知,予世袭;知院朵儿只、汪家奴等为指挥佥事"等官;设千户所、八百户所,"都命藏族头人充任"。也都给予"印、诰,许之世袭",以"土官与汉官参治"。"由是诸僧及诸卫土官辐辏京师。其他族种:如西宁十三族、岷州十八族、洮州十八族之属,大者数千人,少者数百人,亦许岁一朝贡。"宣宗

---

① 马文升《兴复哈密国王记》;许进《平番始末》;《明史》列传二一七——二一八《西域传》及有关诸人本纪、本传;《明史纪事本末》卷四十《兴复哈密》。

元年（公元一四二六年），"以协讨安定、曲先功，加国师吒思巴领占等五人为大国师"，官位同于"正四品"，"加剌麻著星等六人为禅师"，官位同于"正六品"。对藏族人民，则规定"注籍纳赋"。对四川和西藏藏族地方，由于各大寺庙的大僧侣贵族都相继派人"入贡"和"躬自来朝"，太祖、成祖各朝便先后封元帝师喃加巴藏卜为"炽盛佛宝国师"、哥监藏巴藏卜为"圆智妙觉弘教大国师"、答力麻八纳为"灌顶国师"、"并赐玉印"，称作"尚师"的哈立麻为"大宝法王"、昆泽思巴为"大乘法王"、释迦也失为"大慈法王"、所谓"首僧"吉剌思巴监藏巴藏卜为"阐化王"、智思巴儿监藏为"赞善王"、宗巴干为"护教王"、南渴烈思巴为"辅教王"，"并赐诰、印"，他们的徒众也有不少人受封为"大国师"、"国师"，"其他禅师、僧官，不可悉数"；他们都"各有分地"，为其处理政务的土官，以至"宣慰、招讨等官"，都由他们提名，由明廷加以委任即"授职"；法王又大都受命"领天下（按即全国）释教"，参与明廷政权。"法王"、"王"、"大国师"、"国师"等的死亡，都必须报告明廷，袭封者也都必须得到明廷准许。这也直到明末都是这样。对于俗权贵族，洪武八年（公元一三七五年），"设帕木竹巴万户府"，以藏族头人充当官员；但作为俗权贵族的"王""遣使来贡"，公文上必须盖有"法王"的"玉印"。这说明了：作为中国版图一个组成部分的西藏，在元、明皇朝，都是其统一治理下的一个部分。

一方面，对其时藏族地方在生产和生活资料上对内地经济的依赖性，即已经发展起来的藏汉地区在经济等方面的不可分割的联系，明廷一面准许通过频繁的"贡"、"赐"形式，去满足僧俗贵族的要求，一面又不断去限制"贡""市"的次数和人数，使人民不能得到其必要的内地物资和向内地卖出牲畜，僧俗贵族反得以作为对人民的又一层剥削。明廷对僧俗贵族的赏赐，是很优厚的，除对"法王"、"王"、"大国师"、"国师"等，几乎每年都有一次或二次巨量贵重物品的赏赐，如公元一四七二年（宪宗成化八年），一次经"洮、岷诸卫"送至北京的贡、市人等四千二百余人，"赏彩币人二，表里、帛如之，钞二十九万八千有奇"；公元一五○六年（武宗正德元年），一次便赐给西藏一个"活佛"，除珠琲幡幢、黄金供具、金印等外，"茶盐以数十万计"。这都是不止一次。而对于人民，如洪武二十五年（公元一三九二年）令藏族人民"以马易茶"，在河州，用"茶三十余万斤"易马"万三百余匹"的举动，却并不那样经常。而僧俗贵族以"贡市""为利",所谓"法王"等所派"贡使",不只常"私市'巨量'茶、彩"、"冒名入贡",而且每致"贡使逾额",不受人、次限制的约束。公元一五二四年（嘉靖三年），所谓"阐化王"竟"偕辅教王及大小三十六番"联合入贡为词，派遣大量人数充当贡使。另一面，由于西藏在生产和生活资料上对内地依赖性的日益提高、联系日益加强，每次到内地"贡、市"的人数便日益增多，如阐化王领地内的每次人数，"宣正间（公元一四二六——一四四九年）……不过三四十人，景泰时（公元一四五○——一四五六年）十倍（按为三四百人），天顺间（公元一四五七——一四六四年）百倍（按为三四千人）。"这是一种有利于祖国统一、各族共同繁荣和历史前进的良好发展。明廷反而去加以限制。当时由西藏运到内地的物品，有"画佛、铜佛、铜塔、珊瑚、犀角、氆氇、左髻、毛缨、足力麻、铁力麻、刀剑、明（冥）甲胄之属"；由内地运入西藏的，为"茶、盐"，"彩、币"、"绒、锦"、"布、帛"、"铜、铁"、"铁"制"铜"制的工具和用具、"金银器"、"冠服"等等。适应于这种情况的发展。公元一四○七年，明廷乃于甘、青"诸卫，川、藏诸族，复置驿站通道往来"。公元一四一四年，又命杨三保"与阐教、护教、赞善三王及川卜川藏等，共修驿站，诸未复者尽复之。自是道路毕通，使臣往还数万里，无虞寇盗矣。"这是有进步意义的。一方面，明廷常运用其政治、军事和经济的力量，去阻止甘、青、川、藏地方各种族和部落间的相互械斗和侵掠、烧杀。如成化五年（公元一四六九年），派指挥后泰、通泰兄弟，"反复开示……忍藏占藏等三十余族酋长百六十余人……栗林等二十四族酋长九十一人，转相告语，悔过来归，且还被掠人畜"；又以武装和"绝其市赏"等压力，阻止遁入青海的蒙古贵族亦不剌阿尔秃厮、俺答父子及其孙扯力克等，对藏族等各部的"焚掠"，帮助被迫逃徙的藏人回乡"复业"，使"西陲暂获休息"等等①。这在客观上都是符合当时各族人民的利益和要求的。

（戊）对云南各族。云南从早期以来，就是连同汉人在内的许多部族和部落杂居的地区；各族人民在经济、文化上的联系，特别是云南各族与内地汉族地区形成了不可分割的密切联系，以其中较进步的白族和彝族为例，如前所

---

① 《明史》"列传"二一八——二一九《西域传》。

述，以他们为主的南诏——大理政权，其统治集团都是包括汉人地主阶级在内的，在文化形态上表现了和唐、宋文化相互渗透的关系，经济上表现了对唐、宋经济的相互依赖性；在元末，白人段功妻高氏、女僧奴、子宝、员外杨渊海等人的诗词①，也表现了这种文化上相互渗透、经济上相互依赖的情况。

元忽必烈灭"大理国"，"得五城、八府、蛮郡三十有七"，"初置鄯阐（昆明）万户，既改置中庆路；封子忽哥为云南王镇之，仍录段氏（即大理国王室——吕）子孙守其土。忽哥死，其子嗣封为梁王。"洪武六年（公元一三七三年）、八年，明太祖先后派王祎、吴云往谕梁王巴扎剌瓦尔密归降，均被梁王杀害。加之段宝为"报世仇"，派人到南京上表。洪武十四年（公元一三八一年），太祖便派征南将军傅友德、蓝玉、沐英率兵三十万入云南，"破鄯阐，梁王自鸩（《明史·云南土司一》说："梁王赴滇池死"），党属悉俘。"段宝子段明致书傅友德、沐英，欲自外于明朝；明兵乃入大理，将段明及其二子送至南京。太祖任段明长子归仁为永昌卫镇抚，次子归义为雁门卫镇抚，"大理悉定"。但由于元朝的遗臣和反对明朝的汉人等，逃入云南各族地区，如乌撒（云南镇雄、贵州威宁境）、乌蒙（云南昭通东）、东川（云南会泽）、芒部（镇雄西南）等处彝族等各族地区，煽动各族反抗明朝，即太祖所谓"藏了有罪的人"，或所谓"纳逋逃，匿有罪"。在梁王死后，"土官既降复

---

① 杨慎《滇载记》：镇守云南善阐（今昆明）的元宗室梁王巴扎剌瓦尔密，为笼络白族首领段功助其抗拒明玉珍南下"红军"的进攻，"以女阿盖妻之。为之奏授为云南平章……功恋恋不肯归国……其大理夫人高氏寄乐府促之归。其词曰：'风卷残云，九霄冉冉逐；龙池无偶，水云一片绿。寂寞依屏帏，春雨纷纷促；蜀锦半床闲，鸳鸯独自宿。好语我将军，只恐乐极生悲冤鬼哭'。"梁王命其女阿盖"以孔雀胆一具乘便……毒殪（段功）……阿盖夜以之告段功，段功不信"。明日梁王另派人袭杀段功于通济桥。阿盖"愁愤作诗曰：'吾家住在雁门深，一片闲云到滇海；心悬明月照青天，青天不语今三载；欲随明月到苍山，误我一生路里彩（锦被名也）。吐噜吐噜段阿奴（吐噜，可惜也），施宗施秀同奴歹。云片波潾不见人，押不芦花颜色改（押不芦乃北方起死回生草名）。肉屏独坐细思量，西山铁立霜潇洒（铁立，松林也）'。平章从官员外杨渊海亦题诗粉壁，饮药而卒。诗曰'半纸功名百战身，不堪今日总红尘。死生自古皆由命，祸福于今岂怨人！蝴蝶梦残滇海月，杜鹃啼破点苍春。哀怜永诀云南土，锦酒休教洒泪频。'"明玉珍再度南攻，梁王又求救于段功子段宝。段宝回书，"书后附以诗云：'烽火狼烟信不符，骊山举戏是支吾。平章枉丧红罗帐，员外虚题粉壁图。凤别岐山祥兆隐，麟游郊薮瑞光无。自从界限鸿沟后，成败兴衰不属吾'……平章女僧奴，志恒不忘复仇。将适建昌阿黎氏"与弟室别。"又作诗二章曰：'珊瑚勾我出香闺，满目潸然泪湿衣。冰鉴银台前长大，金枝玉叶下芳菲。乌飞兔走频来往，桂馥梅馨不暂移。惆怅同胞未忍别，应知含恨点苍低。何彼秾秾花自红，归车独别洱江东。鸿台燕苑难经目，风剌霜刀易塞胸。云旧山高连水远，月新春叠与秋重。泪珠恰似通宵雨，千里关河几处逢'。"

叛"，加之失散在各族地区的明军"在逃军人"和"下路的"（即落队的）人，"不曾有一个出得来"，或在"深山里杀了；不杀的将木墩子墩了，教与他种田"。因此又展开了明军对乌撒等地区的军事行动。

明廷一面以云南"从汉武帝始"就是中国的郡县，"自汉、隋、唐三代，皆中国所统，曩元既有其省，数出名臣望重者镇之"；一面又以其为各族"杂处之地"，亦即所谓"蕃汉错杂，习俗殊异"，"若欲治安"，必须审慎处理；一面又以云南地形险阻，行军交通不便，加之生产比较落后，在许多地方军队不能就地得到粮食供应。因此，它对云南各族，也同样实施了一种"抚绥"和怀柔政策，即所谓"一视同仁"，"土官不改其旧……顺俗施化，因人受政，欲其上下相安"；抚辑"所居人民：士、农、工、商，各安生业"，牧区"仍旧""放牧"，或所谓"务辑夷民，使安生业，以广一视同仁之化"；"民间鳏、寡、孤、独不能自存者，所在官司设养济院，月给口粮，以全其生"；禁止各部落间相互械斗，即所谓"毋得擅相仇杀"；逃在各族地方的元朝"仕宦人员"或"官民人等"及"本处〔各族人民〕，如有怀材抱艺愿仕者"，由地方官送往南京，"以凭擢用"，他省人"愿还乡里者，听〔其还乡〕"；设立"府、州、县学校"，尽量用本地"儒生""充学官，教养子弟，使知礼义，以美风俗"。在行政上，云南的建制，一面同于其他行省，设布政使司，下设府、州、县，一面又不只"土官"与"流官"并用，并保留其长官司等土司的建制，凡归明的各部族贵族和部落头人，一律给予官印、诰封（按即任命状），任其为知府、知州、知县或"长官司"等土司的长官，并许其"世袭"，即同时通过他们去统治各族人民。所以太祖说："天下至大……非一人所能独治，所以所在酋长，朕特各因其俗，俾之位，治其民。"因此，如"武定府土官法叔妻商胜""来归"，便赐予"衣冠"、"显爵"，任其为"武定军民府知府……保境安民"；车里"来归"，即派人前往宣抚，"赐以金、缎"；"景东土官俄陶怀忠内附……居守从征"，"〔即〕令袭守其土……授中顺大夫、景东府知府"；铜川土官木德"率先来归，复能供我刍饷，从我兵削平邓川三营之地"，"〔即〕授中顺大夫、丽江府知府"；"高政酋长……输情纳款，招集民庶，迭著功劳"，"〔便〕命……为奉议大夫、楚雄府同知"；土官阿散"送款辕门，资助兵费，继从征讨"，即命他"仍管兵士，守护边疆"，为"太和县正千夫长、兼试千户职事"；所谓"望著边氓，禄承世守"的"土官那直"，

"输诚款附，以全其众"，"特授中顺大夫、元江府知府"；车里土官刀砍，不待明军之至，"速遵治化"，便命刀砍"仍守其土，以安生民"，并"升车里军民府为军民宣慰使司，以……刀砍为……宣慰使"。

明朝对云南等处各部族和部落所实施的土官和流官并用亦即"改土归流"的政策，对加强国家的统一与各族人民相互间的联系和合作，客观上是起了促进作用的。这个政策在当时之所以能够行得通，主要由于当地各族和汉族间、尤其在人民间，已结成了经济上、文化上的不可分割的联系——并表现为前者对后者较多的依存性。如果没有这种物质基础和文化联系的存在，那样的政策也是不会产生实际效果的。以后清朝便在这个基础上，在国内若干民族地区，继续实施了"改土归流"政策。

明廷对云南的军事部署和行动，是以上述方针为依据的：一面以昆明、大理、楚雄、临安（今建水）、曲靖、普安等地，作为防守重镇，设立都指挥使司等防守机构，随又任沐英以西平侯、配"征南将军印绶"，"镇云南"，总管全滇军务；一面于各要地如乌撒、东川、七星关、乌蒙、芒部、永宁、普定、西靖等要地，设立卫所，筑城、派兵防守，即所谓"筑城建卫"；一面控制军队和"使、客经行驿路"或"大道"，使"道路易行"，乃把"军势排在路上，有事会各卫官军剿捕"；一面于"粮食艰辛"地方，由防军就地屯垦。为奖励军人生产，即所谓"各卫所上紧屯种，尽问军人每（们），若是有粮，便差内官送将家小来"，同时将犯罪军人，发往云南各卫所，"编入伍，着他种田"，解决防军军粮问题。后来在对乌撒等地方的军事行动过程中，为解决"无粮"的困难问题，洪武二十一年令"军马在禄肇地面上种二年田……芒部种二年田……东川种田二年"；同年又令"今年大军俱在永宁、禄肇屯种，上秋移近东川、芒部屯种，明年屯种直到云南"；一面于沿边要地，如"远在边徼"的金齿（今保山）等处，设立卫所，任命熟悉边务的能员，"戍守其地"；一面尽量以各部族的贵族和部落头人为卫所指挥，率领部众协助明军"戍守"。

明廷统治云南的这种方针和部署，主要在依靠或通过各部族的贵族和部落头人，去统治各族人民，维护其大一统的封建帝国的统治；但由于这在封建时代，是一种比较开明的方针和部署，加以强大兵力的配合，因此各部族的贵族和部落头人都相继归附，充当明廷的文武官吏，乌撒、乌蒙、东川、芒部等处与明廷为敌的军事行动，也都相继平息了。但由于明廷派到云南各部族部落的使者，大"皆是贪财好利小人，不知事势轻重，一概张威"；所派文职官吏，"不才之人，集数不下万余，皆奸儒猾吏，累犯不悛之徒"；派往的"不少""军官、指挥、千百户、镇抚"，"皆恃功放肆之徒"，军士也不少是"犯罪军人"或"练囚为兵"的"囚军"。因此洪武十八年（公元一三八五年），又激起了所谓"百夷"思伦发的反抗；虽终于为沐英所平定，但却持续到洪武二十三年。另方面，各部族部落的人民，对于汉族人民所进行的反压迫的斗争，每每是配合行动的。如元明之际，"明玉珍自将红巾三万攻云南，梁王及宪司皆奔威楚"，各部族部落人民都纷纷响应，即所谓"诸部悉乱"。明末，农民军李定国部入云南，也都受到各部族和部落人民的合作和欢迎，即所谓"民久困沙兵（按即"土官沙定洲"之兵），喜其来，迎之。"① 这在后面还要说到。

"英宗蒙尘"与"边患"　　自成祖以后，经仁宗、宣宗，对蒙古贵族的进扰，都能主动出击，予以阻止；对各藩属和国境内其他各族的反抗，也都有力量去处决和平服。

自英宗以后，由于国内阶级以及各族间的矛盾日渐扩大，日趋腐化的统治集团，不只没有适当地去处理国内矛盾，团结国内力量；宦党邪派相援为奸，反使朝政日趋黑暗，且不断激起派别冲突。加之军队日趋腐败，战斗力不断减低。所以除代宗、孝宗两朝改良派执政，情况稍有好转外，只知集中全力去镇压日益剧烈的国内阶级斗争，尤其是人民起义，因此不只无力去处理国内各族间的关系，阻止蒙古贵族和新兴满族贵族对明廷的进攻，而对于日益蔓延的倭寇骚扰和日本贵族对朝鲜的进攻，也常陷于被动。

宣宗时，内部分裂的蒙古，由于脱欢（马哈木子）、也先父子与可汗脱脱不花努力的结果，又渐渐统一起来了；他们每年向明朝"入贡"成千成万的马匹，换回大量的绢帛、棉布、金银和金属工具、器具等必需品，民间商业的贸易也颇兴盛。但贪污的明廷执政太监王振之流，常藉故克扣其马价，甚至只偿付五分之一。公元一四四九年（英宗正统十四年），蒙古即所谓达旦政府，遂分四路向明廷进攻，可汗脱脱不花从兀良哈（即乌梁海）趋辽东，阿剌知

---

① 张纮《云南机务抄黄》；杨慎《滇载记》；《明史》列传三百一——三百二《云南土司传》。

院攻宣府，围赤城，丞相也先率军趋大同，又遣别将出甘肃。腐化堕落的明廷各地守将，均不战先逃。英宗随王振亲征，率大军五十万仓卒出居庸关，至宣府，又进至大同。但毫无作战准备，只是想拿"皇帝亲征"的牌子去吓唬他们。到大同看到形势不妙，便急忙班师，也先尾追，后军吴克忠等多战死。八月末"御营"转进至土木堡，被也先率军占据四周汲道，全军数日不得水。蒙军乘明军饥渴，集骑兵四面进袭；张辅、邝野等五十余人皆战死，全军死伤数十万，王振为士兵所杀，英宗被掳。这叫作"土木之变"，也即所谓"英宗蒙尘"。

当时北京形势非常危急，人心动荡，上下无固志。监国郕王祁钰（代宗）召集群臣商议大计：大地主官僚徐珵（有贞）等一派力主放弃北京南迁；以于谦为首的一派（以中小地主等出身的分子商辂、王竑、彭时、吴宁、王伟、朱骥等为主干）则力加斥责，坚决主战。由于主战派占优势，心中无主的祁钰，便把战守责任全部交给于谦等。他们一面请求明令刷新内政与民更始，并要求诛夷王振家族，没收其财产，以服民心，励士气；王振党羽马顺等反以恶言叱骂，便引起两派在宫殿上的一场大厮打："给事中王竑廷击顺，众随之；朝班大乱，卫卒声汹汹。王（祁钰）惧，欲起。于谦排众直前掖王止，且启王宣谕曰：'顺等罪当死勿论'。众乃定，谦袍袖为之尽裂"。在军事方面，于谦等深知腐败的明军，不能抵抗蒙军，而且劲甲精骑皆陷没，所余疲卒不及十万。因此：（一）调集两京、河南所募新兵，江北及北京诸府运粮民兵，山东及南京沿海备倭民军，亟赴京师，担任守御。这种军队还没有坏习气，战斗情绪较高。（二）亟派人四出募民兵，令工部赶造军器；并令各地都动员人民协同攻守，如王伟集民壮守广平。（三）迁郊区居民于城内；通州积粮，令官军自去领取，不得弃以资敌，实行坚壁清野。（四）严令诸边守臣，尽力防守。（五）提拔新进人员，派置孙镗、卫颖、张轨、张仪、雷通等合军民守九城，另派陶瑾、刘安、朱瑛、刘聚、顾兴祖、李端、刘得新、汤节等，分率二十二万大军列阵九门外；于谦率军布置于德胜门外当正面。（六）颁布临阵军令："临阵将不顾军先退者，斩其将；军不顾将先退者，后队斩前队"[1]；于谦以下都亲自督战。

---

① 以上引文均见《明史》列传五十八《于谦传》。

十月，也先挟英宗破紫荆关长驱直入，围攻北京。蒙军首攻彰仪门，为高礼率军所战败，并擒蒙将一人，蒙军万余骑转攻德胜门，又中伏大败，也先弟孛罗、平章卯那儿均中炮死；攻西直门的蒙军，亦被击退。蒙军复进攻彰仪门，前锋已为武兴、王敬率军击败；而祁钰所派之监军中官（太监）数百骑，想争功，跃马竞前；阵伍大乱，武兴被流矢射死，蒙军遂至土城。幸人民协力阻击，登屋号呼，投砖石击蒙军，哗声动天。同时王竑及福寿率援兵来到，蒙军乃退。至此已相持五日，蒙军连战连败，死伤甚多，士气低落；前阻坚城，后有民兵袭击，加之各路赴援和新募的"勤王师"且至，恐断其归路，遂拥英宗由良乡西去。于谦调诸将追击至关而还。由于蒙古贵族的掳掠，引起人民的反对，因此于谦等得依靠人民把明朝从败亡的边沿上挽救了出来。

蒙军退后，改良派一面便加强真、保、涿、易诸州府及永平、大同、宣府、山海关、辽东、居庸关等处防务，斥革主和的守将毛贵等；一面攻克独石口外的八城，"募民屯田，且战且守"；一面诱杀"叛阉"喜宁及奸细小田儿等，又实行"因谍用间"的办法；一面积极整顿军备，改革军制：择精兵十五万，分编为十营团，进行整训操练。"使管军者知军士之强弱，为兵者知将士之号令，体统相维，彼此相识，不致临期杂乱难于调遣。"① 营团兵制就是从此开始的。

由于这次战争的胜利，也先便于公元一四五〇年八月送还英宗；并随又无条件请求归附，要求恢复"贡"、"赐"、"互市"等正常的关系。同时由于改良派八年间的各种措施，特别是新军的建立，一部分军队素质的改造，及战守部署等，使明廷防务得到暂时的稳定。

但自英宗复辟，改良派被驱除以后，情况又渐渐变坏了。尤其到宪宗时，所谓"边患"又特别严重起来。东北有女真部的开始进扰，西南国境内各族人民也不断反抗；尤其是北面的蒙古各封建集团的不断进攻②。

蒙古自成祖时的数度北伐，和明初对蒙古的较开明的政策，元廷残余势

---

① 《明史·于谦传》；《昭代经济言》卷四，于谦《议团操疏》。
② 以上参考《昭代经济言》卷四，于谦《议团操疏》、《议和房疏》、《备边覆题》；《明史纪事本末》卷三十二——三十三，《土木之变》、《景帝登极守卫》、《南宫复辟》、《曹石之变》、《汪直用事》；《明史》英宗、景帝及于谦等有关诸人纪、传；刘定之《否泰录》；李实《北使录》；尹直《北征事迹》；佚名《正统临戎录》、《正统北狩事迹》、《复辟录》；李贤《天顺日录》。

力的各封建集团，不是归附明廷，便是被击溃或西走；他们并每每互相火并，特别是元王室残余达旦部阿鲁台与瓦剌部（亦称卫拉特蒙古之一部）间的相互攻伐。公元一四三五年（宣宗宣德十年），瓦剌部马哈木子脱欢兼并阿鲁台，奉元室后嗣脱脱不花为可汗（即达达可汗）。公元一四五一年（景宗景泰二年），脱欢之子也先杀可汗；再二年（景泰四年），也先自立为大元田盛（意即天圣）可汗，明年又为知院（官名）阿剌所杀。哈剌嗔部贵族孛来又攻杀阿剌，与翁牛特部贵族毛里孩共立脱脱不花子麻儿可儿为可汗，号小王子。至此，所谓达旦与瓦剌便完全成为各自独立的两个部分。公元一四六一年（英宗天顺五年），孛来又与小王子相攻杀，小王子死，众共立马古可儿吉思为可汗，亦称小王子。达旦贵族的内部，自此也更趋分裂，即所谓"鞑靼部长益各自专擅"[1]。公元一四六六年，孛来又杀小王子，毛里孩复杀孛来，另立他汗。自此在蒙古内部形成更纷乱的局势，所谓可汗只是地方强大贵族的傀儡。

另一方面，公元一四七九年（宪宗成化十五年），乜克里部贵族亦思马因攻杀该部大贵族乩加思兰，拥立元室后裔把秃猛可为可汗。到公元一四八三年（成化十九年），把秃猛可完全排除了亦思马因的势力，将权力拿到自己手中。他死后（约在成化末），便由其弟伯颜猛可继任，即著名的大元可汗（亦称达延汗）。达延汗逐渐压服了大漠南北各部；他首先（约在一五〇〇年前后）讨伐瓦剌部（今蒙古人民共和国境），压迫瓦剌部向西北退入新疆。公元一五〇四年（孝宗弘治十七年），征伐土默特部的大筛，兼并河套北面一带土地；公元一五一〇年（武宗正德五年），征伐乜克里部的亦不剌因、阿尔秃厮等（他们也率部西走），又镇服兀良哈三卫，兼并西剌穆伦河一带地方。今内蒙的大部分地区，都被兼并在他的直接管辖之下，大概以今达里泊（今内蒙古自治区克什克腾旗西北百七十里）附近作中心（按又有他征服大漠南北后，移幕到热河"土蛮"之说。"土蛮"今为何处，不详）。他以长子图噜为汗位继承人，直接统属达里泊附近及今山西、河北北部地区。图噜子卜赤嗣大汗位后，把中心移至宣府，即以后之察哈尔部；三子巴尔塞（因其二子夭亡，有以巴作二子者）、五子阿尔珠，除均有其直接管属

---

[1]《明史》列传二百十五《鞑靼传》。

地区外，又均以济农（等于副汗）的地位，分统漠南西部和漠北，即以后之鄂尔多斯等部与喀尔喀等部。其他六子也均在这三大区域内分管一块地方：四子阿尔萨领土默特部，六子格呼森领今蒙古人民共和国国境东面喀尔喀以外的七旗，七子干济尔、八子格呼、九子阿尔则分领克什克腾、敖罕奈曼、浩齐特各旗，十子乌巴缴察领阿苏特、永谢布二部。实际上，达延汗（死于公元一五四三年、世宗嘉靖二十二年）以后的大汗，仅是名义上的共主，形成了分散的封建统治的体系。其中巴尔塞又分封其长子衮弼里克领河套（即其后鄂尔多斯部），次子俺答领河套以北；俺答后来又兼并诸部，自为可汗，拥有十万骑的兵力。

由于他们是以牧畜为主要生产，许多生产和生活上的必需品都仰给于口内，所以从也先到俺答，都不断向明廷"奉书求贡"，设立互市，即要求以入贡和赏赐及互市的形式，以马匹、皮毛等换明廷和口内的布、帛、绸、缎、铜铁器器具和工具等。明廷接受其要求，便在正常的贡赏与互市外，也间或在蒙、汉接合地区进行武装抢夺；否则便向口内进行大规模的武装掳掠，甚至采取军事进攻的形式，肆行掠夺和烧杀。由于明廷常批驳其要求，或置之不理，或停止互市，而又不能有效地阻止其军事进扰，便形成越来越严重的军事冲突，这到达延汗以至俺答时，西至哈密、甘陕，东至辽、吉，便不断告急，各地人民就都搞得不能安居乐业。

因此，自英宗以后，特别自武宗到穆宗时，除所谓达旦以外，不时向内地进袭与武装反抗明廷的，还有西南和东北国境的一些部落和部族，如所谓蒙古别部、"西番"、"土蛮"、"朵颜"以及所谓"贵州土官安国亨、安智"等，但均不似达旦对明廷威胁的严重。直至穆宗末，由于达旦贵族内部冲突和力量衰落，加之明廷张居正执政，对他们以贡赏互市政策为主，形势才缓和下来。公元一五七〇年（穆宗隆庆四年），俺答率其属"内附"，实即正常的和平贡、赏、互市关系的恢复。先是明廷封投明的俺答孙把汉为指挥使，并派王崇古、鲍崇德赴俺答处，俺答"乞封""并请输马与中国铁锅、布帛互市"。明年订立如次的协议：（一）明廷给与俺答以下各部首领封号；（二）岁贡马五百匹，贡使不过百五十人，分三等给价，听以马价买缯布等物，赏赐在外；（三）规定贡期、贡道及手续；（四）照弘治初的办法，立互市，许"蕃"以金银、牛马、皮张、马尾等物，商贩以缎、绸、布匹、釜、锅等物互市，市期一月，市场设于沿边各处。对其他蒙古各部，也相续建立贡、赏、互市关系。至此，除俺答外，各部虽仍不断入塞掠夺；但明朝北面边境，三十年间比较平静。然自神宗时起，东北国境，女真族（即满族前身）贵族集团从努尔哈赤时期开始，便不断进攻，并较达旦、瓦剌更严重①。

倭寇　倭寇原是日本的浪人、武士、走私商人的组织，向大陆沿海一面通商，一面掠夺。成祖以后，一面于沿海设卫剿剿严防，一面许日本正式通商，又要日王加以约束，情况转好，但并未完全停止。英宗以后，一方面由于沿海卫所空虚，并无常备，只有民戍，有事时，临时纠合渔夫民丁任防守。一面由于沿海闽浙大姓以至无赖商人，常克扣和拖欠日商货价，贵官势家拖欠愈甚，索取急则以危言恐吓，或好言骗弄。代宗时日本贡使所带十倍于贡物的私货，明廷也没有去注视这种情况。特别是世宗时，由于日本将军义晴的使者瑞佐、宋素卿等，与大内义兴的使者宗设等两派在宁波、绍兴自相厮杀，宗设杀瑞佐，逐宋素卿；明廷便停止日本的通商和进贡关系。因此，不只日本正式商人也相率成为倭寇，采取海盗政策，其沿海的诸侯也加以策动和掩护；他们甚至建立"八幡公"的旗帜，称作"蝴蝶军"。所以《虔台倭纂》卷上说："寇与商同是人，市通则寇转为商，市禁则商转为寇。始之禁禁商，后之禁禁寇，禁愈严而寇愈盛。"一方面，由于英宗以后，国内农村不断衰落，城市、尤其是沿海一带，聚集了大量的无业流氓及海盗，他们与倭寇相结合，加之海中巨盗汪直、毛海峰、徐海、陈东、麻叶等，也都与倭寇合股，"倭听指挥"，以沿海岛屿为巢穴。所以从数十到一万以上的倭寇集团，"真倭不过十之三"。他们都熟悉地理和社会情况，加之闽、浙大姓通倭，为倭内主，这更使腐败无力的明廷无法对付。一方面，明廷因"倭祸"加剧，将广东以外的全部海口封锁后，又促起经营海外贸易的华商去走私，与倭寇暗中交通。所谓倭寇就是这样的内容和由来。

公元一五五二年（世宗嘉靖三十一年），明廷派王忬进剿，忬以"船敝伍

---

① 以上参考《明史·鞑靼传》、《瓦剌、朵颜传》、诸帝及有关诸人纪、传；高拱《防边纪事》、《伏戎纪事》、《挞虏纪事》、《靖夷纪事》；田汝成《炎徼纪闻》；《明史纪事本末》卷五十八——六十三《议复河套》、《庚戌之变》、《俺答封贡》、《江陵柄政》、《平哱拜》；《明季北略》卷一、卷二、卷四、卷五；《清史稿·太祖本纪》。

虚"，任参将俞大猷、汤克宽守备。明年汪直等领各岛倭寇向沿海地方进扰，大掠台州、象山、定海等沿海诸州县。又明年二月倭寇从南沙（江苏常熟西北）突入，蔓延至浙东西江南北沿海沿江各地，所至杀人放火，肆行剽掠。公元一五五五年（嘉靖三十四年）五月，张经及部将俞大猷、汤克宽、卢镗等以两广、湖南的所谓"狼土兵"大破倭寇于石塘湾（无锡西北），随又大破之于王江泾（嘉兴北），斩首两千外，寇焚溺死者甚多。张经等一面以贼狡且众，一面以江、浙、山东兵战斗力弱，故调集"狼土兵"由能战各部将率领，分屯金山卫（江苏金山东南）、闵港（上海西南）、乍浦，为一举剿灭之计。由于各部相互犄角，取得主动，故有此大胜。而严嵩及其贼党赵文华反诬以糜饷殃民、畏贼失机的罪名，将张经及其他歼倭有功的李大宠等处死或免职，代之以贼党胡宗宪。宗宪不能节制诸兵，人民既苦倭复又苦兵；另调江、浙、鲁、豫、闽、两湖各省客兵，致互相纷斗。同时，这种由中、日流氓、海盗及海盗式商人合成的倭寇，只是以剽掠为目的，行动飘忽不定、集散无常。王忬的追剿与邀击办法，已经失败，赵文华、胡宗宪一反张经的部署，仍采用王忬的办法。所以愈剿而蔓延的地区愈广：江、浙、山东、福建以至广东潮州，均被寇扰，尤其是沿海各州县，至于被掠多次，东南人民受祸更深。直至公元一五五九年（嘉靖三十八年），由于谭纶、李遂等连败倭于浙东江北，刘景韶又连续大破倭于印庄、庙湾（江苏阜宁东南）。东南情况，才暂形好转。所以说，"倭之蹂苏松也，起嘉靖三十二年，讫三十九年"[1]，但并没解决问题。后来由于戚继光、俞大猷改变办法，一面以明朝老军不堪作战，新招募民兵，加以训练，务精不务多；一面到东东剿，到西西剿，分剿合歼。同时，各地人民都纷纷组织武装自卫；到处截击，并常配合明军，沿海盐民并主动出海进击。倭寇处处挨打，处处站不住，钻不通。加之倭寇内部汪直、徐海、陈东、麻叶等因争夺赃物自相残杀，因此至公元一五六三年（嘉靖四十二年），浙江以北沿海地方已渐次平定；倭寇转入福建、广东，戚继光又率兵入福建，和俞大猷、谭纶等协剿；由于以延平程绍禄、汀州梁道辉、惠潮蓝松山、伍端、温七、叶丹楼等为首的人民自卫武装的配合，并充当先驱。同年五月，大破寇于福建平海（莆田东）。明年二月又大破之于仙游，福建倭平；余寇窜入广东，

---

① 《明史》列传九十三《张经传》。

四月又破之于潮州，七月破之于海丰。至此少数残寇逃至台湾，但仍不时出没①。

在剿倭的时期，当日本封主看到倭寇走向灭亡的命运时，萨摩藩等特别是山口藩源义长、丰后藩源义镇，均遣使来明，送还被掠人口，要求恢复通商关系（即所谓"进贡、互市"），并继续派来"贡"船，均被世宗拒绝。因此他们又派不少"新倭"来入寇。倭寇被剿灭后，明、日的通商关系，仍不得恢复，而日本自萨藩织田信长、丰臣秀吉相继任关白（丞相）时，已由分散的封建制进入专制主义的封建制。日本社会开始出现的町人阶级，不只都急切的要求和中国通商，而且要求向海外从事封建扩张。日本封建贵族肠胃的消化力也提高了，他们不只要求中国的绢帛、瓷器等，而且要求外国的许多东西。因此便产生丰臣秀吉（《明史》作平秀吉）的对外侵略，企图把琉球、吕宋、台湾、朝鲜作为日本的藩属，而又扩大侵明。并拟定方针，先灭朝鲜，然后用朝鲜人为导入中国北京，用"唐人"（即海盗）为导入闽、浙沿海。福建"同安人陈甲商于琉球，惧为中国患"，设法"以其情来告"②。

公元一五九一年（万历十九年），丰臣秀吉命其沿海诸藩造战船数百只，储三年军粮；同时以其侄秀次任关白，自称太阁，总揽军国诸政。明年，秀吉编九军，以宇喜多秀家为元帅，小西行长、加藤清正为先锋，领步军二十万，九鬼加隆等领水军九千，由对马渡海分路趋朝鲜釜山、庆州，陷王京，朝鲜王李昖奔义州，连续遣使向明告急。神宗于同年八月命辽东副总兵祖承训赴援；祖孤军冒进，以三千兵渡鸭绿江，与倭战于平壤门外，大败，仅以身免。因此明廷出现和、战两派，神宗便一面按照主战派主张，以宋应昌为经略，李如松为提督，统兵讨之；一面又按照主和派石星等的主张，给嘉兴市中无赖沈惟敬以游击将军名义，暗中往来进行和议。公元一五九三年二月，如松师大捷于平壤，朝鲜所失四道并复，日军败退至龙山。因鲜谍报告，王京（京城）日军逃走；如松便以轻骑急进，至碧蹄馆遇伏，败退至开城。明军一面烧日军粮库，一面持久扼敌。五月日军被迫，加以粮绝，便逃退至釜山浦；明步军尽复王京及汉江以南数千里地方，水军封锁釜山海口。日军便派小西飞等随沈惟敬

---

① 以上参考《明史·日本传》、英宗、世宗、戚继光、俞大猷等有关诸人纪、传；《明史纪事本末》卷五十五《沿海倭乱》；光绪四年王念修补刊《戚少保年谱耆编》。

② 《明史·日本传》。

来北京请和；主和派石星、侯庆远等，便以与倭无仇为理由，主张撤兵议和。宋应昌等虽力加反对，认为救朝鲜即在保卫辽蓟和京师；神宗终允许和议，下令班师，仅留兵五千分屯要害，并封丰臣秀吉为日本国王（东京图书馆有册封原文），不与贡（但日本史有"两国通商"条），便认为和议成立。日军于明军撤后，仍留兵釜山如故。公元一五九七年九月，日军又乘虚攻陷闲山，进逼王京，朝鲜又请求出兵，明廷派邢玠督师，战争重开。在战争过程中，邢及将士发觉沈惟敬原系敌谍，加以逮捕，并发现石星通敌误国事迹；明廷亦被迫逮石星下狱论死，士气大振。明年，日军除防守新寨一役小胜外，十一月各路都为刘綎、麻贵等所击败。次年一月又被陈璘破之于乙山，加之丰臣秀吉也恰在这时死去，日军全线溃退回国，战争即告结束。据其时朝鲜廷臣卢稷等对邢玠《凯旋赠行诗文》说：邢玠"力排和议之非，为议战者立赤帜，此功为大。"又说："四大将……咸奋大勇，遂观兵三路，薄而蹴之；水师跃入，战皆有功，遂大破之，焚其艘，沉其卒于海中。卤获数千，贼不能支，仅以宵遁。"又称颂邢玠说："以制海孽，以存藩邦"，"再造三韩"，"从今绝域无边警"，"万里扶桑海帖波"。这在《明史》也叫作"倭寇"[1]。

欧洲资本主义海盗东来 十五世纪哥伦布发现美洲前后，欧洲各国市民阶级狂热地都要求发现"新大陆"去挖金窖。他们是以探险、贸易和海盗政策相结合，在光天化日之下都是衣帽堂皇的商人，在没有自卫能力的地方，又是海盗。他们甚至以海盗政策作为原始资本积累的一种手段。这在日本就是骚扰中国沿海的倭寇；在中国就是所谓"海寇"，如所谓"海寇"林凤集团，就是带有海盗性的一种武装的航海商队。

公元一四八七年（成化二十三年），葡萄牙（《明史》称作佛郎机）武装商队航行到南非的好望角，继又发现经地中海入红海至亚丁达印度的航路，红海以东一段，即郑和等"七下西洋"所开辟的航线；公元一四九七年（孝宗弘治十年）七月八日，葡萄牙商队从里士本出发，绕好望角沿非洲东岸前进，

---

[1] 《明史》穆宗、神宗及石星、邢玠等有关诸人纪、传，《日本传》；《古今图书集成·明外史·石星传》；《益都县志·邢玠传》；冯琦《大司马邢公平倭奏凯序》；朝鲜廷臣金□、卢稷、韩准、李忠元、任国光等《大明大司马邢公凯旋赠行诗文》（即《朝鲜廷臣赠明邢玠诗文钞本》，山东文物管理委员会保有原件）。明廷封平秀吉的诰命大意是："尔平秀吉崛起海邦，知尊中国；北叩万里之城恳求内附，西驰一介之使仰慕来同。兹封尔为日本国王，赐之诰命。"

公元一四九八年五月二十日到达印度西南海岸的加里高特（Calicut）。公元一五〇〇年，以船十三只、兵千二百人航往印度，与印度西南海岸地方建立商业关系。公元一五〇五年，葡王派船二十二只，兵千五百人至印度卧亚，置印度总督。公元一五一一年（武宗正德六年）又到了南洋，占据马来半岛的麻六甲港。公元一五一六年（正德十一年），葡人斯特来从麻六甲乘马来人船来到我上川岛，为广东官府拘留；公元一五一七年葡船八只来粤，泊上川岛，使者开始来到广州。公元一五二二年（世宗嘉靖元年），其海盗性的商队，乘虚侵掠广东新会沿海西草湾，被明军驱逐，缴获物中有佛郎机大炮。他们又潜入香山（亦名壕镜，今中山澳门），开辟市场；后并贿通明朝驻军指挥，于公元一五五七年（嘉靖三十六年）取得官府批准：允许他们于半岛北部一定地区内居留，定每年纳租银二万两。由于明政府的昏愦与葡萄牙的海盗行为和欺骗手段，就这样取得了澳门租界。

十五世纪末，西班牙继起与葡萄牙竞争，从事海外探险去发现新地方。公元一五一九年九月，麦哲伦率领由五只船组成的商队出发，突破南美南端的麦哲伦海峡，公元一五二〇年（武宗正德十五年）十一月二十八日进入太平洋，明年三月到达菲律宾群岛的雅浦岛（Yapisl）（一说谓麦哲伦为菲人所获，其船员乃经印度洋绕非洲，于一五二二年九月到西班牙，便完成了绕地球一周的航行）。公元一五四二年（嘉靖二十一年），西班牙商队又到达米答纳；但未能占领，竟以西班牙皇太子名菲律宾（Filipinas），称作菲律宾群岛（Las islas Filipinas，The Philippine islands）。公元一五六四年（嘉靖四十三年），得西王之助，里加斯宾又率领武装的远征商队从纳菲达港出发，明年四月到达菲律宾，继续侵占各岛，至公元一五七一年（穆宗隆庆五年）占领吕宋，便先后把菲律宾群岛完全占领。他们对菲人和华人肆行残酷的"虐杀"和掠夺，菲律宾从宋朝开始就与中国通商关系很密切，马尼剌是华商聚居处。至此，林凤（即从外文 Limahong 误译的李马奔）等集合武装商船六十二只，"海兵"二千人，"陆兵"二千人，并有妇女小孩五百人；乃于公元一五七四年（神宗万历二年）结队进向菲律宾，向西班牙侵略者反攻。十一月二十九日进入马尼剌湾，登陆攻击马尼剌；正在向吕宋从事杀掠的西班牙舰队，便疾急回向马尼剌，使用其时欧洲的新式的长射程炮，向林凤等的商船队进攻。林凤等的商船队，由于不能得到明廷的支援，也得不到国产的长射程炮和火药供给，只拥有为数有限的短枪，他们被战败后，便转至吕宋西岸亚加诺（Agno）河口，复为海盗式的西班牙皇家舰队使用长射程炮所战败。林凤等失败，其时华商便完全被迫从菲律宾市场退出；以后华商再去贸易，西班牙殖民地政府却严格限制人数、加重课税。

明朝政府却说林凤等的武装商队是"海寇"，当他们集合去反攻侵占菲律宾的西班牙殖民者的时际，福建巡抚反派舰队出海追搜他们的踪迹。西班牙殖民政府为欲建立和中国通商传教关系，便欢迎这个追搜舰队至马尼剌，舰队指挥官反感谢西班牙为他们"讨灭海贼"，并欢迎其来中国。公元一五七五年（神宗万历三年），马尼剌殖民政府便派马丁拉达教士（Martin Rada）随他来福建，赍致贡物、书信，要求准许通商传道。这是西班牙和中国交通的开始。

荷兰即明朝所谓"红毛番"，于公元一五七九年（万历七年）合七州自成一独立国家，公元一五八一年发表宣言，脱离对西班牙的从属关系；公元一五九五年（万历二十三年），一部分荷兰商人便组织"东方贸易公司"，并组织武装商队东来，明年六月，抵达爪哇的旁答姆港（Bantam）。但葡萄牙阻止其与印尼人通商，四艘商船被印尼人焚毁三艘，直到公元一五九九年（万历二十七年），仅能以阿姆波小岛为据点。他们失败回到荷兰，于公元一六〇二年（万历三十年）组织"东印度公司"后，又以十八艘海船组成一个武装商队东来，从此直至公元一六一九年以前，他们在爪哇建立巴达维亚市作为侵略据点；一六一九年（万历四十七年），荷兰侵略者便于巴达维亚设立殖民地总督府，与葡、西进入剧烈的竞争；一六四一年（毅宗崇祯十四年），他们夺取麻六甲港，又次第侵占爪哇、苏门答腊等印度尼西亚诸岛。他们也和西班牙在菲律宾一样，对印尼人和华侨肆行虐杀、掠夺。如在基隆，华侨实行武装对抗，即他们所谓占据基隆的"中国海贼"。华侨虽没有国内的援助，但他们在印度尼西亚却与荷兰侵略者进行了一个长期而光荣的斗争。

公元一六二二年（天启二年），荷印殖民政府派舰十七艘来华，至厦门海面受明朝海军阻击，其提督及部下三百人战死；便于明年三月转掠澎湖岛，布防固守。明廷迫其退出，公元一六二四年（天启四年）便离开澎湖，乘虚侵占台湾（直至一六六一年，明永明王永历十八年，反清英雄郑成功方率义军收复台湾）。但其和中国的正式通商关系，却没能建立（直至一七六二年——清高宗乾隆二十七年——始得设商馆于广州，后又派商业者二人、书记二人、执事一人、医生一人、翻译二人、喇叭手、鼓手各一人从广东到北京，行叩头礼朝见清帝，清廷才正式允许其贡市，限定人员不得过一百，船不过四只）。

英国伦敦商人于公元一六〇〇年（万历二十八年），创立直接和印度贸易的公司；同年，英女皇颁给批准"伦敦东印度公司"（The Governor & Co. of Merchants of London Trading to the East Indies）成立的特许状；股东共百二十五人，资本七万镑。以后又相续有加特社（Courtens Assosiation）、商业冒险公司（Comparny. of Merchants Adventures）、东印度贸易社（General Society Trading of The East Indies）、英吉利公司（English Company）等组织，但都相续被合并，最后至一七〇八年（清圣祖康熙四十七年）合成"英国东印度贸易公司"（The United Company of Merchants of English to the East Indies），作为侵略印度的中心组织。"伦敦东印度公司"成立的当年，即由五只船组成的商队东来，到达马来亚的爪哇，建立商馆，作为据点。但他们对马来亚的侵略，受到荷兰的排挤，对印度的贸易为葡商所阻止。公元一六一五年（明神宗万历四十三年）于孟买（Bombay）海岸的达比第（Tapti）河口附近战胜葡舰，开始与莫卧儿帝国建立正式通商关系，并派遣公使。以后又逐渐代替荷兰在印度诸岛、马来半岛及暹罗（今泰国）的势力，便集中力量去侵略印度。另方面，英商瓦特（Benjamin Wood）于公元一五九六年（万历二十四年）以伊利莎白女王使节的名义使华，在航途失踪。公元一六三五年（崇祯八年）以文得尔（John Weddell）为首的武装商队到达澳门，以卧亚殖民地总督的书信为凭，为葡商所阻隔；转驶广州，广东巡抚批准其通商要求，但只限于广州。这是中英通商的开始。公元一六四四年（崇祯十七年）派来商船一只，公元一六五八年、一六六四年又两次有商船来华，均在澳门为葡所阻。

在英国产业革命前，来华的欧洲商人一般是运载毛织品、玻璃、钟表、葡萄酒、香料、宝石及西班牙的墨西哥白洋等，来换取中国锦缎、绢帛、棉布、丝斤、象牙器、细工木器、漆器、瓷器、茶叶等等东西。就英国说，贸易量也是较小的，据《大英百科全书》[①] 说：英国直到一七〇〇年，大不列颠各岸的船只登记总吨数才达二十七万吨。

----

① 《大英百科全书》第十四版，第二〇卷，第五四三页。

第六节　明朝的农民战争

　　在明朝，在封建制进入没落时期的社会形势的基础上，不只社会内在的矛盾自始便比较尖锐，发生着此起彼伏的农民暴动，且由于社会新的因素即资本主义生产方式的萌芽，所以明朝后期，与农民起义相伴随的，又不断发生都市的民变。自英宗以后，随同土地两极化和农村的崩溃，及政治日益黑暗的过程，不只日益扩大了农民和地主的阶级矛盾，且形成不断丧失土地的中小地主与大地主间矛盾日益尖锐，尤其与宦党邪派、藩王间的矛盾。如武宗时，一位出身秀才（文安诸生）的义军领袖赵鐩（风子）答复明廷的《招抚榜》说："今群奸在朝，舞弄神器，浊乱海内，诛戮谏臣，屏弃元老。举动若此，未有不亡国者，乞陛下睿谋独断，枭群奸之首以谢天下；即枭臣之首以谢群奸。"①同时由于矿课、商税的繁重等苛政，又步步扩大了手工工人、市民与封建统治集团的矛盾，因此又有市民的暴动与所谓"矿贼"（主要是矿工与小手工矿业者，也有矿商）。而自武宗时，刘瑾为首的"阉党"宦官专政以后，赋役、矿课、商税、筹饷、派捐以至强迫"投献"和夺产，不断增加；督税、课矿、监军、监饷、主持官工场的宦官横行全国，其所收集之无赖流氓，也与特务"骑校"一样，无法无天，无恶不作，闹得鸡犬不安，益促起社会矛盾的不断扩大。所以在明朝，以农民为主力的人民暴动，阶级基础空前广大；同时，自武宗以后，越来规模越大，地区越广，而又由农民暴动扩展至兵变和都市民变。但明廷在边患与倭寇侵略日益严重的情况下，仍集中全力去镇压起义人民。

　　英宗——孝宗时的人民起义　早在成祖永乐七年（公元一四〇九年）便发生了阶州（甘肃武都）农民田九成为首的起义，他们宣称弥勒佛降生，九成称"汉明皇帝"，仍用龙凤年号②。永乐十八年，在山东蒲台就发生农民林

----

① 《明史》列传六十三《仇钺传》。
② 《明实录·成祖永乐实录》永乐七年条。

三妻唐赛儿及童彦杲、刘俊、宾鸿等为首的农民暴动。赛儿"自言得石函中宝书神剑，能役鬼神"，"剪纸作人马相战斗，徒众数千"。暴动开始后，攻占益都卸石栅寨；又分兵攻下即墨、莒县、诸城，合众万余人围攻安邱。明指挥高凤、都指挥刘忠均相继败死。最后在安邱被明军内外夹攻，群众战死者二千，被生擒的四千余也都被惨杀，诸城农军也被明军破灭。这次暴动的发生，除一般的原因外，还由于胶东不断遭受倭寇劫掠及"靖难"兵灾；又加之自永乐十三年以后，连年水、旱、蝗灾，地方官吏既不报灾也不救济，即成祖所谓"有司坐视不恤，又不以闻"①。

到英宗时，各地便不断有人民暴动发生了。早在公元一四三九年（正统四年），广西僧杨行祥伪称建文帝，是新事变行将到来的信号。公元一四四四年七月，"聚众"私开福建宝丰、福安诸银矿的叶宗留（宁波人）、陈鉴胡（丽水人），杀死前去捕拿他们的官吏，遂起义。公元一四四八年，福建沙县贫农邓茂七等，为反对田租的额外"例馈"，县官、巡检代地主追缴，茂七杀巡检兵，上官复派三百人前往捕拿，茂七等尽杀三百人及县官、巡检，即于八月末聚兵起义，众奉茂七为"铲平王"，群众纷纷响应，很快即达数万人，连克二十多州县。由于官吏"侵渔贪黩，民不能堪，益相率响应，东南骚动"②。进攻延平不下，陈阿岩被俘。明年二月末，明军陈懋一面实行分化与分道逐捕，一面由丁瑄等布置陷阱，诱茂七再攻延平，农军大败，茂七战死；郑承祖从尤溪率农军四千再攻延平，亦战败被杀。茂七牺牲后，群众以其侄邓伯孙为首，继续斗争。在茂七等起义后，浙江遂昌人民苏才、俞伯通等亦起义响应，进攻兰溪；叶宗留、陈鉴胡等亦附茂七。后陈鉴胡杀叶宗留，称太平大王，建元泰定，围攻处州，又分兵攻武义、松阳、龙泉、永康、义乌、东阳、浦江诸州县。这次暴动，明文武官吏耿定、王晟、陈荣、刘真、吴刚、龚礼、邓颙等均先后战死。斗争共坚持了五年，最后还由于陈鉴胡被诱投降（明廷派丽水老人王世昌等劝降）才失败的。正统末，有所谓"南海贼"黄萧养等为首的

① 《明史·成祖本纪》。乾隆《蒲台县志·仙释志》卷四谓"赛儿卒不获，不知所终"。《明史纪事本末》卷二十三《平山东盗》说：赛儿"竟遁去，不知所终"。

② 《明史·英宗前纪》、《景宗本纪》、列传三十三《陈懋传》、列传五十三《丁瑄传》、列传六十《张骥传》及其他有关诸人传；《明史纪事本末》卷三十一《平闽浙盗》；《天下郡国利病书》卷八二《江西》四。

人民暴动，他们并有船千余艘，从水陆两面进攻广州；"愁苦"的人民多归附。斗争坚持到代宗景泰元年，主力被明军董兴击破，萧养就义。"（董）兴平贼，所过村聚多杀掠，民仰天号（哭）"①。代宗景泰六年，有安徽霍丘农民赵玉山为首的起义②。在英宗复辟后的天顺年间，主要有湖北麻城贫农李添保联合苗、汉人民起义。两广汉、瑶人民义军，声势很盛，尤以罗刘宁为首的潮州义军，纵横各地，屡败进攻明军。明军备极残酷，诸将多滥杀冒功，参将范信诬宋泰、永平二乡民为贼，屠戮殆尽，又欲屠进城乡③。

宪宗时，荆襄、河南、四川各处，都有人民暴动，最主要的有刘通（千斤）、石龙（和尚）等为首的荆襄流民暴动，赵铎为首的四川人民暴动。刘通、石龙从正统间开始，在聚集于荆襄的流民中秘密活动；宪宗成化元年开始暴动，从者四万人，共拥刘通为汉王，建元德胜；"署将军元帅，以石和尚为谋主，刘长子、苗龙、苗虎为羽翼"。明廷派白圭、朱永总领军务，宦官唐慎、林贵监军，"合湖广总督李震……副都御史王恕，会三师并进"，义军与明军转战于南漳、寿阳，后被围于后岩山区，与明军血肉搏斗；战至最后，刘通等三千五百余人及子女万一千余均被明军惨酷处死。石龙及刘长子等突围入四川，攻下巫山、大昌等州县。但刘长子被收买叛变，缚石龙投降明廷④。另方面，于刘通、石龙等失败后，"荆襄流民屯结如故，通党李胡子（原）……称平王，与小王洪、王彪等，掠南漳、房、内乡、渭南诸县。流民附……者至百万"。明廷即于成化六年（公元一四七〇年），派项忠率大军"进剿"，项忠一面调湖南土兵二十五万，分八道布置于各要害卡寨；一面分化收买，如派人潜入义军地区，招诱流民，归者"给田"。先后招抚流民复业者九十三万余人；义军退入深山，又招诱解散自归者五十万人；刽子手项忠对他们除屠杀外，即在当地已附籍落业者也强令充军、戍边或回原籍，稍有反抗即杀头，在途中病死者甚多。最后攻入山区，所谓"首恶"（义军领袖）百人皆被惨杀。群众被杀和溺死者甚多，连明廷也有人说他"妄杀"⑤。但也直至公元一四七

---

① 《明史》列传六十《杨信民传》。
② 《明实录·英宗实录·景泰附录》。
③ 《明史·英宗本纪》；《明实录·英宗天顺实录》。
④ 《明史纪事本末》卷三十八《平郧阳盗》；《明史》白圭等人传；《明实录·宪宗成化实录》。
⑤ 《明史》列传六十六《项忠传》。

二年，暴动才在血泊中被平定。四川德阳人赵铎为首起义，"汉州诸贼皆归之。连番众，数陷城，杀将吏"。众共戴铎为赵王。何文让、僧悟升分兵攻安岳诸县，战死。赵铎率众围攻成都，旋解围转至梓潼朱家河、罗江大水河一带，明骁将何洪、刘雄均战死，官军夺气。由于明廷得地方地主武装如所谓"乡兵"的配合，又不断阴谋设伏，赵铎最后在梓潼中伏，突奔至石子岭力尽战死。时公元一四六五年二月（成化元年正月）①。

孝宗时，由于对流民及其他方面，采取一些"抚辑"改良的办法，暂时把人民软化了一下；同时又采取一些预防控制的步骤，以至"谶纬妖书"也加以严禁。但境内各族人民，仍有多处起义，如贵州有"黑苗"起义，古田有僮民起义，琼岛有黎民起义，规模较大的有普安苗族妇人米鲁为首的起义。米鲁为沾益州土知州安民女，于弘治十二年（公元一四九九年）起义，自称"无敌天王"，率众围攻普安、安南、卫城，断绝盘江道路。明文官武将焦俊、吴远、闾钲、刘福、李宗武、郭仁、史韬、李雄、吴达等，或阵亡或被活捉处死。最后明廷调川、桂、滇、鄂、湘军八万，合贵州防军、土军会攻。公元一五〇二年，义军失败逃至马尾龙寨，米鲁为土官凤英等所惨杀。弘治十七年，有广东归善矿民唐大鬓为首，以反对管铁冶的官吏的苛索，发生暴动②。

武宗到熹宗时的农民暴动和都市民变 武宗以后，人民起义的规模更加扩大，内容也更加丰富了。有农民暴动，有都市民变，有"矿贼"，有兵变。许多都市皆发生市民的暴动，前面已提过；农民暴动次数较多，规模也较大。

武宗正德三年，得匿名文书于御道，乃命群臣皆跪承天门外受审问，囚禁三百余人于锦衣卫。这是他疑心朝臣也要造反。正德四年，"两广、江西、湖广、陕西、四川并盗起"。六年，"自畿辅迄江、淮、楚、蜀，盗贼杀官吏；山东尤甚，至破九十余城，道路梗绝"③。并有皇族的内讧，如五年有安化王寘鐇反，十四年有宁王宸濠反。

农民暴动中最主要的有以下各部：（一）文安（河北文安东）刘宠（即刘

① 《明史》列传六十三《何洪传》。
② 《明史》有关诸人纪、传、《食货五·铁冶》；《明实录·孝宗弘治实录》。
③ 《明史·武宗本纪》。

六）、刘宸（即刘七）、杨虎、齐彦名及刘惠、赵鐩（风子）、邢老虎等为首的农民军，正德六年（公元一五一一年）三月（旧历），起自霸州，群奉杨虎为首①。起义的直接原因，是反对官吏贪污、残虐、"阉臣柄国"（刘七语），"群奸在朝，舞弄神器，浊乱海内，诛戮谏臣"（赵鐩语）②。《明史》也说他们本良民，是由酷吏与宦官贪黩所激成，而其最基本的原因是由于广大农民丧失土地和无法生活下去。暴动开始后，人民参加的越来越多，所到之处都攻克城市，杀死明廷守将和官吏，明军大都胆战心惊，不敢抵挡农军锋芒；很快就蔓延到北京附近各府县及今冀中河间、河南彰德一带。攻克枣强一役，歼明军七千人，明廷急派马中锡、张伟等统各道兵进攻。他们复从河北进入山东、河南，南下湖广，抵江西；复自南而北，直窥霸州。杨虎等由河北入山西，复东抵文安，与刘宠等合。破邑百数，纵横数千里，所过若无人。他们的队伍有一定的编制和约束，即所谓定为部伍，不准放火掳掠和妄杀，明廷以马中锡等诱降无效，八月又"改命都御史陆完、彭泽，节制山东、河南诸军，且调沿边健卒"，即率京营、宣府、延绥各军"进剿"，又增调山西、辽东各镇兵马，并加派谷大用、张忠、毛锐等主持军务③。农军进攻北京，因杨虎在霸州战败，刘六、刘七围攻沧州，为流矢所伤，便又分两路南入山东。一路刘宠、刘宸、齐彦名等入山东后，以沂、莒为中心，与明军在山东、河北绕圈子，并又三度进入畿辅地区，北京戒严。一路杨虎、刘惠、赵鐩等由鲁西入江北转河南；杨虎在小黄河（瑟水）渡口溺死，便共推刘惠、赵鐩为正副奉天征讨大元帅，陈翰、宁龙为军师；分军为二十八营，共十三万。赵鐩等并移檄府县，约官吏师儒无走避，迎者安堵。由是横行中原以至两淮、豫、鄂间。由于农军分为在两个地区活动的两部，明年二月，明军亦分为两路"围剿"，以仇钺、陆訚等对刘、赵，陆完等对刘七、刘六、齐彦名。五月，刘、赵等被邀击围攻，赵鐩连败于宿州、应山，化装逃至江夏饭村店被俘；刘惠战死于南台土地岭，贾勉儿在项城战败被俘，邢本道、刘资、杨寡妇也相继被

① 光绪元年《通州直隶州志·军政志·历代兵略三十二》谓："正德五年，霸州人刘六、刘七、齐彦名起事，与杨虎合"。又载明正德八年王鏊撰《通州狼山重建大圣庙门记》碑文说："自项奸臣擅朝，盗贼纷然起北方"。
② 《明史》列传六十三《仇钺传》、七十五《马中锡传》。
③ 王鏊《通州狼山重建大圣庙门记》碑文；《明史》列传七十五《陆完传》。

俘，均壮烈牺牲。刘、赵等失败后，明军便集中两路兵力来围攻二刘、齐彦名等的一路。同年二月，刘、齐等被陆完各路明军围于登莱海套，率三百人突围北走，沿途群众纷纷参加，力量复壮大，转入冀东，连败明军，进攻北京不克，又南下入山东。适此时刘、赵已失败，他们便南入湖北，攻克汉口，复沿江东下；刘宠溺死江中，刘七，齐彦名舟行抵镇江，进迫南京，为明军各路围困，仍顽强战斗，斩明将武靖伯赵弦泽等及明军无算。八月，突围至南通，复聚集力量，"志窥吴会"。又形成"东南骚动"，明军"莫敢撄其锋"① 的形势。后以他路义军失败，孤军作战，明廷又得调集大军会攻，复因飓风大作，舟被冲碎；彦名战死，刘七负伤投水死。明军在进攻农军过程中，惨杀良民无数②。

（二）在两湖、四川有杨清、方四、曹甫、廖惠、蓝廷瑞、鄢本恕等为首的农民暴动。正德五年（公元一五一〇年）春，湖北沔阳人杨清、邱仁等起义，称天王、将军，出没洞庭间，围岳州、占临湘，屡胜明军。四川保宁人民以蓝廷瑞等为首，起义响应。众至十余万，置四十八总管；奉廷瑞为"顺天王"，本恕为"刮地王"，廖惠为"扫地王"；蔓延至陕西、湖广境。明廷发彝、回及石砫土兵"进剿"，后又檄陕西、湖广、河南兵分道"进剿"。明各军都非常残酷，常把良民砍头，土兵更残虐。时有谣曰："贼如梳（？），军如篦，土兵如剃。"明廷一面派大军会攻，实行残酷的大屠杀；同时实行分化、收买、诱降。七年蓝、鄢等牺牲后，曹甫接受投降，愿"受约束，归散其党"；廖麻子忿曹甫背叛，杀曹，率众转川东，明军莫敢抗，但最后也英勇牺牲了③。

（三）在江西，暴动从公元一五一一年三月开始，各地纷纷继起；抚州有王钰五、徐仰三等为首的"东乡"军，南昌有汪澄二、王浩八等为首的"桃

---

① 《明史》有关诸人传。又王鏊《通州狼山重建大圣庙门记》碑文云："贼首刘七尤号杰黠，俄南犯镇江、江阴，已乃栖狼山……贼假兹山，志窥吴会，于是东南骚动，人莫自保。一日贼忽沂江而去，未几又蔽江而下，上下倏忽，莫敢撄其锋。都御史统将士自山东奋至，泽与咸宁伯仇钺、都督时源继至，分据江口。贼惧，复保狼山。忽海风大作，贼舟糜碎。完亟遣总兵刘辉、却永星袭之；贼据庙门，矢石如雨，官军不能入。因纵火焚庙门……火乃遂炽。贼惶骇四窜；官军乘势追斩，贼众歼焉。"

② 《明史》有关诸人纪、传；《明实录·武宗正德实录》。

③ 《明史》武宗、洪钟等有关诸人纪、传。

源"军，瑞州有罗光权、陈福一等为首的"华林"军，赣州有何积钦等为首的"大帽山"军。明廷先后派陈金、俞谏调东南西南各省防军"进剿"；陈金并"调广西狼土兵"，即土官岑鎏、岑猛等所统目兵。目兵贪残嗜杀、剽掠，有巨族数百口合门罹害者，所获妇女率指为贼属，载数千艘去。民间谣曰："土贼犹可，土兵杀我。"足见"土贼"并不贪残嗜杀和剽掠。俞谏比陈金更残忍。他们残忍屠杀的结果，上述各暴动地区都是血腥弥漫。但所谓"余寇"转入山区，横水、桶冈（均江西崇义境）、左溪（福建长汀境）又有谢志山等，浰头（广东和平境）有池仲容等，大庾有陈日能等，甚至大帽山也有詹师富等各部义军继起，彼此相应，"江西、福建、广东、湖广之交，千余里皆乱"。正德十一年，又用王守仁去担任剿抚；他的办法更毒辣，一面"剿"、"讨"，一面派出许多间谍混入各部义军①。结果，较单纯朴素的各部起义群众，便一一在其阴谋圈套下被绞杀了。

此后，就较重要的事变说：世宗嘉靖二十一年（公元一五四二年），宫人杨金英等谋刺世宗；三十二年，师尚诏为首的河南农民军攻占归德及柘城、鹿邑；三十九年，有所谓"闽广贼"进入江西，明朝第二个首都的南京也发生兵变；四十年，暴动群众攻下泰和（江西），杀副使汪一中、指挥王应鹏；四十三年，福建起义军攻占漳平，杀知县魏文瑞；广东南韶人民暴动，处死守备贺铎、指挥蔡允元；四十五年，浙江、江西矿民占婺源。穆宗隆庆二年（公元一五六八年），曾一本等为首的人民义军，围攻广州，杀明官吏，又转入廉州；明年攻下碣石卫（海丰县东），裨将周云翔杀参将耿宗先响应义军。神宗万历九年（公元一五八一年），杭州兵变，杀巡抚吴善言；宁夏土军马景杀参将许汝继。十三年，四川建武所（四川珙县东）兵变，击伤总兵沈思学。四川"松茂番"作乱。十四年，河南淇县人民王安等暴动。十五年，郧阳兵变。十七年，太湖、宿、松人民，以刘汝国等为首暴动，战败"进剿"明军，杀安庆指挥陈越；云南永昌兵变；广东始兴"妖僧"李圆郎等起义，进攻南雄。十七年，贵州播州（贵州遵义）宣慰使杨应龙等反明，进攻合江、綦江，连胜进攻明军，二十七年攻取綦江，杀明

---

① 《明史》王守仁、陈金、俞谏等有关诸人传；《王文成公全书》卷九至十一。

参将房嘉宠、游击张良贤；二十八年，明军分八路"围剿"，杨应龙战至最后自杀①。同时江北"盗"起；河南睢州杨思敬等起义。二十八年，在山西，有蔚州（灵丘）民毕矿为首，"哄聚矿夫"，殴伤矿监王虎的随从。三十二年，武昌人宋蕴珍等起义，杀巡抚都御史赵可怀。三十四年，南京"妖贼"刘天绪"谋反"。三十六年，郴州矿民起义。三十七年，徐州暴动群众，杀如皋知县张藩。三十八年，河南陈自管等起义。四十四年，河南"盗"起，山东"盗贼"大起。熹宗天启元年（公元一六二一年），援辽浙兵在玉田（冀东）哗变。同年四川永宁宣抚使奢崇明"反"，杀巡抚徐可求；据重庆，分兵取遵义、合江、纳溪、泸州，取兴文，杀知县张振德，并进围成都；明年，奢部将罗象乾约降，与明军共击，成都围解。二年，贵州水西土同知安邦彦（苗族）"反"，取毕节、安顺、平坝、沾益、龙里，遂围贵阳；明廷累易大员进剿，都不断被打败，一直坚持到天启六年。同年，山东白莲教人徐鸿儒起义，攻占郓城，继占邹县、滕县，杀滕县知县姬文允，并杀博士孟承光全家；武邑（河北武邑）于宏志等起义响应。四年，长兴民吴野樵杀知县石有恒、主簿徐可行；两当（甘肃两当）民变，杀知县牛得用；杭州兵变，福宁（福建霞浦）兵变。六年，陕西"流贼"起；浔州暴动群众杀守备蔡人龙。七年，澄城民变，杀知县张斗耀；"海贼"攻广东②。

---

① 《益都县志·邢玠传》谓应龙受玠诱降云："〔万历〕二十二年（公元一五九四年）十月，转玠左侍郎，总督川贵军务。玠至蜀，乃檄谕应龙，谓当待以不死。应龙果面缚请罪，并缚献黄元等十二人。案验抵应龙斩，论赎，输四万金，留质子，割五司，又献作恶首徒共七十余人，斩于重庆市。屯兵于松坎、湄潭、龙泉，以扼其项背，约束之。"《明史纪事本末》卷六十四《平杨应龙》称"杨应龙反"为万历十七年，"蜀中士大夫"与"蜀抚按"，并主抚……应龙愿赴蜀"；"二十年十二月逮杨应龙诣重庆对簿，论法当斩，请以二万金赎……会倭大入朝鲜，羽檄征天下兵，应龙因诉辨，愿将五千兵征倭报效。诏可，释之。兵已启行，寻报罢。巡抚御史王继光至严提勘结，遂抗不复出。""二十二年三月以兵部侍郎邢玠总督贵州。""二十三年春正月，总督邢玠乘传至蜀"。并与《县志》邢传有类似记载。应龙随以次子可栋死于重庆，乃又反明。持续至万历二十八年，明军李化龙、马孔英、吴广等分路合进，"每路兵约三万人，官兵三之，土司七之。""应龙身率各苗决死战"。六月"官军遂登围破大城入，应龙仓皇同爱妾二，闺室缢、自焚。"是役，明军从出师至此，"百有四十日"，分兵"八路"，经过了一连串的顽强战斗。其性质是属于苗族上层与明廷及其贪官污吏间的权利冲突，却使苗、汉等当地各族人民遭受了生命、财产等损失。

② 《明史》有关诸人纪、传；《明实录·神宗万历实录》、《熹宗天启实录》；《益都县志·邢玠传》；《明史纪事本末》卷六十四、卷六十九、卷七十。

这种长期间此仆彼起的人民暴动，最后便汇成庄烈帝时期的全国农民大起义；而天启六年的所谓陕西"流贼"起，则系大起义的直接信号。

农民大起义的前期　大起义从地方较贫瘠、灾难较频繁、人民负担和阉党剥削较残酷的陕北开始。农民每年收获，除纳粮充饷外，便毫无剩余，终岁靠野草、树皮、石粉等果腹；弃子、弃妻和饿死，成了普遍现象。而官吏追收派饷和搜刮，犹毫不容情。加之陕北农民，是有其极丰富的斗争传统的。

庄烈帝崇祯元年（公元一六二八年），宁远和固原相继发生兵变，固原变兵搜州库。白水王二，府谷王嘉允，宜州（宜川）王左挂、飞山虎、大红狼等一时并起；安塞"马贼"高迎祥与饥民王大梁聚众响应，迎祥为闯王、大梁为大梁王，便展开大起义的序幕①。

大起义序幕揭开后，陕北人民争先参加，并有神一元、不沾泥、可天飞、郝临庵、红军友、混天王、点灯子、李老柴、混天猴、独行狼等聚众响应。张献忠（延安柳树涧人，延绥防军士兵②）于三年"聚众据十八寨"起义，称八大王；李自成（米脂怀远堡人，雇农③）亦于是年与其侄李过等往投迎祥，为闯将；明朝山西、延绥及甘肃防军，由于不堪忍受监军宦官与官长凌虐及其极端恶劣的生活，亦纷纷哗变溃散，相率参加起义。崇祯三年，义军大队相继渡河

---

① 据极力诋毁起义人民、散布反动思想的计六奇《明季北略》卷四《流贼初起》也说："用贿入库，险恶营利，僮仆恣横，通邑恨之"的"陕西西安府长安县富林村……富室钱之骥子文俊"，勾结贪官总兵官王国兴，向人民以至防军士兵，肆行压迫与无端勒索，激成兵变。"入狱劫吴荣等四人去，遂杀文俊全家，毁掠室庐，复入察院狱中，劫出众家丁。""各官逃匿。时兵仅数百人，而饥民……附之者，即有万计；出城结营东山，推才勇者十人为头目：第一闯王高迎祥、第二混天王、第三扫地王、第四整世王、第五塌天王刘国能、第六混世王、第七过天晓张五、第八满天屋、第九曹操王罗汝才、第十老回回马守应……此为流贼之始。"所述激成兵变的一个起因，可能是确切的。卷五："马懋才备陈大饥"所述其时陕西的灾荒饥馑等情况，也大都是可信的。但"流贼初起"所说，与同书下列各篇所述是有出入的。同书同卷《白水盗王二》述："十一月延绥饥……府谷民王嘉允倡乱，饥民附之；时白水县盗王二等，合山西逃兵掠蒲城、韩城之孝童淄川镇……遂劫宜君县狱，北合嘉允五六千人，聚延庆之黄龙山。"卷五：《李自成起》、卷六《陕盗王子顺苗美》、《刘懋言秦寇》、卷七《张献忠起》所述也是与之相矛盾的。

② 计六奇：《明季北略》卷七《张献忠起》称"献忠榆林人"，非是。《明史纪事本末》等书均称献忠为延安人。今延安柳树涧有献忠故址，群众类能言之。

③ 据《明史》列传一九七本传。《明季北略》《李自成起》作"延安府米脂县双泉堡人，双泉堡大镇东西街口有大井，故名。父名守忠，务农……生二子，长名鸿名……万历三十四年丙午五月生次子，名鸿基，即自成也。九月，鸿名生子名过。"又称一道士谓自成曰："汝父为善，故生汝"。是连计六奇也不能不承认自成父是善良的农民。又《明史纪事本末》等书均称自成"家贫"。

入山西；至四年，合王自用（又名紫金梁，继王嘉允的领袖）、老回回、曹操、八金钢、扫地王、射塌天、阎正虎、满天星、破甲锥、邢红狼、上天龙、蝎子块、过天星、混世王及迎祥、献忠等，"共三十六营，众二十余万"①。

明廷在清军不断进攻的严重情况下，仍不肯放弃对起义群众的屠杀政策，派杨鹤及后来又当了内奸的洪承畴等大群刽子手，率大军遍布陕北"剿""捕"；王二、王大梁、王嘉允等及无数起义群众和领袖，都被他们惨杀。义军渡河后，在洪承畴的督率下，又布置一个大包围圈去"围剿"：一面张宗衡督虎大威、贺人龙、左良玉等部，担任平阳、泽、潞一线四十一州县；一面许鼎臣督张应昌、颇希牧、艾万年等部，担任自汾阳至沁源、辽县、太原一线三十八州县。义军各部亦分三路对敌：一路阎正虎为主，以交城、文水为中心，窥太原；一路邢红狼、上天龙为主，以吴城镇（山西离石县东）为中心，窥汾阳；一路王自用、张献忠为主，突汾源、武乡以攻辽县。在会战过程中，各部义军无统一指挥；明军一面"共进力击"，一面伪与讲和，松懈其战斗部署和情绪，又常出其不意的进行袭击。因此，义军各部都被各个击破，混世王、满天王、姬关锁、翻山动、掌世王、显道神、王自用等都先后战死；张献忠、老回回、蝎子块、扫地王、曹操、高迎祥、李自成等都相继突围，越太行入豫北、冀南。明军又合曹文诏、卢象升各部，形成第二次大包围。六年冬，会黄河结冰，义军再次突围从毛家寨渡河，经渑池、伊阳、卢氏入伏牛山区，又分兵入豫南、鄂北，攻占南阳、汝宁、枣阳、当阳；复分兵西向，经秭归、巴

① 《明史》列传一九七《李自成传》。《明季北略》卷七《贼分三十六营》：崇祯四年，王嘉允与明军曹文诏战死于阳城。"其党复推王自用为首，号曰紫金梁。其党自相名，有老回回、八金刚、闯王、闯将、八大王、扫地王、闯塌天、破甲锥、邢红狼、乱世王、混天王、显道神、乡里人、满地草等分为三十六营。"《明史纪事本末》卷七十五有相同记载，惟王嘉允作王嘉胤，满地草作活地草。又卷八：渡河而南以后，"因入豫、入楚、入安庐。"首领"之有名号者，在秦则称紫金梁、王和尚、满天星、蝎子块、老回回、一字王（刘小山）、邢管队、领兵王、整齐王、闯塌王（刘姓）、过天星（张五）、南营八大王、八爪龙（余姓）、西营八大王（张献忠）、二队八大王、不沾泥、混世王、曹操、乱世王、八队闯将（张姓）、张飞、九条龙、五条龙、贺双泉、高总管等二十四家。晋、豫则称英王、王镇虎、宋温、赵合军、曹操、过天星、吴计、郝光、混天星、荆联子、过江王、混世王、大胆王、征西王、福寿王、齐天王、密灵王、阎和尚、老回回、上天龙、出猎雁、黑心虎、搂山虎、新一字王、西营八大王、南营八大王、北营八大王、混天王、紫金梁、上天王、领兵王、闯王、老邢、四队、六队、八队、闯塌天、顺义王等三十二营，各拥众数万，少者万计。时李自成方依闯王高氏，与刘良佐自结一队，号闯王（？），名不大著。"

东、夷陵等处，破夔州，攻广元不下，又回师向郧阳。

至此，川、陕、晋、豫、鄂"所在告急"。崇祯七年，明廷便集中全力，派陈奇瑜为山、陕、川、豫、湖广总督"专办贼"，卢象升"抚郧阳"协办。陈、卢分道率军会攻乌林关；义军大败，张献忠等转趋商雒（陕西商县东），高迎祥及李自成（李已合李过、李牟、俞彬、李双喜、顾君恩、高杰等另成一军）趋兴安（陕西兴安），误入车箱峡。峡四十里，是一个四山峭立，易进难出的死圈子；被明军团团围住，自成向陈奇瑜言和，以共同抗御清军进攻为条件（当时清军已不时进袭关内，所到之处，肆行掳掠烧杀，人民身家生命，都受到严重摧残，纷纷要求抗御）。而义军出峡后，陈奇瑜却下令解散，"悉令归农"，被解散的先后三万六千余人；义军将士"遂大噪"，突入巩昌、平凉、临洮、凤翔诸府数十州县，连败明军。明廷又派洪承畴代替陈奇瑜，并增调豫、蜀、楚、晋兵四面入陕围剿。高迎祥、李自成等便转进至终南山，东入河南，攻占陈州、灵宝、汜水、荥阳等州县。八年，集老回回、曹操、革里眼、左金王、改世王、射塌天、横天王、混十万、过天星、九条龙、顺天王及张献忠等共十三家七十二营各部领袖，大会于荥阳"议拒敌"。最后大家赞成李自成各分兵独当一面的主张，便决定革里眼、左金王当川湖兵，横天王、混十万、射塌天、改世王当陕兵，曹操、过天星当河上，迎祥、献忠、自成略东方，老回回、九条龙往来策应。

自成、献忠等东征军，连下固始、霍邱、寿州、颍州、凤阳等州县，焚明朝皇陵，建立"古元真龙皇帝"旗号。旋又分为两路：迎祥、自成等西趋归德，复转趋陕西，入终南山；张献忠等又东下庐州。洪承畴调集各路大军，一面布置于湖广、河南、郧阳诸关隘，一面分兵追剿。献忠、老回回等部亦相继转趋陕西。明军尾追至陕西，他们又出关入中原。李自成因高杰投降，大败于渭南，亦东进合献忠等入豫西；至此，又定献忠趋嵩、汝，自成、迎祥东征两淮。滁州朱龙桥之役，下两淮的义军，陷入重围，死伤之多，"尸咽水不流"，转战豫南又连吃败仗。迎祥便由郧、襄趋兴安、汉中，在盩厔被孙传庭擒杀（九年旧历七月）。自成越商雒入陕北，大败明军于环县罗家山，旋渡渭河趋泾阳、三原，与蝎子块、过天星等会合。后因蝎子块叛变降敌，自成等便率军进击川北，连克昭化、剑州、江油等县，进围成都。十一年正月，自成军为洪承畴战败于梓潼，又转进至甘肃趋陕西，三月自洮州（甘肃临潭）东进，又被明军曹变蛟所追破，十月于潼关南原受洪、曹前后夹击，全部覆灭，自成仅与刘宗敏（锻工）等十八骑，逃至伏牛山区（亦谓商洛山中）。这时，张献忠等各部义军，由两淮、鄂东转至豫南、鄂北，与贺一龙等部联合，十五家众共二十余万。明军熊文灿、陈洪范等尽力实行分化、收买政策；至各部间自相疑猜，射塌天、罗汝才等十三家，均停战言和。十一年，献忠亦与陈洪范成立妥协，"愿率所部"抵御清军以"自效"；明军却阴谋布置"候献忠至执之"，谈和遂破裂，献忠进据湖广、四川边区。其他"十三家"亦"一时并'叛'"。十三年，献忠率军入川，越三峡，连败石砫女土司秦良玉及其他明军，驰奔川东西；趋汉中为明兵所阻，又转趋川东东下，攻占襄、樊等州县。但因"屡胜有骄色"，加之叛徒王光恩等为明军死战，十四年信阳、英山两仗，献忠陷入圈套，全军覆没，仅以数十骑突围西逃。

起义军在这期间，并没有什么方针和政策，没有一定的建制，纪律也较松弛，尤其是张献忠部，加之自成等都缺乏战斗和军事经验，其他许多领袖阶级立场又不坚定，张献忠也每每由于丧失立场的行动，丧失群众的同情，以至于被打垮。

大起义中期　自成失败后，又重新聚集力量。十一年子身南走，"往依张献忠，不许，至竹溪，献忠谋杀之，独乘骡日行六百里，走商雒，至淅川老回回营……老回回援以数百人"。明年战败于函关，自成率部突武关出走，被明军杨嗣昌等围于巴东（按"本传"为巴西）鱼复诸山中。由于明军的追击与收买分化，又有不少人逃跑叛变，依靠刘宗敏、李双喜等的骨干作用，便团结愿从的精锐，尽焚辎重，突围入中原；时中原大旱，斗米万钱，饥民争先参加。"从者数万，势复大振"；河南义军一斗谷等也起而响应，遂攻占宜阳，众至数十万。十三年，杞县举人李信（后改名岩，常出粟救济饥民，并作《劝赈歌》①，与群众有相当联系，官府疑其系绳妓红娘子为首的农军党羽，被

---

① 《明季北略》卷二十三《李岩作劝赈歌》："李岩劝县令出谕停征……又作劝赈歌，各家劝勉赈济，歌曰：'年来蝗旱苦频仍，嚼啮禾苗岁不登。米谷升腾增数倍，黎民处处不聊生；草根木叶权充腹，儿女呱呱相向哭。釜甑尘飞灶绝烟，数日难求一餐粥。官府征粮纵虎差，豪家索债如狼豺。可怜残喘存呼吸，魂魄先归泉壤埋。骷髅遍地积如山，业重难过饥饿关。能不教人数行泪，泪洒还成点血斑。奉劝富家同赈济，太仓一粒恩无既。枯骨重教得再生……助贫救乏功勋大，德厚流光裕子孙。'"

逮捕；红娘子与群众劫狱救出）及当地农军领袖红娘子、卢氏被革举人牛金星等，均相继投自成；金星又引进算命先生宋献策。李岩等向自成提出"取天下"的方针：主要在不乱杀人，其次要散财开仓救济饥民，取得人民拥护；同时向人民提出"迎闯王……不纳粮"的号召，儿童相与歌唱，成了民谣。所以计六奇也说："到处先用贼党扮作往来客商，四处传布，说贼不杀人、不爱财、不奸淫、不抢掠、平买平卖，蠲免钱粮；且将富家银钱，分赈穷民；颇爱斯文，秀才迎者，先赏银币，嗣即考核，一等作府，二等作县……于是不通秀才皆望作官，无知穷民，皆望得钱，拖欠钱粮者，皆望蠲免"①。他们又于明军内进行敌军工作。因此，人民"从自成者日众"，声势日益壮大，乃"结九十八寨"，共"有将二十一人"，又改旗帜为"奉天倡义大元帅"。设置官职、军衔②，攻占州县，均委派官吏。建立军制，标营领一百队，先后左右营均领三十余队，各别旗号；精兵一人，主刍掌械执炊者十人；一兵倅马三四

---

① 《明季北略》卷二十三："李岩进曰：欲图大事，必先尊贤礼士，除暴恤民……近缘岁饥赋重，官贪吏猾，是以百姓如陷汤火，所在思乱。我等欲收民心，须托仁义，扬言大兵到处，开门纳降者秋毫无犯，在任好官仍前，在事若酷处人民者即行斩首。一应钱粮比原额止征一半。则百姓自乐归矣。自成悉从之。岩密遣党作商贾，四处传言：'闯王仁义之师，不杀不掠'。又编口号，使小儿歌曰：'吃他娘，穿他娘，开了大门迎闯王，闯王来时不纳粮'。又云：'朝求升，暮求合，近来贫汉难存活。早早开门拜闯王，管教大小都欢悦。'时比年饥旱，官府复严刑厚敛。一闻童谣，咸望李公子至矣。第愚氓认李公子即闯王。"又卷二十："真保间民谣有：'开了大门迎闯王，闯王来时不纳粮'。"《明史纪事本末》卷七十八《李自成之乱》说："牛金星劝以不杀。遂严戢其下，民间稍安堵，辄相诳惑，人无斗志"。

② 《明季北略》卷二十三《群贼推自成为王》："李自成结九十八寨……内有二十四人为首，各有混名：第一名老回回孙昂、第二名洪太太洪用光、第三名翻江龙吕佐、第四名曹操王林汉、第五名八大王张献忠、第六名一条龙张立、第七名格子眼盛永正、第八名冲天雕方也仙、第九名梅铁块梅遇春、第十名水底龙刘伯清、第十一双珠豹史定、第十二波皮风陆钢、第十三一枝花王干子、第十四雨里金刚王命、第十五五阎王丘正文、第十六扫地王闻人训、第十七河天飞沙柴凤、第十八善隐身蔡本雄、第十九混天龙马元龙、第二十穿山猎金庭汉、第二十一不粘泥赵胜、二十二混十万姜廉、二十三满天星周清、二十四一斗粟郑日仁。群贼共推自成为大元帅，称闯王。"

又《宋献策及群贼归自成》云："时有二十一人来归呈揭"：牛金星、唐启原、刘宗敏、王潜清、冯岳、张泽、谷大成、顾永龙、李年、赵礼、苗人凤、吴凤典、祖有光、管抚民、朱浦、李承元、孙世康、苗之秀、陈泯、戈宝、王年（内有河南、山西、北直、四川、陕西、湖广、山东人）。各人官衔：宋献策开国大军师、牛金星天祐阁大学士、唐启原提督四路戎马大元帅、刘宗敏权将军、冯岳毅将军、谷大成锐将军、李岩制将军、苗人凤左先锋、祖有光右先锋、管抚民前先锋、朱浦压队人将军、李承元征西将军、李年讨北将军、陈泯镇东将军、张霖图南将军、戈宝正监军、王年左监军、王贾右监军、柏止善果将军、王潜清龙获将军、张泽豹略将军、顾永龙飚将军、吴凤典逃将军、赵礼右击将军、孙世康协挈将军、苗之秀虎贲将军。"计六奇当时大概系根据传闻，以上不尽足信，仅录以备参考。

匹；行军休息即操练骑射，叫做"站队"；夜四更，全体均须装束整齐，听候命令。创立军纪：逃跑者曰"落草"，处磔刑；不准私藏白金；不准奸淫妇女，过城市，不准宿民房，尤其是有妇女的住室；战斗中获骡马者上赏，弓矢铅铳者次赏，币帛又次赏，珠玉为下。金银尽以散给贫民，"或以代铅置炮中"。自成并以身作则，"不好酒色，脱粟粗粝，与其下共甘苦"，又说："性又澹泊，食无兼味。一妻一妾皆老妪，不蓄奴仆。"进北京后，仍"戴尖顶白毡帽，蓝布上马衣，蹑韝靴。"宿营均用"单布幕绵甲，厚百层，矢炮不能入"。骑队最精强，临阵"若虎豹"，上高山陡陂如履平地；渡江涉水，全军或跨马背或牵马尾，"呼风而渡"。临阵列骑兵三万，"名三堵墙。前者反顾，后者杀之"。"步卒长枪三万，剑刺如飞"。如战久不胜，马兵佯败诱敌，回击无不大胜。又宣布："攻城，迎降者不杀；守一日杀十之三（?）。"攻坚城，常以挖城墙作穴，实以火药以轰破的办法。由于纪律严明，行动符合其时人民意愿，所以到处人民"咸焚香、牛酒以迎"；与明军弃城败走时又肆行劫掠的情况，恰成对照。军行所至，人民都纷纷参加，所以说"每破一邑，辄增数万"。

崇祯十四年，由于"勾贼"的明军士兵从中配合，攻破洛阳，一面便发王府财物"赈饥民"；一面处死福王常洵，群众汋其血于酒中，叫作"福禄酒"。转陷密县，罗汝材（即曹操）、袁时中等均归自成，以罗为"代天抚民威德大将军"，袁部二十万号"小袁营"。又连克新蔡、陈州；攻克叶县，杀明将刘国能；进围左良玉于郾城；攻克襄城（河南襄城），斩明总督汪乔年及其副将李万庆，乘胜克南阳、郑州等十四城。于是又进围开封，明周王恭枵、巡抚高名衡、总兵陈永福并力死守；义军乃于城根凿穴、用火药轰城的火攻法攻城。明年九月，因明守军决黄河堤，开封遂为大水所淹，自成弃开封。同年马守应（老回回）、贺一龙（革里眼）、贺锦（左金王）、刘希尧（争世王）、蔺养成（乱世王）等部也相继统一于自成，至是力量益大。是年南阳柿园之战，又大败明总督孙传庭，至是便纵横河南、两淮、鄂东、鄂北。义军于继续攻占豫南、鄂北、鄂东、鄂西、两淮各州县后，便计划以之为根据地，并严禁焚掠。十六年，改襄阳为襄京，禹州（河南禹县）为均平府，承天（湖北钟祥）为扬州府，其他州县也都改易名称。众奉自成为新顺王，下设上相、左辅（牛金星）、右弼（来仪）、六政府侍郎（当于六部）、郎中、从事等；地方行政官吏，府曰尹、州曰牧、县曰令；军制方面设权（田见秀、刘宗敏）、制

（李岩、贺锦、刘希尧等）、威武（张鼐、党守素等）、果毅（谷大成、任维叶等）将军，"凡五营二十二将"，又于要地设防御使。一说"众逾百万"，一说"计马步兵六百余万"。同时，封投降的明藩王朱由榼等四人为伯。任投降来的明官张国绅为上相，因他献同僚妻邓氏于自成，自成乃杀国绅，归邓氏于其家。罗汝材生活腐化，妻妾数十，被服华丽，并有女乐数队；自成常加批评，汝材"欲杀自成"向明"献功"，乃斩汝材。所下州县，无论在职、退休明朝官吏，全部处死；有科第功名而反对义军的"诸生"，则予以割鼻子、断脚胫的处分。

建都襄阳后，自成召集左右会议，讨论行动方针。牛金星主张先入河北，取北京；杨承裕主张先取南京，断北京粮道。从事顾君恩认为先取南京的方针失之缓，直攻北京的方针是过急的，冒险的；主张先取关中，建立根据地（基业），然后旁略三边，资其兵力攻取山西，后向京师，庶几进战退守，万全无失。结果，他们采取了顾君恩的方针[1]。

明军主帅孙传庭自柿园大败后，回到陕西，一面重新训练军队，一面制火车二万辆拟等待时机进攻；闻自成军将北伐关中，加之明廷督促很急，便调遣大军分四路南进，又与义军会战于南阳；义军五道防线，已被突破三道。明军被阻击稍后退，火车反驰，骑兵便大奔；义军"铁骑"乘势追击，一日夜行四百多里，明军死者四万余人，损失兵器辎重数十万，溃不成军。自成等乘胜北进，旧历十月（十六年）克潼关，孙传庭丧命；又连破华阴、渭南、华（陕西华县）、商（陕西商县东）、临潼；进攻西安，明守将王根子及秦王存枢、永寿王谊涀等开东门投降。孙传庭所部，也相率反正。农军改西安为长安，称西京；修城垣，开驰道；加紧练军，自成并每三日亲赴校场观操一次，百姓望见黄龙纛（旗），咸伏地呼万岁。在入陕前，自成下令严禁侵暴，但悉索诸荐绅（贵官恶霸劣绅）捞掠（拷打），征其金以充军饷，死者埋一穴。至十六年底，陕、甘全部底定。

十七年（公元一六四四年）正月，众戴自成为皇帝，国号大顺，建元永昌。以牛金星为天佑殿大学士；"增置六政府尚书；设弘文馆、文谕院、谏议

---

[1] 《明史纪事本末》卷七十八："自成在楚议所向。牛金星请先取河北，直捣京师；杨承裕欲先据留都，断漕运。独顾君恩曰：否！否！先据留都，势居下流，难济大事，其策失之缓；直捣京师，万一不胜，退无所归，其策失之急；不如先取关中，为元帅桑梓之邦，且秦都百二山河，已得天下三分之二，建国立业，然后旁略三边，资其兵力，攻取山西，后向京师，进退有余，方为全策……（自成）从其计。"（《明史》及《明季北略》卷十九同）

直指使、从政统会尚契司、验马寺、知政使、书写房"等机关；重定军制，规定步兵四十万，马兵六十万；严申军纪："有一马儳行列者斩之，马腾入田苗者斩之"。并"草檄驰谕远近（即通告全国）"，"指斥"明朝恶政。时山西各府县，自义军克平阳（山西临汾）各府县后，都纷纷归附。

二月，自成等率大军东渡黄河，一路攻占汾阳、河曲、静乐，下太原，北上克忻、代，占领大同；一路入故关（山西平定东），克大名、真定，便循今平汉沿线北进。三月，自成率大军破居庸，十三日入昌平。在出师前，义军曾派大批情报人员，化装商贩，"辇重货"进入北京等都市，亦即所谓"于数年前，先用西人开典卖货于京。""又令充部院诸掾吏，探刺机密。朝廷有谋议，数千里立驰报。及抵昌平，兵部发骑探贼（义军），贼辄勾之降，无一还者。贼游骑至平则门，京师犹不知也"。也就是所谓"又乘国家开鬻爵之令，辇金易凭文扎付为护身符，人莫能诘，而新募军卒，皆其布党也"。十七日义军迫北京城外，明军三大营全部迎降，便"环攻九门"；十八日遣投降太监杜勋入城，劝明帝退位。大军随即进入彰仪门，十九日攻入皇城，庄烈帝登煤山悬树自尽；"自成毡笠缥衣，乘乌驳马，拥精骑百余"，宋献策、牛金星、宋企郊等"五骑从之"，由德胜门入，转大明门，入承天门，登皇极殿，"下令大索帝后。期百官三日朝见"。明朝的统治，基本上便结束了。

另方面，张献忠自十四年失败后，率数十骑投奔李自成；自成予以五百骑，令其向汉水南活动。献忠联合一斗谷、瓦罐子等各小股农军，又东进陷亳州，入英山、霍山与革、左（二贺）会合；攻占舒城、六安，一面扩军，即所谓"掠民益军"，一面于巢湖训练水兵。后因在潜山战败，革、左（二贺）北依自成，献忠独入鄂东。十六年，献忠连克广济、蕲春、蕲水；麻城"大姓奴"汤志"杀诸生六十人"，聚众数千人，响应献忠。献忠入黄冈，因男子均出走，便忿而驱使妇女铲城，随又杀之。继又西进陷汉阳，并渡江占武昌，沉楚王朱华奎于江，尽杀楚宗室；但除十五至二十岁男子尽令当兵外，对其他人民也实行乱杀。他改武昌为天授府，以楚王府为王宫，称大西王。献忠虽也发楚王府财物救济饥民，但由于其每致乱杀，丧失阶级立场，失去群众同情；所以土豪劣绅如易道三、程天一等反得笼络人民组织武装，配合明军进攻。献忠被迫又转趋湖南及江西，攻占长沙、衡阳、常德、永州及吉安等州县。十七年，又西入四川，入成都后，称大西国王，建元大顺。以成都为西京，蜀王府为王宫；设左右丞相、六部及五个军都督府；占有全部四川及今贵州一部分①。

大起义后期 至李自成进北京，张献忠占领四川，大起义高涨到了顶点，此后便走入下坡了。

李自成入北京后，情况是相当有利的：（一）明廷官吏陈演、朱纯臣等纷纷迎降，"从狱中出"的张若麒并为义军"（献）策下江南"，梁兆阳称颂义军"为救民水火，神武不杀"②。自陕、甘、晋、冀以至豫、鲁的地方政权也都建立了起来；特别是北京，"士民各执香立门"，欢迎义军，表现了人心的趋向；（二）负责守山海关拒清的吴三桂，也在投顺和降清间动摇；（三）冀东、热河、辽西一带的矿工和农民，也纷纷"依山""结寨"自卫，为清军心腹大患；（四）李自成有百万精锐步骑武装；（五）特别是他们占领的地区人众、地大，生产力远高于其时清占区的东北，如果采取适当的方针政策，可以阻止清军入关，建立一个较进步的新朝代——在当时条件下，只可能是封建性的朝代。但是一部分高级人员，如军师宋献策等原系流氓出身，牛金星的出身也是流氓性很多的被革举人，又没有加以改造，铁工出身的刘宗敏等在长期战争过程中，没有受到应有的政治教养，也渐已丧失阶级本性，加之大权又掌握在他们手中。进京后，李岩、顾君恩等主张贯彻争取人民拥护，即所谓"收人心"的方针，不抢掠贪贿，礼葬明帝夫妇（有争取和麻痹明朝文武官吏的作用），不拷夹明朝降官（这也与上条有同样作用）追赃，巩固后方……这虽然还是不够，但他们还可能有更多的主张。牛金星、宋企郊、宋献策、刘宗敏等却没有方针，只有沉溺于酒色货财，自己腐化，并任令将士去嗜财、贪色以至他种胡搞。

因此，他们进入北京，把政府也从西安迁来以后，一方面并没施行任何"收人心"和建国的新政策，连原来的一套也摆在一边。另方面，（一）"颁发冠服"，更改明政府的官僚制度，即所谓"纷更""明朝制度"，是完全对的；只收用明朝四品以下小官、三品以上大官和贵族概不任用的原则，也不是完全不对。但把三品以上的降官八百余人加以拷夹，追问其平日所贪污的财货，并将大批投降的"勋卫武职……斩首"，对"富商……极刑追逼"，在方式和时间上都是不

---

① 以上参考《明史》庄烈帝、李自成、张献忠等有关诸人纪、传；《明实录·怀宗崇祯实录》；《明史纪事本末》卷七十五至八十；《明季北略》；《明季稗史汇编·烈皇小识》。

②《明季稗史汇编·烈皇小识》卷八。

适当的；士兵群众对上朝庆贺各降官的"戏侮"、辱骂和"拷打"，是一种可贵的阶级情绪的表现；但领导方面应有一种适当处理，他们却完全任其自流。（二）牛、刘、宋等都纷纷为自己抓一把，贪图财货美女，不仅引起自己内部摩擦、倾轧和腐化，且益促起降官以至人民的反感；尤其如刘宗敏强占吴三桂爱妾陈圆圆，吴的投靠清朝，自然不由于"冲冠一怒为红颜"（吴梅村诗），而由于其反动立场，但不是毫无关系。（三）没有进步阶级领导的农民进城以后，在财货酒色等红红绿绿的环境中过活，原来的纪律和作风，不采取适当的新步骤，本来就不易维持的；而况上面既那样胡来，下面自必更甚；加之把他们分散于全城各排、甲，令每五家供给一人，无异放任其"淫掠"。因此，不只由将校以至士兵都疾急腐化，丧失原来的战斗力，且引起人民失望和反感。（四）连李自成自己，也为胜利冲昏头脑，随同部下骄傲起来，渐至玩物丧志，甚至"集宫女，分赐随来诸（人）……各三十人"。（五）对冀东和关外一带反清自卫的人民武装，没去加以联络、援助和组织。他们的失败，第一点虽系较次要的；但由于有二、三各点的主要原因存在，也便发生了不小的坏作用。

由于这些原因的存在，所以当吴三桂叛明降清、迎接清军入关的情况到来时，二十万大军开赴山海关御敌（布成自北山亘海的大阵势），不只没有取得首都群众的支持，前方群众的直接配合；而且战斗力和意志再不似从前那样的"铁骑"，当义军与吴三桂部相持之际，一遇清军从侧翼偷袭，突破一角，便全线崩溃，不可收拾。

全军上下的包袱都很大，并有蜕化变质的趋势①，他们自然不能作战，也不愿作战了。所以于十七年四月二十二日（旧历）从山海关小败后，便流水样退到北京；三十日便全军西走。在西进途中，牛金星等又残杀较有主张和办

---

① 《明史纪事本末》卷七十八说：奸贼吴三桂望北京城中火作，知义军退走……马骡俱重载，日行数十里，追兵至，尽弃其辎重妇女，自芦沟桥至固安百里，盔甲衣服盈路。义军散去者又数万。三桂徐收所弃，已逾数百万。关于士兵的包袱，谷应泰以肆意攻击的口吻说："既饱掠思归，闻边兵劲，无不寒心"。

另方面，据《明季北略》卷二十《奸淫》说："贼兵初入人家，曰借锅灶；少焉，曰：借床眠；顷之，曰：借汝妻女妹妹作伴，藏匿者捆男子遍搜，不得不止……降官妻妾，俱不能免。"《燕都日记》云："贼将各踞巨室，籍没子女为妓。而兵士充塞巷陌，以搜马搜铜为名，沿门淫掠。"这自然包括有计六奇等的恶意夸大与污蔑的成分在内；但反映了他们蜕化变质的趋势。因而在清军西进之际，受命御敌的刘宗敏、李牟，却因"耽乐已久，殊无斗志。"

法的李岩，排除李岩一派；他们便只有失败的一途了。南明弘光元年（公元一六四五年，即清顺治二年）二月，清军西进，马师耀率六十万大军御敌于潼关大败，师耀战死。自成等便南走，沿途均遭清兵追袭，至武昌虽尚有大军五十万，但已士无斗志，加之清军与左良玉军两面夹击，便大部溃散，自成和李过率残部逃入通山（湖北通山）九宫山。"九月自成留李过守寨，自率二十骑略食山中，为村民所困，不能脱，遂缢死"①；当群众发觉死者为自成后，"乃大惊"。刘宗敏、宋献策、左金斗等也随即被清军捕俘，均英勇牺牲。自成妻高氏及李过（后改名为锦、绣、为赤心）、刘体仁、郝摇旗、高必正、袁宗第、蔺养成、王进才、牛有勇等公同议决以数十万众，主动联合明湖广、川、滇、黔总督何腾蛟，共同抵抗清军；义军改为"忠贞营"，"声威大震"。久经战斗的农民军，至此又成了联明抗清的干城。

另方面，张献忠于十七年在四川建立政权后，仍没有根本改变其任意杀戮的丧失立场的行为。《明史》中说张献忠杀人多少万，自属有恶意夸大与污蔑的成分，也就是说，主要系由于献身仕清的"奴才"张廷玉等的诬蔑；但张献忠曾实行乱杀，加之连年战争，引起四川人口减少，故清初乃由湖广向四川移民。张献忠在这方面，是带有反动性的。他又"用法移锦江涸而阙之，深数丈，埋金宝亿万计；然后决堤放流，名'水藏'，曰：'无为后人有也'"。这种极端偏激的行动，也是落后的。

因此，一方面，他们自己的衣食给养也渐渐没法解决；一方面，豪绅曾英、李占春、于大海、王祥、杨展、曹勋等，便得"并起"笼络人民，组织反革命地主武装，即其所谓"义军"来反对他们；另一方面，也渐次引起内部的腐化和矛盾。弘光二年，张献忠便不得不率众离川。在北进中，刘进忠便

① 据《历史研究》一九五六年第六期《关于大顺军领袖李自成被害地点的考证》所论，自成遇害处为通山九宫山，我从前主通城九宫山之说是不对的。《明史纪事本末》卷七十八、《平寇志》卷十二、《明季北略》卷二十三等书，均谓自成遇害地点为湖南黔阳县属罗公山；《罪惟录》、《明史》列传一六八《何腾蛟传》则谓为湖南辰州属九宫山。《明史·李自成传》、《绥寇纪略》、《明亡述略》、《西南纪事》等书谓为通城九宫山。近据各方面的考证，康熙四年修《通山县志》谓："李闯墓在九宫山牛迹岭。顺治二年，贼败窜通山，六都人程九伯集众杀贼首于小源口，墓此。总督军门佟嘉德九伯勇略，札委德安府经历。"证以通山程氏家谱所说，以及当地民间传说和九宫山所属县区，均可得到证实。《寰宇通志》卷五十、乾隆《大清一统志》卷二五八、魏源《圣武记》卷一、《东华录》卷四、赵尔巽《清史稿·地理志》十四，也都说九宫山属通山，并说李自成死此。

率部叛变投敌，充当清军向导，献忠率部北进至盐亭（川北盐亭）界，为清军及叛徒刘进忠所伏击，又值天气大雾，献忠率部战至最后，为流矢所伤被俘，被清军惨杀。义军残部，便由孙可望、艾能奇、刘文秀、李定国等率领入川南，剿灭曾英、李乾德等迎清地主武装，与南明永明王联合反抗清廷①。

第七节　清军入关和明朝灭亡

清朝政权的建立　建州女真在宋朝，曾是女真族中最落后的部分；在金的奴隶制革命前，它和女真族的其他部分同是辽朝境内的一个部落；到金朝奴主贵族进关后，它是留在关外的女真族的一个部分。"元于其地置军民万户府"；"明初置建州卫"等机构，即明于太祖时，于辽东辽阳"设辽阳都司"外，"复设广宁等五卫"；成祖时，"乃以大宁之地自古北口至山海关立朵颜卫，自广前屯至广宁迤东白云山立太宁卫，自白云山迤东至开原立福余卫……既又以开原东北至松花江、海西一带、今之野人女真，分为二百七十余卫所，皆锡印置官。官虽多寡不一，皆选其酋长及族目授以指挥千百户。间亦以野人……为都指挥都督统之……而松花江东北一月之程所谓黑龙江之地，则又立奴儿干都司。"② 其中所谓建州女真，据云"居鸭绿江源，长白山东，鄂谟辉之野鄂多里城，由女真变音而号曰满洲"③。公元一四一二年，明成祖封建州卫酋长猛哥帖木儿为指挥使；至英宗正统初，猛哥帖木儿死，因董山与其弟凡察争权，明廷乃分建州为左右二卫，分别封董、凡为左右指挥使④。从明成化至嘉靖间，特别到神宗时，以建州女真部为中心的女真族，又急剧向着奴隶制转化：一面其内部疾速向着贫富

---

① 以上参考《明史》庄烈帝、李自成、张献忠等有关诸人纪、传；《明实录·怀宗崇祯实录》；《明史纪事本末》卷七十五至八十；《明季北略》；《明季稗史汇编·烈皇小识》。

② 《清史稿》；《太祖实录》；马文升：《抚安东夷记》。

③ 汉氏《满清稗史·兴亡史》上《开始时代》。《清史稿·太祖本纪》作"长白山东俄漠惠之野俄朵里城，号其部族曰满洲。满洲自此始"。

④ 《满清稗史·兴亡史》上《开始时代》称明初封"（布库哩）雍顺之裔"为"建州卫都督，与以印。至正统初年，有猛哥帖木儿者，侮虐部众，部众不服，攻杀之"。"樊察"作"其弟樊察"，并称董山为樊察子童仓弟。又《清史稿》作"范察"。

两种家族的阶级分化，一面又四出掳掠汉、鲜各族人民作奴隶；到努尔哈赤任军务酋长后，这种转化便加速地进行。但原先还充当明的属领，明廷"给以都督敕书十道"及"龙虎将军之印"；后渐开始脱离明廷而独立，又兼并哲陈、完颜、长白、东海、叶赫、哈达、辉发、乌拉等部；"制满洲文、定八旗制"①。公元一六一六年（万历四十四年）二月，努尔哈赤脱离明朝，登皇帝位（太祖，公元一六一六——一六二六年），国号大金，建元天命，以赫图阿喇为首都（天聪八年改名为兴京②），便又建立起女真奴隶所有者的政权。这是满族在历史上又一次完成了奴隶制革命，而努尔哈赤则是这一次革命的领袖。

他们国号为"金"，意在继承女真族完颜氏王朝的传统。后来为着怕刺激汉族等各族人的历史回忆和民族情感，妨害其对明廷的争夺，皇太极（太宗，公元一六二七——一六四三年）又于一六三六年改国号为"清"③。

清政权的扩张政策及其和明廷的争夺　清奴主政权建立后，第一阶段的扩张方针，在征服其四周的明朝藩属；对明朝只是步步往南挤。自万历四十六年（公元一六一八年）抚顺之役，得"深明韬略"的汉人沈阳人范文程充当军师④，随营参赞，便定下了和明廷争夺江山的方针：一面破坏明廷与叶赫、哈

---

① 《满清稗史·兴亡史》上《开始时代》。并参看《清史稿·太祖本纪》、《清太祖努尔哈赤实录》。
② 当时所谓兴京，实际还没有具备城市的规模。据朝鲜《宣祖实录》卷七一，"万历二十九年正月"条，记申忠对满洲军情报告云："一、外城中胡家才三百余，内城中胡家百余，外城底胡家四百余。""一，内城中亲近族类居之，外城中诸猝及族党居之，外城底居住者皆军人云。"
③ 日人稻叶岩吉《清朝全史》："清为金之后裔与否，固不可知，然太宗固亲称为女真大金之后。当其兵入直隶房山县，过金之山陵时，曰：'此我前金皇帝也'。其后何以讳金之国号而改为清，则以太宗与明和议，前后亘十数次不成，明人多以宋金前事为鉴。故国号曰金，予明人以杀伐武断之象征。"这种推论，不是完全没有理由的。
④ 《明季北略》称范文程为浙江上虞人，盖从其先世而说的。《清史稿》列传第十九《范文程传》："范文程……纯仁十七世孙也。其先世，明初自江西谪沈阳，遂为沈阳人，居抚顺所。曾祖鏓，正德间进士，官至兵部尚书……文程少好读书，颖敏沉毅，与其兄文采并为沈阳县学生员。天命三年，太祖既下抚顺，文采、文程共谒太祖，太祖伟文程，与语器之，知为鏓曾孙，顾谓诸贝勒曰：此名臣后也，善遇之。上伐明，取辽阳，度三岔，攻西平，下广宁，文程皆在行间。太宗即位，召直左右……六年从上略明边，文程与同直文馆宁完我、马国柱上疏论兵事，以为入宣大，不若攻山海。及至归化城，上策深入，召文程等与谋……初旗制既定，设固山额真，诸臣首推文程。上曰：范章京才诚胜此，然固山职一军耳，朕方资为心膂，别议之。文程所典枢机密事，每入对，必漏下数十刻始出，或未及食息复召入。上重文程，每议政，必曰：范章京知否？朕有不当，曰：何不与范章京议之？众曰：范亦云尔，上辄署可。文程常以疾在告，庶务填委，命待范章京病已裁决。抚谕各国书敕，皆文程视草；初上犹省览，后乃不复详审，曰：汝当无谬也。"多尔衮入关灭明的全部方针政策的制定，也都出自范文程，其中心是："谕明吏民，言义师为尔复君父仇，非杀尔百姓，今所诛者惟闯贼。吏来归复其位，民来归复其业。师行以律，必不汝害"。

达等部的关系（这次抚顺之役所发表的《七恨文》①，这亦为其中心精神之一），胁迫朝鲜，削除明廷羽翼，巩固自己后方；一面与明廷争夺今辽宁地区。为贯彻这种方针，又由范文程专门策动招降明廷将吏，用另一个汉人李永芳为抚顺总兵官，专管汉人，即用汉人带汉兵，笼络汉民，同时在明廷和明军内部不断布置奸细，进行离间、分化和收买，也就是熊廷弼所谓"多间谍"②。

在明廷方面，由于魏忠贤等宦官阉党把持朝政，却没有一定的方针，只是被动防御。军队也极其腐败，更由于朝廷内部的相互倾轧，阉党宦官所支持的指挥官，如杨镐、王化贞、毛文龙、高第等，又大都是不懂军事、指挥无能的人物；一些较有能力的人，如熊廷弼、孙承宗、袁崇焕等，又在在受到牵制，不能发挥适当作用，甚至在清军奸细的策动下，反受到撤职、杀头的严重打击。因此，英勇善战的前线士兵和一些将官及中下级指挥员，也不能发挥作用，所以他们虽舍死战斗，却没能获得应有的战果。同时，由于清军及其奴主武装对汉族人民的残酷烧杀和掳掠，如熊廷弼所述："敌恨辽人（按即辽宁地区的汉人），屠戮四卫军民殆尽。"③ 因此，当时辽宁地区的三四百万汉人，都支持明军，拼死反对清军。清军攻占和进攻的地区，军队和人民，尤其是东山等山区的矿工，大多组成营寨自卫，反对清军，援助明军。逃入朝鲜的也有几万，随同明军撤退的更多。熊廷弼、王化贞等虽然都注意这种人民自卫武装和人民的力量，但明廷所批准的王化贞的方针，却只在利用人民去进行其军事冒

---

① 《满清稗史》谓《七恨书》发表于进攻抚顺之役。范文程兄弟，本传称其在太祖入抚顺后才谒见。并志以供参考。《七恨书》云："我之祖父未尝损明边一草寸土也。明无端启衅边陲，害我祖父。恨一也。明虽启衅，我尚欲修好，设碑勒誓，凡满汉人等毋越疆圉，敢有越者，见即诛之；见而故纵，殃及纵者。讵明复渝誓言，逞兵越界，卫助叶赫。恨二也。明人于清河以南，江岸以北，每岁窃逾疆场，肆其攘夺；我遵誓行诛，明负前盟，责我擅杀，拘我广宁使臣纲古哩方吉纳，胁取十人，杀之边境。恨三也。明越境以兵助叶赫，使我已聘之女，改适蒙古。恨四也。柴河、三岔、抚安三路，我累世分守疆土之众，耕田艺谷，明不容刈获，遣兵驱逐。恨五也。边外叶赫，获罪于天；明乃偏信其言，特遣使臣遗书诟署，肆行凌侮。恨六也。昔哈达助叶赫，二次来侵，我自报之；天既授我哈达之人，明又党之，胁我还其国；已而哈达之人，数被叶赫侵掠。夫列国之相征伐也，顺天心者胜而存，逆天意者败而亡；何能使死于兵者更生！得其人者更还乎？天建大国之君，即为天下共主，何独构怨于我国也！初呼伦诸国合兵侵我，故天厌呼伦启衅，惟我是眷。今明助天谴之叶赫，反抗天意，倒置是非，妄为剖断。恨七也。"依此，《七恨书》的基本精神，还只在于争取明廷承认其独立地位，允许其对四邻的独立行动，和割断明廷与叶赫等部的关系；同时仍未否认明廷的"共主"地位。
② 《明史·熊廷弼传》。
③ 同上。

险的赌博，完全不顾条件，无计划地实行总攻，反使人民受到无意义的惨重牺牲。

因此，清奴主政权，一方面，便得以逐步去并吞叶赫等部及喀尔喀等蒙古诸部，后又胁迫朝鲜降服；他们原先都是助明反清的，至此反而为清军利用来进攻明廷，引起力量对比的相当变化。一方面，清太祖便得于公元一六一八年五月攻占抚顺，明守城孤军将领王命印、援军将领张承荫、颇廷相等均战死；摧毁了六甸的精神防线（明廷曾于佟佳江以西的凤凰城迄鸭绿江流域各地筑宽甸、长甸、永甸、新甸、张其哈剌甸等六堡，名曰"六甸"，禁止女真人移入甸内）。八月，乘胜攻占清河，明将邹储贤率少数守军均战死。明年四月，明廷派李如柏、杜松、刘綎、马林等分率二十万（号四十七万）大军，由杨镐统一指挥，出关讨伐。杨镐分大军为四路：一路杜松领兵三万出抚顺，沿浑河左岸入苏子河谷；马林领兵万五千人及叶赫部兵从开原、铁岭出三岔儿，入苏子河；李如柏领兵二万五千沿太子河出清河，从鸦鹘关入兴京；刘綎领兵一万出宽甸会朝鲜军一万，出佟佳江入兴京南面，另以大军驻沈阳"遥为策应"。清太祖利用其这种轻率急切、战线很长、兵力分散的部署，及杜松、刘綎等贪功冒进的弱点，集中主力设伏于吉林崖（在辽宁新宾西）挡杜松军；于阿布达里岗（当在辽宁宽甸境）挡刘綎军。同月杜松军中伏，大败于萨尔浒，刘綎也相继大败，明军全线溃退，清军便乘胜攻占开原、铁岭。八月，明廷派熊廷弼为辽东经略使，率军十八万出关。廷弼是一个有军事才能的指挥官，设指挥部于辽阳，分兵防守瑷阳（凤凰北）、清河、抚顺、柴河、三岔儿等处隘口，以为守御；一面整顿部伍，督修战车火炮，储备粮食，提高战斗力量；一面掘壕修城，巩固阵地；一面挑选精兵，对清进行游击，以疲清军；一面安置流散人民，抚慰死难军民。不到几个月工夫，防务就大大巩固，人民情绪也安定了。但执政的阉党不赞成他的办法，说他出关一年多，毫无功绩，并有欺君等大罪名；加之廷弼恃才骄傲，得罪的人很多，这些人也乘机攻击，明廷便将廷弼撤职，派袁应泰接替。应泰是一个不懂军事的书生，完全改变廷弼原来的部署计划。因此，清太祖便于公元一六二一年（天启元年）五月，率八旗兵及蒙古兵大举进攻，相继攻占沈阳、辽阳；明守将贺世贤、何廷魁等均战死，袁应泰自杀，巡按御史张铨被执不屈死。至此，辽河以东七十余城都为清军攻占；河西军民也纷纷逃至闾阳（北镇境）一带，二百余里，烟火断绝，京师大震。明廷便又起用熊廷弼。他是清太祖"独怕的那个熊蛮子"。因此，清太祖便利用他和巡抚王化贞间不团结的空子，派奸细陈良策假降于王，又收买奸细孙得功等从中挑拨、策动，使其互相牵制、倾轧，形成所谓"经抚不和"。熊廷弼主张"三方布置策"：正面以广宁（北镇）为首卫，沿辽河建筑堡垒，步骑配合防守，牵制清军主力；天津、登莱各组水军，乘虚进击辽东半岛，使清军有后顾之忧；山海关设经略使，节制三方。同时，一面联络朝鲜，请其以八道兵沿鸭绿江布防，以为声援；并派员驻义州，把逃避到朝鲜的汉人"招集团练，别为一军"，与朝鲜军协同行动，"与登莱声息相通"。一面联合东山矿工等人民自卫武装，加以组织和接济，立可得一、二万精兵。一面尽量用辽人守辽土，"必使兵马器械，舟车刍葖无不备，而后克期齐举。进足战，退亦足以守"①。王化贞主张急进，认为降清的李永芳可为内应，西部（蒙古）虎墩兔可助兵四十万，同时可以用官爵俸禄令人民自卫武装同仇敌忾。因此，他认为只要命朝鲜和天津、登莱水军，协同辽西正面进击，便可一举歼灭清军。同时，他把大军分作六营，沿辽河布防；熊廷弼也认为很不对，"兵分便无力"，敌军偷击一营，"六营都败"，应"牢守广宁"。廷弼的战略计划，虽经熹宗（由校）批准，但兵部尚书张鹤鸣和阉党却支持王化贞的计划。而大军都掌握在化贞手中，廷弼反仅率京营五千驻扎山海关。因此王化贞便在张的直接指挥下，按照自己的计划实行；熊廷弼毫无作为，即其所谓"有经略名无其实"。公元一六二二年三月，清太祖看到时机成熟，便又大举进攻西平堡；由于内奸孙得功的里应外合，不战而占领间阳、广宁。王化贞只身逃走，与熊廷弼一同回到北京；明廷把两人逮捕问罪，熊廷弼斩首，把脑袋送到九边示众。明军不肯降清，逃至十三山中的达十万人。

至此，明廷又以"无远略"的王在晋为辽蓟经略使，王命袁崇焕为宁前兵备佥事。后大学士孙承宗又亲自镇守关门。承宗采用袁崇焕守宁远的主张，命祖大寿筑宁远城（辽西兴城）。天启三年九月（旧历），派崇焕、满桂等前往经营；崇焕等一面缮修城壕，一面布置防守，一面整顿部队，一面安置流散人民，宁远遂成为关外重镇。天启五年，承宗、崇焕又分兵守锦州、松山（锦县南）、杏山（锦县西南）、右屯（锦县东）及大凌河（锦县东）、小凌河

---

① 《明史·熊廷弼传》。

（锦县东南）等城，修理城壕，作为宁远的前卫。十月，明廷罢免孙承宗，派高第接替。高第奉行阉党意旨，说关外必不可守，令尽撤锦右诸城守具，移其将士于关内，将士力争无效，最后崇焕以"我宁前道也，官此当死此，我必不去"。高第便仅能将锦州、右屯、大、小凌河及松山、杏山、塔山守具、屯兵撤退。六年正月，清太祖"知经略易与"，便率军十三万，渡辽河，攻宁远。袁崇焕将城外居民尽移入城内，实行坚壁清野；令程维楑负责防止奸细活动，余启倧专管守城军民饭食，把城内精壮都组织起来协助守城，自己与诸将都登城督战，吃、喝、睡都与兵士一起；同时选用罗立发等炮兵射手，配置新式巨型大炮；又于外城埋置地雷。二十三日清军迫近宁远，明日开始攻城被击退；再明日，把清军诱进外城，实行内外夹攻，打死清军无数，清军兵马大乱，各自逃命，清太祖也身受重伤，六月死于瑷鸡堡（距沈阳四十里），明廷因任崇焕为辽东巡抚。崇焕尽复高第所放弃的地区，并重新修缮城壕；实行"用辽人守辽土，且守且战，且筑且屯（屯田），守为正着，战为奇着，和为旁着，在渐不在骤，在实不在虚"的方针；并布置水陆配合，陆路以宁远为中心，水路守觉华岛（兴城南面海中）。同时以坚决的手段，铲除通清投靠的皮岛守将毛文龙，解除后顾之忧。毛文龙《致清太宗书》曾说："你若是真要他兄弟们（按指刘爱塔兄弟），待你我事说成之后，我送与你去不得么"，"大事若成，连各岛人都是你的，何况他兄弟乎？"毛的叛变投清是无可隐讳的①。明年五月，清军又再次大举进攻锦州、宁远，赵率教等坚守锦州，崇焕率副使毕自肃守宁远，桂世禄、祖大寿等驻军城外以为犄角。清军又大败，"士卒多

---

① 见《明清史料甲编》第一本四三页《都督毛文龙致清太宗书》。又《丙编》第一本第十页《佚名致金国汗付启》说："况令先君在抚顺时，曾与不佞意气相投，语言皆合……今接见台台翰札……疑念顿释。焉用官质，惟天可表……更乞台台……勿听谤言，永结胶漆之雅，莫作负心之举。台台官兵所用布帛等物，概不足虑，百事俱在不佞一口担当耳。"又一二页《都督毛文龙致金国汗书》："汗王东走西奔南来北往，何曾作得一件真正大事！皆不知其法、不知其窍也。我与汗王共议国家大事，享□□□福，留名万古，不知汗王肯信我否？如若听信我说，可令人来暗暗商议。"又佚名《今史》卷三（立览堂丛书三集），述袁崇焕于崇祯二年七月去双岛，邀毛文龙同到山上看射箭，当在帐幕宣布毛文龙通敌、贪污等十二大罪，立正典刑，并令副将陈继盛代东江总兵职。袁给崇祯的奏疏中说："请旨而出海以行诛，则陈汝明等潜伺京师，机一泄而贻患无穷，非便也。欲使之还朝，则文龙以无旨抗拒。彼能以数千之众，忘祖易姓，苟同富贵；又带多夷，悉供颐指。职深入其军擒之，可出乎？若姑置而归，则狼子野心，愈可……依奴作重，通奴为利。东奴皮岛合作一家，职何以奏平房之绩？遇此无可如何之人，当此无可如何之际，惟有出其不意，收而戮之，以请死于皇上。"

损伤"，明军也死伤不少；这就是"宁锦大捷"。七月，魏忠贤等反藉口崇焕不救锦州，把他撤职，派王之臣接替。旋因熹宗死，庄烈帝即位。十二月，杀忠贤，又起用崇焕。崇祯元年（公元一六二八年）四月，任他为兵部尚书，督师蓟辽，兼督登莱、天津军务①。

清军感于进攻宁、锦的两次大败，即所谓"清太宗皇太极憎崇焕备辽西极严"，便又改变计划：一面更加紧间谍活动，从明廷内部去策动，勾通阉党，扩大其内部的摩擦；一面采取流寇式的军事行动，深入关内；一面暗中收买明军，培养"奴才"武装，如利用毛文龙旧部孔有德、耿仲明等与袁崇焕的矛盾，暗中收买他们。这一面在牵制袁崇焕等前线防军，使其前后不能兼顾；一面在阻止明廷联合李自成、张献忠等农民义军一同对清，使明廷以大部主力去反对义军，并以消耗和疲弊明军和明廷。当时义军是可能与明廷联合对清的；但在每次和谈中，明将吏反纷纷向义军索取贿赂，如崇祯十一年和谈破裂后，张献忠留书，具列长官姓名及取贿月日，末曰："不纳我金者，王兵备（瑞楠）一人耳。"② 北京的明廷首脑机关更始终不愿联合人民义军去抵抗清军，只想把他们解散、消灭，偶而进行和平谈判，也只是由于被迫，或其卑鄙阴谋的欺骗手段。

清军在其新方针下的军事行动，便暂时放松争夺辽西，而偏重于对关内的进袭。崇祯二年十月，清军数十万分道入龙井关（河北迁安西北）大安口，陷遵化，迫攻北京德胜门，又陷良乡、永平（河北卢龙）、滦州；明将赵率教、满桂等均相继战死。袁崇焕率祖大寿、何可刚等追踪清军入援，与清军在北京城郊展开攻守战。奸细和阉党便造谣说：崇焕"引敌胁和，将为城下之盟"，清军另

①《明史·袁崇焕传》；《明实录·熹宗天启实录》、《怀宗崇祯实录》；《罪惟录》卷三十二《袁崇焕传》。《明史》本传又说，袁崇焕早年"遇老校退卒，辄与论塞上事，晓其扼塞情形"。奉命东出督师前，陈伯陶《东莞县志》说，他曾访熊廷弼谈辽东防务竟日（卷六一引《袁督师行状》）。因此，袁崇焕是一个从实际情况出发的统帅，所以孙承宗说："崇焕英发贴实，绰有担当。"（同上县志同卷《袁崇焕传》）庄烈帝又起用崇焕督师辽东，《明史》本传所述崇焕奏对，毫没计个人安危的忠肝义胆的爱国主义，流露在字里行间。他说："恢复之计，不外臣昔年以辽人守辽土，以辽土养辽人，守为正着，战为奇着，和为旁着之说。法在渐不在骤，在实不在虚，此臣与诸边臣所能为。至用人之人与为人用之人，皆至尊司其钥。何以任而勿贰，信而勿疑，盖驭边臣与廷臣异。军中可惊可疑者殊多，但当论成败之大局，不必择一言一行之微瑕。事任既重，为怨实多。诸有利于封疆者，皆不利于此身也。况图敌之急，敌亦从而间之。是以为边臣甚难。"

②《明史·王瑞楠传》。

又"设间谓崇焕密有成约，令所获宦官知之，阴纵使去"，告于庄烈帝。明廷在这个圈套下，便自坏长城，将崇焕逮捕磔死，"兄弟妻子流三千里，籍其家"①。当时明廷在清军围攻的严重形势下，便被迫与王左挂等进行和谈（即所谓接受"请降"谈判）；清军为着破坏和谈，迅即于三年四月"东归"。崇祯七年六月，明军围攻李自成、高迎祥部义军于车箱峡，义军提出共同对清，进行和谈。清贵族认为在当时，保持明军与义军互相攻打的形势，以至于两败俱伤，于他们最有利；双方共同对清，或任何一方面被消灭，都是于他们不利的。因即于七月沿长城西进，攻陷"沿边诸城堡"，以阻止义军和明军的联合；义军出峡，和谈破裂后，清军便于八月又"东归"。这又都与其在明廷内部的奸细策动相配合的。他们以后也都在这种方针和情况下出兵退兵：如九年，清军入喜峰口，连陷畿内（首都外围）各县，随又退去；十一年，越墙子岭（河北密云东北）入关，攻陷河北、山东高阳、巨鹿、济南等七十多个城市，并惨杀明退休大学士孙承宗、兵部侍郎吴阿衡、德王由枢等，明年三月又出青口"北归"；十五年又"分道入塞"，陷蓟州、畿南及山东很多州县，明年四月又"北归"。他们以这种土匪流寇式的军事行动和其间谍活动相配合，一面阻止了明廷与义军的联合对清，一面牵制了辽西明军防务，一面把明廷拖得疲惫不堪，并以残酷的烧杀掳掠破坏来消耗汉、回各族人民的生命财产。但另一面，却也使汉、回各族人民认识了他们的落后性和残酷性，益激起反清的情绪和要求。

而明廷在对清争夺的过程中，继续掌握军政大权的魏忠贤、周延儒、杨嗣昌、谢升、陈新甲……等，却是一些猪狗不如的宦官、阉党和贪生怕死的分子；他们在清谍的策动下，实际也执行了清军的方针。他们一面始终都是使用

---

① 《明史·袁崇焕传》。《明季北略》对袁崇焕事实的记载，完全是颠倒是非、混淆黑白的。据王先谦《东华录·天聪朝》卷一述皇太极用间陷害袁崇焕的事实经过也说，皇太极令副将高鸿中、参将宁完我在两个被俘明太监前耳语说："今日撤兵，乃上计也。项见上单骑向敌，敌有二人来见，上语良久乃去。意袁巡抚有密约，此事可立就矣。"当时有个杨太监偷听记下。几天以后，看守故意松弛，放杨太监逃回。庄烈帝乃于十二月逮崇焕下狱。皇太极的反间计，是得到阉党、宦官的配合的。叶廷琯《鸥波渔话》卷四《温体仁家书》，崇祯二年金兵、即清军内犯，魏忠贤余党王永光、高捷、袁宏勋及浙党温体仁等，便大造谣言，说袁崇焕"引敌长驱，欲要上以城下之盟"。在这次清军内犯前，据余大成《剖肝录》等书，崇焕曾报告明廷说："臣在宁远，敌必不得越关而西；蓟门单薄，宜宿重兵。"《明清史料甲编》第八本第七〇七页《兵部行（督师袁崇焕题）稿》提得更严重。在这两次战斗中，周文郁《边事小记》（《立览堂丛书》续集）说：崇焕"两股"中箭"如猬"，"赖有重甲不透。"由于崇焕率军苦战，北京才得以转危为安。

其主要力量去"进剿"人民义军和镇压人民。尤其在袁崇焕被惨杀后，对辽西防务与对清斗争，长时间都没有增加兵力，讲求有效部署，仅靠袁崇焕旧部祖大寿、何可刚等去应付；十二年才派屠杀人民的刽子手洪承畴去"总督蓟辽"。而在洪承畴没去以前，祖大寿等根据袁崇焕的计划和办法，犹几次打退清军的进攻，坚守松山、杏山、锦州一线；洪承畴去后，十五年各城都相继失守，洪承畴及董协、祖大乐、夏承德、高勋以至连同祖大寿在内，都相继降清。一面，原先还只是与清军暗中交通，进行和议；在袁崇焕被惨杀后，谢升、陈新甲等便与庄烈帝在内廷公开讨论言和求降问题，"手诏往返者数十"，只不准泄露于"外廷"。后来消息泄露，引起朝野纷纷反对，舆论甚是激昂。这虽然阻止了公开议降，但此时，明廷的"忠臣良将"，已大都被斥退、惨杀，政权和军权依旧操纵在那班坏蛋的手里。他们一面不断牵制和破坏前方的军事部署计划，排除主战分子和有正义感的人士，"残害忠良"——不只惨杀清军所"畏惧"的名将熊廷弼、袁崇焕等，而又惨杀了坚决反清和主持正义的杨涟、左光斗、徐尔一、韩爌……等一班不利于清军的人物。另一面，明廷所支持和信任的人物，大都是多多少少与阉党有关系的，不是一些无能之辈（如袁应泰等），就是一些纵兵殃民、甚至通清投靠的家伙（如毛文龙等）、失败主义者（如实行放弃关外的高第，清军进袭、督师不战的张凤翼等）、投降分子（如叩头降清的洪承畴、迎接清朝入关的吴三桂等），出卖灵魂和暗中通清的奴才（如抄袭毛文龙衣钵、私通清军配合清军行动、崇祯六年便公开率师降清的孔有德、耿仲明、尚可喜等）和屠杀人民的刽子手（如孙传庭等）。因此，腐败的明廷，到庄烈帝时便完全腐烂了，力量消耗殆尽了。

在清军方面，自袁崇焕被惨杀后，本可以全力来攻取北京，灭亡明朝。但是，一方面由于它直接支配的满人及他族人民，当时只有百来万人口，占区的生产也比较落后，明廷所支配的汉族等人口众多，汉区生产较先进。一方面，由于李自成等人民起义武装声势很大，力量颇强，需要明廷给它清道，待其两败俱伤。一方面，一般人民的反清情绪也颇高，它需要讲求一些缓和的办法，更多的利用汉族出身的人员和其武装为它服务。因此，它曾培养孔有德等的奴才武装；崇祯九年又役使其蒙、汉奴才土谢图济农（科尔沁贵族）、孔有德及清贵族多尔衮等，用满、蒙、汉三种文字的表文，奉皇太极为中国各族的皇帝，说他的"宽温之誉，施及万方"，并改国号为清，图和缓汉族等各族人民反感；同时，他认为"欲并吞中原"，要改变其对各族人民，尤其是汉族人民的办法，要适应汉族等各族的政治风俗，因此便以极不名誉的代价，劝降熟悉中国政治风俗、知道"治天下之要道"的奴才洪承畴为他效力，充当"得中原"的"导者"①；又"吩咐不许虐待汉人"。对投降的汉人地主，一品汉官，便把诸贝勒的格格赏他作妻子；二品官，把国里大臣的女儿赏他作妻子。

公元一六四四年四月，当李自成农民义军进入北京、明廷瓦解的时际，根据范文程的计划，多尔衮（睿亲王）便率领满、蒙兵合洪承畴、孔有德、耿仲明、尚可喜等汉族奴才武装共十万人，进驻辽西，迫进山海关。由于出卖祖宗的"奴才"吴三桂进关充当前导，甘心充当"奴才"的明廷阉党、官僚残余从中策应，特别由于义军自身的腐化、内讧和执行了错误方针，清军及汉、蒙"奴才"武装便于五月二十七日败义军于山海关，六月七日进入北京，八日多尔衮下令强迫汉人剃发，迫于汉族人民反对，二十八日复下令取消②；又发布了一篇笼络人心、赦免罪犯、"蠲免"粮饷等项的布告③，同时却又以颠

---

① 《清史稿》列传二十四《洪承畴传》；《洪承畴奏对笔记》。

② 顺治取消剃发令云："予因前归顺之民，无所分别，故令其剃发，以别顺逆。今闻甚拂民愿，反非予以文教定民之本心矣。自兹以后，天下臣民照旧束发，悉听其便。"

③ 《清史稿·世祖本纪一》顺治元年十月登位诏："自顺治元年五月朔昧爽以前，官吏军民罪犯，非叛逆十恶死在不赦者，罪无大小咸赦除之。官吏贪赃枉法、剥削小民，犯在五月朔以后，不在此例。地亩钱粮，悉照前明会计录，自顺治元年五月朔起如额征解；凡加派辽饷、新饷、练饷、召买等项，俱行蠲免。大军经过地方，仍免正粮一半；归顺州县，非经过者，免本年三分之一。直省起存拖欠本折钱粮：如金花、夏税、秋粮、马草、人丁、盐钞……棉花、绢布、丝绵等项，念小民困苦已极，自顺治元年五月朔以前，凡属逋欠，概予蠲除……军民年七十以上者，许一丁侍养，免其徭役；八十以上者给予绢、绵、米、肉；有德行著闻者，给予冠带；鳏、寡、孤、独、废疾不能自存者，官与给养……故明建言罢谪诸臣及山林隐逸、怀才抱德、堪为世用者，抚按荐举来京擢用；文武制科仍于戊、辰、丑、未年举行会试，子、午、卯、酉年举行乡试。……明国诸陵，春秋致祭，仍用守陵园户；帝王陵寝及名臣贡士坟墓，毁者修之，仍禁樵牧……北直、河南、山东节裁银、山西太原平阳二府新裁银，前明已经免解，其二府旧裁银与各府新旧节裁银两，又会同馆马站、嬴站、馆夫及递运车站夫价等银，又直省解工部四司料银、匠价银……（按所列不下数十种）螺壳等本色钱粮，自顺治五年五月朔以前逋欠在民，尽予蠲免，以苏民困。后照现行事例，分别蠲除。京师行商、车户等役，每遇金役，顿至流离，嗣后永行除豁。运司盐法递年增有新饷、练饷、杂项、加派等银，深为厉商，尽行豁除。本年仍免额引三分之一，关津抽税非欲困商，准免一年。明末所增，并行豁免。直省州县零星税目，概行严禁。曾经兵灾地方，应纳钱粮已经前明全免者仍与全免，不在免半免一之例……山陕军民被流寇要挟，悔过自新，概行赦宥，胁从自首者前罪勿论……势家土豪重利放债，致民倾家荡产，深可痛恨。今后有司勿许追比……如有讼师，诱陷愚民入京越诉者，加等反坐。"但这只是一篇骗人的文告，在清朝大都没有也不可能完全实行。

倒是非的手法，说清军入北京，乃"感"于吴三桂的"忠义"和"念累世之宿好"；"抚定燕都，得之于闯贼，非取之于明朝"。并极力扩大明残余统治集团和人民义军间的矛盾，藉以淆乱人心。实质上，正如明监察御使凌骃指斥清军所说："汝今以复仇为名，而以乘危为实，侵我中土，入我淮北，贪残无厌，惟利是求。"[①] 十月二十日，年才七岁的福临（清世祖顺治）在吉特太后的怀抱中进入北京，便开始了君临全中国的民族牢狱的清朝统治。

汉族人民的反抗和清廷的方针 清军入北京后，吴三桂宣称他迎接清军入关，是为"君父复仇"，来麻痹人民。清统治集团也说是为着明朝的故君"仗义出师"，并下令为庄烈帝服孝三日，谥为庄烈愍皇帝，礼葬庄烈夫妇。同时又宣布：对明朝文武百官，只要降附，均加级任用；并号令儒生和被罢斥的官吏，都给他们官做；不改变汉人服制，不强制汉人剃发；其他制度均遵守明朝的一套。后又由金之俊等故意装作汉人立场，提出十从十不从的办法："男从女不从，生从死不从，阳从阴不从，官从隶不从，老从少不从，儒从而释道不从，娼从而优伶不从（均关于服制、束发方面），仕宦从而婚姻不从（满汉不婚），国号从而官号不从，役税从而言语文字不从"。这也都在想麻痹汉族人民。同时，知道自己力量不够，尽量利用汉族地主阶级的武装，大地主洪承畴等又装作照顾汉人的面目出现。

但是听信清廷这一套的，只有代表大地主的高级官僚。清军入北京，明阉党官僚残余号召文武百官都出城迎拜，令沿街人民焚香叩头；为"迎接两宫"，并由"降臣金之俊"修理从山海关到北京的道路和沿途盖造行宫。范文程、宁完我、高鸿中等原先助清反明的人物，都成了满人大贵族以下的头号贵族，钱谦益、田雄、左梦庚、洪承畴等及明廷原来的阉党、奸臣、屠杀人民的刽子手和代表大地主的堕落儒生，也都成了新贵，为清廷清道，来麻痹人民情绪，镇压人民反抗和推行民族压迫政策。但汉、回等各族人民，农民、手工工

① 《清史稿》列传五《多尔衮传》记多尔衮致史可法书，书中并云："方拟秋高气爽，遣将西征，传檄江南，联兵河朔，陈师鞠旅，戮力同心，报乃君国之仇，彰我朝廷之德。"同书《世祖纪一》：顺治元年，"以豫亲王多铎为定国大将军率师征江南，檄谕故明南方诸臣：数其不能灭贼复仇，拥众扰民、自生反侧，及无明帝遗诏擅立福王，三罪。"这都在企图扩大明残余统治集团与人民义军间的矛盾。

凌骃事迹见《四朝成仁录·归德死节臣传》。

641

人、市民以至有气节的官吏，都没有低头和被麻痹，他们到处展开反清斗争，创造无数英勇惨烈、可歌可泣的事迹。这在客观上，又迫使清廷不得不在政治上作出若干让步和实行改良。

史可法的反清　庄烈帝死后，明南京六部衙门史可法（兵部尚书）、张慎言、吕大器、姜日广等想迎立潞王常涝；凤阳总督马士英与诚意伯刘孔昭、太监韩赞周等，则与阉党阮大铖联合刘泽清、刘良佐（反农军的总兵）等，拥"贪淫酗酒，不孝虐下"等"七不可"①的福王由嵩入南京，于崇祯十七年五月十五日（旧历）即皇帝位，以明年为弘光元年。小朝廷仍为马士英及阮大铖、刘孔昭等阉党及遗少把持朝政；他们仍继续以反"东林党"名义排挤反清分子和正人；甚至排史可法于江北，罢免吕大器、张慎言等大臣；命"中使四出"搜民间美女，弄得"闾井骚然"②，毫不讲究恢复大计。而马士英大计四事："一、圣母宜迎，一、皇考梓宫宜迁，一、诸王宜防，恐奸人挟之为变，宜召置近地，一、皇子未生，宜选淑女。"此外，便是"请择人使北议款"和"卖官鬻爵"，规定"各府、州、县童生应试，上户纳银六两、中户四两、下户三两"，"廪生纳银三百两，增六百两，附七百两……武英殿中书纳银九百两、文华中书一千五百两、内阁中书二千两、待诏三千两、拔贡一千两……"形成"中书随地有，都督满街走，监纪多如羊，职方贱如狗"的现象③。而又对史可法等的恢复计划和部署，则从中牵制、阻挠和破坏；罢免"在淮上守御颇备"的路振飞，勾结刘泽清、高杰、刘良佐、黄得功等，又促起其相互冲突，形成"兵骄、饷绌、文恬、武嬉，顿成暮气"的现象④。

---

① 《明史·史可法传》。并参看屈大均《皇明四朝成仁录》卷六《扬州死事传》。梅村野史《鹿樵纪闻·福王上》说："慎言及吕大器、姜日广等皆言：福王……伦序当立；而素多失德，又不读书，有七不可。不若潞王常涝贤，当立。可法意亦在潞王……马士英在凤阳，或首私藏王印，取验之，则福邸藩旧物……因念此奇物可居，致书大臣，谓以序、贤，无如福王。可法即以七不可之说移书答之。士英与阮大铖谋，谨藏其书，而潜结江诚意伯刘孔昭及镇臣刘泽清、刘良佐等，同心翊戴，奉福王至龙江关。可法不得已，率群臣迎谒舟次……五月戊子朔，王入城，以内守备府为行宫。或议即日登极。可法以太子二王存亡未卜，定于初三日行告天礼，先上监国之宝。王色赧然……壬寅，王僭帝号，以明年为弘光元年……士英……以可法七不可之书奏之王，而拥兵入朝；诏升士英兵部尚书入阁办事。"

② 《明史·陈子龙传》。《鹿樵纪闻·福王上》："陈子龙疏言：近日中使四出，民间女子稍有姿色，即以黄纸贴额，选入宫中。闾里骚然。"

③ 《鹿樵纪闻·福王上》；《明季南略》卷五《马士英请纳银》、卷七《左良玉参马士英八罪》。

④ 《鹿樵纪闻·福王上》；《明史·史可法传》。

史可法有反清的决心、勇气和不受清廷任何诱降的坚强志节，但是一方面，他在总的方针上是迷糊的、错误的。商邱令梁以樟向他建议说："守江非策也。公今以河南、山东为江南屏蔽，仿唐宋节度招讨使之制，于山东设一大藩，经理全省，以图北直，于河南设一大藩，经理全省，以图山陕……厚集兵饷，假以便宜。于济宁归德设行在……示天下不忘中原……若弃二省而守江北……即欲偏安，不可得矣……可法心然樟策，然卒不能用。"同时，由于他曾为明廷"进剿"过农民军和其出身历史的成见，在同年十一月清军已南下攻陷宿迁的时际，他不仅没有联合农民军的主张，反而把反清与反农民军并列，甚至还强调："先皇帝死于贼，恭皇帝亦死于贼……臣愿陛下速发讨贼之诏，责臣与诸镇悉简精锐直指秦关（农民义军首府所在）"。他答多尔衮书，仍是敌友不分，虽指出"（清）在先朝，凤膺封号，载在盟府"。并指斥其"弃好崇仇，规此幅帼"，借口仗义出兵，侵占大明领土；但依旧说："伏乞坚同仇之谊……合师进讨，问罪秦中，共枭逆贼之头，以泄敷天之愤"[1]。一方面，马士英等以刘、高、刘、黄分任淮海、徐泗、凤寿、滁和等江北四镇。刘良佐、黄得功、刘泽清、高杰为争夺扬州地盘，在赴任途中便互相厮杀；高杰到扬州"大杀掠，尸横野"，城中军民便防守城垣拒高，高围攻月余；刘泽清军"亦大掠淮上"；临淮军民亦拒绝刘良佐军。史可法督师扬州不能根本加以整顿，仅能暂时调处其相互关系；他命黄得功防备高杰，在同年九月高、黄又相互厮杀，仍只能"调剂"了事。一方面，支持他的张慎言、吕大器等也被马士英、刘孔昭等阉党排挤。因此，他的反清是比较孤立的。他的战略计划：一面派人联络山东、河北各州县"据城自守"的"军民"；一面"遣官屯田开封，为经略中原计"；一面"开礼贤馆，招四方才智"，停止诸镇自相攻打；一面以江北"诸镇分汛地，自王家营（江苏淮阴北）而北至宿迁，最冲要，可法自任之，筑垒沿河南岸"；一面录用曾经投降的"南还"官吏，诱降官"南归"；一面"筹兵筹饷"、"治兵治饷"。但由于马士英等的牵制、阻挠，他这种计划也不能顺利进行；马士英并指使由北京"南还"的卫允文，上疏攻击可法；便借口以"卫允文为兵部右侍郎总督兴平军"，"驻扬州"，"以夺可

---

[1]《明史·史可法传》；《满清稗史·满清兴亡史》第二章《隆盛时代》。参看《四朝成仁录·扬州死事传》载史可法答清墨勒根摄政王书。《鹿樵纪闻·史可法殉扬》载史可法答摄政王书。

法权"。前方"最苦无粮",向小朝廷请饷也常被拒绝;因此,军队常没饭吃,甚至连可法本人都常没有殽肉咽酒。左良玉看到小朝廷太不像样,为着想"清君侧",便宣布"马士英八罪",由武昌率军"东下";阉党便不管前方防御,调江北各守军去抵御良玉。可法以淮防吃紧,说:"清兵旦夕至,国必亡",并极力保证良玉不是造反;阉党却说:清兵至,尚可言和,左良玉至,君臣便不得生,并诬称,凡说良玉不是造反的人都是东林党。因此,可法"每缮疏:循环讽诵,声泪俱下"①。

　　但由于史可法的坚苦和决心及士兵的善战,当年十一月清军攻陷宿迁,又转攻邳县,均由可法亲督总兵刘肇基等击退。多尔衮感于可法的声威,认为是他南进道路上的障碍,便甜言蜜语,致书可法诱降。可法严词拒绝,并责其背信弃义。明年正月,清军合满汉军共数十万大举南攻;二月攻占山东、河南,迫进淮南;四月围攻泗州,守将侯方岩率全军战死,四镇各军,除高杰、黄得功均拒绝招降,先后光荣死难外②;其他两镇,自刘良佐、刘泽清以下,均纷纷迎降。可法急由燕子矶回至扬州。清军随即进攻扬州,至班竹园,监军副使高岐凤(阉党)、总兵李栖凤"拔营出降",可法率文武百官守城。四月二十二日,西北城被巨炮轰塌,城破,史可法自杀被救,出小东门被俘,慷慨就义;知府、县丞、副将、幕客、粮运司……任民育、曲从直、王缵爵、周志畏、罗伏龙、杨振熙、吴道正、王志端、汪恩诚、卢渭、何刚、何尔埙等及诸生高孝瓒、武生戴之藩、医者陈天拔、画士陆愉、义兵张有德、市民冯应昌、舟子徐某等不少仁人义士均自杀。此外妇女死节者不可胜记。城破前,清豫王多铎五次致书诱降,可法被执后,又备加敬礼地说:"我再三拜请,皆被叱回;今先生对旧朝忠义已尽,敢请为我清收抚江南。"可法怒斥:"我中国男儿,安肯苟活……头可断,志不可屈!"可法等死后,刘肇基率残部合全城市民与清军巷战,无一人投降。清军便血洗扬州,继续屠杀十日,战死与被惨杀

---

① 《明史》史可法、马士英等有关诸人传。《四朝成仁录·扬州死事传》云:"左良玉举兵东下,上调得功、良佐、孔昭、阮大铖、方国安、朱大典御之江上,泽清亦托勤王,率兵大掠而南。扬、泗、徐、邳,势且岌岌,可法连疏告警。上曰:上游则赴上游,敌急则赴敌,自是长策。可法曰:上游不过欲除君侧之奸耳,敌至则宗社可虑,不知辅臣何意蒙蔽至此?"并参考《三藩纪事本末》卷一。

② 《四朝成仁录·二镇死事传》;《鹿樵纪闻·黄高二镇》。

者八十万以上。汉族人民的悲壮惨烈、顽强不屈的斗争，清军野蛮残暴的民族压迫，演成所谓"扬州十日"的惨烈事迹。

扬州失陷，清军长驱渡江，由嵩走依黄得功；得功战死，刘良佐、田雄劫由嵩降清，阉党盘踞的南京小朝廷又垮了台①。

浙江与福建政权的反清斗争　南京失陷，东南志士及代表当时市民阶级思想和政治倾向的知识分子张国维、郑遵谦、熊汝霖、孙嘉绩、钱肃乐、张煌言、黄宗羲及诸生华夏、董志宁等"忠愤气节之士"，在人民支持下，集民兵数万守宁波；公元一六四五年七月，立鲁王以海为监国，都绍兴，力图"中兴"和"报仇雪耻"。同年八月，郑鸿逵、黄道周、郑芝龙、张肯堂等又立唐王聿键为帝，都福州，建元隆武。因此便形成闽、浙两个政权。阉党"马士英潜率所部，奉宏光母后至绍兴"境，张国维"参其误国十大罪"，乃"遂巡浙东"，又与阮大铖暗中勾结浙江总兵方国安，使其一面扩大闽、浙间的矛盾（如唆国安无端将"赍诏至江犒师"的唐王来使陆清源斩首），一面与反清将领王之仁闹摩擦。明年（公元一六四六年）三月，洪承畴开府南京，帮清廷收拾东南。博洛率清军及奴才武装攻浙，被张国维"收集义勇"，配合王之仁所部，击败于钱塘江西；四月又来攻，由于方国安不战，"博洛破绍兴，逼鲁王"；方国安"率马阮兵，以威劫鲁王而南"；王之仁泣对张国维说："我两人心血，今日尽付东流。坏天下事者非他人，方荆国也！""国安、士英南行，决计执鲁王投降。"鲁王脱身登海船入舟山。国维追获鲁王不及，"遂回东阳治兵再举"，六月二十六日兵败，作"绝命词三章"自殉。之仁独自抵抗。五月，王之仁战败，"载其妻妾并两子、幼女、诸孙等，尽沉于蛟门下；捧敕印北面再拜，投之水"；被俘至松江，洪承畴"优接以礼"，百般劝降。之仁说："仁系前朝大帅……死于明处"，拒绝洪承畴劝降，慷慨就义。方国安降清。石浦（浙江南田西北海中）守将张名振拥鲁王浮海走南澳（广东饶平东南海中），后合钱肃乐、张肯堂、阮骏等联合人民，收复建宁、邵武、兴化、福宁、漳浦、海澄等数十州县。公元一六四九年秋，清廷派陈锦率大军进攻；各

---

① 以上参考《荆驼逸史·扬州十日记》；《鹿樵纪闻》卷上；《满清稗史·满清兴亡史》第二章；《皇明四朝成仁录》卷六；《清史稿》多尔衮、多铎传；《明史》史可法等有关诸人传；《明季实录》卷一；王秀楚《扬州十日记》；顾炎武《圣安皇帝本纪》；夏完淳《南都大略》；佚名《江南闻见录》；《明季南略》卷一—九。

府州县守军大都战死。十月，张名振等又奉鲁王收复舟山岛作根据，与鄞县大兰山王翊、上虞东山李长祥、平冈张煌言等部义军及江、浙、闽、粤其他人民义军联系，声势甚大，并出兵攻吴淞。清廷认为是东南大患。公元一六五一年（顺治八年），陈锦又集中大军进攻，浙江山寨义军先后被破；又进攻舟山，张肯堂等率六千兵合人民守城，血战十余日，无一人投降，全军战死，肯堂及李向中、朱永佑等连同眷属均自杀。张名振病死，鲁王于公元一六五三年去监国名号，浙江政权至此也结束了①；而他们那种顽强的斗争精神，却永留在中国人民的血液中。

　　福建政权成立之初，由于人民和反清将士的支持，保存闽、粤、桂、滇、黔及湘、赣、鄂各一大部，浙江宁波、绍兴、台州三府也系鲁王政权支配。全国各地人民反清义军也纷纷兴起。但福建政权的内部，郑芝龙、郑鸿逵把持一切，布置同乡私人；黄道周等都是书生，也只凭意气用事，遂形成两派的对立，而实权则在郑氏。洪承畴看到这种形势，便派奸细黄熙允（郑同乡）从中挑拨，操纵郑派，后并订立洪郑密约。黄道周看到形势不对头，便请自往江西募兵谋恢复；公元一六四五年九月，率门生幕僚赖雍、蔡绍谨、赵士超等启行："所至远近响应，得义旅九千余人，由广信（江西上饶）出衢州（浙江衢县）；十二月（公元一六四六年二月），进至婺源"，遇清军，战败被俘，送至南京，"囚服著书"，严厉斥责洪贼承畴的劝降，从容就义于东华门，门生幕僚均一同殉难。何腾蛟屡请迎帝聿键"幸赣，协力取江西"，亦都被郑派所阻。公元一六四六年，清军在入闽前全力攻浙江，郑氏把持下的福建政权，不但拥兵不予声援，郑芝龙等反借口防御海寇，将仙霞岭沿线二百里防军，全部撤回延平。浙江三府各州县失陷后，清军便于同年大举入闽，长驱直入；九月帝聿键走汀州，为清军追杀；郑芝龙不顾其子成功的劝阻，投降清军，亦被捕解送北京。福建政权也结束了。另方面，清军渡江后，反农民义军起家的左良玉子左梦庚、金声桓等防守赣北，也被分化、收买，率三十六营降清。清军入福建时，便同时派金声桓等降军为主力趋赣西南，配合行动。清军围攻吉安、

① 以上参考瞿其美《粤游见闻》；《明季南略》卷十；《皇明四朝成仁录》卷八；《鹿樵纪闻》卷上《南国愚忠》、《马阮始末》，卷中《鲁王》、《张煌言殉节始末》、《舟山始末》；《满清稗史·满清兴亡史》第二章第二十三节；《明史》列传一六四，张国维、张肯堂、熊汝霖、余煌、钱肃乐等人传；《三藩纪事本末》卷二。

赣州各州；万元吉、杨廷麟等，联合民军及赣、桂（广西）少数民族武装协力苦战，吉安得而复失。同年十一月赣城被攻破，廷麟、元吉均自杀，乡勇犹巷战，军民战死及被屠者共数十万①。

西南政权的反清　延平、赣州失陷后，清军便从闽、赣两路钳击广州，并任佟养甲为两广总督。另方面，在帝聿键死后，两湖云贵督抚何腾蛟及两广总督丁魁楚、广西巡抚瞿式耜及王化澄、吕大器等，便于同年十一月二十日，拥立桂王由榔于肇庆为监国，十二月立为帝，即永明王，建元永历。同月福建政权大学士苏观生及布政使顾元镜、总兵官林察等，联合广东豪霸马、石、郑、徐四姓武装，立唐王弟聿𨮁于广州，建元绍武，专和肇庆对抗。佟养甲及降将李成栋等所率由闽入粤清军，连陷潮州、惠州，公元一六四七年一月广州失陷，聿𨮁被俘，苏观生等自杀。

西南政权在人民援助的基础上，主要依靠何腾蛟、瞿式耜等撑持。公元一六四五年左良玉想挟腾蛟一同东下，腾蛟只身从舟中赴水逃至长沙从事部署：以堵胤锡摄湖北巡抚，傅上瑞摄湖南巡抚，章旷为总督监军，保有湖南、赣南及湖北一部分地区。公元一六四六年六月，农民军李锦等决议以数十万大军联腾蛟反清；他们并声明："以身许国，当爱民，受主将节制，有死无二"②。再加左良玉旧部马进忠、马士秀、卢鼎等部，合腾蛟旧属刘承允、黄朝宣、张先璧、董英、曹志建等部，形成了声势赫赫的强大反清武装。何腾蛟也和瞿式耜一样具有反清斗争的决心和忠诚。但腾蛟没有依靠义军作主力，对这些原来相互敌对的武装，也没有采取适当步骤去解决团结问题，建立正常关系；而采取"性反复"无常的傅上瑞的主张，把湖南、湖北分划为十三镇："以旧军参之"，令他们分别驻守，互相牵制。而腾蛟左右僚属也常表现对义军歧视，不予粮饷；左良玉旧部及腾蛟旧属那种"骄且贪残"、"劫人""杀民"、"大掠"与不听命令等残暴恶劣作风，也给了义军的个别部分个别将士以一些不良影响，反而腐蚀了他们，损坏了义军好的传统。因此，便引起各部间的战斗行动不协调，以至相互摩擦，减弱反清的战斗力量。瞿式耜属下的焦琏等部，是最

---

① 以上参考《明史》黄道周、何腾蛟等人传；《清史稿》洪承畴等人传；《鹿樵纪闻》卷中《唐王》；《明季南略》卷十五至十一；瞿其美《粤游见闻》；《四朝成仁录》卷九《督师死事传》。

② 《明史·何腾蛟传》。

有战斗力的部队，但力量是较小的。在西南小朝廷的内部，争权夺利的派别斗争，也自始就没有停止过；其高官、大将又大多是一些"闻警辄走"的家伙。这就决定了西南小朝廷的命运。

公元一六四六年，腾蛟布置反攻鄂东、赣北：二月，他自己先至湘阴，令各军会合于岳州；但仅李锦等从湖北率军来会，而张先璧军逗遛不进，其他各军也都观望，致李锦军反为清军所打败。公元一六四七年（明永明王永历元年，清顺治四年），清廷一面令李成栋等从广州西攻肇庆；一面令孔有德、耿仲明、尚可喜等大举攻湖南，期两路会师广西。广东方面，二月陷肇庆、逼梧州，"巡抚曹晔迎降"。三月，丁魁楚投降，吕大器、王化澄等均逃走，永明王逃至桂林；平东、浔州相继失守，清军逼进桂林，自总督侍郎朱盛浓、巡按御史辜延泰以下官吏，均纷纷逃走。四月，清军围攻桂林，式耜在人民的协助下，督焦琏及丁元晔、鲁可藻等守城，"身立矢石中，与士卒同艰苦"，其妻邵氏并以首饰助军饷；清军围攻三月，并数次攻上城楼，均被击退。由于广东各地人民反清义军纷起，顺德陈邦彦、南海陈子壮、东莞张家玉等为首的义军，九月联合进袭广州，并约"故指挥使杨可观等为内应"[1]；清军主力被迫由广西撤退，焦琏便乘机收复阳朔、平乐；陈邦傅等收复浔州、梧州；广西全部恢复。在桂林危急时，永明王及其左右即于三月逃至武冈（湖南武冈），依守将刘承允；明年一月，方辗转回至桂林。在湖南方面，公元一六四七年春，清军乘诸将闹饷，袭取长沙、湘阴；衡州守将卢鼎率部逃永州，又至道州，张先璧率部由长沙逃衡州，转祁阳，复间道走辰州，所到之处，均肆行掳掠。因此，清军不战而下衡州、永州。腾蛟为先璧挟至辰州，才逃脱走至白牙市（湖南东安西南）布置，永州副将乘虚收复永州。永明王拨云南援兵赵迎选、胡一青归腾蛟指挥，令清除刘承允。九月，清军攻武冈，刘承允投降，其时常德、宝庆、永州亦已相继失守。因桂林守军势孤，腾蛟率军巩卫，桂林郝永忠（即摇旗）亦率军至。十二月，清军逼攻全州，腾蛟领焦琏、郝永忠、赵印选、胡一青、卢鼎率兵御敌，展开了持续三个月的全州保卫战。明年三月，全州、兴安相继失守，各军退至桂林，永明王出走至南宁。四月，清军又围攻桂林，腾蛟、式耜督焦琏、周金汤、胡一青等防守，郝永忠

---

[1]《明史·陈子壮传》。

率部护永明王驻柳州应援。由于其时南北各地人民反清的武装斗争，形成了全国范围的高潮形势，江西的金声桓、广东的李成栋，在这种形势的威胁和影响下，加之其部下的直接影响和推动，甚至连金声桓的妻子也说"辫发胡服可耻"，劝金反正，李成栋的爱妾也劝李反正，并"引刀自刎死"以迫李下决心，而他们自己因没作到总督也对清廷有反感，便于公元一六四八年五月（永历二年闰三月）先后反正，并捕杀总督以下清朝官吏。这威胁了清军前线，也震骇了清廷。腾蛟、式耜等便乘机反攻，击退围攻清军，并克复全州；焦琏、卢鼎、赵印选等围攻永州，余起鲲、李甲春、王进才等取宝庆，马进忠等取常德，并进取衡州。十二月，永、宝、常、衡及所属各州县大多克复；腾蛟布置进取，调李锦自夔州（四川奉节）入湘会攻长沙。这时在四川方面，明旧将谭文、谭洪及袁韬等为首的各部人民起义武装，收复川东、川南很多州县；清大同总兵姜瓖也揭起反清旗帜，并号召人民反清。另方面，在四川、贵州一带的农民军李定国等，也保有很大势力，并早已与明军联合，因此形势是有利于明廷的。

但永明王在李成栋反正后，便欲接受成栋的请求移驻广州；由于瞿式耜等的坚决反对，便留驻肇庆，但也不回桂林。肇庆小朝廷，大权都掌握在李成栋的儿子李元允手中；因此便形成永明帝随从旧臣朱天麟、严起恒等与李成栋方面耿献忠等两派的权利冲突和互相攻讦；继又分成袁彭年、丁时魁、刘湘客的"楚党"，朱天麟、张孝起、堵胤锡等的"吴党"。他们竞相勾结各军将领。在湖南方面，由于堵胤锡的这类活动，加之对各军防区的处理不当，又引起各军的互相猜忌与自由行动，并破坏了腾蛟会攻长沙的计划。

在清廷方面，感于其时形势的严重，除宣布一些改良、软化政策外，便出动其全部清军来进攻：一路尚可喜、耿仲明攻赣、粤，谭泰和洛辉（即何洛会）自江宁赴九江策应；一路孔有德等攻湘、桂，亲王济尔哈朗、勒克德浑策应；洪承畴驻江宁，策动政治阴谋，并"经略沿海"；亲王博洛、尼堪进攻姜瓖部及山、陕民军；四川总督李国英牵制李定国、刘文秀等；并于顺治五年（公元一六四八年）冬，开始全面进攻。为巩固汉族大地主的降清武装，并于明年五月，改封孔有德为定南王、耿仲明为靖南王、尚可喜为平南王。西南小朝廷忙于内争，不只毫无御战的计划和部署，任其各自为战，反而起了一些坏影响以至破坏作用。金声桓守南昌，李成栋从广东驰援，于永历三年（公元一六四九年）均先后败没；腾蛟子同年正月，令调各军与清军定期会战长沙，拟邀李锦入衡州，先期率三十人赴"忠贞营"，随又进至湘潭，因李已率军东进，腾蛟入居湘潭空城，清军乃派叛将徐勇偷入湘潭，劝腾蛟降清。腾蛟严词叱骂，便被绑走，绝食七日被杀。明年（永历四年，顺治七年）正月，南雄失陷，九月全州失陷。十一月，桂林也相继失陷。瞿式耜、张同敞等被俘，孔有德劝降。式耜说："我中国男儿，安肯失身！"有德说："我先圣后裔，尚从顺"；同敞厉声骂道："你不过毛文龙家奴，安得辱先圣！"最后有德请他们当和尚也都不肯，闰十一月十七日，均从容就义。其他死难的，如光禄少卿汪皞自己投水，平东守将朱旻如城破自杀，周震因阻止他人投降被杀，以及拒降骂贼与所谓匹夫匹妇死难者无可数计①。

　　另方面，农民军残部李定国、孙可望、刘文秀等，原先占领川南、贵州一带，后又占有云南，与小朝廷联合反清；但屡次要求永明王给予王位，以资号召，均被拒绝；他们便自奉孙可望为王，在川黔进行反清战争。永历五年三月，派兵南下保护永明王；明年二月，迎王入安隆所（广西西隆），重新组织政权，改安隆长官司为安龙府，"宫室礼仪，一切草简"。并即于同年五月，分路出师：一路刘文秀出四川，张先璧趋叙州，白文选由遵义趋重庆，期会师嘉定，以取成都；一路李定国出湘桂，冯双礼趋靖州，马进忠趋沅州，期会师武冈，以取桂林。各地民军纷纷配合，北路收复川东、川南、川西，十月攻克成都；东南路于五月进入湖南，大败湘西南清军，击杀尼堪，进围桂林，孔有德自焚死。两湖、两广人民多"以兵应定国"，声势又为之一振。但由于农民的狭隘性与个人英雄主义作怪，加之锦衣卫指挥马吉翔与内监庞天寿等为着与内阁吴贞毓争权，便以权位诱惑孙可望，并从中挑拨，制造派别；孙可望掌握小朝廷政权，在吉翔等的摆布下，"拟改国号曰后明，日夜谋禅位"②；为此，便反而嫉妒李定国声威，设计图杀"报国精忠"的定国，引起彼此间的冲突，

---

① 以上参考《明史》瞿式耜、何腾蛟等人传；《清史稿》尚可喜、耿仲明、孔有德、谭泰等人传；《鹿樵纪闻》卷下；佚名《行在阳秋》；华复蠡《两广纪略》；佚名《东明见闻录》、《吴耿尚孔四王合传》；《明季南略》卷十二——十五；《四朝成仁录》卷九《前广州死难诸臣传》，卷十《顺德起义臣传》、《东莞起义大臣传》、《南海起义大臣传》、《定安死事传》、《武冈死事传》，卷十一《反正诸勋死事传》。
② 《明季南略》卷十六《安龙纪事》。

并于事先将"尽瘁鞠躬""报国"的"志士"蒋乾昌、朱东旦、李元升等十八人杀害①。在这种形势下，清廷便一面派屯齐率大军合尚可喜攻略湘桂；一面令洪承畴进驻长沙，"经略湖、贵、两广"。洪承畴利用可望、定国间的空子，进行阴谋分化和收买；可望便陷入其圈套，形成屯齐、尚可喜清军与孙可望部夹击李定国的形势。定国在两面夹击下，桂林、梧州又相继失陷，便退保柳州，而孙可望亦自湘西南被清军驱回贵州。文秀、定国及白文选均反对可望。永明王便封定国为晋王，召其入卫；并封刘文秀为蜀王、白文选为巩国公。定国率军奉永明入云南，图恢复。明年八月，可望在贪图个人权位的方于宣等的怂恿和摆布下，"誓师发兵……合兵十四万人入滇"，分攻文秀、定国；将士临阵，在白文选、马维兴、袁韬的内应下，大呼"迎晋王"，并纷纷倒戈。"可望遂大败而逃"，文选追击至贵州，可望便"遣杨惺先、郑国先往宝庆"向清军约降；他公开叛变后，竟至长沙向洪承畴献策攻云、贵②。

因此，清军便以叛徒孙可望为向导，于公元一六五八年（永历十二年，顺治十五年）四月，分三路大举攻云、贵：一路洛托、洪承畴由湖南进，一路吴三桂、墨尔根、李国翰由四川进，一路卓布泰、线国安从广西进，三路期会于贵州；同时以铎尼为三路统帅。定国分两路御战：一路扼鸡公背（贵州关岭县东）断清军由滇入黔进路；一路守七星关（贵州毕节西九十里）至生界一线，牵制由四川南进清军。而清军主力乃由遵义经水西（贵州黔西）直取乌撒（贵州威宁、云南镇雄地区）。贵州地区尽失陷，刘文秀等战死。清军并路入滇；李定国、白文选等力战不胜，奉永明王退至永昌（云南保山）。明年二月，昆明相继失陷，永明退至腾越（今腾冲）；四月永昌等各州县又相继失陷，定国退至孟艮（云南南边外），文选退至木邦（云南龙陵南、潞江西），永明王入缅甸。缅王杀永明左右，并拟献王于清军。公元一六六〇年，定国、文选率兵入缅要求送还永明被拒绝，便与缅军发生战争。缅王猛白乃阴请吴三桂进军。公元一六六一年（永历十五年），吴三桂、爱星阿率军入缅，战败定国、文选，直迫缅城，令缅王"执送"永明王。永明致书吴三桂："将军忘君父之大德，图开创丰功；督师入滇，覆我巢穴……聊借缅人以固吾圉。乃将军

---

① 《明季南略》卷十六；《鹿樵纪闻》卷下《孙李构难》；《清史稿》李定国、孙可望、白文选等人传。
② 见《东华录》。《满清稗史》第二章第二十三节所载略同。

不避艰险，请命远来，提数十万之众，穷追逆旅……抑封王锡爵之后，犹欲歼仆以邀功乎？将军……即不念列祖列宗，独不念己之祖若父乎？不知大清何恩何德于将军，仆又何仇何怨于将军！……千载而下，史有传，书有载，当以将军为何如人也！……如必欲得仆首，则虽粉身碎骨，血溅蒿莱，所不敢辞。"猪狗不如的吴三桂，终索取"故君"，于明年五月绞杀永明于昆明，焚尸取灰，分赐诸将；永明残骸葬于昆明北门外。七月，李定国以反清事业失败，在孟腊郁郁吐血死，但残部仍坚持斗争至十月。定国等为人民与反民族压迫事业"鞠躬尽瘁"的精神，足以流芳百世！

明朝政权，至此便全归消灭了！

人民的反清斗争 多尔衮入北京，清军西进南下以后，由于其所至都肆行血腥的烧杀等反动政策，汉族及各族人民便普遍展开反清斗争。因而作为南明的南京政权、浙江政权、福建政权、西南政权，便都得到人民反清武装的支持和配合。其中如浙江、西南两个政权，前者直接由人民武装，后者是原系李自成、张献忠为首的农军残部所扶植起来的。但由于明朝残余统治集团的腐败无能，不知利用条件，依靠人民，共同努力"恢复"；在垂死关头，依旧只知争权夺利，致最后都归于失败。而清廷却不只尽力联合汉族地主阶级和各族上层，并行使了一系列的欺骗和改良政策。

早在崇祯年间，清军入关进袭，金声便说："今天下草泽之雄，欲效用国家者不少，在破格用之耳。"如僧申甫"私制战车、火器"，金荐申甫于庄烈帝，"仓猝募数千人"，于柳林、大井、芦沟桥"结车营"，与清军"喋血力战"，"直前冲锋，遗骸矢刃殆遍"。申甫牺牲后，"遗将古壁兵百人及豪杰义从数百人，练成一旅，为刘之纶奇兵"[1]。他们不仅忠勇善战，而且纪律严明，保护人民利益；如满桂部下"掠民间"，申甫军便加以逮捕。

北京失陷，福王在南京即位，全国各地便普遍展开反清斗争。家贫落魄的陈潜夫，向福王论当时形势和恢复方针说："山东、河南地，尺寸不可弃。豪杰结寨自固者，引领待官军。诚分命……以一军出颍寿，一军出淮徐；则众心竞奋，争为我用。更……计远近画城堡，俾自守……将帅屯锐师要害以策应之。宽则耕屯为食，急则披甲乘墉。一方有警，前后救援……汴

---

① 《明史·金声传》。

梁一路，臣联络素定，旬日可集十余万人；诚稍给糗粮，容臣自将……河南五郡可尽复。五郡既复……南连荆楚，西控秦关，北临赵卫，上之则恢复可望"。当时开封汝宁间列寨百数，洪起最大；南阳列寨数十，萧应训最大；洛阳列寨亦数十，李际遇最大。潜夫过诸寨皆"铙吹送迎"。洪承畴坐镇的南京内外，据洪承畴顺治三年八月三十日的揭帖说："江南归附年余，人心尚属未定……到处号召同谋叛乱。今年正月十九日既密图江宁里应外合……职等无日不内严外防……加以奸恶假造讹言，惑乱人心；但有召集，遂多蚁附。"因此，洪贼常"亲统满汉官兵于二更时候"出城，"围住村庄"，大捕大杀；又常"将江宁各城门封闭，细搜城内逆贼，擒获甚多"①。南京如此，他处可知。

公元一六四五年（明弘光元年，清顺治二年）六月，南京失陷后，反清斗争在南北各地都普遍展开了；加之清廷改变其"天下人民，照旧束发"的诺言，于是月丙辰，又下令"南中文武军民剃发，不从者治以军法"，"直省限旬日剃发，如律令"②，益激起人民的反清高潮。在华北，各乡各村都普遍武装起来，日夜守卫、巡逻，不论村内或外来人，剃发者一律处死。一时使农村和城市完全断绝往来。在城市，清廷宣布："留头不留发，留发不留头"；人民却"宁肯留发，不愿留头"，不只到处发生服毒、自缢、全家自杀的惨象，且到处引起骚动。"结寨自固"的力量，更普遍壮大。

在南方，人民不只扶植鲁王的浙江政权，支持唐王的福建政权，并集结城乡力量，市民和农民配合坚守城市和关隘。择要说：在皖南，以金声为首，"纠集士民保绩溪、黄山，分兵扼六岭。"③ 宁国邱祖德、徽州温璜、贵池吴应箕等，多聚众响应，坚守城关。他们并派人和唐王联络。宁国诸生麻三衡随邱

---

① 《明史·陈潜夫传》；《明清史料甲编》第二本第一七〇——一七一页《江南总内院大学士洪承畴密揭帖》。

② 见《清史稿·世祖本纪一》。又《满清稗史·满清兴亡史》第二章第十八节载顺治二年的剃发令云："向来剃发之令不急，姑听自便者，欲俟天下大定，始行此事。朕已筹之熟矣。君犹父也，民犹子也；父子一体，岂可违异！若不归一，不几为异国人乎？自今布告之后，京城限旬日，直隶各省地方，自部文到日，亦限旬日，尽行剃发；若规避惜发，巧辞争辩，决不轻贷。"闻是时府檄下各县，有'留头不留发，留发不留头'之语。令剃匠负担行于市，见蓄发者，执而剃之；稍一抵抗，即杀而悬其头于担之竿上以示众。"

③ 《明史·金声传》及《明季南略》卷九"金声江天一起兵守绩溪"；《四朝成仁录》卷八《徽州起义传》。

祖德聚众响应金声，"旁近吴太平、阮恒、阮善长、刘鼎甲、胡天球、冯百家与俱起，号七家军，皆诸生也"①。在江阴，公元一六四五年七月，里人许用（按《明代轶闻》卷一《孤忠鉴·江阴守城纪》作许用德）倡言守城，"守备陈端之、黄瑞生、陈天璧破产十万，与二徽人某某（《明史》本传及《明季南略》卷九均作徽商邵康公、程璧）奉益阳王起义"，远近应者数万人；典史陈明遇主兵，徽人邵康公为将，典史阎应元集义民数千"昼夜拒战"，义军"向夜以灯笼遍悬海岸，大书'大明忠义营'五字"，又书一帜："留千古半分忠义，存大明一寸江山。"前都司周瑞龙泊江口相犄角。明中书舍人戚勋"破资数万以给官军"，市民徽人程璧尽散家资充饷，并亲往吴淞向总兵吴志葵求援。清军许定国猛攻，城中用炮石力击，清军被迫退十方庵，增调大兵，四围发大炮，城中死伤无算，犹固守。清军"总兵三人及定国死焉"。十月十日，祥符寺后城因大雨"城陷"，清兵乃"乘烟雾混杂时逾入"，众犹巷战；男妇投池井皆满，陈明遇、许用、冯厚敦、阎应元、王华、吕九韶、戚勋等均举家殉难，或自焚、或投水、或自缢，一般人民殉难者更不可胜数，无一人肯投降。清军实行屠城，城内外被屠者近二十万人；城内仅藏于阴沟之五十三人，未被屠杀。英勇壮烈，足以动天地而泣鬼神。在江阴城被攻陷前，他们"榜于城门"："三个月戴发守城，存明朝十七代人物；八万众同心出阵，战江阴四百里山河。"在守城抗战的过程中，清军将士受到重大杀伤，烈士们亦可谓取得相当代价矣。黄毓琪、徐趋举兵竹塘驰援城内，及城陷，逃去。明年，徐趋乘江阴无备，率壮士进袭，又尽殉国。原先守城到最后一分钟，城陷逃去的所谓"鄙人"任源邃，往来于太湖及群山中图再举，后"就吕氏于青山栅，战方酣，被执"，也慷慨就义②。

在嘉定，士民推侯峒曾为倡，偕里人黄淳耀、张锡眉、董用元、马元调、唐全昌、夏云蛟等，以知识分子为骨干，联合四郊"乡兵"和"皆市人子"组成的蔡乔等部，合十余万人，由市民出钱助饷，如"贾朱某……悉以家财佐军"，又如"南翔诸富贾户派出饷"；同时他们又在嘉定城厢，公议"挨门

---

① 《明史·邱祖德传》。

② 《明史》侯峒曾、阎应元等人传；《四朝成仁录》卷六《江阴起义诸臣传》；《明季南略》卷九《阎陈二公守江阴城》；《鹿樵纪闻》卷上《南国愚忠》；《荆驼逸史·江阴城守纪》。

出丁法，分上、中、下三等：上户出丁若干，衣粮自备，仍出银若干备客兵粮饷，并守城头目灯烛之费；中户出丁若干，衣粮自备，仍出银若干；下户止出一丁，分堞而守，每丁日给钱六十文，衣、粮、灯烛悉自备。"他们并力固守，称"嘉定恢剿义师"。由于清军李成栋部，在所至城乡"括取金帛子女"和"淫杀无度"，益坚定了人民从死里求生的斗志，誓死固守。及城中矢石俱尽，八月二十三日又值大雨，东城崩陷一角，人民架巨木支之，仍坚守拒战；二十四日雨益大，城大崩，清军便攻入城内。侯峒曾等仍率民兵死战，皆全家殉难；人民自缢、投井投河死的不可胜数。清军又实行反复屠洗嘉定城及附近市镇，被屠杀者数万，血流成渠，浮尸满河。淳耀殉难前遗言："异日……中华士庶，再见天日，论其世者，尚知予心。"在战斗的过程中，武装的人民，城乡联成一气，配合行动；清军处处挨打，寸步难移。并从群众中出现了很多善战的英雄人物，如"西门镇乡兵冯满、庞瑞、许臣等"①。这都是永留给中国人民的光辉。

在昆山，县丞阎茂才已遣使迎降；七月八日，县人共执杀茂才，推旧将王佐才为帅；朱集璜及周室瑜、陶琰、陈大任，名医孙志尹，人物画家李逸等共起兵，"立大明旗帜"，号"真义兵"。参将陈宏勋、前知县杨永言率壮士百人为助。"州中浦六结连巨恶为（清军）内应，赂丐者以药投井"，他们乃肃清内奸，所以，"义兵不满千人"，仍能坚守。清集江以南三十万众，悉京营大炮数十围攻，义军奋力御战，孙志尹等都战死；佐才在城陷前夜，仍"令部下发矢射敌将领一人，马卒二十余人"，坚持至明日，清军"发九百余炮，城始陷……佐才率义兵巷战，矢尽力竭"。城陷时，他们乃掩护人民突围出走，自己均壮烈殉难②。

此外，吴江人吴易，于吴江失陷后，"走太湖，与同邑举人孙兆奎、诸生沈自骀、自炳、武进吴福之等谋举兵，旬日得千余人，屯于长白荡，出没旁近诸县，道路为梗"。九月，吴易等迎击进攻清军，全军战死。吴易的父亲、妻女均投水死；孙兆奎于兵败时，"虑易妻女被辱，视其死而后行，故被获，械

---

① 《明史·侯峒曾传》；《明季南略》卷九《侯峒曾守嘉定城》、《黄淳耀渊耀同守御嘉定城》；《四朝成仁录》卷七《嘉定死义传》；《荆驼逸史》；朱子素《东塘日札》；佚名《嘉定屠城纪略》；梅村野史《鹿樵纪闻》卷上，《嘉定之屠》。
② 《明史·朱集璜传》；《四朝成仁录》卷七《昆山死义传》。

至江宁死之"。明年"易乡人周瑞复聚众长白荡迎易入其营"。九月，事机泄露，易被俘殉难①。松江夏允彝亦结太湖兵（民兵）②，计划攻松江。平日好谈经济、习水道海运，并辑有《海运书》卷五崇明人沈廷扬，为福王"理饷务，馈江北诸军"，南京失守，走归崇明、舟山一带；及鲁王航海南去，廷扬集众为水军北上抵福山（常熟北四十里濒长江），至鹿苑（常熟西北鹿苑口内），船均搁浅，为清军所执，拒绝劝降，从容殉难③。松江人李待问、章简等集众数千人守城，与吴淞水军相犄角，清军围攻，分门固守；城破均英勇殉难，教谕睦明永、诸生戴一泓等均自杀。群众英勇死难者不可胜计④。其他类此英勇惨烈的事迹很多。同时，在东南，被屠洗的城镇是相当多的，上述只是一些例子。另方面，在赣、浙、闽、粤、湘、鄂，到处都组织义兵，依山为寨，并多与明军相策应。

清廷胁于人民反清的威力，便又宣布剃发令暂缓执行；但蓄发只是人民自卫和反民族压迫的一种标志，反清并非基于剃发令上面。所以人民的反清斗争，并没有被血腥的屠杀和软化所阻止。西南政权成立后，在北方，北京近畿，也有义妇张氏与义民王礼、张天保等的密谋起义。西北有回民米剌印、丁国栋等起兵，尽杀清廷巡抚以下官吏，克复凉州、兰州、临洮、渭源、河州、洮州、岷州、巩昌等城镇；武大定等起兵占领固原；贺洪器等义兵攻占宁州、庆阳；赵荣等义军攻占文县；马德、李国豪等义军起自豫旺。在南方，甚至连降清的郑芝龙子郑成功，也以"父教子忠，不闻以贰"，拒绝随父投降，从永历元年，活动于闽、粤海岸，募师以抗清；合郑彩、郑联等克复厦门，渐次形成一部强大的海、陆武装，与山寨义兵相依。后退到台湾，展开与荷兰侵略者的斗争；到永历十五年（公元一六六一年）完全驱逐荷兰侵略者，克复台湾全部，作为抗清根据地，与金门、厦门相犄角；建立政权，用永历年号。清军无如之何，只得迫令沿海居民三十里界外尽徙内地，禁渔船商船出海，图断绝他们和内地的联系。张名振在舟山与陆上人民武装互相依靠的情况，清闽浙总督陈锦说："海寇登峰，则山寇为之接应，山寇被剿，则入海以避兵锋。交通

---

① 《明史·杨文骢传》；《明季南略》卷九《吴易起兵屯长白荡》。
② 《明史·陈子龙传》；《明季南略》卷九《夏允彝赴池水死》。
③ 《明史·沈廷扬传》。
④ 《明史·沈犹龙传》。

闽粤，窥伺苏松，久为东南之患。"

在广东，顺德诸生陈邦彦，于广州失陷后，即于顺治四年春逃入高明（广东高要）山中聚众起义，并联合散在甘竹滩（广东顺德西南）一带的余龙等人民武装二万余人；为着牵制正西攻平乐、浔州，压迫桂林的清军、即所谓"致力于此而收功于彼"，乃联合张家玉等合攻广州，为清军回师所败退，又派马应芳会合余龙收复顺德①。新会人王兴、潮阳人赖其肖等亦相继起义②；"好击剑任侠，多与草泽豪士游"，又曾投归李自成的进士张家玉，于同年与韩如龙等"结乡兵，攻东莞城"，清知县投降。南海陈子壮联合"善战"的"疍户、番鬼""起兵九江村"③。他们为着配合瞿式耜等的桂林城防战，邦彦又与陈子壮等"密约复攻广州"。"清兵还救"被败退，"子壮奔高明，邦彦奔三水。八月，清远指挥白常灿以城迎邦彦，乃入清远，与诸生朱学熙婴城固守"；并尝分兵救各部义军"之败者"，因此"精锐尽丧"。清军并力围攻，城破，邦彦等战至最后，仍率数十骑巷战；邦彦"肩受三刀"，旋被执，"馈之以食，不食"，慷慨就义。义军第一次围攻广州，清军"知谋出邦彦"，便以最卑劣的手段，捕拿其妻何氏及二子，致书诱邦彦投降；邦彦仅于信尾批答说："妻辱之，子杀之；身为忠臣，义不顾妻子。"张家玉等于恢复东莞时，没收前尚书李觉斯等家产偿军士。东莞再失陷，家玉等全家殉难；李觉斯引清兵掘家玉等祖坟，并实行屠洗，"村、市为墟"。义军北走，沿途群众纷纷参加，又收复龙门、博罗、连平、长宁，进攻惠州。克归善，乃以博罗为中心；被清军围攻，又退守龙门，群众参加者万余人，乃分军为龙、虎、犀、象四大营，夺取增城为中心。旧历十月清大军围攻数重；义军倚深溪高崖，大战十日，矢尽炮裂，力竭而败。他们均英勇殉难④。

为反对清廷和清军反动的血洗焚掠等反动政策，斗争在南北各地都普遍展开着；直至南明西南政权灭亡后，也还在持续，演出了无数英雄、悲壮、惨烈的事迹。以后，普遍的大规模的武装斗争被镇压下去后，又在全国转入地下的反清活动和斗争，如北方的"白莲教"、"天理教"，以"反清复明"为旗帜的

---

① 《明史·陈邦彦传》；《四朝成仁录》卷十《顺德起义臣传》、《东莞起义大臣传》。

② 《明史·陈子龙传》。

③ 《明史·张家玉传》；《四朝成仁录》卷十《东莞起义大臣传》。

④ 均见《明史》本传。

长江流域的"哥老会"（洪门）、闽粤与华侨中的"三点会"等。为缓和民族矛盾，清廷虽不断实行了一系列的改良政策，但由于它又始终坚持了民族压迫政策，所以并没能阻止汉族等各族人民的"反满"斗争。

第八节　民族矛盾、阶级矛盾和封建制的崩溃（一）

清廷的基本方针政策　居于清朝支配地位的满贵族集团，凭借满族少数的人口，来统治先进的、人口众多的、斗争传统丰富的汉族及国内其他各族人民，其基本方针：一方面利用和通过各民族的统治阶级或上层，去统治各族人民；一方面是联蒙制汉和联蒙汉以制国内其他各族，所以他一面说："满、蒙汉人今如同室"、"视同一体"，一面又说"汉人……究非同族，今虽有汉人为大臣，然不过用以羁縻之而已"①；一方面是联合汉族地主阶级，防止和压服汉族人民的反抗，制造并扩大汉族内部的矛盾；一方面是挑拨国内各族相互间的矛盾，以确立、保障其统治地位。而其中心则在于联合汉族地主阶级。在这个总方针下，便提出"满汉一体，满汉不歧视"的口号，来号召汉族地主阶级，并实行了一系列的改良政策，藉以掩盖其民族压迫和残暴统治的实质，缓和民族矛盾。其实施这种方针的主要政策为：

首先在政权方面，清廷在表面上规定由内阁到六部等中央机关，均设复职，满、汉平分；地方的省、道、府、县主官，满、汉机会平等，由于满人不够分配，府县以下，汉多于满。但在实际上：（一）中央的大权，并不在内阁，雍正以前，在满贵族组成之议政王大臣会议；雍正以后，在满员充任的军机大臣；（二）银库、缎匹库、颜料库、火药库等财政军器等方面，是满员的

---

① 徐珂《清稗类钞》第十四册《种族类》："天命乙丑，太祖谕诸贝勒，有：'满、蒙、汉人今如同室，然惟和洽，乃各得其所'之训。太宗则云：'朕于满、蒙、汉人视同一体，譬如五味调和，贵得其宜。'""吏、户、礼、兵、刑、工各部各署皆有匾，上书某年谕满大臣等，宜时至大内某宫敬谨阅看某朝所立御碑……光绪时，某部尚书某以其署翻造大堂，乃见之，旋知宫中所立碑，乃专谕满大臣略谓：'本朝君临汉土，汉人虽悉为臣仆，而究非同族；今虽有汉人为大臣，然不过用以羁縻之而已。我子孙须时时省记此意，不可轻授汉人以大权，但可使供奔走之役而已。'"

专缺；（三）汉官在事实上，只是傀儡、"奴才"，怕汉人官吏与人民联系，并规定回避本省。参加政权的途径，康熙时（公元一六六二——一七二二年）采取"用儒术以笼汉族"① 的办法，除功臣和老牌"奴才"外，形式上一体经过科举（州县考及格为秀才，省考及格为举人，京考先经会试再经殿试及格为状元、榜眼、探花、进士及第、赐进士出身、同进士出身等）：雍正以前，满人另设一榜，只考满译汉文一篇，以后则一体考试。而在实际上，满人，尤其"满洲大贵族"的子弟②作官，并不靠考试出身，只有汉人须经过考试途径。同时，这不仅直接麻痹和笼络了汉族知识分子，而且把他们的精神，终身桎梏于"八股"里面，成为废物。但一些较清高有气节的遗老和知识分子，不愿参与科第考试，便又特设"博学宏词科"，令京官和各省衙门，用"举荐"的强迫方式，促其应征赴京。结果"自惭周粟"的假"夷齐"（伯夷、叔齐）们，如朱彝尊、毛奇龄之流，都下了山，只有王船山、黄宗羲、吕留良、万斯同等，始终保持名节，反对忘信弃义、藉口窃夺明朝江山的清朝。

在军事方面，名义上有满军八旗、蒙古八旗、汉军八旗（正白、镶白、正蓝、镶蓝、正黄、镶黄、正红、镶红）；但所谓汉、蒙八旗，大都是其最忠实的奴才掌握的武装，数量仍远少于八旗满军，在政治上，满军也占在高一等的地位。自京城及全国要冲，均由满军驻防、控制；次要战略地点由蒙、汉八

---

① 《满清稗史·满清兴亡史》第二章第三十一节："玄烨（康熙名）在位六十一年间，虽外讨内绥，兵威甚盛；然亦知汉族之不可以武治也，乃用儒术以束缚之。计其政策有六：一、崇祀孔子，亲往释奠，并饬国子监讲求程朱性理之学，以风示汉民；一、举博学鸿词科，以网罗明季遗民及奇才杰士；一、开馆编会典、字典、《明史》、《佩文韵府》、《渊鉴类函等书》，俾士人奉为准则；一、巡游江南，召试名士，藉以观察民心（羽按：康熙、乾隆均六度巡游江南）；一、开千叟宴，诏天下不论满、汉官民，凡年过六十五者皆得与宴赋诗，以示满汉一体；一、采鄂尔泰泰议，取士复用八股，以牢笼志士、驱策英才（原注：时八股三废且数年矣，满大学士鄂尔泰奏请复之，有：非不知八股为无用，而用以牢笼志士、驱策英才，其术莫善于此等语）。自是以后，汉族始安，帝业始固"。康熙的这几项政策在客观上，有些是对中国文化发展起了积极作用的（如图书编辑等），有些是起了反动作用的（如"复用八股"等）。

② 《清稗类钞》第十六册《姓名类·满洲八大贵族之姓》：除皇族外，"满洲氏族以八大家为最贵：一曰瓜尔佳氏，直义公费英东之后；一曰钮祜禄氏，宏毅公额亦都之后；一曰舒穆禄氏，武勋王扬古利之后；一曰纳喇氏，叶赫贝勒金台什之后；一曰栋鄂氏，温顺公何和哩之后；一曰马佳氏，文襄公图海之后；一曰伊尔根觉罗氏，敏壮公安费古之后；一曰辉发氏，文清公阿兰泰之后。凡尚主选婚，以及赏赐功臣奴仆，皆以八族为最。"

旗驻防，以满军为骨干。八旗军以下的防军，均叫作绿营（因用绿旗）：饷项比八旗低至三分之一以下，器械比八旗差；驻防各地，事实上有八旗的地区，均受八旗控制、指挥，并皆配置满人军官，从中控制。它还担心这种武装不可靠，一面公开准许其官长克扣军饷、吃空额，一面又严格限制士兵升为官长。这不仅在促进绿营的腐化，又在扩大官兵矛盾。反之，对于满军八旗，却不断去督促其"骑射"操练。

在刑法方面，从顺治时颁布又经过乾隆时修改的《大清律》，形式上和《唐律》的条目差不多，表现为维护封建的阶级统治的东西，没有民族差别。但实质上，却包含着民族压迫的真实内容：（一）特别着重于反抗其统治的所谓：谋反、谋大逆、谋叛、恶逆、内乱、不道、大不敬、不孝、不睦、不义等"十恶"；（二）可以免刑和宽刑的所谓议亲、议故、议贵、议勤、议功、议宾、议贤、议能等"八议"，具备这种条件的，主要只有满籍贵族、官吏等，其次便是死心塌地的极少极少的老牌"奴才"；（三）一般满人犯罪，均不归司法机关处理，而另归于其步军统领、都统、将军或内务府慎刑司（他们并同时可以审判汉人），并有所谓"换刑"（如笞可换鞭责，充军可换枷号……）、"减等"等特权，其特设监狱，也比较优待。

在文化教育方面，一面尽量提倡空谈无用的理学和"八股"等，一面尽量压制凡有民族反抗思想和革命思想的东西。到康熙、雍正、乾隆各代，都以很大力量编纂书籍。乾隆时以纪昀为主编的《四库全书》的编纂，是一项极其浩大的工程；但它窜改和焚毁了不少有进步内容、尤其是有革命思想的书籍，这是不可饶恕的罪过。编纂的书籍，康熙时主要有《康熙字典》、《佩文韵府》、《古今图书集成》等；乾隆时有《皇朝文献通考》、《皇朝通典》、《大清会典》、《大清一统志》，以至《四库全书》等。焚毁的书籍，康熙时，下令凡书坊一切小说淫词（按即具有反抗内容的东西），严查禁绝，板片、书籍一并尽令销毁，违者治罪。乾隆时，实行搜查一切有忌讳的诗文野史等，概予销毁、查禁，前后二十四次，即毁书五百四十种，共近一万四千部。所以他们在图书编纂方面，客观上也是过多于功的。

在民族政策方面，挑拨和扩大国内各兄弟民族间的矛盾，如在西北，压制回族，挑拨汉、回关系，使互相仇杀；又故意提高喇嘛教，歧视回教，以制造蒙、回矛盾；"联蒙制汉"以制造蒙、汉矛盾，但又收买蒙族王公，压迫蒙族人民，并提倡喇嘛教①和吸大烟等去摧毁蒙族。但这种挑拨，在各族先进人民里面，由于经过长期以来的互助合作和民族融合的过程，却没能发生其反动作用，他们彼此间仍是"通力合作，耦俱无猜"，"语言皆能互通"②。各族间的融合，到清朝已成了无可抵抗的趋势③。

----

① 明清统治阶级，不是让人民宗教信仰自由和不信也同样有自由，而是在蒙、藏等族中极力巩固和提倡喇嘛教，助长了宗教特权阶级去强迫人民信教。因而便至少在客观上，使优秀的蒙族和藏族等兄弟民族，受到了喇嘛教最惨酷的戕害。以蒙族为例，《清稗类钞》第十四册《种族类》说："久处专制政体之下，并为喇嘛所感化，其独立不羁、自由平等及宽以容忍、勇于战斗之特性，渐已变迁。特以迷信……等习"，"使近世人种学家"即资产阶级民族学家"据为口实"，以唯心史观的反动论点来污蔑优秀的蒙族。以是蒙族"人口消耗"，或者说，"而喇嘛教义又从而耗之，是以人口之消减愈速。唯土默特、准噶尔、达拉特三旗，以近于汉地，婚葬又用汉礼，故喇嘛教之迷信以减，而人口亦渐繁。"又以藏族为例，在西藏，"或谓仅百五十万，或谓当过五百万；生齿之少，实因喇嘛太多……有以致之。"在甘、青，喇嘛寺在清朝成了反叛祖国的"逋逃薮"和行使封建特权的堡垒。为此，清廷曾采取过如次的一些具体措施："雍正初，和硕特罗卜丹藏津败，内地大军深入青海，追各寺所藏明代国师禅师印敕，限其庙数毋过二百楹，每寺喇嘛毋过三百人；并禁藏兵器。盖以前首，均喇嘛寺院之主，各辖番人如土司。番族多削发，寺僧无定额，遂致僧民混淆，良莠不齐，寺院即为逋逃薮矣。自是仿土司、设番目……定其贡市之期与地……定互市于日月山。"

② 《清稗类钞》第十四册说："河套之人皆春出冬归。其留居者皆地主大户也，冬时则集其佣人以胡麻榨油，入关而贩之。其佣人中有蛮子、有鞑子，通力合作，耦俱无猜。蛮子者，汉人之通称也。鞑子者，满、蒙人之通称也。蛮子与鞑子，汉、蒙语言皆能互通。有时亦往往自称为蛮子、鞑子，犹之各称其乡贯，略不含有他意也。"在汉、藏间，如清朝统治阶级称作"汉番"而外的"熟番"的青海藏人，"衣冠语言虽异，与汉族耦居无猜……汉族居其乡者，悉从其俗。又有赘于番族者，生子即为番。"这不过是一二例子。

③ 《清稗类钞》说，在满八旗、蒙八旗、汉八旗各旗之间，跳旗是常有的现象。在汉满间，满人"言语习惯，多与汉同"。满族的构成成分，"舍本族外，尚有多族集合，而以汉与蒙古及鲜卑人为最伙。""蒙古族杂入满洲旗籍者，约有二十余（部）。"在蒙族，"与汉族，满族及外国之突厥、波斯、俄罗斯等族血统，已有少半之混合。""内蒙之乌兰察布盟、伊克昭盟……综合中俄人士之传说，乃知其中尚有汉、满人之混合种也。"在回族，"甘回者，突厥种人也（羽按：此说尚有待于进一步研究）……居食衣服，皆从汉俗，惟入礼拜寺则戴六棱冠。"陕、甘回人，"汉族以其衣服语言皆与汉同，故呼曰汉装回，亦称之曰小教，间有逃回入汉者。"在藏族，川、滇、青、甘等处的所谓"内地"藏人，"与汉族杂处，久服水土，私通婚媾，血统混淆，形貌已难辨别。"其他所谓非"内地"的甘青等处藏人，"然亦择汉男（或女）为偶，抚汉儿为嗣。""（青海）郭密……番族归化最早，世称西宁番之一也。内分尕让族、红拉族、多剌族、登楞族、焕木族、质盖族、作什纳族、当加却呼族、贺尔加族等九种。"藏族言语，"杂梵音，汉语、蒙语、印度语皆有羼入。"在苗族，"汉族之混合于苗族者……则或入赘，或冒充也。"湘、黔、川苗族，"在边墙之内，与汉族杂居……无猜嫌"；在湘西、黔东，清统治阶级所谓"生苗寨落，与汉村相连，故攘窃之患，犹不多见"。或者说："汉苗毗连，其间无甚藩篱。""熟苗与汉族杂居，风俗与黔苗无异，通汉语。"在瑶族，湘、粤间瑶人中的所谓"平地瑶"，"饮食、衣服与汉族同，其佃种力作营生置产皆然；惟与瑶人言则瑶言，汉族言则汉语。"他们"颇与汉族相比狎，语言亦同"。这也只是一些例子。证以今日情况，徐珂所说，基本上是符合事实的。

其经济方面的政策，已在前面提过。它具有恢复农业生产和摧毁资本主义生产幼芽的两面性。

削藩 顺治（世祖，爱新觉罗福临，公元一六四四——一六六一年）为着利用汉人地主武装，帮他去消灭明朝西南政权，镇压汉族及各族人民反抗，打下统治基础，封吴三桂为平西王，经略川、黔、滇，孔有德、尚可喜、耿仲明等也均封赠为王（见前），去进攻南明，经略两广。康熙（圣祖，爱新觉罗玄烨，公元一六六二——一七二二年）又以吴三桂王云南，尚可喜王广东，耿仲明子继茂王福建。及至其统治暂趋巩固以后，认为裂地封王，拥有武装的汉人"奴才"，也可能危害其统治，便不容许其再存在下去了，因而发生所谓"三藩叛变"。康熙十年（公元一六七一年），尚可喜奏请由长子之信王广东；十二年又请自己归老辽东海城，清廷令其率诸子藩属及所部佐领尽移归。吴三桂、耿精忠（继茂子）感觉不安，也于康熙十二年七月（旧历），奏请撤藩，探听清廷意旨。尚书米思翰、明珠坚主撤藩，康熙亦以"三桂蓄异志久，撤亦反，不撤亦反，不若及今先发，犹可制也"。清廷便下令徙藩于山海关外，并于八月任命监督撤藩的三省专使。十一月，吴三桂遂揭起"天下都招讨兵马大元帅"的旗号，"因执二使，以抚首祭旗纛"，反对清廷，指斥清军"逆天背盟……窃我先朝神器，变我中国冠裳"，号召兴明讨虏，"拥立崇祯第三子，年号周启，旗帜皆白，蓄发易冠"①。希望取得汉族人民的支持。明年又自称周王，宣布恢复蓄发和服制。福建耿精忠也于明年三月、尚之信于康熙十五年二月起兵响应。

吴三桂揭起反清旗帜后，一面"致书平南、靖南二藩及贵州、四川、湖广、陕西诸将吏与相识者，要约响应"②；一面派马宝、王屏藩分路出湖南、贵州、四川；一面派人往各省联络。饱尝了清廷歧视和八旗压迫的掌握武装的"奴才"，如贵州巡抚曹申吉、提督李本深，湖南巡抚卢震，四川巡抚罗森，广西将军孙延龄、提督马雄，襄阳总兵杨来嘉都相继响应；陕西提督王辅臣亦以平凉响应，占领全甘。"三桂更自四川陷汉中陇西"。赣南、赣西的南康、

---

① 《满清稗史·满清兴亡史》第二章第二十四节；佚名《耿尚孔吴四王合传·平西王吴传》；《清史稿·吴三桂传》；《荆驼逸史·四王合传·吴三桂传》。
② 《清史稿·吴三桂传》。

都昌、萍乡、袁州、安福、新昌等州县，均为吴军占领。耿军分三路入浙江，也占领浙南、浙东一带。"江南全境非复清有"。台湾郑经（成功子）亦派人和耿精忠联络，相约互为配合。长江以南，除苏南、皖南及浙、赣各一部分外，并四川、甘肃全脱离清廷统治。"土寇、羌、番亦蜂起，满清之大局一危。"①

但由于他们，尤其是吴三桂，在人民面前所作的罪恶太大，得不到人民的同情和支持；同时，吴三桂等也自始就没有反清到底的决心，所以他一面在军事上，只是防御，屯兵岳州、洞庭沿湖，与武昌、宜昌、荆襄清军对峙，一面又请达赖喇嘛出面调停。

在清廷方面，感受当时形势严重，便一面"下诏，止广东、福建两藩勿撤，且使出兵伐三桂"②；一面尽其八旗全力，命顺承王勒尔锦、贝勒尚善，率主力进屯湖北，当湘、赣，并以硕岱为前锋，继又加派安亲王岳乐专攻江西；莫洛及贝子董额当川、陕；王辅臣反清后，又派大学士图海为"抚远大将军"；康亲王杰书，贝子博勒塔领兵趋浙江，图福建，简亲王喇布镇守江南。一面集中力量打击吴三桂，宣布吴三桂为反复无常的"逆贼"，对其他方面，尽量分化、收买、劝降。一面尽量笼络附清的奴才军，提拔新人充任将帅，如蔡毓荣、徐治都、万正色（湖北方面）、李之芳（浙江）、杨捷、施琅（福建）、张勇、赵良栋、王进宝（陕西）等，为其出力；结果，他们在这次战争中，比人数较少、战斗力也开始衰退的八旗兵，对清廷起了更大的作用。

因此，一方面，康亲王于康熙十五年九月，"自衢州统兵征闽"，实行分化和招降，十月清军"进福建，耿精忠降"③，王辅臣亦于是月、尚之信于十六年五月相继投降，其他各部将领亦多相率降清；另一方面，清军以正面牵制吴三桂于岳州、洞庭间，岳乐以奇兵由江西袭取长沙。康熙十六年四月吴三桂败退至衡州，于十七年三月称皇帝；八月三桂死，孙吴世璠继位称帝。清军一面由广东、江西、湖北三面攻湖南，一面以奴才赵良栋、王进宝等率汉军为主力攻四川。吴军不断败退，清军攻占四川、湖南、广西后，便从三面进攻云、

①《满清稗史·满清兴亡史》第二章第二十四节。
② 同上书第二十五节。
③ 李之芳《平定耿逆记》。

贵；吴世璠、吴应麟等逃至云南。康熙二十年十一月，清大军围云南，赵良栋等军首先逼近昆明，吴世璠自杀。这一场清廷与其老牌"奴才"间的大火并便结束了。至此，清廷便进一步限制"边疆提镇"的兵权，限其"常来朝见"，减少营额，"兵权不……令久擅"①。

并吞最后抗清堡垒的台湾　郑成功拒绝随同其父郑芝龙降清，"专图恢复明室，持厦门为根据地"，及鲁王由浙江"浮海至厦门"，成功"军势益振"，"及闻芝龙被杀，遂引舟师抵浙，袭温、台四郡；马信等降，江南大震。"顺治十六年五月"成功率兵十万""北伐"，"经江阴"，"蔽江而上，（六月）初八日至丹徒，十三日泊巫山祭天，诸舟环集"，"祭太祖"，"大呼高皇帝者三。将士及诸军俱泣。""北伐"，"取镇江，入南京"，并渡江克瓜州；败退后，"乃奉鲁王至台湾，逐荷兰人"，以台湾为反清基地，建立独立政权，用南明永历年号；实施安定人民生活，团结全岛人民的各种"善政"。郑入台以前，台湾生产是比较落后的，土地"三年一丈量，蠲其所弃而增其新垦，以为定法"；同时郑氏为首的台湾反清政权，又把台湾成为海内外通商的枢纽，"中国帆船可以厚赂守口官兵，潜通郑氏以达厦门，然后通贩各国"。"海内皆仰资郑氏。"② 康熙元年（公元一六六二年）"鲁王殂，成功亦死；成功子经保守台湾"，仍用"明永历之号"。当三藩变时，"命刘国轩等乘势取福建之沿海岸"③。康熙十三年五月，收复泉州、同安，明年十一月又攻克漳州，又明年十一月进迫福州，十六年二月败退，十七年再攻泉州。十八年，刘国轩等又分路攻福建，大败清总督郎廷相，清军将士死伤甚多。及吴三桂在湖南失败后，清廷便以长江及洞庭水军全部调至闽海，加之"奴才"李光地等组织地主武装，充任向导。康熙十九年，新收复之澄海等地区复失陷，郑经、刘国轩等并被迫放弃厦门及金门诸岛，退回台湾。

郑经、刘国轩领兵攻闽的期间，清廷一面派奸细入台，收买侍卫冯锡范等，发动叛卖的政变，剥夺"总制"陈永华兵权，袭杀"监国"郑克𡒉（经长子），另立小娃娃克塽。郑经退回台湾之明年亦死。康熙二十二年，清廷派

① 以上参考《清史稿》圣祖纪、吴三桂等人传及《东华录》等书。
② 黄叔璥《台湾使槎录》第四卷《伪郑附略》。
③《明季南略》卷十一《郑成功入镇江》；《满清稗史·满清兴亡史》第二章第二十六节。

施琅攻台；六月，进攻澎湖群岛，刘国轩败走；七月，冯锡范等挟克塽投降，作为亡明遗臣的这块最后的反清基地便陷落了。

至此，台湾又成了清朝管辖的一个直接组成部分。

文字之狱　另方面，清廷在全国的统治确立后，在其对资本主义生产幼芽的绞杀政策、血洗政策的矛盾的基础上，构成了汉族劳动人民和中间层知识分子反清的潜在情绪仍很普遍、深刻，而知识分子并每每成为反抗运动的桥梁；因此，清廷便继续采取血腥的屠杀和镇压政策，来对付一切有民族情操的知识分子，甚至吹毛求疵，扩大屠杀，企图以此来压服汉人的反清思想。这种思想不可能消灭，屠杀、镇压政策便长期继续。其中几次最大的屠杀事件为：

首先为康熙二年的庄廷鑨"明史之狱"。浙江乌程富人庄廷鑨得明臣朱国桢未完成的《明史稿》，集学人增损完编（补进崇祯朝以后的部分），号曰《明书》，署为己作。其中对明、清间的情况，多据实直录，且表现一些思明反清的民族情操。如云："长山衄，而锐师饮恨于沙磷；大将还，而劲卒销亡于左衽"，斥孔有德、耿仲明为"叛国"，清军入关后，仍以南明为正统。罢官的归安知县吴之荣，丧心病狂向清廷告发；清廷下令：庄氏家族、作序人、参校人——凡列名书中者、买书者、卖书者、刻字印刷者以及地方官，连同其家属半成丁一律残酷处死，妻小徙边远为奴；已死之庄廷鑨，从坟墓里挖出碎尸万段。被残杀的共七十余人。

次为康熙五十一年的戴名世《南山集》之狱。戴著《南山集》，载永明王事迹，并采入桐城方孝标所著《滇黔纪闻》。戴、方两家五服内的男女老少数百人，一律处死、充军，其他有关系的人，也都被处死或流徙，方孝标被开棺碎尸。

此外牵累较少的：有康熙六年的江南人沈天甫之狱，说他伪造明末文人诗集，被杀头；康熙二十一年的湖北人朱方旦之狱，说他造邪说惑众，被杀头。两案都牵连亲戚。

次为雍正（世宗胤禛，公元一七二三——一七三五年）七年的吕留良、曾静之狱。遗老浙江人吕留良，明亡后，拒绝清廷征聘，削发为僧，著书宣传"攘夷"和"论夷夏之防"，提倡民族气节和反清思想。湘人曾静读留良书大喜，派门生张熙至浙求全书；又修书令张熙往见川陕总督岳钟琪，劝他继承其先人岳飞遗志，共同举兵反清。猪狗不如的岳钟琪，反会同满籍官员，使用假装同情的欺骗手段，得知曾静等计划和所有关系人。雍正便将已死的吕留良及子吕葆中、门生严洪逵枭首、戮尸，留良门生沈在宽零刀细割处死；杀灭吕氏、严氏、沈氏全族；尊信吕氏学说之黄补庵、车鼎丰等一干人等，本人被杀头，家族被充军。对曾静、张熙又玩弄另种骗局，为他们伪造口供，编为所谓《归仁说》；合雍正驳吕留良学说的各种文告（主旨在掩饰民族压迫政策，用空洞的词句说明满汉一家），辑为所谓《大义觉迷录》，颁行全国学府，定为士大夫必读之书。

此外牵连较少的，有雍正三年的汪景祺之狱。景祺《西征随笔》及《功臣不可为》等著作，有讥谤康熙，同情已"赐死"的将军年羹尧的内容；被处死，亲属充军。雍正四年的钱名世之狱。名世作诗颂扬年羹尧征西藏的功劳，免职发回原籍管束，榜为"名教罪人"。雍正四年的查嗣庭之狱。查"作私史，谓其诬谤国恶"；为江西正考官，以"维民所止"为考题；雍正认为"维止"二字系斩"雍正"头的意思，将查嗣庭监禁致死，并剉尸枭首。广西陆生楠之狱。生楠著《通鉴论》，批评君主专制，"谓其多逆语"，被杀头。雍正八年的徐骏之狱。徐骏诗有"清风不识字，何故乱翻书"，又奏章写"陛下"为"狴下"被杀头；诵徐诗者也处死。御史谢济世"注释大学，谓其毁谤程朱，诽讪朝廷"，被捕"下狱"、充军[1]。

乾隆（高宗弘历，公元一七三六——一七九五年）时，如徐述夔诗："大明天子重相见，且把壶儿搁一边"，沈德潜"夺朱非正色，异种也称王"，全祖望"为我讨贼清乾坤"，或因作者已死，掘坟开棺碎尸，或严重治罪；他如段昌绪圈点《吴三桂讨清檄文》、齐赤若刊《吕留良遗书》、彭家屏藏《明末野史》，甚至胡中藻在广西以"乾三爻不象龙"作试题及其《坚磨生诗钞》评及朝廷派别，也都被处死。像这类的事情，以后连年都有，至少还有二三十次；被连累杀头或充军的人很多，其惨酷真是难以尽述。其中鄂尔泰、胡中藻之狱，内容较复杂。当时清廷官僚：满员依附鄂尔泰，汉人依附张廷玉，形成两个派别。同时鄂尔泰、鄂昌父子是汉化颇深的满员，鄂昌作诗称蒙人为"胡儿"，依附鄂的汉员胡中藻等，则以实行篡夺的权门期待鄂尔泰。乾隆不只要打破汉员自相结合的派别，且要打击满员的汉化和私家树党，便藉端

---

① 《满清稗史》同上第三十五节。《清史稿》圣祖、世宗、岳钟琪、戴名世等人纪、传。

兴狱。

对国内各民族上层和对外战争　清廷所进行的对外战争，客观上消耗了中国各民族的力量，清廷的主观上在转移汉族等各族人民反清斗争的锋芒。对国内各族的统治阶级或上层集团，清廷原是利用和通过他们去统治各族人民的，但由于他们和清廷间存在着权利的争夺和冲突，又不免常常发生武装冲突或战争。战争及有关措施的结果，客观上却起了维护祖国统一和完成了奠定祖国疆土的作用。

康熙时有与俄罗斯封建王朝对黑龙江、尼布楚边界的争执。由于沙俄侵扰，于我黑龙江北岸的外兴安岭，强筑雅克萨、尼布楚两城堡，驻军该地，"屡侵满洲之守兵"；当地我国军民愤怒抗击，康熙也加强防务，于爱珲筑城置守。康熙十四年（公元一六七五年），俄使至北京，要求互市、换俘、定界；清廷以其不交回流亡，拒绝谈判。康熙二十一年清廷遣郎坦领兵入俄占区探虚实，俄军不时出击，清廷随即于宁古塔修战舰，建立军运驿道；二十三年五月（旧历），派萨布素等率兵进击雅克萨，俘虏一些俄军官兵。康熙二十四年，派彭春等领陆军万人、水兵五千人，进攻雅克萨，迫俄军撤退；俄将额里克谢（即图尔布青）败退至尼布楚，巴什里等四十人被俘。清军拆毁雅克萨城。但俄军于清军撤退后，又重新侵入，筑城固守。明年二月，清廷又出兵进攻雅克萨，额里克谢战死；但俄军仍顽抗，坚守城塞。最后清廷以荷兰人为介，致书沙皇，提议议订彼此边界，沙皇复书同意。乃于康熙二十六年开始议和，二十八年七月（公元一六八九年九月）订立《尼布楚条约》，用满、汉、俄、拉丁、蒙诸种文字立碑于格尔必齐河；沙俄退还黑龙江岸中国领土。

明清之际，蒙古厄鲁特部散处到今蒙古国西部至天山南路一带地区，其中一部准噶尔则散布于天山南路及青海地方。到清初，厄鲁特贵族噶尔丹等常向东部喀尔喀部进袭，占领元贵族苗裔土谢图、札萨克图、车臣三汗领地，并常进入内地。康熙二十七年（公元一六八八年），喀尔喀三汗商定：请求清廷加以制止。康熙帝令噶尔丹西归。在沙俄支持下的噶尔丹不奉命，反长驱逼内蒙古西部。康熙帝派八旗兵驻归化城（今内蒙古自治区呼和浩特）加以阻截。康熙二十九年，以噶尔丹进扰，康熙命裕亲王福全率军入蒙；并亲将大军逾大迹山，大败噶尔丹于乌兰布通，噶尔丹连夜逃走，随即表示降服。三十年四月，康熙亲自率兵巡视蒙古五十六旗，噶尔丹派人来归化朝见。自后并派人进表，清廷许其入贡、互市。三十四年以噶尔丹不听诏令，与喀尔喀部相侵掠，康熙又亲率大军十万入蒙，越过大漠，抵克鲁伦河畔；另路清军由西方北进，破噶尔丹军于昭莫多（今蒙古国土谢图汗中旗南）。噶尔丹妻可敦被大炮击死。康熙乃自为文，勒碑于察罕拖诺山、昭莫多之山，班师。但噶尔丹仍不肯归服，康熙三十六年二月，康熙又亲征噶尔丹，一面以大军压迫，从宁夏进攻，一面利用策妄阿拉布坦（噶侄）与噶尔丹相争夺的空子，收买策妄；噶尔丹进退无地，乃于闰三月自杀，所部尽降。在清军强大兵力面前，阿尔泰山以东及青海地区各部落和部族上层，都相率表示归服清朝中央朝廷。"自是阿尔泰山以东，皆隶清版图，并拓喀尔喀西境千余里"，并"归三汗于喀尔喀"①。在军事之后，清廷又不断继之以他种政策，对于富有斗争传统的蒙族，乃实行所谓"众建"，即把蒙族分割为互不相属的内蒙、外蒙、河西厄鲁特、金山厄鲁特；在各部之内，又分割为互不相属的各盟，并限制盟长的权力，只给各旗长以"世治其民"之权。这表现了清封建朝廷民族压迫政策的实质。

西藏自公元一四一七至一四七九年"宗教革命"（似系封建制革命）后，便由"宗教革命"的领袖宗喀巴的弟子达赖喇嘛和班禅喇嘛分掌政权和教权，而达赖以下的第巴则是政权的实际掌握者，但后藏实际仍在红教的支配下。康熙时前藏第巴桑结联络蒙古和硕特部固始汗入藏，击败红教护法藏巴汗，拥班禅移往后藏首府日喀则扎什伦布寺。后桑结又联络准噶尔噶尔丹率兵入藏，杀固始汗孙达颜汗。康熙二十一年（公元一六八二年），五世达赖死，桑结私自选立六世达赖，固始汗孙拉藏汗乃杀桑结，囚六世达赖，另立新六世达赖。西藏各寺喇嘛及蒙族各部均不服，又别选达赖喇嘛于青海西宁。康熙五十六年（公元一七一七年），准噶尔部之策妄阿拉布坦又乘机率兵入藏，在各寺喇嘛的配合下，击杀拉藏汗。康熙以策妄阿拉布坦（噶尔丹侄）侵掠西藏，康熙五十七年十二月派皇子允禵为抚远大将军，率色楞、额伦特等统满、汉军及青海各少数民族头人的武装入藏；却被策妄杀得大败，额伦特亦中枪死。明年命皇子允禵率重兵驻西宁；又明年派平逆大将军延信出青海，定西将军噶尔弼出打箭炉，击败策妄阿拉布坦，二月进入拉萨，凡通于策妄阿拉布坦的"喇嘛四百余人，悉予诛戮。"立西宁之达赖为新达赖六世，将前达赖送至北京。

①《满清稗史》同前第二十八节。

"举拉藏汗之旧臣二人分治前后藏"①：康济鼐管前藏，颇罗鼐管后藏；并派将军领兵驻藏。后至雍正二年（公元一七二四年），又特设驻藏大臣于拉萨。所以说，从元朝经明朝、清朝，西藏一直是中国领土的直接组成部分。

雍正元年（公元一七二三年）八月，因青海各族：蒙古厄鲁特部、和硕特部固始汗之孙罗布藏丹津乘雍正初立，与唐古特的大喇嘛察罕诺门等联合叛清。清廷命驻于西宁的侍郎常寿前往抚慰，反被逮捕，乃即命川陕总督年羹尧驻西宁，四川提督岳钟琪率军入青海，守巴塘、里塘，将军富宁安等驻吐鲁番及噶斯泊，断其与准部间的联络。明年岳钟琪率六千兵"出塞"，渡哈达河，进至乌兰木呼儿，尽歼罗军，罗单骑出走，岳钟琪率军追三百里，至桑骆海。清军战败罗布藏丹津等后，参加反叛的各部落首长、喇嘛及其眷属，全部被俘，并收其兵器、印绶。清廷乃改西宁为府，同时特设办事大臣。

由于清朝封建朝廷又实施了民族压迫政策的统治，不能解决统治与被统治间的矛盾以及清廷与各族上层的权利冲突。因此，厄鲁特的策妄阿拉布坦也不断叛清。雍正五年策妄死，子噶尔丹策零立，也不服从清廷政令。因此，清廷便于七年三月，命傅尔丹领八旗兵屯阿尔泰山，岳钟琪率绿营屯镇西，期以明年会攻伊犁。在大军的压力下，噶尔丹策零表示归降。但清廷以其非真正归服，便不停止军事行动。策零反进攻绿营兵于科舍图卡伦。九年，清军大举进攻。四月，八旗兵进至科布多。六月，与策零战，中伏大败，生还科布多者仅二千人，定寿苏图等将官均战死。九月，策零为善巴从弟三音诺颜郡王策凌所败。明年七月，策零大举反攻，进袭绿营兵；岳钟琪一面派兵拒战，一面派大军搜策零后路，策零退走。清廷以绿营强过八旗，反于九月将岳撤职查办。明年正月，另派鄂尔泰经略北路军务。但策零主力并没丧失。十二年，清廷暂停止对策零用兵，许其"请降"。明年下令以阿尔泰山东西为"外蒙"（今蒙古人民共和国）与厄鲁特准噶尔部的分界，乾隆初定议。

乾隆即位（公元一七三五年，乾隆元年为一七三六年）后，更扩大对国内各部族和部落上层的军事行动与对外战争，他自称"十全武功"，即平准噶尔二功，定回一功，平大、小金川二功，平台湾二功，降缅甸、"安南"（今越南国境）一功，降廓尔喀二功。

①《满清稗史》第二十九节；《清史稿·西藏传》。

（一）对准噶尔。自雍正十三年指定准噶尔与"外蒙"的划界后，清廷便分别实行羁縻与怀柔，因此其内部上层分子间又不断发生权利冲突。乾隆十年（公元一七四五年），策零死后，达尔札继立，这种内部的冲突，便日益剧烈起来；阿睦尔撒纳袭杀达尔札，另立策妄阿拉布坦的从孙达瓦齐；十九年九月，阿睦尔撒纳又为达瓦齐所驱逐，阿睦尔撒纳乃率部投奔清廷，怂恿乾隆帝出兵，乾隆便于十二月派班第为定北将军，阿睦尔撒纳为定边左副将军，永常为定西将军，萨赖尔副之，从南北两路出兵，并以"本准部渠帅"的两副将率军先进；因有内应，明年三月，达瓦齐在清军与阿睦尔撒纳部的夹攻下，被杀得大败，阿睦尔撒纳请求继任为准噶尔部长，乾隆不同意；八月阿又率部叛清，伊犁各寺喇嘛蜂起响应，杀清将班第自立，乾隆又派兆惠、成衮、扎布等分西北两路率军入新疆，合击阿睦尔撒纳；二十二年二月，阿睦尔撒纳被追击，便率部北退，利用中、俄边界的空子，据险顽抗。清军使用清洗办法，"合围剿杀，凡山陬水涯，可渔猎资生之地，悉搜剔不遗"。阿睦尔撒纳乃驱准人逃入俄境。二十三年正月，阿睦尔撒纳在俄境患痘死，准部将其死尸献于清军；清廷便宣布设置伊犁将军，筑城、建官、屯田。

（二）对维吾尔族。清廷对新疆境内维吾尔等伊斯兰教各族，最初也采抚绥和怀柔政策。清廷平服准部时，曾将被噶尔丹策零所拘禁的维吾尔大和卓木（圣裔之意）布罗尼特、小和卓木霍集占放归；乾隆曾命大和卓木布罗尼特归叶尔羌，统属各部；命小和卓木霍集占驻伊犁，掌伊斯兰教。在阿睦尔撒纳揭起反叛旗帜后，大小和卓木布罗尼特、霍集占也相继叛清。乾隆二十三年，清廷在平服准部后，乾隆便命兆惠等移师南进，并命雅尔哈善为靖逆将军，率兵万余，进攻大小和卓木；以失机被清廷处死。二十四年正月，兆惠、富德自准部分路向西南进，收复库车、阿克苏；但于趋叶尔羌途中，先后被围困，由爱隆阿率兵援救，乃得解围。同年夏，兆惠出乌什取喀什噶尔（喀什），分攻大和卓木部，富德由和阗取叶尔羌，分攻小和卓木部，并对叶尔羌采取两面钳击的包围形势；大小和卓木弃城西走，逾葱岭，逃入巴达克山。清军追至阿尔楚山、巴达克山。十月，霍集占为巴达克酋长所杀，将首级送清军。清廷便于喀什噶尔、叶尔羌、英吉沙尔、和阗、乌什、阿克苏、库车、辟展及哈密、土鲁番、哈喇沙尔十一城，设办事领队大臣镇守，并以喀什为首邑，设参赞大臣驻屯。至此，天山南北两路的新疆全境，又直接成为清朝版图的一个组成部分。

同时由葱岭以西，浩罕、阿富汗，及中央亚细亚伊斯兰教诸国，又都和中国建立起密切的关系。嘉庆时，逃入浩罕的布罗尼特之孙、萨木克之子张格尔，在英国的利用下，起厄鲁兵东进，为清军击败；道光六年（公元一八二六年）复由开齐山路突至新疆，陷喀什噶尔、英吉沙等城；但由于他分裂祖国的行径不能得到人民支持，最后为杨芳战败于喀什噶尔，张格尔被擒，送至北京。新疆复平。

（三）对西藏。自雍正以后，西藏政教大权，实际为清廷所任命的康济鼐、颇罗鼐等掌握。雍正五年（公元一七二七年）七月，由于西藏上层阿尔布巴、隆布奈札尔鼐等与康济鼐争权，"聚兵害之，欲投准噶尔"。清廷派吏部查郎阿率川陕滇兵一万五千进讨，未至，隆布奈兵已为颇罗鼐打败。各寺喇嘛将阿尔布巴等擒送驻藏大臣马喇僧格。清廷乃封颇罗鼐为贝子，"总藏事"，"留大臣正副二人领川陕兵二千分驻前后藏镇抚，是为大臣驻藏三年一代之始。设巴塘、里塘隶四川，设宣抚司治之；中甸维西隶云南，设二厅治之"。十一年，以颇罗鼐少子珠尔墨特纳木札勒嗣郡王爵位，以其长子珠尔墨特策布登镇守阿里。旋颇罗鼐死，纳木札袭爵，与达赖构隙，"不肖众起而间之"，便有"乾隆十五年（公元一七五四年）珠尔墨特纳木札纳之变"，即发生以珠尔墨特郡王为首与准噶尔相勾结的叛变。他们并煽惑少数群众攻击驻藏大臣和清军，杀清都统傅清、左都御史拉布敦等，并杀其兄珠尔墨特策布登于阿里。清军助达赖集兵平乱，"命班第达摄噶卜伦分其权，而总其成于达赖，设噶布伦四、戴琫五、第巴三、堪布三，分理藏务，隶驻藏大臣及达赖"[1]。十八世纪末，英帝国主义的魔手已开始伸向西藏，西藏方面的国防问题已日形重要；清廷从维护国家主权和统治地位出发，看到"藏中诸事任达赖喇嘛及噶布伦等率意径行；大臣者，不但不能照管，亦并不预闻"的一面，没有也不可能去看到西藏人民的一面。乾隆五十七年（公元一七九二年），派蒙、汉兵驻藏，又制定"藏中善后章程"，规定驻藏大臣代表清廷所行使的实际权力。这对加强国防和祖国的统一，是有一定作用的，但没能彻底解决问题。"鸦片战争"以后，藏族人民和汉族及国内其他各兄弟民族人民便一同卷入了反帝、反封建的爱国主义的共同命运的斗争洪流中。

---

[1] 以上引文均见《清史稿·西藏传》。

（四）征大小金川。大金川（即促浸水）土司莎罗奔（康熙时的老土司嘉勒巴之孙），康熙时从征西藏有功，雍正（公元一七二三——一七三五年）初年任为金川安抚司，遂领大金川，旧土司泽旺领小金川。乾隆十一年（公元一七四六年），沙罗奔为兼并小金川（即江拉水）并侵掠邻近土司，清巡抚纪山派兵阻止，遂起而反叛。清廷调云贵总督张广泗率兵"进讨"，莎罗奔退守勒乌围，依靠地形险阻与密集的大小"战碉"，并增筑外壕；以其兄子郎卡守噶尔崖相犄角；以伪降于清军的阿扣（莎女）等暗通情报。清军三万之众用"以卡逼卡，以碉攻碉"的战术，不只毫无办法，并遭受不小损失。明年五月，清廷加派岳钟琪为提督，大学士讷亲前去部署督战；广泗与讷亲各持己见，进攻四月，损兵折将，仍无进展。清廷便将张广泗、讷亲先后撤职论死，改派傅恒与岳钟琪负责。傅恒乃"先斩奸细之为彼内应者"，即一面捕杀阿扣等，一面避开碉垒防线，分两路合搜后方，一面招诱莎罗奔归降。莎罗奔便于乾隆十四年正月归降，接受：供徭役，献凶因，缴出军械等五条约束。后郎卡又进攻小金川及邻近其他部落，川督反令郎卡与泽旺和解。于是郎卡子（有谓系莎子的，非是）索诺木与泽旺子僧格桑反"互相联合"，侵扰诸土司，势甚猖獗。阿尔泰一面胁之以军威，一面施用怀柔政策，仍图笼络小金川土司僧格桑出兵助清。三十六年被两川兵联合打得大败。清廷以阿尔泰优柔养寇，免职赐死，改派尚书桂林往代；桂林师败，乃于三十七年改派温福、阿桂等领兵"会剿"。温福袭用张广泗战术，大败于木果木，中枪死。阿桂改变战术，与丰伸额、明亮等各为一路，分进合击，三十八年十月攻克小金川，然后向大金川进攻，"令海兰察、额森、特海三路绕其后，福康安、成德、特成额三路攻其前，尽夺险要"；四十年八月攻陷勒乌围，而索诺木仍顽强地坚守噶尔崖，直至四十一年正月，噶尔崖被围攻，"乃鸩杀僧格桑，从莎罗奔率众出寨，奉印献军门。"[1] 乾隆便以小金川为美诺厅（四川懋功），大金川为阿尔古厅（懋功西北）。

（五）对缅甸的战争。乾隆三十年，缅王孟驳派兵进侵中国云南西南境九龙江（普洱境内澜沧江）一带，迎击清军三路皆败。乾隆三十一年[2]派杨应琚

---

①《满清稗史·满清兴亡史》第二章第三十七节。
②《满清稗史》，同前第四十一节记为乾隆三十三年。

为云贵总督征缅甸，十月进入新街，扼缅阿瓦河上游；但中了缅王假和谈的计谋，被缅军杀得大败，反致腾越、永昌均被围。乾隆三十二年闰七月，应琚免职赐死，清廷改派明瑞继任。九月，明瑞与参赞额尔景尼分两路入缅：一由宛町出木邦，一由虎琚关出孟密，期会于缅都阿瓦。明瑞冒险突进入木邦，渡锡箔江，至蛮结；缅王知不能硬战，实行坚壁清野。因此，再深入至象孔，找不到粮食，也找不到阿瓦。而另路军因额尔景尼死于进军途中，另易主将便滞进；明瑞乃被迫北退，沿途中伏，并被追击，乾隆三十三年二月大败于小猛育附近，明瑞亦战死。缅王向清廷求和，被拒绝。乾隆三十四年七月，清廷又派傅恒为经略，阿桂、阿里衮为副将军，明德为总督，哈国兴为提督，分率陆军并闽、粤水军征缅，分道并出，陆路傅军沿伊洛瓦底江上游戛鸠江西岸，经孟拱、孟养趋阿瓦；阿桂军沿东岸，取孟密。两路会师蛮莫后，出伊洛瓦底江。缅水、陆两军均列阵江口迎战。清军哈国兴率水军，泛江而上，阿桂、阿里衮率陆军沿东西两岸，齐头并进。十月，缅军大败于江口，退守老官屯。清军因不服水土，阿里衮以下死者近半。缅王孟驳遣使议和，清廷胁于水土瘴疠，双方便罢兵。乾隆三十六年以后，缅甸与暹罗（今泰国）便不断发生战争；缅王孟驳死后，内部为着争夺王位，又发生几次政变，因此常为暹军所战败。暹王郑华则于乾隆四十六年向清廷告捷，清廷于乾隆五十一年赠封为暹罗国王，并一面助暹罗夹攻缅甸，同时对缅甸进行抚绥；缅王孟云便于乾隆五十三年派人向清廷要求建立"贡"、"市"关系。乾隆五十五年缅王孟云又派人为乾隆祝寿，便建立起正常的邦交①。

（六）对越南的战争。清军初入云南时，大越王（越南北部，南为广南）黎维祺曾遣使劳军；康熙五年，嗣王黎维禧又缴送明永明王所与封敕，清廷乃赠予"安南国王"的诰命，并以莫元清为高平都统，使互相牵制。乾隆五十一年，阮文岳、阮文惠等的所谓"西山党"统一越南，驱除黎氏王族。越王黎维祁藏匿于民间，密遣使向清廷求援，乾隆帝便派粤督孙士毅及提督许世亨、乌大经等率兵万余入越南。乾隆五十三年六月，清军下富良江，攻入河内，阮文惠逃走广南，故王黎维祁复立为"安南王"。但孙士毅欲俘阮文惠，并纵所部清军奸淫，激起越人反对，而"又轻敌不设备"，阮文惠等便大举反

①《清史稿·缅甸传》，高宗、阿桂、傅恒等人纪、传；《满清稗史》，同前第四十一节。

攻，孙士毅兵败，退至镇南关（今友谊关），黎维祁挈家属先逃；许世亨及所部万余人，几全被挤入富良江溺死。阮文惠胜清后，即改名光平。乾隆帝乃派福康安代孙士毅。"会安南方与暹逻构兵，（光平）恐腹背受敌"，乃派其兄光显"奉表入贡"，向清廷陈述："守广南已九世，与安南是敌国而非君臣关系。"他与黎维祁间的相争，非敢抗拒清朝；并请求建立正常邦交；至于清军死亡将士，"愿立庙永远奉祀。"乾隆帝自顾清军连年战争，国库空虚；便同意阮光平（即文惠）求和。乾隆五十五年三月，光平满载贡物，亲至清廷，乾隆帝乃同意他为"越南国王"，并建立中越间的正常邦交①。

（七）"伐廓尔喀"，即对尼泊尔的战争。尼泊尔是中、印间的一个国家，其国王则原系廓尔喀族的军事酋长，名布刺苏伊那拉；他于乾隆三十二年（公元一七六七年）率部从克什米尔进入尼泊尔，作了国王。尼泊尔素与西藏互市，以土产易西藏的食盐、毡子等。乾隆五十五年，尼泊尔武装侵入西藏，清将巴忠从中调停，议定西藏每年给予尼泊尔一定数量的食盐和毡子，尼泊尔则同意对清廷进贡和接受诰命。明年因西藏地方当局不愿无代价给予，尼王责索不得，又派军侵入藏境，并进占后藏首府，实行大掠。"全藏大震，达赖、班禅两大喇嘛飞章告急"。八月，清廷派孙士毅率军入藏，随又令福康安为将军，海兰察为参赞，调索伦兵及川藏兵由青海入后藏，驱逐入侵的尼泊尔军，"尽复其地"，"追剿至雍雅山……六战六克"。这是一种维护国防的武装自卫的正义行动。但又实行穷追，全线深入尼泊尔，并进迫其首都可莽多（即今加德满都），迫尼泊尔投降称臣，便带有侵略性质了。但坏事变成好事，自此，中国、尼泊尔间便开始日益密切的友好关系。尼泊尔的第一届国使于乾隆五十七年十二月到达北京。明年三月，又派人到北京，建立友好的贸易关系。自后岁以为常，直至英帝国主义侵入尼泊尔止②。

清廷不断对国内各兄弟民族上层集团的军事行动和对外战争的结果，一方面，直接消耗兵力和国库，增加了人民负担；一方面也巩固了国家的统一和维护了疆土。由于疆土和国际关系扩大，又直接间接扩大了国内外市场，这在客观上又成了清廷闭关政策的一个反面。

---

① 《清史稿·越南传》；《满清稗史》同前第四十节《绥靖安南》。
② 《清史稿·廓尔喀传》；《满清稗史》同前第四十二节《羁縻廓尔喀》。

第九节　民族矛盾、阶级矛盾和封建制的崩溃（二）

汉、回等族人民的反清斗争　以满族统治集团为主体的清廷统治者，想尽并用尽各种办法，来防止国内各族、尤其是汉族人民的反抗；但随着社会矛盾的发展，汉、回等族人民的反清斗争，不只持续着，且不断地深入。自明朝灭亡以后，他们的斗争，虽多与"反清复明"的口号相联系；但所谓"反清"的真实内容，是推翻民族牢狱的清廷民族压迫和阶级压迫的封建统治，"复明"是恢复汉族及国内各兄弟民族的地位，并非在恢复朱氏皇朝的统治。

各族人民反清的武装斗争，在康熙时的数十年间，自始至终都没有停止过，最著名的，康熙二年，有福建王铁佛等为首的起义，十二年直隶（河北）人杨起隆等计划夺取北京，十九年又以起隆为首在陕西起义，二十七年有夏逢龙为首的武昌兵变，四十六年有李天枢、朱六非等为首的云南人民起义。规模最大的，是康熙六十年（公元一七二一年）夏四月，朱一贵、黄殿、李勇、吴外、郑定瑞等为首的台湾人民因"种种不堪"起义。朱一贵本福建长泰人，入台湾初充"台厦道辕役"被革后，以畜鸭为业；联合义士，组织群众，于康熙六十年四月起义；"揭竿荷锄，与南路义民杜君英等，战胜游击刘得紫、副将许云，遂入府城，大获郑氏所储之炮械、铅、铁等物；北路义民赖池、张岳等，亦攻克诸罗，杀参将罗万仓。"同时，"杜君英又在南路淡水、槟榔林招集粤东种地佣工客民，与陈福寿、刘国基议，共掠台湾府库；又有郭国正、翁义起草潭；戴穆、江国论起下埤头；林曹、林骞、林璉起新园；王忠起小琉球。"又有"奸民苑景文潜踪入境……煽惑番民为叛。"因而又形成为汉族和高山族人民的联合斗争。七日之内，占领全台；清总兵欧阳凯等亦被义军打死，清军及官吏相率逃走。众奉朱一贵为"大元帅"、为义王，后又改为中兴王，建元永和。他们宣布恢复清军入关前的冠服，并禁止起义群众抢掠人民、奸淫妇女。由于参加起义的秀才林皋等与降将刘得紫之流，受清廷收买；六月清大军进攻，水师提督施世骠发厦门，总督觉罗满保，并调南澳总兵蓝廷珍，与施军会于澎湖，"以兵船六百艘捣鹿耳门，直渡鲲身，取安平镇。"加以反复无常的刘得紫等从中内应，"遂北至府城"；"守备陈策，先下诸罗，至此与大军合。"清廷并"敕浙江将军塔师拜以甲二千赴闽协防。"① 起义军在内外夹击下失败，朱一贵在湾里被俘，解至北京，与李勇、吴外、陈印、王玉全、翁飞虎、张阿三等均慷慨就义。此外，苗、彝、回等族人民或各族人民一道的反清起义也有很多次：如周玉为首的广东疍人起义，乌撒"女酋"陇氏为首的彝人起义，福建畲民起义，蒙族察哈尔部武装反清等等。

另方面，从康熙到雍正时，武装起义虽还不断发生，但已进入三点会、哥老会、白莲教、天理教等深入的地下活动阶段。从清军入关起，就不断严禁，"不得妄立社名，纠众盟会；其投刺往来，亦不许用同社、同盟字样，违者治罪"。但这都未能在社会现存矛盾的基础上，产生实际效果②。

三点会又名天地会、三合会，成立于康熙十三年；创始人为明末义士，据传为福建之"蔡忠德、方大洪、马超兴、胡德常、李式开，即所称为前五祖者也"，与湖广之"吴天成、洪太岁、姚必达、李式地、林永超……即会中所称后五祖者也"。他们与湖广之陈近南，于白鹤洞红花亭聚议建会，以近南为"香主"，称为洪家大会。他们的宗旨（纲领）是"反汨（清）复泪（明）"；预言"汨代将覆，泪代将兴"；组织原则是："同生共死，结为桃园兄弟。姓洪名金兰，结为一家，天为父，地为母，日为兄弟，月为姊妹……两京十三省同心一体，讨灭仇敌，恢复明朝。""自入洪门之后，尔父母即是我父母，尔兄弟姊妹即是我兄弟姊妹，尔妻即是我嫂，尔子侄即是我子侄；如不遵此例，不念此情，即为背誓"；组织纪律是："三点暗藏革命宗，入我洪门莫通风（严守秘密）；养成锐气复仇日，誓灭清朝一扫空"；"五人分开一首诗，身上洪英无人知。此事传得众兄弟，后来相会团圆时"；"洪家之内事"，父子兄弟，"一概不得传"；不许诈骗、背盟、卖友，"犯罪而波及他会员者……处以死刑"，并有二十一规则及十禁、十刑；组织的群众基础，"不论士农工商，江湖之客"，只要赞成其宗旨、服从其组织原则和纪律的均得入会，可说是一种很广泛的统一战线的组织。它的缺点，是没有规定以下层群众为基础和规定其领导地位，所以其团结力虽不差，但后来每为官僚、地主、军阀所利用。参

---

① 蓝鼎元《平台纪略·朱一贵作乱》；《满清稗史·满清兴亡史》第二章《重讨台湾》。
② 《清稗类钞》第二十七册，《会党类·世祖禁立社盟会》。

加其组织的人数很多，深入到全国各阶层、各民族，并在华侨里面有不小势力。清廷视为最大的敌人，用全力去侦搜，并以严刑酷罚去镇压①。

乾隆时，以彰化林爽文、郑氏为首的台湾天地会（一称三合会）布置起义；清廷派兵缉捕，但清军"将吏务为覆蔽"；总兵柴大纪令"知府孙景燧率军三百往捕……焚无辜村落"。公元一七八六年十二月，林爽文、庄大田等为首，"因民之怨"，揭起义旗。义军一开始便攻破清军军营，"斩其司令官"，攻占彰化及诸罗、凤山等州县，并进攻府城；"围守诸要隘，绝官军粮道"；清总兵官柴大纪等得当地地主武装之助，亦仅保有府城及彰化之鹿港。清廷派福建水师提督黄仕简、陆路提督任承恩，率水、陆两军"渡海进剿"，也均吃了败仗，"几至全军覆没"。攻入凤山的清军中洪门兄弟，并实行倒戈起义，杀死清将郑嵩，占领凤山。清廷又"改命闽督常清为将军……福建将军恒瑞为参赞"，尽派闽、浙水陆两军渡海；"距府城十余里，与爽文之众相遇"，加之兵士多不愿战，"甫交绥即退"。清廷便派刽子手福康安、海兰察负责"剿抚"；清军柴大纪"死守诸罗（随改名嘉义）"，与福康安等生力军配合。至乾隆五十三年（公元一七八八年）春，林爽文、庄大田等与高山族人一道，以所谓"生番社"为据点，进行顽抗，均战至最后，失败被擒。这次起义的特点之一，是三合会人以高山族各社为后方，林爽文也举家远遁番夷中②。

哥老会，也是由反清志士创始的一种秘密组织，其基本精神与内容，均与三点会差不多，"亦以复明为言"。可能系从三点会分化出来的，"成立于乾隆时"，亦称"哥弟会"。鸦片战争以后，"又化为激烈之排外党"。活动的主要地区为长江流域。他们的组织宗旨及规约等叫作海底，机关叫作码头；首领叫作正副龙头，亦称山主，子承父充龙头者，称双龙头，下有五堂或内八堂、外八堂；入会叫作斩香，会员均为弟兄姊妹；见面有一定的暗语、暗号。他们的口号是："扫平胡凶镇乾坤"、"外夷悦服"、"华夏心归"，并公开倡言"革命就是造反"。"又云有秘密书，纪载会话及惯用之秘密仪式"。不准种族血统不纯的人和理发匠等入会。"亦有十戒：戒忤逆、戒强奸、戒盗、戒贼、戒扒灰

---

① 《清稗类钞·天地会·三合会·哥老会》；《中国秘密结社史》。
② 《满清稗史》同前第四十三节；《清稗类钞》同上《三合会》。《三合会》又说："时有一女党人郑氏者，容貌绝丽，多武勇，能使剑弯弓，枪百发百中；领残军，指挥中要；屡与官军战，多所擒斩……后三合会大失败，郑匿广东，卒被捕杀"。

（按即不许以帮中事告外人）……戒酗酒滋事、戒杀人放火……犯戒而受刑者，以慷慨就命为能事。"① 只准明劫官库、官人，不准作偷盗等邪行。从乾隆时起，他们不断在武汉、九江、南京、扬州、南通、杭州及长江、运河流域各地，实行暗杀和捕走清廷官员及其眷属，保护正人，仗义行侠，专与官府作对；且在长江流域各地，掀起不少的小规模暴动和事变。清廷派陶澍为江苏巡抚，专对哥老会；他知道哥老会组织深入到抚台衙门里面，没到任前，先行化装明查暗访，与南京哥老会首领尤之金等斗法。绿营士兵也有不少参加哥老会的，带兵官为骗取士兵拥护，常冒充龙头。清廷为对付他们，除镇压、破坏外，一面收买一些叛徒和流氓组织"清帮"，为其保护运河粮运；一面又创造黄天霸那样为官府当鹰犬的典型人物，从戏剧文艺方面来麻痹、分化他们。

从元朝一直传流下来的白莲教，到清朝又发展为含有反清内容的民间秘密组织；他们宣言：劫运临头，清朝将灭。乾隆时，教主皖人刘松"遣密使传教于西部诸省"，被清廷破获，处以充军甘肃的徒刑。"其党"刘之协、宋之清等继续活动，往来陕、川、鄂、湘各省，信徒甚众，并共奉河北鹿邑幼童王发生为首，称为朱明后人。乾隆四十八年，他们准备起义，被清政府发觉，除刘之协脱逃外，重要首领均被捕。清廷命豫、鄂、皖三省严密搜查，"奸吏蠹役，乘机敲诈"，任意"诬陷"，"株连罗织者达数千"；"荆州、宜昌等地之民，已无有能避骚扰之苦者"，小康率皆破产，贫民冤死的不可胜数，"教徒愤之"。加之其时清廷严禁小钱，川、楚一带受到损失的中小商人及私铸私贩者也都极为不满，社会更加骚动。

嘉庆（仁宗颙琰，公元一七九六——一八二〇年）元年正月，白莲教人聂杰人、张正谟、姚之富、齐王氏（齐林妻）等，从荆州、襄阳、当阳、郧阳各方面，同时揭起义旗，所谓"无业愚民附之者众"；四川徐天德、王三槐、冷天禄等，陕西张士龙、张汉潮、张天伦等，均继起响应，"迭陷府县，遥为声援"；他们共同的口号是"官逼民反"。他们采取一种游击战术：忽分忽合，忽南忽北，避实击虚，专行山径小道。义旗揭出后，各地教徒和群众，都纷纷响应、参加，烽火笼罩着川、楚、陕各省，即所谓"川、陕、楚三省之间，一时糜烂"。清廷前后派惠龄、明亮、勒保、恒瑞、额勒登保、福宁等

---

① 《清稗类钞》同上《哥老会》。

及各省督、抚、将军、都统协力"会剿"，虽对暴动群众和领袖，实行极残暴的大批大批地屠杀，甚至残杀普通人民，向清廷塞责，但都不敢深入，即所谓"虽有朝命剿捕，而将士多观望迁延，鲜能奋力"。虽有"惠龄之擒聂杰人、张正谟，勒保之擒王三槐，明亮之歼姚之富、齐王氏；馀仍东剿西窜、南击北驰"；暴动的火焰越燃越大。清廷最后感知其腐化透顶的满籍军官与八旗军完全无能，便于四年处死虚造战报的和珅，撤销一些满籍官员；一面任用杨遇春、杨芳等领绿营充主力，佐以额勒登保、明亮、德楞泰等所领八旗军；一面利用豪绅流氓罗思举、桂涵等一流人物，组织所谓"乡勇"配合；一面又令官绅协力，"筑堡围守"，尽驱居民入堡，实行坚壁清野。随着清廷这种布置完成，自嘉庆五年至九年（公元一八〇〇——一八〇四年），刘之协、冷天禄、张天伦、张汉潮、徐天德等均相继在各地被俘或战死，最后老林一役，白莲军便完全失败了，起义群众被屠杀者数十万，合计"两方死难之人，不可胜数"。再加上被清军屠杀的普通人民，更"不可胜数"。包世臣说："教匪（白莲军）杀、掳、焚（？）而不淫，兵则杀、掳、淫而不焚（？），乡勇（地主武装）则焚、杀、掳、淫俱备；故除白莲教外，民间称'官兵'为'青莲教'，乡勇为'红莲教'。"①

在这次起义失败后，据《潍县志稿》卷三说，嘉庆十七年正月，白莲教人马刚等聚众入城，谋杀县官起义。这可说是大暴动的余波。

白莲教一个支系的天理教，又叫"八卦教"，活动的主要地区为冀、晋、豫、鲁。嘉庆时，乾卦教主为山东定陶张廷举，坤卦为山西猗氏邱玉，震卦为河南滑县李文成，巽卦为山东城武程百岳，艮卦为河南虞城郭泗湖，兑卦为山西猗氏侯国龙，坎卦为河北大兴林清，离卦为山东武城张景文；其中以出身木工的震卦李文成为总教主。他们暗中预备兵器、旗帜，并操练战术。林清（药店学徒）令教徒纳根基钱一百，得分地一顷，可见他们有分土地的要求和主张；林清又以根基钱救济贫困，可见他们的阶级立场。

嘉庆十七年（公元一八一二年）正月，他们在滑县道口集议，推林清为天王、冯克善为地王、李文成为人王，决定十八年九月十五日午时一同起义。

---

① 《清史稿》仁宗、明亮、勒保、额勒登保、德楞泰、杨遇春等人纪、传；《满清稗史》同前第四十八节《平白莲教徒之乱》。

文成暗组人皇府，以牛亮臣为军师，宋元成为元帅，预制"大明天顺李真主"旗帜。林清在河北，一面发出暗语号召："专等北水归汉帝，大地乾（乾隆）坤只一传"；一面秘密布置内监刘金、阎进喜等，俟嘉庆临围场围猎时，袭取北京。但李文成在预定日期以前，被滑县衙门发觉，被捕入狱，并斩断足胫，当地教徒便提早于九月七日起义，劫狱救出文成，并进取浚县，控制运河险要的道口镇，绝北京粮道；河南长垣、东明、山东曹县、定陶、金乡各县教徒，均相继响应。清廷以总督温承惠、巡抚高杞，都按兵不敢与义军接战，乃派那彦成为钦差大臣，督杨遇春、杨芳率大军"进剿"，围攻道口，屠杀男女老幼万余人。文成等退入滑县，群众都死力守城拒战；十二月，清军用火药轰毁城楼，文成妻张氏又率众巷战一昼夜，最后自缢；牛亮臣、徐安国均被擒；"城中良民二万余人，虽未尽屠，而为官军所虐杀者已不少矣！"文成率四千人突围逃至辉县司寨山中，最后亦失败自焚死。另方面，林清于九月十五日，派教徒二百余人"饰为农夫，挟武器"，进入北京内城，本人隐蔽于黄村接候滑县援军；午时，内城教徒分攻皇城东华、西华二门，"各以帛蒙首为号"；刘金等亦发动内应。进攻至养心门，为嘉庆次子旻宁（即道光）及诸大臣率家奴所拒，未能"逾垣"入内殿；转攻至隆宗门，"将焚隆宗门"而入，为"禁军击退"[1]。是役，群众虽英勇奋战，最后都是战死或被俘。同时，林清亦于黄村被捕。嘉庆闻警，急驰归，磔杀林清等。

天理会的这次起义，就这样结束了。

此外，乾隆三十九年（公元一七七四年）有清水教王伦等的起义，攻占堂邑、阳谷等县。

这种会门的组织虽属是一种落后的带有封建性的组织形式，但在还没有进步的阶级和政党如无产阶级和共产党来领导人民革命的时代，是不可避免的产物，而且除去有些一开始就是反动的为统治阶级所御用的以外，对组织群众去进行反对封建统治和民族压迫的斗争上也起过一些作用——虽然他们不可能给群众以任何前进的方向和取得胜利。但在已经有了无产阶级和其先锋队来领导人民革命的时代，这种会门组织便完全成了社会的瘤子了，成了落后的、甚至成了反动的、欺骗和麻痹群众、阻止一些落后群众走向革命的东西了。因而它

---

[1]《满清稗史》同上第五十节《定天理教徒之变》。

们也便完全丧失了在过去时代的积极性，其会党的领袖，反每每成为落后的反动阶级利用的工具，以至成为国内外反革命的同盟者。

另方面，由于清朝的闭关政策和市民阶级的矛盾，嘉庆时，又发生沿海武装走私的大商队，即所谓"粤、闽、浙沿海之艇盗"与清廷间的武装冲突。这种大武装商队，最大的，福建有蔡牵为首的一部，广东有朱溃、朱渥为首的一部。他们一面与内地的"粤商"、"闽商"相结合，"粤商"、"闽商""载货出海济牵用；商归岸，伪报被劫"，亦即所谓"有内地土豪附之，遂深入闽浙"，"其焰日张"；一面又贩运越南及南洋各地土产济内地商人销售。南洋各地因需要中国商品，如越南并常助以船械。"蔡、朱二人合纵，横行海上"。沿海清朝官厅，为着对付他们，便特造一种叫作"霆船"的巡逻舰，"闽商"也便给他们"更造船之大于霆者"。由于清军以海盗对待他们，他们便常联合起来抗拒清军。嘉庆七年（公元一八〇二年），由于越南王阮映"新受清廷之封"，乃执莫观扶等三人献于清廷。嘉庆九年（公元一八〇四年），蔡牵等共以八十余大船运米数万石至广东，然后以空船转入闽、浙沿海；温州总兵胡振声派兵阻击，被他们打死，清廷派提督李长庚总统闽浙水师，出击牵、溃于定海北洋"破之"。嘉庆十一年，清军进袭他们于台湾鹿耳门以内；他们"散钱四百余万赂闽兵"，三十余舰始得突围出海，蔡牵"率舰百余，谋取台湾，为许松年击退"。嘉庆十二年，清军李长庚一面"断岸奸接济（即断绝沿海商人和他们的交易关系）"；一面"与牵战于粤海，火焚其艄"[1]，直追至黑水洋，企图消灭他们。由于李长庚中弹死，他们才得回到越南海上。嘉庆十三年，蔡牵等"自安南回棹（回航）"，与朱溃等同航闽、浙沿海；溃自浙回航至闽海，被清军许松年部轰死，蔡牵亦于嘉庆十四年被清军王得禄、邱良功合兵围攻于绿水深洋（亦称为渔山之洋），船裂沉于海。至此，这两个海上的武装走私大商队，便被清廷歼灭了。

至道光时（宣宗旻宁，公元一八二一——一八五〇年），再加上外国资本主义商品侵入的影响，更加速了封建农村的崩溃，尤其在南方。林则徐说"国日贫，民日弱"；但在鸦片战争以前的主要原因，却不只由于"烟不禁"，

---

[1]《清史稿》列传一三七李长庚、许松年传；《满清稗史》同上第四十九节《靖蔡牵朱溃海上之扰》。

更重要的是由于封建农村的崩溃、封建剥削的加剧和农民普遍穷困，英国海盗式的鸦片输入则助长了这种情况。所以在鸦片战争以前，广西、福建等处都相继发生农民暴动。

回族人民的反清斗争　暴动的直接起因为新旧教之争。据云：乾隆四十六年，甘肃循化回民以新教①马明心、苏四十三为首，"与默诵之旧教徒为仇，杀百余人。知府杨士玑以兵往捕，反为所害"，亦即所谓"聚众杀旧教徒，屠官吏"。清总督勒尔锦（亦作勒尔谨）"调各镇剿之"，捕住马明心。群众攻占河州，渡洮河，勒囚马走兰州；群众也间道进围兰州，"绕城噪索马明心"。布政使王廷赞想强令明心登城，"谕其徒使退"；明心不答应，勒等反将马残酷处死，群众便猛攻兰州。清廷一面撤勒尔锦职以软化群众；一面派李侍尧、阿桂"率京师健锐火器营往剿"；群众退入华林山中，阿桂乃筑长围，断汲道以困之。暴动失败，苏四十三被杀，侍尧等对群众实行大屠杀，"无二降者"。乾隆四十九年，以伏羌人田五及张某等为首，以"为马明心报仇"作口号，再次起义，占据伏羌、静宁各山险，"以石峰堡为巢穴"。清军"进剿"，田五受伤身死，但继起者更盛，亦即所谓"其势甚炽"，破隆德、静宁，围伏羌。清廷又一面逮捕李侍尧等以软化群众斗争情绪，一面"乃命福康安、海兰察"领大军"往剿"；"复命阿桂督师"。群众被迫退出隆德、静宁。暴动失败后，清廷下令大杀信仰新教的群众，并永远不准立新教。而"阿訇"则完全置起义之群众于不顾，"穷蹙乞降"②，只图自己活命。

另一伊斯兰教民族维吾尔族，在民族压迫政策的矛盾的基础上，人民中一面存在着一些反清的情绪，一面又切身感到他们与内地汉族等各族人民在经济、文化上不可分裂的联系性，所以对"停止""互市"便群起反对。但由于维族的某些上层分子每每为帝国主义所利用，而进行了分裂祖国的反清行动，斗争便完全成了不同的性质。如嘉庆时，由于清廷驻喀什噶尔（疏勒）参赞大臣斌静及其部属对维吾尔族人民肆行压榨和淫掠，激起了人民的愤慨，也就是所谓"淫虐无度，失唯众心"。英国殖民者借着这个机会，便利用逃亡的和

① 马明心"归自关外，见西域回经皆朗诵，乃传朗诵之法，称新教"（《满清稗史》同上第四十五节）。

② 《清史稿》福康安、阿桂、李侍尧等人传。《满清稗史》同上章节。

卓木们对中国进行侵略。嘉庆二十五年（公元一八二〇年）八月，在英国殖民者的援助下，张格尔发动了对清军的袭击①，进攻喀什噶尔，旋退至那林河源一带。道光二年，清军巴彦克图出兵不遇，乃纵杀游牧之布鲁特妇女小孩百余；布鲁特首长沐列克等进击清军，将其二百余人全歼于山谷。道光六年，张格尔在外国的指使和扶助下，复率兵由开齐山道进袭，并煽惑各部起而响应，败清军于浑河，清领队大臣庆祥等均战死；旋又进入喀什噶尔及英吉沙尔（新疆英吉沙县）、叶尔羌、和阗，尽杀清驻军，清将军庆祥自缢。清廷大惊，道光七年急派长龄、武隆阿、杨遇春、杨芳等率兵四万入新，会于阿克苏（新疆阿克苏县），分三路合击喀什噶尔；至浑河北岸，张格尔隔河列阵拒战。两杨率绿营力战，乘胜渡河，收复喀什噶尔，随又收复英吉沙、和阗、叶尔羌等城；张格尔败退至敖罕（即浩罕）。两杨率军穷追至葱岭而还。杨芳虚作撤兵状，张格尔又进袭喀什噶尔；由于张格尔在人民中已陷于孤立，全军覆没，清军擒获张格尔，送北京处死。

　　在叛变失败后，由喀什噶尔逃入浩罕的张格尔兄玉素甫又自为和卓木。清廷檄浩罕"交出叛徒，浩罕不从"，清廷乃"敕边吏，严守卡伦，绝浩罕之互市"；道光九年玉素甫在帝国主义的指使下又结浩罕作叛，围攻喀什噶尔等城；清大军迫进，方解围。道光十年十月，再向清军进攻，"复陷喀什噶尔，围叶尔羌……恣意焚掠"；清廷以参赞容安"贻误边事，按律正法，并革其父大学士那彦成；命长龄、杨芳及伊犁将军玉麟率大军征之。浩罕闻清军将大至，遣使乞援于俄罗斯，俄罗斯未之允。"浩罕乃遣使求和，并"求许互市"。道光十一年十一月，清廷准许其"求和"、"互市"，"事乃定"②。这两次事变，由于张格尔、玉素甫们受帝国主义利用来进行分裂祖国的反清勾当，是违反历史发展的趋势的、反动的，所以结果都不能不归于惨败。

　　苗族人民的反清斗争　雍正时，鄂尔泰任云贵总督，为着不使苗区成为反

---

① 一八二〇年（嘉庆二十五年）张格尔和卓的叛变。据苏联史学家研究，"这是一次受英帝利用的不光荣的事变"。在这次事变中，"和卓们借口压迫是清朝政府和异教徒造成的，因此提出两种口号：（一）摆脱清朝政府，（二）向异教徒开展'吉哈德'战。""'吉哈德'战，是伊斯兰教对其他宗教进行的战争。"（引自《历史研究》一九五八年第三期，包尔汉《论阿古柏政权》）

② 《清史稿》宣宗、长龄、那彦成、容安、杨芳等人纪、传；《满清稗史·衰微时代》，《回疆之扰乱》（一）、（二）。

清的秘密基地（当时人民常依苗区策动反清）和提高对苗人的剥削，便不顾条件，实行"改土归流"。自此，官僚、地主、奸商都纷纷占夺苗、瑶区土地，并诱迫农民迁入。苗族的住区便被挤压、缩小，分割得更加严重，无数苗人丧失土地；加之官吏、奸商、地主、无赖之徒利用苗人较落后，更肆行残酷的剥削和敲诈。

因此，乾隆五十二年，即发生以王德禧为首的苗族人民起义，作为苗民大暴动的信号。乾隆五十九年正月，贵州铜仁石柳邓（亦作柳村）首先起义。湘西石三保、吴半生、吴八月及吴廷礼、吴廷义（均为八月子）、吴承绶、石宗四等均相继为首响应，便开始了轰轰烈烈的苗民大暴动，湖南、贵州、四川三省苗区普遍竖起义旗。他们的口号是："复故地"、"打到黄河去"、"不到黄河心不死"；战术原则是："官有万兵，我有万山；其来我去，其去我来。"到处都驱逐和杀死清廷官吏，解除衙门武装；汉人参加的也不少。清各地镇守兵前去弹压"剿捕"，都连吃败仗；镇筸（湖南凤凰）总兵明安图率兵八百至乾州（湖南乾城），全部被群众活捉，安图被斩首；贵州总兵珠隆阿被围于松桃正大营，受到痛击。清廷即于同年闰二月继续派福康安、和琳、毕沅、刘君辅、德楞泰、额勒登保等，率大军合地方官兵由三省分路"围剿"。清军进入苗区肆行烧杀，益激起群众愤怒，参加的更多，暴动群众力避和大股清军交战，专打小股和截击粮运。四月，狗扒岩（湖南泸溪西南）之役，清总兵福宁所率大军，几全军覆灭。自此清军不敢轻易进入苗区，乃进行阴谋离间、分化和收买。乾隆六十年（公元一七九五年），由于暴动群众的势力已实际控制了湘、川、黔边广大地区，遂共推吴八月为吴王。但由于清军收买的奸细阴谋捕捉石三保，叛徒吴陇登出卖吴八月，清军便乘机进攻。然暴动群众仍坚持了英勇的斗争，并于明年（嘉庆元年）五月，利用地形等有利条件，大败清军于坝子岩，福康安亦死。由于许多重要据点被清军占领，群众在军事运动上受到很大的牵制和阻碍，因此，石柳邓父子也于嘉庆元年十二月为明亮所擒。

至此，暴动群众便采取较分散的游击战术，清廷感到无法把他们消灭，也换了一套软化、妥协的办法，于嘉庆二年七月宣布："民地归民，苗地归苗，尽罢旧设营田，分授降苗官兵。"[1] 这对于清廷虽收到一些效果，暂时欺骗了

---

[1] 魏源《圣武记》。

所谓"降苗"等一部分群众；但暴动群众并没有放下武装。因此，清廷便采用凤凰同知傅鼐的办法，并委以全责，修筑数千里纵深交错的碉堡封锁线，实行设兵分守、置丁屯田、和"因苗地，用苗技"的办法。在暴动苗人方面，由于缺乏明确的方向和领导，加之丧失了许多重要领袖，也由于群众的疲倦，他们没有方法去巩固和维持战斗情绪；以后虽一再集结力量，组织反攻（如嘉庆四年在湘西，六年在黔、湘），也只是大暴动的余波了。因此，在傅鼐的阴谋毒计和清军屠刀的配合下，一部分群众由于过分疲倦，便被诱缴械；在石宗四的领导下一部分坚持斗争的，也终于在嘉庆十一年全部被歼，暴动群众及苗区和平居民，被清军杀得血流成河，尸骸遍野。大暴动至此便完全失败了①！但暴动群众和其领袖，为苗族人民利益所作的英勇斗争和惨烈事迹，足以流芳千古！刽子手及叛徒、内奸吴陇登之徒，则遗臭万年。这次起义是以苗族人民为主而发动和进行的，但到处都得到汉族、土家族等各族劳动人民的参加和支持，所以起义能不断扩大和持久。

湘南和粤北都有瑶人聚居和杂居的地区。湘、粤奸商、恶霸及无赖，得地主阶级的官府庇护，常对瑶人肆意"侵侮"，并每每"强劫瑶寨牛谷"。道光十一年（公元一八三一年）十二月，瑶族人民便以赵金龙（湖南零陵锦田瑶人）、赵福才（常宁瑶人）等为首，举行起义，并"使（赵）福才纠广东散瑶三百余，合湖南九冲瑶，都六七百人"，占领两河口、长塘、夹冲等地。起义旗帜揭起以后，并到处有汉族劳动人民的参加和合作，并得到他们的协助和支持。明年，清永州总兵鲍友智等合兵"进剿"；他们便退入蓝山（湖南蓝山）五水瑶山，又据九疑山为根据地。清军成喜等均吃败仗。湖南提督海凌阿"率兵进剿"，也被杀得大败，群众并占领宁远（湖南宁远）。二月，海凌阿又重新组织进攻，在蓝山池塘墟中伏，被杀得全军覆没，海本人也被杀死。"副将、游击皆战没，新田县令王鼎铭死之"。起义武装"愈集愈多，号称数万"，也就是说，湘、粤瑶人相继参加，人数"甚多"。清军"所调常德水师、荆州满骑；利于水战陆战，而独不利于山战"，所以到处挨打。湖广总督卢坤，乃"改调镇箪苗疆兵"，并调贵州提督余步云、云南副将曾胜率军来助，"乃进逼合围"。起义军亦分为三路：赵金龙率连州八排及江华、锦田各寨瑶人为一

---

① 以上参考《清史稿》傅鼐、明亮、福康安等人传；周士拔《抱江轩防浦纪略》。

路，赵福才率常宁、桂阳瑶人为一路，赵文凤率新田、宁远、蓝山谷瑶人为一路。每二三千人为一路，配成犄角行动。因此，卢坤所领湖北、云南、贵州军合两广、湖南军的三面"进逼合围"，仍不能奏效。清廷乃诏示战略："诱瑶至山外平野之地，聚而歼之。"加之卢坤利用同样善于山战的湘西苗兵，来充当进攻瑶人的先锋主力，令他们深入山区；义军赵文凤、赵福才等两路均吃了败仗。三月，义军被诱迫，离开山区，三路均集于常宁洋泉镇一带，遂堕入清军"聚而歼之"的圈套。各守隘清军"进逼合围"。战至四月，群众相继死伤，赵金龙亦突围死。清军无论老少男女，尽行屠杀。五月，连州八排瑶人赵子青率数千人北进至蓝山、江华，亦被聚歼于锦田。

湘、粤瑶人暴动失败后，广西贺县瑶人盘均华等起义响应，为广西参将满承绪率兵堵截于芳林渡（广西贺县北），余众东进至江华界，亦失败。至此，清廷便下令屠洗八排等瑶区。但清兵进攻时，死者甚多，致清将惮瑶寨之险，草草蒇事，瑶人才没有被杀尽①。

闭关政策和华侨　清军入关以后，看到经济较发达，市民阶级力量较大的华东、华南沿海沿江地区，正是反清的中心地区，而且最坚决；市民阶级直接、间接支持了并参加了斗争。沿海的反清斗争，不只常和海上的武装商队相联结，且常和海外华侨相联结；同时，反映市民阶级一些思想倾向和要求的黄宗羲、王船山等，也都始终不降清，甚至是反清武装斗争的参加者和组织者；与武装商队相联结的海上武装，则是其长期间无可如何的一种敌对武装。因此，它认为汉族的农民可怕，是其最主要的敌人外，也自觉不自觉的认为市民阶级也是它政治上的敌人；国内市民阶级和海外华侨相结合，就更觉可怕，与东来的欧洲市民阶级相交接，接受其思想和技术（如他们所看到的大炮）的影响，会使它更不好治。所以它不只要阻止国内市民阶级经济的发展，更要截断国内和华侨的联结，和武装商队及海岛武装的联结，和欧洲市民阶级的接触。为此，它厉行闭关政策，它成为民族的牢狱。但这种反动的闭关政策，完全是属于清朝内政问题的范围；后来英国以此作为进攻中国的借口，是干涉中国内政。

因此，它对于海禁，比甚么还要严厉，不只宣布汉人出洋为"自弃王

---

① 以上参考《满清稗史》同上第五十四节《平楚粤之瑶》；《清史稿》列传一六六《卢坤传》。

化"，即视为"化外之民"，而且不论官民，一律杀头，并没收其货物及全部家产；地方保甲连带负责，也一律处死；文武官吏失察，则免职治罪。但这种封锁政策，对于市民阶级，尤其对沿海"舶商"和华侨，是生死攸关的；不仅使向来从事出国贸易的"船皆无用"，"开洋市镇""所积货物"，"势必亏折耗蚀"，且使"仰食于此"的"贫民""千百家""势必流离失所。"① 因此，他们不仅实行冒险走私和武装抗拒，而且反酝酿着一种反抗的潜流和舆论。在这种矛盾的基础上形成了清廷在政策上的举棋不定，如顺治十六年"颁迁海之令"，"禁止渔舟商舶入海"②；康熙二十三年于平定台湾后，下令沿海各省"先定海禁处分之例，应尽行停止"，明年正式开海贸易③，这在清廷，主要还是从"征其税"的观点出发的④；然也只是把海禁稍稍放宽，实际也是到康熙三十二年才开放，限制出洋航船在五百吨以下，康熙四十二年又限制出洋船只许用双桅，梁头不得过一丈八尺；并规定不仅须具连环保结，取得官府批准和执照，限制去处，而且限制人数及其随身自卫武器（如每船炮不得过二门，鸟枪不得过八杆，腰刀不得过十把，弓箭不得过十副，火药不得过三十斤等等）⑤。后来它知道海外华侨人数很多，力量不小，生活、思想等方面又都和它不对头，觉得很可怕；康熙五十六年，又重颁禁海令，除东洋外，对南洋等

---

① 光绪重刊《漳州府志》卷三三，人物第六《蔡新传》载，蔡新于乾隆六年向方苞陈述说："闽粤洋船不下百十号，每船大者造作近万金，小者亦四五千金。一旦禁止，则船皆无用，已弃民间五六十万之业矣；开洋市镇，如厦门、广州等处，所积货物不下数百万，一旦禁止，势必亏折耗蚀，又弃民间数百万之积矣；洋船往来，无业贫民仰食于此者不下千百家，一旦禁止，则以商无资，以农无产，势必流离失所，又弃民间千百生民之食矣。此其病在目前者也。数年之后，其害更甚。闽广两省所用者皆番钱，统计两省钱入内地约近千万，若一概禁绝，东南之地每岁顿少千万之入，不独民生日蹙，而国计亦绌，此重可忧也。"又据《清史稿》列传四七《吴兴祚传》"自迁界令下，广东沿海居民多失业。"据《清实录·圣祖仁皇帝实录》所述，福建沿海也是如此。

② 《厦门志》卷五《船政》。

③ 《清实录》同上卷一一七，康熙二十三年十月二十五日谕："九卿詹事科道遵旨会议：今海外平定，台湾、澎湖设立官兵驻扎，直隶、山东、江南、浙江、福建、广东各省，先定海禁处分之例，应尽行停止……从之。"卷一一六也说："先因海寇，故海禁不开为是；今海氛廓清，更何所待！"又夏燮《中西纪事》卷三《互市档案》谓，康熙二十四年正式开海贸易。

④ 《清实录》卷一一六"向令开海贸易，谓于闽、粤边海民生有益，若此二省民用充阜，财货流通，各省俱有裨益；且出海贸易，非贫民所能，富商大贾懋迁有无，薄征其税，不致累民，可充闽、粤兵饷。……故令开海贸易。"

⑤ 《皇明文献通考》卷三三。

处贸易，把这很小限度的开放，又严令"禁止"①；并宣布此后出洋的华侨永禁回国，对沿海的封锁也采取更积极严密的措置和部署。自后至雍正五年海禁重开，雍乾间，闽、粤沿海各埠的对外贸易，又大大发展起来；"大商巨贾""桅樯高船，出没驶风激浪中，脂腻而归"，"千艘万舶"相续出海，"舵水人等借此为活者（大港）以万计"②。但清廷于乾隆十二年又下令禁止制造"桅高篷大"的"舡仔头"③ 去加以抑制。

沿海市民阶级和海外华侨，反封锁的斗争，便是武装商队的强力走私，并形成为蔡牵、朱濆等那样强大的武装商队，已如前述。

华侨和出口商不仅为着反对清廷的封锁，而形成强大的武装商队；而且和东来的英吉利、葡萄牙、荷兰、西班牙那些盗匪式的武装商队作斗争，更需要自己的团结和相当武装。"没有华侨，就没有南洋群岛的开发"；他们辛辛苦苦，祖孙相承，和南洋各地人民建立友好通商、和平相处的关系，南洋成了他们的第二家乡。那些在其国家支持下，惯行海盗政策的欧洲商队东来后，并实行殖民主义的侵略，到处排除华侨和华商，对华侨、华商和当地人民，肆行极野蛮残暴的屠杀和掠夺。华侨、华商不只得不到本国政府的任何援助；而且在清廷看来，正好藉欧洲海盗的屠刀，给它除去一个敌人：所以孤军作战的各地华侨、华商，他们联合当地人民对欧洲海盗的斗争，是极其壮烈凄惨的；许多地方都相继失败，他们的鲜血汇成了血泊。一方面欧、美资产阶级则在这种血泊上面，摆设其殖民主义的筵席；另一方面，也植下了华侨、华商和南洋各国人民间不可摧毁的友谊的深根。

---

① 《清史稿》列传七九《高其倬传》。

② 闽、粤沿海各港，从雍正以后的对外贸易情况，在福建厦门，《厦门志》第十五卷《风俗》条云："厦门泛洋船只，始于雍正五年，盛于乾隆初年。""外至吕宋、苏禄、实力、噶喇巴，冬去夏回，一年一次。初则获利数倍至数十倍不等，故有倾产造船者。然骤富骤贫，容易起落。航水人等借此为活者以万计。"小如龙溪，光绪重刊乾隆福建《龙溪县志》卷十《风俗》条云："大商巨贾……以外洋为膻鳌，危樯高船出没风激浪中；脂腻而归，无所畏苦。而洒削卖浆者流，来自外郡，刀锥之末，亦足自豪。"在广东，情况也是一样，以远小于广州的澄海港为例，嘉庆补刊《澄海县志》卷八《埠市》条云："自展复以来……象、犀、金、玉与夫锦、绣、皮、币之属，千艘万舶悉由澄分达诸邑……高牙错处，民物滋丰，握算持筹，居奇屯积，为海隅一大都会也"。

③ 《厦门志》卷五《船政》条记乾隆十二年下令禁止福建舡仔头云："福建省舡仔头，桅高篷大，利于走风，未便任其置造，以致偷漏；永行禁止，以重海防。"就在这样不断摧残与限制的情况下，据《使暹日志》称，中国帆船，在十八世纪末，每只仍能载客一千二百人至一千六百人。

在印度尼西亚，以矿商罗芳伯为首，形成了三、四万人的武装力量。罗芳伯是广东嘉应人，乾隆三十七年（公元一七七二年）泛海至坤甸（婆罗洲）东万律山（金山）开采金矿。他们联合印度尼西亚人民，抗拒荷兰海盗的侵袭。公元一七七七年，他们建立一个近代式的兰芳大总制共和国，以东万律为首都，共选罗芳伯为元首，以国名纪元，定是年为兰芳元年。

兰芳共和国的元首，叫作"大唐总长"（也称大唐客长），并设副总长（也称参谋或军师）；总长因故去位，新总长未推出前，副总长代理国务。总长、副总长均由众人推选；其他高级官吏，也都由众公推。国体采取"为公"不"为私"的原则。国务由总长处理；立法与国内应兴革事业，则由众议决。总长以下，有管理司法、财政、军事等长官，均集于总长府的大厅办公。地方行政分省、府、县三级。另于各要地，如万那、万诸居、淡水港等处，分设掌管司法的裁判厅或副厅（如新埠头）；关口设稽查关税及人口出入的老大（译音）。

共和国有国家兵工厂造枪炮武器，国家资本的兰芳公司开采金矿；以振兴农业，扩充市场为国家要政；又开设学校，聘请中国儒生任教授；刑法分死刑、体罚和游街示众，犯抢掠和奸淫者处死；军制为全国皆兵的征兵制，平时各自练习拳棒射击，有事抽调入伍；重要的边远地方，平时派兵置将防守，如勇将吴元盛防守戴燕、上候、新厘等地。

兰芳十九年（公元一七九六年），罗芳伯病死，公推江戊伯继任总长；二十四年江戊伯回中国，便由副职阙四伯代理国务。兰芳三十六年，戊伯死，众推宋插伯继任。四十五年插伯死，众又推刘台二继任。以后又相继有古六伯、谢桂芳、叶腾辉、刘亮官、刘鼎等继任总长。这个共和国，由公元一七七七年开始建立，到公元一八八六年被荷兰帝国主义并吞止，共有一百一十年的历史，这是印度尼西亚人民和华侨共同缔造的光荣历史。

和他们联合的印度尼西亚人，当时在经济、文化上还比较落后；共和国的主要基础之一是华侨，但它的全部社会基础，则是印尼人和华侨的联合。这样一个孤立的小共和国，自然挡不住欧洲资本主义的侵略。荷兰侵略者的殖民主义政府（巴达维亚）成立后，便不断侵占共和国的领土。兰芳四十八年，荷兰殖民政府与共和国订约，以加士巴河为界，河东属共和国，河西属殖民政府，条约用汉、荷、印度尼西亚三种文字；而荷兰殖民政府，又阴谋送给共和国总长刘台二以甲大（Captain 即地方长官）的官衔。兰芳七十年，与荷兰资本有联系的刘鼎继任总长，擅改年号为乾兴（刘鼎名）；荷兰殖民政府便乘机把条约撕毁，并委刘鼎为甲大，置于邦戛。华侨联合印度尼西亚人民，便以鹿邑大港公司为中心，组织武装与荷兰殖民政府战争，大败荷军，并克复邦戛。刘鼎复位后，在荷兰殖民主义者的勾结下，便实行可耻的出卖勾当；他不只率兵进击大港公司，同时又与荷兰殖民政府订立密约，议定刘鼎死后，共和国领土全归荷兰，荷兰殖民政府则以巨款偿刘鼎。公元一八八四年，刘鼎死后，荷兰殖民政府便根据密约，夺取共和国首府东万律，撕毁兰芳大总制国旗。华侨又联合印度尼西亚人民，推梁路义为总司令，发动抗荷战争；继续了数年，华印军连获胜利，荷军死伤甚多。荷兰殖民政府便进一步采取阴谋分化和巨金收买的手段，刘鼎子恩官、婿叶汀凡及其他买办郑正官、吴桂三等，便都贪利忘义，从内部进行破坏。至公元一八八六年，荷殖民军以优势兵力进攻，华印军则内受奸细牵制，军火也不能接济，便最后被打败，梁路义逃往吉隆坡。但荷兰殖民政府恐中国政府责问，仍不敢归并共和国领土；后以清廷无动静，才以之归入坤甸"土司"管辖。

兰芳共和国虽然倾败了，但它却是其时印度尼西亚人民和华侨一道，反对资本主义国家的殖民主义要求独立的斗争果实，也是其时印尼人民和中国市民阶级的一种思想、一种要求、一种制度、一种力量的具体表现。这种华侨资产阶级，由于被清廷排之于国门以外，以致没能从国内来直接发挥作用。

闭关政策和外国资本主义　民族牢狱的清朝统治，不只封锁中国人和商品出口；也封锁外国商品，尤其是外国商人及他们的思想和技术进口，不使其和中国人民接触。它不让中国人——那种反对它的中国人，知道世界有"五大洲"、有"万国"，知道那些国家的情况；只让他们知道：除"天朝"以外，都是蛮夷小邦，人物、物产、文化都远远不如中国。

因此，它严禁任何中国人带一个"西洋人"进口，以及任何一个"西洋人"自由进入中国经商，也不准"西洋人"刊经传、立讲会，中国人前去听讲、入教，尤所严禁。西洋各国使节来中国，限定只能到广州，由广州总督衙门派人监送晋北京，沿途不许和人民接谈。西洋商船一般只准到澳门，也只准和澳门华商进行交易；不准夹带西洋人进口和华人出口，也不准载废铁及饭锅外的铁锅等工具和器具出口；停泊中国港内的大小船不许超过二十五只。如越出这种禁令，外商、华商及地方官吏，一律严办。特许到广州通商的，也只准和"公行"往来交易；"公行"系沿袭明之"怀远驿馆"，在实质上，是代表政府"招纳远人"、"交易""货物"和"收税"的半官半商组织①。自然，禁令尽管很严厉，并没能完全阻止中外商人的私相交易，贪贿著名的沿海官吏，也几于无非走私的关系人；但对于正式的通商贸易，却是严重的桎梏。

而当时的欧、美，英国经过公元一六四〇——一六四九年和一六八八年两次资产阶级革命后，虽没有彻底胜利，却已建立起资产阶级的君主立宪政权，并在十八世纪完成了产业革命。法国资产阶级，接着也有公元一七八九——一七九四年的大革命，发表了《人权宣言》，废除了封建的等级、身分和特权，摧毁封建旧政权，建立起资产阶级的民主政权。美国资产阶级，经过公元一七七五——一七八三年的第一次独立战争，发表《独立宣言》（一七七六年七月四日），宣布十三州独立。至一七九三年，英国正式承认十三州独立，北美也正式成了资产阶级的民主国家。意大利的烧炭党，也从一八三〇年揭起了资产

---

① 据《粤海关志》卷二一《贡舶一》：清初，就明朝在广州所设"怀远驿馆"设馆招待外商，"所携货物在馆交易，不得于广东海上私自货卖"，由地方官"招商发卖"。这大概即史澄等光绪《广州府志》卷一六二《杂识》所说，顺治十年，尚氏"乃仍明市舶馆地而厚给其廪，招纳远人焉。"亦即樊封《夷难始末记事》所说："尚氏开藩，益事招集，关榷税务，准沈士达、白有玷二人总理。"到康熙时，随着二十三年议开海禁，便议设关收税。《清实录·圣祖仁皇帝实录》卷一一五记康熙二十三年四月四日谕说："九卿等覆议：户部给事中孙蕙叙言：'海洋贸易，宜设立专官收税。'应如所请……但创收税课，若不定例，恐为商贾累；当照关差例，差部院贤能司官前往酌定则例。"二十四年便正式设关。夏燮《中西纪事》卷三《互市档案》谓是年下令开海禁后，便于粤、闽、浙、苏四省各立一关。随即于康熙二十五年根据广东巡抚李士桢奏请，开始设立公行。《抚粤政略》卷六《文告》："今设立海关，征收出洋行税……如行、住二税不分，恐有重复影射之弊。今公议设立：金绞行、洋货行两项货店……其外洋贩来货物及出海贸易货物，分为行税，报单皆投洋货行，候出海时，洋商自赴关部纳税。"所以梁嘉彬《广东十三行考》说："粤海设关之年，可确定已有十三行。"虽不必是年已有十三行，但可确定已有行的组织。梁嘉彬说，康熙五十九年"十三行商始有共同组织（公行）"，是可信的。过种"公行"就是办理对外贸易的半公半商组织，其经营此业的家数，据《粤海关志》卷二五说，到乾隆十六年共有洋行二十余家，实际是家数不少的。同书并谓："迨乾隆二十五年，洋商潘振成等九家呈请设立公行，专办夷船。批司议准。嗣后外洋行商始不再办本港之事。其时查有：集义、丰晋、达丰、文德等行，专办本港事务……其'海南行'八家，改为'福潮行'七家"。《雍正朱批谕旨》第十三册五〇页述官达于雍正五年奏称："查广东旧有洋货行名曰十三行，其实有四五十家。"它们的业务，一面是招待外商住、宿。《粤海关志》卷二五《行商》说："国朝设关之初，番舶入市者……至则劳以牛酒，令牙行主之，沿明之习。命曰十三行。舶长曰大班，次曰二班，得停居十三行。"一面是居间交易货物的"官商'，所以屈大均《广东新语》卷一五《广州竹枝词》说："洋船争出是官商，十字门开向二洋；五丝八丝广缎好，银钱堆满十三行。"徐振《四绘轩诗钞·珠江竹枝词》："十三行货总堪夸（原注：十三行鬻洋货处）……奇货独推鹰吉利，争先挑取贡官家。"鸦片战争后，它们也成了买办资本。

阶级的民族运动。最先完成资产阶级革命、又首先完成产业革命的英国，便最先提起对国外市场的要求；对地大、物博、人众的中国，它更要求撤除封锁，准许其"自由贸易"。自然其他各国的资产阶级，也相续有同样要求。但此恰和清朝统治集团的立场及闭关政策相矛盾。英国资本主义，首先便以极端蛮横的态度，来干涉这种全属于内政范围的闭关政策，最后并发展为武装侵略。

资本主义的英国再三要求和中国正式成立通商关系。在明朝开始的通商关系，到明、清之际，清廷为着防止国内人民反清，便把这种通商关系也停止了。因此，英国及其他西方商人，仅能在台湾反清政权的许可下，在台湾、厦门两地通商。公元一六八五年（康熙二十四年），清廷始令准各"夷船"于各口互市。至公元一七一五年（康熙五十四年），康熙始允许英国东印度公司和广东官署订立合同，准英商到广州贸易；清廷为防止英、华商人、尤其是外商和中国人民的广泛接触，又于沿海设关以后，整理和不断扩大一种专经手与外商交易的"公行"，即有名的所谓"十三行"。同时限制外商只准住公行的商馆，不准自由行动。英商要求和华商"自由贸易"，提出遭到反对；清廷把它停止了一个时期，但觉得太可怕。公元一七五七年（乾隆二十二年），下诏限令外商只准在广州互市，其他宁波等口一概禁止，并于公元一七六〇年，又正式下令洋货交易须经过"公行"。广州的各级官吏，除抽收额外商税外，又常常接收他们的贿赂。

到广州的，除英商外，继续还有荷兰、美国、丹麦、瑞典、葡萄牙、法国等国商人，但英商占主要地位。英国资产阶级为着想打开局面，便于公元一七九三年（乾隆五十八年）八月，以英王乔治的名义，派马戛尔尼（George Macartney）使清；要求：（一）许英商在舟山、宁波、天津等港通商；（二）求舟山附近小岛一处，为贮收货物之所；（三）英国派公使驻北京；（四）废止澳门、广州间通行税。而这种带有领土等项的无理要求，显然含有侵略性。乾隆的答复是："天朝无所不有，不借外夷货物以通有无"；为着"加恩体恤……俾得日用有资"，仍只准"在澳门开设洋行"，收买"天朝所产茶叶、瓷器、丝斤"等等。马戛尔尼上言"谢恩"，说"蒙大皇帝看出我国王诚心……我们国王万万年听教训，这实在是大皇帝的恩典也……我们感激欢喜，口不能说，我国王也必感激"。嘉庆时，东印度公司又试图拿兵舰来叩开关门，派舰进到澳门；清廷便集结军队准备战争。但英国当时还没进入帝国主义时期，主要目的在争取"自由通商"，特别在它没看出清廷虚实前，对伟大的中国有所畏惧，也不敢轻易作战。所以在清廷决定作战时，英舰便退去。

另方面，在当时那样关系不正常的情况下，英国来华贸易的，主要是东印度公司垄断下的不正当商人和不正当商品，其输入品，除百分之二十五为棉花外，鸦片常占百分之五十；其正当商人和正当商品反而较少。鸦片输入数量并不断增加：至乾隆三十二年增至一、〇〇〇箱，四十五年增至四、〇五四箱，嘉庆二十五年增至五、一四七箱；道光元年（公元一八二一年）至七年间，平均每年增至九、七〇八箱（换去银八、七二五、六〇〇元）；道光八年至十五年，平均每年增至二一、八八五箱（换去银一三、四〇三、〇〇〇元）；道光十五年至十九年，平均每年增至三五、四四五箱。鸦片和其他输入品的比例，如道光元年为四〇六、〇〇〇元比八、〇二四、六〇六元；至道光十四年则变为一一、六一八、七一六元比四、八二〇、四五三元。这种反常现象，正表现资产阶级的英国政府所支持的对华贸易的不正当性和其日益增长。在中国方面，鸦片毒品输入，每年平均要消耗白银数百千万元，同时又大大影响人民生活、健康和国家财政。在封建农村崩溃日益严重，国家财政收入日益减少的情况下，清廷便越来越感受到鸦片输入的严重。因此自雍正七年（公元一七二九年）便下了一道禁烟的命令，至嘉庆元年（公元一七九六年），再下令禁止鸦片输入和国内栽种；到道光时，全国朝野都觉得汲汲不可终日了，清廷便于嘉庆十四年下令禁洋船运鸦片进口，嘉庆十六年下令厉行严禁，吸鸦片者按律治罪。这不只是一种内政上的措施，而且是一种带有自卫性的正当措施。

英国政府，却仍是坚持其将不正当商品的鸦片输入中国的政策，在当时英国资产阶级政府看来，认为这样：第一能增加财政收入，第二可以拿鸦片来摧毁这个古老帝国的财政、摧残其优秀而顽强的人民的健康生活，以此就不惜背信弃义；但当时英国，也有一部分较正直的官吏和正当商人，并不主张坚持不正当的鸦片输华，只主张要求中国放弃闭关政策（自然，这也同样是对中国内政的干涉，已如上述），准许其"自由贸易"。所以鸦片的输入，并不是英国人民和正当商人的要求。而以东印度公司等为代表的集团，则自始就包藏着帝国主义性质的侵略野心。清廷的中心精神，不只在禁止鸦片输入，还在于不愿彻底放弃闭关政策、解除海禁、准中外自由贸易。闭关政策在内政上却是错误的，不适合其时中国经济发展的趋势和要求的。但是在英国不放弃侵略政策的矛盾的基础上，战争便不可避免了。

　　道光十三年（公元一八三三年），英国政府一面取消东印度公司对华贸易特许权，拟直接和中国打开通商关系；另一面，却自始就付予其驻华商务监督律劳卑（Lord Napier，亦译作拿皮楼）等以武装行动的权力。律劳卑等于明年七月来到广州，便与广东总督卢坤因文书程式等外交仪式争执不下，卢被迫于九月下令停止英国通商，律劳卑乃露出其本来面目，公然命英舰两艘冲入黄埔。旋律劳卑因病退至澳门身死；卢即下令恢复英国通商关系，但不准派监督官。道光十六年，英政府废止监督官，派义律（Sir Charles Elliot）为领事，明年四月到广州。清廷要他禁止商人贩运鸦片，义律竟拒绝这个正当要求，反建议其政府用武力来压迫中国。英国政府竟批准义律的建议，命令其东方舰队来保护其所谓在华英人利益；实际英国正当商人的正当利益，丝毫也没受到危害。英政府的意图，实际不只在保护不正当的鸦片贩运利益，而又在于对中国进行殖民主义的侵略。也就是说，英政府已决定用炮舰来压迫和侵略中国，所以义律自始就采取极蛮横无理的态度，坚持不名誉的鸦片贸易自由作藉口。背信弃义，至此而极！道光十八年七月，英舰队来粤示威。道光十九年三月，林则徐至粤。他本着"若鸦片一日未绝，本大臣一日不回"的决心，"责令众夷人将趸船所存烟土，尽行缴官"①，并限期三日；以后如带烟土进口，一经查出，货尽没收，人即正法。这乃是文明国家行使权力的一种仁至义尽的正当措施。但义律串同英商拒不缴出，并在希图趁火打劫的美国资产阶级政府的怂恿和支持下，英国政府竟令义律以兵舰驶广州寻衅。林则徐根据正当的自卫步骤，一面布置防守，一面下令禁止其通商，断绝其接济。一部分英商始被迫交出鸦片二〇、二八三箱。其他各国商人都以英商的行动为转移，亦仅缴出一部分；美商运贩之土耳其烟五十箱则完全不予缴出。林则徐将所缴烟土尽数焚毁，投灰于海。义律反对林则徐这种正当的措施，率英商退至澳门表示抗议，作为武装进攻的步骤和借口。林则徐继又令各国通商官吏具结：商船进口，"夹带鸦片者，船货没官，人即正法"。义律亦蛮横拒绝，并提出一个反建议，要林则徐派人至澳门妥议通商章程。林则徐为维护和平和顾全邦交，即派员至澳，并赏英商茶叶一、六四〇箱；义律在英国处心发动对中国的武装侵略的既定方针下，竟拒绝议订章程，并于九月四日，无端炮轰九龙挑战，打死中国兵

---

① 见林则徐谕帖及奏章。

二人，打伤中国人民六人。英政府随即于道光二十年（公元一八四〇年），派伯麦（Colonel Sir Gordon Bremer）为海军指挥，于六月率舰数十艘进入中国海，并公然下令从六月二十八日起封锁广州；义律也发表文告诽谤林则徐，叫中国商人自由去与英商贸易，他们负责保护云云。这种蛮横无理的侵略行动，充分表现了它的帝国主义性。伦敦资产阶级报纸，乃即从事其国内舆论的准备和动员鼓吹，例如《每日电讯》说："应该鞭打每个穿蟒袍而敢于侮辱大英国旗的官吏……应该把那些中国将军，个个都看作海盗和凶手，吊在大英军舰桅杆上"。这真是无耻的狂吠！这真是"贼喊捉贼！"英国资产阶级政府无端来侵略中国、危害中国主权，还企图对中国的"官吏"和"将军"反咬一口。这种颠倒是非的宣传，不只是英国资产阶级的惯技，而又表现了战争是英国政府的预定步骤。伯麦见林则徐在广东有相当准备，便采取其传统的海盗战术，沿海北犯，正式向中国进攻。鸦片战争就这样爆发了。

战争在英国资产阶级方面，是一种帝国主义性的侵略战争；中国沿海人民，最著名的如以丝织工人、打石工人等为中心的广东"平英团"① 的抗战，

---

① 《理论与实践》一九五八年第二期《百年来广州丝织工人生活情况及其参加三元里人民抗英斗争的史料》（摘要）：广州的丝织工人，在清雍正、乾隆时代（公元一七二三——一七三五、一七三六——一七九五年），已有与"东家行"相对立的"西家行"、"丛信馆"，"联和堂"等组织，并立有"馆规"。

百多年来，机行工人，在作工的余暇，常请拳师到馆教练武术。

参加三元里抗英战争的，是集合南海、番禺、从化、增城、花县四百余乡的劳动人民（据新发现的碑文，参加此役的，并不仅城北一百〇三乡的农民）。过去都说这次战争，其主力是自动组织的农民，但近年来，经我们的多方调查，参加这场大战的，还有广州城内的丝织工人和打石工人。

丝织工人以陈棠为首。在三元里的战火尚未燃烧之前，据《夷务始末》及英人宾汉著《英兵在华作战记》所云：四月初一日，陈棠已经集合义勇数百人，协同清军四川川北镇总兵张青云守西炮台，开炮击伤英军巨舰一艘——英军司令爱尔斯的旗舰摩底士底号。其后英军登陆者百余人，遭遇陈棠的伏击，全数被歼。陈棠及其义勇于西炮台战后，到五月二十五日，又对自缯溪登陆的英军，设伏阻击，杀了一个英兵……当三元里战争爆发之后，陈棠又应约出队千余人，参加战斗（据丝织老工人口述），死事者有梁永图。另说陈棠还杀了一个英海军军官，俘获了一柄金剑，上有"镇守吵唣吐伯爵之业"的英文字样，和一支双头手炮。

老丝织工人潘天海（已殁）说：三元里打番鬼的事，我们听父亲说过：当时红毛鬼……欺侮我们过甚，在西村、南岸、三元里一带奸淫掳掠。我们广东人对于妇女被人侮辱是最愤激的。所以在三元里一带打起来，一连打了好几天。我们机行的人最讲义气，路见不平，拔刀相助。当时机行里便有几十间武馆，每人都会些武术。三元里打仗时，正值我们行中的淡月，三元里的乡民用红帖来请我们帮手，我们行中人都踊跃参加，初时出动三四百人，以后增加到一千左右。我们以七星黑旗为队旗。陈棠是花县人，是我们"西家行"的人。

是民族自卫的正义战争；清廷的抗战，主观上系为着保卫其垂死的封建统治，是保守的，客观上在抵抗英国资本主义的帝国主义性侵略，也是正义性的。人民的抗战，没有得到适当的领导、援助和配合。英国侵略者战胜了腐朽无能的清廷，便开始拿不平等条约来束缚中国，并绞杀中国已经发生的资本主义嫩芽，把中国的商业资本，原始积累的资本，驱使其直接和间接地为外国资本服务。中国便结束了专制主义封建制的统治，从此沦入半殖民地半封建制的过渡时期。

中国市民阶级反闭关斗争的失败，对中国资本主义的发展前途是不利的；英国资产阶级的"长枪大炮"打垮清廷的闭关防线，则把中国推入半殖民地半封建状态，歪曲了中国社会的发展前途，并给中国民族带来了百零九年的深重灾难。

第十节　制度、宗教、哲学、科学、文艺

制度　明、清政权的实质，是地主统治农民的政权，正在形成中的市民阶级（近代资产阶级的前身）是明、清时期的新东西，也是处在被统治地位。不过在明初，太祖对被统治的人民，多照顾了一些，以后随着土地占有的两极化，便表现为极端性的大地主政权；在清朝，对汉族人民及满族以外的其他各族人民，又加多了一层较严重的民族压迫的特点。

明朝中央政权机关的组织。左右丞相、相国不久便取消，皇帝以下，直设吏（内政）、户（财政）、礼（教育）、兵（军政）、刑（司法）、工（工矿）六部，正副部长叫作尚书、侍郎，权力比过去大；成祖以后又设殿（如××殿）、阁（如××阁）大学士，多由尚书兼，"入阁办事"，"入阁预机务"，叫作内阁。另有都察、翰林、太医各院，大理、太常、光禄、鸿胪、太仆各寺，国子、钦天、上林各监，通政使、行人、尚宝各司；此外有东厂、西厂、锦衣卫等属于特务性质的机关。这在成祖以后，南、北两京有同样组织，不过南京各机关没有实权。清朝中央政权的组织形式，同明朝完全一样，只是由于较严重的民族压迫的特点：（一）雍正以前实权在议政王大臣会议，以后在军机

处；（二）各部均设满、汉双职；（三）特设管辖各少数民族与外交事务的理藩院；（四）清朝不在南京设立一套中央机关。

地方行政区划和系统。明朝于北京畿辅地区，特设顺天府尹、以河北（京师）、江苏（南京）为南北两直隶省，由中央直接管辖，以及边区藩属外，分本部为山东（治济南）、山西（治太原）、河南（治开封）、陕西（治西安）、四川（治成都）、江西（治南昌）、湖广（即湖南、湖北，治武昌）、浙江（治杭州）、福建（治福州）、广东（治广州）、广西（治桂林）、云南（治昆明）、贵州（治贵州，即贵阳）十三行省；省以下为府、州、县（普通州辖于府，直隶州则并辖县），王阳明为着对付江西农民军，又奏请在县以下建立了一套较过去更恶毒严密的乡、保制度。统辖几个省或大省军权的为总督，辖省的为巡抚，专管民、财各政的为布政使，与之并立的为管刑、法的按察使。省以下为知府、知州、知县；乡、保长则由地方豪绅充任。清朝也承袭明制，只是：（一）南京不为直隶省，分为江苏、安徽两行省，湖广分为湖南、湖北两行省，陕西分为陕西、甘肃两行省；（二）总督、巡抚兼领行政，各行省于巡抚以下，设布政使、按察使、提学使等分管民政、财政、司法、教育。

参加政权的办法。在明朝，贵族、大官僚以至大宦官的子弟，都有特权；在清朝，满人贵族及一般旗籍人员和他族大官僚的子弟也有特权。对一般地主的参加政权（在清朝为汉、回人等参加政权），则实行科举考试制，府、州、县考及格者叫作诸生（清朝叫作庠生、秀才）；省考乡试及格的叫作举人（亦称孝廉）；京考及格者，一甲三人为状元、榜眼、探花，二甲、三甲为赐进士、赐同进士出身。考试的科目，明宪宗时起创为"八股"，清朝看到"八股"是束缚思想的最好武器，在清初一度废除后，随即恢复，并更加着重地去加以利用和提倡。考试能否及格，实际并不决定于投考者的学识，而是决定于夤缘和纳贿，明清都是一样，所以不只举人、进士很少酸秀才的份，甚至穷小子连秀才也不易考上。

作为保卫其政权的军队组织。明朝于中央设五军都督府，全国各省、府、州、县及要地设卫所。京师有五军营、三千营、神机营三大营，于谦又建立团营制，成立十大团营，后又增至十二。地方以五、六〇〇人为卫，一、一二〇人为千户所，一二〇人为百户所。在各民族地方，兼用各族上层充当卫所指挥及千户、百户长等。此外，州县有民壮，边区有士兵，沿海有防兵和民兵。兵士的来源：原来的老兵、投降之兵、犯罪充军之兵均为子孙世袭军籍外，皆由于招募。清朝的兵制，已如前述。

维持其统治的刑法。明朝法律，太祖时根据唐律及明初三十年经验制定《大明律》，共六百零六条，后又不断有增附；内容为名例一卷、吏律二卷、户律七卷、礼律二卷、兵律五卷、刑律十一卷、工律二卷。但实质上，不只其内容主要在约束人民，而且法律的本身也只是具文，例如锦衣卫的任意捕人杀人、滥施刑罚和夺产，并不根据任何法律。刑制仍为笞、杖、徒、流、死五刑；但明朝皇帝和锦衣卫的所谓"廷杖"，却是五刑以外的酷刑。清初的《大清律》，一面以《大明律》为基础；一面应用其入关前的奴隶制法律，编为成文，来约束汉族等国内各族人民；一面适应其所实施的较严重的民族压迫政策的特点，特别又增加和扩大了关于反抗其统治的各种律条，而又分外残酷，已如前述。乾隆时又编为所谓《清律例》，即律与例之合集。因此，其刑制除五刑之外，又有黥刺、凌迟（零刀细割）、锉尸、绞或上吊笼、诛九族等酷刑，备极惨暴。而此都是用以对付汉族等各族人民的；满人除所谓"大逆"者外，一般并不受这种法律的约束，犯罪并不施用这种刑罚；其他各族人民尤其是汉人，则动辄触犯刑章，遭受杀身灭族，甚至无故株连，所以说"人在家中坐，祸从天上来"。而清朝统治集团对于各民族，尤其对汉族人民，是任意屠杀的，并不要法律作根据，满族出身的皇帝和特权贵族任意的命令和意旨也都是法律。

宗教 为统治阶级服务的宗教主要是道教、佛教，由于社会矛盾的复杂剧烈，明、清都尽量利用宗教充当其统治人民的工具。明朝对道教，除尊崇张天师的全国教主地位外，又加封张正常等"真人"尊号，食二品官俸；宪宗以后，所谓"真人"、"高士"、"充满都下"；世宗时，邵元节、陶仲文等深入宫廷，参预国政，仲文并受封伯爵。此外于首都设道箓司，府设道纪司，州设道政司，县设道会司。清廷完全按着明朝办法，并尽量利用他们，"日持其支离之说，以愚流俗（人民）"；只是清廷皇室本身不信道。对于佛教，明、清均有僧箓、僧纲、僧正、僧会各司的设立，主要在推行小乘教。对于西藏等少数民族人民，明朝利用和通过佛教之另一流派的喇嘛教红教等上层去进行统治，大封其教徒为法王、国师、佛子等等，并许其世袭。他们形成为封建特权阶层，并凌驾于俗权的封建统治阶层之上。清朝更大大利用喇嘛教黄教（宗喀巴宗教革命后之新教），乾隆时并正式把它宣布为国教；一面在北京建立雍和宫（喇嘛庙），皇室相率信奉。它特别利用喇嘛教去统治各少数民族，如对蒙古族，到处建立宏壮华丽的喇嘛庙，如罕庙、大庙、黑庙、王爷庙、百灵庙等；同时在热河行宫（避暑山庄）所在的承德，建立八大喇嘛庙，作为各少数民族的永久办事处。利用和通过喇嘛上层协同俗权封建贵族去统治蒙族人民。对于藏族，主要利用喇嘛教的黄教上层去统治藏族人民，当地的俗权封建贵族，也同样是这种僧权封建贵族的附庸。满族原来的宗教萨满教，则在其入关后，便日趋式微了。虽然在东北等地长期间都有其孑遗，同样是遗留在当地各民族里面的瘤子。

伊斯兰教是回族、维吾尔族、哈萨克族等很多兄弟民族中存在的宗教；在明清时，内地汉人入教的也不少，不过他们入教后，便同时成了回族的构成分子。伊斯兰教的教长、阿訇或毛拉等上层分子，也同样对人民行使封建的特权压迫和剥削。像张格尔、玉素甫之流，并利用其在宗教上的地位，在帝国主义利用下，推行了分裂祖国统一的反清行动。

由于市民阶级的开始形成，西来的基督教的天主教和耶稣教，在明朝便开始流行起来，到明末，华人信教的达数千。其中除徐光启、李之藻等少数进步官僚外，大都是沿江沿海的市民。除沿海沿江以外，北京也有教会的设立。据沈德符《万历野获篇》说："万历间，意大利人利玛窦到华后，中土士人受其学者遍宇内，而金陵尤甚。盖天主之教，自是西方一种释氏所云旁门外道，亦自奇怪动人。"清廷对基督教，采取严格取缔的方针；然到鸦片战争前，沿海沿江各省的教徒却已不少。但在鸦片战争前后，特别在以后，外来的传教士，便大多是资本—帝国主义侵略中国的暗探和先锋，其教会又同时直接成了文化以至经济侵略的机关；中国教徒的阶级内容颇复杂，占支配地位的主要是买办阶级。

农民的宗教异端，有传统的白莲教、天理教等；天地会、三点会、哥老会原先都是"反清复明"的组织，也带有一点宗教的形式，但在后来，从中分化出来的流派如"青帮"等，却变成为统治阶级服务的工具；哥老会的本身组织，在旧民主主义革命过程中都起过一些作用，但后来出于其成份的不断变化，便渐次在改变其性质，特别在无产阶级登上历史舞台后，它们便成了落后的东西或社会赘疣了。

从历史上遗留下来的巫教，则成了二流子骗人的工具。过去产生在满、蒙地区的萨满教，曾经充任过满族和蒙族奴主贵族的宗教；但东北其他一些少数民族所信奉的，又带有更多的原始性。

哲学 这时期的哲学，主要有三大流派，即代表地主阶级的哲学流派，市民阶级的哲学流派和表现农民阶级的一些倾向和要求的哲学流派。哲学家特别多，屈指不下数十人；尤其是明清之际，在阶级矛盾和民族矛盾交错的基础上，代表正在形成中的市民阶级的启蒙思想，有着颇丰富的进步内容。

代表地主阶级流派的哲学家，仍有朱熹学派、陆象山学派的分别。在明朝，朱学派较著名的有薛瑄（父为教谕，瑄官至礼部右侍郎，翰林院学士）、胡居仁（布衣终其身）、罗钦顺（官至吏部右侍郎）、吴与弼（躬亲耕稼）、吕楠（官至南京礼部右侍郎，创《吕氏乡约》，"家无长物"）。陆学派较著名的有陈献章（家富有，从祀孔庙）、娄谅（女为宁王宸濠妃）、湛若水（官至吏、礼、兵三部尚书）、王守仁（父华，官吏部尚书，守仁以镇压江西农民暴动、西南少数民族暴动及平宸濠有功，历官赣南巡抚、副都御史、世袭锦衣卫百户、左都御史总督两广兼巡抚、受封特进光禄大夫、柱国、新建伯，世袭，谥文成公，从祀孔庙）及其门生钱德洪（浙派）、邹守益（赣派）、王畿等。明、清之际和以后的哲学家如刘宗周（家居布袍粗饭）、孙奇逢（率子弟躬耕）、刁包（明亡后，不仕清）、陆世仪（主张抗清，拒绝清廷征聘）、李二曲（家不富，不仕清）、陆陇其（康熙时，官至四川道监察御史）、李光地等，大都是调和朱、王（王守仁）之学的。其中以王守仁、李二曲的影响较大。

王守仁（阳明）最初研究朱学，他说"格物""格"得至于害病，也毫没得出门径；后改变方法，"专从自己内心去追求，不从各种事物方面去追求"，便恍然大悟。他认为人类的"心"即精神，赋有一种先天的"良知"；"格物"只在"格其心之物也，格其意之物也，格其知之物也"；"致知"则在体现这种本来的"良知"，使不为外物所蒙蔽。一切外界的自然之理（天理），也都包含在"我们内心的良知"之内；外界的"事事物物"，都是依于"我们内心的良知"而存在的。由此他便达到"心明便是天理"的主观唯心论，即王船山所谓"绝物"的"恍惚空明之见"的结论。他的"致良知"的工夫，主张实践，实践的方法是"知行合一"，这在一方面，是有积极因素的；但他的所谓实践或"行"，不是对于客观世界的实践，而是内心修养方面的实践，是首尾颠倒的。

李二曲（名颙，字中孚），是从"寒饿清苦"中出身的。他对于朱、陆，不"抑彼取此"，而是调和两说。所以他主张根据陆象山、王守仁、王畿、陈献章与朱熹、吴与弼、薛瑄、胡居仁、吕楠等两方面的著作，去研究本体论（明体），即认识论。同时，由于其时代的影响，又主张研究《文献通考》、《吕氏实政录》、历代名臣奏议、律令、《农政全书》、《水利全书》、《泰西水法》、地理险要等实用科目。在认识论上，他一方面"认为道无往而不在"，在人类便是先天的"性善"，是"天地之常经"，表现为"人生伦纪"（即三纲五常），也就是"无一毫人欲之杂"的"天理"；一方面又说"言性而舍气质（存在），则所谓性者何附？所谓性善者何从而见？如眼之见，此气也；而视必明，乃性之善"。这样达到近似于二元论的唯心论结论。但李二曲却是一个有气节的哲学家，并不像毛奇龄、朱彝尊之流那样丧失志节的假夷齐，为实行民族压迫政策的清廷服务；清廷几次强迫他作官，他至于拿绝食和自杀去抵抗。

表现农民阶级的一些倾向和要求的哲学家，主要有王艮（心斋）为首的所谓王门异端。王艮以下有朱光信（出身樵夫）、韩乐吾（出身窑匠）、林讷（出身商贾）、夏云峰（出身农夫）、陈剩夫（出身卖油工人）、王元章（出身牧羊人）、周小泉（出身戍卒）以及颜山农、梁汝元（化名何心隐）、李卓吾（贽）等。

王艮自身和其父都是江苏泰州安丰场的盐丁（灶丁），少年时曾代其父服官役；他常利用空余时间学习，从其自身和穷人的现实生活，去推解《孝经》、《论语》、《大学》，自成一套理论。王文刚说王守仁的学说同他一样，他便亲去江西见王守仁，自据上坐，辩难久之，没有辩过王守仁，遂自称弟子。退后，终觉王守仁的见解和自己不合，明日入见，复上坐，辩难久之。所以他和王守仁的见解，自始至终都是不合的。还家后，自制小车北上，所过招邀人士讲学，人聚观者千、百。王守仁闻之不悦；王艮往谒，拒不见。王守仁弟子遍天下，率都有爵位有气势；王艮以布衣抗其间，声名反出诸子上。他认为哲学并不是空虚、玄妙的东西，群众日常的生活条理处，就是圣人的条理处，圣人的道理，是与百姓日常生活没有不同的；一切不合于百姓日常生活的，都是邪说。这在认识论上，是和王守仁哲学相反的唯物论。在政治论上，他接受了墨子"兼爱"的论点，主张人我互相亲爱：要人爱我，我必先爱人；人不爱我，我就应当反省，反省就是"格物"。这是其一种素朴的平等思想。他们的要求是：没有贫富和贪污暴政，穷人得自由安居生活的一种社会。

反映正在形成中的市民阶级的一些思想倾向和要求的主要人物，在明清之际有王船山（夫之）、黄梨洲（宗羲）、朱瑜（舜水）、唐甄（铸万）、戴震（东原）等。他们一致反对佛、道及汉、唐、宋、明的儒家学（只有梨洲以阳明哲学的形式去表达其自己的内容），大都以复古的孔、孟学的形式，去表现其思想，反映时代的一些要求：反对封建的超经济的榨取方式，主张个人主义的国民之富；反对君主专制的政体，主张没有皇帝的民主政治；反对保守和空谈，主张实用之学；反对封建迷信和思想的束缚，要求解放个性；反对损害人民的战争，但主张民族自卫战争。

王船山的唯物论，可为他们哲学思想的代表。根据《船山遗书》所述，首先他肯定物质即存在，是精神所依存的（"气者，理之依也"），实际上精神都存在于物质里面，物质无不具有精神。物质存在于宇宙中，宇宙无非物质（"若其实则理在气中，气无非理；气在空中，空无非气"）。而且客观存在的世界，是变动不息的、发展的；并有其"必然以符自然"的法则。从这里，进入他的进化论。他认为最原始的一种叫作"捆缊"的客观存在的气体，"初无定质"，但"庞杂内塞"；由于其本身具"阴阳之体"的对立契机，"相荡"、"相叛"、"相越"以引起运动，成为"其必然之理势"。后来便产生"天地人物"。万物的产生，由于"先有其可生之材（物质原素），乃乘其生理而生之；既有其已生之材，乃就其生机而厚之，无不因也"；由于"天地之间流行不息"，所以"天地人物消长死生"，都随着"自然法则"（自然之数）无穷止的前进；"来可见，往不可见；来实为今，往虚为古；来者生也"；"非但人物之生死然也；今日之日月，非用昨之明也；今岁之寒暑，非用昔岁之气也"。由于这样无穷止的运动和"万变"，便引起"由一而万"、"有而富有，有而日新"、"备于大繁"的无止的进化。转入到人类社会的历史方面，他认为"中国之天下"，"太昊（伏羲）以上"，是"取舍无据，所谓饥则呴呴，饱则弃余"，同"禽兽"差不多的社会；"轩辕（黄帝）以上"，是一种"不能备其文（无文明）"，"和夷狄"一样的"部落社会"；以后才进入文明时代。因此他认为"泥古过高，菲薄方今"的儒者，是"蔑生人之性"。"就事论法，因其时而酌其宜，即一代而各有弛张，均一事而互有伸屈"。而且中国社会从商周以来，已变了三次。每当未变之前，固不知会变成怎样。但变却是必然的，如说周秦之际的那"一变"，是由于"封建（即初期'封建'）不可复行于后世；民力所不堪，而势在必革也"。到了他的时代，"惩其差舛而改法"，亦"不容不改者也"。"改"就是"革命改制"，"建一代之规模"。"改"成怎样的社会呢？他说：天下共同的意见：必将是公天下的前途；天下将不是一姓所私有。（天下论者：必循天下之公；天下非一姓之私也。）但最后他又回到进化主义说："习久而变者必以渐。"

其次，他反对束缚个性的封建迷信和愚民教条。又认为欲望（人欲）是人类的本性，是和自然法则一致的（理欲皆自然）；束缚人类欲望的发展，就是违反本性即天理（有欲斯有理），人类是"没有绝己之意欲以徇天下"的。应该让各人尽量发挥本性，去满足其自己的欲望（人欲之各得，即天理之大同）。其次，他极力反对宦官、官僚、"故家大族"、"墨吏猾胥"以至秀才、贡生、举人等"操细民之生命"、靠封建剥削吃饭的阶级；同时主张"纾（解放）富民"。说"大贾富民（市民阶级），国之司命"，士、医、农、工、商贾才是于社会有用的人民。最后关于土地关系，他主张禁止超经济的封建榨取，任各人自由活动，去解决土地问题，如说："诚使减赋而轻之，节役而劳之，禁长吏之淫刑，惩猾吏之恫喝：则贫富代谢之不常，而无苦于有田之民；则兼并者无可乘以恣其无餍之欲，人可有田而田自均矣。"在《噩梦》篇，更进而主张："有其力者治其地"，"而民自有恒畴。"这可说是"耕者有其田"的伟大思想的萌芽。

船山的思想，从今日看来，自然还是比较朴素，问题很多；然产生在当时的历史条件下，却是相当伟大的。

黄梨洲在《明夷待访录》中关于"财计"、"田制"等问题方面的主张，可说是反映了其时市民阶级的经济要求。（一）他主张讲求"民富"，"以工商为本"。（二）主张统一货币，并使其"流转无穷"；开设银行（宝钞库），发行有"本钱"随时可以兑现的钞票（民间欲得钞则以钱入库，欲得钱则以钞入库），以便利"仕宦商贾"；同时又反对朝廷和特权富贵之家囤藏货币，妨害流转。（三）反对超经济的封建赋税制度和其时的土地关系，认为那都是"有天下者以斯民为仇"的具体表现。主张把全国耕地"每户授田五十亩……余田……以听富民之所占"；同时按土质分别"田土之等第"，上者二百四十步,中者四百八十步,下者七百二十步为一亩,再酌之于三百六十步,六百步为亩,分之五等,地税均"以十一为则"。这在黄梨洲,意在取消封建剥削最基础的绝对地租,解决严重的土地问题,由此达到"人民繁庶"的目的。

最重要的,还是他的民主思想——包含着以下的基本论旨。黄梨洲在《原君》篇,认为古代是以人民为主体,皇帝为客体:皇帝一生的劳动筹划,都应为人民服务。今也反以皇帝为主,人民为客;天下之所以不得一处太平,就由于一切都为着皇帝的利益。因此,天下最大的祸害就无过于皇帝了;如果没有皇帝,人人就都得享受应有的权利。所有人民都厌绝皇帝,把他看作敌人、独夫,完全是合理的。皇帝以官吏为家奴,官吏也不对全国人民负责,天下公共利益没人去作,公共的害处也没人去除,这都是不对的。国家的治乱,不应从朝代的兴亡去看,只应从人民的痛苦或幸福去看。官吏如轻视人民的痛苦,即使能帮助皇帝巩固统治,或跟同殉国,也都是违反自己的天责。这颇有一点"人权宣言"的精神。最后,他提出一种较原始、朴素的议会制度,主张"公其是非于学校","使治天下之具,皆出于学校";以学校作为代议机关,皇帝和各级官吏均定期向学校作报告,备质问;天子也不得以自己的是非为是非,而要取决于学校的公是非;政事缺失,小则纠正,大则向人民宣布。

唐甄的《潜书》也有以下的基本论旨,那与梨洲的精神基本上是一致的,但比较更激烈。唐甄认为政权的主要任务,在于以"富民为功",在使"农安于田,贾安于市,财用足,礼义兴";人民富了,国家社会就蒙其利益,"千金之富可惠戚友,五倍之富可惠邻里,十倍之富可惠乡党,百倍之富可惠国邑,天下之富可惠天下"。皇帝并不是上帝和神圣,也都是普通人,应和人民生活一样,作人民公仆,为人民服务(《抑尊篇》说得明白)。但自秦以来,所有皇帝都是贼子,杀天下之人而尽有其布粟之富,所过之乡、镇、城市,无不劫洗屠杀一光,将士、官吏杀人,实际也都是皇帝所杀。如果上帝令他治杀人的罪犯,他就有办法处置,身为皇帝无故杀人,千刀万剐也还不够抵罪。可是从秦朝到现在,已屠杀了二千年。因此又说,这种局面该终止了。往何处去呢? 他说:国家应该以民为主,国家若无人民支持,哪里还有四项要政?国防靠人民巩固,财政靠人民负担,政府靠人民支持,官吏靠人民供养,为什么看见政权而不看见人民呢?他又说:自然和社会的法则原是平的("天地之道故平"),人类的天赋也原是一样的("人之生也无不同也")。但现在却很不平啊！舜王和禹王他们，同人民生活也是一样，因为恐怕不平，天下就会大乱。

亡命去日本讲学的朱舜水，思想的基本精神和立场，也与王、黄等差不多。颜元的思想，也包含着正在形成中的市民要求的成分。顾亭林、戴震等，则一面还表现王、黄思想的倾向；不过另一面，却减低了现实的斗争性，而转入于朴学。这里均暂不论述。

他们的思想，是由于这种市民阶级和社会新生经济因素的萎缩，便随同萎缩而演为钻入故纸堆中的朴学。后来，特别到嘉庆、道光时，由于这种市民阶级重新抬头，随同资本主义生产的萌芽的复现和苗壮，又产生龚自珍和魏源的启蒙思想。他们，尤其是龚自珍（定庵），暴露和反对封建统治的黑暗与束缚及清朝统治的"民族牢狱"作用；提出这种市民阶级对经济、政治、军事、文化各方面的朴素要求；同时不仅提出"更法"的要求和主张，而且预言暴风雨即将到来，期待人民起来革命。

科学　从明末到明清之际，在这种市民阶级经济新因素的基础上，承袭过去的传统，加上基督教徒带来的欧洲科学思想的影响，科学思想便有着相当的发展；上述那些反映正在形成中的市民阶级一些思想倾向和要求的思想家，都有相当的科学精神和天文数学等常识。最著名的科学家，有明末的宋长庚（应星），著有《天工开物》，用科学方法研究食物、被服、用具和工具，以及冶金、制械、丹青、珠玉的原料工作，绘图贴说，详确明备。最发达的是医学、天文学、地理学、数学、农学、水利学；医学如李时珍，数学如顾应祥，天文学如朱世育、邢云路等，都是继承过去传统，而有了进一步的发展和不可磨灭的成就，对人类作出了重要贡献。徐光启（子先）、李之藻（凉庵）及周子愚、瞿式谷、虞淳熙、樊良枢、汪应熊、李天经、杨廷筠、郑洪猷、冯应京、汪汝淳、周炳谟、王家植、瞿汝夔、曹于汴、郑以伟、熊明遇、陈亮采、许胥臣、熊士旗等，都从传统科学的基础上，吸收外来成果，而有着相当成就。徐光启的《农政全书》，至今还有一些价值。明清之际最著名的几位科学家，如梅文鼎（定九）著有天文算学书八十余种；王寅旭（锡阐）有《晓庵新法》等多种著作；参加李自成为首的农民起义军的方以智（密之）是哲学家又是博物学家，著有《通雅》。然随着资本主义生产方式嫩芽的萎缩，加之清廷在其统治地位巩固后，对科学研究者实行迫害，连外来具有科学知识的传教士，也一概驱逐出境（如雍正元年除为其服务的少数人外，尽驱西洋人出境），科学研究又趋中落。经戴震等把梅文鼎等的西洋算学与中国算学结合，如谓西人三角即中国勾股；但主要还是"梅氏成法"。到嘉庆时，焦循（里堂，著有《里堂学算记》——内包《加减乘除释》八卷、《天元一释》二卷、《释弧》三卷、《释轮》二卷、《释椭》一卷等）、李锐（尚之）、汪莱（孝婴）等，尤其是焦循对数学（算术、三角、几何）、天文、历数方面的成就，基本上已抵于近代的水准。

还值得特别提出的，在元明之际，黄道婆从兄弟的海南黎族地区，把其时较先进的棉纺织技术传回内地。

在传统医术方面，除《本草纲目》的著者、大医学家李时珍外，最著名的医者，明朝有滑寿、吕复、王履等，清朝有喻昌、张登等。由于外来的影响，他们对脉理有进一步的研究，但基本上仍没能把传统医术，根据丰富经验，提到科学理论的适当水平。王履的《伤寒立法考》，对千余年没人敢非议的张仲景《伤寒论》，大胆的从"'常'与'变'"的观点，提出批评和增改，却表现了一种大胆的科学精神。

国人翻译及外人译著的科学书籍。在明朝，有王徵、邓玉函《奇器图说》，徐光启与利玛窦（Ricci Matteo）合译的欧几里得《几何原本》，徐光启译《测量法义》，李之藻的《圜容较义》，孟三德（Sande）的《长历补注解惑》，利玛窦的《同文算指通篇》、《勾股义》、《万国舆图》、《乾坤体义》、《畸人十篇》等，庞迪我（Pantoja）的《人类原始》、《七克大全》，熊三拔（Sabathinus De Ursis）的《泰西水法》、《表度说》，邓玉函（Jean Terrenz）的《人身说概》、《测天约说》、《黄赤距度表》，王丰肃（Alfonso Vagnoni）的《譬学警语》、《空际格致》、《西学治平》等等。在明清之际有艾儒略（P. Julins Aleai）的《几何要法》、《西方答问》、《西学凡》、《职方外纪》，傅泛际（Francisco Furtado）的《名理探》，龙华民（Nicolas Longobardi）的《地震解》，阳玛诺（Emmanuel Jeure Diaz）的《天问略》，汤若望（Johannes Adam）的《恒星历测》、《西洋测日历》、《恒星表》，南怀仁（Ferdinand Verbiest）的《验气图说》、《坤舆图说》、《仪象志》、《赤道南北星图》及《穷理学》，罗雅谷（Jacobus Rho）的《测量全义》、《五纬历指》，戴进贤（Ignace Kagler）的《仪象考成》。此外，关于兵器研究的东西，有《海外火攻神器说》、《祝融佐理》、《则克录》等。这大都是关于天文算学方面的东西，许多都是重复的；

由于西来的教士，其中真有科学修养的是少数，大多数系重复他人的东西，作为敲门砖。此外，他们还著有不少宣传天主教神学和关于西方格言的小册子。在这些介绍西洋科学的著作中也大多夹杂着不少天主教教义的成分和宣传。但此对中国其时的科学思想，却发生了直接交流的影响和作用。

史学 王船山的《读通鉴论》等书，首先应用其进化论的历史方法；在中国，试图使历史研究成为科学的一个部门，这还是第一次——虽然，他所应用的方法，和欧美资产阶级的史学方法一样，还不是真正科学的方法。从顾亭林开始，应用一种类似求实主义的"朴学"方法，去进行考证工作，又试图把史料的考证提到科学领域——虽然也还不是真正的科学方法，特别到后来，却演变为烦琐的考据学。

章学诚（实斋）的《文史通义》，提出"史学"、"史识"、"史法"、"史意"诸范畴。但他之所谓"史学"，是关于历史事实和材料考据的知识；"史识"是说史家的认识力和判断力；"史法"是关于编著的范围和内容构制的方法；只有"史意"带有历史方法论的意义，并说他的《文史通义》是讲"史意"的，首先他认为历史的过程，是有着一种"当然"和"所以然"的规律（道）的。是一种什么规律呢？他说："周公……适当……道统大备之时，是以经纶制作，集千古之大成；则亦时会使然，非周公之圣知能使之然也……周公集治统之成，而孔子明立教之极，皆事理之不得不然，而非圣人异于前人。"因此，他的"史意"即系一种近似于环境决定论的历史方法论。这在当时，是有进步意义的。但是他没有把王船山的历史进化论接受过去，其内容仍不免贫乏。

成书在王、章以前的宋濂等的《元史》，自然没有能应用其史学方法。张廷玉、张玉书、陈廷敬等的《明史》，虽成书在船山以后，但没有一点进化论的影子；它是清廷御用的大地主阶层的史家的历史著作。而毕沅的《续资治通鉴》，马骕的《绎史》等，也没有应用历史进化论的方法。

文艺 这时期文艺的形式和内容，都有不少新的东西，其中尤其是小说和戏剧最发达。"八股"又只是知识分子用作应考试、取功名的工具，旧的诗文也渐成强弩之末。

新发展起来的形式，首先从戏剧说，明朝的"传奇"，打破了元曲的形式，后又演化为"昆曲"（南曲的直接演化）；但是"温文尔雅之致"的昆曲，主要是中上层人们的东西。在民间却有各种生动的形式，如"弋阳腔"（江西)、"海盐腔"(江北)、"余姚腔"(浙东)、"徽调"(皖南)、"高拨子"(皖北)、"秦腔"(陕西)、"二黄"(发生于湖北,后又传到湖南、两广);这最初都由"一种牧歌式的歌唱"而来,"是一种平民的野生艺术"。"二黄"并继承和吸收了上述各种形式的东西,便成了一种更完成的形式,以后又叫作"湖广调";它渐次排挤昆曲,夺取其地盘。清朝宫廷便利用这种民间形式,以"二黄为中心",并吸收其他所谓"俗剧"的地方剧,又按照自己的要求去抛弃其原来生动、丰富的内容,而形成为"京剧"(亦曾称作"平剧"),在戏剧的艺术性上提到了相当的高度。李笠翁对戏剧创作,并提出一种现实主义的方法论。其次,在词曲方面,散曲在明初特盛;太祖起自平民,原不识文字,对曲却很重视,认为是富贵家不可缺的珍馐,各藩王均赐"以词曲千百本"。但随着社会的发展,他们的旧东西不只渐表现其内容的贫乏,且表现形式的死板和束缚;而民间流行的小调,如北方的"打枣竿"等、东南和中南的"山歌"、广东的"粤讴"、其他各处的歌谣,则不只内容无限丰富,形式极生动活泼,即所谓"有妙入神品者"。因此,自明宣宗以后,他们又采取这种民间的形式,抛弃民间的内容,而制为所谓"小曲";所以说:"我大明诗不如唐,词不如宋,曲不如元,不过《吴歌挂枝儿》、《罗江怨》、《打枣竿》、《银绞丝》等小曲,可谓我大明文艺之特创。"①(清朝乾隆中期,又把来自民间的军士的歌唱"八角鼓"制为一种歌曲)以后明朝的曲如冯梦龙等人的作品,都步步接近语体;尤其是"小曲"作者刘效祖的《挂枝儿》、赵南星的《金钮丝》、《劈破玉》,归庄的《万古愁》,以及清朝蒲松龄的《问天》、《学究自嘲》,金农的《自度曲》,郑燮的《道情》,曹斯栋的《自述》等,简直同近代语体诗形式差不多了。到鸦片战争前,招子庸的歌曲《听春莺》、《杨花》、《思想起》,无名氏的《马头调》等,实在就是一种语体诗。其次,小说方面,长篇小说虽还是章回形式,但已发展得更完整,如明吴承恩的《西游记》,尚不能肯定作者为何人的《金瓶梅》,尤其是元明之际罗贯中或明施耐庵的《水浒传》,清曹雪芹的《红楼梦》,吴敬梓的《儒林外史》等,都应用一种较通俗的语言,吸收了民间的丰富语汇,描写的手法也都是很成功的,是中国传统的现实主义的伟大作品。明朝短篇小说特别发达,如明末冯梦龙、周清源、古

---

① 卓人月《寒夜录》引。

狂生等人的作品，也都是语言通俗，语汇丰富。

从文艺作品的内容分析，大致有四大流派：（一）代表大地主以至清朝统治集团的文学流派，（二）代表中小地主的流派，（三）反映正在形成中的市民阶级一些情调和要求的流派，（四）表现下层人民的一些情调和要求的流派；后三派，尤其是后两派，在反对民族压迫的斗争方面又是爱国派。

在小说方面，明朝的《英烈传》、《封神榜》、《平山冷燕》等，清朝的《儿女英雄传》、《三侠五义》、《施公案》、《彭公案》、《永庆升平》、《荡寇志》等，可说是代表第一派的。明《金瓶梅》、董说《西游补》（书中有"杀青大将军"等语，并批评了明末的黑暗）等，清《聊斋志异》（表示对清朝统治不满）等，可说是代表第二派的作品。清之《红楼梦》（暴露封建贵族的腐败与表现个性解放的要求）、《儒林外史》（暴露代表封建思想的儒生和科举制丑恶形象，并反映了一点个性解放的要求的倾向）、"古宋遗民"的《后水浒传》（说宋江死后，余部又从事抗金，失败后，李俊等率众浮海，在暹罗建立国家）、李汝珍之《镜花缘》（主张男女平等，并描写理想的都市——"君子国"）等，均反映了第三派的一种朴素思想的倾向的作品。《水浒传》可说是反映了其时人民群众的一些思想感情和要求的。

在戏剧方面，明、清创作的剧本很多，大都是代表（一）（二）两派的东西。如明朝的《三国志》（作者失考）、姚茂良的《精忠记》、朱权的《荆钗记》、张凤翼的《红拂记》等，清朝无名氏的《西川图》以及《十三妹》、《落马湖》等等，基本上是代表第一派的作品。明朝高明的《琵琶记》、汤显祖的《牡丹亭》等，清朝蒋士铨前期的作品《空谷香》、《豁免三厘半》等，基本上都反映了中小地主的一些生活情调和要求。清杨潮观（笠湖）的《偷桃捉住东方朔》、《邯郸郡错嫁才人》、《黄石婆》等，讽示封建统治阶级垄断社会财富，并鼓吹个性解放，解除封建束缚。反映了当时正在形成中的市民阶级一种朴素的思想倾向。清孔尚任的《桃花扇》，则反映了城市贫民以及樵夫渔民反民族压迫的爱国情操。《庆顶珠》（即《打渔杀家》）虽不算是代表农民的作品，却反映了他们受压迫的情况和反抗情绪的一面。但此不过是一些例子。

在诗词方面，明刘基、三杨（士奇、荣、溥）、王世贞、王守仁等的作品，大都反映了大官僚、大地主的生活情调。宣宗（著有《御制乐府》）、武宗及不少藩王（如朱权等），则都是宫廷诗人。他们在艺术上大都是有相当成就的。清之纳兰性德和舒瞻（本姓他塔那）等的作品，一面也反映满人贵族的生活情调，而在艺术上也都是有相当成就的，尤其是纳兰性德。康熙、雍正、乾隆等帝的许多诗词，则反映了宫廷的生活，也表现了他们对汉人传统诗词的艺术修养。钱谦益可算是清朝第一个大"奴才"诗人。施闰章（愚山）、王士禛（渔洋）等的作品，不能说没有人民性的东西，而其不少作品是可以代表为清朝服务的地主集团的思想情调的，但他们在艺术的成就上，都是不容否认的，尤其是王士禛。吴伟业的《圆圆曲》、《言怀》等，表现他领略"奴才"滋味后，还有点良心的回忆与反省；宋琬的《舟中见猎犬有感》等一类作品，表现在民族不平等的地位下作官不是味，及其与特权者的满员间的矛盾。明唐寅、清袁枚的作品，一面表现地主阶级的一些生活情调，一面表现知识分子的一种不受拘束的浪漫气氛，并在作风上表现一种放纵、清淡的风格。明高启《登金陵雨花台望大江》、《捕鱼词》，李攀龙《古意》，陈恭尹《读秦纪》，孙文簏《过古墓》，黄景仁《观潮行》、《圈虎行》，袁凯《客中除夕》，钱秉镫《田园杂诗》，刘绩《征夫征妇词》，梁鱼辰《拟金陵怀古》，冯惟敏《改官谢恩》、《吕纯阳三界一览》，厉鹗《醉太平》，清赵俞《溪声》，赵翼《晓起》，查慎行《雨后》，汪绎《田家乐》，朱瑄《祖龙行》，任兰枝《武侯祠》等一类作品，都反映了中小地主出身的知识分子的一些生活情调。明清之际，徐夜的《得顾宁人（亭林）书》，舒位的《吊史阁部》，史槃的《为陈姬雪筝赋》，沈自晋《六犯清音》，则系其时反对民族压迫的爱国诗词的代表作。王船山《滇谣五首》，黄梨洲《长夏》，朱舜水："伤心胡虏据中原……横刀大海夜漫漫！"顾亭林："伤今已抱终天恨"，则系其时著名的爱国诗词；归庄的《万古愁》，可当作一篇反清的檄文看，同时又表现一些反封建的倾向（但它又对农民军施行谩骂和歪曲）。民间医士徐大椿的《时文欢》，表示了反科举的激烈情绪。龚自珍的《西郊落花歌》等作品，不只反映当时市民阶级自上而下的改革要求，且表现一点呼号革命的倾向。明张纲孙的《苦旱行》，反映了农民的一些生活苦况，是具有较多的人民性的作品。真正表现人民的感情和要求的，主要是他们自己的歌谣：《耘稻要唱耘稻歌》，反映了农作辛苦；《阿母我不嫁》，反映穷人卖女还债的惨状；《乌烟食了真有势》，泄露人民对鸦片的仇恨；《跳虱有做开典当》，表现人民对高利贷吸血鬼何等愤恨！《羞羞羞》，反映小工、小卖人的生活情绪；《起早起》、《参商伴侣》、《天长地久》

等，反映了农村男女的真爱情，也反映了贫穷和恋爱的矛盾及其对封建束缚的反感；《亮月亮》，则表现其对男女不平等的反感；《推煤汉》、《雪》等，表现了农民工人的苦况及其对现实生活的不满[1]；"大祸快临头！富人莫欢喜，穷人莫要愁！"[2]，表现了农民的阶级反感和革命要求。

这时期画家很多，不胜枚举；明朝并特别重视画道，从太祖时设立画院，赠给画家以画状元等出身和官阶。最著名的画家有赵原、周位、边文进、谢环、戴文进、石锐、吴伟、吕纪、林良、曾和、沈石田、文徵明、唐寅、仇英、陈白阳、陆包山、周之冕、李著、徐文长、陈鹤、董其昌、陈继儒、米万锺、倪元璐、程嘉燧、王思任、李流芳、张瑞图、王建章、杨龙友等。清朝不设画院，仅征集画家为宫廷服务。当时绝大多数文人不肯降清，隐居民间，不少人从事绘画。清朝最著名的画家有王时敏、王鉴、王翚、恽寿平、萧尺木、查士标、龚贤、罗牧、伊孚九、陈洪绶、金农、高凤翰、李鱓、黄慎、郑燮、励宗万、邹一桂、王宸、奚冈、方熏、沈芥舟、张浦三、余集、黄易、张宝崖、王学浩、俞宗礼、汤雨生、戴醇士、吴让之等。这时期的绘画，从明朝开始，在承袭传统画道的基础上，又受了西洋画法的影响，许多画家创造了新的写生法，并注重配色，已与近代画接近。这时期，出身于汉、满、蒙、回……各族的画家，都有不少人对祖国的传统画道达到了高深的造诣。

这时期的建筑，如明之岱庙峻极殿、龙兴寺（正定）摩尼殿、西安文庙大成门、北京文庙大成门、北京崇文寺正门、天坛祈年殿等，尤其是宫殿的建筑和陵墓（如太祖孝陵、成祖长陵以至目前已展出的定陵等），承袭明朝的清之乾清门、乾清宫、坤宁宫、交泰殿以及陵墓（如太祖福陵、太宗昭陵即北陵、东陵，在沈阳）等，基本上都承袭前代的作风、气派，只是规模较宏壮，作工较细丽。清朝的喇嘛庙，如承德八大庙及热北草地的罕庙等，则为汉、藏合成式的建筑，林立的偏殿，有如堡垒。尤其是始建于辽、金，基本上完成于明朝的北京城的建筑，至今在建筑学上还有其重大价值，尤其是水道工程，表现了颇高的科学水准。这表现明朝建筑学和技术的发展水准，也表现了伟大中国人民的科学和技术天才。雕刻的石刻、银铸、铁铸、木刻等，基本上也都是

---

[1] 前揭《中国文学研究》辑。
[2] 湘中南民谣。

承袭前代作风、气派；但也规模更宏大，作工线纹等更细致。如清太祖福陵的石马，并覆以锦绣布叠之状。明孝陵的石马、麒麟、狮子、骆驼、象、虎、獬豸、文臣、武臣、功臣等像，或立或卧，尤其是武臣、侍卫作左手按剑，右手拔剑之状，均表现一种生动活泼、气势雄豪的紧张气氛。其他明、清各陵，大都仿照这种规模。铜器和御窑瓷器的美术化程度，也都"超迈前代"。这虽然都是宫廷贵族的东西，但都是人民血汗和民间艺人的手所创制的。在民间，象骨雕和桃核雕等等，尤其到清朝，真达到所谓"巧夺天工"的程度，如象牙浮屠，高数寸，圆寸余；雕镂工细，窗、栏檐、铎，层层周密，内设佛像，面面端整，以显微镜窥之，可称为"鬼工"所作；又如"雕核为舟，为沙弥罗汉，为各种器皿"，均特别精巧。这虽则都是供贵族娱乐的作品，但都是通过人民的手所创作的，可见雕刻术的进步程度，也可见中国人民的艺术成就和天才。

中国很早就发明了制瓷①，到明清制瓷工艺便达到相当的高度，在全世界占有其时最高的地位。

第十一节 结 语

明太祖出身劳动僧，依靠农民起家，但终于靠拢地主，成了地主阶级的封

---

① 梁同书《古铜瓷器考》："《考工记》曰：设色之工五，首列画绘之事，画即画也，绘为染彩也。而陶器以青为贵，五彩次之。夫瓷器之青花霁、青大釉，悉藉青料。晋曰缥瓷，唐曰千峰翠色，柴周曰雨过天青。"这说明最晚在晋朝已知道制瓷。今故宫博物院所藏汉朝陶器，已是到瓷器的过渡。朱琰《陶说》："《唐国史补》云：'内邱白瓷瓯，端溪紫石砚'"，"是邢瓷亦为其时所重。""唐越州（按即浙江绍兴）窑"，"实为（吴越）钱氏秘色窑之所自始。"今故宫博物院所藏唐瓷，已极精美。又述"后周柴窑"出品之精美云："相传当日请瓷器式，世宗批其状曰：'雨过天晴云破处，者般颜色作将来'。"在宋朝，以"定窑（直隶真定府）"、"汝窑"、"官窑（宋政和间京师自置窑烧造，曰官窑）"、"内窑（南渡后……置窑于修内司造青器，曰内窑，亦曰官窑）"、"哥窑（本龙泉琉田窑，处州人章生一、生二兄弟于龙泉之窑各主其一；生一以兄，故其所陶者曰哥窑）"、"龙泉窑（即章生二所陶者）"、"吉州窑（在吉安府庐陵县永和镇）"、"象窑（在宁波府象山县）"、"董窑"、"均州窑（河南禹州）"、"磁州窑（在河南彰德府磁州）"，"建窑（在福建泉州府德化县）"等窑出品为最精。到明朝，以"饶州窑（浮梁县西兴乡景德镇）"、"洪武窑"、"永乐窑"，"宣德窑"、"成化窑"、"正德窑"、"嘉靖窑"、"隆庆万历窑"等窑的出品最著名。到清朝，瓷器制造技术，在明朝的基础上有了进一步的发展。今故宫博物院所藏明、清瓷器品类甚多。

建皇帝。在当时历史条件下，只可能有封建主义前途，这是不应深责的。问题是在于他没有尽可能多给予农民更多一些东西，采取更多的推动生产前进的步骤。在他的领导下，推翻了元朝野蛮落后的、对汉族等各族人民实行残暴的压迫的统治，施行并贯彻了各种改良政策；在封建皇帝中，他也确是较伟大的。然他对功臣的处置，却不妥当，不如李世民；李世民在统一天下后，对功臣予以适当管教，又教功臣读书，使其各得发挥长处和作用，保全其忠节——在封建皇帝处置功臣的办法，这是较好的典型。

明朝预备了资本主义发展的一些条件，并在明末产生了资本主义幼芽。从而又产生新的矛盾，使社会矛盾复杂化。邪派、阉党操纵下的黑暗政治，又扩大了这种矛盾。正派、改良派与邪派、阉党的不断党争，前者不断被排挤，又使社会矛盾更复杂。农民和地主间的阶级矛盾，随着土地占有两极化的进行，便越来越严重。所以英宗以后的邪派和阉党政治，不只阻碍了社会新因素的生长和发展，且削弱了明朝统治者自身。他们不实施一些重商主义或重农主义的政策，便无法和缓国内矛盾，对"倭寇"、"边患"与清贵族的南下，也就无力去消除和阻止。它的垮台是不可避免的。

明朝的农民战争，最后归结为李自成、张献忠为首的两大部农民军。张献忠部农民军，在反对腐朽的明朝封建统治方面是进步的；但又每每有连同劳动人民在内的乱杀情事，是丧失阶级立场的，带有反动性的。李自成部的农民军，打下北京以后，便没能贯彻李岩、顾君恩等的方针；牛金星、宋献策等的流氓主义占着上风，使上下都陷于骄傲、蜕化、堕落，以致内部自相冲突和残杀，丧失群众的同情和支持，也终于失败了。在农民大起义的过程中，明廷如联合农民军反清，是完全可能的，并完全可能阻止清贵族的进关，阻止其实行民族压迫的民族牢狱的统治的建立；而在那样严重的情势下，明廷不只始终无诚意去联合农民军，反只企图阴谋消灭他们。清军进入北京后，曾以李自成、张献忠为首的农民军的残部都奋起反清，并主动去联明反清，成了西南政权的支柱。这又一次证明：只有人民是明大义、顾大局的，是反抗一切压迫、落后和倒退势力的主力，保卫民族利益的柱石，和推进社会前进的动力。

清廷与明廷相互争夺的政策，是极其毒辣的。但它之能够入关建立"民族牢狱"式的统治，由于：（一）明廷给它作了清道夫；（二）汉人大地主集团帮助它进攻明朝，推行民族压迫政策；（三）南明各个政权中大地主分子，在生死严重关头，犹只知争权夺利，互相排挤、牵制，甚至阉党继续操纵朝政，政治上仍没有改进；（四）没有把人民的反清力量普遍地组织与联合起来，甚至统治阶级的反清政权也自相对立、冲突，如福建政权与浙江政权，广州政权与肇庆政权，这是最主要的。

清统治集团在汉人地主阶级的帮同下，一面和缓了土地关系；对农村生产的恢复起了一定作用；一面又实施了较毒辣的民族压迫政策，对国内各民族，特别是汉族、蒙族、回族的发展起了抑制作用，但它又维护了祖国的疆土、加强了祖国的统一；一面摧毁开始萌芽的资本主义经济，是其最反动的一着，直到康雍时，特别到鸦片战争前才复活起来，却又被外国资产阶级的帝国主义性侵略所绞杀，这是大大阻滞了中国历史前进的。其时正在形成中的市民阶级，在明末对封建统治的斗争，许多城市举行示威和暴动；但他们和农民暴动脱了节，没有与之直接联系和配合，便使其斗争表现软弱，没有持续性。他们在反清的斗争中，不仅依旧没有断绝对明朝的依靠，没有亲密的有计划的去联合农民；而且他们本身不只是极其微弱，而又是很分散的；没有把正在形成中的国内市民阶级和海外华侨结合起来，其在国内各城市也各自为战，这自然由其历史条件的限制。但王船山、黄梨洲、唐甄等人，在当时有那种进步思想，却相当伟大。

鸦片战争前的形势，封建农村已在崩溃的过程中，在"民族牢狱"禁闭中开始形成的市民阶级，力量还极微弱；国际环境又起了巨大变化。在这种形势下，或者联合人民起来革命，推翻"民族牢狱"走向资产阶级民主革命的前途；或者就挨外国资产阶级的打，使民族陷入悲惨的命运。这在当时龚自珍就有这种估计。可惜龚自珍和魏源他们，在政治行动上，只一面请求清廷实行由上而下的改良，以期符合正在形成中的市民阶级的要求；另一面却只希望人民起来革命，而不知从行动上去联合、推动和组织人民。这是他们的局限性。民族民主革命的任务，只有留待无产阶级来完成。但历史正是这样曲折地前进的。

复 习 题

一、对明太祖及其政策评价如何？

二、明朝经济发展的形势如何？

三、清朝的改良政策和反动政策，对中国社会起了什么作用？

四、鸦片战争前的国内外形势的特点如何？

五、明初的对外战争与郑和下西洋，有何社会意义？

六、明朝阉党政治产生的根据何在？起了何种作用？

七、明末农民大暴动给了我们何种经验教训？

八、反清斗争的阶级基础如何？有何经验教训？

九、鸦片战争对中国社会起了何种决定作用？

十、王船山、黄梨洲、龚自珍、魏源等人的思想内容及其社会背景如何？

十一、清朝的政策有何特点？

十二、对乾隆及其"武功"的评价如何？

（一九五一年七月第一次修订毕）

（一九五九年一月十三日第二次修订毕）

后　记

一

　　本书上册脱稿和出版于一九四一年春。当时正在抗日民族革命战争的相持阶段，国民党的汪精卫派已公开投降日寇，以蒋介石为首的顽固派一面正大肆宣传"尊孔读经"的复古主义，一面又在疯狂地进行反共反人民和妥协投降的阴谋勾当，并通过其历史教学和研究去散布这类毒素；日寇也不断进行政治诱降的宣传活动和其军事的侵略行动相结合。针对这种情况，本书便以宣传爱国主义，坚持团结抗战，反对妥协投降为主要任务。

　　在写完第八章（即重庆出版的上册）后，正当国民党顽固派掀起第二次反共高潮的"皖南事变"发生，党决定我转移到苏北抗日民主根据地工作，以下各章（即下册）便没能及时继续写下去。一九四七年春，党派我和江明同志去其时国统区的湖南工作，到大连候交通，便在江明同志的帮助下，乘空写完下册。这时日寇虽已投降，投靠美国帝国主义的国民党反动派则已发动其反共反人民的内战，美国帝国主义则正在踏着日寇的道路行进。因此，向群众进行反侵略反卖国投降的爱国主义宣传，仍是极其重要的；而其时广大农民群众在党的领导下，已掀起了狂风暴雨般的土地改革运动的浪潮，因此，从历史上阐明土地问题和历代农民群众对于土地的要求及其正义的斗争，便成了本书的又一个重要任务。

　　本书的论纲，如关于中国社会发展诸阶段的划分等方面，基本上还是在第二次国内革命战争时期，我作为一个小兵参加对伪马克思主义流派的斗争的过程中提出的论纲为基础的，——具体表现在其时的拙著《史前期中国社会研究》（一九三四年六月北平人文书店版）、《殷周时代的中国社会》（一九三六年十一月上海不二书店版)、《中国政治思想史》(一九三七年六月上海黎明书局版) 及其他论文中。当时在与伪马克思主义流派：托洛斯基派、"新生命派"(国民党反动派亲手培养起来的一个修正主义流派) 的斗争过程中，为着揭穿它们各色各样的反动的中国社会史论，阐明、揭发中国历史和中国革命的客观规律性，不能不对中国社会历史的基本情况作一个大致的鸟瞰和比较系统的研究。但由于我当时马克思主义水平和客观的困难条件的限制，论断上的缺点、错误和材料上的不够全面与错讹，是难以避免的。这当然不是以此来原谅自己，而只在说明当时的情况。

我当时，不只继郭沫若同志之后，大胆地对中国社会历史和中国社会思想史的发展过程，提出了一个初步的系统的意见和进行论述，而又大胆地提出了若干问题和论断，如：殷朝奴隶制社会的生产工具是青铜器的问题和论断、马克思所说的"亚细亚的"是指的东方奴隶制社会的特殊性的问题和论断、两周社会的过渡性和不平衡发展的问题、明末和鸦片战争前曾有着资本主义生产萌芽的问题，等等。这到今日，在党的关怀和强大的马克思主义史学队伍的努力下，大都已达到解决或接近解决，而又不断提出若干更重要的新问题，如汉民族的形成问题，民族融合问题，等等。

二

本书从上册出版到现在已十九年，从全书出版也已有十二年。十二年间，由大连光华书店、三联书店和各大行政区印行的，约达四十万册左右；从一九五五年六月开始印行的新版即第一次修订版，发行亦已逾十万册。在人民出版社印行新版前，东北人民大学曾将修订稿作为讲义印行。发行越多，越使我感到负担。

十几年来，我国马克思主义的历史科学有了很大的发展和成绩。我自己对本书，仅在行政和党务工作之余，在一九五一年七月完成了第一次修订(一九五三年二月又作了一次"补订")，即一九五五年开始印行的新版本。由于时间和条件的限制，这次的修订，主要只是根据读者同志的意见，作了些资料上的订正和文字润色。从一九五五年新版印行后，即利用稍空的机会，在江明同志的协助下，才进行这次修订。

这次的修订，主要着重于下述三个方面：

一、关于中国奴隶制和封建制的分期问题。这是三十年来，在我们自己队伍里还没达到一致结论的问题。我在《史前期中国社会研究》和《殷周时代的中国社会》中，曾说：西周是由奴隶制到封建制的过渡期，但由于"武王革命"后的革命政权的作用等等，应以之划入封建制阶段；同时又说到发展的不平衡性问题。这在今日从新来检查，在我自己看来，认为基本上是对的；但不只叙述不够全面，也就是说有片面性，立论上，如对不平衡发展问题，也缺乏明确性。本书的原版和新版，对此都没作适当的叙述。关于由奴隶制到封建制的"过渡"问题，其实，除西周地区从所谓"武王革命"到"宣王中兴"已完成了这一"过渡"外，齐、鲁、晋、秦、楚、越等诸侯国，大抵是到春秋、甚至到战国时期才完成了这一"过渡"。这正反映了包括许多部族和部落的大的封建国家发展不平衡的特性。过去我们每每强调其封建性的一面或其部分，便全面地肯定为封建制，或者强调其奴隶制的一面或其部分，便又全面地肯定为奴隶制，而且忽视了新兴的（革命的）政权的作用。在这次的修订稿中，我认为基本上解决了西周到战国的社会的"过渡"和不平衡发展的问题。

二、在资本主义萌芽的问题上，我在《中国政治思想史》中，肯定明末和鸦片战争前，都有资本主义的萌芽，并论述了王夫之、黄宗羲、唐甄和魏源、龚自珍等人的思想和主张，反映了"萌芽状态中的市民政治思想"。但没有从资本主义生产的萌芽作必要的论述，而主要只是从那些思想家的思想素材的本身去说明，显然是片面的。本书的原版和新版，都是从经济上和其时城市人民所进行的阶级斗争的性质上作了必要的论证。这是正确的。但在一方面，论述得太简单，所据材料不够有力。一方面，作为论证的有些资料，如商人向茶丁、灶丁订购茶、盐，或卖原料给独立手工业者和收买他们的产品等等，它们虽然是当作由封建生产方法到资本主义生产方法的过渡来发生作用，但它还并不能唤起旧生产方式的革命，还不是资本主义性的东西。马克思在《资本论》第三卷第二十章《关于商人资本之史的考察》中说：

"由封建生产方法的推移，是二重地进行的。生产者成为商人与资本家，而与农业的自然经济，与中世纪城市产业在行会中结合着的手工业相对立。这是现实的革命的路。但或者是商人直接支配生产。这后一条路，虽然在历史上极其厉害地当作过渡来发生作用——例如十七世纪英国的毛织物商人，曾把那些仍然独立的纺织工人，放在自己的统制下，把羊毛售给他们；而购买他们的织物——但它本身却是这样少地唤起旧生产方式的革命，不过保存它，把它当作它的前提来维持。举例来说，甚至在这个世纪中叶，法国丝工业和英国织袜工业和花边工业的工厂主，大部分仍然不过名义上是工厂主，实际上不过是商人；他让纺织工人在他们的旧式的分散的方法中继续劳动，不过实行商人的统治，他们实际也是为商人劳动的。这个方法，到处成为现实资本主义生产方式的障碍，跟着后者的发展而消灭。它不变革生产方式，不过使直接生产者的地位变坏，使他们变成单纯的工资劳动者和无产者，所处条件，比直接在资本支配下的人还坏，而在旧生产方式的基础上，占有他们的剩余劳动。"（人民出版社一九五三年版，四一三——四一四页）

把"这后一条件"所引起的情况也当作资本主义生产方式的萌芽，是违背了马克思的论旨的。而我们有些同志，甚至把行会的商业和手工业，也渲染为资本主义的资本和其生产，因而乃产生唐、宋已有资本主义生产的萌芽的说法。这却是更加显而易见的错误。另方面，有些同志肯定明末有了资本主义生产的萌芽，但又毋视在明清间、在鸦片战争的结局，它所受到的致命的摧毁；而把它当作一帆顺风的发展，因而甚至要把近代史的划期始自明末。这至少是武断的。在本书这次的修订本中，我自己看来，认为基本上已弥补了自己过去在这个问题上的缺点。在这里，年来史学界对资本主义萌芽问题的讨论，对我是有帮助的。

三、关于中国史应该是全国各兄弟民族共同的历史的问题。毫无疑义，中国的历史应该是全国各兄弟民族（现已确定者为五十二个民族[①]）共同的历史，各民族劳动人民共同创造的历史——自然，这并不是否认汉族的主体的地位和作用。我过去在原则上认识到了这一点，也尽力去叙述了其他兄弟民族在历史上的一些活动情况及其过程和相互关系——由于史料的极端缺乏，使我受到很大的限制——但在对民族关系的认识上，是存在一些问题的，如对他族统治集团进入内地与汉族统治集团间的战争，在本书的初版本中，——由于当时

[①]　编者注：至1979年我国确认基诺族为单一民族止，全国共有五十六个民族。

强调反侵略斗争——是当作侵略和被侵略去叙述的，反之也是这样。新版本对此有了基本上的改变，但仍没有提到一定的原则高度。这次的修订本，在这方面作了相当的补充。但是由于条件的限制、主要是材料缺乏的限制，仍没能使本书真正成为全国五十二个兄弟民族人民共同的历史，还只能说是主体民族的汉族人民的历史为主要内容的中国史。一部真正成为全国五十二个兄弟民族人民共同的历史的中国史的产生，不能不待于各民族地方社会历史调查工作的完成（包括对某些兄弟民族的历史空白的填补）和一定质量的各别民族历史著作的产生。

此外，在这次修订中，为便利于读者的检查，对引文及关键性的问题，一一都加以注释，我认为这次的注释，较之被编者删去的原版注释能更加便利于读者（全国解放前，华北行政委员会高教处将本书定作高中和专门学校课本，编者从课本的形式出发，删去了节后注释）。

三

在社会主义制度的优越性的基础上和党的母亲般的关怀下，我国的历史科学也和其他科学部门一样，走入极其广阔而迅速发展的大道；解放以来，不只已获得了巨大的研究成果，而且已经并将要不断产生成批的优秀历史学家——其中许多既有革命斗争的经验又有生产劳动经验的青年一代，将出现比我们这一辈高明得多的优秀历史学家——当前中国史上的某些问题，如不能及时得到解决，将主要由他们来解决；较完满的中国通史、专史、断代史等等，也均将由他们的手中陆续产生。像本书这样的著作，如果能发挥其一定的过渡作用、充作青年一代的研究的基础，我自己将来还能充当他们的助手，那就是我的莫大愿望。

本书这次的修订，时间也还是有限的，尤其由于我的痼疾性的脑病，疏忽、讹错、片面和粗枝大叶的地方，定是不少，希望得到读者同志和同行的指教。

吕　振　羽
一九五九年四月十五日